安徽省志

Chorography of Anhui Province

供销合作社志

Supply and Marketing Cooperatives

(1986—2011)

安徽省地方志编纂委员会办公室
Compilatory Commission of Anhui Chorography

方志出版社
Publishing House of Local Records

图书在版编目（CIP）数据

安徽省志．供销合作社志：1986—2011/ 安徽省地方志编纂委员会办公室编．—北京：方志出版社，2018.4
ISBN 978－7－5144－1593－3

Ⅰ．①安…　Ⅱ．①安…　Ⅲ．①安徽省—地方志②供销合作社—商业史—安徽省—1986—2011　Ⅳ．①K295.4

中国版本图书馆 CIP 数据核字（2015）第 069912 号

安徽省志·供销合作社志（1986—2011）

编　　者：安徽省地方志编纂委员会办公室
责任编辑：顾　洁

出 版 人：冀祥德
出 版 者：方志出版社
地址　北京市朝阳区潘家园东里 9 号（国家方志馆 4 层）
邮编　100021
网址　http://www.fzph.org
发　　行：方志出版社发行中心
电话（010）67110500
经　　销：各地新华书店
印　　刷：安徽新华印刷股份有限公司

开　　本：889 × 1194　　1/16
印　　张：41.5
字　　数：775 千字
版　　次：2018 年 4 月第 1 版　　2018 年 4 月第 1 次印刷
印　　数：0001~1500 册

ISBN 978－7－5144－1593－3　　定价：360.00 元

安徽省地方志编纂委员会

曾任安徽省地方志编纂委员会成员

（按姓氏笔画为序）

马新民　王　信　王　洵　王守亚　王宇铭　王佛生
王金山　王林建　王学银　王宜斌　方志华　邓顺华
叶如强　田唯谦　毕美家　吕振凡　朱　宁　朱文根
仲建成　任兆祥　刘　泉　刘成典　刘志祥　刘战平
江明安　孙永吉　孙亚军　李　明　李　斌　李玉华
李迎春　李抗美　李明阳　李维勇　杨本清　杨绿章
肖桂兰　吴　浩　吴韦人　吴世平　吴桂和　余　群
汪华东　汪建国　汪炳瑜　沈　毅　张　永　张少国
张正耀　张华建　张武扬　张岳峰　陈　平　陈亚萍
陈运才　陈素伟　林　红　罗　宏　罗建国　罗曙生
周　庆　周建春　郎　涛　郑　宏　赵卫弘　胡　冰
俞凤翔　洪治社　洪禹候　秦亚东　聂庆义　聂皖辉
莫　欣　夏邦文　夏育才　徐礼国　徐家声　高　莉
高维岭　郭　敏　郭本纯　黄发友　黄玉明　黄红文
黄家华　曹承锋　崔海燕　董　庆　董介林　蒋传华
蒋福亮　谢广祥　楚建平　蔡建平　樊　勇

《安徽省志》总编室

主　　任：郭德成

副 主 任：吴　静　吴良琴

成　　员：（按姓氏笔画为序）

王富宏　计媛媛　史五一　朱海滨　孙　平　苏爱梅

杜中文　李宇涵　杨永成　余祖本　张　军　周小平

胡　利　胡卫星　黄志军　章慧丽

《安徽省志·供销合作社志》审稿组

初　　审：吴良琴　汪　斌　张志祥

复　　审：王守亚　韩永生　张海林　曹　斌

核　　审：朱文根　钱　斌　吴良斯

审查验收

安徽省人民政府

2007年《安徽省志·供销合作社志》编纂委员会

主　　　任：王首萌

常务副主任：蔡　立

副　主　任：李永英　钱　斌　崔继华　闫铁力

委员会委员：魏邦余　陈　辉　杨显兰　汪传舟　王和义　曹　斌
孙　永　程　合　耿金岭　吴乐和　李永东　王选中
李念华　肖幸福　苏　云　于　群　荣学堂　徐巧玲
程小青　翁勇琦

编辑室主任：汪　斌

副　主　任：韩红敏

成　　　员：吴朝霞

2011年《安徽省志·供销合作社志》编纂委员会

主　　　任: 王首萌

副　主　任: 钱　斌　蔡　立　崔继华　闫铁力　魏邦余　陈　辉　周天伟

成　　　员: 汪传舟　汪　斌　秦　伟　周其文　王和义　褚进乡　刘玉化　曹　斌　汪本胜　程　合　孙　永　耿金岭　吴乐和　李永东　肖幸福　李念华　王选中　苏　云　翁勇琦　徐立新　杨家龙　郭　超　张登北　程小青　于　群

编辑室主任: 汪　斌

副　主　任: 韩红敏

成　　　员: 吴朝霞

2017年9月《安徽省志·供销合作社志》

编纂委员会

主　　　任： 钱　斌

常务副主任： 张海林

副　主　任： 崔继华　魏邦余　陈　辉　唐庆明　曹　斌

委员会委员： 张志祥　周其文　秦　伟　汪　斌　刘玉化　李云昊

汪本胜　王　魏　张登北　耿金岭　吴乐和　李永东

徐立新　肖幸福　许所子　王选中　苏　云　翁勇琦

唐桂生　贺柏莲　杨家龙　郭　超　李　颖　程小青

谢德华

编辑室主任： 张志祥

副　主　任： 韩红敏

成　　　员： 吴朝霞

2017年12月《安徽省志·供销合作社志》
编纂委员会

主　　　　任：吴良斯　钱　斌

常务副主任：张海林

副　主　任：崔继华　魏邦余　陈　辉　唐庆明　秦　武　曹　斌

委员会委员：张志祥　周其文　秦　伟　汪　斌　刘玉化　李云昊

汪本胜　王　魏　张登北　耿金岭　吴乐和　李永东

徐立新　肖幸福　陈文友　王选中　苏　云　翁勇琦

唐桂生　贺柏莲　杨家龙　郭　超　李　颖　程小青

谢德华

编辑室主任：张志祥

副　主　任：韩红敏

成　　　　员：吴朝霞

撰稿人员（按篇章先后排序）

韩红敏　吴朝霞　张丽莛　赵凯锋　王良斌　王莉莉　田振荣
黄　勇　李振敏　王永龙　张厚生　朱飞鸣　陶劲春　苏　云
陈　驰　汪松南　沈晓兰　晁明静　杨玉梅　刘　洋　叶则尧
刘　森　徐巧玲　程章义　王晓岩　曹　阳　李云昊　褚进乡
李　麟　程国旗　陈　燕　李大林　黄继立　吴多苗　徐晓燕
韩亚新　肖继红　程怡佳　陈祥生　牛　锋　张红燕　刘冰冰
宁卫红　刘晓雯　严云梅　雷嘉栋　邵仁清

合作经济大厦位于合肥市政务区祁门路和茂荫路交口，总建筑面积逾4万平方米。2011年起，成为安徽省供销社机关及辉隆集团、安徽茶叶进出口有限公司、安徽新力投资有限公司等多家投资企业办公地

安徽财贸职业学院

安徽省供销社机关服务中心

安徽双赢再生资源集团

安徽盛虹烟花爆竹集团

安徽省棉麻公司

安徽省新世纪商务酒店

安庆市皖农贸易有限责任公司

2007年3月，中国国家主席胡锦涛出席在俄罗斯举行的“中国年”开幕式时，向俄罗斯总统普京赠送由安徽茶叶进出口有限公司参与策划、提供的由黄山毛峰、太平猴魁、六安瓜片、绿牡丹组成的礼品茶

2005年8月，中共中央政治局常委、国务院总理温家宝视察安徽，安徽省供销社系统龙头企业辉隆集团作为安徽6家企业代表之一参加企业改革与发展座谈会，董事长李永东（四排右六）受到温家宝（前排左七）亲切接见

2011年7月4日，中共中央政治局常委、国务院副总理李克强（左二）在安徽省委书记张宝顺陪同下，在桐城市范岗镇杨安村视察安徽省供销社龙头企业安徽省新天地农资有限公司粮食生产基地

2006年3月21日，中共中央政治局委员、国务院副总理回良玉（左三）在安徽省委书记郭金龙（右三）、安徽省人民政府省长王金山（右一）陪同下，视察蚌埠涂山辉隆连锁店

2000年，全国政协副主席、中华全国供销合作总社理事会主任白立忱（前排左五）视察安徽省供销社，接见省社机关处以上干部及直属企事业单位负责人

2009年12月，中华全国供销合作总社党组书记、理事会主任李成玉（前排左二）在省社党组书记、主任王首萌（前排左三）陪同下考察肥西县官亭供销社

2015年10月20—23日，中华全国供销合作总社党组书记、理事会主任王侠一行到安徽省合肥市、桐城市及总社定点扶贫县——潜山县进行调研，督导检查安徽省供销社贯彻落实中发11号文件精神、推进综合改革情况及总社扶贫工作。安徽省人民政府副省长梁卫国（左三），省供销社党组书记、理事会主任钱斌（右二），党组副书记、监事会主任韩永生（右一）陪同调研。图为王侠（左一）视察潜山县新供销超市

2007年9月，在安徽名优农产品交易会上，安徽省人民政府省长王金山（前排右一）与砀山唐寨水果专业合作社主任陈广民（前排左一）亲切交谈

2014年8月30日—9月1日，省供销社组织16个市社和安徽茶叶进出口有限公司、安徽和合生态农业股份公司共71家企业参加2014中国安徽（合肥）农业产业化交易会。图为省委书记张宝顺（右三），省长王学军（右一），农业部副部长陈晓华（左三）视察省供销社展区

2016年4月16日，中共安徽省委副书记、安徽省人民政府省长李锦斌（右一）到省供销社社属企业辉隆集团全椒基地调研农业社会化服务建设、农业产学研结合、休闲农业等情况，指导推进农村改革和农业供给侧结构性改革。省供销社党组书记、理事会主任钱斌等陪同调研

时任安徽省人民政府副省长张润霞（前排右一）调研基层供销社，省供销社党组书记、主任单中天陪同调研

1998年11月，中华全国供销合作总社副主任王如珍（前排中）调研定远县供销社基层社，省社党组书记、主任刘家来（前排右二）陪同调研

2010年10月31日，安徽省供销合作社联合社第二次代表大会召开

2010年9月6日，安徽省供销社与广德县政府签订《战略合作协议》，这是省供销社与地方政府签订的首个战略合作协议

2011年6月28日，安徽省供销社组织医务人员参加“万名党员便民行”主题实践活动

安徽财贸职业学院校园文化艺术节

2007年，安徽省发生重大洪涝灾害，辉隆集团承担省发改委等5部门联合下发的3万吨救灾肥供应任务，扶持受灾较重的33个县（区、市）恢复粮食等作物生产

2007年12月28日，安徽省再生资源绿色回收进校园示范工程启动仪式在安徽大学举行

安徽茶叶进出口有限公司开设的大业茗丰精品店

2011年4月，安徽省瑞隆印务有限公司新厂房落成

安徽省天诚商贸有限公司家电分公司在安徽大市场开设的格力空调专卖店

2007年3月26日，由安徽省供销社主办的第一期全省农产品经纪人星火科技培训班开班，全省系统60多名农产品经纪人经培训、考试合格后，获国家农产品经纪人职业资格证书

2012年3月，长丰县供销社领办的硕丰草莓联合专业合作社在国际园艺学会举办的第七届世界草莓大会上获多个奖项

霍山县供销社建设的漫水河中药材专业合作社

2011年，肥西县供销社领办的清平葡萄专业合作社培训果农

肥东县供销社建设的鑫旺牛业专业合作社

和县供销社建设的棉花专业合作社和农民棉花学校

2014年，在县供销社支持下，来安县桃丰生态农业合作社经10年努力，选育桃树优质新品种“红叶冬桃”，实现规模化种植

在“新网工程”建设中，各地供销社积极开办农村日用消费品超市，繁荣农村市场。图为2007年12月宿松县许岭合家福超市开业

庐江县供销社重视发展茶产业。图为位于闸市区的县供销社茶行

广德县供销社开展“送科技下乡”活动

安徽省供销社系统龙头企业当涂县双潭湖养殖有限公司的“双潭湖”牌优质水产品闻名全国

2008年3月，祁门迎客松红茶专业合作社成立

总凡例

一、编纂《安徽省志（1986—2005）》，坚持以马克思列宁主义、毛泽东思想、邓小平理论、“三个代表”重要思想、科学发展观、习近平新时代中国特色社会主义思想为指导，坚持辩证唯物主义和历史唯物主义的立场、观点和方法，全面、客观、系统地记述1986—2005年间安徽省自然、政治、经济、文化、社会等方面的情况。

二、本志贯彻国务院《地方志工作条例》《安徽省地方志工作条例》，依法修志。

三、本志遵循中国地方志指导小组《地方志书质量规定》，力求存真求实、客观公正、全面系统，寓观点于记述之中。

四、本志各分志名称为《安徽省志·××志（1986—2005）》。

五、本志记述的地域范围为2005年的安徽省行政区域；时间上限为1986年，下限为2005年，少数分志的时限根据情况作适当上溯或下延，特色分志不设时限。

六、本志采用述、记、志、传、图、表、录等体裁，以志为主。各分志一般为篇章节条目体，部分为章节条目体，个别分志根据实际需要采用条目体。

七、入志人物坚持生不立传的原则。除人物志外，各分志坚持以事系人、人随事出的原则，不设人物录、人物简介。

八、本志采用规范书面语体文、记述体。表述力求严谨、朴实、简洁、流畅。语言文字、标点符号、计量单位等使用规范，按国家规定执行。

九、本志资料由各承编单位搜集整理，文中不注明出处。

十、本志采用省统计部门公布的法定数据，没有列入统计范围的，采用业务主管部门的统计数据。

十一、本志所涉组织、机构、法律法规、文件、会议等专有名称，第一次使用时用全称，简称括注于全称之后。各类译名以新华通讯社译文为准。

十二、本志所用地图均以安徽省测绘部门和有关部门绘制或审定的为准。

十三、本志设总凡例，各分志设凡例。

凡　　例

一、本志为续修志书，上限始自 1986 年，部分记事追溯至事物发端；下限迄于 2011 年。

二、本志采取篇章节条目体，全面、客观、系统地记述 1986—2011 年间安徽省供销合作社系统的状况。

三、本志资料源于安徽省供销合作社联合社处室、企事业单位和市、县（市、区）供销社所提供资料或各类公开发行报章、书籍及系统内报刊，为保持前后志记述统一，相关内容延续首轮《安徽省志·供销合作社志》提法，志内不一一标注出处。

四、在编纂过程中，遇统计数据不一时，以上一级资料数据为准。

五、依业内传统，安徽省供销合作社联合社，志内简称为“省供销社”或“省社”；各市、县（市、区）及基层供销合作社，在各地、各时期称谓不一，其简称处理同省社。

六、凡志内单列条目的省社处室和企事业单位，均为下限时存续机构。

七、在涉农资、农副产品记述中，少数计量单位遵循传统，未换算为法定计量单位。

八、本志图片文字说明中的相关名称使用事件发生时名称。未标注确切时间的图片为本轮志书记事时限内某件事物或某方面工作的综合反映。

目　录

Main Contents

概　述

中国供销合作社是以农民社员为主体的集体所有制合作经济组织。

安徽境内最早的合作社组织，为民国16年(1927年)10月建于中国共产党皖西革命根据地的生产及消费合作社。1949年4月30日，皖南地区全境解放;6月，组建皖南合作总社。1950年5月，组建皖北合作总社。1952年9月，皖南、皖北两社合并，成立安徽省合作总社，领导全省供销、消费和手工业合作社事业。1954年9月，安徽省合作总社更名为安徽省供销合作社，重在向农民社员和非社员提供生产、生活资料，同时把农产品、手工业品、土特产品推销出去，接受国家委托，收购粮食、棉花及其他工业原料和出口产品。供销合作社在服务中的“扁担”精神、“背篓”精神广受农民赞誉。

1958—1975年，全国供销合作社系统在“大跃进”“文化大革命”期间，与国营商业组织几经分合。安徽省供销合作社系统亦于1958年、1961年、1970年、1975年与本省商业系统“两合两分”。1975年2月，中共中央决定恢复全国供销合作总社，定名中华人民共和国供销合作总社，为政府部门，而非群众性经济组织。是年8月，中共安徽省委同意恢复安徽省供销合作社，至年底，全省各级供销社相应恢复。

1978年12月，中共十一届三中全会后，供销合作社体制改革成为农村经济体制改革的有机组成部分。同步于家庭联产承包责任制推行，供销合作社系统肩负“发展经济，保障供给”使命，开始恢复“三性”——组织上的群众性、管理上的民主性、经营上的灵活性，发挥农村商品流通主渠道作用，受政府委托，收购农副土特产品，组织工业品生产和生活资料供应，成为连接城乡、联系工农、沟通政府与农民的桥梁和纽带。

1982年起，安徽供销合作事业走过统购统销阶段，通过体制调整，由基层社恢复合作商业性质始，逐步回归合作经济组织轨道。全省供销社系统恢复“三性”，推行“五突破”——在劳动人事制度、农民入股、经营服务范围、按劳分配和价格管理五个方面进行突破性改革，实现“六发展”——发展系列化服务、横向经济联合、农副产品加工业、多种经营、农村商业网点、教育和科技事业。坚持为农服务办社宗旨，建立和完善农村商品生产服务体系，促进全省城乡物资流通，繁荣稳定城乡市场。

1982年2月，国合商业第三次合并，但中华供销合作总社仍然存在并发挥作用。1983年2月，安徽省供销社更名为安徽省供销合作社联合社，退出政府序列。基层合作社恢复合作商业性质；县级供销社改为全县基层社联合社，作为基层供销合作社的经济联合体。

1984 年 1 月,根据中共中央《关于一九八四年农村工作的通知》精神,供销合作社全面恢复集体所有制经济性质。1986 年,《中共中央国务院关于一九八六年农村工作的部署》要求供销合作社必须彻底成为农民群众的合作商业,国家对各级供销社均按集体所有制合作商业对待,安徽省供销社改革重点转向为农村商品生产服务。全省系统突出农资供应,全年供应化肥 428 万吨,增长 13.5%;供应农药 2.8 万吨,增长 35.5%。全省供销社累计提供扶持生产资金 1368 万元、扶助生产物资 5920 万元,配备生产辅导员、技术员、信息员 7202 人,印发技术资料 15.1 万份,传递经济信息 2.7 万条,培训农民技术员 5.5 万余人次,扶持农村专业户、联合体 10 万个,帮助推销产品 9131 万元,为乡镇企业提供原料价值 2241 万元,推销产品价值 4855 万元。发展工商联合体 192 个、商商联合体 125 个、农商联合体 440 个、农工商联合体 39 个。商品纯购进比上年增长 24%,纯销售增长 10.8%,利润增长 15.04%。茶叶出口创汇 2196 万元,增长逾 1 倍。全省固定资产总额达 7.39 亿元,比上年增长 1 亿元。全省化肥、农药、农膜等供应量均为历史最大。1989 年,全省系统实现商品购进 50.2 亿元,其中农副产品购进 20.9 亿元;实现商品销售 78 亿元,其中农业生产资料零售 28.9 亿元,生活资料零售 21.3 亿元;实现社办工业产值 8.27 亿元。

20 世纪最后 10 年,在从计划经济向市场经济转轨中,供销社传统经营的农业生产资料和棉花等重要农产品市场逐步放开,由于体制和机制不适应,加之数十年累积的政策性、经营性包袱和巨大冗员负担,全省系统连续经营亏损,但其间供销合作社改革从基层社延伸到各级联社,从恢复基层社合作商业性质转向探索综合性服务组织发展新路,打下恢复合作社组织、强化网络、扩大购销业务、提升服务功能的基础。

1995 年,中共中央、国务院发出《关于深化供销合作社改革的决定》(中发〔1995〕5 号,简称中央 5 号文件)。1996 年,中共安徽省委、安徽省人民政府发出《关于深化供销合作社改革的实施意见》(皖发〔1996〕6 号,简称省委 6 号文件),安徽供销合作事业开始转轨探索,加快经济转型步伐,推动联合社、基层社、社有企业改革。全省系统着手对部分企业实行经营放开、价格放开、用工放开、分配放开的“四放开”试点,在“边小微亏”工业品经营门点、柜组推行“社有民营”改革。发展分购联销、联购分销、购销结合、批零结合、专业经营、集团经营、联营制、代理制、总经销等,探索外向型经济。自上而下,精简机构,转换职能,改革行政化管理方式,建立企业化管理体制。省供销社率先进行机构改革,精简机关人员,兴办经济实体。成立安徽省供销商业总公司,与省供销社实行“一个机构,两块牌子”。全省各地、市、县供销社相继进行机构改革,多成立集团或总公司。对直属企业由单一行政管理改为资产管理和行政管理相结合。在清产核资、界定产权的基础上,实行资产承包经营责任制和有偿使用制度。建立新的用人机制和分配机制,推行全员劳动合同制。

1998 年,中华全国供销合作总社办公厅发出《关于启用全国供销合作社名牌产品标志的通知》,授权获全国供销合作社名牌产品称号的企业使用。公布第三批全国供销合作社名牌产品名单，安徽省供销社系统有司尔特牌高浓度复合肥、LUCKYBIRD 茶叶、迎客松牌茶叶、雷花牌锯齿棉、新彩韵牌高档凹版复合塑料油墨、华佳牌粉末涂料、永新牌真空镀膜产品入选。

1999 年，国务院发出《关于解决当前供销合作社几个突出问题的通知》（国发〔1999〕5 号），指出："全国供销合作总社和省、市（地）级联社应大力精简机构，减员消肿，所需经费列入同级财政预算，不再向所办企业收取管理费。"同年，安徽省人民政府出台《贯彻国务院关于解决当前供销合作社几个突出问题的通知》（皖政〔1999〕44 号），支持供销合作社改革。全省供销社系统抓住机遇发展，至 2000 年，整体实现扭亏为盈。

2000 年起，安徽省供销社系统推进体制机制创新，进行"四项改造"——以参与农业产业化经营改造基层社，以实现产权多元化改造社有企业，以实现社企分开、开放办社改造联合社，以发展现代经营方式改造经营网络，增强综合实力，提升服务水平，加快建设新型流通服务网络。

2001 年度和 2002 年度，安徽省供销社两获中华全国供销合作总社省级社经济效益考核优胜单位一等奖。2002 年度，全省系统实现利润总额 7559 万元，同比增长 59.27%；亏损面为 18.84%，比上年低 7.47 个百分点；亏损单位亏损金额 6222 万元，比上年减亏 1605 万元。兴办各类专业合作社 547 个，入社农户达 41.1 万户；建立各类农产品基地 443 个，联结农户 8.96 万户；年销售农副产品 2.8 亿元，具有一定规模的重点龙头企业达 22 家。全省系统以主导产业为链条，建设新型适应市场经济发展要求的合作经营网络。省农资公司组建覆盖全省、辐射全国的农资资源网、经营网、合作网与信息网；省再生资源公司以废钢铁为主，带动全省、联系全国大型钢铁企业的废钢铁经营网初具规模，省兴农土产日杂有限公司建设烟花爆竹、名优特农副产品经营网。发展总代理、总经销等现代营销，通过加盟、自建，发展连锁经营。蚌埠市第二果品公司总代理"金龙鱼"食用油，占据该市食用油市场"半壁江山"。马鞍山市社加盟江苏省供销社苏果超市，舒城县社加盟安徽"商之都"。棉花和化肥等农业生产资料虽走向市场，但供销社系统购销在省内市场仍起主导作用。

2003 年，全省基层社自 1990 年以来首次实现汇总赢利。是年，安徽省供销社获中华全国供销合作总社省级社经营绩效考核优胜单位特等奖。安徽省人民政府发出《关于进一步加快发展农业产业化经营的实施意见》，明确省供销社作为棉花、茶叶两大主导产业牵头单位，起草《安徽省棉花产业化发展规划（2003—2007 年）》和《安徽省茶叶产业化发展规划（2003—2007 年）》。

2004 年，安徽省供销社系统发挥带动农民进入市场的作用。全省系统 1549 个汇总单位中有 1413 个盈利，与 2000 年相比，5 年间全省系统效益增长近 13 倍。当年利润总额排名全国系统第 6 位。支柱行业支撑作用明显，骨干龙头企业作用显现。黄山永佳集团、安徽辉隆农资集团、宁国司尔特化肥有限公司和阜阳商厦 4 家企业实现利润占全系统盈利总额的80%。7月8日,黄山永佳集团"永新股份"在深圳证券交易所上市,成为全省供销社系统第一股。

2005年,安徽省供销社系统重点实施"四项改造",经济发展步入良性轨道,经济结构调整优化,呈现多元化发展势头。巩固传统主业,农资、棉麻、再生、茶叶四大行业全年实现销售134.4亿元,占系统总额64.5%。加强对系统棉花、茶叶产业化工作指导,提出"215行动计划"。与省政府有关部门联合举办"合作经济组织论坛"。拓展复合肥加工、化工、房地产、拍专卖、仓储、冷藏、种子以及资本运营等新兴业态。合肥市社利用自有地产,兴建28层恒丰国际大厦。芜湖市社投资成立市再生资源交易中心、锦江之星芜湖店、芜湖丰农果茶冷藏、金联投资、安徽达成科技、芜湖棉花交割库等一批新项目。黄山永佳集团建成160亩永佳科技园。是年,安徽省供销社获全国供销社系统综合业绩考核特等奖,受到全国总社表彰和省政府通报表扬。

2006年起,安徽省供销社系统抓住新农村建设历史机遇,探索符合安徽省情的合作经济发展道路,提升综合效益,扩大农资、日用消费品、农副产品、再生资源、烟花爆竹五大网络覆盖面,推行现代流通方式,建设"新农村现代流通服务网络工程"(简称"新网工程"),提高运营水平,逐步实现"一网多用,双向流通"。2011年,增加农村金融服务,成为六大网络。履行省政府赋予的棉花、茶叶两大主导产业农业产业化牵头职责。

2006年是"十一五"规划和"新网工程"建设的开局之年,亦为建设社会主义新农村的起步之年。根据《中共中央、国务院关于推进社会主义新农村建设的若干意见》和国务院《听取供销总社关于建设农村现代流通服务网络等有关工作汇报的会议纪要》要求,供销合作社创新服务方式,开展联合、合作经营,加快现代经营网络建设,为农产品流通和农民生产生活资料供应提供服务。辉隆集团、安徽棉麻、安徽茶叶、安徽再生资源市场份额居全省同行业第一。省再生资源公司打造全省再生资源回收利用体系,首个"绿色回收亭"在合肥诞生。《安徽省供销社系统"新网工程"建设规划》发布。当年全省系统37家企业被商务部列入"万村千乡"市场工程试点企业。连锁企业达38家,已建和在建连锁店4646个,已建配送中心118个,农村综合服务社总数达4205家。省社创新本级企业管理方式,制定完善"社有资产管理""企业负责人任期经济责任审计"等系列规章制度。集中本级资产组建、启动安徽德信担保公司和安徽友盛房地产公司。合肥、芜湖、黄山、宣城等地供销社发展房地产、金融、担保、包装、化工等产业。是年,安徽省供销社获全国供销合作社系统省级优胜单位一等奖,较上年上升3个位次。省社开通"安徽供销合作网",启动机关效能建设,开展解放思想大讨论。

2007年,全省系统"新网工程"建设资金首次列入省财政预算。7月1日,《农民专业合作社法》颁布实施,全省系统加大宣传和培训力度,举办20期培训班,受训逾3200人次。规范登记专业合作社,实施"千社千品富农工程",通过领办、联办等多种途径,发展专业合作社,提高农民组织化程度。全省系统培育农业产业化龙头企业200个,其中国家级1家、总社级10家、省级12家、省社级95家。围绕棉花、茶叶、油料、桑蚕、蔬菜等优势产业，依托龙头企业、专业社，引导农民推广新品种、新技术，创办科技示范基地，发展高新特色农业。潜山县社利用基层闲置仓库、场院，建立“十万棒”香菇生产基地。基层社实现销售65.79亿元，增长19.38%；利润总额1642万元，增长逾1倍。全省供销社商品销售总额由2000年的128.04亿元增长到334.63亿元，年均增长20%以上；利润总额由1268万元增长到3.79亿元，年均增长62.47%；所有者权益由-3.5亿元增长到30.84亿元，年均增长逾4亿元；全省系统资产总额达到152.41亿元。省社开展落实科学发展观学习大讨论，进行直属机关党委换届改选，成立第一届纪委。是年，安徽省供销社获全国供销合作社系统综合业绩考核省级优胜单位特等奖。

2008年，全省供销社系统根据《中共中央 国务院关于切实加强农业基础建设 进一步促进农业发展农民增收的若干意见》和安徽省人民政府《关于进一步加快供销合作社改革发展 服务社会主义新农村建设的意见》（皖政〔2008〕38号）要求，加快组织创新和经营创新，将当年作为“三个年”——“新网工程”建设推进年、社有企业创新发展年、供销社地位作用提升年，实施“六大战略”——网络拓展、开放办社、龙头引领、实业兴社、项目带动和人才强社。省社投资企业销售总额达110亿元，增长10%；利润总额达1.69亿元，增长55.51%。“新网工程”建设在连锁经营、网络标准化建设和“一网多用、双向流通”等方面获得突破，当年连锁经营销售额达107亿元。推进农民专业合作社规范化种养、标准化生产和品牌化经营，完成“215行动计划”，实施安徽省人民政府全面提升农业产业化水平的“532提升行动”。全省系统已培育农业产业化龙头企业近300个，其中国家级1家、总社级10家、省级20家、省社级115家。当年改建扩建新建农产品批发市场39个，年交易额14.58亿元。社有企业“一业为主，多元发展”，6家企业入选全国总社表彰的“百强企业”，1家获“特别荣誉奖”。强化联社职能，增强系统合力，协调市、县社“参公”工作。密切省、市、县三级社投资企业合作。安徽辉隆农资集团有限公司、安徽茶叶进出口有限公司等6单位获评“全国供销合作社系统文明服务示范单位”。全省系统向汶川地震灾区和贫困地区献爱心，其中省社捐款和缴纳“特殊党费”达56.67万元。

2009年1月，在全国供销合作总社四届六次理事会上，安徽省供销社获综合业绩考核省级优胜单位特等奖，在全国省级供销社综合排名第4。11月20日，国务院正式发布《关于加快供销合作社改革发展的若干意见》（国发〔2009〕40号）。12月8—11日，中共中央委员、中华全国供销合作总社党组书记、理事会主任李成玉到安徽考察工作。总社与安徽省人民政府签订《推进新农村现代流通网络工程建设合作备忘录》，发挥双方政策、资金、经营和区位等优势，以供销合作社系统主要行业和龙头企业作为合作重点和切入点，通过支持相关项目建设，整合双方资源，合作推进安徽“新网工程”建设。是年，各类经营服务网点覆盖全省约40%的行政村。连锁经营销售额达168亿元，比上年增长30.2%。专业合作社年助农增收达15亿元。综合服务社建设形象新、环境美、功能多、服务优，建设总数达9025家。基层社经济效益和服务功能增强，全年实现销售

101.35 亿元,增长20.53%;实现利润3246 万元,增长60.30%。全省系统重点谋划建设带动性强、产业层次高的社有企业优势项目。省供销社“新网工程”项目库储备项目近400 个。辉隆集团在巢湖市建设全省最大油脂加工基地,月加工油料3 万吨;与黑龙江倍丰农资集团联合组建新中远化工股份有限公司,填补安徽硫、铁、肥循环一体化建设空白。黄山永佳集团拓展与外资合作空间,成为全省高新技术产业工业龙头企业。中华全国供销合作总社与安徽省供销合作社联手,收购组建全省最大的冷链物流企业——和合冷链食品股份有限公司。全省系统经营延伸至房地产开发、化工、建材、金融服务、餐饮、仓储运输、种养殖业、粮油加工、种子经营、担保拍卖、资本运作等,培育龙头企业达300 余家。省社制定多项效能建设制度,与潜山县源谭镇结对共建,开展“我为农民朋友捐赠一本书”活动。

2010 年7 月,安徽省人民政府出台《关于加快供销合作社改革发展的意见》(皖政〔2010〕53 号)。全省供销社系统坚持为农服务宗旨、市场经济改革方向、合作制基本原则,推进经营创新、组织创新、服务创新,构建运转高效、功能完备、城乡并举、工贸并重的农村现代经营服务体系,努力成为农业社会化服务的骨干力量、农村现代流通的主导力量、农民专业合作的带动力量。在时隔46 年后,10 月30—31 日,召开安徽省供销合作社第二次代表大会,会议总结发展安徽供销合作事业的6 条基本经验:必须解放思想,与时俱进,任何时候都不能僵化;必须履行宗旨、服务“三农”,任何时候都不能动摇;必须面向市场、勇于创新,任何时候都不能停步;必须坚持合作制、集体所有制,任何时候都不能偏离;必须牢记要务,科学发展,任何时候都不能懈怠;必须凝心聚力、和谐稳定,任何时候都不能折腾。提出要通过5 年奋斗,使供销合作社成为推动农村经济发展、具备较强经济实力、服务体系遍布城乡、社会影响力日益凸显、干部职工物质生活不断提升的合作经济组织。是年,全省系统主要经济指标创历史新高,省社投资企业销售突破200 亿元。省社全资公司安徽德嘉置业有限公司开工建设合作经济广场项目,规划设计总建筑面积逾10 万平方米。辉隆集团合肥、滁州配送中心竣工,在全椒、临泉分别实施2 万亩、1 万亩土地流转项目。双赢集团投资1.5 亿元建成铜陵废旧商品产业园。宣城市社启动“五大现代服务业”项目建设,占地85 万平方米,总投资逾18 亿元。芜湖市社投入3 亿元,建成果品、冻品、水产(海鲜)批发市场项目一期。六安市裕安区社投资3.6 亿元建设皖西农产品中心批发市场项目。合肥市社投资1 亿元建设农资物流园。肥东县社引资1200 万元建成金阳光购物中心。省社与广德县政府签署战略合作协议,投资建设4000 万平方米和合生态农业旅游项目。省社加强党的基层组织建设,直属机关党委已有正式党员990 名。

2011 年1 月,安徽省供销社连续第4 年获全国供销社系统综合业绩考核特等奖,排名跃居省级社第二。3 月2 日,“辉隆股份”在深圳中小板挂牌上市,开全国农资连锁企业上市先河。同月,省供销社二届二次理事会暨二届二次监事会议召开,要求围绕跨越发展这一工作主轴,把转变发展方式作为工作主线,实现“三大目标”——主要发展指标、“新网工程”建设指标、为农服务体系指标，把握“四大取向”——开放的广度、高度，合作的力度、气度，服务的深度、精度，跨越的速度、强度，推进“五大建设”——项目、“新网工程”、为农服务体系、社有企业、农产品市场。是年，“新网工程”建设首次被省政府列入《重点工作和责任分解》，由省供销社作为牵头单位，省财政厅等单位配合，成为当年全省经济社会发展的重点工作之一。安徽财贸职业学院牵头组建安徽财贸职教集团。安徽供销合作事业站在新的历史起点上，按照中华全国供销合作总社在“十二五”期间打造“全新供销合作社”的要求，按照安徽省委、省政府打造“三个强省”、建设“美好安徽”的要求，创新发展，联合发展，和谐发展，跨越发展。

第一篇　组织机构

供销合作社组织体系形成于20世纪50年代，在中共十一届三中全会后，随改革开放而不断完善。安徽省供销社系统自下而上分设基层供销合作社和县以上（包括市级、省级）供销合作社联合社。安徽省供销合作社联合社是安徽省人民政府和中华全国供销合作总社领导下的全省供销合作社的联合组织。

2001年，安徽省供销社系统有17个市级社、77个县（市）社、1343个基层社，产业活动单位2.25万个，在职职工20.3万人，其中基层社9.3万人，离退休人员5.8万人。省供销社辖12个公司、2所中专学校、1个印刷厂，有正式职工1792人、离退休人员1153人。

其后，随行政区划调整及全省供销社系统改革改制，市、县（区）级和基层供销社数及职工人数有所变化。2006年，全省共有各级供销社1138家，包括省供销社、17个市级社、78个县（市区）社、1042个基层社；各级社有企业及社涉企业（法人单位）达1854家，事业单位达28家。截至年底，全省系统从业人员达9.1万人，其中供销社职工7.91万人，开放办社吸收人员1.19万人。省、市、县（市区）供销社机关职工达1991人。

2011年，全省共有各级供销合作社1065家，包括省供销社、16个市级社、80个县（市区）社、968个基层社；有各级社有企业及社涉企业（法人单位）580家。是年底，全省系统从业人员为13.83万人，省、市、县（市区）供销合作社机关职工（由财政支付工资）为1671人。安徽省供销社机关有9个职能处室，有在职职工59人，其中厅级干部8人、正副处长15人。有离退休人员108人，其中厅级干部13人、处级干部41人。省供销社有直属企事业单位17个。

第一章 省级供销社

1983 年 8 月,安徽省供销合作社更名为安徽省供销合作社联合社,由行政单位改为经济组织,退出政府序列;简称安徽省供销社或省供销社。

1992 年 5 月,省政府批准组建安徽省供销商业总公司,与安徽省供销合作社联合社系“两块牌子、一套机构”。

2000 年 10 月 13 日,根据《国务院关于解决当前供销合作社几个突出问题的通知》(国发〔1999〕5 号)和省政府《贯彻国务院关于解决当前供销合作社几个突出问题的通知》(皖政〔1999〕44 号)文件精神,确定省供销合作社是全省供销合作社的联合组织,由省政府领导。按照《安徽省供销合作社职能配置、内设机构和人员编制规定》(皖编〔2000〕21 号),省供销社主要职责是:宣传贯彻党中央、国务院和省委、省政府有关农村经济工作的方针政策;研究制定全省供销合作社的发展规划,指导全省供销合作社基层组织建设;经省政府授权,负责化肥、棉花等重要农业生产资料和农副产品经营的管理和协调;负责本系统废旧金属、报废汽车拆解、烟花爆竹经营等特种行业的管理和协调;指导全省供销合作社体制改革,改善经营管理,坚持开放办社,协调社员社之间、社员社与不同类型的合作组织之间的关系,促进改革与发展;协调同有关部门的关系,指导全省供销合作社业务活动,促进城乡物资交流;监管省级供销合作社联合社社有资产,对直属企事业单位行使出资人的职能;完成省委、省政府交办的其他工作。全省供销社认真贯彻国务院和省政府文件精神,按照全国总社“四项改造”——以参与农业产业化经营改造基层社,以实行产权多元化改造社有企业,以实现社企分开、开放办社改造联合社,以发展现代经营方式改造经营网络的要求,加快改革,减亏增盈,2000 年当年实现盈利,以后逐年增加。各级供销社不断适应农村形势发展的要求,转换经营方式,更新服务内容,促进农业产业化经营,帮助农民增产增收,提高为农服务水平。

2006 年 11 月,省委组织部明确省社为参照《中华人民共和国公务员法》管理的省政府直属事业单位。

截止 2010 年年底,安徽省供销合作社机关有在职职工 59 人,其中厅级干部 8 人,正副处长 14 人。离退休人员 110 人,其中厅级干部 13 人,处级干部 39 人。安徽省供销合作社辖企事业单位 16 个。

第一节 省社机关内设机构

1983 年,省供销社由行政单位改为经济组织,并由安徽省供销合作社更名为安徽省供销合作社联合社，内部机构随之调整，设人事处、教育处、计划业务处、基层工作指导处、办公室、财会处、物价处、基建储运处、监察处和机关党委。后增设老干部处，成立中共安徽省供销合作社联合社纪律检查组，和监察处合署办公。

省社机关机构设置 1987年2月12日，省社党组决定，成立安徽省供销合作社联合社审计室，业务上接受省审计局指导，对直属企事业单位和需要审计的供销社企业进行审计，并指导全省供销社系统审计工作。7月18日，省社党组决定，设立科技工业处，与计划业务处合署办公，对内“一个机构”，对外“两块牌子”。

1988年8月10日，根据中共安徽省委纪律检查委员会、组织部《关于撤销政府各部门纪检组的通知》，省社纪检组停止办公，有关工作移交监察处和机关党委。8月15日，省社党组决定，设立安徽省供销合作社联合社对外经济贸易办公室（简称外经办）。9月1日，省社党组决定，审计室与监察处合署办公。是年，省供销合作社联合社设处室：办公室、业务处（科技工业处）、物价处、财会处、计划统计处、基层工作指导处、基建储运处、对外经济贸易办公室、人事处、教育处、监察处（审计室）、老干部处、机关党委、工会。

1989年11月17日，外经办与计划统计处合署办公，对外仍保留“安徽省供销合作社联合社对外经济贸易办公室”牌子。

1990年2月20日，成立安徽省供销合作社联合社法律顾问室，与监察处实行“一个机构、两块牌子”，加强经济合同管理，调解系统内商业经济纠纷，承担系统内法律顾问工作。12月4日，业务处和计划统计处合署办公，对内“一个机构”，对外“两块牌子”。

1992年11月28日，成立安徽省供销合作社联合社价格事务所，与省社物价处实行“一个机构”“两块牌子”。

1993年9月6日，省供销社党组决定改革机关内部管理机构，精简机关工作人员，充实经营（生产）一线，转换企业管理职能，推进供销社体制改革，适应社会主义市场经济发展。精简后，省社机关内设1室3部1处，即办公室、政治工作部、综合业务部、财会审计部、离退休人员工作处。定人员编制60名。

1994年11月30日，成立省社基建办公室。

1995年10月，省社政治工作部分设为人事教育部和直属机关党委。

1996年1月12日，省社撤销基建办公室。3月4日，省社机关设立行政处，同省社综合服务公司实行“一个机构、两块牌子”，省社机关保卫科划归行政处。3月8日，根据省编委、省纪委、省委组织部、省监察厅《关于省直机关纪检、监察机构设置和人员编制的通知》的规定，设置安徽省供销合作社联合社监察室，与省社党组纪检组合署办公。3月14日，省社综合业务部分设为经济发展部和社务指导部。

2000年5月20日，遵照国务院《关于解决当前供销社几个突出问题的通知》（国发〔1999〕5号）中省级供销社应精简机构、减员消肿的要求，安徽省编办核定省供销社机关人员编制57名，列入同级财政全额预算，省社原机关离退休人员经费一并纳入省级财政供给。原行政处成建制转为机关服务中心,核定事业编制 29 名,列入省供销社直属事业单位管理序列,由财政供给向自收自支过渡,过渡期为 3 年。10 月 13 日,确定省供销合作社是全省供销合作社的联合组织,由省政府领导。按照《安徽省供销合作社职能配置、内设机构和人员编制规定》(皖编〔2000〕21 号),确定省社内设机构为:办公室、合作经济指导处、综合业务处、财务会计处、审计处(与纪检、监察室合署办公)、人事教育处、机关党委、离退休工作处。

2003 年 6 月 2 日,成立省供销社企业改革及招商引资办公室,指导、协调直属企事业单位改革,开展招商引资。12 月 9 日,成立安徽省供销商业总公司企业管理办公室。

2005 年 10 月 8 日,安徽省供销商业总公司企业管理办公室与省社综合业务处合署办公。是年底,省供销合作社联合社设处室:办公室、合作经济指导处、综合业务处、财务会计处、审计处、纪检监察室、人事教育处、机关党委、离退休工作处、企业管理办公室、改革及招商引资办公室。

至 2011 年,省供销合作社联合社设办公室、合作经济指导处、综合业务处、财务会计处、审计处、纪检监察室、人事教育处、机关党委、离退休工作处、企业管理办公室等。

办公室 协助省社领导管理机关日常工作,负责省社领导内外事活动的具体安排,协调机关各处室工作关系;负责省社党组会议、中心组学习会议、主任办公会议及全省系统工作会议等的会议组织和有关会务;负责省社领导批办事项和省社重要会议决定事项的督办落实;承担省社有关综合性报告、材料和文件起草等工作,负责制定机关有关重要工作制度并监督执行;负责省社机关各类公文的收文运转与管理工作,负责省社正式公文的发文审核、编号、编排打印等有关公文处理工作;负责省社机关的文书档案管理和机要保密工作,对所属企事业单位的文书档案管理和机要保密工作进行业务指导;负责新闻宣传、政务社务信息工作。编印省社信息、工作交流。指导系统政务社务信息和宣传工作;负责省社机关办公自动化工作及省社网站的日常管理工作;负责系统人民来信和来访工作;负责省社机关车辆管理工作;负责省社机关的安全保卫工作,对所属企事业单位的安全保卫工作进行业务指导;负责省社机关办公用房、办公环境和办公设备的管理等行政事务工作;负责省社重要行政接待工作;负责与机关服务中心协调解决有关服务事项;办理省社领导交办的其他工作。

合作经济指导处 指导全省供销社系统深化改革,创新机制,发挥在社会主义新农村建设中的作用;指导全省供销社系统参与农业产业化经营,培育壮大龙头企业,发展农民专业合作经济组织,培育农民经纪人队伍,提高农民的组织化程度;加强新农村现代流通服务网络("新网工程")建设,构建符合安徽农村实际、适应现代流通业发展的农村现代流通服务体系;指导基层社的组织建设和改革发展;负责全省棉花、茶叶两大主导产业牵头工作,制定产业发展规划,负责规划实施中的指导、协调、信息发布、项目论证和龙头企业申报等;指导全省供销社系统安全管理、质量管理、标准化体系建设、品牌建设、防汛抗旱、扶贫开发和精神文明创建工作。

综合业务处　指导全省系统农资、农产品、再生资源、烟花爆竹等行业综合管理工作;组织拟订全省系统经济发展规划;指导全省系统项目建设,包括项目库管理、项目培训、项目推介等工作;负责全省系统新农村现代流通服务网络工程建设工作;负责全省系统经济运行指标管理,负责综合统计联网直报、数据分析和指导等工作;协助并配合政府有关部门做好全省系统农资打假、食品安全、价格调控、年度商品计划平衡、农产品信息交流以及市场整顿等工作。

财务会计处　指导全省系统财会工作。提升系统财务管理水平,努力提高会计信息质量,加强财会队伍建设;完成全省系统和省直单位会计报表汇总和财务分析,向全国总社和财政部门报送会计报表、财务分析:向省社领导提供相关财务信息;制定省社社有资产管理相关规章制度和实施细则,负责对出资企业资产与财务监管;承办直属企业改革改制过程中资产清查、资产评估、职工补偿金计发等涉及资产、财务的相关事务。配合相关处室做好对出资企业负责人经营业绩考核与奖惩工作;管理省社(总公司)股权投资、实物资产、无形资产及产权证,负责收缴省社(总公司)投资收益、资产占用费;严格按财会制度规定,做好省社和总公司会计核算;指导直属事业单位财政预决算草案的编制,负责编制省社机关预决算草案,审核、汇总报省财政厅;制定省社机关经费管理的规章制度,按规定审核省社(总公司)的费用支出;协调财政、税务等部门,为系统争取政策。

审计处　审计本单位及所属单位资金管理使用、财务收支及有关经济活动;审计省社投资企业经营管理和效益情况;对本单位内设机构和所属单位负责人进行任期经济责任审计;审计本单位及所属单位基建工程和投资项目;评审本单位及所属单位内部控制制度的健全性和有效性以及风险管理;组织开展审计调查;指导全省供销社系统内部审计工作,制订内部审计发展规划和制度办法。

纪检监察室　做好党组的参谋和助手,协助党组抓好党风廉政建设和领导干部廉洁自律工作。履行纪委的四项职能,检查党的路线、方针、政策和决议在供销社的贯彻执行情况。协助党组会同有关部门,对党的组织和党员进行党性、党风、党纪教育。增强党组织在发展社会主义市场经济中拒腐防变的能力,开展反腐败斗争。接待、受理党的组织、党员和群众在党的纪律方面的检举、控告、申诉及建议、反映等。检查、审理党的组织和党员违犯党和国家法律、法规的案件,决定或改变对违纪党员的处分。维护党员享有党章规定的权利和其他合法权益。支持党组织和党员同违法乱纪行为和不正之风作斗争。指导直属党组织的专职和兼职纪检委员开展工作。加强纪检监察室的自身建设,不断提高人员政治素质和业务技能。承办上级纪委、省社党组交办的其他事宜。

人事教育处　负责省社机关和直属事业单位的机构编制、组织人事、专业技术职务申报等工作;负责省社机关、直属事业单位及省社投资企业的社会保险、外事、劳动工资等工作;负责省社投资企业高级管理人员的年度考核、任职考核;负责安徽财贸职业学院有关教育教学、招生、就业的指导与服务工作;负责研究制定全省供销社系统教育发展规划,组织、指导省社投资企业及全省供销社系统开展职工业务技术培训工作;为省社投资企业及系统劳动人事制度改革提供指导与服务;负责省社及本系统职业技能鉴定站的组织管理和供销社行业特有工种职业技能培训与鉴定实施工作。

机关党委 抓好省供销社党的思想政治建设。做好机关及企事业单位党员教育和思想政治工作;抓好省供销社党的组织建设和党员队伍,指导、协调省社机关各支部、各企事业单位党组织开展组织生活,发挥省社机关及企事业单位党组织的战斗堡垒作用和党员的先锋模范作用;管理机关党务信息;抓好机关效能建设,建设学习型、服务型、创新型机关,加强党风廉政建设;协助有关部门做好机关干部的聘任、考核及评优、评先等工作,抓好省社精神文明建设创建工作。抓好工会、共青团、妇女计划生育工作;完成上级党组织和省社领导交办的各项工作。

离退休工作处 贯彻党和国家离休退休制度的有关政策、规定和省社党组有关决定;组织离退休人员的政治学习、文件传阅、收听收看重要报告和参与重要会议、政治活动等,通报有关会议、文件精神和供销社改革与发展情况;负责离退休人员的用车安排;组织开展有益老干部身心健康的文体活动,发挥先进文化教育阵地的作用;负责老干部的医疗保健、组织健康检查等工作。

企业管理办公室 指导企业制定年度经营管理和发展计划、中长期发展规划,经省供销社主任办公会议批准后组织企业实施。会同有关部门对企业年度计划的完成情况进行考核;组织企业开展经营管理情况分析,出版《经管动态》,反映企业最新的经营管理情况、政策动向、行业发展状况、市场动态等;从加强和完善对省供销社投资企业的"监督、管理、服务、指导"出发,按照"管人、管事、管资产"的原则,构建省社(总公司)投资企业运营监管的制度体系;指导企业制定管理制度,促进企业加强和完善经营管理,推进省社投资企业经营资产的优化配置;为省社投资企业发展寻求政策支持平台,配合省社有关职能部门,协调与工商、税务、银行、发改委等部门的关系,为企业创造良好的外部环境;负责对省社投资企业的经营、非经营性重大投融资项目的审查论证,配合有关部门按程序进行报批。

领导成员

安徽省供销合作社联合社领导人一览表

表1—1—1

姓名	籍贯	党内职务	行政职务	任职时间
单中天	山东单县	党组书记	主任	1983年6月—1993年3月
王赞春	山东	党组成员	副主任	1983年6月—1985年7月
		党组副书记	副主任	1985年7月—1992年6月
张永满	安徽合肥	党组成员	副主任	1985年7月—1993年9月
		党组副书记	副主任	1993年9月—2000年1月
苏家骥	安徽歙县	党组成员	副主任	1986年12月—1993年12月

续表1—1—1

姓名	籍贯	党内职务	行政职务	任职时间
朱成林	安徽宣州	党组成员	副主任	1991年10月—1993年3月
孟庆鹏	安徽长丰	党组成员	副主任	1991年10月—1997年5月
王德祥	山东	纪检组长	—	1983年11月—1988年3月
刘家来	安徽长丰	党组书记	主任	1993年3月—2003年4月
许道明	安徽长丰	党组书记	主任	2003年4月—2006年6月
韩柏泉	安徽肥东	党组成员	副主任	1995年1月—1998年7月
杜贵寅	江苏淮阴	纪检组长	—	1992年9月—1996年11月
陈润刁	安徽霍邱	纪检组长	—	1996年12月—2001年11月
蔡　立	上海	党组成员	副主任	1997年7月—2009年7月
		党组成员	巡视员	2009年7月—
李永英	安徽亳州	党组成员	副主任	1998年7月—2007年11月
		党组成员	巡视员	2007年11月—2009年5月
王首萌	安徽砀山	党组书记	主任	2006年8月—2010年10月
		党组书记	理事会主任	2010年10月—
钱　斌	安徽庐江	党组成员	副主任	2001年1月—2010年10月
		党组副书记	监事会主任	2010年10月—
崔继华	安徽休宁	党组成员	副主任	2003年9月—2010年10月
		党组成员	理事会副主任	2010年10月—
闫铁力	河北河间	纪检组长	—	2006年12月—2010年10月
		党组成员	理事会副主任	2010年10月—
魏邦余	安徽肥东	党组成员	副主任	2009年7月—2010年10月
		党组成员	理事会副主任	2010年10月—
陈　辉	安徽怀宁	纪检组长	—	2010年10月—
周天伟	安徽临泉	—	监事会副主任	2011年2月—

安徽省供销商业总公司负责人一览表

表1—1—2

姓名	籍贯	职务	任职时间
单中天	山东单县	总经理	1992年7月—1993年3月
刘家来	安徽长丰	总经理	1993年3月—2003年4月
许道明	安徽长丰	总经理	2003年4月—2006年6月

续表 1—1—2

姓名	籍贯	职务	任职时间
王首萌	安徽砀山	总经理	2006 年 8 月—
张永满	安徽合肥	副总经理	1992 年 7 月—2000 年 1 月
苏家骥	安徽歙县	副总经理	1992 年 7 月—1993 年 12 月
朱成林	安徽宣州	副总经理	1992 年 7 月—1993 年 3 月
孟庆鹏	安徽长丰	副总经理	1992 年 7 月—1997 年 5 月
韩柏泉	安徽肥东	副总经理	1995 年 1 月—1998 年 7 月
蔡　立	上海	副总经理	1997 年 7 月—2009 年 7 月
李永英	安徽亳州	副总经理	1998 年 7 月—2007 年 11 月
钱　斌	安徽庐江	副总经理	2001 年 1 月—
崔继华	安徽休宁	副总经理	2003 年 9 月—
闫铁力	河北河间	副总经理	2011 年 8 月—
魏邦余	安徽肥东	副总经理	2009 年 11 月—

第二节　直属企事业单位

企事业单位设置　1986 年 1 月,安徽省棉麻公司蚌埠中转站储备库工程竣工,1 月 20 日,省社定名为安徽省供销合作社联合社蚌埠中转站,实行“一个机构”“两块牌子”。

1987 年 2 月 1 日,省社党组决定,安徽省农业生产资料公司改分配管理型为经营服务型经济实体,独立核算、自负盈亏,资金来源为自有资金和银行贷款,上缴税利按国家规定执行。4 月 25 日,省委组织部批准,中国农业生产资料公司上海采购供应站安庆办事处(简称安庆化肥办事处)人事管理权收归省社,办事处正、副主任由省社管理和任免。

1988 年 4 月 23 日,省社党组决定,成立安徽省供销合作社联合社工业品公司,与安徽省供销合作社联合社贸易中心实行对内一套班子、对外两块牌子。8 月 22 日,省社党组研究决定,成立安徽省再生资源开发利用公司,与安徽省物资回收公司属“一个机构、两块牌子”。是年末,安徽省供销合作社联合社直属单位有:安徽省农业生产资料公司、安徽省棉麻公司、安徽省茶叶公司(中国土畜产进出口公司安徽省茶叶进出口分公司)、安徽省物资回收公司(安徽省再生资源开发利用公司)、安徽省土产日杂果品公司、安徽省供销合作社联合社工业品公司(安徽省供销合作社联合社贸易中心)、安徽省农业生产资料公司芜湖分公司、安庆化肥办事处、安徽省棉麻公司蚌埠中转储备库、安徽省茶叶公司芜湖分公司(芜湖茶厂)、安徽省土产日杂果品公司芜湖分公司、安徽省供销合作社联合社科学研究所、安徽省合肥供销学校(安徽省供销合作社联合社干部学校)、安徽省池州供销学校、安徽省供销合作社联合社印刷厂。

1989 年 1 月 20 日,省社同意成立安徽省供销合作社联合社贸易中心知青综合门市部,隶属省社贸易中心,为以安置待业青年为主、自主经营、独立核算、自负盈亏的集体企业。2 月 6 日,省社同意成立合肥振中百货经销部,隶属省社工业品公司,为以安置待业青年为主、自主经营、独立核算、自负盈亏的集体企业。3 月 10 日,省社招待所单设,独立核算,自负盈亏,隶属省社办公室。24 日,省社合肥物资中转站更名为安徽省供销合作社联合社物资站,独立核算,自负盈亏,隶属省供销合作社联合社,副县级建制。

1990 年 6 月 2 日,省社所属合肥德胜贸易公司更名为安徽省供销合作社联合社劳动服务公司。11 月 23 日,安徽省供销合作社联合社蚌埠农副产品贸易公司更名为安徽省供销合作社联合社蚌埠土产日杂采购供应站。

1991 年 3 月 5 日,省社同意成立供销合作商报编辑部。

1992 年 5 月 27 日,省社党组决定,成立安徽省惠民实业公司,隶属安徽省供销合作社联合社,为实行单独核算、自主经营、自负盈亏的经济实体,开展旅游饮食服务、房地产开发、室内外装修、商品营销等业务。28 日,省社党组决定撤销省社办公室膳食科,成立省社饮食服务部,由省社办公室管理。29 日,省社同意成立安徽省供销合作社联合社鑫龙商场,隶属省社劳动服务公司,为集体性质。7 月 23 日,省社同意安徽省供销合作社联合社劳动服务公司更名为安徽省供销合作社联合社华龙贸易公司,其性质、任务和隶属关系不变。8 月 27 日,经省社党组研究决定,并经上海市人民政府协作办公室同意,成立上海安徽裕安总公司供销商业公司,为省社直属企业,独立核算,自负盈亏,性质为集体所有制。9 月 1 日,省社同意安徽省供销合作社联合社工业品公司更名为安徽省工业品公司,隶属关系不变。2 日,经省社党组研究决定,成立安徽省供销社工程设计室,隶属省社科研所。4 日,省社同意成立安徽省金城贸易公司,隶属省社印刷厂,为集体经济性质,安置城市待业青年,实行独立核算,自主经营,自负盈亏,具备法人资格。5 日,省社党组决定成立安徽省集贤财会服务公司,隶属省供销社,与财会处合署办公,为集体所有制性质,独立核算,自负盈亏。11 日,同意安徽省供销合作社联合社农资商品化验室更名为安徽省供销合作社联合社农资商品检测中心,机构设在合肥供销学校。11 月 12 日,省社成立上海安徽裕安实业总公司供销商业公司董事会,协调在沪业务关系,加强浦东供销商业公司领导。13 日,省社党组决定,省棉麻公司成立蚌埠、宿县、巢湖、安庆经营站和宿县中转储备库。28 日,成立安徽省供销合作社联合社价格事务所,与省社物价处“一个机构、两块牌子”。12 月 3 日,省社党组决定,组建安徽省农资集团公司,以省农资公司为核心,将省属合肥、蚌埠、淮南、安庆、铜陵、芜湖 6 个农资分公司和巢湖化肥中转库作为集团紧密层,把自愿加入集团的地、市、县农资公司作为集团半紧密层;将 7 个分公司(库)人权收归省公司,实行计划、承包、基建和技改、进出口贸易、资产、人事“六统一”管理。22 日,省社党组同意成立安徽省土产日杂果品公司果品副食经营部,安排待业青年和富余人员,独立核算,自负盈亏,隶属省土产日杂果品公司。

1993年2月18日,省社同意安徽省黄山景湖宾馆成立安徽省供销旅游公司。27日,安徽省物资回收公司更名为安徽省再生资源公司。3月2日,省社同意成立安徽省物资回收公司上海经营部,隶属省物资回收公司,为集体经济性质,独立核算,自主经营,自负盈亏,具有法人资格。6日,省社同意安徽省供销科技开发公司更名为安徽省供销社科技工贸公司。4月27日,成立新世纪大厦,隶属省供销社领导,为集体经济性质,独立核算,自负盈亏。10月8日,根据省社机关机构改革方案,以机关后勤服务现有人员为基础组建安徽省供销社综合服务公司,实行企业化管理,独立核算,在完成机关后勤服务、管理工作前提下,开拓经营。以《全国商情》和《安徽供销行情》两刊为基础,组建安徽省供销社信息中心,开展信息收集、整理、传递和咨询,为领导决策和企业经营提供服务,指导、协调全省系统信息工作。组建安徽省供销物资材料公司,为集体所有制,独立核算,自负盈亏,自主经营。

1994年1月10日,省社同意省农资公司在上海浦东成立安徽省农资公司上海公司,隶属省农资公司,独立核算,自负盈亏,自主经营。13日,省社同意省供销社信息中心成立安徽省信贸公司,隶属省社信息中心,独立核算,自负盈亏,自主经营。20日,同意省再生资源公司在上海宝山成立安徽省再生资源公司上海公司,隶属省再生资源公司,独立核算,自负盈亏,自主经营。31日,省社研究决定,省供销社驻上海工作组自2月起改由省土产日杂果品公司领导,现有财产划归省土产日杂果品公司使用,适应市场经济需要,增强经营能力。4月28日,省社同意成立安徽芜湖中茗实业总公司,与芜湖茶厂实行“一套机构、两块牌子”,由省茶叶公司管理。8月13日,省社同意省棉麻公司在上海外高桥保税区成立皖棉上海贸易公司,独立核算,自负盈亏,自主经营。

自1995年1月起,黄山景湖宾馆、黄山供销旅游公司隶属新世纪大厦。5月3日,省社同意在池州供销学校成人教育部基础上,成立安徽省财经干部中专学校,隶属池州供销学校。7月27日,经省人民政府同意,批准合肥供销学校更名为安徽省贸易学校。8月31日,安徽省供销合作社联合社物资站并入安徽省供销物资材料公司。10月26日,成立安徽省新世纪旅行社,为独立核算、自负盈亏的第三类旅行社。11月10日,省社党组研究决定:供销合作商报社挂靠省社办公室。

1996年3月14日,根据外经贸部《关于同意安徽省供销商业总公司经营进出口业务的批示》精神,成立安徽省供销商业总公司进出口部。20日,省社同意开办安徽省霍山供销技工学校,由省供销社和霍山县供销社联办,实行两级管理,办学经费由县财政补贴,不足部分由县供销社及学校筹措解决。11月12日,省社同意省棉麻公司成立安徽省棉麻公司合肥棉麻中转储备库,属集体企业,独立核算,自负盈亏,实行全员劳动合同制。12月2日,省社同意省农资公司成立安徽省农业生产资料公司连云港公司,独立核算,自负盈亏,自主经营。

1997 年 1 月 7 日，省社成立安徽省供销社农业生产资料管理办公室，加强全省供销社系统农业生产资料工作的协调和管理。5 月 5 日，省社研究决定，将安徽省财经干部中专学校从池州供销学校中独立，由省社直接领导，核定人员编制 18 人，在校生规模 400 人。7 月 16 日，为发挥群体优势，使省土产公司尽快摆脱困境，经省社党组研究决定，由省农资公司兼管扶持省土产公司。省土产公司班子配备、调整，由省农资公司提出意见，省社考核聘用。12 月 31 日，经省人民政府批准，安徽省供销社所属安徽省池州供销学校更名为安徽省经贸学校。

1998 年 1 月 5 日，经省社党组研究决定，撤销安徽省供销商业总公司进出口部，将安徽省供销商业总公司进出口经营权交省农资公司使用；供销合作商报编辑部与省社信息中心合并，实行“一个机构、两块牌子”。6 月 5 日，经省人民政府同意，安徽省阜阳供销技工学校更名为安徽省商贸技工学校，其隶属关系、办学规模、经费来源不变。8 月 21 日，经省社研究决定，成立安徽省天诚商贸有限公司。11 月 26 日，同意阜阳市政府将阜阳供销学校更名为阜阳贸易学校。12 月 29 日，明确安徽省棉麻公司合肥棉麻储备库、宿州棉麻中转储备库副县级建制。

1999 年 6 月 14 日，阜阳市供销社将阜阳贸易学校更名为阜阳经济贸易学校。

2000 年 5 月 17 日，经劳动部批准，建立安徽省供销社行业特有工种职业技能鉴定站。12 月 10 日，根据省编委皖编〔2000〕9 号文件精神，经省社党组研究决定，成立安徽省供销社机关服务中心，属事业编制，由财政供给向自收自支过渡，原省供销社行政处成建制转入机关服务中心，撤销原安徽省供销社综合服务公司。同时，信息中心成建制并入机关服务中心，保持相对独立。

2002 年 5 月 31 日，省政府批准安徽省经贸学校并入池州师范专科学校。

2003 年 1 月 2 日，经省供销社党组研究决定，上海安徽裕安实业总公司供销商业公司划归安徽省供销社科技工贸公司管理。1 月 10 日，省社同意安徽茶叶进出口公司对芜湖茶厂实施整体转让。6 月 5 日，经省社党组研究决定，分设省供销社机关服务中心与省供销社信息中心，各为独立核算的法人单位。10 月 8 日，经省社主任办公会议研究，同意组建安徽省天和棉麻有限责任公司。由安徽省供销商业总公司和自然人共同投资，安徽省供销商业总公司控股，股本总额为 550 万元，其中安徽省供销商业总公司投资 300 万元，占总股本 54.55%，自然人入股 250 万元，占总股本 45.45%。同日，经省社党组研究，决定撤销省惠民实业公司。10 月 10 日，经省社主任办公会议研究，同意组建安徽天宏科技工贸有限责任公司，由安徽省供销商业总公司和自然人共同投资，股本总额为 328 万元，其中安徽省供销商业总公司投资 150 万元（含固定资产 30.20 万元），占总股本 45.73%；翁勇琦等自然人入股 178 万元（含经营层 70 万元），占总股本 54.27%。10 月 16 日，经省社主任办公会议研究，同意成立安徽省瑞丰化肥进出口有限公司和安徽省瑞美福农化有限公司。11 月 19 日，经省社主任办公会议研究，同意成立安徽省泰丰农资有限公司、安徽省泰达农资有限公司、安徽省泰源农资有限公司、安徽省泰嘉农资有限公司、安徽省泰宁农资有限公司、连云港市天吉农资有限公司。11月8日,经国家新闻出版署批准,省供销社主管、主办的《新安理财报》更名为《当代财富报》,为财经类周报。

2004年3月16日,经省社主任办公会议研究,同意成立安徽辉隆农资集团有限公司,同时保留安徽省农业生产资料公司名称。公司股本总额6000万元,其中,省供销商业总公司投资3300万元,占总股本55%,自然人、公司工会入股2700万元,占总股本45%。17日,经省社主任办公会议研究,同意对安庆市皖农贸易有限责任公司增资扩股,增资扩投后的股本总额为800万元,安徽省供销商业总公司632万元,占总股本79%;吴智瑞等自然人入股168万元,占总股本21%。5月21日,设立安徽盛虹烟花爆竹有限公司,总股本500万元,其中,安徽省供销商业总公司150万元,占总股本30%;安徽省天泽投资有限责任公司130万元,占总股本26%;安徽新安科技投资有限公司120万元,占总股本24%;辉隆农资集团有限公司50万元,占总股本10%;自然人(经营层)出资50万元,占总股本10%。25日,同意安徽辉隆农资集团成立安徽大禾种业有限公司。9月22日,省社同意组建安徽省再生资源有限公司。由安徽省供销商业总公司和自然人共同投资,总股本为1000万元,其中安徽省供销商业总公司投资560万元,占总股本56%,实行控股;自然人以现金投资440万元,占总股本44%。24日,经省社主任办公会议研究,同意组建安徽省棉麻有限责任公司,由安徽省供销商业总公司和自然人共同投资,总股本1800万元,其中安徽省供销商业总公司出资1500万元,占总股本83.33%,实行控股;自然人以现金出资300万元,占总股本16.67%。10月9日,省社同意安徽辉隆农资集团投资成立安徽辉隆集团桐城肥业有限公司。12月20日,经省社研究决定,将黄山景湖宾馆划归省社机关服务中心管理。

2005年2月25日,省社研究决定将新世纪大厦由省社直接管理划由省社机关服务中心管理。3月11日,经省社主任办公会议研究,同意安徽省再生资源有限公司控股投资组建安徽省双赢房地产有限公司。6月3日,经省社主任办公会议研究,同意安徽辉隆农资集团有限公司控股成立安徽辉隆集团阜阳肥业有限公司。11月30日,同意省棉麻有限责任公司组建安徽省金花棉麻有限责任公司。

2006年3月31日,经省社主任办公会议研究,同意组建安徽省新世纪商务酒店管理有限责任公司。公司总股本200万元,安徽省供销商业总公司持股90万元,占总股本45%;自然人入股90万元,占总股本45%;经营者持股20万元,占总股本10%。11月30日,经省社研究,决定由安徽省供销商业总公司控股,安徽辉隆农资集团有限公司等10家企业参股,共同发起组建安徽德信担保有限公司,总股本5000万元,其中,安徽省供销商业总公司2270万元、安徽辉隆农资集团有限公司2200万元、安徽省棉麻有限责任公司100万元、安徽茶叶进出口有限公司100万元、安徽盛虹烟花爆竹有限公司100万元、安徽省天诚商贸有限公司60万元、安徽省天和棉麻有限公司50万元、安徽省供销社机关服务中心50万元(含乐丰公司30万元)、安徽省兴农土产有限公司30万元、安徽省天宏科技工贸有限公司20万元、安徽省供销社印刷厂20万元。

2007年3月16日，经省社研究，同意组建安徽省瑞隆印务有限公司，公司总股本500万元，其中，省供销商业总公司投资300万元，占总股本60%；自然人入股200万元，占总股本40%。6月23日，经省社研究，组建安徽德嘉置业有限公司，公司总股本1000万元，其中安徽省供销商业总公司投资630万元、安徽辉隆农资集团有限公司投资350万元、安徽瑞隆印务有限公司投资20万元。

2009年10月，由安徽省供销商业总公司主发起、联合部分省社投资企业，市、县供销社及其投资企业、社会自然人共同出资，组建合肥德善小额贷款股份有限公司。同年，由安徽省供销商业总公司控股组建安徽和合冷链食品股份有限公司。2011年3月，由安徽省供销商业总公司控股组建安徽和合生态农业股份有限公司。

至2011年，省社有直属事业单位2个：安徽财贸职业学院，省社机关服务中心；有投资企业14个：安徽辉隆农资集团有限公司、安徽双赢再生资源集团、安徽茶叶进出口有限公司、安徽省棉麻有限责任公司、安徽盛虹烟花爆竹集团有限公司、安徽省天诚商贸有限公司、安徽省新世纪商务酒店管理有限公司、安徽德信担保有限公司、安徽省瑞隆印务有限公司、合肥德善小额贷款股份有限公司、安庆市皖农贸易有限责任公司、安徽天宏科技工贸有限公司、安徽和合冷链食品股份有限公司、安徽德嘉置业有限公司。

安徽财贸职业学院　安徽财贸职业学院是经安徽省人民政府批准设置、教育部备案的公办全日制普通高等学校，隶属安徽省供销合作社。始建于1964年7月，原名安徽省供销合作商业学校。1984年，更名为合肥供销学校。同年，省供销社决定省供销干校与其合署办公。

1993年，被省政府批准为省级重点中等专业学校。1994年，被国内贸易部批准为部级重点中专学校。同年，安徽省人民政府副省长张润霞、杜宜瑾，国内贸易部教育司副司长沈思义，省教委副主任柏守逊，省社主任刘家来为建校30周年活动题词。1995年，经省政府批准，更名为安徽省贸易学校。中国佛教协会会长、全国政协副主席赵朴初题写校名。1999年，与合肥中协职业学校合作，设立龙岗分校。2000年，被教育部批准为“国家首批重点中等专业学校”。

2002年，省政府批准筹建“安徽财贸学院合肥职业技术学院（筹）”。2004年2月，在合肥经济技术开发区大学城开建新校区。6月，省政府批准设置安徽财贸职业学院。2005年，迁址合肥经济技术开发区翡翠路900号，占地400.31亩。5月，在新校区举行正式建院暨校庆40周年庆典。9月，以安徽财贸职业学院名义招生1508人。2006年，举办“首届安徽企业营销高峰论坛”和“2006安徽省高职高专院校长论坛”。2007年3月，承办省农产品经纪人第一期培训班。2008年5月，承办全国供销社系统高职高专办学研讨会，是年，在“高职高专人才培养工作水平评估”中取得优秀等次，在校学生达7798人，领导班子成员为：党委书记孙永，党委副书记、院长耿金岭，党委副书记、纪委书记毛礼明，副院长胡善珍、汪少清，院长助理胡戴新。2010年，被确定为安徽省示范性高职院校建设单位。2011 年 5 月 27 日,牵头成立安徽财贸职教集团,为省内首家全新运作模式下的职教集团,上联 2 所财经类高校,下联 8 所国家级重点中职,内联省供销社 14 家直属企业,外联 50 家上规模的大中型企业,横联 6 家行业协会,纵联 17 个地市供销社,为跨地区、跨行业、多功能、多层次、综合性的非法人教育集团,探索行业发展、校企合作、企业联合、优势互补、资源共享、互利互惠的新型模式,促进职业教育链与产业发展链对接,围绕"人才培养"形成工、学一体,围绕"企业产品"形成产、供、销一体,围绕"科研开发与应用"形成科、工、贸一体,在集团组织内部形成一条有机的、资源共享的社会价值链条。

省供销社机关服务中心 2000 年 5 月,省编委《关于核定省供销社机关财政供给人员编制的批复》,明确省社机关行政处成建制转为机关服务中心,定编制 29 名,列入省社直属事业单位管理序列。12 月,省社发出《关于成立安徽省供销社机关服务中心的通知》,决定成立安徽省供销社机关服务中心。同期,省社信息中心成建制并入机关服务中心。

2001 年 4 月,省社明确省社机关服务中心的主要任务是:承担省社机关后勤服务工作,承办省社授权或委托管理的有关工作。具体职责为:承办省社辖区内整体建设规划,负责制定机关后勤建设规划、年度工作计划并报省社批准后组织实施;承办或协助开展省社房地产开发、经营工作;负责省社老办公楼、沿街门面房的出租与管理;负责省社大院内基础设施和公用设施、设备的维修管理与服务;负责省社大院内水、电、气的管理与服务;负责省社大院内文明创建、综合治理和安全保卫、卫生保洁、绿化清淤、车辆停放及自行车棚管理等;负责管理医务室,承办省社机关及直属单位定期体检,搞好职工医疗保健;负责省社出售职工住房后房改方面的相关工作;承办省社大院宿舍的管理维修;负责省社家属委员会的管理;承办省社交办的其他工作。

2003 年 6 月,省社决定机关服务中心与信息中心分设。7 月,下发《关于明确机关服务中心职责范围的通知》,明确其主要任务是承担省社机关的行政后勤服务工作。

2004 年 1 月,接办全省供销社系统核心刊物《安徽供销合作经济》。4 月,受省社委托投资 120 万元,控股组建安徽省乐丰商贸有限公司,省华龙贸易公司原有职工 13 人转换身份后自愿参股,在省工商局注册登记。12 月,省社将景湖宾馆划归省社机关服务中心管理,其时景湖宾馆已停业多年,省社机关服务中心管理的主要任务是牵头改制。

2005 年 2 月,省社将新世纪大厦由省社直接管理划由省社机关服务中心管理。次年 12 月,收归省供销社管理。

2007 年 9 月,组建安徽龙祥物业管理有限公司,公司总股本 50 万元,其中省社机关服务中心入股 36.1 万元,职工出资入股 13.9 万元。

2008 年 12 月,启动"安徽省供销社宣传长廊"建设;同月,负责省社合作经济广场项目所涉及的省供销社房屋拆迁工作,吴乐和任拆迁办主任。2010 年 1 月,受托管理原华龙公司退休职工。次年初,筹建"安徽网上供销社"。4 月,获省社授权控股组建安徽供销电子商务有限公司，运营“安徽网上供销社”项目。

至2011年3月，有在编在岗人员17人，其中主任1人，正处调1人，副主任3人（1人由省社老干部处正处调兼任），正科10人，副科4人；有离岗挂编人员2人；有编制外聘用人员19人，其中管理人员2人、专业技术人员3人、工勤技能人员14人。内设办公室、政宣科、财务科、物业管理科、房管科、开发办、医务室（庐江路社区卫生服务站）、保卫科、《安徽合作经济》编辑部9个科室，2个直属控股公司（安徽龙祥物业管理有限责任公司、安徽供销电子商务有限公司）。自成立起，杜显传、张友本、吴乐和相继任中心主任。

主要工作　2003年，对省社大院老化架空电线线路进行改造；实施“平改坡”工程。在大院内规划建设80多个车位的停车场。

2004年1月，省社将《安徽供销合作经济》交机关服务中心接办，成为全省供销社系统主要宣传媒体。2005年，更名为《安徽合作经济》。是年，改革工资制度，由机关工资制改为事业工资制。12月至次年6月，完成景湖宾馆改制工作。登记核实资产，征求职工意见，制定具体改制方案并组织实施；妥善处理银行债务，共减免各种税、费和滞纳金31万余元；40名在册职工中，33人解除劳动关系，4人退养，3人退休，7名长期离岗人员亦给予适当补助。2006年2月，经省社同意，以协议价210万元整体转让景湖宾馆房产和设施设备。

2003—2004年11月，完成代建蚌埠装饰城工程，为其时皖北地区规模较大、品牌较为集中的中型装饰市场。

2004—2005年年底，清收省农资公司、省社科工贸公司、省华龙贸易公司、省棉麻安庆经营站等9家改制后遗留的未处理欠款36万元。

2005年2月，中心受托管理新世纪大厦后，针对合肥银联印务公司租赁承包经营新世纪大厦期间，固定身份职工与承包方矛盾较大问题，解除与银联公司合同，制定《新世纪大厦改革改制方案》，2006年2月，获职工大会通过。置换固定职工身份，按现代企业制度要求，由安徽省供销商业总公司（持股90万元，占45%）、新世纪大厦固定职工置换身份后的自然人共同出资200万元，组建安徽省新世纪商务酒店管理有限责任公司，承包经营新世纪大厦资产。张友本担任董事长和总经理。12月，新世纪大厦由省社收回管理。

2005年11月，经合肥市庐阳区卫生局批准，以省供销社医务室为基础申办益民街道庐江路社区卫生服务站，作为“政府支持、医保定点、公益性质”的医疗机构，服务范围和对象扩大至社区居民，解决以药品经营为主、没有医保发票等实际问题，享受政府有关扶持政策。

2006年3—11月，完成省社大院拆违和整治工作。拆除单位公用违法建设1169平方米、个人违建面积共计872平方米。投入20余万元，新修道路和平整场地等1300余平方米。

2004—2006年间，通过办理报送用地申请、建设用地及项目立项、合同签订、购地款缴纳等事项，为省社办妥包河区130多亩居住用地和政务区20亩办公用地购置事宜。

2007年,建立内部激励机制,实行科室目标、效益“双挂钩”责任制。实施公用维修项目多项。

2008年3月,与合肥市供销社永达大厦联合,开办社区小型超市。同年,与省社人事处联合策划出版《安徽合作经济》特刊《辉煌2003—2007——安徽供销群英谱》。

2009年初,利用省社大院沿庐江路外部围墙,建设“安徽省供销社宣传长廊”,有宣传橱窗21个,至2011年年底,进行逾百次更新,宣传安徽省供销社形象。10月,编辑《省供销社机关服务中心管理手册》,分13类43项。3—12月,根据省社要求,作为解决乐丰公司问题的主体,针对安徽省乐丰商贸有限公司连年亏损、无法正常开展经营活动、职工工资停发的现状,对乐丰公司进行审计,召开股东大会,作出停止经营的决议,进行清算,追讨欠款,处置剩余资产,协调省社6家社属企业帮助解决员工就业问题。

荣誉　2003年,省社机关服务中心管理的省供销社大院被庐阳区人民政府授予“安全文明社区(小区)”称号。2005年,被庐阳区综治委授予“社会治安综合治理先进单位”和“平安单位”称号。2003—2008年度,省社机关服务中心获评“省直三优文明单位”。2006年,获评“合肥市查处违法建设先进单位”。2008—2009年,获评“合肥市双拥合格单位”。2008—2011年度,获评“省直文明单位”。2009—2010年,获评“合肥市庐阳区文明单位”。

安徽辉隆农资集团股份有限公司　2003年,安徽省供销商业总公司及自然人发起设立安徽辉隆农资集团有限公司。2004年3月19日正式挂牌,注册资本1.12亿元,拥有控股企业6家、参股企业7家,其后发展为安徽省最大、全国领先的农资商贸流通企业。2008年12月3日,变更为安徽辉隆农资集团股份有限公司。

公司主营化肥、农药等农业生产资料,同国内100多家大中型化肥生产企业有战略合作伙伴关系,与30余个国家有贸易往来,2010年实现年销售化肥350万吨,年销售收入突破100亿元。在省内外建立56个辉隆连锁配送中心,发展2300余家加盟店,除在安徽省建成成熟连锁网络外,网点另分布于黑龙江、吉林、河南、山东、江苏、广西、广东、辽宁等农资消费大省,初步形成从化肥、农药等农资产品供应到农产品收购一条龙的现代农村商品流通服务网络体系。

公司推行“服务经营型”战略。依托自身农技服务队伍和外聘农业专家,完善售前、售中和售后一体化服务体系,开展连锁加盟店及农民培训,推广农业新技术与农资新产品;宣传普及农技知识,聘请农业专家指导,设立免费咨询电话等,引导农户科学种植。

公司为中国农资流通销售“十强”企业、中国农资流通诚信建设“十佳”示范企业、国家和省级化肥储备单位、农业部农资连锁经营重点企业、商务部“万村千乡市场工程”优秀试点企业、中华全国供销合作总社农业产业化龙头企业、中国农资“十大”创新企业、全国“十大”新锐农资经销企业,获评“中国农资行业最具价值品牌”。2011年3月2日,辉隆股份在深交所挂牌上市,成为首家上市的全国供销社系统控股企业。

安徽双赢再生资源集团(简称安徽双赢集团)　2005年1月13日,安徽省再生资源公司改制组建安徽省再生资源有限公司，注册资本1000万元，安徽省供销商业总公司投资560万元，控股占56%，自然人投资440万元，参股占44%。2007年6月8日，安徽双赢再生资源集团获准注册，安徽省再生资源有限公司更名为安徽双赢再生资源集团有限公司，为母公司，设8个子公司，注册资本9530万元。截至2011年12月31日，母公司和13个控股子公司总注册资本3.143亿元，总资产26亿元。集团以再生资源回收利用为主，拍卖、担保投资、小额贷款、房地产置业营销、物流、文化传媒等多业并举。年均销售额近百亿元，年均购销以废钢为主的再生资源数百万吨。为国家定点报废汽车回收拆解企业、家电以旧换新定点回收企业。集团是全国再生资源回收利用行业龙头企业，负责全省再生资源行业的业务指导和协调，承担政府赋予的行业管理职能和合肥市的全国再生资源回收体系建设试点主要工作，是安徽省再生资源回收利用协会会长单位和省再生资源管理办公室常设办事机构。通过ISO9001:2008质量管理体系、ISO14001:2004环境管理体系和GB/T28001:2001职业健康安全管理体系认证。

集团宗旨：发挥综合优势，实现资源优化配置，服务社会，造福人类，共同发展。集团质量环境职业健康安全方针：遵守环境法律法规，推进循环经济，提倡绿色经营理念，塑造和谐人文精神，持续改善企业文化，不懈追求卓越绩效。集团荣誉：安徽省文明单位；全国实施卓越绩效模式先进企业；安徽省质量奖；全国供销合作社系统质量奖；2009年、2010年全国供销合作社系统实施卓越绩效模式先进企业；2011年全国供销合作社系统实施卓越绩效模式先进企业特别奖；安徽省劳动竞赛先进集体；全国商业企业文化优秀奖；全国构建和谐商业杰出贡献企业；安徽省重点流通企业；安徽省"重合同守信用"单位；安徽省劳动保障管理信得过单位；安徽省农行"AAA级信用等级企业"；合肥市国税局"模范纳税大户"；安徽省供销社"优秀基层党组织"；安徽省供销社系统先进单位和十强企业；全国供销合作社系统2008年、2010年"百强"企业。

安徽茶叶进出口有限公司　安徽省供销社投资企业，1952年成立，20世纪80年代初自营出口，2001年改制。以茶为主，多种经营；以出口为主，内外销兼营。2011年，公司股本结构为法人股37%，员工持股63%；总资产逾2亿元；进出口总额5500万美元，其中出口逾4500万美元；出口茶叶1.4万吨，占安徽省茶叶出口总量70%，位居全国茶叶出口企业前3名；内贸业务实现销售额2646万元，汇总利润2401万元；销售总额近9亿元。是年，公司在职员工78人，设5个分公司、16个业务部、4个综合部、2个驻外办事处、1个境外合资企业，拥有通晓英、俄、法、日等多种语言的业务人员和报关、运输、单证、品质检验、拼配加工、财务审计等专业技术人员组成的团队，初步形成"八大板块"业务，包括茶叶、化工(PVC胶管)、服装纺织、果菜(脱水蒜制品)、机电(电磁电表)、石墨电极等骨干商品的进出口及内销业务，进出口贸易涉及100多个国家和地区。注册商标18件，其中"吉祥鸟""迎客松"两个主打商标进行国际注册，自有品牌产品经营额占40%。

2008年，公司成为其时安徽省茶叶行业唯一一家农业产业化国家级重点龙头企业，是安徽省农业产业化省级重点龙头企业，居安徽省首批十大农产品出口基地示范单位第2位。通过出资认证、股权投资和创办协会、茶叶专业合作社等形式,至2011年,在六安、黄山、池州等主要产茶区建立10个有机茶基地,通过由瑞士生态研究所进行的国际有机茶IMO认证茶园逾8000亩,辐射逾30万亩茶园;控股或参股建设8个出口茶叶精制加工拼配厂,年加工拼配能力逾3万吨。公司主要荣誉:海关出口A类管理企业;安徽省工商局“重合同、守信用”企业;安徽省文明单位和“三优”(优质服务、优良作风、优美环境)创建先进单位;安徽省直工委“先进基层党组织”;“吉祥鸟”品牌被列为安徽出口名牌,“迎客松”品牌被国家“三绿”(提倡绿色消费、培育绿色市场、开辟绿色通道)工程办公室评为全国十大放心茶畅销品牌之一;中国茶叶行业百强企业(2008年名列第5,2009—2010年名列第4,2011年名列第3);首批中国茶叶行业信用等级评价AAA级茶叶企业;全国供销合作社系统2008年“百强企业”;中国茶叶知名企业。

2010年9月28日,公司由合肥市金寨路384号金融大厦2~5层,迁至合肥市政务文化新区祁门路1777号合作经济大厦5~10层。10月20日,合肥市人民政府市长吴存荣、省供销社党组书记、主任王首萌,党组成员、副主任钱斌、崔继华、闫铁力,巡视员蔡立,安徽农业大学校长宛晓春,省商务厅副厅长张光建等领导和省社、省商务厅、省出入境检验检疫局有关处室负责人、社会各界人士共300余人出席乔迁暨安徽省供销社“新网工程”大业茗丰精品展示中心开业庆典。

1986—2011年,公司法定代表人相继为孟庆鹏、周先宽、李念华、顾公新。

安徽省棉麻有限责任公司 2004年12月,由原安徽省棉麻公司改制后成立,安徽省供销商业总公司控股。注册资本1800万元,实际拥有资产3.2亿元,为是时安徽省规模最大、实力最强的产、购、销一体化的大型综合型棉花企业,有11个控股子、分公司和8个直属棉花仓库。业务覆盖全省主要产棉区,以所属轧花厂为依托,以棉花专业合作社为纽带,以“公司+农户”形式,在当涂、宿松、东至、含山、肥西、全椒等地建12个棉花产业基地,实行棉花收购、加工、经营“一条龙”服务;在新疆、甘肃、山东等棉花主产省区开辟棉花收购、加工网点。客户来自全国300余家企业,购销网络分布于全国各棉花主产和主销区,棉花进口代理范围拓展到美洲、大洋洲、亚洲及非洲多个国家,2008年销售额达4亿元。“皖棉”牌棉花获较高声誉。拥有合肥、蚌埠、巢湖、宿州、无为、东至、宿松、安庆8个直属棉花库和分库,总仓储量达20万吨。2008—2009年度,公司直属合肥、巢湖、宿州、蚌埠4个仓库申报成为国家储备棉代储仓库。

安徽盛虹烟花爆竹集团 2008年1月成立,母公司安徽盛虹烟花爆竹集团有限公司为安徽省供销社投资控股企业。母公司控股子公司有安徽盛虹集团焰火燃放有限公司、安徽盛虹集团货运有限公司、安徽盛虹集团商贸有限公司、安徽盛虹集团兴农土产日杂有限公司、盛虹集团安庆市金雷烟花爆竹专营有限公司、盛虹集团安徽省翔鹰花炮有限公司、盛虹集团湖南省浏阳市盛虹花桥烟花制造燃放有限公司,重在构建集科研、生产、运输、销售、燃放于一体的烟花爆竹安全生产经营网络体系。

2005—2008年,在全省建盛虹烟花连锁专卖店200余家,在合肥、安庆建标准化仓库

1.32万平方米。2008年，集团公司在滁州、宁国设分公司。是年，有国家烟花爆竹标准化技术委员会委员2人、各类高中级专业技术人员52人，聘请国家级工艺美术师担任顾问；有42个批发和生产经营企业为盛虹集团成员单位。当年集团销售烟花爆竹4.2亿元。经销并拥有自主知识产权的“盛虹”牌系列烟花爆竹产品获“安徽省质量放心产品”称号。集团货运公司2006—2008年连续3年被合肥市交通局评为“安全运输管理先进单位”。至2008年年底，集团焰火燃放公司是全省唯一具有A级烟火燃放资质单位，成功举办数十场大型焰火晚会。2009年，集团公司获第九届中国(浏阳)国际花炮节暨中国烟花爆竹产业博览会组委会国际花炮协会颁发的“全球十大经营企业”称号。

2008年起，集团重振农副产品经营，拓展林业项目，实现多元化经营。在长丰县境内租用1200亩土地，建设绿水源生态林业基地。基地位于合肥市大房郢水库上游，为市政府规划的绿化建设项目。截至年底，完成栽植，前期600亩通过林业部门验收，获政府扶持资金。

安徽德嘉置业有限公司　成立于2007年7月12日，为安徽省供销社(安徽省供销商业总公司)下属全资公司。经营范围包括：房地产开发经营(凭资质证经营)；建筑材料销售；房地产营销策划，物业管理，园林绿化工程，普通管理工程，装饰工程，建筑拆除服务。公司于2009年11月29日在合肥市土地市场竞得合肥市桐城路与庐江路交口西南处“合作经济广场”地块开发使用权(《国有建设用地使用出让合同》编号：合肥市区经营〈2009〉304号)。项目总用地面积12748.60平方米，规划设计总建筑面积104250.78平方米，为合肥市老城区庐阳区内大型高端综合体项目，由住宅、办公、商业3部分业态组成。2011年3月6日，举行“合作经济广场”奠基典礼。10月6—7日，举行“藏世墨宝·传世物业暨德嘉汇VIP认筹启动仪式”。

合肥德善小额贷款股份有限公司　由安徽省供销商业总公司主发起，联合有意愿且符合条件的省社投资企业、市、县供销社及其投资企业、社会自然人共同出资，于2009年10月16日揭牌，注册资本1.1亿元。经营范围：发放小额贷款、项目投资、财务咨询。为其时合肥地区初始注册资本最大、股东代表最广泛、为农服务特色鲜明的小额贷款公司。公司坚持服务“三农”和中小企业，奉行“德善、诚信、创新、全赢”的经营理念。2009年12月23日，当选为安徽省小额贷款公司协会副会长单位。2010年11月19日，广德德善小额贷款有限公司揭牌。2011年3月，增资至1.65亿元。是年3月4日，合肥德善公司商标注册成功。合肥德善公司于2010、2011年连续两年入选中国小额贷款公司竞争力100强。

安徽和合冷链食品股份有限公司　由中国供销农产品批发市场控股有限公司参股，安徽省供销商业总公司控股，于2009年组建，注册资本1亿元，主营业务：冷冻食品仓储、加工、农副产品批发交易市场、物流服务、进出口贸易等。为国家储备肉安徽定点储备库，2009年通过ISO9000质量管理体系认证，2010年成为安徽省农业产业化龙头企业、国家大宗农副产品调控骨干企业。建设6.5万吨冷藏保鲜库、2.2万平方米A、B

座食品加工和交易市场,以及2.8万平方米物流广场,规划建设3万平方米C座食品加工和交易市场、2~3万吨4号冷库(含冷链配送中心)、15万平方米综合配套服务大厦。项目全部建成后,可形成9~10万吨冷库、5~6万平方米食品加工、交易市场和冷链物流配送中心规模,成为华东地区大型冷链物流中心和安徽省食品冷藏、加工、批发交易、物流配送龙头企业。公司是安徽省供销社服务“三农”的骨干企业,是合肥市“菜篮子”工程的组成部分。

安徽和合生态农业股份有限公司 系安徽省供销社(安徽省供销商业总公司)控股企业,成立于2011年3月12日,一期注册资金8000万元。坐落在广德县经济开发区,为集园林绿化工程(设计、施工、监理、养护、亮化)、花卉苗木交易、生态农业开发、生态旅游景区开发、会议度假酒店、文化创意产业、养生养老、电子商务等多种业态于一体的大型综合性股份有限公司,下设合肥绿叶园林工程有限责任公司、安徽和合农业科技有限公司、安徽和合生态园资产管理有限公司、安徽和润节能科技服务有限公司、合肥合川网络技术有限公司。公司首任董事长为汪传舟、总经理为张勤。

安徽省新世纪商务酒店管理有限公司 所辖安徽省新世纪大厦为集客房、餐饮、票务、旅游、商贸、娱乐为一体的旅游宾馆,成立于1994年6月6日,主要经营住宿、餐饮服务,美容美发、沐浴服务、网球、乒乓球、台球、健身房服务、烟酒、农副产品、干鲜果品、日用百货、五金交电、汽车配件、票务、打字、复印、棋牌服务。地处合肥市银河公园北侧,长江路南侧。酒店主楼12层,拥有豪华客房120间。下辖安徽新奥旅行社。秉承“团结、创新、发展”的新世纪企业文化。1995年被评为二星级旅游饭店,多次接待全国性会议、省政府会议。2008年1月起,酒店改造二楼原歌舞厅,成为集会议、商务、婚礼、新闻发布、培训等为一体的多功能厅;更新部分会议室;实施酒店管理系统升级、切换;对客房、餐饮进行总体改造。2009年2月,被国家旅游局评为三星级旅游饭店。成为省政府2011—2012年度党政机关出差和会议定点酒店,并被近30家省直厅局单位确定为定点单位。2010年,通过ISO9001质量认证、ISO14001环境认证和GB/T28001职业健康安全认证、HAPPC食品安全认证,实现“四证合一”。同年,位于政务区祁门路的新世纪“天鹅湖畔”大酒店开业。2011年,被评为金叶级绿色旅游饭店和5A级诚信旅游饭店。

安徽省天诚商贸有限公司 安徽省供销社控股企业,1998年成立,主要经营再生资源回收、储运、加工、销售,铸造炉料、建筑材料销售,家用电器经销、代理,制冷设备安装、维修等业务。2009年在江苏省南京市投资600万元、2010年在安徽省肥东县投资500万元,设立两家全资子公司。企业被徽商银行纳入“小巨人”培育工程,2005年、2006年、2008年和2011年,被评为全省供销社系统先进企业。

自2005年起,主营业务废钢铁回收、储运、加工、销售量增长。与宝山钢铁等国内一流钢铁企业建立良好购销关系。2005—2011年年底,累计实现销售额19亿元,总资产达9251万元,综合实力不断增强。

安徽省瑞隆印务有限公司 前身是安徽省供销合作社印刷厂,成立于1952年冬。

业务范围涉及教材、教辅、图书、期刊、报纸、画册、商标包装、彩色广告宣传单、扑克牌、标准信封、保密件等。1985—1987 年在合肥市印刷企业中综合排名第 3，教材、图书在省新闻出版局评比中多次获奖。

1992 年 9 月 4 日，成立安徽省金城贸易公司，至 1997 年，公司亏损，欠合肥市农行贷款本金 546 万元，无力偿还。2001 年 4 月，组建新一届领导班子，实行人事、用工、分配制度改革。2003 年，广告扑克进入法国和非洲市场。至 2006 年，资产总额 1216 万元，当年实现印刷收入 338 万元，其他收入 163 万元，上缴税金 57 万元，实现利润 35 万元。和 2001 年相比，销售收入增长 58%，利润增长 179%；职工收入增长 249%，6 年累计上交税金 293 万元。是年末，在职职工 125 人，其中高级工 29 人、中级工 60 人，在职、在岗职工 71 人，厂区占地面积 8700 平方米，建筑面积 8300 平方米，成为集设计、印刷、装帧为一体的专业印刷企业。

2006 年 4 月，启动改制。2007 年 3 月，成立安徽省瑞隆印务有限公司，由安徽省供销社控股、自然人参股。是时，拥有激光照排和网络系统、日本小森四开四色胶印机、上海对开双面单色胶印机、北人对开 08 胶印机、江西对开 05 单面双色胶印机，六开多功能胶印机、混合式折页机、无线圆盘包本机、半自动锁线机，四台切纸刀和三面刀、多头订书机、扑克上光机等设备，形成书刊印刷、商务印刷、扑克牌及零件印刷 3 条生产线。增加教材、教辅和其他类图书印刷量，和安徽黄山书社、安徽文艺出版社、安徽教育出版社、中国科技大学出版社、合肥工业大学出版社、安徽大学出版社等建立长期合作关系。与 100 多家省直厅局、大专院校、企业团体建立业务往来。定型产品扑克牌年生产能力达 100 万副。黄山 303、818、828 系列扑克畅销安徽市场，并销往河南、山东、江苏、江西等省，飞马扑克销往美国。

企业系安徽省新闻出版局出版物定点印刷单位、安徽省工商局商标印刷定点单位、安徽省邮政管理局标准信封定点印刷单位、安徽省技术监督局条形码定点印刷单位和合肥市保密局保密件定点印刷单位，系安徽省印刷协会理事单位、合肥市印刷协会常务理事单位和安徽省新闻界企业界联合会常务理事单位。

2001—2009 年，企业党组织连续 5 次被省供销社评为“先进基层党组织”；2002 年，获省质量技术监督局颁发的“安徽省市场质量放心产品”证书和奖牌；2003 年，被省劳动和社会保障厅评为“省劳动保障管理信得过单位”；2005 年，被授予安徽省“劳动保障诚信示范企业”称号；2011 年 4 月，被省直工委授予“五一劳动奖状”，6 月获全省供销社系统“文明服务示范单位”称号。

2007—2011 年参加省新闻出版局质量抽样检测评比，产品合格率达 100%，获得 5 个“良好品”荣誉。2011 年获由安徽省人民政府举办的 2007—2008 年全省社会科学文学艺术出版优秀成果评选印刷复制奖三等奖。

2010 年 7 月，由合肥市桐城路 127 号迁入合肥市高新技术开发区香樟大道 189 号，购置土地 8882.4 平方米，投资 2000 余万元，建成逾 1.7 万平方米的现代化厂房和研发中心。2011 年,公司总资产由 2007 年 4 月改制之初 1241 万元增至 3817 万元,净资产由 394 万元增至 659 万元。

安庆市皖农贸易有限责任公司 系从事棉花收购、加工、储运、经营的专业性公司。隶属于安徽省供销合作社,始建于 1999 年 9 月,2004 年 10 月进行改革改制,注册资本为 800 万元,其中安徽省供销商业总公司占 65.5%。

公司拥有望江县新丝路棉业有限责任公司(全资公司)、宿松县皖农棉业有限责任公司(控股公司)等棉花收购、加工、棉絮生产基地。由单纯贸易公司逐渐发展为产、供、销一体化的省级农产品龙头企业。主营皮棉及棉副产品,经营范围涵盖籽棉、皮棉、纤维纺织原料、棉短绒、棉籽、棉副产品等。公司所属望江县新丝路棉业有限责任公司、宿松县皖农棉业有限责任公司和部分协作厂等地处长江中下游地区,与江西彭泽、池州东至、安庆怀宁、潜山、太湖相毗邻,是国家重要的优质棉生产基地。

公司注重产品质量建设,推出"雪绒花"牌皮棉,远销福建、广东、浙江、江西、江苏、湖北等省及省内各地;利用全国棉花交易市场的电子撮合交易交割平台进行产品交易,拥有完善的购销网络。坚持品牌推广,"雪绒花"现已成为安徽省著名商标。公司多次获得"A 级纳税信用单位""金融守信企业""诚信单位""省供销社系统先进企业"等称号。

安徽新力投资有限公司 成立于 2010 年 8 月,系经安徽省供销社批准成立、由安徽省供销商业总公司控股的专业投资管理公司,注册资本 1.7 亿元,是安徽省供销社专注股权投资和资产管理的运营机构。内设投资业务部、资产管理部、审计稽核部和财务行政部。重点关注现代新兴农业和现代金融服务业领域,选择具有高成长性、运行规范、业务模式创新的企业进行投资,通过"适度的股权投资 + 有效的金融服务",推动全省乃至全国现代新兴农业和现代金融服务业快速发展。

安徽天宏科技工贸有限公司 2003 年,经省社供发改字〔2003〕156 号文件批准,由省供销社科研所暨省供销社科技工贸公司在改制基础上成立。新组建公司由省供销商业总公司和自然人共同投资,股本总额为 328 万元,其中,省供销商业总公司投资 150 万元,占总股本 45.73%,自然人入股 178 万元,占总股本 54.27%。2005 年,公司有员工 20 人。经营范围包括:化肥、农药、农膜、农副产品、化工原料及产品、装饰工程等。公司设董事会、监事会及经理层,下设安徽省宏达装饰总公司、农药分公司、化肥部、办公室、财务部。公司国产农药经营在安徽省内外具一定影响,年销售额近 3000 万元。全资企业安徽省宏达装饰总公司具有省二级装潢设计施工一体化和三级建筑智能化资质。2009 年 5 月 22 日,因安徽辉隆农资股份有限公司上市需要,公司放弃农资经营权,人员随之分流。农资业务人员和部分管理人员进入辉隆集团,装饰工程人员随安徽宏达装饰总公司出售而安置。公司留守 2 人服务于原省社科研所离退休人员。

第二章　市级供销社

安徽省的市级供销社一方面对全市系统供销社进行业务指导，一方面直接管理本级社有企业。在计划经济时期，承担国家计划产品购销任务，担负政府赋予的农资、棉花等专营业务，为农村商品生产提供系列化服务，组织农副产品和日用工业品的双向流通，保障城乡物资供应，繁荣稳定城乡市场。

1986年起，在计划经济向市场经济转轨过程中，市级供销社先后进行一系列改革。1990年后，市场竞争加剧，市级供销社系统企业普遍亏损。

1995年2月，《中共中央、国务院关于深化供销合作社改革的决定》（中发〔1995〕5号）下发。1999年1月，《国务院关于解决当前供销合作社几个突出问题的通知》（国发〔1999〕5号）下发。其间，全省市级供销合作社根据文件要求，进一步深化改革。

2002年起，各市供销社按照中华全国供销合作总社要求，推行“四项改造”。2003年，17个市社首次全部实现汇总盈利。2005年以后，市级供销社改革改制面达70%以上，实现稳步发展。

第一节　市级社机构

市级社管理体制机制　1984年1月，根据中共中央《关于一九八四年农村工作的通知》精神，供销合作社全面恢复集体所有制经济性质，县以上供销社退出政府序列，组建各级社联合社。1986年起，围绕经济体制改革，先后进行“放开搞活”、经营承包责任制、“四放开”“租壳卖瓤”等改革。

1999年10月，安徽省人民政府下发《贯彻国务院关于解决当前供销合作社几个突出问题的通知》（皖政〔1999〕44号），指出“市、地级联社从2000年起在精简机构、核定编制（含离退休人员）、减员消肿的条件下，列入同级财政预算，不再向所属企业提取管理费”。2000年12月，安徽省机构编制委员会下发《关于核定市地供销合作社机关财政供给人员编制的通知》（皖编〔2000〕38号），明确市、地供销社在核定人员编制后，所需经费列入同级财政预算。至2002年，各市供销社相继完成定编、定岗、定责的机构改革，纳入各级财政预算。

市级社机构变化　安徽省市级供销社大都成立于新中国成立后，其后经历与商业部门的几分几合以及由撤地建市引起的组织机构变革。

1987年，马鞍山市供销合作社联合社撤销，其业务归属市商业贸易委员会，1991年恢复。

1988 年 3 月,徽州地区供销合作社改为黄山市供销合作社。1994 年 1 月,改为黄山市供销合作社联合社。

1988 年 12 月,安庆地区供销合作社联合社和原安庆市供销合作社联合社(县级)撤销,合并组建安庆市供销合作社联合社。

1989 年 1 月,成立池州地区供销合作社联合社。2000 年,撤地建市,组建池州市供销合作社联合社。

1990 年 2 月,安徽省供销合作社联合社宣城地区办事处更名为宣城地区供销合作社。

1993 年 1 月,滁县地区供销合作社改为滁州市供销合作社联合社。

1996 年,阜阳地区撤地建市,阜阳地区供销合作社改为阜阳市供销合作社联合社。

1998 年年底撤地建市前为宿县地区供销合作社;1999 年 6 月,改为宿州市供销合作社联合社。

2000 年 1 月,巢湖地区撤地建市,巢湖地区供销合作社联合社改为巢湖市供销合作社联合社。

2000 年 3 月,六安地区供销合作社改称为六安市供销合作社联合社。

2000 年 11 月,设立亳州市供销合作社联合社。

2001 年 1 月,宣城地区供销合作社更名为宣城市供销合作社联合社。

2011 年 8 月,巢湖市供销合作社联合社因行政区划调整撤销。

截至 2011 年,安徽省共有 16 个市级供销社,分别是:合肥市供销合作社联合社、淮北市供销合作社联合社、亳州市供销合作社联合社、宿州市供销合作社联合社、蚌埠市供销合作社联合社、阜阳市供销合作社联合社、淮南市供销合作社联合社、滁州市供销合作社联合社、六安市供销合作社联合社、马鞍山市供销合作社联合社、芜湖市供销合作社联合社、宣城市供销合作社联合社、铜陵市供销合作社联合社、池州市供销合作社联合社、安庆市供销合作社联合社、黄山市供销合作社联合社。

第二节　市社简介

合肥市供销社　成立于建国初期。1986 年,合肥市供销社辖肥东、肥西、长丰县供销社、郊区供销社和合肥市土产日杂公司、合肥市物资回收公司、合肥市农业生产资料公司、合肥市棉麻公司、合肥市果品公司、合肥市茶叶公司、合肥市永达大厦 7 家企业。1987 年 11 月,成立合肥市供销工业品公司;1992 年 5 月,成立合肥市图腾装饰公司;1994 年 2 月,成立合肥市新亚大酒店;1997 年 6 月,原隶属合肥市物资回收公司的拍卖、典当、信托、旧货部门划出,组建合肥市信托贸易公司、合肥市拍卖公司;2000 年 12 月,成立合肥恒丰房地产开发公司,盘活存量资产,筹集市供销社直属企业整体改制成本。

计划经济时期，合肥市供销社系统按照“发展生产、繁荣经济，城乡互助、内外交流”的方针，完成市委、市政府委托的各项工作任务，为合肥地区城乡市场和社会经济的发展作出贡献。1990 年后，市场逐步放开，供销社企业转轨缓慢，经营渐入困境，虽相继推行“四放开”“租壳卖瓤”“公有民营”“租赁承包”等多种经营模式，但未能解决根本问题。1996 年，合肥市委下发《关于深化全市供销合作社改革的实施意见》；2000 年合肥市政府下发《关于解决当前我市供销合作社几个突出问题的通知》，全市系统实施以“职工身份退出、公有资产退出”为核心的企业产权制度改革，调整社有资本和结构、经营结构，重点培育优势特色行业。2001—2004 年，市供销社完成 10 家直属企业整体改制，由市社控股 2 家、参股 2 家，由民营企业重组 1 家，“双退”5 家。

至 1999 年，合肥市供销社系统全面扭亏。2000 年起，实现连续盈利。2005 年，全市系统商品销售 6.8 亿元，实现利润 600 万元，经济效益提高，经济实力增强。

2008 年，市供销社自筹 300 万元资金，设立为农服务专项奖补资金，专项资补基层供销社、综合服务社、专业合作社等。

2009 年，合肥市供销社实现商品销售总额 35.18 亿元，同比增长 14%；实现利润总额 1350 万元，同比增长 17%。指导全市系统组建专业合作社 30 家。实施“千社千品”富农工程，推动专业合作社开展标准化生产和品牌化经营，有 20 家农民专业合作社产品进驻合肥家乐福、好又多和北京华联等大型超市。4 月，与香港德盛国际有限公司签订总投资 1 亿元的农资仓储物流园项目计划，参与发展金融服务业。5 月，指导肥西县供销社成立全市系统首家县级农村合作经济组织联合会，指导长丰县供销社成立 3 家农民专业合作经济组织联合社。综合服务社推行“一店多能，一网多用”，开展多元化综合服务。全市系统试办乡村永达直营超市 3 个，发展乡镇连锁超市 20 个，改造村级农家店 60 个。加快再生资源回收利用网络体系建设，全年投资新建和改造绿色回收亭（站）100 个，通过自筹、政府相关部门支持和招商引资等方式筹集资金，筹建再生资源集散交易市场。完成濉溪路 270 号农资分公司仓库拆迁和土地收储工作，实施全面开发。10 月，全市系统入股 1700 万元参与组建其时合肥地区最大的小额贷款公司——合肥德善小额贷款股份有限公司。

2007 年起，合肥市供销社连续 3 年在全省供销社系统综合考核中被评为特等奖。

淮北市供销社　成立于 1961 年。计划经济时期，担负政府赋予的农资、棉花等专营业务，保障城乡物资供应，平抑物价。

1986 年后，随专营业务逐步放开，经济状况恶化。1992 年起，市供销社启动“四放开”和“租壳卖瓤”等改革，但未能扼制亏损局面。1997 年，市供销社进行企业改制，组建股份制企业，职工入股，成立股东大会、董事会和监事会。但由于改制不彻底，企业产权不清，运作不规范，亏损问题仍无法解决。截至 2002 年年底，16 家企业资产总额 8208 万元，负债总额 1.08 亿元，净资产为 -2633 万元。

2003 年起,列为淮北市人民政府直属事业单位,市社机关设经营管理、审计、财会、人教、办公室等 9 个科室。是年,根据淮北市委、市政府关于进一步推进国有企业改革的系列文件精神,市供销社按照“发展一批、破产一批、退出一批”的原则,推进以产权制度改革为核心,企业与政府脱离、职工与企业脱离,企业置换产权、职工置换身份的“双脱离、双置换”改革。全市系统 16 家企业中,2 家实行破产,3 家退出市场,物资回收、金信农资、棉麻、烟花爆竹 4 家社属企业重组,保留 7 个基层供销社。处理 8000 余万元历史债务,职工全部与企业解除劳动关系。对重组后的社有企业,按照现代企业制度要求和《公司法》规定,规范运作。成立社有资产经营管理公司,统一监督管理社有资产。

2006 年年底,因行政区划调整,濉溪县供销社所属古饶、赵集、钟楼、新蔡、马桥 5 个基层社全建制划给市供销社管理,市供销社直管基层供销社增加至 12 个。市供销社改造重组基层社,增强为农服务功能,推进“新网工程”建设,初步形成新农村现代流通服务网络。

2010 年,淮北市供销社系统实现商品购进总额 20.5 亿元,同比增长 32%;商品销售总额 21.78 亿元,同比增长 32%;利润总额 307 万元,上缴税金 993 万元,市、县供销社招商引资完成引进内资 6100 万元。培育省级和市级龙头企业 2 家;新建和改造农资、烟花爆竹配送中心 3 个;新建和改造各类连锁加盟店 160 家,便民店 153 个。

2011 年,淮北市供销社系统实现商品购进总额 30.07 亿元,实现商品销售总额 32.22 亿元,实现利润总额 468 万元。新建配送中心 2 个、连锁门点 60 个,领办专业合作社 9 个,培育专业合作社示范社 1 个,兴办各类行业、专业协会 7 个,新建综合服务社(中心)806 个。

自 2002 年起,市供销社连续获淮北市委、市政府任期目标管理考核“先进单位”称号,在 2004—2009 年全省供销社系统考核评比中,连续 6 年被省社授予“全省先进市级供销社”一等奖,2007 年,被中华全国供销合作总社和国家人事部授予“先进集体”称号。

亳州市供销社 2000 年 11 月,亳州市供销社组建,核定编制 14 人(含 2 名工勤人员),内设机构 1 室 2 科,辖涡阳县、蒙城县、利辛县、谯城区 3 县 1 区供销社。

自组建起,亳州市供销社按照“四项改造”要求,推进农业产业化经营,巩固和发展专业合作社,提高农民组织化程度,抓好龙头企业建设,推广“龙头企业 + 专业合作社(基层社) + 农户”模式;实施品牌带动战略,培育商品基地;加强市场体系建设,促进农产品流通。受政府委托,制定《亳州市 2003—2007 棉花产业化发展规划》。

通过“新网工程”建设,至 2007 年 12 月,全市系统共有经营服务网点 1824 个、连锁企业 8 家。经商务部“万村千乡”市场工程认可的连锁店达 140 家。全市系统共建各类为农服务专业市场 9 个、庄稼医院 216 个,改制企业达 28 个。

2009 年,全市系统有职工 1.58 万人,其中,在岗 1.02 万人、离退休 3941 人、离岗保留劳动关系 1633 人。是年底,有各类经营服务网点 1922 个,其中农资网点 1096 个、日用消费品网点309个、棉花收购点47个、物资回收网点75个、烟花销售网点395个，有连锁经营企业8家。发展连锁经营和农民专业合作社，是年底，发展连锁门点1922个，连锁销售额1.877亿元；组建农民专业合作社60个，农户入社率达21%；拥有注册商标的合作社24个。发展综合服务社1621个，每万农民拥有综合服务社3个；发展各类专业、行业协会20个，农村合作经济组织联合会1个。是年，全市系统商品销售总额13.2亿元，实现利润1686万元，社有企业资产总额达9.50亿元。

宿州市供销社　宿州市供销社始建于1950年10月，1998年年底撤地建市前为宿县地区供销社，1999年6月改为宿州市供销合作社联合社，辖砀山县、萧县、埇桥区、灵璧县、泗县5个县(区)供销社。2002年5月，完成机构改革，实现职能定位，落实机关财政供给编制。截至2005年年底，全市供销社系统有独立核算企业208家，其中，基层供销社112家、市、县(区)供销社直属企业和参股、控股企业86家。职工总数2.80万人，其中离退休人员4823人。全市系统总资产9.26亿元，所有者权益0.22亿元。市供销社拥有农资、棉麻、土产、日杂、回收、金丰、烟花爆竹等7家直属企业和1所供销干校。资产总额2050万元，所有者权益928万元。

宿州市是全国棉花主产区。1986年，全区供销社系统销售总额5.6亿元，其中棉花销售为1.48亿元。至2005年，受棉花种植面积减少因素影响，全市系统销售总额4.63亿元，其中棉花销售为8550万元，是年，全市系统实现利润8万元，自2000年以来连续实现赢利。

2009年12月31日，宿州市人民政府印发《关于进一步加快供销合作社改革发展服务社会主义新农村建设的实施意见》，建立市级“新网工程”建设专项资金。从2009年起连续5年，由市财政从流通与发展专项资金中每年安排50万元，鼓励和支持供销合作社“新网工程”项目建设和农村合作经济组织建设。

2011年，全市系统实现商品销售总额35.2亿元，同比增长65.2%；实现利润3258万元，同比增长68.2%。市级或省社级龙头企业达7家。是年底，全市系统经营服务网点达3300个，其中农资经营网点1310个、日用消费品网点1403个、烟花爆竹经营网点322个、再生资源网点230个。建成商品配送中心15家、连锁门店1058个。全年连锁销售额突破5.8亿元，同比增长65.7%。实现农产品市场交易总额12.7亿元，增长56.8%、再生资源收购总额3.9亿元，增长39.3%。发展农民专业合作社178个，2/3以上专业合作社在工商部门登记注册，9家专业合作社纳入总社“千社千品”富农工程。砀山唐寨、蒋营、程庄水果专业合作社，萧县孙圩孜胡萝卜专业合作社、宿州皖大农产品专业合作社等规模较大、效益较好的专业社，投资办市场、建冷库、筹建加工厂，推动当地主导农产品产业化经营。

基层社改造　1997年7月，砀山县唐寨供销社创办水果专业合作社，在上海先后建立北海(砀山)等4家水果批发市场，成立砀山酥梨销售连锁市场，年销砀山酥梨近5万吨。至2005年，专业社成员达1350户，吸纳股金560万元。获全国供销社重点龙头企

业和“百强专业合作社”称号。自2003年起,灵璧县渔沟、冯庙、尹集供销社加盟徐州“惠客隆”超市,创办“惠客隆”超市连锁店3家。至2005年年底,全市基本完成改制任务的基层社达30个;有2775名基层社职工置换身份,占职工总数29.7%。

社属企业改革　1991年,在全市系统推行砸掉“铁交椅、铁工资、铁饭碗”的砸“三铁”改革。2003年起,以现代企业制度和产权多元化改造社有企业。灵璧县供销社完成对县棉麻公司改制,组建由县社控股的股份制企业;埇桥区供销社通过招商引资,对第一轧花厂进行整体改造重组;市棉麻公司、日杂公司推行全员“双置换”改革;供销干校开展联合办学;市土产公司宣布依法破产。至2005年年底,全市系统66家企业中改制36家,申请破产5家,置换身份职工达1723人,其中,市社直属企业置换身份职工达127人。

农业产业化　1998年11月4—5日,全省供销社专业合作社工作会议在宿州市召开,中华全国供销合作总社理事会副主任王如珍到会,肯定当地实践。至2005年年底,龙头企业发展至15家。砀山棉花加工厂、唐寨水果专业合作社和灵璧县棉麻公司成为全国供销社重点龙头企业。全市系统发展各类专业合作社66家,其中28家专业合作社在工商部门登记注册。入社农民4.2万户,帮助农民增收1869万元。以租赁、承包土地等方式,建立农产品生产示范基地28处,面积2.58万亩,带动农户近30万户。

流通网络改造　自20世纪90年代起,全市系统通过引进资金,以“小超市、大连锁”为主改造传统经营网点。截至2005年,全市系统新建或改造经营网点589个,加盟“苏果”“惠客隆”“华厦”等连锁超市6家,其中日用工业品经营门店402个,总营业面积达1.2万平方米;建设综合服务站516个、乡级和村级“农家店”34个;新建农资配送中心2个、农资经营网点125个;建设农产品批发市场5处、农产品收购网点78个;建设再生资源专业交易市场2处、收购网点43个,年购销额达3亿余元;在市、区及灵璧、泗县建成烟花爆竹配送中心4个、经营网点236个,为新农村现代流通网络体系形成打下基础。

蚌埠市供销社　1986—1990年,蚌埠市供销社作为全市农村市场商品流通的主渠道,促进农村商品经济发展,支持工业生产,满足人民生活需要,繁荣城乡经济。全市系统纯购进额年均递增12%,纯销售额年均递增10.8%。

1991—2000年,蚌埠市供销社调整经营结构,向集团化经营转轨,拓展服务领域;创新经营业态,发展总代理、总经销、连锁经营等现代营销方式;兴办各类专业市场,组建专业合作社,培育龙头企业。1991年,市供销社系统遭遇洪水考验,21个专业公司、57个基层社的基础设施受水,面积约12万平方米,水灾损失达1628万元。供销社职工组织21个服务队,租用22条船,出动千余人,送货到水围村庄,基本保证灾后农民生活必需品供应。争取“以肥放贷,供贷合一”,发放农资专项贷款921.4万元,做到市场、价格、人心“三稳定”,政府、农民“两满意”。

2001—2005年,蚌埠市供销社对市属企业实施整体改制。利用供销社商场、资源和资产优势，招展业务经营领域。固镇县社采取“上下一体，连锁经营，独立核算，资金封闭运营”的方式，总公司下设 18 个分公司、88 个化肥分销点，全年销售各种化肥 6 万余吨；全年共建村级服务站 130 个、庄稼医院 69 个。五河县供销社成立恒丰农资有限责任公司，延伸化肥销售网络到自然村，加盟点由 8 个增至 48 个；采取连锁经营、生产厂家驻点直销、完善售后服务等方法，使农资商品经营市场占有率保持在 60% 左右。棉花购销采取“公司 + 专业合作社 + 农户”方式，种植面积大幅增加。以现代经营方式改造传统流通网络，构建农资、棉花、烟花爆竹、再生资源等新型经营服务体系。至 2005 年，全市 3 县 1 郊供销社共有基层社 72 个、经营网点 215 个、人员 4112 人。

2008 年 10 月，蚌埠市供销社独资注册成立蚌埠市珠虹烟花爆竹有限责任公司，是其时全市唯一一家烟花爆竹合法批发单位。

截至 2011 年，蚌埠市供销社系统建设专业合作社 26 个、综合服务社 189 个，成立行业协会 9 个。完成建设、改造网点总数 1500 个、配送中心总数 17 个，其中，农资网点 582 个、配送中心 10 个；日用品网点 205 个、配送中心 2 个；农副产品网点专业合作社 68 个，农产品基地 9 个，批发市场 1 个；再生资源网点 181 个、专业市场 4 个；烟花爆竹安全网点 474 个、配送中心 5 个。“万村千乡”试点企业达 28 个。

阜阳市供销社　1985 年 9 月，中共阜阳地委、阜阳地区行政公署下发《关于进一步搞好供销社改革的决定》，提出“供销社必须真正转轨变型，逐步办成农村综合服务中心”，“在经营上坚持社会主义经营方向，实行责、权、利相结合的经营承包责任制”。通过体制改革和推行经营承包责任制，阜阳市供销社系统商品购销总额实现翻番，在综合服务上涌现一大批“庄稼医院”，达到购销化肥总量“双超百万吨”，实现党政领导和农民群众“双满意”。

1991 年，阜阳地区遭受百年不遇的特大洪涝灾害，全市系统因灾损失 4473 万元。是年底，全市供销社系统盈亏相抵后净亏损 2241 万元，跌入低谷。

1996 年，阜阳地区撤区建市，亳州由县级市上升为省直管的副地级市，原县级阜阳市和阜阳县撤销，改设颍州、颍东、颍泉 3 区，供销社随行政区划变动而调整。1998 年，亳州市上升为省辖市，原阜阳市蒙城、涡阳、利辛 3 县社划归亳州市供销社管辖。

由于化肥、棉花等“拳头”商品先后放开，给供销社经营和管理带来困难，指令性价格收购的棉花、高价采购的计划外化肥形成巨额亏损挂账。面对困难，阜阳市供销社系统建设村级综合服务站，规范庄稼医院，兴办专业合作社，创办各类协会，推行以产权制度改革和“双置换”为主要内容的改制试点。1998 年 5 月，经省人民政府批准，安徽省阜阳商厦股份有限公司正式挂牌。市社新成立新华报废汽车拆解有限责任公司、阜阳市纺织品原料有限责任公司。

自 2000 年起，全市系统实施“四项改造”。至 2005 年年末，48 个社属企业基本完成以产权制度为核心的改制和重组；129 个基层社中，破产、解体 46 个，改组重建农资、棉花、蔬菜、水果等专业合作社 122 个、专业协会 9 个、村级综合服务站 935 个、庄稼医院176所,兴办各类专业批发市场8个。

2003年8月,阜阳商厦组建中新高科有限责任公司,面向城市市场,至2009年年底,发展42家连锁店。2005年11月,组建亿家乐有限责任公司,面向农村,至2009年年底,发展78家加盟店。

2009年,全市供销社系统累计完成商品购进31.9亿元,商品销售36.3亿元,实现利润2566万元,社会贡献总额8402万元,同比分别增长12.1%、28.3%、44.6%和23.9%,主要经济指标创历史新高。全市系统累计组织供应化肥70万吨、种子650万公斤,农资供应量占社会需求量60%以上。阜阳商厦作为全国第二批"家电下乡"中标企业,采取先行垫付财政补贴资金等便民措施,组织供应14万台(套)质优价廉的家电产品,实现销售1.8亿元。是年,采取争一批、改一批、引一批系列举措,新建、吸纳瑞华纺织、鹿鹿食品等商贸、农产品加工类龙头企业7家。新建农资、日用工业品等五大连锁网点160家、配送中心2个。争取市财政项目资金110万元。市政府下发30号文件,明确从2009年起将"新网工程"项目资金以及化肥储备基金列入市财政预算。新建各类专业合作社47家,改造新建农民专业合作社10家,系统内农民专业合作社占专业合作社总数50%以上。临泉县再生资源公司发起成立裕隆甜叶菊、农发蔬菜、惠民大葱和文广西洋南瓜4个农民专业合作社,带领4200户农民开展优质蔬菜种植。颍州区供销社发展村级综合服务站10个。临泉县供销社依托福临棉业公司建设棉花高产示范基地10个,依托福临种业公司发展优质小麦基地2万亩,带动5000余户农民致富。

2010年,市供销社与市农广校合作,组织200名农民专业社社员开展"农民创业致富"培训。开展"农家书屋"建设试点,文化部门为系统内19家专业合作社配置价值38万元的科技书籍、音像制品和桌椅板凳。市政府副市长刘绍太就阜阳市贯彻落实国务院〔2009〕40号文件接受阜阳日报社记者专访。

2011年,全市系统完成商品购进63.3亿元、商品销售67.5亿元,实现利润5608万元,同比分别增长48.2%、46.7%、50.3%。市供销社主动参与全市"抗旱保苗"工作,完成省拨5200吨抗旱救灾化肥调拨、转运、供应工作。安徽中新高科公司在临泉范集、颍上六十铺等18个乡镇建直营连锁店,争取"万村千乡"补助资金80万元。6月29日,市政府在伍明镇召开全市基层供销社创新服务现场会,总结推广伍明供销社经验。临泉田氏专业合作社向入社农户提供"三放心""三到户""九统一"综合服务,被全国总社命名为"庄稼医院科技服务示范单位"。中新高科公司总经理管国联被评为第十届"全国商业企业优秀企业家",被市政府授予市级"劳动模范"称号。

淮南市供销社 1986年,淮南市供销社从单纯为农村供应生产、生活资料向提供综合服务转移,发展农业系列化服务,提供技术、信息、储运服务;发展横向经济组织联合,推行农副产品分购联销和工业品联购分销,发挥供销合作社群体优势;发展农村商业网点,扩大经营服务范围;推行经营承包责任制和主任(经理、厂长)负责制。1992年,推行经营、价格、用工、分配"四放开"改革。2001年,市社实现扭亏为盈。自2002年起,连续3年被省供销合作社授予“扭亏增盈先进市级供销合作社”称号。

2003年,全市系统工作重点转向“四项改造”。市供销社21家直属单位2698名职工中,有1788人进入“协保”,即下岗职工与企业签订保留社会保险关系协议、代缴社会保险费、实施生活困难补助;910人解除劳动合同关系;资产及债权债务关系转移到市资产经营公司。理顺联合社与社有企业关系,市三农物资供销有限公司、市祥和瑞烟花爆竹销售有限公司、鑫祥和商贸有限公司、市瑞丰源棉麻有限公司、市隆润商贸有限公司、市兴农鹅业有限公司、市云翔鸽业有限公司、市丰银棉业有限公司、市百顺苑商贸有限公司、市绿丰食品公司等新型企业相继挂牌;市废旧物资回收利用行业协会、市烟花爆竹行业协会、潘集区养鹅协会、八公山果品行业协会、市棉花行业协会、市农资行业协会、市果品茶叶行业协会等各类专业行业协会相继建立,担负行业自律、协调、服务、维权职能。通过资产置换、招商引资、网点改造等多种形式,发展超市、便民店、专营店,改造传统经营网点,构建以基层社经营门店、村级综合服务站为终端的流通网络。2003年起,全市系统在农资、棉花、烟花爆竹、再生资源和日用消费品等领域推进网络改造,促进农业产业化和农村经济社会发展。开放办社,吸收不同形式、不同类型的合作经济组织入社,或为其提供服务,密切与当地党委、政府和农民的关系。基层社兴办专业合作社、综合服务站,县以上联合社兴办农产品加工企业、农产品批发市场和农产品行业协会,连接“农、工、商”“产、加、销”,推进农业产业化。截至2005年,培育省级农业产业化龙头企业1个、省社级农业产业化龙头企业2个、市级龙头企业3个。领办专业合作社20余个,创办村级综合服务站200余个,初步形成以基层社为依托、以专业合作社和村级综合服务站为前沿、各种社会力量广泛参与的农业社会化服务体系。农资、棉花经营由“计划主渠道”向“市场主渠道”转变。全市系统化肥销售市场份额保持在60%以上,棉花收购量占社会收购量80%左右。烟花爆竹由供销社归口经营。再生资源经营发挥行业协会作用,吸纳多元投资主体,吸收社会资金、网点和人才参股或加盟,打造新的网络体系和诚信企业品牌。日用消费品经营引进连锁、配送等现代流通方式,发展超市、便民店,探索城乡市场对接。通过农产品交易市场、农产品行业协会及专业合作社延伸农业产业链,提高农产品附加值,做到“兴一项产业,活一批企业,富一方百姓”。

2005年,全市系统实现商品销售总额2.28亿元,盈亏相抵后汇总利润26万元。2009年,淮南市供销社坚持“1335”发展思路:围绕贯彻落实省政府〔2008〕38号和市政府〔2008〕98号文件1条主线;发挥行业(专业)协会、专业合作社、村级综合服务中心3个方面作用;加快山南七乡(镇)棉花和农副产品生产加工基地、潘集地区养殖基地、西部地区产业园3片基地建设;提高农资连锁经营、棉花等农副产品收购加工、日用消费品下乡、再生资源回收利用、烟花爆竹安全经营5大网络覆盖面。全市系统实现商品销售总额10.05亿元,同比增长148.1%;利润总额77万元,同比增长102.6%。开展文体娱乐、养老幼教、劳动就业等服务。规范发展村级综合服务社30个,村级综合服务社总数达380个。引导农产品进超市、社区、批发市场,涌现出高皇养鹅、养牛,曹庵种植西瓜、水稻,孔店种植药材,杨公种植棉花等发展势头良好的专业合作社。市瑞丰源工贸有限公司组织落实棉花订单近5万亩,在潘集区茨淮新河沿堤、大通区孔店乡、谢家集区杨公镇、孙庙乡等地建立4个棉花连片种植生产示范基地,在山南地区建设万亩优质棉花生产加工基地,被列入省社"新网工程"重点项目。市三农物资购销有限公司曹庵连锁店被评为全省"新网工程"示范点。在抗旱保苗中,提供全程系列化服务,帮助农民夺取夏粮丰收。

2010年,淮南市供销社连续2年实现目标翻番。全市系统实现商品销售总额20.92亿元,同比增长108.1%;利润总额160万元,同比增长107.8%,销售、利润增幅在全省17个市供销社中名列第一。坚持以龙头企业、专业合作社和行业协会为载体,引导农民发展农产品生产基地,提高农产品附加值,探索与农民多样化的利益联结机制,培育农业产业化市级龙头企业1个——市旭杨畜禽养殖农民专业合作社。组织实施"新网工程",会同市财政局组织审核拨付"新网工程"专项补贴资金50万元,新建配送中心2个;新建连锁经营经营服务网点55个。向市政府提出《淮南市人民政府关于加快供销合作社改革发展的意见》(送审稿)。是年,市政府以淮府〔2010〕117号出台《关于加快供销合作社改革发展的意见》。加强农村合作经济组织建设,新建村级综合服务社62个,村级综合服务社总数达442个。新建农民专业合作社14个,总数达40个。新建市食用油协会,各类行业、专业协会总数达11个。化解历史债务,与市农行达成协议,以450万元一次性打包处置化解历史债务1.75亿元。是年,全市供销社争取中央和省财政"新网工程"专项资金86万元,争取市财政专项资金50万元,县财政专项资金150万元。

2011年全市供销合作社系统实现商品销售总额42.1亿元,同比增长101.2%;实现利润总额510万元,同比增长218.75%。推进农业产业化经营。市旭杨畜禽养殖农民专业合作社成为全国总社、省供销合作社及市级龙头企业。组织实施"新网工程"。会同市财政局组织审核拨付"新网工程"专项补贴资金200万元,进行山南万亩优质棉花生产加工基地项目、市县农资配送中心项目、凤台县杨村、关店和古店批发市场项目、市再生资源物流中心项目和绿色回收亭示范工程项目、市祥和瑞烟花爆竹销售有限公司标准化C级仓库升级扩建项目、市绿丰食品公司冷库升级扩建项目、市瑞丰源工贸有限公司日产能力200吨粮食加工项目、市同盛报废汽车回收拆解有限公司技术改造升级示范工程项目、市淮王工贸有限公司产业园项目等建设。2011年新建配送中心2个,总数达9个。新建连锁网点73个,总数达705个。规范发展村级综合服务社40个,村级综合服务社总数达482个。规范发展农民专业合作社5个,农民专业合作社总数达45个。加强供销合作社系统行业协会建设,领办各类行业、专业协会总数达13个。通过积极争取,市政府2011年发布128号政府令《淮南市再生资源回收利用管理办法》。是年,全市供销合作社争取中央和省财政"新网工程"专项资金215万元;争取市财政专项资金200万元,县财政专项资金150万元。改善经营管理,在全市系统开展社有资产清查工作,摸清家底。确定市社资产运营管理有限公司机构、人员和运作机制,出台市社社有资产运营管理办法,由“管企业”向“管资产”转变,建立和完善社有资产管理、监督和运营体系。淮南市供销社获得2011年全省供销合作社综合业绩考核“先进市级供销合作社一等奖”,并获省人社厅、省供销社联合授予的“全省供销社系统先进集体”称号。

滁州市供销社　1986—1993年,滁州市供销社全称为滁县地区供销合作社联合社,下辖天长、来安、滁州市(县级)、全椒、定远、凤阳、嘉山7个县级供销社。1992年,滁县地区供销社成立总公司,与供销社实行“一个机构,两块牌子”,一方面对全区供销社行使管理职能,进行业务指导,一方面直接参与购销经营。1993年,滁县地区行署改为省辖滁州市,下设琅琊、南谯两区。滁县地区供销社改称滁州市供销社,下辖天长市供销社、来安县供销社、南谯区供销社、琅琊供销办事处(后合并到琅琊区物资总公司)、全椒县供销社、定远县供销社、凤阳县供销社和嘉山县供销社(1994年改称明光市供销社)。2003年,滁州市编委下达市供销社“三定”方案,定编人员17人,全额纳入财政预算。

1993年2月,嘉山县(1994年5月改称明光市)女山湖供销社在全市率先开展工业品网点公有私营、“租壳卖瓤”改革试点,即上缴租金和租赁费,自筹资金,自主经营,自负盈亏,自担风险,一次性收回资金35.3万元,其中商品资金19.1万元、租金10.1万元、承包利润3万元、风险金3.1万元,解决工业品经营亏损、包袱沉重的问题。同年4月,滁州市委、市政府和各县、市、区政府召开全市供销社改革现场会议,决定将“公有民营、租壳卖瓤”做法在其他商业和工业部门推广。是年底,全市农村基层社实行“公有民营”的单位170个,占独立核算单位的81%,出租柜台979个,收入租金438万元,收回商品资金1526万元。从2001年开始试点,至2005年基本结束,全市供销社在改制中买断工龄、置换身份、解除劳动关系人数达9265人。

滁州市供销社农副产品收购从中药材等小宗农产品开始,后扩大到粮食、油料、大蒜、茶叶、棉花、麻、蚕茧、蜂蜜、黑瓜子、薄荷、山芋、冬瓜等农副土特产品。1993年全市农副产品收购额达1.66亿元,1998年达1.76亿元,2005年为4973.9万元。1999年,定远县供销社成立12个棉花专业合作社,与41个产棉乡11.5万户农民签订棉花购销合同。明光自来桥供销社兴办冬瓜专业合作社,全椒县供销社在武岗镇兴办农资专业合作社。2001年,定远县拂晓供销社利用地理和资源优势,饲养波尔山羊120余只,带动周边养殖大户10余家,规模放养改良羊500余只。定远县社与江苏江阴利得饲料科技有限公司合作,引资兴办生猪繁育试验场,存栏母猪及仔猪100余头,出售给周围农户改良猪苗200余头。2003年,明光县柳巷供销社组建专业合作社,帮助农民发展兔业。2004年,滁州市供销社投资12万元,与市茶叶公司和施集乡种植加工大户联合兴办滁州市施集滁菊专业合作社,生产“燕李”牌菊花,打入上海、南京等地市场。

2005年,滁州市供销社参与商务部“万村千乡”市场工程试点,在乡村两级新建和改建放心“农家店”186个,其中乡级店57个、村级店129个、配送中心2家。

2009 年,全市系统完成商品购进总额 20.1 亿元,同比增长 19%;完成商品销售总额 21.5 亿元,同比增长 15.7%;实现利润 1895 万元,同比增长 88%。全市系统销售给农民的农资类产品达 8.8 亿元,同比增长 14.3%,销售化肥 45.3 万吨,同比增长 2.6%,农药 44 吨,农地膜 104 吨。开门办社,参股 20%,吸纳滁州市志成畜牧业有限公司加入供销社网络,该企业是滁州市第一家集家禽标准化养殖、饲料加工销售、家禽屠宰加工及市场营销于一体的省级农业产业化龙头企业。来安县供销社参加"家电下乡"活动,全年兑付补贴资金 278 万元,销售家电 9929 台。12 月,全市系统销售给农民的消费品零售额 8.5 亿元,同比增长 19.9%。全椒县棉麻公司推进土地经营权流转,建立专业生产基地,吸引 1.4 万户农民入股,人均增收近千元。来安县永兴棉麻公司新上农副产品深加工暨升级新型打包机项目。全市系统 2009 年 1—12 月收购棉花 2871 吨,价值 4329 万元,购进农副产品总额 2.2 亿元,同比增长 135.4%。以系统内再生资源经营、加工企业为基础,整合再生资源经营网络体系,全年购进废钢铁 31461 吨。探索多种联合方式,构建烟花爆竹安全经营及流通网络。全年购进花炮 5282.2 万元,同比增长 67.3%,销售 6739.5 万元,同比增长 69.3%。同年,市社扶持成立滁州市施集乡燕李滁菊专业合作社。来安县供销社瓜果、山芋批发市场、北区综合服务中心和半塔山芋专业合作社,在为农服务中发挥重要作用。全椒县大墅汪店棉花产销专业合作社由原黄集供销社作为发起人,联合当地 38 户棉农,自愿入股,注册资本 40 万元。截至 2009 年年底,全市系统登记的专业合作社有 20 个,各类行业协会 12 个。

2011 年,全市供销社系统完成商品购进总额 35 亿元,比上年增长 45.8%;商品销售总额 37 亿元,比上年增长 45.7%;实现利润 3550 万元,比上年增长 57%。实施"新网工程"配送中心和销售终端建设,至年底,全市系统各类经营服务网点达 3267 个,其中农资供应网点 714 个、日用消费品网点 1469 个、农副产品网点 52 个、再生资源网点 82 个、烟花爆竹销售网点 950 个,网点遍布全市乡镇。

市政府每年拿出 200 万元用于"新网工程"建设;市供销社企业土地挂牌出让后,土地出让金返还用于供销社企业的改革和改善农村流通基础设施等。天长市政府分管领导到供销社开展调研,听取工作汇报。来安县制定实施意见,明确县社机关进编问题。定远县将"新网工程"作为全县重点工作统一部署,制定中长期发展规划和实施方案。将"新网工程"网点建设情况列为乡镇经济社会发展重要考核指标。

全市供销社系统把建设"新网工程"作为供销合作社经济改革发展重要任务,市供销社和市财政局联合下发《滁州市供销社"新网工程"建设资金管理暂行办法》,规定全市"新网工程"项目资金管理和使用。凤阳金星复合肥厂建立配送中心,向连锁店配送商品。天长华易超市公司配送中心面积达 8000 多平方米,向 200 多家连锁店提供配送服务,年销售额近亿元。延伸流通渠道,农副产品区域性购销网络、形成"市场 + 农产品经纪人 + 农户""公司 + 专业合作社 + 基地 + 农户"等多种购销渠道,扩大区域性农副产品购销网络覆盖面。市供销社入股的志城畜牧业公司通过提供种苗饲料,扶持农民建立养鸡鸭基地，把成品家禽送到公司屠宰加工，经过冷藏加工，成品打入超市，带动农民致富。按照“小超市、大连锁”思路，在县（市、区）发展大型百货业态、社区连锁便利店或超市，在乡镇建设具有配送功能的直营连锁超市或加盟店，在村一级改造、新建便民店、农资超市和综合服务社，形成县、乡、村“三位一体”流通网络。涌现出定远百大超市、天长华易超市、全椒弘达商都等一批龙头企业，建立日用消费品配送中心7个，面积达1.6万平方米，连锁网点1252个，日用消费品网络覆盖乡镇100%，村一级85%。全市供销社消费品零售额60%，农业生产资料销售额40%通过连锁配送等现代流通方式实现。

六安市供销社　1984年，六安市供销社退出政府序列，作为农村商业合作组织，人员由同级人事部门管理，工资待遇比照行政执行。2002年，市供销社被定为市政府直属事业单位，进行定编、定岗、定责的机构改革，在职15人和离退休18人工资福利纳入财政预算。市社内设办公室、资产监管科、社务指导科3个职能科室。2001—2004年，7个县、区供销社有3个纳入财政预算，4个给予定额补贴，但因单位性质未定，其工资、福利仍比照行政执行。

1986年，全市系统有县级供销社7个，独立核算单位339个，其中直属企业71个、基层供销社268个。职工总数达2.07万人，其中在职职工1.61万人、离退休职工4620人。1995年，扭转连续5年的亏损。2004年，完成商品销售10.90亿元，实现利润370万元，分别比1986年增长1.2倍和26.7%。至2005年，全市供销社有县（区）供销社7个，独立核算单位123个，其中直属企业41个、基层社82个，职工总数9672人。经营网点5800个，总面积35.5万平方米，年销售额7500万元，分别比1986年增长97%、89.2%和97倍。其中日用工业品经营网点2549个、烟花爆竹经营网点1285个、废旧物资经营网点313个、农资经营网点1616个、棉花及其他81个。

1986年，农业生产资料供应总值达1379万元。2005年销售化肥33万吨，市场份额占60%以上。在生活资料供应上，1986年供应总值达1827万元，其中生活必需品有煤炭、煤油、柴油、纯碱、食糖、卷烟、白酒、棉布、食盐等20余种；耐用消费品有手表、缝纫机、电视机、自行车等10余种。2005年销售额突破4000万元，实现利税400余万元。在农产品收购上，1986年收购总值达1.61亿元，主要有棉花、大麻、黄红麻、茶叶、蚕茧等品种。2005年实现农副产品购进3.46亿元，比1986年增长81.4%；其中棉花4981吨，增长37.6%；茶叶799吨、黄红麻1.12万吨、蚕茧1095吨，分别下降81%、89.7%和8.8%。在废旧物资回收上，1986年，供销社购进316万元，主要品种有废钢铁、杂铜、废铅锡、废铝、废塑料、废纸等。废金属回收供销社市场占有率达60%以上。2005年购进总额达11938万元，比1986年增长36.8倍，其中废钢铁3.84万吨，增长4.8倍。全市7家专业公司中有两家年销售额超过亿元。在商办工业上，1986年工业总产值为2858万元，利润为116万元。1996年为全市系统商办工业鼎盛时期，有工业企业72个、职工5245人，总产值达2.8亿元，拥有农产品、食品、废品、农资、建材5大支柱产业。自

1997 年起,由于资金短缺、产品滞销和管理不善等原因,商办工业衰落,到 2005 年大部分工厂破产、改制和关闭,但棉花加工仍保持每年逾 8000 万元的产值和 40 万元的利润。

2009 年,全市供销社系统完成商品购进总额 21.56 亿元、销售总额 24.12 亿元,同比分别增长 19.8% 和 25%。农资类销售增长迅速,化肥销售 55.79 万吨、农药销售 1233 吨、农用薄膜销售 1075 吨,同比分别增长 68%、82.9%、46.7%。农副产品购销两旺,棉花购进 8245 吨,增长 9.9%;茶叶购进 2540 吨,销售 2491 吨,分别增长 13.5% 和 0.9%;蚕茧购进 649 吨,销售 622 吨,分别增长 189.7% 和 177.7%。废旧物资购销增长,废钢铁购进 10.28 万吨,销售 10.26 万吨,分别增长 7% 和 7.2%。全市系统建成经营网点 7800 余个,其中农资网点 860 个、农副产品网点 390 个、日用消费品网点 1700 多个、再生资源网点 670 个、烟花爆竹网点 4190 个。已建成省社级龙头企业 12 家、综合服务社 400 余个、专业合作社 115 个,其中"千社千品"专业社 10 个、专业协会 27 个。

改革改制 1988—1990 年,舒城县龙河口供销社开展推行"百元销售、百元利润、工资含率"联销联利的"双百"经营承包形式和利润包干的承包经营试点。1989—1991 年,在经营、价格、分配和用工"四放开"基础上,开展农资专营商品和大宗农副产品集体承包经营,以及工业品柜组核算、租赁经营。1993 年,进行"社有民营"改革,121 个基层社中有 108 个成立农副产品和生产资料购销公司,县以上公司 104 个科室参与承包。出租门点柜台 4676 个,参与租赁职工 1.01 万人,占职工总数 50.7%;保留行管人员 845 人,压缩 1379 人。1994 年总收入 3104.6 万元,总支出 3012.6 万元,盈利 92 万元。1995 年,纠正有关一次性退休人员和主营业务承包给个人的做法,消除"社有民营"产生的负面影响。1998—2005 年,采取破产、解体、改制和重组等形式,改革 87 家企业和基层社,其中破产 33 家、解体 6 家、置换 45 家、股份制改造 6 家。改制后 51 家企业和基层社所有者权益为—371 万元,负债为 1.72 亿元,分别比改制前减少 3043 万元和 2.61 亿元;年末从业人员为 719 人,减少 6460 人;营业收入为 1.85 亿元,亏损 15 万元,分别减少 1.67 万元和 1252 万元;新增投资 603 万元。

为农服务 1988 年前,以资金、物资、技术、信息服务为主,先后同农业、林业、科技部门协作,建立茶叶、板栗、蚕茧、棉花、黄红麻和食用菌生产基地。1989—1995 年,加强经营服务设施建设,发展商场,扩建棉麻、茶叶、农资、工业品仓库 1 万余平方米,组建 6 个车队,购置 100 余辆货车,基本保证余缺调剂、抗灾备耕和城乡物资交流需要。创办 5 所职工学校,有 84 名教师,设 15 个班级,1991—1995 年培养大中专毕业生 600 余人,培训在岗人员 5000 余人。1998 年起,全市系统通过信息引导、技术辅导等,由单纯商品经营转向多种经营与综合服务并重。至 2005 年,全市系统成立行业协会 12 个,有会员 677 人;兴办专业合作社 43 个,入社农户 3 万余人,入股资金 200 余万元;建立村级服务站 79 个。

马鞍山市供销社 马鞍山市供销社成立于 1962 年 10 月。1971 年 12 月,市供销社与商业局合并,成为商业局下属公司。1976 年 4 月,恢复马鞍山市供销合作社建制,下设土产农资、废旧物资回收 2 个公司和采石、慈湖、霍里、向山 4 个基层社。1980 年,土产农资公司划分为土产日杂、生产资料和果品副食 3 个公司。1984 年 1 月,马鞍山市供销合作社改为马鞍山市供销合作社联合社。同年增设棉麻公司、濮塘基层供销社。1987 年 9 月,市级部分机构改革,市供销社与商业局再次合并。市供销社下属的物资回收公司、土产日杂公司、果品副食公司、棉麻公司划归市商业贸易委员会管理;农业生产资料公司划归市农经委管理,慈湖、向山、采石、霍里、濮塘基层社由农业生产资料公司代管。1991 年 4 月,经市委马秘〔1991〕15 号文件批准,恢复成立市供销合作社联合社,下设物资回收、土产日杂、果品副食、农业生产资料、棉麻 5 个专业公司和慈湖、向山、采石、霍里、濮塘 5 个基层供销社。全市系统在职职工 1853 人,离退休人员 366 人,独立核算单位 35 个。当年实现商品总购进 8373 万元、总销售 9674 万元,实现利税 373 万元。调拨化肥 1.55 万吨。

1992 年,市供销社在全市系统推行“四放开”改革,6 月,成立市供销商业总公司,与市供销社实行“两块牌子、一套机构”。1994 年起,在部分网点试推“公有民营”改革,分离所有权与经营权。实行“四定、四自、五个不变”,即定人员、定租金、定税金、定上缴统筹费;自筹资金、自主经营、自负盈亏、自担风险;企业所有制不变、职工身份不变、隶属关系不变、档案工资不变、退休待遇不变。基层网点经营状况和服务质量出现较大改观。农业生产资料开辟多头经营,拓宽购销渠道。棉花收购点设到小黄洲,方便棉农售棉。副食品批发开辟“康师傅”方便面总经销、“古井”“沙河”系列酒和“统一”方便面总代理。珍味南北货商店、长寿商店主推特色化经营。其后,市供销社加大基建投资,新建、扩建装潢改造零售网点。1992—1997 年,新建、改建网点项目 75 项,总投资达 4300 万元。改革传递式销售,敞开货架,由消费者自选商品。网点布局上,由市区中心地带向居民住宅中心和市郊拓展。

1995 年起,全市系统推进产权制度改革,整合市区专业公司,将果品公司珍味南北货商店与土产日杂公司雨山商场合并,直属市社管理。1997 年,组建由供销社控股、经营者持大股、职工参股的珍味南北货有限责任公司。1999 年 1 月,珍味南北货有限责任公司加盟江苏省果品公司“苏果超市”,发展连锁经营。2002 年,实施“两个置换”,社有资本完全退出,职工身份全部置换,形成由经营层控股的民营企业。

2000 年,市农业生产资料(集团)公司成立,在全市范围实行农业生产资料连锁经营。开拓外埠市场,筹建庄稼医院。2003 年改制为马鞍山市农业生产资料有限公司。2003 年农资销售额达 2408 万元,创历史新高。

2005 年,当涂中润商贸有限责任公司被商务部列入全省首批“万村千乡”市场工程试点企业,在全县 14 个乡镇建立连锁超市。市华润糖酒副食有限公司坚持“为民、便民、利民”,一方面继续在市区居民小区设便利店,另一方面改善农村消费环境,把超市向乡村集镇延伸。5 月,马鞍山市供销行业协会成立,30 个企业入会。是年底,全市系统完成商品销售总额4.53亿元,拥有网点262个,经营面积3.7万平方米,连锁超市79个,其中苏果超市28个、中润超市22个、华润便利超市15个、农资超市14个。

2007年2月,市供销社成立资产经营有限公司,管理营运全系统企业及基层社改制后剩余资产,发展合作经济。6月7日,市委组织部发文撤销市供销合作社联合社党委、纪委,成立市供销合作社联合社党组、纪检组。

2009年,市供销社完成商品销售额8亿元,实施7个建设项目,投资总额7466万元,新建和改造日用消费品、农资网点116个。市华润糖酒副食有限公司加强配送中心建设,便利超市发展到28个;县中润超市公司、中润农资公司改造县域经营网点;市宏源土产日杂有限公司完善烟花爆竹配送中心建设,当涂县土产公司投资100余万元,扩建700余平方米的烟花爆竹配送中心,两公司对市郊4个、县域9个重点营销网点加强营销管理。支持14家农民专业合作社及农副产品生产加工企业推进基地建设和农副产品生产加工、销售项目建设,推动农产品进超市、进社区菜市场和批发交易市场。当涂均庆河蟹、龙升粮油、山河禽业、姑孰苗木等10家专业合作社与市、县供销社社有企业合作,参与“新网工程”建设。安康菌业公司、太白食品公司、双潭湖水产养殖公司、沃而德食品公司、七联山养鸡场等不断开拓城乡市场。是年,全市系统农副产品生产企业和农民专业合作社设立农副产品直营点17个,产品进超市品种达104个。市社资产经营公司、县社商业总公司分别或联合向当涂均庆河蟹、山河禽业、龙升粮油、姑孰苗木、太仓农资、七房蟹苗、市爱民花卉、濮塘草莓、苏李葡萄、春晓农资等16家专业合作社投入61万元,成为合作社大股东,增强为社员服务能力。争取区、乡(镇)党委和政府支持,市供销社资产经营公司与协会企业、项目实施地村委会投资合作,建设市郊苏李村为农综合服务社。当涂县供销社依托基层社和经营网点,创办新式为农综合服务社。制定《农村综合服务社管理制度(试行)》,将综合服务社建成集农资销售、庄稼医院、日用消费品销售、农副产品交易、文体活动室、农民就业指导为一体的便民中心。专业合作社、综合服务社加入市供销行业协会和县农村合作经济联合会,成为供销合作社的新型基层合作经济组织,促进水产品、粮油、草莓、禽业、苗木等行业的进一步发展。

2010年,市供销社与市财政局联合印发《关于进一步做好“新网工程”项目建设的意见》,明确“新网工程”建设的主要任务、工作措施、项目支持方向、项目资金的管理等。市华润糖酒副食有限公司在社区新建4家中型超市,改造12家社区超市,方便居民购物,改善购物环境。市、县供销社社有企业与当涂县鑫绿臣粮油专业合作社、市新临农贸实业有限公司签订《项目合作有关事宜备忘录》。出台《关于推进供销行业农民专业合作社发展的意见》。市供销社资产公司与当涂县黄池蔬菜产销专业合作社签订《关于发展黄池蔬菜产销专业合作社的合作协议》,安排“新网工程”建设专项资金8万元、供销社社有资金3万元,发展蔬菜产销专业合作社。出台《马鞍山市供销行业农民专业合作社示范社考核评选暂行办法》。发展均庆河蟹、山河禽业、龙升粮油、爱民花卉、濮塘草莓、苏李葡萄、七房蟹苗、春晓农资、姑孰苗木、太仓农资、黄池蔬菜等带动能力强的农民专业合作社。是年,市供销社机关内设机构有办公室、政工科、综合业务科、合作经济指导科、资产管理科、机关党委、机关工会。机关编制16人,实有17人,离退休人员45人。全市供销社系统共有企业33个,总资产4.1亿元。其中当涂县供销社系统2.4亿元;拥有各类商品配送中心6个、经营网点676个,包括日用消费品网点309个、农业生产资料网点159个、农副产品直营销售网点80个、再生资源回收网点14个、烟花爆竹经营网点114个;综合服务社4个;农民专业合作社40家,入社社员2592户;农副产品生产、经营企业和农民专业合作社种植、养殖面积近5万亩。供销行业协会成员发展到76个,成员单位经营范围涵盖日用消费品、农资、食品、茶叶、棉花、水产品、苗木、蔬菜、再生资源、烟花爆竹、建筑等。初步形成城乡现代流通体系,社属企业成为城乡物流主力军和促进城乡一体化的骨干力量。

巢湖市供销社 2001年,巢湖市供销社下辖庐江、无为、和县、含山和居巢区等5县(区)供销社。2001年4月,巢湖市编委《关于市供销合作社机关人员编制的批复》核定编制16人,列入财政全额预算。2002年3月,市编委《关于市供销社机关内设机构、领导职数及列入财政供给人员的通知》明确机关内设机构和财政供给人员。此后庐江县供销社、居巢区供销社、含山县供销社、无为县供销社陆续进入财政供给。是年,全市供销社系统推行以"售、破、股"为主要形式,以产权置换和身份置换为主要内容的企业改制工作。截至2005年,129个直属企业和基层社完成企业改制,改制面达97.7%;7321名职工置换身份,占在职职工总数55.9%。其中市供销社、和县供销社企业改制面达100%,职工身份置换率逾99%。组建26个体制新、机制活的新型股份制企业,经济运行质量提高。2000—2005年,全市供销社系统购进总额从6.93亿元增长到7.88亿元,增长13.7%,年均递增2.7%;销售总额从7.72亿元增长到9.39亿元,增长21.6%,年均增长4.3%;利润总额从亏损1850万元到2004年实现扭亏为盈,2005年盈利达218万元。截至2005年,全市供销社系统领办各类农产品行业协会10个,培育省级农业产业化龙头企业1个、市级及省社级龙头企业6个;自办或合办农资连锁经营网点63个、日用消费品连锁超市18个;领办农民专业合作社1个,兴办村级服务社20个。庐江县鑫隆超市有限公司、和县田宝复合肥有限责任公司被列入"万村千乡"工程试点企业。

2009年,全市系统商品购进总额15.38亿元,同比增长33.6%,其中农副产品收购总额11.3亿元,同比增长38.9%;商品销售总额17.5亿元,同比增长21%;实现利润总额1178万元,同比增长83.2%;社会贡献总额2887万元,同比增长20.19%。

截至2009年年底,全市系统组建农资、农产品、日用消费品、再生资源回收利用、烟花爆竹等公司17个、配送中心9个,培育市级以上龙头企业23个、农资连锁店357个、日用消费品连锁店47个、烟花爆竹连锁店441个;领办各类合作经济组织71个,其中行业协会20个、专业合作社49个、农村合作经济组织联合会2个。是年,全市系统实行项目库动态管理,推进"新网工程"建设,争取中央、省财政扶持资金总额达500余万元。加大对棉花和茶叶两大主导产业重点龙头企业帮扶力度。定期邀请中储棉总公司、国家棉花交易中心专家前来传递市场信息;组织骨干企业参加茶叶展览展销会。全市系统农村合作经济组织涵盖棉花、茶叶、蔬菜、畜禽、水产、农资等行业。参与金融合作,为农户、合作经济组织和社有企业提供多种形式的金融服务。启动市旗山再生资源循环经济产业园项目建设,牵头开展市、区再生资源回收市场管理整顿工作。

2011 年 8 月,巢湖市供销社因行政区划调整撤销。其中市供销社整体并入合肥市供销社,居巢区供销社转为县级巢湖市供销社,与庐江县供销社一起划入合肥市管辖;和县供销社、含山县供销社划入马鞍山市管辖;无为县供销社划入芜湖市管辖。

芜湖市供销社 芜湖市供销合作社联合社成立于 1949 年 10 月。2005 年年底,全市系统(含芜湖、繁昌、南陵 3 县供销社)有 68 家基层供销合作社,县以上社属企业达 37 个。有在职职工 2795 人、离退休人员 2421 人。资产总额达 5.19 亿元,所有者权益达 1.03 亿元。组建控股、参股、独资企业 9 家,全部投资总额 3856 万元(其中两企业 1132 万元为固定资产投资)。全市系统建有行业协会 6 个;有龙头企业 6 家,芜湖县棉麻土产公司被中华全国供销合作总社确认为全国供销合作社重点龙头企业;有连锁(加盟)店 29 家;有各种专业合作社 38 个、村级服务站 167 个。经营网点遍布全市城乡,为农服务范围涉及生产、加工、贮藏、运输等多环节。位于芜湖县花桥及相邻乡镇的 3 万亩棉花种植基地,被国家标准化委员会批准为第 5 批全国农业标准化优质棉花示范区。

1986—1998 年实施"下岗再就业"工程前,全市系统先后进行放开搞活、推行经营承包责任制、"四放开"等改革。1993 年起,以股份合作制为主,开展产权制度改革试点,对两个企业实行整体改制,后因未触及产权这一根本问题,未获成功。自 1996 年起,实施"抓大放小,扶优汰劣"战略,实行铺底承包、公有民营、公有私营、租赁经营等。1999 年末,全市系统企业亏损严重,资产锐减,相继资不抵债。市社规范再就业服务中心建设,实施下岗分流和再就业工程,1367 名下岗职工全部进入"中心"。所属 6 个困难企业中,有 5 家企业 699 人经审核认定进入市政府"三三制"(市内核拨失业保险基金承担 1/3,区财政承担 1/3,企业承担 1/3)保障序列,占下岗职工的 51.1%。在企业内部安置下岗职工 410 人,占下岗职工的 30%。

2000 年 3 月起,芜湖市供销社按照市委、市政府关于芜湖市商贸流通企业改革的统一部署,在系统内全面推行职工与企业脱钩、企业与政府脱钩、"全体起立、全员置换身份",推进产权制度改革。企业改制面、分流职工人数均达 100%。2002 年开始,全市系统推行"四项改造"。各县供销社以基层社为依托,组建专业合作社和村级服务站,从传统批发、零售、坐店经营向连锁经营、物流配送、直销等现代经营方式转变。一批新的股份制企业相继组建。市供销社成立芜湖市供销合作社联合社企业资金收付中心,集中统一管理社属企业资金。2002 年 8 月,芜湖市供销社完成机构改革,落实机关财政供给编制。随后,芜湖、南陵、繁昌 3 县也相继落实县级供销社机关财政供给编制。

2001 年,芜湖市供销社扭转连续 10 年财务汇总亏损被动局面。当年实现商品销售收入 1.29 亿元,实现利润 108 万元,此后,连续保持盈利态势。

2003年年底，以买断债权方式，经人民法院民事裁定，解决所属企业历史上形成的1.4亿元银行债务包袱。清理、支付退休人员医药费等全部拖欠费用。市供销社本级实现既无“外债”又无“内债”。对内盘活存量资产，实行资产剥离、整合、重组；对外加强联合与合作，吸纳经营者和社会资本。其间，建成中国锦江集团锦江之星旅馆股份有限责任公司锦江之星芜湖店项目；引进浙江宁波惠多织造集团、涌盛集团两家轻纺企业落户芜湖机械工业开发区。芜湖市棉麻公司四褐山仓库被确定为郑州期货商品交易所芜湖棉花交割库、全国棉花交易市场指定商品棉电子撮合交易库。截止2005年年底，控股企业达5家，为芜湖市丰农果菜冷藏有限责任公司、芜湖金联投资有限责任公司、安徽达成科技有限公司、芜湖市棉麻有限责任公司、安徽省南陵县棉麻有限责任公司；参股企业达3家，为中合联投资有限公司、芜湖扬子农村商业银行、芜湖市皖江拍卖有限责任公司；独资企业1家，为芜湖市再生资源交易中心。

2006年，芜湖市供销社控股芜湖金联投资有限责任公司作为法人发起人之一，入股芜湖扬子农村商业银行1500万元，成为5大法人股东之一，为“三农”提供优质、高效金融服务。

2009年5月，芜湖市人民政府印发《关于进一步加快供销合作社改革发展 服务社会主义新农村建设的实施意见》。是年，芜湖市供销社实现销售总额33.39亿元，同比增长4.11倍；农业生产资料销售额1.74亿元，同比增长65.71%；农副产品收购额1.86亿元，同比增长10.71%；实现利润1.001亿元，同比增长9.86%，创历史新高；所有者权益33.296万元，同比增长27.84倍；社会贡献总额12.892万元，同比增长2148.7倍。获全省供销社系统综合考核特等奖；连续3年蝉联“全市信访工作目标管理优秀单位”荣誉；被市委、市政府授予“芜湖市第十三届文明单位”称号；12月27日，获中华全国供销合作总社评选的“影响中国供销合作社60年60社之行业领军社”称号。至年底，发展农资专业合作社15个、连锁经营网点59家；建设烟花爆竹配送中心7个、连锁店250家，日用消费品连锁门店68家，村级综合服务站270个。通过招商引资，建设综合性果品、冻品、水产（海鲜）批发市场，一期工程占地3万平方米，投资1.5亿元。

2010年，芜湖市供销社实现销售总额43.19亿元，同比增长22.4%；社有资产总额达8079万元，同比增长15.3%；实现所有者权益5865万元，同比增长12.3%。芜湖棉花交割库实际完成棉花交割量1.02万吨；全市再生资源回收利用总额达7.67亿元；为农民推销农副产品6.02亿元。建设“新网工程”网点12家，南陵县入围“新网工程”县级经营服务网络建设重点扶持县。市供销社连续3年获全省系统综合考核特等奖。

2011年，芜湖市供销社社有资产总额达1.21亿元，同比增长49.77%；净资产总额达6744万元，同比增长14.99%。建设“新网工程”网点12家，新建农村综合服务社15个，为农民推销农产品总额达9.58亿元。市社连续4年获全省供销社系统综合考核特等奖并获评“全省供销社系统先进集体”。果品、冻品、水产（海鲜）市场先后接待总社党组书记、理事会主任李成玉，省委常委、副省长余欣荣和总社会议代表考察并获肯定。

市社推进行业协会建设,10 月,召开芜湖市棉花行业协会成立暨第一届会员代表大会;12 月,成立芜湖市农产生产资料行业协会。同月,芜湖市果品、冻品、水产(海鲜)批发市场暨全省最大(单体 4 万吨)菜篮子专用冷库开业。

宣城市供销社 1983 年,宣城地区供销社改为安徽省供销合作社联合社宣城地区办事处,由行政单位改为经济组织,辖宣州、郎溪、广德、宁国、泾县 5 个县级供销社。1988 年 1 月,随行政区划变更,原徽州地区绩溪、旌德两县供销社划入安徽省供销合作社联合社宣城地区办事处。5 月 1 日,办事处由芜湖市迁到宣州市办公。1990 年 2 月 6 日,宣城行署专员办公会议决定,安徽省供销合作社联合社宣城地区办事处更名为宣城地区供销合作社,辖宣州、郎溪、广德、宁国、泾县、绩溪、旌德 7 县(市)供销社。1988 年 8 月,为推进供销社体制改革,解决机关经费困难,经宣城行署行发〔1988〕29 号文批准,成立宣城地区农业生产资料公司(副县级),由宣城地区供销社拆借 20 万元流动资金和 10 万元固定资产向工商、税务等有关部门申请登记,是为宣城地区供销社搬迁后成立的首家直属企业。其后,1991 年 3 月 8 日,宣城行署行办〔1991〕7 号文批准成立宣城地区棉麻公司(正科级)。1997 年 4 月,宣城地区再生资源有限责任公司成立。2001 年,宣城行署撤销,成立宣城市。1 月 10 日,宣城地区供销合作社更名为宣城市供销合作社联合社,由市政府领导,正县级建制,财政全额供给。

2001—2003 年,全市系统 40 个社属企业、65 个基层社完成改制,解除劳动关系、置换职工身份 5285 人,劳动关系转换面达 75%。市农资公司、再生资源公司、棉麻公司 3 个直属企业改制全面完成。2004 年,全市系统完成改制企业 133 个,改制面达 95.5%,解除劳动关系、置换职工身份 5858 人,劳动关系转换面达 74.4%。2005 年,全市系统完成改制企业和基层社 174 个,改制面达 97.2%,置换职工身份、解除劳动关系 7700 人,占全部职工总数的 91%。

2003 年,市社把招商引资和企业改制结合,全市系统引进内资 1878 万元,引进外资 20.6 万美元。2004 年引进内资 1559 万元、外资 20 万美元,引进工业企业 1 个,填补全市系统招商引资没有工业企业的空白。2005 年引进内资 2262 万元、外资 146.8 万美元,其中市供销社引进内资 200 万元、外资 146.8 万美元,超额完成市政府引资任务。

2005 年,全市系统实现商品销售总额 17.1 亿元,比上年增长 12.5%,总额位居全省市级供销社首位。实现利润 3500 万元,比上年增长 20%,总额位列全省市级供销社第 2,7 个(县、市、区)社全部实现盈利。社会贡献总额达 6117 万元,比上年增长 5.03%;上缴税费 1554 万元。

2009 年,全市系统实现购进总额 45.28 亿元,比上年增长 12.4%。实现销售总额 45.80 亿元,比上年增长 11.5%。实现利润 1.36 亿元,比上年增长 1441 万元。在全省供销社综合考核中位列第 1,获"先进市级供销社特等奖"。是年,全市系统各类经营网点总数达 1878 个。有省级农业产业化龙头企业 3 个、市级农业产业化龙头企业 9 个、省社级农业产业化龙头企业 12 个,有全国总社"千社千品"富农工程农民专业合作社

10个。建设市县级配送中心26个,发展专业合作社72个,改造建设综合服务社280余个,培育农副产品批发和专业市场3个,发展各类行业协会17个。是年争取各类项目资金321万元。

2011年,市社在全省供销社综合考核中继续位列第1,保持排头兵位置。与中国供销农产品批发市场控股有限公司共同投资的宣城农副产品批发市场项目开工建设。是年,全市集体新发展专业合作社13个、行业协会1个,综合服务社总数达478个,各类经营网点达2215个。全市系统参与农村金融创新,先后参股广德德善小额贷款公司、宁国供销小额贷款(担保)公司、绩溪双赢拍卖咨询服务公司等,拓展农村信贷业务,帮助解决中小企业和农民专业合作社融资困难。

铜陵市供销社　1976年,铜陵市供销社恢复建制,所属企业有市土产公司、市物资回收公司、市农业生产资料公司。1983年,市供销社更名为铜陵市供销合作社联合社,辖铜陵县联社等18个基层供销社。截止2007年年底,市属企业发展到10个,即市农资公司、土产公司、回收公司、棉麻公司、轧钢厂、江南商场、东亚商场、天震烟花爆竹公司、中联工业品有限责任公司、中联房地产公司,共有职工1317人。截止2008年年底,各企业均完成职工身份置换。中联工业品有限责任公司和中联房地产公司分别整体移交铜官山区和狮子山区。2009年,市供销社有控股企业天瑞棉业公司、参股企业烟花爆竹公司。

改革改制　1984年,铜陵市社成立工业品贸易中心。推行经营承包制,改干部任命制为聘任制。1988年,市土产公司公开招聘经理。是年起,实行所得税目标管理,推行企业经理厂长负责制,在市土产公司和农资分公司推行工效挂钩。1991年,实行工资分配与多项经济指标挂钩。1992年,推行放开经营、放开价格、放开分配、放开用工的"四放开"改革。2000年起,利用近两年时间,针对效益下滑、大面积亏损局面,转换机制,采取下岗、歇岗、内退、自由组合等方式分流人员600余名。2001年,市铜都轧钢厂进行破产改制。2002年,对市社中联工业品公司进行"双置换"改制。对中联房地产开发公司、六安分公司采取自然人入股购买、集体资产全部退出的方式组建民营新体中城置业有限公司。2010年,完成对改制企业留守人员的清退和精简,通过双向选择,从原先50余人中聘15人专门从事社保办理、资产管理等工作。

网点建设　1986年始,市供销社建设1000平方米的江南商场、500平方米的东亚商场、500平方米的金利达商场和1856平方米的淮河路批零商场。1995年,铜陵农资分公司组建华龙商厦,营业面积7200平方米。1996年7月,华龙商厦建成华龙超市。

自20世纪80年代初至2000年年底,全市系统共计新建、改造网点1.75万平方米。1990年,市土产公司开办淮河路瓜果批发市场,1996年,利用瓜果市场旧址创立淮河路停车场和淮河路建材大市场。1993年,市棉麻、农资公司利用棉麻库建立朝阳路综合市场,吸引市烟草专业批发市场落户。1997年7月,市社成立中联房地产开发公司,改造系统内旧房、仓库,为供销社整体经营服务。2004年,组建天震烟花爆竹专营公司,设

164 个直销点。

主要经济指标　1986—1993 年,全市系统累计实现商品销售 6.49 亿元(其中农资分公司 3.81 亿元),实现利润累计 1429.5 万元(其中农资分公司 813.5 万元),1994—2005 年,累计实现商品销售 6.29 亿元(其中农资分公司 2.9 亿元),实现利润累计亏 6289.6 万元(其中农资分公司 3825.8 万元)。

2009 年,全市系统完成商品销售总额 3.52 亿元,同比增长 9.3%。实现利润 10 万元。全年共计建设棉花、农资、烟花爆竹等各类网点 287 个。

2010 年,全市系统完成商品购进总额 22.28 亿元,实现销售总额 24.3 亿元,同比增长 580%,实现利润 2000 万元。完成对天震烟花爆竹公司股份制改造,由安徽盛虹烟花爆竹集团控股 60%、市供销社参股 40%。成立供销行业协会,发展会员 53 家,其中单位会员 33 家。争取各级"新网工程"专项资金 105 万元,其中,铜陵再生资源回收利用网络项目争取中央财政 50 万元资金;棉花加工中心技改扩建项目、农资配送中心项目争取省财政 25 万元支持;市财政安排 30 万元,用于支持本市项目建设。

2011 年,全市系统完成商品购进总额 40.3 亿元,完成商品销售总额 41.2 亿多元,比上年增长 60%;实现商品销售利润总额约 3000 余万元,比上年增长 50%。申报总社和中央财政"新网工程"、农业综合开发和地方财政补贴项目 6 个;申报 2011 年国家"新网工程"项目 1 个;国家农业综合开发项目 1 个;投入资金 50 万元,完成 12 个市级"新网工程"项目。全年共组织化肥 11 万余吨、农药 750 余吨、农用薄膜 140 余吨。启动全市废旧物资回收体系建设试点工作,协助挂牌设立回收网点 6 家(个)。

池州市供销社　1989 年 1 月 10 日,池州地区供销社成立。2000 年,池州撤地建市,组建池州市供销社。2001 年,池州市人民政府下发《关于解决县区供销社几个突出问题的通知》,将县社机关所需经费列入同级财政全额预算。2008 年,全市供销社机关完成公务员登记,县级以上联社全部参照公务员管理。截至 2008 年年底,池州市供销合作社联合社辖贵池、东至、青阳、石台 4 个县级社,辖市日杂公司、市回收公司、市棉麻公司、安徽国润茶业公司 4 家直属企业。全市系统共有社有企业 29 个,其中棉花、茶叶等各级农业产业化龙头企业 11 家(省级龙头企业 1 家、市级龙头企业 1 家,省社级龙头企业 5 家),农村合作经济组织 220 家。2010 年,全市系统累计实现销售收入 30.09 亿元,实现利润 4536 万元,同比分别增长 39.43% 和 51.5%。其中市社直属企业实现销售收入 18.56 亿元,实现利润 2333 万元,同比分别增长 49.6% 和 123%。2007—2009 年连续 3 年获"全省供销社系统综合考核先进市级社特等奖",2007 年被人事部、中华全国供销合作总社评为全国先进市社,2008 年、2010 年受到市政府通报表彰,2010 年首次获得市级文明单位、"双拥"优秀单位称号。

改革改制　自 2001 年起,全市系统实施产权制度改革,"换人换血换机制"。截至 2004 年 5 月,完成改制企业 65 家,重组新企业 15 家,筹措改革成本 5800 余万元,盘活存量资产 6800 余万元,置换职工身份 2100 余人,职工总人数由 1999 年年底 6370 人减少至2980人,改制面达80%。基层社通过资产双层经营、按照经济区域撤并、破产、解体等改革形式,建制由1999年年底的66个调整为38个;社属企业采取股份合作、分立重组、兼并出售等形式,建立投资主体多元化的企业产权制度。市直企业按照“三个一批”(重组一批、过渡一批、退位一批)的思路,初步建起杜绝亏损的机制。至2010年年底,全市系统基本完成改制。

专业合作　2003年5月,全市第一家农民专业合作社在高岭乡五联村成立。2006年,在全市系统大力推行“315”工程,至年底,全市系统农村合作经济组织发展到150个,入社、入会农户达到总农户15%,年户均为农增收150元。至2008年年底,全市系统改造和发展为农服务龙头企业11家,组建棉花、茶叶、蔬菜等各类专业合作社200余家,发展入社农户近6万户,带动农户12万户,为农增收年户均200元以上,建立优质棉示范基地3万亩、无公害茶园2万余亩。实施棉花、茶叶有害生物综合治理(IPM)项目,开办田间学校,促进农民增收。

社有企业　2002年年底,市直企业初步形成棉花、茶叶、报废汽车拆解、农资、烟花爆竹5条经营主线。石台、东至、青阳县社成立拍卖公司,2003年实现交易额2300余万元。与安徽辉隆农资集团有限公司合作,开展农资连锁经营,2003年在池州建立第一家农资连锁配送中心,发展加盟连锁店。2004年,引进泾县、芜湖客商整体租赁原农资公司综合楼,投资500余万元,成立集休闲、娱乐、餐饮于一体的文化娱乐公司。2006年11月,成立秋江棉业有限公司,为其时皖南最大棉花加工企业。2008年6月,供销商厦(时代广场)项目开工奠基。2010年3月,注册成立池州市秋江油脂蛋白科技有限公司,建设4万吨棉籽深加工产业化项目,延长棉花产业链,12月底竣工试产。4—9月,安徽国润茶业有限公司产品入选“中国十大名茶”,参展上海世博会。9月,供销大厦封顶并对外招商。

“新网工程”　2006年,全市系统启动“新网工程”建设,制定《池州市供销社“新网工程”建设五年规划》。2007年,市政府办公室出台《关于加快“新网工程”建设的意见》,“新网工程”正式成为政府工程,在全市范围内深入实施。截止2010年年底,全市系统发展农资连锁配送中心4个、农资连锁店177个,乡镇覆盖率达100%,行政村覆盖率达70%;发展棉花、茶叶专业合作社和协会180个;全市组建4个日用消费品连锁配送中心,发展乡镇日用消费品超市52个、乡村农家店294个;4县(区)均建立再生资源集散中心,73个行政村建立回收站;市、县(区)共建设5个烟花爆竹连锁配送中心和6个烟花爆竹专用仓库,发展烟花爆竹销售网点698个。

安庆市供销社　1988年11月,随行政区划变更,原安庆地区供销合作社和原安庆市供销合作社合并组建安庆市供销合作社,下辖桐城市、枞阳县、怀宁县、潜山县、岳西县、太湖县、望江县、宿松县、郊区9个县级社,拥有103个基层社、222个企业、407个供销社(分社)、3907个服务经营网点,职工达2.65万人,其中在职职工1.67万人,形成市、县、镇、村服务经营网络。

1986—1999年,安庆市供销社系统重在对所属企业推行和完善多种形式经营承包责任制。1999—2005年,重点推行“双置换”。至2005年年底,全市系统实施“双置换”改革的县直企业达32个、基层社达26个,置换职工身份9150人。实行“破、股、租、售”等其他形式改革的企业达64个。

棉花是安庆市重要经济作物,各级供销社棉麻企业以“科技兴棉”为先导,对棉花生产实行系列化服务。1997年,安庆市皮棉单产达78.8公斤,居全省第1;总产6.64万吨,居全省第2。自1989年起,全市系统对原有老轧花厂分批进行技术改造,提高加工质量,创立品牌,望江“蕾花”、宿松“冠球”、枞阳“凌云”、太湖“花亭湖”、怀宁“独秀”、安庆棉麻分公司“振风”等优质棉品牌相继问世。

在农业生产资料供应方面,各级供销社农资部门抓住“货源、价格、服务”三环节开展工作。

1990年,安庆市供销大厦加盟上海联华,开办超市。此后,在安庆市区及望江县、怀宁县供销社系统开设5个超市分部。潜山皖城连锁、桐城太阳城发展成为当地龙头企业和知名品牌。

自1992年起,争取省有关部门对商业基础设施项目支持,改建、兴建安庆市、桐城市供销大厦,潜山县皖城大厦,望江县白云宾馆等8个工程项目,总投资近1.42亿元,总建筑面积达7.71万平方米,引入新型业态,增加经济效益。

1997年,全市系统商办工业产值达6.1亿元,利税达1613万元。至2009年,投入技改资金总额近1.7亿元,以棉花加工为主,拥有农药、化肥、缫丝、油脂、食品等加工企业105家,从业人员1.09万人,固定资产投资达10.17亿元,加强商业基础设施建设。

进入21世纪后,全市系统用现代化流通方式整合商品流通网络,农资、日用品、农产品、烟花爆竹经营网络体系初具规模。

2011年,全市系统完成商品销售总额41.85亿元,同比增长31.85%,全年实现利润总额5.806亿元,同比增长25.45%,上缴财政总额4137万元,同比增长134.65%。推进“新网工程”建设,全市系统已建经营网点9056个,其中农资连锁经营网点1265个、日用消费品连锁经营店1058个、再生资源回收利用网点252个、烟花爆竹网点4911个、农副产品收购网点217个,建立各类农产品基地42个、专业市场3个,是年连锁销售额达到33.9亿元,其中化肥销售44.82万吨、棉花销售3.6万吨。两项销售额分别占全市销售总额60%和40%以上,烟花爆竹销售量占全市销售量80%以上。领办、创办、联办各类农民专业合作社70个,涌现出像太湖助农板栗、宿松天润棉花、怀宁洪铺中药材、潜山棉花、岳西三棵半茶叶等一批示范农民专业合作社,其中被评为全国“千社千品”的12个,获全国和全省示范农民专业合作社称号的各1个,拥有社员1.38万人,带动5万多农户走向市场。组建各类专业协会16个。市棉花协会针对棉花市场行情急剧变化状况,邀请棉花专家分析形势,发布市场、政策信息,为会员排忧解难;建设满足农民多种需求的综合服务社,全市系统已达1260家。提升基层社实力与活力,桐城双港供销社成为全国供销社系统“百强基层社”;组织实施潜山棉花基地、桐城新天地土地流转、太湖农产品冷链物流、宿松瓜子基地、望江棉花棉种基地、枞阳茶叶基地等一批农发项目,使贸工农进一步结合,凸显供销社为农服务功能;保障农资供应,自2006年起,全市系统年化肥供应量在40～50万吨,多次圆满完成各级化肥农药储备和救灾化肥供应等任务。因地制宜推进社有企业产权多元化改造,以参股、控股形式创立股份制企业。桐城新天地农资股份有限公司采取“供销社＋新天地农资公司＋9000多农户＋流转土地3.25万亩＋农机、种子专业合作社”模式运作,资产由成立时的1450万元发展到8200万元,业务范围涵盖农资供应、农产品经营、优质米加工和水稻、小麦、蔬菜种植等,年销售收入由3600万元增长到1.7亿元,获“全国粮食生产大户”和“安徽省种粮大户标兵”荣誉称号。2011年,国务院副总理李克强视察公司水稻种植基地,肯定公司发展现代农业做法。全市系统拓展经营服务领域,岳西县社依托江淮汽车和合力叉车集团等省内知名企业,组建岳西县宏盛机械有限责任公司和宏盛工贸有限公司,专门为江淮汽车和合力集团生产汽车配件,年销售收入突破亿元。开放办社,吸引安庆世纪华联、银盛农资、禾丰农资、农野农资等一批有实力、有影响的企业加入供销社。发展环境优化,自2008年以来,安庆市政府连续出台6个重要文件支持供销社改革发展,其中《安庆市人民政府关于进一步加强供销合作社改革发展 服务社会主义新农村建设的实施意见》(宜政办发〔2009〕1号)针对性和操作性强,为供销社改革发展提供有力政策支撑。扶持资金逐年增加,支持项目开发,推动经济发展。2011年争取各类项目资金848万元,其中“新网工程”中央财政资金320万元、省级财政资金120万元,市、县级财政资金198万元,农发项目资金210万元。

黄山市供销社　1987年,黄山市供销社系统实现利润264.89万元。此后,全市系统经济指标逐年增长,2003年起在全省系统排名前列。

2005年,市供销社辖屯溪区、黄山区、徽州区、歙县、休宁县、祁门县、黟县7个县级供销社和黄山市化工总厂、黄山永佳集团、黄山新安农资公司、黄山市宏兴土产公司、黄山市茶叶公司和市供销干校6个直属企业。是年,全市系统完成销售总额13.4亿元;实现社办工业产值11.5亿元;上缴税费7288万元;实现利润总额8716万元;比上年分别增长19.5%、24%、44.43%、18.34%。兴建各类市场3个、综合服务社50个,成立各类协会4个,发展各类连锁企业14家、连锁门店287个。市属新安农资公司201家连锁门店,全年销售各类农资商品3.65万吨,销货总额达6354万元,约占黄山市农资市场70%;供销社农业产业化龙头企业5家,全年销售额达5800万元,利润达208万元,带动农户1.68万户,领办兴办各类专业合作社16个,拥有注册商标4个,入社农户2620户,帮助农民实现收入7042万元。

2009年,全市系统实现销售总额30.08亿元,增长10.4%;利润1.89亿元,增长34.3%,利润总额排名全省市级社第1,获全省供销社系统综合考核先进市级社特等奖。全市建日用消费品配送中心6个、烟花爆竹配送中心7个、农资产品配送中心15个,建成“新网工程”网点3431个,其中农资网点279个、日用消费品网点378个、再生资源网点146个、烟花爆竹网点2586个,农村合作经济组织42个。

2010年,全市系统完成销售总额33.98亿元,实现利润总额2.1亿元。是年年初,市社研究出台《黄山市供销社关于永佳集团发展的意见》,明确当年永佳集团发展目标、落实措施以及加快集团发展的工作要求,永佳集团全年实现销售收入27亿元,比2009年增长20%。

2011年,全市系统完成销售总额47.7亿元,实现利润总额3.3亿元。系统支柱产业永佳集团持续健康发展,辉隆集团收购新安农资51%股权。全市建成“新网工程”网点达4139个。

第三章 县级供销社

安徽省各县多于中华人民共和国成立前后组建供销社,至1980年代改革开放初期,承担工业品和日用消费品下乡、农副产品收购、农资供应等职能,在农村市场发挥流通主渠道作用。

1990年代后,由于体制和机制不适应市场经济要求,加之多年积累的政策性亏损,县级供销社所属企业普遍经营萎缩,亏损严重。

2002年起,县级供销社推行“四项改造”。至2005年年底,县级供销社社有企业改制面达80%,组织体系、经营网络得到恢复完善,整体实力提升。

2009年以来,全省供销社系统贯彻国务院40号文件精神,推进县级供销社改革发展,发展壮大骨干县社,抓好网络薄弱与空白县改革发展。抓好县级龙头企业培育,增强经济实力、竞争能力和发展活力,带动县域流通网络、基层社建设和合作经济组织发展。

第一节 县级社机构

县级社管理体制机制 1984年,县级供销社退出政府序列。1986年起1990年代,县级供销社对系统内企业和基层社门点相继进行承包经营、“四放开”“租壳卖瓤”“社有民营”等经营体制改革,服务农村商品生产和流通。

1999年起,县级供销社以产权制度改革为核心,推行企业产权、职工身份“双置换”。

2002年,安徽省人民政府办公厅下发《关于县级供销社机关经费问题的批复》,要求“县级供销社的机构改革要纳入当地机构改革的总体方案,在精简机构、分流人员、严格核定编制的前提下,其机关经费列入同级财政预算(含离退休人员)”,此后至2005年,各地县级供销社逐步列入财政预算。

县级社机构变化 1983年3月,蚌埠市郊区供销合作社联合社改为淮上区供销合作社联合社。

1988年,原省辖县级黄山市和地辖屯溪市,改为黄山市黄山区和屯溪区,两市供销社分别更名为黄山区供销合作社联合社和屯溪区供销合作社联合社。同年,设立徽州区供销合作社联合社。

1989年,贵池县供销合作社联合社改为贵池市供销合作社联合社,次年改为贵池区供销合作社联合社。1989 年,界首县供销社改为界首市供销社(县级)。

1992 年 12 月,宿县供销社与宿州市供销社(县级)合并成宿州市供销社(县级)。1998 年 12 月,撤地改市,县级宿州市供销社改为埇桥区供销合作社联合社。

1993 年 1 月,滁州市供销合作社(县级)改为滁州市南谯区供销合作社联合社。9 月,天长县供销合作社联合社改为天长市供销合作社联合社。

1994 年 5 月,嘉山县供销合作社联合社改为明光市供销合作社联合社。

1996 年,阜阳地区撤区建市,原县级阜阳市和阜阳县撤销,设颍州、颍东、颍泉 3 个区,颍州、颍东、颍泉供销合作社联合社相应成立。同年,桐城县供销合作社联合社改为桐城市供销合作社联合社。

1997 年,宁国县供销合作社联合社改为宁国市供销合作社联合社。

1999 年 12 月,六安市供销合作社(县级)分设为金安区供销合作社联合社、裕安区供销合作社联合社。

2000 年 1 月,巢湖市供销合作社联合社(县级)改为居巢区供销合作社联合社。6 月,宣州市供销合作社(县级)改为宣州区供销合作社。同月,淮南市毛集社会发展综合试验区供销社成立。10 月,亳县供销合作社更名为谯城区供销合作社联合社,后划归新成立的亳州市供销合作社联合社。

2003 年,长丰县供销合作社联合社并入长丰县商贸工委。

2005 年 5 月,安庆市郊区供销合作社联合社改为宜秀区供销合作社联合社。

截至 2009 年年底,全省系统共有 78 个县级供销社。分别是:长丰县供销社、肥东县供销社、肥西县供销社;濉溪县供销社;亳州市谯城区供销社、涡阳县供销社、蒙城县供销社、利辛县供销社;宿州市埇桥区供销社;砀山县供销社、萧县供销社、灵璧县供销社、泗县供销社;蚌埠市淮上区供销社、怀远县供销社、五河县供销社、固镇县供销社;阜阳市颍州、颍东、颍泉区供销社,临泉县供销社、太和县供销社、阜南县供销社、颍上县供销社、界首市供销社;淮南市毛集试验区供销社、凤台县供销社;滁州市南谯区供销社、来安县供销社、全椒县供销社、定远县供销社、凤阳县供销社、天长市供销社、明光市供销社;六安市金安区、裕安区供销社,寿县供销社、霍邱县供销社、舒城县供销社、金寨县供销社、霍山县供销社;当涂县供销社;巢湖市居巢区供销社、庐江县供销社、无为县供销社、含山县供销社、和县供销社;芜湖县供销社、繁昌县供销社、南陵县供销社;宣城市宣州区供销社、郎溪县供销社、广德县供销社、泾县供销社、绩溪县供销社、旌德县供销社、宁国市供销社;铜陵县供销社;池州市贵池区供销社、东至县供销社、石台县供销社、青阳县供销社;安庆市宜秀区供销社、怀宁县供销社、枞阳县供销社、潜山县供销社、太湖县供销社、宿松县供销社、望江县供销社、岳西县供销社、桐城市供销社;黄山市屯溪区、黄山区、徽州区供销社,歙县供销社、休宁县供销社、黟县供销社、祁门县供销社。

2011 年 8 月,巢湖市行政区划调整后,巢湖市居巢区供销社更名为巢湖市供销社。

第二节　县社选介

肥西县供销社　1950 年 3 月,肥西县供销合作总社组建。1984 年 1 月,县供销社改为全县基层社的联合社。1986 年,肥西县供销合作社联合社成立,内设党组(委)、纪检组、工会、团委、妇委会、计生办、秘书股、行政股、人事股、业务股、工业股、监审股、商政股,有机关干部 41 人,下辖直属企业 8 个,即县农业生产资料公司、县土产日杂公司、县棉麻公司、县废旧物资回收公司、县供销社农副产品购销公司、县食品公司、小庙轧花厂、县禽蛋制品厂,有基层社办事处 7 个,有镇供销社 2 个、乡供销社 50 个、供销站 8 个、"双代店"174 个,经营网点达 576 个,从业人员达 2830 人。1992 年,组建肥西县供销合作社联合社商业总公司。

2003 年,肥西县委、县政府《关于进一步加快全县国有企业改革的实施意见》和肥西县企业改革领导组《批转县供销社关于进一步加快全县供销企业改革与发展实施方案的通知》出台后,全县供销社坚持"全退快退、放开搞活""企业发展民营化,产权主体多元化,企业用工社会化,改革形式多样化",以实现"两个退出"(企业职工退出原有企业,供销社企业退出原管理序列)为目标,对所属 25 个独立核算企业及与其保持劳动关系的在册职工实施改制、改革。截至 2005 年年底,全县供销社企业改制基本结束,办结 2005 名参与改制人员的相关手续,妥善安置 258 名"两五"(45～49 周岁女性,55～59 周岁男性)人员以及特殊群体人员。2002 年 1 月,企业退休职工退休金进入社会化发放。

2005 年 1 月,县供销合作社联合社机关经费列入县财政预算,核定财政供给事业编制 14 名。县社设办公室、人事教育科、计财审计科、综合业务科。4 月,成立资产管理运营公司,与综合业务科合署办公。设纪检组、工会工作委员会、老龄委、团委、妇委会、关工委、计生办等经检监察和群团组织。

重组发展　至 2005 年年底,县社重组成立肥西县供销社轧花总厂、肥西县环宇再生资源有限公司、肥西县金鑫棉花经营中心、肥西县银丰棉麻经贸中心、肥西县盛安烟花爆竹销售有限责任公司。领办肥西县银山棉花专业合作社、肥西县清平葡萄生产合作社、肥西金牛优质奶、肉羊养殖合作社、肥西县廖渡综合养殖合作社。创建官亭农资超市和山南农资超市,设立官亭、防虎、董岗、丙店、上派、城北、小庙、大柏、聚星、金桥、桥庵农资连锁店。2011 年,肥西县廖渡黄鳝综合养殖农民专业合作社获评总社"农民专业合作示范社"。

"代管"合作商业　20 世纪 70 年代后期,为解决下放知青回城和干部家属子女就业问题,由供销社系统企业给资金、给门店,派出管理人员帮助组织货源,兴办一批集体企业,并由供销社代管。1986 年,全县有"代管"合作商业 175 家、职工 1559 人。其后,随经济体制变化,这些商店逐渐解体。2003 年后,随代管主体——供销社企业改制,"代管"合作商业划归属地党委、政府管理,符合条件的人员,纳入最低生活保障。

濉溪县供销社 2002年,濉溪县机构编制委员会下发《濉溪县供销合作社联合社职能配置、内设机构和人员编制规定》,规定濉溪县供销社内设6个职能股室,核定机关事业编制22名,县社机关纳入县财政预算。2011年,全县供销社系统拥有理事会控股、参股企业10个,专业合作社11个,基层供销社19个;在册职工达3287人,其中在岗职工568人,离退休人员1060人;资产总额达1.05亿元,社有企业净资产收益率达5%。

企业改制 自1998年起,全县24个基层供销社因企制宜进行改制。清退临时工、农民协议工,采取"一刀裁"办法,清退200余人;处理变现资产,全面清退社员股金和职工集资款,共处置资产1216万元,清退社员股金和集资款864万元;推行资产和职工身份"双置换"。基层社保留中心门点和建制,大部分资产租赁或作价出售给职工。以产权制度改革为核心,多种形式进行县社直属企业改革。一是股份制改造,如县农资公司、玉绒棉业公司、物资回收公司、皖溪油脂公司;二是全员分流,职工自谋职业,如县土产公司;三是资产整体兼并,如县社招待所被皖北大厦兼并;四是依法实施破产重组,如县工业品公司、油脂化工厂、供销大楼依法破产,组建佰汇贸易公司、皖溪油脂公司、百花商贸公司;五是关停小企业,对长期亏损不能持续经营的5个规模较小的劳服企业,依法办理停业手续;六是整体处置企业资产,职工买断工龄,如皖北大厦、棉麻公司及濉溪、五沟、百善、孙疃4个轧花厂。至2008年,县供销社企业改制基本结束。

农业产业化 1985—2005年,全县系统结合地方特色资源,发展农资、棉花、桑蚕、花生、废旧物资回收等各类专业合作社共15个。1986年建立棉花良种繁育基地4000亩;1991年建立科技植棉示范田6000亩;1993年,成立棉桑科技开发公司,扶持全县棉花、蚕桑生产。

1996与省供销社科研所、省棉花研究所联合,租用农民土地60亩,繁育棉花良种,进行皖杂40亲本制种和皖杂40Fl代杂交棉系列繁育并获成功,研制出一代棉种1850公斤,繁育二代棉种2300公斤。1997年,建立皖杂40良棉制种和繁育基地,生产棉花良种10.5万公斤。

现代流通服务网络建设 自2006年起,推进新农村现代流通服务网络建设。

再生资源回收利用:2006年,以县汇源物资回收公司为龙头,在县开发区建设占地20亩的再生资源物流中心和汽车拆解中心;在百善镇建设占地40亩的再生资源加工中心,在全县布设90个再生资源回收站点,统一悬挂带有供销社标识的店牌。加强与外省大型钢铁企业合作,开展总代理、总经销。县汇源物资回收有限责任公司扩大经营规模和业务范围,做大做强报废汽车拆解和拍卖业务,发起成立濉溪县再生资源行业协会,实施行业自律。

烟花爆竹安全经营:2007年,以县瑞虹烟花爆竹公司为龙头,投入400万元在百善镇翟桥村建设占地31亩的新的标准化配送中心,满足烟花爆竹经营配送需要,在全县设立36个烟花爆竹专营部,悬挂带有供销社标识店牌,增设71个分销点,实行规范化管理,从业人员参加专业知识培训,配合安监、公安部门,对全县烟花爆竹市场进行严格检查。

农资经营:2007 年,以濉溪县通达农资仓储物流公司和濉溪县金田农资公司为龙头,在百善镇建设 1.5 万平方米的农资仓储物流中心,在本县及周边设立农资连锁店 200 余个,与县工商局合作,加入"兴企助农"工程,统一悬挂"兴企助农""新网工程"和供销社标识的连锁店牌。以康田农资公司为龙头,在县开发区利用闲置仓库改造建设配送中心,在全县及周边设立农资直销点 200 余家。

2011 年,与省、市供销社合作,以安徽辉隆集团皖淮公司濉溪连锁配送中心和淮北市金信农资公司为龙头,以全县各乡镇农资经营网点为基础,供应省市抗旱救灾直补化肥(尿素)9490 吨(其中省直补尿素 1275 吨、市直补尿素 8215 吨)、抗旱救灾农药 608 吨。

日用消费品经营:县社牵头,社有资产公司参股,注册成立龙升商贸有限责任公司,在南坪、双堆、孙町、郭集建设中心超市,营业面积分别为 1800 平方米、2700 平方米、2500 平方米、600 平方米,在孙町建设配送中心,仓储面积达 3500 平方米。在南坪、孙町周边建设 10 家便利店。县社控股企业金宏商贸有限公司与民营企业合作,在南坪建设美尔惠购物广场,营业面积达 4000 余平方米。

农副产品购销:县社牵头,社有资产公司与濉溪县鲁王制粉有限责任公司合作,在百善镇建设 2 条面粉生产线、2 条营养挂面生产线、5400 平方米小麦储存仓库,建设优质小麦产业化基地 60 万亩,成立小麦经纪人协会,设小麦收购点 30 个,项目投资近亿元,在百善镇基本形成种植、收购、加工购销网络。与民营企业合作成立富邦农产品贸易有限公司,在开发区建设农产品批发市场,兼营其他产品。与安徽天象集团、安农大合作成立创瑞农业科技有限公司,在开发区建设农产品深加工及物流项目,以此为龙头,建设农产品购销网络。

合作经济组织　由县社组织,社有资产管理公司领办,在全县 11 个乡镇设点成立农资经营服务专业合作社,与鲁王公司合作,牵头成立 2 个小麦专业合作社。由县社牵头、龙头企业领办成立再生资源行业协会、烟花爆竹行业协会、农产品经纪人协会、农资行业协会,同时申请加入省、市农产品经纪人协会。

宿州市埇桥区供销社　成立于 1949 年 12 月,系由广大农民"交小麦、凑黄豆,拿出桌凳当股金,借房屋、垒柜台"办起的农民合作经济组织,当时名称为宿县供销合作总社;1951 年秋改为宿县供销合作社联合社;1958 年与县商业局合并,1961 年恢复;1967 年再次合并,仍称县商业局;1975 年第二次分家又恢复,1979 年 12 月宿州市(县级)成立,分成市、县供销社。1992 年 12 月,宿县供销社与宿州市供销社(县级)合并为宿州市供销社。1998 年 12 月撤地改市,县级宿州市供销社改称为宿州市埇桥区供销合作社联合社(简称埇桥区供销社)。2007 年年底,被批准为参照公务员管理单位。截止 2010 年 12 月,全区系统有在册职工 6100 人,其中离退休职工 1260 人。有 31 个基层社、15 个专业公司和 5 个轧花厂。区联社机关有 23 人,内设办公室、人事教育股、财务审计股、综合业务股、监察股等。

2005年1月—2010年12月,埇桥区供销社深化改革,加快发展,推进“新网工程”建设,提升为农服务能力,着力培育新的经济增长点,强化安全经营管理,落实为农服务措施,完成商品购进总额8.61亿元、商品销售总额9.9亿元,连续被宿州市供销社评为“全市供销社系统先进单位”。

2005年起,埇桥区供销社加强对改制企业剩余资产管理,进行清查、摸底,发挥指导、服务和监督作用。对部分资产存量大的企业派驻监管人员,保证社有资产保值增值。2010年,与法院、农发行协调,争取政策,以600余万元打包处理宿州市第一棉麻公司逾1亿元的历史贷款,使企业轻装上阵。2007年,经区政府批准,在符离镇投入300万元,兴建1座3000平方米的现代化管理仓库,至2010年,实现销售980万元,投入资金65万元配备安全消防器材。

至2010年,埇桥区供销社共争取“新网工程”省级项目5个、市级项目3个,到位资金85万元。宿州市双赢拍卖公司多渠道争取拍卖源,占领拍卖市场,举办拍卖活动85场,成交额达6000余万元。宿州市报废汽车拆解公司回收报废汽车6500余辆。金飞虹公司通过融资扩大经营,设立180余家门市部,增加城乡市场占有份额。

固镇县供销社 1985年,固镇县供销社退出政府序列,组建固镇县供销合作社联合社,全面恢复集体所有制经济性质。县社进行体制改革:扩股集资,吸引6.75万户入股,吸收社员股金42.3万元;在内部改革劳动人事制度,干部由任命制改为选举制或聘任制,职工由调配制改为劳动合同制,有5名农民担任基层社领导职务;企业实行经营承包责任制,改革分配方法,各零售门点推行经营承包责任制,扩大经营范围;扩大购销业务,对允许上市的一、二类农副产品和三类农副产品,随行就市,对计划外自行采购和协作购进的物资实行自行定价。随体制改革深入和农村商品经济发展,供销社业务逐年扩大。粮食由统购改为全国定购后,定购外粮食可以自由上市,供销社积极参与粮食经营,扩大购销业务。

1986年起,供销社改革重点逐步转向为农村商品生产服务,继续完善为农村商品生产服务体系,发展横向经济联合,改革经营体制,提倡农民集资代劳与供销社联营。突出农业生产资料供应,在货源减少的情况下,供应化肥6.54万吨、农药113吨。全县共设立庄稼医院19个,每个庄稼医院配备技术人员2~3名,在农民购买化肥、农药等生产资料时,提供技术、信息服务。“庄稼医生”还深入田头地边,指导农民合理配方施肥、使用农药。发挥群体优势,在内部开展联购分销和分购联销,在外部进行工商、农商、商商联合。开展职业道德教育和干部职工培训,推行规范化服务。

1987—1988年,由于农村市场货源不足,进货渠道不畅,商品供应紧张,加之不法商贩倒买倒卖、哄抬物价牟利,市场混乱,物价持续走高,形成抢购风潮。面对农村市场“紧、涨、乱、抢”的状况,供销社在当地党委、政府领导下,发挥主渠道作用,平息抢购风,稳定农村市场,商品购销总额和利润均有较大幅度增长。

1989 年，县社在资金紧缺、市场疲软的情况下，融通内部资金，保证农资专营、农副产品收购和工业品经营等业务开展。加强农资系列化服务，增加试验示范项目，帮助农民进行测土配方施肥、氮肥犁沟深施、棉花直播移栽。在内部开展劳动技术竞赛。

1990—1991 年，针对企业经济效益继续滑坡现象，县社强化资金管理，清理“三角债”。1991 年，面对特大洪涝灾害，县社积极参加县委、县政府组织的抗灾抢险。在内部推行全员风险金抵押制度。清收职工私人欠款，一次性削价处理问题商品。在干部职工中开展艰苦创业传统和社会主义思想教育。

1992 年，县社以“四放开”为突破口，健全“责、权、利”相结合的管理制度，转换企业经营机制。对经营困难的生活资料经营门点及边、小、微、亏企业，引进个体经营，推行招标承包、租赁承包、风险抵押、抽本承包、全奖全赔等，但由于大气候、大环境的影响和“多家经商”的局面，收效甚微。自 1993 年起，全县系统除生产资料外，对生活资料和农副产品经营实行抽本承包，放开经营，各公司和基层社只收取房租。县社提取管理费用困难，一度陷入困境。2001 年起，县社以产权改革为核心，以制度创新为重点，以资产重组为突破口，实施“全员分流，置换身份，盘活资产，优化重组，联统经营”，做到“无情改革，有情操作，确保稳定”。通过股份制、股份合作制、整体转让、租赁经营、破产等形式，优化资产组合，清理债权债务，安置职工。至 2005 年末，完成棉麻公司、生资公司、工业品公司、盛源公司、再生资源公司、复合肥厂和昕鑫公司等 8 单位改制，占县社直属公司的 89%；完成 12 家基层社改制，占全县系统基层社的 63%；离退休人员养老金纳入社保局发放，安置在职职工 2300 人，占在职职工人数的 83.3%。

1997—2001 年，县社培育龙头企业，发展专业合作社，建立市场体系，提供信息服务，创建 25 个棉花专业合作社、3 个农资销售公司、1 个棉麻公司、3 个轧花厂、1 个再生资源公司、1 个烟花爆竹公司、2 个化肥大市场、1 个建材大市场和 5 家商办工业企业，发展农副产品购销和种植、养殖业，引导农民增产增收。

棉花产业化　1999 年以来，在棉花专业合作社建设上，提出“一个连百户、百户 200 亩”“人人连农户、供应加服务”等口号，深入田间地头，走访农户，进行技术服务，从最初提供种子、信息服务到提供化肥、农药、资金、技术、购销全程跟踪服务，产前、产中、产后均有指导。与棉农签订购销合同，开展“二次结算”，解决农民“卖难”问题。棉花专业合作社在系列化服务中推动棉花产业化发展，全县棉花面积从 1999 年的 3.2 万亩发展到 2006 年的 35 万亩，棉花销售从 1999 年的 3000 余万元发展到 2006 年的近 2 亿元，带动农户 10 万户，户均增收 1000 元，棉花产业化走出“龙头＋专业合作社＋农户”的路子，形成“贸、工、农一体化”“产、加、销一条龙”的经营模式。

县社着重培育棉花龙头企业，辐射带动专业合作社发展。1997 年，县棉麻公司与新马桥原种场组建县棉花良种繁育基地，当年种植 1 万亩，产良种 20 万公斤，创效益 30 万元，1999 年，成立县棉花科学研究所，引进美国抗虫棉繁育，聘请中国农业科学院棉花研究所（简称中国棉科所）专家指导试验，研究推广立体间作和套种模式，大幅提高产值和效益。实施品牌战略,先后建成3个大型轧花厂和1个油脂厂,注册“天源”牌棉花商标,提高产品质量,通过ISO9001国际质量体系认证。2003年,企业被省政府评为农业产业化50强龙头企业,产品被评为省名牌产品。

多元化经营 1996年,浍光复合肥厂拥有系列专用肥、磷肥和硅酸钠3条生产线,年产值1200万元,在基层设点销售。自1997年起,县社拓展发展领域,代管浍光复合肥厂、长健服装厂,创办煤球加工厂、城关汽车修理厂、肉犬养殖基地等。是年,投资70万元建成城关小汽车修理厂,年营业额150万元,汽修车源涉及周边地区,并有3个厂家设立特约维修点。2001年后,因城关社改制资金不足,汽修厂被变现安置职工。利用闲置场地,大力发展养殖业,曹老集社养猪,王庄、唐南社养羊,城关社养犬、鸽、鸭,棉麻公司养蛋鸭并加工成松花蛋、咸鸭蛋出售,盛源公司和信托公司建成从饲养到屠宰、加工、销售一条龙的养鸡场和养鸭场,并联络农村养殖户,帮助加工销售,销往外地市场。

2000年后,县社在对企业改制和资产重组后,实行股份制改造,相继成立金大地化肥销售公司、三利农资公司、浍丰农资公司和丰农农资公司,本着“保障供应、保本经营、让利于农”的经营宗旨,承担全县农资供应,年销售化肥5万吨。整合经营网点,建立连锁超市,组建化肥大市场,实行统一标识、统一购销、统一价格、统一服务和统一管理的“五统一”管理模式,开设20个庄稼医院,跟踪服务,保证农民合理及时用肥。加强对农资市场整治,取消挂靠经营和私自销售活动。

2001年企业改制后,县社整合社有资源,面向社会,开放办社,重新组建连城、仲兴、湖沟、杨庙、濠城等新型基层社,吸引外资和人才,开展村级综合服务社建设,向乡村延伸网络,自愿加盟,统一配货,统一标识,统一管理。

至2011年底,在“新网工程”建设中,共培育发展7家龙头公司,成立再生资源、烟花爆竹、农资销售3个专业协会和农资、农副产品2个配送中心,参与组建8个农民专业合作社,兴建82个村级综合服务社,改造完善经营门店156个,初步形成以县级龙头公司为中心、以乡镇供销社骨干网点为支撑、以村级综合服务社为终端的农村现代流通服务网络体系。

颍上县供销社 1986年,颍上县供销社对基层供销社放开经营,增强自我发展活力。全县系统销售额首次突破8000万元大关,实现利润近百万元,跻身全市、全省供销社系统先进行列。

1987年,为真正办成农民的合作经济组织,县供销社号召在“入股自愿,退股自由”原则下,继续扩大吸收社员股金或采取集资形式兴办企业,发展农产品加工经营,1年内有15个基层社相继办起面粉加工厂、酒厂、织毯厂、柳编厂、饭店、养猪场,在经营方式上,有联营、自营,也有代购代销,完善农村商品生产服务体系。

1988年,县供销社按照所有权与经营权分离的原则,在全县系统推行工业品承包经营责任制:包死基数,确保上缴,超收多留,歉收自补,对全县系统公司、基层社、厂、站进行层层分解、层层承包。

1989 年,县供销社在阜阳市率先推广重庆、徐州供销社经验,打破铁饭碗、铁交椅,把全县系统 198 个工业品柜组承包给职工,推行"社有民营"。是年,销售总额达 1.11 亿元。同年,全县系统开始集体缴纳失业保险金和养老统筹两项基金。

1990 年,经县政府批准,县供销社在省内县级供销社中第一个创办中专函授站,提高本系统干部职工文化素质,普及农业专业知识,培养专业人才。

1991 年,淮河流域发生特大洪水,系统上下不顾小家顾大家,出租民船,航行 134 个庄台,协助政府为灾民运送救灾物资,总值 442.9 万元。县社获省供销社"抗灾救灾先进集体"称号,王岗供销社主任杨文海获全国"五一"劳动奖章。

1992 年,县供销社推行"全员合同制、干部聘用制、经营承包制、效益分配制"4 项改革,能者上、庸者下、平者让,先后有 13 名普通职工走上基层社负责人岗位。是年,县社荣获阜阳地区行政公署"改革开放奖"。

1993 年,县供销社对濒临倒闭、停业的土产公司等试行"金蝉脱壳",能包则包,能租则租,能卖则卖,盘活企业,增强职工自救意识,"夫妻店""母子店""合家店"相继出现。

1994 年,全县系统工业品经营承包步入良性循环,采取自己垫资、自主经营、自我发展、自负盈亏,确保上缴承包费的"四自一缴"承包模式。全县系统 386 个工业品柜组,经过盘点清算,对商品进行一次性降价或差价调整,由本柜组职工自掏腰包买断承包经营,回笼资金 872 万元。全县系统规范、完善 27 个庄稼医院,组建 341 个村级店,为农民提供多种服务。

1995 年,全县系统把发展棉花生产作为重中之重,植棉 11 万亩,收购皮棉 1600 吨,受到地委、行署通令嘉奖。是年,全县系统推行全员合同制。

1996 年,县供销社制定《供销社内部财务管理制度》,规范系统企业管理,保证社有资产保值增值,被阜阳地区供销社推广。年底,全县系统实现销售 1.88 亿元,创历史新高。启动养老金社会统筹工作,全年收缴统筹金 123.2 万元。

1997 年,县供销社与农行协商试行"贷一还二"(本年度贷款,要保证即还新贷利息,还要归还老贷款利息)、"三联环担保"(基层社法人代表、主办会计,农行营业所主任、主办会计,县供销社主任、财务股长个人连环担保,县社、基层社财产共同抵押担保)。筹措流动资金 4000 余万元,购进化肥 14.52 万吨、农膜 190 吨、农药 110.2 吨,保障农业增效、农民增收,该办法在全省农行系统作为经验推广。

1998 年,县社为服务"三农",从基层社选派 56 名青年职工到安徽农业大学进修农业科技知识。耿棚、红星、汤店、盛堂等基层供销社从农民手中返租土地,进行麦套棉、瓜套棉、菜套棉试验成功,作为农业部农业技术推广经典示范编入培训教材。

2000 年,县供销社开展大规模清产核资工作。县委、县政府成立领导小组,公、检、法等相关部门介入。对城关、城郊、半岗、夏桥等扭亏无望、资不抵债的基层供销社实施破产。

2001 年,县委、县政府为解决供销社内外部清欠问题,多次召开会议,副县长任清欠领导小组组长,全县清收外部欠款 128.6 万元、内部欠款 430.8 万元。

2002 年,安徽省人民政府《关于解决县级供销社机关经费问题的批复》文件下发,从 2002 年 1 月 1 日起,供销社机关退休人员全部纳入财政预算。9 月,县社在职、离退休人员进入医疗保险。

2003 年,县委、县政府召集 16 个部、委、办、局,成立供销社与棉麻公司社企分开工作领导小组,由县委副书记任组长,县委常委、常务副县长和分管副县长任副组长。历时 4 个月,组建全省系统首家社企分开后由职工入股买断公司资产的企业——颍上县银海棉花有限公司。

2004 年 1 月 16 日,县政府就县供销社经费供给问题召开专题会议,下发 2004 年第 2 号政府会议纪要,从当月起,县供销社 30 名工作人员整建制纳入财政供给。

2005 年,县供销社进行基层社网点改造,发动职工创建专业合作社,引导农村经济能人以合办、领办、参股等形式建立合作经济组织。成立 6 个有限责任公司,建设 119 个农资配送网点,组建 17 个专业合作社,全县系统扭亏为盈,被评为市级先进单位。是年底,颍上县供销合作社联合社共有 35 个企业,其中社属企业 6 个,全部改制为有限责任公司;基层供销社 12 个;专业合作社 17 个。在职职工 2481 人中,有 80% 与单位解除劳动关系,交县劳动就业局托管;有离休人员 34 人、退休人员 1001 人。全县系统资产总额为 7863 万元,负债总额为 6366 万元,净资产总额为 1493 万元,资产负债率为 81%。县供销社经县编办定编,内设机构 6 个,有办公室、人事股、财务股、审计股、业务股和纪检监察室,在编人员 30 人。

临泉县供销社 1949 年 6 月,临泉县供销社成立。

1986 年起,县社面对企业机制不活、管理粗放、包袱沉重、经营萎缩、亏损严重的困难局面,推行改革,因企制宜,一企一策。

1993 年 3 月,经县委、县政府批准,成立临泉县供销总公司。

1999 年,对全县 16 个基层社和 1 个县直公司实行资产经营租赁承包,提高经济效益。对 24 个经营萎缩企业进行改制。对严重资不抵债、扭亏无望的 4 个企业依法进行破产。深化"三项制度"改革,解决用人、用工、分配等方面问题;消除企业班子职数过多、"集体负责、无人负责"、大锅饭盛行等弊端,建立适应市场经济发展的内部运行机制。

临泉县棉麻公司是棉花收购、加工、销售一体化企业,主要经营品种有棉花、棉短绒、棉籽和棉种。1999 年以来,招聘农学专业大、中专毕业生 19 人,引导农民科学种田,无偿提供测土配肥方案,指导合理施肥。2001 年,共建各类示范基地 1.32 万亩,带动 2 万余农户,辐射 10 万余亩土地,形成以白庙、韦寨、单桥等 20 多个乡镇 4 条主干道为中心的规模种植。带动农民改变种植方式,促进农业结构调整,发展区域经济,帮助农民增收。1999—2005 年,共收购籽棉 5.10 万吨。

临泉县供销社1986—2005年经营成果统计表

表1—3—1

年度	总购进（亿元）	总销售（亿元）	利润（万元）	处理账务两清（万元）	上缴税金（万元）
1986	0.66448	1.32	65.7	64.7	187.5
1987	0.69342	1.53	68.3	—	192.5
1988	0.78347	1.64	178.4	79.9	193.4
1989	0.72161	1.75	121.3	101.6	117.6
1990	0.8994	1.86	-74.2	—	123.5
1991	0.8998	1.81	-52.3	—	133.6
1992	0.5222	1.71	-287.43	—	135.8
1993	0.5982	1.68	-82.4	—	139.8
1994	1.44	1.6	-130.6	—	307.5
1995	2.5	2.75	2.8	—	441.7
1996	2.2	2.86	-148.8	102.7	283.5
1997	2.08	2.1	-258	—	280
1998	1.37	1.57	-565	—	69
1999	1.81	1.6	-260	—	62
2000	1.61	1.68	93	—	33
2001	1.51	1.72	21	—	36
2002	1.73	1.75	22	—	38
2003	1.82	1.84	34	—	14
2004	1.85	1.93	24	—	42
2005	1.98	2.03	48	—	30

县社成立科技兴农服务领导小组、科技服务中心，附设庄稼医院，建设土肥化验配方室。聘请高级农艺师做技术顾问，指导科技兴农系列化服务。基层供销社在全县设立村级服务站，2001年达56个，2002—2003年达101个，2004—2005年达163个。庄稼医院2001年达35个，2002—2003年达47个，2004—2005年达57个。实现“一社一院”，开展咨询、修理、销售等多种服务，另建4个全程服务机构机防队，各乡镇配备电视机、录音机等宣传器材。

2004年，县社成立临泉县烟花爆竹股份公司，配合有关部门取缔小土作坊及无照经营户，规范市场。

至2005年，全县系统有独立核算单位50个、各类经营网点270个，有职工3991人，固定资产达2800万元。1986—2005年，全县系统实现商品总购进25.1亿元、商品总销售36.6亿元，上缴国家利税2860.4万元。

来安县供销社 成立于1949年。1983年,清资扩股,恢复社员代表大会,实行民主管理,各企业恢复集体所有制。1985年,来安县供销合作社联合社辖农业生产资料、土产、棉麻、废旧物资回收、信托、日用工业品等7个公司、26个基层社和11个分社;除新安镇和磁山乡外,每乡镇1社。是年供销社固定资产总额达664.9万元,流动资金达438.9万元,其中社员股金41万元。有职工1807人,供销社人员占全县商业人员总数17%。1998年,来安供销商厦建成。全县供销社系统经过调整,有27个基层供销社、5个公司和供销商厦共33个独立核算单位,员工3250余人。

自1992年起,全县系统推行"四放开""公有民营"(租壳卖瓤)改革。2003年起,实行产权制度改革。2007年6月,全县系统改制工作结束,经资产重组,共有10个独立法人企业和22个分社。5个中心社为城区、水口、汊河、施官、半塔中心社;5个企业为来安县兴虹烟花爆竹有限责任公司、来安县隆丰农资有限责任公司、来安县长安再生资源有限公司、来安县棉麻有限责任公司和供销商厦。全员置换身份,累计解除2103名职工劳动关系。全县系统900余名离退休人员生活费实现社会化发放。改制后全县系统职工总数为348人,其中距法定退休年龄不足5年的职工有117人,企业重组后返聘职工有101人。协调金融部门,化解近亿元债务。县社保留供销商厦、供销商场、人民商场、烟花爆竹仓库、水口轧花厂5处社有资产;基层社保留水口供销商场、半塔民众商场、施官供销超市等优质资产。

农资供应 1978—1992年,全县系统组织供应化肥100.26万吨、农药2581吨、农膜1025吨。其中,1987年供应化肥10.35万吨,创历史新高。1993年,农业生产资料由供销社独家经营改为以供销社为主渠道、县化肥厂和农技站为辅助渠道,即"一主两辅"经营方式。1995年,实行化肥工商联销体制,全县化肥市场实行统一管理,由供销社独家经营,有关部门参与管理。1999年10月,化肥销售市场放开,允许县化肥厂到镇、乡设点销售产品,农经站可以在自己门点经销化肥,供销社农资经营失去优势。2000年,农资经营逐步放开,农资公司组织富余人员到各乡镇村设立化肥直销店,配方肥厂整体租赁给个人经营,基层社对化肥实行承包经营,全县系统农资销售市场占有率进一步下降。2005年,县社收回农资经营权,组建隆丰农资有限责任公司。

棉花经营 1998年以前,棉花实行计划生产和调拨,执行国家统一价格。县棉麻公司负责棉花经营,按种植计划向农户发放棉花预购定金和良种。基层社代购棉花和供应奖售化肥、柴油等生产资料。棉麻公司将籽棉加工成皮棉后,按计划组织外调。1978—1997年,全县共收购皮棉1.45万吨。1998年,国家实行棉花流通体制改革。1999年,全县棉花经营全面放开。

废旧物资回收 1990年前,县废旧物资回收公司经营品种包括废金属、废布麻、畜产品、废塑料、废玻璃(瓶)等10类;各基层供销社均设废品收购门市部(站),收购废品全部缴给县回收公司,由回收公司分类后统一对外调拨。1990年后,回收公司主要经营废钢铁、废有色金属,更新报废的汽车、锅炉由物资部门回收;基层社废品收购门市部

(站)被农副产品收购门市部取代。1978—2005年,回收公司共对外调出废旧物资价值6958万元,其中废钢铁2.39万吨。2005年,回收公司经改制后重组建立来安县长安再生资源有限公司,承担原职能。

现代流通服务网络建设　2005年,来安县被确定为商务部"万村千乡"市场工程建设工作试点县。县人民政府成立领导小组,下设办公室,办公地点设在县供销社,由县社负责具体工作。2007年以来,安县隆丰农资有限责任公司为龙头企业,建立农资配送中心1个,建成乡(镇)级店33个、村级店119个,形成覆盖全县各乡镇村的农资现代化经营服务网络。以供销商厦为龙头企业,建立日用消费品配送中心1个,建成乡(镇)级店26个、村级店358个,形成覆盖全县各乡镇村的日用消费品现代经营网络。以来安县兴虹烟花爆竹有限责任公司为龙头企业,建立烟花爆竹配送中心1个,在城乡建立110个连锁店,其中乡村农家店92个,形成覆盖全县各乡镇村的烟花爆竹安全经营网络。

舒城县供销社　舒城县供销合作社联合社于新中国成立初期由群众自愿集资建立,1950年县合作总社成立,后经与国合商业几分几合,至1976年4月恢复县供销合作社。1983年10月至1986年,成立舒城县供销合作社联合社,退出政府序列,恢复理事会、监事会;1989年,各区供销办事处改设为区供销合作社联合社,独立核算,具有法人资格;1990年5月,区联社改为区供销社,乡(镇)社改为分社,取消法人资格。1992年,区供销社更名为中心社;1993年,撤销8个中心社,在全县30个乡镇成立21个基层供销社;1994年,联合社拥有县属公司8家、厂2家,即县棉麻公司、农资公司、物资回收公司、土产公司、日用杂品公司、贸易中心、糖酒副食公司,铅丝元钉厂、玩具厂。至2005年年底改革改制后,下辖16个基层供销社、7个县直企业、1个综合物流配送中心,有在册职工502人。内设纪检监察室、业务科、安全科、人事科、资产管理科、财审科、办公室及工会8科室,人员17人。2007年,全县系统实现商品销售总额3.23亿元,是1952年的77.8倍;实现利润200万元,是1952年的45.5倍。

改革改制　1998年开始,全县系统相继进行"四放开""租壳卖瓢""社有民营"等改革。自1999年起,对基层供销社推行以资产置换和职工身份置换为标志的"双置换"改革,对严重资不抵债的桃溪、柏林、城关、马河口、百神庙5家供销社依法进行破产,盘活社有资产近千万元,解除劳动关系1396人,基层供销社由21个减少到16个,调整业务区域,重组社有资产。县直公司、厂明晰企业产权,建立现代企业制度。1999年9月,糖酒副食公司依法破产,物资回收公司改制重组;2004年,县农资、日杂公司依法破产,对贸易中心实施包括银行贷款的企业债务连同固定资产捆绑出售,撤销土产公司与工艺帽厂,棉麻公司改制重组。至2005年,县直公司改制基本结束。

2000—2005年年底,全县供销社系统推行以关闭、破产、售让、重组为主要形式的改革改制。基层供销社开门办社,组建19家农资与烟花爆竹专业合作社,承续传统业务,继续在农村市场发挥主渠道作用。已破产的县农资公司、日杂公司,剥离成立化肥和烟花爆竹有限责任公司,物资回收公司与棉麻公司改制后分别重组成立有限责任公司,贸易中心整体出让后与百大集团组建成立合家福舒城店。县联社成立光大种业和益农工贸有限责任公司,加强对改制后企业的管理,参股棉麻、化肥、烟花爆竹、光大种业、益农工贸公司。

网络建设　自2003年起,县联社整合经营资源,改造、提升基层供销社网点,培育龙头企业,构建现代流通服务网络,截至2007年,全县系统共改造基层社16个,改制县直公司5家,改造基层经营网点588个,社有资产按经营区域和经营业务向经营大社或龙头企业转移,建设19家专业合作社和县化肥公司、烟花公司、丰源(农资)公司、光大种业、惠农棉麻公司5家龙头企业。2004年,县联社在三里河工业园区征地32亩,新建含现代化标准仓库3座、办公楼1幢,面积5200余平方米,集日用工业品、农资、烟花爆竹、棉花等商品仓储与配送于一体的综合性配送中心。2006—2007年,全县系统建立农业产业化龙头企业1个,棉花、板栗协会各1个,建设各类专业合作社19个,入社农户达400家,带动农民达10万余人,帮助农民实现收入5000余万元。全县系统投入"新网工程"建设,建立县级物流配送中心3个、日用工业品连锁企业8个、综合服务社3个、农产品批发市场3个,建成乡级连锁店80家、村级连锁店201家、代购代销点(店)1200余家,全县各行政村均有供销社连锁店或代购代销点。全县系统通过加盟、连锁、合作等形式,建立起以"龙头企业+专业合作社+乡村级店"为模式的经营网络。2007年,农业生产资料供应网络销售化肥2.8万吨、农药651吨、农膜158吨、种子510余吨。农副产品购销网络组织棉花连片示范种植400余亩,推广优质稻种、玉米、油菜等新品种示范种植15亩。农副土特产品购销网络全年收购籽棉4295吨,帮助农民推销水稻300吨、板栗40余吨,为棉农交售籽棉返利近4万余元,赠送售种配套尿素3.5吨、农药价值2000余元。商品购销额创建社以来最高。

当涂县供销社　1949年6月,当涂县供销社成立。至1985年,全县系统有在职职工2124人,各项经济指标持续提高。是年购销皮棉4196吨,销售化肥6.3万吨,销售农药2417吨、农膜42.3吨,收售废旧钢铁907吨,工业品销售达370万元。

1987年2月,当涂县编委当编字〔1987〕1号文件批复,同意撤销县供销合作社监事会,供销合作社内设监事办公室改设为监察室,原理事会设置不变。1988年,县供销合作社联合社从单一的管理型逐步转变为经营服务管理型。

1989年3月18日,县计委、计基字〔1989〕047号文批复,同意成立当涂县毛巾被单厂。

1992年,全县供销社系统通过深化改革,各项经济指标完成良好,销售总额突破亿元大关,工业产值超过2000万元,实现利润50余万元。

1993年11月18日,当涂县人民政府批复县供销社《关于要求在基层企业全面推行"公有民营"的请示》,同意县社推行"公有民营"改革,经博望社和龙山桥社试点后,全面推开。1996年,当涂县农业生产资料(集团)公司成立。1997年8月,当涂县棉麻(集团)公司成立。2001年6月,组成以副县长詹传平为组长、县社主任邢华秋为副组长的当涂县烟花爆竹经营管理领导组,促进县烟花爆竹市场正规化。

2002年3月,《当涂县供销社系统深化改革实施意见》经县政府批准实施。截至2005年年底,置换身份职工达1407人,改制面达90%,处置闲置资产3000余万元。

2003年11月,当涂县编委《关于县供销合作社机构人员编制与经费等有关问题的批复》规定,在精简的基础上,从2004年1月起,县供销社机关列入财政全额预算。

2003年4月,县社联合6个基层社共同出资60万元,注册成立当涂县中润商贸有限责任公司。2005年3月,中润商贸有限责任公司被商务部列入全省首批"万村千乡"市场工程试点企业。至2009年年底,公司通过新建、改扩建等形式共建成日用品农家店275家,农资连锁店154个,农资、日用品配送中心各1个,营业面积达3.33万余平方米,形成覆盖全县14个乡镇的农村流通经营网络体系。公司于2005年、2007年被商务部评为"'万村千乡'市场工程优秀试点企业"。

2005年,全县系统实现销售额2.33亿元,实现利润50余万元,被省供销社授予"先进县级社"称号。是年,有独立核算企业36个,其中基层社24个、县以上公司8个、轧花厂4个,主要从事棉花购销、农资供应、烟花爆竹经营、废旧物资回收、餐饮及日用品经营等业务。

2008年10月,当涂县人事局《关于县供销社商务局列入参照公务员法管理的通知》,明确县供销社机关列入参公管理。

2009年7月,当涂县人民政府批复《关于进一步加快建设"新网工程"的实施意见》,全面启动新农村现代流通服务网络工程建设。

无为县供销社　1986年,无为县供销社有独立核算企业24个、职工3314人。此后,全县系统新增纺织、巾被、轧花有限责任公司3个,新增工业品公司、棉花贸易股份有限公司各1个,新增轧花厂7个。半独立核算单位由172个增加至247个;全县系统用于商业设施、工业技改等建设性总投资达2.04亿元,年均投资1020万元。1997年,无为县供销社社办工业进入全国供销社工业"百强",排名第43,被评为安徽省供销社系统"十强"明星工业企业。至2004年年末,全县供销社实收资本由1985年的700.5万元上升到5221万元,增长6.45倍;固定资产原值达8190万元,较1985年增长5.6倍。次年,全县系统共有企业38个,集体、全民身份的职工总数4725人。县供销社机关内设秘书、人事、财务、业务、审监计5个股,在岗人员34名。

棉企改制　棉花是无为县重要支柱产业。1986—2001年,全县系统累计收购棉花27.74万吨,其中1990年收购1.44万吨,较1985年增长85%,首次突破万吨大关。1997年全县棉花种植面积达50万亩,总产3.58万吨,棉花收购实绩2.8万吨,列全省首位、全国前6位,成为重点产棉大县。其间,供销社新建6个轧花厂、2个基层供销社轧花车间,棉花收购、加工能力由1985年的2万吨上升到1997年的4.5万吨。1998年,棉花市场放开后,无为县棉花收购、加工由原供销社所属轧花企业专营和合同定购

变为多渠道经营。至2004年,全县民营棉花企业发展至150余家。由于收购网点激增、抬价争购和加工产能过剩、老企业收购资金严重不足等问题,供销社所属棉花企业处于半停产或停产状态。全县系统16家棉花企业相继制订改制方案,经职代会通过后,经县改制指挥部审定,启动全县棉花流通企业改革。2007年上半年,县社按照"创新改制"思路,停止"逐厂变现资产,逐个改制""统一改制政策,统筹改制资金,分厂实施、整体推进"的运作模式,向县政府建议将地处重点城(集)镇、有良好发展前景、土地升值空间较大的企业用地,由国土局土地收储中心收储,由县建设局纳入城镇发展规划,实行公开对外"招标、拍卖、挂牌、出让",基本解决棉花企业改制资金的"缺口"问题。2010年2月,全面完成16家棉花企业的改制任务,实现"企业产权置换、职工身份置换"的目标。

商贸流通改革 1985—1991年,县供销社在商业公司、基层供销社中推行和深化"定销售任务、定资金额和周转天数、定费用率、定经营品种、利润包干、工资上下浮动"的承包责任制。1992年,实施"社有民营"资产责任承包。至2002年,全县系统共消化470余万元历史库存商品,累计提供企业利费1580余万元,部分承包职工走上致富路。此后,因全县系统19家商贸企业集体经营处于关闭状态,大部分职工失去企业原有保障。2009年1月10日,报请县政府研究同意,县供销社出台《关于全面推进商贸流通企业改制的实施意见》,涉及分流、安置人员计3100余名。至2010年10月底,开展各类职工档案审查、企业财务审计、企业资产评估、部分资产公开拍卖等工作。通过公开拍卖或由国土局挂牌出让牛埠、襄安、石涧社和县农资公司的部分房地产,共筹集改制资金1000余万元。

经济建设 2007—2010年,无为县供销社采取自办、联办、投资入股等方式,新建和吸纳新型企业和组织7个。县供销社发挥自建的新纪元商贸和濡兴资产经营管理公司作用,对外招商引资,扩大公司租赁场地收入,管理好社有资产,做好改制企业资产变现的专款专用、审查和监督。独资收购和新建银海棉业公司、濡兴农资公司;发起组建县棉花协会,控股、参股万友、亚东2个棉业公司,搭建"以科技为先导,龙头企业+专业合作社+农户"四位一体、交织运行、服务"三农"、促进全县棉花产业良性循环、做大做强的架构。2010年1—11月,全县系统共完成商品购进总额4.44亿元;完成销售总额3.02亿元;实现利润158万元,比上年同期增长3.15倍。

宁国市供销社 1986年,宁国县供销社系统有22个独立核算单位、94个经营单位、在职职工1674人,实现商品纯购进1464.7万元,实现利润129.95万元。

1987年,县联社在推行和完善经营责任制的基础上,继续推行主任、经理、厂长负责制,实行任期目标管理,结合审计制度,对干部实行考核。全县供销社系统担负国家委托的计划商品购销和储备任务,扩大经营范围和服务项目,发展社办工业,发挥供销合作社在农村市场的主渠道作用。

1989—1992年,进一步完善经营管理责任制。1993年,县联社提出"放小的、抓大的、发展新的”改革举措，在全县系统推行“公有民营”改革。宁国县农资公司有偿接收宁国化肥厂，组建宁国复合肥制造有限公司。至1994年年底，全县供销社系统实行“抽底承包”的基层供销社达6个，工业品门市部、门点达51个，其他门点柜组达19个；实行“租壳卖瓤”的基层供销社有2个，工业品门点柜组达24个，其他门点柜组达6个；实行纯利润承包的基层供销社有2个，其他门点柜组达15个；采取其他经营承包形式的基层供销社有3个，各类门点柜组达25个。

1997年，宁国撤县设市。市社企业改革重点转向以建立现代企业制度为目标，以股份制经济为主要形式，方式为兼并联合、裂变重组、内引外联、拍卖破产。宁国市农资公司在与省农资公司合资创建宁国复合肥制造有限责任公司（化肥厂）的基础上，实行股份重组，吸收中国化工集团总公司参股组建宁国市中化司尔特化肥有限公司。至1998年底，建设农资专业合作社1个、其他专业合作社2个，入社农户3.2万户，入社股金16.64万元。建立庄稼医院14个；村级农资服务站43个。其间，为转换经营机制，大多数基层供销社均兴建初具规模的综合商场，河沥供销社在城关兴建综合性商场“宁国食品大世界”。宁国市农资公司、宁国市化肥厂等骨干企业，成为全县系统的经济支柱。宁国市农资公司综合效益在全省同行业中居前。1998年，市社被中华全国供销合作总社评为1997年度全国供销社系统工业经济效益第11名。

2000年4月，市社制定《宁国市供销社关于企业改革的若干意见》，在全市供销社企业推行产权制度改革，推动资产重组，盘活有效资产，筹集资金进行职工身份置换。至2003年年底，全市13个基层供销社有693名职工实行身份置换，298名离退休职工进入社保；市属8个公司有403名职工实行身份置换，192名离退休职工进入社保。重组宁国市农业生产资料有限责任公司、宁国市再生资源有限公司、宁国市惠农烟花爆竹有限责任公司，组建2个茧业专业合作社、2个行业协会。

2001年1月起，市社经费纳入财政预算。7月18日，宁国市农业生产资料有限责任公司挂牌，隶属司尔特集团。

2002年3月中旬，市社机关改革，经市编委核准，内设科室由8个缩编为3个，在岗人员由23人精减为11人。是年底，市农资有限责任公司整体收购宁国宾馆。2003年1月16日正式营业，当年实现营业额1100万元、利税210万元。同年，出资2925万元收购星洲大酒店，兼并宣城化肥厂。2004年，在宣城投资3.2亿元，征地700亩，建设国家重点技术改造“双高一优”年产40万吨硫基复合肥项目工程。2005年12月20日，在宣城司尔特化工园区举行一期项目竣工仪式。其间，市农资有限责任公司先后获中华全国供销合作总社大型龙头企业、安徽省质量最佳企业称号，产品被安徽省人民政府授予“名牌产品”称号，被省技术监督局认定为“质量免检产品”。

2005年，宁国市再生资源有限公司拓宽市场，销售废钢铁10.2万吨、有色金属及炉料销售3830吨，实现销售总额2.98亿元、利润211万元，形成规模化经营。是年，全县系统实现工业总产值5.77亿元、销售总额11.7亿元、利润总额4852.6万元。

“十一五”期间,宁国市供销社以宁国市乡味源农产品开发有限公司、宁国市沙埠粮油加工厂、宁国市双丰农特产贸易公司等龙头企业为带动力量,开放办社,利用企业农副土特产品精深加工技术、设备优势,结合供销社点多面广的网络,进行合作发展。投资入股,成立农民专业合作社,在全市改造、扩建、新建农副产品、收购销售网点80余个,统一制作悬挂“中国供销合作社”标识广告牌。2006年8月宁国市社实现销售额15.42亿元。2009年实现销售额28亿元,年均增长22%;2006年实现利润4975万元,2009年实现利润1.24亿元,年均增长34%;2006年所有者权益达3.47亿元,2009年所有者权益达57.55亿元,年均增长17%。2010年,在全省供销社系统率先成立供销小额贷款有限公司,注册资本2000万元,市社入股260万元,7月获省政府金融办批准,为专业合作社、“三农”和中小企业提供融资服务。

2006—2011年,宁国市社深化改革,除1家基层社外,其余所有独立法人公司及13家基层社全部完成改制,安置职工1700余人。根据省社及市社部署,成立新型基层专业合作社26个,继续保持在全省系统领先位置。

广德县供销社 1987年,广德县供销社下设1室6股,即党委办公室、人秘股、计财股、业务股、基层股、审计股、纪检监察股,有4个公司,即土产公司、农资公司、贸易公司、日用杂品公司,有1所职工学校、28个基层社、1个汽车运输队及1个知青店(贸易货栈)。6月,县社成立党委。8月,撤销监事会及其下属基层社监事会组织,重大事项由党委和理事会决定。1992年4月,广德县供销商业总公司成立,与县供销社合署办公,实行“一个机构”“两块牌子”,改股室为科室,分别是办公室、计财科、业务基层科、纪检监察科。县社行业管理职能不变,总公司承担直属企业的人事和经营管理。至2000年改制前,县社有34个核算单位,即土产、农资、茶茧、废旧物资回收利用、日用杂品、日杂副食品公司6个企业和28个基层社。全县系统干部职工总数1991人,离退休人员503人。至2004年年底,所有人员全部实行身份置换,县社先后改制、组建龙腾茧丝绸有限公司、龙腾烟花爆竹公司、龙腾再生资源公司、皖东南农资有限公司。

1991—1997年,全县系统重在改革体制和经营方式。1991年3月,县社制定《供销社体制改革方案》,报请县政府同意,将原土产公司和贸易公司合并,重新组建广德县土产公司、茶茧公司、废旧物资回收利用公司和日杂副食品4企业。1992年年初,县社在企业内部推行“四放开”改革试点,加速走向市场。县农资公司开展科技兴农,提供农业产前、产中、产后服务,办好庄稼医院,为农民做好测土施肥、农情测报、防病治虫、农技培训、配方用药、信息咨询等服务。其间,由于改革未涉及产权制度,加之供销社体制的特殊性、大环境的不配套、制度的不健全,社属企业逐步出现亏损。

1997—2002年,县社通过各种渠道筹集资金1200余万元,至1999年年底,全县系统35个法人单位(包括县社机关)全部办理养老保险,投保面占全部人数的80%,其中离退休人员全部参保。按照“全员分流、置换身份、盘活资产、歇业解体、优化重组、联统经营”的总体改革方案,2000—2003年7月底,全县系统34个独立核算企业全部改革改制，共计补偿改制职工1350余万元。2002年1月，县社纳入财政拨款。编制人数11人，为全县供销合作社的联合组织。

2002—2005年，全县系统重在整合资源，重组发展。2002年3月，县社组建龙腾茧丝绸有限责任公司。11月，组建龙腾烟花爆竹有限公司。2003年3月，组建龙腾再生资源有限公司。2004年6月，成立社有资产管理公司，后更名为社有资产经营有限公司。

2005年，县社机关设1室3股，共15人；下辖3个公司，即龙腾茧丝绸有限公司、龙腾烟花爆竹有限公司、龙腾再生资源有限公司；拥有1个资产管理机构，全县系统共有在岗在册人员119人，资产管理公司负责对全县供销社所属企业改制后的资产进行管理及职工养老保险等事宜。县社以龙腾茧丝绸公司为窗口，配合茧丝行业组织，为农民搭建服务平台，实施"东桑西移"工程，建立万亩蚕桑基地，2005年改造低产桑园5000余亩，新栽桑树4000余亩，建设蚕桑丰产示范基地。聘请农业技术专家，向农民推广新技术，开展技术培训。仅蚕茧一项，2005年为全县农民增收500余万元，创利润100余万元。

2008年2月，广德县供销合作社联合社列入参照公务员法管理单位，下辖企业有供销大厦和社有资产经营有限公司。

铜陵县供销社　1986年，铜陵县供销社系统销售总额为3874.2万元，其中农业生产资料530.3万元、日用品2498.8万元、其他845.1万元。

1993年，组建安徽省铜陵供销集团总公司，与县供销社属"两块牌子""一个机构"，实行总经理负责制，统一管理计划、经营、财务、投资、开发、融资，增强市场竞争力。2000年，社属企业县棉麻公司和县物资回收公司年销售总额分别达2688万元和705万元，在全县批零贸易业销售收入20强中分列第4和第9。

自2003年起，县供销社相继对县棉麻公司、县土产公司、县回收公司、县永丰良种加工厂和县缫丝厂进行改制，置换947名职工身份。实行开放办社，成立铜陵县东方农业生产资料有限公司和铜陵县华丰农业有限公司。铜陵县东方农业生产资料有限公司2008年10月被商务部列为"万村千乡"市场工程先进试点企业。

自2007年起，县社以县东方农业生产资料有限公司和县华丰农业有限公司为平台，推进"新网工程"建设，建设农资连锁店，截至2009年，全县系统共建农资连锁店211个。2007年11月8日，组建县棉花行业协会，以协会为龙头，公司、乡镇农业综合服务站为依托，为全县棉花生产提供产前、产中、产后服务。

2007年，全县系统商品销售总额达1.4亿元，其中农业生产资料销售额9400万元、日用品销售额4600万元。

东至县供销社　1949年底，东至境内供销社开始经营粮、棉、油、竹、木、柴、炭、农具、废旧物资、日用杂货等。1958年6月，原东流、至德两社合并组建东至县供销社。建社后，与商业局几经分合。1967年6月，县供销社与商业局分设，县社下设4个公司、4

个厂、9个区基层社。2003年企业改制前，县社有下属单位25家，其中直属企业15家，为棉麻公司、农业生产资料公司、土产公司、果品公司、花木公司、安红公司、同春公司、回收公司、织布厂、供销车队、招待所、大渡口轧花厂、杨桥轧花厂、胜利轧花厂、东流轧花厂；基层供销社10家，为大渡口供销社、东流供销社、香隅供销社、官港供销社、葛公供销社、洋湖供销社、张溪供销社、尧渡供销社、昭潭供销社、胜利供销社。是年，全县系统完成商品销售额1.9亿元，实现利润139万元，社办工业完成产值1.02亿元。招商引资到位资金500万元。收购皮棉6000吨，投放资金近亿元。收购红茶700吨，创汇101万美元。

经21世纪初改革改制，至2009年底，全县系统有11个独立核算单位，其中社直企业4个、基层社6个、轧花厂1个；在职职工900人，离退休人员600人，县社机关在职职工27人。供销社主要从事棉花、茶叶收购、加工及销售，为农民提供化肥、农药、药械、农膜等生产资料，经营土特产、果品、日用工业品、废旧物资回收、烟花爆竹、花木等。

潜山县供销社 1987年，全县系统有职工977人，其中农民合同工62人。离休人员25人，退休人员238人，退职人员10人。1988年，县社改革用人制度，推行量才使用、能上能下。同年6月21日，成立职称改革领导小组。

1990年11月，全县供销社企业实施职工退休金统筹。次年1月，合作商店参加统筹。1993年7月，加入城镇职工养老保险。

1998年，改革劳动用工制度。皖城大厦、雪湖饭店、皖山商厦面向社会招聘，职工能上能下，能进能出，面貌一新。

2002年，停止集体经营的企业，再次精简行管人员。勉强维持的企业，进行职工身份和社有资产“双置换”。正常运转企业，实行优胜劣汰，干部能上能下，职工能进能出。是年底，全县系统有干部职工1013人，离退休人员356人。

2006年5月，被中华全国供销合作总社确定为全国县级供销合作社综合改革试点。

2007年被人事部、中华全国供销合作总社授予“全国供销合作社系统先进集体”称号。

2011年，全县系统实现销售总额4亿元，实现利润438万元，年末资产总额达1.5亿元，年末所有者权益达5288万元、社会贡献额达1980万元。

业务经营 自1986年起，全县供销社坚持“六个方向”发展：发展商品系列化服务，发展横向经济联合，发展农副产品加工业，发展多种经营方式，发展农村商业网点，发展教育和科技事业。

1990年，实施科技兴农社会化服务，创办庄稼医院。至次年年底，全县系统共建立政、技、物三结合的庄稼医院40所、村级综合服务站52个，建立起县、区、乡、村四级农业社会化服务网络。

1992年，对日用工业品经营实施经营、价格、用工、分配“四放开”。次年，推行风险抵押、抽本承包，撤、并、租、售边、小、微、亏门点。

1998年下半年，农业生产资料、农副产品由集体经营转由职工个人租赁承包经营。

2005年8月，县社利用黄铺社闲置场院，新建10万棒香菇生产示范基地。以股份制形式，筹资100万元，组建潜山县天柱菌业有限责任公司，按照“公司+基地+农户”模式，走“生产—加工—销售”的发展路子。同年，县社参与“万村千乡”市场工程建设，由潜山县皖城有限责任公司牵头，发展配送中心1个、加盟店120个。

其间，县社成立棉麻公司，为棉农提供从生产到收购、加工的全程服务。2006年，棉麻公司在重点乡镇成立7个棉花生产专业合作社，由公司技术人员和植棉能手组成技术服务队，产前为棉农分析市场行情，推荐优良棉种，安排生产计划；产中举办培训班，印发技术资料，指导施肥用药；产后筹措资金，保证新棉收购到位。全县棉花种植从无到有，达5万亩规模。

2011年，逆水综合服务社、黄铺供销商场、槎水购物中心、痘姆商场、源潭供销大厦相继建成开业。县社积极争取由中华全国供销合作总社、国家农业综合开发办公室批准的4000亩优质棉花生产基地落户王河镇丰收村，项目总投资300万元，用于田间灌水系统工程、田间交通以及配套建设的棉花质量检测实验及相关仪器设备，通过省级专家验收。设立专业合作社发展基金50万元。对全县系统所属企业（含基层供销社）改制后保留的79宗土地、130处房产进行全面测量勘察产权界定价值评估，重新确权登记发证。

改革改制　2004年起，县社对所属企业实施改革改制。租赁经营皖城大酒店、雪湖饭店，控股经营农资配送有限责任公司、烟花爆竹有限责任公司，注销原基层供销社，新组建供销有限责任公司。遵循“改制是为了更好地发展”的原则，照顾退休职工、遗属和临近退休职工利益，尽量吸收置换身份的职工参股重组企业。对改制后重组企业，逐步向集团化公司推进。

2005年年底，潜山县供销社有控股独资公司10个、基层社9个、经营网点500个，有在职职工807人、离退休人员436人，资产总额达9637万元，年商品销售总额达1.5亿元。

至2010年年底，全县系统有独资和控股公司5家、基层供销社6家、经营网点710个；有在职职工1001人、离退休人员491人；资产总额达1.5亿元。

黄山区供销社　前身是太平县供销社和黄山市（县级）供销社，建于1951年6月1日。1977年进入县政府序列，至1983年供销社体制改革，退出县政府序列。1987年，黄山区供销社有土产、农资和茶叶3个公司、1个食用菌开发中心和1个信托贸易公司以及19个基层供销社、11个归口管理的合作商店，全区系统干部职工总数856人，其中，区直268人、基层社490人、合作商店98人，商品纯销售总额2400万元、利润58万元。2000年4月，为理顺科室职能，区社调整人秘科、财审科、综合业务科、基层工作科、监察科、主任室为主任室、办公室、工资福利科、财审科、综合业务科、基层工作科和监察科。2002 年 7 月,黄山区政府第 85 次区长办公会议决定,根据省、市政府办公厅文件精神,区供销社有关经费从 8 月起列入同级财政预算。2007 年 10 月,区供销社被省人事厅批准为政府直属事业单位,列入参照公务员法管理单位,区政府将区社机关在职人员经费列入区财政全额预算,由区财政统发。至 2011 年底,区社机关有在职干部职工 11 人、离退休干部职工 20 人。

企业改制　2000 年 9 月,区供销社系统开始体制改革。结合小集镇建设,区社率先在谭家桥供销社、郭村供销社进行企业改制试点。2001 年 4 月—2003 年 10 月,根据区委《关于加快和深化企业改革的实施意见》要求,分 3 批对全区系统 24 个核算单位改制,置换职工身份 525 人,累计改制成本为 1459 万元。区社成立资产管理中心,负责监管使用预留的预期支出费用和待处置固定资产。2004 年 3 月,区社被省社授予“2003 年度全省供销社改革工作先进单位”称号。

农业产业化　1997 年 8 月,区茶叶公司的猴魁牌太平猴魁被评为首批安徽名牌农产品。2002 年 6 月,区供销社组建股份合作制企业——桃源乡西坑有机茶专业合作社,采取“公司 + 基地 + 农户”的形式从事有机茶专业生产,拥有茶园 260 亩,茶叶加工厂 1 座。2004 年,区茶叶有限公司送展的“黄山猴”牌太平猴魁在芜湖繁昌中国峨桥茶市举办的第三届国际茶业博览交易会上获金奖。2005 年,全区系统组建黄山区供销社三合太平猴魁专业合作社、黄山区供销社西坑有机茶专业合作社、黄山区供销社龙门无公害茶叶专业合作社和黄山区供销社庆春太平猴魁专业合作社等 6 个专业合作社。专业合作社颁证有机茶园面积达 5000 多亩,入社农户达 1000 多户,户年均增收达 1000 元以上。全区共发蚕种 6550 张,总产量达 229 吨,蚕茧收购价格上升,春茧收购价每公斤比上年提高 7 元,仅春茧一季农民就增加收入 105 万元。区社销售总额达 4491 万元,比上年增长 3%。

社有企业　2003 年 6 月,区社面向社会公开拍卖原黄山区土产日杂果品公司无形资产经营权,拍卖收入 29 万元;重组黄山区土产日杂公司(不含烟花爆竹经营权)。2004 年 6 月,组建黄山区农资有限公司,与安庆石化总厂合作,抓住商务部实施“万村千乡”工程机遇,发展农资连锁经营网络。农资有限公司化肥、农药销售量占全区市场份额的 60% 以上。2005 年,区社争取省财政烟花爆竹仓库安全事故隐患整治技改贴息资金项目,投资 200 万元新建面积 1000 平方米的烟花爆竹专用仓库,2007 年 1 月正式投入使用。2008 年,完成烟花爆竹仓库屋面的钢架结构改造工程。2008 年实现销售总额 360 万元,上交税收 17 万元。至 2011 年年底,全区系统共组建黄山区土产日杂有限公司(不含烟花爆竹经营权)、黄山区农资有限公司、黄山区茶业有限公司、黄山区茧业有限公司、黄山区再生资源有限公司 5 个有限公司。建立烟花爆竹、农资、丰乐种业 3 家配送中心。规范 114 家日用消费品经营店,239 家烟花爆竹销售网络连锁店,66 家农资、种子连锁店。

“新网工程”　2008—2011 年,共争取省“新网工程”项目补助资金 44 万元;至 2011

年,全区基本建成以农资、农副产品、日用消费品、烟花爆竹和再生资源回收为主的5大网络销售体系,发展各类配送中心及连锁经营网点478个,5大网络网点分布在全区14个乡(镇)和大部分行政村,覆盖率达92%,其中农资配送中心2个、连锁店70个,日用消费品配送中心1个、直营店14个、乡、村级店114个,烟花爆竹配送中心1个、销售网点239个,再生资源回收网点9个。

第四章 基层供销社

第一节 基层社发展情况

基层社建社模式 19世纪80年代初,在供销社体制改革中,安徽省供销社提出以集镇为依托、按经济区域建基层社的方向,以繁荣小城镇建设,服务农民购销,多数基层社采取此模式设立,但亦有部分“以乡建社”。

1987年,安徽省调整基层行政区划,撤销区级建制。省社就基层合作社建制问题向省政府报告,提出要按照经济区域建社,不随行政区划变动,要有计划、有步骤调整“以乡建社”,不要任意改变基层社隶属关系。

1992年11月,省社强调要因地制宜按经济区划建设基层社,做好基层社结构调整。

1999年初,省社明确深化基层社改革继续坚持调整建制、按经济区域建社原则。重点扶持和指导经营状况好、区位优势明显的基层社;合并、重组效益不好或基本维持的基层社,精简人员;对亏损严重、扭亏无望的基层社依法实施破产。

基层社改革发展 1988年,省社对基层供销社开展企业升级工作,制定《基层供销社省级先进企业标准》。要求把提高企业素质和全员素质作为基层社工作中心,完善承包经营责任制,指导基层社围绕开发性农业开展系列化服务。

1992年6月,省社下发《关于加快推进基层社改革的通知》。1995年9月,召开自中华全国供销合作总社恢复后的第一次全省基层社主任座谈会。12月,召开全省社会化服务、基层工作会议,要求:抓好基层供销社领导班子建设;加强内部管理,完善经营机制;扩大经营范围,拓展服务领域;发展社员,扩大股金;加强对基层社的指导、协调、监督服务。

1996年,全省各地供销社按总社部署开展“基层社建设年”活动,强化班子建设、调整建制和经营结构,转变经济增长方式,增股扩股,扩大民办因素,完善多种类型经营承包责任制,步入良性发展的基层社约占60%以上。3月20日,中华全国供销合作总社下发《关于加强基层供销社建设的意见》。6月,为响应总社提出的“基层社建设年”号召,省社召开“'96基层社建设年工作座谈会”,把加强基层社建设作为重振供销社事业的重要工作:发动社员入股。全省吸收社员股金2亿余元,比1995年扩股1.3亿元,农民入社面加大;调整基层社班子,开好社员代表大会。按社章规定,由社员代表产生基层社理事会、监事会,吸收农民社员进入理事会和监事会;兴办专业合作社,作为富民兴社突破口。全省建立4大类186个专业合作社;完善服务体制,增强服务功能。太和、砀山县供销社和宿州市符离供销社、泗县山头供销社、颍上县耿棚供销社被中华全国供销合作总社授予“基层社建设年先进单位”称号。

1997年7月，省社召开全省供销社基层社建设座谈会，交流基层社建设、推进农业产业化进程、为“三农”服务，特别是兴办专业合作社等方面问题。是年，全省基层社经营状况好于县以上供销社企业。

1999年7月，省社提出推进基层社改革的总体思路：压缩建制，调整布局，扩大基层社建制规模；拓宽为农服务领域；完善经营机制，提高经济效益；兴办专业合作社，引导农民进入市场，推动农业产业化。当年全省基层供销社亏损面下降2.2%。

2000年4月，省社下发《关于认真贯彻全国供销合作总社供销合字〔2000〕14号文件精神 进一步推进基层供销合作社改革的意见》，各地供销社多种形式推进基层社改革发展：或按经济区域调整基层社布局，组建中心社，基层社撤社留店；或大幅裁减基层社人员，调整基层社职能；或对基层社资产整体或切块出售，职工随资产走，与供销社脱离关系等。

2001年7月，在全国总社“四个一百示范”评选中，安徽省砀山县唐寨供销社等12个单位获得表彰。此后，全省系统继续深化基层社改革：盘活资产，置换职工身份；整合经营网点，探索按经济区域建设；兴办专业合作社，参与农业产业化经营；对经营难以为继的基层社，依法进行破产。至2003年年底，基层社经营状况好转，实现汇总盈利。芜湖县花桥供销社、池州市贵池区墩上供销社、涡阳县耿皇供销社、蒙城县范集供销社等先进基层社通过改革，经济实力继续增强，为农服务水平不断提高。石台、当涂、临泉、濉溪等县供销社加强对基层社资产的统一管理，根据经营业务和网络建设需要，优化布局，组建新型合作经济组织。但是，基层社总体经济实力不强，服务水平不高，仍为供销社系统最薄弱环节。

2005年6月，省社下发《关于加强基层供销社改革与发展的指导意见》，提出：以合作经济组织改造基层社；以连锁经营带动基层社；以龙头企业连动基层社；以自身改制重组基层社；以招商引资壮大基层社；以相互整合激活基层社；以一县一社统领基层社；以盘活资产振兴基层社；以选好能人经营基层社。9月，省社在马鞍山市召开全省基层社改革现场经验交流会，要求各地因地制宜，选择合适的基层社发展道路。是年，全省基层社实现销售46.5亿元，同比增长6.7%；实现利润454万元，同比增长14.7%。

2006年，基层社改造深入推进，经营业绩提升。全省系统因地制宜改造重组和创新基层社组织体系、经营体系，将基层社改造与发展专业合作社、建设现代流通网络、兴办综合服务社结合。砀山县唐寨供销社依托当地水果资源兴办专业合作社，引领农民进入大市场。和县香泉供销社发展农产品协会，提高农民组织化程度。六安市裕安区新安供销社盘活资产兴建农贸大市场，发展日用消费品连锁网点等，推动地方经济发展。

2007年，芜湖县花桥、砀山县唐寨、贵池市贵池区墩上、涡阳县耿皇、六安市裕安区新安等基层社，成为安徽省供销社系统基层社发展的代表。2009年，六安市新安供销社被中华全国供销合作总社誉为“开拓型基层社的代表”。

2010 年,全省系统在基层社建设上,改造、重组和创新组织体系、经营体系,利用各项为农服务资源,延伸拓展服务平台,实现基层社从单纯购销业务向综合经营服务的转变。六安市新安供销社连续 4 年获评全国“百强”基层社,桐城双港供销社被评为“改革先锋社”。

基层社数量业绩 1988 年,全省基层社数量达 1722 个。

1992 年,各地加强基层社建设,当年基层社比上年减亏 1000 万元,经营好转的基层社占 60% 以上。

1996 年,全省有 1521 个基层社,近 12 万名职工。全年基层社销售比上年增长 10.6%,毛利增长 1.6%,费用水平下降 0.57%,上缴国家税费增长 16.1%。基层社亏损 8538 万元,比上年增亏 1854 万元;亏损面比上年增加 5.04%。

2000 年,通过深化改革,全省基层供销合作社独立核算单位由 1552 个减少为 1445 个,亏损单位由上年 1017 个下降到 464 个,亏损面由上年 65.57% 下降到 32.11%。

2003 年,全省 980 个基层社中,894 个实现盈利,汇总实现利润 100 万元,较上年增长 117.95%,自 1990 年以来首次实现汇总赢利。

2004 年,全省基层社实现销售总额 43.59 亿元,同比增长 23.1%,汇总实现利润 396 万元,同比增长近 3 倍,亏损单位同比下降 37.21%。

2006 年,全省系统基层社全年实现销售总额 55.11 亿元,增长 18.49%;利润总额 758 万元,增长 66.96%。

2007 年,基层社改革改造向纵深推进。全省基层社实现销售 65.79 亿元,增长 19.38%;利润总额 1642 万元,增长逾 1 倍。2008 年,全省基层社实现销售 84.09 亿元,增长 27.81%;利润总额 2025 万元,增长 23.33%。连续 2 年,省社年初提出的新建、改造 100 个基层社任务如期完成。是年,全省基层社数量为 499 个。

2008 年,全省基层社实现销售 84.09 亿元,增长 27.81%;实现利润总额 2025 万元,增长 23.33%。

2009 年,全省基层社实现销售 101.35 亿元,增长 20.53%;利润 3426 万元,增长 60.3%。

2010 年,全省基层社实现销售 118 亿元,利润 4802 万元。

2011 年,全省系统基层社服务功能增强,实现销售 122 亿元,利润 6915 万元。裕安区新安供销社实现销售 5 亿元,宿州市北郊供销社进入全国“百强”。

第二节 代表社选介

伍明供销社 阜阳市颍泉区伍明供销社自 20 世纪 50 年代初期成立起,坚持在“农”字上做文章。拓宽服务领域,由单一经营型发展成集农资配货、日用消费品超市、供销商贸城批发市场、沐浴服务等于一体的综合型。2008年,全社固定资产总额934万元,完成商品销售5035万元,实现利润98万元。2006年、2007年连续被评为"全国百强基层社""全省十强基层社",被阜阳市政府授予先进集体称号。2009年起,注资1060万元,建立皖西北专业化养殖、种植、深加工基地,推动农业产业化进程。

双港供销合作社 桐城市双港供销合作社地处"塑料包装印刷之乡",农业资源丰富,产业经济发达。进入21世纪以来,该社坚持在支农中创业。至2008年,有在职职工94人、退休人员26人,拥有6个综合性规模超市、1家农资配送中心、1家农资专业合作社、1家加油中心、26个综合服务社的经营体系,以合作、参股形式涉足塑料包装加工和水产品养殖基地建设。2008年实现商品销售额9780万元、利润118万元、社会贡献总额276万元,年末总资产达2074万元,所有者权益达1493万元,资产负债率为40%,连续12年实现盈利。先后获安庆市、安徽省"先进基层社"、安徽省"农资经营诚信单位"和桐城市"目标管理考核先进单位""文明标兵单位""诚信单位""最佳支农服务单位"等荣誉,2006年、2007年连续入选全国供销合作社系统"销售百强、利润百强基层社"。

在全市率先创办农资专业合作社。以土地流转合作经营形式参与水稻产业提升行动核心示范区建设。合作开发整治圩区荒水荒滩,名优水产品养殖面积达6200亩,年产值达1200余万元。建立垂钓中心和农家饭庄,发展休闲观光渔业,成为市重点水产养殖基地和农业产业化龙头企业。

供应农资商品随赠质量信誉卡,对所售农药加封塑膜胶套或一次性不干胶封签,承诺"假一罚百,少一赔十"。购置农资配送专车,全方位提供农化服务,每年免费发放农化手册、虫情测报等农技宣传资料逾3万份。与当期市场行情比较,每年惠农金额均在200万元以上。服务范围辐射周边的安庆市郊和枞阳、怀宁县。

自2006年起,以"新网工程"建设为载体,将位于中心集镇的原双铺商场改建成营业面积达2000平方米的综合性日用消费品超市。投资1100万元新建练潭商业步行街和农资配送中心,建筑面积达1.5万余平方米。将原村级网点整合改造为26个村级综合服务社,使社属网络覆盖全镇各行政村,统一悬挂供销合作社标识,形成上下贯通、双向流通的农资、农产品、日用消费品、再生资源、烟花爆竹5大网络新格局。

第二篇　供销合作社管理

供销合作社管理，既涉及供销合作社内部管理，又关联行业、业务管理。内部管理随机构变化，不同时期有不同体制；行业、业务管理，随经济体制改革，亦体现不同特点。

1950年代前、中期，供销合作社内部管理坚持社员代表大会制度。1958—1975年，随供销合作社与商业“两合两分”，供销合作社管理体制多次变动。1983年2月，安徽省供销社更名为安徽省供销合作社联合社，退出政府序列。基层合作社恢复合作商业性质；县供销社改为县联社，作为基层供销合作社的经济联合体。1984年1月，根据中共中央《关于一九八四年农村工作的通知》精神，供销合作社全面恢复集体所有制经济性质。1995年2月27日，中共中央、国务院发出《关于深化供销合作社改革的决定》(中发〔1995〕5号)，明确：“按照政社分开的原则，各级供销合作社退出政府行政机构序列。根据实际需要，可以承担政府委托的任务，行使政府授权的某些职能，列席政府的有关会议。政府依照法律和政策，对其进行指导、协调、扶持和监督。”此间，各地各级供销社逐步恢复社员代表大会制度，在改革、改制上进行多方探索。系统内财务、统计、劳动人事、纪检监察等管理，亦随计划经济向市场经济转轨而调整完善。

供销合作社行业、业务管理，在1990年代前，与社会经济、商品流通密切相关的主要是计划管理、物价管理等方面，后随经济体制改革，行政色彩逐渐淡化，行政手段逐渐削弱，重在服务农业、农村、农民，服务经济社会发展。

第一章 社务管理

供销合作社社员(代表)大会是供销合作社最高权力机构。基层供销合作社社员(代表)大会的代表,由社员直接选举产生。各级供销合作社设理事会。理事会是社员代表大会闭会期间的执行机构,向社员代表大会负责。理事会主任是供销合作社的法定代表人,对理事会负责,接受社员(社员社)监督。各级供销合作社理事会是本级供销合作社社有资产的所有权代表和管理者,履行出资人职责,享有所有者权益。实行权利、义务和责任相统一,管资产和管人、管事相结合的社有资产管理体制。供销合作社设监事会,为供销合作社的监督机构,对社员代表大会负责。

基层供销合作社由农民和其他劳动者直接入股设立。县级以上供销合作社联合社由下一级供销合作社以社员身份自愿入股,自下而上逐步建立。供销合作社成员社的资产归各成员社所有,实行自主经营、自负盈亏。供销合作社之间是自下而上的经济联合关系,联合社当为成员社服务,各级联合社当为基层社服务。联合社对成员社负有指导、协调、监督和服务的责任。

1995 年,中华全国供销合作总社恢复。1996 年起,根据总社"基层社建设年"要求,安徽省供销社系统调整基层社班子,陆续召开社员代表大会,加强民主管理、社员监督。根据社章规定,由社员代表选举产生基层社理事会、监事会,吸收农民社员进入理事会、监事会。

2010 年 10 月,安徽省供销合作社联合社召开第二次社员代表大会,通过《安徽省供销合作社联合社章程》,明确:"安徽省供销合作社联合社(以下简称省供销社)是安徽省人民政府和中华全国供销合作总社领导下的全省供销合作社的联合组织""省供销社实行团体社员制,对成员社负有指导、协调、服务、监督和教育培训的职责""省供销社财产属于集体所有。省供销社理事会是省供销社集体财产的所有权代表。省供销社及各成员社均依法具有独立的法人地位,其合法权益受国家法律保护,任何单位和个人不得平调、私分、侵占"。

第一节 管理体制机制

"三性""五突破" 自 1982 年起,安徽省供销社体制改革先后经历恢复"三性"——组织上的群众性、管理上的民主性、经营上的灵活性;实现"五突破"——在劳动制度、农民入股、经营范围、内部分配、价格管理五方面突破和建立为农村商品生产服务体系阶段，改善同农民关系，扩大企业自主权，增强为农村商品经济服务能力，经济效益提高。至1988年，全省2995个独立核算单位、1615个基层供销社普遍实行承包经营责任制。

1989年，针对存在的指标体系不科学，考核制度不健全，甚至出现“大包干”、大撒手、“以包代管”等问题，省社发出《关于进一步完善企业经营管理责任制的通知》。同年，在全省开展增扩社员股金试点工作，社员股金实行保息分红。

1990年，针对少数地方随意改变供销社体制、将基层供销社划归乡政府或改变其所属企业的隶属关系问题，省政府发文强调维护供销社合法权益，发挥供销社在农村市场主渠道作用。

“四放开”　1991年年底，全省供销社系统学习重庆经验，由点到面，推行经营、价格、用工、分配“四放开”改革。次年6月，省供销社联合省体制改革委员会发出《关于供销社全面推行“四放开”改革意见》，要求各地供销社在地方政府统一领导下，有计划、分步骤全面推进“四放开”。7月，省社在天长县召开“四放开”工作座谈会，在合肥市举办研讨班。至次年年底，“四放开”推行面达80%。

1992年5月，省社专题向省政府报告在“撤区并乡”中基层社遇到的问题，提出加大基层社改革力度意见，得到省政府肯定，强调要抓好扩股集资工作；加速推进农业社会化服务体系建设和“四放开”；进行股份制经营试点。同年，省社提出加快县以上供销社改革步伐，转变机关职能。决定在巢湖地区进行县以上供销社兴办实体试点，省社本身亦带头改革。

1993年6月，省社提出打好“双清”工作攻坚战，要求各地供销社在总结“四放开”和完善承包的基础上，推行“公有民营”。

1994年，省社提出《关于进一步深化供销社改革的意见》：加快县以上供销社机关内部机构改革，改革面要上升到90%；转换企业经营机制，建立现代企业制度；进行股份合作制改革试点；继续推进劳动人事、工资分配三项制度改革，参加社会保险制度改革；完善产权制度改革，供销社资产属于各级理事会所有；把供销社真正办成农村综合经济服务组织。

贯彻中央5号文件　1995年2月27日，党中央、国务院作出《关于深化供销合作社改革的决定》（中发〔1995〕5号），明确把供销合作社真正办成农民的合作经济组织，是深化改革的根本目标。省委、省政府下发《中共安徽省委、安徽省人民政府关于深化供销合作社改革的实施意见》（皖发〔1996〕6号）文件，部署贯彻中央文件精神，推动全省供销社改革和发展。

1997年6月，省社印发《省供销社关于进一步加快自身改革和发展的若干规定》及实施意见。

1998年4月，根据总社通知精神，省社要求各地供销社制止和纠正在吸收社员股金中“保息保红”等错误做法，规范管理，防范和化解股金风险。

1999 年 7 月，省供销社根据《国务院关于解决当前供销合作社几个突出问题的通知》（国发〔1999〕5 号）精神，制定《关于进一步深化我省供销社改革的意见》。要求坚持合作经济方向，探索合作经济多种实现形式；精简机构，转变职能，推进各级联合社机关改革；参与竞争，完善机制，加快社有企业改革步伐。

“四项改造” 2000 年起，全省供销社实施“四项改造”，以参与农业产业化经营改造基层社，以实行产权多元化改造社有企业，以实现社企分开、开放办社改造联合社，以发展现代经营方式改造经营网络。建立现代企业制度，推进社有企业、基层社产权制度改革。

2001 年，全省供销社推进体制创新，加大产权制度改革力度：按照做大做强的原则，培育优势企业和骨干龙头企业；坚持“有进有退，有所为有所不为”，推进社有企业改革、改造与改组；激活机制，改造计划经济下不适应市场经济要求的僵死体制；以置换职工身份等多种有效措施，放开搞活一批企业和基层社。至年底，全省供销社进行改制、改组的社有企业达 357 个。

2000 年底，全省供销社改革、改制面达 60% 以上。11 月，省社在寿县召开全省供销社改革座谈会。

2003 年，全省供销社社有企业改革面逾 80%。纳入省经贸委考核的 157 户规模以上企业中有 104 户完成改革任务，占 66%。省社强化系统指导与服务，增强行业凝聚力。就反映强烈的县级供销社机关经费、供销社国拨土地出让金、下岗失业人员再就业、供销社职工医保等问题，省供销社分别专题请示省政府，得到省政府的重视和支持，问题逐步得到解决。次年，全省供销社社有企业改革面达 90%。

2005 年，省社制定《关于加强基层供销合作社改革与发展的指导意见》，要求深化体制改革，重新构建新型基层社。真正按照合作制或股份制的要求，注重吸收基层社的经营骨干、职工、经营大户及农村种养大户和其他社会资本加入，形成经济利益共同体。建立严格的法人治理结构，确保社有资产保值增值。通过转换经营机制，使基层社成为独立的法人实体和真正的市场主体，实现责权利相结合，形成有效的激励和约束机制，调动经营管理者和职工的积极性。提出以 9 条途径办好基层社：以合作经济组织改造基层社，以连锁经营带动基层社，以龙头企业连动基层社，以自身改制重组基层社，以招商引资壮大基层社，以相互整合激活基层社，以“一县一社”统领基层社，以盘活资产振兴基层社，以选好能人经营基层社。

综合业绩考核 为全面、客观、公平地反映各地供销社工作业绩，推进系统加快发展，增强实力，安徽省供销社依据中华全国供销合作总社考核办法，制定全省供销社综合业绩考核办法，每年对市、县、基层供销社、专业合作社及社属企业进行分类考核，并按“先进市级供销社”“先进县级供销社”“先进基层社”“先进专业合作社”“‘新网工程’示范网点”“先进综合服务社”和“全省供销社先进企业”等序列进行评比表彰。“先进市级供销社”和“先进县级供销社”考核指标包括主要经济指标、“新网工程”建设指标、基层组织体系建设指标、社有企业发展指标、政策环境指标等。“先进基层社”考核指标包括资产总额、利润总额、所有者权益、销售或营业收入、服务农户占辖区内农户百分比、兴办专业合作社数、兴建综合服务社数等。“先进专业合作社”考核重点是资产总额、利润总额、销售或营业收入、入社农户数、带动农户数、助农增收、专业合作社工商登记及产品拥有注册商标、实行“二次返利”情况等。“‘新网工程’示范网点”由省供销社按有关文件要求进行评选。“先进综合服务社(社区服务中心)”指标涉设营业收入、利税额、资产额、服务户数(范围)占辖区内户数百分比等。“全省供销社先进企业”考核设利润增长率(基准分25分)、销售总额增长率(基准分25分)、利润总额(基准分50分)、销售总额(基准分30分)4项指标。

第二节　安徽省供销合作社第二次代表大会

安徽省供销合作社第二次代表大会议程　1964年,安徽省供销合作社第一次代表大会召开。时隔46年,2010年10月30—31日,安徽省供销合作社联合社第二次社员代表大会在合肥市召开。中共安徽省委副书记王明方,省委常委、副省长赵树丛,中华全国供销合作总社理事会副主任李春生出席大会并接见全体代表。王明方副书记和李春生副主任讲话。省人大常委会副主任胡连松、省政协副主席田维谦、省委组织部常务副部长秦亚东、省政府副秘书长程中才出席会议。省农委副主任王华代表嘉宾致贺词。省编办、省发改委、省公安厅、省财政厅、省人社厅、省商务厅、省审计厅、省地税局、省工商局、省金融办、省国税局、财政部驻安徽省财政监察专员办等单位负责人及全省17个市政府分管负责人,省社领导王首萌、钱斌、蔡立、崔继华、闫铁力、魏邦余、陈辉,老领导王亚平、单中天、王赞春以及213名正式代表出席会议。会议贯彻落实国务院《加快供销合作社改革发展的若干意见》(国发〔2009〕40号)和安徽省人民政府《关于加快供销合作社改革发展的意见》(皖政〔2010〕53号)文件精神,总结1964年安徽省供销社第一次代表大会以来全省系统工作,选举产生省供销社第二届理事会、监事会,审议通过大会工作报告和《安徽省供销合作社联合社章程》。会议总结发展安徽供销合作事业的6条基本经验:一是必须解放思想,与时俱进,任何时候都不能僵化;二是必须履行宗旨、服务“三农”,任何时候都不能动摇;三是必须面向市场、勇于创新,任何时候都不能停步;四是必须坚持合作制、集体所有制,任何时候都不能偏离;五是必须牢记要务,科学发展,任何时候都不能懈怠;六是必须凝心聚力、和谐稳定,任何时候都不能折腾。提出要通过5年的艰苦奋斗,使供销合作社成为推动农村经济发展、具备较强经济实力、服务体系遍布城乡、社会影响力日益凸显、干部职工物质生活不断提升的合作经济组织。明确今后的工作重点为:推进改革,在加快创新上实现重大突破;提升质量,在构建农村现代流通服务体系上实现重大突破;加快调整,在转变发展方式上实现重大突破;坚持宗旨,在搭建为农服务平台上实现重大突破;完善组织,在理顺组织体系上实现重大突破;整合资源,在联合合作上实现重大突破;狠抓落实,在优化政治生态上实现重大突破。

王首萌当选省社第二届理事会主任,崔继华、闫铁力、魏邦余当选理事会副主任,王首萌、崔继华、闫铁力、魏邦余、蔡立、陈辉、曹斌、耿金岭、李永东当选第二届理事会常务理事,选举产生理事67名;钱斌当选为省社第二届监事会主任,刘荣华、王林建、王华、周敬军、李庭信、王和义、周其文、汪斌、程合、孙永、李振民、张厚生、韩正友当选省社第二届监事会监事。随后,召开二届一次理事会议暨监事会议。

安徽省供销合作社第二次代表大会选举结果

第二届理事会成员

理事会主任:王首萌

理事会副主任:崔继华、闫铁力、魏邦余

理事会常务理事:王首萌、崔继华、闫铁力、魏邦余、蔡立、陈辉、曹斌、耿金岭、李永东

理事会理事:王首萌、崔继华、闫铁力、魏邦余、蔡立、陈辉、曹斌、耿金岭、李永东、马宜明、马建亭、王军、王波、王正武、王芳宝、王果栋、王选中、王福寿、田永胜、史广树、朱辉、朱元庆、华陆佑、刘景荣、江继忠、孙文亭、孙维城、苏云、李念华、杨四方、杨向东、杨建勇、肖幸福、吴文强、吴乐和、何维军、余振海、汪传舟、汪金亮、张汉民、张志祥、张志锋、张爱民、陈广民、陈远志、林静、金鑫、金国清、周兵、周美君、项多余、赵绘华、胡家杰、钟家铎、袁俊、徐巧玲(女)、徐生超、徐立新、郭传忠、黄定宝、曹云、董中续、童少艳(女)、童廷军、解维立、翟新明、潘定涛

第二届监事会成员

监事会主任:钱斌

监事会监事:刘荣华、王林建、王华、周敬军、李庭信、王和义、周其文、汪斌、程合、孙永、李振民、张厚生、韩正友

二届一次理事会议 2010年10月31日下午,安徽省供销社第二届理事会召开第一次全体会议,理事会主任王首萌作《立足新起点 谋求新突破 全面完成"二代会"确定的各项目标任务》的讲话,理事会副主任崔继华主持会议,副主任和常务理事闫铁力、魏邦余、蔡立、陈辉等出席会议,监事会主任钱斌列席会议。省供销社二届理事会全体成员参加会议,二届监事会成员,非理事会成员的省社机关各处室、直属企事业单位主要负责人列席会议。会议就全面完成"二代会"确定的各项工作任务提出四点要求,强调要领会其精神实质,把握工作重点,转变工作作风,争分夺秒完成全年目标任务,科学编制"十二五"规划。

二届二次理事会议 2011年3月11日,省供销社二届二次理事会议暨二届二次监事会议在合肥市召开。表彰2010年度全省供销社先进单位、全省供销社系统综合业绩

考核先进单位，公布2010年度“新网工程”示范网点，回顾总结2010年全省系统各项工作，确立2011年工作目标和主要任务，要求结合国务院40号、省政府53号文件和“二代会”精神的贯彻落实，掀起“二次创业”高潮。安徽省委常委、副省长赵树丛出席会议并讲话，省社党组书记、理事会主任王首萌作工作报告，省社党组副书记、监事会主任钱斌在二届二次监事会上作监事会工作报告。安徽省人民政府副秘书长程中才、省发改委副主任刘荣华、省农委副主任王华、省地税局副局长周敬军、省商务厅副巡视员李庭信，省社领导蔡立、崔继华、闫铁力、魏邦余、陈辉、周天伟出席会议。确定全省系统在2011年加速推进项目建设，在农资配送中心、棉花仓储加工基地、再生资源产业园、农产品批发市场、日用品连锁卖场等领域高起点、高标准投资建设一批项目；加强“新网工程”网络空白县建设，提升五大网络建设水平，打造供销社核心竞争力；加速推进为农服务体系建设，发展基层社、专业合作社和涉农企业等经济实体，探索建立金融合作、土地流转、消费、农机等专业合作社，引导农民开展资金互助和信用合作，开展图书药品、信息通讯、文体娱乐、养老幼教、劳动就业等服务，满足农民生产生活的多种需求。推进社有企业由粗放经营向集约经营、传统经营向现代经营转变，全省系统不仅要有“顶天立地”的龙头企业，还要有一定数量的中小企业，形成发展梯队；围绕产业整合、资源掌控、品牌提升和管理创新等，加强系统内外联合，引进各类社会资本，扩大新兴业务。推进农产品市场体系建设，推进全省系统农产品批发市场建设进入政府总体规划和扶持范围，加速原有批发市场、集贸市场的改造升级，发展冷链物流，高起点建设农产品交易展示中心。会议完成相关监事的补选、改选工作，周天伟任监事会副主任。

第二章 财务 统计

1980年代起,供销合作社加强财务和统计管理。

适应利改税和体制改革要求,供销合作社改革财务管理体制和制度,明确同国家的关系和同农民的关系;逐步对供销合作社内部盈余分配和资金管理、使用等进行调整,调动各级社积极性,开拓业务,搞活经营,改善管理,提高效益。

1983年,《中华人民共和国统计法》颁布实施后,供销合作社统计工作走上法治轨道。

第一节 财务管理制度

本级社财务管理制度 1986年,按照《中共中央关于一九八四年农村工作的通知》提出的"各级供销社要实行独立核算,自负盈亏,有关制度也要按合作企业性质进行改革"的要求,全省供销社继续实行独立核算、自负盈亏、基金调剂,向国家缴纳所得税的财务管理体制。税后盈余的10%逐级上缴调剂基金,提取公积金比例不低于50%,职工集体福利和奖励金不超过盈余的40%。省社直属公司除承担全省系统业务管理职能外,相继开展自营业务,逐步改为经济实体。

1988年,根据全国供销合作总社《转发商业部颁发〈供销合作社几个财务问题的暂行规定〉的通知》精神,凡成立联合社的地方,社员社均按《××省、市、县联合社章程》规定,向联合社上交社员社股金,联合社对社员社股金实行"保息分红"制度,按年兑现,分红比例由各级联合社自行规定。供销合作社自有资金,包括社员股金、社员社股金、公积金、特种公积金和各项专用基金,都是社会主义集体所有制企业的财产,归供销合作社集体所有,由各级供销合作社理事会分别管理,拨给所属企业单位使用,并收取资金占用费,收费方法由各级供销合作社自行规定;理事会有权在所属企业之间进行资金调剂,或集中一部分折旧基金、简易建筑资金等专用基金统筹安排使用;各级供销合作社拨给所属企业单位的资金,实行经理、厂长任期目标责任制,由经理、厂长按规定自主使用,并对理事会负责。供销社自有资金不足时,可以由各级供销合作社或由所属企业单位向银行办理借款,理事会应会同银行加强对借款的管理,做好借款指标的分配与调剂工作,同时很多市、县级供销合作社通过"内部银行""资金调剂部"等多种形式,开展内部资金调剂与融通工作。基层供销合作社的财务计划,经理事会通过后报县联合社审批;县以上联合社所属企业单位的财务计划,报同级理事会审批,同时报省级联合社备案,其他部门均不得向供销合作社下达指令性财务计划。各级供销合作社理事会的管理费用,经税务部门认定后,按制度规定由所属企业税前列支。联合社所属企业单位的财产损失处理权限,由各级联合社理事会自行规定;基层供销合作社财产损失处理权限,由县级联合社统一规定。供销合作社实现的利润,可以由理事会的财会部门集中缴纳所得税,也可以由所属企业单位自行缴纳所得税,还可以采用分别计税集中缴纳的办法纳税。供销合作社的税后盈余,由各级供销合作社理事会扣除社员分红、社员社分红后进行分配,分配比例为:特种公积金 10%,公积金 50%,职工基金 40%;社员社收到的分红直接增加"公积金"。各级供销合作社进行盈余分配时,均应按照盈余分配办法和商业部《关于下达〈供销合作社特种公积金暂行办法〉的通知》规定提取并及时上缴上一级联合社。

1998 年,在财务管理方面根据财政部令第 9 号《行政单位财务规则》精神,规范行政单位的财务行为。

2000 年,省编委皖编〔2001〕9 号文件核定省供销社机关人员编制,省供销社机关自 2000 年开始参照公务员管理,机关经费列入省财政预算。每年按省财政厅对省直部门预算的统一要求与口径,编制省供销社部门年度预算与决算,送省财政厅审批,并报省人大审查。2000—2002 年,省供销社部门预算包括省供销社机关本级、省供销社机关服务中心、安徽省贸易学校、池州供销学校。省供销社机关服务中心自 2003 年起,事业费自收自支,省财政不再拨补经费。按省政府皖政秘〔2002〕63 号文件精神,池州供销学校自 2002 年 5 月 31 日并入池州师专(后为池州学院),自 2003 年 1 月 1 日起,其经费预决算纳入省教育厅管理。2003 年,省供销社部门预决算包括省供销社机关本级、安徽省贸易学校(安徽财贸职业学院)。从 2004 年起,省供销社部门预决算增加省供销社科学研究所(仅供给离退休人员经费)。

2002 年,省政府办公厅秘函〔2002〕2 号《关于县级供销社机关经费问题的批复》,明确安徽省县级供销社机关经费列入同级财政。

2004 年 3 月,中华全国供销合作总社印发《供销合作社社有资产监督管理暂行办法》,安徽省供销社以供发财〔2004〕109 号文件予以转发各市、县供销社。再次明确各级供销合作社理事会是本级供销合作社社有资产的所有权代表和管理者;规定实行权利、义务和责任相统一,管资产和管人、管事相结合的社有资产管理体制。

2006 年 10 月,省供销社印发《安徽省供销社(供销商业总公司)社有资产管理办法(试行)》,规范省供销社本级社有资产管理。

2008 年 2 月,省供销社成立资产管理办公室(供发人〔2008〕21 号),与财务会计处合署办公,汪传舟兼资产管理办公室主任,褚进乡、刘梅生兼资产管理办公室副主任。组织实施国家有关资产管理的政策法规,指导全省供销社系统社有资产管理,承担省供销社本级社有资产日常监管职责等。

社属企业财务管理制度　1986 年,根据全国供销合作总社《关于各级供销社理事会加强对所属企业财务管理的通知》精神,各级供销社加强对所属企业的资金和财务管理,年初下达财务计划,年中检查计划执行情况,定期审查企业库存商品和资金运用情况;供销社企业的流动资金和固定资产,为各级供销社理事会所有,理事会有权对所属企业流动资金和固定资产进行调剂、补充、调整;企业税后盈余分配方案,必须按上级社规定执行,并经同级理事会审批后作账务处理;各企业应及时足额上缴所分摊的行管费;各级社理事会应负责按规定比例收集上缴"互助合作基金",并按规定比例上缴省社。

1996 年,在财务管理方面执行 3 个相关规定:财政部《关于印发〈企业兼并有关财务问题的暂行规定〉的通知》,规范为促进企业结构调整而进行兼并的财务行为;财政部《国有企业试行破产有关财务问题的暂行规定》,规范为适应现代企业制度建立需要而进行破产的相关财务问题;《事业单位财务规则》,规范事业单位的财务行为。

1997 年,根据中华全国供销合作总社《关于转发财政部、国家税务总局〈关于加强供销合作社财务管理的通知〉的通知》精神,组织实施财政部制定颁发的《企业财务通则》《商品流通企业财务制度》以及国家有关财政、财务方面的政策法规及规章制度;会同有关部门做好供销合作社企业的清产核资工作;贯彻落实国务院《关于建立企业扭亏增盈工作目标责任制的意见》精神,重点抓企业扭亏增盈,提高经济效益;根据国务院《关于研究解决供销社历史挂账问题的会议纪要》(国阅〔1996〕70 号)精神,省供销社会同财政、审计、人民银行等 7 部门对我省供销社企业历年形成的政策性亏损挂账组织清理、核查;督促并指导供销社企业建立、健全企业内部财务管理制度,对企业上报备案的内部财务管理制度,进行审查;研究国家与供销合作社企事业单位分配关系改革,制定有关税后利润的分配政策,参与研究股金的分红与管理问题,加强对供销合作社集体资产的管理,确保社有资产的保值增值;开展对供销社企业执行财务会计制度情况的检查、监督,纠正和处理企业违反财务制度的行为,做好企业所得税汇算清缴及财务决算审批工作;加强财政补贴及储备资金的管理,强化国家宏观调控手段;定期向同级财政、税务部门报送财务会计报表及其他财务资料,接受财政、税务部门的监督和检查。

2001 年,按照省政府《批转省经贸委关于进一步加快我省中小企业改革发展若干政策意见的通知》(皖政〔2001〕73 号)精神,省供销社对安徽省土产公司、安徽省茶叶进出口公司进行改革改制试点。自 2003 年起,省社全面开展对直属企业改革改制工作,至 2006 年年末基本完成。对改制后组建的有限责任公司,由省供销社(省供销商业总公司)控股或参股,按照《中华人民共和国公司法》等法律法规规定,履行出资人职责,建立社有资产管理制度体系,确保社有资产的安全完整和保值增值。全省各市、县供销社和基层社从 2003 年开始,也陆续启动所属企业的改制,对改制后供销社控股或参股企业,按企业财务通则规范管理。

第二节 会计管理

会计制度 1986 年,省供销社开始执行 1985 年由商业部制定颁发的《供销合作社会计制度》(试行草案),结合本省具体情况补充规定:从1986年起,会计核算统一改为借贷记账法;对自有资金仍划分为流动资金和固定资金,分别核算;健全明细账,特别是商品明细账的记载,规定任何账务都不得以单表代账;加强对轧花厂的核算,规定厂(轧花厂)站(棉花收购站)能分为2个独立核算单位的,分别执行工业和商业会计制度核算。不能分为2个独立核算单位的,在内部应分别核算盈亏,即收购、调拨按商业核算,计算盈亏;生产加工环节按工业核算,计算盈亏。

1993年7月1日,根据财政部《关于印发〈商品流通企业会计制度〉的通知》规定,安徽各级供销合作社所属企业执行全国统一的《商品流通企业会计制度》,原《供销合作社会计制度》同时废止。涉及账目调整的科目有63个,并对执行新会计制度后的有关问题作出规定:暂不提取新会计制度规定的按月预提坏账准备金和商品削价准备金;重新建立固定资产明细账,按新会计制度规定的折旧年限,制定企业具体的固定资产折旧目录和折旧年限,按月计提;对企业按规定提取的综合奖金,借记有关成本费用科目,贷记"应付工资";对收到租赁门点交来的租赁费,借记"现金",贷记"商品销售收入";保留"业务周转金"科目,专门用于核算收购农副产品、废旧物资所必须的周转金,该科目月末余额编表时并入"其他应收款"项目。

1997年起,省供销社及其所属事业单位执行财政部发布的《事业单位会计制度》。

2000年起,省供销社所属企业执行财政部发布的《企业会计制度》。

会计准则　1997年起,省供销社及其所属事业单位执行财政部发布的《事业单位会计准则》。

1998年起,省供销社所属企业执行财政部发布的《企业会计准则——现金流量表》《企业会计准则——债务重组》《企业会计准则——收入》《企业会计准则——投资》《企业会计准则——建造合同》《企业会计准则——会计政策、会计估计变更和会计差错更正》《企业会计准则——非货币性交易》等7项准则。

2000年起,省供销社所属企业执行财政部发布的《企业会计准则——或有事项》。

2001年起,省供销社所属企业执行财政部发布的《企业会计准则——无形资产》《企业会计准则——借款费用》《企业会计准则——租赁》《企业会计准则——中期财务报告》《企业会计准则——固定资产》《企业会计准则——存货》等6项准则。

会计基础工作　1986年,省社财会处根据省供销社《关于一九八六年会计决算问题的通知》精神,确定年底会计决算的7点要求:全面清查商品、财产、清理资金、往来、弄清家底;真实、准确、完整、及时核算财产、资金变动情况,正确核算企业盈亏,积极处理历史包袱;核实基层社历史遗留问题的政策性调价损失;妥善解决1978年前无法收回的预购定金的清理挂账免息问题;加强财务分析;规定财务报表的种类及格式;规定年度财务报表上报的汇总归属及时间。自1986年起,每年年末省供销社财会处均印发"关于做好某某年度会计决算工作的通知",对年度会计决算工作提出具体要求。

1986—1989年,省社财会处根据1984年4月印发的《会计基础工作检查记分与考核办法》,在全省系统组织会计基础工作检查评比,将检查内容分解为9个方面100个检查项目。全省17个地市供销社和省农资公司参评,4年共评出省级会计基础工作优秀单位76个。

1989—1996年,省社在全省系统举办“会计同工种竞赛”,共评出会计报表和财务分析优胜单位49家。

1997—2005年,根据1996年6月17日财政部发布的《会计基础工作规范》,省供销社在全省系统开展会计基础工作评比,评比内容包括经济效益情况、会计主要指标月报表、年度决算报表、财务分析4方面。省供销社同时参加中华全国供销合作总社的会计基础工作评比并名列前茅。

根据1996年6月10日财政部发布的《会计电算化工作规范》,1997年,省供销社颁布《关于供销合作社系统一九九七年会计电算化工作的通知》和《关于印发〈安徽省供销社系统1997—2000年会计电算化发展规划和实施意见〉的通知》。至2002年年底,在全省系统全面实行统一格式的电子版会计报表,实现会计数据信息化收集。

2006—2011年,安徽省供销社报送的会计报表与财务分析在中华全国供销合作总社组织的评比中获一等奖;向财政部门报送企业会计决算报告在省财政厅评比中获得优胜。

2006年度、2010年度省供销社编制的部门财政预决算文本受到省财政厅通报表扬。

2009年4月,省供销社组织开展对全省系统会计工作先进集体、先进个人评选表彰活动,通报表彰31个全省供销社系统会计工作先进集体、77名全省供销社系统会计工作先进个人(供发财〔2009〕39号)。是年,安徽省供销社申请承担中华全国供销合作总社下达的“社有资产管理与运营”课题研究,成立由汪传舟牵头,汪斌、褚进乡、李麟参加的课题组。2009年12月,完成课题研究,论文获肯定并被多家刊物转载。

会计处理相关规定 *机关经费* 1997年起,在机关医药费开支方面开始执行《关于印发〈安徽省供销社机关医药费包干试行办法〉的通知》,在机关差旅费开支方面执行省财政厅《关于印发〈安徽省省直机关、事业单位工作人员差旅费开支规定〉的通知》和省供销社《关于印发〈省供销社机关差旅费开支的补充规定〉的通知》。

2001年1月,省供销社制定并执行《关于印发〈省社机关非参保人员医药费支出管理暂行办法〉的通知》。同年,省供销社《关于贯彻实施省直机关公务员医疗补助有关事项的通知》规定,省社机关参保人员可以在参加基本医疗保险基础上享受公务员医疗补助,从2001年1月1日起开始执行。

2001年9月,省供销社制定并印发《省供销社机关经费管理暂行办法》,对省供销社机关经常性经费开支实行“部门预算、全额包干、节约留用、超支不补”的管理办法,明确各项费用的开支范围与标准、报销手续与程序。对省供销社机关经费进行规范化、程序化、标准化管理。

2003年,省供销社《关于进一步规范省社机关会议费用的通知》规定,省社承办全国性系统工作会议、省社召开年度工作会议和大型交易会、博览会,应事先提出预算,并控制在预算总额内支出;各处室以省社名义召开的会议,实行会务费包干管理。

2011 年 1 月,省供销社转发省财政厅关于省直机关差旅费和会议费管理办法,规范省供销社机关差旅费和会议费管理。

财务挂账　1986 年,省供销社在《转发财政部〈关于处理基层供销社政策性调价损失遗留问题的通知〉》中明确:对亏损或微利的基层供销社 1981—1984 年期间承担的政策性调价损失,如 1986 年和 1987 年 2 年内处理不完,可根据财政部文件规定,向当地税务部门申请减免营业税照顾;在处理损失期间,因亏损或利润减少,影响企业基金的,一并商请税务部门给予照顾。同年,省供销社《转发商业部、中国农业银行〈关于对供销合作社贷款利率计算的联合通知〉》规定,对安徽省供销社 1978 年以前发放的无法收回的预购定金,在未批准豁免前,仍暂先挂账停息。

1987 年,省供销社《转发财政部、商业部、农行总行〈关于对供销社历年待处理损失采取挂账停息办法的通知〉的通知》规定,安徽省供销社挂账停息的待处理损失金额为 1.77 亿元,该笔待处理损失占用的贷款实行挂账停息专户管理,增设"挂账停息贷款"科目,按照 1985 年年底会计报表的"待处理损失""待处理两清损失"两项之和数,从"银行借款——商品流转借款"科目转入本科目。在编制会计报表时,在"资金表"的来源方第 29 行增列"12. 挂账停息贷款"项。

1988 年,省供销社《关于商品调价引起库存升值问题的通知》规定,凡由于调整物价引起企业原有库存升值,一律相应调增企业自有流动资金。

1990 年,省供销社《关于供销社"两清"损失准予 1990 年继续在税前处理的签报》规定,省供销社系统自 1985 年开展"两清",共清出问题商品和资金损失 2.28 亿元。同年,省供销社《关于重申供销社挂账停息贷款继续挂账停息的通知》规定,按供销社 1990 年 3 月末银行实际挂账停息贷款数额,再挂账停息 1 年,并且从 1991 年起,用 3 年或稍长时间逐步解决这一问题,解决的办法是用全国统一调价后的库存商品升值部分予以抵补,在抵补以前继续挂账停息。同年,省供销社《关于贯彻财政部等六部、行、局〈关于国营商业企业和供销社部分商品提价后有关财务处理的通知〉的补充通知》中规定,各级供销社及企业库存的食糖、棉花、絮棉、纺织品、煤炭、肥皂、洗衣粉等商品,均应根据全国统一调价规定前一天的商品库存数量,准确计算库存升值金额:凡在接到统一调价通知,立即对调价商品盘点并作账务调整所增加的库存金额升值款,仍放在有关会计账户,等待处理的,要在接到本通知后转入"待处理收益——全国统一调价收益"专户,在此前已转作损益入账的,不再转回;对于在接到统一调价通知,对调价的库存商品未计算应升值金额,也未作账务处理的,均应按规定手续办理;对统一调价前原库存尚未销出部分,根据目前市场实际情况,准确计算其应升值款项,调整账务,转入"待处理收益——全国统一调价收益"专户,已经销出的应调价商品,其升值差价收益已进入各期损益,也不再调整账务。上述转入"待处理收益——全国统一调价收益"专户的升值款,均应如实反映,用于解决供销社挂账,不得挪作他用。

1993 年,省供销社“转发《中国人民银行、商业部〈关于对‘两棉’赊销贷款实行挂账计息的通知〉》”中规定,对已赊销而未收回的资金,从 1993 年 1 月 1 日起挂账计息不收息。

1996 年,省供销社《转发〈关于对供销社 1993 年发放的棉花贴息贷款本息挂账处理的通知〉的通知》中规定,安徽省供销社系统经初步清理、核实,上报的截至 1995 年 3 月底的贴息贷款本息为 5118 万元,其中本金 4066 万元、利息 1052 万元。财政部按 1996 年 8 月 31 日贴息贷款本息余额贴息 1 年,其未收回部分,供销社要承担本金损失和利息支出。

1997 年,省供销社《关于核实上报供销社陈欠预购定金贷款的紧急通知》规定,安徽省核实陈欠预购定金贷款数额为 4132 万元,由农业银行、农业发展银行用提取的呆账准备金进行一次性核销。省供销社《关于转发〈关于对供销合作社中央政策性亏损实行挂账停息等有关问题的通知〉的通知》规定,经中央五部、行、社局核实,安徽省 1981—1984 年部分商品统一降价损失为 1.64 亿元,1991 年一次性商品削价损失 743 万元。对供销合作社中央政策性亏损实行专户管理,供销社在“短期借款”科目下设“中央政策性亏损停息借款”和“中央政策性亏损半息贷款”两专户,同时将“其他应收款——应收财政补贴”转入“待处理中央政策性损失”科目。1997 年,《关于对‘两棉’赊销款实行挂账停息有关问题的通知》规定,对供销社系统 1984 年和 1986 年向贫困、干旱地区困难户赊销纯棉布、絮棉占用未收回的“两棉”赊销贷款,由挂账计息不收息,改为挂账停息。

2002 年,省供销社转发《国务院等七部委〈关于供销社财务挂账及其财务处理问题的通知〉》,核复安徽省财务挂账总额为 63.08 亿元,其中,中央政策性亏损挂账 13.78 亿元;未收回 1993 年棉花贴息贷款本息 5721 万元;地方政策性亏损挂账 19.56 亿元;经营性亏损财务挂账 29.17 亿元。财务挂账处理政策如下:中央政策性亏损挂账由中央财政负担解决,本金部分先停息挂账 5 年,利息损失按挂账金额和 1 年期流动资金贷款基准利率核定,由中央财政负担,本金 5 年后视情况处理;地方政策性因素形成的财务挂账由地方各级人民政府负责解决,本金部分由地方财政贴息挂账 5 年,5 年后由各省、自治区、直辖市人民政府视财力情况制定消化处理方案,确保落实。省财政在 2011 年度预算中,安排省社“消化供销社挂账补贴 1539 万元(其中本金补贴 929 万元,利息补贴 610 万元),用于处理省社原直属企业的省级政策性亏损。省以下地方政策性财务挂账则基本没有解决。

救灾物资销售　1991 年,省供销社《关于接收捐赠救灾物资销售账务处理的通知》规定,对供销社接受各地捐赠物资作价销售后的销售款全部用于救灾的,给予免征批发环节营业税的照顾,具体账务处理如下:受托销售单位,收到有关部门拨入救灾物资在“库存批发商品”科目下,设立“救灾专项物资”专户单独处理,受托单位按照规定的接收价格作借记“库存批发商品——救灾专项物资”,贷记“应收应付货款”等有关科目;

救灾物资按照规定价格批发销售，在“商品销售”科目下设立“救灾物资销售”专户，借记“银行存款”等有关科目，贷记“商品销售——救灾物资销售”科目，同时结转销售成本，即借记“商品销售——救灾物资销售”科目，贷记“库存批发商品——救灾专项物资”科目；销货款转给委托代售单位时，借记“应收应付货款”科目，贷记“银行存款”科目。

补充流动资金　1992 年，省供销社《关于提取补充流动资金会计处理问题的通知》规定，国合商业企业可以按月销售额提取 1% 补充流动资金。从销售额中提取流动资金，原则上不减少上缴任务，亏损企业不提，具体账务处理如下：借记“税前扣减利润——提取流动资金”，贷记“公积金——流动资金”。

住房基金　1993 年，省供销社转发财政部《印发〈企业住房基金会计处理规定〉的通知》，规定：企业应在负债类科目中增设“住房周转金”科目，核算企业从各种来源取得的用于职工住房方面的资金，同时应设置“住房基金”备查簿，辅助登记企业取得的各项可用于住房方面的资金。在资产负债表中，“住房周转金”科目的期末余额包括在“其他长期负债”项目内；在财务状况变动表中，“住房周转金”科目的来源和运用，均应包括在“增加长期负债”和“偿还长期负债”等有关项目内。

2001 年，省供销社《关于转发〈企业住房制度改革中有关会计处理问题的规定〉的通知》规定，取消“住房周转金”科目，余额转入“利润分配——未分配利润”科目；企业按规定给予职工各种住房补贴；企业按规定应交纳的住房公积金，记入“管理费用”；取消资产负债表中的“住房周转金”项目。

债务及财产损失　2000 年起，执行省供销社《转发财政部关于印发〈企业以非现金资产抵偿债务有关会计处理规定〉的通知》。

2005 年，省供销社以《关于转发国家税务总局〈企业财产损失所得税前扣除管理办法的通知〉》，明确财产范围、财产损失分类、税前扣除财产损失的审批、企业申报财产损失应提供的证据、税务部门对各项财产损失的认定等内容。

第三节　资金管理

清产核资　1985 年利改税后，供销社系统内部存在大量有问题商品和有问题资金，其中不少由政策性原因造成，严重制约供销社业务发展。在省政府支持下，取得财政、银行、税务部门的帮助，全省系统开展清商品、清资金的“两清”工作，甩掉历史包袱，压缩资金占用，加速周转。至 1985 年年底，共清出问题商品 3.72 亿元，占年末库存商品 26%；清出有问题资金 1.86 亿元、两项共落实损失 2.28 亿元，除当年在损益中核销 5525 万元外，尚有 1.73 亿元挂在“待处理损失”账户。

1987 年，国务院批准对供销社挂账待处理损失停息 4 年，节约利息支出约 6700 万元。

1988 年年底,尚有 1.13 亿元未甩完包袱,其中 61% 的挂账在阜阳地区供销社。

1990 年年底,尚有 8820 万元挂账,其中阜阳地区供销社 6323.3 万元,占全省挂账余额 72%。经请示国务院同意再延长 1 年挂账停息时间,并准予在税前处理。

1994 年,省供销社发出《关于在全省供销社系统开展资产清查工作的实施意见》,要求各级供销社通过资产清查,既要搞清资产存量,摸清"家底",又要搞清资产管理状况及存在的主要问题;通过清查,进一步理顺产权关系,为产权制度改革和试行股份制、股份合作制打好基础;通过核实供销社资产总量,掌握社有资产真实经营情况,资产清查结束后,各级供销社要建立健全社有资产管理责任制度和有偿使用制度,推动闲置资产的处理和有效利用,各企业也要制订相应的资产保值增值责任制度,防止社有资产流失;要为金融体制改革、实行资产抵押贷款等做好准备;要为推行以资本金效益评价、考核企业经营成果提供合理、科学的依据,为促进企业尽快走向市场,提高经济效益创造条件。对资产清查的组织领导、清查范围、清查内容、清查方法、清查时间、清查登记表等作出安排,使清产核资工作制度化、规范化。

1997 年,为贯彻落实省政府办公厅《转发国务院办公厅关于在全国城镇集体企业开展清产核资工作的通知》和省清产核资领导小组《关于印发 1997 年全省城镇集体企业清产核资扩大试点工作安排的意见》,省供销社下发《关于在全省供销社系统开展资产核资工作的通知》,具体规定清产核资的目的和任务、范围和内容、时间和程序、组织机构和人员分工、数据处理和表格填报等。

2001 年,为贯彻落实省财政厅《关于开展省直预算单位清产核资工作的通知》,省供销社下发《关于在省直预算单位开展清产核资工作的通知》。

2007 年,根据财政部统一部署和省财政厅要求,对省供销社行政事业单位开展资产清查工作。省供销社由财会处组织落实。省供销社本次资产清查的范围为省供销社机关本级(指财政拨款形成的资产)、安徽财贸职业学院。资产清查结果经会计师事务所审计后,由省财政厅下文确认。

银行贷款管理 20 世纪 70 年代,各级供销社银行借款,首先要按季度编制借款计划,经主管部门审核、银行批准后,按借款计划贷款;供销社所属企业编制贷款计划,经主管部门审核后送当地开户银行办理贷款,银行对批发企业实行计划管理,对零售企业实行定额管理。80 年代后,企业贷款计划不需主管部门审核,由企业直接向银行办理。1992 年,省供销社相继成立安徽省集贤财会服务公司、安徽省供销商业总公司。安徽省集贤财会服务公司主要开展全省系统资金融通,缓解省属企业和系统内部分企业的资金困难,取得较好经济效益。安徽省供销商业总公司负责管理与运营省本级社有资产,为所属企业提供贷款担保。2006 年年初,由安徽省供销商业总公司控股,省社投资企业参股组建安徽德信担保有限公司,主要为省社投资企业提供贷款担保,市场化运作社有企业融资、担保业务。

预购定金管理 自 1962 年起,供销社通过与农民签订收购合同发放农副产品(主要为棉花、黄红麻、烟叶、蚕茧、茶叶、生猪等)预购定金。截至1969年,全省系统累计发放未能收回的预购定金2706万元。1970—1984年,发放预购定金4.28亿元。截至1988年,尚有未收回预购定金2543万元,其中多为1969年前的陈欠,因行政区划变更、兴修水利和当年生产队建制变化,多年挂账已经无法收回。各级供销社为此支付银行利息约3400万元。1984年后,全省系统停止发放预购定金。1997年,安徽省核实陈欠预购定金贷款数额为4132万元,由农业银行、农业发展银行用提取的呆账准备金进行一次性核销。

国家拨付资金管理　1986年始,建立省级农药储备制度,每年年初由安徽省计委(发改委)、省财政厅、省供销社3家联合确定当年需要储备的农药品种、数量,由省财政厅在省供销社本级预算中安排"省级农药储备价差补贴"专项资金200万元,拨付省农资公司(2003年改制后为安徽辉隆农资集团有限公司),用以补贴其承担储备农药所占用资金的利息及保管费用,超额部分由企业自行承担。

2007年,省财政厅在省供销社部门预算中安排农副产品基地建设经费、新农村现代流通服务网络工程(简称"新网工程")建设经费。2007—2011年,每年安排100万元农副产品基地建设经费,先后安排"新网工程"建设经费80万元、500万元、1000万元、1500万元和2000万元。财政部、中华全国供销合作总社2007—2011年分别安排安徽省供销社系统"新网工程"建设经费1125万元、1437万元、2290万元、2590万元和3029万元。

自有资金管理　社员股金　1985年供销社恢复集体所有制后,通过扩股集资,拓展经营资金来源。1985年年底,全省供销社系统社员股金为2963万元,截至1988年年底,增长到4507万元,增幅达52.11%;1989年,各级供销社扩大社员股金和内部资金融通,以缓解资金紧张。1—9月,全省吸收社员股金和职工风险抵押金3537万元,拆借2.39亿元,融通1.09亿元,其他方面筹集3234.7万元。2000年企业改制后,部分社员转换身份退股,截至2005年年底,全省供销社系统社员股金为3831万元,与1988年相比,减少676万元,降幅为15%。

自有流动资金　全省供销社系统的自有流动资金系通过自身扩大经营业务,增加盈利而逐步积累。1985年年末,全省供销社系统自有流动资金为4.89亿元,1988年年末为5.36亿元,增加4681万元,增幅为9.61%;2005年年末为98.92亿元,与1988年相比,增加93.56亿元,增幅为1745.53%。

固定资产　1985年,全省供销社系统固定资产总值6.33亿元。1988年年末为9.79亿元,增加3.46亿元,增幅为54.66%;2005年年末为43.19亿元,与1988年相比,增加33.4亿元,增幅为341.16%。2005年年末,全省供销社系统固定资产中,基层社为8.62亿元,占19.96%,基本满足建设和维护基层营业网点需要。

第四节　税利及盈余分配

上缴利税　1984年,财政部印发《关于对基层供销社放宽减税免税规定的通知》,

规定以下税收优惠:对按8级累进税率缴纳工商所得税有困难的基层供销社可给予定期减税优惠;对供销社1984年后兴建的独立核算的冷库、仓库,自投产日起免征2—3年工商所得税;基层供销社用自筹资金安排的基本建设免征建筑税。

1985年,工商所得税更名为集体企业所得税,国务院发布《中华人民共和国集体企业所得税暂行条例》,财政部颁发施行细则,自1985年1月1日起执行。税率为八级超额累进税率,与小型国营企业使用的税率相同。最低一级,全年所得额在1000元以下,税率为10%;最高一级,全年所得额在20万元以上,税率为55%。新建企业在开办初期纳税确有困难的,从投产经营取得收入的月份起减征或免征1年。新办从事饲料、原料生产、饲料加工、饲料添加剂生产的企业,可免征3年。利用本企业生产过程中产生的废水、废气、废渣作主要原料生产的产品,其实现的利润免税5年。对乡镇集体企业生产经营直接服务于农业的化肥、农药、农机具、修理修配的,以及在原革命老根据地、少数民族地区、贫困地区兴办的乡镇集体企业,经营有困难的,给予定期减税或免税。同年11月起,对集体企业不再征收所得税附加。

1988年,商业部规定,供销社实现的利润,可以由理事会财会部门集中缴纳所得税,也可以由所属企业单位自行缴纳所得税,还可以采用分别计税集中缴纳的办法纳税。采取何种形式,由各地根据具体情况与同级税务部门商定。是年财政部《关于供销社财务税收几个问题的通知》规定,要以独立核算的集体企业为所得税的纳税义务人;对供销社提取上交的简易建筑费在计征所得税时应予以剔除;对社员社收到的入股利息收入,应列入企业其他收入,征收集体企业所得税。

从1989年起,对省供销社行政、事业经费采取按直属企业销售收入的0.5%比例计提。所提取的管理费,由企业在缴纳所得税前列支,按季上缴省社,年终与税务局汇总清算,结余按规定征税。

1994年,随国家税制体制改革深入,对内资企业实行统一的企业所得税,税率统一定为33%。取消原来分别设置的国有企业所得税、国有企业调节税、集体企业所得税和私营企业所得税,同时,国有企业不再执行企业承包上缴所得税的包干制。

1996年,安徽省地方税务局规定,基层供销社以及专业合作社等,为农业生产提供产前、产中、产后服务所取得的技术服务或劳务收入暂免征所得税。对国务院确定的安徽省金寨、霍山、岳西、颍上、潜山、太湖、寿县、临泉、阜南、宿松、枞阳、舒城、利辛、无为、长丰、霍邱、六安等17县(市)供销社新办企业,自开业之日起,免征企业所得税3年。供销社企业遇有风、火、水、震等自然灾害或意外事故,经地税机关审查批准,可减征或免征所得税1年。对供销社新办的独立核算的商业、对外贸易业、旅游业、饮食业、仓储业等,经地税机关审查批准后,自开业之日起,可减征或免征所得税1年。县以下各级供销社及其直属企业利用外资进行技术改造的项目,经审查批准,自投产之日起,新增利润部分免征所得税3年。

盈余分配 税后盈余分配管理是供销社财务管理中的一项重要内容,其作用在于维护入股社员合法权益,正确处理积累与消费关系,确保社有资产保值增值,促进供销合作事业发展。1984 年，商业部制定《商业部关于改革各级供销合作社财务管理体制和盈余分配的规定》。1996 年，根据财政部颁布的《企业财务通则》《商品流通企业财务制度》精神，对 1986 年的管理办法进行重新修订，制定《供销合作社税后盈余分配管理办法（试行）》。盈余分配项目如下：

1987—1995 年

社员股金分红　1985 年，商业部为加强对各级社税后盈余管理，提出基层社社员股金分红，加上在费用中列支的保息部分，最高不能超过股金额的 15%。之后同此规定。1988 年，商业部强调社员社股金的具体定义，指出凡是成立联合社的地方，社员社均应按其省、市、县联合社章程规定，向联合社上交社员社股金，使联合社真正成为社员社的经济联合体。联合社对社员社股金实行“保息分红”的制度，除一般按照银行 1 年定期存款利率计息，在费用项下支付利息外，联合社应在年终税后利润中提取一定比例的分红基金，对社员社进行分红，按年兑现。分红基金的比例，由各级联合社自行规定。

1998 年，根据国务院和中华全国供销合作总社文件精神，安徽省开展为期 3 年的社员股金清理整顿工作。截至 2001 年 3 月底，全省系统社员股金余额为 1. 33 亿元，其中基层社 7822 万元。经过整顿，安徽省供销社系统社员股金绝大部分已不再是原来意义上的“社员股金”，有的是股份合作制企业股本，有的是成本经营企业的职工风险抵押金，有的是专业合作社社员股金。同时结合基层供销社改革，不断研究制定新的股金办理办法，建立新的运作和管理体制。

职工集体福利奖励金　1984 年，商业部规定，在税后盈余分配中提取职工基金，不超过 40%。职工基金用于职工、社员的集体福利事业，自费调资、职工奖金、劳动分红和缴纳奖金税。社员股金分红、职工劳动分红以及集体福利方面的资金，提取比例不超过盈余的 40%。各级供销社实行职工劳动分红制度之后，原有的职工奖金、福利金和企业基金制度不变。

公积金　1985 年，商业部规定，在税后盈余分配中提取公积金不低于 50%。供销社公积金以及社员股金和农民投资，应根据业务需要合理安排，既可用作流动资金，也可用作固定资金，按年按季在编制财务计划时进行调整。流动资金，要占一定的比重，以保证购销业务正常开展。各级供销社公积金，包括流动资金（原称国家流动资金）和固定资金，是新中国成立以来供销社在国家扶持下，通过经营活动逐步积累起来的，归供销社使用和管理，任何部门、单位和个人不得以任何形式抽调、挪用或私分。因机构、业务变动，供销合作社资金财产需要移交时，不论系统内外，必须作价有偿转移，但在本理事会内部，可不计价付款，直接作增减资金处理。1986—1995 年均按此执行。

特种公积金（也称互助合作基金、上缴基金、调剂基金）　1985 年，特种公积金主要用于根据合作社原则，为支援灾区供销社恢复经营，扶持少数民族地区和边远贫困地区供销社扩大业务，支持供销社开拓示范性经营服务项目等建立的专用基金，是供销社集体财产，除按规定使用外，任何单位和个人均无权抽调、挪用或私分。特种公积金由各级供销社按规定每年从税后盈余中提取上交,分级进行管理。

1985年,商业部规定,在税后盈余分配中按10%提取互助合作基金。县以上供销社,1985年仍以县、市社为单位,税后留利在20万元以上的,提取互助合作基金10%。其中上缴地、市社5%,上缴省社5%。对自有资金低于银行贷款20%的企业,用于补充流动资金的部分,不应低于公积金的50%。因处理"两清"损失,税后留利不足3000元的,不提取互助合作基金。

为履行供销社互助合作义务,加强系统财务观念,从1989年起,省社对按期足额上缴省社特种公积金的地、市、县社财务科(股),给予表扬和奖励。同年,安徽省调整特种公积金上缴办法,基层社税后留利(缴纳国家能源交通重点建设基金后)按规定提取社员股金分红后,其余额作为100%,上缴县供销社特种公积金10%,全部由县社安排用于本县基层社使用。市直属郊区社如何安排,由各市社研究决定。县以上企业税后留利(缴纳国家能源交通重点建设基金后)提取社员股金分红后,上缴特种公积金10%,分别上缴地、市社5%,省社5%。

1990年,商业部规定,特种公积金主要安排灾区供销社救灾补助、社办工业技术改造贷款贴息等项用途,不再用于困难补助。之后,特种公积金逐步实行有偿借用,所收基金使用费用以增补该基金。基金使用与上缴情况挂钩,对按照核定定额及时足额上缴该基金的单位,除优先安排基本建设项目、商办工业贴息项目,以及救灾补助款外,还将给予适当鼓励。但是,原规定的上缴办法不变。

自1996年起,特种公积金改称"合作发展基金"。

流动资金　1986年规定,凡自有流动资金达不到银行贷款30%的基层社,其企业发展基金中用于补充流动资金的部分不少于50%。其余用于建设基金、科教补助等项基金。之后同此规定。

1996—2011年

从1996年起,实行《供销合作社税后盈余分配管理办法(试行)》。供销社本级社年终决算后可供分配的税后盈余,除国家另有规定外,一般应按以下顺序分配:

(1)股金分红基金,包括社员、社员社及其他投资者分红,其分配比例由各级供销社理事会结合实际确定;

(2)按税后盈余10%提取合作发展基金,其管理办法及上缴上级社比例另行制定;

(3)按税后盈余不低于10%的比例提取公积金;

(4)按不高于提取公积金的适当比例提取公益金,公益金主要用于本级社(含企业)职工集体福利设施;

(5)任意盈余公积金、奖励基金或其他专项基金,其提取比例和用途由各级理事会确定。

经以上分配后的余额作为未分配利润,留存本社集中调剂使用,并纳入下年度盈余分配,以丰补歉。

省供销社改制后的投资企业、近年投资成立的新办企业，按公司法、企业会计制度等有关规定进行税后盈余分配。

第五节　统计管理

1983年，《中华人民共和国统计法》颁布实施后，供销合作社统计工作走上法治轨道。安徽省供销社建立健全商品盘点、凭证记录、资料登记和数字审核等制度，保证数字来源可靠；举办训练班，提高统计人员素质；开展全省供销社系统统计工作竞赛，组织统计人员参加中华全国供销社合作总社举办的统计工作技术比武，提高业务技能。

统计制度　自1986年起，安徽省供销合作社按照中华全国供销合作总社统一规定的报表，按月、季、年上报。统计报表主要包括供销社商品流转统计报表总值部分、商品部分；社办工业企业效益、产量报表；组织机构网点报表等。主要指标有国内纯购进、自供销社系统调入、自系统外商业部门调入、接收进口、国内纯销售、供销社系统内调出、调给系统外商业部门、供应出口、月末库存等。所统计的商品，集中体现供销社经营特色，主要包括农业生产资料、棉麻、土产杂品、废旧物资、农副产品、盐、畜产品等类。

1990年，省供销社根据商业部、省统计局要求，进行商品流转统计报表制度修改，从宏观调控和微观管理两方面需要出发，加强电讯月报，精简表式月报，向社会商业统计口径过渡，减少基层负担。增加商品流转总购进、总销售指标，将国内纯购进、纯销售，自供销社系统内及国营商业部的调拨，进、出口项目进行汇总。通过项目调整，反映供销社系统企业总的购销规模。

1994年，国家统计局对定期统计报表实行基层一套表的统计报表制度。将过去以计划经济为主体的纯购、纯销指标体系，改为以市场经济为主体的批发、零售指标体系。是年起，总社根据国内经济体制变化，将商品流转统计报表的统计指标进行大调整，取消国内纯购进、纯销售及系统内和商业部门的调拨额，总购进额重新划分为“自生产者购进”“自批发零售部门购进”“进口”指标，总销售额划分为“零售”“售给批发零售贸易部门”“售给农民农业生产用”“出口”指标。

1996年，供销社商品流转统计报表充实增加反映系统围绕农民生产、农产品运销即农村经济发展的综合报表与指标。具体包括5张统计报表：供销社商品流转总值、类值统计电讯月报表；供销社商品流转统计电讯月报表；批发、零售贸易企业综合统计年报表；供销社综合服务统计半(年)报表；批发零售贸易商品销售、库存类值表。

1997年，供销社统计报表制度规定设7张报表，相比1996年增加供销社综合服务统计年报表、多种经营形式情况统计年报表。

1998年，全国总社规定供销合作社所属企业不论采取何种经营承包形式，不论实行何种所有制形式，都必须执行供销合作社的统计报表制度，填报统计报表；对由供销合作社职工个人或集体全资承包的，也应执行供销合作社统计报表制度，不能随意缺统和漏统。当年综合服务统计改为季报,其他报表报送方式不变,统计内部进行部分调整。

自2002年起,购进总额和销售总额包括社办工业企业原材料的购进额和产品销售收入的部分,并新增商品交易市场交易额、服务业营业额、仓储运输经营收入、房地产开发经营收入、资产经营收入等指标,此报表制度和指标一直延续。

统计分析 根据中华全国供销合作总社要求,安徽省供销社在上报每期统计报表后,都作出简明扼要的统计分析,反映统计数据难以说明的问题,作为上一级供销合作社检查计划执行情况、掌握市场动态和了解农民需求的参考。

统计数据 部分年度重点统计数据见下列表格。

安徽省供销社系统1986—2011年主要统计数据表

表2—2—1

年 度	商品购进总额(亿元)	商品销售总额(亿元)	其中:化肥供应(万吨)
1986年	32.7	51.7	428
1987年	39.69	61.96	486.4
1988年	44.44	69.77	487.4
1989年	50.23	77.98	567.4
1990年	50.18	74.02	538.9
1991年	51.4	75.1	517.8
1992年	49.6	76	
1993年	89	113.3	528.6
1994年	114	124	417
1995年	180.5	178.6	500
1996年	182.7	199.6	587.72
1997年	177.4	186.5	506.9
1998年	147.18	152.66	462.8
1999年	114.79	129.38	436.2
2000年	106.9	128.04	435.6
2001年	102.2	114.7	457.1
2002年	98.5	117.6	423.1
2003年	111.34	144.83	423.0
2004年	168.38	186.78	454.0
2005年	183.55	208.11	474.8
2006年	231.53	246.84	600.6
2007年	311.11	334.63	774.6
2008年	416.86	430.39	743.4
2009年	463.33	498.53	914.85
2010年	652.93	701.18	1181.04
2011年	941.29	990.98	1148.95

安徽省供销社系统 1996 年 1—12 月商品流转总值、类值统计电讯月报表

表 2—2—2　　金额单位:千元

类值名称	商品购进总额			商品销售总额		期末库存
	合计	其中:从生产者购进	其中:从批发零售购进	合计	其中:售给批零贸易业	合计
甲	1	2	3	4	5	6
总值	18270956	9189402	8126760	19961898	7672368	4664249
一、农业生产资料类	9349239	4628699	4591178	9691593	3896016	1369169
二、棉花类	4164271	2710957	1430435	5145290	1894920	2077949
三、麻类	102448	93952	6498	145616	13868	33147
四、茶叶类	90123	74511	13704	196854	45461	44588
五、蚕茧蚕丝产品类	53181	48385	6643	81310	14359	8118
六、土产类	391183	307047	75879	389189	148720	316549
七、干鲜果类	110498	42448	66414	132795	57279	26141
八、粮食油料类	242645	194200	47586	249613	109920	31929
九、建筑材料类	105714	55745	46659	118994	30289	29326
十、废旧物资类	303134	65661	43932	333073	38654	61501
十一、工业品类	2561557	878858	1711454	3224906	888313	832001
十二、其它类	184431	88998	87860	228695	82005	66277

编号	项目	合计	其中:基层社	编号	项目	合计	其中:基层社
1	一、商品购进总额		6641116	9	其中:市	552170	
2	1. 从生产者购进		3433350	10	县以下	1498143	
3	其中:农副产品收购	3161067	1184141	11	2. 售作生产(经营)用	9423073	403476
4	2. 从批发零售贸易业购进		3214443	12	其中:售给农民的农业生产资料	5103924	3660091
5	3. 进口	7871		13	3. 售给批发零售贸易业		1427831
6	4. 其他购进	250191	24785	14	4. 出口	141188	
7	二、商品销售总额	60510	7115831	15	二、期末库存		1458586
8	1. 售给居民及社会集团消费品	2657910	1646256			1	

安徽省供销社系统 1997 年 1—12 月商品流转统计月报总值表

表 2—2—3　　金额单位:万元

代号	品名	商品购进总额							商品销售总额								期末库存		
		合计	从生产者购进		从批发零售贸易业购进	进口	其它		合计	零售			售给生产经营用		售给批发零售贸易业	出口	小计	其中:农业生产资料库存	农副产品库存
			小计	其中:农副产品购进			小计	其中:废旧物资购进		小计	其中:市	其中:县以下	小计	其中:售给农民的农业生产资料					
		1	2	3	4	5	6	7	8	9	10	11	12	13	14	15	16	17	18
001	总值合计	1775401	915207	333105	812142	18061	29991	29991	1865551	286512	69842	162787	858433	510785	695318	25288	496735	131566	261790
002	基层社	633544	312866	123903	31964	/	1038	1038	706177	175057	/	/	390385	343979	140735	/	128248	59708	18916

安徽省供销社系统1998年1—12月商品流转统计月报总值表

表2—2—4　　金额单位：万元

代号	品名	商品购进总额							商品销售总额								期末库存		
		合计	从生产者购进		从批发零售贸易业购进	进口	其它		合计	零售			售给生产经营用		售给批发零售贸易业	出口	小计	其中：农业生产资料库存	农副产品库存
			小计	其中：农副产品购进			小计	其中：废旧物资购进		小计	其中：市	其中：县以下	小计	其中：售给农民的农业生产资料					
		1	2	3	4	5	6	7	8	9	10	11	12	13	14	15	16	17	18
001	总值合计	1471850	770434	281524	654661	19000	27755	27755	1526581	267079	60658	166325	689500	421384	550874	19128	544062	104313	327931
002	基层社	553539	272522	93635	280129	/	888	888	597318	174264	/	/	308450	279741	114604	/	118349	54323	17889

安徽省供销社系统1998年1—12月商品电讯月报表

表2—2—5

商品名称	计量单位	商品总购进		商品总销售			期末库存
		合计	其中:从生产者购进	合计	其中:售作生产用	其中:售批发零售贸易	
乙	丙	1	2	3	4	5	6
棉花	吨	321852	207043	240393	125094	106237	1074108
絮棉	吨	1541	1	888	609	200	7903
棉短绒	吨	21848	9410	24971	19849	4081	162040
熟黄红麻	吨	11779	11207	13937	12350	595	71348
苎麻	吨	421	198	180	147	10	3342
茶叶	百公斤	130368	43463	132315	3926	50845	1806749
其中:红茶	百公斤	54528	26425	45844	94	20553	243410
绿茶	百公斤	75547	27949	86138	3820	30270	760295
毛竹	百根	609	199	349	227	30	894
牛皮	百张	75	4	67	24		106
山羊板皮	百张	6		76	36	26	3600
蜂蜜	百公斤	32023	28967	33141	4149	17189	89751
薄荷油	百公斤	2675	622	3702	947	1314	7551
蚕茧	百公斤	70932	54349	44994	22618	18429	48426
苹果	百公斤	19703	13697	18688		13605	16153
铁锅	百口	7077	3104	7594	602	1194	50769
木材	立方米	5728	2846	4473	2011	1063	47869
废钢铁	吨	263767	35719	261916	200842	23532	174302
钢材	吨	25994	6445	12683	3842	5696	41597

安徽省供销社系统 1999 年 1—12 月商品流转统计月报总值表

表 2—2—6　　　　金额单位:万元

代号	品名	商品购进总额							商品销售总额								期末库存		
		合计	从生产者购进		从批发零售贸易业购进	进口	其它		合计	零售			售给生产经营用		售给批发零售贸易业	出口	小计	其中:农业生产资料库存	农副产品库存
			小计	其中:农副产品购进			小计	其中:废旧物资购进		小计	其中:市	其中:县以下	小计	其中:售给农民的农业生产资料					
		1	2	3	4	5	6	7	8	9	10	11	12	13	14	15	16	17	18
001	总值合计	1147950	613292	139847	487035	10120	36703	36703	1293824	254817	59650	155646	584846	360582	432422	21739	477240	88381	293638
002	基层社	432137	187750	34119	242611	/	1776	1776	488449	171811	/	/	257119	233079	59519	/	95055	48439	6916

安徽省供销社系统1999年1—12月商品电讯月报表(之一)

表2—2—7

编号	商品名称	计量单位	从生产者购进	进口	从批发零售贸易业购进		售作生产用	售给批发零售贸易业		期末库存
					合计	其中:省外		合计	其中:省外	
甲	乙	丙	1	2	3	4	5	6	7	8
1	化学肥料	吨	4539040	119077	2051239	121477	4362384	2438211	191789	945848
2	氮肥	吨	2753081		1248636	46172	2610145	1452015	45568	385978
3	其中:尿素	吨	1113659		790387	35542	1087345	862089	37904	154204
4	碳酸氢铵	吨	1499109		444198	10567	1479623	558370	7664	220178
5	磷肥	吨	901973		212475	4746	860135	214769	1490	315834
6	钾肥	吨	54709	57577	216411	23878	119243	239597	7942	20132
7	复合肥	吨	811647	61500	371113	46420	743776	524523	136789	223904
8	其中:二铵	吨	45705	40000	81895	12086	87372	71243	1291	35046
9	混配肥	吨	635834		127258	6354	480471	350684	134635	143398
10	化学农药	百公斤	166075		79919	2387	127204	111735	259	129496
11	杀虫剂	百公斤	117801		56657	1410	97753	73461	246	83803
12	其中:一六〇五	百公斤	11270		2886	45	5062	6544	5	15623
13	敌敌畏	百公斤	3462		2854	112	4121	3637	45	3458
14	乐果	百公斤	5007		3910	13	5981	2478	31	8110
15	甲胺磷	百公斤	17198		10882	551	14861	11957	55	10586
16	杀虫双	百公斤	54216		18745	296	41992	32018	83	24370
17	杀菌剂	百公斤	8237		7942	14	15657	2505	1	35622
18	除草剂	百公斤	10561		9835	757	12837	9319	12	6950
19	农用塑料膜	百公斤	16031		10179	75	22701	5444	55	6571
20	其中:地膜	百公斤	7685		4317	29	10073	1377		2138
21	农药械	百架	615		821	2	1667	71		1141
22	农机	台	4550		2052	130	7951	944		8341

安徽省供销社系统1999年1—12月商品电讯月报表(之二)

表2—2—8

编号	商品名称	计量单位	商品总购进		商品总销售			期末库存
			合计	其中:从生产者购进	合计	其中:售作生产用	其中:售批发零售贸易	
甲	乙	丙	1	2	3	4	5	6
01	棉花	吨	182940	130898	209692	122067	54136	236641
02	絮棉	吨	243	77	297	52	88	174
03	棉短绒	吨	20473	11087	27303	17159	5010	9775
04	熟黄红麻	吨	11615	5808	13718	11879	1801	5603
05	苎麻	吨	328	314	362	302	22	315
06	茶叶	百公斤	150858	41504	155034	1984	25642	94517
07	其中：红茶	百公斤	37025	25930	35026	1395	12426	34263
08	绿茶	百公斤	113742	15552	119922	588	13251	59077
09	毛竹	百根	2424	79	3263	9	20	28
10	牛皮	百张	54	3	55	25		7
11	山羊板皮	百张	69		22	12	2	278
12	蜂蜜	百公斤	50979	41076	40934	4552	12867	7529
13	薄荷油	百公斤	1461	765	1456	847	590	234
14	蚕茧	百公斤	56321	43288	40522	28615	8416	3179
15	苹果	百公斤	18551	14151	19794	19	14208	427
16	铁锅	百口	6141	2247	6530	433	1126	3338
17	木材	立方米	2191	716	3241		67	133
18	废钢铁	吨	309010	44085	286777	226907	12117	31425
19	钢材	吨	12773	8902	22345	12213	8920	831

安徽省供销社系统1999年1—12月商业部商品电讯月报表(之一)

表2—2—9

代号	商品名称	单位	从生产者购进	进口	批发			零售	期末库存
					售生产经用	批发零贸业	出口		
0001	化学肥料	自然吨	4539040	119077	4362384	2438211			945848
0002	其:氮肥	自然吨	2753081		2610145	1452015			385978
0003	其:尿素	自然吨	1113659		1087345	862089			154204
0004	硝铵	自然吨							
0005	碳铵	自然吨	1499109		1479623	550370			220178
0006	磷肥	自然吨	901973		860135	214769			315834
0007	钾肥	自然吨	54709	57577	119243	239597			20132
0008	复合肥	自然吨	829277	61500	772861	531830			223904
0009	其:二铵	自然吨	45705	40000	87372	71243			35046
0010	混配肥	自然吨	635834		480471	350684			143398
0011	化学农药	吨	16607		12720	11174			12950
0012	其:杀虫剂	吨	11757		9776	7346			8380
0013	杀菌剂	吨	847		1566	250			3562
0014	除草剂	吨	1055		1284	932			695
0015	农用塑料薄膜	吨	1603		2270	544			657
0016	其:地膜	吨	768		1007	138			214
0017	农药械	百架	615		1667	71			1141
0018	柴油	吨	12890		54513	12254			4555
0019	汽油	吨	707		19086	347			1742
0020	棉花	吨	137764		148365	64678			236641
0021	絮棉	吨	77		52	88			174
0022	棉短绒	吨	11087		17159	5010			9775
0023	熟黄红麻	吨	5808		11879	1905		1511	5603
0024	苎麻	吨	314		302	22		38	315

安徽省供销社系统1999年1—12月商业部商品电讯月报表

续表2—2—9

代号	商品名称	单位	从生产者购进	进口	批发			零售	期末库存
					售生产经用	批发零贸业	出口		
0025	茶　叶	吨	4150		197	2565	8907	12741	9452
0026	其中:紧压茶	吨							
0027	绵羊毛	吨							
0028	羊　绒	吨							
0029	牛　皮	百张	3		25			30	7
0030	绵羊皮	百张							
0031	蚕　茧	吨	4329		2861	842		349	318
0032	苹　果	吨	1415		2	1421		557	43
0033	柑　桔	吨							
0034	蜂蜜	吨	4188		455	1287		3252	753
0035	毛竹	百根	79		9	20		3234	28
0036	木材	立方米	716			67		3174	133
0037	钢材	吨	8902		12213	8920		1212	833
0038	铁锅	万口	23		4	11		50	33
0039	废钢铁	吨	44085		226907	12117		44753	31425
0040	粮食	吨	13824			11629		10124	3219
0041	食用植物油	吨	4277			1598		4101	1309
0042	猪及猪肉	吨							
0043	鲜蛋	吨							
0044	鲜菜	吨							
0045	水产品	吨							
0046	盐	吨	155			2696		43241	18103
0047	食糖	吨	73			797		10152	1132
0048	卷烟	箱	722			5869		33182	4178

续表 2—2—9

安徽省供销社系统 1999 年 1—12 月商业部商品电讯月报表(之一)

代号	商品名称	单位	从生产者购进	进口	批发：售生产经用	批发：批发零贸业	批发：出口	零售	期末库存
0049	酒	吨	17365			15911		30073	5023
0050	其:白酒	吨	7516			6909		13385	3257
0051	啤酒	吨	9535			8715		14771	1432
0052	布	百米	17284			7788		139092	52823
0053	其:棉布	百米	6160			2952		49721	23858
0054	呢绒	百米	206			152		4635	2134
0055	绸缎	百米	334			222		5669	3702
0056	各种服装	百件	2710			488		51764	10632
0057	针织内衣裤	百件	2096			1058		34411	12360
0058	鞋	百双	6525			2100		60517	21490
0059	其:皮鞋	百双	1720			205		19040	5653
0060	化妆品	万元	112			70		6445	1219
0061	照相机	吨	7			77		4032	2330
0062	自行车	辆	17296			7607		97715	26299
0063	摩托车	辆	406			667		2541	549
0064	黑白电视机	部	1775			722		15779	6187
0065	彩色电视机	部	1280			7117		48653	8186
0066	录音机	部	606			3480		13306	6338
0067	录像机	部	15			26		2236	801
0068	家用电风扇	台	14036			20978		94523	29096
0069	家用洗衣机	台	412			26698		27269	7716
0070	家用电冰箱	台	395			12829		12440	3660
0071	房间空调器	部	169			3795		2682	993
0072	抽排油烟机	台	70			174		5913	1162

安徽省供销社系统1999年1—12月商业部商品电讯月报表(之二)

表2—2—10

代号	商品名称	单位	从生产者购进	进口	批发			零售	期末库存
					售生产经用	批发零贸业	出口		
0001	农业生产资料类	万元	373943	10920	383769	280096			88381
0002	化学肥料类	万元	344821	10920	354842	237393			75443
0003	农用机械类	万元	11264		3681	489			1949
0004	棉麻类	万元	120122		161488	52807			293589
0005	茶叶类	万元	4612			2597	21739	18056	9006
0006	畜产品类	万元	7317			1047		7887	370
0007	中药材料	万元							
0008	干鲜果品类	万元	2738			3391		6758	1302
0009	废旧物资类	万元	8147			2176		30373	2605

安徽省供销社系统2000年主要商品购销存情况表(之一)

表2—2—11

品名	单位	从生产者购进					
		本月实绩		比去年同期+-%	本月止累计		比去年同期+-%
		今年	去年		今年	去年	
化学肥料	吨	724,165	701,569	3.2	5,934,762	5,701,797	4.1
尿素	吨	355,276	307,648	15.5	2,629,948	2,227,318	18.1
碳铵	吨	108,076	41,182	162.4	773,720	1,004,403	-23.0
磷肥	吨	77,770	120,429	-35.4	697,900	901,973	-22.6
钾肥	吨	9,387	4,223	122.3	153,497	54,709	180.6
复合肥	吨	156,955	177,322	-11.5	1,529,336	1,355,450	12.8
化学农药	吨	3,034	2,789	8.8	19,557	16,608	17.8
杀虫剂	吨	2,072	1,363	52.0	10,529	11,780	-10.6
杀菌剂	吨	572	356	60.7	1,721	824	108.9
除草剂	吨	124	136	-8.8	1,493	1,056	41.4
农用薄膜	吨	268	113	137.2	3,312	1,603	106.6
棉花	吨	46,530	27,873	66.9	182,625	130,898	39.5
茶叶	吨	1,954	113		14,248	4,150	243.3
蜂蜜	吨	56	123	-54.5	4,892	4,188	16.8
薄荷油	吨		76		23	77	-70.1
废钢铁	吨	40,322	8,160	394.1	354,624	44,085	704.4
粮食	吨	2,678	2,771	-3.4	14,343	13,824	3.8
蚕茧	吨	2,943	1,613	82.5	5,580	4,329	28.9

单位负责人：　　统计负责人：　　复核：　　制表：

安徽省供销社系统2000年主要商品购销存情况表(之二)

表2—2—12

品名	单位	售作生产用						库存		
		本月实绩		比去年同期+-%	本月止累计		比去年同期+-%	今年	去年	比去年同期+-%
		今年	去年		今年	去年				
化学肥料	吨	548,571	632,712	-13.3	4,354,844	5,459,783	-20.2	826,422	1,177,409	-29.8
尿素	吨	200,636	233,824	-14.2	1,803,172	2,174,690	-17.1	268,112	308,408	-13.1
碳铵	吨	93,105	91,449	1.8	725,396	991,347	-26.8	95,599	147,519	-35.2
磷肥	吨	92,245	146,003	-36.8	664,707	860,135	-22.7	170,690	315,834	-46.0
钾肥	吨	9,517	10,000	-4.8	89,727	119,243	-24.8	18,847	20,132	-6.4
复合肥	吨	145,085	150,806	-3.8	996,918	1,242,106	-19.7	265,361	373,920	-29.0
化学农药	吨	3,123	1,706	83.1	13,952	12,720	9.7	7,034	12,950	-45.7
杀虫剂	吨	2,284	1,162	96.6	10,124	9,775	3.6	4,808	9,380	-42.6
杀菌剂	吨	547	385	42.1	1,863	1,566	19.0	858	3,562	-75.9
除草剂	吨	292	160	82.5	1,780	1,284	38.6	846	695	21.7
农用薄膜	吨	343	183	87.4	3,086	2,270	35.9	1,571	657	139.1
棉　花	吨	19,586	17,885	9.5	156,557	155,556	0.6	247,107	236,641	4.4
茶　叶	吨	711	2,165	-67.2	1,080	12,939	-91.7	11,953	9,452	26.5
蜂　蜜	吨	36	490	-92.7	704	2,807	-74.9	999	753	32.7
薄荷油	吨		78		13	86	-84.9	2	23	-91.3
废钢铁	吨	49,375	47,818	3.3	434,001	271,660	59.8	34,060	31,425	8.4
粮　食	吨		2,289		16,623	10,124	64.2	2,986	3,219	-7.2
蚕　茧	吨	2,423	351	590.3	3,472	3,211	8.1	160	318	-49.7

单位负责人：　　　　统计负责人：　　　　复核：　　　　制表：

安徽省供销社系统2000年购、销、存总值情况表

表2—2—13　　单位：千元

项　　目	本月实绩			本月止累计		
	今年	去年	比去年同期＋－%	今年	去年	比去年同期＋－%
一、商品购进总额	2,167,240	1,754,940	23.49	10,688,809	11,479,507	－6.89
1、从生产者购进	1,434,836	938,622	52.87	6,770,424	6,132,918	10.39
其：农副产品购进	545,417	326,934	66.83	1,878,116	1,398,480	34.30
（1）棉花类值	512,990	283,339	81.05	1,768,298	1,201,224	47.2
（2）茶叶类值	9,647	2,089	361.80	91,290	46,122	97.14
2、从批零贸易购进	648,477	758,499	－14.51	3,291,759	4,687,605	－29.71
3、废旧物资购进	63,271	67,133	－5.75	393,159	306,081	28.45
二、商品销售部额	2,273,866	1,943,465	17.00	11,804,383	12,938,236	－8.76
1、消费品零售额	726.285	475,404	52.77	2,522,516	2,548,173	－1.01
其中：县以下	368,015	306,609	20.03	1,449,605	1,556,462	－6.87
2、售作生产经营用	850,148	844,487	0.67	5,551,460	5,848,461	－5.08
其中：农资销售	368,777	515,687	－28.49	2,545,130	3,605,817	－29.4
3、售给零贸易业	682,463	564,223	20.96	3,539,822	4,144,849	－14.6
4、出口	14,970	28,724	－47.88	181,585	217,390	－16.4
三、期末库存	4,473,477	4,772,401	－6.26			

统计负责人：　　统计负责人：　　复核：　　制表：

安徽省供销社系统 2001 年 1—12 月经营总值统计表(累)

表 2—2—14　　　　金额单位:千元

代号	指标	合计	其:基层社	序号	指标	从生产者购进	进口	批发销售:售给生产经营用	批发销售:售给批零贸易业	批发销售:出口	零售	期末库存
1	一、商品购进总额	10,224,502	3,211,654	1	化学肥料类	3,102,270	64,619	2,290,022	1,846,140		4,064	453,308
2	1. 从生产者购进	6,789,925	1,569,764	2	化学农药类	156,386	1,284	118,264	129,896		432	67,898
3	农副产品购进	2,309,979	269,072	3	农用薄膜类	20,444		21,187	5,084		814	5,044
4	2. 从批发 零售贸易业购业	2,909,408	1,622,852	4	农用机械类	12,608		18,922	280		816	9,834
5	3. 进口	65,903		5	种子饲料类	42,874		17,570	2,175		360	515
6	4. 其他	459,266	19,038	6	棉花类	2,115,281		2,079,197	243,585		23,694	2,689,005
7	废旧物资购进	440,336	13,162	7	麻类	30,739		25,210	412		328	22,142
8	二、商品销售总额	11,467,276	3,664,423	8	茶叶类	135,358		4,699	39,981	117,531	20,876	31,409
9	1. 消费品零售额	2,437,024	1,515,762	9	畜产品类	4,653		1,020	857		158	4,579
10	市	580,971	0	10	中药类	4,782		973	6,368		1,678	687
11	县以下	10301,823	2,070	11	干鲜果类	19,433		364	15,923		26,899	6,833
12	2. 售给生产经营用	6,170,866	1,823,544	12	粮食油料类	56,384		14,257	44,041		24,173	7,203
13	售给农民的农业生产资料	2,251,631	1,556,291	13	干鲜菜类	8,550		244	4,583		15,126	2,874
14	3. 售给批发零售贸易业	2,669,672	325,117	14	肉禽蛋类	5,114		13	2,202		865	124
15	4. 出口	189,714		15	烟花爆竹类	36,276		211	27,436		36,834	18,853
16	三、期末库存	3,892,686	692,760	16	其它类	670,979		629,281	353,644	75,113	1,605,881	389,806

序号	指标	金额	序号	指标	金额
1	一、商品代购代销额	35906	8	五、社办工业产品销售额	2796140
2	农副产品	31640	9	消费品零售额	13006
3	二、餐饮业营业额	18057	10	六、商品交易(批发)市场交易额	231958
4	零售额	7160	11	农副产品交易额	79696
5	三、服务业经营额	9491	12	七、资产经营收入	16598
6	旅游业营业额	2571	13	八、仓储运输经营收入	677
7	四、社办农业产品销售额	11,278	14	九、其它收入	764

单位负责人:　　统计负责人:　　复核人:　　制表:　　填报日期:

安徽省供销社系统2001年1—12月商品流转统计表(累)

表2—2—15

序号	品名	项目	从生产者购进	进口	批发销售			零售	期末库存
					售给生产经营用	售给批零贸易业	出口		
甲	乙	丙	1	2	3	4	5	6	7
1	化学肥料	吨	3,789,667	35,014	2,888,636	1,682,150			567,393
2	氮肥	吨	2,149,372		1,759,567	863,809			205,611
3	尿素	吨	1,119,496		828,577	585,021			91,443
4	碳铵	吨	970,726		921,362	225,635			110,578
5	磷肥	吨	571,045		499,933	136,774			183,558
6	钾肥	吨	140,584	9,748	60,108	139,945			20,094
7	复合肥	吨	901,893	25,266	561,347	535,150			137,187
8	二铵	吨	107,007	7,108	45,855	75,544			21,319
9	混配肥	吨	646,513		387,786	362,337			99,566
10	化学农药	吨	16,598	7	13,354	9,422			6,447
11	杀虫剂	吨	11,091		9,747	4,269			4,609
12	杀菌剂	吨	1,785		2,121	226			879
13	除草剂	吨	2,255		1,404	1,284			959
14	农膜	吨	3,687		3,865	374			1,719
15	地膜	吨	1,975		2,022	149			1,400
16	棉花	吨	252,624		207,010	20,810			324,962
17	絮棉	吨	1,038		2,479	61		31	250
18	棉短绒	吨	16,029		12,442	2,156		13	11,377
19	熟黄红麻	吨	5,119		6,430	99			3,769
20	苎麻	吨	277		279			9	58
21	茶叶	吨	17,626		1,814	5,541	13,773	704	4,180
22	红茶	吨	6,709			4,041	2,747	4	2,161
23	绿茶	吨	10,910		1,813	1,500	11,024	688	2,016
24	皮张	百张	31		34				17
25	苹果	吨	635		16	123		542	103
26	薄荷油	吨				1			
27	蜂蜜	吨	1,819		712	193	1,470	39	579
28	蚕茧	吨	4,791		2,822	727			41
29	毛竹	百根	80		62			17	383
30	废钢铁	吨	454,472		535,444	4,922		2,356	15,430
31	粮食	吨	10,939		7,375	3,531		3,062	1,451
32	盐	吨	8,828		442	2,536		19,322	3,584

安徽省供销社系统 2002 年 1—12 月经营总值统计表(2002 累)

表 2—2—16

序号	指标	合计	其中：基层社	序号	指标	单位	从生产者购进	进口	销售合计	批发销售			期末库存
										售给生产经营用	零售	出口	
1	一、购进总额	9,846,743	2,801,202	01	化学肥料类	千元	3,394,635	240,321	3,975,184	2,376,211			376,551
2	(一)批发零售贸易业购进额	7,397,980	2,510,994	02	化学肥料	吨	3,683,892	210,434	4,320,726	2,787,584			450,880
3	从生产者购进的农副产品	2,188,872	213,417	03	氮肥	吨	2,102,952		2,332,614	1,716,655			188,404
4	进口	288,123		04	尿素	吨	1,183,149		1,292,570	872,898			95,032
5	(二)工业企业购进额	1,621,761	231,657	05	碳铵	吨	861,932		945,505	815,038			91,886
6	从生产者购进的农副产品	591,018	10,716	06	磷肥	吨	445,223		515,152	414,395			104,413
7	进口			07	钾肥	吨	95,408	156,950	326,443	76,951			13,114
8	(三)其它购进	827,002	58,551	08	复合肥	吨	1,040,309	53,484	1,146,517	579,583			144,949
9	废旧物资购进	768,925	33,875	09	二铵	吨	141,575	23,078	169,750	95,579			28,426
10	二、销售总额	11,893,302	3,224,124	10	混合肥	吨	705,364		739,302	376,953			97,493
11	(一)批零贸易业销售总额	9,777,435	3,138,007	11	化学农药类	千元	157,791	45,038	216,118	104,959			46,673
12	1. 消费品零售额	2,583,866	1,487,979	12	化学农药	吨	20,495	640	24,723	18,190			7,356
13	其中:市	634,556	69,347	13	杀虫剂	吨	11,390	184	14,888	9,986			3,714
14	县以下	1,325,506	953,482	14	杀菌剂	吨	2,938	8	3,612	3,411			2,527
15	2. 售给生产经营用	5,373,114	1,519,322	15	除草剂	吨	5,350	333	5,825	4,676			1,106
16	售给农民的农业生产资料	2,271,119	1,360,519	16	农用薄膜类	千元	18,443		23,395	21,641			2,702
17	3. 出口	155,125		17	农膜	吨	5,546		3,695	3,246			450
18	(二)商品代购代销额	22,082	9,761	18	地膜	吨	3,834		1,663	1,303			223
19	其中:农副产品	6,674	5,407	19	农用机械类	千元	12,153		20,565	18,873			6,856
20	(三)餐饮业营业额	21,732	2,015	20	种子种苗饲料类	千元	14,980		16,740	15,433	286		1,300
21	其中:零售额	6,395	928	21	棉麻类	千元	2,075,440		2,186,686	1,871,072	4,331		2,452,218
22	(四)社办农业产品销售额	31,809	13,465	22	棉花	吨	220,397		236,679	207,862	600		293,035
23	(五)社办工业产品销售额	2,040,244	60,876	23	麻	吨	5,052		4,750	4,083	551		3,029
24	其中:零售额	30,022	11,555	24	茶叶类	千元	101,340		128,900	19,647	18,436	76,006	28,000
25	出口	39,487	2,400	25	红茶	吨	3,506		4,869	602	18	2,417	1,457
26	三、商品交易(批发)市场交易额	242,855	38,977	26	绿茶	吨	7,605		9,372	687	1,099	7,103	803
27	其中:农副产品市场交易额	63,846	21,854	27	畜产品类	千元	322		1,104	1,052	23		1,361
28	四、服务业营业额	19,988	1,861	28	中药材类	千元	7,435		11,661	8,617	849		635
29	其中:旅游业	128		29	干鲜果品类	千元	29,935		56,844	5,806	43,439		4,691
30	六、仓储运输经营收入	5,268	438	30	粮食油料类	千元	73,615		106,366	29,112	34,943		16,185
31	七、房地产开发经营收入	20,311	118	31	干鲜菜类	千元	9,856		18,095	2,106	12,139		3,120
32	八、资产经营收入	28,502	9,570	32	肉禽蛋类	千元	6,107		3,412	114	2,409		278
33	其中:租赁收入	24,789	8,071	33	鞭炮烟花类	千元	80,860		88,409	7,503	56,228		28,817
34	九、其它经营收入	42,247	1,149	34	再生资源类	千元	548,272	2,765	790,399	717,791	4,041		14,582
		609,498	52,025	35	废钢铁	吨	445,356	4,447	549,154	479,361	2,503		11,056
				36	蜂蜜	吨	2,235		2,655	110	362	1,730	373
				37	蚕茧	吨	2,826		2,002	1,646	94		39
				38	薄荷油	吨	3					2	

安徽省供销社系统 2004 年 1—12 月经营总类值数量统计表(汇总表)

表 2—2—17　　　　金额:千元

序号	指标	合计	其中:基层社	序号	指标	单位	从生产者购进	进口	销售合计	其中:售给生产经营用	其中:零售	其中:出口	期末库存
1	一、购进总额	16,838,311	4,052,255	01	化学肥料类	千元	4,748,848	124,890	5,455,598	3,203,442		279,218	566,371
2	(一)批发零售贸易业购进额	15,318,974	3,831,131	02	化学肥料	吨	4,437,762	78,560	4,672,476	2,978,053		172,502	500,105
3	1. 从生产者购进的农副产品	3,215,342	662,166	03	氮肥	吨	2,526,828		2,608,461	1,744,617		172,502	204,865
4	2. 进口	218,191		04	尿素	吨	1,492,145		1,523,685	886,598		172,502	120,555
5	3. 其他购进	5,196,264	1,053,991	05	碳铵	吨	928,404		970,052	797,932			77,471
6	其中:废旧物资购进	3,001,403	39,292	06	磷肥	吨	502,393		521,089	406,297			96,066
7	(二)工业企业购进总额	1,519,337	221,124	07	钾肥	吨	248,844	61,480	293,373	132,565			34,822
8	1. 从生产者购进的农副产品	656,234	24,527	08	复合肥	吨	1,159,697	17,080	1,249,553	694,574			164,352
9	2. 进口			09	二铵	吨	118,713	3,000	125,594	92,218			14,652
10	二、销售总额	18,677,764	4,359,071	10	混合肥	吨	677,930		747,665	434,675			79,898
11	(一)批零贸易业销售总额	16,071,014	4,315,493	11	化学农药类	千元	266,317	68,537	339,166	176,491			79,853
12	1. 消费品零售额	4,047,171	2,207,308	12	化学农药	吨	30,414	1,726	30,196	17,656			6,998
13	其中:市	760,284	37,518	13	杀虫剂	吨	19,704	105	18,819	11,232			3,793
14	县以下	2,263,017	1761478	14	杀菌剂	吨	2,570	128	2,694	2,462			712
15	2. 售给生产经营用	9,202,924	1,966,635	15	除草剂	吨	6,771	1,493	7,122	3,796			2,281
16	售给农民的农业生产资料	3,122,080	1,699,408	16	农用薄膜类	千元	31,625		35,776	33,049			4,545
17	3. 售给批发零售贸易业	2,303,974	215,946	17	农膜	吨	3,903		4,418	4,113			747
18	4. 出口	516,945		18	地膜	吨	1,241		1,581	1,347			296
19	(二)商品代购代销额	29,304	6,246	19	农用机械类	千元	23,662		25,633	23,933	77		6,146
20	其中:农副产品	6,970	3,707	20	种子种苗饮料类	千元	15,089		16,076	14,322	11		2,957
21	(三)餐饮业营业额	33,587	4,065	21	棉麻类	千元	2,414,929	22,401	2,368,183	2,098,936	2,294	5	1,011,051
22	其中:零售额	12,411	2,305	22	棉花	吨	242,893	1,580	231,997	171,110	160		89,796
23	(四)社办农业产品销售额	16,079	873	23	麻	吨	5,925		6,019	5,228	24		1,392
24	(五)社办工业产品销售额	2,527,780	32,394	24	茶叶类	千元	261,787		289,438	21,968	66,822	116,856	17,619
25	其中:零售额	34,451	6,214	25	红茶	吨	4,138		8,363	311	58	5,339	996
26	出口	48,840		26	绿茶	吨	23,410		21,511	354	1,910	8,056	416
27	三、期末库存	2,448,562	552,555	27	畜产品类	千元	1,570		1,507	1,407	32		1,127
28	其中:批发零售贸业库存	1,452,302	423,560	28	中药材料类	千元	318,472		319,518	8,074	311,444		1,203
29	四、商品交易批发市场交易额	303,261	34,492	29	干鲜果品类	千元	85,986		111,459	56,977	52,426		7,664
30	其中:农副产品市场交易额	119,296	22,041	30	粮食油料类	千元	120,893		192,318	10,653	40,744		20,676
31	五、服务业营业额	19,883	88	31	干鲜菜类	千元	11,012		17,980	2,784	12,774		2,451
32	其中:旅游业	1,603		32	肉禽蛋类	千元	3,327		5,705	803	4,338	420	1,315
33	六、仓储运输经营收入	15,694	13	33	鞭炮烟花类	千元	140,882		172,808	46,658	84,682	19	35,435
34	七、房地产开业经营收入	976	918	34	再生资源类	千元	2,504,956	97,854	3,244,237	3,089,295	56,569		35,173
35	八、资产经营收入	45,009	5,058	35	废钢铁	吨	1,041,470	2,873	1,259,803	1,221,065	5,773		16,064
36	其中:租赁收入	40,732	4,896	36	蜂蜜	吨	6,166		4,194	2,223	20	1,265	715
37	九、其他经营收入	172,737	35	37	蚕茧	吨	4,890		5,895	4,652	189	586	1,167
				38	薄荷油	吨							

安徽省供销社系统 2005 年 1—12 月经营总类值数量统计表(汇总表)

表 2—2—18　　　　金额:千元

序号	指　　标	合　计	其中:基层社	序号	指　　标	单位	从生产者购进	进口	销售合计	其中:	期末库存		
1	一、购进总额	18355476	4341216	1	化学化肥类	千元	6271724	6125	6414569	3986981	1340	135546	618682
2	(一)批发零售贸易业购进额	16860084	4084205	2	化学肥料	吨	4836507	4675	4748024	3147663	1280	66798	573297
3	1. 从生产者购进的农副产品	2701946	629343	3	氮肥	吨	2664702	2012	2639093	1798193	800	66798	258394
4	2. 进口	61001	54	4	尿素	吨	1624817	2012	1612787	1023506	550	66798	160984
5	3. 其他购进	7137898	1599622	5	碳铵	吨	923353	0	915769	714407	250	0	82505
6	其中:废旧物资购进	4129898	38451	6	磷肥	吨	543134	0	538406	434095	220	0	110068
7	(二)工业企业购进总额	1495392	257011	7	钾肥	吨	318772	1479	313134	176672	60	0	37922
8	1. 从生产者购进的农副产品	407929	148423	8	复合肥	吨	1309899	1184	1257391	738703	200	0	166913
9	2. 进口	0	0	9	二铵	吨	81975	0	87402	75007	40	0	17368
10	二、销售总额	20811094	4650874	10	混合肥	吨	875697	1184	891409	502774	160	0	90047
11	(一)批零贸易业销售总额	17857011	4441509	11	化学农药类	千元	252548	49574	342129	192774	0	8079	52420
12	1. 消费品零售额	4210532	2145595	12	化学农药	吨	25786	711	28220	17196	0	389	5821
13	其中:市	767670	23175	13	杀虫剂	吨	16342	116	17259	11528	0	0	3357
14	县以下	2212935	1687691	14	杀菌剂	吨	2029	2	2027	1826	0	0	557
15	2. 售给生产经营用	10154357	2044246	15	除草剂	吨	5413	593	7098	3775	0	389	1726
16	售给农民的农业生产资料	3881123	1510368	16	农用薄膜类	千元	21028	0	27856	22054	200	0	4046
17	3. 售给批发零售贸易业	2971537	237213	17	农膜	吨	6845	0	7352	7170	20	0	693
18	4. 出口	491114	0	18	地膜	吨	5674	0	5774	5667	18	0	246
19	(二)商品代购代销额	387152	83020	19	农用机械类	千元	18610	0	22934	20975	0	0	5388
20	其中:农副产品	279560	728	20	种子种苗饲料类	千元	17735	0	23122	18619	577	0	6608
21	(三)餐饮业营业额	39769	3242	21	棉麻类	千元	1715926	0	1924063	1710912	457	0	755896
22	其中:零售额	23503	1451	22	棉花	吨	143669	0	149775	134849	14	0	68137
23	(四)社办农业产品销售额	66423	45655	23	麻	吨	11172	0	12001	11617	0	0	464
24	(五)社办工业产吕销售额	2460739	77448	24	茶叶类	千元	358970	0	408914	41764	73109	184611	28196
25	其中:零售额	9176	1333	25	红茶	吨	4920	0	5044	47	304	3262	865
26	出口	23743	0	26	绿茶	吨	25973	0	22534	616	1924	12774	1827
27	三、期末库存	2068065	506256	27	畜产品类	千元	18564	0	16049	1479	11	0	1085
28	其中:批发零售贸业库存	1428825	429487	28	中药材类	千元	10903	0	6211	5143	414	0	313
29	四、商品交易批发市场交易额	257700	46171	29	干鲜果品类	千元	128545	0	169450	104841	57196	0	9135
30	其中:农副产品市场交易额	133589	40321	30	粮食油料类	千元	293997	0	333903	137958	33245	0	21445
31	五、服务业营业额	11359	84	31	干鲜菜类	千元	16569	0	25903	10595	13794	0	1736
32	其中:旅游业	0	0	32	肉禽蛋类	千元	48708	0	49233	39769	4550	0	1661
33	六、仓储运输经营收入	11782	15	33	鞭炮烟花类	千元	164457	0	184776	48370	82903	731	4454
34	七、房地产开发经营收入	8266	31	34	再生资源类	千元	2940225	0	4295750	4029599	46731	0	52656
35	八、资产经营收入	31197	3700	35	废钢铁	吨	1211069	0	1627043	1536207	3839	0	26462
36	其中:租赁收入	29752	3582	36	蜂蜜	吨	6212	0	6102	511	475	3616	848
37	九、其他经营收入	211105	5	37	蚕茧	吨	3271	0	3255	2889	30	0	771
				38	薄荷油	吨							0

安徽省供销社系统 2006 年 1—12 月经营总类值数量统计表（汇总表）

表 2—2—19

金额：千元

序号	指　　标	合　计	其中：基层社	序号	指　　标	单位	从生产者购进	进口	销售合计	其中：	期末库存		
1	一、购进总额	23153449	4953257	1	化学化肥类	千元	8048808	0	8287899	6509583	0	193634	633170
2	（一）批发零售贸易业购进额	19761978	4630805	2	化学肥料	吨	5868655	0	6006246	4812953	0	95140	475850
3	1. 从生产者购进的农副产品	3385385	1301398	3	氮肥	吨	2928552	0	3053899	2627034	0	43224	209424
4	2. 进品	59265	0	4	尿素	吨	1898977	0	1947416	1665762	0	42800	140883
5	3. 其他购进	7912055	1169369	5	碳铵	吨	952079	0	1032923	885754	0	0	94676
6	其中：废旧物资购进	4839811	152023	6	磷肥	吨	621787	0	634780	493113	0	0	41739
7	（二）工业企业购进总额	3391471	322452	7	钾肥	吨	614101	0	591427	562466	0	780	50217
8	1. 从生产者购进的农副产品	839034	55760	8	复合肥	吨	1704215	0	1726140	1130340	0	51136	174470
9	2. 进口	0	0	9	二铵	吨	175455	0	204161	196666	0	0	16108
10	二、销售总额	24684222	5511217	10	混合肥	吨	1113880	0	1128434	615902	0	0	116709
11	（一）批零贸易业销售总额	21022911	5406845	11	化学农药类	千元	261329	43567	340388	280553	0	20535	50709
12	1. 消费品零售额	5631253	2523372	12	化学农药	吨	24465	577	29751	25233	0	1176	4579
13	其中：市	1282953	5300	13	杀虫剂	吨	15101	144	18488	16617	0	25	2589
14	县以下	2715336	1987720	14	杀菌剂	吨	2358	4	2579	2471	0	3	719
15	2. 售给生产经营用	12348169	2641356	15	除草剂	吨	6257	429	7850	5931	0	1148	1032
16	售给农民的农业生产资料	6148102	2191904	16	农用薄膜类	千元	40071	0	48678	39229	0	0	4418
17	3. 售给批发零售贸易业	2503523	242117	17	农膜	吨	4175	0	4266	4046	0	0	848
18	4. 出口	539966	0	18	地膜	吨	2108	0	2207	2096	0	0	324
19	（二）商品代购代销额	213793	85699	19	农用机械类	千元	20346	0	34079	31010	611	0	5750
20	其中：农副产品	66197	32539	20	种子种苗饲料类	千元	95852	0	149759	144583	1620	0	41237
21	（三）餐饮业营业额	56484	5838	21	棉麻类	千元	2054021	0	1987013	1844067	843	0	738370
22	其中：零售额	23761	1780	22	棉花	吨	276621	0	179804	169653	32	0	88718
23	（四）社办农业产品销售额	129936	2063	23	麻	吨	6898	0	6863	6534	0	0	242
24	（五）社办工业产吕销售额	3261098	10772	24	茶叶类	千元	500708	0	555565	53173	103416	198347	19164
25	其中：零售额	99783	14	25	红茶	吨	5941	0	7513	0	112	4217	354
26	出口	55492	0	26	绿茶	吨	31811	0	29296	502	5197	11321	349
27	三、期末库存	2800153	695754	27	畜产品类	千元	4005	0	6863	2275	36		1099
28	其中：批发零售贸业库存	2159389	641228	28	中药材类	千元	5220	0	3844	3540	304	0	1699
29	四、商品交易批发市场交易额	248797	58690	29	干鲜果品类	千元	175507	0	205311	112164	83396	0	10283
30	其中：农副产品市场交易额	218463	56805	30	粮食油料类	千元	245266	0	292765	153674	48305	0	7571
31	五、服务业营业额	16682	68	31	干鲜菜类	千元	15538	0	28322	1945	22672	0	2200
32	其中：旅游业	1700	0	32	肉禽蛋类	千元	29562	0	29600	4878	6274	0	634
33	六、仓储运输经营收入	10745	4	33	鞭炮烟花类	千元	216862	0	263911	74006	127551	0	52815
34	七、房地产开发经营收入	1186	112	34	再生资源类	千元	4157264	0	4969000	4080312	13695	0	50120
35	八、资产经营收入	33815	6038	35	废钢铁	吨	1624412	0	1775483	1472251	1554	0	25990
36	其中：租赁收入	32681	5967	36	蜂蜜	吨	33159	0	33577	28995	330	4092	830
37	九、其他经营收入	327000	492	37	蚕茧	吨	3346	0	2633	1857	30	0	394
				38	薄荷油	吨							

安徽省供销社系统 2007 年 1—12 月经营总类值数量统计表(汇总表)

表 2—2—20　　　　金额:千元

序号	指　　标	合　计	其中:基层社	序号	指　　标	单位	从生产者购进	进口	销售合计	其中:	期末库存		
1	一、购进总额	31110771	6167849	1	化学化肥类	千元	10860802	0	11579138	8318138	2680	687012	1013875
2	(一)批发零售贸易业购进额	26034345	5818671	2	化学肥料	吨	7416653	0	7746588	5738120	2560	313363	633087
3	1. 从生产者购进的农副产品	4399183	1789055	3	氮肥	吨	3354179	0	3414355	2934685	1600	208795	325051
4	2. 进品	17271	0	4	尿素	吨	2242461	0	2287970	1932130	1100	188286	244795
5	3. 其他购进	10874260	1776016	5	碳铵	吨	886684	0	940044	836570	500	0	76230
6	其中:废旧物资购进	6865382	238123	6	磷肥	吨	732653	0	800565	588377	440	5500	62129
7	(二)工业企业购进总额	5076426	349178	7	钾肥	吨	746296	0	736704	662652	120	5772	66318
8	1. 从生产者购进的农副产品	759065	50875	8	复合肥	吨	2583525	0	2794964	1552406	400	93296	179589
9	2. 进口	0	0	9	二铵	吨	210600	0	217344	191575	80	11280	18444
10	二、销售总额	33463338	6579051	10	混合肥	吨	1915544	0	2002481	902055	320	0	109791
11	(一)批零贸易业销售总额	28547209	6451470	11	化学农药类	千元	402826	6243	448269	394116	0	21791	59430
12	1. 消费品零售额	7189120	2834160	12	化学农药	吨	49292	75	53122	49558	0	751	4497
13	其中:市	1395115	39615	13	杀虫剂	吨	40157	17	42721	41167	0	0	2606
14	县以下	3635800	2021280	14	杀菌剂	吨	2673	0	3129	2943	0	20	764
15	2. 售给生产经营用	16608698	3392207	15	除草剂	吨	6361	58	6620	5290	0	731	1127
16	售给农民的农业生产资料	8612814	2887809	16	农用薄膜类	千元	47931	0	55418	51042	400	0	14927
17	3. 售给批发零售贸易业	3711968	225103	17	农膜	吨	4863	0	5411	5260	40	0	1451
18	4. 出口	1037423	0	18	地膜	吨	3080	0	3240	2942	36	0	0719
19	(二)商品代购代销额	532874	108799	19	农用机械类	千元	23717	0	39730	37654	0	0	6891
20	其中:农副产品	424931	77893	20	种子种苗饲料类	千元	186601	0	211907	73236	2235	0	21486
21	(三)餐饮业营业额	45580	6196	21	棉麻类	千元	2188968	0	2374949	2137254	987	0	598994
22	其中:零售额	23675	4678	22	棉花	吨	253767	0	204938	185281	10	0	65382
23	(四)社办农业产品销售额	76538	6616	23	麻	吨	5953	0	6117	5308	37	0	491
24	(五)社办工业产品销售额	4261137	5970	24	茶叶类	千元	632623	0	728490	99429	198021	189622	92662
25	其中:零售额	265996	3975	25	红茶	吨	10525	0	13976	2346	112	5079	580
26	出口	136873	0	26	绿茶	吨	45096	0	34940	1034	9445	10358	4134
27	三、期末库存	3362060	863941	27	畜产品类	千元	2317	0	2593	738	78	0	1072
28	其中:批发零售贸业库存	2686506	798694	28	中药材类	千元	15925	0	16294	14807	777	0	3006
29	四、商品交易批发市场交易额	625295	226787	29	干鲜果品类	千元	227513	0	239394	125964	85018	0	23158
30	其中:农副产品市场交易额	542658	198683	30	粮食油料类	千元	230889	0	274083	80639	88690	0	17998
31	五、服务业营业额	12651	321	31	干鲜菜类	千元	49727	0	57538	6856	29107	0	3988
32	其中:旅游业	1713	0	32	肉禽蛋类	千元	38909	0	41547	1788	5281	0	927
33	六、仓储运输经营收入	11348	52	33	鞭炮烟花类	千元	371287	0	421802	88291	210627	0	78133
34	七、房地产开发经营收入	410	0	34	再生资源类	千元	6396152	0	6979043	5252716	8089	0	94759
35	八、资产经营收入	36465	5517	35	废钢铁	吨	2260190	0	2580144	1956996	2783	0	57304
36	其中:租赁收入	35735	5435	36	蜂蜜	吨	3933	0	3441	621	396	2222	1056
37	九、其他经营收入	68918	651	37	蚕茧	吨	3662	0	3615	2810	30	0	454
				38	薄荷油	吨							

安徽省供销社系统2008年1—12月经营总类值数量统计表(汇总表)

表2—2—21

金额:千元

序号	指　　标	合　计	其中:基层社	序号	指　　标	单位	从生产者购进	进口	销售合计	其中:	期末库存		
1	一 购进总额	41685732	7827450	1	化学肥料类	千元	14535488	0	14524661	10402063	0	855487	1998286
2	(一)批发零售贸易业购进额	35564926	7294302	2	化学肥料	吨	7484656	0	7433983	5405514	0	249566	844113
3	1 从生产者购进的农副产品	5315546	1501484	3	氮肥	吨	3255808	0	3366625	2945708	0	118985	329766
4	2 进口	1808	0	4	尿素	吨	2045124	0	2147606	1828034	0	101815	219998
5	3 其他购进	15126959	2330663	5	碳铵	吨	1002034	0	1085997	996577	0	0	78471
6	其中:废旧物资购进	8757988	356124	6	磷肥	吨	715282	0	670015	581596	0	43050	71465
7	(二)工业企业购进总额	6120806	533148	7	钾肥	吨	640946	0	490653	450646	0	5002	164746
8	1 从生产者购进的农副产品	1232243	53916	8	复合肥	吨	2872620	0	2906690	1427564	0	82529	278136
9	2 进口	6360	0	9	二铵	吨	508652	0	476987	262864	0	2164	55560
10	二 销售总额	43038846	8409085	10	混合肥	吨	1937972	0	1920716	835903	0	0	153653
11	(一)批零贸易业销售总额	36899850	8222957	11	化学农药类	千元	511995	0	540819	484773	0	28016	55452
12	1 消费品零售额	8361874	3646676	12	化学农药	吨	61658	0	64866	59392	0	610	6296
13	其中:市	1729059	21896	13	杀虫剂	吨	40541	0	42965	40674	0	0	2480
14	县以下	4158095	3136247	14	杀菌剂	吨	3537	0	4029	3442	0	0	791
15	2 售给生产经营用	19958966	4212672	15	除草剂	吨	9349	0	9581	7849	0	610	1375
16	售给农民的农业生产资料	10867664	3704369	16	农用薄膜类	千元	87214	0	82327	77979	0	0	6528
17	3 售给批发零售贸易业	7377562	363609	17	农膜	吨	8262	0	8744	7814	0	0	770
18	4 出口	1201448	0	18	地膜	吨	5070	0	5363	4501	0	0	215
19	(二)商品代购代销额	455090	93762	19	农用机械类	千元	35224	0	65219	61450	223	0	5847
20	其中:农副产品	114320	77386	20	种子种苗饲料类	千元	102766	0	126385	68008	576	0	40990
21	(三)餐饮业营业额	106029	9076	21	棉麻类	千元	2055936	0	2285758	2005644	981	0	538092

安徽省供销社系统2008年1—12月经营总类值数量统计表(汇总表)

续表2—2—21　　　　金额:千元

序号	指　　标	合　计	其中:基层社	序号	指　　标	单位	从生产者购进	进口	销售合计	其中:	期末库存		
22	其中:零售额	15674	3365	22	棉花	吨	187918	0	192170	163385	33	0	59611
23	(四)社办农业产品销售额	212652	9159	23	麻	吨	11493	0	10817	10054	0	0	950
24	(五)社办工业产品销售额	5365225	74131	24	茶叶类	千元	776712	0	957780	104728	312890	211786	28430
25	其中:零售额	450414	13793	25	红茶	吨	13489	0	16437	4	1478	8980	1219
26	出口	172499	0	26	绿茶	吨	43141	0	54163	1596	14882	10174	1079
27	三 期末库存	4061595	686006	27	畜产品类	千元	24824	0	26150	6169	19960	0	2281
28	其中:批发零售贸业库存	3273472	669069	28	中药材类	千元	76734	0	78587	26229	2358	0	1407
29	四 商品交易批发市场交易额	1528172	433841	29	干鲜果品类	千元	218241	0	235066	108775	97479	0	12196
30	其中:农副产品市场交易额	1453039	414677	30	粮食油料类	千元	439859	0	495452	179905	140742	0	52502
31	五 服务业营业额	18708	47	31	干鲜菜类	千元	97630	0	106039	1966	45395	0	13044
32	其中:旅游业	0	0	32	肉禽蛋类	千元	170327	0	187381	49637	55478	0	7101
33	六 仓储运输经营收入	42284	0	33	鞭炮烟花类	千元	511281	0	579483	144697	243521	0	87123
34	七 房地产开发经营收入	14135	75	34	再生资源类	千元	7973342	0	8424814	7407683	13044	0	109681
35	八 资产经营收入	73822	9110	35	废钢铁	吨	2196995	0	2367315	1948735	436	0	39584
36	其中:租赁收入	73534	9044	36	蜂蜜	吨	4873	0	3053	221	162	2128	1105
37	九 其他经营收入	51992	365	37	蚕茧	吨	2113	0	1703	1470	30	0	34
				38	薄荷油	吨		—					0

单位负责人:　　财会负责人:　　复核:　　制表:

安徽省供销社系统2009年1—12月经营总类值数量统计表(汇总表)

表2—2—22

金额:千元

序号	指标	合计	其中:基层社	序号	指标	单位	从生产者购进	进口	销售合计	其中:	期末库存		
1	一 购进总额	46332856	9335052	1	化学肥料类	千元	14153495	181782	15926210	11408844	0	809815	133303
2	(一)批发零售贸易业购进额	37739740	8778758	2	化学肥料	吨	8372415	70815	9148552	6659925	0	290149	853674
3	1 从生产者购进的农副产品	7532149	1923723	3	氮肥	吨	3915171	0	3968742	3437618	0	190536	465885
4	2 进口	222130	0	4	尿素	吨	2727491	0	2690610	2342163	0	161278	359082
5	3 其他购进	15031493	2277683	5	碳铵	吨	987458	0	1065276	910554	0	0	71527
6	其中:废旧物资购进	7882922	293076	6	磷肥	吨	673852	0	784546	619422	0	44100	58475
7	(二)工业企业购进总额	8593116	556294	7	钾肥	吨	569900	11987	620119	607861	0	0	108171
8	1 从生产者购进的农副产品	2683653	121236	8	复合肥	吨	3213492	58828	3775145	1995024	0	55513	221143
9	2 进口	0	0	9	二铵	吨	604105	0	671762	330456	0	6750	35809
10	二 销售总额	49853121	10134655	10	混合肥	吨	2136300	0	2383898	1085663	0	0	152364
11	(一)批零贸易业销售总额	41522155	9727570	11	化学农药类	千元	563874	0	562709	486543	0	17826	84770
12	1 消费品零售额	10044608	3999088	12	化学农药	吨	42568	0	45565	39977	0	713	5415
13	其中:市	2388915	53437	13	杀虫剂	吨	24043	0	25706	23625	0	167	2183
14	县以下	4889934	3255297	14	杀菌剂	吨	4819	0	5355	4771	0	68	787
15	2 售给生产经营用	21846715	5232587	15	除草剂	吨	12305	0	11778	10257	0	478	2201
16	售给农民的农业生产资料	12362782	4694226	16	农用薄膜类	千元	105960	0	115712	109669	59	0	7708
17	3 售给批发零售贸易业	8517896	495895	17	农膜	吨	10641	0	11706	10701	4	0	1105
18	4 出口	1112936	0	18	地膜	吨	6715	0	6900	5988	0	0	859
19	(二)商品代购代销额	485489	230096	19	农用机械类	千元	58388	0	68689	67057	1103	0	3335
20	其中:农副产品	251192	149829	20	种子种苗饲料类	千元	405795	0	415860	236226	1214	0	63294
21	(三)餐饮业营业额	102052	12209	21	棉麻类	千元	2132236	0	2428984	2090738	891	0	390406

安徽省供销社系统 2009 年 1—12 月经营总类值数量统计表（汇总表）

续表 2—2—22　　　　金额：千元

序号	指　标	合　计	其中：基层社	序号	指　标	单位	从生产者购进	进口	销售合计	其中：	期末库存		
22	其中：零售额	35356	6533	22	棉花	吨	192186	0	225266	202431	0	0	36052
23	（四）社办农业产品销售额	254466	79397	23	麻	吨	14040	0	14972	14477	0	0	1692
24	（五）社办工业产品销售额	7488959	85383	24	茶叶类	千元	847988	0	929790	150482	274299	179830	62700
25	其中：零售额	167786	7470	25	红茶	吨	12597	0	16629	2743	1147	5171	598
26	出口	134591	0	26	绿茶	吨	52131	0	45971	2331	18905	10726	2365
27	三　期末库存	4331906	639787	27	畜产品类	千元	41894	0	43536	999	40909	0	1717
28	其中：批发零售贸业库存	3653876	594984	28	蜂产品类	千元	70166	0	62145	12735	3692	39669	12749
29	四　商品交易批发市场交易额	3171349	1071556	29	蜂蜜	吨	7523	0	7262	415	29	5619	1353
30	其中：农副产品市场交易额	2198845	893325	30	食用菌类	千元	9582	0	9779	406	4460	0	532
31	再生资源市场交易额	476530	9809	31	中药材类	千元	93641	0	93803	93190	613	0	3740
32	五　服务业营业额	40803	287	32	干鲜果品类	千元	600804	0	539797	163113	125047	0	24415
33	其中：旅游业	166	0	33	粮食油料类	千元	3034707	0	2994677	885127	427402	0	411980
34	六　仓储运输经营额	85893	0	34	干鲜菜类	千元	189588	0	196377	119663	60457	0	12455
35	七　房地产开发经营额	34142	621	35	肉禽蛋类	千元	392204	0	438646	146629	204843	0	38570
36	八　资产经营额	44089	6263	36	烟花爆竹类	千元	909399	0	1014783	235065	490901	0	291509
37	其中：租赁经营额	43434	6263	37	再生资源类	千元	7220952	0	7519839	5935775	35002	0	186989
38	九　其他经营额	6852	293	38	废旧金属	千元	6751008	0	7013875	5557390	34465	0	173287
		0	0	39	其中：废钢铁	吨	2139671	0	2025209	1563594	2326	0	62434
		0	0	40	废旧非金属	千元	291616	0	351628	338963	201	0	13702
		0	0	41	蚕茧	吨	2420	0	5118	1816	21	0	0
		0	0	42	薄荷油	吨	0	0	0	0	0	0	0

单位负责人：　　财会负责人：　　复核：　　制表：

安徽省供销社系统 2010 年 1—12 月经营总类值数量统计表(汇总表)

表 2—2—23　　金额:千元

序号	指标	合计	其中:基层社	序号	指标	单位	从生产者购进	进口	销售合计	其中:	期末库存		
1	一 购进总额	65292989	11254332	1	化学肥料类	千元	18241170	10489	19470837	13839914	8620	1359915	1798937
2	(一)批发零售贸易业购进额	52976623	10402331	2	化学肥料	吨	11343262	4879	11810361	8968337	8952	622443	979166
3	1 从生产者购进的农副产品	11952426	2111110	3	氮肥	吨	5142706	0	5130288	4410422	5200	364688	471362
4	2 进口	89462	0	4	尿素	吨	4041399	0	4062330	3480160	3920	349313	392176
5	3 其他购进	13067474	1923445	5	碳铵	吨	780277	0	842126	694748	1280	0	57252
6	其中:废旧物资购进	8485336	246572	6	磷肥	吨	600727	0	719204	527605	1408	34570	90320
7	(二)工业企业购进总额	12316366	852001	7	钾肥	吨	871216	4879	829779	803951	300	0	117013
8	1 从生产者购进的农副产品	5176215	163036	8	复合肥	吨	4728613	0	5131090	3226359	2044	223185	300471
9	2 进口	40	0	9	二铵	吨	687514	0	703363	406391	644	9089	35336
10	二 销售总额	70118022	11797007	10	混合肥	吨	3143876	0	3264447	2039265	1400	0	194915
11	(一)批零贸易业销售总额	58467197	11321532	11	化学农药类	千元	765132	0	821027	636238	1336	98269	122851
12	1 消费品零售额	14528820	4479575	12	化学农药	吨	45920	0	49409	38375	60	3593	18792
13	其中:市	3409518	266727	13	杀虫剂	吨	19764	0	20882	16125	40	440	8862
14	县以下	5931817	3466278	14	杀菌剂	吨	9591	0	10147	8236	4	367	1361
15	2 售给生产经营用	35337659	6178681	15	除草剂	吨	14133	0	14810	10756	16	2786	5113
16	售给农民的农业生产资料	14873252	4026388	16	农用薄膜类	千元	158577	0	173331	157688	718	0	19268
17	3 售给批发零售贸易业	6848500	663276	17	农膜	吨	18354	0	19310	17082	64	0	1596
18	4 出口	1752218	0	18	地膜	吨	12382	0	13074	11112	58	0	1372
19	(二)商品代购代销额	370234	77286	19	农用机械类	千元	86758	0	92728	66223	1107	0	14569
20	其中:农副产品	203926	58590	20	种子种苗饲料类	千元	493726	0	785812	624515	1218	0	98864
21	(三)餐饮业营业额	145908	18233	21	棉麻类	千元	3741125	0	4012678	2868442	54221	0	808224

安徽省供销社系统2010年1—12月经营总类值数量统计表(汇总表)

续表2—2—23

金额:千元

序号	指 标	合 计	其中:基层社	序号	指 标	单位	从生产者购进	进口	销售合计	其中:	期末库存		
22	其中:零售额	51625	6522	22	棉花	吨	237031	0	254154	198004	2405	0	45983
23	(四)社办农业产品销售额	820900	153495	23	麻	吨	4143	0	5708	5289	51	0	0
24	(五)社办工业产品销售额	10313783	226461	24	茶叶类	千元	1521353	0	1767674	191941	475787	286104	146253
25	其中:零售额	450545	4121	25	红茶	吨	32864	0	40818	16599	4071	1398	4434
26	出口	219786	0	26	绿茶	吨	14592	0	11640	1870	3848	1865	577
27	三 期末库存	588936	182367	27	畜产品类	千元	227974	0	335962	88118	176274	0	34534
28	其中:批发零售贸业库存	445184	182314	28	蜂产品类	千元	82288	0	89938	5816	33344	48367	16919
29	四 商品交易批发市场交易额	6228269	1246018	29	蜂蜜	吨	7784	0	6902	321	1085	5494	312
30	其中:农副产品市场交易额	3409076	1136879	30	食用菌类	千元	37823	0	40490	7454	16849	0	900
31	再生资源市场交易额	323258	5968	31	中药材类	千元	184279	0	173588	151379	1299	0	10647
32	五 服务业营业额	57795	193	32	干鲜果品类	千元	818897	0	969203	490793	285999	47916	35241
33	其中:旅游业	5046	0	33	粮食油料类	千元	4641323	0	4374509	1854824	557392	0	617247
34	六 仓储运输经营额	40669	0	34	干鲜菜类	千元	380434	0	418570	136432	109642	115	25318
35	七 房地产开发经营额	21631	70	35	肉禽蛋类	千元	815865	0	921418	165744	380478	0	65575
36	八 资产经营额	72126	12513	36	烟花爆竹类	千元	1233831	0	1336833	206821	493504	28313	150087
37	其中:租赁经营额	66380	9689	37	再生资源类	千元	13369865	0	14338388	13021529	20147	0	137497
38	九 其他经营额	14885	529	38	废旧金属	千元	12687760	0	13508505	12303092	18952	0	107058
		0	0	39	其中:废钢铁	吨	2541052	0	2743328	2610544	24846	0	5795
		0	0	40	废旧非金属	千元	682105	0	829883	711412	1195	0	30439
		0	0	41	蚕茧	吨	830	0	630	600	30	0	0
		0	0	42	薄荷油	吨	0	0	0	0	0	0	0

单位负责人: 财会负责人: 复核: 制表:

安徽省供销社系统2011年1—12月经营总类值数量统计表(汇总表)

表2—2—24

金额:千元

序号	指　　标	合　计	其中:基层社	序号	指　　标	单位	从生产者购进	进口	销售合计	其中:	期末库存		
1	一 购进总额	94129174	9026288	1	化学肥料类	千元	25518007	6890	26090189	20278453	0	1140700	2606448
2	(一)批发零售贸易业购进额	75995599	8536707	2	化学肥料	吨	11408729	2448	11489458	9109588	0	385342	1057834
3	1 从生产者购进的农副产品	14157971	1118328	3	氮肥	吨	5294980	1487	5355880	4644106	0	94690	435115
4	2 进口	15567	0	4	尿素	吨	4117956	1297	4210397	3734088	0	89158	363104
5	3 其他购进	0	0	5	碳铵	吨	874012	190	881017	656500	0	0	35122
6	其中:废旧物资购进	0	0	6	磷肥	吨	558160	0	559402	433991	0	24656	64524
7	(二)工业企业购进总额	18133578	489581	7	钾肥	吨	972320	500	816786	791435	0	0	235021
8	1 从生产者购进的农副产品	7965353	26820	8	复合肥	吨	4583269	461	4757389	3240056	0	189677	323174
9	2 进口	175990	0	9	二铵	吨	739169	0	734096	452346	0	42043	72200
10	二 销售总额	98973333	9223161	10	混合肥	吨	2638577	40	2733601	1792035	0	0	114780
11	(一)批零贸易业销售总额	81302009	9009427	11	化学农药类	千元	1250158	1325	1238531	1051268	0	115680	165219
12	1 消费品零售额	18291100	3011091	12	化学农药	吨	42180	0	43145	33981	0	3307	5722
13	其中:市	4824514	200948	13	杀虫剂	吨	19683	0	20066	15629	0	1527	2561
14	县以下	7775376	2499241	14	杀菌剂	吨	8536	0	8858	7681	0	207	1171
15	2 售给生产经营用	50066529	5495674	15	除草剂	吨	12709	0	13125	9969	0	1573	1901
16	售给农民的农业生产资料	22036392	2678268	16	农用薄膜类	千元	209410	50	227058	191265	0	0	11549
17	3 售给批发零售贸易业	10054957	502662	17	农膜	吨	22133	3	22589	19319	0	0	2245
18	4 出口	1872770	0	18	地膜	吨	16869	2	17024	14669	0	0	1544
19	(二)商品代购代销额	633440	58478	19	农用机械类	千元	196430	0	248146	222028	0	0	21823
20	其中:农副产品	251793	50628	20	种子种苗饲料类	千元	688233	3076	1090508	844852	0	0	165208
21	(三)餐饮业营业额	190403	4547	21	棉麻类	千元	4528678	0	4991491	3954203	193218	0	589695

安徽省供销社系统 2011 年 1—12 月经营总类值数量统计表(汇总表)

续表 2—2—24

金额：千元

序号	指　　标	合　计	其中：基层社	序号	指　　标	单位	从生产者购进	进口	销售合计	其中：	期末库存		
22	其中：零售额	103528	4036	22	棉花	吨	258618	0	326576	162441	7246	0	38749
23	(四)社办农业产品销售额	2062113	119969	23	麻	吨	0	0	0	0	0	0	0
24	(五)社办工业产品销售额	14785368	30740	24	茶叶类	千元	2404081	0	2587555	151365	732285	446880	258816
25	其中：零售额	1196670	9840	25	红茶	吨	0	0	0	47461	0	0	0
26	出口	585740	0	26	绿茶	吨	0	0	0	0	0	0	0
27	三　期末库存	0	0	27	畜产品类	千元	927388	0	1156279	599726	328280	3180	27048
28	其中：批发零售贸业库存	0	0	28	蜂产品类	千元	130148	0	167262	6498	93062	42160	13727
29	四　商品交易批发市场交易额	9383351	420076	29	蜂蜜	吨	0	0	0	0	0	0	0
30	其中：农副产品市场交易额	5741058	408601	30	食用菌类	千元	96315	0	98626	11520	24867	0	4913
31	再生资源市场交易额	675184	11474	31	中药材类	千元	475849	0	495709	397130	54817	0	24960
32	五　服务业营业额	40096	218	32	干鲜果品类	千元	1383427	0	1599239	495633	609275	169480	88719
33	其中：旅游业	7775	0	33	粮食油料类	千元	7137720	0	6881633	3072067	729007	71729	877719
34	六　仓储运输经营额	50036	0	34	干鲜菜类	千元	869901	0	976418	234675	251994	41840	11578
35	七　房地产开发经营额	0	0	35	肉禽蛋类	千元	1642404	0	1770655	312021	823059	1620	55807
36	八　资产经营额	77937	4815	36	烟花爆竹类	千元	1574954	0	1766991	223528	835837	18408	183983
37	其中：租赁经营额	73620	4788	37	再生资源类	千元	19134140	0	20998208	18720878	166543	0	379356
38	九　其他经营额	76209	0	38	废旧金属	千元	18350993	0	20024831	17812899	160598	0	355632
		0	0	39	其中：废钢铁	吨	0	0	0	0	0	0	0
		0	0	40	废旧非金属	千元	783147	0	973377	907979	5946	0	23724
		0	0	41	蚕茧	吨	0	0	0	0	0	0	0
		0	0	42	薄荷油	吨	0	0	0	0	0	0	0

单位负责人：　　财会负责人：　　复核：　　制表：

第三章 劳动人事管理

第一节 劳动人事制度

社属企业人事制度 自1996年6月13日起,省供销社根据省政府皖政〔94〕67号及省劳动厅有关文件精神,在社属企业全面实行劳动合同制,省社直属企业全体职工,即干部、固定工人、劳动合同制工人及临时职工等在职人员,包括国家政策性安置的转业干部、大中专、技校毕业生、城镇复员退伍军人及新招收、录用、调入的人员,都必须与企业依法签订劳动合同。企业法定代表人和党委(或总支)书记与省社签订劳动合同,其他职工与企业法定代表人签订劳动合同。劳动合同制进一步明确企业与职工双方的权利和义务,依法确定劳动关系;在企业内部取消干部和工人、固定工和合同制职工以及不同所有制职工的身份界限,统一用工形式,竞争上岗,择优聘用,把用人单位与劳动者之间的劳动关系全面纳入法治化轨道。

机关人事制度 2000年12月28日,根据国务院《关于解决当前供销合作社几个突出问题的通知》(国发〔1995〕5号)和省政府《贯彻国务院关于解决当前供销合作社几个突出问题的通知》(皖政〔1999〕44号)精神,安徽省编办下达《关于核定市地供销合作社机关财政供给人员编制的通知》(皖编〔2000〕38号),规定:省会城市、国务院批准的全国较大市和辖6县(市)以上的市、地供销社机关人员编制控制在20名以内,其他市、地供销社机关人员编制控制在16名以内。市、地供销社机关在核定人员编制后,所需经费列入同级财政全额预算,市、地供销社原机关离退休人员经费一并纳入同级财政供给。

2001年3月2日,根据《关于省供销社机关依照国家公务员制度管理的批复》(皖人函复〔2001〕47号),省社机关列入依照国家公务员制度管理范围。列入依照公务员管理的人员为:社领导,办公室、合作经济指导处、综合业务处、财务会计处、审计处、人事教育处及离退休工作处、机关党委、纪检(监察)机构的非工勤人员。核定依照国家公务员管理职位53个,其中领导职位21个、非领导职位32个。

2002年1月11日,安徽省人民政府办公厅《关于县级供销社机关经费问题的批复》明确:县级供销社的机构改革纳入当地机构改革的总体方案,在精简机构,分流人员,严格核定编制的前提下,机关经费列入同级财政预算(含离退休人员)。

第二节　工资职称管理

工资管理　1989年10月,根据国务院《批转劳动部、财政部、国家计委〈关于进一步改进和完善企业工资总额同经济效益挂钩意见的通知〉》和安徽省皖工改〔89〕02号文件精神,省社直属企业试行工资总额同经济效益挂钩,工资总额基数、经济效益指标和挂钩的工资浮动比例由省劳动厅、省供销社会同有关部门核定。根据实际情况确定工资分配方法,审批其挂钩形式、基数和比例,除考核主要挂钩指标外,同时要考核质量、消耗、安全、劳动生产率等经济技术指标。工资总额同经济效益挂钩自1989年起试行。

1993年10月,根据国务院《机关工作人员工资制度改革方案》和国务院办公厅《机关工作人员工资制度改革实施办法》,按照《安徽省人事局安徽省机关事业工改办关于印发安徽省机关、事业单位工资制度改革套改办法的通知》部署,省社机关和事业单位进行工资制度改革。机关除工勤人员以外的工作人员实行职务级别工资制,按基础工资、级别工资、职务工资、工龄工资进行套改,分别按在职时间和工作年限确定。机关技术工人执行岗位技术等级(职务)工资制,工资由岗位工资、技术等级(职务)工资和奖金3部分组成。机关普通工人执行岗位工资制,工资由岗位工资和奖金两部分组成,岗位工资共设13个档次。事业单位人员分全额拨款、差额拨款、自收自支3种不同类型分类管理。离退休人员相应进行改革。在本次工资制度改革中,原参照机关工资标准的企业均选择按事业单位工资制度和标准改革,分为岗位职务工资和津贴两部分,津贴按自收自支确定比例,一般在30~50%之间。

其后,根据经济和社会发展水平,遵照人事部统一部署,安徽省分别于1997年、1999年、2001年调整基础工资标准,于1999年、2001年调整级别工资标准,于2001年、2003年调整职务工资标准,省社机关及事业单位相应进行调整。

2007年,根据《安徽省人民政府关于印发安徽省机关事业单位工作人员工资、收入分配制度改革和计发离退休费等实施意见的通知》和省委组织部、省人事厅、省财政厅《关于安徽省2006年机关事业单位工资收入分配制度改革若干具体问题的处理意见》精神,自2006年7月1日起,改革机关事业单位在册正式工作人员工资收入分配制度。按照公务员制度管理和经批准参照公务员制度管理的单位,已进行公务员登记的在职人员施行职级工资制,将基本工资构成由现行的职务工资、级别工资、基础工资和工龄工资4项调整为职务工资和级别工资两项,津补贴部分统一执行阳光工资,纳入财政统发。工勤人员施行岗位技术等级工资制,基本工资由现行的岗位工资、技术等级(职务)工资和奖金3项调整为岗位工资和技术等级(职务)工资两项。事业单位施行岗位绩效工资制度,由岗位工资、薪级工资、绩效工资和津补贴4部分组成,其中岗位工资和薪级工资为基本工资。机关和事业单位离退休人员相应增加离退休费。省供销社机关及直属事业单位相应进行工资制度改革,省社机关在职和离退休人员工资纳入财政统发。

技术职称评定 1987 年年底,省供销社所属 12 家企业有在职职工 1226 人,其中专业技术人员 516 人(含以工代干 60 人),专业技术人员中,具有大专以上文化程度 128 人,中专毕业生 132 人,高中及以下 256 人,1983 年已取得中级职称 40 人,取得初级职称 54 人。1988 年 4 月—1989 年 11 月,省供销社所属企业按照省经委企业职改办要求,进行职称改革。1988 年 8 月 20 日,成立省供销社职称改革领导小组,由王赞春、张永满、陈润习、朱维栋、乔魁一、杨国恩、杜贵寅组成,王赞春任组长、张永满、陈润习任副组长。组建经济、会计中级评委会,成立经济、统计评审组,所属企业分别成立职改领导小组和专业职务初级评审组。此次企业职改,符合高级职务申报条件者 46 人,符合中级职务申报条件者 175 人,经省供销社专业职务评委会评议推荐,商业部和省有关高级专业职务评委会评审通过,具备高级职务任职资格 37 人,其中高级工程师 11 人,占工程技术人员 16.67%;高级经济师 18 人,占经济专业人员 5.71%;高级会计师 2 人,占会计人员 2.17%;高级统计师 4 人,占统计人员 18.18%;另外还有高级审计师 1 人、副译审 1 人;经省供销社中级评委会或委托其他厅(局)中级评委会评审通过,具备中级职务任职资格 137 人,其中经济师 99 人,占经济专业人员 31.43%;会计师 17 人,占会计人员 18.48%;统计师 5 人,占统计人员的 22.73%;此外还有馆员 2 人、主治医师 3 人;经各企业专业技术职务初级评委会通过,具备初级职务任职资格 197 人,其中助师级 114 人,员级 83 人,省社棉麻、茶叶加工检验中级评委会,受有关地、市经委职改办委托,代评棉麻加工检验工程师 58 人,茶叶加工检验工程师 48 人,助理工程师 3 人,茶叶加工检验高级工程师评审组评议后,向省高工评委会推荐 27 人。

1992 年 11 月,相继组建省社工程师职务评审委员会、省社中等专业学校讲师评委会、省社统计师职务评审委员会、省社经济师评审委员会、省社工人技术考评委员会。1993 年 1 月 5 日,组建省社会计师职务评审委员会。

第四章　计划管理

传统的供销社计划管理，以商品流转计划为中心，按内容划分，有商品流转计划、财务计划、信贷计划、劳动工资计划、运输计划、基本建设计划、商办工业计划、饮食服务业计划等。其基本任务是平衡衔接商品流转计划与国民经济计划；协调产、供、销，协调一致；安排好企业内部各环节和各部门的比例关系；组织人力、物力、财力，保证购销业务顺利进行。

20 世纪 80 年代起，随经济体制改革，供销社计划管理开始改变。在购销计划管理上，由指令性计划向指导性计划转变，从实行指令性计划，转向以市场调节为主，广辟货源；从计划的“统”“包”“管”，向计划与指导服务相结合转变，计划部门提供信息，指导业务经营；从传统的购销型向商工农综合型转变，发展社办工业；从分配式封闭型向市场开放型转变，发展横向经济联系。管理上从行政手段为主向法律与经营手段相结合为主转变，集中帮助农村发展商品经济，为农民发展商品生产服务。

1983 年年初，国家计委根据计划经济为主、市场调节为辅的原则，出台《关于改进和加强计划管理的意见》；1984 年中共中央十二届三中全会下发《关于经济体制改革的决定》；1984 年 10 月 10 日，国务院批转国家计委《关于改进计划体制的若干暂行规定》。同年，安徽省计委制订《关于改进我省计划体制若干意见》；1985 年，国家不再下达农副产品统购、派购任务，分别实行合同定购和市场调节。供销社在购销计划管理上，从原来实行指令性计划转向以指导性计划为主，加强调查研究，搞好预测。对农业生产资料中的化学肥料、化学农药、农用塑料薄膜，国家委托由供销社统一经营，执行省计委分配与供应计划。1986 年，各基层供销社按照商品经营范围编制“供销社企业商品经营计划”，计划项目分为总值和主要商品的购进与销售指标，作为检查考核企业经营效果的依据。至 1988 年，供销社计划管理商品仅 5 种，化学肥料、化学农药、农用塑料薄膜 3 种由省计委统一分配计划指标；黄红麻、铁锅 2 种由省供销社管理收购计划指标。1987 年 7 月，省政府要求进一步放开小商品价格，对小商品生产企业给予优惠贷款，对经营小商品的企业给予税收照顾；1989 年，省政府加强对棉花、棉短绒、棉纱、坯布的计划管理，保证省纺织工业生产、出口和其他方面用棉用纱需要；1989 年 4 月，省政府确定 12 种人民生活必需品为必保商品，省计委会同有关部门安排生产和供应。1990 年，提出完善购销、强化保证措施的具体办法。20 世纪 90 年代以后，省供销社每年向计委提供农资和棉花的购销计划。

第一节　农业生产资料类计划管理

全省供销社系统主要围绕春耕生产、夏收夏种、防汛抗旱、秋收冬播、农田水利建设5方面，组织农业生产资料的采购、储存与供应，原则是“调查走在计划前，计划走在调拨前，调拨走在供应前，供应走在季节前”，保障农业生产需要。

农资专营　1983年10月，国务院、中央纪委《关于坚决制止农业生产资料供应中违法乱纪活动的通知》规定，化肥、农药归口由各级供销社农资部门统一经营，继续贯彻执行“统一计划，分级管理，分级经营”的原则。1985年后，农资商品出现多渠道经营，市场发生混乱，直接影响农民利益，但化肥供应计划和价格都实行“双轨制”，农资的独家经营制度规定不变。1988年9月，国务院发出《关于化肥、农药、农膜实行专营的决定》，省政府出台《安徽省人民政府贯彻国务院关于化肥、农药、农膜实行专营决定的通知》，规定“化肥、农药、农膜由各级供销合作社的农业生产资料公司和基层供销合作社实行专营，其他部门、单位和个人一律不准经营上述商品”。1989年，国务院发出《关于完善化肥、农药、农膜专营办法的通知》，强调做好化肥、农药、农膜专营工作。省政府出台《安徽省人民政府关于贯彻国务院完善化肥、农药、农膜专营办法的通知》，强调国家统配化肥和省内大化肥厂生产的化肥，仍由省农资公司专营，实行全省统一定价，明确各级供销社农资公司是农资专营的主渠道。收购、调拨、供应办法，仍按省政府皖政〔1988〕70号文件规定执行。1992年后，国家逐步放宽农资经营，最终取消“专营”政策。

农资计划管理　1982年以前，国家将化肥列入一类物资，对其生产和销售统一计划，统一进货，统一调运，统一价格。每年由当时国家计委或化工部向企业下达生产任务，由全国供销合作总社所属各级农资公司负责化肥独家经营、统购统销，形成化肥生产企业按计划组织生产，供销社系统按中央、省、地市、县及基层供销社四级批发、一级零售模式，执行统一出厂价、统一批发、零售价。

1985年年初，国家根据国内能源、原材料已经实行计划内、计划外价格双轨制的实际，开始对化肥价格实行双轨制，计划内价格由国家统一制定，计划外价格由市场调节。

1988年9月，国务院出台《关于化肥、农药、农膜实行专营的决定》，明确中国农业生产资料公司和各级供销社农资经营单位对化肥、农药、农膜拥有专营权，其他部门、单位和个人一律不准经营。大、中型化肥企业生产的优质化肥，无论是计划内生产还是计划外超产，一律由专营部门统一收购。对于计划外超产化肥，由专营部门与企业签订合同，按优惠价格收购。而对于地方小化肥企业生产的化肥，则实行专营部门与工厂合同订购或联销、代销及企业直销的方式。1989年，国务院发布《国务院关于完善化肥、农药、农膜专营办法的通知》，进一步明确各级供销社农资公司是农资专营的主渠道。

安徽省人民政府《关于贯彻国务院关于化肥、农药、农膜实行专营决定的通知》明确,1989年1月1日起,化肥、农药、农膜由安徽省各级供销合作社农业生产资料公司和基层供销合作社实行专营,其他部门、单位和个人一律不准经营。省内大、中型化肥厂生产的优质化肥均由省农资公司统一收购。计划外超产化肥由省农资公司同生产企业签订合同,按省核定的优惠价格收购。进口化肥、农药、农膜(含原料)由省计委实行计划管理。农垦、外贸系统自行进口部分,应交省农资公司统一经营,其生产自用部分由专营部门按计划组织供应。工厂集资返还化肥,应交当地专营部门代销。对化肥、农药、农膜实行统一计划、分级管理。国家分配、省内生产、地方进口和协作进口(包括外贸、农垦进口)的优质化肥、农药中的骨干品种和农膜,全部纳入指令性计划管理。年度生产、收购、分配计划,由省计委征求有关部门意见后下达,专项供应计划由省计委、省供销社下达;调拨计划由省农资公司下达。地、市、县分配计划,由地、市、县计委下达。

1989年,省供优质化肥实行全省一价;地产小化肥和农药,在省定出厂价基础上,以县、市为单位统一制定销售价,改变一物多价的状况。省供销社年初将省供优质化肥分配方法、省定各项奖售化肥供应标准和供应办法、供应价格通过报纸公布,将全年分配计划下达到地、市。小化肥供应,多数地方采取按田亩分配和与农副产品收购挂钩方式。省供优质肥实行全省统一定价,地产小化肥和农药,在省定出厂价基础上,以县、市为单位统一销售价。1990年2月24日,省计委、供销社、商业厅、粮食局、农牧渔业厅发出《关于下达一九九零年度粮食合同订购挂钩化肥、柴油分配计划的通知》,全年全省粮食订购基数359.21万吨,挂钩化肥76.22万标吨,挂钩柴油8.68万吨。

1992年,国务院出台《关于加强化肥、农药、农膜经营管理的通知》,农资经营实行“一主两辅”,即以供销社农资公司为主、农业“三站”(农业植保站、土肥站、农技推广站)和生产企业为辅,农资“专营”制度被打破。同时,企业可以根据化肥淡旺季与农民协商化肥价格,首次给予化肥生产企业一定的经营和定价权。

1994年,国务院《关于改革化肥等农业生产资料流通体制的通知》,要求将推行代销制与实行“一主两辅”相结合。同年起,安徽省采取3项措施,理顺农业生产资料流通体制:增强省级调控能力;建立“一主两辅”流通渠道,发挥供销社农资公司主渠道作用;从1995年下半年起,在全省供销社系统推广农资商品连锁经营。

1995年,国务院《关于深化粮食棉花化肥购销体制改革的通知》,要求发挥“一主两辅”作用。

1996年,国务院《关于进一步做好当前农业生产资料工作的紧急通知》,要求进一步健全农业生产资料工作行政领导负责制,推行县联社与基层社连锁经营。同年,国务院《关于进一步完善化肥流通体制的通知》,要求落实化肥工作省长负责制。贯彻国发〔1995〕8号文件《关于深化粮食棉花化肥购销体制改革的通知》中“化肥工作”的几点意见,省政府及有关部门负责省级调控化肥的收购、调拨、供应,承担省调控肥生产任务的安庆石化总厂、淮南化工厂、铜陵磷铵厂要按省计委下达的收购计划,按省物价局定价,保质保量交省农资公司收购,确保省级调控肥计划落实。

1998 年,国务院出台《关于深化化肥流通体制改革的通知》,明确今后国家对化肥流通的管理将由直接计划管理为主,改为间接管理为主。取消国产化肥指令性生产计划和统配收购计划,由化肥生产和经营企业自主进行购销活动。

1999 年,安徽省人民政府《转发国务院关于深化化肥流通体制改革的通知》规定:自 1999 年起,省不再下达化肥收购计划和分配计划,在产销市场形势基本稳定情况下,由化肥生产和经营企业自主进行购销活动。改革化肥计划管理后,省计委要会同有关部门做好全省化肥的总量平衡和宏观调控工作,进行必要的产需平衡衔接,协调生产、流通企业供需关系;各级农资公司、农业“三站”(农技推广站、土肥站、植保站)和化肥生产企业可以从事化肥批发零售业务。保留现行的农垦、林业、烟草、军队在本系统内化肥销售权和省物资集团现行化肥销售权。除上述单位外,其他单位和个人不得从事化肥批发业务;国家下达安徽省的地方化肥进口配额,由省经贸委主要安排给省供销社系统农资公司及有关部门,进口单位要严格执行国家进口化肥有关规定,根据市场供需情况确定进口品种,满足省内市场需要。

第二节　农副产品类计划管理

计划经济时期,农副产品收购是供销社重要职责。1985 年,除个别品种外,国家不再向农民下达农副产品统购、派购任务,农副产品不再受经营分工限制,实行多渠道流通,开放式经营,是为农副产品流通体制的战略性改革。1991 年,安徽省人民政府发出《关于进一步搞好商品流通若干问题的通知》,根据国务院《关于进一步清理整顿各类商业批发公司、对外经济贸易公司、物资公司的意见》中所规定的国家计划管理的 36 种商品,安徽省决定对其中涤棉布、中长纤维布、呢绒、胶鞋、洗衣粉,普通灯泡、绵羊毛、牛皮等商品放开,对粮食、食油、棉花、棉短绒、棉布、烟叶、卷烟、蚕茧、黄红麻、茶叶、生猪、食盐、食糖、名酒、铁丝、元钉、汽油、柴油、煤油、润滑油、生活用煤、化肥、农药、农膜,分别实行指令性或指导性计划管理。属省管的 10 种计划管理商品,保留蚕茧、茶叶、铁锅 3 种,其余 7 种放开。农副产品中,粮食在保证完成国家定购任务前提下,放开经营。取消“大米由粮食部门统一收购,其他部门、单位和个人不得经营”的规定;棉花(含棉短绒)继续由供销社统一收购、统一经营;烟草、蚕茧和麝香、甘草、杜仲、厚朴继续由国家指定部门统一经营。食油(油料)、食糖、生猪、黄红麻、茶叶等产品的购销实行指导性计划管理,国合商业要保持必要的合同收购量,稳定市场。其中棉花等农副产品经营到 20 世纪 90 年代亦基本放开。

棉花计划管理　1984 年前,棉花由国家实行统购,委托供销合作社统一经营。1985 年,中共中央、国务院发布《关于进一步活跃农村经济的十项政策》,改革农业管理体制,改革农产品统购派购制度,在国家计划指导下,扩大市场调节,使农业生产适应市场需要,促进农村产业结构合理化,搞活农村经济。中国农村开始以改革农产品统购派购制度、调整产业结构为主要内容的第二步改革。棉花取消统购，改为合同定购，由供销社在播种前与农民签订定购合同。棉花销售在统购和定购时期，其计划由省制定，棉花部门按照有令则调、无令则储的原则组织供应。

1988 年，商业部、国家计委、国家经委《关于加强棉花、棉短绒计划管理的通知》规定，棉花、棉短绒是纺织工业、特种造纸、化纤生产的主要原料，属国家计划商品，必须加强宏观控制，坚持计划管理。各级供销社为棉花、棉短绒计划编制单位。用棉企业要向当地供销社提报需棉计划。供销社汇总编制年度计划草案，提请同级人民政府（或计委）审议后逐级上报。商业部编制棉花总供给和总需求平衡及分省（区、市）计划，提请国家计划委员会审查综合平衡后，报国务院批准下达。

1989 年度（棉花生产年度），商业部《棉花调出、调入包干暂行办法》规定，坚持棉花由供销社棉麻公司一家经营，不开放棉花市场，其他任何单位和个人都不准插手收购和经营棉花。用棉单位不得在计划外套购棉花，凡计划外套购棉花的单位和地区，都要扣减计划指标。对倒买倒卖棉花的，由工商行政管理部门依法处理。

1990 年度（棉花生产年度），国家仍然规定棉花由供销社一家经营，任何单位和个体商贩不准收购棉花。3 月 26 日，省人民政府发出《关于加快发展我省棉花生产的通知》，成立棉花产销领导小组，制定优惠政策。

1995 年，《国务院关于严格执行棉花调拨计划的通知》指出：关系国计民生的重要物资，包括供销社收购的棉花均为国家资源。各级政府必须服从国家统一安排，组织供销社等部门完成国家棉花调拨任务。我省对棉花调拨实行旬报，半月分析一次，必要时到地市现场办公；对有资源无故不调的地方加倍扣除加价款和价外补贴款；地市棉麻公司必须按照省里下达的调拨计划发出。

1996 年度（棉花生产年度），棉花购销继续实行经营、市场、价格“三不放开”，由供销社统一收购和管理，良种厂和农场的棉花，收购加工后，交县以上供销社棉麻公司，按照国家计划统一安排调拨。但国务院对 1996 年棉花供应办法进行改进，由原来的指令性计划改为实行国家计划指导下的供需直接见面，对棉花供应价格，规定中准价和浮动幅度，具体成交价由供需双方协商确定。在供应办法上，安徽省根据省计委、省纺织总会、省供销社安排各纺织厂的用棉量以及各产棉县的调出量，按照合理流向安排指导性的供应计划。

以国务院《关于深化棉花流通体制改革的决定》为转折点，棉花经营渠道进一步拓宽。1999 年 9 月 1 日起，棉花收购价格、销售价格主要由市场形成，国家不再作统一规定，供销社棉花企业逐步进入市场。

2000 年，省政府下发《关于加强棉花市场管理的通告》。省农业发展银行要求各地按规定确保棉花收购资金及时足额供应。此后，安徽省继续推进棉花流通体制改革。国务院《关于进一步深化棉花流通体制改革的意见》、国务院办公厅《转发国家经贸委等部门关于供销社与棉花企业分开实施意见的通知》、省政府《贯彻国务院关于进一步深化棉花流通体制改革意见的通知》相继要求:从2001年度(棉花生产年度)起,实行新的棉花收购、加工资格认定,放开棉花经营,实行社企彻底分开,做好棉花信贷资金供应,完善对棉花市场的宏观调控,加强对棉花市场质量监管,推进棉花产业化经营,加强对棉花流通体制改革的领导。

麻类计划管理 1984年起至1990年年末,麻类一直由供销社负责代收购,执行统购计划。1990年10月26日,省人民政府办公厅发出《关于加强黄红麻购销工作的通知》,重申黄红麻是国家委托供销社收购的指导性计划商品,按照"谁供种谁收购"的原则,确保收购计划完成。未完成收购计划之前,其他单位和个人不得插手收购,省内麻纺、造纸工业和外贸出口所需黄红麻由供销社按合同或计划优先安排供应。各级供销社继续对黄红麻实行计划指导,配合工商、物价等部门整顿市场,坚持供种、收麻、奖肥"三结合",完善县、基两级分购联销。1991年,黄红麻购销实行指导性计划管理,国合商业按照合同收购。次年,由于市场总体销售疲软,加之塑料编织袋等替代产品冲击和国际市场影响,麻袋滞销积压,11月7日,安徽省物价局决定放开黄红麻购销价格。黄红麻价格放开后,受物价总水平过快上涨的拉动和农产品内部比价关系变动的影响,市场实际收购价格上升幅度较大。

第三节 其他类计划管理

烟花爆竹计划管理 1992年,商业部、公安部《商业、供销社系统烟花爆竹安全经营管理暂行规定》,对烟花爆竹实行归口管理,批发业务统一由各级供销社主管日用杂品的专营公司经营,建立健全批零网点。

1997年3月17日,省供销社、公安厅、工商局联合下发《关于进一步加强烟花爆竹安全经营管理工作的通知》,规定省内生产厂家的产品实行定点生产、产品监制制度,外省进入安徽的产品实行总经销或总代理经营方式。根据公安部等6部门《关于加强烟花爆竹安全管理的通知》,省政府发出《关于加强烟花爆竹安全生产经营管理工作的通知》,明确全省供销社烟花爆竹实行归口经营管理。

再生资源计划管理 再生资源经营是供销社传统业务。废钢铁、废有色金属(含废铜、废铝、废铅等)纳入指令性计划管理。废纸、废麻及废橡胶作为指导性计划物资由省行业主管部门综合平衡。北京、天津、上海、安徽等省、市再生资源行业管理由供销社占主导地位,即"京、津、沪、皖"模式。1989年4月,安徽省人民政府办公厅下发《转发省供销社关于进一步加强废旧物资回收利用工作的报告》,加强农村基层回收力量。供销社统一经营或专营的商品购销额逐年上升,所占市场份额处于绝对优势。

第五章　物价管理

1986年6月，根据省物价局、省供销社等10单位文件规定，改革价格管理权限，实行国家定价、国家指导价和市场调节价3种形式。省供销社管理的商品价格减少到6种，包括棉花、黄麻、红麻、a麻、茶叶和絮棉。

20世纪90年代后，根据国务院《关于进一步搞好农产品流通的通知》和省政府《关于进一步搞好商品流通若干问题的通知》精神，供销社物价管理一是配合物价部门及有关公司调整、制定化肥、棉花价格；二是参与协调指导化肥、棉花价格大检查工作，配合搞好价格管理；三是协调处理化肥、棉花价格检查中出现的问题，向政府有关部门协调处理意见，争取政策到位；四是帮助解决棉花加工企业加工费用调整政策。

1990年，省供销社参与制定并调整棉花、黄红麻、茶叶等大宗农副产品购销价格。

1991年，会同物价部门调整部分商品价格。在现行价格基础上规定茶叶、黄（红）麻、绵羊毛的收购指导价格水平。

至1992年，供销社系统省管价格品种，农产品由5种减为棉花1种，其余农产品价格实行市场调节。农资商品省只管粮棉挂钩统配肥价格；农膜、农药省只管综合费率，具体价格由地、市管理。

第一节　农业生产资料价格管理

化肥定价　计划经济时期，化肥实行全国统一零售价。1985年，国家实行粮棉油合同定购和“三挂钩”政策，对国拨优质肥零售价实行“双轨制”，合同定购内的挂钩肥实行计划价格（平价），按全国统一价格供应；此外均实行综合价或议价供应，包括计划外采购部分，由当地物价部门审核，制订全县统一销价。

安徽省统配化肥销价由省统一制定和管理。1984年起，省供销社、省物价局共同测算提出统配化肥综合销价，报经省政府同意后执行。化肥综合价差款存放省农资公司，经省农资专营协调领导小组或省政府批准后使用，并由省税务局、省物价局监督。安徽省发放粮棉挂钩化肥票证与发放粮棉定购合同预购定金同时进行。安徽省化肥有两种定价形式，即指令性计划执行统一定价，粮棉奖售为583元/吨，蔬菜、蚕茧、茶叶及贫困地区补助等专项用肥870元/吨，计划外的，由当地物价局、供销社根据市场供求情况，本着保本微利、有赔有赚、以盈补亏的原则核定价格。

1986年4月10日，省物价局、省粮油食品局、省供销社联合发出《关于下达定购粮食奖售化肥的通知》,规定农民向国家每交售50公斤原粮,供应标准优质化肥尿素5公斤,奖售尿素执行565元/吨的全省统一综合平均价。8月14日,经省政府批准,铜陵磷肥出厂价格由123元/吨恢复到142元(含PO14%袋装),其他等级价格相应恢复原价。供销社销售价格以进价加费用及1~3%利润作价原则执行;系统内调拨价格亦按出厂价格同时相应调整。

1987年,省社发出《关于调整省统配优质化肥内部调拨价和结算办法的通知》,自2月1日起,中央和省计划分配的优质肥(包括综合价内的高价尿素),均由省农资公司统一收购,并直接与中央一级站、工厂结算;省对各分、地、市县农资公司一律实行内部调拨价。由省统一收购、分配、调拨的尿素,执行全省统一零售价,565元/吨。11月10日,省社、省商业厅、粮食食品局、工商行政管理局和省农行联合发出《粮食合同定购"三挂钩"管理办法》,规定每定购100公斤稻谷、小麦、玉米、大豆,供应优质标准化肥尿素或复合肥6公斤,定金为定购价20%。尿素价格565元/吨,复合肥按国家制定的平价执行。

1989年,省社《关于尿素作价的补充通知》规定,对外贸部门需交给农资公司的化肥作价,按省农资公司1989年1月18日农资财字〔89〕004号文件规定执行,即国家统一调拨价调进的交县农资公司为521元/吨,交基层供销社为538元/吨,全省统一零售价为583元/吨;高价调进的交县农资公司为730元/吨,交基层社为754元/吨,全省统一零售价为820元/吨。

1990年,省供销社贯彻国务院"维护经济稳定、社会稳定的大局,严格控制价格水平,适当调整价格结构,大力整顿价格秩序,继续深化价格改革"的物价工作方针,化肥销售价平均比1989年下降约20%。初步理顺优质肥品种间比价,调整复合肥、钾肥的销售价和内部调拨价;制定安徽省关于农技服务所需化肥、农药、农膜优惠作价办法。用于粮棉挂钩的尿素,价格继续执行1989年的综合平均价583元/吨,用于其他挂钩和专项用肥,全省综合销售价820元/吨;地产碳铵实行县长负责制,原则上以县为单位实行综合销售价,全省均价360元/吨,最高400元/吨;复合肥销售价为560元/吨,比1989年上升19.1%,磷肥销售价327元/吨与上年持平。计划内优质肥调拨、销售价由省统一制定,计划外优质肥及小化肥价格多由专营单位的主管部门向当地物价部门申报后执行,原则上是进价加直接费用和间接费用,再加合理利润。有些地方实行最高限价或差率控制,全省无统一标准。地产碳铵,安徽省从1989年年初开始实行县长负责制。

1992年,国务院出台《关于加强化肥、农药、农膜经营管理的通知》,企业可以根据化肥淡旺季与农民协商化肥价格,首次给予化肥生产企业一定的经营权和定价权。

1994年8月,国务院下发《关于改革化肥等农业生产资料流通体制的通知》,规定中央调拨化肥(国产大化肥和中央进口化肥)由中央、省、地、县四级批发、基层供销社一级零售,改为中央、省二级批发,县农资公司与基层供销社批零结合、基层供销社推行代销的一级零售,同时推行代销制和化肥生产企业自销。8 月 15 日,省供销社转发省物价局皖价工字〔1994〕116 号文件,改革安徽省化肥价格管理办法,明确化肥价格管理权限分国家、省、地、(市)三级。

1995 年,《关于省农资公司进口化肥作价及建立价格风险基金问题的函》指出,为简化手续,避免进口化肥价格大起大落,根据国务院国发〔94〕45 号文件精神同意建立进口化肥价格风险基金,进口化肥省农资公司对县综合调拨中准价定为尿素 2050 元/吨、硫酸钾 1950 元/吨、复合肥 2100 元/吨、磷酸二铵 2320 元/吨;价格风险基金的提取及使用,由省农资公司设立进口化肥价格风险基金专户。进口化肥调拨价与进口成本的价差为盈余时,专户存入风险基金,亏损时用于专项补贴。动支风险基金由省农资公司分批计算,列出清单,报省物价局、供销社批准后执行。价格风险基金的管理,由省农资公司每半年向省物价局、供销社报告一次,并接受省物价局、供销社的检查。年终结算,余额滚动。

1996 年《国家计委关于进一步加强化肥价格管理的通知》,对化肥出厂价格继续实行政府定价、分级管理,具体价格仍按国务院《关于改革化肥等农业生产资料流通体制的通知》规定执行,其中计划内工业用尿素与农业用尿素同价,严禁有关省(自治区)物价部门超越价格管理权限,将计划内工农业用尿素分别定价;严格执行国产化肥调拨作价的有关规定,中央调拨给地方的国产化肥,其调拨价格由国家计委制定;改进进口化肥调拨作价办法,外贸部门进口化肥继续实行代理作价,代理手续费标准严格按照《国家计委关于进口化肥手续费问题的通知》执行;化肥零售价格继续由省级部门制定,推行定购粮、棉与奖售化肥挂钩政策,对挂钩以外的化肥实行综合平均零售价格。《关于 1996 年化肥价格的通知》明确:化肥出厂价格,安庆石化总厂生产的统配尿素出厂价格由国家计委管理;安庆石化总厂自销和超产尿素、淮南化工总厂、铜陵化工集团生产的尿素、省农资公司收购的铜陵普钙出厂价由省物价局管理;其他企业生产的碳铵、复混肥、普钙及小尿素出厂价继续实行县(市)长负责制。销售价格,粮棉挂钩价格由省管理,省物价局下达挂钩肥全省统一对县调拨价和供应农民的零售价;对省农资公司经营的挂钩以外化肥实行分品种综合评价调拨价格。省政府及有关部门出台 4 项措施:恢复粮棉挂钩,将省掌握的优惠价尿素资源粮棉收购挂钩,全省统一挂钩标准,每 50 公斤定购粮供应尿素 4 公斤,每 50 公斤定购皮棉供应尿素 7.5 公斤;挂钩价格:全省统一零售价 1620 元/吨。恢复送货制。对挂钩外化肥实行综合作价。加强对价格的监督和检查。3 月 7 日,省计委、省物价局、省供销社、省粮食局发出《关于切实做好 1996 年粮棉挂钩化肥工作的通知》,明确全省挂钩肥统一零售价为 1620 元/吨。

1998 年,化肥出厂价由政府定价改为政府指导价,政府只对大型氮肥企业生产的化肥制定中准出厂价和上下浮动幅度,供需双方在浮动幅度范围内协商确定具体价格。

农膜、农药定价　1988 年前,农膜等为统一定价。1988 年,省社供价字〔88〕155 号文件规定:农膜改变统一定价,厂销价格由各地物价局核定后,凡各农资分公司统一进货对各县市调拨,原则按出厂价或进价加实际运杂费和 2.5% 手续费作价,对省内农药厂和塑料厂提前预付货款所发生的银行利息计入进货成本。基层社微利具体费率由县自定。各县市自采的农膜、农药,销价按进价加费用(包运什费、间接费用)和县社微利、基层社利润 3% 制定。聚乙烯农膜,农资分公司对县市农资分公司调拨价为 5264 元/吨,聚乙烯地膜对市县农资分公司调拨价 5564 元/吨。县对基层调拨由各地在省留费率内自行确定。农资分公司对所在地市郊区基层社调拨,仓库交货价为农膜 5320 元/吨、地膜 5605 元/吨。

1990 年,省供销社加强农资价格的宏观控制和微观管理,农药、农膜销售价平均比 1989 年下降约 20%。农药敌敌畏、乙基 1605、甲胺磷、乐果的零售价分别为 10050 元/吨、16336 元/吨、14004 元/吨、16550 元/吨,除乐果较上年上升 6.8% 外,其他品种与上年持平;农膜销售价分别为 6680 元/吨和 6900 元/吨,较上年下降约 25%。农膜及农药中的主要品种都由省定出厂价,农膜销售价的作价办法为出厂价加运杂费加商业综合差率(分、县公司、基层社三级为 11%)制定,农药的销售价办法为:进价加运杂费(行息另计),再加商业综合差率(乳剂 10%,粉剂 13%)制定销价。

第二节　农副产品价格管理

棉花定价　1989 年 4 月 7 日,省物价局、财政厅、纺织工业厅、供销社联合发出《关于一九八八年度棉花价格问题的通知》,明确:对 1988 年 9 月 1 日以来收购的棉花,向农民兑现省政府规定的实行斤棉斤粮平议差价和价外补贴;在 1988 年 9 月 1 日—1989 年 8 月底调拨、供应的各等级棉花,一律在国家规定供应价格基础上,每 50 公斤价外加价 25 元;适当提高絮棉零售价格。1989 年 8 月 14 日,省物价局、财政厅、供销社皖价综合〔1989〕104 号文件规定,标准级别皮辊棉收购价格在 1988 年“倒三七”比例价每 50 公斤 176.42 元基础上,调整到 236.42 元。省定斤棉斤粮平议差价和价外补贴仍为 11.40 元。锯齿棉衣亏补贴每 50 公斤由 5.8 元调为 8.20 元。标准级皮辊棉系统内调拨价每 50 公斤调为 243 元,二级站供应纺织厂价格为 258 元。锯齿棉分为等级另加衣亏补贴 8.20 元。絮棉零售价格各地区不等。

1989 年,《关于调整 1990 年集中部管商品价格的建议》要求安徽省属国家物价局、商业部管理、指导定价的棉花、茶叶、黄红麻和食盐在 1990 年进行价格调整:棉花收购价格由现行标准级皮辊棉每 50 公斤 236.42 元调整到 300 ~ 320 元或与粮食价格同步调整。1990 年 8 月 9 日,省物价局、财政厅、供销社供价字〔90〕338 号文件规定,标准级皮辊棉收购价由每 50 公斤 236.42 元调整到 300 元。锯齿棉衣亏补贴由 8.20 元调为 10.80 元。省定斤棉斤粮平议差价补贴为每 50 公斤 30 元,同时,向用棉单位收取 5 元生产扶持费。是年,省物价局、供销社棉字〔90〕476 号文件规定,省和地区公司供应纺织厂标准级皮辊棉供应价为每 50 公斤 329 元;产棉县(市)供应当地纺织厂为 324 元。以上每 50 公斤均另加斤棉斤粮补贴和生产扶持费35元。供应1～4级棉花,每50公斤继续收取0.3元技改费。

1991年,降低长绒棉的收购价格和供应价格,标准级长绒棉(3级33毫米)每50公斤供应价由547元调整为505元,其他等级按调查后的等价差率计算。

1992年,省政府调整斤棉斤粮差价补贴,由每50公斤补贴30元调整到10元,由财政负担,不计入供应价内。絮棉放开价格。

1993年起,国家两次较大幅度提高棉花收购价格,标准级皮辊棉由330元/担提高到700元/担。

1994和1995棉花收购年度,国家确定对棉花实行由供销社统一收购、统一加工、统一经营,国家统一定价,不放开市场、不放开价格、不放开经营的基本方针,下发《关于切实做好1994年度棉花购销工作的通知》。1994年4月15日,省社转发内贸部内贸农字〔1994〕第101号文件,强调必须按照国家计委计物价〔1993〕1669号文件规定,严格执行棉花供应价格,严禁乱涨价、乱收费。

1995年,国内贸易部安排1995年安徽省军需棉1300吨,按国家计委价格〔94〕1202号文件,每50公斤标准级皮辊棉542.91元,另加每50公斤锯齿棉衣亏补贴20.38元,1～4级棉花技改费0.5元/担,省间调拨奖励金30元/担(以上价格均不含税)。

1995棉花收购年度,取消合同定购。取消中央财政对每收购50公斤棉花给予的44元补贴。棉花购销价格管理权限在国务院,未经批准,各地区、各部门和棉花经营单位不得擅自提高或变相提高棉花收购和供应价格。

1996年,国家改革棉花供应体制,实行"国家计划指导,供销直接见面,价格适当调整,政策适时控制"政策,提出发展棉花交易市场,棉花购销走向多元化。10月15日,省社发出《关于认真做好1996年度棉花工作的通知》,要求各地继续贯彻经营、市场、价格"三不放开"政策。全省推行粮棉肥挂钩政策。是年为棉花实行供应指导价的第一年。安徽省棉花经营由原省、地二级经营改为省、地、县三级管理一级经营。供应纺织厂的棉花执行全省同价、省内省外同价。

1998年国务院《关于深化棉花流通体制改革的决定》明确,国家每年发布一次收购指导价,并负责非常时期的价格调控。据国家发展计划委员会《关于调整棉花收购价格的通知》,棉花收购价格由政府定价改为政府指导价,内地标准级皮辊棉收购价格每50公斤由现价700元调整为中准价650元,允许上下浮动5%,具体价格由供销社棉花收购企业根据市场情况在规定的浮动幅度内确定。从1999年起,放开棉花购销价格,其购销价格主要由市场形成,国家不再作统一规定,由省计委、省物价局发布棉花收购指导价。棉花供应价格放开,棉花经营企业供应纺织企业的棉花主要通过棉花交易市场交易,具体价格水平由交易双方协商确定。

1999年棉花收购年度,棉价进入市场竞争状态。

2001年,国务院下发《关于进一步深化棉花流通体制改革的意见》,推行以"一放、二分、三加强”为主要内容的棉花流通体制改革,全面放开棉花购销棉花价格完全由市场形成;改革供销社棉花经营企业,供销社棉花企业改革的重点是将棉花企业与供销社彻底分开;强化棉花质量管理规范棉花市场秩序。

茶叶定价 1985—1989 年,国家物价局、商业部 3 次调整毛茶收购价格,1986 年比 1985 年提高 15.04%,1988 年比 1986 年提高 17.58%,1989 年比 1988 年提高 34.71%,1989 年比 1985 年提高 82.21%。安徽省在实际执行中,各年毛茶收购均价比相应年度核定指导牌价高,1985 年高 15.55%,1986 年高 50.43%,1987 年高 60.73%,1988 年高 58.3%,1989 年高 17.00%。

1986 年,省物价局、省供销社《关于 1986 年茶叶指导价格的联合通知》,对茶叶指导批发价格按进批差率 10% 以内制定批发价格。

1988 年 3 月 10 日,省供销社、粮食食品局联合下达出口茶承包基数和实行出口茶物挂钩的通知。是年,出口茶供货承包基数为 2.1 万吨。出口茶物挂钩标准:出口干茶每百公斤,供应比例价稻谷 130 公斤;夏茶 100 公斤,供应优质标准化肥 300 公斤。

1989 年省供销社供价字〔89〕185 号文件规定,茶叶调拨价原则上实行一县一价。具体作价项目包括:省下达毛茶收购价;25% 工商税;1% 城建税(按毛茶收购价格 0.25% 计算);教育附加费(按毛茶收购的 0.25% 计算);茶叶生产扶持费(按收购价 1% 计算);复烘费;综合费用率,在 1986 年核定的费率基础上增加 1%;收购利润 2~3%;包装费;运杂费;省级管理费 1%(调省外部分)。产地间调拨,按供货地零售价倒扣 8~10% 为供货价;销地进批差率控制在 10~15% 以内,批零差率控制在 15~20%。

1990 年,据《关于调整 1990 年集中部管商品价格的建议》,安徽省茶叶收购指导价倾向维持 1989 年指导价水平,或与粮食和棉花、蚕茧等经济作物价格统一考虑安排。

1991 年 4 月 12 日,省物价局、供销社下达当年茶叶收购指导价格。明确 1991 年茶叶收购仍按皖价农字〔89〕38 号文执行,部分不适销低次茶叶收购价适当下浮。

1992 年,省物价局皖价综字〔92〕350 号文件规定,茶叶价格放开,实行市场调节。

黄红麻定价 1988 年,黄红麻收购价标准级熟麻收购价每 50 公斤红麻 66 元,黄麻为 69 元,生黄麻为 34 元,生红麻为 32 元。

1989 年 4 月 25 日省物价局、供销社供价字〔89〕190 号文件规定,标准级(二等切根)熟红麻每 50 公斤收购价由 66 元调到 75 元,熟黄麻由 69 元调到 78.40 元;生红麻由 32 元调到 45 元,生黄麻由 34 元调到 49 元。调拨供应价,在收购价格基础上每 50 公斤加综合费用和合理利润熟麻 13 元、生麻 8.8 元制定。同年,供价字〔89〕412 号《关于调整 1990 年集中部管商品价格的建议》,安徽省对 1990 年黄红麻收购价格做调整,黄红麻收购指导价在 1989 年价格基础上上调 15%,每 50 公斤二级熟红麻收购价达到 86.25 元或与粮价同步调整,促进黄红麻生产发展。

1991 年 9 月 14 日,省物资局、供销社下达黄红麻购销价格,明确当年仍按供价字〔89〕331 文件执行。

1992年,省物价局皖价综字〔89〕350号文件规定黄红麻价格实行市场调节。

第三节　其他商品价格管理

食盐定价　1986年,食盐城乡差价归盐业公司,盐业公司对供销社的作价办法,仍实行到点结算(即按结算点市场零售价倒扣批零差12%,再减税额每吨12元即为批发价),对基层社食盐转批业务按实或商定比例给予批发价4%(少数山区县按5%)转批优待。

《关于调整1990年集中部管商品价格的建议》明确,自1990年起,调整食盐价格,将批零差率由12%扩大到20%,改变包装押金终身收费制,实行分期摊销处理,对供销社继续实行5%的转批折扣。

民用肥皂定价　1986年6月1日起,省物价局将53型条重333.3克全脂肥皂每吨出厂价由1105元调为1269元,产地批发价由1200元调为1395元,产地零售每条由0.46元调为0.5元,销地批发价按产地调整后价格加规定的地区差价制定,批零差率仍执行14%。

石膏定价　1986年3月1日起,销售价从每吨50元调为75元。分公司对县公司调拨,按分公司所在地零售价倒扣18%为公司交货价;对市郊基层社调拨,按零售价倒扣15%为分公司仓库交货价。

钢材定价　1986年扶农钢材分配至市社,线材800元/吨、元钢850元/吨、角钢900元/吨、镀锌板1590元/吨、管材1400元/吨。供销社县城以下农村市场可根据当地情况,在县城关批发价基础上加1~3%的城乡差价,再加规定的批零差率定价。直接从工厂或二级站进货,可以少加或不加,但对交通不便的边远山区城乡差价最高不超过3%。

第六章 纪检 监察 审计

第一节 纪检监察

供销社纪检监察机构 1986年10月,省社转发省纪委批复省供销社党组《关于要求建立供销社系统纪检组织的报告》,要求各地、市、县(市)供销社纪检组(委)配备3~5人,纪检组长(书记)必须是同级副主任一级干部担任,并参加党组(委)。基层供销社配备同级副职专职纪检员或兼职纪检员。纪检机构主要职能是协助党组抓好党风廉政建设和领导干部廉洁自律,协助党组会同有关部门对党的组织和党员进行党性、党风、党纪教育,检查、审理党的组织和党员违反党和国家法律、法规的案件,接待、受理党的组织、党员和群众在党的纪律方面的检举、控告、申诉及建议、反映等。

1988年,根据省纪委、省委组织部《关于撤销政府各部门纪检组的通知》精神,省社党组纪检组于8月2日停止办公,有关监察、打击经济犯罪、纠正行业不正之风工作,由监察处负责,有关党纪工作,由机关党委负责。各地市供销社纪检组亦相继停止办公,相关工作改由监察和党委部门负责。9月1日,省社监察处与审计室合署办公。

1989年,为有效遏制和打击经济犯罪,全省系统有24个县(市)社与所在地人民检察院成立人民检察院驻供销社检察室。

1990年2月10日,省社成立法律顾问室,与监察处实行"一个机构、两块牌子",维护企业合法权益,加强经济合同审查管理。

1992年,全省系统有7个地区供销社、8个市供销社、75个县(市)供销社建立监察机构,603个基层供销社配备专职或兼职监察员。全省系统专职和兼职监察工作人员共872人,其中专职工作人员411人。

1993年,省社机关进行机构改革,9月1日,监察处并入政治工作部。

1996年3月,省社下发《关于设置省社监察室,明确纪检组、监察室职责范围的通知》,设置省社监察室,与纪检组合署办公,实行"一个机构""两块牌子"。

2000年,省社机关机构改革,纪检组、监察室与新设审计处合署办公,各自独立行文。

2003年,全省17个地市供销社均完善监察机构,配备专职监察工作人员。

2005年,全省系统17个地市、55个县纪检监察机构组织完整,专职纪检监察工作人员配备到岗。

案件查处 1986—2003年(有统计年份),全省系统共查处各类案件9052件,挽回经济损失9360.26万元。

安徽省供销社系统1986—1993年经济案件检查处理情况表

表2—6—1　　　　金额单位:元

年度	类别	立案检查案件数		已检查案件情况			人员处理情况						
		小计	其中上年结转	结案件数	已查实的违纪金额	追(收)回的金额	实际受处理人数	法纪		政纪		党纪	
								小计	其中判刑	小计	开除公职	小计	其中开除党籍
1986	经济犯罪	455	122	383	2462300	1275400	375	117	74	213	40	47	13
	违纪项目	1176	157	996	10714600	6469700	449	35	10	355	33	60	14
1987	经济犯罪	293	48	267	1187600	764800	218	68	32	149	26	19	3
	违纪项目	748	210	673	10111200	7248700	379	27	3	331	49	40	5
1988	经济犯罪	210	27	191	1303300	981300	172	60	36	108	24	9	2
	违纪项目	557	48	491	8512400	4736100	273	16	3	243	27	18	5
1989	经济犯罪	363	44	310	3035000	1563100	273	161	37	161	20	12	5
	违纪项目	832	109	712	12944600	7049100	350	311	6	311	33	7	3
1990	经济犯罪	268	57	237	2591900	1363600	225	149	28	149	11	23	7
	违纪项目	544	112	474	7357800	3826400	269	239	9	239	32	13	3
1991	经济犯罪	204	31	171	2271900	1420900	172	99	38	99	20	12	5
	违纪项目	473	41	435	9316800	5782100	260	218	20	218	27	11	3
1992	经济犯罪	164	38	146	1434700	1111800	164	85	31	85	16	8	2
	违纪项目	331	40	299	9974700	4221700	147	117	1	117	9	7	—
1993	经济犯罪	136	17	122	2224200	1254600	125	70	15	53	15	7	3
	违纪项目	395	18	375	9993200	5193300	246	68	7	172	22	8	1
合计		7149	1119	6282	95436200	54262600	4097	1840	350	3003	404	301	74

说明:1993—1996年监察室并入政治工作部,全省供销社系统经济案件查处情况未列表

安徽省供销社系统1997—2003年经济案件检查处理情况表

表2—6—2　　　　　　　　　　　　　　　　　　　　　　　　　　　　金额单位:元

年度	类别	立案检查案件数		已检查案件情况			人员处理情况						
								法纪		政纪		党纪	
		小计	其中上年结转	结案件数	已查实的违纪金额	追(收)回的金额	实际受处理人数	小计	其中判刑	小计	开除公职	小计	开除党籍
1997	经济犯罪	167	13	151	2835000	2534000	106	30	14	77	27	19	8
	违纪项目	228	27	305	10488000	7503000	193	49	5	135	45	25	11
1999	经济犯罪	414	14	411	2183000	1195000	346	17	8	330	27	58	4
	违纪项目	497	15	492	7220000	4658000	486	12	3	454	48	62	9
2000	经济犯罪	77	4	67	1406000	1099000	65	6	3	55	29	8	3
	违纪项目	182	11	189	15838000	6728000	113	8	2	98	35	19	6
2001	经济犯罪	50	3	40	1236000	489000	37	11	3	27	8	6	2
	违纪项目	129	13	112	6161000	4702000	88	27	13	51	26	12	6
2002	经济犯罪	30	—	30	1250000	404000	15	7	2	7	1	3	1
	违纪项目	50	9	39	2823000	746000	42	12	4	29	1	10	3
2003	经济犯罪	31	2	27	2247000	1131000	26	7	3	8	4	6	2
	违纪项目	48	4	40	2190000	8151000	34	7	6	22	5	10	5
合计		1903	115	1903	55877000	39340000	1551	193	66	1293	256	238	60

说明:2003年后,各地市查处案件情况自行掌握,不再上报省社

系统案件报告制度　2009年12月,省社制定《安徽省供销社系统案件报告制度》,全面加强全省系统纪检监察案件报告工作,要求各市供销社、各企事业单位报告的主要内容为:本单位(系统)年度案件检查处理情况、本单位(系统)案件检查处理情况统计分析、万元以上的重大经济案件和本单位(系统)重要检查、调查事项及其处理情况或其他重大事项、重要问题。明确:各地区以市社为单位,年初(1月10日前)向省社报送上一年度《供销社系统案件检查处理情况表》以及《案件检查处理情况统计分析》;各地区以市社为单位,年底将全年纪检监察工作总结和下一年度工作计划报送省社;万元以上

重大经济案件，填写《经济案件登记表》，随有随报；重大事项或重要问题的报告要写明时间、地点、主要人物、事件经过、处理结果。被“双规”、被逮捕的重大事项要立即报告；已报告的重大事项，如有新情况发生，随时进行续报。报告的重大事项一旦处理完毕，要及时上报处理结果。报告内容涉及保密事项的，按保密规定办理；省社直属企事业单位直接报省社纪检监察室。

第二节　审计

供销社审计机构　1985 年 3 月，淮南市供销社设立审计科，其下属单位相应成立审计机构或配备专职审计人员。1987 年 2 月，省供销社根据安徽省人民政府办公厅《转发省审计局〈关于部门、单位内部审计机构的报告〉》和商业部制定的《商业系统内部审计工作试行办法》，建立省供销社审计室，编制 6 人，对直属企事业单位进行审计并指导全省系统的内部审计工作。

1988 年 9 月 1 日，省社审计室和监察处合署办公，“一套人马，两块牌子”，独立行文。至 1988 年年底，全省有 6 个地级供销社、40 个县级供销社设立审计机构，4 个地级供销社、11 个县级供销社配备专职或兼职审计人员，全省系统共有专职审计人员 162 名、兼职 132 名。

1993 年 9 月，省供销社成立财会审计部，负责组织实施省社直属单位审计，指导全省系统内部审计。此后，全省地、市、县供销社相继设立财会审计科（股），负责内部审计工作。1994 年 5 月，省社成立安徽省供销商业总公司审计委员会，强化自我约束机制。

2000 年 11 月，省社成立审计处，与纪检监察室“一套机构，两块牌子”。2002 年，省供销社单独设立审计处。

截至 2005 年 12 月，全省供销社及其所属企事业单位共有内审机构 156 个，其中独立审计机构 17 个。

审计队伍　省供销社《关于建立内部审计机构的通知》规定，地、市供销社要设立审计科，县（市）供销社设审计股，配备审计人员 2～3 人；省、地（市）县供销社直属单位和基层供销社设独立的审计机构或配备专职审计人员 1～2 人。各级供销社通过业务培训、同工种竞赛、交流理论和实践经验等形式，建设内审队伍。

2003 年 5 月，中国内部审计师协会制订、颁布《内部审计人员岗位资格证书实施办法》和《内部审计人员后续教育实施办法》，安徽省内部审计师协会下发《关于在我省实施内部审计人员岗位资格证书的通知》，全省供销社系统符合条件的内部审计人员按照规定申领岗位资格证书，持证上岗，省供销社及其直属企业共有 18 名内审人员取得证书。截至 2005 年年末，全省各级供销社及其下属企事业单位共有内部审计人员 446 名，其中专职 92 名、兼职 354 名。

审计重点　20 世纪 80 年代中后期，各级供销社内部审计机构成立之初，主要围绕深化企业改革、提高经济效益的工作中心,开展审计监督,进行厂长、经理、主任的离任经济责任审计,开展经营承包审计,对社会关注的热点和焦点行业执行国家政策情况进行专项审计以及对所属企事业开展财经法纪和经济效益审计。

1989 年,供销社作为全省廉政建设 4 个试点行业之一,抓住化肥、农药、农膜专营"热点",制定系列制度,审计 752 个单位,审计金额 5784 万元。全省系统共立案审查经济犯罪和违纪案件 1195 件,查结 1022 件,结案率达 85.5%;查出违纪金额 1597 万元,追回 861 万元。

2003 年起,国家审计署、中国内部审计师协会相继颁布《关于内部审计工作的规定》、《内部审计人员职业道德规范》《内部审计基本准则》和具体准则等一系列规章,省供销社结合实际制定本单位内部审计工作制度办法。2006 年 5 月,向所属企业下发《安徽省供销社全资和控股企业内部审计工作暂行办法》,提出审计结构和队伍建设具体要求,规范内部审计监督工作。2008 年 12 月,省社下发《关于推进省社内部审计信息化工作的通知》,决定自 2008 年度经济效益审计起,在所属企事业单位采用计算机辅助审计,购置配套审计软件,提高审计效率和质量。各级供销社内审部门按照规定,围绕供销社工作中心,重在保证供销社改革改制的顺利进行和促进经济效益的提高,审计项目主要包括经济效益审计、任期经济责任审计、资产负债所有者权益状况审计及其他专项审计。

1986—2006 年,全省供销社系统各级内审机构共开展审计项目 1.37 万个,审计出有问题金额 1.79 亿元,其中违纪金额 1064 万元、贪污盗窃金额 1736 万元、其他问题金额 1.5 亿元,共提出审计意见和建议 3.25 万条。

经济效益审计 为安徽省各级供销社内审部门开展最为广泛的审计项目。通过对供销社投资企业进行经济效益审计,确认和掌握年度目标任务完成情况,及时发现经营管理中存在的问题,研究制定应对和整改措施,促进经济效益提高。

任期经济责任审计 2002 年后,供销社原有企业大多通过改制、重组为由供销社参股或控股的有限责任公司。2006 年 11 月,省社主任办公会议通过《省社(供销商业总公司)投资企业主要负责人任期经济责任审计暂行办法》,规定省社(供销商业总公司)投资企业主要负责人任期届满或离任等都应进行经济责任审计,加强对供销社投资企业主要责任人的监督、管理,正确评价其任期经济责任,实现投资人投入资产的保值增值。

资产负债所有者权益状况审计 在各级供销社对所属企业资产整合过程中,按照公正、公平原则,内审机构直接参与与整合有关联企业的资产审计,为资产重组提供保障。

其他专项审计 2003 年下半年,省供销社深化企业体制改革,组建供销社法人和自然人共同出资的有限责任公司,在社会审计机构对改制企业基准日的清产核资、资产评估工作过程中,内部审计部门起到监督作用,工作完成后,省供销社审计处对企业评估基准日至改制截止日的经营结果进行后续审计，确认改制起点日供销社投入资产的最终数额，确保供销社集体资产不因企业改制流失。

2010 年初，省供销社合作经济大厦竣工。6 月，省供销社审计处牵头安徽辉隆农资集团股份有限公司和安徽茶叶进出口有限公司，组织社会中介审计机构，对项目进行决算审计。

第七章 改革改制

第一节 全省供销社系统改革改制

1983年,安徽省供销社恢复集体所有制性质,退出政府序列。1987年,安徽省体改办、省财政厅等八部门联合下发《关于进一步深化供销合作社改革的意见》,明确供销社改革重点是尽快办成农民的合作商业组织,为农村商品生产服务;尽快实现各级联社向经济实体转变,推行和完善经营责任制。此后,全省供销社恢复组织上的群众性、管理上的民主性、经营上的灵活性,在劳动人事制度、农民入股、经营服务范围、按劳分配和价格管理五方面进行突破性改革,探索发展为商品生产的系列化服务、发展横向经济联合、发展农副产品加工业、发展多种经营、发展农村商业网点、发展教育和科技事业,推广经营、价格、用工、分配放开,促进原有管理体制和经营机制变化,强化为农服务办社宗旨,探索为农服务新路。1988年,全省有10多个县以上供销社试点向经济实体转化。

1992年,全省供销社系统确定414个独立核算单位开展经营、价格、用工、分配“四放开”试点。至年底,“四放开”面逾80%。对经营困难的基层生活资料经营门点及边、小、微、亏企业,引进个体经营,推行招标承包、风险抵押、抽本承包、全奖全赔等新责任制形式,基本做法是“两全、四定、五自、一上交”,即全员风险抵押、全额铺底金分期抽本承包,定承包责任单位(柜组、门点)、人员、经营场地、铺底商品资金,招标承包利润标底(含利、税、应提应付费用),自主经营、自行作价、自由组合、自筹部分经营资金、自负经营风险和盈亏责任,上交承包费。探索生产要素重组,加快企业走向市场。5月27日,省政府批准安徽省供销社成立安徽省供销商业总公司的改革方案,7月25日,安徽省供销商业总公司正式成立。至年底,全省50%以上地、市、县供销社增挂供销商业总公司的牌子,兴办实体,分流人员。颍上县麻纺厂全部资产为227.9万元,负债为753.7万元,向县法院申请并获准依法破产。和县乌江轧花厂依法兼并面临倒闭的乌江供销社。

1993年,全省供销社系统改革以产权制度为主要内容,加快企业转换经营机制。全省县以上供销社实行内部机构改革的达60家,占66.7%;分流约600人,新办实体83个。省供销社机关由149人减为57人,原14个处室减为5个部(室、处)。在“边、小、微、亏”的工业品零售门点、柜组实行“社有民营”,基本做法是“四自双包”:自主经营、自筹资金、自担风险、自负盈亏,包上缴、包税费。全省系统实行“社有民营”企业达1350个,占54%;涉及营业网点1.12万个、职工4万人;收回商品资金2.25亿元,收回租金8700万元。在12个企业进行股份制和股份合作制试点,总股本1339万元,其中原企业及职工股891万元,其他法人参股448万元。进行试点的企业当年产值6093万元，利润 785 万元，税收 500 余万元。

1994 年 6 月中旬和 8 月初，省供销社组织部室、直属单位和地、市供销社负责人赴江苏南部考察学习，增强改革意识。全省县以上供销社加强机关内部改革，80% 县以上供销社成立集团或总公司，兴办实体、分流人员。完善"边、小、微、亏"工业品零售门点、柜组的"社有民营"改革，强化管理，加大抽本和收缴力度，初步制止效益滑坡，增强基层社活力。在 100 家企业进行股份合作制试点。

社有企业改制　1995 年 3 月，中共中央、国务院发出《关于深化供销合作社改革的决定》。5 月，中华全国供销合作总社第二次全国代表大会在北京召开。全省供销社加快改革步伐，探索把供销社办成农民的合作经济组织，兴办专业合作社，召开社员代表大会，扩大农民入社股金，扩大供销社民办因素。各地供销社采取多种形式宣传供销合作社，扩大知名度，增强各级政府和有关部门对供销社的了解、支持。全省供销社调整经营战略，转变营销方式，经济增长由单一流通型向多元化经营方面转变。

1997 年，全省供销社围绕"把供销合作社真正办成农民的合作经济组织"的改革目标，推进企业改制，探索供销社经济有效实现形式。7 月，省供销社在来安县召开改制工作座谈会，明确改制原则是：供销合作社的性质、宗旨和隶属关系不变，保证供销合作社社有资产保值增值，保证对承担政府职能的两大支柱行业的绝对控股权。改制形式主要有股份有限公司、有限责任公司、股份合作制等。对一些连续亏损、扭亏无望、濒临倒闭的小企业、小门点进行拍卖、租赁等。全省系统参加改制企业达 436 个，占全部企业的 17.2%，其中基层社 165 个，占基层社总数的 11%。改制企业中，供销社资本为 4.67 亿元，吸收个人股本 6008 万元。改制后企业稳定发展，基层社生活资料门点租赁承包不断完善。

2000 年，省供销社推行以社企职能分开为目标的改革，省社机关处室由 9 个调整为 8 个，人员由 89 人减至 57 人。至年底，全省供销社改制、改组企业为 663 个，占全部社属企业 27%；其中，进行股份有限公司改制的企业 20 个，改为有限责任公司的企业 178 个，进行股份合作制改造的企业 178 个，停业或歇业的企业 250 个，出售、破产或解体的企业 37 个。供销社企业在经营形式上主要有 5 种：实行承包经营的企业 856 个，实行租赁经营的企业 190 个，实行托管的企业 164 个，实行合作方式经营的企业 28 个，实行任期目标责任制的企业 924 个。部分基层社通过存量资产增值和对闲置资产、低效资产处置获得改制成本，推动企业改造。长期以来因为人员过多而制约发展的包袱得以减轻。全省系统当年解除劳动关系的职工人数为 7594 人，重新安置职工 2.18 万人，实行内部退养的职工 6317 人。以产权为纽带，构筑全资、控股、参股的企业组织框架；以抓主要商品经营和培育骨干龙头企业为重点，建立社有资产的进退机制；以建立法人治理结构为目标，形成社有资产新的管理体制，改变过去供销社对直属企业权力无限、责任无限的大包大揽体制，控制风险责任；建立新型的劳动关系，干部能上能下，人员能进能出，分配能高能低，职工责任心增强。改善资产质量，改变社有企业是供销社全资企业的单一所有制格局,推进投资主体多元化。是年起,在直属企业中,启动安徽省茶叶公司改制,将其改为有限责任公司,省社入股 222 万元,占总股本 37.44%,公司职工入股 371 万元,占总股本 62.56%。组建兴农土产日杂有限责任公司,总股本 106 万元,省社入股 50 万元,占 47.17%,企业职工入投 56 万元,占 50.83%。省农资公司、棉麻公司、再生资源公司、新世纪大厦等普遍进行内部经营机制转换。

2001 年,全省供销社多形式、多层次推动供销社企业战略性调整和重组,按照做大做强的原则,培育优势企业和骨干龙头企业。坚持"有进有退,有所为有所不为"原则,办好一批农资、棉花、农业产业化龙头企业及盈利水平相对较高的企业,使之成为在农业和农村经济发展中发挥带动作用的骨干企业和企业集团。社有资产退出在市场竞争中失去优势的企业。置换职工身份,放开搞活一批企业和基层社。对部分困难的社有企业和基层社,进行改组、联合、兼并、租赁、承包经营和股份合作制、破产、出售等。对难以为继的企业和基层社,盘活存量资产,置换职工身份,使得职工由"企业人"变成"社会自然人"。至年底,全省供销社进行改制、改组的社有企业达 357 个,占全部社有企业的 37.5%;实施改制基层社为 321 个,占全部基层社的 23%。通过置换职工身份、分流人员,全省供销社系统职工总人数由 24 万人减至 20.3 万人。省社制定《关于深化直属企业产权制度改革的指导意见》,对已经进行股份制改造的安徽茶叶进出口有限公司、安徽省兴农土产日杂有限公司,重点建立健全企业法人治理结构,转换企业经营机制。安徽省农资公司做大做强化肥、农药等主营业务,拓展国外市场,被省经贸委确定为"全省 10 家重点骨干商贸流通企业"之一。安徽茶叶进出口有限公司,强化茶叶出口,拓展其他二、三类产品出口业务,实现利润 621 万元,为近 10 年之最。安徽省再生资源公司上规模、联网络,实现销售额 2.85 亿元、利润 252 万元。剥离改制后的安徽省兴农土产日杂有限公司做好烟花爆竹安全经营管理,开展食用油等总经销、总代理,仅"金龙鱼"食用油在合肥地区销售网点就达 800 个,实现利润 70 余万元。是年,省供销社直属企业实现销售收入 21.54 亿元,比上年减少 2.68 亿元,下降 11.1%;盈亏相抵后净盈利 2207 万元,增加 1441 万元,增长 188.1%。

2002 年,安徽省人民政府下发《关于县级供销社经费问题的批复》,要求将县级供销社改革纳入当地机构改革总体方案,在精简机构、分流人员、严格核定编制后,将机关经费列入同级财政预算(含离退休人员)。安徽省供销社以产权多元化改造社有企业,围绕建立现代企业制度,推进社有企业、基层社产权制度改革。至年底,全省系统已置换身份、解除劳动关系人数达 5 万人,约占改革前职工总数的 1/4。4.6 万名离退休人员中,有 4.1 万人进入"社保",占离退休总人数的 89.1%。全省供销社社有企业和基层社改革、改制面达 60% 以上,全省系统职工人数减为 15 万左右。

2003 年,省社转发省经贸委《关于加快全省 1718 户国有集体中小企业改革的通知》,要求加快推行企业改革,完成全系统 157 户规模限额以上工商企业的改革任务,工作要在 9 月底前"大头落地",由于其中绝大部分为棉企,特别强调棉企改革要遵照《关于供销社与棉花企业分开的实施意见》办理。是年年底，全省供销社社有企业改革面达80%以上，其中，纳入省经贸委考核的157个规模以上企业中有104个完成改革，占66%。全省系统有1.36万人被解除或终止劳动合同。芜湖、合肥、池州等地基本完成企业改革任务。企业改制主要有4种形式：一是破产，改制中企业依法破产，履行法律程序，经法院公告后完成；二是关门走人，企业经过清产核资，完成“双置换”（职工身份置换、国有或集体资产置换）后，无法继续经营或重组，到当地工商部门注销企业；三是用现代企业制度改造老企业，实行“退二进三”，完成相关程序和法律手续；四是企业改制经过“双置换”后，重组新的经营实体。改制后全省系统从业人员约为10.7万人。

2004年年底，全省供销社社有企业改革面达90%以上，合肥、淮北、淮南、马鞍山、芜湖等市及省社直属企业基本完成改革计划。黄山永佳集团控股的“永佳股份”上市。宁国司尔特化肥公司进行并购、扩张，进军上游化工产品。省社直属企业调整营销策略，拓展经营业务，当年实现销售总额39.08亿元，增长71.6%；实现利润4794万元，增长72.4%。

2005年，全省供销社系统在改革中创新体制、激活机制，重点是基层社改革改制。六安市裕安区新安供销社盘活资产，参与小城镇开发；肥西县金牛供销社引导农民组建葡萄、奶肉羊专业社等。当年全省基层社实现销售46.5亿元，增长6.7%；实现利润454万元，增长14.7%。省供销社直属企业改制基本完成，安徽辉隆农资集团形成母、子公司加连锁网点的集团管理架构，全年实现商品销售27.76亿元，增长31%。开拓化工产品、种子等业务经营，当年化工产品销售额2亿元。所属大禾种业公司生产拥有自主经营权的优质高产水稻新品种“辐香优98”种子100余万公斤，全年种子经营额1740万元。辉隆桐城肥业和阜阳肥业公司投产运营，生产辉隆复合肥、BB肥。投资4500万元参股山西丰喜华瑞、晋城二化。化肥、化工、农药产品均实现直接进出口，全年进出口贸易额3000余万美元，位居全国省级农资公司前列。安徽茶叶进出口有限公司经营品种涉及27大类62个品种，全年进出口总额3761万美元，增长56.8%。安徽省再生资源有限公司做好废钢铁经营，开展拍卖业务，全年举办146场拍卖会，成交额超过2亿元；全年实现销售12.83亿元，增长37.5%；利润407万元，增长91.1%；进出口总额60余万美元。至年底，全省系统从业人员8.93万人。

2006年，全省供销社社有企业改革改制主体初步完成，工作重点为优化产权结构、完善企业法人治理结构。培育发展以供销社传统业务为主导的优势骨干企业群，打造推动农业产业化和农村流通现代化的龙头企业。因地制宜，多形式、多途径改造重组和创新基层社组织体系、经营体系，把基层社改造与发展专业合作社、建设现代流通网络、兴办综合服务社结合，基层社经济效益和服务功能增强，全年实现销售总额55.11亿元，增长18.49%；利润总额758万元，增长66.96%。砀山县唐寨供销社依托当地水果资源兴办专业合作社，引领农民进入大市场。和县香泉供销社发展农产品协会，提高农民组织化程度。六安市裕安区新安供销社兴建农贸大市场，发展日用消费品连锁网点等。各级联社履行资产所有者和出资人职责，由“管企业”向“管资产”转变，做好系统指导、管理、协调、服务。省供销社制定、完善“社有资产管理”“企业负责人任期经济责任审计”等系列规章制度，规范本级企业管理。集中本级资产组建、启动安徽德信担保公司和安徽友盛房地产公司。合肥、芜湖、黄山、宣城等地供销社集中优质社有资源，发展房地产、金融、担保、包装、化工等产业。

社有企业整合创新　至 2007 年，全省系统社有企业和基层社改革面逾 90%，社有企业改制主体初步完成，省社投资企业销售首破百亿元大关。上半年，省社完成直属企业改制，先后组建 14 家控股、参股企业。全省供销社加快资源整合和重组步伐。以辉隆、永佳等为骨干，以若干中小企业为梯队，主业突出、多元发展的全省供销社企业集群成型。除传统主业外，经营领域延伸到化工、房地产、种子研发、农产品精深加工、担保、资本运作等。

2009 年，省棉麻有限公司参股建设的国家级大型电子化棉花交易市场——国家棉花交易中心（合肥）开业。中华全国供销合作总社和安徽省供销社首度联手，投资收购并组建全省最大冷链食品企业——安徽和合冷链食品股份有限公司。社有企业经营服务领域延伸到房地产开发、化工、建材、金融服务、餐饮、仓储运输、种养殖业、粮油加工、种子经营、担保拍卖、资本运作等。

2010 年，安徽省供销社系统销售额超亿元企业达 82 家。骨干企业壮大，新型业态快速成长，安徽辉隆农资集团、安徽双赢再生资源集团、黄山永佳集团、阜阳商厦、安徽茶叶进出口有限公司获评“2010 年全国供销社系统百强企业”。司尔特股份获准在深交所上市；辉隆股份首发过会获通过。

2011 年，全省系统构建农村金融服务网络，供销社作为主发起人先后组建 4 家小额贷款公司、3 家担保公司、1 家农村商业银行、1 家农村合作银行，注册资本合计 8.36 亿元。全省系统金融服务等其他经营额达到 9.28 亿元，同比增长 86.28%，其中：仓储运输经营额 5530 万元，同比增长 35.97%；资产经营额 7861 万元，同比增长 8.94%；其他经营额 8309 万元，同比增长 4.58 倍；芜湖扬子商业银行营业额 6.72 亿元，利润 2.74 亿元，贷款总额 298.43 亿元。是年，全省系统销售超亿元企业达 106 家。首次召开系统企业工作会议，提出系列推动企业改革发展思路。3 月 2 日，辉隆股份在深交所上市，成为全国供销社系统首家控股上市企业，经营版图拓展至 12 省；双赢集团销售 92 亿元，实现利润 5700 万元，建成投产安徽省首条废钢铁破碎生产线，“双赢模式”引发关注；安徽茶叶进出口有限公司、合肥银山棉麻股份公司提升市场占有率，规模分别位居全国茶叶百强第 3、全国棉浆粕市场第 1；阜阳商厦引领皖西北百货、日用品连锁行业，全年销售 12 亿元。黄山永佳集团领先全国绿色软包装，实现销售 32 亿元，利润 3 亿元；合肥德善小额贷款有限公司实现利润 4400 万元；安徽和合冷链食品股份有限公司成为安徽大型农产品重点调控企业。

第二节　省社直属企业改革改制

2001年,安徽省供销社开始直属企业改革改制试点。2003年5月全面启动。至2007年8月,省社13个直属企业及其所属8个二级机构的改革改制工作全部结束。直属企业创新体制、机制,按现代企业制度建立法人治理结构,成为市场经济主体,调动职工积极性、主动性,实现企业经济规模和效益的"双提升"。

改革改制相关政策　2000年2月22日,中共安徽省委、安徽省人民政府下发《关于认真贯彻党的十五届四中全会〈决定〉加快国有企业改革和发展的若干实施意见》,要求在2010年前,基本完成国有经济的战略性调整和国有企业的战略性改组,形成比较合理的国有经济布局和结构,建立比较完善的现代企业制度;从战略上调整国有经济布局和推进国有企业战略性改组;积极实施大企业、大集团战略,促进优势企业低成本扩张;通过改组、联合、兼并、租赁、承包经营和股份合作制、出售等形式,放开搞活中小企业。

2001年9月1日,安徽省人民政府下发《安徽省人民政府批转省经贸委关于进一步加快我省中小企业改革发展若干政策意见的通知》,明确安徽省中小企业改革发展的主要目标是:加快国有中小企业的战略性改组,推进多种形式的改革;3—5年内,初步建立省、市、县中小企业社会化服务体系;培育形成一大批机制灵活、协作配套能力强、有一定技术层次、外向度高、特色鲜明的骨干企业,形成大中小企业协调发展的企业组织结构。

2003年8月7日,根据省政府皖政〔2001〕73号文件和省经贸委皖经贸中小企〔2003〕150号文件精神,结合省社直属企业实际,省社印发《安徽省供销社关于直属企业改革的实施意见》,要求在所有省社直属企业中推行改革改制。明确改革目标是建立企业和职工的新型劳动关系,实现企业产权多元化,建立现代企业制度。总体思路是从实际出发,分类指导,一企一策,逐步推进,宜股则股,宜卖则卖,宜租则租,宜破则破,宜关则关,采取多种形式改革,把改革与企业重组、加强企业内部管理结合。优化系统内资源配置,对供销社产业结构和经营结构进行战略性调整,调动经营者和职工的积极性,转换企业经营机制。省社采取控股、参股等形式,与直属企业建立新型产权关系,作为社有资产出资人行使所有者职能,做大做强企业,形成在全省举足轻重的产业集团。要求以产权改革为主导,发动群众,依靠群众,坚持公开、公平、公正,合法、合情、合理的原则,企业改革做到规范、彻底、到位,不留后遗症。同日,省社下发《安徽省供销社直属企业清产核资和资产评估工作方案的通知》《关于解除职工劳动关系给予一次性经济补偿的办法》《关于直属企业改革后离退休人员管理暂行办法》配套文件。

改革改制试点　2001年,中国加入世界贸易组织(WTO)。安徽省茶叶公司作为外贸企业在省供销社直属企业中率先探索改制。1月4日,安徽省供销社批复同意《安徽省茶叶进出口公司产权制度改革实施方案》。由安徽省供销社、公司工会（托管职工股）共同投资组建有限责任公司，名称为安徽茶叶进出口有限公司，系独立法人，继承原公司进出口经营权和商标使用权。公司总股本 593 万元，其中安徽省供销社 222 万元，占 37.44%；职工持股会入股 371 万元，占 62.56%。方案对入股对象及限额，业务部分类，业务骨干及综合业务主管确定，职工风险金、社员股金、工资福利结余确定和转股方法，转股入股认缴额确定和一次性缴款优惠，收益让渡，建立离退休人员保障基金等，均作明确规定。

2000 年 3 月，省供销社党组研究决定，将安徽省土产日杂果品公司由执行事业（机关）单位工资制，改为执行企业工资制。次年 1 月 11 日，注册成立安徽省兴农土产日杂有限公司，注册资本 106 万元，其中安徽省供销商业总公司 50 万元，职工 56 万元。3 月，省土产日杂果品公司全体员工与公司解除劳动合同关系，实行全员下岗。保留省土产日杂果品公司名称，留守 3 人管理离、退休人员和清理债务。9 月，省土产日杂果品公司芜湖土产分公司因经营不善，严重资不抵债，经省供销社批准企业改革改制后关门停业，全体员工进行身份置换，与公司解除劳动合同关系，全员下岗，留守 2 人管理离、退休人员。至 2004 年 5 月 26 日，省供销社控股组建安徽盛虹烟花爆竹有限公司，原省土产日杂果品公司离、退休人员由盛虹烟花爆竹有限公司代管，原省土产日杂果品公司名称继续保留。

至 2002 年，省社共有直属企业 11 家，分别是：安徽省农业生产资料公司、安徽省棉麻公司，安徽茶叶进出口有限公司、安徽省再生资源公司、安徽省土产日杂果品公司、安徽省天诚商贸有限公司（安徽省工业品公司）、安徽省供销社科技工贸公司、安徽省华龙贸易公司、安徽省供销社物资材料公司、安徽省新世纪大厦和安徽省供销社印刷厂。省社直属企业经营状况落后于全省供销社系统，更落后于全省经济发展水平。是年，全省完成 GDP3569 亿元，同比增长 8.9%，实现财政收入 346.7 亿元，同比增长 12%；全省供销社系统实现销售总额 117.6 亿元，同比增长 2.5%，利润 7559 万元，同比增长 59.27%；省社 11 家直属企业共实现商品销售总额 15.67 亿元，比上年减少 4.42 亿元，同比下降 22%；实现利润 2172 万元，同比下降 21%。

全面改革改制　至 2003 年 5 月，除安徽茶叶进出口有限公司、安徽省土产日杂果品公司 2 家企业初步改制外，其余企业仍以行政性公司体制进行经营和管理。作为计划经济体制下形成的社有全资公司，省社对企业负全部责任。各企业无产权概念，管理松懈，运营资金依靠省社解决。截至 8 月 8 日，省社共向直属企业借出 4309.19 万元，为企业提供担保 2843 万元，合计 7100 余万元，且存在借款难以收回和担保贷款逾期现象。企业内收入分配难以体现工效挂钩、按劳取酬原则。不少企业实行事业工资标准兼工龄补贴，同时又自主发放奖金，成为“事业不事业、企业不企业”的复杂综合体。职工吃企业的“大锅饭”，企业吃省社的“大锅饭”。企业经营者“官本位”思想和级别意识严重，只能上、不能下；企业内部基本沿袭计划经济体制下行政公司的传统做法，部门林立，人浮于事。

省社全面启动直属企业改革改制，按照全省中小企业改革改制电视电话会议要求，以建立适应市场经济要求，产权明晰、权责明确、政（社）企分开、管理科学的现代企业制度为目标，使企业真正成为自主经营、自负盈亏、自我发展、自我约束的法人实体和市场竞争主体，承担社有资产保值增值责任；优化社有资产的合理配置，对产业结构、企业结构和经营结构进行战略性调整。实施扶优扶强，发展一批优势企业，培育几个规模较大、竞争力较强的大企业、大集团，放开搞活无主导业务的小企业。重点是深化产权制度改革，明晰产权，理顺省社与企业、省公司与分公司的关系，变行政管理为以股权为纽带的资产管理，建立社有资产保值增值的新机制，深化劳动用工制度改革，建立企业与职工的新型劳动关系；推进各项配套改革，建立健全社会保障体系。

组织机构　2003 年 6 月 2 日，省社成立企业改革与招商引资办公室（简称“改招办”），负责省社直属企业改革改制日常工作，包括：制订省社企事业单位改革和招商引资计划；制订有关配套政策；协调、指导省社直属企事业单位改革、改制工作；审查省社企事业单位改革总体方案；协调省社企事业单位改革中的有关政策落实和产权界定、人员分流等问题；承担招商引资具体工作。从处室抽调专门人员集中办公，主任由夏小飞兼任，成员为谷新生、周其文、刘梅生、刘玉化、汪斌，聘程德麟为顾问。各直属企业相应成立改革领导小组与办事机构。2005 年 5 月 9 日，省社调整改招办人员组成，主任由曹斌兼任；成员为周其文、刘梅生、刘玉化、汪斌、汪本胜。

宣传动员　2003 年 5 月 28 日，省社召开全省供销社企业改革座谈会，直属企业及各市供销社负责人参会。学习、传达 4 月 28 日全省中小企业改革电视电话会议精神和省政府办公厅皖政办〔2003〕24 号、省经贸委皖经贸中小企〔2003〕150 号文件。6 月 21 日，召开市社暨省社直属企业改革报告会，邀请浙江省农资集团公司、杭州市供销社主要负责人为省社直属企业中层以上干部、各市供销社负责人作专题讲座。8 月 20 日，召开直属企业改革动员大会，各企业部门经理以上负责人及离退休人员代表参加会议。是年，省社直属企业改革改制工作正式启动。

清产核资　按照《安徽省供销社直属企业清产核资和资产评估工作方案》要求，本着统一领导、统一标准、统一方法、统一时点、统一程序的“五个统一”和坚持独立、客观、科学和专业标准，坚持结合实际、实事求是、协商认定，坚持公开、公正、透明的“三个坚持”原则，经公开招标，省社聘华证会计师事务所有限公司、安徽正信会计师事务所、安徽嘉华会计师事务所、安徽华鹏会计师事务所 4 家具有审计或评估资质会计师事务所，由改招办牵头，财会处、审计处参与，对企业开展清产核资、资产评估。所有改制企业的清产核资与资产评估报告，均报省社主任办公会议审定、认可。

截至清产核资时点，省农资公司、省棉麻公司、省再生资源公司、省物资材料公司、省华龙贸易公司、省科工贸公司、省新世纪大厦、省天诚商贸公司、安庆经营站、上海皖棉公司、安庆皖农公司、蚌埠中转库、合肥中转库、巢湖 6981 中转库、宿州中转库、省社印刷厂等16家企业委托评估总资产13.9亿元,总负债11.73亿元,净资产2.17亿元;经清查核资并评估确认,16家企业总资产评估值13.9亿元,总负债评估值11.93亿元,评估后净资产为1.98亿元,其中新世纪大厦未完全评估,未评估无形资产。

方案制定　指导原则:因企制宜,分类指导,全面推动,重点突破。对优势骨干企业实施公司制改革,实行产权多元化,省供销社视企业具体情况实行控股或参股;对长期亏损、资金枯竭、业务停滞、资不抵债的企业实施关闭,分流人员。各企业根据省社制定的改革实施意见和相关配套政策,结合实际,制订实施方案(草案),由职工(代表)大会讨论通过,报省社主任办公会议审定、批准后实施。

组织实施　依法解除职工劳动关系。根据省社《关于解除职工劳动关系给予一次性经济补偿的办法》,对原先企业固定身份、合同制身份职工等,均依法解除劳动关系,并给予一次性经济补偿。从2003年9月安徽省天宏科技工贸有限公司第1家正式启动改革起,至2007年3月省社印刷厂改革工作结束止,省社15家企业(含3家二级公司)职工依法解除劳动关系,省社共支付劳动补偿金3134万元。

因企制宜设计组织形式。2003年起,除安徽茶叶进出口有限公司、安徽兴农土产日杂公司2家组建新体外,对其余9家省社直属企业,即省农资公司、省棉麻公司、省再生资源公司、省社科技工贸公司、省社印刷厂、省新世纪大厦、省华龙贸易公司、省社物资材料公司、省工业品公司,以及部分省社直属企业的二级法人企业,根据经营状况、发展前景等,分别制定不同的改革方案:1.老体改制、省社控股或参股组建新体。省农资公司、省棉麻公司、省再生资源公司、省社科技工贸公司、省社印刷厂5家,改制后分别由省社发起,重新组建新企业,成立安徽辉隆农资集团有限公司、安徽省棉麻有限公司、安徽省再生资源有限公司、安徽天宏科技工贸有限公司、安徽瑞隆印务有限责任公司。对原属于省公司的二级企业,通过改制,或重新组建为省社控股企业,如蚌埠棉花中转库和安庆棉花经营站分别在改制后组建安徽天和棉麻有限责任公司和安庆皖农贸易有限责任公司;或改制为省社控股企业的子公司,如巢湖6981库改制后组建为省社控股企业安徽省棉麻有限责任公司控股的安徽金花棉麻有限责任公司。2.关闭企业,分流职工。省华龙公司、省社物资材料公司、省工业品公司3家企业无主营业务、长期亏损、资不抵债,改制后予以关闭,对原有职工在依法解除劳动关系基础上,适时分流。3.保留老体,组建新体经营老体。省新世纪大厦属餐饮服务性企业,资产规模较大,与一般流通企业相比有其特殊性,对其保留,仍然为省供销社全资企业;同时,通过省社注资、吸收职工入股等,重新组建安徽省新世纪商务酒店管理有限公司,实行新公司承包经营老体。4.剥离业务,重组新体。烟花爆竹业务原属省兴农土产日杂有限公司,2004年省社将其剥离,组建安徽盛虹烟花爆竹有限公司运营。5.直接组建新体。2007年,省社发起组建安徽德信担保有限公司和安徽德嘉置业有限公司,分别从事金融担保业务和房地产开发业务。

股本规模、结构　省社确定3条原则:优化省社资产配置,做大做强传统主营业务;

鼓励经营层持大股，业务骨干多持股；着眼股权多元化，根据业务发展需要，吸纳其他社会法人或自然人入股。对不同企业，确定不同股本规模。

至2005年9月8日，省社对各控股、参股企业投资总额7448万元，占全部投资的57.52%，其中投资安徽辉隆农资集团股份有限公司3300万元，占全部投资的55%；投资安徽省棉麻有限责任公司1500万元，占全部投资的83.33%；投资安徽省再生资源有限公司560万元，占全部投资的56%；投资安徽省天诚商贸有限公司92万元，占全部投资的32.86%；投资安徽省天宏有限公司150万元，占全部投资的45.73%；投资安徽省天和棉麻有限公司318万元，占全部投资的57.82%；投资安庆市皖农贸易有限公司750万元，占全部投资的93.75%；投资安徽盛虹烟花爆竹有限公司250万元，占全部投资的50%；投资安徽茶叶进出口有限公司378万元，占全部投资的37.43%；投资安徽省兴农土产有限公司50万元，占全部投资的27.78%；投资新安理财报100万元，占全部投资的20%。

至2011年5月31日，省社绝对控股企业9家，分别为安徽双赢再生资源集团有限公司、安徽省棉麻有限责任公司、安徽省天诚商贸有限公司、安庆市皖农贸易有限责任公司、安徽盛虹烟花爆竹集团有限公司、安徽省瑞隆印务有限公司、安徽省新世纪商务酒店管理有限公司、安徽德嘉置业有限公司、安徽和合生态农业股份有限公司；相对控股企业6家，分别为安徽辉隆农资集团股份有限公司、安徽茶叶进出口有限公司、安徽新力投资有限公司、安徽友盛房地产有限公司、合肥德善小额贷款股份有限公司、安徽和合冷链股份有限公司。在省社控股参股的15家（不含天和公司）企业中，总股本8.19亿元，省社持有3.03亿元约占总股本的37.00%。出资方式上，凡新发起设立的公司，如盛虹烟花爆竹有限公司、安徽德信担保有限公司、安徽德嘉置业有限公司等，均由省社以现金方式直接注资入股；对在老体基础上改制成立的企业，如辉隆集团、双赢再生资源集团、省棉麻公司等，均在原有企业清产核资、界定产权基础上，对社有资产划出一定比例作为新企业股本，如社有资产不足，省社则以现金补足；如有多余资产，作为省社的不折股资产，由新企业有偿使用。至2010年年底，省社在投资企业中共有不折股资产3345万元。新企业经营班子及职工一律以现金入股。

建立健全企业法人治理结构。改制后的企业，按照现代企业制度和现代产权制度要求，依照《公司法》规定，建立健全以董事会、监事会和经营层为主体的公司法人治理结构。对省社投资企业，按照股东大会确定比例，向企业派出董事、监事；控股企业董事长、总经理、副总经理和监事会主席由省社推荐产生。至2007年年底，省社共向14家企业派出董事、监事34名。

建立新型用工制度和分配制度。所有改制企业，从经营层到一般员工，一律实行聘用制，双向选择、竞争上岗，打破"铁交椅"和"铁饭碗"。根据岗位确定基本工资，根据个人或部门工作业绩确定绩效工资，打破"平均主义"和"大锅饭"。

做好企业离退休人员管理服务。2003年8月19日，省社主任办公会议研究出台

《关于直属企业改革后离退休人员管理暂行办法》,总的原则是“管理分散化,工资福利社会化”,即原有企业离退休员工仍由改制后企业负责管理服务,离休干部离休费、补贴的增加按国家和省有关政策执行,退休人员退休费、补贴的增加,按照有关规定统一执行企业社保政策;离退休人员医疗待遇、医疗保险原则上由改制后企业负责按相关政策规定办理。对于关闭企业的离退休人员,省社重新明确企业负责。

第三节 安徽省农资公司改制

安徽省农资公司改制前情况 2003年安徽省农资公司改制前有正式职工66人、离退休职工36人(其中离休10人)。公司本部设15个部室,其中管理部室有办公室、财会部、审计部、人力资源部、综合管理部、物业开发部,业务部有化肥一部、二部、三部,复合肥原料部、销售部,进口部、出口部,农药一部、二部;全资驻外子公司有上海公司、连云港公司;控股公司有蚌埠泰源公司、滁州泰源公司、徽农甘宁股份公司、宣城徽农公司;直属分公司(库)6个(芜湖、安庆、铜陵、淮南、合肥分公司,巢湖二坝库;参股公司有宁国司尔特、池州佳禾复合肥生产厂,中农化工有限公司、上海华东化肥联合有限公司。

经安徽华鹏会计师事务所评估认定,截至2003年6月30日,公司资产总额473015391元,负债总额354164347元,净资产118851043元(其中非经营性资产99528元)。

2003年9月3日,根据《安徽省供销合作社关于直属企业改革的实施意见》,安徽省农资公司成立改革改制领导小组,总经理李永东任组长,副总经理程书泉任副组长,领导小组成员由监事会主席李振民及在职部门负责人共19人组成。下设办公室,李振敏兼主任。9月4日,成立省农资公司清产核资领导小组。拟订《安徽省农资公司改革改制总体思路》,选择集团化模式,自下而上,按照组建子公司——成立集团——母公司整体改制步骤,启动改制。

安徽省农资公司改制目标方式 把省公司改造建设成为由省社控股的母子公司架构的农资集团。改革采取“先立后破,自下而上”的方式,把省公司作为母公司,以现有业务部和全资子公司为基础,组建有限责任公司(子公司),先虚拟运作,保证业务不受影响。而后,完成对省公司的清产核资、产权界定和解除计划经济体制下形成的职工劳动关系,重组由省社控股、个人入股、社会法人参股的农资集团公司,实现整体改制。

组织框架 坚持旧体制与新体制、业务经营与债务处理、规范管理与健全内控、改革重组与结构调整相结合。管理部室暂时不动,控股公司中整合3个保留1个,撤销9个业务部和2个全资子公司(上海、连云港公司),新组建9个有限公司,在上海重建1个孙公司(隶属进出口公司)。设计思路称为“2个直属纵队、7个战区、1个东方桥头堡、1个孙公司”。

直属纵队 安徽省瑞丰化肥贸易有限公司——由进口部、出口部合并组建,专门运作进出口业务，初称安徽徽农国际化肥进出口有限公司，初始注册资本 500 万元，省公司控股 80%，员工入股占 20%；市场范围立足省内，面向全国，走向世界。

安徽省瑞美福农化有限公司（2004 年 1 月 7 日更名安徽辉隆集团瑞美福农化有限公司）——由农药一部、二部合并组建，专门运作农药和开发种子业务，初称徽农安徽农资瑞捷农化有限公司。初始注册资本 300 万元，省公司控股 60%，员工入股占 40%。市场范围是立足省内，面向全国。

战区　按经济区域将全省划分为 7 个经营片区，原在该区经营的主要业务部室改建为相应公司，原部室的客户关系、经营渠道、债权债务、工作人员等带入新公司。办公地点前移，在各自属区内开发市场，建立网点。

安徽省泰达农资有限公司（2004 年 1 月 7 日更名安徽辉隆集团泰达农资有限公司）——由复合肥原料部和化肥二部合并组建，初称皖北公司，初始注册资本 200 万元，省公司控股 60%，员工入股 40%。市场范围为阜阳、亳州区域。

安徽省泰丰农资有限公司（2004 年 1 月 7 日更名安徽辉隆集团泰丰农资有限公司）——由化肥部组建，初称宿州公司，初始注册资本 200 万元，省公司控股 60%，员工入股 40%。市场范围为淮南、淮北、宿州区域。

安徽省泰源农资有限公司（2004 年 1 月 7 日更名安徽辉隆集团泰源农资有限公司）——由改制后的蚌埠分公司、滁州泰源公司和化肥三部组建，初称泰源公司，初始注册资本 628.2 万元，省公司控股 52.53%，员工入股 17.86%，其他股（原公司资产）29.61%。市场范围为淮南、淮北、宿州区域。

安徽省泰嘉农资有限公司（2004 年 2 月 5 日更名安徽辉隆集团泰嘉农资有限公司）——新建，初称庐州公司，初始注册资本 50 万元，省公司控股 60%，员工入股 40%。市场范围为合肥、六安区域。

安徽省泰宁农资有限公司（2004 年 1 月 7 日更名安徽辉隆集团泰宁农资有限公司）——由复合肥销售部组建，初称皖江公司，初始注册资本 200 万元，省公司控股 40%，员工入股 60%。市场范围为安庆、池州、铜陵区域。

安徽省宣城徽农有限公司（2004 年 4 月 30 日更名安徽辉隆集团泰吉农资有限公司）——整合宣城金和公司新建的控股公司，初称徽农宣城公司，初始注册资本 550 万元，省公司控股 47.27%，员工入股 26.73%，其他股（社会自然人）26%。市场范围为宣城、黄山、浙江部分区域。

安徽徽农甘宁农资股份有限公司（2003 年 11 月 3 日更名安徽甘宁农资股份有限公司）——省公司整合巢湖甘宁公司新建的控股公司，初始注册资本 1000 万元，省公司股份占 24%，员工入股 27%，其他股（原甘宁公司）49%。市场范围为巢湖、芜湖、马鞍山区域。

东方桥头堡　连云港市天吉农资有限公司——由省公司 1996 年 12 月在连云港市全资设立的安徽省农业生产资料公司连云港分公司（注册资本 100 万元）和连云港皖农贸易有限公司（注册资本 400 万元，人员与分公司“一套人马、两块牌子”）改组设立。

初始注册资本 200 万元,省公司控股 60% ,市场范围不限,主要开拓江苏、河南、广西市场,利用港口优势收集化肥市场信息。

孙公司　上海瑞美丰国际贸易有限公司——1994 年 1 月,省公司全资在上海组建安徽省农业生产资料公司上海公司,初始注册资本 506 万元。2003 年 8 月,公司出现重大购销合同纠纷案,2004 年停止经营,2006 年 4 月清算,7 月注销。改制后由新组建的安徽省瑞丰化肥贸易有限公司出资重建。

成立辉隆集团　组成及管理体制　2003 年 10 月,集团子公司建设基本完成。11 月,省公司向省工商行政管理局递交注册安徽辉隆农资集团(简称辉隆集团)的申请,母公司注册资本 5000 万元,同年 12 月 3 日领取企业集团登记证。

初始注册的组织结构是:

核心层企业(母公司)为安徽省农业生产资料公司(改制后使用"安徽辉隆农资集团有限公司"名称);

紧密层企业包括 11 个子公司:安徽省瑞丰化肥贸易有限公司、安徽省瑞美福农化有限公司、安徽省泰丰农资有限公司、安徽省泰达农资有限公司、安徽省泰源农资有限公司、安徽省泰宁农资有限公司、安徽省泰吉农资有限公司、安徽省泰嘉农资有限公司、安徽徽农甘宁农资股份有限公司、安徽省宣城徽农农资有限公司和连云港市天吉农资有限公司;

半紧密层企业包括 4 个参股企业:宁国市中化司而特化肥有限公司、安徽省佳禾复合肥制造有限责任公司、中农化工有限责任公司和上海华东化肥联合有限公司;

松散层企业非产权关联单位包括:安徽省涡阳县农资有限公司、安徽省蒙城县农资有限公司、安徽省霍邱县农资有限公司、安徽省当涂县农资有限公司、巢湖市 18 家农资连锁经营店和宣城市 10 家农资连锁经营店。

辉隆集团的管理体制是集团成员大会,由母公司、子公司、参股公司代表组成。成员大会常设议事机构是理事会,设理事长 1 名、副理事长 4 名,由省公司在任总经理、副总经理担任。

职工身份置换　2004 年 2 月 16 日,省公司向省供销社递交《安徽省农业生产资料公司改制实施方案》(农发办字〔2004〕12 号)。3 月 16 日,省供销社以供发改字〔2004〕29 号文批复同意。改制后的公司名称为安徽辉隆农资集团有限公司,保留 2 年安徽省农业生产资料公司名称。改制时点为 2004 年 1 月 1 日,老职工买断工龄截止时间为 2003 年 8 月 31 日。注册资本为 6000 万元。安徽省供销商业总公司出资 3300 万元,占 55% ,原省农资公司 38 位自然人股东代表 198 人共出资 2700 万元,占 45% 。

持股范围和额度。根据不同岗位制定持股额度范围,由集团内正式签约聘用的员工,按所在岗位对照标准选择认购。标准是:集团公司董事长、总经理 100 ~ 150 万元,副总经理 80 ~ 100 万元,总经理助理、调研员 60 ~ 80 万元;集团公司中层正职 30 ~ 60 万元,副职 20 ~ 40 万元,主管 15 ~ 20 万元,一般员工 10 ~ 15 万元;子公司员工因主要在所在公司持股,在集团公司入股标准为:经理 20～30 万元,副职 12～25 万元,总经理助理 10～15 万元,一般员工 10 万元以内;其他社会自然人(主要指离退休和安徽省供销商业总公司人员)6 万元以下。按此标准范围认购不足部分在总平衡之后,可由其他人员认购,再不足由公司工会借款认购,留待奖励今后新进员工认购。

股权管理与出资方式。员工出资认购的股份在 10 万元以下(含 10 万元),超过 10 万元以上部分 40% 为普通股,60% 为岗位股。普通股可以在公司设定的转让期转让,岗位股在岗期间不得转让,离职时必须转让,员工离开本公司(不含退休)时,所持股份必须全部转让;员工退休时岗位股必须转让,普通股按自愿可全部或部分转让。员工全部以现金方式入股。

改制后的法人治理机构。依据《公司法》,公司拟定《章程》,组建股东会,选举产生董事会、监事会、总经理班子。董事会由 5 名董事组成,董事候选人由省社提名 3 人(含董事长、总经理),自然人股东推选 1 人,公司工会中提名 1 人。董事长为法定代表人,可连选连任。监事会由 3 名监事组成,候选人由提名 1 人,自然人股东和工会各提名 1 人。董事会、监事会均由股东会选举产生。公司的总经理由董事长兼任,对董事会负责,副总经理由董事长提名经董事会通过后聘任。

解除劳动关系补偿。2003 年 10 月 9 日,公司制定《安徽省农资公司关于解除职工劳动关系给予一次性经济补偿办法》。解除对象是与原省农资公司有正式劳动关系的 59 名在职职工。给予一次性经济补偿标准按省人事厅 2001 年 1 月份前批准的本人月平均工资额作为本人年工龄补偿标准,工龄计算到 2003 年 8 月 31 日(不满 1 年的按 1 年计算),另加计生补助 2000 元(独生子女),按此计算公司共支出职工补偿金 176.56 万元。

2004 年 5 月 8 日,领取安徽辉隆农资集团有限公司营业执照,原安徽省农业生产资料公司改制全面结束。

辉隆股份上市　进程　2007 年 10 月,成立上市工作领导小组,集团总裁李永东任组长。领导小组下设办公室,副总裁、财务总监魏翔兼任办公室主任,成立证券部从事日常事务性工作。至 2011 年 2 月,历时 42 个月,“辉隆股份”作为中国农资流通第一股在深圳证券交易所中小板挂牌,成功上市。

辉隆集团上市进程表

表 2—7—1

时　间	事　件
2007 年 10 月 1—3 日	召开战略发展务虚会,决定力推企业上市
2007 年 10 月 8 日	成立上市工作领导小组
2007 年 10 月 11 日	向省社上报要求关于首次公开发行股票并上市的请示,附辉隆集团公司上市可行性报告
2007 年 12 月 1 日	选定平安证券、承义律师事务所、华证会计师事务所为上市中介机构

续表2—7—1

时　　间	事　　　　件
2007年12月21日	正式启动尽职调查工作
2008年5月12日	上报省社《关于辉隆集团上市有关问题及意见的汇报》(上市方案)
2008年11月11日	召开创立大会,辉隆有限整体变更为辉隆股份
2008年12月3日	辉隆股份完成工商登记手续,取得股份公司的工商执照
2008年12月20日	股份公司第二次临时股东大会通过《关于安徽辉隆农资集团股份有限公司增资扩股的议案》,股份公司股本从6000万元增资扩股至8000万元,2008年12月完成缴款、验资,12月31日取得增资后的股份公司工商执照。 1. 公司增资扩股6000万元至8000万元; 2. 修改公司章程; 3. 收购部分子公司股权; 4. 对部分子公司增资; 5. 转让新力化工、辉隆置业股权; 6. 授权董事会办理工商变更登记。
	根据上市需要进行非主营业务剥离,股份公司将德信担保全部股权转让给安徽供销商业总公司,新力化工和辉隆置业全部股权转让给德信担保,同时将德嘉置业、盛虹烟花、益海嘉里种业、荃银种业等参股公司的股权全部转让,通过股权转让、调整,突出股份公司主营业务,规范股权关系
2009年4月22日	向安徽省证监局报送辅导申请备案材料
2009年12月17日	通过关于安徽辉隆农资集团股份有限公司增资扩股的议案,公司股本由8000万元增至11200万元;一次临时股东大会召开
2010年6月17日	通过:1. 关于公司首次公开发行人民币普通股(A股)股票并上市的议案 2. 关于授权董事会办理公司本次发行股票并上市相关事宜的议案 3. 关于首次公开发行股票募集资金投资项目的议案 4. 关于首次公开发行股票完成前滚存未分配利润由新老股东共享的议案 5. 关于修订公司首次公开发行股票并上市后适用的《公司章程》(草案)的议案 6. 信息披露管理制度 7. 募集资金管理办法 8. 投资者关系管理制度
2010年6月23日	通过辅导验收
2010年6月28日	向中国证监会上报首次公开发行A股并上市申请文件
2010年8月30日	省政府出具皖政秘〔2010〕296号《关于同意安徽辉隆农资集团股份有限公司首次公开发行股票并上市的函》

续表 2—7—1

时　　间	事　　　　件
2010 年 12 月 31 日	中国证券会发行审核委员会召开 2010 年第 268 次会议，审核通过辉隆股份首发申请
2011 年 2 月 9 日	中国证监会发文批复（证监许可〔2011〕197 号），核准公司公开发行不超过 3750 万股新股
2011 年 2 月 14—16 日	公司路演团赴深圳、上海、北京 3 地路演
2011 年 2 月 17 日	辉隆股份首发新股定价 37.5 元/股
2011 年 2 月 22—23 日	在深圳证券信息有限公司 2 楼大厅分别举行新股发行网下、网上摇号抽签仪式
2011 年 3 月 2 日	辉隆股份正式在深证交易所挂牌上市

股本结构　2008 年 11 月 5 日，公司根据发起人协议、安徽省供销合作社联合社的批复及辉隆农资集团有限公司股东会决议和公司章程规定，由安徽辉隆农资集团有限公司整体变更为股份有限公司，以实际股东安徽省供销商业总公司和 180 名自然人（包括 30 名显名股东和 150 名隐名股东）作为股份公司的发起人。改制为股份公司后股本情况如下：

安徽辉隆农资集团有限公司 2008 年 11 月改制为股份公司后股本情况表

表 2—7—2

股　东　名　称	股份（万股）	股份比例（%）
安徽省供销商业总公司	3300	55.00
自然人（180 名）	2700	45.00
合　计	6000	100.00

上述股改事项经天健光华（北京）会计师事务所有限公司审验，于 2008 年 11 月 8 日出具天健光华验（2008）GF 字第 040003 号验资报告。

2008 年 12 月，公司根据 2008 年第二次临时股东大会决议和修改后的章程规定，增加注册资本 2000 万元，由原股东安徽省供销商业总公司和 106 名自然人以及 11 名新股东共同认缴，原 74 名自然人股东放弃本次增资权利。按照 2.54 元/股的增资价格，股东累计货币出资 5080 万元，股东实际出资金额超过其认缴的注册资本额 3080 万元作资本公积。变更注册资本后，股东为安徽省供销商业总公司和 191 名自然人。2008 年 12 月 31 日，安徽辉隆农资集团股份有限公司于安徽省工商行政管理局办理工商变更登记手续。变更后股本情况如下：

安徽辉隆农资集团股份有限公司2008年12月股本情况表

表2—7—3

股　东　名　称	股份(万股)	股份比例(%)
安徽省供销商业总公司	4118.91	51.49
自然人(191名)	3881.09	48.51
合　计	8000	100.00

上述增资事项经天健光华(北京)会计师事务所有限公司审验,于2008年12月26日出具天健光华验(2008)GF字第040005号验资报告。

2009年12月,公司根据2009年第二次临时股东大会决议和修改后章程的规定,增加注册资本3200万元,新增注册资本由原股东安徽省供销商业总公司和190名自然人共同认缴,原1名自然人股东放弃本次增资权利。按照2.72元/股的增资价格,股东累计货币出资8704万元,股东实际出资金额超过其认缴的注册资本额5504万元作资本公积。变更注册资本后,股东仍然为安徽省供销商业总公司和191名自然人。2009年12月29日,安徽辉隆农资集团股份有限公司于安徽省工商行政管理局办理工商变更登记手续。变更后的股本情况如下:

安徽辉隆农资集团股份有限公司2009年12月股本情况表

表2—7—4

股　东　名　称	股份(万股)	股份比例(%)
安徽省供销商业总公司	5767.18	51.49
自然人(191名)	5432.82	48.51
合　计	11200	100.00

上述增资事项经天健光华(北京)会计师事务所有限公司审验,于2009年12月23日出具天健光华验(2009)综字第040018号验资报告。

股票发行结果　2011年2月9日,经中国证券监督管理委员会(以下简称"中国证监会")核准,首次向社会公众发行人民币普通股3750万股;2月14—16日,公司路演团赴深圳、上海、北京3地路演。截至2月16日15时,通过深交所网下发行电子平台系统收到由58家询价对象统一申报的94家配售对象的初步询价申报信息。根据询价情况,确定发行价为每股37.5元,对应2009年市盈率(摊薄后)为55.97倍。

本次发行募集资金总额14.06亿元,扣除发行费用后募集资金净额13.02亿元,超过募投项目计划投资额(4.04亿元)的部分为8.98亿元。天健正信会计师事务所有限公司于2011年2月24日对公司首次公开发行股票的资金到位情况进行审验,出具"天健正信验〔2011〕综字第100006号《验资报告》”。经深圳证券交易所深证上〔2011〕67号文同意,公司发行的人民币普通股股票于2011年3月2日在深圳交易所挂牌上市。募集资金主要用于以下项目,多余部分用于补充流动资金。

募集资金主要使用项目表

表2—7—5

序号	项目名称	总投资(万元)
1	配送中心建设项目	37149
2	信息化系统建设项目	3273
合　计		40422

2011年3月2日上午,公司首次公开发行A股挂牌仪式在深圳证券交易所3楼仪式大厅举行。安徽省委常委、副省长赵树丛,中华全国供销合作总社、安徽省人民政府有关领导、省供销社主要负责人、平安证券等中介机构负责人、盐湖钾肥等企业代表以及辉隆股份全体董事、监事、高级管理人员共50余人出席。辉隆股份代码002556,首日上市流通3000万股,开盘价每股38.9元,最高42.5元,最低38.68元,当日成交量1936.227万股,成交额7.7亿元,换手率64.54%。

第四节　其他省社直属企业改制选介

省社科研所、省供销社科技工贸公司改制　2003年,根据《安徽省政府办公厅转发省编办省科技厅等部门〈关于深化省属科研机构管理体制改革的实施意见〉的通知》和省社《关于印发〈安徽省供销合作社关于直属企业改革的实施意见〉的通知》以及省社《关于印发〈安徽省供销社直属企业清产核资和资产评估工作方案〉的通知》、省社《印发〈关于解除职工劳动关系给予一次性经济补偿的办法〉的通知》、省社《印发〈关于直属企业改革后离退休人员管理暂行办法〉的通知》精神,省社科研所、省供销社科技工贸公司实施整体改制。2003年10月10日,省社《关于同意组建安徽天宏科技工贸有限责任公司的批复》批准改制方案。新组建公司由省社和自然人共同投资,股本总额为328万元。其中,省社投资150万元,占总股本45.73%,自然人入股178万元,占总股本54.27%。公司设农药、化肥等经营部门及宏达装饰工程总公司。至2007年,天宏公司年销售额近3000万元。

新世纪大厦改制　1993年4月27日,新世纪大厦成立,隶属省供销社领导,为集体经济性质,独立核算,自负盈亏。由于新世纪大厦交合肥银联印务公司租赁承包后固定身份职工与承包方矛盾较大,2005年2月25日,省社发出《关于将新世纪大厦划归省社机关服务中心管理的通知》,将新世纪大厦由省社直接管理划归省社机关服务中心负责管理。

2006年2月,省社机关服务中心制定《新世纪大厦改革改制方案》,交职工大会通过。3月31日,省社发出《关于对安徽省新世纪大厦改革改制方案的批复》,原则同意改革改制方案,并按原审核方案对解除固定身份职工劳动关系发放一次性经济补偿金。机关服务中心为新世纪大厦改制共支出3355508元。职工解除劳动关系发放补偿金成本从新世纪大厦对外承包经营收入中支付。同意组建安徽省新世纪商务酒店管理有限责任公司。新组建公司由安徽省供销商业总公司和新世纪大厦固定身份职工置换后的自然人共同投资,总股本200万元,其中安徽省供销商业总公司持股90万元,占总股本45%;自然人入股90万元,占总股本45%;经营者持股20万股,占总股本10%。公司董事长、总经理由安徽省供销商业总公司推荐。安徽省供销商业总公司以新世纪大厦部分物化资产评估作价入股,3年内物化资产投资收益率按低于现金投资收益率6%。4月6日,省社推荐张友本、汪传舟为公司董事会人选,张友本为董事长、总经理人选。8月5日,发出《关于新世纪大厦对外发包租赁有关事项的通知》,规定自2006年4月1日起,新世纪大厦交由新世纪商务酒店管理公司承包经营管理。12月28日,省社发出《关于理顺安徽省新世纪大厦管理体制的通知》,将新世纪大厦收归省供销社管理。同日,发出供商人〔2006〕17号文件,推荐魏邦余为公司董事长、总经理人选,刘梅生为财务总监。

2007年9月18日,省社发出《关于推荐安徽省新世纪商务酒店管理有限责任公司董事长、总经理人选的通知》,推荐杨家龙为董事长、总经理人选。

2008年6月11日,省社发出《关于同意调整新世纪商务酒店管理有限责任公司股份的批复》,将总股本增至280万元;省社调整为142.8万元,占总股本51%;自然人调整为117.2万元,占总股本41.86%;经营者仍为20万元,占总股本7.14%。

2009年8月19日,省社发出《关于推荐安徽省新世纪商务酒店管理有限责任公司第二届董事会、监事会人选及委派财务总监的通知》,推荐杨家龙、汪传舟、李云昊为董事人选,杨家龙为董事长、总经理人选,张丽荭为监事人选,刘梅生为财务总监。

安庆市皖农贸易有限责任公司改制 1993年6月,安徽省棉麻公司安庆经营站成立,属独立核算法人实体,隶属安徽省棉麻公司。截至2003年7月底,账面净资产达520.86万元,其中实收资本300万元,投资主体为省棉麻公司,资金来源为安庆经营站自身积累;盈余公积367.3万元,资金来源全部为安庆经营站的历年积累,从未分配利润转入;未分配利润—146.44万元。

安庆市皖农贸易有限责任公司成立于1999年11月,原始投资132万元,独立核算,自负盈亏。截至2003年6月底,公司账面净资产为632万元,其中,实收资本280万元,投资主体为省棉麻公司安庆经营站和华阳河、九成、皖河3大农场的7个轧花厂,安庆经营站出资150万元,占实收资本53.57%;以7个轧花厂名义出资130万元,占实收资本46.43%。资金来源全部为安庆经营站的自身积累,公司实质上为安庆经营站的全资子公司，与安庆经营站是“一套人马、两块牌子”；盈余公积204.2万元，资金来源为皖农公司历年积累，从未分配利润转入；未分配利润尚余139.5万元。

2003年12月23日，省社《关于安徽省棉麻公司安庆经营站改革方案的批复》明确：根据省社供改字〔2003〕11号和供发改字〔2003〕127号文件规定，同意对安庆经营站现有职工解除劳动关系，发放一次性补偿金。职工解除劳动关系发放一次性补偿金等共需改革成本26.02万元，从净资产中予以支付。

2004年3月17日，《关于同意安庆市皖农贸易有限责任公司增资扩股的批复》，同意对安庆市皖农贸易有限责任公司进行增资扩股，增资扩股后的股本总额为800万元，其中安徽省供销商业总公司632万元，占总股本79%；吴智瑞等自然人入股168万元，占总股本21%。9月24日，省社《关于同意安庆市皖农贸易有限责任公司自然人入股股本变动等有关问题的批复》明确，在总股本800万元不变的前提下，吴智瑞等自然人入股股本由168万元调整为50万元，占总股本6.25%；安徽省供销商业总公司入股股本由632万元调整为750万元，占总股本93.75%。

2006年4月11日，省社推荐程小青为董事长、总经理人选。2007年11月29日，省社推荐程小青、何翔为董事会人选，程小青为董事长、总经理人选，贺柏莲为副总经理人选。

2009年5月15日，省社同意安庆市皖农贸易有限责任公司调整股本结构，总公司调整为持股524万股，占总股本65.5%，自然人调整为276万股，占总股本34.5%。同日，省社发出《关于明确省棉麻公司安庆经营站资产管理意见的通知》，按省社资产管理办法规定，安庆经营站现有资产所有权和处置权归省社（总公司），省社（总公司）委托皖农公司管理与维护，由安庆市皖农贸易有限责任公司有偿使用。

安徽省华龙贸易公司改制　安徽省供销合作社联合社华龙贸易公司成立于1992年7月23日，由安徽省供销合作社联合社劳动服务公司更名。由于长期经济效益较差，资金缺乏，业务萎缩，在改革改制中属资不抵债型，符合省社关门走人、职工依法分流规定。经华鹏会计师事务所截至2003年6月30日的清产核资、资产评估及省社共同界定，公司资产总额184万元，负债总额409万元，净资产总额—225万元。2003年9月，公司在册人员68人，其中在岗19人，待岗44人，退休5人。按照省社供改字〔2003〕11号文件精神，经过宣传发动，统一思想，形成《安徽省华龙贸易公司职工解除劳动关系实施意见》。向职工说明公司清产核资及资产评估后的状况，9月25日，安徽省华龙贸易公司召开全体职工大会，宣布《安徽省华龙贸易公司职工解除劳动关系实施意见》，华龙公司在职63名职工解除劳动关系一次性补偿金及有关改制成本153.37万元，资金缺口128.02万元由省社拨付解决。

2004年，安徽省华龙贸易公司实施改制，进行职工身份置换。4月16日，由省社机关服务中心控股组建安徽省乐丰商贸有限公司，受省社委托投资120万元，省华龙贸易公司原职工13人转换身份后自愿参股。注册资本201万元，其中机关服务中心出资

120万元,占59.7%,张友本等14人出资81万元,占40.3%。

至2009年,安徽省乐丰商贸有限公司连年亏损,无法正常开展经营活动,职工工资停发,省社要求机关服务中心作为解决乐丰公司问题的主体,3—12月,对乐丰公司进行审计,召开股东大会,作出停止经营决议,进行清算,追讨欠款,进行剩余资产分配,协调省社社属6家企业解决员工就业问题。

安徽省工业品公司改制 安徽省工业品公司成立于1985年,职工87人,1998年因经营亏损、资不抵债及合肥美菱冰箱厂诉货款官司,导致经营停止。同年,省社成立安徽省天诚商贸有限公司,接收安徽省工业品公司部分职工,其余职工内退、下岗。职工生活费、医药费、退休人员工资补差、养老、失业保险、住房公积金缴纳等事项均由省社委托安徽省天诚商贸有限公司代管,所需资金除省社拨付80万元外,全部由安徽省天诚商贸有限公司垫付。因未按时进行工商年检,后被工商行政管理部门注销工商登记。截至2003年6月30日,账面反映总资产为285万元,净资产为—698万元。至12月27日,省社天诚(工业品)公司有职工77人,离退休人员10人。工业品公司改制成本278.1万元,由省社拨款支付。

省天诚商贸公司初由安徽省供销商业总公司与安徽省棉麻公司共同投资,注册资本60万元,其中安徽省供销商业总公司投资50万元,省棉麻公司投资10万元。2004年4月,公司在员工身份整体转换结束时,同步改变公司注册资本结构并增资扩股,将原公司注册资本额由法人股东100%出资,转变成自然人股东出资额占绝对控股比例的注册资本结构。其注册资本由60万元增至280万元。其中荣学堂等21名自然人股东以货币投资188万元(占67.14%),省供销商业总公司以实物投资92万元(占32.86%)。11月27日,天诚公司召开新一届股东大会,选举产生新的运行机构和管理人员。21人在天诚公司入股上岗。

2007年5月14日,省社推荐荣学堂、王魏为董事会人选,荣学堂为董事长、总经理人选,刘森为执行监事,郭超、陈钢、严云梅为副总经理。

2009年3月,公司再次增资扩股,注册资本由280万元增至500万元。其中,省供销商业总公司以实物(92万元)及货币(220万元)投资312万元(62.4%),荣学堂等22名自然人(股东增加1人)以货币投资188万元(占37.6%)。11月2日,省社推荐郭超为董事长人选,严云梅为总经理人选。

第五节 改制后社企监管

社企监管基本模式 2003年,省供销社启动社属企业改革改制,重点是产权制度和劳动用工制度以及相应的配套改革。成立改革与招商引资办公室,具体负责企业改革改制。制定关于直属企业改革的实施意见及若干配套政策,进行清产核资、资产评估,杜绝社有资产流失。对社属企业改革改制采取因企制宜、分类指导、全面推进、重点突破的方式。各市、县供销社对社属企业的改革改制，亦遵循以上方式。

2006年12月4日，省供销社制定《安徽省供销社（安徽省供销商业总公司）投资企业委派（推荐）董事、监事管理暂行办法》，管理方式从行政命令到行使出资人权利转变。各投资企业结合实际，制定有关资金、合同、业务经营、安全生产、股权、考核奖惩等管理办法；安徽省供销商业总公司围绕股权管理、董监事管理、资金管理、合同管理、目标管理、业绩考核等，制定宏观管理制度，形成由宏观到微观完整制度体系。

2007年8月，省社制定《安徽省供销社（供销商业总公司）股权管理办法（试行）》，加强对所属投资企业的股权管理，维护股东合法权益，规范企业股权流动和自然人持股的增减、转让等事项，明确权益归属。代表省社的股权管理部门以及具体办事机构设在省社财会处。

省社投资企业股权　一是由省社及有关投资企业出资或认购、改制净资产转入等形成的股本，简称法人股，所有权属投资法人所有；二是由企业自然人出资，通过股东会决议后自愿认购的，简称职工股，所有权属投资者个人，职工股可分为普通股和岗位职务股。省社财会处为代表省社的股权管理部门以及具体办事机构。省社投资企业依法成立职工持股会或指定机构作为本单位股权管理部门，负责具体工作事项。职工持股会章程需经股东代表会通过，并报省社股权管理部门备案。其主要职责是：根据职工的工作岗位，确定其持股额度；审核公司职工股权的认购、增加和减少等；组织、受理公司股权转让，确定股份价格、转让方式等，并报经董事会且股东会批准后实施。省社投资企业依照管理办法规定，结合实际，制定本公司股权管理办法，在企业章程、持股会章程以及劳动合同中，对职工持股做出规定和约定。

省社对投资企业的股权管理原则主要有四项：根据社有资产管理办法，保证社有法人股在供销社重要行业的控股地位。坚持社企职能分开，维护出资人权益，依法落实公司法人财产权。促进社有资产优化配置，优化企业股权结构，促进股权合理有序流动，提高社有资产营运效益。实行省社监督、授权经营和同股、同权、同责、同利的原则。

省社投资企业法人股管理　股权设置原则是：采用上市、合资、增资扩股等多种方式引进有资金实力、业务资源、良好信誉、优势互补的战略投资者合资合作，做大做强。对符合战略发展、规模较大的投资企业，必须保证省社的控股地位。已经省社批准设立的集团公司按照《公司法》规定，可以设定集团内部所有公司的法人股初始股权。其控、参股子公司，必须由母公司直接投资控股或参股，严禁出现子公司再投资成立控股公司、同一公司内的子公司交叉持股情况。投资子公司的股权设置方案必须报经公司董事会且召开股东会通过，并报省社股权管理部门备案。法人股股权增资扩股时，投资企业必须先向省社股权管理部门履行审批程序，方案经省社审批同意后提交公司股东会通过后实施。法人股股权认购，根据《公司法》规定程序办理。法人股东以现金，也可以有形或无形优质资产认购股本或出资，具体由各公司章程约定。

省社投资企业法人股的股权转让必须遵守国家法律、行政法规和政策规定，有利于供销社经济发展布局和结构的战略性调整,促进社有资产优化配置,坚持公开、公平、公正的原则,保护省社法人股和其他各方的合法权益。转让的企业法人股产权权属应当清晰。被设置为担保物权的企业法人股权转让,应当符合《中华人民共和国担保法》的有关规定。企业按照《公司法》规定转让企业法人股权时,必须先向省社股权管理部门履行审批程序,其所有转让情况必须报省社股权管理部门备案。

省社股权管理部门负责企业法人股转让的监督管理,履行监管职责:研究企业法人股权转让行为是否有利于提高企业核心竞争力,促进企业健康可持续发展;决定或批准企业法人股的转让事项,研究、审议重大股权转让事项,评议法人股收购方的主体资格;负责企业法人股转让交易情况的监督检查工作;负责企业法人股转让信息的收集、分析等工作。

省社投资企业对本公司法人股转让履行职责:按照有关规定,制定本单位的法人股权转让办法,并报省社股权管理部门备案。研究、审议重要子公司的法人股转让事项,决定其他子公司的法人股转让事项。如重要子公司的法人股转让使母公司控股地位改变或重大影响时,必须向省社股权管理部门履行审批程序,并报省社股权管理部门备案。向省社股权管理部门报告有关法人股转让事项。

企业法人股权转让程序:做好可行性研究,由省社投资企业董事会审议;涉及职工合法权益的,听取企业职工代表大会的意见。企业法人股权转让事项经批准或者决定后,由转让方组织转让标的企业按照规定清产核资,委托会计师事务所全面审计,按照国家规定办理资产损失的认定和核销。在清产核资和审计的基础上,由转让方委托具有资质的资产评估机构依照国家规定进行资产评估,评估报告经核准或备案后,作为企业法人股转让价格的参考依据。

省社对法人股股权的日常管理:建立法人股档案,包括各投资企业法人股占总股本的比例、年度法人股股利的收缴情况、法人股增减变动情况,对法人股股权及其收益实施动态管理。行使法人股权,省社依法考核、监督各投资企业法人股的持股单位正确行使法人股权,明确双方在行使股权、股利收缴、股权转让方面的权力和责任,维护法人股东的正当权益。收取法人股股利。股东会批准分配现金股利的,省社有权及时按规定收缴省社法人股应分得的红利,具体程序遵照安徽省供销社(供销商业总公司)社有资产管理办法执行。

省社投资企业职工股管理 省社投资企业职工持股是指职工与企业签订劳动合同后以自然人或以职工持股会会员身份等出资认购持有本企业股份。职工股份可分为普通股和岗位职务股。职工应享有的普通股和岗位股份额等事项由企业研究确定。各级企业的董、监事会成员等高管人员,只允许认购其在本级母公司应享有的普通股和岗位股份额,严禁在集团内部的下一级子公司内持股。按照认购自愿原则,凡按企业持股额度的有关规定有资格持有或增加相应股份的职工,须向企业提出书面申请,作出相应承诺,经企业同意后,方可认购其相应股份。

认购程序：职工提出认购申请书，并填写职工出资申请表交职工持股会或指定机构；职工持股会或指定机构要会同人事、财务等部门进行审核确认；认购人到所在单位财务部门缴纳出资款；根据职工认购出资收据，职工持股会或指定机构办理股权证或职工持股会会员证作为会员享受权利和承担责任的书面凭证。

职工股股权转让：职工持有普通股一年以上且拥有完全股权（未有质押等情况）并经职工持股会或指定机构审批同意，可进行转让。所有股权转让必须按公司规定程序进行，禁止私下转（受）让。职工岗位职务调整，应按岗位职务调整变化，相应增加或减少持股额度。凡与企业解除或终止劳动关系及职务调整的持股职工，应在解除或终止劳动关系和职务调整之日起半年内办理股份转让手续。普通股的转让形式为：职工持股会或指定机构转、受让自然人、职工持股会会员等股份；自然人股东与自然人股东之间、自然人股东与职工持股会会员之间相互转让；法人股东转、受让自然人、职工持股会会员股份。岗位职务股在岗时未经批准不得转让，经批准转让的岗位职务股，应由职工持股会或指定机构优先受让，受让的股份纳入企业预留股。

股份转让价格的确定原则为：普通股及有上述明确规定以外的岗位职务股，企业、职工持股会或指定机构收购的，其转让价格以上年末社会中介机构年报审计结果为基础，经盈余分配后的净资产，扣除公益金、国家扶持资金（包括减免税部分）、企业创新发展基金或风险金及股东会确认应扣除的等部分后计算确定，每年公布一次。职工股东之间自行协商转让，价格由转（受）让双方协商确定，参加集合竞价的，按集合竞价成交价确定，并经企业股东大会、职工持股会或指定机构确认。

职工一次性转让股份数量超过 10 万股，或者一次性买入股份的数量超过 10 万股，必须报省社股权管理部门备案；职工买入股份后如果使本人所持股权达到集团公司股份总额的 5% 时，必须报经省社股权管理部门审批同意后方可买入。

根据企业引进人才和职工职务调整增加股份的需要，企业可设立预留股，其来源为企业增资扩股时留一部分以及受让职工转让的股份。预留股委托职工持股会或指定机构代为持有，并设专户管理。新进员工获持股资格后，按照“优者有其股”原则，在预留股中按规定受让或认购部分股权。预留股亦可用于职工认购因岗位调整、职务晋升，按规定相应增加的持股额度。以上具体方案由省社投资企业自行制定。

职工股股权处置：企业在依据有关规章对解除或终止劳动关系的当事人进行离职审计或办妥工作移交后，如其个人应对企业承担经济责任的，在预留期奖、风险抵押金等抵扣不足时，企业可将其股份转让款用于抵付。因组织调动、退休、死亡、劳动合同期满不再续签以及在劳动合同期内经双方协商提前终止劳动关系等职工，其所持企业股份的转让，在完成离任审计、离岗交接等，明确经济责任的前提下，企业可将其股份转让款退还给本人。在劳动合同期内自动离职、辞职和被辞退、除名、开除等的职工，在完成离任审计、离岗交接等，明确经济责任的前提下，其股份转让款自与企业解除或终止劳动关系之日起原则上应留存企业1～2年,具体由各企业根据本企业实际研究确定。对股份转让款留存企业的职工,留存期间履行双方约定,严守职业道德,承诺在解除或终止劳动关系之日起两年内,不从事相关的业务经营,不泄露任职期间接触到的属于企业或者虽属于第三方但企业承诺有保密义务的商业秘密信息,未对公司造成侵害的,其股份转让款及利息一并归还本人;留存期间未履行双方约定,侵害企业行为,给企业造成损失的,根据情节轻重,企业有权追究其经济与法律责任。

省社投资企业管理制度体系建设 2003—2006年,省社(总公司)出台91个有关投资企业管理制度的文件,其中管理框架性文件15个,包括《安徽省供销社(省供销商业总公司)对投资企业负责人业绩考核与奖惩暂行办法(试行)》《安徽省供销社(省供销商业总公司)投资企业重大投融资活动管理办法(试行)》等。

2006年,企管办按照"管人、管事、管资产"的原则,提出新的制度体系构架,编制投资企业管理制度体系目录,保留已出台并正在使用的制度文件6个,修改、完善、新建制度文件14个。省社有关处室历经近2年时间,进行修订。

2007年12月,《省社(总公司)投资企业管理文件汇编》完成,收录自2003年改革改制以来省社(总公司)出台的有关投资企业管理框架性制度文件,包括《安徽省供销社(安徽省供销商业总公司)投资企业高层管理人员的管理与考核办法(试行)》《安徽省供销社(安徽省供销商业总公司)社有资产管理办法(试行)》等。

省社投资企业监管 2003年11月,省社成立企业管理办公室(简称企管办),主任为崔继华,副主任为王和义(常务)、杨显兰、曹斌、汪传舟,成员为吴多苗、何翔、桂晓斌。解决改革改制过程中对省社(总公司)投资企业监管、协调、服务问题,主要工作职责包括:指导企业制定年度经营管理和发展计划、中长期发展规划,经省社主任办公会议批准后组织企业实施。会同有关部门对企业年度计划的完成情况进行考核。组织企业开展经营管理情况分析。按照"管人、管事、管资产"的原则,构建省社(总公司)投资企业运营监管的制度体系。帮助指导企业制定管理制度,推进省社投资企业经营资产的优化配置。配合省社有关职能部门,为企业发展创造良好的外部环境。负责对省社投资企业的经营、非经营性重大投融资项目的审查论证。2006年12月30日,省社调整人员组成,主任为王和义,成员为吴多苗、何翔、赵艳、李祥三。2011年3月17日,再次调整,主任为褚进乡,成员为吴多苗、赵艳、张晓晖。

战略管理 2006年8月,省社成立《安徽省供销商业总公司投资企业"十一五"发展规划纲要》(简称《规划》)领导小组,启动"十一五"规划编制。2007年8月,《安徽省供销商业总公司及投资企业"十一五"发展规划》汇编成册,印发省社机关处室和各投资企业。2010年3月,启动省社(总公司)及企事业单位"十二五"规划编制工作,至2011年3月,完成《安徽省供销合作社联合社"十二五"发展规划纲要》。

年度目标管理 自2004年起,结合省社投资企业上年度经营情况及相关行业本年度的宏观形势，由省社企管办以《关于拟定××年度企业经营目标任务的通知》，提出投资企业年度经营目标任务，经省社主任办公会议研究确定后下达。

运营质量监管　借助《经营分析》，监控企业运行质量。组织调研，配合有关部门做好项目分析、论证、审批。

服务协调　自2008年起，启动省社（总公司）投资企业上市准备。推进企业转变发展方式，强化资本运作。协调争取政策支持，如水利建设基金减免政策、再生资源企业税收支持政策等。争取安徽德信担保有限公司列入全国中小企业信用担保试点体系。组建安徽盛虹烟花爆竹集团有限公司。协调处理安徽省供销物资材料公司、安徽省华龙贸易公司、安徽省土产日杂果品公司等关停企业遗留问题。

省社（总公司）企事业单位高峰论坛　2007年12月13—14日，由省社（总公司）主办，安徽辉隆农资集团有限公司承办，安徽茶叶进出口有限公司协办，首届"省社企事业单位高峰论坛"在舒城县举办。省社党组成员、企事业单位领导班子、省社机关处室负责人、省社（总公司）委派到投资企业的董事、监事共计80余人参加。省社副主任蔡立主持论坛，省社副主任崔继华作主题发言，省社党组书记、主任王首萌讲话。企事业单位主要负责人围绕"解放思想、开拓创新、科学发展"主题进行演讲。2008年2月，《"首届安徽省供销社（总公司）企事业单位高峰论坛"报告汇编》印发。

2009年1月5—6日，由安徽省供销社（安徽省供销商业总公司）主办、安徽茶叶进出口有限公司承办、安徽双赢再生资源集团有限公司协办，省供销社（总公司）第二届企事业单位高峰论坛在合肥市举办，主题是"坚定信心、创新发展"，重在分析国际国内经济形势变化带来的机遇和挑战，力求在金融危机影响中危中求机，化危为机。省社副主任崔继华主持论坛，省社副主任蔡立、钱斌、崔继华分别作主题发言。省社党组书记、主任王首萌做总结发言。

2010年2月4—5日，省社第三届企事业单位高峰论坛在合肥市举办，以"使命·调整·落实·跨越"为主题，探讨贯彻落实国务院《关于加快供销合作社改革发展的若干意见》（国发〔2009〕40号）精神，推进供销合作事业实现新跨越。

2011年1月22—23日，省社第四届企事业单位高峰论坛在合肥市举办，以"开放·合作·服务·发展"为主题，要求通过大开放、大整合、大发展，实现"发展大企业，构建大网络，搭建大平台，谋求大跨越"。

改革改制后企业业绩　通过改革改制，2005年，省社投资企业实现销售总额51.81亿元，同比增长34.5%；实现利润总额达4412万元，占系统总额的20.9%。2006年，省社投资企业实现销售总额65.83亿元，增长27.06%。2007年，省社投资企业实现"双突破"：销售突破百亿大关，达101.4亿元，增长62%；利润突破亿元大关，达1.09亿元，增长132.96%。投资企业创新经营业态，拓展经营领域，在以现代流通方式加大对传统经营网络的改造、重组与整合方面成效明显。除供销社传统业务外，省社投资企业经营领域逐步拓展到担保融资、房地产开发、拍卖及种子生产研发等新型领域，经营上突破简单的购销方式,发展连锁经营、物流配送、电子商务、招标采购等现代经营方式。基本形成以供销社传统业务为主导、以多元化发展为支撑的企业发展格局。据2008年9月30日统计数据,全省县及县级以上供销社投资企业合计579家,其中省社12家、市社103家、县社464家。企业改制合计达327家,其中省社12家、市社54家、县社261家,整体企业改制面达56.48%。省、市、县企业改制面分别达100%、52.43%、56.25%。从产业分类来看,供销社投资企业主要集中在10大行业,其中,日用消费品经营企业和农资经营企业居多数,分别为101家和81家,占总数17.44%、13.99%;其他依次为棉麻58家,占10.02%;农副产品57家,占9.84%;再生资源57家,占9.84%;烟花爆竹56家,占9.67%;工业53家,占9.15%(其中农产品加工企业36家,占工业企业67.92%);商品交易市场19家,占3.28%;房地产企业4家,占0.69%;准金融类企业3家,占0.52%。

资产总量:全省供销社投资企业资产总额为204.29亿元,其中省社40.42亿元、市社108.26亿元、县社55.61亿元,省、市、县社分别占19.79%、52.99%、27.22%。

企业平均资产占有量:省社企业平均资产总额3.37亿元,市社企业平均资产总额1.05亿元,县社企业平均资产总额1198万元。

资产负债:全省供销社投资企业负债总额为170.96亿元,其中省社34.15亿元、市社93.06亿元、县社43.75亿元,省、市、县社分别占19.97%、54.43%、25.59%。

企业平均负债量:省社企业平均负债28457万元,市社企业平均负债9035万元,县社企业平均负债943万元。

企业平均资产负债率:省、市、县社企业分别为84.74%、85.96%、78.68%。

所有者权益:全省供销社投资企业所有者权益总额为33.33亿元,其中省社6.28亿元、市社15.20亿元、县社11.85亿元,省、市、县分别占18.83%、45.61%、35.56%。

企业平均所有者权益额:省社企业平均所有者权益为5230万元,市社企业平均所有者权益为1476万元,县社企业平均所有者权益为255万元。

销售收入:全省2008年1—9月,实现销售收入211.95亿元,其中省社93.43亿元、市社59.57亿元、县社58.95亿元,省、市、县分别占44.08%、28.11%、27.81%。

企业平均实现销售收入额:省社企业7.79亿元,市社企业5783万元,县社企业1271万元。

总资产周转率:2008年1—9月,省、市、县社分别为2.31次、0.55次、1.06次。

利润额:全省供销社投资企业2008年1—9月共实现利润4.22亿元,其中省社1.35亿元、市社1.45亿元、县社1.42亿元,省、市、县分别占32.05%、34.29%、33.66%。

企业平均实现利润额:省社企业为1128万元,市社企业为141万元,县社企业为31万元。

企业资产报酬率:省、市、县社分别为3.35%、1.34%、2.56%。

股东权益报酬率：省、市、县社分别为 21.57%、9.53%、11.99%。

亏损企业：2008 年 1—9 月，全省系统亏损企业为 56 家，其中省社 3 家、市社 19 家、县社 34 家。省、市、县亏损企业数量比分别为 5.36%、33.93%、60.71%。省、市、县三级亏损面分别为 25%、18.45%、7.33%。

安徽省供销社系统投资企业 2008 年 1—9 月主要经济指标统计表

表 2—7—6

	省社	市社	县社
投资企业数	12	103	464
企业改制数	12	54	261
企业改制面	100%	52.34%	56.25%
资产总额（亿元）	40.42	108.26	55.61
企业平均资产占有量（万元）	33687	10511	1198
负债总额（亿元）	34.15	93.06	43.75
企业平均负债量（万元）	28457	9035	943
企业平均资产负债率	84.74%	85.96%	78.68%
所有者权益总额（亿元）	6.28	15.20	11.85
企业平均所有者权益总额（万元）	5230	1476	255
2008 年 1－9 月销售收入（亿元）	93.43	59.57	58.95
2008 年 1－9 月每个企业平均实现销售收入（万元）	77860	5783	1271
2008 年 1－9 月总资产周转率（次）	2.31	0.55	1.06
2008 年 1－9 月实现利润（亿元）	1.35	1.45	1.42
2008 年 1－9 月每个企业平均实现利润（万元）	1128	141	31
2008 年 1－9 月资产报酬率	3.35%	1.34%	2.56%
2008 年 1－9 月股东权益报酬率	21.57%	9.53%	11.99%
2008 年 1－9 月亏损企业数	3	19	34

安徽省供销社 2008 年 9 月投资企业产业分类图

图 2—7—1

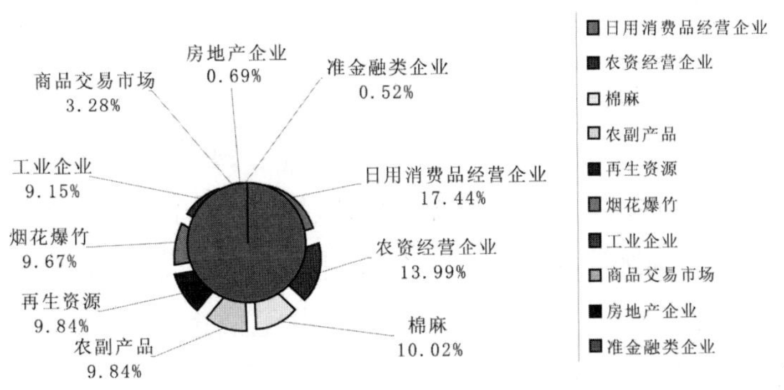

其间,全省供销社系统规范社有企业资产管理,加强监管。完善出资人管理制度,提高社有资产监管水平。在联合社设立专门机构,监管资产运营,指导改革改制。省社分别依托财会处、审计处、人事处成立社有资产管理办公室、社有企业管理办公室、改革招商办公室,建立以人事处监管企业高管、企管办指导企业经营、财务处监管社有资产的"三位一体"监管组织体系。亳州、马鞍山、舒城等市、县供销社组建资产经营管理公司,形成"联合社理事会—社有资产运营机构—全资、控股、参股企业"的社有资产监督、管理、运营新体制,产权主体、管理主体、经营主体逐级负责。亳州等地还由政府下文批准成立社有资产管理公司。马鞍山、合肥、宿松等市、县社出台《社有资产监督管理办法》《社有资产租赁管理办法》等。合肥市社通过公开招租,使同样一处房产的租赁收益由 15 万元增长到 131 余万元,增长近 9 倍,实现资产收益最大化。

2009 年,安徽省供销社投资企业共 13 家,为股份有限公司及有限责任公司。

截至 2010 年年末,全省供销社系统企业合计 1175 个,按层级分:省社所属企业 15 个,市社所属企业 116 个,县社所属企业 652 个,基层社所属企业 392 个。按改制情况分:已改制企业 654 个(省社所属企业 11 个,市社所属企业 96 个,县社所属企业 398 个,基层社所属企业 149 个),未改制企业 430 个(省社所属企业 0 个,市社所属企业 17 个,县社所属企业 236 个,基层社所属企业 177 个),除新成立企业外,省社、市社、县社、基层社所属企业改制面分别达 100%、84.96%、62.78%、45.71%。根据产权分布:全省供销社系统全资及控股企业(含相对控股,下同)782 个,控股企业占总企业数 66.55%。其中省社控股企业占比为 100%,市社控股企业占比为 56.90%;县社控股企业占比为 62.73%;基层社控股企业占比为 74.49%。参股企业 194 个,开放办社企业 129 个。根据产业分布:农资企业 240 个,再生资源企业 79 个,日用消费品企业 285 个,农副产品经营企业 230 个,烟花爆竹经营企业 75 个,餐饮和服务企业 12 个,工业生产企业 63 个,房地产企业 5 个,金融服务类企业 5 个,其他类型企业 109 个。全省供销社系统企业总人数为 12.86 万人,其中在岗员工 4.78 万人,不在岗员工 4.42 万人,离退休职工 3.66 万人。是年末,全省供销社系统企业资产总额为 373.56 亿元,负债总额为 292.57 亿元,所有者权益 80.99 亿元。全年实现销售收入 527.64 亿元、利润总额 12.94 亿元。年底,全省供销社系统销售超亿元企业达 82 家,辉隆集团、双赢集团、黄山永佳、阜阳商厦、安徽茶叶进出口有限公司获评"2010 年全国供销社系统百强企业"。辉隆集团销售突破 100 亿元。双赢集团销售和利润分别突破 80 亿元和 5000 万元大关;黄山永佳集团实现销售和利润分别为 28.6 亿元和 2.68 亿元,创历史新高。合肥德善小额贷款股份有限公司实现利润 2487 万元,成为"2010 年中国小额贷款竞争力 100 强";芜湖扬子银行参与农村金融改革。德信担保在广德、和县、庐江、凤台成立分公司,累计担保额突破 11 亿元。和合冷链争取国家冻肉储备 3000 吨,加快建设 10 万吨冷藏保鲜库、5 万平方米交易市场和 10 万平方米综合服务大厦。新世纪商务酒店有限公司建成天鹅湖畔大酒店。宁国市社发起成立首家县级社小额贷款有限公司。安徽新天地农资公司土地流转面积达3.5万亩，成为“全国粮食生产大户”。司尔特股份获准在深交所上市。

2011年，全省系统销售过亿元企业达106家。3月2日，辉隆股份在深交所上市，募集资金14.06亿元。德善小额贷款公司获评“2011年中国小额贷款竞争力100强”。截至2011年8月末，全省供销社系统企业共计1197个，按层级分：省社所属企业16个，市社所属企业124个，县社所属企业665个，基层社所属企业392个。按改制情况分：已改制企业679个（省社所属企业11个，市社所属企业100个，县社所属企业412个，基层社所属企业156个），未改制企业419个（省社所属企业0个，市社所属企业17个，县社所属企业230个，基层社所属企业172个），除新成立企业外，省社、市社、县社、基层社所属企业改制面分别达100%、85.47%、64.17%、47.56%。根据产权分布：全省供销社系统全资及控股企业783个，控股企业占总企业数的65.41%。其中省社控股企业占比为100%，市社控股企业占比为52.42%；县社控股企业占比为61.80%；基层社控股企业占比为74.23%。参股企业202个，开放办社企业142个。根据产业分布：农资企业247个，再生资源企业83个，日用消费品企业285个，农副产品经营企业238个，烟花爆竹经营企业75个，餐饮和服务企业13个，工业生产企业66个，房地产企业5个，金融服务类企业4个，其他类型企业114个。全省供销社系统企业总人数为12.82万人，其中在岗员工4.95万人，不在岗员工4.38万人，离退休职工3.49万人。全省供销社系统企业资产总额为474.5亿元，负债总额为365.35亿元，所有者权益为109.15亿元。1—8月，全省供销社系统企业实现销售收入434.34亿元，利润总额7.84亿元。

第三篇　业务经营

供销合作社作为农村商品流通主渠道，在计划经济时期，业务经营主要围绕履行“发展经济、保障供给”的使命，接受政府委托收购农副土特产品，组织工业品和生产、生活资料供应。

1980年代中期，供销合作社业务经营和服务重点转向推动乡村商品经济发展。1987年，中共中央《把农村改革引向深入》要求供销合作社“要按照合作社原则，尽快办成农民的合作商业组织，完善商品生产服务体系”。其时安徽省供销社系统农副产品购进量增长，化肥、农药、农膜等供应量创历史最佳；供销社系统工商业亦初具规模。

1990年代至20世纪末，随社会主义市场经济体制建立，供销合作事业进行转轨探索。此间由于对市场经济规律理解不深，对农业生产资料和棉花等重要商品市场放开形势估计不足，安徽省供销社系统和全国系统一样，业务经营上经历连续10年亏损。

进入21世纪后，供销合作社系统相继实施“四项改造”，提升经营服务水平，增强社有企业实力，加快建设新型流通服务网络，实现扭亏增盈和经营规模扩大、经济效益增长。随着推进“新网工程”，投身新农村建设，安徽省供销社系统除传统的农资、棉麻、茶叶、农副产品及再生资源等支柱产业外，化工、房地产、冷链物流、担保拍卖、金融服务、生态旅游等新兴业态不断涌现，至2011年，新兴业务销售收入占全省系统总额的40%。以“辉隆”“双赢”“迎客松”等为代表的社有企业自有、自主品牌亦得到培育、壮大。

第一章　整体经营

1986—2011 年,安徽省供销社系统整体业务经营体现阶段性变化。

第一节　推动农村经济发展

全省系统 1985—1989 年经营规模　1980 年代中期,经营围绕“发展经济、保障供给”,重在收购农副土特产品,组织工业品和生产、生活资料供应,此间经济指标虽有波动,但主要呈上升态势。

1985 年,安徽省供销社系统全年实现商品纯购进总额 26.4 亿元,比上年增长 9.2%。其中,农副产品购进总额 13.6 亿元,废旧物资购进总额 6390 万元(收购废钢铁 17.4 万吨),分别比上年增长 17.2% 和 16.8%。全年商品纯销售总额 46.6 亿元,比上年增长 1.9%。其中,生活资料销售 24.4 亿元,增长 17.8%;生产资料销售 12.2 亿元,下降 6.1%。全省供销社系统对外批发总额 21.77 亿元,增长 19.76%。其中对个体商户的转批达 8.25 亿元,增长 24.3%。对系统外批发业务量增大,对利润率造成影响,全省系统商品利润同比下降 0.26%。

1986 年,全省各级供销社经营和服务重点转向推动乡村商品经济发展。全省系统主要经济指标完成较好,购销额创历史最高水平。国内纯购进完成 32.76 亿元,比上年增长 24.1%。其中,农副产品购进 17.5 亿元,增长 28.7%。国内纯销售完成 51.7 亿元,增长 10.9%。其中零售额扭转下降局面,增长 5.3%。商办工业产值达 7 亿元,增长 4.9%。年末商品库存总值 20.5 亿元,增长 10.8%。实现利润 8393 万元,增长 15%。

1987 年,安徽省农村市场繁荣,供销合作社主要经济指标继续上升。国内纯购进完成 39.62 亿元,比上年增长 20.9%;国内纯销售完成 61.98 亿元,增长 19.8%;实现利税 2.1 亿元,增长 23%。农副产品收购大幅度上升。全年农副产品购进 19.81 亿元,比上年增长 13.2%。零售额增长幅度较大,全年零售额 35.85 亿元,比上年增长 20.8%,占社会商品零售总额比重由上年的 18.9% 上升到 20.8%。全年实现利润 1.15 亿元,为供销社体制改革以来利润最高,比上年增长 37%;其中基层社实现利润 3110 万元,增长 49.3%。阜阳地区上年度亏损 61 万元,1987 年度转盈 355 万元。六安地区供销社利润增加 481 万元,增长 164.7%。

1988 年,安徽农村市场同全国一样,在兴旺活跃中出现历史少有的“紧、涨、乱、抢”等异常情况。全省各级供销社及时组织购销,在安排农村市场、平息抢购风潮、制止农副产品收购“大战”方面发挥商品流通主渠道作用。实现国内纯购进 44.44 亿元，比上年增长 12%；国内纯销售 69.77 亿元，增长 12.6%，其中零售 42.79 亿元，增长 19.4%；供销社系统商办工业产值完成 8 亿元，增长 10.9%；实现利税 2.47 亿元，增长 18.6%。利润上升，但亏损面增大。全年实现利润 1.35 亿元，增长 17.4%；其中基层社实现 4137 万元，增长 33%。亏损单位比上年增加 38 个，其中合肥市增加 19 个。亏损总额为 2948 万元，增亏 1518 万元；其中黄山市亏损 1665.3 万元，增亏 1174.6 万元。

1989 年，全省供销社在资金紧缺、部分商品销售疲软的情况下，较好发挥主渠道作用。农资销售增幅大，农副产品收购计划完成较好。全年国内纯购进完成 50.23 亿元，比上年增长 13%；国内纯销售完成 77.98 亿元，增长 11.8%。实现利税 2.04 亿元，其中，利润 8741 万元，下降 35.5%；上缴国家税金 1.17 亿元，增长 4.9%；支付银行利息 2.89 亿元，增长 59.9%。农业生产资料销售额为 28.96 亿元，增长 34%；生活资料零售额为 21.3 亿元，增长 0.5%。全年农副产品收购额 20.8 亿元，比上年增长 6.8%。全年工业产值 8.27 亿元，比上年增长 14.9%；废旧物资回收额为 1.31 亿元，增长 18.5%。全省供销社系统有饮服业网点 778 个，全年完成营业额 1197 万元，比上年增长 5.2%；实现利润 102.6 万元。在黄山、九华山、潜山、歙县等旅游地及省内部分城市建成 10 余座中档宾馆，总投资达 1500 万元，加入全国 10 省市供销社旅游协作网。

全省系统 1985—1989 年主要财务指标

安徽省供销社系统 1985—1989 年主要财务指标表

表 3—1—1　　金额：万元

年份	商品纯销售额	费用额	固定资产（原值）	流动资产	社员股金	税金	利润	核算单位总数（个）	其中：基层社数（个）
1985	515314	47823	63346	48891	2963	8082	7296	2774	1923
1986	572320	56882	73901	49385	2911	9395	8393	2738	1794
1987	689188	69285	86379	50398	2927	9298	11530	2736	1753
1988	766135	81674	97922	53572	4507	11170	13538	2743	1722
1989	850566	99311	112885	57450	5794	11172	8741	2769	1719

第二节　探索市场转轨

全省系统 1990—2000 年经营规模　自 1990 年起，随计划经济向市场经济转轨，农资、棉花等供销社系统经营业务放开，全省系统经历长达 10 年亏损。

1990 年，市场销售不畅，全省供销社系统销售困难，费用增加，亏损增多，经济效益大幅下降。完成国内纯购进 50.18 亿元，同比略减；但农副产品收购额达 25.08 亿元，增长 20.6%。国内纯销售 74.02 亿元，下降 5.1%。其中生产资料销售 26.77 亿元，下降 7.6%；生活资料销售 19.47 亿元，下降 8.6%。上缴国家税金 1.63 亿元，增长 39.3%；支付银行利息 2.55 亿元,减少 11.8%;利润倒挂 3162 万元。商办工业全年产值 8.66 亿元,比上年增长 4.7%。全年费用支出 9.99 亿元(其中银行利息支出占 25.5%);亏损面 35%,亏损单位由上年 430 个增至 886 个,亏损金额 1.5 亿元,增长 150.4%。

1991 年,农村市场销售回升缓慢,全省供销社系统经营状况较差。完成国内纯购进 51.4 亿元,比上年增长 2.4%;国内纯销售 75.1 亿元,增长 1.5%;缴纳税金近 1 亿元,支付银行利息 2.34 亿元。供销社占全省社会商品零售额比重由上年 16.7% 降至 14.9%。全省系统 1445 个盈利单位共盈利 1.21 亿元,1030 个亏损单位(亏损面达 41.6%)共亏损 1.92 亿元,盈亏相抵净亏损 7102 万元。其中基层供销社亏损 1.17 亿元,亏损面达 47%;16 个地、市供销社有 11 个亏损,其中 8 个亏损在 1000 万元以上;全省市、县供销社有 45 个净亏,亏损 100 万元以上的有 34 个。

1992 年,全省供销社系统亏损 1.19 亿元,比上年增亏 4800 万元;亏损单位 1120 个,增加 90 个;亏损单位亏损金额 2.34 亿元,增亏 4268 万元;亏损面达 47.9%,比上年增加 6.8 个百分点。县以上企业盈利 710 万元,同比减少 2861 万元;基层社亏损 1.25 亿元,增亏 2552 万元,亏损面为 57%。全省除安庆、马鞍山、铜陵、淮北、巢湖 5 地市外,其余 11 地市全部亏损。亏损 1000 万元以上的有:蚌埠市 4566 万元、滁县地区 2741 万元、阜阳地区 1712 万元、淮南市 1689 万元、六安地区 1186 万元,合肥市 1066 万元。亏损原因在于:主观上改革意识不强;部分地区存在"等、靠、要"和无所作为思想;在"四放开"和承包中未处理好"放"与"管"的关系;企业盲目经营、盲目决策、盲目上项目造成损失;部分单位领导班子内耗严重;统计存在缺报漏报和财务报表失真现象,据对南陵、芜湖两县调查,其零售额均少报 500 万元以上。客观上农民手中的钱不多,影响购买力;资金紧缺,影响大宗农副产品购销业务;摊派、平调增加供销社负担,仅阜阳地区由于修公路和拓宽街道,全区供销社被拆迁营业门点达 1420 间,面积达 2.9 万平方米,直接损失达 585 万元,影响销售 4920 万元,影响利润 169 万元。

1993 年,全省供销社完成购进总额 89 亿元,比上年下降 15.2%;销售 111.3 亿元,下降 8.8%,其中零售 40.24 亿元,下降 2.8%。全省系统亏损 1.17 亿元,比上年减亏 215 万元。除经营管理不善外,有 6 项因素导致减利或亏损合计 2.54 亿元:因银行贷款利率调高多付利息 4868 万元;因国家税率提高多交税金 3029 万元;因支农物资运费增加和电费增加多付费用约 500 万元;实行"社有民营"处理商品和削价损失约 2000 万元;因税前提留"两金"减少利润 3000 万元;因 11.7 亿元的"历史包袱"支付银行利息 1.28 亿元(其中政策性"包袱"10.4 亿元,年付息 1.14 亿元)。

1994 年,全省供销社全年完成商品购进总额 114 亿元,比上年增长 28.2%;商品销售总额 124 亿元,增长 11.8%。税率、利率、调资等支出增加逾 2 亿元,承担 10.41 亿元历史包袱支付行息逾 1 亿元,年终决算账面亏损 6613 万元,比上年减亏 5074 万元,减幅达 43.4%,亏损单位比上年减少 152 个,下降 11.8%;亏损面为 44.2%,下降 7.1 个百分点。基层社经营状况有所好转,亏损额减少 3781 万元,减幅达 33.7%;亏损单位减少179个,下降20%;亏损面为43.3%,下降11个百分点。全年上缴国家税费总额1.95亿元,比上年净增6852万元,增长54.3%。其中仅增值税一项达1.09亿元,比上年全部销售税金及附加合计净增3434万元。全年支付银行利息3.79亿元,比上年净增1.08亿元,增长39.7%;全年工资支出比上年净增1.26亿元,增长50.2%。

1995年,全省供销社商品购进总额180.54亿元,比上年增长57.7%;商品销售总额178.62亿元,增长43.6%,增幅居全国第4,华东第1;全省系统盈亏相抵后亏损3906万元,比上年减亏2707万元,减幅达40.9%。其中基层社亏损6684万元,比上年减亏1000万元;亏损面比上年下降4.15个百分点。全年上缴国家税费总额2.45亿元,比上年净增5000万元,增长25.6%。全年支付银行利息4.89亿元,比上年净增1.11亿元。增长29%;全年工资支出比上年净增8382万元,增长17.1%。

1996年,全省供销社贯彻省委、省政府《关于深化供销合作社改革的实施意见》,战胜严重自然灾害,综合经济实力增强。当年全省供销社实现商品购进总额182.7亿元,比上年增长1.2%;商品销售总额199.6亿元,增长11.7%,增幅居全国同行业第2位。年底全省系统盈亏相抵后亏损9866万元,比上年增亏5960万元,亏损面达45.24%,比上年增加5.15个百分点。完成社办工业产值33亿元,实现销售额40亿元,创利税1.4亿元,均为历年最高水平。全年上缴国家税费总额3.21亿元,比上年净增7568万元,增幅为30.9%,高于全国平均水平。全年支付银行利息5.98亿元,比上年净增1.09亿元,增幅为22.3%;全年工资支出比上年净增4610万元,增长9.7%。年末全省供销社系统所有者权益达20.56亿元。

1997年,全省供销社系统完成商品购进总额177.4亿元,比上年下降2.9%;完成销售总额186.5亿元,下降6.5%;完成社会商品零售79.73亿元,增长2.7%;上缴国家税费总额34477万元,比上年净增加3414万元,增长11%;全省系统净亏损3.66亿元,比上年增亏2.68亿元,其中基层社亏损1.56亿元,增亏7061万元。全省系统亏损面达56.7%,比上年扩大11.7个百分点,其中基层社亏损面达57%,扩大9.3个百分点。至年底,全省系统所有者权益为16.88亿元,比上年减少3.68亿元,下降17.9%。

1998年,全省供销社完成商品购进总额147.1亿元,比上年下降17.1%;完成销售总额152.6亿元,下降18.2%;完成社会商品零售75亿元。全省系统净亏损13.48亿元(含棉花政策性亏损),增亏9.81亿元,其中基层社亏损3.37亿元,增亏1.81亿元;全系统亏损面达68.9%,比上年增加12.2个百分点。至年底,全省系统所有者权益为5.54亿元,比上年减少11.34亿元,下降67%。

1999年,全省供销社实现商品购进总额114.7亿元,比上年下降22%;实现商品销售收入129.3亿元,下降15.2%。其中农业生产资料销售36亿元,下降14.4%;生活资料销售25.4亿元,下降4.6%。全省系统上缴国家税费总额2.12亿元,比上年减少19%。按照中华全国供销合作总社当年划断考核的规定,全省供销社系统亏损5.24亿元。

全省系统1990—2000年主要财务指标

安徽省供销社系统 1990—2000 年主要财务指标表

表 3—1—2　　金额:万元

年份	商品纯销售额	费用额	固定资产(原值)	流动资产	社员股金	税金	利润	核算单位总数(个)	其中:基层社数(个)
1990	803022	99838	128384	59875	6215	11583	-3162	2567	1525
1991	1345515	102561	144696	662439	6230	9948	-7012	2475	1465
1992	1319529	104812	161271	672170	6572	12452	-11902	2364	1399
1993	1368905	1313429	205606	751196	5530	2198	-11687	2519	1481
1994	1313688	1232821	244360	984666	6245	3961	-11381	2571	1256
1995	1932135	1820483	289337	1290315	9882	6457	-10363	2597	1515
1996	2278432	2164415	333041	1319895	14592	5142	-15008	2592	1506
1997	1953488	1862242	396136	1372005	20076	7874	-40519	2540	1441
1998	1525071	1487383	450900	1501631	22253	8287	-137121	2436	1480
1999	1311141	1276468	477143	1400404	16187	9386	-110727	2512	1521
2000	1274045	1217196	489409	1439111	12540	12529	-1261	2439	1574

第三节　建设新型流通服务网络

全省系统 2001—2011 年经营规模　自 2000 年起,全省供销社系统通过体制创新,实施“四项改造”,实现扭亏为盈,供销社业务经营步入新阶段。

2000 年,全省供销社系统实现商品购进 106.88 亿元,比上年下降 6.8%;实现商品销售 128.04 亿元,下降 9.7%。其中,农业生产资料销售 25.45 亿元,下降 29.31%;消费品零售额 25.22 亿元,下降 0.71%。按照财政部规定的考核口径,全年盈亏相抵后盈利 1268 万元,与上年同期亏损 10.51 亿元相比,减亏增盈达 10.64 亿元。全省系统盈利单位 1609 个,盈利额 1.12 亿元,分别比上年增加 742 个和 2767 万元;820 个亏损单位,亏损额 9935 万元,亏损面由上年的 66.64% 降至 33.76%,亏损单位亏损额比上年减少 10.37 亿元。全省 17 个市供销社年底汇总盈利的共 11 个,分别是黄山、宣城、池州、阜阳、滁州、合肥、安庆、宿州、淮北、马鞍山和淮南市供销社;汇总亏损的共 6 个,分别是巢湖、亳州、六安、蚌埠、芜湖和铜陵市供销社,但减亏幅度也较明显。

2001 年,全省供销社系统实现商品购进总额 102.25 亿元,比上年下降 4.3%;商品销售总额 114.67 亿元,下降 2.7%,剔除不可比因素,购销额与上年基本持平。其中,农业生产资料批发销售额 44.3 亿元;售给农民的农业生产资料 22.52 亿元,下降 11.5%;消费品零售额 24.37 亿元,下降 3.4%。全年盈亏相抵后实现利润总额 4746 万元,比上年增加 3323 万元,增长 233.5%;利润总额在全国 31 个省、市、区供销社中居第 6 位,比上年上升7位，获全国总社经济效益优胜单位一等奖和省政府通报表彰。

2002年，全省系统以产权制度改革为突破口，以提高经济效益为中心，以服务“三农”为宗旨，参与农业产业化经营。全年实现商品购进总额98.5亿元，商品销售总额117.6亿元，比上年增长2.5%。按照国家财政部规定的报表口径，全省系统盈亏相抵后汇总利润7559万元，比上年增盈2813万元，增长59.3%，继2000年实现扭亏增盈以来连续3年全省系统实现盈利。利润总额位居全国同行业第10，获全国供销合作总社经济效益优胜单位一等奖。

2003年，全省系统深化企业改革，提高经济运行质量和效益，参与和推进农业产业化，提高为农服务水平，克服“非典”疫情和洪涝灾害影响，经济持续快速增长。主要经济指标呈现“四个同步增长”。购进总额和销售总额同步增长。实现经营购进总额111.34亿元，比上年增加12.88亿元，增长13.1%；实现经营销售总额144.83亿元，增加25.9亿元，增长21.8%。利润总额和所有者权益同步增长。盈亏相抵后全省系统企业实现利润1.22亿元，比上年增加4630万元，增长61.3%；所有者权益4.59亿元，增加3.44亿元。成为自1990年以来全省供销社经济效益最好的一年。盈利单位数和盈利能力同步增长。17个市社首次全部实现汇总盈利。盈利额超过1000万元的有黄山市和宣城市，盈利额分别为8431万元和1720万元，分别增长39.8%和111.8%。1750个汇总单位有1556个盈利，亏损额由上年6222万元降为1546万元，减幅达75.2%。经济效益和社会效益同步增长。全年上缴各项税费总额1.68亿元，增长7.7%；社会贡献总额达6.85亿元。省社直属企业扭转连续多年徘徊不前的局面，销售总额突破20亿元，达22.78亿元，比上年增长38.8%；实现利润2566万元，增长18.5%。在2003年度全国总社经营绩效考核中，安徽省供销社名列第4位，比上年前进7个位次，获全国总社经营绩效考核优胜单位特等奖。

2004年，全省供销社适应市场经济要求，坚持为农服务方向，通过改革创新、转换经营机制，盘活社有资产，开拓经营领域，扩大销售，壮大社有企业实力，经济效益继续保持快速增长。购销增长较快，经济总量扩大。当年全省系统实现购进总额168.38亿元，比上年增加57.04亿元，增幅达55%；实现销售总额186.78亿元，增加41.95亿元，增幅达28.6%。有15个市实现增长。全省系统实现商品进出口额7.84亿元，增长43.2%，其中出口5.66亿元，增长86%。经济效益提高，经济实力增强。全省系统汇总利润总额1.77亿元，比上年增盈5544万元，增幅达45.5%，是全国供销社系统7个利润过亿元的省级社之一；所有者权益达10.22亿元，增加5.63亿元，增幅达122.7%。全省17个市中有11个利润实现增长，巢湖、宣城、六安、蚌埠、亳州5市增幅较大。亏损单位由194个减少到131个。支柱行业显现支撑作用，优势骨干企业提高贡献率。农资、棉麻、再生资源、茶叶、烟花爆竹5行业实现销售额119.3亿元，占全省系统销售总额的63%。骨干企业显现龙头作用，辉隆集团、黄山永佳集团、宁国司尔特化肥公司3个骨干企业全年实现销售36.5亿元，是全省系统销售总额的19.5%；利润总额1.45亿元，占全省系统总额的81.6%。是年，省供销社投资企业实现销售38.2亿元，增加

15.42亿元,增长69.5%,占全省系统总量的20.5%;实现利润4182万元,增加1616万元,增长63%,占全省系统总额的23.6%。

2005年,全省供销社推进现代流通网络建设,主要经济指标实现突破,经济发展步入良性轨道。实现购进总额183.55亿元,比上年增长9%;实现销售总额208.11亿元,增长11.4%。17个市供销社有14个实现销售增长,位居首位的淮北市增幅达50%;销售总额超过10亿元的有宣城、阜阳、黄山、六安、安庆、滁州、亳州7市。盈利能力增强,实现利润总额2.11亿元,增长18.8%。17个市社全部盈利。上缴税费总额1.88亿元,增长5.3%。经济运行质量提高,社有资产优化。与全面深化改革前的2002年相比,是年销售增加90.5亿元,增长77%;利润增加1.4亿元,增长178.6%;两项主要经济指标年均增幅分别达25.7%和59.5%,并且连续3年保持利润增长率高于销售增长率的态势。至年底,全省系统资产总额达142.12亿元;所有者权益达16.34亿元,增长59.9%。省社社属企业发展加快,龙头作用显现。省社投资企业当年销售总额首次超过50亿元,达51.81亿元,增长34.5%,占全省系统总额的24.9%;11个省社社属企业全部盈利,利润总额达4412万元,占全省系统的20.9%。全省供销社立足流通,拓展其他产业,培植新的经济增长点。巩固传统主业,农资、棉麻、再生、茶叶4个行业全年实现销售134.4亿元,占全省系统的64.5%。拓展复合肥加工、化工、房地产、拍卖、仓储、冷藏、种子以及资本运营等新兴行业。合肥市供销社利用地产兴建28层的恒丰国际大厦,芜湖市投资建设再生资源交易中心、锦江之星芜湖店、芜湖丰农果菜冷藏、金联投资、安徽达成科技、芜湖棉花交割库等一批新项目,黄山永佳科技园已吸纳4个大型企业入驻,启动建设占地67公顷的永佳工业园。

2006年,全省供销社经济效益持续提高。实现购进总额231.53亿元,增长26.14%;销售总额246.84亿元,增长18.61%;利润总额2.33亿元,增长10.47%。农资、棉麻、茶叶、再生资源4个行业实现销售总额136.6亿元,占全省系统总额的55.34%。省社投资企业全年实现销售总额65.83亿元,增长27.06%;利润总额4723万元,增长7.19%,安徽辉隆农资集团、安徽省棉麻有限责任公司、安徽茶叶进出口有限公司、安徽双赢再生资源集团市场份额均居全省同行业第一。年底,全省系统所有者权益达20.52亿元,增长25.61%;社会贡献额达7.11亿元,增长16.22%。

2007年,全省供销社实现购进总额311.11亿元,增长34.37%;销售总额334.63亿元,增长35.57%;利润总额3.79亿元,增长62.96%。省社投资企业销售突破百亿元大关,达101.4亿元,增长62%;利润突破亿元大关,达1.09亿元,增长132.96%。辉隆集团销售突破50亿元。全省系统所有者权益达30.84亿元,增长50.27%;17个市社全部盈利,盈利面达96.81%,上升3个百分点。全省系统上缴各种税费2.4亿元,增长14.6%;社会贡献额达9.31亿元,增长31.02%。

2008年,省社确定当年为全省系统"'新网工程'建设推进年、社有企业创新发展年、供销社地位作用提升年",各地供销社实施网络拓展战略、开放办社战略、龙头引领战略、实业兴社战略、项目带动战略、人才强社战略，克服国际金融危机的不利影响，实现购进总额416.86亿元，增长33.99%；销售总额430.39亿元，增长28.61%；利润总额6.07亿元，增长60.06%。销售、利润创历史新高。17个市社全部盈利，宣城、黄山市社利润均突破1.2亿元。优势骨干企业贡献率提高。辉隆集团、黄山永佳、双赢集团、司尔特肥业4家企业实现销售141.1亿元，占全省系统总额的32.8%；利润3.89亿元，占全省系统总额的64.09%。省社投资企业实现销售总额110亿元，增长近10%；利润总额达1.69亿元，增长55.51%。年底，全省系统所有者权益达37.72亿元，增长22.31%；社会贡献额达15.9亿元，增长70.74%。

2009年，全省系统实现购进总额463.33亿元，增长11.15%；销售总额498.53亿元，增长15.83%；利润总额8.02亿元，增长32.13%。销售、利润创历史新高。17个市社连续7年全部盈利并增长，宣城、黄山、池州3市位列全省前3。省社投资企业实现销售115.6亿元；利润突破2亿元大关，达2.56亿元，同比增长50.70%。年底，全省系统资产总额283亿元，增长23.3%；所有者权益55.06亿元，增长45.97%；社会贡献额达20.23亿元，增长27.22%。

2010年，全省系统保持经济平稳较快发展，推进"新网工程"建设，加快合作经济组织发展，提高农业产业化水平，推动农业社会化服务体系建设，超额完成年初确定的主要目标任务。实现购进总额652.93亿元，同比增长40.92%；销售总额701.18亿元，同比增长40.65%；利润总额12.09亿元，同比增长50.78%。省社投资企业（含二级单位）销售突破200亿元大关，达206.17亿元，同比增长78.35%；利润总额3.77亿元，同比增长47.1%。全省系统所有者权益达83.55亿元，增长51.74%；社会贡献额达33.40亿元，增长65.14%。

2011年，全省供销社系统夯实基层服务组织，推进社有企业改革，构筑农资、日用消费品、农副产品、再生资源、烟花爆竹、农村金融服务6大网络体系，强化系统联合与合作，增强综合实力、服务能力和发展活力，突出强农惠农、调控市场和搞活流通作用。主要经济指标继续大幅增长。实现购进总额941.29亿元，同比增长44.16%；销售总额990.98亿元，同比增长41.33%；利润17.00亿元，同比增长40.64%；资产总额522.81亿元，所有者权益126.12亿元，同比分别增长34.17%和50.95%；社会贡献额达59.29亿元，增长71.52%。

全省系统2001—2009年主要财务指标

安徽省供销社系统2001—2009年主要财务指标表

表3—1—3　　金额：万元

年份	商品纯销售额	费用额	固定资产（原值）	流动资产	社员股金	税金	利润	核算单位总数（个）	其中：基层社数（个）
2001	1030493	981511	480487	1359637	10890	17542	2981	2124	1243
2002	956443	905374	451652	1384777	7417	15277	4300	2022	1161

续表 3—1—3

年份	商品纯销售额	费用额	固定资产(原值)	流动资产	社员股金	税金	利润	核算单位总数(个)	其中:基层社数(个)
2003	1188305	1099201	348625	996328	5086	16760	11637	1750	940
2004	1322354	1244056	346603	1110042	4407	17808	14997	1549	874
2005	1491779	1414848	431936	989222	3831	18754	18350	1328	502
2006	1795520	1706568	320812	1017377	4208	20932	17455	1270	468
2007	2440712	2303720	355185	1068962	4227	23981	32813.6	1190	559
2008	3028332	2815232	424716	1715668	4156	38878.85	53881.9	1204	499
2009	3284435	3073398	367035	2084050	5948	74371	80200	1174	628

第二章　农业生产资料

安徽省供销社农业生产资料(农资)经营随国家宏观经济政策变化和流通体制改革而调整变化。

1982年前,属计划经济时期的严格管理阶段。化肥生产和销售实行统一计划、统一收购和统一销售。定价采取低价薄利政策,各环节价格由国家统一制定。限价导致的企业亏损由国家财政补贴。省、地、市、县供销社均设农资公司,基层供销社均设农资门市部。省农资公司承担行政管理职能,负责执行国家计划,分配下达省内计划,监督地方各级农资公司和网点按计划向农民调拨供应化肥。

1983—1998年,属经济转型期的计划与市场管理相结合、化肥价格实行"双轨制"阶段。实行计划内和计划外两块管理,计划内价格由国家统一制定,计划外价格实行市场调节,并实行化肥专营体制。是时,计划管理开始松动,化肥经营计划内管一块,计划外有条件的放一块,各级农资公司拥有部分采购权,价格上允许计划外自采部分高于计划内价格,渠道上允许工厂部分自销。由于国内化肥生产规模和产能受限,市场供需矛盾突出,货紧价扬,局部脱销,农民出现"买肥难"。1988年9月,国务院决定,化肥由供销社农资部门实行专营,取缔任何单位和个人非法插手经营,清理渠道,稳定市场,再次赋予省农资公司主渠道地位。后随我国化肥生产规模和产能扩大,市场供应紧张局面缓解,至1994年,根据国发45号《关于改革化肥等农业生产资料流通体制的通知》,省政府相应下发皖政〔1994〕68号文件,农资商品"专营"改为"经营",经营渠道和价格逐步放开。

1998年年底—2009年7月,属市场经济时期政府指导下的市场形成价格机制阶段。1998年12月,国务院下发《关于进一步改革化肥价格管理办法的通知》,建立适应社会主义市场经济发展要求、在国家宏观调控下主要由市场配置资源的化肥流通体制,促进化肥生产和流通的健康发展,稳定化肥价格。是时,虽政策没有完全放开,但市场已先于政策基本开放,渠道增加,竞争显现,价格基本由市场决定。由于各级农资公司观念陈旧,适应市场能力较弱,各地改革改制进度加快,原有农资供应网络发生变化,地、市、县农资公司和基层供销门店相继改制或因严重亏损而解体。省农资公司经营处于"线断网破"状态。2003年,省农资公司启动改制,在各地建立自主可控的农资经营网点,开展连锁经营,至2008年,农资连锁经营已形成规模,经营业绩提升,市场主渠道地位巩固。

2009年8月,国务院下发《关于进一步深化化肥流通体制改革的决定》,取消对化肥经营企业所有制性质的限制,允许具备条件的各种所有制及组织类型的企业、农民专业合作社和个体工商户等市场主体进入化肥流通领域,参与经营,公平竞争。自此,化肥经营彻底放开。省农资公司改制后组建安徽辉隆农资集团股份有限公司,成为安徽乃至全国农资界龙头企业,跻身全国前5名。2011年,辉隆股份在深圳中小板挂牌上市,成为全国农资连锁企业"第一股"。

第一节 全省系统农资经营管理

化肥价格"双轨制"阶段 1985年,随农村产业结构调整,农业生产资料市场发生变化。安徽省供销社系统优质化肥和部分农用机械旺销,碳铵、农药等下降幅度较大。全年化肥销售377.6万吨,下降5.6%,但尿素、复合肥销量分别增长17.8%和45.4%;农药销售2万余吨,下降32.4%;农药器械销售29.1万架,下降23.2%;中小农具销售1173万件,下降10%;农用塑料薄膜销售4742吨,下降8%;小四轮拖拉机销售1.2万台,增长47.6%;饲料粉碎机销售1473台,增长72.8%;电动机销售7264台,增长14%。

1986年,安徽省化肥供应紧张,主要原因在于:需求量增长,国家粮食政策调动农民生产积极性,粮食种植面积扩大,复种指数提高,相应增加化肥投入量;国家统配货源大幅减少,由于进口化肥减少,国家调给安徽省的计划化肥由上年的74.8万吨下降到53.3万吨,扣除上年超调的12万吨,实际减少33.5万吨;对化肥市场变化估计不足,年初小化肥滞销积压,全省有36家化肥厂停产,影响化肥产量。各级供销社因购进化肥亏本,被迫退掉40多万吨订货合同,部分订货合同也因化肥产区有关部门控制外销或运输困难而未能兑现。是年,全省化肥施用量516.2万吨,比上年增长5.7%。4月,淮北地区发生大面积小麦吸浆虫病,安徽省供销社系统在1周内从省内外40多个地区采购、调进农药8000吨,供应200余万农户,确保午季小麦丰收。5月以后,各级供销社派出数千人分赴全国各地,采购计划外化肥。7月9日,省政府召集省石化厅、财政厅、农牧渔业厅、供销社、物价局等有关单位研究农药产销问题,决定农药实行定点生产,经营以供销社为主,实行季节差价。由省社每年储存4000~5000吨农药,储备资金利息采取退税或返还的办法解决,当年此项款额从尿素差价款中解决。至年底,从省外购进化肥85万吨,挖掘商业库存60余万吨,共供应化肥426.5万吨,供应量比上年增长13.1%,为历史最高销售水平。

1987年,省政府规定,地产小化肥实行县、市长负责制;除供销社农资公司及生产厂外,一律不准经营化肥。因优质资源不足,筹集地方外汇由省农资公司统一进口优质化肥。随着农业生产机械化程度提高,是年起,力车销售逐年减少。因控制进口,国产农药销售渐好,加之是年安徽农作物病虫害严重,农药市场出现供不应求局面。全年农业生产资料销售比上年增长33.9%,远高于生活资料10.4%的增长幅度。全省供销社农资系统销售化肥486.4万吨,比上年增长14.1%,高于全国5.3%的增长速度;销售农药3万余吨，增长7.6%；农膜销售6838吨，增长16%。销售量均创历史最高水平。全省系统扩大化肥货源，派出采购人员5000余人次，采购计划外化肥106万吨，年内调进73.5万吨；筹集地方外汇1300万美元，进口尿素11.5万吨，年内调进9.3万吨；全年共购进和调入化肥480余万吨。安排挂钩和奖售优质化肥66万吨，保证粮食、棉花、蚕茧、烤烟、茶叶收购。挤出3.55万吨优质化肥用于生猪上调奖售。各级供销社坚持"优先安排，优先分配，优先调拨供应"，在10月底前将45.15万吨粮食挂钩化肥落实到供应点。

1988年，农业生产资料销售的增长幅度高于生活资料增长。全年农业生产资料销售额为21.58亿元，比上年增长22.1%；生活资料销售额为21.2亿元，增长16.6%。是年，全省农资市场货源紧、渠道乱、环节多、价格高。各级供销社千方百计组织货源，弥补供需缺口，支援农业生产。全年购进化肥366万吨（其中从外省购进计划外化肥86万吨）、农药2.8万吨、农膜8584吨，分别比上年增长2.4%、13.9%和55.4%。供应化肥487.4万吨，与上年基本持平，其中尿素增长8.1%。粮食挂钩化肥兑现率逾95%。第4季度，国务院决定化肥、农药、农膜由供销社及所属农资公司实行专营，全省农资市场混乱状况有所改善。至年底，全省供销社系统库存化肥117.2万吨、农药1.7万吨、农膜4128吨，分别比上年增长31.8%、3.8%和2.2倍，为1989年正式实施农资专营打下基础。

1989年，根据国务院规定，化肥、农药、农膜由各级供销社农资公司专营后，市场渐趋正常，化肥大部分品种零售价格与专营前相比，回落近2个百分点。农资销售增幅大，农业生产资料销售额为28.96亿元，增长34%。全省各级供销社全年供应化肥567.4万吨，比上年增长16.4%，创历史最高水平；供应农药2.64万吨，总量减少，高效乳剂农药供应量增加；供应农膜5936吨。各地整顿农资市场，取缔倒买倒卖，加强质量管理，基本扭转农资市场多头插手经营、坑农损农现象层出不穷的局面，农资价格稳定。省供优质肥实行全省统一定价；地产小化肥和农药，在省定出厂价基础上，以县、市为单位统一制定销售价。完善供应办法，年初，省供优质化肥全年分配计划下达到地、市；小化肥供应，大多数地方采取按田亩分配和与农副产品收购挂钩的方式，及时兑现。全省供销社结合廉政建设，制订货源、数量、价格、质量、供应办法公开以及不准以权谋私，不准乱收费、乱涨价，不准搭配商品，不准截留、挪用粮棉等挂钩、奖售专项肥等专营纪律。省和各地、市、县都设立举报站（点）和监督电话，增加透明度，保证农资商品按政策规定购销。至年底，全省供销社系统库存化肥160.1万吨、农药2.2万吨，分别比上年增长36.6%和29.4%，为1990年春耕备足货源。

1990年，全省各级供销社总结农资专营经验，改进供应办法，健全内部管理，落实配套政策，把专营与服务相结合，保证正常供应。各级农资公司推行"科技兴农"，开展农资系列化服务，创建"庄稼医院"和科技服务网点，基本形成县、区、乡、村四级农资服务网络。全年农资零售额为26.77亿元，占全省农业生产资料零售额的53%。销售化肥

538.9 万吨,比上年减少 28.5 万吨;农药 2.01 万吨,减少 0.63 万吨,农膜 6779 吨,增加 843 吨。粮棉挂钩和专用化肥坚持“优先安排、调拨、供应”原则,采取“早发票证、限期供应、保证兑现、过期作废”的办法。全年销售尿素 201.6 万吨,比上年增长 3.6%。兑现粮棉挂钩肥 96.7 万吨、扶贫救灾肥 14.5 万吨。实行粮食预购定金同供应化肥挂钩,全省 84% 的粮食预购定金约 2.4 亿元,改以化肥实物发放给农户,一方面方便群众,一方面解决地产小化肥专营与储备问题。

1991 年,安徽省遭受特大洪涝灾害。全省供销社农资系统抓服务,保供应,发挥主渠道作用。全省大部分地、市、县政府部门以不同方式重申专营政策。阜阳、池州等地行署发出关于进一步加强农资专营工作的通知和实施意见,亳州市政府颁布《关于化肥、农药、农膜实行专营的通告》,泗县政府印发农资专营、市场、资金管理和地产碳铵经营等文件。各地普遍开展市场整顿,巩固专营。6 月,省供销社与省工商局联合下发《关于进一步加强农资市场管理的通知》。各地政府成立市场整顿办公室或相应组织。寿县、霍邱、舒城、六安市等地组织固定或流动检查站;萧县、临泉、太和、望江等县由工商局牵头,成立农资市场管理稽查队。是年,全省供销社系统共销售化肥 514.5 万吨,销售农药 2.35 万吨,销售农膜 9476 吨。全省 94 个地、市、县农资公司有 84 个恢复或建立科技科(股),科技服务部发展到 2144 个,“庄稼医院”发展到 362 所,配肥配药站(厂)发展到 605 个,机防队 555 个,机耕队 3 个,激素应用研究所 1 个,新开辟扶贫点 19 个。全省各地供销社推行“以肥放贷、供贷合一”、农资商品兑换农副产品等灵活多样的供应办法,对小化肥采取经销、代销、联营等多种形式。在工商部门配合下,成立农资市场稽查组织,打击假冒伪劣“坑农”行为。全年农资商品销售总额 26.3 亿元,比上年下降 1.8%。其中供应化肥 517.8 万吨,下降 3.9%;农药 2.4 万吨,增长 19.4%;农膜 9877 吨,增长 45.7%。

1992 年,全省农资经营改专营为放开经营,安徽省供销社农资系统开拓新经营领域,开办复合肥厂、农药分装厂,全省共有 30 余市、县开展农资骨干品种联购分销和联购联销。是年,因市场竞争加剧,省供销社农资系统销售化肥 492 万吨,同比下降 4.5%;农药 1.71 万吨,下降 27.5%;农膜 7550 吨,下降 21%。拥有各类服务网点总数 6992 个,包括庄稼医院、配肥站、配药站、机耕机防队、村级综合服务站等,开展技术咨询 55.8 万人次,66 个配肥站(厂)共生产各种混配肥、专用肥 12.8 万吨,测土配方施肥和实用技术推广面积达 526 万亩。县以上农资公司利润同比下降 28%,有的甚至亏损。

1993 年,粮棉挂钩兑现肥由平价供应转议价供应,农资经营由“送货制”改为“提货制”,给长期以来实行指令性计划的供销社系统农资经营带来困难。安徽省供销社系统全年农资销售额 24.6 亿元,比上年下降 1.6%。其中,化肥购进 326.8 万吨,下降 1.5%;销售 457.9 万吨,下降 6.9%;库存 76.04 万吨,下降 47.2%。农药购进 1.32 万吨,下降 13.7%;销售 1.68 万吨,下降 1.7%;库存 1.23 万吨,下降 25%。农膜购进 4319 吨,下降 31.7%;销售 6875 吨,下降 8.9%;库存 3244 吨,下降 9.2%。从化肥品种看，氮、磷、钾肥销售量同比分别下降11%、10.7%、24.1%，仅复合肥销售同比增长23%。从时间看，1—11月化肥销售全面下降，但年底时，由于粮油价格大幅上涨及税制改革影响，大部分地区出现农民淡季争购、抢购化肥现象，12月全省化肥比上年同期多销14.4万吨，增幅达43.3%。

1994年上半年，全国农资经营面临货源难以组织、价格涨势强劲、资金严重不足、市场管理混乱难题。8月，国务院决定改革农业生产资料流通体制，下发45号文件，明确化肥经营主渠道是农资公司，中央调拨和省内掌握的优质化肥资源交由供销社农资公司经营，县及县以下农业“三站”和工厂自销是辅助渠道，其他所有单位和个人，凡从事化肥经营的，工商部门应全部注销或办理变更登记手续；改农资商品的四级批发一级零售为两级批发一级零售，即中央、省公司为批发环节，县公司零售，基层社代销。9月28日，安徽省人民政府下发《关于认真贯彻国务院国发〔94〕45号文件的通知》，整顿流通渠道，加强价格管理。宁国、宣州、灵璧、砀山、泗县、萧县、明光等地成立农资管理小组，清理整顿市场。全省供销社、农资公司派出大批外采人员组织货源，保供应、保质量、管价格、稳市场，基本满足当年全省农业生产需要。全年农资商品销售27.7亿元，其中购进化肥355万吨，销售化肥417万吨，销售农药1.6万吨。是年，由于进口化肥价格过高，国家调控化肥到位差，源头上涨，主要农资商品库存比正常年份下降，特别是化肥，许多县、市基本是随进随销；价格上涨过猛，影响农民购买。尿素零售价从年初1150元/吨涨到4月1200元/吨、5月1400元/吨，7—8月少数地区达1700元/吨，个别地方达1900元/吨。

1995年，全省供销社农资部门理顺内部供货秩序，执行调控肥政策。省农资公司实行《省级调控化肥供货暂行办法》，明确调控肥收购、调拨、供应程序，做好安庆、二坝、上海3个供货点工作，派出驻安庆尿素调运协调小组和二坝工作组，成立上海公司，加强对国产、中转、进口肥的协调和领导。各地根据省政府〔1995〕23号文件规定，因地制宜确定省供优惠价调控肥分配供应办法。全省有53%的县（市）同粮棉挂钩或由计委分配限价供应，有28%的县（市）采取找补差价办法，有19%的县（市）采取综合作价。省供销社同省工商局于年初联合下发《关于清理整顿农资市场的通知》，各级供销社农资部门配合工商部门对经营单位进行资格审查，对合法经营单位定位管理、张榜公布，吊销、变更、注销7564个不符合规定的经营单位。千方百计组织货源，发挥主渠道作用。全省购进化肥506万吨，比上年增加150万吨；购进农药2.1万吨，增加3091吨。省农资公司坚持“中央调控、省厂收购、地方进口和外采”等多种渠道，落实省级调控肥，全年共落实调控肥174.5万吨，完成年计划102%。全年供应化肥521万吨、农药2.04万吨、农膜4189吨。在68个县（市）进行农资县基联销经营试点推广。开展农资系列化服务，制定《安徽省农资系统庄稼医院达标评审暂行办法》，开展“庄稼医院”达标评选；建立12个“农资系列化服务联系点”，聘请植保、土肥农业专家，组建安徽省农资公司专家顾问组。

1996年,全省农资市场货源充足,价格平稳,市场有序。全省供销社农资系统化肥纯购进594.33万吨,销售587.72万吨,年末库存152.47万吨,分别比上年增长17.4%、12.8%和15.89%。初步建立厂分级调控体系,大化肥主要由省调控,小化肥实行县长负责制。淮南、阜阳、六安等地、市或分公司,配合政府有关部门将地产优质化肥纳入区域平衡的"笼子"。全年落实省调控化肥159.2万吨,其中,中央调控化肥完成51.02万吨,省产化肥收购69.28万吨,地方配额进口31.2万吨,保证省供粮棉挂钩肥兑现。全省统一推行粮棉挂钩,多数地方实行综合作价,恢复送货制。部分地、市、县建立价格风险基金制度。农药由于病虫草害相对较轻,购、销、存量均有所减少,购进1.82万吨,销售1.85万吨,年末库存1.18万吨,分别比上年减少13.2%、9.2%和3.5%。农膜购进0.37万吨,销售0.42万吨,分别增长36.7%和1%。县以上农资公司销售额达62.5亿元,比上年增加11.3亿元。当年全省供销社系统的化肥销售量和县以上农资公司销售额均为历年最高。全省供销社农资系统内重点推广县基连锁经营,探索县以上联合经营和农资专业合作社试点,形成以六安市为代表的"五统一"式,以全椒县为代表的租赁聘用式,以寿县、望江县和巢湖市为代表的合同式3种模式。至年底,全省农资商品连锁经营面达62.5%。印发《安徽省农资系列化服务考评办法》,建立"两卡一统"制度,即"种粮种棉大户联系卡""农资商品质量信誉卡"和"农资商品质量统检制度",93个单位参加1996年农资商品质量统筹检测,通过检测把关,直接挽回经济损失250余万元。省直接培训庄稼医生达100余名。30个县实施测土配方施肥,32个县建立"两卡"制度,县以上公司恢复、重建庄稼医院87所,指导基层建立庄稼医院213所。

1997年,全省供销社农资部门销售化肥601.86万吨,比上年增长2.4%;销售农药2.06万吨,增长11.2%。是年,全省农资市场多数品种货源过剩,价格持续下降,销售稳而不旺,库存居高不下,粮棉挂钩肥政策效应减弱,农资经营步履艰难,主渠道企业亏损严重。受全国氮肥资源相对过剩、外省和地产小碳铵低价倾销冲击,8月以后,省供粮棉挂钩肥调拨价格首次出现与市场价格倒挂现象,农资市场发生根本性变化。主要品种尿素的市场零售价逐月下降,由年初1950元/吨降至年底1450元/吨左右。为完成省政府交给的调控任务,维护主渠道信誉,农资部门在农资供应中保本甚至亏本销售。

市场形成价格机制阶段

1998年,全省农资市场需求不足,价格下降,农资经营面临前所未有的困难局面。供销社系统农资企业全年化肥购进547.5万吨、销售563.7万吨,分别下降1.6%和6.4%,但化肥供应总量仍占全省社会总需求80%以上。

1999年,农资流通体制改革实施,供应渠道增多,生产企业自销以及农业三站扩大销售,致使原农资公司销售分流;5—6月部分地区遭受洪涝灾害和连阴雨天气,化肥施用量下降;农副产品价格下跌,农民收入减少,影响投入。全省供销社农资企业开拓市场,销售下降幅度较小。至年底,全省县以上农资部门化肥购进570.17万吨(标准吨,下同),销售545.97万吨,库存117.74万吨,与上年相比,购进增长4.1%,销售下降3.1%,库存增长1.8%。农药购进1.66万吨,销售1.27万吨,库存1.29万吨,分别下降31.2%、39.8%和上升50.9%。农膜购进1603.1吨,销售2270.1吨,库存657.1吨,分别下降38.9%、24.9%、43.1%。

2000年,农副产品价格下跌,农民手持现金减少,一些地方耕地抛荒现象严重,对农资需求减少;春季干旱、秋季多雨,秋种面积减少,秋季化肥、农药用量下降;国家和省调整进口化肥政策,分品种下达化肥配额,省直接对各地分配指标,进口化肥配额减少幅度较大;进口和国产化肥价格持续下跌。全省供销社所属农资部门备足货源,调整品种结构,满足农业生产需要。扩大市场份额,做好外购内销、外购外销。全年供销社系统化肥购进593.4万吨,比上年增长4.1%;销售435.4万吨,下降20.2%;库存82.6万吨,下降29.8%。农药购进1.96万吨,增长17.8%;销售1.40万吨,增长9.7%;库存7034吨,下降45.7%。农膜购进3312吨,增长106.6%;销售3086吨,增长35.9%;库存1571吨,增长139.1%。

2001年,化肥生产原料价格上涨,生产成本增加,尿素、复合肥、碳铵价格均有上扬。由于农民增收缓慢、气候干旱、秋种面积减少,农资需求量急剧下降,再加上市场竞争加剧,农资市场仍为买方市场。全省供销社所属农资部门在农资销售全面放开的情况下,继续保持市场主导地位,市场占有率近70%。是年,全省供销社系统化肥购进519万吨,比上年下降12.6%;销售378.6万吨,下降13.1%;库存71.4万吨,下降13.6%。农药购进1.66万吨,下降15.1%;销售1.34万吨,下降4.3%;库存6447吨,下降8.3%。农膜购进3687吨,增长11.3%;销售3865吨,增长25.2%;库存1719吨,增长9.4%。

2002年,安徽省农资市场总体平稳,货源充足,品种齐全,农民消费理念趋于成熟,"不到用时不购肥"。化肥生产用料价格上涨,生产成本增加,价格小幅上升;同时按照加入WTO协议,化肥实行关税配额管理(进口化肥总量在准入量之内实行低关税,高于准入量实行高关税),化肥进口量比上年增加较多而出口减少,市场供大于求,化肥经营进入微利阶段。全省供销社农资企业进一步扩大市场购销份额,在新型农资流通网络形成中发挥主导作用。是年全省供销社系统从生产者处购进化肥527.6万吨,比上年增长1.7%;农药2.05万吨,增长23.5%。批发销售化肥606.6万吨,占全社会销售总量的70%;农药销售2.5万吨,增长8.5%。农膜购进5546吨,增长50.4%;销售3695吨,下降12.8%。

2003年,化肥价格上涨。全省供销社农资企业发挥系统网络优势,发展农资连锁配送、总代理、总经销等新型营销方式,参与清理和整顿市场经济秩序,在新型农资流通网络形成中发挥主导作用。全年供销社系统销售化肥423.01万吨、农药1.93万吨、农膜

3777 吨,农资销售占全省社会销售量逾 60%。

2004 年,农资市场化肥出厂批发价格和市场售价虽小幅波动,但始终处于较高价位。全省供销社农资企业克服资金和货源紧张、化肥出厂价格上涨等不利因素,组织货源;开展农资科技下乡活动,发展农资连锁经营;平抑市场价格。当年全系统实现农资销售 58.56 亿元,增长 35.2%,其中化肥销售 467.25 万吨,增长 10.5%,占全省社会供应量 70%;直接销给农民的农资商品达 31.22 亿元,增长 40.6%,高于全国平均水平近 26 个百分点。

2005 年,由于煤炭、石油等生产原料价格居高不下,电力、运力紧张,运输费用提高,上半年全省化肥价格总体上扬。4 月后进入销售旺季,尿素市场价格一路攀升,从 1760 元/吨涨至 1900 元/吨左右。国家加大调控力度,继续加强价格监管,控制化肥出口,增加国内供给,建立化肥淡季商业储备制度等,下半年化肥市场价格有所回落。全省供销社农资企业加大资源采购力度,发展农资连锁经营。当年农资销售 68.07 亿元,增长 16.2%;购进化肥 483.65 万吨,增长 9%;化肥销售量 474.8 万吨,增长 1.6%,占全省社会供应量 70% 左右;直接销给农民的农资商品达 38.81 亿元,增长 24.3%。

2006 年,国家实施粮补、良种补贴等惠农政策,农民化肥需求量增加,全省各地供销社以服务、质量和网络优势参与市场竞争,销售稳中有升。全省系统直接售给农民的农资商品金额 61.48 亿元,同比增长 58.41%,化肥销售量达 600.62 万吨,同比增长 26.5%。全省系统销售化肥 600.62 万吨,增长 26.5%,其中辉隆集团销售化肥 270.79 万吨,占全社会供应量的 30% 以上。

2007 年,受资源短缺制约,农资市场价格波动。春季尿素市场从 2006 年年底的低谷回升,出现整理状态;至 7、8 月用肥旺季,价格回落。进入 10 月以后,各类化肥价格上涨,尿素价格反弹,至 12 月,尿素零售价格升至 1900 元左右。各级供销社发展农资连锁配送、直营店和加盟店等现代流通网络,扩大农资购销,保持全省农资市场主渠道地位。全省系统购进化肥 741.66 万吨,同比增长 26.4%,销售化肥 774.66 万吨,同比增长 29%;直接售给农民的农资额 86.13 亿元,同比增长 40.09%。

2008 年,农资市场出现大幅波动。上半年,受原材料上涨、雪灾、地震等因素影响,国内化肥市场价格持续上涨。为扶持化肥生产,控制化肥出口,稳定化肥价格,国家出台护农政策,6 月下旬化肥价格涨幅明显回落。下半年,受美国次贷危机引发的国际金融危机影响,石油、煤等大宗初级商品价格下跌,引发化肥成本变化,多年来化肥产能过剩与高价位抑制需求的潜在矛盾集中爆发,化肥市场价格下滑,尤其是硫磺等原材料暴跌引发国内化肥市场剧变。面对农资市场价格多变的形势,各级供销社和农资经营企业根据省供销社要求,“保证省内供应,抑制肥价波动,保护农民利益”。全省供销社系统购进化肥 748.47 万吨,销售 743.4 万吨。

2009 年,我国化肥市场受金融危机冲击。年初国家改革化肥流通体制,除进口钾肥外,放开所有化肥价格。化肥市场呈 U 型走势,两头高、中间低,走高短暂,走低漫长。

省政府出台5万吨抗旱保苗救灾化肥供应政策,供应到农民手中价格为1500元/吨(尿素),较市场价格低300余元/吨。2—6月,受出口关税政策影响,出口减少81.6%;受前期上涨行情鼓舞,化肥生产企业满负荷生产;国家要求淡储企业提前向市场大量投放;受2008年化肥市场大起大落影响,不少经销商即用即买,缩短传统备肥期和化肥旺销时间,“蓄水池”作用下降,化肥市场供应量严重大于需求量,尿素尤为突出。一季度市场价格虽小幅上涨,但总体价格在低位运行。二季度市场“旺季不旺”,销售量低位平稳运行。7月后,出口关税下调至10%,受国际市场升温和出口拉动影响,国内尿素行情止跌并小幅回升,市场尿素总体仍供大于求;8月,尿素价格受出口拉动,呈先高后低态势,后期出口订单减少,库存增大,行情迅速跌回原位。是年后期,化肥市场资源供应充裕,市场供大于求,国际市场竞争激烈。受出口关税政策调整影响,化肥价格小幅涨落,但总体化肥价格未有高位表现。全省供销社系统购进化肥837.24万吨,同比增长11.9%;销售化肥914.85万吨,同比增长23.1%。8月,国家允许各类市场主体进入化肥流通领域,化肥经营放开。

经营放开阶段　2010年,农资市场起伏跌宕。全省供销社农资经营发挥组织优势,整合产业链条,开展连锁配送,实行让利销售。全省系统共购进农资商品192.98亿元,同比增长29.67%;销售213.44亿元,同比增长24.89%。其中,化肥累计购进1134.33万吨,同比增长35.48%,折合金额182.41亿元,同比增长28.89%;化肥销售1181.04万吨,同比增长29.10%,折合金额194.71亿元,同比增长22.26%。

2011年,全球整体经济恢复趋缓,国内金融调控力度加大,物价上涨,化肥价格波动明显。上半年化肥价格处于高位运行,下半年回落稳定,市场需求平稳。全省供销社系统全年购进农资商品278.62亿元,同比增长44.38%;销售289.46亿元,同比增长35.62%。其中,化肥累计购进1140.87万吨,同比增长0.58%,购进金额255.18亿元,同比增长39.89%;化肥销售1148.95万吨,同比下降3.16%,销售金额260.90亿元,同比增长33.99%。但全省系统销售化肥仍占全省社会需求70%,在化肥农药储备任务中,分别承担国家的40%和省级的80%,为安徽省粮食生产“六连增”作出贡献。

第二节　安徽省农资公司(辉隆集团)经营管理

安徽省农资公司经营管理　1987年2月,安徽省农资公司由行政管理型改为经营服务型经济实体,在巢湖市开设省内第一家“庄稼医院”,在合肥、蚌埠、淮南、安庆、铜陵、芜湖设6个分公司,另设巢湖二坝中转仓库。

1989年,为杜绝农药资源外流,实行外运审批制度,由省农资公司签发外运许可证。储备农药行息,改由省财政每年拨款200万元,由省农资公司包干使用。

1991年,省农资公司利用合肥、池州2所商校开设农资专业班,组织编写《新编农资商品应用技术》,印刷1.5万册,向农民免费发放。

1992年,省农资公司在汕头参股长贸联金汕贸易发展公司,并参与上海浦东开发。

1995年,省农资公司出台《省级调控化肥供货暂行办法》。开展农资系列化服务,制定《安徽省农资系统庄稼医院达标评审暂行办法》,开展“庄稼医院”达标评选;建立12个“农资系列化服务联系点”,聘请植保、土肥农业专家,组建安徽省农资公司专家顾问组。

1996年,省农资公司将科技服务经营部改为科技服务部,专事科技服务;举办庄稼医生培训班,培训100余名庄稼医生。

1997年,全省供销社农资系统经受市场大潮考验,多数化肥品种货源过剩,价格下滑,销售不旺,主渠道亏损严重,粮棉挂钩肥政策效应减弱。8月以后,粮棉挂钩肥价格首次高于市场价,系统内不愿接货,省农资公司按照“分月安排,季度结算,过期作废”原则组织调拨。是年,国家计委下达安徽省地方外汇进口化肥配额指标21万吨,分配给省农资公司15万吨,省农资公司利用配额进口钾肥、复合肥,取得较好经济与社会效益。成立连云港公司,增加海南大颗粒尿素经营。与中化国际化肥贸易公司多次谈判,成立中化司尔特(宁国)有限公司,注册资本增至3500万元。

1998年,受亚洲金融危机和国内自然灾害影响,农资市场持续低迷。省农资公司落实省级化肥储备制度和农药储备贴息;争取省政府同意免征省调控化肥过桥过路费。销售农药突破亿元大关。

1999年,农资经营全面走向市场。省农资公司开拓批零结合销售;新辟货源基地,开展农药委托加工及代理进口化肥和农药业务。实行7天工作制,采取配载、直发等方式,送货上门。

2000年,省农资公司推行“三项制度”改革;正式获得外贸进出口权。

2001年,省农资公司巩固省内市场;农药经营重点抓进口品种;复合肥公司开展有机钾肥、纯碱、白磷肥等经营;3月,成立进出口公司,首次出口尿素5120吨,农药代理进口突破200万美元。

2002年,是中国加入WTO第一年。农资流通主体增多,农民受购买力制约需求下降,农资流通进入大分化、大重组、大整合时代。省农资公司提出“树立徽农(后改为辉隆)品牌、建立营销网络、发展客户关系”的“三位一体”发展战略。化肥经营继续以尿素、复合肥及复合肥原料为主,农药经营以高效、低毒、低残留的进口品种为主,进口品种占70%以上。农药经营省外市场占近1/3,新辟对以色列、奥地利、阿联酋等国出口业务。扩大直销网点,设立配送中心,加强网络建设,注册成立6个徽农连锁配送中心,对明光、阜阳、宿州等地配送中心店堂进行装修,统一标识,每个配送中心销售化肥近万吨。化肥上新增硫铵、颗粒一铵经营;农药上引进“千金”“安打”“锐劲特”等新品种。农药代理进口业务增长,自营和代理进口农药740万美元,进出口总额达910万美元。

辉隆集团经营管理 2003年,安徽省农资公司正式启动改制,组建辉隆集团。开拓国际市场。全年化肥出口达5.5万吨,总进出口额突破1800万美元。推进网络建设。

公司实现销售12.24亿元,同比增长52.03%;化肥销售10.51亿元,同比增长46.17%;农药销售1.08亿元,同比增长25.58%;化肥销售量达91.2万吨,同比增长35%。

2004年3月19日,安徽辉隆农资集团有限公司正式挂牌,7个战区公司按照“直销处+加盟店”模式,在全省普遍推开连锁网络建设。在60个县建直销处、分公司,发展辉隆连锁店600余家。成立大禾种业公司,秋种供应麦种100万公斤;聘请农业专家,设立800辉隆免费农技咨询热线。加强货源基地建设,成为青海盐湖钾肥华东地区总代理及山西丰喜、晋城、山东德齐龙尿素安徽总代理。6月,省发改委、省物价局、省供销社请求省政府协调解决化肥发运困难。铁道部接安徽省政府明电后,连续下发5个部令支持辉隆集团化肥发运。是年,省政府出台省级化肥储备制度,国家出台化肥淡季商业储备制度,辉隆集团承担10万吨省级储备和中标10万吨国家淡储化肥。全年出口尿素20万吨,开拓服装纺织品、五金灯具、文具出口,实现进出口4000万美元。是年集团实现销售21.16亿元,同比增长82.44%。

2005年,辉隆集团被商务部确定为“万村千乡市场工程”建设首批试点企业。投资200余万元,统一店面标识、宣传用品、配置挂版、现场管理,建设辉隆连锁网络。在省内外建连锁配送中心75个,发展连锁店1006家。通过商务部门验收的配送中心37个,农家店764家,合格数量居全省第一。开拓化工、棉花、种子等新业务。新力化工公司化工产品经营达2亿元;大禾种业生产拥有自主经营权的优质高产水稻新品种辐香优98种子100余万公斤,经营额达1740万元。集团化肥、农药、化工产品实现直接进出口,化肥出口2500万美元,化工等商品出口300万美元,边贸组织进口钾肥1000余吨,集团进出口贸易达3000余万美元。集团投资4500万元,参股资源大省山西丰喜华瑞、晋城二化。是年,集团实现销售27.76亿元,同比增长31%;销售化肥140万吨,同比增长10%。

2006年,辉隆集团将原农用化肥供应板块7个公司整合成2个省内战区公司、2个省外开拓公司,将原泰达、泰丰公司整合为皖淮公司,原泰源、甘宁、泰宁、泰吉公司整合为皖江公司,新建辉隆东华公司,与河南辉隆公司共同开拓全国农资市场。投资400余万元用于统一连锁店店面标识、店堂实施配置和加盟店培训,新建和改造加盟店1100余家,举办40多场加盟店长培训班,培训1000余人。推动农药和种子经营与辉隆连锁网络嫁接。是年,建成通过商务部验收的配送中心3个、农家店635家。联合省育种中心和荃银高科种业有限公司,参与对天禾种业改制重组,受让其45%股权,成为第一大股东。

2007年,皖江、皖淮2个战区公司,河南辉隆、东华2个省外开拓公司,瑞丰、工业肥2个直属纵队共同成为辉隆集团化肥主营业务的脊梁。阜阳肥业、泰华肥业生产和销售水稻、小麦等专用肥5万余吨,辉隆“大团结”成为皖北区域和豫东区域响亮品牌。在农药经营上,瑞美福公司会同皖江、皖淮公司举办农民技术推广会近200场,培训农民1万余人次,实现销售约1.5亿元,同比增长30%。是年,安徽省遭受严重洪涝灾害,省政府决定从省级化肥储备中动用3万吨救灾化肥扶持受灾较重的33个县(区、市)恢复生产,明确由辉隆集团承担救灾化肥供应;农业部决定从国家救灾备荒种子储备中动用10万公斤绿豆种子支援安徽灾区,明确由天禾种业组织供应。集团成立救灾化肥供应工作领导小组,对33个救灾化肥供应县(区、市)实行联络员制度,26个配送中心负责救灾化肥供应,1个月内完成任务。省委常委、副省长赵树丛批示予以肯定;27个县政府向辉隆集团赠送锦旗。是年,集团实现销售54.43亿元,同比增长56%;销售化肥234万吨(折合标准吨384万吨),同比增长39%;进出口贸易超1亿美元,同比增长2.18倍;规模、效益、销售化肥、进出口四大指标均刷新历史最高纪录。

2008年,国际金融危机爆发蔓延,国内外市场跌宕起伏。是年,辉隆集团融资规模突破20亿元。各子公司进军省外市场。黑龙江瑞美丰公司开发东北市场,实现销售2亿元,利润1000余万元;皖淮公司吉林直销处销售突破1亿元,开发湖南、江西市场;氮肥公司抓广西和东北市场,在省外销售化肥7万余吨;东华公司在江苏年销售化肥5万余吨,初步完成由点连线,由线成片开发态势;阜阳肥业在黑龙江加工销售1万吨辉隆牌BB肥;瑞丰公司开发磷复肥出口业务,出口一铵、二铵、重钙、复合肥15万吨以上。网络功能增强。皖江、皖淮公司销售化肥70多万吨,同比增长10%。两区域公司16个配送中心销售超过3000万元,16个配送中心利润均超50万元,其中7个超100万元。建设500余个标准化示范店,全年网络嫁接农药销售1600万元,同比增长近3倍。8月,召开全省种田种粮大户恳谈会,与种田种粮大户、专业合作社、各类农场建立联系,探索直供经营新业务。实行项目建设总裁负责制,配送中心、二坝益海农产品加工、房地产、新中远磷化工等一系列项目建设展开。与丰益国际合资兴建的安徽省最大同类规模益海嘉里(安徽)粮油加工项目投产。推动农资主营业务整体上市。安徽辉隆农资集团有限公司整体变更为安徽辉隆农资集团股份有限公司,于11月11日正式挂牌。是年初冰冻灾害,集团慰问受灾加盟店,给损失较重的36个加盟店送去慰问金。为支援灾区生产自救,省政府下拨救灾肥3万吨,集团全力以赴做好救灾化肥供应。“5·12”汶川大地震,辉隆人捐款130余万元支援灾区恢复生产、重建家园;资助兴建“百佳农资希望小学”,资助潜山县贫困乡村和砀山受灾果农。是年,集团实现销售收入62.73亿元,同比增长15.25%;实现利润1.25亿元,同比增长88.9%;进出口贸易1.4亿美元,同比增长40%,三项指标再创历史新高。

2009年,辉隆集团抓行情分析,在波段操作中扩销售增总量。推行业务总监制和联签制。2月末3月初,化肥行情短暂小幅上扬,皖江、工业肥、瑞丰、氮肥、东华5公司将冬储化肥投放春耕市场,实现销售8.87亿元,利润1161万元;9—10月,化肥行情再次走强,集团备足货源,3季度实现利润3467余万元,同比增长97%;11月中旬开始,化肥行情再起,集团促进资源采购政策显效,12月单月销售突破10亿元,达12亿元,创单月销售最高纪录。集团子公司与事业部在省内网络货源组织、省外市场开拓、进口肥销售、出口货源组织、新品种开发上开展合作。瑞丰公司与氮肥、工业肥、农业科技事业部，皖江、皖淮、东华等公司在出口资源组织和进口肥销售上密切配合。创出单月集港出口化肥10余万吨新纪录，全年出口化肥突破30万吨，出口量占全国化肥出口总量5%。抓省外开发，建设“中国辉隆”。开辟湖南、山东、海南、内蒙古等省市场。集团子公司、事业部，向服务经营型转变。黑龙江辉隆公司与客户分享信息，培育核心客户；新力公司坚持“高抛低吸、快半步波段”操作；农业科技事业部坚持“品牌经营、封闭运作、持续宣传、利润共享”，保护核心客户市场利润和为终端客户提供技术、售后服务，推广“大团结”BB肥；瑞丰、瑞美福、天禾公司，联合探索为种田种粮大户提供化肥、农药、种子、农业种植技术到收购农产品系列化服务；皖江、皖淮公司配送中心深入乡村，建立客户档案和业务关系等。是年，新建配送中心4个，改造和新建示范店224个，发展加盟店226个。全年开展网络嫁接的配送中心达37个，占全部配送中心60%；嫁接品种近百个，农药嫁接销售2325万元，同比增长55%。新力公司加强与资源厂合作，开辟进口资源，开发终端市场，全年实现利润突破1000万元，完成计划226%。是年春节后，淮北地区出现50年不遇严重旱情，经省政府批准，安排5万吨救灾化肥支援抗旱保苗恢复生产。集团克服时间紧、供应集中、供应量大等困难，7天内按要求将5万吨救灾化肥全部送达到各供应县的第一到达站；2天内完成全部33个县的对接工作；2月底，5万吨救灾化肥全部供应到农户手中，20多个受灾市、县政府送来锦旗和感谢信。是年，集团实现销售收入79.18亿元，同比增加16.45亿元，增长26.2%；利润2.15亿元，同比增加9018万元，增长72.3%；销售化肥241.32万吨，同比增销57.86万吨，增长31.5%。农药销售2.22亿元，同比增销2232万元，增长11.2%；出口化肥29万余吨，同比增长16.3%。

2010年，辉隆集团全年新发展加盟店705个，改造示范店300个。销售超3000万元的达12个，超5000万元的达6个。全年实现农药网络销售3380万元，同比增长31%。“省内做连锁，省外抓复制”。瑞丰公司进军湖北、黑龙江、吉林、山东；皖江公司进军湖南、湖北；皖淮公司进军河北、辽宁；东华公司进军江苏、江西；广西辉隆进军广东、广西；工业肥、氮肥、磷肥事业部进军全国；吉林辉隆、湖南辉隆、山东辉隆、江苏辉隆、湖北辉隆、江西辉隆等省外辉隆复制集团在安徽省内连锁经营和管理模式，建立新沂、南京、柳州、湘潭、岳阳、衡阳、临沂等配送中心。农业科技事业部加强与科研单位合作，在“大团结”BB肥中加入生物有机肥，开发小麦、玉米、棉花等系列专用肥，人均创利近80万元。皖江公司与庐江县万山镇农技站合作，实施“辉隆庐江百亩双季晚稻试验示范暨农业部高产攻关示范项目”。配送辉隆系列化肥和农药，提供技术指导和田间管理，亩均产量达550公斤以上，最高达615公斤，亩均增产75—100公斤。集团在全椒县承租2万亩土地，规划建设现代农业产业园。皖淮公司在临泉县承包1万亩土地，集中连片实行大豆、小麦轮作，秋季收获1000吨大豆。3季度，集团把握行情上涨时机，实现利润1.06亿元，同比增长2倍，创季度盈利超亿元历史纪录。全年氮肥销售突破200万吨，磷复肥销售突破80万吨，钾肥销售突破60万吨，出口化肥62万吨，农药出口首次突破千万美元,达1300万美元。新力化工经营双酚A、塑料粒子等拳头产品,重点开发纯碱业务,全年销售近9亿元,利润突破1100万元。是年,集团全年实现销售收入108.81亿元,同比增加29.63亿元、增长37.42%;利润2.7亿元,同比增加5512万元、增长25.65%。集团汇总化肥销售349.63万吨,同比增销108.54万吨、增长45.02%;农药销售3.64亿元,同比增销1.31亿元、增长56.22%;进出口贸易2.18亿美元,同比增加9400万美元、增长75.52%。销售收入、利润、化肥销售、农药销售、进出口贸易5项指标创历史新高。

2011年,在辉隆集团发展历程中具有里程碑意义。3月2日,"辉隆股份"A股在深交所发行,募集资金净额13.02亿元,用于配送中心及募投项目建设等。此举标志中国农资流通领域第一股登陆资本市场,开创供销社系统控股企业上市融资先河。是年,成立上市募投项目建设领导小组,定期举办网络建设调度会,督促20个募投项目建设。省内开工新建配送中心8个,发展加盟店680家,基本实现重点农业市、县全覆盖。充实网络供应品种。皖江、皖淮、瑞美福、天禾等公司推动网络销售,网络配供农药、种子等达80余种,网络销售额同比增长逾50%;复合肥销售突破30万吨。皖江、皖淮两公司有15个配送中心销售额突破5000万元,涡阳、新沂、宿州、炉桥、阜阳、合肥、蚌埠、南京、临沂9个配送中心销售突破亿元大关。实施"横向抓扩张,纵向抓延伸"战略,率先在东北、西北、西南区域进行战略布局,在西南、中南、华东、东北等农业大省建络织网,复制辉隆连锁模式。在6省设立24个配送中心,进行市场拓展。完成对黄山新安的收购、陕西辉隆的重组设立。按上市公司要求出台29个公司治理规范化管理制度,成立信息中心,利用募集专项资金,启动NC-ERP信息化项目建设,注册成功"辉隆"服务商标,"HN"获安徽省著名商标称号。是年,辉隆集团实现汇总销售收入148.21亿元,同比增长42.7%;利润1.78亿元。汇总销售化肥397.67万吨,同比增长13.72%;汇总销售农药5.52亿元,同比增长66.77%。

辉隆连锁网络2003—2010年发展情况表

表3—2—1　　　　单位:个

年　份	配送中心	连锁门店
2003年	11	28
2004年	68	651
2005年	75	1006
2006年	47	1638
2007年	50	1937
2008年	52	2054
2009年	56	2145
2010年	56	2401

参与“万村千乡市场工程”

2005 年 6 月，商务部启动“万村千乡市场工程”，确定安徽为全国试点省份之一。项目主要围绕工业品下乡、农产品进城和出口，构筑农村现代流通体系，保障农村消费安全，提高农产品流通效率，促进农民增收，统筹城乡发展，建设社会主义新农村。7 月，辉隆集团被商务部核准为安徽省第一批“万村千乡市场工程”试点企业。

通过实施“万村千乡市场工程”，辉隆集团网络建设加强，网络分销能力提高，农资商品销售增长，经济效益增加。共创造 5000 余个就业岗位，带动农民就业 5 万余人。改变传统农资店“脏、乱、差”形象，防范“假、冒、伪、劣”农资商品进入农村市场。

在实施“万村千乡市场工程”过程中，辉隆集团配送中心推行联网化管理，应用现代化信息技术于物流配送，提高农村流通技术水平。辉隆集团通过农化服务与技术指导，提高农民科学种田意识，减少防治投入，增加作物产量。

2006 年 2 月，辉隆集团获商务部“2005 年度‘万村千乡市场工程’优秀试点企业”表彰。同年 6 月获安徽省商务厅“2005 年度安徽农村商品流通改革和市场建设优秀试点企业”表彰。2007 年 6 月，再度被省商务厅评为“2006 年度全省农村商品流通改革和市场建设优秀试点企业”。

截至 2010 年年底，辉隆集团通过商务部门验收的配送中心 57 个，发展农家店 1956 家，覆盖全省 93 个县(市、区)、787 个乡(镇、街道)、750 个村。其中，通过各级商务部门项目验收的配送中心 42 个、加盟连锁店 1587 个。配送中心全部实现信息化管理，配送率达 100%；加盟连锁店配送率达 80%，乡村两级连锁店在经营品类和营业面积及店容店貌均达到“万村千乡市场工程”要求。

辉隆品牌建设

形象识别系统　2002 年，安徽省农业生产资料公司以“徽农”二字的拼音首字母为基础设计公司图形标识，标识由“HN”变形而成，其中“H”图形宽大厚重，象征农资公司赖以生存和发展的基础——农业大省安徽，有着深厚的农业基础和广阔的农村天地。同时，字母形状方正规则，象征公司稳健进取的经营风格；图形“N”既代表农资公司，同时代表服务对象——“农业、农村、农民”，字母变形像一条彩带，寓意农资公司与“三农”紧密相连的桥梁。图形两侧不规则的尖端，给人以强烈向外扩展的视觉冲击效果，体现了农资公司不墨守成规，在市场经济条件下开拓创新的经营作风。在色彩上，以绿、黄两色为主，绿色象征“绿色的田野”和“丰收的希望”，黄色象征积极进取和昂扬向上的精神风貌。

2004 年 3 月，辉隆集团挂牌后，将标识颜色调整为红、黄两色。红色象征企业经过改革改制激发出的活力和员工炙烈如火的工作激情，黄色象征为“三农”服务的辉煌事业与建设“百年辉隆”的美好愿景。

商标注册　2002 年 8 月开始,安徽省农业生产资料公司首先在产品类商标第 1 类上的“肥料、植物生长调节剂”等主打商品上向国家商标局申请注册,注册号 3284931,为“HN”图形,并于 2004 年 8 月 21 日被核准注册。同期陆续在第 1 类、第 5 类、第 17 类、第 31 类产品商标和第 35 类、第 36 类、第 39 类、第 40 类、第 44 类服务商标进行注册申报并获成功。

2003 年 12 月 18 日起,辉隆集团以“辉隆”为品牌申请注册商标,分别在第 1 类、第 5 类、第 17 类、第 31 类产品品牌和第 36 类、第 39 类、第 40 类、第 49 类服务品牌上先后申请“辉隆”文字注册商标并获准。为提高品牌知名度,2004 年起,集团又将“辉隆”汉字扩展到相关类别进行申请注册并获准。

截止 2007 年年底,辉隆集团先后将“辉隆”“徽农”和“HN”作为主打品牌,在 9 个大类上申请注册“辉隆”系列商标共计 37 件。其中,产品品牌 4 类 23 件,服务品牌 5 类 14 件。

辉隆集团至 2007 年底商标注册情况一览表

表 3—2—2

注册类别	注册商品及服务项目	序号	商标名称	商标编号	发证时间	到期时间
	产品类					
1	1. 氮肥;2. 肥料;3. 肥料制剂;4. 磷肥(肥料)5. 过磷酸钙(肥料);6. 混合肥料;7. 植物生长调节剂;8. 化学肥料;9. 植物肥料;10. 动物肥料。辉隆大禾:1. 肥料;2. 混合肥料;3. 土壤调节用化学品;4. 肥料制剂;5. 含氮石灰(肥料);6. 磷肥(肥料);7. 种植土;8. 无土生长培养基;9. 植物生长调节剂;10. 腐殖质表层肥	1	“HN”图形	3284931	2004. 08. 21	2014. 08. 20
		2	“徽农”文字	3284918	2004. 06. 07	2014. 06. 06
		3	“辉隆”文字	3826457	2005. 10. 21	2015. 10. 20
		4	“HUILONG”拼音	4275547	2007. 10. 14	2017. 10. 13
		5	“辉隆大禾 HUILONGDAHE”文字、拼音、图形组合	4425934	2008. 3. 28	2018. 3. 27
		6	“辉隆大禾 HUILONGDAHE”文字、拼音组合	4425937	2008. 3. 28	2018. 3. 27
5	1. 消灭有害动物制剂;2. 灭干朽真菌制剂;3. 灭微生物剂;4. 杀昆虫剂;5. 驱昆虫剂;6. 灭幼虫剂;7. 除莠剂;8. 除草剂;9. 小麦黑穗病化学处理剂;10. 杀寄生虫剂	7	“HN”图形	3285438	2004. 02. 14	2014. 02. 13
		8	“徽农”文字	3284939	2004. 01. 14	2014. 01. 13
		9	“辉隆”文字	3826458	2006. 04. 07	2016. 04. 07
		10	“辉”“HUILONG”组合	4275545	2007. 10. 14	2017. 10. 13
		11	辉隆麦丰	4275551	2007. 10. 14	2017. 10. 13
		12	辉隆稻安	4400314	2008. 02. 28	2018. 02. 27
		13	辉隆宝	4400316	2008. 02. 28	2018. 02. 27
		14	辉隆保收	4400317	2008. 02. 28	2018. 02. 27
		15	辉隆满净	4400318	2008. 03. 07	2018. 03. 06

续表3—2—2

注册类别	注册商品及服务项目	序号	商标名称	商标编号	发证时间	到期时间
17	1. 农业用塑料膜;2. 塑料管、板、杆、条;3. 农用地膜;4. 非金属软管;5. 非纺织用塑料线;6. 帆布水龙带;7. 浇水软管;8. 排水软管;9. 纺织材料制软管	16	“徽农”文字	3284938	2004.05.28	2014.05.27
		17	“辉隆”文字	3826459	2005.08.07	2015.08.06
31	1. 未加工谷种;2. 植物种子;3. 饲料;4. 动物催化剂;5. 小麦;6. 玉米;7. 芝麻;8. 未加工稻;9. 豆(未加工的)辉隆大禾:1. 植物种子;2. 菌种;3. 饲料;4. 植物;5. 谷(谷类);6. 酿酒麦芽;7. 树木;8. 活动物;9. 鲜水果;10. 新鲜蔬菜	18	“HN”图形	3285436	2003.08.28	2013.08.27
		19	“徽农”文字	3284937	2003.08.28	2013.08.27
		20	“辉隆”文字	3826460	2005.09.07	2015.09.06
		21	“辉隆”“HUILONG”组合	4275544	2007.3.14	2017.3.13
		22	“辉隆大禾 HUILONGDAHE”文字、拼音、图形组合	4425935	2007.6.14	2017.6.13
		23	“辉隆大禾 HUILONGDAHE”文字、拼音组合	4425936	2007.6.14	2017.6.13
	服务类					
35	1. 进出口代理;2. 拍卖;3. 推销(替他人);4. 广告空间出租;5. 广告;6. 市场研究;7. 商业信息;8. 饭店管理;9. 组织商业或广告展览;10. 计算机数据库信息系统化	24	“HN”图形	3285435	2004.04.14	2014.04.13
		25	“徽农”文字	3284936	2004.04.21	2014.04.20
36	1. 不动产出租;2. 不动产出租;3. 办公室(不动产)出租;4. 经纪;5. 海关经纪;6. 代管产业;7. 受托管理;8. 点当经济;9. 典当;10. 信托	26	“HN”图形	3285434	2004.05.21	2014.05.20
		27	“徽农”文字	3284935	2004.05.21	2014.05.20
		28	“辉隆”文字	3826462	2006.04.07	2016.04.06
39	1. 商品包装;2. 货物转送;3. 运输;4. 船运货物;5. 汽运货物;6. 停车场;7. 货物贮存;8. 仓库出租;9. 车辆租赁;10 司机服务	29	“HN”图形	3285433	2004.04.07	2014.04.06
		30	“徽农”文字	3284934	2004.04.07	2014.04.06
		31	“辉隆”文字	3826463	2006.03.21	2016.03.20
40	1. 榨水果;2. 面粉加工;3. 食物及饮料贮存;4. 油料加工;5. 茶叶加工;6. 饲料加工;7. 服装制作;8. 废物和垃圾的回收;9. 能源生产;10 燃料加工	32	“HN”图形	3285432	2004.04.14	2014.04.13
		33	“徽农”文字	3284933	2004.04.21	2014.04.20
		34	“辉隆”文字	3826464	2006.03.21	2016.3.21
44	1. 植物保护;2. 空间和地面化肥及其它农用化学品喷洒;3. 草坪修整;4. 树木修剪;5. 灭害虫(为农业园艺等)6. 庭园布置;7. 除草;8. 卫生公共浴;9. 园艺;10. 农场设备出租	35	“HN”图形	3285431	2003.10.21	2013.10.20
		36	“徽农”文字	3284932	2003.10.14	2013.10.13
		37	“辉隆”文字	3826446	2006.04.07	2016.04.06

第三节　农资政策

农资经营管理政策　1986 年 12 月 16 日,省政府批转省计委、省供销社等 7 部门《关于 1987 年化肥收购、分配、供应办法的报告》,自 1987 年起,安庆石化总厂、淮南化肥厂、铜陵化工总厂及马钢焦化厂所产化肥,继续由省农资公司收购,双方签订产销合同;各地、市、县小化肥厂生产的小化肥,实行地产地销,具体购销办法由各地自定;加强计划外化肥采购;省分配的专项化肥,主要用于同国家和省规定合同定购的农副产品挂钩。

1988 年 3 月 19 日,省政府发出《关于改进和完善化肥经营办法的通知》,规定各种化肥只能由农资公司、基层社和化肥厂经营;中央统配化肥,省内生产的尿素、大厂磷肥、磷铵、硝铵、硫铵等,由省农资公司统一收购、分配和调拨,执行统一定价;安庆石化厂和淮南化肥厂超产部分,由省农资公司按已核定临时价外补贴收购,列入省计划统一分配;地产碳铵 85% 交当地农资公司按出厂价收购。地产地销化肥余缺由省农资公司调剂。9 月 28 日,国务院发出《关于化肥、农药、农膜实行专营的决定》,规定国家对化肥、农药、农膜实行专营。国家委托商业部中国农业生产资料公司和各级供销合作社的农业生产资料经营单位对化肥、农药、农膜实行专营,其他部门、单位和个人一律不准经营。大、中型化肥厂生产的优质化肥,无论是计划内还是计划外超产肥,均由专营部门统一收购。计划外超产化肥由工商企业签订合同,按优惠价格收购。地方小化肥厂生产的化肥,实行专营部门与工厂合同订购或联销、代销,或由工厂直接销售给农民使用。具体采取哪种形式,由当地政府确定。农药厂、农膜厂生产的农药、农膜,凡纳入统一分配计划的,由专营部门统一收购。非统配计划的品种,原则上实行当地专营部门与工厂合同订购,也可实行联销或代销。11 月 18 日,省政府发出《贯彻国务院关于化肥、农药、农膜实行专营决定的通知》,规定自 1989 年 1 月 1 日起,化肥、农药、农膜由各级供销合作社的农业生产资料公司和基层供销合作社实行专营,其他部门、单位和个人一律不准经营上述商品。对化肥、农药、农膜实行统一计划,分级管理。

为储备一定数量的化肥、农药、农膜支援农业救灾,1989 年 1 月 26 日,省税务局、省供销社联合发出《关于提取和使用化肥、农药、农膜储备风险基金的通知》,规定储备风险基金的提取只限于地(市)、县两级专营单位和省农资公司的分公司,其他单位不得提取,提取比例为销售额的 3‰;储备风险基金用于地(市)县农资公司分公司和省农资公司储备化肥、农药、农膜的贷款利息,以及储备期间发生的减效、变质、损耗、超损耗、自然灾害等造成的损失,不得挪作他用。12 月 28 日,国务院发出《关于完善化肥、农药、农膜专营办法的通知》,规定中央和地方统配以外的化肥、农药、农膜,生产企业可与专营单位合同定购或联销、代销或直接销给农民自用;企业自己组织原料生产的产品,属非指令性计划部分,生产企业可销给任何专营单位。

1990 年 9 月 14 日,省政府办公厅发出《关于整顿农资市场的通知》,重申各级农业生产资料公司和基层供销社是农资专营的主渠道;县及县以下的植保站、土肥站、农技推广站(中心)等开展技术推广和技术服务所需配套的化肥、农药、农膜,由专营部门按批发价供应,按当地零售价有偿转让给农民;计划外的碳铵、磷肥、农药、农膜,工厂可以与专营单位联销、代销,可以直接销售给农技推广站、土肥站、植保站用于推广技术服务,也可直接供应给农民自用;除以上单位外,任何单位和个人经营化肥、农药、农膜,均应取缔。

1991 年 2 月,商业部发出《关于进一步做好化肥、农药、农膜专营工作的通知》,要求各级供销社"加强计划衔接,做好农资供应;积极配合工商行政管理部门加强农资市场管理"。省政府办公厅下发 5 号会议纪要,明确规定省内各尿素生产厂家生产的尿素,按省计委下达计划,交由省农资公司统一收购。6 月,针对全省小碳铵经营与管理实行"县长负责制"后出现的"一统就死,一放就乱"状况,各地因地制宜推行"经销、代销、联营"等多种专营形式,通过政府补贴和"以肥放贷、供贷合一、以工代赈"等多种办法解决农民无钱买肥困难。

1992 年 10 月,国务院出台《关于加强化肥、农药、农膜经营管理的通知》,重申"中国农业生产资料公司和各级供销社的农资经营单位是农资经营的主渠道"。明确"中央和地方统配的化肥、农药、农膜,委托中国农资公司和省(市、区)农资公司按国家规定的收购分配政策具体执行。统配以外的化肥、农药、农膜,生产企业可与农资公司、植保站、土肥站、农技推广站等农资经营单位进行合同定购、联销、代销或自销给农民;可直供基层供销社;也可实行农民预定、淡旺季差价的办法"。

1994 年 8 月,国务院发出《关于改革化肥等农业生产资料流通体制的通知》,对化肥等实行中央和地方两级调控和储备。中央调控化肥总量约占全社会资源总量 20%,地方调控化肥总量约占全社会资源总量 80%;减少流通环节。中央调拨化肥由中央、省、地、县批发,基层供销社零售改为中央级批发、省级批发、县农资公司与基层供销社批零结合,基层供销社推行代理制。取消大区一级站对中央化肥的批发、销售、结算业务。省级调拨化肥由省、地、县批发,基层供销社零售改为省级批发,县农资公司与基层供销社批零结合,基层供销社推行代理制。小化肥厂产品实行地产地销。继续发挥各级农资公司在化肥流通中的主渠道作用,发挥农业植保站、土肥站、农技推广站及生产企业自销的辅助渠道作用,其他单位和个人一律不得经营化肥。9 月,省政府出台《关于认真贯彻国务院国发〔1994〕45 号文件的通知》,明确省计委直接调控的优质化肥总量要达到全社会总需求 40% 以上。省级调拨化肥,由三级批发一级零售改为一级批发一级零售,取消地(市)级农资公司对省调拨化肥的批发、经营、结算业务。

1995 年 3 月,省工商局、省供销社联合发出《关于清理整顿农资市场的通知》,决定对农资商品经营单位进行资格审查,对经营和服务点实行定位管理;省工商局、省供销社成立农资市场整顿领导组。8 月,国家工商局、监察部、中华全国供销合作总社、化工部四部门联合发出《关于对全国农业生产资料市场进行清理整顿的通知》,明确围绕国家化肥经营政策执行、农资市场秩序等进行清理整顿。

1996 年 6 月,国务院出台《关于进一步完善化肥流通体制的通知》,要求"认真落实化肥工作省长负责制""进一步落实和完善化肥储备制度"。重申"化肥流通继续以农资公司为主渠道,县级及县级以下农业植保站、土肥站、农技推广站和化肥生产企业为辅助渠道,其他任何单位和个人一律不得经营化肥"。9 月,省政府发出《贯彻国务院关于进一步完善化肥流通体制的通知》。

1998 年 5 月,安徽省人民政府《批转省经济贸易委员会、省财政厅关于进一步加强主要工业产品销售工作意见的通知》,规定"取消地产化肥出省销售的限制。省内各地应允许外地化肥进入本地销售,也允许本地化肥销往外地,但都必须销给有经营权的单位。"要求加强化肥市场管理,化肥经营必须具有经营许可证、委托代销证、有偿技术服务证,经营许可证和有偿技术服务证由市、县人民政府指定部门核发,委托代销证由取得化肥经营许可证的生产和流通企业发放,严禁无证经营。11 月 16 日,国务院发出《关于深化化肥流通体制改革的通知》,取消国产化肥指令性生产计划和统配收购计划,由化肥生产和经营企业自主进行购销活动;化肥生产企业可以将自产化肥销售给各级农资公司和农技推广站、土肥站、植保站及以化肥为原料的企业,也可以设点直接销售给农民。同时,改进化肥价格管理方式。

1999 年 4 月,安徽省人民政府《转发国务院关于深化化肥流通体制改革的通知》中明确:"自 1999 年起,省不再下达化肥收购和分配计划,在产销市场形势基本稳定的情况下,由化肥生产和经营企业自主进行购销活动。"6 月,省经委、省工商局联合发出《关于停止发放化肥经营"三证"的通知》,明确自本年起,各级经贸委不再组织所辖各市、县化肥经营"三证"发放工作,停止"三证"发放和办理。同月,省工商局、省技术监督局、省物价局、省石化局、省农业厅、省供销社联合发出《关于加强化肥市场管理的通知》,支持化肥生产企业开展自销工作,允许化肥生产企业跨地区设点直销化肥;要求建立化肥经营责任制,实行"谁经营,谁负责",化肥经营单位实行"信誉卡"制度,对售出商品质量、数量、价格、服务项目实行公开承诺。

2000 年 4 月,省农委出台《安徽省农药经营资格证发放管理办法》,要求农药经营单位必须到县级以上农业行政主管部门申请办理《农药经营资格证》,凭《农药经营资格证》到工商行政管理部门申请营业执照。

2004 年 4 月 5 日,省政府出台《贯彻国务院关于抓好粮食生产做好粮食市场供应工作紧急通知的实施意见》,恢复化肥运输"绿色通道",确保运输畅通,降低运输成本。9 月 3 日,省政府召开专题办公会议,要求"建立省级化肥储备制度。请省发展改革委、省物价局、省财政厅、省供销社尽快提出省级化肥储备意见报省政府"。

2005 年 6 月,财政部、发改委、农业部、铁道部、中华全国供销合作总社联合印发《采取切实措施促进化肥生产稳定化肥市场的意见》,提出要尽快建立化肥供应省长负责制,加强化肥管理;建立中央和地方两级化肥储备制度;增收化肥出口季节性关税,2005 年 6 月 1 日—10 月 31 日用肥旺季期间,对尿素征收 30% 季节性出口暂定关税,11 月 1 日—12 月 31 日对尿素征收 15% 的出口暂定关税;对尿素增值税由先征后还 50% 调整为暂免征收。12 月,安徽省发改委、财政厅、物价局联合发出《关于下达 2006 年省级化肥储备计划的通知》,明确下达辉隆集团公司 2006 年省级化肥储备任务 15 万吨,其中冬季储备 7 万吨,夏季储备 8 万吨,储备发生利息费用从化肥价格差异款中核准列支。

2007 年 4 月,安徽省发改委发出《关于下达 2007 年省级化肥储备计划的通知》,明确 2007 年省级化肥储备暂安排 15 万吨,其中冬储 5 万吨,夏储按 5 万吨 ~10 万吨考虑。7 月 26 日,安徽省发改委、省财政厅、省供销社、省农委、省物价局联合发出《关于下达 2007 年救灾化肥计划的通知》,明确从 2007 年省级化肥储备中安排 3 万吨救灾化肥,扶持全省 33 个受灾较重的市县恢复粮食等作物生产;救灾化肥品种为尿素,对县调拨价格为每吨 1170 元,供应农民价格为每吨 1200 元。指定辉隆集团公司具体承担救灾化肥供应。

2008 年 4 月 29 日,财政部、税务总局出台《关于有机肥产品免征增值税的通知》,规定自 2008 年 6 月 1 日起,纳税人生产销售和批发、零售有机肥产品免征增值税。享受上述免税政策的有机肥产品是指有机肥料、有机—无机复混肥料和生物有机肥。5 月 14 日,商务部、工商行政管理总局、质量监督检验检疫总局、中华全国供销合作总社出台《关于加强农村市场体系建设的意见》,提出要推进"万村千乡市场工程"和"新网工程"建设,完善农村商品流通网络。8 月 29 日,国务院关税税则委员会出台《关于调整化肥类产品特别出口关税的通知》,规定从 2008 年 9 月 1 日起,将氮肥及合成氨的特别出口关税上调至 150%,并实施至 2008 年 12 月 31 日;从 2008 年 10 月 1 日 ~12 月 31 日,对除上述两种产品外的其他化肥及化肥原料继续征收 100% 特别出口关税。

2009 年 3 月 10 日,商务部、发改委等 8 部委联合出台《关于完善农业生产资料流通体系的意见》,规定继续推动各地连锁经营企业统一纳税,减少重复抽查等问题,促进农资连锁经营跨区域发展。8 月 24 日,国务院发出《关于进一步深化化肥流通体制改革的决定》,放开化肥经营限制。取消对化肥经营企业所有制性质的限制,允许具备条件的各种所有制及组织类型的企业、农民专业合作社和个体工商户等市场主体进入化肥流通领域,参与经营,公平竞争。申请从事化肥经营的企业要有相应的住所,申请从事化肥经营的个体工商户要有相应的经营场所;企业注册资本(金)、个体工商户资金数额不得少于 3 万元;申请在省域范围内设立分支机构、从事化肥经营的企业,企业总部的注册资本(金)不得少于 1000 万元;申请跨省域设立分支机构、从事化肥经营的企业,企业总部的注册资本(金)不得少于 3000 万元;鼓励连锁集约经营。对建设和完善区域性化肥交易市场以及化肥储备、经营与现代物流设施的,各级政府要予以扶持。化肥交易市场要建立健全化肥产品质量管理制度,完善交易规则,保护客户合法权益。9 月 4 日,省发展改革委、省财政厅、省物价局、省供销社制定《安徽省省级化肥储备管理办法》，规定省级化肥储备的总体原则是：政府贴息、银行贷款、企业储备、市场运作、自负盈亏。省级化肥储备规模为每年 20 万吨，冬、夏两季各储 10 万吨，储备期 3 个月。冬储期为上年 12 月至当年 2 月，夏储期为当年 7—9 月。储备品种主要为尿素、钾肥、复合肥，其中尿素占 70% 以上。

农资奖售政策　1986—1988 年，粮食实行定购挂钩奖售化肥政策。1986 年 4 月 10 日，省物价局、省粮油食品局、省供销社联合发出《关于下达定购粮食奖售化肥的通知》，规定农民向国家每交售 50 公斤原粮，供应标准优质化肥 5 公斤（即尿素 5 公斤），奖售尿素执行每吨 565 元的全省统一综合平均价。10 月 14 日，国务院《关于完善粮食合同定购制度的通知》规定：1987 年中央专项安排一些化肥、柴油与粮食合同定购挂钩，每 50 公斤贸易粮拨付优质标准化肥 3 公斤、柴油 1.5 公斤，上调中央的合同定购粮食，每 50 公斤贸易粮仍拨给优质标准化肥 5 公斤。1987 年 11 月 10 日，省供销社、商业厅、粮油食品局、工商行政管理局和省农行联合发出《粮食合同定购“三挂钩”管理办法》，规定每定购 100 公斤稻谷、小麦、玉米、大豆，供应优质标准化肥折合尿素或复合肥 6 公斤，尿素价格每吨 565 元，复合肥执行国家制定的平价。

1992 年 10 月，国务院出台《关于加强化肥、农药、农膜经营管理的通知》，提出“积极稳妥地推进农业生产资料价格改革。国家粮肥挂钩、棉花奖售的专项化肥应当逐步取消，放开价格，化肥的平议差价作为价外补贴，直接付给农民。农药、农膜价格也应相继放开”。

1993 年 2 月，国务院发出《关于改进粮棉“三挂钩”兑现办法的通知》，规定：国家用于扶持粮棉生产的化肥、柴油，由按平价供应实物，改为以货币方式，在收购价格之外将平议差价以加价形式付给农民。价外加价的范围，按国家定购粮食的品种、数量和实际收购棉花的数量掌握。价外加价的标准，全国的平均标准是：每 50 公斤小麦、玉米各 4.2 元（中央财政负担 2.85 元，地方财政负担 1.35 元）；每 50 公斤大米 5.2 元（中央财政负担 3.175 元，地方财政负担 2.025 元）；每 50 公斤大豆 5.5 元（中央财政负担 3.475 元，地方财政负担 2.025 元）；每 50 公斤棉花 12 元（中央财政负担）。

农资价格管理政策　1989 年 1 月 17 日，农业部、商业部联合发出《关于认真做好农业技术服务所需化肥、农药、农膜供应问题的通知》，规定县和县以下农技推广部门技术承包或有偿技术服务所用少量化肥、农药、农膜，由县专营批发部门按计划供应，享受同级批发价或优惠价，按当地零售价格有偿转让给农民，不准倒卖。

1990 年 1 月 31 日，省经委、省计委、省石化厅、省供销社联合发出《关于搞好当前小化肥生产和经营的通知》，规定地产碳铵、小磷肥的经营形式和价格，由县确定，实行县长（市长）负责制；小化肥定价，以县（市）为主，地区协调，大致平衡，报省备案。3 月 5 日，省政府发出《关于贯彻国务院完善化肥、农药、农膜专营办法的通知》，规定国家统配化肥和省内大化肥厂生产的化肥，仍由省农资公司专营，实行全省统一定价；地产碳铵和小磷肥经营，具体经营形式由县确定，以县为单位统一定价，实行县长负责制；统配农药21个品种和骨干品种杀虫双，由省农资部门按省计委下达的计划组织收购；稳定农资价格，出厂、销售价属省管的，由省定价，属地方管的，由当地政府定价；化肥、农药、农膜出厂价以行业平均成本和平均利润为基准，由省物价局确定指导价格水平，按照价格管理权限分别由地、市、县核定价格。

1991年初，省政府明确，省统配尿素由省农资公司储备，统配尿素销售价格仍按上年价格执行。用于粮棉挂钩尿素无论品种，对农民的供应价格一律不变，全省统一销售价调为583元/吨。根据市场和货源状况，省物价局、石化厅、供销社联合发文，对淮南化工总厂生产的计划内农用尿素出厂价格由428元/吨调升为800元/吨，超产农用尿素调升为950元/吨。专项供应的尿素价格由820元/吨提到870元/吨。

1993年2月，国务院印发《关于加强农业生产资料价格管理以及对其主要品种实行最高限价的通知》，要求"各级人民政府要切实加强对农业生产资料价格的管理，计划内农业生产资料要严格执行国家定价。下放或放开价格的农业生产资料，要结合当地情况采取可行措施，抑制价格上涨过多。"同时"对化肥、农药、农膜、农用柴油实行计划外最高限价。国家管理价格的大化肥企业生产的计划外化肥最高出厂限价，由国家物价局制定，计划外最高销售限价由地方政府制定。国家管理价格以外的所有化肥的计划外最高出厂、销售限价，由地方政府制定。中央、地方以及边贸计划外进口的化肥，其国内拨交价格原则上要执行最高出厂限价，中央部门进口的执行中央限价；地方部门进口的执行地方限价"。

1994年8月，国务院《关于改革化肥等农业生产资料流通体制的通知》要求加强对农资价格管理，国家对化肥价格实行分级管理，统一费率，严格监审。对化肥零售价格实行统一经营差率控制。9月，省政府出台《关于认真贯彻国务院国发〔1994〕45号文件的通知》，规定省调拨国产化肥的调拨价格，由省物价局在进货价的基础上，加省农资公司综合费率确定。省农资公司经营尿素的综合费率，不得超过进货价4%（含利息），复合肥、硝酸钾、钾肥、计划外尿素，省、县（或基层供销社）两级综合费率分别为4%、6%。碳铵、磷肥，县（市）基层供销社综合费率为10%。省进口化肥的调拨价格，由省物价局核定。

1996年1月，国家计委发出《关于进一步加强化肥价格管理的通知》，对出厂价格继续实行政府定价、分级管理的体制；调拨价格执行国产化肥调拨作价的有关规定；化肥零售价格由省物价部门制定；推行定购粮棉与奖售化肥挂钩政策；对挂钩以外的化肥实行综合平均零售价格。6月，国务院《关于进一步完善化肥流通体制的通知》要求"加强化肥价格管理，清理整顿各项收费"。

1998年11月16日，国务院《关于深化化肥流通体制改革的通知》要求改进化肥价格管理方式，化肥出厂价格由政府定价改为政府指导价，放开化肥零售价格，必要时省级物价部门可以对部分品种规定最高限价。

2004年1月,发改委、农业部、商务部、铁道部、工商行政管理总局、中华全国供销合作总社联合发出《关于做好化肥生产供应工作稳定化肥价格的紧急通知》,规定对化肥铁路运输继续实行优惠运价,并免征铁路建设基金。恢复对尿素生产企业增值税先征后返50%的政策。化肥出厂价实行政府指导价,大型氮肥生产企业的尿素中准出厂价格仍为每吨1400元。4月9日,省物价局发出《关于进一步加强化肥价格监管的紧急通知》,规定省产磷酸二铵的出厂最高限价为每吨2000元。经营磷酸二铵从出厂到零售综合差率最高不得超过7%(包括银行贷款利息、管理费、仓储费等),其中批发环节最高不得超过4%,零售环节最高不得超过3%。同月22日,省物价局《转发国家发改委关于加大价格监管力度努力降低农资零售价格的通知》,规定对化肥出厂价格实行上限控制。安徽省安庆石化生产的尿素出厂价格最高不超过1510元/吨,其他中小企业生产的尿素出厂价格最高不超过1500元/吨;碳酸氢铵出厂价格最高不超过430元/吨;普通过磷酸钙出厂价格最高不超过380元/吨。对化肥批发、零售环节实行经销差率和批零差率限价控制,且不得二次批发。11月,发改委、财政部、农业部、商务部、税务总局联合发出《关于做好化肥生产供应工作加强价格监管的通知》,规定从2004年12月1日起将1998年确定的尿素中准价水平由现行每吨1400元提高到1500元,上浮幅度为10%(上限为1650元)不变,下浮不限。2005年继续实行对尿素、磷酸二铵等主要化肥产品暂停出口退税政策。国家拟建立"企业储备、银行贷款、政府贴息、市场运作"的淡季商业储备制度。

2005年6月,财政部、发改委、农业部、铁道部、中华全国供销合作总社联合印发《采取切实措施促进化肥生产稳定化肥市场的意见》,对尿素、复混肥等主要肥种最终零售价格实行批零差率与最高限价相结合的临时限价政策。

2009年1月24日,发改委、财政部发出《关于改革化肥价格形成机制的通知》,规定取消化肥价格限制政策。自2009年1月25日起,将国产化肥出厂价格、除钾肥外的进口化肥港口交货价格由政府指导价改为市场调节价。化肥批发、零售价格继续实行市场调节价。取消对已放开的化肥出厂价格实行提价申报、调价备案、最高限价以及对化肥流通环节价格实行差率控制等各项临时价格干预措施。继续对一般贸易进口钾肥价格适度监管,港口交货基准价格由国家制定改为企业根据国家规定的作价办法制定,具体规定由国家发展改革委另行下达。2月6日,国家发展改革委发出《关于完善钾肥价格管理政策的通知》,规定一般贸易进口钾肥港口交货基准价格改为企业根据国家规定的作价办法规定。进口企业可以港口交货基准价格为基础,在上浮幅度3%、下浮不限的范围内制定具体港口交货价格。

农资质量安全政策 1991年,国务院办公厅《关于加强农药、兽药管理的通知》规定:"六六六、滴滴涕、敌枯双、二溴氯丙烷、杀虫脒属淘汰品种,从1992年起(杀虫脒从1993年起)禁止在农业方面使用。"

1992年7月,卫生部、农业部、化工部、商业部联合发出《关于加强农药中毒防治与管理的紧急通知》,要求"出厂的高毒农药要有使用说明书,标签上要注明使用方法、安全注意事项及中毒后的急救措施,销售中要做到货架分开,对废弃物品要尽可能统一回收,集中处理。"

2010年3月4日,农业部等6部委联合下发《2010年全国农资打假和监管工作要点》,提出清理整顿农资生产经营主体,严格农资产品市场准入机制,加大农资市场监管力度,支持农资连锁经营等,推进"放心农资"下乡进村。4月15日,农业部等10部委联合下发《关于打击违法制售禁限用高毒农药规范农药使用行为的通知》,要求加强农药监管,整顿和规范农药市场秩序,规定23种禁止生产、销售和使用的农药以及19种在蔬菜、果树、茶叶、中草药材等作物上限制使用的农药。

农资连锁经营政策 2002年9月,《国务院办公厅转发国务院体改办国家经贸委关于促进连锁经营发展若干意见的通知》提出:"鼓励连锁经营企业以资本为纽带,建立母子公司体制的直营连锁网络,或通过商品、品牌、商号、配送、管理技术等联结方式发展特许经营网络;连锁经营企业设立全资或控股的配送中心和门店,可持总部出具的文件,直接到所设机构所在地工商行政管理机关申请登记注册,免予办理工商登记核转手续;对省内跨区域经营的自营连锁企业,经省(自治区、直辖市、计划单列市)税务部门会同同级财政部门审核同意后,可由总部向其所在地主管税务机关在省(自治区、直辖市、计划单列市)内统一申报缴纳增值税。"11月,安徽省政府办公厅转发并制定贯彻意见。

2003年12月,农业部、国家工商总局、中华全国供销合作总社联合发出《关于推进农资连锁经营发展的意见》,规定"简化行政审批手续,方便连锁经营企业登记注册。农资连锁经营企业设立全资或控股的配送中心和门店,可持总部出具的文件,直接到所在地工商行政管理机关申请登记注册,免于办理工商登记核转手续;实行统一纳税,促进连锁经营跨区域发展。对省内跨区域经营的直营连锁企业,经省(自治区、直辖市、计划单列市)税务部门会同同级财政部门审核同意后,可由总部向其所在地主管税务机关在省(自治区、直辖市、计划单列市)内统一申报缴纳增值税。对连锁企业省内跨区域设立的直营门店,凡在总部领导下统一经营、与总部微机联网并由总部实行统一采购配送、统一核算、统一规范化管理并且不设银行结算账户、不编制财务报表和账簿的,由总部统一缴纳企业所得税;根据连锁经营特点,强化总部的商品质量管理责任,把检查重点放在总部和配送中心,对连锁门店经营商品出现的质量问题,总部要负责查处、纠正并承担相应经济责任"。

2004年12月,《安徽省人民政府办公厅转发省农委关于加快发展农资连锁经营意见的通知》,就简化企业审批手续、统一纳税、规范市场监管、提供信贷服务、规范经营行为和建立诚信制度等提出具体要求。

第四节 化学肥料经营

氮肥经营 氮肥主要包括尿素、碳酸氢铵、氯化铵、硫酸铵、硝酸铵等,尿素按大小分为大颗粒和小颗粒;氯化铵有干湿、含氮量高低之分;硫酸铵有含氮量之别;硝酸铵因其易燃易爆,后禁止市场流通。长期以来,尿素是安徽省农资公司化肥经营中的骨干品种,也是计划经济时期统购包销、管控严格、指令性计划安排粮棉生产和各项经济作物以及扶贫救灾按政策奖售兑现的品种。

经营管理方式　1987 年,安徽省人民政府规定:除供销社、农业生产资料公司和生产厂以外,其他部门和个人一律不准经营化肥,同时规定地产小碳铵经营实行县(市)长负责制。省农资公司承担衔接中央统配化肥计划和省级地方留成化肥计划的管理。主要包括:省供粮棉挂钩奖售化肥、国家及省级调控专项化肥(如烟草、茶叶、蚕茧、渔场、蔬菜、饲料、种子等专项用肥)、其他各种地方及相关部门申请临时拨补增补的计划内化肥(如各种救灾、扶贫、科技兴农、多种经营等专项用肥)。省农资公司负责收购、调拨,同时肩负对省内地、市、县农资公司的业务指导、协调、统筹。是年,安徽省仅有安庆石化厂和淮南化工厂 2 个尿素生产企业,安庆石化厂是省内最大尿素生产企业,年产尿素 58 万吨,实行中央和安徽省地方留成对半分成,中央分成的由一级站中国农资公司下达年度和季度分成计划,指定上海采供站安庆办事处调拨;地方留成年度、季度计划由省计委下达,省农资公司根据省计委下达计划提报全省运输流向,交安庆办事处按计划分月执行调运、中转任务。淮南化工厂年产尿素 11 万吨,纳入地方政府分配计划。为鼓励各分、地公司代省收购省外高价优质尿素资源,省公司报请省物价局同意,从专项肥差价中提取一定比例的价格差异,用于平抑物价,稳定市场。省农资公司组织的粮棉肥及专项肥货源:一是省收购的安庆平价尿素、高价尿素 59.26 万吨;二是外汇进口尿素 9.14 万吨;对分地、市、县公司兑现的粮棉及专项肥从安庆、上海及进口到货港口直发,零星的多经合肥从合肥濉溪路仓库发货。为弥补中央分配和省内地方留成尿素资源不足,省农资公司从省计委申请地方留成外汇 200 万元,组织分、地、市、县农资公司筹集外汇,委托中国化工进出口总公司进口尿素。进口尿素靠港后,委托中国农资公司上海采供站和有关运输单位衔接,然后按照谁出汇谁受益的原则,分配调拨给筹汇单位。

1988 年 11 月,省政府确定由省计委牵头,经委、农业、农行、供销、外经贸、轻工、化工、物价、石化等部门参加,成立农资协调领导小组,研究、协调化肥生产、收购、进口和供应。粮棉挂钩尿素计划由省农资公司于每个季度开始前直接下达各地,然后每半年进行一次平衡。烟草、茶叶、蚕茧、渔场、蔬菜、饲料、种子、救灾、扶贫、科技兴农、多种经营等专项用肥货源,由省农资公司协调组织,调拨供应。为弥补中央分配和省内地方留成尿素资源不足,省农资公司从省计委申请地方留成外汇 230 万元,并组织 27 个分、地、市、县农资公司筹集外汇,委托中国化工进出口总公司进口尿素,进口尿素靠港后,委托中国农资公司上海采供站和有关运输单位衔接,按照谁出汇谁受益的原则,分配调拨给筹汇单位。在对省外采购化肥上,凡是代省公司组织的高价转平价供应的尿素,按省公司分配的购进数量,由地区农资公司、分公司统一购进、统一结算,高价转平价产生的亏损，从提取的价格差异中列支。省农资公司组织的粮棉肥及专项肥货源：一是省收购的安庆平价尿素、高价尿素37.09万吨；二是中农公司分配上海采供站发来的外省尿素13.36万吨；三是省收购的淮南平价及高价尿素6.18万吨；四是外汇进口尿素14.18万吨；五是各分、地公司代省采购的外省尿素5193吨。对分、地、市、县公司兑现的粮棉及专项肥分别从安庆、上海及进口到货港口直发，零星的多种经营计划肥均从省属合肥农资分公司濉溪路仓库发货供应。

1989年，省农资公司继续承担衔接中央统配尿素计划和省级地方留成尿素计划，组织的粮棉肥及专项肥货源：一是省收购安庆平价尿素、高价尿素41.12万吨；二是中农公司分配上海采供站发来外省尿素20.68万吨；三是省收购淮南平价及高价尿素4.03万吨；四是外汇进口尿素5.33万吨。对分地、市、县公司兑现的粮棉及专项肥分别从安庆、上海及连云港直发，其他零星的多经合肥继续从省属合肥农资分公司濉溪路仓库供应。

1990年，省农资公司组织的粮棉肥及专项肥货源渠道：一是省收购安庆平价尿素、高价尿素39.84万吨；二是中农公司分配上海采供站发来外省尿素14.56万吨；三是省收购淮南平价及高价尿素6.0万吨；四是外汇进口尿素3.0万吨；五是各地公司代省采购高价尿素3.18万吨；六是自行采购及串换外省尿素7700吨。对分、地、市、县公司兑现的粮棉、专项肥及供应其他单位的专项肥从安庆、上海及进口到货港口直发，零星的多经合肥仍从省属合肥农资分公司濉溪路仓库发货。

1991年年初，省政府办公厅下发5号会议纪要，明确规定省内各尿素生产厂家生产的尿素，按省计委下达计划，交由省农资公司统一收购，省统配尿素由省农资公司储备，统配尿素销售价格仍按上年价格执行。用于粮棉挂钩尿素无论品种，对农民的供应价格一律不变，全省统一销售价调为583元/吨。根据市场和货源状况，省物价局、石化厅、供销社联合发文，对淮南化工总厂生产的计划内农用尿素出厂价格由428元/吨调升为800元/吨，超产农用尿素调升为950元/吨。专项供应的尿素价格由820元/吨提到870元/吨。6月，针对全省小碳铵经营与管理实行"县长负责制"后出现的"一统就死，一放就乱"状况，各地因地制宜推行"经销、代销、联营"等多种专营形式，通过政府补贴和"以肥放贷、供贷合一、以工代赈"等多种办法解决农民无钱买肥困难。

1992年，省农资公司组织收购、调拨、供应国家分配和省下达的指令性计划，以及列入计划收购的超产大化肥。各地按照省农资公司安排的流向组织调拨运输。安庆分公司根据省农资公司与安庆石化总厂的购销合同和计划安排，按时按量收购调拨，保证政策用肥兑现。对地产小化肥，坚持"以需定产、以销定购"，打破地区封锁，统一价格，推行一县一价，稳定当地市场。对计划外化肥采购，以县为单位，本着"一口进、多口出"原则，有计划、有组织统一采购，不允许基层社单独外采。重点抓好春耕和秋种货源落实，按各项专营政策规定把粮棉奖售化肥供应给农民。是年，省农资公司组织3批议价尿素，供应给分公司和地、市、县农资公司，送货到省内第一到达站、港。第1批是从国家计委分配批准进口的2.5万吨议价尿素,调拨价为1040元/吨;第2批是自筹外汇进口的议价尿素2.5万吨,调拨价1095元/吨;第3批是从北京正大进出口公司购进的罗马尼亚议价尿素7000吨,作价1080元/吨。11月,中农公司将统配尿素系统内部调拨价对省农资公司调整为544元/吨,硝铵调整为530元/吨,省农资公司对分公司和地、市、县调拨价亦作调整。

1993年,省政府要求按照"保量限价"及"下达计划、签订合同、实行提货、代办运输"的供应原则,组织粮棉挂钩尿素兑现。省农资公司由"送货制"改为"提货制"和"代理制",对粮食、棉花"三挂钩"化肥按中农公司制定标准执行,并实行综合作价。为落实统配化肥计划,对当年分配调拨的化肥实行预收货款保证金制度,保证金按分配批量的20%收取。另就化肥的代办运输、二坝中转、过桥过境费、货损货差及运输风险问题进行统一安排。由于化肥供应政策发生重大变化,造成全省农资部门销售不畅,尿素购销存全面下降,利润大幅减少,各地经营出现大面积亏损。后报经省政府同意,从地方留成化肥中平转议销售7万吨尿素,弥补议价销售返还差价3000万元损失。

1994年,省内农资市场出现3个变化:一是农资主渠道市场占有率下降;二是尿素货源紧张,影响供应;三是尿素价格上涨,影响农民购买。国产尿素年初1150元/吨,4月涨到1200元/吨,5月涨到1400元/吨,7—8月涨到1700元/吨,个别地方涨到1900元/吨。省农资公司一方面积极做好省级调控化肥资源的收购衔接,建立淡季化肥储备制度;另一方面适应市场和政策变化,对内部经营机构进行调整扩充。指导各地农资公司采取多种手段参与市场竞争,开展工商、农商联合。对地产碳铵实行"总经销、总代理"经营方式。省级调控化肥年度分配计划由省公司下达到各地、市,再由各地、市分配到县(市),调控化肥由县以上农资公司经营。进口化肥由各地根据省下达的指导性计划向省公司订货。对安庆石化总厂、淮南化肥厂生产的尿素用于地方留成及超产部分、地方自筹外汇进口的尿素资源。调拨上由省、地、县批发,基层供销社零售改为省级批发,县农资公司与基层供销社批零结合,基层供销社推行代理制;经营上取消省对地(市)级农资公司调拨、结算环节,实行省对县直供。宁国、宣州、灵璧、砀山、泗县、萧县、明光等县、市成立由分管县、市长参加的农资领导小组,稳定市场、稳定物价。芜湖分公司从福建、湖南、四川采购尿素1.3万吨,芜湖县从省外采购尿素7880吨,弥补省内货源不足,缓解供求矛盾。来安、望江县农资系统开展县基联营,提高市场占有率。滁州市、宣州市、来安县农资系统强化价格管理,让利于民。

1995年,省农资公司成立安庆化肥调运协调小组,由省农资公司、安庆化办、安庆农资分公司共同组成,明确省级调控化肥调拨供应指导思想是:"提高分配透明度,严把供应政策关"。重点衔接落实安庆尿素的代办运输、办理运输费用结算,协调处理商务。计划分配上,根据省政府、省计委意见,省级调控化肥的年度分配计划由省计委下达到地、市,再由地、市分配到县(市)。是年,省公司收购调拨安庆尿素计划25.7万吨,实际完成22.66万吨,落空3.04万吨;收购调拨淮南尿素计划4万吨全部完成。报请省物价局同意建立进口化肥(尿素)价格风险基金。对县进口尿素就港调拨价以中准价(不含费用)为基础,在3%范围内上下浮动,上浮部分全部进入风险基金专户,下浮经报批从专户列支。省公司价格风险基金使用,每半年向省物价局报告一次并接受检查。

1996年,农资供应由“卖方市场”转向“买方市场”。省调控的优质尿素继续实行“一级批发一级零售”,统一经营,差率管理。进口化肥资源纳入省调控化肥计划,省组织的进口尿素,实行综合调拨价格。铁路、交通、港口等优先保证化肥运输,继续实行优惠运价,对整车运送化肥车辆免收过路过桥费。粮棉挂钩肥实行每50公斤定购粮供应4公斤尿素、50公斤皮棉供应尿素7.5公斤的新标准,对县统一调拨价执行1436元/吨,全省统一零售价1620元/吨,并严格执行“分配计划公开、分配办法公开、供应办法公开、供应价格公开”规定。粮棉挂钩及专项尿素公路运输运杂费实行包干,每季结束后,省公司按实际调拨量将运费拨给市、县公司。为满足市场,保持安徽省尿素价格平稳,省农资公司报经省物价局批准,建立省级尿素价格调节基金,从挂钩尿素(包括执行挂钩尿素价格的专项尿素)省对县调拨价中每吨提取16元建立国产挂钩肥价格调节基金;从进口尿素省对县调拨价与进货成本的盈余价差中提取进口化肥价格调节基金,两项基金由省农资公司分别专户存储。对小碳铵经营继续实行县长负责制,部分市、县在政府协调下,与生产企业签订购销合同。

1997年,农资商品市场化进程加快;粮棉挂钩化肥政策效应减弱,进入8月后,首次出现粮棉挂钩肥价格高于市场价现象。地、市、县农资公司亏损严重。部分地、市、县农资公司挪用、挤占、拖延省农资公司尿素货款。省农资公司采取“县以下抓连锁,县以上抓联合”办法,打破区域界限,占领市场。以新设立的上海公司、连云港公司、贸易发展部为基础,开拓省外市场。

1998年,农资计划经营体制名存实亡,省农资公司全年订购粮棉挂钩尿素30.12万吨,收购储备尿素10.1万吨,由于工厂低价倾销计划外留成尿素,计划粮棉挂钩肥调运困难,销售不畅,价格倒挂,加上受亚洲金融危机和国内特大洪涝灾害影响,农资市场持续低迷,系统内农资经营网络开始断裂,部分县级农资公司亏损倒闭,省农资公司经营艰难。

1999年,省不再下达化肥收购计划和分配计划,由化肥生产和经营企业自主组织购销活动,安徽省粮棉挂钩化肥就此终结。化肥市场渠道增多,竞争激烈,加上农副产品尤其是棉花收购价格大幅下调,农民丰产不丰收,手中现金减少,投入积极性下降。尿素生产企业内部联合,控制尿素出厂价格水平,同时扩大自销、直销比重,对市场和流通企业造成巨大冲击,经营难度加大。省农资公司落实承销安庆石化厂尿素大合同,扩大化肥进口,开启小碳铵经营。巩固与海南富岛、湖北双环、四川816厂的合作关系,新辟四川美丰、鲁南化工厂、齐鲁化工总厂、九江化肥厂等货源基地;开拓江苏连云港、河南、山东销售市场。

2000年,农资市场自东南亚金融危机爆发以来连续低迷。“种地亏本”挫伤农民积极性,化肥购买力大幅下降。同时春季干旱,秋季多雨,化肥用量急剧下降。尿素产能产量增加,市场竞争激烈,价格不断下滑。省农资公司在滁州腰铺镇征地,投资兴建仓储,设立自主可控的销售网点。向省对外经济贸易委员会申请化肥等外贸进出口经营权并获得批准。

2001 年,省农资公司对盈利急剧下降的安庆尿素公司采取不放弃原则,着力开发新氮肥货源基地,开拓外省盈利空间较大的尿素品牌,注重新拳头产品和品牌经营。3 月,成立进出口公司,当年出口尿素 5120 吨。

2002 年,省农资公司入选全省 10 户重要骨干商贸企业。在宿州、巢湖、明光、阜阳、安庆、芜湖成立 6 大配送中心,借鉴国外连锁经营方式,以资产联结为纽带,建立自主可控的营销网络体系。

2003 年 4 月,省农资公司与巢湖市化轻公司组建安徽徽农甘宁股份有限公司,主营合肥红四方厂小颗粒尿素,经营区域为巢湖地区及滁州市部分县;与宣城金禾农资有限责任公司联合组建安徽徽农宣城农资有限责任公司,主营山东东平、寿光化工小颗粒尿素,经营区域为宣城地区、马鞍山市、芜湖市和黄山市辖县。增设池州配送中心,开拓安庆、铜陵、池州区域市场。5—6 月,省公司各化肥经营部门趁夏种用肥旺季,组织尿素购销业务,深入一线,上游派人驻厂抓采购调运,下游或与个体商户合作,或派人驻点销售,坚持现款现货,绝不赊销,逐渐收回原先丢失的尿素市场。是年秋种期间,各子公司协同作战,组织落实尿素货源 28 万吨,扩大省公司在淮北地区的市场影响力,氮肥销售创 5 年新高。

2004 年,辉隆集团股份制改造后,10 个子公司相继成立,成为山西丰喜、晋城二化、兰花科创、甘肃兰化、山东德齐龙等厂家化肥的全省总代理,并投资参股山西丰喜集团尿素扩产项目。集团尿素月资源可控量超过 20 万吨。7 月秋种前夕,集团采购中心通过代理采购、自行采购、招标采购方式,扩大尿素采购量。对各子公司在山东、山西、河南、湖北、甘肃等地采购的尿素 4.94 万吨、氯化铵 9820 吨,从山东德齐龙、阿斯德及禹城润田化工采购的 255 车秋种尿素,请求国家铁道部和济南铁路分局解决铁路运输问题。秋种结束后,集团对部分化肥业务、上游资源进行整合和网络调整,将原属相关子公司的上游渠道湖北双环科技有限公司、湖南冷水江化肥厂、湖南湘潭化肥厂、山西丰喜化肥厂、淮南德邦化肥厂的氯化铵资源交工业肥公司运作;将河南安阳化肥厂、新乡心连心化肥厂、六安化肥厂的尿素资源交甘宁公司运作;将山西霍州化肥厂、晋城二化的尿素资源交连云港天吉公司运作。各子公司在河南、广东、江苏、浙江、江西、东北三省等农业大省建立自主可控的直销处等销售网点。

2005 年,辉隆集团梳理氮肥供货渠道,从已有 150 多家资源厂中精选 20 家作为战略合作伙伴,重点加强与中国化肥生产基地的西北、山西、山东、海南等省资源厂的深度合作。选择山西丰喜、山西天泽、晋城二化尿素开展资本合作。成立由集团控股的河南辉隆农资有限公司,主营山西天泽煤化工股份有限公司大颗粒尿素。各区域公司有针对性地采购尿素货源,加快对直销处的货源供应。5—6 月,江淮之间及淮河以北区域市场水稻、玉米等用肥最旺,各区域公司内部实行分工协作,驻厂催调货源,协调铁路发运,安排物流配送,改善服务质量,加快销售,方便农民购肥。8—10 月,是淮北区域秋种旺季,集团将 10 万吨夏季省级尿素储备任务分配给各子公司,满足市场需求。

2006 年,辉隆集团与山西、山东、河南等尿素资源大省生产厂家签订全年采购大合同,尿素供货资源超 5 万吨厂家达 14 家,成为众多尿素厂家在安徽的总经销商。全年共调进省外尿素 100 余万吨。6 大区域公司化肥销售标准量 160 万吨,占集团化肥销售 60%,其中氮肥销售量占一半以上。泰达、泰源公司开发辽宁、吉林市场;泰吉公司开拓浙江、山东市场;河南辉隆开拓广西、广东市场,集团省外化肥销售标准量突破 70 万吨,占集团化肥销售 25%。

2007 年,安徽省遭受洪涝灾害,辉隆集团遵照省政府决策,负责、协调、落实救灾化肥供应,对 33 个救灾化肥供应区、市实行联络员制度,26 个配送中心与所在区域县政府共商操作办法。省政府专门函请铁道部帮助解决化肥发运。待铁道部部令发布,集团快速从山西丰喜、兰花科创、河南心连心、山东瑞星等厂家调进尿素 8.86 万吨,发往省内各辉隆连锁配送中心,1 个月内完成救灾化肥供应,得到省委常委、副省长赵树丛肯定。27 县政府向集团赠送锦旗。各化肥经营公司继续推进省外市场开拓,皖淮公司巩固、拓展东北市场;东华公司开辟江苏新沂和常州市场以及江西鹰潭市场;河南辉隆在东北开辟吉林市场和黑龙江市场,在广西开辟南宁边贸市场。

2008 年,安徽省遭遇新中国成立以来最大雪灾,加之低温、冻害,农业生产受到严重影响。2 月下旬,辉隆集团向省发改委申请 8 万吨救灾尿素,定向供应省内南方受灾严重县、市。4 月 2 日,省发改委、财政厅、供销社、农委、物价局联合发布内部明电,下达 2008 年春季救灾化肥计划,由辉隆集团从省级储备中安排 3 万吨救灾尿素扶持灾区恢复生产。救灾区域涉及 30 个县(市),集团对县调拨价 1715 元/吨,供应农民价 1750 元/吨,中转费用 35 元/吨由县财政解决,对有关县按照就港、就库、就站原则调拨,要求 5 月 20 日前调运结束。集团成立救灾化肥供应工作领导小组。协调铁道部和相关铁路局,对安徽省采购的 646 车 3.88 万吨尿素及时发运。是年上半年,受国际市场需求旺盛影响,尿素价格上扬,出口持续强劲增长,国内市场供不应求。辉隆集团各专业化肥经营公司千方百计采购调运,到二季度末,提前完成年度目标任务。8 月,由于入夏后能源持续紧张,运输仍未缓解,国家为保证北京奥运会用电需要,对尿素生产大省山东、河北、山西等地生产厂家实施限电限产,导致尿素资源紧张。集团提前落实采购和储备尿素 8 万吨合同,至 9 月底全部调运到位,分别储存在阜阳、宿州、淮北区域 3.4 万吨;蚌埠、滁州、淮南区域 2.9 万吨;合肥、六安、巢湖区域 9000 吨;安庆、池州、铜陵区域 2000 吨;芜湖、马鞍山、宣城、黄山区域 6000 吨。9 月,金融危机波及全球,国际化肥市场需求骤缓,行情急转直下,国内尿素价格狂跌。生产企业产销价格倒挂,尿素出厂价由最高 2400 元/吨~2500 元/吨,迅速下降到 1800 元/吨~1900 元/吨,至 10 月,国内尿素生产企业停产达 40%。集团清理库存,暂停一切新的买断业务。11 月,尿素出厂价跌至 1600 元/吨～1650 元/吨,各相关公司与上游资源厂实行联储联销方式操作,与资源厂签订遇涨不涨,遇跌则跌的采购合同,做好氮肥冬储。12 月,国际市场尿素价格跌至 220 美元/吨;国内市场尿素价格徘徊在 1600 元/吨左右,集团认为继续下滑空间不大,要求各相关公司与上游资源厂以联储联销操作为主,在 1550 元/吨～1600 元/吨价格之间实施买断,采取边销售边补仓、小批量、多批次、勤进快销方式经营。

2009 年,辉隆集团化肥经营实行"总监制",按氮磷钾和复混肥大类品种,由集团副总经理分别任氮肥总监、磷复肥总监、钾肥总监。氮肥信息交流、经营决策和氮肥经营工作步入规范化轨道。2 月 8 日,集团召开安徽省抗旱保苗救灾化肥供应动员大会,由各配送中心联系当地政府,落实救灾化肥承办单位和调配计划。3 天时间,5 万吨救灾尿素全部送至 33 个县(市、区)第一到达站。1—2 月,集团公司购进尿素 14.3 万吨,同比增长 22%;销售 12.3 万吨,同比增长 42.5%。进入 6 月,市场内销不畅,销售规模降幅较大,氮肥经营确定"保二争三"出口目标,即确保 20 万吨,争取 30 万吨。各公司围绕目标提报采购计划。7 月,尿素价格持续下跌,个别厂家出厂报价跌破 1500 元/吨,集团尿素库存(不含港口)8.15 万吨,其中联营 5.38 万吨,买断 2.77 万吨,综合成本 1700 元/吨～1800 元/吨。8 月,国内尿素行情在 1500 元/吨低位徘徊,省内区域市场处在淡季,销售不畅,小颗粒价格 1560 元/吨～1580 元/吨,大颗粒 1640 元/吨。9 月,省内秋种市场启动,市场小颗粒 1540 元/吨～1550 元/吨,大颗粒 1600 元/吨。至 9 月 15 日,集团共实现出口尿素 12 万吨。汇总各公司尿素冬储计划数量 41 万吨。其中瑞丰 10 万吨、皖江 7 万吨、皖淮 8 万吨、东华 5 万吨、氮肥 8 万吨、工业肥 3 万吨。10 月,安徽省自北向南进入秋种供应旺季,冬小麦基肥市场购销两旺,尿素价格上涨 50 元/吨左右。各子公司抢抓季节,扩大销售,协调运输,增加储备。11 月,安徽省皖北市场秋种结束,山东尿素出厂价由 1450 元/吨冲高至 1620 元/吨,后回落到 1550 元/吨;省内尿素出厂价 1580 元/吨～1600 元/吨,市场销售价 1640 元/吨～1650 元/吨。12 月,受天然气供应紧张、工业用电价格上调、铁路运输提价、淡季出口大增、基层经销商追高买涨等利好影响,尿素价格大幅上涨,省内尿素出厂价 1800 元/吨～1830 元/吨,市场销售价 1850 元/吨～1870 元/吨。

2010 年 1 月,山东、山西生产企业受限电影响,产量下降约 20%,云贵川天然气供应紧张,生产企业处停产、半停产状态。因出口结束、农用淡季,经销商观望情绪较浓,市场需求清淡,尿素价格回落,安徽出厂价 1800 元/吨～1830 元/吨,市场销售价 1830 元/吨～1860 元/吨。春节期间,生产企业满负荷生产,由于订单减少,外销压力增大。整体市场销售清淡,南方两广行情稍好。皖北出厂价 1800 元/吨～1840 元/吨,市场销售价 1830 元/吨。3 月,市场低迷,销售不畅,生产企业订单减少,库存增多,销售压力加大,行情下滑,皖北出厂价 1630 元/吨～1680 元/吨,市场销售价降至 1700 元/吨。4 月,东北因需求时间较短,剩货成定局;西南雨水增多,旱情缓解,需求增加,以消化陈货为主;港口趋于饱和,接货能力有限,市场以平稳为主,跌幅较小。皖北尿素出厂价1580元/吨~1620元/吨,省内销售价1650元/吨。5月中上旬,市场出现一波需求小高潮,价格普遍上涨30元/吨~50元/吨,但下旬价格再次下滑,皖北出厂价1580元/吨~1610元/吨,省内销售价1650元/吨。6月上中旬,尿素行情继续下滑,各地价格普遍下降30元/吨~50元/吨,由于市场需求疲软,生产企业库存积压,压力增大,部分企业被迫停产。下旬国际价格小幅上扬,我国出口订单增加。皖北出厂价1560元/吨~1580元/吨,省内销售价1620元/吨。7月上旬,受需求低迷和限电影响,部分生产企业开工不足;中旬,关税下调,出口订单增多,加上华北玉米农用需求增加,生产企业上调出厂价格30元/吨~50元/吨;下旬农用需求结束,出口减少,出厂价再次下调,皖北出厂价1580元/吨~1610元/吨,省内市场销售价1630元/吨。8月上旬,国内市场淡季,市场需求清淡。中旬国际市场尿素需求大幅增加,价格大幅上涨,受国际需求拉动影响,华北、华东等地生产企业出口订单大增,国内尿素价格持续上扬,迅速波及两湖、两广地区。皖北出厂价涨至1720元/吨~1750元/吨,省内市场销售价1750元/吨~1770元/吨。9月上旬,市场需求低迷,行情小幅下滑,后山西、河北因节能减排减产、停产企业增多,尿素产量大幅减少,秋种启动,经销商和复合肥企业采购升温;中旬国际市场价格大幅上涨,山东等省生产企业出口订单增多,尿素货源大量集港,国内秋种货源日趋紧张,尿素出厂价大幅上调150元/吨~200元/吨。皖北出厂价1860元/吨~1900元/吨,省内市场销售价1880元/吨~1950元/吨。10月,国际市场在印度招标采购推动下,尿素行情走高。国庆以后,北方黄淮海平原进入秋种用肥旺季,市场需求放大,交易活跃。中旬后,出口窗口打开,货源集港增加。受节能减排影响,山西、河北、河南等省企业70%停产,开工率下降,市场货源紧张,大小颗粒尿素价格上涨100元/吨以上。皖北出厂价2020元/吨~2040元/吨,省内市场销售价2050元/吨。11月中旬前,国内农用需求转入淡季,但国际需求持续旺盛,受出口拉动和节能减排影响,社会库存下降,尿素价格上涨40元/吨~50元/吨。下旬,出口关税政策调整,生产企业开工率恢复提高,尿素价格小幅回落30元/吨~40元/吨,皖北出厂价2000元/吨,省内市场销售价2100元/吨。

经营成果　1987年,全省供销社系统内销售氮肥159.28万吨,省农资公司销售占系统内氮肥销售的40.65%。其中,全省系统内统计汇总购进尿素90.55万吨、碳酸氢铵80.94万吨;总销售尿素74.15万吨、碳酸氢铵82.98万吨。省农资公司全年销售各种尿素64.75万吨,占全省系统尿素销售量的87.32%。尿素销售主要按照专营政策层层调拨销售给安庆、蚌埠、淮南、芜湖等4个分公司,阜阳、宿县、滁县、巢湖、徽州、六安等6个地区公司,马鞍山市、安庆市2个市公司及肥东、肥西、长丰、六安县、六安市、舒城、庐江、寿县、霍邱、霍山、金寨等11个市、县农资公司及合肥市郊区供销社。

1988年,全省系统内销售氮肥165.72万吨,省农资公司占系统内氮肥销售的

43.04%。其中,全省系统内统计汇总购进尿素79.83万吨、碳酸氢铵86万吨;总销售尿素80.20万吨、碳酸氢铵84.57万吨。供销社系统经营中,省农资公司全年购进安庆尿素71.74万吨,销售各种尿素71.33万吨,占全省系统尿素销售量的88.94%,继续按照专营政策把计划内尿素层层调拨销售给各供应网点。

1989年,全省系统内销售氮肥199.67万吨,省农资公司占系统内销售尿素的35.76%。省农资公司全年购进各种尿素71.16万吨,全省系统内统计汇总购进尿素99.71万吨、碳酸氢铵97.47万吨;总销售尿素98.77万吨、碳酸氢铵91.62万吨。省农资公司全年销售各种尿素71.40万吨,占全省系统尿素销售量的72.29%。继续按照专营政策把计划内尿素层层调拨销售给各供应网点。

1990年,全省系统内销售氮肥178.68万吨,省农资公司占系统内氮肥销售的37.08%。其中,省农资公司全年购进各种尿素67.35万吨,全省系统内统计汇总购进尿素94.55万吨、碳酸氢铵68.65万吨;总销售尿素103.18万吨、碳酸氢铵75.51万吨。省农资公司全年销售各种尿素66.25万吨,占全省系统尿素销售量的64.21%。继续按照专营政策把计划内尿素层层调拨销售给各供应网点。

1991年,全省系统内统计汇总购进尿素82.29万吨、碳酸氢铵220.16万吨,其中,省农资公司全年购进各种尿素53.57万吨,主要从中农上海公司购进国拨进口统配肥12.02万吨;从安庆石化厂购进33.75万吨;从淮南化工厂购进5.91万吨;委托省化工进出口公司进口2.56万吨。全省供销社系统内销售各种尿素96万吨、碳酸氢铵219.59万吨,其中:省农资公司全年销售各种尿素59.02万吨,占系统内销售尿素的61.48%。主要按照专营政策销给各分公司及全省94个地、市、县农资公司。

1992年,全省系统内统计汇总购进尿素94.95万吨、碳酸氢铵183.58万吨,其中,省农资公司全年购进各种尿素58.70万吨,占系统内尿素购进的61.82%,主要是从中农上海公司购进14.18万吨,从安庆石化厂购进35.12万吨,从淮南化工厂购进2.64万吨,委托省化工进出口公司进口4.53万吨,其他外购2.23万吨。全省供销社系统内汇总销售尿素100.34万吨,其中省农资公司销售各种尿素61.37万吨,占系统内尿素销售的61.16%。主要按照专营政策销给各分、地、市、县农资公司。

1993年,全省系统内统计汇总购进尿素71.58万吨,购进碳酸氢铵38.15万吨。全年省农资公司购进各种尿素51.32万吨,占系统内尿素购进的71.69%。其中从中农上海公司购进2.32万吨,从安庆石化厂购进46.55万吨,委托省化工进出口公司进口2.14万吨,其他外采0.31万吨。全省系统内统计汇总销售尿素74.29万吨,销售碳酸氢铵38.45万吨,全年省农资公司销售各种尿素50.87万吨,主要按照专营政策销给各分、地、市、县农资公司。省农资公司占系统内尿素销售的68.47%。

1994年,全省系统内统计汇总购进尿素134.29万吨、碳酸氢铵39.55万吨,其中,省农资公司购进各种尿素38.20万吨,包括从安庆石化厂购进29.09万吨,从中农上海公司购进1.50万吨,其他外采1.24万吨,省农资公司占系统内尿素购进的28.45%。

全省系统内统计汇总销售尿素123.32万吨、碳酸氢铵39.14万吨，全年省农资公司销售各种尿素35.83万吨，主要对象为全省各分、地、市、县农资公司，省农资公司占系统内尿素销售的29.05%。

1995年，全省系统内统计汇总购进尿素176.01万吨、碳酸氢铵61.78万吨，其中，省农资公司购进各种尿素60.58万吨，主要从安庆石化厂购进37.90万吨，从淮南化工厂购进4万吨，委托省化工进出口公司进口18.08万吨。省农资公司购进占系统内尿素购进的34.42%。全省系统内统计汇总销售尿素164.54万吨、碳酸氢铵60.40万吨，全年省农资公司销售各种尿素62.10万吨，主要按照专营政策销给各分、地、市、县。省农资公司销售占系统内尿素销售的37.74%。

1996年，全省系统内统计汇总购进尿素247.99万吨、碳酸氢铵300.81万吨，全年省农资公司购进各种尿素68.95万吨，其中，从安庆石化厂购进38.51万吨，从中农上海公司购进13.38万吨，从淮南化工厂购进3.45万吨，委托省化工进出口公司进口4.58万吨。省农资公司购进尿素占系统内尿素购进的27.80%。全省供销社系统内统计汇总销售尿素248.66万吨、碳酸氢铵281.58万吨，全年省农资公司销售各种尿素67.78万吨，省农资公司尿素销售占系统内销售的27.26%。主要执行专营政策销给各分、地、市、县农资公司。

自1997年起，由于计划经济向市场经济转变，全省供销社系统内农资经营统计报表汇总难度加大，各地停止上报，省农资公司不再进行系统统计汇总。全年省农资公司购进各种尿素41.70万吨，其中从安庆石化厂购进33.58万吨，从中农上海公司购进3.10万吨，从淮南化工厂购进1.16万吨；购进氯化铵2万吨，其中从湖北双环购进1.99万吨。销售各种尿素43.42万吨，氯化铵1.72万吨，主要销给省内部分地、市、县农资公司、个体经营户及省外农资经销客户。

1998年，全年省农资公司购进各种尿素20.83万吨，其中从安庆石化厂购进14.79万吨，从海南石油富岛公司购进4.63万吨；购进氯化铵2.72万吨，其中从湖北双环购进1.67万吨，从四川自贡购进0.54万吨。全年省农资公司销售各种尿素26.49万吨、氯化铵3万吨，主要销往省内外系统内农资公司、农资经营个体大户。

1999年，全年省农资公司购进各种尿素31.63万吨，其中从安庆石化厂购进15.49万吨，从海南石油富岛公司购进5.95万吨，从涡阳三星化工购进1.30万吨，上游资源厂发展到30家，供应商发展到8家；购进氯化铵5.57万吨，其中从湖北双环购进5.13万吨，上游资源厂发展到5家；购进山东平原碳酸氢铵0.95万吨，上游资源厂发展到8家。全年省农资公司销售各种尿素25.11万吨、氯化铵4.86万吨、碳酸氢铵0.95万吨，主要销售对象为省内外系统内农资公司、个体经营大户等。

2000年，全年省农资公司购进各种尿素27.52万吨，其中安庆尿素8.72万吨、涡阳尿素1.74万吨、定远尿素2.66万吨、山东东平尿素1.15万吨、海南富岛尿素1.33万吨，上游资源厂发展到34家；购进氯化铵4.76万吨，上游资源厂减少到4家；碳酸氢铵

6.11 万吨,上游资源厂维持 8 家。全年省农资公司销售各种尿素 26.29 万吨、碳酸氢铵 4.71 万吨、氯化铵 4.91 万吨,主要销售对象为省内外系统内农资公司,系统外农资经营单位、个体经营大户等。

2001 年,全年省农资公司购进各种尿素 26.80 万吨,其中安庆尿素 4.32 万吨、淮南尿素 3.99 万吨、河北沧州尿素 1.13 万吨、山东平原尿素 1.23 万吨、山东瑞星尿素 2.24 万吨,辽宁盘锦辽河尿素 2.61 万吨,上游资源厂发展到 37 家;购进氯化铵 5.06 万吨,上游资源厂保持 4 家;碳酸氢铵 5.51 万吨,上游资源厂发展到 10 家。全年省农资公司销售各种尿素 24.48 万吨、碳酸氢铵 6.50 万吨、氯化铵 5.64 万吨,主要销售对象为省内外系统内农资公司,系统外农资经营单位、农资经营个体大户、国有农场等。

2002 年,全年省农资公司购进各种尿素 23.86 万吨,其中安庆尿素 2.06 万吨、淮南尿素 4.19 万吨、山西丰喜尿素 1.04 万吨、山东平原尿素 1.28 万吨、川化尿素 1.43 万吨,上游资源厂减少到 33 家;购进氯化铵 5.04 万吨,上游资源厂减少到 3 家;碳酸氢铵 4.70 万吨,上游资源厂减少到 5 家。全年省农资公司销售各种尿素 23.18 万吨、碳酸氢铵 4.22 万吨、氯化铵 4.31 万吨,主要销售对象为省内外系统内农资公司,系统外农资经营单位、农资经营个体大户、国有农场等。

2003 年,全年省农资公司购进各种尿素 22.30 万吨,其中安庆尿素 1.35 万吨、淮南尿素 3.45 万吨、宿州尿素 1.04 万吨、山西丰喜尿素 1.08 万吨、山东平原尿素 1.30 万吨、川化尿素 1.25 万吨,上游资源厂回升到 40 家;购进氯化铵 3.63 万吨,上游资源厂保留 4 家;购进碳酸氢铵 1.83 万吨,上游资源厂保留 4 家。全年省农资公司销售各种尿素 23.11 万吨、碳酸氢铵 2.76 万吨,销售氯化铵 4.02 万吨,主要对象为省内外系统内农资公司,系统外农资经营单位、农资经营个体大户,国有农场,农村种田种粮大户。

2004 年,全年安徽辉隆农资集团有限公司各经营事业部及控股子公司购进各种尿素 68.47 万吨,尿素上游资源厂发展到 49 家;购进碳酸氢铵 9.04 万吨,上游资源厂回升到 9 家;购进氯化铵 8.24 万吨,上游资源厂回升到 6 家;全年集团各事业部和控股子公司销售各种尿素 63.96 万吨、碳酸氢铵 7.93 万吨、氯化铵 9.23 万吨。省内边建网边销售,主要通过辉隆配送中心销售给当地农资加盟店、经销商、复合肥厂、农场及农户;省外批发给有化肥经营资质的国内中小经销商或个体户,客户遍布山东、河南、江苏和浙江等省。

2005 年,全年辉隆集团各经营事业部和控股子公司购进各种尿素 74.65 万吨,尿素上游资源厂发展到 57 家;碳酸氢铵 8.52 万吨,上游资源厂发展到 11 家;氯化铵 9.93 万吨,上游资源厂发展到 7 家。全年汇总集团各经营事业部和控股子公司销售各种尿素 73.53 万吨、碳酸氢铵 7.71 万吨、氯化铵 8.62 万吨。省内主要通过遍布全省的辉隆连锁配送中心销售给当地农资加盟店、经销商、复合肥厂、农场及农户;省外批发给有化肥经营资质的国内中小经销商和个体户,客户分布于黑龙江、吉林、辽宁、山东、河南、江苏、浙江和广西壮族自治区等省(区)。

2006年,全年辉隆集团各经营事业部和控股子公司购进各种尿素76.84万吨,尿素上游资源厂发展到62家;购进碳酸氢铵3.17万吨,上游资源厂发展到13家;氯化铵5.95万吨,上游资源厂发展到8家。全年集团各经营事业部和控股子公司销售各种尿素74.96万吨、碳酸氢铵4.48万吨、氯化铵6.75万吨。

2007年,全年辉隆集团各经营事业部和控股子公司购进各种尿素114.48万吨,尿素上游资源厂快速上升到71家;碳酸氢铵6.12万吨,上游资源厂发展到15家;氯化铵14.11万吨,上游资源厂发展到10家。全年集团各经营事业部和控股子公司销售各种尿素110.48万吨、碳酸氢铵5.5万吨、氯化铵12.72万吨。

2008年,全年辉隆集团各经营事业部和控股子公司购进各种尿素84.4万吨,尿素上游资源厂上升到77家;碳酸氢铵10.55万吨,上游资源厂发展到20家;氯化铵11.03万吨,上游资源厂发展到14家。全年集团各经营事业部和控股子公司销售各种尿素87.08万吨、碳酸氢铵9.65万吨、氯化铵8.21万吨。省内主要通过遍布全省的42个辉隆连锁配送中心和2300家加盟店销售;省外批发给有化肥经营资质的国内中小经销商和个体户、复合肥厂、BB肥厂及生产家具的薄板厂,客户遍布黑龙江、吉林、辽宁、内蒙古、山东、河南、江苏、浙江、江西、湖南、湖北、广东、广西壮族自治区等省(区)。

2009年,全年辉隆集团各经营事业部和控股子公司购进各种尿素124.47万吨,上游资源厂为78家;碳酸氢铵5.18万吨,上游资源厂为16家;氯化铵11.63万吨,上游资源厂为15家;硫酸铵4.92万吨,上游资源厂为5家。全年集团各经营事业部和控股子公司销售各种尿素113.42万吨、碳酸氢铵5.61万吨、氯化铵11.73万吨、硫酸铵5.16万吨。省内区域市场,通过全省47个辉隆连锁配送中心和2110家加盟店销售。省外市场,从工厂直接调拨或通过驻外公司及5个配送中心、35个加盟店,批发给有化肥经营资质的国内中小经销商和个体户、大中小型复合肥厂、BB肥厂及家具薄板厂,客户主要在黑龙江、吉林、辽宁、内蒙古、山东、河南、江苏、浙江、江西、湖南、湖北、广东、广西壮族自治区等省(区)。

2010年,全年辉隆集团各经营事业部和控股子公司购进各种尿素183.81万吨,尿素上游资源厂稳定在78家;碳酸氢铵3.73万吨,上游资源厂为16家;氯化铵19.82万吨,上游资源厂为16家;硫酸铵3.17万吨,上游资源厂家发展到6家。全年集团各经营事业部和控股子公司销售各种尿素181.54万吨、碳酸氢铵4.08万吨、氯化铵17.20万吨、硫酸铵3.10万吨。省内区域市场,主要通过皖江和皖淮遍布全省的47个辉隆连锁配送中心和2347家加盟店销售。省外市场从工厂直接调拨或通过广西壮族自治区、湖南、江西、江苏、山东和黑龙江等地驻外公司及9个配送中心、54个加盟店销售。

辉隆集团(安徽省农资公司)1987—2010年尿素购销统计表

表3—2—3　　　　单位:实物万吨

年度	购进	销售
1987	68.40	64.75
1988	71.74	71.33
1989	71.16	71.40
1990	67.35	66.25
1991	53.57	59.02
1992	58.70	61.37
1993	51.32	50.87
1994	38.20	35.83
1995	60.58	62.10
1996	68.95	67.78
1997	41.70	43.42
1998	20.83	26.49
1999	31.63	25.11
2000	27.52	26.29
2001	26.80	24.48
2002	23.86	23.18
2003	22.30	23.11
2004	68.47	63.96
2005	74.65	73.53
2006	76.84	74.96
2007	114.48	110.48
2008	84.40	87.08
2009	124.47	113.42
2010	183.81	181.54

辉隆集团(安徽省农资公司)1999—2010年碳酸氢铵购销统计表

表3—2—4　　　　单位:实物万吨

年度	购进	销售
1999	0.95	0.95
2000	6.11	4.71

续表 3—2—4

2001	5.51	6.50
2002	4.70	4.22
2003	1.83	2.76
2004	9.04	7.93
2005	8.52	7.71
2006	3.17	4.48
2007	6.12	5.50
2008	10.55	9.65
2009	5.18	5.61
2010	3.73	4.08

安徽省供销社系统 1987—1996 年尿素购销统计表

表 3—2—5　单位:实物万吨

年度	购进	销售
1987	90.55	74.15
1988	79.83	80.20
1989	99.71	98.77
1990	94.55	103.18
1991	82.29	96.00
1992	94.95	100.34
1993	71.58	74.29
1994	134.29	123.32
1995	176.01	164.54
1996	247.99	248.66

辉隆集团(安徽省农资公司)1997—2010 年氯化铵购销统计表

表 3—2—6　单位:实物万吨

年度	购进	销售
1997	2.00	1.72
1998	2.72	3.00
1999	5.57	4.86

续表 3—2—6

2000	4.76	4.91
2001	5.06	5.64
2002	5.04	4.31
2003	3.63	4.02
2004	8.24	9.23
2005	9.93	8.62
2006	5.95	6.75
2007	14.11	12.72
2008	11.03	8.21
2008	11.03	8.21
2008	11.03	8.21
2009	4.92	5.16
2010	3.17	3.10

磷肥经营 1991—1997 年,省农资公司经营的磷肥主要为代省收购的铜陵化工总厂磷肥和铜陵磷铵厂磷铵。各地供应不足部分,由县公司和基层社自行采购计划外磷肥弥补。1988 年,铜陵磷铵厂试产磷铵复合肥,由省下达收购、调拨计划,交农资部门专营。1991 年,铜陵磷铵计划增加。1992 年,皖政〔1991〕82 号文件指出:"铜陵磷铵,目前系议价原料生产,价格高,省里不宜统一收购,各地根据当地农民的承受能力和需求情况自定购销",是年铜陵磷铵未纳入省级调控资源。1998 起,化肥市场放开,各级农资公司亏损严重,经营磷肥逐年下降。

2001—2008 年,省农资公司成立复合肥公司,自主采购磷肥,主要为含量 12% 及 16% 的低浓度颗粒、粉状磷肥(普通过磷酸钙),并尝试含量为 25% 的白磷肥(磷酸氢钙)等品种。2006 年,辉隆集团开始贴牌生产辉隆牌磷肥。

经营方式 1991 年,省统配计划铜陵磷肥,由省农资公司按省下达的收购、调拨计划,委托铜陵分公司驻厂办理调运,均衡发货。除部分地(分)、市自行中转磷肥,对市、县农资公司供应外,其余由铜陵分公司直供。是年,省收购铜陵磷肥 22.34 万吨,磷铵计划增加。全省销售磷肥 115.53 万吨(标吨,下同),同比下降 11.9%。库存 43.43 万吨,同比上升 2.46%。是年,安徽省自然灾害频发,尤其是遭受特大洪涝灾害,为做好救灾供应,省农资公司将小磷肥价格每吨下调 30 元。全年磷肥销售 2.29 亿元,同比减少 4879 万元。省内濉溪、采石、凤阳、庐江、肥东等 6 套小磷铵装置中,3 家投产,产量约 6 万吨,省内优质磷肥资源增加。是年,磷肥市场不如往年,铜陵磷肥市场竞争力较弱,全省农资系统计划内采购铜陵磷肥及外采磷肥均出现滞销,系统内出现相互拖欠货款现

象。省农资公司采取配供措施:一是为对省供铜陵磷肥按照10∶1的比例配供议价钾肥。第一批磷肥配供的议价钾肥8000吨,配供的钾肥是国家计委1990年分配给安徽的救灾及再生稻用的议价钾肥。从国家储备局绩溪、含山两库储备的钾肥中供应,剩余需配供的钾肥由省农资公司另行安排。省农资公司分别委托绩溪、含山县农资公司与储备局绩溪、含山库签订提货协议,组织各地(用户)提货、开票、结算、发运,采取款到提货方式,代办单位按每吨货款的1%收取手续费。配供议价钾肥,开票和付款价均为700元/吨,按照计划外化肥销售办法,本着进价加费用的原则,由当地物价部门核价销售。第二批配供钾肥共1.43万吨,是省用外汇进口的氯化钾,从浙江宁波市北仑港供货给各地。采取款到发货的方式,送货到第一到站交货价800元/吨,省农资公司另行给予补贴。二是按经销4吨磷肥奖售1吨尿素的方式,对合肥分公司历年从省外采购积压的8300吨磷肥和地产小化肥,给予尿素配套供应。对当年销售的4724吨磷肥,一次性兑现尿素2362吨。要求合肥分公司按分市、县磷肥购进数量,将补助尿素按省规定价格直接供应到磷肥购进单位。其后,又拨给合肥分公司优质肥2500标吨,用于省外磷肥和地产碳铵配套销售。该批化肥指标分配按各购进磷肥、碳铵的县农资公司、基层社补助优质肥,专肥专用。价格按省规定专项肥调拨或零售价执行,尿素对农民零售价不准超过870元/吨,省农资公司按对分公司调拨价向合肥分公司结算,分公司按对县或对基价与购肥单位结算。其中铜陵分公司自1988年专营以来,至1990年共收购铜陵磷肥52.5万吨,由于销售难,库存数量达7000余吨,储存时间长达半年,因包装破烂和管理不严,3年共短少318.7吨,折计金额8.03万元。为使有问题商品得到及时处理,省农资公司同意铜陵分公司从预提的削价准备金中报损处理。

1992年,受上年特大洪灾等影响,磷肥市场变化较大,省农资公司对当年省统配计划磷肥经营办法进行调整。精简环节,铜陵计划磷肥对地(分)、市公司的经营,除保留中转量大的合肥、安庆分公司外,其余地、市、县一律由铜陵分公司按对县价直供;地市公司自营部分的磷肥亦按对县价供应,倒扣运杂费补贴。当年省供统配磷肥计划一次性下达,取消淡季贴息,继续实行氮磷肥配套供应。具体配供办法:淡季调拨接收的计划磷肥按10∶1(即10吨磷肥配1吨尿素)配供议价尿素,旺季按20∶1配供议价尿素。配供的议价尿素货到第一到站。淡季调运的磷肥配供的尿素,分月结算,旺季兑现;旺季接收配供的尿素,年底结算兑现(淡季时间为1991年11月1日—1992年4月底,旺季为1992年5—10月)。1992年铜陵计划磷肥调拨,继续按比例分月对各地发运,实行送货制,由铜陵分公司根据合同和季节均衡调拨。工厂让利归收货单位。1991年11月、12月,工厂对磷肥出厂价每吨让利10元,从托收中直接扣除。对未纳入计划分配的市、县公司,需要时直接向铜陵分公司申报要货计划;市、县公司不订货的,允许基层社直接与铜陵分公司订货。

省农资公司对淡季省供铜陵磷肥配供议价尿素下达具体计划。1991年11月—1992年3月底,凡淡季从铜陵分公司调运的计划磷肥,按照实际调运数量,给予10%的统配议价尿素补助(实物吨)。其间,铜陵分公司共发给各地计划磷肥6.29万吨,应配供议价尿素6285吨,送货到第一到站960元/吨。兑现的尿素多从安庆超产肥中予以发运。发运和结算,省农资公司委托安庆分公司代为办理,由省农资公司根据原定包干费用规定,直接与安庆分公司结算。如因拼船配车而造成的超发部分,转入统配肥兑现指标。兑现的议价尿素于3季度末以前发运完毕。发运过程中有关问题据《统配化肥交接办法》处理。1992年,省农资公司共收购铜陵磷肥17.45万吨,分别由省农资公司铜陵、合肥、安庆分公司负责调拨和中转,其中铜陵分公司调拨11.65万吨、合肥分公司4.0万吨、安庆分公司1.8万吨。磷肥全省平均零售价315元/吨,同比下降15元/吨。

1993年,取消农资专营后,对磷肥等地产小化肥主要是以市场为导向,本着"同品种、同质量、同价格的情况下,立足本地,允许工厂自销,也允许供销社从外地购进"的原则经营,大多采取经销、代销、联销等方式,也有实行代理制。省农资公司贯彻"稳住大化肥,搞活小化肥"的方针。在国家分配和省管的指令性及指导性计划未放开之前,仍按指令性计划管理办法执行。是年,销售磷肥87.17万吨,同比下降9.36%。年底库存26.74万吨,同比下降42.8%。

1994年,铜陵磷铵厂交省农资公司磷铵7000吨,平均进价1743元/吨。按照省政府皖政〔1994〕68号文件规定的综合费率,省农资公司对各县的就厂交货价为1813元/吨。是年,销售磷肥83.22万吨,同比下降3.43%。年底库存13.96万吨,同比下降47.81%。

1995年,省农资公司收购铜陵磷铵8万吨,纳入省调控肥计划。省收购铜陵磷铵实行差率控制,按"进价加费用和综合差率"制定调拨价。全年销售磷肥98.74万吨,同比增长18.66%。年底库存29.22万吨,同比增加109.35%。

1996年前,全省供销社农资系统磷肥采购供应量稳定在110万标吨左右。1996年,省农资公司根据省计委计商字〔1996〕68号文件精神,参照年初各地与铜陵分公司订货合同,分两次将省调控铜陵磷肥分配数量下达各地。是年销售磷肥101.39万吨,同比增长2.68%。

1997年,江苏、湖北、河南等省一些磷肥厂家以低于铜化集团铜官山化工厂的价格并附加各种优惠条件向安徽省销售,加之该厂"九华山"牌磷肥因生产工艺上存在结块问题,致使产品销售不畅,市场占有率下降。为支持省内工业发展,在省计委协调下,省农资公司代省收购、调拨10万吨铜陵磷肥,并从1997年专项安排的优惠价尿素中拿出2万吨与省供铜陵磷肥调拨配套,所安排的专项优惠价尿素指标,由各地结合农业生产需要统筹使用,支持地方平衡施肥项目开展。

1998年,农资市场全面放开,铜官山化工总厂及铜陵磷铵厂等工厂自销力度加大,加之市场竞争激烈,供销社农资系统磷肥经营量逐年下降。之后,磷肥市场基本放开。

2001年,省农资公司成立复合肥公司,自主经营小磷肥,通过连锁体系销售,经营量逐年增加。当年,购进9341吨,销售8.03万吨。2002年,购进9341吨;2003年,省农资公司改制为安徽辉隆集团,磷肥采购量达2.66万吨;2004年最高达4.81万吨,其后经营量有所下降,但至2007年,基本稳定在3万吨。

2003年以后,辉隆集团销售主要通过连锁体系销售。其中,2003年销售2.95万吨,2004年达4.68万吨、2005年3.69万吨、2006年3.04万吨、2007年4.31万吨。

2008年,辉隆集团磷肥经营规模总体上有所增加,全年销售突破10万吨,达10.82万吨。

2009年,辉隆集团销售磷肥10.63万吨。

2010年,辉隆集团磷肥销售降至5.98万吨。

辉隆集团(安徽省农资公司)1991—2010年磷肥购销统计表

表3—2—7

年度	计量单位	国内纯购进	国内纯销售
1991	标准吨	1172713	1155316
1992	标准吨	1053618	961656
1993	实物吨	238189	258713
1994	实物吨	224129	381540
1995	标准吨	387344	373190
1996	标准吨	1124889	1306346
1997	实物吨	75947	54729
1998	实物吨	1056100	948200
1999	实物吨	901800	858900
2000	实物吨	40715	13607
2001	实物吨	3032	3738
2002	实物吨	9341	8286
2003	实物吨	26637	29516
2004	实物吨	48096	46818
2005	实物吨	43684	36868
2006	实物吨	29784	30399
2007	实物吨	37243	43082
2008	实物吨	156885	108221
2009	实物吨	73450	106282
2010	实物吨	72437	59849

购销渠道　1988年开始,铜官山化工总厂生产的磷肥纳入省统配资源,交省农资公司收购。1995年,受省政府委托,省农资公司开始收购铜陵磷铵并纳入省级调控肥资

源,实行差率控制,按“进价加费用和综合差率”制定调拨价,按省下达的分配计划,向地(分)、县农资公司供应,县级农资公司向基层供销社供应,基层供销社再向农民零售。计划外采购的磷肥等小化肥,一般以县级为单位,由县级农资公司牵头或联合基层社统一采购,基层社按核定价格进行销售。1998 年,农资经营逐步放开,省农资公司主要立足于大化肥经营,基本放弃磷肥等小化肥经营。

2001 年,省农资公司开始自主经营小磷肥,基本采取对县级农资公司和省内客户直接以批发销售的方式经营。

2003 年,省农资公司开始通过连锁模式进行销售。是年底,组建安徽辉隆集团后,磷肥主要通过辉隆连锁体系进行销售,最初在省内区域设立 7 个公司和桐城肥业、泰华肥业 2 个复合肥生产厂。

2005 年起,辉隆集团重视小磷肥经营,甘宁、泰吉、泰丰、泰达、泰宁公司以及连云港天吉公司、桐城肥业、泰华肥业均有经营,后河南辉隆公司也有经营。省公司在省内的普通磷肥供应商主要有庐江县金湾磷肥有限责任公司、铜陵丰溢磷肥制造有限责任公司、铜陵化工集团铜官山化工有限责任公司等。省外主要供应商有湖北仙磷化工有限责任公司、湖北祥云(集团)化工有限责任公司、湖南永利化工股份有限公司、当阳市田丰磷化工有限公司、钟祥市钟洋磷化有限责任公司、新密市丰原磷化有限股份公司。白磷肥主要供应商为四川省德阳龙蟒磷制品有限公司,主要是含量 25% 的“蟒”牌白磷肥。

2006—2008 年,辉隆集团贴牌生产“辉隆”牌磷肥。皖淮公司分别在湖北祥云和湖南永利生产含量为 12% 的过磷酸钙。是年,在两地各贴牌生产近千吨“辉隆”牌磷肥。

2007 年,因湖北祥云停产,辉隆集团皖淮公司在湖南永利贴牌生产 1152 吨 12% 含量磷肥;是年,辉隆集团磷肥购进 3. 72 万吨,销售 4. 31 万吨。

2008 年,辉隆集团皖淮公司在湖南永利贴牌生产 5129 吨“辉隆”牌磷肥。是年,辉隆集团磷肥购进 15. 69 万吨,销售 10. 82 万吨,年末库存 3. 61 万吨。

2009 年 12 月 16 日成立磷肥公司,从事普通磷肥、一铵、二铵等磷资源产品经营。辉隆集团磷肥购进 7. 35 万吨,销售 10. 63 万吨,年末库存 8290 吨。

2010 年,辉隆集团磷肥公司更名为磷肥事业部。集团磷肥购进 7. 24 万吨,销售 5. 98 万吨,年末库存 17. 45 万吨。

辉隆集团 2006—2008 年贴牌生产“辉隆”牌磷肥情况一览表

表 3—2—8

年　度	品种规格	贴牌产量(吨)	生产厂家
2006	12% 过磷酸钙	1000	湖北祥云、湖南永利
2007	12% 过磷酸钙	1152	湖南永利
2008	12% 过磷酸钙	5129	湖南永利

钾肥经营　钾肥是化肥三大品种之一。安徽省是缺氮、少磷、补充钾的地区。钾肥

属于化肥经营大类品种，主要分为氯化钾、硫酸钾、磷酸二氢钾等，其中氯化钾和硫酸钾为主要品种，氯化钾主要用于粮食作物，硫酸钾主要用于经济作物。20 世纪 80—90 年代，由于技术和资源等因素，氯化钾国产很少，主要是以进口加拿大和俄罗斯产品为主。

经营方式　1986 年以前，国产钾肥生产量小，施用不多，经营很少，主要供应方式为省级农资公司报请国家计委同意，利用地方留成外汇通过全国供销总社统一进口、调拨和供应，列入省统配资源；但由于地方创汇少、筹集难，曾一度中止进口。1989 年以后，为配合农业平衡施肥，开始逐年增加钾肥进口量。

1991—1995 年，受自然灾害及农民购买能力诸多因素影响，农民生产投入积极性不高，对农资商品的购买能力下降导致销售进度缓慢，商业购销和库存均有下降。加之进口肥价格太高，国际价格与国内价格悬殊较大，补贴不能及时到位，使农资部门在钾肥经营上难以运作，销售量不大。

1997 年，钾肥施用比例明显上升。省公司把有限的配额部分用于采购省内较为短缺的进口钾肥，销售量和销售额创历史新高。

1998—1999 年，国内化肥行业按氮磷钾施用比例 1： 0. 37： 0. 2 安排生产计划，年产钾肥 25 万吨，同比有较大增长。由于国家开征氮肥进口增值税，进口化肥总量减少，国家根据化肥施用比例和市场供求情况，适当调增钾肥进口量；省农资公司与国产钾肥供应商青海钾肥厂建立合作关系，控股的甘宁公司与福州一化之间进行易货贸易，运作国产钾肥。1999 年，全年经营国产钾肥 3000 吨。但其时国产氯化钾相比进口钾肥，质量与价格均无优势。加之青海钾肥发运困难，省公司销售渠道狭窄，厂家所产“盐桥”牌钾肥一度销售不畅。省农资公司一方面在厂家争取货到付款、代储代销、联储联销等优惠政策；另一方面重点针对安徽和江苏客户，拓展市场，扩大销售。至 2001 年，国产钾肥销售达 3 万吨，并取得青海盐湖集团华东总代理销售权。

2002—2004 年，钾肥运输量增大，铁路运输紧张。省农资公司通过青海省政府协调青海省经贸委争取运力，并针对下游复合肥企业客户竞争激烈、复合肥销售困难、企业利润下滑、影响钾肥使用量情况，通过贴牌加工、易货贸易等方式提高销售量。2004 年，省农资公司成立辉隆农资集团，至年底，钾肥购销规模从 3 万吨上升到 8 万吨。集团整合原隶属甘宁公司的钾肥以及隶属省公司的泰达、泰宁、泰源等公司的同类业务，成立工业肥公司，主营钾肥。

2005 年，辉隆集团工业肥公司完成钾肥实物销售量 10. 7 万吨。采购中适时批量买断，扩大经营规模，提升在华东区域市场占有率。加大安徽、江苏原有市场销售力度，拓展江西、山东、浙江等地市场。在北京平谷、湖南湘潭、南京等地设点设库。充实钾肥品种，与中信国安签订硫酸钾镁肥安徽区域代理协议。

2006 年，辉隆集团工业肥公司全年钾肥实物销售量达 28 万吨。在铁路发运异常紧张情况下，4—12 月，共调进钾肥 30 万吨，完成全年代理总量。开辟湖南、湖北市场，分别与湖北洋丰、鄂中、湖南金叶等大型厂家开展合作，仅 2 个月，在该区域销售量就达 3

万吨。

2007 年,辉隆集团工业肥公司钾肥完成实物销售量 42 万吨。为克服青海钾肥对上海局发货的瓶颈制约,将货物发运到隶属于济南局的徐州,再由徐州对华东和湖南、湖北市场进行变更中转。在发运困难的 3 月份,单月发运量 5.2 万吨,创历史发运量新高。

2008 年,辉隆集团在钾肥经营上既有农业用进口钾肥,也有工业用青海盐湖钾肥,还将青海盐湖钾肥代理区域扩展到湖南、湖北及江西市场,代理数量也从 30 万吨增至 50 万吨,代理数量和经营规模仅次于中化集团,成为国内第二大青海盐湖钾肥代理经销商。青海盐湖钾肥经营也成为集团公司工业肥板块支柱产品。随后,伴随金融危机,钾肥市场行情不稳,上半年一路猛涨,市场接收能力有限,而下半年价格剧跌,市场又谨慎接货;加之青海盐湖厂家出厂价格政策不能与销地价格进行有效衔接,经营风险加大,全年仅完成 25 万吨钾肥销售量。

2009 年,受经济危机影响,全年复混肥原材料市场处于阴跌态势。辉隆集团工业肥事业部克服困难,销售各类钾肥 30 万吨,实现销售 8 亿元、利润 3000 万元,取得钾肥经营以来最好成绩。

2010 年,辉隆集团工业肥事业部抓住战略合作伙伴关系和资源保障,实现销售额 11 亿元、销售量 58 万吨、利润 5000 万元,均创新高。设立格尔木办事处,发挥物流中心优势。以盐湖集团为基础,发展罗钾、藏格、滨地等国产钾肥供应商作为补充。

辉隆集团(安徽省农资公司)1986—2010 年钾肥购销统计表

表 3—2—9　　　　计量单位:实物吨

年度	购进	销售
1986	4520	4520
1987	32200	32200
1988	33625	33625
1989	37929	37929
1990	48369	48369
1991	144892	94151
1992	69354	119021
1993	54510	75443
1994	200154	161396
1995	218087	221501
1996	342229	332533
1997	146855	152164
1998	78400	138500

续表3—2—9　　计量单位:实物吨

年度	购进	销售
1999	54150	119000
2000	99982	114528
2001	101156	123424
2002	200857	213989
2003	198164	190477
2004	48096	46818
2005	254293	245306
2006	421919	426242
2007	598429	586213
2008	505587	371971
2009	452950	500232
2010	636456	627643

复合肥经营　复合肥是含有氮、磷、钾三种营养元素中的两种或两种以上元素肥料的总称,养分含量高,副成分少且物理性状好,氮磷钾含量可以灵活配比,便于使用,有利于平衡施肥,科学种田,提高肥料利用率,促进农作物高产稳产。

复合肥通常分为高、中、低含量不同的品种,根据在生产过程中掺入氮、磷、钾在总养分中的比例来区分复合肥浓度差异。多数复合肥是按照某一区域土壤类型平均养分和大宗农作物需肥比例配置而成。一般低浓度复合肥的氮磷钾总养分含量在25~30%,中浓度在30~40%,高浓度在40%以上。高浓度复合肥主要用于经济作物上,在安徽省内沿江棉区因其肥效见效快、残渣少、利用率高而深受农户青睐。省农资公司经营的复合肥有国产品种,也有进口品种。1998年前,经营进口复合肥主要有“乐施”“阿康”等。2004年,省农资公司改革改制后,逐年扩大复合肥经营范围,经营的主要品牌有“徽农”“大团结”“金道”“狮虎”“淀峰”以及自产和贴牌生产的系列“辉隆”牌。

经营方式　1986—1990年,复合肥经营由国家和省下达指令性进口复合肥分配计划,省农资公司负责调运供应。

1991—1995年,国家分配和省下达的指令性计划,以及列入计划收购的省产复合肥,均由省农资公司组织收购、调拨、供应。为增加省统配化肥资源,复合肥采购和供应由省下达收购、调拨计划,交各地农资部门专营。各地农资部门根据当年下达的复合肥调拨计划,再按各地需求制定详细分配计划,通过基层供销社网点销售。

辉隆集团(安徽省农资公司)1986—2010年复合肥购销统计表

表3—2—10

年份	购进(吨)	销售(吨)
1986	243798	192892
1987	378845	299740
1988	344468	272541
1989	442289	349937
1990	521982	412990
1991	697564	551909
1992	533896	654333
1993	165928	284638
1994	963609	878888
1995	1248055	1297978
1996	1244695	1245262
1997	161692	162527
1998	89679	90112
1999	101167	101278
2000	128880	91711
2001	112657	123708
2002	113807	106265
2003	204844	217978
2004	232355	212577
2005	236920	223491
2006	347253	369894
2008	377293	305012
2009	416175	446036
2010	758513	750113

说明:1996年前为安徽省供销社系统汇总数据,此后为省农资公司自营数据

1996年,供销社农资系统试点县基“连锁经营”,探索县以上联合经营和农资专业合作社试点。逐步形成连锁市场保护方式经营复合肥,使得复合肥销售在全国销售平均增长不快、市场价格下滑的情况下,以量取胜,遏制亏损。

1998年起,省产复合肥不再纳入省统配计划,改由农资部门与工厂自行衔接产销。

1999—2000 年，国家和省调整进口化肥政策，分品种下达化肥配额指标和省直接对各地分配指标，进口复合肥配额减少幅度较大；进口和国产复合肥价格持续下跌；加之无序竞争，经营难度加大。品种货源过剩，价格持续下滑，销售稳而不旺，库存居高不下。

2003 年之后，省公司改制后组建辉隆集团，复合肥购进和销售大幅增长。集团公司复合肥货源基本由各战区公司根据市场需求自行采购和销售。2005—2008 年，集团整合经营，通过省内各地配送中心，将复合肥资源配送到加盟店，部分销往当地小经销商和农资经营大户。同时，由各子公司联动资源，形成省内整体互动，开拓省外市场。

购销渠道　1986—1990 年，省内复合肥购销通过供销社系统进行调拨，实行统一计划，统一调拨，分级负责，保证政策用肥兑现。

1991—1996 年，省产复合肥基本纳入省统配资源，交省农资公司经营。受省政府委托，省农资公司对收购的复合肥纳入省级调控肥资源，实行差率控制，按"进价加费用和综合差率"制定调拨价，省农资公司按省下达的分配计划，向地（分）、县农资公司供应，县级农资公司向基层供销社供应，基层供销社再向农民零售。计划外采购的复合肥，一般以县为单位，由县级农资公司牵头或联合基层社统一采购，基层社按核定价格进行销售。其间，全省供销社系统农资部门采购和销售复合肥基本稳定在 60 万吨 ~ 120 万吨。

1997 年，省农资公司参股宁国司尔特复合肥制造有限责任公司。生产的"司尔特"复合肥在包装、色泽、粒度、养分、水分、溶解度等各项指标上均达到和超过国家标准，市场占有率提高，销往山东、河南等 16 省 180 个市、县。

1998—2002 年，省农资公司复合肥货源，一是按照市场需求在省内组织，二是参股池州市供销社下属佳禾复合肥厂组织生产，三是经销"司尔特"复合肥，四是通过中国农业生产资料公司和中国化工进出口公司代理进口。2000—2002 年，销售量维持在 10 万吨左右。

2003 年，辉隆集团成立后，甘宁、泰吉、泰丰、泰达、泰宁公司以及连云港天吉公司、桐城肥业、集团河南辉隆公司均开展复合肥经营。省内供应商主要有：安徽红四方肥业有限公司、池州佳禾复合肥制造有限公司、和县田宝复合肥有限责任公司、巢湖市绿野复混肥厂、安徽红海肥业有限公司；省外主要有：中化国际化肥贸易公司（进口复合肥）、湖南永利化工股份有限公司、湖北宜化化肥有限公司、江苏申利化肥有限公司、上海清浦清达复合肥有限公司等。

2004 年后，辉隆集团分别在阜阳、桐城、和县以自建或收购方式成立安徽辉隆集团阜阳肥业有限公司、安徽辉隆集团桐城肥业有限公司、安徽辉隆集团泰华肥业有限公司。各厂均生产 45% 以下的低中含量辉隆牌复合肥，此外阜阳肥业还生产不同含量的 BB 肥。2005 年，桐城肥业和阜阳肥业公司相继投产运营，生产"辉隆"复合肥、BB 肥。2006 年，桐城肥业公司生产辉隆牌 25 ~ 45% 复合肥 1 万余吨，阜阳肥业公司生产系列辉隆牌 BB 肥 6558 吨。

2005—2007年,辉隆集团皖江、皖淮两公司在上海清浦清达、江苏等厂贴牌生产25~48%不同含量的辉隆牌复合肥。2007年5月,由皖江公司控股的安徽辉隆泰华肥业有限公司在和县挂牌,年产辉隆牌系列复合肥6万吨,除部分外销,主要供应区域市场。2006—2008年复合肥销售达35万吨。

2009—2010年,除继续由皖江、皖淮公司销售安徽辉隆泰华肥业有限公司、安徽辉隆阜阳肥业有限公司生产的系列辉隆牌复合肥、复混肥外,集团下属科技公司还贴牌生产大团结牌复合肥供应皖北。其间,皖江、皖淮公司主要采购四川新都化工股份有限公司的“撒威”“凯利丰”“迪米佳”以及南京化学工业有限公司生产的高浓度硫酸钾型复合肥、山西丰喜肥业有限公司生产的丰喜牌复合肥、山东金正大肥业有限公司生产的“金正大”牌控释肥。进口复合肥主要是俄罗斯“阿康”和“乐施”高浓度复合肥。

自产和贴牌复合肥经营 安徽辉隆农资集团阜阳肥业有限公司 2005年5月26日,省供销社以供发管〔2005〕40号批复同意成立安徽辉隆农资集团阜阳肥业有限公司。经营范围:复合肥、BB肥生产加工、委托加工、化肥原料、农副产品购销。6月开始BB肥成套设备安装,设计生产能力10万吨。8月一次性投料试车成功。当年销售各类化肥7946吨,其中,销售BB肥6450吨,尿素262吨、二铵1178吨、氯化钾56吨。

2006年,销售各类化肥2.43万吨,其中,销售产品BB肥1.9万吨、尿素2332吨、氯化铵243吨、二铵157吨、磷酸一铵2378吨、氯化钾155吨。

2007年7月,安装颗粒挤压肥料设备,新产品颗粒氯化铵开发成功,设计生产能力2万吨。7月18日,省供销社党组书记、主任王首萌,副主任蔡立、钱斌等一行来到阜阳肥业,将其生产的12车价值20万元的“辉隆”BB肥捐赠给阜南县政府,帮助灾区生产自救。是年,销售各类化肥4.04万吨,其中,销售BB肥2.31万吨、颗粒氯化铵5080吨、尿素7280吨、二铵3974吨、磷酸一铵266吨、氯化钾690吨。

2008年6月,安装第二套颗粒挤压肥料设备,新产品颗粒钾肥生产开发成功,设计生产能力2万吨。是年,销售各类化肥2.22万吨,其中,销售BB肥9028吨、颗粒氯化铵7526吨、颗粒钾肥1451吨、尿素2203吨、磷酸二铵1901吨、磷酸一铵120吨。

2009年,销售各类化肥4.25万吨,其中,自产复合肥及BB肥1.54万吨,销售自采自用有余的尿素1.03万吨、氯化铵7974吨、硫铵57吨、二铵5033吨、一铵2405吨、氯化钾1092吨、磷肥262吨。

2010年,销售各类化肥8.53万吨,其中,自产复合肥及BB肥3.89万吨,自采自用有余的尿素1.46万吨、氯化铵1.55万吨、硫铵189吨、二铵3496吨、一铵2503吨、氯化钾3238吨、磷肥6969吨。

安徽辉隆泰华肥业有限公司 2004年,安徽省泰宁农资有限公司与和县田宝复合肥有限责任公司共同出资,在和县经济开发区组建安徽辉隆泰华肥业有限公司,占地面积43亩。经营范围:复混肥料,复混肥料生产及销售;化肥、农膜、微肥、农机具、农副产品、化工产品(危险化学品除外)及原料、植物生长调节剂、矿产品、五金、建材、饲料原料及饲料添加剂等销售。

2007年4月8日,公司建成投产,一期工程投资700万元,年设计生产能力8万吨,生产25～48%系列复合肥。8月28日,泰华肥业成为安徽辉隆集团皖江农资有限责任公司全资子公司。是年,公司生产辉隆牌系列复合肥1.86万吨,实现产值1985万元。

2008年,公司生产复合肥2.36万吨,完成产值4758万元;销售各种肥料3.12万吨,实现收入6918万元;完成利润38.12万元;社会贡献额299万元。1—8月,生产"辉隆""金辉隆""代代红"牌系列复合肥1.5万吨。自创品牌"代代红""金辉隆"系列复合肥成功投放市场。12月,为提高辉隆牌系列复合肥品质,投资60万元,着手复合肥液氨生产技术改造。

2009年,公司共生产复合肥3.05万吨,完成产值4307万元;销售各种肥料7.1万吨,实现收入1.11亿元;完成利润222万元;社会贡献额475万元。

2010年,公司共生产复合肥4.24万吨,完成产值6688万元;销售各种肥料6.06万吨,实现收入9849万元;完成利润301万元;社会贡献额559万元。

安徽辉隆集团桐城肥业有限公司　2004年初,经省社同意收购桐城市供销社下属一复合肥厂,成立安徽辉隆集团桐城肥业有限公司。经营范围:复合肥、磷肥、BB肥生产、销售;化肥、农膜、包装种子、聚乙烯、聚丙烯原料销售。2005年全年生产复合肥1.03万吨,实现产值1423万元。2006年生产复合肥1万吨,实现产值1500万元。2007年1月17日,针对设备陈旧、区域交通不便、市场前景不济、发展后劲不足的状况,集团向公司董事会提出桐城肥业停产,公司注销,场地和设备就地出让的议案。9月12日,债权债务清理完毕,11月23日办理注销登记。

政策性化肥储备　*化肥价格差异调节*　从1984年起,安徽省对粮、棉等收购奖励化肥实行综合价销售,货源由国家计委和省计委统一分配,国家和省级物价部门分别制定出厂价和零售价,对流通部门实行差率控制。为准确反映核算,1984年,商业部决定各省设立"价格差异"专户进行调节。凡是经营差价高于规定差率以上部分进入价格差异。凡政策性亏损部分从价格差异中列支。从1993年开始,化肥供应政策改变,历史形成的价格差异专户存放在省农资公司,在省政府及有关部门监控下使用。

化肥价格调节基金　1995年,为保障安徽省粮棉挂钩肥及其他化肥供应,保证化肥价格基本稳定,安徽省物价局下文分别从挂钩尿素省对县调拨价中,以及进口化肥从挂钩以外化肥对县调拨价与进货成本的价差中提取化肥价格调节基金,由省农资公司专户储存,省物价局管理并批准使用。

省级化肥储备制度　2003年,国内化肥市场发生逆转。国际市场能源产品需求强劲,尿素首度大量出口,国内资源紧缺,运力紧张,季节性需求供求矛盾加剧,尿素价格较上年同期上涨35%左右。为平抑化肥市场价格,保护农民种粮积极性,稳定农业生产,国家相继出台一系列宏观调控政策和措施。安徽省加强和完善化肥宏观调控,保证全省化肥市场长期稳定,省物价局和省供销社于2004年1月8日向省政府上报《关于

当前化肥市场情况的紧急请示》。省政府批示:一、由物价局牵头,会同省供销社、省经贸委等有关部门,就规范化肥价格秩序、加强市场监管、保证化肥市场供应等尽快制订出具体措施;二、由省物价局牵头,与省供销社、省经贸委共同协商从化肥价格调节基金中安排一部分用于今年的化肥储备。省物价局、省供销社、省经贸委、省化肥工业协会、省农资公司、省化肥公司等部门就建立省级化肥商业储备制度达成共识。9 月 27 日,省物价局、省供销社等联合上报《关于建立省级化肥商业储备制度的紧急请示》。省政府办公厅向各市、县人民政府以及省政府有关部门转发省发改委、省物价局、省财政厅、省供销社等部门《关于建立省级化肥储备制度的意见》的通知。

按照皖政办〔2004〕76 号文件精神,省级储备化肥发生的利息费用和政策性降价损失,从辉隆农资集团有限公司(原省农资公司)账存的化肥价格差异款和化肥价格调节基金中列支。

省级化肥储备原则上每年储备规模 10 万吨,分冬、夏两季储备。实际储备中,省发改委将根据省内化肥市场具体情况调整储备规模。每年 6 月底前完成夏储,11 月底前完成冬储,每次储备周期不超过 3 个月。省级储备化肥动用权属省政府,在储备期内动用由省发改委、省物价局、省供销社根据化肥市场供求情况提出建议,共同研究后报省政府批准。省级化肥储备资源采购和储存委托安徽辉隆农资集团有限公司具体承担,储备资金由安徽辉隆农资集团有限公司向银行申请贷款解决。省级化肥储备对发生的利息费用和政策性降价损失,经物价局会同相关管理部门审核后从省政府化肥价格差异和化肥价格调节基金中列支,储备化肥顺价销售形成的政策性收益价差全额补充化肥价格调节基金。

省级化肥储备库按照提高资源配置效率和节约成本费用的原则,由省供销社选定并在验收合格后统一挂牌启用。其标准和运作规程由省供销社制定,在省发改委、省财政厅、省物价局备案。

省级储备化肥的购进价格,在执行国家价格政策的前提下,按照市场化原则,购进价格报省物价局备案,抄送发改委、省财政厅、省供销社。省级储备化肥的销售价格,在化肥市场基本稳定时期,随行就市。在化肥价格出现大幅上涨,需要进行宏观调控时,由物价局核定销售价格。贫困地区直供用肥和非正常年景救灾用肥价格按照省政府规定执行。

省级化肥储备由省政府监管,安徽辉隆农资集团有限公司对储备化肥规范管理,专账记载。省物价局每年对安徽辉隆农资集团有限公司账存化肥价格差异款和化肥调节基金的使用和补充情况进行审查,并将审查结果报省政府,抄省发改委、省财政厅、省供销社。省级化肥储备信息实行定期报告制度,由安徽辉隆农资集团有限公司逐月向省发改委、省物价局、省财政厅报告购销合同、储备数量、购进价格、运杂费用、储存起止时间、实际发生仓储费等信息。

辉隆集团 2004—2011 年度承担省级化肥储备一览表

表 3—2—11　　　　　　　　　　　　　　　　　　　　　单位:万吨

年　　度	储备合计	储备品种						救灾肥
		尿素		钾肥		复合肥		
		冬储	夏储	冬储	夏储	冬储	夏储	
2004/2005	14.39	4.39	10					
2005/2006	15	7	8					
2006/2007	15	5	3		2		2	3
2007/2008	14.988	4	8					2.988
2008/2009	17	7	5					5
2009/2010	15	5	5.6			2	2.4	
2010/2011	18.5	5.6	5.6			2.4	2.4	2.5
合计	109.878	37.99	45.2		2	4.4	6.8	13.488

国家级化肥淡季商业储备制度　2005 年 1 月,发改委、财政部联合发布《化肥淡季商业储备管理办法》(发展改革委、财政部令,第 26 号),明确建立化肥淡季商业储备制度(简称"淡储"),通过给予利息补贴的方式鼓励企业在非用肥季节多储存化肥,解决化肥常年生产、季节使用的矛盾,促进化肥企业均衡生产,保障用肥旺季需要。是年底,公布《化肥淡季商业储备管理办法补充规定》(发改经贸〔2005〕2251 号)。化肥淡储遵循企业储备、银行贷款、政府贴息、市场运作、自负盈亏的原则,由国家发改委和财政部通过招标方式选择部分流通、生产企业承担。

安徽辉隆农资集团有限公司获得 2004/2005 年度 10 万吨(尿素 6 万吨、复合肥 3 万吨、钾肥 1 万吨);2005/2006 年度 15 万吨(第一批 10 万吨,其中尿素 7 万吨、复合肥 1 万吨、钾肥 2 万吨,第二批 5 万吨尿素);2006/2007 年度 15 万吨(尿素 11 万吨、复合肥 1 万吨、钾肥 3 万吨)化肥淡储任务。2007 年 10 月,新一轮招标以 1 次招标、3 年稳定、奖优汰劣的方法,落实此后连续 3 个年度的全国淡储承储工作。辉隆集团获得每年 15 万吨国家化肥淡储任务,2007/2008 年度承储尿素 9 万吨、复合肥 2 万吨、钾肥 4 万吨。

2008 年 10 月,国家发改委经贸司、财政部经建司决定在 2008/2009 年度增加化肥淡季商业储备任务 100 万吨,品种以尿素及高浓度复合肥为主。2009 年 2 月,国家在以往化肥储备任务的基础上,又新增 400 万吨,辉隆集团参与投标,共获 10 万吨承储任务:2008/2009 年度 25 万吨(第一批 20 万吨,其中尿素 12 万吨、高浓度复合肥 3 万吨、钾肥 5 万吨,第二批 5 万吨,其中尿素 3 万吨、钾肥 2 万吨),2009/2010 年度 25 万吨(其中尿素 15 万吨、高浓度复合肥 2 万吨、钾肥 8 万吨)。2010 年 9 月,国家发改委经贸司、财政部经建司对已承储到期的1025万吨化肥淡季商业储备和2011年度70万吨磷肥专项储备承储企业实行公开招标,中标期限为3年,辉隆集团中标,2010/2011年度淡储任务为25万吨(尿素15万吨、高浓度复合肥2万吨、钾肥8万吨)。

辉隆集团2004—2010年度承担国家化肥储备一览表

表3—2—12 单位:万吨

年份	储备合计	储备时间	储备品种		
			尿素	钾肥	复合肥
2004/2005	10	2004年11月—2005年4月	6	1	3
2005/2006	15	2005年11月—2006年4月	12	2	1
2006/2007	15	2006年11月—2007年4月	11	3	1
2007/2008	15	2007年11月—2008年4月	9	4	2
2008/2009	25	2008年11月—2009年4月 2009年2月—2009年4月	15	5	5
2009/2010	25	2009年11月—2010年4月	15	8	2
2010/2011	25	2010年11月—2011年4月	15	8	2
合 计	130				

第五节 化学农药经营

1986—1989年,安徽省农药经营基本以计划经营为主,产销衔接为辅,统配与自采相结合。对美曲膦酯、甲胺磷、敌敌畏、乐果、氧化乐果、甲基1605、乙基1605、呋喃丹、速灭威、混灭威、叶蝉散、水胺硫磷、美曲膦酯、三环唑、多菌灵、甲基托布津、百菌清、2.4—滴丁酯、灭草丹、丁草胺等20个骨干品种,纳入国家统一计划分配,由中国农业生产资料公司下达调入调出计划;对杀螟松、甲基异柳磷、久效磷、三氯杀螨醇、辛硫磷、硫酸铜、异稻瘟净、稻瘟净、粉锈宁、叶青双、甲霜灵、代森锰锌、除草醚、二甲四氯、敌稗、绿麦隆、阿特拉津、扑草净、西草净、苯达松、草甘膦、杀鼠剂等22个品种,由各级农资部门与生产厂家进行产需见面、合同订购或省际余缺调剂。

进入20世纪90年代,农药在农资经营中率先走向市场。1993年,安徽省农资公司将农药科改为农药部,探索农药自营。2003年11月,组建安徽辉隆集团瑞美福农化有限公司,由辉隆集团控股、职工参股,初始注册资本300万元,后调整为500万元。专业从事农化产品销售和技术服务,经营范围包括化肥、农膜、农用药械、农副产品、化工产品及原料(不含危险品)、微肥、植物生长调节剂销售,农用机械加工销售,自营和代理各类产品和技术的进出口业务。服务领域涉及粮食、油料、经济类作物的植物保护和植物营养。植物保护涵盖种子、除草、杀菌、杀虫杀螨;植物营养涵盖补充元素、植物生长调节剂。

2005—2008年，辉隆集团瑞美福农化有限公司注册资本追加到1000万元。控股河南辉隆农资有限公司。河南辉隆农资有限公司注册资本200万元，瑞美福公司占88%。

农药销售　1980年后，农药经营改统购包销、计划分配为产销直接见面，以需定产，合同订购。1986年，国家控制农药进口，国产农药销售渐好。1987—1988年，安徽小麦吸浆虫、稻飞虱重发，农药用量增大。1988年，省政府发出《贯彻国务院〈关于化肥、农药、农膜实行专营的决定〉的通知》，明确："1989年1月1日起，农药由各级供销社农资部门专营"。由于此前几年农药滞销，一些生产企业停产，一些农药厂因原材料缺乏等原因，无法满负荷生产，致使农药供不应求，价格大幅提高。因有利可图，市场出现多家经营农药的现象。

1991年，春季低温多雨，小麦病虫害发生面积达3400万亩，麦蜘蛛、穗蚜虫、吸浆虫、白粉病、纹枯病等病虫害均重于1989年、1990年；秋季受特大洪涝灾害的气候条件影响，稻飞虱、稻叶蝉、白叶枯病、稻瘟病以及草害等偏重发生。供销社农药经营充分发挥主渠道作用，省农资公司主营国产品种15个、进口品种9个。与13家供货商建立采购关系，其中4家进口农药供货商、9家国产农药供货商。全年纯销售农药2.35万吨，销售额1813万元。其中杀虫剂2.04万吨，主要为杀虫双6267吨、甲胺磷1999吨、六六六成药1987吨、叶蝉散乳剂1569吨、呋喃丹1196吨、杀虫脒802吨、乐果799吨、敌敌畏691吨、叶蝉散粉剂621吨、1605乳剂522吨、拟除虫菊脂类343吨、美曲膦酯132吨；杀菌剂1944吨，主要为硫酸铜541吨、稻瘟净25吨；除草剂销售966吨。另调剂给省外农药1054吨，其中杀虫剂876吨，主要为叶蝉散粉剂244吨、呋喃丹190吨、六六六成药138吨、甲胺磷64吨；杀菌剂133吨，主要为硫酸铜90吨；除草剂39吨。销售量同比上升21.37%，其中杀虫剂上升25.49%，杀菌剂上升13.08%，除草剂上升9.77%。

1992年，全省农药市场总体货源充裕，价格合理，品种齐全。省农资公司以销售为中心，探索促销办法，提高市场占有率。是年主营国产品种13个、进口品种10个。与11家供货商建立采购关系，其中国外5家、国内6家。全年纯销售农药1.71万吨，销售额1093万元。其中杀虫剂销售1.46万吨，主要为杀虫双4851吨、甲胺磷1545吨、呋喃丹1048吨、杀虫脒750吨、乐果731吨、1605乳剂670吨、叶蝉散乳剂599吨、六六六成药536吨、敌敌畏408吨、拟除虫菊脂类370吨、叶蝉散粉剂299吨、美曲膦酯147吨；杀菌剂销售1352吨，主要硫酸铜468吨、稻瘟净26吨；除草剂销售1054吨。另调剂给省外农药145吨，其中杀虫剂84吨，主要为乐果16吨、甲胺磷16吨、杀虫脒12吨；杀菌剂26吨；除草剂34吨。总销量同比下降27.5%。

1993年，农资经营由送货制改为提货制，由"专营"改为"经营"。由于大环境开放，竞争者抢占部分市场；供销社推行"社有民营"，自身"失去"部分市场；对市场预测不准，"丢掉"部分市场，导致供销社农资部门购、销、存全面下降，经营利润减少。省农资公司建立经营联合体，改善服务态度，进行价格竞争，利用舆论宣传，促进产品销售。是年，主营农药国产品种26个、进口品种17个。与35家供货商建立采购关系，其中国外

17 家、国内 18 家。销售农药 1.12 万吨,销售额 2882 万元。其中杀虫剂 8951 吨,主要为杀虫双 3448 吨、甲胺磷 1297 吨、呋喃丹 760 吨、乐果 514 吨、1605 乳剂 356 吨、叶蝉散乳剂 278 吨、敌敌畏 262 吨、拟除虫菊脂类 232 吨、叶蝉散粉剂 190 吨、美曲膦酯 143 吨、甲敌粉 48 吨;杀菌剂 743 吨,主要为硫酸铜 214 吨、井冈霉素 142 吨、叶枯宁 51 吨;除草剂 1191 吨,主要为丁草胺 305 吨。另调剂给省外农药 428 吨,其中杀虫剂 231 吨,主要为甲胺磷 101 吨、杀虫双 71 吨、叶蝉散粉剂 15 吨;杀菌剂 154 吨,主要为硫酸铜 132 吨;除草剂 42 吨。全年销量较上年下降 34.6%。

1994 年,国产农药采购逐渐放开,进口农药继续实行配额管理,每年配额为 100 万美元。是年省农资公司主营国产品种 28 个、进口品种 8 个。与 23 家供货商建立采购关系,其中进口农药供货商 2 家、国产农药供货商 21 家。销售农药 1.15 万吨,销售额 3139 万元。其中杀虫剂 9596 吨,主要为杀虫双 4002 吨、甲胺磷 1558 吨、呋喃丹 572 吨、乐果 522 吨、叶蝉散乳剂 383 吨、敌敌畏 297 吨、1605 乳剂 278 吨、叶蝉散粉剂 208 吨、拟除虫菊脂类 93 吨、美曲膦酯 63 吨、甲敌粉 17 吨;杀菌剂 722 吨,主要为硫酸铜 291 吨、井冈霉素 146 吨、叶枯宁 49 吨;除草剂 1152 吨,主要为丁草胺 285 吨。

1995 年下半年,省农资公司试点县基连锁经营。主营农药品种 31 个,其中国产 22 个、进口 9 个。与 56 家供货商建立采购关系,其中国外 16 家、国内 40 家。销售农药 1.47 万吨,销售额 6702 万元。其中杀虫剂 1.29 万吨,主要为杀虫双 4708 吨、甲胺磷 1969 吨、乐果 1034 吨、呋喃丹 667 吨、1605 乳剂 649 吨、叶蝉散乳剂 614 吨、敌敌畏 598 吨、拟除虫菊脂类 291 吨、叶蝉散粉剂 183 吨、美曲膦酯 84 吨、甲敌粉 27 吨;杀菌剂销售 679 吨,主要为井冈霉素 186 吨、硫酸铜 124 吨、多菌灵 118 吨、叶枯宁 92 吨;除草剂销售 1040 吨,主要为丁草胺 169 吨。

1996 年,供销社农资部门探索县以上联合经营和农资专业合作社试点。主营农药产品国产品种 21 个、进口品种 6 个。与 9 家进口农药供货商、29 家国产农药供货商建立采购关系。销售农药 1.19 万吨,销售额 7509 万元。其中杀虫剂 9949 吨,主要为杀虫双 3918 吨、甲胺磷 1133 吨、乐果 621 吨、敌敌畏 554 吨、一六〇五 475 吨;杀菌剂 840 吨,除草剂 1023 吨。

1997 年,多数品种货源过剩,农药价格持续下滑,销售稳而不旺,主渠道亏损严重。省农资公司主营国产品种 15 个、进口品种 7 个。与 12 家进口农药供货商、21 家国产农药供货商建立采购关系。销售农药 5800 吨,销售额 9015 万元。其中杀虫剂 5082 吨,主要为杀虫双 2791 吨、甲胺磷 699 吨、敌敌畏 397 吨、一六〇五 176 吨、乐果 144 吨;杀菌剂 223 吨,除草剂 484 吨。

1998 年,受亚洲金融危机和国内自然灾害频繁发生等因素影响,农资市场持续低迷。省农资公司突出高效、低毒、安全农药品种,增加杀菌剂和除草剂品种经营,参与农药新品种推广试验。主营国产品种 23 个、进口品种 13 个。与 51 家供货商建立采购关系,其中 18 家进口农药供货商,33 家国产农药供货商。销售农药 6442 吨,销售额 1.08

亿元。其中杀虫剂5216吨，主要为杀虫双2348吨、甲胺磷664吨、甲基1605乳油504吨、甲基1605原药302吨、久效磷258吨、甲胺磷原药200吨、敌敌畏192吨、氧乐果98吨、3911乳油95吨、辛硫磷乳油83吨、敌杀死60千升、杀灭菊酯57吨、呋喃丹49吨、乐果36吨、功夫35千升、乙基1605乳油64吨、三氯杀螨醇38吨、美曲膦酯22吨、叶蝉散乳剂15吨；杀菌剂59吨，主要为叶枯宁48吨；除草剂1167吨，主要为巨星464千升、农达179千升、高效盖草能154千升、丁草胺100吨、克无踪80千升、乙草胺43吨、精禾草克42千升、骠马21千升、禾大壮21千升。

1999年，受政策、气候、经济环境和农民购买力等因素影响，农资市场继续低迷。省农资公司调整营销策略，农药销往广东、新疆、陕西、湖北、浙江等地，还将自行分装品种辐射江苏、河南、山东等地。开展农药委托加工，利用与合肥分公司联营后的农药分装厂进行农药分装，全年分装各种进口、国产农药170余吨。主营国产品种24个、进口品种11个。与26家进口农药供货商、34家国产农药供货商建立采购关系。销售农药1.27万吨，销售额9783万元。其中杀虫剂9774吨，主要为杀虫双1158吨、甲胺磷538吨、氧乐果447吨、甲基1605乳油307吨、敌敌畏179吨、强威151吨、甲基1605原药130吨、久效磷130吨、辛硫磷82吨、3911乳油76吨、美曲膦酯65吨、乙基1605乳油56吨、呋喃丹41吨、乐果41吨、三唑磷39吨、杀灭菊脂38吨、敌杀死27千升；杀菌剂1562吨，主要为叶枯宁30吨；除草剂1281吨，主要为巨星411千升、农达293千升、高效盖草能127千升、克无踪61千升、精禾草克59千升、乙草胺48吨、骠马44千升、丁草胺35吨、禾大壮31千升、禾耐斯22千升。

2000年，安徽省农资公司实现农药销售额1.17亿元，同比增加1958万元。主营国产品种28个、进口品种21个。与29家进口农药供货商、32家国产农药供货商建立采购关系。批发销售农药5855吨。其中杀虫剂2664吨，主要为杀虫双2105吨、甲胺磷335吨、敌敌畏328吨、密达308吨、甲基1605乳油296吨、氧乐果239吨、甲基1605原药122吨、久效磷95吨、乙基1605乳油82吨、美曲膦酯75吨、杀灭菊酯69吨、功夫63千升、强威48吨、辛硫磷46吨、叶蝉散42吨、乐果32吨、敌杀死32千升；杀菌剂53吨；除草剂3138吨，主要为农达308千升、高效盖草能184千升、克无踪168千升、禾大壮113千升、精禾草克81千升、巨星77千升、乙草胺51千升、禾耐斯60千升、骠马32千升、丁草胺31吨。

2001年，省农资公司做大进口品种，淘汰高毒、低效、高残留品种和小厂产品，进口品种约占70%。主营国产品种17个、进口品种23个。与21家进口农药供货商、19家国产农药供货商建立采购关系。批发销售农药4877吨，销售额8962万元。其中杀虫剂2150吨，主要为杀虫双1603吨、甲胺磷263吨、氧乐果232吨、甲基1605乳油200吨、甲基1605原药180吨、敌敌畏179吨、绿百事63千升、杀灭菊脂56吨、敌杀死43千升、美曲膦酯35吨、三氯杀螨醇30吨、辛硫磷22吨；杀菌剂26吨；除草剂793吨，主要为巨星521千升、农达270千升、高效盖草能148千升、克无踪113千升、精禾草克80千升、乙草胺61吨、禾大壮53千升、骠马30千升、丁草胺29吨。

2002 年,省农资公司主营国产产品 17 个、进口产品 21 个。与 18 家进口农药供货商、19 家国产农药供货商建立采购关系。批发销售农药 4379 吨,销售额 9249 万元。其中杀虫剂 3596 吨,主要为杀虫双 2114 吨、甲胺磷 373 吨、氧乐果 154 吨、甲基 1605 乳油 153 吨、呋喃丹 146 吨、甲基 1605 原药 86 吨、敌杀死 51 吨、甲胺磷原药 45 吨、功夫 30 吨、敌敌畏 27 吨、辛硫磷乳油 25 吨、绿百事 21 吨;杀菌剂 36 吨,主要为新克瘟散 9 吨;除草剂 739 吨,主要为巨星 178 千升、农达 177 千升、乙草胺 98 吨、高效盖草能 122 千升、克无踪 81 千升、禾大壮 79 千升、精禾草克 53 千升、杀草丹 31 千升、收乐通 31 千升、骠马 27 千升、稼福来 21 吨、禾耐斯 20 千升。

2003 年 2—5 月,沿淮及淮北地区持续阴雨天气,导致农民放弃农田管理,造成小麦赤霉病在淮北地区大面积流行,小麦锈病在沿淮中西部中等发生,油菜菌核病在南方大发生。7 月高温,稻纵卷叶螟虫害为近 20 年最重,稻飞虱也是重发,农药需求量大。省农资公司主抓进口农药,兼顾国产农药,扩大原药加工与销售。加强进口代理,拓宽省外市场;联手厂家技术人员及农业植保部门,推广新品。10 月,原农药一部、二部组建成安徽辉隆集团瑞美福农化有限公司。是年,主营国产品种 19 个、进口品种 21 个。与 21 家进口农药供货商、25 家国产农药供货商建立采购关系。批发销售农药 4984 吨,销售额 1.08 亿元。其中杀虫剂 3541 吨,主要为杀虫双 2232 吨、甲胺磷 481 吨、氧乐果 243 吨、甲基 1605 乳油 163 吨、辛硫磷原药 86 吨、敌敌畏 81 吨、辛硫磷乳油 81 吨、甲基 1605 原药 63 吨、绿百事 62 千升、敌杀死 57 千升、呋喃丹 52 吨、乙基 1605 乳油 32 吨、赛丹 29 千升、乐斯本 17 千升;杀菌剂 50 吨,主要为新克瘟散 9 吨;除草剂 1361 吨,主要产品为:精禾草克 231 千升、农达 219 千升、草甘膦水剂 194 吨、高效盖草能 167 千升、乙草胺 140 吨、克无踪 95 千升、禾大壮 80 千升、禾耐斯 63 千升、杀草丹 32 千升、阔草克 28 吨、收乐通 25 千升、稼福来 17 吨、骠马 16 千升。

2004 年,辉隆集团瑞美福公司主抓杀虫双、甲胺磷、甲基 1605、草甘膦等常规国产农药;将进口除草剂作为主线,做好大宗产品购销,如高效盖草能、农达、精禾草克、禾耐斯、骠马等,做好区域代理销售。主营国产品种 45 个、进口品种 58 个。与 18 家进口农药供货商、26 家国产农药供货商建立采购关系。批发销售农药 1.02 万吨,销售额 1.61 亿元。其中杀虫剂 6539 吨,主要为杀虫双 3282 吨、氧乐果 205 吨、敌敌畏 119 吨、辛硫磷原药 73 吨、绿百事 60 千升、敌杀死 48 千升、辛硫磷乳油 47 吨、赛丹 29 千升、三氯杀螨醇 29 吨;杀菌剂 211 吨;除草剂 3461 吨,主要为草甘膦水剂 1538 吨、精禾草克 241 千升、农达 237 千升、克无踪 177 千升、高效盖草能 139 千升、骠马 79 千升、禾耐斯 73 千升、乙草胺 72 吨、禾大壮 25 千升、附子清 12 吨。

2005 年,辉隆集团瑞美福公司推进粉霉灵、富利硼、喜盖、毕克草 2 号、阔封销售,引进福先、迪芬德等新品。9 月中旬稻飞虱灾情大规模出现时,以原药换制剂等灵活的采购方式购进敌敌畏乳油 185 吨。是年主营国产品种 47 个、进口品种 40 个。与 20 家进口农药供货商、39 家国产农药供货商建立采购关系。批发销售农药 8720 吨,销售额

1.61亿元。其中杀虫剂4958吨，主要为杀虫双2333吨、敌敌畏239吨、氧乐果148吨、辛硫磷原药104吨、敌杀死76千升、赛丹38千升、绿百事35千升、辛硫磷乳油25吨；杀菌剂109吨；除草剂3618吨，主要为草甘膦水剂1332吨、克无踪295千升、农达226千升、精禾草克182千升、乙草胺103吨、骠马101千升、高效盖草能85千升、禾耐斯62千升、收乐通39千升、禾大壮15千升。

2006年3月，辉隆集团瑞美福公司新增原药销售部，销售辛硫磷、草甘膦和乙草胺原药。对大乡镇、农场、大农户进行直接销售。主营国产产品34个、进口品种28个。与13家进口农药供货商、28家国产农药供货商建立采购关系。批发销售农药7504吨，销售额1.59亿元。其中杀虫剂3446吨，主要为杀虫双2055吨、敌敌畏491吨、氧乐果157吨、赛丹106千升、敌杀死64千升、辛硫磷原药48吨、辛硫磷乳油25吨、绿百事15千升；杀菌剂68吨；除草剂3990吨，主要为草甘膦水剂1180吨、克无踪269千升、农达260千升、精禾草克191千升、骠马117千升、高效盖草能68千升、乙草胺63吨、禾耐斯56千升、禾大壮20千升、金都尔17千升、千金14千升。

2007年，辉隆集团瑞美福公司尝试全国品牌代理经销；结合辉隆集团皖江农资有限公司和皖淮农资有限责任公司化肥网络渠道，实施网络农药嫁接；外贸销售主攻泰国和越南市场。主营国产品种46个、进口品种26个。与17家进口农药供货商、41家国产农药供货商建立采购关系。批发销售农药5412吨，实现销售额1.68亿元。其中杀虫剂2778吨，主要为杀虫双1541吨、呋喃丹461吨、敌敌畏226吨、赛丹95千升、辛硫磷原药85吨、敌杀死79千升、氧乐果55吨、绿百事19千升、辛硫磷乳油15吨；杀菌剂95吨，主要为粉霉灵39吨；除草剂2539吨，主要为草甘膦水剂452吨、农达286千升、克无踪182千升、精禾草克164千升、骠马141千升、高效盖草能119千升、禾耐斯70千升、乙草胺44吨，金都尔29千升、千金27千升。

2008年，高毒农药禁用，替代产品快速发展。辉隆集团瑞美福公司开拓辉隆连锁网络嫁接等零售渠道销售及原药内外贸销售；拓展产品代理；将安庆巢湖片、宣城黄山片、滁州蚌埠片、合肥六安片、皖北片5个销售区域整合成两大区域，成立以技术服务为主的推广团队。配合战区公司和配送中心开展农药网络嫁接。当年配送中心实现销售额2340余万元。和多个厂家联手采购原药，降低风险，分享利润。

2009年，辉隆集团瑞美福公司培养、发展农药推广队伍，新增营销类员工21人，通过导师制、培训、日志、月报总结点评等办法，培养营销能力。是年，公司主营国产品种52个、进口品种21个。与66家供货商建立采购关系。批发销售农药6227吨。其中杀虫剂2829吨，主要为杀虫双921吨、呋喃丹235吨、敌敌畏195吨、敌杀死58千升；杀菌剂144吨，主要为多菌灵8吨；除草剂3192吨，主要为10%草甘膦387吨、农达242千升、精禾草克148千升、乙草胺102吨、骠马88千升。出版《应用技术挂图小麦篇》《冬油菜篇》《小麦一喷三防篇》，在乡镇零售店张贴。

2010年，辉隆集团瑞美福公司销售平台业务起步，获日产化学杀菌剂满穗全国销售平台服务商和瑞士先正达安徽、湖北两省销售平台服务商资格。强化关键性产品资源。运作陶氏益农的水稻除草剂稻喜、富美实的水稻除草剂韩秋好、先正达的种衣剂亮盾上市,完成第一年合作目标。下半年,分别获得拜耳作物科学安徽东区销售代理商资格、统联住商麦田除草剂普瑞麦和巴斯夫新型除草剂巴佰金的安徽省经销权。在太和、宿州、池州获得200余万元政府采购订单。是年,主营国产品种51个、进口品种27个。与75家供货商建立采购关系。批发销售农药9815吨。其中杀虫剂2562吨,主要为杀虫双285吨、呋喃丹299吨、敌杀死42千升;杀菌剂668吨,主要为多菌灵45吨;除草剂6438吨,主要为95%草甘膦1089吨、41%草甘膦224吨、农达169千升、精禾草克96吨、乙草胺86吨、骠马61千升。推进集团"一网多用"战略,辉隆连锁农药嫁接连续4年保持高速增长。实现销售规模3200万元,较上年同期增销860万元,增长37%。

辉隆集团(安徽省农资公司)1991—2010年农药产品销售情况表

表3—2—13

年份	总销售(吨)	品种及销售量(吨)		销售额(万元)
1991年	23531	杀虫(螨)剂	20358	1813
		杀菌剂	1944	
		除草剂	966	
1992年	17079	杀虫(螨)剂	14585	1093
		杀菌剂	1352	
		除草剂	1054	
1993年	11164	杀虫(螨)剂	8951	2882
		杀菌剂	743	
		除草剂	1191	
1994年	11537	杀虫(螨)剂	9596	3139
		杀菌剂	722	
		除草剂	1152	
1995年	14728	杀虫(螨)剂	12861	6702
		杀菌剂	679	
		除草剂	1040	
1996年	11899	杀虫(螨)剂	9949	7509
		杀菌剂	840	
		除草剂	1023	
1997年	5800	杀虫(螨)剂	5082	9015
		杀菌剂	223	
		除草剂	484	

续表 3—2—13

年　份	总销售(吨)	品种及销售量(吨)		销售额(万元)
1998 年	6442	杀虫(螨)剂	5216	10797
		杀菌剂	59	
		除草剂	1167	
1999 年	12658	杀虫(螨)剂	9774	9783
		杀菌剂	1562	
		除草剂	1281	
2000 年	5855	杀虫(螨)剂	2664	11741
		杀菌剂	53	
		除草剂	3138	
2001 年	4877	杀虫(螨)剂	2150	8962
		杀菌剂	26	
		除草剂	793	
2002 年	4379	杀虫(螨)剂	3596	9249
		杀菌剂	36	
		除草剂	739	
2003 年	4984	杀虫(螨)剂	3541	10816
		杀菌剂	50	
		除草剂	1361	
2004 年	10211	杀虫(螨)剂	6539	16175
		杀菌剂	211	
		除草剂	3461	
2005 年	8720	杀虫(螨)剂	4958	16104
		杀菌剂	109	
		除草剂	3618	
2006 年	7504	杀虫(螨)剂	3446	15852
		杀菌剂	68	
		除草剂	3990	
	农药中含原药		633	1684
2007 年	5412	杀虫(螨)剂	2778	16811
		杀菌剂	95	
		除草剂	2539	
	农药中含原药		925	2790
2008 年	5152	杀虫(螨)剂	2220	19947
		杀菌剂	79	
		除草剂	2853	

续表 3—2—13

年　份	总销售(吨)	品种及销售量(吨)		销售额(万元)
2009 年	6227	杀虫(螨)剂	2829	22180
		杀菌剂	144	
		除草剂	3192	
2010 年	9815	杀虫(螨)剂	2562	33719
		杀菌剂	668	
		除草剂	6438	

说明:1996 年前为全省供销社系统统计数据

辉隆集团(安徽省农资公司)1991—2010 年农药销售额变化图

图 3—2—1

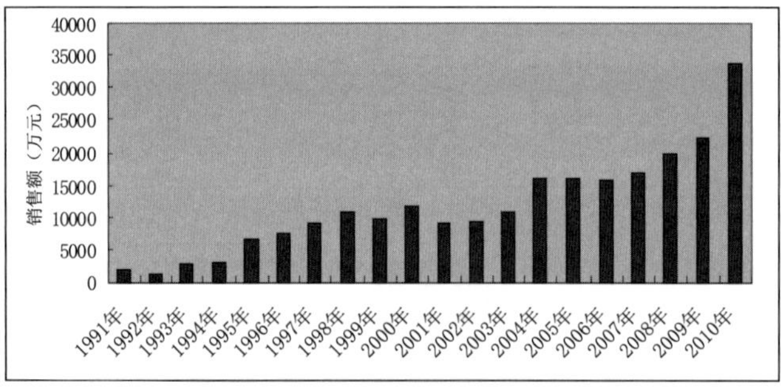

政策性农药储备　1986 年,省政府〔1986〕第 62 号会议纪要要求省供销社每年都要储备农药 4000～5000 吨,“有备无患,有患即除,确保突发病虫害的急需”。

1989 年,省政府〔1989〕第 8 号会议纪要要求省农资公司储备一定数量农药,以应急需;2 月 24 日,省政府办公会议决定,此项储备农药行息由退税返还改为省财政每年拨款 200 万元,实行包干使用。省农资公司安排合肥、安庆、蚌埠、淮南、芜湖 5 个省属分公司执行储备任务,分储于交通方便之处,对历史性病虫害地区和交通不便地区,尽早调拨。省农资公司要求各有关农资分公司,代储农药品种数量必须严格按下达计划执行。代储农药要专库存放,专人保管,单独记账;代储农药调拨,由省农资公司统一掌握,凭调拨单供应。储备农药要严把质量关,没有“三证”的产品不得购进。

1997 年 8 月下旬,受 11 号台风影响,安徽省沿江、江淮大部分地区单季稻稻飞虱逐渐演变为大发生或特大发生,严重威胁粮食生产。省供销社农资系统紧急组织动用储备的敌敌畏、叶蝉散等农药 2200 余吨,调往肥东、长丰、肥西、定远、凤阳、全椒、庐江、当涂、巢湖等重灾区,防治稻飞虱达 2300 万亩(次),有效遏制病虫害。为防止稻飞虱向双晚地、县迁移,省农资公司又从省外调进敌敌畏 170 余吨、叶蝉散 100 吨,补充省级农药储备。

2004 年,省农资公司整体改制为安徽辉隆农资集团有限公司后,继续承担省政府农药储备任务。

2009年，省财政厅制定《安徽省省级化肥、农药储备财政贴息资金管理办法》，加强对储备农药财政贴息使用情况监管，规定每月按时上报省财政厅储备农药购销存报表，接受省政府对农药储备账务和实物的核查。

辉隆集团(安徽省农资公司)1991—2010年农药政策性储备情况一览表

表3—2—14

年　份	数量(吨)	金额(万元)
1991年	3500	2291
1992年	3000	3000
1993年	3000	3118
1994年	3000	3500
1995年	1545	1746
1996年	1530	1702
1997年	2150	3007
1998年	2020	3017
1999年	2470	3344
2000年	2785	3649
2001年	2532	4366
2002年	2199	4153
2003年	2887	5415
2004年	2912	5278
2005年	3977	6276
2006年	3316	7033
2007年	4082	6629
2008年	2727	7489
2009年	2020	7148
2010年	1413	8464

第六节　种子经营

种子经营机构　2006年4月，安徽辉隆农资集团有限公司联合安徽省农作物新品种引育中心、安徽荃银农业高科技研究所，分别受让原股东安徽省种子公司45%、35%、20%的股权，成立安徽天禾农业科技股份有限公司。安徽辉隆农资集团有限公司董事长李永东兼任董事长，朱国邦担任总经理。至2010年年底，安徽天禾农业科技股份有限公司有职工88人，其中博士4人、研究生15人、推广研究员8人、高级农艺师18人，国家级、部级专家3人,85%以上员工具有中、高级专业技术职称。拥有现代化种子仓库1.2万平方米,其中常温库8000平方米,低温库4000平方米,加工车间3000平方米,现代化加工流水线4条,生产和科研基地达1.5万余亩,主要分布于安徽、青海、海南、四川等省。拥有种子检验专用工作室建筑面积1100平方米,配备近红外分析仪等质量检验、检验设施120台(套)。

种子经营种类

水稻种子　2006年水稻种子销售区域为安徽、湖北、江西、河南、湖南、广西;主要品种为天协1号、天协6号和两优华6。

2007年水稻种子销售区域为安徽、江苏、浙江、河南、河北、陕西、江西、山东;重点销售品种为天协6号和新两优98。销售水稻种子105.48万公斤。

2008年水稻种子销售区域为安徽、江苏、浙江、河南、河北、陕西、江西、山东;重点销售品种为天协1号、天协6号和两优华6。销售水稻种子68.05万公斤。

2009年水稻种子销售区域为安徽、江苏、浙江、河南、河北、陕西、江西、山东;重点销售品种为天协1号、天协6号和两优华6。销售水稻种子53.20万公斤。

2010年水稻种子销售区域为安徽、江苏、湖北、云南、浙江、河南、河北、陕西、江西、山东;重点销售品种为天协1号、天协6号和两优华6。销售水稻种子50.16万公斤。

安徽天禾农业科技股份有限公司2006—2010年经营水稻种子一览表

表3—2—15

水稻品名	审定编号	品种简介
天协一号(9优418)	皖品审02010330	株高120厘米左右,结实率80.6%,千粒重27克,高产可达700公斤
天协6号	皖品审03010381	株高120厘米左右,结实率84%,千粒重28克,高产可达700公斤
天协13号	皖品07010629	株高110厘米左右,千粒重26克,平均亩产550公斤
两优华6	皖品审07010614	株高120厘米左右,结实率85%,千粒重29.5克,平均亩产567.04公斤
辐香优98	皖品审05010472	株高110厘米左右,结实率85%,千粒重27克,平均亩产662公斤
新两优98	皖品审07010642	株高96~110厘米左右,结实率79%,平均亩产550公斤
宁粳二号	皖品审05010476	株高75厘米左右,结实率90%
扬籼优26	皖品审05010465	全生育期140天左右,高产可达650公斤
天两优0501	皖稻2010010	株高122.0厘米。结实率77.7%,千粒重29.8克
天两优6号	皖稻2010006	全生育期137.8天,株高115~120cm,结实率84.0%
天优3008	皖品审200814	全生育期134天,株高125cm,结实率80%
天优81	皖品审2008015	全生育期134天,株高125cm,结实率80%

油菜种子　2006 年销售油菜种子 19.89 万公斤;2007 年销售 22.18 万公斤;2008 年销售 7.6 万公斤;2009 年销售 4.94 万公斤;2010 年销售 2.44 万公斤。销售区域为安徽、江苏、浙江、河南、湖北、江西、湖南、新疆。重点区域为安徽。主要品种为核杂 7、天禾油 6 号和天禾油 10 号。

安徽天禾农业科技股份有限公司 2006—2010 年经营油菜种子一览表

表 3—2—16

油菜品名	审定编号	品种简介
天禾 98	皖品审 0307040	株高 165 厘米,千粒重 3.8 克,高产可达 250 公斤
天禾油 6 号	国审油 2005015	株高 155 厘米,千粒重 3.85 克,含油量 41.78%
天禾油 2 号	皖品审 07070341	株高 165 厘米,千粒重 3.8 克,含油量 40.86%
沪油 15	国审油 2005012	株高 160 厘米,千粒重 4 克,含油量 42.43%
皖油 14	国审油 20000001	千粒重 3.8 克,含油量 40%—42%
皖油 17	皖品审 03070405	株高 160 厘米,千粒重 3.5 克,含油量 40.18%
皖油 19	皖品审 2004025	株高 155 厘米,千粒重 3.43 克,含油量 42.92%
皖油 24	皖品审 07070341	株高 160 厘米,千粒重 3.8 克,含油量 40%
核杂七号	国审油 2004019	株高 155 厘米,千粒重 3.7 克,含油量 40.76%
皖核杂 4 号		株高 160 厘米,千粒重 3.6 克,含油量 44.38%
天禾油 11	国审油 2003022	全生育期平均 232 天,平均亩产 189.7kg
天禾油 10 号	国审油 2010009	全生育期平均 220 天,平均株高 195.5 厘米,含油量 39.18%
天油早 1 号		株高 160 厘米,千粒重 3.8 克

小麦种子　公司经营小麦种子较晚,2007 年仅阜麦 936 投放市场。

阜麦 936 由安徽阜阳市农科所育成,安徽天禾农业科技股份有限公司生产、销售。具有高产、稳产、优质、抗寒、广适优点,适宜黄淮冬麦区南片的河南省中北部、安徽省北部、江苏省北部、陕西关中地区、山东菏泽地区的中、高肥水条件各种茬口种植。平均亩产 531.6 公斤,最高试点亩产 663.7 公斤。

2007 年销售小麦种子 138.64 万公斤。2008 年销售 131.55 万公斤。2009 年销售 385.39 万公斤。2010 年销售 145.81 万公斤。

安徽天禾农业科技股份有限公司 2007 年经营小麦种子一览表

表 3—2—17

小麦品名	审定编号	品种简介
阜麦 936	国申 2005011	株高 80 厘米左右,千粒重 40 克左右,高产潜力可达 700 公斤

西瓜种子　西瓜种子的培育、生产是公司核心项目。至 2008 年,公司拥有自主知

识产权的瓜菜种子品种 14 个。拥有近万亩西瓜杂交制种基地,种子质量达国家一级以上标准,天禾品牌及华蜜系列瓜菜品种具较高知名度。

2007 年西瓜种子总销量 8350 公斤。2008 年总销量 7384 公斤,主要销售区域为安徽、山东、河南、湖北。2009 年总销量 8309 公斤,主要销售区为安徽、江苏、江西、湖北、湖南。2010 年总销量 5719 公斤。

安徽天禾农业科技股份有限公司 2007—2010 年经营西瓜种子一览表

表 3—2—18

类型	品种	类型	品种
花皮西瓜	双抗蜜宝	花皮椭圆瓜	华蜜八号
	早佳 8424		华蜜双冠王
	皖杂三号		华蜜神农
	华蜜黄冠		华蜜美育甜王
	郑杂七号		华蜜冠军
	精选郑杂七号		华蜜早巨冠
	华蜜早丽		华蜜十号
	早抗蜜宝		华蜜龙丰
青皮瓜	聚宝一号		华蜜骏马
	新红宝		双抗一号
	特大巨宝王		双抗二号
小西瓜	小精灵		
	堂中宝		
	极品神通		

种子研发 *研发力量* 安徽天禾农业科学技术研究院是安徽天禾农业科技股份有限公司的研发机构,下设水稻研究所、油料研究所、瓜菜研究所、实验中心和办公室。拥有研究人员 38 人,其中博士 4 人、硕士 6 人,在聘专家 20 人、特聘研究员 8 人。凭借安徽省农作物新品种引育中心资源优势,在水稻、油菜和西甜瓜 3 个方向上的新品种选育均有成绩。

水稻研究所 在筛选优质恢复系选育和优质高产新组合的同时,重点攻关水稻两系和三系不育系重点,2008 年除育成多套三系不育和一批高产恢复系外,在两系光温敏不育系和两系短光低温敏不育系研究方面取得进展,自主知识产权水稻品种天优 3008、天优 81、天优 6 号、天两优 0501 先后通过省审。

油料研究所 利用航天诱变育种技术,育成多个双低核不育系和双低质不育系,获得包括优质长角果材料、高芥酸材料和高含油材料等在内的一大批优良的恢复系材料,通过大量配组和优质鉴定。自主知识产权品种天禾油 11、天禾油 10 号通过国家审定,天油早 1 号通过省级审定。

瓜菜研究所　除育成并储备一批优质高效西甜瓜新组合外，还在弱分支西瓜自交系选育、甜瓜单性花材料转育和抗病材料筛选等方面取得进展。安徽省重大科技专项——“优质多抗西甜瓜专用型品种选育与产业化研究”项目，获省科技进步一等奖。

育种基地　安徽合肥试验基地　位于合肥市经济技术开发区内，占地面积120亩，建筑面积2000平方米。除完成水稻、油菜、西甜瓜选育工作外，还用地80亩承担国家水稻、油菜区试、生产及示范展示试验。天禾农科院下设试验中心，由病虫检测室品质检测室、分子标记与种质资源外新实验室和品种实验室组成，至2008年末，拥有价值500万元的仪器设备。

海南三亚实验基地　即安徽省南繁工作站，位于海南省三亚市荔枝沟师部农场内，占地面积60亩，建筑面积1000平方米。拥有试验用地约40亩，主要承担水稻、西甜瓜种作物的南繁育种。

青海西宁实验基地　即安徽省北繁工作站，位于青海省西宁市互助曹家堡，占地面积40亩，建筑面积1000平方米。拥有试验用地20亩，主要承担油菜北繁育种。

种苗示范基地　滨湖天禾种苗产业科技示范园　位于合肥市滨湖现代农业示范区内，占地面积330亩，温控连栋大棚面积5000平方米，育秧钢架拱棚面积18亩，试验基地220亩，生产性配套设施500平方米。

霍邱天禾种苗育秧基地　位于安徽省霍邱县长集镇，占地面积230亩，连栋大棚面积1200平方米，育秧拱棚面积5520平方米，试验基地260亩，生产性配套设施700平方米。

第三章 棉麻经营

安徽是全国棉花、麻类生产重点省份之一,生产历史悠久。建国前,棉花由于分散种植,品种差,种植技术落后,销售不畅,产量低,发展慢,总产量徘徊在万吨上下。建国后,各级人民政府重视棉花生产,制定支持措施,棉花产量逐年上升。

在棉麻经营机构方面,1988年,安徽省供销社系统有省、地(市)、县三级68个专业棉麻公司,下辖145个轧花厂、逾2000个收购网点、2.40万名职工。后随棉花流通体制改革,棉花收购、加工领域放开,截至2009年,供销社系统原有各级棉麻公司、轧花厂均进行改制,重组后各级供销社参股比例不一。

在棉花销售方面,棉花流通体制改革前,安徽省棉麻公司作为安徽省棉花交易一级交易商,代理全省棉花销售。1996年前,按照国家统一定价,组织货源进行销售,主要满足安徽、江苏两省纺织企业用棉。1996—1999年,根据市场情况,参考国家指导价组织全省加工企业销售皮棉。

棉花流通体制改革后,市场全面放开搞活,由各棉花加工企业灵活定价,开拓客户,安徽省棉花多销往山东、福建、广东、上海等地。

进入21世纪,安徽省供销社受省政府委托,牵头全省棉花产业化工作,编制棉花产业发展规划。安徽省棉花协会受省政府委托,编制棉花"十一五""十二五"发展规划。供销社在棉花经营中,仍发挥重要作用。

第一节 棉花生产

棉花总产 自20世纪80年代后期起,除少数年份因种植面积下降和自然灾害影响外,安徽省棉花产量基本稳定,详见下表。

安徽省1985—2006年度棉花生产情况表

表3—3—1

年度	皮棉总产(万吨)	亩产(籽棉、斤/亩)	面积(万亩)
1985	16.67	87	353
1986	16.27	106	308.9
1987	18.63	110	336.3
1988	20.63	102	405.2

续表3—3—1

年度	皮棉总产(万吨)	亩产(籽棉、斤/亩)	面积(万亩)
1989	25.7	108	378.5
1990	29	96.1	440
1991	22.5	91.8	608.3
1992	23.3	96	630
1993	25.8	98.3	529.8
1994	26.1	77.7	665
1995	29.8	90.61	724
1996	26.2	87.01	620.6
1997	30.1	100.48	599.1
1998	29	97.78	593
1999	24	83.33	468
2000	27	118.46	462.6
2001	37	131.71	544.5
2002	35.3	139.89	481.8
2003	29.5	99.15	585
2004	39.2	137.71	598.35
2005	31.1	115.2	563.6
2006	37.1	138.6	589.1

棉花主产区　20世纪80年代后期,安徽各地推广科学植棉,缩减棉田、提高产量,成为全国重点产棉省份,形成以无为、东至、望江、宿松等地为主的沿江棉区和以萧县、濉溪、灵璧、宿县、蒙城等地为主的淮北棉区。1988年棉花生产年度,安徽省20万亩以上重点产棉县有萧县(23.7万亩)、泗县(25.1万亩)、宿县(23.1万亩)、宿松县(20.3万亩);10万亩~20万亩产棉县有砀山县(19.6万亩)、灵璧县(16.9万亩)、濉溪县(19.1万亩)、蒙城县(18.1万亩)、涡阳县(12.5万亩)、望江县(16万亩)、无为县(14.7万亩)、东至县(11.5万亩);5万亩~10万亩产棉县有阜阳县(8.5万亩)、临泉县(9.4万亩)、利辛县(8.1万亩)、巢湖市(8.2万亩)、和县(6.3万亩)、宣城市(5.9万亩)、铜陵县(5.1万亩)、当涂县(8.8万亩)、枞阳县(7.4万亩)、贵池县(5.1万亩)。

进入21世纪后,淮北棉区一些原种植面积20万亩以上的产棉大县,部分种植面积缩减至不足10万亩,部分不再种植棉花。但沿江棉区依托圩区种植条件,加之植棉技术成熟,面积逐步增加,30万亩以上大县较多。

安徽省2005年棉花生产年度超5万亩棉花主产县表

表3—3—2

县	面积(万亩)	皮棉总产(万吨)
安庆市—枞阳县	7.05	0.56
安庆市—宿松县	36.53	3.28
安庆市—望江县	21.24	2.6
蚌埠市—怀远县	27.44	1.73
巢湖市—含山县	8.01	0.76
巢湖市—无为县	56.36	4.06
池州市—东至县	18.5	1.43
池州市—贵池县	6.42	0.44
滁州市—全椒县	11.8	0.77
阜阳市—阜南县	6.27	0.31
阜阳市—界首市	6.13	0.32
阜阳市—临泉县	10.18	0.5
阜阳市—蒙城县	26.48	1.32
阜阳市—涡阳县	10.19	0.65
蚌埠市—固镇县	25.78	1.41
合肥市—长丰县	6.69	0.42
合肥市—肥东县	6.48	0.33
合肥市—肥西县	10.04	0.54
淮北市—濉溪县	21.52	1.43
巢湖市—居巢区	8.94	0.6
六安市—寿县	7.9	0.37
马鞍山市—当涂县	5.07	0.34
亳州市—谯城区	34.34	2.36
宿州市—砀山县	11.73	0.55
宿州市—灵璧县	15.32	0.92
宿州市—泗县	20.37	1.7
宿州市—萧县	22.12	1.81
宿州市—埇桥区	25.32	1.55
铜陵市—铜陵县	7.02	0.53
宣城市—宣州市	10.81	0.75

安徽省 2008 年棉花生产年度各市植棉面积和产量表

表 3—3—3

市	面积(万亩)	产量(吨)
合肥市	30.42	1.87
淮北市	10.30	0.61
亳州市	52.04	3.46
宿州市	72.71	3.90
蚌埠市	44.29	3.16
阜阳市	31.65	1.90
淮南市	2.02	0.18
滁州市	16.76	1.04
六安市	15.77	1.06
马鞍山市	6.37	0.44
巢湖市	94.31	7.00
芜湖市	12.33	0.77
宣城市	19.92	1.35
铜陵市	8.09	0.60
池州市	39.70	2.81
安庆市	114.81	8.69
黄山市	0.63	0.06
合计	572.11	36.88

第二节　棉花经营

棉花经营政策　1984 年前,棉花由国家统购,委托供销合作社统一经营。

1985 年,中共中央、国务院发布《关于进一步活跃农村经济的十项政策》(1985 年中央 1 号文件),强调进一步改革农业管理体制,改革农产品统购派购制度,在国家计划指导下,扩大市场调节,使农业生产适应市场需要,促进农村产业结构的合理化,进一步把农村经济搞活。以此为标志,我国农村开始以改革农产品统购派购制度、调整产业结构为主要内容的第二步改革。棉花取消统购,改为合同定购,由供销社在播种前与农民签订定购合同。棉花销售在统购和定购时期,其计划由省制定,棉花部门按照有令则调、无令则储的原则组织供应。

1988 年,商业部、国家计委、国家经委《关于加强棉花、棉短绒计划管理的通知》规定,棉花、棉短绒是纺织工业、特种造纸、化纤生产的主要原料,属国家计划商品,必须加强宏观控制,坚持计划管理。各级供销社为棉花、棉短绒计划编制单位。用棉企业要向当地供销社提报需棉计划。供销社汇总编制年度计划草案,提请同级人民政府(或计委)审议后逐级上报。商业部编制棉花总供给和总需求平衡及分省(区、市)计划,提请国家计划委员会审查综合平衡后,报国务院批准下达。

1989 年度(棉花生产年度),商业部《棉花调出、调入包干暂行办法》规定,坚持棉花由供销社棉麻公司一家经营,不开放棉花市场,其他任何单位和个人都不准插手收购和经营棉花。用棉单位不得在计划外套购棉花,凡计划外套购棉花的单位和地区,都要扣减计划指标。对倒买倒卖棉花的,由工商行政管理部门依法处理。

1990 年度(棉花生产年度),国家仍然规定棉花由供销社一家经营,任何单位和个体商贩不准收购棉花。1990 年 3 月 26 日,省人民政府发出《关于加快发展安徽省棉花生产的通知》,成立棉花产销领导小组,制定优惠政策。

1995 年,《国务院关于严格执行棉花调拨计划的通知》指出:关系国计民生的重要物资,包括供销社收购的棉花均为国家资源。各级政府必须服从国家统一安排,积极组织供销社等部门,千方百计完成国家棉花调拨任务。安徽省对棉花调拨采取的措施是:一是实行旬报,半月分析一次,必要时到地市现场办公;二是对有资源无故不调的地方加倍扣除加价款和价外补贴款;三是地市棉麻公司一定要按照省里下达的调拨计划发出。

1996 年度(棉花生产年度),棉花购销继续实行经营、市场、价格"三不放开",由供销社统一收购和管理,良种厂和农场的棉花,收购加工后,交县以上供销社棉麻公司,按照国家计划统一安排调拨。但国务院对 1996 年棉花供应办法进行改进,由原来的指令性计划改为实行国家计划指导下的供需直接见面,对棉花供应价格,规定中准价和浮动幅度,具体成交价由供需双方协商确定。根据国务院规定,在供应办法上,安徽省根据省计委、省纺织总会、省供销社安排各纺织厂的用棉量,以及各产棉县的调出量,按照合理流向安排指导性的供应计划。

以国务院《关于深化棉花流通体制改革的决定》为转折点,棉花经营渠道进一步拓宽。1999 年 9 月 1 日起,棉花收购价格、销售价格主要由市场形成,国家不再作统一规定,供销社棉花企业逐步进入市场。

2000 年后,安徽省继续推进棉花流通体制改革。《国务院关于进一步深化流通体制改革的意见》《国务院办公厅转发国家经贸委等部门关于供销社与棉花企业分开实施意见的通知》、省政府《贯彻国务院关于进一步深化棉花流通体制改革意见的通知》要求:从 2001 年度(棉花生产年度)起,实行新的棉花收购、加工资格认定,放开棉花经营,推进供销社改革,实行社企彻底分开,做好棉花信贷资金供应,完善对棉花市场的宏观调控,加强对棉花市场管理,严格棉花质量监管,推进棉花产业化经营,加强对棉花流通体制改革的领导。

棉花流通体制 1985年前,安徽省一直由省棉麻公司负责全省棉花生产、收购、加工、销售计划。1985年1月,合同定购制代替统购统销制。改革后,由各市、县供销社同棉农签订定购合同,确保棉花种植面积稳定。

1988年9月22日,国务院发出《关于稳定棉花收购价格的通知》,决定收购棉花一律按国家统一规定的价格与棉农结算。棉花属于国家计划商品,由各级供销社汇总编制年度计划草案,按计划实现皮棉收购、销售,省棉麻公司重新对棉花加强控制。

1993年,国务院批转《关于改革棉花流通体制的意见》,计划用3年时间放开棉花经营、棉花市场、棉花价格。其时各级供销社棉麻公司已逐步开始自主经营,但棉花仍属国家物资,棉麻公司必须先完成省公司下达的棉花调拨任务。

1996年,国务院决定将棉花销售价格由原政府定价改为政府指导价,允许上下浮动4%,并实行棉花交易会制度。11月6日,全国首届棉花订货会在郑州召开。安徽省根据省计委、省纺织总会、省供销社安排各纺织厂用棉量以及各产棉县调出量,按照合理流向安排指导性供应计划。

1997年,棉花国家定价进一步向市场价格靠拢,由上年浮动4%改为浮动6%,棉纺企业不分性质、规模,均可参加全国棉花交易会。从第三届开始,全国棉花交易会正式更名为全国棉花市场,棉花交易从集中交易为主过渡到常年交易。

1999年9月1日起,棉花收购价格、销售价格均由市场形成,国家不再作统一定价,纺织企业可以直接收购加工和经营棉花。10月20—21日,在北京召开国家储备棉竞卖会,是为国家储备棉首次通过棉花市场销售,标志国家储备棉由计划分配走向市场分配。

2001年,在全国棉花工作会上,国务院副总理温家宝指出:棉花流通体制改革要实行一放(放开收购)、二分(社企分开、储备与经营分开)、三加强(加强市场管理、质量管理和宏观调控)。此后,棉花市场全面放开,省棉麻公司不再作为业务主管单位对各级市县供销社棉麻公司进行管理,私营企业可参与棉花收购、加工和流通。

2002年5月9—10日,全国棉花交易市场成功进行商品棉竞卖交易。6月17日,全国棉花交易市场首次推出"中国棉花价格指数"。

2003年4月14日,国内首个区域性棉花交易市场——河南华中棉花交易市场在郑州挂牌试营业。9月28日,中国棉花协会在京成立。12月17日,国家发展改革委、国家质检总局等五部门联合发布《棉花质量检验体制改革方案》,要求各地在2003棉花年度结束前,做好各项改革试点准备工作,2004棉花年度开始组织新体制运行试点,2005棉花年度起逐步推进新体制。

2004年6月1日,经中国证监会批准,棉花期货正式在郑州交易所上市。

检验和棉花标准样 1972年,《中华人民共和国国家标准棉花(细绒棉)》确定:棉花品级分为7等,即1~7级,长度改为公制,以2毫米为1档,从23毫米到33毫米,共分6档,23毫米以下和不记长度的等外棉,均按23毫米计。棉花实物标准由国家标准局制发各省,省由标准局牵头,会同供销社、纺织、农业等部门进行仿制,发至各棉花收购点、经营单位和纺织厂,以此作为收购、调拨、供应检验棉花的标准依据。1979 年 8 月 18 日,经国务院同意,原纺织工业部纤维检验局在 1969 年解散后恢复成立国家标准总局纤维检验局。1985 年 7 月 11 日,国务院批准国家标准总局纤维检验局改称中国纤维检验局,作为全国最高的纤维检验管理机构,综合管理全国纤维质量监督工作,后棉花标准样由中国纤维检验局制发各省纤维检验局。

1988 年,国家技术监督局和国家物价局联合发布《关于棉花购销经营中价格违法的处罚实施办法(试行)》。1990 年,国家技术监督局、国家物价局、财政部联合发布《关于发布棉花监督检验收费规定的通知》,加强棉花质量监督检验。

1990 年,中纤局组织全国专业纤维检验机构,以《中华人民共和国产品质量法》《中华人民共和国标准化法》及其实施条例为依据开展纤维质量行政执法,推进纤维检验工作法制化。

1994 年,国家经委、国家技术监督局、国家计委、国内贸易部、农业部、中国纺织总会联合发布《棉花质量监督处罚暂行办法》,明确棉花质量监督和执法主体、棉花质量要求、质量违法责任和纤维质量监督人员的法律责任等规定。

1998 年,国务院颁布《关于深化棉花流通体制改革的决定》,从棉花监督检验开始,展开以收购质量监督检查、收购加工单位质量保证能力审查认定以及专项打假等为重点的棉花质量监督工作,启动出疆棉、国家储备棉和经营性棉花公证检验试点。

2001 年 8 月 3 日,国务院发布《棉花质量监督管理条例》,赋予专业纤检机构行政执法主体地位,结束由部门规章授权的质量监督工作局面;确立棉花质量监督检查、公证检验和棉花收购加工资格认定等工作的法律地位。

棉花购销 20 世纪 90 年代以前,棉花由供销社统购统销,收购比例较高。1999 年棉花流通体制改革前,全省产棉县共有 1246 家收购点。棉花市场放开后,供销社系统收购量逐步降低。

1985 年,安徽省棉花收购 16.96 万吨,下降 7.24%。全省供销社系统抽出大批人员与 49 个县(市)和农垦系统逾 298 万户农民签订棉花定购合同 288.8 万份,发放售棉证 257.6 万本,落实订购数 16.74 万吨,完成调减棉花 100 万亩种植面积任务。

1986 年,棉花收购 16.88 万吨,略有减少。

1987 年(生产年度),棉花收购 15.66 万吨。

1988 年(生产年度),全省棉花总产达 20.6 万吨,比上年增产 10.8%,国家下达安徽省棉花合同定购任务为 17.25 万吨,与上年相同。为调动棉农积极性,维护棉农利益,定购合同规定:每 50 公斤皮棉,除国家规定标准外,本省奖励生产扶持肥 15 公斤、粮食议转平差价款 6.40 元和价外补贴 5 元(其中宿县地区价外补贴 10 元)。是年棉花收购资金紧缺问题突出,至 12 月中旬,全省收购棉花“打白条”达 4489.3 万元。各级供销社通过扩大社员股金、清理债权、内部融通、临时拆借、清仓利库、压缩开支等多种途径,筹集资金1.8亿元,保证棉花及时收购。至年底,供销社共收购16.38万吨,完成定购任务的95%,高于全国76.9%的平均水平,同比多收7224吨。宿县、阜阳、淮北、铜陵4地、市和萧县、砀山、宿县、灵璧、泗县、蒙城、涡阳、亳州、濉溪、怀远、铜陵11县(市)超额完成定购任务。是年(生产年度),全省黄红麻总产达26.1万吨,比上年下降3.7%。至年底供销社收购9万吨,全年度(1988年8月—1989年7月)收购13万吨。

1989年(生产年度),棉花仍由供销社统一收购,其他任何单位和个体商贩不准收购。全省棉花总产比上年减产17.5%。至12月底,全省供销社收购棉花11.1万吨,完成定购任务的仅有望江县、淮北市郊区和国营农场。棉花收购后期,市场管理放松,一些纺织厂和棉贩插手抬价抢购棉花。省政府于年底召开会议,要求加强后期市场管理。棉区供销社一边坚持门市收购,一边深入村、户流动收购。

1990年,安徽省人民政府成立领导小组,下发《关于加快发展我省棉花生产的通知》。当年除按国家规定,棉花仍由供销社统一经营外,还制定相应优惠政策,加之国家提高棉花收购价格,促进棉花生产发展。全省棉花总产比上年增长38.8%。至12月底,全省供销社收购棉花17.43万吨,比上年同期增长57%,完成定购任务的101.8%。全生产年度(1990年3月~1991年2月)收购19万吨,比上生产年度增加6万余吨。

1991年,棉花丰收,至年底,全省供销社收购棉花20.5万吨,比上年同期多收3.1万吨,完成定购任务的118.9%。

1992年,至年底,全省供销社收购棉花18.36万吨,比上年同期少收2.14万吨,完成定购任务的96.6%。各级供销社组织人员清理纺织厂陈欠货款,与省人行、农行、工行配合,收回陈欠资金3.7亿元,解决收购资金紧缺。

1993年,由于种植面积不足和自然灾害影响,年度内棉花收购减少。至1994年2月底,全省共收购皮棉16.18万吨,比上年同期少2.9万吨。

1994年,棉花市场供求矛盾突出,货源紧张,国务院发布国发〔1994〕52号文件,对棉花实行由供销社统一收购、统一加工、统一经营、国家统一定价,不放开市场、不放开价格、不放开经营的基本方针。省政府下发《关于加强棉花市场管理的通告》。全年棉花种植面积增加,但棉花因受旱严重而减产。由于收棉中执行政策好,市场管理严,奖惩措施得力,至次年2月10日,全省收购棉花18.05万吨,比上年同期增加2万吨,完成收购计划的73%。全省加工皮棉12.5万吨,调出供应各类棉花9万吨,占计划的50%以上。

1995年,全省供销社系统深入棉区签订合同,落实面积。全省系统帮助农民科学植棉,防治病虫害,主攻单产,提高总产。配合银行及时调度收购资金,不打"白条"。加强市场管理,张贴7万余份《关于加强棉花市场管理的通告》,配合公安、工商等部门管理。全省棉花市场稳定,收购秩序良好,收购进度较快。至1996年4月底,全省收购棉花25.62万吨,完成收购计划的102.5%。全省加工皮棉20万吨,调出供应各类棉花15万吨,占计划的60%。

1996 年,安徽省棉花种植面积减少,自然灾害频繁,导致棉花减产。至 1997 年 2 月 28 日,全省供销社收购棉花 17.10 万吨,占定购任务的 65.1%。均级 3.36 级,均长 28.52 毫米,均衣 35.55%,均价 707.49 元/50 公斤。各级供销社棉麻公司配合工商行政管理部门,加强市场管理,打击非法收购、加工、经营棉花现象。9 月,省政府印发《安徽省人民政府关于加强棉花市场管理的通告》。全省设立 16 个棉花检查站,严格执法。配合农发行及其代理行调度资金,加大自筹力度,加快资金回笼,保证收购资金需要,全省棉花收购没有出现"打白条"现象。执行"三不放开"棉花政策,严格质量标准。是年为国家改进棉花供应办法及实行供应指导价的第一年,安徽省基本完成改革过渡任务。省计委、省供销社、省纺织总会于 9 月底联合下达省内纺棉调拨供应计划,10 月下旬召开全省棉花交易会,签订意向性购销合同 16.75 万吨。在全国棉花交易会上,签订调往省外的购销合同 850 吨、意向性合同 6700 吨。12 月 31 日前,全省棉花销价按中准价下浮 10 元即每 50 公斤 845 元执行,1997 年元旦以后,销价按中准价即每 50 公斤 855 元平均下浮 2% 执行。截至 1997 年 2 月底,全省销售棉花 5.5 万吨,其中销往省外 500 吨,销售量占收购量的 32.2%。

1997 年 9 月 7 日,安徽省人民政府召开全省棉花工作会议,传达全国棉花工作会议精神。此后,各产棉地、市、县政府相继召开会议,部署棉花收购。至次年 3 月 25 日,全省收购棉花 19.5 万吨,完成计划的 78%,较上年同期多收购 2.75 万吨。当年棉花收购普遍较上年提前 20 天左右,开磅即现售棉高峰,沿江棉区尤为突出。由于使用良种和推广先进栽培技术,籽棉衣分平均比上年高出 1 ~2 个百分点。但由于前期气候较好,尤其是沿江棉区枝叶茂盛,棉桃受光不足,造成成熟度差,色泽灰暗。同时,少数地方农民不进行"四分",混级售棉,影响棉花级别。是年度,跨区争购和棉农串售现象减少。地方各级行政首长负责制执行到位;供销社棉麻公司执行国家棉花政策和质量标准到位;市场管理到位;资金供应及时到位,全省没有出现"打白条"现象。但按照国家"七不"政策敞开收购棉花,却销售不出去,亏损加大。全年各级棉麻公司收购棉花销售缓慢,库存积压多,企业亏损严重。至 1998 年 3 月 20 日,全省仅销售棉花 7.5 万吨,占收购量的 38.5%;销售价执行在中准价(17.1 元/公斤)基础上一次性下浮 6% 的做法,每吨减少销售收入 1026 元,全省减少销售收入 7695 万元。

1998 年,全省供销社系统棉麻企业包袱沉重,销售困难,政策性亏损增加,但仍严格执行国家棉花收购政策。至次年 3 月 25 日,全省收购棉花 21.15 万吨,比上年同期多收购 1.65 万吨。棉花收购资金到位好,市场收购秩序好,质量标准执行好,敞开收购政策落实好,"三丝"清理情况较好。至次年 2 月底,全省共销售棉花 7.1 万吨,占收购量的 34%。

1999 年,至年底,全省收购皮棉 13.09 万吨,比上年同期下降 40.4%;销售 15.56 万吨,增长 16%;期末库存 23.66 万吨,下降 6.7%。全省供销社棉麻企业顾全大局执行国家棉花政策,敞开收购,按照市场形成价格和兼顾农、工、商三者利益的原则,棉花收购价格基本维持在760～800元/百公斤。是年度，棉花收购季节推迟，进度缓慢，至11月15日，全省仅收购6.5万吨，比上年同期少收7.65万吨；棉花收购资金供应充足，没有出现“打白条”现象；市场总体平衡，棉花质量提高。9月，省供销社联合省技监局、农业厅和纺织总会等下发《关于加强棉花质量管理禁止异性纤维混入棉花的通告》，成包皮棉“三丝”减少。

2000年度新棉收购前，国家有关部门发布棉花预测收购价为860元/百公斤，安徽省结合实际，提出新棉收购预测价为860～900元/百公斤，保护本省棉农利益，减少资源外流。至次年4月5日，全省供销社系统收购棉花15.12万吨。比上年增收19.6%。

2001年，全省供销社落实《国务院关于进一步深化棉花流通体制改革的意见》，筹措资金，做好收购。至年底，收购棉花21.5万吨，比上年多收购6.5万吨。所收棉花大部分为二、三级，普遍比上年提高一个等级。全省加大棉花市场监管力度，棉花企业质量意识、市场观念增强。安徽省人民政府印发《关于加强棉花市场管理的通告》，打击不法行为，收购秩序良好。棉花企业执行国际标准和检验规程，与纺织企业紧密配合，快进快销，加快资金周转。全省供销社系统棉花企业发挥市场主导作用，收购棉花占总产量的67%。受国际国内棉花市场价格持续走低影响，2001年棉花收购价格大幅下降。市场收购均价为700元/百公斤，早期收购价格为760～800元/百公斤，最低跌至620元/百公斤左右；销售价格为740～760元/百公斤。销售进度与上年相比减慢。至年底，全省供销社销售棉花5.75万吨，新棉库存15.75万吨。

2002年棉花生产年度，全省棉花种植面积减少，总产下降，价格上涨，购销秩序较乱。至年底，全省共收购皮棉25万吨，其中供销社系统收购22万吨。当年棉花播种期气温多变，棉花成熟期延长，新棉上市比上年晚20天左右。本省大部分地区在9月底、10月初才陆续开秤收棉，且新棉收购主要集中在10月，加上当年气温高、光照时间长，棉花以2、3级为主，质量较好。新棉收购价格持续上扬，全年收购均价为1020元/百公斤，比上年提高约45%；棉花销售价格自10月后不断上涨，年底为1100元/百公斤左右，比上年同期增长39%。至年底，全省供销社销售棉花23.7万吨。是年，个体、私营企业大量介入棉花收购、加工，形成多渠道竞争局面。据统计，全年新增棉花加工企业近300个，新增加工能力40万吨，争抢资源、哄抬棉价现象出现，加工能力过剩，加之新上加工企业缺少熟练技术人员，且收购籽棉含水量高、“三丝”多，籽棉混有异性纤维和混级堆放、混级加工，加工的皮棉质量较差。是年，供销社系统企业市场观念明显增强，顺价销售，防止出现新的亏损。严格执行国家标准和检验规程，配合纺织企业，快进快销，加快资金周转。全年供销社系统棉花企业收购的棉花占总产量的64%，发挥市场主导作用。

2003年生产年度，安徽省棉花种植面积比上年增加，但从春播到秋收遭到多种自然灾害影响，总产减产，质量下降，价格上扬。籽棉以3级以下为主，多为4、5级，含水份较大。新棉全面开秤推迟至10月下旬～11月上旬。10月，籽棉收购价达到660～700

元/百公斤,比上年上扬50%,新棉市场销价达1.4万元/吨~1.55万元/吨。11月,省供销社召开棉花购销形势分析会,要求全力做好收购。各地供销社关注市场实时价格变化,顺价销售。至年底,全省供销社棉花企业从生产者购进棉花7.66万吨,占全省总产量70%以上,销售棉花8.9万吨,发挥市场主导作用。

2004年安徽省棉花丰收,但籽棉收购均价仅440元/百公斤,跌幅达35.3%。1—8月,由于棉花下游市场的纺棉、棉纱销售不畅,市场价格较低;国家宏观紧缩政策导致银行对纺织企业信贷额度缩减,纺织企业普遍存在资金断档现象;棉花企业迫于年度未还款压力,加快销售进度,市场价格下滑;国外期货棉价下跌,国内棉价跟风;进口棉花增加,市场供大于求矛盾突出,加之新棉即将上市,棉花市场处于等待观望之中,市场成交量小。2月内地棉成交价(328级)月均价每月下降200元/吨以上,5—6月降幅加大,月降幅分别为524元/吨、1550元/吨。9月至年底,进入新棉生产年度,棉价虽小幅波动,但总体下滑,新棉开秤初期,棉企就面临复杂市场形势,大多数企业严重亏损,收购资金难以筹集,农发行放贷启动较慢。省供销社要求各地供销社棉花企业采取措施,做好收购。至次年2月底,全省收购皮棉330万公斤,其中供销社系统收购150万公斤。

2005年,安徽省受上年棉花收购均价下降、粮棉比价失衡等多种因素影响,棉花种植面积比上年减少。棉花生长期气候条件不利,沿江棉区受灾严重,全省棉花总产31.1万吨,比上年减产20.7%。品质下降,价格偏高。北片以4级棉为主,南片以3级棉为主,总体下降1个等级以上。棉花价格在560~580元/百公斤,比上年价格增高。由于棉花价格波动较大,大部分棉花企业亏损,受资金短缺和销售风险制约,对新棉收购持谨慎态度。上半年棉花现货市场小幅波动,10月新棉上市后现货价格回升,2级棉价格在1.45万元/吨左右,3级棉在1.42万元/吨左右。至2006年4月20日,全省收购皮棉29.5万吨,其中供销社系统收购11.5万吨。

2006年,安徽省棉花种植病虫害发生程度低,棉花大幅增产。新棉质量以2、3级为主,总体比往年提高1个级别。受棉花价格波动较大影响,大多数棉企处于亏损状态,风险意识增强,对新棉收购持谨慎态度。国内市场前期收购价格较高,9月中旬沿江棉区3级棉在580元/百公斤,下旬,新棉上市开始下跌。11月,价格基本稳定,国内标准级籽棉平均收购价格在520元/百公斤左右,部分地区超540元/百公斤。截至12月底,全省供销社系统共收购棉花27.66万吨。是年,供销社系统棉花收购量继续占全省50%以上。

2007年,安徽省棉花种植面积较上年增加;总产量约37万吨,与2006年持平。受夏季淮河流域水灾影响,皖北棉区减产约10%,部分地区达15%;南方棉区单产略降,但种植面积增加,抵消部分总量缺失。受采摘季节全省连阴雨影响,棉花品级下降1个等级左右,以3、4级棉为主。沿江棉区平均每亩籽棉产量255公斤/亩,淮北棉区195公斤/亩,全省平均240公斤/亩,折合皮棉60公斤,比上年降低5%。收购风险加大,价格波动频繁。8月20日,无为收购价为600元/百公斤,后由于轧花厂间竞争,9月3

日,上涨至630元/百公斤。随棉花现货销售疲软,收购企业自有资金不足,价格缓慢回落,9月中旬棉花大量上市时,3级花收购价格为560元/百公斤~580元/百公斤;10月,由于阴雨天气等影响,棉花减产,加之国际棉花价格有较大上升,推动国内棉价上涨,收购价达620元/百公斤~640元/百公斤。全年度收购价格平均在610元/百公斤,棉籽价420元/百公斤。2007/2008年度,全省供销社系统共收购棉花23万吨。

2008年,安徽省棉花种植面积南增北降,沿江棉区稳中有升,皖北棉区种植面积减少。棉花在生长期遭遇雨水、虫害、低温、台风等影响,沿江棉区受灾较重,总体也受灾减产,等级下降。全省植棉成本达990元/亩,比上年增长14%。由于2007年棉花收购价高,棉农对2008年新棉收购预期较高。9月28日,新棉收购开始,收购价格最高600元/百公斤。10月以后,金融危机对实体经济的影响开始显现,纺织行业需求减弱,新棉收购价格由580元/百公斤一路下跌至440元/百公斤,部分地区甚至出现420元/百公斤,远低棉农预期,收购进展缓慢。至年底,采摘基本完成,交售进度约为75%。国家为保护棉农利益,稳定棉花市场,促进棉纺行业健康发展,出台四轮棉花收储政策,国内棉花市场价格回升,中国棉花价格指数从11月下旬最低1.04万元/吨,至12月31日回升至1.1万元/吨。2008年度,全省供销社系统共收购棉花约23万吨。

2009年度,安徽省棉花种植面积同比增加1.71%。棉花在生长期由于受雨水、虫害等影响,成熟较慢,品质、产量、等级均有所下降。全省植棉成本约934.21元/亩。每亩棉花净利润100.86元。受天气等因素影响,棉花成熟慢,收购工作推迟,直至9月底正式开秤,3级籽棉平均收购价格最高达600元/百公斤。10月初,3级籽棉均价由580元/百公斤一路下跌至440元/百公斤,棉花加工企业为规避风险,放缓收购。后在国家收储政策刺激下,3级籽棉均价缓慢回升,到收购末期一度上冲至560元/百公斤。2009年度,全省供销社系统共收购棉花19.22万吨。

2010年,全省供销社系统棉花累计收购金额达37.41亿元,同比增长75.47%。

2011年,全省供销社系统棉花累计收购金额达45.29亿元,同比增长21.06%。棉花收购超社会收购量50%,省棉麻公司代储国储棉超4万吨。

安徽省1985—2005年棉花平均收购价格表

表3—3—4

年度	收购价格(元/百公斤)
1985	660
1986	640
1987	700
1988	640
1989	660
1990	680

续表 3—3—4

1991	720
1992	780
1993	820
1994	760
1995	800
1996	800
1997	800
1998	800
1999	800
2000	820
2001	764
2002	880
2003	950
2004	1000
2005	1040

棉花加工 1999 年棉花流通体制改革前,全省有棉花加工企业 1246 家,供销社企业占 90% 以上。棉花加工受安徽省棉麻公司领导,分地区组织企业加工皮棉。

1999 年棉花流通体制改革后,允许私营企业进入棉花市场,放开棉花市场管制,各地相继建立私营加工厂,顶峰时全省共有规模不等的棉花加工企业 2800 余家,年加工能力 150 余万吨,是全省正常年份产量 3 倍以上,产能严重过剩。

随市场经济发展,棉花流通体制改革推进,原供销社旗下大部分加工企业和各级棉麻公司亦经历市场的优胜劣汰。截至 2009 年,系统内各级棉麻公司、轧花厂均进行改制,重组后各级供销社参股比例不一。民营企业开始进入棉花加工行业。截至 2009 年年末,安徽省有 700 余家棉花加工企业,加工能力约 130 万吨,超全省正常年份产量的 3 倍,其中有加工资质企业 300 余家。参与 400 型棉花加工技术改造 106 家,年末有 47 家完成技改投入生产。

棉花出口 1984 年全省出口 407 吨,由安庆市棉麻公司和萧县棉麻公司供货。1985 年出口 8668 吨,比上年增加 8261 吨,增长 2029. 73%;金额 744 万美元,比上年增加 689 万美元,增长 1227. 27%。1986 年出口 17697 吨,比上年增加 9029 吨,增长 104. 16%;金额 1400 万美元,比上年增加 656 万美元,增长 88. 17%。1987 年出口 2. 7 万吨。1988 年出口 1. 5 万吨,比上年减少 1. 19 万吨,同比下降 44. 29%;金额 2038 万美元,比上年减少 813 万美元,下降 28. 52%。是年由安庆、巢湖、宿县、阜阳、淮北、芜湖、合肥等地市所属11个县46个轧花厂提供货源。

其后，我国纺织行业迅猛发展，棉花供需发生改变，国内棉花缺口逐年增加，棉花出口随之停止。

第三节　麻类经营

麻类生产　安徽省麻类品种较多，主要有黄麻、红麻、大麻、苎麻、青麻等，产量以黄红麻最多。至20世纪90年代初，麻类一直由供销社负责收购，执行统购计划。

安徽省1985—2008年麻类生产情况表

表3—3—5

年份	麻类播种面积（万亩）	黄红麻播种面积（万亩）	麻类产量（万吨）	黄红麻产量（万吨）	黄红麻单位面积产量(公斤/亩)
1985年	365.85		99.792		
1986年	157.5		35.17		
1987年	143.85		31.148		
1988年	133.20		28.912		
1989年	120.45		0.239		
1990年	126.15		17.752		
1991年	106.05		9.756		
1992年	132.00		17.23		
1993年	126.15		18.82		
1994年	66.60		8.95		
1995年	57.90		9.56		
1996年	60.99		9.7813		
1997年	75.84		12.7523		
1998年	34.02		5.5313		
1999年	25.61		4.0435		
2000年	22.53	12.72	3.47	2.22	174.73
2001年	25.58	15.27	3.43	2.13	139.63
2002年	28.23	18.41	4.581	3.33	180.91
2003年	21.45	11.07	2.82	1.56	140.54
2004年	21.29	10.40	3.302	1.815	174.64
2005年	19.26	9.78	3.19	1.94	198.62

续表 3—3—5

年份	麻类播种面积(万亩)	黄红麻播种面积(万亩)	麻类产量(万吨)	黄红麻产量(万吨)	黄红麻单位面积产量(公斤/亩)
2006 年	20.09	10.71	3.48	2.15	201.06
2007 年	22.65		4.5172		227.90
2008 年	16.61	8.28	3.1831	1.8515	223.61

麻类购销 1985 年,安徽省黄红麻种植面积偏大,收购 23.67 万吨,增长 76.21%,产大于销的矛盾较为突出。

1986 年,黄红麻收购 18.14 万吨,下降 23.4%,苎麻收购 4712 吨,增长 85.1%。

1987 生产年度,黄红麻收购 12.5 万吨;苎麻收购 7600 吨,增长 68.9%。

1989 生产年度(1989 年 8 月—1990 年 7 月),全省黄红麻总产(熟麻)16.5 万吨,比上年下降 36.8%。至 12 月底,供销社收购 11.7 万吨,比上年多收 2.7 万吨,全年度收购 13.5 万吨,比上年度多收 0.5 万吨。供销社内部严肃收购纪律,对样收购,分级成捆,及时兑现奖售物资。每 50 公斤标准级黄红麻收购价格比上年度增加 5 元。至年底,共销售 12.2 万吨。黄红麻收购仍存在多渠道抬级抬价争购、质量差等问题。

1990 生产年度(1990 年 8 月—1991 年 7 月),全省黄红麻总产(熟麻)达 20 万吨,比上年度增长 21.2%。至年底,供销社收购熟麻 14.5 万吨,比上年同期多收 2.8 万吨;销售 8.8 万吨,多销 2.7 万吨。

1991 年,因水灾影响,全省黄红麻(熟麻)总产 15 万吨,比上年下降 25%,且自然品质下降。各级供销社贯彻《关于加强黄红麻市场管理的通知》,完善分购联销,配合工商部门加强市场管理,收购秩序好转。至 12 月底,收购 9.6 万吨,比上年同期少收 4.9 万吨;销售 4 万吨,少销 4.8 万吨,麻类市场仍属疲软。

自 1994 年起,供销社系统麻类经营基本呈逐年减少趋势,全省麻类产量、种植等数据亦缺乏完善的收集机制。其后,麻类生产和加工大多仅集中在安徽北部地区,产品多用作高等纱线混纺材料。

安徽省 1980—1990 年供销社统购统销期间麻类分类生产收购表

表 3—3—6　　面积:万亩;亩产:公斤;总产:吨;收购:吨

年份	黄红麻				麻				大麻			
	面积	亩产	总产	收购	面积	亩产	总产	收购	面积	亩产	总产	收购
1980	55.10	148.00	81525	72210	3.10	63.5	2000	2230	8.4	98	8250	3190
1981	76.13	151.75	115800	111800	3.4	75	2650	2245	4	98.5	3950	1150
1982	66.6	133	88525	78000	3.5	73.5	2950	2500	4.2	106.5	4500	2650
1983	58.3	146.75	85425	80970	3.2	68	2150	1635	4.5	101	4500	2725
1984	83	162	134825	144950	3.7	74.5	2750	1675	5.7	122.5	6900	6925

续表 3—3—6

1985	346. 2	141	488145	314500	6. 2	69	4270	2550	10. 2	141	14396	9750
1986	119. 1	135. 5	161550	196182	23	55	12700	5500	12. 3		13302	11376
1987	92. 2		135400	154090	40. 1	69	27700	8300	9		11029	3923
1988	100. 2		130520	130460	23. 7	73	17300	5400	7		8791	3297
1989	99. 17	139. 5	138410	144970	13. 6		10382	4752	5. 9		7572	4750
1990	109. 7	148	162503	177200	8. 7	66	5785	3400	5. 9	131	7724	4043

安徽省 1980—1990 年麻类资源供应表

表 3—3—7　　单位:吨

年份	资源				供应						期末库存
	合计	期初库存	本年收购	调入	合计	麻纺用麻	供应出口	市场	其他	调出	
1980	87175	14965	72210		66705	29464	7319. 5		1176	28745	20470
1981	132270	20470	111800		93250	71050	9829. 38		2721. 17	9649. 45	39020
1982	117020	39020	78000		115050	30806. 1	26288. 4			57955. 5	1970
1983	82940	1970	80970		82465	44230	857. 8			37376. 9	475
1984	145910	475	144950	485	140290	56036	12119		2705	69430	5620
1985	320172	5620	314500	52	151557	52270	10229			89058	168615
1986	354813	168615	186182	16	213958	184551	8963			20444	140855
1987	295450	140855	154090	505	272468	231070	1101		13412	26885	22982
1988	154019	22982	130460	577	132506	118231	2234			12041	21513
1989	166483	21513	144970		157008	119900	13875		7253	15980	9475
1990	186675	9475	177200		162600	160400	2200				24075

麻类市场管理　1988 年,供销社发挥黄红麻经营主渠道作用,明确由棉麻或土产公司购销,不得多家争购。集中产麻区按收购计划与农民签订合同,实行供种、收麻、奖肥"三结合",计划收购部分制定保护价。分散产麻区也认真做好组织供应。各地供销社加强麻种质量管理,从省外调进麻种 120 万公斤。在销售上,发挥"黄红麻购销联合体"作用,实行分购联销。但由于黄红麻指导性收购计划的制约作用有限,仍然出现多渠道争购以及抬级抬价现象。

1989 生产年度,各级供销社在销售方面加强合同管理,发挥"黄红麻购销联合体"作用,强化分购联销。

1990 生产年度,各级供销社对黄红麻产销实行计划指导,配合工商、物价等部门整顿购销市场,坚持供种、收麻、奖肥"三结合",完善县和基层两级分购联销。在黄红麻收购前期,仍出现多家争购现象。10 月 26 日,安徽省人民政府办公厅《关于加强黄红麻购销工作的通知》(皖政明电 106 号)重申,黄红麻是国家委托供销社收购的指导性计划商品,按照“谁供种谁收购”的原则,确保收购计划完成。未完成收购计划之前,其他单位和个人不得插手收购,还规定省内麻纺、造纸工业和外贸出口所需黄红麻,由供销社按合同或计划有限安排供应。各级供销社继续对黄红麻实行计划指导,配合工商、物价等部门对市场进行整顿,坚持供种、收麻、奖肥三结合,完善县、基两级分购联销。此后,收购秩序有所好转。

1991 年,黄红麻购销实行指导性计划管理,国合商业按照合同收购。

1992 年,由于市场销售疲软,加之塑料编织袋等替代产品冲击和国际市场影响,麻袋滞销积压严重。11 月 7 日,安徽省物价局决定放开黄红麻购销价格。价格放开后,受市场物价总水平过快上涨的拉动和农产品内部比价关系变动的影响,市场实际收购价格上升幅度较大。

第四节　棉麻经营管理机构

1988 年年底,全省供销社系统共设 1 个省级棉麻公司和 7 个地区公司、8 个市公司、53 个县(市)公司和 145 个轧花厂,共有职工 2. 40 万人,拥有固定资产 1. 54 亿元、自有流动资金 3743 万元,实现利润 3942 万元。

1999 年度棉花市场全面放开后,棉麻公司自负盈亏,参与经营。部分因经营不善或历史遗留问题而亏损、破产,部分引入社会资本改制,继续经营。

省级棉麻经营管理机构　2004 年,安徽省棉麻公司改制,组建股份制企业,正式脱离对全省棉花经营活动的管理权,保留对全省供销社系统和农业部门的产业发展建议权。

2006 年,安徽省棉花协会接受政府委托,编制安徽省棉花产业“十一五”发展规划。计划到 2010 年,全省棉花种植面积达 800 万亩,总产值达 60 亿元。

2007 年,安徽省棉麻有限责任公司适应棉花加工资质规定,整合棉花资源,推进棉企集团化发展,通过股权合作,在东至县大渡口镇成立安徽省金松棉业有限责任公司。总股本 380 万元,安徽省棉麻有限责任公司以设备和现金投入 354 万元,占总股本 93. 15%;经营层和业务骨干以现金投入 26 万元,占总股本 6. 75%。同年,安徽省棉麻有限责任公司与刘金国共同出资在无为县福渡镇成立安徽省金和棉业有限责任公司。总股本 280 万元,安徽省棉麻有限责任公司以现金投入 182 万元,占 65%;刘金国以现金投入 98 万元,占 35%。

2008 年,安徽省棉麻有限责任公司与全椒新宇轧花厂、全椒县供销社共同出资,在全椒县成立安徽省全椒新宇棉业有限责任公司。总股本 200 万元,安徽省棉麻有限责任公司以现金和设备投入 102 万元,占 51%;全椒新宇轧花厂以现金和设备投入 80 万元，占40%；全椒县供销社以现金和加工资质投入18万元，占9%。

2009年，安徽省棉麻有限责任公司全资子公司安徽省合肥棉麻中转储备库与宿松县汇源棉业有限责任公司共同出资，在宿松县汇口镇成立安徽省金纺棉业有限责任公司。总股本380万元，合肥棉麻中转储备库以现金投入200万元，占52.63%；宿松县汇源棉业有限责任公司以竞拍成交的标的物宿松县程营轧花厂生产区土地、建筑物、设备等整体注入，其中180万元作为对新公司出资，占47.37%，实际竞拍价及资产过户等相关支出超过180万元部分作为新公司欠宿松县汇源棉业有限责任公司债务。同年，安徽省棉麻有限责任公司与当涂县银星棉麻总公司共同出资在当涂县太白镇成立新公司，总股本180万元，安徽省棉麻有限责任公司以现金投入99万元，占55%；当涂县银星棉麻总公司以所属起垅轧花厂土地、房产、设备等经评估后整体注入新公司，其中81万元作为对新公司出资，占45%，超过81万元部分作为不折股资产。

2010年，安徽省棉花协会接受政府委托，编制安徽省棉花产业"十二五"发展规划。计划到2015年，全省棉花种植面积达700万亩，总产值达80亿元。发展优质专用棉生产基地500万亩，单产70公斤以上；培育加工产值或销售额亿元以上棉花加工和经营型龙头企业60户；带动农户由42万户增加到65万户。

棉企选介

安徽望江白云棉业股份有限公司　始建于2004年9月，是在原供销社棉花企业改制基础上新发起设立的集棉花收购、加工、经营，良种、农业生产资料销售于一体的股份制企业。2007年被吸纳为国家农业综合开发投资参股企业。2008年年末总资产达2.76亿元，注册资本5762万元，员工300人，拥有10家分公司，1家是时安徽省最大的400型棉花加工厂（年产1万吨皮棉），1家拥有20台大圆织机的针织厂，另参股2家油脂深加工、农业生产资料经营企业。年收购、加工皮棉2万吨，实现销售收入2.5亿元，综合经济效益1200万元。公司是国家棉花市场监测系统定点监测站。"雷花"牌皮棉为"安徽省名牌农产品"，品牌被评为"安徽省著名商标"。

安徽天源棉花有限责任公司　2001年设立的股份制企业，为集棉花生产、科研、收购、加工、销售于一体的农业产业化龙头企业。拥有1个棉花科学研究所、1个棉花机械自动化研究所、天源肥业和天源种业2个分公司、1个油脂厂、25个棉花合作社，3个轧花厂均上马400型万吨加工生产线，年加工经营棉花3万吨，加工棉籽油5000吨，销售各种农业生产资料4万吨。2002年，公司率先在省内棉花行业通过ISO9001质量体系认证，先后获得中华全国供销合作总社"先进棉花加工企业"、质量管理优秀企业、安徽省农业产业化龙头企业、蚌埠市农业产业化重点龙头企业、安徽省供销社十强企业、安徽省诚信肥料销售点、银行资信AA级单位、安徽省设备管理先进单位、省级诚信单位等称号。公司拥有被国家标准化管理委员会批准的国家级棉花标准化示范区。"天源"牌棉花被评为"蚌埠市名优农副产品"、安徽名牌农产品、安徽名牌产品，"天源"商标被评为中国棉花十大知名品牌和安徽省著名商标。

东至金湖工贸有限责任公司　始建于2003年6月,位于长江南岸东至县大渡口镇318、206国道、合芜、大高速交汇处,地理位置优越,水路交通便捷。系在原黄山市邵阳棉花工贸公司(黄山市民营企业50强)基础上,经东至县政府招商引资成立的集棉花收购、加工、经营于一体的企业。注册资本100万元,占地面积36亩,2008年有新型100片锯齿轧花机3台、剥绒机12台、皮棉清理机3台、清花机和400型液压打包机各1台、双缸液压短绒打包机1台,年加工皮棉能力逾4万担。

第四章　茶叶经营

安徽省是全国重点产茶区之一，种茶历史悠久。中共十一届三中全会后，全省茶叶生产和加工不断发展。1987 年，全省有 6 个地区、7 个市、55 个县（市）产茶。年产茶叶 250 万公斤以上的重点县有歙县、休宁、祁门、东至。年产 50 万公斤以上的县有 23 个，出口茶叶生产基地县（厂）有祁门、休宁、霍山、贵池、芜湖。

20 世纪 80 年代，全省茶叶产量不足 4 万吨，90 年代达 5 万吨，2010 年达 8.3 万吨，共有 58 个县（市、区）产茶，涉茶农业人员 300 余万人，生产经营者 100 余万人；有茶园面积 200 万亩，其中通过有机、绿色、无公害茶园基地认定的 180 万亩，占 90%；无性系良种茶园 20 万亩，占 10% 以上。至 2011 年年底，全省茶园面积、产值均居全国第 7，茶叶出口量位居全国第 3，金额位居全国第 4。2010 年 5 月，14 种安徽名茶进入上海世博会，居全国各省之首。

安徽省茶区主要有：黄山茶区，包括黄山及其支脉九华山周围 16 个县的全部或部分乡镇及黄山市。大别山茶区，包括大别山周边 10 县的全部或部分乡镇。沿江丘陵茶区，包括长江两岸 24 县的全部或部分乡镇及 4 市。江淮丘陵茶区，位于淮河以南，包括淮阳山脉左右 14 县的全部或部分乡镇及合肥市。

安徽省茶树资源丰富，拥有祁门槠叶种、杨树林种、黄山种、茗洲种、松萝种、滴水香种、竹铺大叶种、金山种、柿大茶种、宣城尖叶种等数十优良群体品种，自然品质好，抗逆性强，产量高。祁红作为中国六大茶类中红茶的代表，以独特的“祁门香”被奉为世界三大高香红茶之首；绿茶以屯绿眉茶为代表，行销近百个国家和地区，黄山毛峰、太平猴魁、六安瓜片等，远近闻名；黄茶以黄大茶为代表，受北方顾客青睐；霍山黄芽过去亦属黄茶，一度改为绿茶制法，后又部分恢复传统黄茶制法。黑茶以安茶为代表，在东南亚一带被奉为圣丹妙药。1990 年代以来，安徽茶区成功引种、试制青茶（乌龙茶）、白茶、黄金芽茶等。黄山毛峰、六安瓜片、太平猴魁、祁门红茶均居全国传统十大名茶之列。

自 2003 年起，安徽省人民政府把茶叶列入全省十大主导农产品之一，明确由安徽省供销社牵头组织实施全省茶叶产业化工作。安徽省供销社积极参与安徽省人民政府组织的“121 强龙工程”，培育龙头企业，带动农业产业化整体水平提高。2008 年，安徽茶叶进出口有限公司成为安徽省茶产业首家农业产业化国家重点龙头企业。2010 年，全省 33 家茶叶企业成为省级以上农业产业化龙头企业。

安徽城乡居民多爱饮茶，茶文化形式多样，底蕴深厚，文人骚客以诗词墨宝为后人留下丰厚的文化遗产。各地茶区也频现独特文化元素，有体现民风民俗的茶歌、茶赋、茶文化书画作品、茶具茶器、自然风光写真照片等。重点产销区市、县每年组织茶叶博览会、洽谈会、文化交流会等,进行宣传推广,举办地点从当地发展到省城,拓展到省外大中城市。新中国成立后,逢茶季,安徽名茶产地多次提供外交部礼茶;国家领导人毛泽东、江泽民先后将祁门红茶作为国礼赠送苏联(俄罗斯)总统;2007 年 3 月 27 日,国家主席胡锦涛出席"俄罗斯中国年"活动时,将黄山毛峰、太平猴魁、六安瓜片、黄山绿牡丹 4 种名茶作为国礼送给俄罗斯总统普京,安徽名茶成为友谊使者。

第一节　茶叶经营管理机构

计划经济向商品经济过渡期茶叶经营管理

1986—1995 年,安徽茶叶生产、购销管理属计划经济向商品经济过渡期。

1986 年,安徽茶叶产购销工作根据中共安徽省委、安徽省人民政府《关于大力发展茶叶生产的决定》,实行经营管理体制改革,全省茶叶生产由省农业厅主管,茶叶购销和出口业务统一由安徽省供销社主管。每年年初安徽省供销社召开全省茶叶购销工作会议,部署全年茶叶工作。茶叶产供销方面所需统配物资由安徽省计委单列户头,专项安排。安徽省供销社直属安徽省茶叶公司在全省茶叶购销系统内进行行业指导,在进出口业务上,受安徽省对外经济贸易委员会指导,同时又是中国土产畜产进出口总公司的分支机构,对外称中国土产畜产进出口公司安徽省茶叶分公司,安徽省茶叶公司与中国土产畜产进出口公司安徽省茶叶分公司系"一个机构、两块牌子",在保证完成总公司下达出口供货计划的同时,扩大特种茶自营出口业务。外贸部门分配给安徽省用于茶叶的扶持资金、工业贷款、科研费用和物资,由安徽省茶叶公司会同有关单位编报计划下拨。安徽省茶叶公司和中国土产畜产进出口公司安徽省茶叶分公司的编制及内部机构设置,由安徽省编委和安徽省供销社研究确定。

安徽省茶叶公司下设分公司、直属厂,辖巢湖、滁县、宿县、池州、徽州、芜湖分公司及芜湖茶厂;各分公司的计划、业务、财务、基建由安徽省茶叶公司负责,安徽省茶叶公司在安排各项业务计划下达各分公司执行时,抄送地市供销社;分公司、下属厂按各地原定体制不变,干部和工人管理由当地供销社负责,总的人员编制不增加。此后,安徽省茶叶公司设贵池出口红茶审检小组和出口红茶拼配点,设屯溪(1985 年建立、1988 年撤销)、芜湖出口绿茶审检小组和出口绿茶拼配点。

全省茶叶购销和省外调拨、出口供货计划,由安徽省茶叶公司提出计划草案,按机构隶属关系,分别上报安徽省供销社、安徽省外经贸委和中国土产畜产进出口总公司,采取双线上报办法。计划草案以年度计划为主,根据国家五年经济计划要求,亦上报五年计划建议草案。安徽省茶叶购销计划以三条主线运转:一条是外贸出口计划,收购、库存、供应等由中国土产畜产进出口总公司下达到安徽省茶叶公司;一条是外贸出口计划,由安徽省计委下达到安徽省外经贸委,再由安徽省外经贸委下达到安徽省茶叶公司;一条是茶叶商流计划,包括国内纯购进、省外调入、国内纯销售、调往省外、供应出口等,由安徽省计委下达到安徽省供销社,再由安徽省供销社下达到安徽省茶叶公司。茶叶商流计划列名的茶类有红茶、绿茶、紧压茶;茶叶外贸出口、收购计划列名的茶类有红茶、绿茶、特种茶、其他三类商品。

安徽省茶叶公司执行《商业部商品计划管理暂行办法》《安徽省供销社商品流转计划管理暂行办法》。计划管理由“统、包、管”,转变为从社会需要出发,以需定购,以购促产相结合;从年度计划为主,转向中、长期计划与年度计划相结合;从指令性计划为主,转向指令性计划与指导性计划相结合;从行政办法为主,转向行政办法与经济办法相结合,扩大中心城市和企业的计划管理权,实行按行政区编制计划与按经济区组织商品流通相结合的原则。

1986 年 2 月,安徽省供销社下达 1986 年出口茶叶收购、毛茶调厂、供应出口计划,要求增产适销对路茶叶;根据经贸部有关通知精神,从 1986 年开始,凡安徽运往上海拼配的茶叶一律由安徽省茶叶公司统一负责供应,各精制茶厂不再与上海市茶叶进出口公司直接签订供货合同。为实现安徽省大宗红绿茶全部自营出口,安徽省茶叶公司向全省系统职工提出“三靠一闯”,即靠上级业务部门领导支持,靠全国兄弟茶叶口岸尤其是一些老口岸支持,靠全省茶叶同仁以及党政部门支持,闯出自营出口之路。5 月,安徽省供销社恢复安徽省茶叶公司徽州分公司,业务上隶属安徽省茶叶公司领导,中国祁红屯绿茶叶公司(1984 年徽州地区在原安徽省茶叶公司徽州分公司基础上成立)的名称保留,实行“两块牌子”“一套人马”;分公司定编 25 人,费用包干,当年核定费用 7.5 万元,由安徽省茶叶公司拨发,税前支付。11 月,安徽省人民政府将芜湖、贵池两厂人、财、物三权划归安徽省茶叶公司,财务与中国土产畜产进出口总公司挂钩,作为外贸直属企业。

1987 年,国家分配安徽省茶叶出口指令性计划 1.55 万吨,换汇 3000 万美元。各茶叶产区以县为单位,按照省下达的收购和出口计划,与安徽省茶叶公司签订购销合同,确保收购和出口任务完成。规定“祁红”“池红”全部交安徽省茶叶公司出口;外销绿茶在完成省下达出口任务前,各地不得自行调往外省、市。6 月,安徽省人民政府办公厅通知要求严肃执行国家下达的指令性计划,切实完成全年茶叶收购、出口任务。以县(市)为单位,出口茶收购未完成计划之前,除供销社系统及其委托单位以外,任何部门和单位不得插手收购。已收购的茶叶,凡符合出口标准的应提供给承担出口任务的精制厂加工拼配,不得截留出口茶转内销或将出口茶改制内销茶。

1988 年,国务院决定全面推行外贸承包经营责任制,加快和深化外贸改革。安徽省茶叶公司财务与中央财政脱钩,与地方财政挂钩,但作为承包经营茶叶(一类出口商品)出口的专业公司,出口亏损按上缴外汇情况,由中央财政实行定额补贴。为确保出口计划实现,安徽省茶叶公司建立出口业务“四排”制度,衔接好“货、证、单、船”。5 月 7 日,在内销收购价格居高不下、外口岸抢购货源激烈的形势下,安徽省人民政府发出明传电报,要求务必落实省下达的茶叶出口供货基数,基数内出口茶叶,统由安徽省茶叶公司拼配出口;超基数的出口茶叶,各地应优先供应安徽省茶叶公司,或由安徽省茶叶公司牵头,组织市、县与省外口岸联营出口;在完成省出口调拨基数任务前,各地不得擅自向外省口岸供货;银行要加强监督,对外省汇来的采购款,应在完成出口茶叶收购任务后才能支付动用;出口绿茶(包括毛茶原料),由安徽省茶叶公司签发出省运输许可证,凭证办理运输,无许可证者,交通部门一律不得承运。5 月 11 日,安徽省供销社、安徽省经济委员会、安徽省交通厅规定,凡外运出省超过 200 公斤的茶叶一律实行出省许可证。200 ~ 400 公斤茶叶出省许可证由地(市)茶叶分公司签发;400 公斤以上茶叶出省许可证由安徽省茶叶公司签发。茶叶无证承运出省,一经查实,按国家统一样价交由当地茶叶经营部门收购。是年起,安徽省茶叶市场放开,流通渠道增加,城乡贸易市场活跃,但因经济管理体制不配套,出现“茶叶抢购大战”。因货源购进价抬高,质量低次,加之外贸收购有最高限价,换汇成本急剧上升,茶叶出口出现超亏。安徽省人民政府多次协调重点产茶区,强调要实行分工负责,确保完成当年茶叶出口基数。

1989 年 3 月,安徽省供销社针对茶叶市场质量下降、价格失控、出口超亏的混乱局面,召开全省茶叶购销工作会议,要求进行治理整顿,实现“四个转变”:由单纯抓购销转为抓生产、促购销;由单纯抓出口转为内外贸并重,以内促外,以外促内,共同发展;由单纯抓经营任务不讲盈亏转为任务与效益的统一,扭转亏损局面;由片面重数量、重价格转为质量第一、质价统一、优质优价。

1990 年,安徽省供销社提出外销工作基本原则:继续实行治理整顿“四个转变”,坚持“三个可以”,即可以从事代理;可以供货给安徽省茶叶公司;可以自愿与安徽省茶叶公司签合同,但归根到底在茶叶经营中不允许出现新的亏损。

1991 年,出口茶产区出现大规模“红改绿”问题。安徽祁门红茶品质优异,是中国茶叶出口的骨干产品,主产区在黄山市祁门县、黟县、黄山区(原太平县),池州市石台县、东至县、贵池区等地域,还有江西省景德镇市部分地域。但在茶叶经济转型时期,销路不畅,效益下滑,与绿茶的比较效益差距拉大,导致茶农“弃红改绿”,将高中档的鲜叶原料先制成好销的绿茶,后期再制中低档的红茶,出口受到影响。为此,安徽省供销社提出要按市场需求,贯彻有销路、有市场、有效益,积极稳妥调整茶叶产品结构的指导方针。是年,国家取消外贸企业出口补贴,安徽省茶叶公司开始自负盈亏。11 月,中国土产畜产进出口总公司转发经贸部对中国土产畜产进出口总公司所属公司更名问题的批复:中国土产畜产进出口总公司安徽省茶叶分公司更名为中国土产畜产安徽茶叶进出口公司。

1992 年 3 月,安徽省人民政府要求各地不允许出现经营性亏损。安徽省供销社提出茶叶购销工作“四个转变”:转变以产定购、地区封锁的产品经济观念,树立以市场为导向,以销定产、以销定购的有计划的商品经济观念;转变不计成本、不讲经济效益、亏本有理的错误观念,树立精打细算、以经济效益为中心的观念;转变平均主义观念,树立按劳分配、多劳多得、改革、竞争的社会主义观念;转变地区、部门分散、各自为战的小商品生产的落后观念,树立适应社会化大市场、发挥供销社群体优势的观念。是年,安徽省供销社为提高出口毛茶原料收购的竞争力,除供应生产用肥外,还安排茶肥挂钩计划,通过县(市)农资公司和基层供销社兑现到茶农。同年,安徽省茶叶公司经安徽省外经贸委、安徽省外汇管理局批准,在巴基斯坦卡拉奇设立中国土产畜产安徽茶叶进出口公司驻巴基斯坦代表处。

1993 年,安徽省茶叶公司由单纯茶叶出口向以茶为主、多种经营,以出口为主、探索进口的多元化经营方向发展。10 月,安徽省茶叶公司与塞内加尔三利非洲国际有限公司在合肥市成立合资企业安徽省通达土特产品有限公司。

1994 年,国家进一步改革计划管理体制,由计划经济为主转向市场经济为主,对财税、金融、计划、投资、外汇、外贸、价格等经济体制政策进行重大改革,实行以销定购、以销定产,安徽省计委不再下达出口茶供货计划,由出口企业根据经营自行安排;中国土产畜产进出口总公司较大幅度调减安徽省茶叶出口数量配额和创汇指标,并下达库存限量;安徽省茶叶公司根据国家有关计划要求分别上报全省茶叶系统"九五"计划和 2010 年远景目标,对系统内不再下达商品流转计划。是年,安徽省财政厅确认安徽省茶叶公司属于地方外贸企业,盈亏与安徽省财政挂钩。当年,安徽省茶叶公司撤销进口合作部,成立业务五部;4 月,在德国汉堡设立办事处。

1995 年 7 月 19 日,安徽省供销社发出《关于将省社下属各分公司、经营站(库)、宾馆的领导干部管理权限划归有关省公司(大厦)管理的通知》,明确将安徽省茶叶公司芜湖分公司(芜湖茶厂)的领导干部划归安徽省茶叶公司管理。

该期,安徽省茶叶公司先后由孟庆鹏、周先宽、李念华担任法定代表人。全省地、市、县供销社系统经营茶叶的专业公司和兼营公司有:黄山市茶叶公司、六安地区茶叶公司、池州地区茶叶公司、芜湖市茶叶公司、巢湖地区茶叶公司、滁州市茶茧公司、合肥市果品茶叶公司、蚌埠市茶叶公司、安庆市茶叶公司、芜湖市果品公司、淮南市果品茶叶公司、马鞍山市果品茶叶公司、宿县地区土产公司、歙县茶叶公司、休宁县茶叶公司、祁门县茶叶公司、绩溪县茶叶公司、黄山区茶叶公司、屯溪区茶叶公司、徽州区茶叶公司、霍山县茶茧公司、六安县茶叶公司、舒城县茶叶公司、金寨县茶叶公司、贵池市茶茧公司、东至县茶叶公司、青阳县土产公司、岳西县茶叶公司、宿松县茶叶公司、石台县茶叶公司、宁国县茶茧公司、宣州市茶叶公司、泾县茶茧公司、广德县茶茧公司、郎溪县土产公司、庐江县茶叶公司、无为县茶叶公司。全省在祁门、贵池、东至、石台、屯溪、歙县、宁国、宣城、芜湖、安庆、舒城、霍山、宣郎广等地有 13 个较大规模精制茶厂。

商品经济向市场经济过渡期茶叶经营管理

1996—2000 年,安徽茶叶生产和购销处于商品经济向市场经济过渡期。

1996 年,安徽省茶叶公司增设业务四部、业务五部、业务六部、茶叶内销部;建立安徽省茶叶公司芜湖十里牌仓库、设安徽省茶叶公司群芳最茶都、安徽省茶叶公司驻乌兹别克斯坦国常驻代表。1月3日,安徽省茶叶公司制定《吉祥鸟工程》工作方案,确定以绿茶系列小包装产品打入乌兹别克斯坦等中亚市场,促进经营全面复苏,占领世界第二大绿茶市场。

1997年,安徽省茶叶公司和安徽省土产日杂公司作为发起人成立安徽省大业贸易有限责任公司,作为安徽省茶叶公司的子公司,董事长李念华,总经理顾公新。同年,安徽省茶叶公司在西非塞内加尔成立安达国际贸易有限责任公司;成立进口易货部、安徽省茶叶公司群芳最茶苑。4月11日,安徽省茶叶公司转发《安徽省财政厅〈转发财政部、国家税务总局关于调整毛茶农业特产税税率的通知〉》,经国务院同意,从1997年1月1日起生产毛茶的单位和个人适用税率仍为7%,收购毛茶的单位和个人适用税率由16%调整为12%。12月,安徽省解决供销社政策性亏损专题组对全省供销社系统茶叶亏损问题的调查报告中认定,1986—1992年,由于毛茶价格基本放开,出口茶价格虽然国家下达的是指导性价格,但外贸部门实际上是按指令性计划执行,省政府在当时谁创汇谁用汇的短缺体制下,要求各茶厂必须完成省下达的茶叶出口任务,茶叶主产区的经营和加工供销企业被迫高价收购毛茶原料,又以低价供应给指定外贸部门,使购销价格严重倒挂,造成企业巨额亏损。亏损金额高达9038.01万元,主要集中在黄山、池州、六安3大茶叶主产区。

1998年4月,由安徽省茶叶公司发起,成立安徽省茶叶行业协会,挂靠安徽省茶叶公司。团体会员单位66个,个人会员近百名。聘安徽省供销社主任刘家来为名誉会长,安徽农学院教授陈椽、王泽农为高级顾问;推选李念华担任会长,周先宽、顾公新、刘淑琴、周冀4人为副会长;顾公新为秘书长(兼)。11月,合肥市国税局关于安徽茶叶进出口公司要求抵扣1994年动用期初存货已征税款问题的批复核定:安徽省茶叶公司1994年期初存货已征税款1293.15万元,同意动用1994年期初存货已征税款1265.8万元,1995年期初存货已征税款余额27.35万元,从1995年1月—1998年6月,每月按1.5%的比例抵扣税款。是年,安徽省茶叶公司与乌兹别克斯坦LORA—WZOR公司,在该国纳曼干州成立合资企业AL—JAHON阿雅宏茶叶包装厂。

自1999年起,安徽省供销社不再组织召开一年一度的全省茶叶购销工作会议,改由安徽省茶叶公司分别在省内绿茶区、红茶区召开全省绿茶、红茶购销工作座谈会,对当年茶叶购销工作提出指导性意见。

该期,全省地、市、县供销社系统经营茶叶的专业公司和兼营公司、较大规模精制茶厂相继倒闭、改制、转产。安徽天方茶业(集团)有限公司、安徽省郎溪县红新制茶有限责任公司、安徽省六安瓜片茶业股份有限公司、黄山市歙县汪满田茶场、黄山市新安源有机茶开发有限公司、黄山市松萝有机茶叶开发有限公司、黄山茶业集团有限公司、黄山市歙县薇薇茶业(集团)有限公司、黄山市徽州漕溪茶厂、黄山一品有机茶业有限公司、黄山市六百里猴魁茶业有限公司、黄山市猴坑茶业有限公司(黄山市新明猴村茶场)等一些私营茶企涌现。

企业全面改制期茶叶经营管理

2001—2008 年,安徽茶叶生产和购销处于企业全面改制期。

2001 年,中国加入世界贸易组织(WTO)。安徽省茶叶公司作为供销社系统的外贸企业在省供销社直属企业中率先改制,安徽省大业贸易有限责任公司并入安徽茶叶进出口有限公司,不再履行安徽省茶叶公司职能。改制后的公司董事长、总经理为李念华,副总经理为顾公新、刘淑琴,副总会计师为赵平。2001 年 11 月,聘江人华为总经理助理;2002 年 5 月,聘为副总经理。2003 年 1 月,聘汪小谷为总经理助理。

2001 年 9 月,安徽茶叶进出口有限公司成立有机茶开发领导组,应对欧盟等发达国家针对食品安全、卫生标准等设置的技术性贸易壁垒。

2003 年 1 月 10 日,安徽省供销社原则同意安徽茶叶进出口有限公司对芜湖茶厂实施整体转让意见。4 月 30 日,安徽省茶叶公司芜湖茶厂厂长牛纪舟、深圳安徽实业总公司代表、安徽茶叶进出口有限公司总经理李念华代表甲、乙、丙三方签订《企业兼并合同书》。次年 10 月底,芜湖茶厂兼并工作基本完成。

2003 年 3 月 14 日,安徽省茶叶公司贵池茶厂制定企业深化改革方案。31 日,省社批复,原则同意贵池茶厂改制方案,要求安徽茶叶进出口有限公司根据皖政〔2001〕73 号文件精神,指导、督促贵池茶厂落实。4 月 24 日,安徽茶叶进出口有限公司作出《关于对贵池茶厂改制方案的批复》。贵池茶厂改制后组建安徽国润茶业有限公司,企业总股本额设为 266 万元,其中:安徽茶叶进出口有限公司以债转股(现金债权转股)形式参股 60 万元,占总股本额 22.6%;池州市供销社以债转股(土地出让金债权转股)形式参股 30 万元,占总股本额 11.3%;职工股 176 万元,占总股本额 66.1%,由企业经营层和管理人员、技术骨干持大股,并根据省政府皖政〔2001〕73 号文件第 2 款的规定精神,实行职位配股;将剥离的非生产性资产 125.6 万元,委托给贵池茶厂管理清算组负责管理使用。

2003 年 6 月 18 日,安徽省人民政府办公厅发出《关于公布 2003 年度全省农业产业化示范县和省级龙头企业(组织)名单的通知》,在"2003 年度农业产业化省级龙头企业(组织)名单"中,涉茶企业有安徽茶叶进出口有限公司、安徽省峨桥茶叶批发市场、安徽天方茶业(集团)有限公司、安徽省茶叶公司贵池茶厂、黄山毛峰茶业集团有限公司、六安瓜片茶业股份有限公司、东至县官港茶叶香菇市场开发有限责任公司 7 家。年底,《安徽省人民政府关于进一步加快发展农业产业化经营的实施意见》出台,首次将茶叶列入十大主导产业农产品,明确由安徽省供销社牵头组织实施全省茶叶产业化工作。

2004 年 2 月 16 日,安徽茶叶进出口有限公司配合安徽省人民政府办公厅下达《关于印发农业产业化十大主导产业发展规划(2003—2007 年)的通知》,印发《安徽省茶叶产业化发展规划(2003—2007 年)》《安徽省人民政府关于进一步加快发展农业产业化经营的实施意见》,确定总体目标:通过 5 年努力,到 2007 年末,全省茶园面积稳定在 170 万亩左右,产茶 5 万吨,实现产值 10 亿元。以重点产茶区为重点,建成一批规范化的无公害茶、绿色茶和有机茶生产示范基地,无公害茶园面积发展到120万亩,年产无公害茶叶4万吨,带动农户超过35万户。有机茶面积和生产能力分别达到5万亩和1700吨。茶农来自茶叶的人均收入由年均950元增加到1250元。培育2个年产值(销售额)超过2亿元的茶叶龙头企业。实现全省茶叶标准化生产,内销茶的农残及卫生指标符合国家标准,外销茶达到进口国检验标准。该规划进一步要求强化安徽省茶叶行业协会联系政府与企业的桥梁和纽带作用,加强行业管理,发挥行业优势。11月25日,安徽茶叶进出口有限公司在合肥市召开股东大会,以设备投资的形式与原芜湖茶厂(芜湖市茶叶公司)在芜湖十里牌共同设立安徽迎客松茶叶有限责任公司,从事茶叶购销、加工、小包装以及仓库租赁业务。安徽茶叶进出口有限公司总经理李念华兼任董事长,江人华兼任副董事长,邹德担任总经理;赵平兼任执行监事。12月2日,李念华在中国茶叶流通协会第20届全国茶叶经济信息网年会上,当选全国第一批“中国茶叶企业十大风云人物”。

2005年1月7日,安徽省农村工作领导小组作出《关于表彰全省农业产业化先进集体的决定》,授予安徽茶叶进出口有限公司、安徽天方茶业(集团)有限公司“全省农业产业化先进龙头企业”称号。5月16日,安徽省农业产业化工作指导委员会发出《关于公布2005年全省农业产业化示范县和省级龙头企业(组织)名单的通知》,明确安徽茶叶进出口有限公司、安徽省六安瓜片茶业股份有限公司、黄山市歙县汪满田茶场、黄山市新安源有机茶开发有限公司、黄山市松萝有机茶叶开发有限公司、安徽天方茶叶(集团)有限公司、安徽国润茶业有限公司、东至县官港茶叶香菇市场开发有限责任公司、安徽宣郎广制茶有限责任公司9家企业为“2005年农业产业化省级龙头企业”。

2006年3月1日,安徽省供销社公布第一批安徽省供销社系统农业产业化龙头企业名单,安徽茶叶进出口有限公司、安徽国润茶业有限责任公司入围。11月23日,中国茶叶流通协会印发《关于公布2006年中国茶叶行业百强企业名单的决定》,安徽茶叶进出口有限公司排名第6,进入全国百强的安徽茶叶企业还有黄山市歙县汪满田茶场、黄山茶业集团有限公司、黄山市歙县薇薇茶业(集团)有限公司、黄山市徽州漕溪茶厂、黄山市新安源有机茶开发有限公司、安徽国润茶业有限公司、黄山一品有机茶业有限公司、黄山市六百里猴魁茶业有限公司、安徽省巢湖市坝镇都督名优茶开发有限公司、黄山市猴坑茶业有限公司(黄山市新明猴村茶场)。

2007年1月,安徽省供销社公布安徽省供销社系统农业产业化龙头企业名单,省级农业产业化龙头企业有安徽茶叶进出口有限公司、安徽国润茶业有限公司、安徽省红新制茶有限公司3家涉茶企业;全国供销合作总社级农业产业化龙头企业为安徽茶叶进出口有限公司;省社级农业产业化龙头企业有安徽茶叶进出口有限公司、安徽国润茶业有限公司2家。2月,安徽省供销社公布第二批安徽省供销社系统农业产业化龙头企业名单,涉茶企业有安徽省红新制茶有限公司、泾县九州茶业合作社有限公司、绩溪县今升茶业有限公司。3月10日,安徽省茶叶行业协会第二届会员大会暨安徽茶产业发展论坛在合肥市举行。安徽省供销社党组书记、主任王首萌、副主任钱斌、崔继华，安徽农业大学校长宛晓春、中国茶叶流通协会常务副会长王庆、中国食品土畜进出口商会茶叶分会秘书长蔡军及安徽省民政厅、安徽省商务厅、安徽省农委、安徽省供销社、安徽省质监局、安徽省农垦事业管理局、安徽省农业发展银行等省直厅局领导到会。大会选举产生安徽省茶叶行业协会第二届理事会，安徽茶叶进出口有限公司董事长、总经理李念华当选会长，顾公新、陈辉、曹斌等18位省直茶业主管单位、市县地方茶叶协会、茶叶重点产销企业的负责人当选副会长（顾公新为常务副会长），陈文友为秘书长。是时安徽省茶叶行业协会有团体和个人会员300余家，涵盖省内茶业科研、教育、种植、加工、流通、出口、质检等多部门。4月，安徽省茶叶行业协会会员单位合肥市徽庄茶餐会所、安徽茶之都、合肥避风塘茶楼，在中国茶叶流通协会、中华合作时报联合举办的“2005—2006年度全国百佳茶馆”评选中获奖。5月，在湖南长沙主办的“2007国际茶业大会暨展览会”上，安徽茶叶进出口有限公司位列“中国茶叶知名企业”4强。8月8日，安徽茶叶进出口有限公司以第2位排名，进入省促进主导农产品出口工作领导小组办公室确定的全省10家重点联系企业。12月，安徽茶叶进出口有限公司名列中国茶叶流通协会举办的“2007年中国茶叶行业百强”评选第4，省内同时入选的还有安徽天方茶业（集团）有限公司、黄山市松萝有机茶叶开发有限公司、黄山谢裕大茶业股份有限公司、黄山市新安源有机茶开发有限公司、黄山市歙县薇薇茶业（集团）有限公司、黄山一品有机茶业有限公司、黄山茶业集团有限公司、安徽国润茶业有限公司8家企业。同月，安徽茶叶进出口有限公司董事长、总经理李念华被国家人事部、中华全国供销合作总社授予“全国供销合作社系统劳动模范”荣誉称号。

2008年1月10日，安徽省农业产业化工作指导委员会下发《关于表彰农业产业化“121强龙工程”先进集体的决定》，安徽茶叶进出口有限公司成为全省36家先进企业之一。3月，安徽省供销社公布第三批安徽省供销社系统农业产业化龙头企业名单，涉茶企业有霍山县圣茗茶叶有限公司、安徽省白云春毫茶业开发有限公司、歙县立安茶业有限公司、石台县日新茶叶实业有限公司、黄山市金叶茶叶有限公司、祁门香茶业食品有限责任公司、东至县天鹅茶业有限责任公司。4月7日，由安徽省供销社和安徽省茶叶行业协会联合举办的安徽省茶叶行业协会二届二次常务理事会暨全省茶叶产业化龙头企业座谈会在黄山市召开。协会有团体和个人会员405名，发展成跨行业、跨所有制、具较高代表性的全省性茶叶行业组织。8月，国家农业部、国家发展和改革委员会、国家财政部、国家商务部、中国人民银行、国家税务总局、中国证券监督管理委员会、中华全国供销合作总社等八部委联合发文，安徽茶叶进出口有限公司成为第四批农业产业化国家重点龙头企业，为安徽省茶产业唯一一家国家级重点龙头企业。11日，安徽省农业产业化指导委员会公布2008年农业产业化示范县和省级龙头企业（组织）名单，其中17家茶叶企业是：安徽茶叶进出口有限公司、安徽省六安瓜片茶业股份有限公司、芜湖杉杉茶叶有限公司、安徽省红新制茶有限责任公司、安徽中徽茶业专业合作社、安徽国润茶业有限公司、安徽天方茶业(集团)有限公司、安徽天品堂生态农业有限公司、黄山谢裕大茶业股份有限公司、黄山市汪满田茶业有限公司、黄山茶业集团有限公司、黄山松萝有机茶叶开发有限公司、黄山市新安源有机茶开发有限公司、休宁县荣山茶厂、黄山六百里猴魁茶业有限公司、黄山市皇绿有机茶业有限公司、安徽省绿魁茶业有限公司。11月,安徽茶叶进出口有限公司在全省433家省级农业产业化龙头企业中,入选15家省农业产业化"532"提升行动省级龙头企业,是全省茶叶行业中唯一一家。同月,在中国茶叶流通协会举办的"2008年中国茶叶行业百强""2008年中国茶叶行业十大经济人物"评选活动中,安徽茶叶进出口有限公司位居全国百强企业第5位,安徽天方茶业(集团)有限公司、安徽省六安瓜片茶业股份有限公司、黄山市松萝有机茶叶开发有限公司、黄山市歙县微微茶业(集团)有限公司、休宁县荣山茶厂、黄山谢裕大茶业股份有限公司、黄山市新安源有机茶开发有限公司、安徽舒绿茶业有限公司、安徽国润茶业有限公司、黄山一品有机茶业有限公司、黄山茶业集团有限公司、黄山市猴坑茶业有限公司、黄山六百里猴魁有限公司13家企业当选。黄山市猴坑茶业有限公司总经理方继凡继黄山市汪满田茶业有限公司总经理汪智利、安徽天方茶业(集团)有限公司董事长郑孝和后,当选"2008年中国茶叶行业年度经济人物"。是年,安徽省人民政府决定在全省范围内组织实施农业产业化"532"提升行动,落实到茶叶产业的具体目标和任务:5年内完成项目总投资20亿元;实现产值40亿元,较2007年翻一番;全省茶园面积稳定在180万亩,产茶8万吨;培育1个产值超10亿元、2个超5亿元的龙头企业;实现全省茶叶标准化生产,有机茶面积和生产能力达到10万亩和3000吨。

2009年2月10日,安徽省商务厅公布2010—2011年度"安徽出口名牌",继2005年和2007年被命名为"安徽出口名牌"之后,安徽茶叶进出口有限公司"LUCK BIRD"(吉祥鸟)品牌再次上榜。6月6—8日,"2009年国际茶业大会暨展览会"在成都举办,安徽茶叶进出口有限公司以第3的位次被评为"中国茶叶出口行业二十强企业",10月12日,中国茶叶流通协会公布"2009年度中国茶叶行业百强企业"名单,安徽茶叶进出口有限公司名列第4。11月6日,安徽省进出口行业"双十佳"评选组委员会公布"安徽省进出口行业十大影响力人物""安徽省进出口行业十大影响力企业"暨"安徽省进出口企业品牌榜"评选名单,安徽茶叶进出口有限公司的"LUCKY BIRD"商标以第6位的排名登上"安徽省进出口企业品牌榜"。

2010年5—10月,安徽共有14种名茶通过不同方式进入上海世博会,成为中国名茶对接世博会最多的省份。"汪满田牌"系列名茶入驻上海世博会茶饮料、茶食品,"一笑堂牌"六安瓜片、"润思牌"祁门红茶相继入选世博会联合国馆"中国世博十大名茶","猴坑牌"太平猴魁、"祁眉牌"祁门红茶、"徽六牌"六安瓜片、"松萝牌"黄山绿茶、"五溪山牌"黄山毛峰成为上海世博会特许指定用茶,"新安源银毫"成为上海世博会安徽代表团唯一指定用茶。安徽茶叶进出口有限公司"迎客松"牌国礼徽茶系列产品在世博"安徽周"上进行宣传展示。安徽茶叶进出口有限公司大业茗丰茶艺表演队获安徽馆唯一正式上台表演团队资格。中共中央政治局委员、上海市委书记俞正声，全国政协原副主席陈锦华，安徽省委书记张宝顺，上海市委副书记、市长韩正等领导在“安徽周”活动期间来到安徽茶叶进出口有限公司展位观看茶艺表演。10月28日，中国茶叶流通协会公布“2010年度中国茶叶行业百强企业”名单，安徽茶叶进出口有限公司名列第4。11月5日，安徽省农业产业化工作指导委员会办公室公布认定33家徽茶企业为新一轮农业产业化省级龙头企业，分别是：安徽茶叶进出口有限公司、安徽天方茶业（集团）有限公司、黄山市松萝有机茶开发有限公司、黄山市汪满田茶业有限公司、安徽省红新制茶有限责任公司、黄山茶业集团有限公司、黄山谢裕大茶业股份有限公司、安徽国润茶业有限公司、安徽六安瓜片茶业股份有限公司、黄山市新安源有机茶开发有限公司、安徽省绿魁茶业有限公司、安徽中徽茶业专业合作社、黄山市凫绿有机茶业有限公司、休宁县荣山茶厂、安徽天品堂生态农业有限公司、黄山六百里猴魁茶业有限公司、安徽霍山绿力生态产品有限公司、黄山光明茶业有限公司、黄山紫霞茶业有限公司、安徽省潜山县天柱山茶业开发有限责任公司、安徽省石台县日新茶叶实业有限公司、安徽舒绿茶业有限公司、安徽宏云制茶有限公司、安徽中州茶业有限公司、黄山市猴坑茶业有限公司、安徽翰林茶业有限公司、安徽兰香茶业有限公司、旌德县天山绿色食品有限公司、安徽良奇生态农业科技有限责任公司、黄山善德茶业文化发展有限公司、黄山市翠绿茶菊有限公司、宁国市亿邦生物科技有限公司、安徽一笑堂茶业有限公司。13日，全国进出口企业质量诚信经验交流会在浙江杭州召开，安徽茶叶进出口有限公司获“全国进出口质量诚信企业”称号。

2011年7月15日，安徽省茶叶行业协会二届五次常务理事会暨全省茶叶产业化龙头企业座谈会在合肥市召开。省供销社监事会主任、省茶协高级顾问钱斌，省供销社合作经济指导处处长秦伟，省农委特产处副处级调研员杨庆，省农垦事业管理局产业化处处长方孟贤，省出入境检验检疫局孙明凡以及协会理事以上代表、农业产业化龙头企业代表等共70余人出席。10月21日，国际茶业大会暨茶产品交易会组委会和国际茶叶委员会联合在杭州举行“中国国际十大著名茶企”及单项领军企业推荐仪式，安徽茶叶进出口有限公司获“中国国际十大著名茶企”荣誉证书和奖杯。

第二节　茶叶生产加工

自清代以来，安徽茶业长期重外销，出口兴则生产兴，出口衰则生产衰。从1984年开始，全省茶区推行家庭联产承包责任制，注重茶叶经济效益，增加名优茶，减少低档茶。20世纪80年代中期起，改造旧茶园，发展新茶园，加大有机茶开发生产力度。增加生产名优茶比例，如祁红、屯绿、舒绿、芜绿，形成以内销茶为主、内外销兼顾的新格局。建立茶叶专业合作社，开展较大规模集约化生产经营。繁殖推广茶树良种，对32个地方茶树品种和2个特异单株材料建立资源保存，逐年扩大无性系茶园面积。据重点产茶市县统计,1990—2000 年累计生产名优茶 4.5 ~5.5 万吨,产值逐年提高,茶农收入明显增加;2000 年名优茶达 1.3 万吨,占全省总产量 28.6%,产值 4.9 亿元,占全省总产值 60%;2008 年全省茶叶总产量 7.6 万吨,其中名优茶 2.99 万吨,占全省总产量 40%,产值 17.6 亿元,占全省总产值 67%。

有机茶开发 1972 年由英国、瑞典、南非、美国和法国 5 国成立国际有机农业运动联合会(IFAOM),推动世界范围内有机农业和有机食品发展。安徽省从 20 世纪 80 年代后期开始探索有机茶生产。1997 年,安徽茶叶进出口有限公司着手开发有机茶。2001 年 9 月,成立有机茶开发领导组。投资 100 余万元,建立 3 个出口有机茶基地,通过 IMO 认证 8000 余亩,辐射 30 余万亩茶园。

在安徽茶叶进出口有限公司的引导和带动下,黄山市、池州市、宣城市、六安市、巢湖市等重点茶区政府发动茶农,加强茶园管理和环境治理,在茶区开展普查,指导茶叶生产、加工和收购,严禁施农药、化肥、除草剂等化学产品,推广茶园生态间作,以有机肥代替无机肥,生物防治代替化学防治,建立茶农互相监督机制和奖惩制度,从源头上控制农残。对有机茶和低农残茶叶实行单独收购、单独存放、单独加工、单独出口,并把出口前的检验向前延伸到生产、加工环节,实施从鲜叶采摘—初制—精制—包装—运输—储存—出口(销售)的全程卫生控制。

黄山市休宁县自 1999 年起,提出“发展有机茶,推动茶业二次创业”,成立有机茶开发指挥部,制定全县有机茶开发规划、《休宁县茶叶生产加工企业质量安全管理考核办法》《休宁县有机茶基地病虫害统防统治购买服务暂行办法》等。一抓调整,茶业发展由“无机”向“有机”转换。二抓改造,基地由“散小”向“规模”扩张。三抓引导,加工由“初制”向“精深”发展。四抓宣传,品牌由“单一”向“多元”转变。五抓营销,市场由“国内”向“国外”突围。六抓服务,发展由“无序”向“有序”过渡。鹤城乡右龙村原是黄山市出名的贫困村,1997 年人均年收入仅 242 元,通过有机茶开发,2006 年,全村农民人均收入达到 5020 元,其中茶叶收入达 3200 元。2005 年,全县茶园全部通过安徽省无公害农产品产地论证,通过认证的有机茶园 2.126 万亩,占茶园总面积 10.6%,有机茶面积为全国县级单位第一。该县先后被评为全国有机茶标准化示范基地县、全国无公害茶叶生产示范基地县以及全国唯一的“全国三绿工程茶叶示范县”;在全国 2700 余个国家级农业标准化示范区项目评比中,被国家标准化委员会授予全国唯一有机茶标准化示范区先进单位;成为“中国有机茶之乡”。

2002 年,金寨县由县茶叶办牵头,经瑞士 IMO 和中茶所等权威机构认证,先后在全军乡大团山茶场、斑竹园镇左山茶场、响洪甸镇齐山村、油坊店乡周院村 2 个生产场和 21 个居民组开发有机茶园 6000 亩。用无性系良种茶苗补植老茶园和开辟新茶园,对茶园登记造册,地块实施编号,农户有详细农事活动记录。有机茶每公斤售价高于普通茶叶 10 ~20 元。

基地建设 1996 年,安徽茶叶进出口有限公司在省内率先自建基地,以股权投资形式建设出口茶叶原料生产和成品加工拼配基地，将产业链向加工企业和种植农户延伸，改订单采购为“投资+订单+管理”。满足欧盟等对茶叶等农产品的质量安全标准要求，跨越“绿色壁垒”，适应商检对出口农产品检测要求，稳定和扩大茶叶出口。此后，逐步巩固“公司+基地+专业合作社+标准化”模式，连接茶农，通达市场，形成企业与农民的双赢。

1999年10月15日，安徽省茶叶公司与六安地区茶叶公司、金寨县响洪甸镇人民政府共同投资，在响洪甸镇齐山村建立安徽省金寨齐山有机茶厂，成为省内较早出口有机茶叶生产基地。

2000年，安徽茶叶进出口有限公司与贵池茶厂合作在石台县丁香镇红桃村成立九华(红桃)有机茶专业合作社。以安徽茶叶进出口有限公司为龙头，以贵池茶厂为纽带，以石台县丁香镇红桃村为基地，组建跨地区、跨行业、跨所有制的合作经济组织。

2002年12月，在歙县蜈蚣岭村，以安徽茶叶进出口有限公司为龙头，歙县璜田乡政府、蜈蚣岭村委会和村茶厂参与，兴办蜈蚣岭有机茶专业合作社，建设蜈蚣岭有机茶基地，开发生产有机绿茶。至2008年年末，该社有机茶园达1500余亩，入社农户700余户。

2004年，安徽茶叶进出口有限公司投资300万元，参股安徽省红新制茶有限责任公司，作为绿茶出口基地。同年，与原芜湖市茶叶公司经理邹德在芜湖市共同投资设立安徽迎客松茶叶有限责任公司(后更名为安徽华德茶业有限公司)，作为公司茶叶拼配出口基地。

2005年，投资30万元，参股安徽省池州市安池茶叶有限公司，作为公司大宗红茶出口基地。

2007年，在广西横县建立出口有机茉莉花园基地，出资委托国际有机认证组织——瑞士IMO予以指导和认证，选定郁江茶厂为实施单位，选择生态环境较好的平福村73亩成片茉莉花园为基地，年产鲜花56吨。当年3月获得IMO认证通过。

截止2008年，安徽茶叶进出口有限公司通过股权投资、开展国际认证等多种形式，先后在金寨齐山、石台红桃、歙县蜈蚣岭、休宁右龙、舒城晓天、祁门小路口组建6个有机茶种植示范基地；在省内主要茶区投资合资建设8个出口茶叶精制加工拼配基地，涵盖省内红茶、绿茶、特种茶、有机茶等主要茶类。在浙江嵊州、新昌，湖北宜昌、福建连江、重庆荣昌和广西横县等地建有出口茶叶和茉莉花供货基地。公司基地辐射茶园30余万亩，其中通过IMO认证茶园8000余亩；年生产加工能力超3万吨，产品90%以上对外出口，销往世界80多个国家和地区，其中有机茶全部出口到欧盟、日本等发达国家和地区。通过基地建设，在安徽省内构建起集茶叶生产、加工、销售为一体的新农村农副产品流通网络工程，解决上百万茶农生产的大宗茶叶出路和7万余人就业问题。

安徽茶叶进出口有限公司出口茶叶生产、加工基地网络图

图 3—4—1

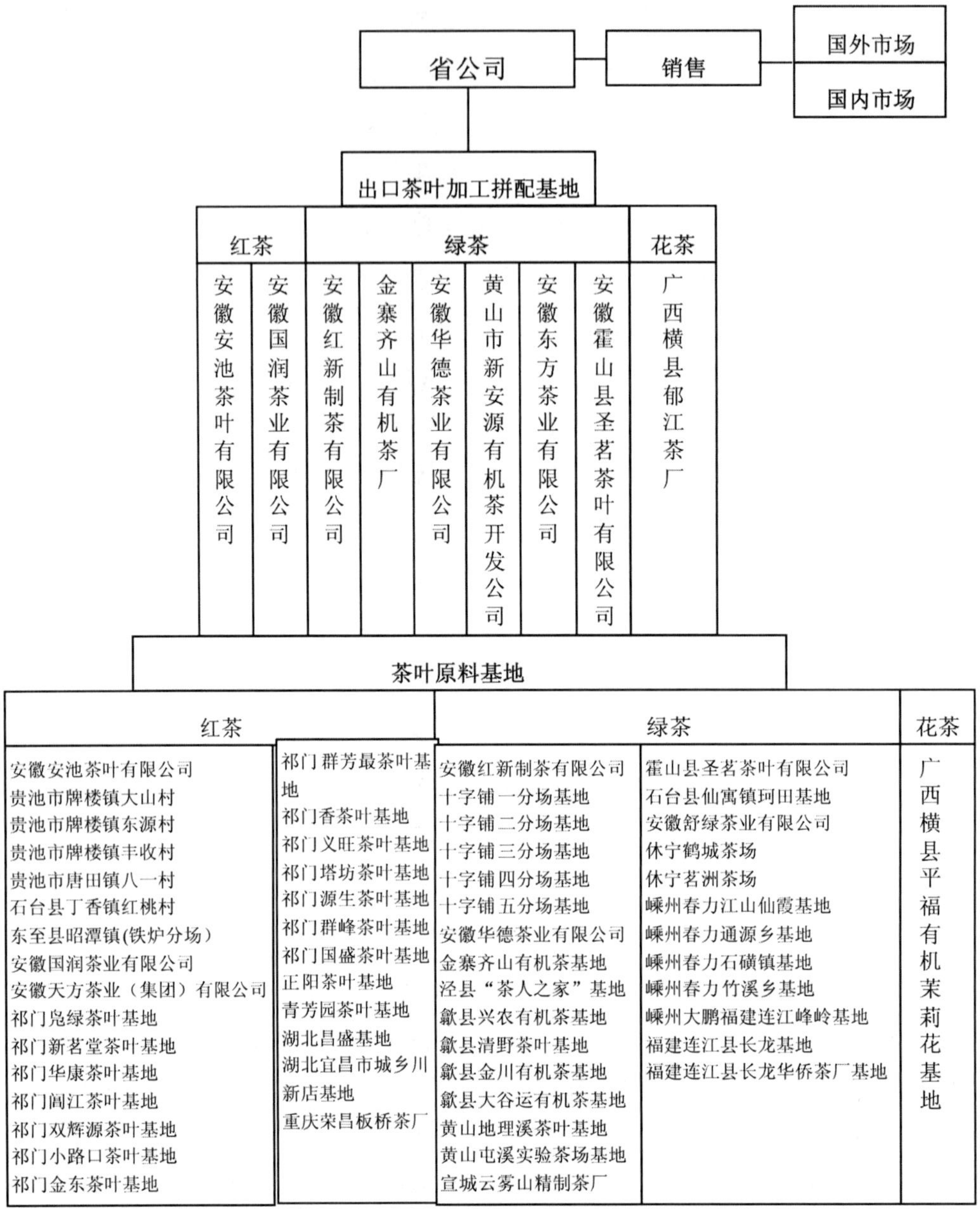

茶叶专业合作社建设　1999 年,安徽茶叶进出口有限公司组建首家专业合作社——齐山有机茶专业合作社。至 2008 年,公司直接组建 6 个茶叶专业合作社,入社茶农 5000 余户,带动 2 万余户茶农。专业合作社对红茶、绿茶、特种茶和有机茶的种植、生产各有侧重。专业合作社理事长由基地厂长担任,公司分管副总经理和业务经营部经理参加理事会。理事会组织茶农按照标准化要求开展茶叶生产、加工和销售。6 个茶叶专业合作社的产量均保持 20% 以上的年增长速度,产品当年生产当年销售,80% 以上出口,茶农人均年收入超 2000 元。

2005 年,泾县爱民乡首创安徽省乌龙茶专业合作社——泾县九州茶业合作社,既生产乌龙茶又生产绿茶。合作社集乌龙茶科研、种植、加工、销售、茶文化传播于一体，社员从组建之初60户发展到2008年800余户，乌龙茶加工生产线由原来2条增加到20条，固定资产由原来50万元增加到1000万元，年产值5000万元，拥有茶园8900亩。合作社被授予"宣城市十佳农民专业合作社""市农业产业化龙头企业"称号，"中徽"牌乌龙茶系列产品、"爱民提魁"绿茶通过国家认监委有机食品认证，通过质检局QS认证，取得ISO9000质量认证，有机茶园获得省级有机转换产品认证。

2007年，休宁县参加专业合作社组织的会员人均纯收入达4502元，比一般农户高出202元。新安源茶叶农民专业合作社、荣山茶叶农民专业合作社先后被列入省级示范组织。

2007年3月18日，滁州市金鹰茶叶有限公司牵头联合成立滁州市施集惠民茶叶专业合作社，推动"皖东茶乡"建设。同年，黄山市六百里猴魁茶业有限公司成立黄山市黄山区三合村猴魁茶专业合作社，拥有110户茶农和7家城区茶行，聘请黄山区农技推广中心、黄山区茶业局等单位技术人员开展测土配方施肥、统防统治、茶园修剪、良种选用、茶叶标准化制作等技术培训和技术服务。专业合作社被评为"安徽省级先进专业合作社"。

2008年3月18日，安徽茶叶进出口有限公司牵头发起，联合安徽省迎客松茶叶有限公司、安徽省祁门县小路口茶叶精制厂共同组建祁门迎客松红茶专业合作社，是为省内第一家祁门红茶专业合作社。

至2008年，全省供销社系统共兴办茶叶专业合作社600余个，带动农户70余万户。

安徽省1986—2008年茶叶生产情况统计表

表3—4—1　　单位：亩、公斤

年份	茶园面积	产量
1986	1740654	46484200
1987	1743553	51470000
1988	1758411	55169500
1989	1788546	51434600
1990	1780944	53581500
1991	—	—
1992	—	—
1993	—	—
1994	—	48000000
1995	—	45881000
1996	—	46700000

续表 3—4—1

1997	—	46674000
1998	—	49507000
1999	—	48920000
2000	—	45376000
2001	—	47045000
2002	—	48262000
2003	—	50747000
2004	—	55700000
2005	—	59600000
2006	—	64000000
2007	—	71000000
2008	—	76000000

第三节　茶叶质量管理

茶叶标准样管理　我国现行有关茶叶标准内容包括产品标准、检验方法标准和包装、贮运标识标准。其中有国际标准、出口商品茶标准、国内商品茶标准。国内商品茶标准分为国家标准、行业标准、地方标准和企业标准 4 类。

茶叶产品标准设有实物标准样,是产销双方共同制订遵守的依据。我国执行的茶叶实物标准样有毛茶标准样(6 级 12 等、逢双等设样)、加工标准样(分级不分等)、贸易标准样 3 种,分别供工厂收购初制茶、产销双方、市场贸易计价使用。毛茶标准样每年更换 1 次,加工标准样可隔数年更换。

毛茶收购标准样换配　1986 年前,根据商业部规定,对照 1979 年核定基期年度标准样水平换配当年新标准样,并确定 1985 年换配标准样为基期标准样。1986 年起,按照基期年度标准样品质水平,换配当年收购标准样。

1986—1988 年,因抢购大战导致茶叶质量明显下降,毛茶收购标准配样原料选留和换配受到影响。

1995 年,省社对各地市茶叶主管部门换配的祁毛红、池毛红、舒毛绿、芜炒青、太泾条茶等 7 套毛茶标准小样作出批复,要求各地市供销社茶叶主管部门对照列表核定小样品质水平,套换大样,保证收购需要。

1996 年,中华全国供销合作总社同意安徽省茶叶公司等已换配祁毛红、舒毛绿收购实物标准样作为 1996 年毛茶收购标准参考样,要求新茶上市时留足换样原料,确保 1997 年毛茶实物标准样换配。

1998年,中华全国供销合作总社同意1998年祁毛红、舒炒青两套样作为安徽省1998年收购基期实物标准样。

1999年,省社请示中华全国供销合作总社,因安徽省茶叶生产、购销发生重大变化,配制毛茶收购标准小样工作难度加大,1999年安徽省毛茶收购标准样换配工作难以如期进行,建议1999年安徽省部管祁毛红、屯炒青、舒炒青、徽烘青等4套毛茶收购标准样分别沿用1998年、1991年、1998年、1990年标准样。原部管黄大茶由于消费结构变化,生产数量大幅度减少,从1999年起由部管样改为省管样,仍继续沿用1990年标准样。

自2000年起,安徽省毛茶收购标准样换配工作未正常开展。

外销茶加工标准样换配 20世纪80年代,黟县、休宁、六安、金寨茶厂以及生产外销绿茶的乡镇企业茶厂,均按出口绿茶贸易样加工;生产红茶的国营茶厂和乡镇企业茶厂,按"祁红"加工验收统一标准样加工。1984年,安徽省茶叶公司配制绿茶梗、红茶末、红茶片等出口贸易样。

1985年,安徽省茶叶公司创建"祁门工夫红茶""安徽红茶""安徽绿茶""安徽红碎茶"4套共40个自营出口贸易样,报中国茶叶进出口公司核准对外布样成交。

1986年,安徽省茶叶公司增订绿茶凤眉和红碎茶出口贸易样。

1987年,安徽省茶叶公司制订安徽片茶1号和安徽片茶2号出口贸易样。

1988年,安徽省茶叶公司受中国茶叶进出口公司委托,由上海、江西、安徽省茶叶公司、合肥商检局派员参加,在贵池茶厂换制红碎茶加工验收标准样,其品质维持1983年水平。

20世纪90年代,出口茶加工验收标准均由出口企业自行掌握。对摩洛哥等主要进口国的茶叶加工验收标准,受中国食品土畜进出口商会协调。至2008年,出口茶加工验收标准由出口企业在生产第一线直接控制。

出口贸易样换配 1954—1997年,我国相继建立4种出口茶叶贸易标准样(实物样),即:绿茶贸易标准样(包括珍眉、珠茶等)、特种茶标准样(龙井等)、小包装贸易标准样和红茶贸易标准样,并定期换制。

1986年8月16日,安徽省茶叶公司在合肥市召开全省红茶出厂产品质量鉴评会,根据商业部茶畜局和中国土畜产进出口总公司颁发的《出口茶叶产销交接验收试行办法》,对照部颁祁红加工验收统一标准样,鉴评71个样品后,发现品质下降,提出整改措施:各精制茶厂要学习《工业产品质量责任条例》,按规章办事;加强茶厂质量验收检验机构,保证质量检验机构独立行使监督检验权;推行全面质量管理,健全质量检验制度;认真细致对样拼配好成品茶;省红茶拼配点审检小组坚持认真对样原则验收各厂调供茶叶。

9月8日,安徽省商检局牵头组成出口茶叶质量检查小组,检查舒城、贵池、东至、石台、祁门、屯溪、歙县、宣城、芜湖等9个精制茶厂和贵池、芜湖自营出口茶叶拼配点。

1986年8月27日,安徽省茶叶公司在合肥市召开绿茶出厂产品品质鉴评会,根据商业部茶畜局和中国土畜产进出口总公司颁发的《出口茶叶产销交接验收试行办法》,对照部颁绿茶加工验收统一标准样和贸易样,鉴评各厂和拼配点所报128个样品,发现品质下降,对此提出改进措施。

1987年10月12日,由商业部茶畜局主持,浙江、江西、湖南、湖北、河南、安徽等炒青绿茶产区茶叶生产、经营、科研、高等院校和标准管理等有关部门26位专家、学者和技术人员组成的标准审定委员会,在召开会议审定通过商业部茶畜局安徽省茶叶公司和安徽农学院茶业系共同起草的《炒青绿茶鲜叶》《炒青绿茶技术条件》两项部标准。

1989年8月21日,安徽省茶叶公司在合肥市召开全省红、绿茶出厂产品质量鉴评会。

1991年3月30日,由商业部土特产品管理司主持,国家技术监督局、商业部中国农副土特产品开发公司、商业部科技质量司以及来自生产、经营、外贸、商检、教学、科研等29个单位的39位专家和有关领导参加的审定会在安徽省合肥市举行,审定通过《绿茶》《茶叶品质感官审评方法》《祁门工夫红茶》国家标准。

茶叶实物标准样制定 2008年4月16日,黄山市在省内率先与国家农业标准化与监测中心(安徽)签订《关于合作促进黄山市农业经济又好又快发展备忘录》,利用国家农业标准化与监测中心在人才、技术、设备和资金等方面的优势,共同建设黄山茶叶实物标样系统工程。2009年年底,黄山毛峰实物标准样制定的准备工作基本完成。2010年2月,对太平猴魁实物标准样进行初审。

茶产业标准化建设 茶叶标准是对茶叶产品、技术、设备、材料、技术文件的符号或代号等加以统一规定并予以实施的技术措施。标准经主管机构批准、颁布后即作为茶叶生产、加工和销售必需共同遵守的准则和依据。

1999年6月,黄山市休宁县诞生我国文本意义上第一部关于有机茶的地方性规程——《新安源有机茶开发技术操作规程》。2000年10月,黄山市科委在此基础上制定《黄山市有机茶地方标准》(DB3410/T001—2000),由黄山市质量技术监督局颁布实施,标准分为有机茶、有机茶园生态环境要求、有机茶园管理技术规范和有机茶加工要求4部分,由此地方性规程正式上升到地方性标准,是我国文本意义上的第一部有机茶地方性标准。2002年,由安徽省质量技术监督局制定的《安徽省有机茶地方标准》(DB34/T238—2002)颁布实施,标准分为茶园、鲜叶与加工、商品茶和认证与管理等4部分,有机茶标准上升至省级。

安徽茶叶进出口有限公司在基地建设中推行标准化,导入国际国内先进标准,在生产、收购、加工、仓储、销售(出口)各个环节完善管理体系,实现质量可追溯。2000年通过国际质量管理体系(ISO9001)认证,2003年有机茶基地通过国际有机茶(IMO)认证,2007年通过食品生产(QS)认证,2008年通过良好农业规范(GAP)认证,所有生产基地都通过国家商检出口基地备案,成为省农产品出口示范基地、国家农业标准化(有机茶)

示范区。

2005年7月，国家标准化管理委员会下达太平猴魁国家级标准化示范区建设项目任务书。

2006年9月18日，中华全国供销合作总社科技教育与工业部发出《关于批准〈全国供销合作社农业标准化示范区重点监测项目实施细则〉（棉花类、茶叶类、食用菌类、果蔬类）的函》，通知国家茶叶质检中心按照《全国供销合作社农业标准化示范区重点监测项目实施方案》要求，组织承担单位和重点监测项目单位共同落实《实施细则》。安徽茶叶进出口有限公司与陕西苍山茶业有限责任公司、四川香叶尖茶业有限公司共同承担茶叶类重点监测项目。11月6日，受国家标准化管理委员会委托，中华全国供销合作总社南京野生植物综合利用研究院、安徽省质量技术监督局、安徽省供销合作社、安徽农业大学等部门专家组成考核验收组，对安徽茶叶进出口有限公司承担的第四批国家级农业标准化示范项目——齐山有机茶标准化示范区进行考核验收。按照国家《农业标准化示范区考核验收评价表（种植类）》进行综合评价打分，得分为88.72分，给予通过验收。验收组认定：通过3年努力，齐山有机茶标准化示范区建设，取得良好的社会、经济、生态效益和示范带动作用。是年，全省有20多个县（市区）实现茶叶安全生产。列为县级茶叶标准化生产示范项目并加入全省推广标准化生产的茶园面积达100余万亩，占开采茶园面积60%以上。

2007年，国家科技部批准歙县汪满田茶场为国家黄山毛峰星火计划标准化生产加工示范基地。

2008年3月，经国家标准化管理委员会批准，全国茶叶标准化技术委员会（SAC/TC339）在杭州成立。国家标准化管理委员会下达第六批全国农业标准化示范区项目计划，池州市"祁红"茶安全生产标准化示范区和富硒有机绿茶生产标准化示范区获准立项。10月，安徽省太平猴魁有机茶国家级标准化示范区项目验收组考察、验收黄山区新明猴村茶场承担的黄山区太平猴魁有机茶标准化示范区项目建设。

茶叶国家地理标志产品　地理标志产品即原产地域产品，是指利用产自特定地域的原材料，按照传统工艺在特定地域内所生产的，质量、特色或者声誉在本质上取决于其原产地域地理特征并依照本规定经审核批准以原产地域进行命名的产品。中国在20世纪90年代建立原产地标记制度，起初仅用于单项商品进出口。1999年8月，国家质量技术监督局发布《原产地域产品保护规定》，正式将保护措施运用于国内生产和贸易活动。黄山毛峰于2002年11月8日、太平猴魁于2003年5月19日、黄山贡菊（徽州贡菊）于2004年10月13日，获国家质量技术监督局批准，运用原产地标记制度。

2005年7月起，国家质量监督检验检疫总局发布《地理标志产品保护条例》，替代《原产地域产品保护规定》，此前已批准原产地域产品自动转成地理标志产品。规定明确地理标志产品是指"产自特定地域，所具有的质量、声誉或其他特性本质上取决于该产地的自然因素和人文因素，经审核批准以地理名称进行命名的产品"。

2006 年,国家质检总局发出《关于批准对霍山黄芽实施地理标志产品保护的公告》(国家质量监督检验检疫总局公告 2006 年第 53 号)。霍山黄芽地理标志产品保护范围以安徽省霍山县人民政府《关于界定霍山黄芽地理标志保护范围的函》提出范围为准,为安徽省霍山县现辖行政区域。

2007 年,国家工商总局与世界知识产权组织共同举办地理标志国际大会,国内共有 30 个地理标志产品参展,其中有安徽"太平猴魁"。是年底,国家质检总局发布《关于批准对六安瓜片实施地理标志产品保护公告》,规定六安瓜片地理标志产品保护范围内的生产者,可向安徽省六安市质量技术监督局提出使用"地理标志产品专用标志"申请,由国家质检总局公告批准。自公告发布之日起,质检部门对六安瓜片实施地理标志产品保护措施,保护范围以安徽省六安市人民政府《关于界定六安瓜片茶国家地理标志产品保护范围的函》规定范围为准,为安徽省六安市裕安区石婆店镇、石板冲乡、独山镇、西河口乡、青山乡,金寨县响洪甸镇、青山镇、燕子河镇、响齐办、天堂寨镇、古碑镇、张冲乡、油坊店乡、长岭乡、槐树湾乡、张畈乡,霍山县佛子岭镇、黑石渡镇、诸佛庵镇、磨子潭镇、漫水河镇、太阳乡、大化坪镇,金安区毛坦厂镇、东河口镇、舒城县晓天镇等 5 个区县 26 个乡镇现辖行政区域。

2008 年底,岳西翠兰地理标志商标注册获得国家工商总局商标局批准。"岳西翠兰"创制于 20 世纪 80 年代,先后获全国十大新名茶、农业部优质产品、中国(国际)农业博览会名牌产品、安徽省十大名茶、安徽省名牌农产品等称号。

输欧茶叶质量管理 1999 年 11 月 5 日,安徽省茶叶公司根据国际茶叶市场要求,在合肥市组织召开全省茶叶农残问题座谈会,专题研究安徽茶叶农药残留量和有害微生物含量超标问题,提出农残降解和加强卫生质量工作建议。

2000 年后,世界上有 18 个国家和组织颁布 349 项农药允许残留标准,欧盟从 2000 年 7 月 1 日起实施新农残检测标准,特别是我国加入 WTO 后,欧盟等发达国家对进口茶叶农残等制订更为严格的技术壁垒,限制我国茶叶出口。大多数国家和地区还对茶叶中的非茶类夹杂物、重金属、放射性物质污染、黄曲霉素和微生物污染等提出卫生限量指标要求,增加检测项目。这些标准要求中,农残检测种类和项目多,农残限量大幅降低,限量远低于联合国粮农组织标准,如氰戊菊酯,新标准较原标准下降 100 倍。对出口茶不仅要求批批检测,而且每批都要经过进口国客户重复检测,有的客户还要求货到目的港后再复验,增加时间和出口成本。安徽茶叶进出口有限公司采取一系列农残治理措施,开展有机茶认证工作。通过 8 年努力,农残治理工作取得成效。

2006 年 7 月 13 日,由国家商务部外贸司、德国经济与合作发展部特别支持,中国食品土畜进出口商会、德国质量服务国际有限公司、德国西纳思茶叶贸易有限公司、安徽省商务厅联合举办,安徽省茶叶行业协会、黄山市商务局承办,安徽茶叶进出口有限公司协办的输欧盟茶叶质量管理培训班在黄山市举办。安徽茶叶进出口有限公司、黄山市、宣城市、池州市、安庆市等主要产茶区的茶叶种植、生产、加工、出口(销售)企业负责人及有关质量管理人员参加学习培训。

茶企质量体系认证　ISO9001 质量保证体系认证　ISO 是国际标准化组织（International Organization for Standarization）的简称。ISO9001 体系是"由 ISO/TC176 技术委员会制定的所有国际标准"，由一系列标准组成，形成包括实施指南、标准要求和审核监督等多方面的完整体系。其核心是质量保证标准系列，包括证实企业设计、生产合格产品过程控制能力的质量保证模式；证实企业具备生产合格产品过程控制能力的质量保证模式；以及保证企业最终检验和试验符合规定要求的质量保证模式。

2000 年 3 月 2 日，安徽省茶叶公司发出《关于开展 ISO9000 质量保证体系认证和成立贯标领导小组及工作小组的通知》，组织开展 ISO9000 质量保证体系认证工作。年底，中国 ISO 评审认证中心颁发认证证书，确认安徽省茶叶公司已在公司内部建立并运行 ISO9002 国际质量保证体系。安徽省茶叶公司成为安徽省供销社系统首家通过 ISO9002 国际质量认证企业。

GAP 认证　GAP 是良好农业规范（Good Agricultural Practice）的简称，是主要针对初级农产品生产的种植业和养殖业操作规范，关注动物福利、环境保护、工人健康、安全和福利，保证初级农产品生产者生产出安全健康的产品。

China GAP 意为中国良好农业操作规范，是中国国家认证认可监督管理委员会（简称国家认监委）参照良好农业规范标准，结合中国国情而起草的中国农产品种养殖规范。China GAP 认证是针对作物、果蔬、肉牛、肉羊、奶牛、生猪和家禽的种植或养殖所进行的良好农业规范认证，于 2006 年 7 月正式发布实施。

2008 年 9 月，安徽茶叶进出口有限公司齐山有机茶基地获中国良好农业规范认证（China GAP）证书，为省内较早获得该项证书的单位。

HACCP 认证　HACCP（Hazard Analysis critical Control Point）体系即危害分析和关键控制点管理体系，由美国 FDA（美国食品和药品管理局，Food and Drug Administration）推行，得到欧盟、美国、加拿大、日本及联合国 FAO（联合国粮食及农业组织，Food and Agriculture organization of the united nations）/WHO（世界卫生组织，World Health Organization）食品法典委员会认可。2006 年 8 月，安徽国润茶业有限公司通过 HACCP 食品安全保证体系认证，成为全省首家获此认证的茶叶企业。

QS 认证　QS 是食品"质量安全"（Quality Safety）的英文缩写。自 2004 年 1 月 1 日起，我国首先在大米、食用植物油、小麦粉、酱油和醋 5 类食品行业中实行质量安全市场准入制度。自 2008 年起，包括茶叶在内没有 QS 认证的 13 类食品将不得在市场出售，所有茶庄、茶馆均不得经营无 QS 认证的茶叶产品。

2007 年，安徽茶叶进出口有限公司启动茶叶质量安全（QS）市场准入准备。经安徽省质量技术监督局组织的专家组综合考评、现场检测、重点审查，确定绿茶、红茶、乌龙茶、花茶、紧压茶 5 大类茶叶产品的加工生产上符合食品卫生生产许可证发放条件，取得全国工业产品生产许可证。到 2008 年，安徽省超过 300 家涉茶企业通过 QS 认证。

第四节 茶叶营销推广

20 世纪 80 年代初,茶区农民多重种茶、制茶,较少市场开拓,茶叶越是丰收,价格越低,茶农曾因此毁茶、毁林。随市场经济发展和社会主义新农村建设深入,茶叶产品亦从传统销售向现代市场营销转变。

茶叶品牌建设 1983 年起,政府引导茶企根据经营产品实际,注册本企业商标,建设品牌系列。安徽省茶叶公司和黄山茶林场分别注册“迎客松”和“黄山”商标,霍山县茶叶公司注册“大化坪”、祁门县茶厂注册“祁山”等商标。

自 20 世纪 90 年代起,品牌建设纳入各级产茶区政府工作范畴。1989—1998 年,全省注册茶叶商标 47 件,是新中国成立前 40 年总数的 3 倍多。政府鼓励茶企创名牌,对获评省著名商标、省名牌产品和国家驰名商标、中国名牌产品的企业给予奖励;开展名茶原产地证明商标申请注册工作;抓好茶叶品牌市场运行监督管理,避免企业之间内耗和不良竞争;结合旅游、茶道文化等,打造知名品牌。

2008 年,全省茶产业领域拥有 1 件国家驰名商标、3 个中国名牌农产品以及 13 件安徽省著名商标、5 个安徽省名牌产品和 38 个安徽省名牌农产品。

1999 年,安徽茶叶进出口有限公司成立品牌创建工作领导组,至 2008 年年底,拥有自有商标 18 件,其中“LUCKYBIRD”“迎客松”2 个品牌进行国际注册,在国际国内市场享有较高知名度,相关产品被安徽省商务厅列为安徽“名牌出口商品”,被安徽省农委列为省优质农产品,被中华全国供销合作总社评为全国供销社系统名牌产品,被国家“三绿”工程办公室推荐为“中国茶叶放心品牌”。

“LUCKY BIRD”品牌

“迎客松”品牌

2006 年,“汪满田”牌茶叶被农业部评为“中国名牌农产品”。黄山市提出“打响品牌、提升品位、扩大交流、促进合作”,在京、沪等地进行展示推介,市政府与上海茶协、中国茶叶流通协会联合开展“纯正黄山茶叶经销店”和“黄山茶特约经销店”称号评比授牌,重塑黄山茶叶形象。同年,安庆市把包括茶叶在内的几大农产品品牌整合工作纳入全市“3231”重点工程,要求从 2007 年起,岳西、桐城、潜山、太湖 4 个茶叶主产县在县内整合后各打 1 个品牌,分别为兰花形的“岳西翠兰”“桐城小花”以及扁形的“天柱剑毫”“天华谷尖”,使 4 大品牌覆盖率达全市茶叶产量 80% 以上。在此基础上,通过 3 ~ 5 年努力,在全市主打 2 个品牌,即兰花形、扁形各一。再经过 10 年整合,最终全市主打 1 个品牌,创国内外知名品牌。

2007 年,庐江县出台《关于加快茶叶产业发展的意见》,打造“白云春毫”“潜川雪峰”“万山春早”3 大茶叶品牌，提出到 2010 年“十一五”末的发展目标：全县茶园面积达 3 万亩，商品茶总产量达 1350 吨，总产值达 7000 万元，打造皖中地区茶叶集散地和全省重点茶叶生产基地；每个产茶镇至少发展 1 个年销售收入超 2000 万元、利税超 200 万元的茶叶龙头企业；规定每 2 年在全县评选 1 次“十大种茶大户”；对获得省著名商标称号的，一次性奖励 2 万元，对获得中国驰名商标称号的，奖励 10 万元，对获得国家级茶叶展评会金银奖的，分别奖励 2 万元和 1 万元。同年起，黄山市黄山区连续组织省、市多家新闻媒体赴太平猴魁产地采风，拍摄专题片；举办“太平猴魁文化旅游节”“黄山茶乡风情游”等活动，推动名茶市场升温。举办“中国黄山（北京）茶叶暨旅游推介会”，吸引中央电视台（4 套）进行采访报道。黄山市猴坑茶业有限公司赴德国参加“科隆国际食品展”，黄山市六百里猴魁有限公司赴俄罗斯参加“第五届世界茶与咖啡节”。

2008 年 6 月，“太平猴魁”作为安徽省唯一注册商标，进入世界知识产权组织主办的世界地理标志大会。是年，黄山市茶叶注册商标 109 个，25 家企业申请原产地域产品保护，拥有 3 个安徽省名牌产品、9 个安徽省著名商标、9 个安徽省名牌农产品、3 个安徽省十大品牌名茶；“新安源”牌系列产品被农业部推荐为北京 2008 奥运会指定用茶；50 家企业获得 QS 认证。各区县积极引导企业开展 ISO9000 质量体系、ISO14000 环保体系和 HACCP 食品安全保证体系认证，推进清洁化生产，提高企业现代化管理水平。

茶界重要评比　1986 年 8 月 6 日，商业部公布全国名茶，安徽省太平猴魁（安徽黄山市产）、齐山名片（安徽金寨县产）、黄山银钩（安徽歙县产）、特级尖茶（安徽泾县产）、黄山毛峰（安徽歙县产）、祁红（安徽祁门县产）名列其中。同年，商业部表彰安徽省茶叶公司等单位“七套炒青绿茶（部标）”在商业科学技术工作中取得的重大成果，授予“一等奖”。

1987 年 8 月 17—19 日，安徽省茶业学会在合肥举行全省名优茶评选会，评选出 30 种 1987 年安徽省名茶，其中包括：白霜雾毫（舒城县农业局）、龙潭翠毫（宁国县农牧渔业局）、金地雀舌（九华山管理处科技办公室）、皖西早花（舒城县农业局）、瑞草魁（郎溪县农牧渔业局、郎溪县人民政府）、贵池翠微（贵池县农业局）、敬亭绿雪（国营敬亭山茶场）、天华谷尖（太湖县农业局）、天华元峰（九华山管理处科技办公室）、齐山翠眉（金寨县农业局）。9 月 15 日，由安徽省茶叶公司选送、祁门茶厂生产的祁红工夫特级（毫芽），在比利时布鲁塞尔第 26 届世界优质食品评选会上获金质奖，受到安徽省人民政府嘉奖。

1988 年 12 月 20 日，省社公布 1988 年商办工业“设备管理优秀单位”名单。贵池茶厂、舒城茶厂、屯溪茶厂、霍山茶厂、宁国茶厂获评省社“设备管理优秀单位”称号；贵池茶厂（1986 年、1987 年两度获评优秀单位）、舒城茶厂（1986 年获评优秀单位，1987 年复查合格，保留称号）获商业部“设备管理优秀单位”称号；贵池茶厂获安徽省“设备管理优秀单位”称号。同年，由安徽省茶叶公司组织、屯溪茶厂生产的安徽绿茶“特珍特级 41022”和“特珍一级 9371”，霍山茶厂生产的安徽绿茶特珍特级，在希腊雅典食品评选会上获第27届世界优质食品大奖赛银牌奖,受到安徽省人民政府通令嘉奖。

1989年1月3日,省社通报表彰获第27届世界优质食品评选会银牌奖特珍特级、一级眉茶和1988年商业部优质产品奖的单位——安徽省茶叶公司、霍山茶厂和屯溪茶厂。3月3日,省社通报获安徽省首届中国食品博览会金、银、铜牌奖产品,金牌产品——祁山牌祁门工夫红茶特级(祁门茶厂)、祁山牌祁门工夫红茶一级(祁门茶厂)、中茶牌特珍特级(屯溪茶厂)、中茶牌特珍一级(屯溪茶厂)、太平猴魁(黄山市黄山区茶叶公司)、齐山名片(金寨县茶叶公司);银牌产品——黄山毛峰(歙县茶叶公司)、顶谷大方(歙县茶叶公司)、太平奎尖(黄山市黄山区茶叶公司);铜牌产品——涌溪火青(泾县茶叶公司)。12月11日,安徽省供销合作社公布:霍山茶厂获商业部1988年度"设备管理优秀单位"称号;1986年度、1987年度商办工业"设备管理优秀单位"安徽省茶叶公司、贵池茶厂、舒城茶厂复查合格。

1990年1月12日,祁门茶厂产"迎客松"牌祁门工夫红茶一级被评为经贸部优质产品。3月2日,安徽省经济委员会公布1989年安徽省优质产品:珍眉一级(宣郎广精制茶厂产)、特珍一级(屯溪茶厂产)、雨茶一级(安徽省霍山茶厂产)、雨茶一级(黟县茶厂产)、工夫红茶三级(石台茶厂产)、工夫红茶三级(东至茶厂产)、珠兰烘青一级(歙县茶厂产)、特珍特级(休宁茶厂产)。3月6日,省社公布获1990年商业部优质产品奖名单:黄山市黄山区茶叶公司"太平"牌太平猴魁特级、金寨县茶叶公司"齐云"牌齐山名片特级、歙县茶叶公司"迎客松"牌黄山毛峰特级、霍山县茶叶公司"大化坪"牌霍山黄芽特级、宣郎广茶叶联营公司"宣郎广"牌绿霜特级。6月25日,中国包装进出口总公司颁发证书,表彰安徽省茶叶公司,明确"安徽名茶包装荣获全国出口商品优秀包装,代表中国参加'90亚洲之星评比"。

1991年1月12日,祁门茶厂产"迎客松"牌祁门工夫红茶一级被评为1990年经贸部优质产品。

1997年6月,中国包装技术协会设计委员会华东地区执行委员会(济南)颁发"华东大奖"证书:安徽省茶叶公司设计的祁门红茶系列包装在1997年第8届华东装潢设计大奖赛中被评为银奖。

1998年6月24日,安徽省农业厅公布安徽省第五届名优茶评比结果:

省级名茶

旌德茗魁(旌德县农业局名茶公司麻家茶厂、旌德县名茶开发办公室)

黄山白雪(安徽省农科院茶叶研究所)

兰花瓣(歙县科委科技试验站)

黄山针羽(祁门县茶叶公司)

龙眠春翠(桐城市名茶科技开发总公司)

红香螺(安徽省农科院茶叶研究所)

漪湖绿芽(郎溪县茶场)

华山翠芽(六安市华山名优茶开发中心)
珠梅雪莲(歙县科委科技试验站)
龙溪云峰(桐城市名茶科技开发总公司)
黄山魁(黄山区三口乡人民政府)
珠宝青针(宿松县珠宝茶厂)
巢湖银针(巢湖市农业技术推广中心)
南容一枝春(泾县南容乡人民政府)
苏红九里香(泾县苏红乡人民政府)
红牡丹(歙县科委科技试验站)
省级优质茶
绿茗芯(歙县科委科技试验站)
老屋王尖(东至县马坑乡老屋名茶厂)
天华龙雾(太湖县茶叶开发公司)
罗汉香芽(宿松县珠宝寨茶场)
强身银元茶(歙县科委科技试验站)
黄山云雾(黄山市农业局茶叶站)

2000年3月13日,全国供销合作总社表彰1999年度全国供销合作社外贸先进企业,安徽省茶叶公司被授予"全国供销合作社出口龙头企业"称号。4月28日—5月3日,中国(芜湖)首届国际茶博会授予安徽省齐山六安瓜片有限公司"齐山"牌六安瓜片"茶王"称号。

2002年5月16—19日,中国(芜湖)第二届国际茶博会授予安徽新安制茶有限公司"天茗庄"牌黄山毛峰"茶王"称号。

2003年3月7日,中华全国供销合作总社授予安徽茶叶进出口有限公司"2002年度全国供销合作社系统出口龙头企业"称号。4月21日,中华人民共和国人事部、中华全国供销合作总社授予安徽茶叶进出口有限公司"全国供销合作社系统先进集体"称号。5月16—19日,中国(芜湖)第三届国际茶博会授予黄山新明猴坑茶场"猴坑"牌太平猴魁"茶王"称号,安徽茶叶进出口有限公司获"2004年中国(芜湖)国际茶业博览交易会优秀展台奖"。

2005年5月13—15日,中国(芜湖)第四届国际茶博会授予宣城市宣州区爱民剑锋茶庄"爱民剑锋"茶"茶王"称号。5月20—22日,中国(安徽)首届茶产业博览会授予岳西县茶业协会"翠兰"牌岳西翠兰、黄山市徽州漕溪茶厂"漕溪"牌黄山毛峰、六安市华山名优茶开发中心"华山"牌六安瓜片、黄山市猴坑茶业有限公司"猴坑"牌太平猴魁、安徽省敬亭山茶场"敬亭绿雪"牌敬亭绿雪、安徽霍山绿力生态产品有限公司"清茗"牌霍山黄芽、安徽国润茶业有限公司"润思"牌祁门红茶、安徽天方茶业(集团)有限公司"天方"牌雾里青、安徽潜山县名茶开发公司"天柱剑毫"牌天柱剑毫、黄山市歙县汪满田茶场“汪满田”牌黄山毛峰“安徽省十大品牌名茶”称号。11 月 18 日,中国茶叶流通协会授予安徽茶叶进出口有限公司“迎客松牌”茶叶“2005 年中国‘三绿’工程放心茶中茶协推荐品牌”,同时上榜的安徽茶叶品牌有:黄山市徽州漕溪茶厂“漕溪”牌、黄山一品有机茶业有限公司“屯绿”牌、黄山市新安源有机茶开发有限公司“新安源”牌、黄山市歙县汪满田茶场“汪满田”牌、黄山区新明猴村茶场“猴坑”牌。

2006 年 6 月 3—5 日,中国(安徽)第二届茶产业博览会授予黄山市祁门香茶业食品有限公司“祁香”牌祁门红茶茶王称号;授予安庆市潜山县天柱山茶业集团幸福茶场“彭河”牌天柱仙芽、安徽省东至县马坑乡源口村清水源茶厂“清水源”牌碧色天香、潜山县天柱弦月茶业有限公司“天柱弦月”牌天柱弦月、安徽省宁国天思绿色食品有限公司“天思”牌野兰香、黄山市新安源有机茶开发有限公司“新安源”牌新安银毫、舒城县荣盛花木贸易有限公司“晓天”牌白霜雾毫、东至县马坑源口名茶加工厂“玉露银峰”牌玉露银峰等“安徽省十大创新品牌名茶”称号。

2007 年 8 月,在中国茶叶学会第七届“中茶杯”名优茶评比会上,安徽省参赛 14 个茶样中,岳西县林兰名茶厂“林兰芳”牌长岭兰芽、安徽省金寨县安态特色农产品有限责任公司“安态”牌金寨雨毫获特等奖;安徽一笑堂茶业有限公司等 11 家单位提供的“一笑堂”牌六安瓜片等 11 个茶样获一等奖。9 月,由巢湖市茶叶协会选送的“巢湖银尖”牌绿茶,在全球绿茶生产国选送的 270 多家品牌中胜出,获在日本举行的世界绿茶评比金奖。同月,安徽省名牌战略推进委员会授予 114 种产品 2007 年安徽名牌产品称号,颁发安徽名牌产品证书。茶叶及茶产品包括:黄山市新安源有机茶开发有限公司“新安源”牌有机绿茶、安徽省六安瓜片茶业有限公司“徽六”牌六安瓜片、泾县绿源汀溪兰香茶业有限公司“汀溪兰香”牌绿茶、黄山市黟县五溪山茶厂有限公司“五溪山”牌黄山毛峰、黄山市徽山食用油业有限公司“徽山”牌茶油。10 月,在北京举行的第四届中国国际茶叶博览会上,由祁门县祁门香茶业公司选送的“祁香”牌祁门红茶获金奖。11 月,中国品牌研究院公布首批共 72 个品牌“中国名茶”名单,安徽省金寨、金龙玉珠、新安源、润思、天方 5 个品牌上榜。同年,在中国茶叶学会举办的“中茶杯”全国名优茶评比中,岳西县林兰名茶厂的“林兰芳”牌长岭兰芽获“中茶杯”全国名优茶评比金奖;安徽省黄山区汤口镇景泰隆茶厂的“景泰隆”牌有机黄山毛峰获得银奖。12 月,霍山县大化坪镇亨大茶叶有限公司选送的霍山黄芽被选为 2008 年奥运会服务茶,与四川龙鼎并列为奥运五环中的黄环。

2008 年 5 月 30 日—6 月 1 日,中国(安徽)第三届茶产业博览会授予黄山六百里猴魁茶业有限公司“六百里”牌太平猴魁“茶王”称号;授予黄山市猴坑茶业有限公司“猴坑”牌太平猴魁、安徽省敬亭山茶场“敬亭绿雪”牌敬亭绿雪、安徽齐山六安瓜片有限公司“齐山”牌莲花雪蕊、黄山市祁门香茶业食品有限公司“祁香”牌祁门红茶、安徽翰林茶业有限公司“绿环”牌绿环兰香、黄山茗丰生态茶场“古茗丰”牌茗丰春雪、安徽省天都茶业有限公司“徽都”牌黄山毛峰、安徽兰香茶业有限公司“汀溪兰香”牌汀溪兰香、黄山市齐云山天然食品有限公司“齐云山”牌齐云道茶、太湖县茶叶开发公司“天华”牌天华谷尖“安徽十大品牌名茶”称号。6月7日，国务院批准文化部确定的“第二批国家级非物质文化遗产名录”（共计510项）和“第一批国家级非物质文化遗产扩展项目名录”（共计147项），由黄山区人民政府申报的《太平猴魁制作技艺》入选“第二批国家级非物质文化遗产名录”。8月，霍山县大化坪镇获“和谐中国——2008全国百佳特产名镇（茶叶名镇）”称号。9月，由新明王老二猴魁茶叶加工基地选送的太平猴魁、由汤口正和堂茶业有限公司选送的黄山毛峰、由岳西县茶叶协会选送的岳西翠兰，在第七届国际名茶评比暨国际茶学研讨会（韩国大会）上，在各国知名茶叶专家按照国际惯例和技术准则，运用密码审评方法进行的评选中，获得金奖。10月，中国茶叶学会“中国名茶之乡”评审专家委员会，在对浙江、广东、江西、贵州、重庆、四川、江苏、河南、山东、广西、湖南、湖北、安徽、福建、甘肃、陕西等16省市的重点产茶县（乡）的35个申报单位材料进行严格定量评价与定性评价等多项审查的基础上，确定黄山市黄山区、徽州区等14个单位为全国首届“中国名茶之乡”。

2009年6月27日—9月27日，中国（安徽）第四届茶产业博览会授予安徽齐山六安瓜片有限公司“齐山”牌齐山云雾“茶王”称号；授予郎溪县十字铺生态特色农业观光园“云岗白魁”牌白茶、泾县汀溪兰香茶业开发有限公司“大南坑”牌大南坑兰香、东至县马坑跑马冈一亮茶厂“跑马冈”牌跑马冈茶、安徽皖南绿苑天然食品有限责任公司“皖南绿苑”牌富硒村云雾茶、安徽省含山县含眉生态茶叶有限公司“含眉”牌含眉茗茶、金寨县四季春茶叶专业合作社“沐芽”牌沐芽茶、安徽龙王井茶业有限公司“潜川龙王井”牌云雾、岳西县放风尖茶叶专业合作社“放风尖”牌铁观音、金寨县燕子河生态茶叶开发有限公司“佛顶翠兰”牌佛顶翠兰“安徽十大创新品牌名茶”称号；授予安徽茶叶进出口有限公司董事长、总经理李念华，安徽天方茶业（集团）有限公司董事长、总经理郑孝和，安徽齐山六安瓜片有限公司董事长、总经理杜陈，岳西县农委茶叶局局长钱子华，黄山市猴坑茶业有限公司董事长、总经理方继凡，黄山太平茶业有限公司总经理聂建强，金寨县四季春茶叶专业合作社理事长陈先志，安徽省宁国天思绿色食品有限公司董事长、总经理陈志平，安徽龙王井茶业有限公司董事长姚泽斌和安徽省普洱庄园连锁机构有限公司董事长牛智军“安徽省茶产业十大杰出人物”称号。

2010年5月7—9日，中国（芜湖）第五届“汀溪兰香杯”国际茶叶博览交易会授予黄山太平茶业有限公司“金魁”牌太平猴魁“茶王”称号。6月12日—8月28日，2010年中国（安徽）第五届“祁眉红茶杯”国际茶产业博览会暨首届“岳西翠兰”茶文化节授予黄山市祁眉茶旅有限公司“祁眉”牌高级红茶“茶王”称号；授予安徽白云春毫茶业开发有限公司“白云春毫”牌白云春毫，旌德县旌山魁芽茶叶专业合作社“旌山魁芽”牌旌山魁芽，安徽雄风贸易有限公司江南青龙生态茶场“九华青”牌云雾茶，安徽龙王井茶业有限公司“潜川龙王井”牌云雾，郎溪县十字铺生态特色农业观光园“云岗白魁”牌白茶，黄山市猴坑茶业有限公司“猴坑”牌太平猴魁，桐城市小花茶叶开发有限公司、桐城市御茗茶叶有限公司、桐城市杨头有机茶专业合作社联合选送的“六尺香”牌桐城小花，泾县百户坑野生茶叶专业合作社“百户坑”牌野生茶，六安市东石笋野茶开发有限责任公司“华山”牌华山银毫，潜山县彭河幸福茶场“彭河”牌五星天柱剑毫“安徽十大品牌名茶”称号；授予省茶叶行业协会常务副会长、安徽茶叶进出口有限公司常务副总经理顾公新，岳西县茶叶局局长、岳西县茶业协会理事长钱子华，安徽天方茶叶(集团)有限公司董事长郑孝和，安徽天下国茶有限公司、安徽华夏国际茶博城投资运营有限公司董事长杜陈，滁州市施集雪峰茶厂厂长杨学峰，黄山市黄山区新明乡三合村党支部书记、村委会主任、黄山市猴坑茶业有限公司董事长、总经理方继凡，霍山县茶业发展办公室主任、霍山县茶叶行业协会会长王少武，潜山县塔贩乡倪河村委会主任汪明水，安徽龙王井茶业有限公司董事长姚泽斌，黄山太平茶业有限公司董事长兼黄山青年旅行社法定代表人聂建强“茶产业十大杰出人物”称号。

茶叶宣传展示 1990年9—10月，第十一届亚运会在北京举行期间，安徽省茶叶公司入驻亚组委旅游服务部开办的亚运购物中心。国务院副总理田纪云，安徽省委、省政府领导卢荣景、傅锡寿、孟富林、汪涉云等视察安徽茶叶展柜。韩国女排队员购买大量茉莉黄山芽，并签名留念。沙特、塞内加尔专员、大使点名购买安徽名茶。40天内，2500公斤茶叶销售一空，营业额达14.98万元；散发宣传品5000份，接待顾客1.1万人次，其中外国友人400人次。

1991年6月9日，“安徽—上海茶文化研究”联谊活动在上海豫园古戏台举行，安徽省政协副主席孟亦奇、安徽省总工会副主席高蔚青、安徽农学院教授林鹤松等出席。安徽省黟县人民政府赠送30余种安徽名茶。15日，中共中央对外联络部礼宾司向安徽省茶叶公司发出感谢信，感谢公司组织加工生产“祁红”作为中共中央总书记江泽民访苏礼品，受到苏联各界好评。

1993年10月28日，安徽省茶叶公司顾公新、江顺珠、杜娟、曹洁萍等4人参加文化部、中央电视台联合在合肥举办的“中国首届相声节”茶话会。杜娟、曹洁萍2人为文化部、中央电视台领导及全国各地艺术家作黄山绿牡丹茶艺表演。

1994年4月26日，安徽省茶叶公司副总经理郑国柱带队，彭代胜、李玲、杜娟等4人参加安徽省人民政府在北京市举办的“安徽省经济成果展览会”。开幕当天《安徽日报》报道称：三尺见方茶叶柜台，日销售茶叶万元以上。茶艺表演成为供销馆的“闪光点”。《中国新闻》报道供销馆的茶艺表演及全国人大常委会委员长乔石品尝安徽名茶的场面。中共中央总书记江泽民、全国政协主席李瑞环、国务院副总理李岚清观赏黄山绿牡丹茶并留下珍贵照片。卫生部部长陈敏章品尝黄山绿牡丹后连说“安徽茶叶确实好，清香可口”，题写“清香可口，心旷神怡”。在京老干部李德生、张劲夫、吕正操、孙大光、王郁昭、伍绍祖等观赏茶艺表演，品尝黄山绿牡丹，留赠墨迹。英国大使麦若宾，阿尔及利亚、加拿大、卡塔尔、越南、乌干达、日本、匈牙利、叙利亚及印度等国大使及使节观看茶艺表演。茶艺表演得到安徽省委书记卢荣景、省长傅锡寿、副省长王秀智等的表扬。参展7天时间,销售茶叶1000公斤,销售额17万元;茶艺表演近百场。

1996年8月8日,安徽省茶叶公司、安徽省大业贸易有限责任公司群芳最茶都开业,成为宣传茶文化的窗口。

1997年7月21日,安徽省茶叶公司、安徽省大业贸易有限责任公司联合向省社报告,申请参加由省商务厅、省经贸委、省电子工业局、省粮食局、省轻工总会、省纺织总会、省供销合作社7部门工商联手开拓市场协调领导小组办公室组织的“名品进名店”活动,选择合肥百货大楼、安徽商之都、安徽乐普生商厦、合肥鼓楼商厦4家商业企业为“名品进名店”对口单位,推销“迎客松”牌系列安徽名优茶。

1999年11月2—5日,应安徽省妇联邀请,安徽省茶叶公司、安徽省大业贸易有限责任公司群芳最茶艺表演队朱飞鸣、丁柏玲、胡伟伟、苏贵霞参加由全国妇联、科技部、中华全国供销合作总社、中国科协、教育部、国家民委、水利部、国家计生委、全国绿化委员会、中国农业银行、国务院扶贫开发领导小组等10余部委在北京中国军事博物馆举办的全国农村妇女学文化、学技术、比成绩、比贡献十年成果展览,表演专场30余场。全国人大、全国妇联、国务院扶贫办、安徽省委等领导,在京各国驻华大使夫人及工作人员和来自全国各地观众近2000人观看表演。

2001年4月24—26日,由安徽省农业委员会和黄山市人民政府主办,休宁县人民政府、黄山市农业委员会、黄山市农业局承办的2001中国黄山名优茶交易暨有机茶展示会在休宁县黄山工商城举行,安徽省人大副主任吴天栋到会,瑞士生态市场研究所(IMO)驻中国代表处主任李正方、中国农业科学院茶叶研究所有机茶研究与发展中心主任卢振辉作有机茶发展战略学术报告。会上成交茶叶协议量5272吨、价值1.0052亿元,其中名优茶交易量1418吨、价值5851万元,茶机具价值120万元;评出“中国黄山十大名茶”。

2002年4月18—20日,由安徽省农业委员会和黄山市人民政府主办的第二届中国黄山名优茶、有机茶交易暨茶机展销会在休宁县黄山工商城举行,安徽省人民政府副省长蒋作君到会。会上评出“百名制茶能手”“百名茶叶经纪人”;成交茶叶协议量6591吨、价值1.35亿元。

2003年4月18—20日,由黄山市人民政府、安徽省农业委员会和安徽省农业机械管理局主办,中国茶叶研究所和安徽省茶叶行业协会协办,黄山市农业委员会、休宁县人民政府和黄山市农机局承办的2003中国黄山名优茶、有机茶交易会在休宁县黄山工商城举行,安徽省人大副主任朱维芳出席。会上成交茶叶协议量7579吨、价值2亿元,茶机具价值346万元。

2004年4月24—26日,由安徽省农业委员会、安徽省供销合作社、安徽省农业机械管理局和黄山市人民政府联合主办的2004中国黄山茶叶交易会在休宁县黄山工商城举行,安徽省人大副主任朱维芳出席。会上成交茶叶协议交易额突破2亿元,茶机协议交易1040台(套)、价值386万元。10月21—24日,首届中国国际茶业博览会在北京中国国际贸易中心举行，来自德国、意大利、英国、印度、斯里兰卡、韩国、美国等国家和地区近 40 家参展商与会。安徽茶叶进出口有限公司总经理李念华带队参展。

2005 年 5 月 13—15 日，由黄山市人民政府与上海农工商（集团）有限公司联合举办的 2005 年“中国黄山茶叶暨名优农产品交易会”在上海国际体操中心举行，是为黄山市首次移师上海、单独举办的规模最大的茶叶暨名优农产品交易活动。5 月 18 日，2005 年中国国际徽商大会在合肥国际会展中心举办，安徽茶叶进出口有限公司在大会主会场设置茶艺表演台进行表演。9 月 28 日，由中国食品土畜进出口商会、中国国际茶文化研究会、中国茶叶流通协会、中国茶叶学会与国际茶叶委员会、商务部外贸发展事务局、杭州市人民政府联合在杭州举办国际茶业暨茶、咖啡展览会，安徽茶叶进出口有限公司副总经理顾公新等参会。

2006 年 5 月 20—21 日，由黄山市人民政府与北京市宣武区人民政府、中国茶叶流通协会联合举办的 2006 中国黄山茶叶（北京）展示暨旅游推介会在北京梅地亚中心和马连道茶城广场举行，围绕“名山、秀水、黄山茶”主题，以中国黄山茶叶暨旅游推介、《茶香情更浓》——徽茶进京电视专题晚会、“百店迎宾客，同品黄山茶”以及国际友人赏茶会和企业对接等 6 项活动为主要内容，近 60 家黄山企业参与推介。5 月 26 日，第九届国际茶文化研讨会暨第三届崂山国际茶文化国际名优茶博览会在山东省青岛市举办。安徽茶叶进出口有限公司副总经理顾公新率朱飞鸣等人参加安徽省名优茶展示团。

2007 年 3 月 26—28 日，国家主席胡锦涛应俄罗斯总统普京邀请对俄罗斯进行国事访问，出席在俄罗斯举办的“中国年”开幕式并参观展览，向普京赠送由安徽茶叶进出口有限公司参与策划、提供的由黄山毛峰、太平猴魁、六安瓜片、绿牡丹 4 种名茶组成的礼品茶。4 月 18 日，“2007 安徽 · 石台茶叶节”在石台县城东方红广场开幕，近万人出席开幕式。同期举办茶业经济发展报告会、百名新徽商重走古徽道、新徽商古道论坛、招商引资洽谈会等多项活动。4 月 21—22 日，由安徽省农业委员会、安徽省商务厅、黄山市人民政府主办，休宁县人民政府承办，安徽省茶叶行业协会、黄山市农业委员会、黄山市商务局协办的 2007 中国黄山有机茶暨名特农产品展示交易会在休宁县举行，同期举行全国有机茶生产加工技术交流研讨会、中国黄山茶乡之旅、茶艺表演等系列活动，引进 11 个项目，协议引进内资 5.15 亿元、外资 3310 万美元。5 月 18—20 日，安徽茶叶进出口有限公司组团参加在湖南长沙举办的“2007 国际茶业大会暨展览会”，全国人大常委会副委员长许嘉璐在中国食品土畜进出口商会会长霍建国陪同下参观安徽茶叶展位；联合国粮农组织政府间茶叶组秘书长 Kaison Zhang、国际茶叶委员会主席 Mike Bunston，商务部部长助理傅自应、湖南省副省长杨泰波、长沙市委书记陈润儿等高度评价安徽茶叶。其间，安徽茶叶进出口有限公司总经理李念华、总经理助理汪小谷参加中美、中俄客商见面洽谈会。经由国家著名茶叶专家和管理专家评比，安徽茶叶进出口有限公司以前 4 排名获“中国茶叶知名企业”荣誉。会后，在黄山接待美国参会代表团。安徽国润茶业有限公司,池州、六安、金寨、休宁等地茶叶协会代表亦参展。5月18日,北京市宣武区人民政府、中国茶叶流通协会和黄山市联合主办以“名山秀水黄山茶”为主题的2007中国黄山茶叶、名优农产品暨旅游展示推介会。现场签约项目资金总额2.67亿元,其中农业投资类项目7个,茶叶及农副产品销售类项目4个,技术合作类项目1个。10月14—17日,第四届中国国际茶业博览会在北京市中国国际贸易中心举办,安徽茶叶进出口有限公司副总经理顾公新带队参加,展示国礼茶绿牡丹、黄山毛峰、太平猴魁、六安瓜片、祁门红茶等产品和公司“迎客松”“吉祥鸟”品牌产品。11月6日,安徽省政协副主席秦德文宣布第三届祁门红茶节开幕,解放军炮兵学院政委张兰贵以及安徽省人大常委会秘书长郭万清、国内外茶叶专家学者、茶叶加工企业和茶商代表等5000余人参加开幕式。11月9日,首届“安徽名茶、名菊、名蟹推介会”在北京人民大会堂举行。11月16—20日,由福建省政府与国台办、农业部、国家质检总局、国家工商总局、中华全国供销合作总社、中国国际茶文化研究会、中国茶叶流通协会、台湾省农会、台湾茶协会共同主办,由泉州市政府承办的首届海峡两岸茶业博览会在泉州市举办,全国政协副主席罗豪才、张克辉参加开幕式,安徽茶叶进出口有限公司作为安徽唯一代表参加。

2008年3月6日,上海市茶叶行业协会提议,江苏、浙江、安徽3省茶叶行业协会在上海牵手,签署《“长三角茶业合作(上海)组织”联合宣言》。江苏省茶叶协会会长徐德良、浙江省茶叶产业协会常务副会长沈璇、安徽省茶叶行业协会常务副会长顾公新、上海市茶叶行业协会会长赵金富代表各方签字。上海市政协副主席朱晓明和市政府有关委、办负责人,安徽、福建、江西、江苏、浙江有关市(县)茶叶协会、企业和党政领导100余人出席仪式。4月10日,由岳西县委、县政府主办、以“翠兰茶香风光美,杜鹃花开映山红”为主题的大型茶叶旅游推介会在合肥举行。4月16日,由中国国际茶文化研究会、中国茶叶博物馆和休宁县人民政府共同主办的2008中国黄山休宁有机茶交易会暨“百年松萝回娘家,休宁绿茶进京沪”活动在休宁举行,同期举办招商会,签约6个项目,签约资金达2.2亿元。4月18日,由中国国际茶文化研究会、上海市黄浦区人民政府及上海市茶叶协会主办,安徽休宁、江西婺源等4家县级人民政府协办,以“推出绿茶金三角,共享高山生态茶”为主题的“2008上海豫园首届国际茶文化艺术节”在上海市豫园商城中心广场开幕。中国国际茶文化研究会、中国茶叶流通协会授予安徽休宁、江西婺源、浙江开化3县“中国绿茶金三角核心产区”称号。中国“绿茶金三角”系浙、皖、赣三省交界的盛产优质高山生态绿茶的三角形地域,是中国传统优质出口绿茶屯绿、婺绿和遂绿的集中产地。4月23日,“2008安徽·石台茶叶节茶叶、名优农产品暨旅游经贸推介会”在合肥举办。4月27日,安徽省霍山县委、县政府在北京人民大会堂举办“绿色奥运、黄芽飘香”霍山黄芽文化节暨霍山黄芽推介会。4月28日,由中国国际茶文化研究会组织的安徽省休宁县“推出绿茶金三角,共享高山生态茶”系列活动在北京人民大会堂举行。5月,舒城举行小兰花茶拍卖会,200克极品、珍品、精品成交价分别为28万元、18万元、10万元。5月23—25日,2008中国黄山茶叶、名优农产品暨旅游(上海)展示推介活动在上海举行。6月7日,国务院批准文化部确定的“第二批国家级非物质文化遗产名录”和“第一批国家级非物质文化遗产扩展项目名录”,由黄山区人民政府申报的《太平猴魁制作技艺》入选“第二批国家级非物质文化遗产名录”。同月,被评定为2008年北京奥运五环茶之一的霍山黄芽,提供第一批100公斤散装茶给具体负责包装和运作的老舍茶馆。6月12日14时28分,由中国茶叶流通协会主办,安徽省池州市茶业协会承办,安徽天方茶叶(集团)公司组织实施的关注奥运、情系灾区,“挑担徽茶雾里青,徒步北京庆奥运”大型公益活动启动仪式在安徽省石台县仙寓山古徽道举行。受中国茶叶流通协会常务副会长王庆委托,安徽茶叶进出口有限公司董事长、总经理李念华代表中国茶叶流通协会致辞。同月,霍山县领导陈俊、张家海、杨平、倪永培率霍山县茶业办、绿力公司负责人出席在全国政协礼堂举行的全国政协机关服务局对“霍山黄芽”的授牌仪式。8月9日,国际奥委会终身名誉主席、黄山市荣誉市民萨马兰奇在北京好苑建国酒店会晤黄山市市长陈强时,品尝太平猴魁,称赞名山出名茶。10月15—19日,安徽茶叶进出口有限公司参加在北京农展馆举行的第六届中国国际农产品交易会。全国政协副主席杜青林、李金华、王刚等中央领导视察展位,安徽省委常委、副省长赵树丛介绍安徽名茶,李金华副主席盛赞六安瓜片。安徽茶叶进出口有限公司李念华、顾公新、李和平、杨晓华等参加展会。

茶叶网站建设 2002年8月7日,安徽省通信管理局批准安徽茶叶进出口有限公司利用互联网站(http://www.ahcy.com.cn/)从事非经营性互联网信息服务业务,核配备案号为:皖ICP备020431号。2003年12月,中国茶叶产业集聚网(www.alltea.cn,简称茶网·中国)由国家科技部主管,安徽农网、安徽星火网省中心建设,成为集中国茶业品牌、人才、科研为一体的综合性网站。2007年4月,安徽省茶叶行业协会换届选举后注册协会网站:www.aticoc.com、www.aticoc.cn。安徽省、市、县茶叶行业协会组织、规模茶叶企业亦陆续注册开通企业宣传网址,开展网上贸易。

茶业博览会 2001年4月28日—5月3日,2001首届中国(芜湖)国际茶业博览交易会举行,由中华全国供销合作总社和安徽省人民政府主办,中华全国供销合作总社经济发展部、安徽省供销合作社、中国国际贸易促进委员会安徽省分会和芜湖市人民政府承办,为全国茶界最大规模活动。全国政协副主席、中华全国供销合作总社理事会主任白立忱等到会。参会政府官员、茶产业商家、茶科研专家1万余人,覆盖全国31个省(区、市)。茶博会在芜湖会展中心和峨桥茶市2个会场同时举行,展位共计2500余个。现场交易金额约1.2亿元。签约大宗项目15个,包括合资建设茶叶包装生产线、独资建设速冻果菜生产线、合作从事茶树花开发、碧螺春茶叶特约经销加工项目等,累计协议利用资金突破4亿元。以市场化方式运作“广夏杯”全国优质茶评比拍卖活动,评出“茶王”1个,金奖16个,银奖21个,铜奖9个。齐山牌六安瓜片获“茶王”桂冠。5月1日,组委会组织获奖名优茶拍卖,“茶王”齐山牌六安瓜片每500克拍卖成交价高达46万元,为当时国内罕见。

2002 年 5 月 16—19 日，第二届中国（芜湖）国际茶业博览交易会由中华全国供销合作总社、农业部和安徽省人民政府主办，在芜湖会展中心和峨桥国际茶城 2 个会场同时举行，西班牙、阿根廷等 10 余个国家和香港地区 300 余名客商、500 余家中国知名企业、1000 余名茶商参加茶博会。会上签约项目 6 个，合同利用外资 3000 万美元，合同和协议利用内资 2.44 亿元人民币。日本、韩国和中国的特色茶艺表演团到会助兴。安徽省新安制茶有限公司选送的“天茗庄”黄山毛峰获得“茶王”称号；福建安溪县西坪镇名源茶叶公司选送的铁观音茶被评为“观音王”。

2004 年 5 月 16—19 日，第三届中国（芜湖）国际茶业博览会由中华全国供销合作总社和安徽省人民政府主办，芜湖市人民政府、中华全国供销合作总社经济发展部、中国茶叶流通协会、安徽省供销合作社、安徽省农业委员会、中国国际贸易促进委员会安徽省分会承办，安徽省农垦公司、安徽省茶叶行业协会以及六安、安庆、巢湖、黄山、宣城、池州等省内 6 大产茶大市政府协办，在峨桥茶市举行。会上，合同投资额达 4.58 亿元人民币，协议投资额 1000 万欧元、180 万美元。除组织茶科技展、茶知识专题讲座、茶道表演外，还开展名优茶评比及拍卖、茶文化旅游等活动。

2005 年 5 月 13—15 日，第四届中国（芜湖）国际茶业博览会由中华全国供销合作总社和安徽省人民政府主办，芜湖市人民政府、中华全国供销合作总社经济发展部、中国茶叶流通协会、安徽省供销合作社、芜湖市供销合作社承办，在峨桥茶市举行。中华全国供销合作总社监事会主任刘环祥，安徽省人民政府副省长赵树丛、安徽省政协副主席秦德文，湖南、山东、福建等省参展团以及来自全国各地茶商、茶产业界人士出席开幕式。会上成交茶叶 389 万公斤，成交额 1.62 亿元；签订内资项目 4 个、总投资 9500 万元，外资项目 3 个、总投资 4110 万美元；签订协议内资项目 4 个、总投资 1.18 亿元，外资项目 1 个、投资 100 万美元。安徽省宣城“爱民剑峰”获“茶王”称号，50 克拍卖价达 4.8 万元。此外 50 克巢湖坝镇“都督翠茗”茶和“平安福”茶分别以 9980 元和 2.8 万元拍卖成交。由于行政区划调整和茶叶市场搬迁等原因，至 2009 年，芜湖茶博会停办。5 月 20—22 日，中国（安徽）首届茶产业博览会由安徽省商业协会、安徽省农业委员会、安徽省供销合作社、安徽省农垦事业管理局、安徽省中小企业发展局、安徽省企业营销协会、安徽省公共关系学会、安徽商报社共同主办，在合肥科技馆举行，北京、广东、江苏、浙江以及安徽等省市知名品牌茶产业企业参加，评出安徽省十大品牌名茶、安徽省茶产业明星企业家、安徽市场特别推荐创新品牌名茶、安徽省市场畅销品牌、安徽省十佳茶饮（咖啡）店、安徽省茶饮名店、安徽省茶艺、咖啡竞赛获奖单位（个人）。

2006 年 6 月 3—5 日，中国（安徽）第二届茶产业博览会由安徽省经济委员会、安徽省农业委员会、安徽省农垦事业管理局、安徽省供销社、安徽省商业协会联合主办，在合肥市安徽省图书馆举行。其间举行茶产业发展与政策扶持座谈会，进行名茶评比等活动。

2008 年 5 月 30 日—6 月 1 日，中国（安徽）第三届茶产业博览会由安徽省供销合作社、安徽省农垦总公司、安徽省商业协会联合主办，安徽安磊文化传播有限公司、安徽省茶叶行业协会、安徽省茶业学会、安徽省营销协会联合承办,安徽齐山六安瓜片有限公司、黄山市六百里猴魁有限公司、黄山市猴坑茶叶有限公司、合肥茗丰茶叶有限公司协办,在合肥市科技馆举行。会上组织招商引资、展览展销,举办安徽省茶产业经济发展论坛和茶文化笔会,进行茶艺、茶道表演,组织系列评优评选活动。

2009 年 6 月 27—29 日,中国(安徽)第四届茶产业博览会由安徽省供销合作社、安徽省农垦事业管理局、安徽省商业协会联合主办,安徽安磊文化传播有限公司、安徽省茶叶行业协会、安徽省徽茶文化研究会、安徽省茶业学会、安徽省有机茶研究会联合承办,六安市茶叶产业协会、岳西县农业委员会、安徽齐山六安瓜片有限公司、黄山市猴坑茶叶有限公司协办,在合肥市科技馆举行。安徽省供销合作社首次牵头主办。来自省内六安、安庆、黄山、芜湖、池州、宣城、马鞍山、铜陵等主要产茶区以及河南、福建等产茶省市 160 余家茶商参展参评。参展品种包括白茶、绿茶、红茶、普洱茶、铁观音、花茶、保健茶、咖啡饮料以及茶具、茶包装。其间,举行安徽茶叶进出口有限公司与合肥茗丰茶叶有限公司股权合作签约仪式,召开安徽省茶叶行业协会二届三次常务理事会,举办茶产业发展论坛,组织评选安徽省第二届十大创新品牌名茶、安徽省茶产业十大杰出人物,博览会茶王、优质金奖、包装设计金奖,以及安徽省优秀历史品牌名茶、安徽市场畅销品牌及安徽省诚信茶庄。

2010 年 5 月 7—9 日,中国(芜湖)第五届"汀溪兰香杯"国际茶叶博览交易会由中国国际商会供销商会、安徽省贸促会、芜湖市人民政府联合主办,安徽省茶叶行业协会协办,芜湖市贸促会、芜湖市三山区人民政府和芜湖中博文化传播有限公司联合承办,在芜湖市国际会展中心举办。主题是:引领新商机、弘扬茶文化。集中展示海内外 6 大类精品茶及茶具、茶食品、茶包装、茶机械、紫砂陶瓷工艺品等。邀请海内外茶企茶商和茶界团体组织约 400 家参展参会交易,浙江、湖南、江苏、福建、山东等地客商参展,台湾省南投县农业合作社首次组织 120 余家茶叶企业参展。近 30 家茶界主流网络媒体参与宣传。邀请茶界专家学者、茶文化研究组织等到会;举行茶文化书画作品展、名优茶(茶王、金银奖)评选等系列主题活动。6 月 12—14 日,2010 年中国(安徽)第五届"祁眉红茶杯"国际茶产业博览会暨"首届岳西翠兰"茶文化节由安徽省供销合作社、安徽省徽茶文化研究会、安徽省农垦事业管理局、安徽省商业协会、安徽华夏国际茶博城筹备处共同主办,中国茶叶流通协会、中国长三角茶业合作(上海)组织、安徽省经济与信息化委员会、安徽省农业委员会特别支持,安徽华夏国际茶博城投资运营有限公司、安徽恒信投资发展有限责任公司、黄山市齐云山天然食品有限公司(休宁县荣山茶厂)协办,安徽省茶叶行业协会、安徽省皖垦茶叶集团、安徽省农产品经纪人协会、安徽安磊文化传播有限公司、台湾财团法人两岸交流发展基金会安徽联络处承办,在合肥市安徽国际会展中心举办。来自省内黄山、安庆、六安、芜湖、宣城、池州、马鞍山、铜陵等主要产茶区以及浙江、福建、河南等产茶省市逾 300 家茶商参展参评。首设台湾茶产业馆,邀请 10 余家台湾茶企展示。首邀中国茶叶流通协会、中国长三角茶业合作(上海)组织作为特别支持单位。首次由“祁眉红茶”“岳西翠兰”等冠名。首次启动“全民饮茶日”活动，由齐云道家茶（休宁县荣山茶厂）协办。首次举办大规模茶艺大赛。

与港、台茶界交流　1986年，安徽省茶叶公司方建鸣赴香港推销，成交金额21.25万美元。1987年，周先宽、刘淑琴、汪辅仁赴港推销，成交73.30万美元。

皖台茶界交流始于1980年代后期。

1989年5月17日，以台湾天仁集团副董事长李瑞贤为团长、台北陆羽茶艺中心总经理蔡荣章为副团长的台湾陆羽茶艺文化访问团一行20人，在北京人民大会堂安徽厅举行首场茶艺演示后，相继在合肥、南京、宜兴、苏州、杭州进行茶艺交流。在合肥期间，访问团专门拜会安徽茶叶进出口有限公司和安徽农业大学。

1998年10月，安徽农业大学茶业系教授王镇恒、西南农业大学茶学研究所刘勤晋赴台参加茶学学术演讲会，并在台湾大学、中兴大学讲学。

2001年3月27—29日，台湾中华茶文化学会理事长范增平到安徽农业大学“茗缘阁”茶艺室，与茶艺表演队队员、指导老师就茶艺及茶文化问题座谈，观看大学生茶艺表演，赠送新著《中华茶艺学》，作题为《中华茶艺源远流长》的学术报告。

2002年1月21—23日，台湾中华茶文化学会理事长范增平、台湾旭景贸易有限公司苏仲贤到安徽农业大学中华茶文化研究所进行交流，与顾问王镇恒、所长夏涛、副所长丁以寿以及方世辉、姜含春、高旭晖、华再欣、黄凤兴等座谈，考察合肥茶叶市场、茶艺馆、茶叶经销店。

2003年10月20日，“海峡两岸茶人交流会暨金秋无我茶会”在安徽农业大学举行。台湾陆羽茶艺中心、泡茶师联会、中华国际无我茶会推广协会参加交流会。

2006年7月4—13日，安徽省茶叶行业协会会长、安徽茶叶进出口有限公司董事长、总经理李念华参加中华茶人联谊会赴台访问团，考察台北坪林茶业博物馆、天仁茶园、鱼池茶叶改良场、鹿谷乡农会茶叶中心、台北茶商业同业公会、陆羽茶艺中心、台湾区制茶工业同业公会等并走访茶农。

2008年5月10—17日，台湾大爱电视台摄制组来安徽拍摄《灵山传奇·九华山传》，专门介绍安徽的佛文化、傩文化、茶文化、诗文化。同年，台湾南投县实业家陈三镇在黄山市内建有机茶园2000余亩；经IMO认证226.63公顷，其中黄山市屯溪实验茶场146.68公顷，在福建省福安市王家有机茶场79.95公顷。他从1997年就来黄山市投资茶业，尝试改换台湾优化乌龙茶品种，至此改良乌龙茶园400余亩，投产乌龙茶园800余亩，年产乌龙茶达1500多吨。12月8—15日，首批安徽赴台湾考察茶产业参访团在安徽省茶叶行业协会常务副会长、安徽茶叶进出口有限公司常务副总经理顾公新率领下对台湾进行为期8天的考察。参访团成员包括安徽茶叶进出口有限公司财会部副经理郑文松、安徽省茶叶行业协会副秘书长朱飞鸣、合肥茗丰茶叶有限公司总经理戴祥海、黄山市汪满田茶业有限公司总经理汪智利、黄山市黄山区茶叶协会秘书长周美生、黄山市六百里猴魁茶业有限公司总经理郑中明、黄山市祁门县群芳最有机茶厂厂长胡希云、黄山市新安源有机茶开发有限公司总经理方国强、安徽省六安瓜片茶业股份有限公司董事长曾胜春、金寨县茶叶产业协会会长陆本坤、安徽省宣郎广茶叶总公司副总经理刘盛旭、安徽中徽茶叶专业合作社理事长汪时佳、岳西县茶叶协会理事长钱子华、安徽白云春毫茶业开发有限公司总经理赵玉贵。在台期间考察台湾茶叶同业商会、协会、天福集团、台北坪林茶叶博物馆等单位及阿里山高山茶区。从北向南,经台北市、台中市、南投县、嘉义县、台南市、屏东县、高雄市等地,受到来自台湾财团法人两岸交流发展基金会、台湾各茶叶同业商会、协会、农会等30多个单位、多方人士的热情接待,实地了解台湾茶产业,向台湾茶界、企业界、商界朋友重点推介安徽名茶,促进两地经贸合作。在台期间,参访团发放宣传资料近百份,举办各类洽谈10余次,为此后皖台茶产业合作奠定"人气"基础。台湾客人对安徽祁门红茶达成意向性采购协议;对其他安徽名茶表明试销意愿。

2010年4月27日—5月4日,省供销社党组书记、主任,省茶叶行业协会名誉会长王首萌率安徽茶产业参访团一行7人赴台,进行为期8天的参访活动。参访团由安徽省茶叶行业协会组织,协会会长李念华,副会长曹斌、李英群、殷天霁,常务理事汪传舟,秘书长陈文友等参访。参访团先后拜会台湾财团法人两岸交流发展基金会、中华茶文化学会、中华茶艺联合促进会、台北市茶商业同业公会、台东太麻里乡农会、台湾茶叶博物馆、天仁(天福)集团、春水堂茶庄、沙坑股份有限公司等20多家涉茶组织和企业,与台湾财团法人两岸交流发展基金会胡骏、中华茶文化学会理事长范增平、台北市茶商业同业公会理事长高毅芳、天仁(天福)集团顾问戎绍鑫等50余位台湾茶界权威、专家及农会负责人进行"面对面"交流和实地考察。

2010年12月8—17日,省社巡视员、省茶叶行业协会高级顾问蔡立率安徽省茶叶行业协会组织的安徽茶产业参访团赴台,参访团成员有:协会副会长、安徽省巢湖市供销社副主任王冬,安徽茶叶进出口有限公司副总经理汪小谷,庐江县供销合作社联合社副主任许德福,安徽舒绿茶业有限公司董事长余本柱,安徽省含山县供销社主任赵贤新,安徽省金寨县农业委员会主任熊杰,黄山市松梦有机茶叶开发有限公司董事长、总经理王光熙,黄山市松梦有机茶叶开发有限公司中心主任时永良,安徽茶叶进出口有限公司部门副经理林家强,安徽龙王井茶业有限公司董事长姚泽斌,安徽龙王井茶叶有限公司副董事长、总经理赵林森,安徽中州茶叶有限公司总经理季申贵 ,安徽良奇生态农业科技有限责任公司董事长、总经理秦名祥,安徽良奇生态农业科技有限责任公司副总经理王莉莉,安徽省祁门县小路口茶叶精制厂厂长丁宪林,安徽省祁门县新茗堂茶业有限公司总经理童其超,安徽省华国商业发展有限公司董事长查龙舒,祁门县双辉源茶厂厂长胡军辉等19人,访问台湾徽商协会、天仁茗茶、阿里山廷鉎制茶厂、坪林茶叶博物馆等,同台湾茶人交流沟通海峡两岸茶叶生产、加工、经营等,探讨合作。

茶叶批发市场 中国大别山绿色商城 1996年4月,霍山县政府出资1400万元建成霍山茶叶批发市场,成为安徽、河南、湖北等大别山区名优茶、中低档茶销售的集散地，六安、舒城、金寨、岳西、宣郎广茶区、黄山、安庆、湖北英山、河南信阳及省内其他地方茶商参与市场交易。2001 年，市场被农业部确定为第 7 批国家级定点农产品批发市场。以此为基础，该县投资兴建中国大别山绿色商城。一期工程茶叶交易市场，占地面积 116 亩，投资 1.06 亿元，于 2004 年 4 月竣工投入使用。市场年吞吐量达 5 万吨，交易额 13 亿元。2004 年，商城被中国茶叶流通协会授予"全国重点茶市"称号。2005 年通过"绿色市场"认证，是安徽省十大绿色农副产品批发市场，被安徽省商务厅列为省级监测重点流通企业。

峨桥茶市　位于芜湖市三山区南部，20 世纪 80 年代末形成有形市场，峨桥茶市属茶商自发、粗放型的茶叶专业批发市场，以"买全国茶、卖全国茶"而闻名，有"不是茶乡，胜似茶乡"之说。1992 年，原全国人大常委会副委员长王光英题名"江南第一茶市"。主要以茶叶购销、深加工、精包装、冷仓储为主，兼生产经营茶叶小包装、茶杯茶具、根雕等与茶有关的系列产品。峨桥及周边地区 60% 以上农户从事茶叶经营，80% 以上外流人员从事茶行业，约 3 万茶叶销售大军分布在全国各地。1997 年 11 月，茶市被国内贸易部确定为"全国专业茶叶批发市场"，1999 年 3 月，被国内贸易部确定为首批 81 家重点联系市场之一；2002 年 10 月，被国家经贸委等 8 部委评为全国首批争创"三绿工程"示范单位；2003 年 9 月，被国家 8 部委批准确定为"绿色批发市场示范单位"；2004 年 10 月，被中国茶叶流通协会授予"全国重点茶市"称号。从骑路摊位历经 4 期工程建设，至 2008 年，形成茶市一路、茶市二路，外经路，梅地亚大道，新茶城等多位一体的茶市规模，占地面积 15 万平方米，经营门面近千家，全镇仓储能力逾 6 万立方米。2008 年交易量 3200 万公斤，交易额约 15 亿元。党和国家领导人李鹏、朱镕基、温家宝、回良玉、王光英、白立忱、郝建秀等先后到茶市视察。

黄山茶城　地处黄山市屯溪区荷花西路北侧，2003 年开始兴建，2004 年投入运营，占地总面积 2.9 万余平方米，建筑总面积 7.6 万平方米，总投资额 1.2 亿元。内设精品房区、自由贸易区、茶文化展示交流区，设有茶史馆、品茶厅、茶艺茶道表演厅、拍卖厅、展览厅等功能分区、茶叶精品一条街（徽商街）、茶叶保鲜库、茶史博物馆、茶艺演出厅、大型停车场、电子显示屏及智能化营销管理系统配套设施等。茶城系黄山市农业产业化龙头企业，2004 年以来，先后获国家商务部"双百市场"、中国农业部批准"第十一批农业部定点市场"、中国茶叶流通协会"全国重点茶市"、安徽省商务厅"安徽省重点农产品批发市场"、安徽省工商行政管理局、安徽省市场与经纪人协会"安徽省文明市场"、黄山市人民政府"2004 年度农业产业化市级龙头企业"、屯溪区就业和再就业领导小组办公室"黄山市屯溪区再就业基地"、屯溪区社会治安综合治理委员会"平安市场"等称号。来自上海、福建、广东、江苏、浙江、江西、陕西、甘肃、芜湖及周边城市、峨桥茶市等处的众多茶商来此交易，2004 年入驻市场的固定经营户达 120 余户，日均交易额达 60 万元，春茶旺季，入场交易人数达 3000 余人次，日交易额达 120 万元，市场茶叶批发交易总额达 1.7 亿元；2007 年市场茶叶批发交易额达 6 亿元。

第五节　茶叶经营实绩

茶叶经营规模　1985 年,茶叶市场放开,经营渠道增多,全省供销社系统收购 3 万吨,下降 9. 3%。徽州地区各级供销社与茶农和生产单位签订定购合同 2485 份,定购茶叶近 1. 5 万吨,占实际收购量的 99%。次年,个别地区毛茶收购价突破国家规定的浮动幅度,品级离样情况严重。全省每担茶叶平均价比上年提高 44%,徽州地区提高 50%以上。收购上放级放价给茶厂带来额外负担,全省茶叶加工亏损达 2200 万元。

1987 年,安徽省茶叶总产达 5. 15 万吨,比上年增长 9. 5%;茶叶生产总值 2. 5 亿元,比上年增加 3500 万元,平均每百公斤干毛茶增值 32 元;出口创汇 3207 万美元,增长 46%。主渠道收购量大幅下降,出口货源不足。全年供销社系统收购毛茶 2. 95 万吨,占产量 57. 3%,比上年下降 10. 6%。其中,省内外销售 1. 3 万吨;供应出口 1. 66 万吨,下降 14%。绿茶出口因货源不足,被迫撤约 2200 余吨。茶叶收购价格突破国家指导价,且价质不符。全省毛茶收购均价 541. 4 元/百公斤,比上年提高 7. 2%,比国家指导价高出 35%。茶厂验收毛茶的降级损失,1985 年为 16. 3%,1986 年为 25. 7%,1987 年高达 30% 以上(约两个半级)。是年,外贸出口"大锅饭"导致地方和企业出口的责权利脱节;国内茶叶收购放级放价幅度大,而国际市场茶叶价格基本平稳,茶叶出口换汇成本增高。茶叶精制加工和出口企业亏损严重,安徽省茶叶公司出口茶叶全年超亏 1000 余万元;全省精制茶厂退税补贴后仍亏 500 余万元。

1988 年,全省茶叶总产 5. 5 万吨,比上年增长 6. 8%。总产量由 1970 年代全国第 1 退居第 4 位,但供销社系统收购干毛茶 3. 7 万吨,增长 25. 4%;国内销售 4646 吨,本省口岸出口 1. 9 万吨,创汇 3207. 2 万美元,分别超过国家下达安徽省茶叶出口计划的 16. 8% 和 1. 5%。大宗红、绿茶全部自营出口,有 7 个小包装品种出口 6 个国家和地区。是年,全省茶叶单产低,发展慢,后劲不足。平均亩产 32 公斤,低于全国平均亩产 40 公斤的水平,全省良种茶面积占比低,急需更新的老茶园占茶园总面积约 35%;毛茶收购离样放价现象严重,供销社系统收购均价达 6330 元/吨,比上年上升 17%,高出国家指导价 58%。毛茶调厂因价质不符造成损失 1987 年为 4166 万元,占调厂总金额 30. 8%;1988 年为 6000 万元,占 35%;出口亏损严重。仅 1988 年 1—10 月,出口茶降级拼配 3056 吨,导致出口税后成本每 500 克为 4. 81 元,比国家核定水平高 9. 1%,供销社系统亏损 5400 余万元。

1989 年,全省茶叶收购秩序好转,"茶叶大战"得到控制。全省茶叶产量 5. 13 万吨,比上年减产 6. 7%;供销社系统收购干毛茶 3. 35 万吨,减少 9. 5%;外贸收购 2. 26 万吨,增长 21. 5%;国内销售 3113 吨,下降 33%;加工 2. 53 万吨,实现产值逾 2 亿元,上交税利 4000 余万元。但收购样价执行不平衡,全省系统干毛茶收购均价为 636 元/百公斤,与上年基本持平,池州地区为 655 元/百公斤,上升 16. 6%;品质仍然较差,全省毛茶调厂验收降级损失率达26.6%；亏损严重。

1990年，安徽省茶叶产销稳定。茶叶产量5.4万吨，比上年增产5.3%。供销社系统收购干毛茶2.88万吨，减少14%；外贸收购1.73万吨，减少23.5%。国内销售4016吨，增长29%；出口1.65万吨，创汇3251万美元。但毛茶收购均价高于全国均价5%，质量普遍低于标准样1个等级；产品结构失衡，普通产品炒青年产量达3万吨以上，远超需求，符合质量要求的名茶祁红产量仅400吨，占红茶总产量5%；全省供销社系统茶叶企业累计亏损6000万元，安徽省茶叶公司外贸挂账2000万元；年末库存达2.68万吨，比上年增长21.8%，接近全年干毛茶收购量。

1991年，全省供销社系统收购干毛茶2.05万吨，比上年下降28.9%；国内销售2874吨，下降28.4%；调省外4302吨，增长21.3%；加工1.4万吨，下降38.6%；出口1.4万吨，创汇2768万美元。供销社系统茶叶收购量逐年减少，全年收购量仅占产量41.6%，比上年下降7.4个百分点；部分地区盲目调整茶叶结构，红茶和一些适销大宗茶产量明显下降；经济效益仍然较差。

1992年，全省供销社系统收购干毛茶2.29万吨，比上年增加11.7%。国内纯销售2695吨，减少6.2%；调省外5589吨，增长29.9%；出口1.48万吨，创汇3055.2万美元，增长10.4%。全省系统茶叶经营加工企业大部分是老企业，人员多，税负重，历年挂账亏损多，缺乏竞争力。

1993年，全省供销社系统收购干毛茶2.45万吨，比上年增加7%；国内纯销售2110吨，减少21.7%；供应出口2.09万吨，增加40.5%。出口创汇2367万美元，下降22%。系统内期末库存5797吨，比上年增加28.4%。

1994年，全省供销社系统年购进干毛茶2.85万吨，其中春茶1.11万吨。国内纯销售5476吨，增长160%。安徽省茶叶进出口公司全年出口茶叶1.59万吨，创汇2200.3万美元。系统内期末库存8325吨，比上年同期增长43.6%。

1995年，安徽省茶叶产量4万吨，比上年减产17.9%。全省供销社系统收购干毛茶8511吨，比上年减少70.4%；加工6850吨，减少30%；销售4685吨，减少14.4%。当年出口8925吨，创汇1257万美元，分别下降43.8%和42.9%。是年，茶类结构调整，在全省系统茶叶加工与经营中，总量减少，名优茶产量增加，当年名优茶产量达8400吨，比上年上升5%，产值3.45亿元，分别占当年总产量和总产值的21%和52%；由于大宗茶生产成本高，茶价偏低，挫伤茶农积极性，部分地区茶园失管，茶农甚至弃茶改种其他作物；大多数加工生产企业经济效益差，包袱重，部分企业当年出现亏损，有的被迫停产或转产。

1996年，安徽省茶叶加工量约1.7万吨，约占产量的40%。全省供销社系统收购干毛茶7359吨，比上年减少13.5%；销售1.13万吨，增加140.7%。出口茶叶1.04万吨，比上年增长16.2%；安徽省茶叶进出口公司出口创汇2667.64万美元，比上年增长112.2%。

1997年，安徽省茶叶产量为4.58万吨，比上年下降1.9%；供销社系统收购9720

吨,增长 32%;销售 1.1 万吨,下降 2.4%;1998 年 3 月底库存 3600 吨,比上年同期增长 5.8%;出口 1.07 万吨,创汇 1750.72 万美元,分别增长 2.7% 和 3.71%。

1998 年,安徽省茶叶产量为 4.7 万吨,比上年减产 2.6%。供销社系统收购 9000 吨,下降 7.4%;销售 9800 吨,下降 10.9%。全年出口茶叶 8850 吨,创汇 1428 万美元,分别下降 17.1%、18.4%。

1999 年,安徽省茶叶产量为 5 万吨,供销社系统向生产者购进 4150 吨,销售 1.29 万吨,出口 9550 吨,创汇 1429 万美元。

2006 年,全省供销社系统茶叶购销规模不断扩大,安徽茶叶进出口公司出口总量和金额占全省比重均超 70%,位居全国同行业第 2 位。

茶叶经营统计汇总 1986 年前,全省茶叶系统经营统计根据《中华人民共和国统计法》,按照茶叶分类分级收购、调拨、毛茶调入、红茶茶厂生产情况、绿茶茶厂生产情况、成品茶调出 6 种报表,执行归口汇总办法,逐级汇总报安徽省茶叶公司,宣郎广农工商茶叶联合公司经营的茶叶直报安徽省茶叶公司。

1988 年,全省茶叶系统按新行政区划报送统计报表。安徽省茶叶公司制定安徽省茶叶系统《茶叶业务统计实施细则》,对全省茶叶生产、经营活动进行统计调查、统计分析、统计预测。

1988 年 10 月,国家外经贸部和国家统计局,对原统计制度进行全面修订,修订后的统计制度名为《对外贸易业务统计制度》,对出口统计权限进行更改,将原制度以条条上报为主,改为以块块上报为主,并增加"地方承包""国家统一经营""总公司自营"等贸易方式的填报。1990 年 10 月,对外经贸部和国家统计局对《对外贸易业务统计制度》的部分指标内容及统计办法进行修改和补充,制订《对外贸易业务统计制度补充规定》。1992 年 11 月,安徽省外经贸委根据外贸业务发展和深化外贸体制改革需要,对《安徽省对外贸易业务统计制度》进行修改和补充,制定《安徽省对外贸易业务统计制度补充规定》。调整供货统计范围和计算口径;调整供货统计指标,增加购自省外出口货源统计附表;理顺统计渠道,加强进出口业务统计。1993 年,安徽省茶叶公司根据安徽省供销社《关于修改一九九三年商品流转统计报表制度的通知》精神,修改茶叶业务报表制度,增加《茶叶商品统计月报表》作为业务报表,规定电讯月报合流报表、茶叶商品统计月报表、生产经营情况月报表的上报时间。

1993 年后,安徽省茶叶公司系统统计报表取消,不再汇总上报全省茶叶系统商品流转统计报表,只汇总上报公司内部包括直属厂在内的商品流转统计报表。

1999 年 1 月,对外进出口统计执行安徽省对外经济贸易委员会制定的《对外经济贸易业务统计制度实施细则》,按照进出口贸易方式的统计原则、进出口商品价格的统计原则、进出口国别(地区)的统计原则进行汇总上报。

2001 年起贸易进出口统计数据以海关实际发生数字为准,不再按进出口企业上报的业务数据作为统计汇总依据。

茶叶主要购销数据

1986—2008 年，安徽省茶叶收购数量见下表。

安徽省 1986—2008 年茶叶收购数量统计表

表 3—4—2　　　　收购量单位：吨

年份	收购量	占产量%
1979	28138. 2	91. 2
1980	29822. 5	89. 0
1981	33228. 2	89. 2
1982	39050. 6	91. 1
1983	33653. 2	80. 8
1984	33218. 7	77. 2
1985	26036. 6	61. 2
1986	29575. 7	63. 6
1987	25838. 5	50. 7
1988	29358. 8	53. 2
1989	33510. 0	65. 15
1990	28845. 0	53. 83
1991	20513. 0	59. 78
1992	22882. 0	55. 14
1993	24504. 0	53. 77
1994	28550. 0	
1995	8511. 0	—
1996	—	—
1997	—	—
1998	—	—
1999	—	—
2000	—	—
2001	—	—
2002	8129（安茶公司本部）	—
2003	11488（安茶公司本部）	—
2004	23996（安茶公司本部）	—
2005	27925	—
2006	33564	—
2007	49013	—
2008	46273	—

1986—2008 年,安徽省茶叶内销情况见下表。

安徽省 1986—2008 年茶叶内销分类数量统计表

表 3—4—3 单位:吨

年度	合计	其中		
		红茶	绿茶	花茶
1986	5979	395	4801	783
1987	6297	256	5422	619
1988	4512	28	4088	396
1989	3114	110	2678	326
1990	4012	36	3630	346
1991	2821	42	2474	305
1992	2621	88	2304	228
1993	2110	—	—	—
1994	—	—	—	—
1995	—	—	—	—
1996	—	—	—	—
1997	—	—	—	—
1998	—	—	—	—
1999	—	—	—	—
2000	—	—	—	—
2001	—	—	—	—
2002	—	—	—	—
2003	—	—	—	—
2004	977	—	—	—
2005	987	—	—	—
2006	3626	—	—	—
2007	6992	—	—	—
2008	11508	—	—	—

第六节　茶企茶协

重点茶企　安徽茶叶进出口有限公司　见第一篇第一章第三节《省社企事业单位》

安徽天方茶业(集团)有限公司　成立于1997 年,为安徽省农业产业化重点龙头企业、池州市高新技术企业,2000 年 7 月组建成集科、工、贸、农为一体并拥有进出口自主经营权的企业,2008 年,被评为中国茶叶行业百强企业。同年,在乡镇建立 10 个原料加工厂,基地发展到 3 万余亩,其中 5000 亩通过国家环保总局有机食品发展中心认证;与中国科技大学、安徽农业大学、南京野生植物综合利用研究院等合作,开发出富硒有机茶、银杏茶、绞股蓝茶、系列茶食品等精深加工产品。天方富硒有机茶通过省级科技成果鉴定;天方"雾里青"高级绿茶被评为"安徽名牌产品",天方商标被认定为"中国驰名商标"。

安徽省六安瓜片茶业股份有限公司　注册资本 500 万元,集六安瓜片科研、种植、加工、销售、茶文化传播于一体,是安徽省政府重点扶持农业产业化龙头企业,2006 年改制。"徽六"牌六安瓜片获得"1998 年安徽省优质农业奖""1999 年中国国际农博会金奖""2001 年中国(芜湖)茶博会'茶王'""2007 年安徽省名牌产品"称号。2007 年,"徽六"牌六安瓜片被确定为徽商大会指定用茶。2008 年,"徽六"牌六安瓜片获中国名牌农产品称号,12 月,被中国茶叶博物馆授权"馆藏标准名茶"指定供应商。系 2008 年中国茶叶行业百强企业。

黄山市松萝有机茶叶开发有限公司　成立于 1994 年,是集茶叶生产、收购、加工、销售、科研为一体的民营股份制企业,主要产品有松萝名优茶及屯绿出口眉茶两大系列,分别注册"松萝山"和"天都峰"牌商标。2002 年牵头成立松萝茶业合作社,取得自营出口权,为国家级有机茶标准化示范企业;2003 年被评为市级农业产业化龙头企业和安徽省民营企业出口创汇 50 强,通过 ISO9001 质量管理体系认证;2005 年被评为安徽省农业产业化龙头企业和黄山市茶叶清洁化示范厂;2006 年 4 月,通过 ISO14001 环境管理体系认证。2004 年,"松萝山"牌松萝茶及松萝眉茶荣获"安徽省名牌农产品"称号,2007 年,"松萝山"商标被评为安徽省著名商标。至 2008 年,公司有在职员工 380 人,占地面积 100 亩,拥有标准化厂房 4 万平方米、原料生产基地 8.05 万亩,其中出口备案基地 3 万亩。系 2008 年中国茶叶行业百强企业。

黄山市歙县薇薇茶业(集团)有限公司　成立于 1986 年,系家族企业。公司通过 ISO9001:2000 国际质量管理体系认证、欧盟 IMOEU 有机农产品认证,为安徽百强民营企业、安徽省先进私营企业和安徽省民营出口 50 强企业。系 2008 年中国茶叶行业百强企业。

休宁县荣山茶厂　创建于 1999 年,主要产品有齐云山牌齐云道茶、齐云道家茶、黄山绿茶以及系列出口眉茶等。企业法定代表人 2004 年被评为安徽省农村致富带头人,产品获国家农业部绿色食品二等奖;2005 年被评为安徽省民营企业 500 强、安徽农业大学国家科技支撑计划"茶叶安全生产的质量控制技术研究项目"综合示范基地;2007 年,黄山市荣山茶叶农民专业合作社被评为省级示范单位。齐云道茶获 2005 年上海茶交会茶叶评比一等奖、2006 年中国上海第十三届茶文化节银奖和 2008 年中国(安徽)第三届茶产业博览会"安徽十大品牌名茶"称号。2005 年,引进农业部 948 项目,建成国内第一条集自动化、连续化、智能化、清洁化于一体的绿茶生产流水线,次年 4 月 21

日投产运行。至2008年，有霞雨等28个直属企业和黄山市荣山茶叶农民专业合作社及8个直属分社；拥有直管茶园5680亩，获国家有机茶颁证和IMO颁证，是国家农产品加工业示范基地，拥有批准出口茶叶基地备案1.5万亩；是农业产业化省级龙头企业，2008年中国茶叶行业百强企业。

黄山谢裕大茶业股份有限公司　前身为1993年成立的黄山市徽州漕溪茶厂，2006年重组，位于黄山毛峰首创者谢正安故里——黄山市徽州区，是集生产、加工、销售、科研于一体的民营科技企业，属安徽省农业产业化龙头企业。标准化茶叶初制加工基地位于黄山毛峰原产地徽州区富溪乡，占地面积38亩，车间建筑面积1万平方米，拥有自主知识产权的黄山毛峰茶自动化、规模化、标准化、清洁化生产流水线3条。2008年，有在职员工286人；获"2008年安徽省农业产业化龙头企业"称号；"漕溪"牌黄山毛峰被评为"2002年安徽省著名商标""2002年安徽省名牌产品""2005年安徽省十大品牌名茶"等。公司系2008年中国茶叶行业百强企业。

黄山市新安源有机茶开发有限公司　创建于1998年，是集茶叶生产、收购、加工、销售、科研为一体的省级农业产业化龙头企业。2008年，建有无公害茶园基地1.74万亩，有机茶园颁证面积5842亩，茶叶初、精制加工厂16座，加工设备100余台（套），下辖2家子公司和1家农民专业合作社。2004年，"新安源"牌注册商标为安徽省著名商标，"新安源"牌有机银毫、毛峰在中国（芜湖）国际茶业博览会上获金奖。5月，成立黄山市新安源茶叶农民合作社；2005年；"新安源"牌有机茶被农业部确定为2008北京奥运会指定用茶；2006年，"新安源"牌名茶被授予"中国著名品牌"称号。公司先后获农业部农产品加工示范企业、2008年安徽省农业产业化龙头企业、安徽省银行诚信客户、安徽省AA+级信用企业、安徽省民营科技企业、安徽省示范农民合作社、安徽省创业之星等称号。系2008年中国茶叶行业百强企业。

安徽舒绿茶业有限公司　成立于2004年12月，位于舒城县经济开发区，拥有"兰草"和"舒绿园"牌注册商标，下设舒绿茶业精制厂和6个茶叶初制厂，建有2万亩茶叶绿色产品生产基地。"兰草牌"白霜雾毫、舒城小兰花获2005年第四届中国（芜湖）国际茶业博览会全国名优茶评比金奖、2006年第三届崂山国际茶文化节名优茶评比银奖；"兰草牌"白霜雾毫、舒城小兰花和"舒绿园牌"珍眉绿茶获"绿色食品"认证。系2008年中国茶叶行业百强企业。

安徽国润茶业有限公司　位于安徽省池州市，具有40余年红茶精制和20余年拼配出口历史，是安徽省出口生产重点企业和红茶出口拼配基地。被评为1999年安徽省农业产业化"8152"工程50强龙头企业之一。生产能力为年产精制红茶2500吨，品种包括各种级别高、中、低档工夫红茶、碎片末茶，独创"润思"牌祁红、仙针和茉莉红茶生产工艺。系2008年中国茶叶行业百强企业。

黄山一品有机茶业有限公司　2002年由原屯溪茶厂改制而成。中心工厂坐落在屯溪区九龙经济开发区，为"安徽省出口企业100强"。产品有珍眉系列、高绿、黄山毛峰、茉莉花茶、黄山贡菊以及黄山香菇、黄山石耳、黄山笋干等30个品种。“屯绿”品牌获安徽省名牌农产品、2005年杭州国际茶业大会优秀品牌和2005年中国“三绿”工程放心茶中茶协推荐品牌及黄山市首届名优茶评比优秀产品奖等多个奖项。拥有通过国家认证的有机茶基地1200亩，建立茶叶市场初制厂10个、标准化有机茶加工示范厂1座，拥有茶叶机械300余台。系2008年中国茶叶行业百强企业。

黄山茶业集团有限公司　组建于1998年6月28日，注册资本3000万元。注册地在黄山市屯溪区，生产加工地在歙县经济技术开发区、杞梓里镇唐里村和霞坑镇等，系安徽省首家获准拥有茶叶自营进出口权的民营企业。获“安徽省农业产业化龙头企业”“安徽省农产品出口示范基地”“安徽省民营企业500强”“安徽省民营企业出口创汇100强”“2008年中国茶叶行业百强企业”等称号。

黄山市猴坑茶业有限公司　成立于1992年，前身为黄山区新明猴村茶场，是生产、加工、经营太平猴魁系列茶的重点龙头企业，中国茶叶行业百强企业。“猴坑”牌太平猴魁获2001年“中茶杯”全国名优茶评比一等奖和2002年中国（芜湖）国际茶业博览会交易会“金奖”；系2003年、2004年全省唯一茶叶类“3.15”万人问卷调查消费者满意品牌；2003年被中国保护消费者基金会评为“质量放心，重点保护品牌”；在2003年第八届中国黄山国际旅游节暨徽文化节上被选为指定用茶；在2004年中国（芜湖）国际茶叶博览会上获得“茶王”称号；2005年5月在黄山茶叶上海交易会上获“特等金奖”，11月，被中国茶叶流通协会评为中国三绿工程“放心茶中茶协推荐品牌”；2008年，被安徽省质量技术监督局授予“2007年安徽省质量奖”。至2008年，公司拥有茶园1200余亩、基地4座，年销售额3000余万元；在黄山工业园区投资3000余万元，建设太平猴魁茶产业示范园；在北京、合肥、屯溪设立办事处，在北京、上海、天津、济南、贵州、合肥、马鞍山等全国十几个大中型城市建立销售网点，并有部分产品出口至欧洲、日本等地。

黄山六百里猴魁茶业有限公司　成立于1998年，是集茶叶生产、加工、包装和销售为一体的省级龙头企业。2001年，注册“六百里”牌商标；2003年，“六百里”牌被评为安徽省著名商标，产品被国家质检总局认定为原产地标记注册产品。“六百里”牌太平猴魁获1999年第3届“中茶杯”名优茶评比一等奖、2000年“中国国际茶叶博览会国际金奖”以及2006年“安徽省名牌农产品”、2007年“安徽省著名商标”、2008年中国（安徽）第三届茶产业博览会“茶王”等称号。2007年，投资1800万元，在黄山区甘棠工业园建六百里太平猴魁工业园。至2008年，建有猴村、大坪太平猴魁生产基地1000余亩；拥有清洁化、标准化茶叶初制加工厂2座、茶叶保鲜库3座。系2008年中国茶叶行业百强企业。

安徽省宣郎广茶业总公司　成立于1980年9月，前身为国营十字铺茶场，位于郎溪县境内。系农垦企业，所在地素有“江南茶海”之称，是国有茶叶生产基地、安徽省出口创汇基地，拥有茶叶外贸自营出口权。公司以大面积茶园基地为优势，首创国内茶叶贮藏、绿茶保绿保鲜技术；1994年，被农业部列为国家绿色食品基地，拥有“敬亭绿雪”

"百杯香芽""月芽""绿霜""华秋雪针"等知名品牌。至2008年,全场面积38.95平方公里,计5.84万亩,其中茶园2.1万亩;下辖4个分场、34个茶(农)业生产队、1个茶科所、2个林业队、5个场办工业企业、1个建筑公司等;从业人员7304人;拥有机械总动力6990千瓦,其中茶园专用拖拉机22台,农副产品加工动力3736千瓦,包括制茶机械780部。

安徽省红新制茶有限责任公司　始建于1997年,坐落于中国绿茶之乡——郎溪县十字镇。先后获得2003年"安徽省优秀民营企业""信用星级民营企业"、2005年"农业产业化龙头企业"、2006年"安徽省民营企业创汇50强"、2007年"安徽省重合同守信用企业"和"安徽省银行诚信客户""食品安全信用等级AAA企业"等称号。2005年,注册"红新"品牌。至2008年,形成年加工各类高、中、低档外销茶1.8万余吨,年产值1.85亿元的规模,是省内较大的眉茶加工基地,拥有各类技术人员158人。

安徽大业茗丰茶叶有限公司　系安徽茶叶进出口有限公司控股子公司。集茶叶种植、生产、包装、销售、科研、茶文化传播为一体。2009年成立。2010年起,建设黄山大业茗丰生态茶场专业合作社和太平大业茗丰猴魁基地。至2011年,研发自主品牌"迎客松"系列国礼徽茶、"国茶6+1""金典徽茶"系列和"和韵徽茶"等,开发30款特色鲜明的礼品茶和袋装茶,涵盖礼品茶、商务茶、家庭用茶等。经营茶壶、茶具、茶食品等关联产品。建立直营连锁店8家,签约加盟连锁店4家,"迎客松"牌国礼徽茶在全省建立网点20家。

黄山市汪满田茶业有限公司　成立于1988年。基地地处海拔1400余米的黄山支脉南云山一带,是受国家保护的黄山毛峰原产地。"汪满田"牌茶叶获评2000年上海十佳茶叶品牌,被评为2002年安徽省名牌农产品;商标系2003年安徽省著名商标;产品获"2003上海市场畅销快速消费品"称号;在2004年上海同类市场销售额市场占有率名列第1,获"2004上海市场畅销快速消费品""2004上海市场快速消费品市场满意产品"称号,企业获"2004上海市场快速消费品市场优质服务企业"称号,获评2004年度国家级黄山毛峰星火计划示范项目;在2005年上半年上海同类市场销售额市场占有率名列第1,产品获"2005上半年度上海市场畅销快速消费品"称号,产品和企业分别获评2005年安徽省十大品牌名茶、2005年安徽省农业产业化龙头企业称号;获2005年首届黄山杯精品名茶评比特等金奖。2008年,汪满田茶业在上海市建有5000余立方米茶叶专业保鲜库,超过40家"汪满田"茶庄,拥有专业品茶师,名茶系列产品进入20余家著名连锁卖场、超市,包括家乐福、沃尔玛、易初莲花、好又多、大润发、联华、乐购等,设上海群峰茶叶有限公司、汪满田合肥子公司、北京子公司等,开设专营窗口。2008年年底,上海光明集团食品有限公司初期投入2500万元,和汪满田合资并股,从日本引进价值800余万元的超微茶粉设备,研发茶衍生制品。公司系2006年中国茶叶行业百强企业。

地方茶协

黄山市茶叶行业协会　2005年3月28日成立,由黄山一品有机茶业有限公司等5

家单位发起，至2008年，有团体会员单位47个、个体会员115个。协会下设3个工作机构。

信息部主要职能是普及茶叶知识，开展茶文化交流活动，提升行业宣传水平；编辑《黄山茶业》专业会刊；发布国际、国内茶叶行业动态；加快信息化建设，搭建网络宣传平台，加强协会与“黄山茶叶信息网”的交流与合作，实现资源共享，建立协会办公网；开展行业调查，行业统计，发布行业信息；加强与科研机构合作，突出科技创新。

行业管理部主要职能是会员管理，加强会员单位职业技能培训；建立健全协会的组织机构；优化整合行业整体实力，制定行业公平、公正、公开竞争制度；参与制定和审定行业产品标准、行业质量规范、服务标准；参与行业发展，行业改革等决策；通过法律、法规授权，政府委托，开展公信证明、价格调整、行业准入等；监督会员单位依法经营，对违反协会章程和行规行约、参与不正当竞争、损害消费者权益、损害行业集体形象的，采取警告、业内批评、通告批评、开除会员资格等予以惩罚；加强行业协会财务制度和管理。

市场开发部主要职能是组织茶事活动，协助企业拓展市场；协调会员间、会员与其他行业经营者、消费者及其他社会组织的关系；制定行业发展远景规划，协助政府做好茶业发展相关工作；开展与相关团体及民间组织的经济技术交流和合作；研究和提出利于茶产业发展，利于提高茶产业竞争力和茶农收入的政策建议；加大公用品牌和行业整体品牌的建设力度；组织申报黄山茶叶地理标志保护，注册证明商标；承担法律法规制度和政府委托的其他职能，代表行业企业进行反倾销、反垄断、反补贴等调查，或向政府提出调查申请；加强市场打假力度。

协会所在地黄山产茶历史久远。全市有百万元以上产值的茶叶企业逾80家，茶园面积近5万公顷，分别占安徽省和全国茶叶种植面积的42%和4%；年产茶叶1.8万吨，其中名优茶近5000吨。“祁红”在1915年巴拿马万国博览会和1987年布鲁塞尔世界优质食品评选会上，两获国际金奖；“黄山毛峰”“太平猴魁”和“老竹大方”均属中国十大名茶；“屯绿”“松萝茶”和“白岳黄芽”亦为茶中名品。

池州市茶业协会　由池州市6家茶业龙头企业发起，于2002年11月22日正式成立，当年共吸纳全市茶叶生产、科技、经营等各界人会员87人，茶叶加工、经营企业团体会员34个。市政府分管市长任会长，市农委主任和市内茶叶龙头企业董事长任副会长，协会秘书处设在市农委。

协会成立后申报并注册“九华佛茶”产地证明商标及“九华佛茶”其他类的服务性商标，注册3件“九华佛茶”相关行业的产品及服务性商标，制定实施《“九华佛茶”产地证明商标使用管理规则》和《“九华佛茶”包装使用管理办法》，会同市农委、市质量技术监督局制定并发布《九华佛茶》和《九华佛茶生产加工技术规程》两个地方标准，制定“九华佛茶”VI（视觉识别系统）设计及“九华佛茶”茶叶包装设计，根据《九华佛茶证明商标使用管理规则》，授权市15家生产经营企业使用“九华佛茶”产地证明商标，组织专家编写《九华佛茶生产与管理》辅导教材，会各县茶叶站在全市范围内举办“九华佛茶”

生产技术培训班,利用各种宣传手段,多形式全方位宣传“九华佛茶”。

宣城市茶叶协会　2004年9月成立。协会任务是开展茶叶科技交流、培训以及新技术引进和市场调研;发挥协会在茶叶生产、加工、营销上的凝聚力和号召力,增强宣城茶叶对外的市场竞争力和占有率,为茶农和茶叶生产者服务;强化科技服务,加快名优茶品牌整合,实施标准化生产,加强茶叶科技推广和开发,促进茶叶产业化发展。协会所在地宣城市有茶园面积31.2万亩,年均产茶1.8万吨,占全省茶叶总产1/3;其中出口茶1.1万吨,为安徽省茶叶主产区和出口基地。

六安市茶叶产业协会　2001年1月成立,以实施品牌、流通、农业产业化三大工程为契机,从基地建设、弘扬品牌、完善标准、提升质量、扩大规模、开拓市场和规范销售等方面入手,加大六安瓜片综合开发。年产六安瓜片8.5万公斤,产值2040万元,产销紧俏,价位上扬,品牌美誉度提升,带动和促进霍山黄芽、舒城兰花、金寨翠眉、华山银毫、六安炒青“五朵金花”的发展。

2009年3月,六安市茶叶产业协会重组成立。由市农委、市民政局及有关茶企发起,由该市从事茶叶生产、加工、经营企业、个体户和相关经济组织自愿组成,为行业性、非营利性社会团体,有会员103名。以“服务、协调、维权、自律”为宗旨,由金安区、裕安区、金寨县、霍山县、舒城县茶叶产业协会5个分会组成。

协会的宗旨:加强行业管理,发挥群体优势,推动经济体制改革,提高全市茶叶生产、加工和科技含量水平,扩大销售和创效能力,维护企业的合法权益,促进茶叶产业化发展,为构建和谐社会和社会主义新农村建设作出贡献。

协会主要任务:向政府和有关部门反映茶叶生产加工中的情况和问题,协助有关部门制定茶叶技术标准和产业政策,搞好行业自律,参与有关活动;反映茶农、茶企愿望与要求,传达政府和职能部门意图,督促企业执行国家的政策法规,协助政府和主管部门加强行业管理;协调行业产、供、销关系,促进内部多种形式的合作和联合,形成规模优势、集团优势,加强与其他行业之间的横向联合;开展信息咨询服务,收集、整理国内外茶叶生产、加工、流通等方面的技术信息和市场信息资料,进行行情预测,帮助培训技术管理人才;研究推介有关茶叶生产至销售等多环节的现代化革新技改措施,增加科技含量拓宽茶叶的综合利用,组织茶文化宣传、经验交流、新产品评比推介、商品交易展示、行业评先等活动,指导行业发展。

协会系市政府为发展农业特色产业而成立的十大产业协会之一。

巢湖市茶叶行业协会　2006年5月26日成立,成立时有单位会员40个、个人会员113个。协会旨在维护全市茶叶产业整体利益,促进茶叶产业协调、可持续发展,提高茶农组织化程度,提升品牌影响力,提升运用现代流通方式的能力和水平,提高从业人员素质,改造和扩大优质茶生产基地。协会制定茶叶生产经营企业自律公约,规定禁止通过媒体或其他方式进行虚假宣传等11条行为。成立自律监察小组,调查、取证、处理违约情况。坚持内强素质、外争形象,打造“白云春毫”“都督翠茗”等一批具有一定知名度的茶叶品牌。“都督翠茗”“含山翠眉”“巢湖银尖”在2005年第四届中国(芜湖)国际茶博会获金奖。协会所在地巢湖市是安徽省茶叶生产重要产区之一,全市种植面积达6万余亩,年产茶6000余吨。

安庆市茶叶行业协会　2009年3月6日,召开第一次会员代表大会。安庆市种植业管理局局长余华明当选为会长,副局长查道生长当选为常务副会长,钱子华、王更生、余立平、伍德兴为副会长、何汉华当选为秘书长。首批团体和个人会员170多个。办公地址为安庆市菱湖南路168号(安庆市种植业管理局四楼)。

黄山市黄山区茶业协会　2005年6月成立。业务范围为组织生产、培训、信息交流;制定、审定生产和加工标准、规范服务、维护名茶声誉;监督会员单位合法经营;协调关系、解决争议;维权;开展与相关团体经济、技术交流和合作。至2008年,有团体会员7家、个人会员231人,分布在14个乡镇及城区。主要组成:科技人员21人、营销大户43人、生产加工者140人、其他27人,拥有茶叶基地5.5万亩,其中有机茶茶园9714亩、绿色食品茶茶园415亩、无公害茶茶园4.24万亩,年产干茶1050吨。协会成立以来,规范“太平猴魁”“黄山毛峰”品牌和茶行业管理,提高两大名茶经济效益,增加农民收入。注册太平猴魁茶证明商标,创建《黄山名茶网》。

岳西县茶业协会　成立于2002年11月,有会员180人,主要由茶场(厂)负责人、茶叶专业户、重点户、茶商、茶叶专业技干组成。协会有常务理事10人、荣誉理事长3人。协会下设无公害茶叶生产及基地建设专业委员会、市场营销及信息咨询专业委员会、品牌管理及技术质量监督专业委员会。宗旨是“民主运营、团结协作、互惠互利、促进发展”。任务是协助政府主管部门引进新技术,开发新产品,建立示范基地,抓好技术培训,外跑市场拿订单、内联农户抓生产,实现“民办、民营、民受益”。协会成立后,指导乡镇成立分会87个,会员共1万余人。协会年均生产销售茶叶1000余吨,产值4500余万元,会员户人均增收1200元,全县受益农户7.1万户,共计35万人。

休宁县茶叶行业协会　成立于2005年9月28日,由黄山市新安源有机茶开发有限公司、黄山市松萝有机茶叶开发有限公司、休宁县科兴名优茶厂等14家茶叶企业负责人发起,县直有关单位负责人参加,第一届理事50名、常务理事34名。协会创办《休宁茶叶》简报,进行信息交流。首任会长施丰声。

徽州区茶叶行业协会　成立于2008年3月17日。首任会长汪明平。

第五章　土产果品日杂经营

第一节　土产日杂经营管理机构

自1978年改革开放以来,在由计划经济向市场经济转换中,安徽省供销社系统土产日杂果品业务状况不断变化,经营管理机构亦有多次调整。

土产日杂经营管理体制　1979—1984年,全国自上而下有完整的组织系统。全国总社设土特产品管理司和果品副食品管理司;安徽省社设省土产日杂果品公司;全省地、市、县设土产日杂公司或土产果品公司。是阶段,安徽省土产日杂果品公司沿袭计划经济管理模式,对全省土产日杂果品行业行使管理职能,通过设立在蚌埠、阜阳、宿县、滁县、巢湖、六安、安庆、芜湖、徽州的9个二级站实施购销调存。但随经济体制改革深入,由于土产日杂果品均为二三类农副土特产品,国家鼓励其价格放开,实行多渠道经营,逐步进入市场化经营阶段。

1984—1992年,全国自上而下的组织机构仍然存在,但不再行使管理职能。全国总社土特产品管理司和果品副食品管理司裂变出专事经营的中国土特产品总公司和中国果品副食品总公司。自1984年起,安徽省土产日杂果品公司转变为自主经营、自负盈亏的实体。是阶段,土特产品管理司和果品副食品管理司以及安徽省土产日杂果品公司,虽还承担全国或全省土产日杂果品行业指导任务,但多是借"指导"而延续"计划经济"影响,为自身经营服务。地、市、县土产日杂果品公司不再上报统计数据。1988年后,省土产日杂果品公司不再内设计划和统计科室。是阶段,全省土产日杂果品行业面临"计划经济为主、市场调节为辅""价格双转制"的新形势,市场完全放开。全省供销社系统土产日杂果品行业拓展粮油、木材、进口胶合板、棉花、钢材、进口镀锌板、家用电器、农业生产资料,畜产品、纺织品、对外贸易等业务经营,但由于负担重、机制不活、市场经验不足,失败多,成功少。在经营方式上进行诸多探索:成立贸易货栈,自主定价,自由贸易;召开土产日杂果品交流会,产销直接见面,减少中间环节。全省土产日杂果品系统每年均召开贸易交流会。全国总社土特产管理司成立全国土特产品交流中心,每年固定于郑州召开全国土特产品交流会;果品副食品管理司召开全国果品副食品交流会。全国大中城市建立农副土特产品批发市场。合肥市建设坝上街、周谷堆批发市场等。至1996年,交流会由于功能不及批发市场而停办。

其间,土产、果品收购与销售多呈增长态势。1985年,全省供销社系统土产、果品类收购增长,全年收购总值达1.66亿元,增长23%。其中薄荷油增长270%,棕片增长73.9%,蓖麻籽增长37.9%,蜂蜜增长21.3%,土纸增长27%,木耳增长84%。一些产品盲目发展，增长过快。如薄荷油收购2155吨，供应出口1016吨，国内销售303吨，产大于销矛盾突出。1986年，全省供销社系统山芋干、蜂蜜、木耳、香菇、山核桃、白瓜子收购量创历史最高纪录。1987年，全省供销社系统土特产、干鲜果类收购增长8.9%；香菇、木耳、调味品类收购增长27.5%；干鲜果类销售增长28.9%；干菜调味品类销售增长37.5%。

1992—2004年，全国自上而下的组织机构不复存在。全国总社取消土特产品管理司和果品副食品管理司的内设机构。2001年，安徽省土产日杂果品公司改革改制为安徽兴农土产日杂有限公司，除烟花爆竹外，不再对全省土产日杂果品行业承担指导任务。全省绝大部分市、县土产日杂果品公司相继完成改革、改制。

在业务经营上，除阜阳商厦等极少数土产日杂果品企业发展壮大外，绝大多数退守烟花爆竹经营这一传统阵地，但时逢全国性城市"禁放"，难有较大起色。

2004年以来，由"老土产"裂变、蜕变的烟花爆竹经营企业和其他经济实体，成为供销社系统骨干企业，阜阳商厦和安徽盛虹烟花爆竹集团，成为全省供销社系统"新网工程"龙头企业。

安徽省土产日杂果品公司 1984年，省土产日杂果品公司所属9个分公司，除芜湖分公司外，其余8个分公司下放至地、市供销社。同年，省公司由行政管理型转变为直接经营管理的经济实体，除对烟花爆竹外，不再行使行业管理职能。

1992年1月，省供销社决定，驻上海工作组由省土产日杂果品公司代管改为省供销社直接领导，全称安徽省人民政府驻沪办事处供销工作组，扩大对外开放和经营，发挥驻外窗口作用。1994年2月，省供销社党组研究决定，安徽省人民政府驻沪办事处供销工作组划归省土产日杂果品公司领导，适应市场经济发展，增强省公司经营能力。

1995年7月，省土产日杂果品公司与繁昌县农业生产资料公司在上海浦东联合投资兴办上海皖供贸易公司，由省土产日杂果品公司控股。经营范围：农副土特产品、生活用品、副食品、建材、化工、钢材、家电、百货、农业生产资料、棉花、麻及制成品、半成品、副产品等。

1997年7月，为使省土产日杂果品公司尽快摆脱困境，省社党组研究决定，由省农资公司扶持省土产日杂果品公司。

1998年8月，省土产日杂果品公司扩大经营范围，增加棉花和化肥、农药、农膜等农业生产资料经营。

2000年3月，省供销社党组研究决定，将省土产日杂果品公司由执行事业(机关)单位工资制的企业，改按企业工资制度执行。7月17日，省供销社建议不再开展业务；上海皖供贸易公司、安徽省人民政府驻沪办事处供销工作组，清理债权、债务，撤销建制。

2001年1月11日，注册成立安徽省兴农土产日杂有限公司，注册资本106万元。经营范围为农副产品、日用杂品、干鲜果品、干菜调味品、蜂产品系列、粮油制品、棉花、棉制品、化肥、农药、农膜等农业生产资料、烟花爆竹及燃放、烟花爆竹原材料、全省土产日杂系统烟花爆竹行业管理、化工产品、竹柴炭、竹木、炊事工具、五金工具、纸及制品、饲料、饮料酒类、小食品、家用电器等。

2004 年 5 月 26 日,省供销社投资控股设立安徽盛虹烟花爆竹有限公司。根据省社意见,省兴农土产日杂公司不再承担全省供销社烟花爆竹行业管理任务。原省土产日杂果品公司离、退休人员由盛虹烟花爆竹有限公司代管。原省土产日杂果品公司名称保留。

2007 年 11 月,安徽盛虹烟花爆竹集团有限公司投资控股安徽兴农土产日杂有限公司。

第二节　土产日杂行业指导

1984 年开始,省土产日杂果品公司不再行使除烟花爆竹外的行业管理职能,受省供销社委托,对蜂蜜、薄荷油、铁锅等少数几个品种承担行业指导。

蜂蜜　蜂蜜既是内销商品,也是安徽省大宗出口商品。市场开放初期,为防止价格大战,影响出口和内销,省土产日杂果品公司受省供销社委托,以召开会议或下发文件形式,指导、协调收购价格。此间,省土产日杂果品公司每年自营蜂蜜约 200 ~ 300 吨。

1987 年 3 月 1—3 日,省土产日杂果品公司在合肥召开全省蜂产品工作座谈会,会议确定 1987 年蜂产品收购价格,明确必要时要与有关部门协商安排,边远县要及时了解邻省、邻县价格情况,注意衔接。

安徽省 1987 年蜂产品收购价格表

表 3—5—1

品　　名	度数	收购价(公斤/元)	备　注
一等蜂蜜	40	2.1	上下价格浮动幅度 10%
二等蜂蜜	39	1.9	
三等蜂蜜	38	1.7	
蜂王浆(春浆)		180	各地区根据市场情况上下浮动

1992 年 3 月 24 日,省供销社《关于下达 1992 年蜂产品收购指导价格的通知》,规定当年蜂产品收购指导价格。

安徽省 1992 年蜂产品收购指导价格表

表 3—5—2

品　　名	单位	度数	价格(元)	备　注
槐蜜	吨	40	2600	38 度以下不收
紫云英	吨	40	2400	39 度以下不收
油菜蜜	吨	40	2200	39 度以下不收

续表 3—5—2

品　　名	单位	度数	价格(元)	备　注
蜂王浆	公斤		110	
混合蜜				不收
度差以 40 度为标准度,每增减一度每吨增减 100 元。				

1994 年 3 月 25 日,省供销社《关于下达 1994 年蜂产品收购价格的通知》,规定当年蜂产品收购价格。

安徽省 1994 年蜂产品收购价格表

表 3—5—3

品　　名	单位	度数	价格(元)	备　注
槐蜜	吨	40	3200	蜂蜜度差以 40 度为标准度,每增减一度每吨增减 100 元;秋浆视市场情况各地自行掌握
紫云英	吨	40	3100	
油菜蜜	吨	40	2900	
蜂王浆(春浆)	公斤	—	110	

1995 年 3 月 22 日,省供销社印发《关于下达 1995 年蜂产品收购(参考)价格的通知》,要求各地密切注意市场变化,结合当地实际灵活掌握,防止大起大落,盲目收购,在收购过程中一定要严把质量关,以质优取胜。

安徽省 1995 年蜂产品收购(参考)价格表

表 3—5—4

品　　名	单位	度数	价格(元)
槐蜜	吨	40	4300
紫云英	吨	40	3100
油菜蜜	吨	40	3900

1996 年 4 月 8 日,省供销社印发《关于下达 1996 年蜂产品收购(参考)价格的通知》。此后,省公司不再指导和协调蜂产品价格。

安徽省 1996 年蜂产品收购(参考)价格表

表 3—5—5

品名	单位	度数	价格(元)
槐蜜	吨	40	4400
紫云英	吨	40	4200
油菜蜜	吨	40	4000
蜂王浆(春浆)	公斤	—	80
蜂王浆(秋浆)	公斤	—	视市场情况自行掌握

薄荷油 薄荷油是安徽省大宗出口商品,1985 年以前,出口收购计划由省对外经济贸易委员会下达,委托供销社收购。供销社完成外贸委托收购任务,剩余部分允许自销。收购价格由省外贸、省供销社等商定,指导各地执行。

1988 年,一些重点产区薄荷油价格一涨再涨,一天一价,有的产区每公斤挂牌收购价 60 元,实收 64 元,还有的公开挂牌 70 ~ 74 元,是省规定指导价的 2 倍。8 月 16 日,省供销社以供土电字〔88〕08 号向各产区地、市、县供销社发出代电,指出薄荷油价格与价值差距过大,违反经济规律。要求各地不能盲目抬价收购,影响市场;各产区供销社必须重视市场,高度警惕,防止蓄意抬高收购价,制造混乱,破坏生产和流通,给经营单位造成损失;各产区供销社要本着"收得进,卖得出"的原则组织收购,对不听招呼、盲目参与薄荷油大战、抬价收购造成损失的,要追究领导责任。9 月 12 日,省供销社以供土电字〔88〕09 号向各产区地、市、县供销社发出代电:1988 年薄荷油收购价格高,收购后要尽快销完,及时结算。10 月 26 日,省供销社以供土电字〔88〕13 号向各产区地、市、县供销社发出代电:各地已收购薄荷油优先提供外贸出口,如外贸出口有难度,要尽快内销,收回资金。

1989 年 7 月 25 日,经省政府同意,省对外经济贸易委员会、省物价局、省工商行政管理局、省税务局、省监察厅、省供销社、省交通厅联合发出《关于印发〈关于加强全省薄荷油收购管理的通知〉的通知》,要求省下达的薄荷油出口计划由省土产进出口公司统一经营出口,其他单位和个人不得以任何形式(包括联营代购等)插手收购和经营;计划内薄荷油由外贸公司和其委托的供销社收购,收购后应依法缴纳 18% 的增值税,委托收购的薄荷油要按计划交给省土产进出口公司,不得自销;1989 年薄荷油收购价格按国家物价局和对外经济贸易部规定,每公斤最高收购限价定为 60 元(标准度),拨交价由省土产进出口公司另行制定。任何单位和个人不得变相放价,抬价抢购,不得掺杂兑假,违者由工商、物价检查部门按国家有关规定处罚;收购薄荷油的网点,由县工商部门会同县经贸局和供销社共同商定;在省计划完成前,调往外省的薄荷油必须持"准运证"方可放行。凡委托供销社收购的薄荷油,外贸部门要及时接受,否则应发准运证。各地金融部门要加强对薄荷油收购资金的管理,所需资金按收购任务安排给省和有关地、市、县外贸、供销社收购部门,专款专用,对无证非法经营者,各地银行不得贷给资金,不得为之结算;各地监察、工商、物价、税务、交通、供销和外贸等部门要密切配合,加强协作,做好检查、监督和服务工作。9 月 2 日,经省政府同意,省对外经济贸易委员会、省物价局、省工商行政管理局、省税务局、省监察厅、省供销社、省交通厅联合发出《关于转发赴阜阳薄荷油收购工作检查组"关于当前太和县薄荷油收购工作形势和问题的报告"的通知》,指出鉴于当前太和县薄荷油收购形势十分严峻,省政府已于 8 月 31 日专门发出"关于制止抬价抢购,努力做好薄荷油收购工作的通知"的明传电报,为认真贯彻省政府电报和《关于印发〈关于加强全省薄荷油收购管理的通知〉的通知》精神,对于调查组《报告》中反映的问题和提出的意见,各地和各单位要认真研究执行,认清加强薄荷油收购管理工作对于治理整顿、深化改革，对于安徽省和国家利益的影响和重大作用，采取有力措施，坚决制止薄荷油抢购大战再度发生。

1995年后，随国内市场变化，出口下降，供销社自主收购经营，不再承担委托收购任务。

铁锅 计划经济时期，铁锅属二类商品，由供销社收购、供应。1980年代中期，铁锅实行多渠道经营。供销社承担部分管理和收购任务，1990年代中期彻底放开，按市场需求，自主经营。

1990年5月3日，省计委、省轻工业厅、省供销社根据国务院国发〔89〕74号文件精神，向各地市计委、轻工业局、供销社下发《关于加强铁锅产销管理的联合通知》，指出：铁锅生产和收购计划由省计委安排下达，供销社根据下达计划，统一组织收购和调拨，保证市场供应，铁锅生产的原材料由轻工业厅归口管理，省计委“戴帽下达”，并在计划中注明所到企业，各地、各有关单位必须专材专用，否则将在下年度扣减原材料供应计划；为安排好安徽市场，从1990年开始，凡省供应计划材料所生产的铁锅由省供销社会同省轻工业厅根据省计委下达的计划，组织产销衔接，召开订货会，签订购销合同，1990年价格按现行规定执行；各生产企业根据收购计划和市场需要安排好铁锅生产，在产品质量上要严格按照省规定的质量标准进行检验，要创“省优”、争“部优”，使生产的产品具有竞争能力，工商双方要互相支持，密切配合，共同做好产销工作。

其他产品因资料缺失，不一一再记述。

第六章 粮油类产品经营

1985 年,全省供销社系统扩大粮油类经营业务,全年粮油类购进总值 1.4 亿元,增加 130%。滁县地区供销社系统购进油菜籽 1.43 万吨、花生果 246.5 万公斤、花生仁 169 万公斤、黄豆 11.5 万公斤,价值达 2000 余万元。

1987 年,全省供销社系统议购粮油 6.5 亿元,增长 35.4%。

1988 年,农副产品收购“大战”频繁,全省供销社系统收购资金紧张,农副产品收购略降。全年农副产品购进 19.51 亿元,同比下降 2.2%。其中议价粮油收购 4.2 亿元,下降 35.4%。

2007 年 6 月,安徽辉隆农资集团有限公司和上海益海企业发展有限公司(简称益海)在合肥共同投资设立安徽辉隆益海农产品有限公司(简称农产品公司),以粮油批发和农产品收储为主。注册资本 500 万元,辉隆和益海各占 50% 股权。农产品公司在省内及省外部分地区开展油菜籽、棉籽、大豆、小麦等农副产品收购业务和豆油、菜油、棕榈油、棉油等成品油销售业务。在肥东、蚌埠、淮南、阜阳等地建立油品销售基地;在阜阳、亳州、涡阳、临泉、颍上、桐城、淮北等地设立农产品收购网店。2007 年,实现销售收入 2.28 亿元,利润 860 万元。2008 年受金融危机影响,农产品公司仍实现销售额 3.6 亿元,利润 342 万元。

2009 年 12 月,安徽辉隆农资集团有限公司改制后,成立农产品事业部,推进农产品与农资商品经营网络对接。在阜阳和蚌埠建立农产品收储基地,主要从事粮食及农副产品的收购、销售及粮食的筛选、销售。2010 年,农产品事业部共收购农副产品 4.75 万吨,其中通过股份公司网络收购 1.46 万吨;共销售农副产品 3.94 万吨,实现销售额 8985 万元。

2010 年 5 月,安徽辉隆益海农产品有限公司更名为安徽辉隆阔海农产品有限公司。

第一节 粮食产品经营

小麦经营 粮食产品主要经营小麦。小麦分为高筋麦、中筋麦和低筋麦。高筋麦的湿面筋在 32% 以上,适合用作面包原料;中筋麦的湿面筋在 28 ~ 30%,适合用作包子、馒头、面条原料;低筋麦的湿面筋在 20 ~ 24%,适合用作糕点、饼干等原料。安徽省是全国两大低筋麦主产区之一,尤以沿淮霍邱、颍上和阜南所产品质最佳。

2007 年,农产品公司在霍邱、颍上和阜南 3 地,通过当地经销商代理收购低筋麦。

经销商按照公司规定的标准、数量、品质收购，并直接运送到指定收货工厂验斤验质。其中霍邱收购125吨、颍上收购727吨、阜南收购120吨，合计972吨。是年收购的低筋麦全部销往益海（周口）小麦工业有限公司。农产品公司成为工厂在安徽省的唯一低筋麦代理及供货商。

2008年，农产品公司竞拍采购国家临时储备小麦2.55万吨，其中低筋麦5118吨，饲料麦2.04万吨。低筋麦全部供应益海（周口）小麦工业有限公司；饲料麦通过益海嘉里集团的分销渠道销往全国各大饲料加工厂。农产品公司成为益海嘉里集团在安徽省唯一饲料麦采购代理商和益海（周口）小麦工业有限公司在安徽的主要低筋麦供货商。

2009年，农产品公司参与国家临时存储小麦竞拍采购，全年采购白小麦和进口小麦1.25万吨，大多销往江苏、河南的面粉厂和饲料厂。在阜阳、临泉等产区收购4496吨新小麦，主要销往江苏的饲料厂。

2010年，农产品公司和农产品事业部均经营小麦，全年共采购小麦7.28万吨。收购白小麦和低筋麦2.03万吨，其中农产品公司收购1.86万吨，主要销给江苏、阜阳、收购地和深圳的饲料厂和贸易商，农产品事业部收购1667吨，全部销往河南粮库；农产品事业部竞拍采购国家临时存储小麦2.31万吨，销往各地饲料厂、面粉厂和贸易商；农产品公司纯贸易购进进口小麦2.94万吨，销往江苏一带的饲料厂。

玉米经营　2010年，农产品公司和农产品事业部涉足玉米经营，在皖北设置收购点，收购新玉米2.25万吨，其中农产品公司收购1.68万吨，大部分作为饲料原料销往江苏的饲料厂；农产品事业部收购5714吨，大部分作为饲料原料，销售给江苏及安徽当地的饲料厂和贸易商，少部分作为工业原料，销售给酒精燃料加工厂。

第二节　油料产品经营

油菜籽经营　安徽省是油菜籽主产区之一，2007年播种面积1080万亩，年产量约150万吨，种植面积及产量均居全国第2位。省内油菜籽集中分布在长江流域和皖南地区，其中安庆、巢湖、芜湖、合肥等地产量较大。农产品公司油菜籽收购主要采取设点收购，同时开展大客户签约收购。是年，农产品公司在无为县江坝、二坝设置油菜籽收购点，在东至、望江、合肥等地开展大客户签约收购。江坝点收购油菜籽180吨，二坝点收购油菜籽638吨。签约收购是就菜籽的数量、单价、交货期限及付款方式等与客户签订合同，由此在望江收购菜籽578吨、古河收购菜籽854吨、合肥收购菜籽527吨、含山收购菜籽657吨。所收购的油菜籽通过江坝、二坝、含山等码头以船运方式销售到新元粮油（武汉）有限公司、益海（盐城）粮油工业有限公司及岳阳鲁良新元粮油工业有限公司等益海嘉里集团内部工厂。

2008年，辉隆集团参股建立省内规模最大的粮油加工厂——益海嘉里（安徽）粮油工业有限公司。农产品公司在长丰县下塘镇设置收购点，为益海代收菜籽4164吨。

大豆经营 安徽大豆以夏大豆为主,主要分布在黄淮流域的淮北、亳州,长江流域的芜湖、安庆等地。

2007 年,农产品公司在皖北地区设立多个大豆收购点。根据市场情况,以“收购价格通知单”形式将当天收购价格及收购质量、标准传至各代收点,由其按照要求挂牌收购。每日收购结束后,各代收点将当日收购量、发运量及资金使用情况上报公司。

大豆收购点主要通过 3 种方式设立:一是与当地经销商合作,共同收购,在阜阳、濉溪两地设立 5 个库点,收购大豆 8641 吨;二是利用集团配送中心网络,进行代收代储,在亳州、涡阳和宿州配送中心设立收购点,收购大豆 2092 吨;三是利用国家粮库、火车站货场等具有货源优势和交通优势的单位进行代收代储,分别在猴桥粮站、花沟粮站和涡阳火车站设立代收点,收购大豆 634 吨。是年,累计收购油豆 6056 吨、食品豆 5773 吨,成为安徽省最大的食品豆经销商。所收购油豆销售经益海(连云港)粮油工业有限公司和益海(周口)粮油工业有限公司;所收购食品豆销售经秦皇岛金海粮油工业有限公司以及本省食品豆经销商。

2008 年度,受金融危机影响,暂停大豆收购业务。

2009 年,安徽大豆集中上市时出现抢收现象。农产品公司在阜阳和临泉地区,通过设立代理收购点和业务员就点购货,采购 3.79 万吨食品豆,收购大豆全部销往秦皇岛金海食品工业有限公司。

2010 年,农产品公司和农产品事业部基本延续 2009 年大豆经营模式,共收购大豆 3.74 万吨,其中农产品公司收购 2.37 万吨,农产品事业部收购 1.37 万吨。

棉籽经营 籽棉除去皮棉后即是棉籽,棉籽壳内为籽仁,是棉籽的主要部分,其含油量可达 35~45%,含蛋白质约 39%。

2007 年度,农产品公司在安徽省棉花主产区开展棉籽收购,与 26 家经销商及棉花加工企业签订合同,共收购 1.61 万吨。与安徽辉隆集团皖江农资有限公司签订代收协议,由其与一级市场客户约定收购意向,经公司确认后成交。由此方式,累计代收棉籽 1800 吨。所收购棉籽分别销往山东新鑫海粮油工业有限公司、岳阳鲁良新元粮油工业有限公司等。

成品食用油及粕类经营 农产品公司经营的食用油有豆油、棕榈油、菜油、棉油等;粕类主要有豆粕、棉粕和菜粕。油、粕继承和发展原上海益海商贸有限公司安徽办事处的经营业务,是农产品公司经营业务中最为成熟的版块。

农产品公司在菜油、棉油和菜粕采购上与本省 20 余家食用油加工厂建立稳定的业务关系,2007 年下半年采购菜油 2.51 万吨、棉油 100 吨;2008 年采购菜油 8642 吨、棉油 2039 吨;2009 年采购菜油 1.28 万吨;2010 年采购菜油 1384 吨。豆油、棕榈油、豆粕和棉粕采购借助益海嘉里集团的网络优势,同其各加工厂和贸易公司合作,在广州、张家港、仪征、连云港、日照和天津等港口采购,将港口采购油脂销至省内各贸易商及终端。2007 年下半年采购和销售豆油 4458 吨、棕榈油 4060 吨、菜油 1.75 万吨,豆粕 1.1 万吨;2008 年采购和销售豆油 2811 吨、棕榈油 6952 吨、豆粕 2730 吨、棉粕 2201 吨;2009 年采购和销售豆油 1. 17 万吨、棕榈油 2. 44 万吨;2010 年采购和销售豆油 3. 36 万吨、棕榈油 1. 83 万吨、豆粕 4780 吨、棉粕 1015 吨、菜粕 1080 吨、膨化大豆 125 吨。

农产品公司加强与小经销商、散户合作,巩固食用油和粕类饲料原料基础市场。在肥东县撮镇长期租用中储粮镇江粮油有限公司 4 个 1200 吨的油罐以及中国石化股份有限公司安徽石油分公司 5 个 5000 吨的油罐,用于中转和销售油脂,开拓淮南、阜阳等地市场。2009 年,在淮南租赁 1 个 1300 吨库容的油脂库。2010 年,在淮南市场销售各类油脂 1. 08 万吨;在阜阳租赁 1 个 2400 吨的油脂库,销售各类油脂 1. 06 万吨。

第七章 再生资源

第一节 再生资源行业经营管理

自中共十一届三中全会以来,安徽省再生资源行业发展迅速。回收体制从计划经济向市场经济转变,体系随之变化,功能逐步完善。

全省系统再生资源经营管理

1985 年,全省供销社系统收购废钢铁 17.4 万吨,废旧物资购进总额达 6390 万元,比上年增长 16.8%。

1986 年,废钢铁作为国家重要统配物资和炼钢生产必需原料,实行统一计划、统一管理、统一调拨。安徽省供销社物资回收公司继续承担安徽省废钢铁回收的统一组织管理。是年 4 月 30 日,安徽省人民政府办公厅下发《关于加强废金属外运管理的通知》,规定凡需运往省外的废钢铁、杂铜等废金属,包括计划调拨的废金属,一律由省供销社物资回收公司审批办理签证手续。未经签证,铁路、交通等运输部门不得承接外运。各地、各有关部门要继续严格执行省政府皖政〔1985〕15 号文件规定,加强对废金属管理。对未经批准擅自外运的废金属,应查扣没收,并追究有关领导人责任。5 月 4—7 日,安徽省物资回收公司在合肥召开全省废旧物资工作会议,要求尽快把废钢铁回收上交计划落实到基层;各地要继续贯彻执行安徽省政府皖政〔1985〕15 号文件规定,加强废钢铁管理,杜绝资源外流;扩大压块生产,开拓废钢铁资源;抓好调拨运输;争取废钢铁回收实行节约奖。12 月 4 日,安徽省计划委员会和安徽省经济委员会下发计物字〔1986〕805 号文件,明确从 1987 年起,取消各地市上交省废钢铁指令性计划,由计划内划出一部分统配钢材计划指标,用于和各地市串换废钢铁,以保证省重点钢厂生产需要。各地市以废钢铁串换钢材数量,由省计委下达指导性计划。各地市在完成省下达的废钢铁串换钢材指导性计划,满足本地铸造、农业、轻工等方面需要后,多余废钢铁可按照先省内、后省外原则组织串换。对调往省外部分,仍按省政府办公厅《关于加强废金属外运管理的通知》规定,由省计委审查,省供销社物资回收公司办理签证。省内废钢铁回收经营体制暂不改变,供销社、物资部门分工仍按原规定进行。由此,废钢铁回收工作计划管理体制改革启动,废钢铁市场逐步放开。是年,全省系统废钢铁购进 17.8 万吨,增长 2.2%,废旧物资购进总额达 6586 万元,增长 3.1%。

1987 年 1 月 5 日,安徽省计划委员会和安徽省经济委员会下发计物字〔1987〕35 号文件,规定安徽省废钢铁经营以供销社为主渠道,物资部门回收机构可以回收废钢铁串换钢材,但不增设新的机构。钢厂与各地、市供销、物资部门按照省计委下达的废钢铁串换钢材的指导性计划分别直接签订串换合同。省供销社物资回收系统一方面和钢厂签订废钢铁串换钢材合同,落实钢材的品种、规格、数量;另一方面和厂矿企业单位签订以钢材串换废钢铁合同,加强厂矿企业回收力量,掌握资源信息,做好收购和串换,支持炼钢生产。1—6 月,共回收废钢铁 8.29 万吨,供应炼钢生产 5.06 万吨,就地供应机械铸造、二轻、乡镇企业等 3.31 万吨,其中供应合钢炉料 3.38 万吨,完成全年合同数 56.4%,质量好于往年。是年初,废钢铁回收工作进入计划管理体制新时期。2 月 17 日,安徽省供销社正式批准安徽省物资回收公司转为经济实体,经营方式为物资回收、系统调拨、加工经营、批零兼营、有偿服务,经营范围包括废旧物资及其加工改制产品等。4 月 1 日,针对邻省废钢铁购销价格提高、省外单位深入安徽省厂矿企业议价采购废钢铁、造成资源大量外流情况,安徽省物价局、安徽省供销社同意对社会零星收购和不需返还钢材的废钢铁,可在省规定价格基础上上浮 30～50% 收购,具体由市、县经营公司根据品种和质量自行确定。9 月 8 日,安徽省物资回收公司牵头在全省供销社系统成立“安徽省废钢铁经营联合体”,以省公司为依托,本着自愿、互利、协商的原则,实行多层次联合,成员有全省 72 家废旧物资回收、土产公司。宗旨是:发挥行业整体优势,开发废钢铁资源,促进废钢铁的充分和合理利用,逐步形成安徽省废钢铁市场。至年底,联合体与省内外有关钢厂签订 1988 年废钢铁合同计 6.8 万吨,串换钢材 2.3 万吨。在省计委指导下,实行串换为主、议价为辅、平议结合的办法,与合钢签订 1988 年废钢铁供应和钢材串换合同。投资 100 万元购进先进的液压机 8 台,开展压饼加工。12 月 8—9 日,废钢铁经营联合体召开第二次办公会议,确定争取 1988 年 1 月 30 日前完成马钢公司合同;对议价销售废钢铁作价,按照整体利益与个别利益相结合的原则,联合体统一订货的钢厂,统一价格;联合体成员向其他需要单位供货的,价格可灵活掌握。

1988 年 5 月 15 日,国务院总理李鹏为废旧物资工作题词“大力开发利用再生资源,变废为宝,支援建设”。7 月 4 日,为纪念周恩来为废旧物资工作题词 30 周年和贯彻李鹏题词精神,安徽省人民政府号召 3 季度在全省范围开展废旧物资突击回收活动。安徽省供销社发动城乡所有收购点、代购点和基层供销社,全面开展废旧物资突击回收。3 季度全省废旧物资回收总额达 3167 万元,同比增长 41.6%。是年,商业部下发《关于贯彻李鹏总理题词 进一步搞好再生资源开发利用工作的通知》,省供销社下发《关于纪念周总理题词三十周年 认真做好废旧物资回收利用工作的通知》,巩固发展废钢铁经营联合体,扩大废钢铁购销,向再生资源经营方向发展。8 月,省社建议各地、市、县物资回收公司成立再生资源开发利用公司,同时保留物资回收公司牌子。是年,安徽省供销社系统巩固和发展废钢铁经营联合体,扩大购销,与上海钢厂、马鞍山钢厂、合肥钢厂签订钢铁串换合同 12 万余吨,返还钢材 3 万余吨,销售给小型钢厂、乡镇企业等料钢、炉钢 5 万余吨,对日本出口废钢铁 1.2 万余吨,创汇 130 余万美元;20 个市、县继续开展有奖回收活动;全省解决贴息贷款 50 万元,自筹资金 150 万元,更新大型废钢铁加工设备 19 台,废钢铁压块 6.68 万吨,一级品率达 90%,加工产值超过 2000 万元;各地物资回收部门采取市、县联营、县公司与基层社联营、县公司网点下伸到大集镇等方法,扩大农村回收业务量,全省全年农村废旧物资回收额达5507万元,占全省回收总额的49.86%,增长65.82%。全年回收各种废旧物资总额1.1亿元,比上年同期增长37.6%。其中废钢铁购进18.3万吨,增长8.2%。

1989年,全省供销社废旧物资回收行业加强废金属管理,巩固发展废钢铁联合体,扩大废钢铁经营。开展流动收购、预约收购、寄袋回收及闲置设备调剂,狠抓加工利用。全年共回收各种废旧物资1.31亿元;64个专业公司完成销售额2.4亿元,比上年增长6.5%;调剂闲置设备1100余台,价值1400余万元。加工产值达2200万元,增长10%。加强农村基层回收工作,全年农村废旧物资回收额达5889万元,比上年增长6.9%。3月15日,安徽省经济委员会、安徽省公安厅、安徽省工商行政管理局、安徽省交通厅、安徽省供销合作社发出《关于进一步加强废金属管理的通知》,针对废钢铁计划体制改革后出现的市场管理混乱、非法经营、转手倒卖不断发生、资源大量外流情况,重申废钢铁收购经营仍以供销社为主渠道,物资部门的回收机构可以回收废钢铁串换钢材,但不另增设新机构。废有色金属由供销社回收部门统一收购经营。其他任何单位不得从事废钢铁、废有色金属的收购经营。凡从事生产性废金属回收的单位,必须经当地主管部门同意,公安机关审查批准,工商行政管理局核发营业执照后方可营业。废金属收购行业,属于公安部门规定的特种行业。凡需运往外省的废钢铁、废有色金属,包括计划调拨以及去外地加工的,由当地供销社回收部门签署意见,计、经委审查,省供销社物资回收公司办理《外运物资许可证》签证手续。未经批准签证,铁路、交通等运输部门不得承接外运。12月30日,安徽省物价局调整安徽省废钢铁议购价格和串换钢材销售价格(安徽省物价局《关于调整废钢铁供应价格的通知》)。

1990年8月10日,安徽省供销社开展全省清理整顿再生资源(废旧物资)回收利用公司工作,重新审核其经营资格和经营范围。9月21日,安徽省1991年度废旧工业原料业务洽谈会在歙县召开。11月12日,安徽省物资回收公司决定马鞍山、合肥市物资回收公司为废钢铁加工企业管理规范试点单位。11月13日,安徽省供销社成立安徽省供销社再生资源管理办公室,承担安徽省人民政府下达的废钢铁、废有色金属的资源管理和市场外运管理任务,与有关部门配合,负责安徽省再生资源的市场管理、业务指导、协调等工作。办公室编制从省物资回收公司人员中调剂解决。是年,贯彻商业部《关于清理整顿再生资源回收利用公司工作的通知》,各地供销社配合公安、工商等部门,加强安徽省城乡再生资源行业和市场管理,全面清理、整顿经营再生资源的公司、站、点和个体户,重新审查登记。废钢铁联合体疏通渠道,广开门路,选择合理流向,扩大订货,签订供货合同15万吨。至年底,全省有再生资源加工厂81个、各类加工机械196台,其中拥有废钢铁加工机械89台,年加工废钢铁压块(饼)10万吨。全年实现加工产值3417万元,同比增长62.7%。马鞍山市、合肥市、淮南市物资回收公司被评为全国废钢铁加工企业管理优秀单位,芜湖市、蚌埠市物资回收公司获表彰。但由于市场形势严峻,全省有21个县以上专业回收公司发生亏损,亏损面达1/3。全省供销社再生资源回收总额达1.75亿元,比上年增长33.6%。回收废钢铁24.06万吨、废有色金属6193吨。全年加工产值3417万元,加工废钢铁压块(饼)7.47万吨。

1991年,全省各级供销社采取换购、流动收购、灾后突击回收等形式,收购废旧物资总额达2亿元,比上年增长14.2%。其中收购废钢铁27万吨,增长15%,并优先供应省内大中型企业生产。全年再生资源加工产值3417万元。3月26—27日,安徽省供销社召开全省供销社再生资源工作表彰大会,有关行署、市、县人民政府负责同志,经委、计委、公安、工商部门负责人,各地、市、县供销社主任,回收(土产)公司经理,先进单位和先进个人代表400余人出席。商务部发来贺信、贺词,副省长张润霞讲话,省人大、省政府、省政协和省直有关单位负责人到会颁奖。表彰29个先进集体、10名优秀经理和34名先进工作者。5月7—9日,安徽省再生资源加工工作会议在马鞍山市召开,回顾"七五"期间安徽省加工工业发展情况,研究制定"八五"计划和全省加工重点。9月24—29日,安徽省物资回收公司牵头,在黄山市召开苏、浙、皖3省首次再生资源洽谈会。来自3省供销社物资回收企业和全国部分省市150余家工厂700余人参会。签订合同655份,成交各类废旧物资30余万吨,总值近2亿元。安徽代表团成交各类废旧物资18万吨,成交额1.08亿元,其中废钢铁10.3万吨供应省内钢厂和乡镇企业。是年,安徽省公安厅、省工商局、省供销社联合开展加强再生资源市场管理、打击盗窃行为的活动。新组建县级物资回收专业公司9个,成立再生资源专业管理机构10个。提出"四个转变"的经营战略,由主要精力用于外部管理转变为集中精力转向企业内部管理和经营;由"眼睛向上要政策"转变为埋头苦干;由单一经营转变为"一业为主,多种经营";由收废卖废转变为精挑选、深加工。推行经营承包责任制,调动干部职工积极性,遏制经济效益持续滑坡势头。同年,国务院下发《关于加强再生资源回收利用管理工作的通知》,物资系统可以经营废金属等,而供销社物资回收系统却难以经营报废汽车回收拆解业务。

1992年,全省供销社系统废旧物资收购总额达2.9亿元,比上年增长45%,16个地市均获全面增长。其中废钢铁收购33.8万吨,增长25%,相当于1989年以前平均两年收购量。销售总额达4.54亿元,增长40.9%。全年实现加工产值4642万元,增长36%,其中压饼压块8.78万吨,增长30%。全年实现利润484万元,比上年增加476万元。

1993年,全省供销社系统废旧物资收购总额达4.65亿元,比上年增长58.8%。16个地市除芜湖外均获增长。增幅最大的为池州地区和安庆、淮南市,分别为148.2%、137.3%和111.6%。全年销售总额达8.8亿元,增长93%。全年实现加工产值4800万元,增长3.4%。实现利润966万元,比上年增长99.5%。

1994年,全省供销社系统废旧物资购进总额达4.4亿元,销售达5.2亿元。但全省供销社物资回收系统亏损严重,盈利单位盈利额与亏损单位亏损额相抵,亏损达1251万元。16个地、市公司中有12个亏损。

1995年,全省有县以上专业回收公司90个、回收网点3000余个、加工厂近60个,从业人员3万余人,市场占有率70%。是年,全省物资回收系统效益下滑,安徽省再生资源公司销售额虽较上年增加80%,但仍仅能保本。

1995年7月19日,为改变报废汽车回收拆解业务由物资系统独家经营局面,实现公平竞争,寻找新的经济增长点,省供销社以供发再字〔1995〕181号文报请安徽省人民政府,要求明确供销社具有废旧汽车回收合法经营权。11月3日,安徽省人民政府办公厅《关于同意供销社享有废旧汽车回收经营权的批复》同意供销社系统享有报废汽车经营权。按照"谁主管,谁负责"的原则,供销社回收企业经营报废汽车时所签发的《报废汽车回收证明》《报废汽车回收运输许可证》同样有效。由此,安徽省供销社系统再生资源行业报废汽车回收拆解业务全面展开。

1996年4月22—25日,安徽省供销社在马鞍山市召开全省再生资源管理工作座谈会,加强行业管理,清理整顿废旧金属市场,配合公安部门开展打击盗窃生产性废旧金属犯罪专项治理行动。是年,全省供销社物资回收系统销售收入7.6亿元,同比增长11.4%;商品经营综合差价率平均为4.92%,同比略降;亏损3700万元,同比增亏11.5%;亏损面87%,同比略有扩大。除宣州、天长、绩溪、潜山、阜阳市、淮北市、宁国等少数地、市、县外,大部分企业亏损,特别是一些成立较早、规模较大的公司出现较大亏损。

1997年,根据国家经贸委、国内贸易部《关于加强报废汽车回收工作管理的通知》规定,报废汽车实行定点回收和资格认证。省经贸委发文同意安徽省供销社系统1996年底以前已经开展报废汽车回收拆解业务的经营企业,在没有取得资格认证之前可继续经营报废汽车回收拆解业务。3—6月,安徽省在全省范围内集中开展清理整顿废旧金属收购站点、严厉打击盗窃生产性废旧金属犯罪活动专项治理活动,成立领导小组,组长由省委常委、省政法委第一书记、公安厅厅长陈瑞鼎担任,省政府副秘书长张锋生、公安厅副厅长马萍任副组长。清理整顿废旧金属收购站点2745个,依法取缔813个,吊销各种行业许可证450个,缴销许可证1001个,收缴废旧金属494.8吨,破获刑事案件100余起。全省废旧金属收购站点总量得到控制,对大中型厂矿企业周围3000米以内设立的站点全部取缔,遏制收赃、窝赃和销赃的违法犯罪活动,改善企业周边地区治安环境。

1998年起,再生资源行业加大改革力度,建立并逐步完善新的管理体系和市场体系,实现从计划经济向社会主义市场经济转变。4月,安徽省再生资源公司主持召开1998年全省再生资源工作会议暨第二次行业协会会员大会,安徽省人民政府副省长卢家丰和省政协副主席张润霞分别发来贺信和贺电。安徽省供销社成为安徽省老旧汽车更新办公室组成单位之一,供销社系统领到报废汽车更新优惠证。

1999年3月,安徽省将再生资源(物资回收)公司按所属地、市所处地域划分为4个经济协作区,加强联系合作,形成规模经营网络。7月21日,省供销社以供发再字〔1999〕94号文报请省政府,要求协调安徽省报废汽车回收管理工作。12月7日,省政府办公厅批复同意省经贸委2条协调意见:省供销社、省物资集团系统均可经营报废汽车回收(拆解)业务,各自负责本系统内经营秩序,实行平等竞争;按国家有关规定,对经营报废汽车回收(拆解)业务实行企业资格认证制度。安徽省报废汽车回收(拆解)企业资格认证工作由省老旧汽车更新领导小组统一负责,省老旧汽车更新领导小组办公室和省供销社再生资源管理办公室具体实施。是年,安徽省再生资源行业开拓经营,强化管理,基本扭转经济效益连年下滑局面,不少企业步入良性循环轨道。省经贸委牵头举办“综合利用,大有可为”系列宣传,主题是“加强废旧物资回收,促进资源再生利用”。省供销社再生资源管理办公室加大与马鞍山特种钢厂合作力度,开辟淮阴钢厂业务。年底,召开全省再生资源工作会议,副省长卢家丰发表书面讲话,政协副主席张润霞到会。

2000 年 1 月 26 日,安徽省供销社批复同意“安徽省供销社再生资源管理办公室”更名为“安徽省再生资源管理办公室”。再生资源行业走出低谷,逐步扭亏为盈。

2002 年,全省供销社系统再生资源回收从业人员达 1.2 万余人,经营网点达 2000 余个,回收企业改制面达 50% 以上。8 月 24—26 日,安徽省再生资源公司在合肥主办华东地区再生资源经济协作会(安徽年会)。25—26 日,安徽省供销社再生资源工作会议暨中国再生资源开发公司华东分公司成立大会在合肥市召开,研究、探讨中国加入 WTO 后再生资源行业如何推进“二次创业”和更快发展,省政协副主席张润霞、中华全国供销合作总社监事会副主任林乃基出席。11 月,芜湖市成立再生资源管理工作领导小组,配合市有关再生资源管理机构和市供销社开展再生资源管理。安徽省再生资源管理办事处在芜湖市社挂牌成立。

2003 年 9 月 25 日,全国大中城市再生资源经济技术协作会第十八届年会在合肥召开。第十八届会长单位安徽省再生资源公司总经理肖幸福介绍做强主营业务,提升核心竞争力,重视企业文化建设,实施经济、文化与人一体化发展战略的经验及未来发展思路。是年,国内废钢资源紧缺矛盾明显,第三季度价格竞争尤为激烈。螺纹钢、线材、中层板市场价格大幅上升,刺激钢厂释放产能,大量增产,使废钢消耗量上升,废钢回收加工难度加大,但全省供销社再生资源行业呈现良好发展势头。

2005 年,安徽省再生资源回收企业达 128 个,回收网点约 3.6 万个,从业人员约 30 万人。其中供销社系统有网点约 2 万个、从业人员近 10 万人。5 月 12—14 日,省再生资源行业协会南北片经济协作区座谈会分别在涡阳县和天长市召开,同时举办安徽省再生资源行业首期从业人员职业技能培训鉴定,211 名学员参加。是年,受国家宏观调控影响,废钢及钢材价格经过短暂高位运行后,一路下跌。

2006 年,国家提倡大力发展循环经济,全省供销社系统再生资源购销 91.26 亿元,增长 26.12%。10 月 11 日,安徽省再生资源工作会议暨安徽省再生资源回收利用协会第四届会员大会在合肥市召开,要求各级供销社做好总体规划和社区试点两项基础性工作。是年,商务部出台《关于加快再生资源回收体系建设的指导意见》,在全国选定 24 个大中城市开展再生资源回收体系建设试点,10 月 20 日,正式下文增列合肥市进入试点,安徽省商务厅指定安徽双赢集团合肥再生资源有限公司为试点实施单位。

2007 年,合肥市人大将“再生资源回收利用体系建设”写入《政府工作报告》。合肥市政府第80次常务会议确定将再生资源回收体系建设纳入循环经济范围,先行试点,逐步推开和规范,政府引导和鼓励企业参与,培育再生资源回收利用龙头企业,明确副市长牵头规划部署,市政府法制办牵头制定再生资源回收利用管理办法。4月10日,商务部批准合肥市再生资源回收体系建设实施方案。5月,合肥市政府办公厅批转市供销社《合肥市再生资源回收体系建设实施意见》,确定自2007年起,用5年左右时间,逐步建立以“绿色回收亭”、流动回收车为基础的回收网络和以加工处理中心为载体的综合利用体系,实现再生资源回收网络化、利用产业化和处理无害化,促进循环经济发展和城市管理水平提升。9月,合肥市政府成立再生资源回收利用体系建设领导小组,副市长杨增权任组长。省政府办公厅《关于印发2007年全省节能工作要点的通知》明确要加快现代再生资源回收体系建设,指导合肥市做好试点工作,在省级以上商业示范社区建立“绿色回收亭”。省商务厅将回收体系建设列入商业节能降耗工程。至年底,合肥市商业示范社区新建“绿色回收亭”20余个。

2010年,随全球经济回暖,石油、矿产等资源价格上扬,废纸、废塑料、废旧金属价格均回到或超过金融危机前水平,再生资源业务快速增长,全省供销社系统再生资源行业全年累计从生产者购进再生资源总额133.70亿元,同比增长85.15%;销售143.38亿元,同比增长90.66%。

双赢集团再生资源经营管理

1988年8月9日,安徽省物资回收公司报请省供销社,将安徽省物资回收公司更名为安徽省再生资源开发利用公司,经营范围按商业部和省规定不变。8月22日,安徽省供销社同意成立安徽省再生资源开发利用公司,和安徽省物资回收公司是“一个机构、两块牌子”,人、财、物及其隶属关系不变,业务上仍受省经委、省计委、省供销社领导,对外权利、义务和一切业务与安徽省物资回收公司享受同等待遇。

1990年3月8日,安徽省清理整顿公司领导小组同意安徽省供销社保留安徽省物资回收公司。

1992年,安徽省物资回收公司调整内部组织机构和人员配备,把经营工作放在首位,经营收入占总收入比重增加。开展自营业务,与河南舞阳钢厂联合经营。出访东南亚和美国,开拓业务。召开地、市、县公司经理会议,要求集中精力抓内部经营管理,推行“两全、一优、四开放”(“两全”即全方位、全品种收购,“一优”即优质服务,“四放开”即经营范围、价格、劳动用工、内部分配放开)经营战略;打破地区封锁和垄断经营,投入市场,参与竞争。

1993年,省供销社同意安徽省物资回收公司更名为安徽省再生资源公司,加快转型,集中力量抓经营。扩大对上海宝钢和河南舞钢供货,加大自营和联营分量,上规模,增效益。继续开展行业指导,筹建行业协会,创造条件组建股份有限公司,发挥系统整体优势。

1994年,国家实行宏观调控和新税制措施,安徽省再生资源公司经营受阻,购销不畅,再生资源购销大幅下降。公司在业务一部基础上成立上海公司,开拓业务。

1996 年,安徽省再生资源公司实行工效挂钩,采取激励与约束相结合机制。成为上海钢铁一厂和五厂供应商,重新成为合肥钢铁厂供应商,实行规模经营,创造规模效益。以废钢经营带动钢材经营。

1997 年,安徽省再生资源公司争取到省内《汽车更新优惠证》发放权,为开展报废汽车回收拆解工作创造条件。公司或以销定购,适度经营;或集中购销,扩大规模;或以副业驱动主业,或以主业发展副业。扭转被动下滑局面,扼住连续 3 年的亏损势头。经营主抓宝钢、合钢、沙钢 3 大块业务。调整内部经营管理布局,成立江苏分公司(业务三部),以沙钢废钢铁经营业务为主,兼顾周边。发挥省公司龙头作用,利用系统公司群体优势,开拓省内废钢铁经营业务。组织宁国耐磨材料厂和马鞍山特殊钢铁厂的废钢经营业务。制订《资金使用管理办法》。

1998 年起,安徽省再生资源公司实行全员风险抵押金制度,各部门签订目标管理责任状。主抓废钢铁经营,主攻方向是宝钢、合钢、沙钢 3 大阵地。开辟淮阴钢厂、宁国耐磨材料总厂、马鞍山特殊钢厂业务。8 月,开辟南京钢厂业务,供给废钢 3000 余吨。开展报废设备拆解加工,购农药厂电解槽 80 余只,拆解废钢铁 76 吨、废铜 11 吨、钛锌板 800 余块,售出获利 3 万元。强化系统服务意识,为本行业争取政策,提供信息。

1999 年,安徽省再生资源公司宝钢、沙钢、合钢 3 大块业务不同程度受阻,公司开拓南京钢厂业务,成为南京钢铁厂废钢供应第一大户。业务二部返销合钢一厂废钢 1.2 万余吨,回笼货款 500 万元。业务三部开拓宁国耐磨材料总厂业务。

2000 年,基于再生资源回收事业的社会公益性定位,安徽省再生资源公司提出推动行业“二次创业”的基本思路:建立完善新的再生资源管理体系和市场体系,发挥再生资源回收经营的规模优势,发展再生资源综合利用产业,提高全行业整体素质,向科、工、贸一体化发展,创造与我国资源环保产业紧密结合、同步发展的新型再生资源回收利用行业。是年,购销创历史最高水平。废钢铁市场出现货紧价俏的卖方市场,公司加大废钢货源组织力度,扩大废钢购销数量,提高市场占有份额,巩固原有宝钢、合钢、沙钢、南钢 4 大销售网络,确立公司在安徽省再生资源回收业的主导地位。首次开展合肥市场废钢直购业务,购置剪切机,提高加工能力,增加挑选利用附加值。完成宝钢每月合同量。一部月废钢销售量从数百吨上升到 2000 吨;二部全年从河南、山西、河北等地调入废钢 3 万余吨,缓解省内废钢资源严重不足矛盾;三部立足沙钢,全年购销废钢 6 万吨,创进驻沙钢以来最好水平;四部抓住 9 月份后南钢电炉恢复生产、原料需求量大和资金回笼快的机遇,深入货源第一线,采取买断、直购等形式,解决废钢资源紧缺问题,4 季度购销废钢 3 万吨。租用安徽省国防工业办公室五四五仓库,购置加工设备,开展废钢直接收购。与马钢开始合作经营。参与安徽拖拉机厂铸造车间的拍卖并中标,首次承担大型业务的自行拆解。配合省经贸委对部分县、市报废汽车市场进行抽查验收。

2001 年,安徽省再生资源公司经营遇到较大困难:一是从 5 月起,国家对废旧物资回收经营单位销售其收购的废旧物资实行免征增值税,但政策出台较迟,新旧政策衔接影响业务经营;二是国际市场废钢资源多,价格低,大量涌入国内市场;三是由于国家严格整顿汽车超载现象,致使车运废钢量大幅降低。公司克服困难,废钢经营总量同比增长,除合钢外,宝钢、沙钢、南钢、马钢业务扩大,宝钢废钢供应量从年初每月1000吨上升到2000吨,有时达3000吨,跃居二级供应商第1位;沙钢废钢购销量连年增长,被钢厂评为2001年度废钢铁供应优秀单位,定为特约废钢供应商;南钢年购销废钢达9.3万吨,月供货量最高达1.9万吨,成为钢厂供应大户;马钢业务继续扩大,成为钢厂供应第一大户。开辟杭州钢厂、东方钢厂及东南钢厂业务,建立连接钢厂和客户、立足省内、辐射全国的废钢购销网络。单独设立仓储部,开展废钢直购直销业务。举办全省再生资源工作会议暨三届一次行业协会会员大会、行业协会常务理事会和系统财务工作会议,承办中国再生资源商业行业协会三届三次常务理事扩大会议。协调、指导系统做好报废汽车回收拆解资格认证,参与省经贸委组织的对省内已通过资格认定企业的检查。

2002年,安徽省再生资源公司,确立"创造名牌公司、实施多元化战略,立足国内、走向世界"的发展方向和"建立现代再生资源回收利用体系,促进社会可持续发展"的奋斗目标。提高废旧钢铁主营业务市场占有率,开发生铁、铁精砂等相关商品。开拓江西、湖北等地货源,扩大船运供销渠道。公司进入宝钢一级供应商行列,成为"宝钢十佳供应商"。

2003年,安徽再生资源公司发挥龙头优势,提高核心竞争力,把握废钢经营主战场,应对非典影响、资金短缺、价格波动、钢厂改制等复杂局面,巩固华东,开拓西部。在长丰三元开发区购地50亩,建立废钢加工基地,将直接采购、加工、生产、销售与网络联营相结合,实行主营业务经营方式多元化。购销废钢30余万吨,实现销售逾4亿元,同比增长超20%。

2004年,安徽省再生资源公司深化改革,形成确立企业和员工新型劳动关系、实现企业产权多元化、建立现代企业制度的改革改制方案,9月22日,经省社批准实施。在安徽省再生资源公司的基础上改制组建安徽省再生资源有限公司,实现投资主体多元化,注册资本1000万元,其中安徽省供销商业总公司投资560万元,占总股本56%,实行控股;自然人以现金投资440万元,占总股本44%。员工置换身份,其中30人成为新公司股东、聘用员工。9月30日,安徽省再生资源有限公司召开第一届股东大会,讨论表决通过公司章程,选举产生第一届董事会、监事会。11月11日,安徽省再生资源有限公司举行创立庆典,首映《旧邦新命 朝阳无限——安徽省再生资源有限公司》专题片,是为全省供销社系统宣传再生资源事业、提倡循环经济、推介再生资源企业改革发展创业史的第一部专题片。是年,安徽省再生资源公司在合肥承办"2004年下半年杭州钢铁集团公司废钢订货会",为杭钢首次在外省举办订货会,全国90余家废钢供应单位代表到会,安徽省再生资源公司签订8亿元订单,占总合同额1/10。

2005年,安徽省再生资源有限公司做强做大主业,推进多元化发展,年销售收入超过10亿元。5月,安徽省再生资源有限公司印发《关于开展征集"建设节约型企业金点子"

活动的通知》,安徽省再生资源回收利用协会贯彻落实党中央国务院关于树立科学发展观和建设节约型社会要求,响应“全民节约、共同行动”号召,向从事再生资源回收利用的同行发出倡议。是年,废钢市场行情复杂多变,资源组织困难,资金短缺,同时国家加强税收管理,从严控制废旧物资收购发票,安徽省再生资源有限公司克服困难,经营规模和经济效益创历史最高水平,年销售额达 14.94 亿元。上海分公司经营废钢 15 万吨,直接采购边角料 1 万吨。合肥金属建材分公司经营废钢 3.6 万吨、钢材 3 万吨、生铁 4500 吨。配送中心收购加工废钢 2485 吨。苏南分公司经营废钢 9.1 万吨。南京分公司经营废钢 6.7 万吨。马鞍山分公司经营废钢 3.2 万吨。安徽省再生资源有限公司经国家环保总局审查批准为进口废五金定点加工利用单位,是安徽省 8 家定点单位之一。

2006 年,安徽省再生资源有限公司坚持“要大、要强、要稳、要快”的全面发展宗旨。2 月,正式引入 ISO9001：2000 质量管理体系标准和 ISO14001：2004 环境管理体系标准,确立“遵守环境法律法规,积极推进循环经济,提倡绿色经营理念,保持环境持续改善”的质量环境方针。3 月 27 日,财政部等六部委调整废旧物资税收政策联合调研组在省财政厅、省国税局有关领导陪同下,实地考察安徽省再生资源有限公司物流配送中心。11 月 27 日,质量环境管理体系文件正式实施。

2007 年 6 月 8 日,安徽双赢再生资源集团正式成立,集团母公司为安徽双赢再生资源集团有限公司(原安徽省再生资源有限公司),母公司控股 8 个子公司,全省首批加盟 7 个成员单位,总注册资本 9530 万元。6 月 7 日,集团迁址合肥市政务区东流路。7 月 10 日,举行成立庆典。省人大常委会副主任周本立,省政协副主席卢家丰,省委副秘书长刘奇,省供销社主任王首萌,省商务厅副厅长张光建,中国再生资源开发利用有限公司副总经理张帆,省供销社副主任蔡立、李永英、崔继华等出席会议。是年,安徽省再生资源有限公司、安徽省双赢拍卖有限公司、合肥市双赢再生资源有限公司同时通过 ISO9001：2000 和 ISO14001：2004 质量环境管理体系认证。安徽省环境保护产业协会批准安徽双赢再生资源集团有限公司为安徽省环境保护创新试点单位,颁发“安徽省环境保护创新试点单位”荣誉证书。是年,安徽双赢再生资源集团有限公司经省商务厅批准取得报废汽车拆解资格认定。集团提前实现“十一五”规划年度目标,启动“三次创业”。实施废钢网络建设与基地建设相结合发展战略,提高掌控资源能力。收购网络遍及全省,延伸到江苏、浙江、上海、山东、河南、河北、天津、山西、甘肃、内蒙等地。加强基地建设,逐步实现再生资源回收、加工、生产、综合利用、销售“一条龙”。加大对合肥物流配送中心投入,建设二期工程、更新设备,提高资源集散能力。培育联合基地,扩大资源收购,定向销售。建立安庆、广德、宿州,四川涪陵,湖北宜昌、黄石,天津、山西(生铁)、内蒙古(生铁),泰州(不锈钢)等联合基地,基地供货量占总供货量 70% 以上。与各大钢铁集团合同量增加,经营废钢 106 万吨、生铁 7.4 万吨、废有色金属近 2 万吨。社会形象和品牌影响力提升,成为宝钢、杭钢、梅钢的首席供应大户,是沙钢、南钢、宁钢、马钢等的优秀供应商,客户满意度达 98% 以上。

2008年,我国废钢市场跌宕起伏,上半年持续上扬,价格不断走高,7月重型废钢均价达4000元/吨左右,创历史新高。8月之后,受全球性金融危机冲击,废钢市场急转直下,连续降价。至10月底,收购价在2000元/吨左右。在税收政策方面,严格控制发票和税改政策的不确定因素加重废钢经营操作难度。安徽双赢再生资源集团继续实施"网络+基地"发展战略,培育购销网络,巩固物流配送中心,租用、改建合肥双圩、东港废钢基地,联建首个省外加盟的上海南翔废钢基地,增强控制资源能力,严把收购关,在挑选加工上下功夫,提高附加值。发展与上海宝钢、杭钢、宁钢、沙钢、南钢、马钢等大型钢铁集团的战略伙伴关系,成为多家钢厂的优秀供应商。在铜陵市循环经济试验园购置105亩土地,规划建设区域性再生资源集散中心、废钢铁分拣加工中心、进口废五金电器加工拆解中心、废旧家用电器回收拆解中心的循环经济再生资源产业园项目。推进合肥市再生资源回收体系建设,在包河区试点建设取得突破,建设社区绿色回收亭(站)10个,落实改造整合回收站点50余个。社区回收网络建设建改结合,由点到面,稳步推进。参与合肥市依法取缔正三轮车非法营运工作,2个月内集中收缴清运入库正三轮车5000余辆,安全环保地拆除销毁,销售废发动机、废轮胎、废钢等计300余吨。是年,经省商务厅、公安厅、工商局及合肥市相关部门验收合格,获省商务厅和市商务局认可,从事报废汽车回收拆解业务。同年,安徽双赢再生资源集团获"安徽省文明单位"称号,列全国供销合作社系统百强企业第16位。

2009年,面对国际金融危机对实体经济影响加剧、国际国内钢市疲软、再生资源增值税政策调整三重压力,安徽双赢再生资源集团以再生资源业务保市场、保规模,继续实施"网络+基地+品牌"发展战略,巩固物流加工配送中心、东港码头、双圩码头,新建六安、寿县、上海安亭等废钢基地,完善基地收购、分拣、加工、生产、储运、销售功能。与各大钢铁集团和供应商多元化合作。全年销售废钢60余万吨,在社会需求总量下降背景下,增加市场份额。新成立的报废汽车回收拆解公司,回收162辆报废汽车。是年,经省政府批准,集团被列为安徽省重点流通企业,为全省五大综合性商贸集团之一,获安徽省劳动竞赛先进单位称号,被评为2009年全国供销合作社系统实施卓越绩效模式先进企业。

2010年,安徽双赢再生资源集团围绕"稳步增长、调整结构、深化改革、构建和谐、持续发展"的工作主题,实施"基地+网络+品牌+体系"发展战略,创新发展供应链、加工基地和营销网络。全年废钢销售总额逾81亿元,同比增长286%;利润总额5200万元,同比增长285%;社会贡献总额10.44亿元,同比增长345%。回收拆解报废汽车1702辆,同比增长951%。4月2日,合肥市再生资源回收利用体系建设试点工作通过国家阶段性验收,获1800万元财政资金支持。截至2010年年底,先后新建、扩建、改造6个废旧物资专业集散交易市场、20个废旧物资集散分拣中心、200个社区回收亭、800个社区回收站、10多个大专院校回收亭。10月12日,集团与长丰县政府正式签约合肥废旧商品产业园项目,项目位于长丰双凤开发区内,占地约1200亩,总投资约15亿元。12月28日,集团与宣城市宣州区政府签约宣城废旧商品产业园项目,项目位于宣城经济开发区内,占地约

200 亩,总投资约 2 亿元。是年,集团中标安徽省家电以旧换新回收企业,回收各类“以旧换新”家电近万台。蝉联全国供销合作社系统实施卓越绩效模式先进企业和百强企业。获第九届安徽省文明单位称号。

2011 年,双赢集团全年销售总额达 92.22 亿元(含税),利润总额达 5742 万元,同比增长 10.23%;社会贡献总额达 18.06 亿元,同比增长 72.99%。主要经济指标超“十二五”战略目标中 2011 年度要求。废纸、废玻璃占主业销售比例和自营业务所占比例上升,资源控制能力增强。全年生产加工设备投资达 2000 余万元,建成省内首条废钢铁破碎生产线,提高废钢铁加工能力、技术水平和产品利润率,皖中示范基地成为中国废钢铁协会加工配送中心示范基地。合作投资建设报废汽车拆解生产线,支持供应商投资废纸打包机、废玻璃清洗机等生产型设备,提高加工技术。全年经营废钢同比有所下降;废有色金属 4 万吨,同比基本持平;废塑料 1.4 万吨,同比略降;废啤酒瓶 4051.95 万只,同比增长 24%;废纸 23 万吨,同比下降 37%;废玻璃 31.17 万吨,同比增长 106%;收购报废汽车 600 辆,同比下降 64.8%;家电以旧换新 12.28 万台。担保公司全年实现担保总额 5.14 亿元,同比增长 39.8%。小额贷款公司实现贷款余额 1.31 亿元。拍卖公司全年举办 100 场拍卖会,成交额 1.75 亿元。完成煤炭销售 1.6 万吨,销售额(含税)2243 万元,实现毛利 218 万元。销售矿粉 3 万吨,销售额 3222 万元。银行授信总额达 13 亿元,开展票据池业务,财务资本运营收益可观。双赢中盛入驻长丰废旧商品产业园,宣城废旧商品产业园项目奠基,双赢集团铜陵再生资源综合利用项目签约,占地约 300 亩。合肥市再生资源回收利用体系建设试点工作通过国家验收。5 月 27 日,安徽双赢再生资源集团有限公司召开股东大会,选举产生第三届董事会、监事会。根据大股东安徽省供销商业总公司推荐,肖幸福、刘梅生、黄继立、魏安民、陈祥生当选董事,肖幸福当选董事长;董玉苍、褚进乡、牛锋当选监事,董玉苍当选监事会主席。集团获评全国实施卓越绩效模式先进企业、安徽省质量奖、全国供销社系统质量奖、全国供销社系统实施卓越绩效模式先进企业特别奖。安徽省再生资源回收利用协会获安徽省“百优社会组织”称号。董事长、总裁肖幸福获评“2010 年安徽省质量管理先进工作者”“安徽省劳动竞赛先进个人”“中国流通产业十大经济人物”及全国供销社系统“五五”法制宣传教育“先进个人”,获颁“安徽省五一劳动奖章”。集团管理者代表张厚生获评 2011 年度“安徽省实施卓越绩效管理先进个人”。集团及子公司(拍卖公司、合肥双赢、东南公司)通过“三标一体”认证。拓展湖北大冶特钢、徐州中建纸业、江苏理文造纸、合肥兴东纸业、张家港新港丰公司、四川用废企业、四川纸厂、天津玖龙纸业、山东华泰纸业集团、山东晨鸣纸业集团、远大纸业、地龙纸业等新客户。合作建立的江苏连云港基地、宁波江北基地,山东单县、曹县、菏泽、济宁、鱼台废钢基地、江苏丰县废钢基地、安徽池州、固镇、寿县废钢基地、河南废钢基地挂牌。在四川涪凌、江西九江、湖北宜昌、黄石等地建立定向采供基地,提高再生资源源头控制和客户服务能力。

再生资源销售品种及数量

安徽省1986—2011年再生资源销售情况见下表。

安徽省1986—2011年废钢铁销售统计表

表3—7—1

年份(年)	全省销售		其中安徽省再生资源(集团)公司销售	
	废钢铁数量(吨)	废旧物资金额(万元)	废钢铁数量(吨)	废旧物资金额(万元)
1986	135000	6584	—	438
1987	167830	7200	—	376
1988	184000	22664	9320	632
1989	181900	24164	2560	411
1990	240000	24500	1890	413
1991	277000	32257		909
1992	—	45411	—	1733
1993	—	46558	—	6588
1994	—	44596	—	2283
1995	—	34838	30000	4300
1996	211510	30313	35000	4685
1997	188110	29991	60000	7327
1998	238380	27754	92000	12000
1999	271660	30608	177000	16312
2000	434000	39316	200000	22524
2001	454470	44034	245966	31892
2002	445350	76892	307540	36356
2003	1067050	157067	373715	48526
2004	1221060	324424	418326	93312
2005	1670000	412990	420000	149366
2006	1775280	496721	586028	179582
2007	2580140	697904	1060000	275495
2008	2370000	840000	756000	382843
2009	2050000	701300	577522	227883
2010	2898982	1403236	1980000	816600
2011	2898982	2101100	1965600	922000

说明:其中废旧物资金额是指以废钢铁为主的所有废旧物资的总额

安徽省 1986—1990 年部分废旧物资产品销售统计表(一)

表 3—7—2

年份(年)	废纸		破布、布鞋及底	
数量(吨)	金额(万元)	数量(吨)	金额(万元)	
1986	37580	927	11610	255
1987	36950	1035	9860	222
1988	38700	1418	5960	189
1990	34970	1343	5190	218
年份	杂铜		废麻及制品	
(年)	数量(吨)	金额(万元)	数量(吨)	金额(万元)
1986	2850	1495	4560	439
1987	3360	1681	3760	390
1988	2360	2053	3210	226
1989	2750	3491	2270	155
1990	3350	4054	3140	188

安徽省 1986—1990 年部分废旧物资产品销售统计表(二)

表 3—7—3

年份(年)	废橡胶		废棉	
数量(吨)	金额(万元)	数量(吨)	金额(万元)	
1986	5740	260	3640	63
1987	4780	263	2710	95
1988	4330	220	2480	185
1989	4380	218	1680	174
1990	4620	223	730	57

安徽省天诚商贸有限公司再生资源经营　2001 年 9 月,安徽省天诚商贸有限公司调整经营结构,租用合肥市丝绸厂仓库作为废旧物资收购货场,主要收购废旧金属,经分拣、切割加工后销往合肥市柴油机厂、江淮铸造厂、皖西机械厂、白湖机械厂等。2001—2004 年,公司废旧物资销售分别为 4.02 万元、882.21 万元、909.1 万元、2234.88 万元,占销售总额的比重分别为 0.41%、49.5%、34.88%、41.24%。2004 年,国家出台税收优惠政策,自 5 月 1 日起,对废旧物资经营免征增值税。安徽省天诚商贸有限公司加大本地废钢铁购销业务,自 2005 年起,重点开拓省外废钢市场经营。与马钢、武钢、

南钢等近10家大中型钢铁企业建立业务关系,货源主要从外地组织,就近采购。当年公司废钢销售2.01亿元,销量8.54万吨,占销售总额的89.75%。

2006年起,公司加大投入建立废钢购销网络。提升本地货场加工能力,加大自主收购力度。停止原货场经营,在合肥市东流路与潜山路交口竹西新村租地近10亩重建废旧物资加工货场,配备地磅、剪切机、打包机、货车、叉车等设备,年加工能力达4万吨。

2009年,公司在合肥大兴集新岗路增建废钢加工基地。先后与合钢集团、合力股份、安徽江汽集团、合肥应流集团和合肥荣事达(三洋)股份等20余家本地知名企业建立购销业务关系。在山东、河北、河南、上海、无锡等地建立废钢收购联合基地,定向供货;与莱钢股份、青岛钢厂、山东泰钢、河北钢铁、中原特钢、上海宝钢(集团)、江苏淮钢等10余家国内大中型钢铁企业建立业务合作。2006—2010年,公司废钢铁销售分别为2.91亿元、1.19亿元、5.55亿元、0.92亿元、1.97亿元,分别占销售总额的94.93%、90.7%、98.01%、84.02%、90.66%。至2010年年底,废钢铁经营网络初具规模,业务基础巩固,成为公司核心产业。

2010年,改造货场,投资建设高逾8米的钢结构厂房,增配行车、龙门吊等,年加工能力提升到10万吨左右。

2001—2011年,天诚公司经营废旧物资近11年,累计废钢铁购进67.66万吨、销售67.48万吨、销售总额17.81亿元,直接创利税1.07亿元、社会贡献额1.46亿元。

安徽省天诚商贸有限公司2001年—2011年再生资源销售情况统计表

表3—7—4　　单位:吨

年　度	购进	销售	销售额(万元)
2001	113	38	4
2002	7615	7689	882
2003	6091	6092	909
2004	11943	11936	2235
2005	85389	85394	20080
2006	139876	139762	29106
2007	46044	46044	11908
2008	151323	150789	55474
2009	39714	40081	9209
2010	89414	86325	19718
2011	98108	100561	28626

双赢品牌建设

形象识别系统　2007年3月,以安徽省再生资源有限公司为母公司筹备组建安徽双赢再生资源集团。同年4月25日,母公司发出“关于征集双赢集团团徽图案”的通知。由江志渡设计的图案,经集体修改完善后确定为集团团徽,知识产权属双赢集团,母公司对参与设计的集体和个人颁发荣誉证书和奖金。2007年6月8日安徽双赢再生资源集团注册获准。

安徽双赢再生资源集团团徽(标识)图案

释义

主题:创新腾飞,科学发展。

外形:椭圆,体现集团面向世界的全球意识和“服务社会,造福人类,共同发展”的价值观。

内图:“双赢”的拼音S和Y组合,S字母构成龙的变形,象征再生资源是崛起腾飞的朝阳产业;Y字母构成手的变形,象征多元化支撑及合作、和谐的“双赢”理念。

色调:以绿色为主,象征发展循环经济,保护资源和环境。

商标注册　2008年3月31日,安徽双赢再生资源集团有限公司申请“双赢”“win win”“　”等3项商标注册。国家工商行政管理总局商标局于4月14日签发注册申请受理通知书。2010年4月7日,颁发商标注册证,核定“双赢”“win win”“　”等3项商标为第40类服务项目。

双赢集团2010年商标注册情况一览表

表3—7—5

注册类别	核定服务项目	序号	商标名称	商标编号	注册有效期限
第40类	纸张处理;废物和垃圾的回收;废物处理(变形);净化有害材料;废物和可再回收材料的分类(变形);空气净化;水净化;能源生产;燃料加工;化学试剂加工和处理;报废汽车回收拆解(截止)	1	双赢	6629018	2010年04月07日—2020年04月06日
		2	win win	6629016	2010年04月07日—2020年04月06日
		3		6629017	2010年04月07日—2020年04月06日

第二节 再生资源行业政策

再生资源市场管理政策 1986年4月30日,安徽省人民政府办公厅发出《关于加强废金属外运管理的通知》,要求"凡需运往省外的废钢铁、杂铜等废金属,包括计划调拨的废金属,一律由安徽省物资回收公司审批,并办理签证手续。未经签证,铁路、交通等运输部门不得承接外运。对未经批准擅自外运的废金属,应查扣没收,并追究有关领导人的责任。"10月24日,国家计划委员会、国家经济委员会联合发出《关于改革废钢铁计划管理体制的通知》,要求从1987年起,取消回收废钢铁指令性计划,开放废钢铁市场,国家不再上调废钢铁。同时逐步形成一个有指导、有组织的废钢铁市场,各有关部门对废钢铁在组织串换、安排合理流向、发展加工网点和价格方面,要加强管理和指导。12月4日,安徽省计划委员会、安徽省经济委员会联合发出《关于改革我省废钢铁计划管理体制的通知》,规定"从1987年起,取消各地市上交省废钢铁指令性计划,由计划内划出一部分统配钢材指标,用于和各地市串换废钢铁,以保证省重点钢厂生产需要""多余的废钢铁,可按照先省内、后省外的原则,再组织串换。对调往省外部分,则仍按省政府办公厅《关于加强废金属外运的通知》的规定,由省计委审查,省供销社物资回收公司办理签证""省内废钢铁回收经营体制暂不改变,供销社、物资部门的分工,仍按原规定进行"。

1987年1月5日,安徽省计划委员会、安徽省经济委员会联合下发《关于改革废钢铁计划体制有关问题的通知》,明确"我省废钢铁经营体制以供销社为主渠道,物资部门回收机构可以回收废钢铁串换钢材,但不另增设新的机构。"

1989年3月15日,安徽省经委、公安厅、工商局、交通厅、供销社联合下发《关于进一步加强废金属管理的通知》,重申"废钢铁收购经营仍以供销社为主渠道,物资部门的回收机构,可以回收废钢铁串换钢材,但不另增设新的机构。废有色金属由供销社回收部门统一收购经营""凡从事生产性废金属回收的单位,必须经当地主管部门同意,公安机关审查批准,工商行政管理局核发营业执照后方可营业。并由公安机关按照特种行业管理""为制止资源外流,各地要认真执行省政府办公厅政办〔86〕37号《关于加强废金属外运管理的通知》。凡需运往外省的废钢铁、废有色金属,包括计划调拨以及去外地加工的,由当地供销社回收部门签署意见,计、经委审查,省供销社物资回收公司办理《外运物资许可证》签证手续"。4月27日,安徽省人民政府办公厅下发《转发省供销合作社联合社关于进一步加强废旧物资回收利用工作的报告》,强调"加强废旧物资回收和再生资源开发利用,对支持工业生产,增加有效供给很有必要。各级政府要支持这项工作,拓宽回收领域,以利于把一切可以利用的废旧资源都收购利用起来"。12月25日,根据国务院批转商业部《关于进一步清理整顿各类商业批发公司的意见》,商业部发出《关于清理整顿再生资源回收利用公司工作的通知》，要求各地供销社加强城乡再生资源行业和市场管理，对所有经营再生资源的公司、站、点和个体户进行全面清理、整顿，重新审查登记。

1990 年 10 月 23 日，商务部《关于选点试行〈废钢铁加工企业管理规范〉的函》要求有关省、直辖市供销社再生资源管理办公室选择 1 ~2 个废钢铁加工厂，试行《废钢铁加工企业管理规范》，落实各项基础工作，制定和完善企业管理的各项规章制度，进行规范化管理。10 月 31 日，公安部、国家工商行政管理局下发《印发〈关于加强废旧金属收购站点治安管理和打击查处销售赃物活动的通告〉的通知》，保障废旧金属收购站、点的合法经营，打击、查处销赃等违法犯罪活动，维护社会治安秩序。

1991 年，特大洪涝灾害给全省大部分地区再生资源回收利用行业造成巨大损失，为扶持再生资源行业发展，国家财政部批准，再生资源企业所得税、调节税在 1991 年和 1992 年继续享受减免政策。安徽省公安厅、省工商局、省供销社联合下发《关于加强再生资源市场管理 打击盗窃活动的通知》，加强市场管理，巩固供销社主渠道地位。12 月 26 日，国务院下发《关于加强再生资源回收利用管理工作的通知》，重申“废金属的经营，应继续执行国家已有的规定，由物资、商业部门的回收企业经营”“个体工商户只限于收购城乡居民出售的生活器具和废旧工具、农具、自行车、人力车等的废旧零部件”“物资、商业部门的回收企业必须在当地政府统一领导下，经各自主管部门审查同意，并由公安部门核发特种行业许可证，工商行政管理部门核发营业执照后，方可经营废金属收购业务”“再生资源回收利用工作的管理，仍维持现状不变。即由国家计委负责全国再生资源回收利用工作的宏观指导、统筹协调；物资、商业部门分别实行具体的经营管理，并与公安、工商、物价等部门共同配合，整顿好流通秩序，搞好市场管理”。

1994 年 1 月 25 日，《废旧金属收购业治安管理办法》经国务院批准发布施行。明确规定，生产性废旧金属按照国务院有关规定由有权经营生产性废旧金属收购业的企业收购。收购废旧金属的其他企业和个体工商户只能收购非生产性废旧金属。收购生产性废旧金属的企业，应当经其业务主管部门审查同意，向所在地县级人民政府公安机关申请核发特种行业许可证，并向同级工商行政管理部门申请登记，领取特种行业许可证和营业执照后，方准开业。

1996 年 8 月，国务院批转国家经贸委等部门《关于进一步开展资源综合利用意见的通知》要求，严格管理，搞好废旧物资的回收和再生利用。废旧物资回收企业要改进收购办法，积极组织收购，有条件的应实行分类加工。凡经营回收和加工生产性废旧金属的企业，必须经所在地人民政府指定的业务主管部门审批并发给统一印制的审核证明后，向公安部门申报核发特种行业许可证，再由工商行政管理部门核发营业执照，方可从事指定经营品种范围内的生产性废旧金属回收和加工业务。禁止个体经营者从事生产性废旧金属回收和加工业务。11 月 28 日，国家经贸委、国家计委、财政部、国家税务总局下发《关于印发〈资源综合利用目录〉的通知》，共包括 6 大类产品，即企业在开采和冶炼过程中,利用废弃资源回收的各种产品;固体废物的综合利用;废水(液)的综合利用;废气的综合利用;废旧物资的综合利用;其他。

1997 年,公安部发出《关于整顿废旧金属收购站点,严厉打击盗窃生产性废旧金属犯罪活动的通知》,清理整顿废旧金属收购站点,打击盗窃生产性废旧金属犯罪活动。11 月 25 日,安徽省公路管理局向各地市公路局发出《转发省政府"关于同意供销社享有废旧汽车回收经营权"的通知》,明确供销社回收企业经营报废汽车时所签发的《报废汽车回收证明》,可以作为车辆报废养路费销户依据之一。

2001 年 6 月,国务院发布《报废汽车回收管理办法》(国务院令第 307 号),明确规定国家对报废汽车回收业实行特种行业管理,对报废汽车回收企业实行资格认定制度。除取得报废汽车回收企业资格认定的外,任何单位和个人不得从事报废汽车回收活动。报废汽车的收购价格,按照金属含量折算,参照废旧金属市场价格计价。报废汽车拥有单位或者个人应及时将报废汽车交售给报废汽车回收企业。任何单位或者个人不得将报废汽车出售、赠予或者以其他方式转让给非报废汽车回收企业的单位或者个人;不得自行拆解报废汽车。报废汽车回收企业不得拆解、改装、拼装、倒卖有犯罪嫌疑的汽车及其"五大总成"和其他零配件。

2002 年 11 月 1 日,根据《国务院关于取消第一批行政审批项目的决定》,取消生产性废旧金属收购企业特种行业许可管理。

2004 年 1 月 12 日,国家发展和改革委员会、财政部、国家税务总局下发《关于印发〈资源综合利用目录(2003 年修订)〉的通知》,修订后《目录》包括 4 大类产品:在矿产资源开采加工过程中综合利用共生、伴生资源生产的产品,综合利用"三废"(固体废物、废水废液、废气)生产的产品,回收、综合利用再生资源生产的产品,综合利用农林水产废弃物及其他废弃资源生产的产品。各大类下包含若干小类,共计 46 个小类。

2006 年 3 月 7 日,商务部办公厅《关于印发〈2006 年再生资源回收工作要点〉的通知》,要求重点抓好健全法规、完善政策、制定规划、信息统计、示范带动、宣传培训。

2007 年 3 月 27 日,商务部颁布实施《再生资源管理办法》。安徽省商务厅、省发改委、省经委、省公安厅、省建设厅、省工商联和省环保局联合下发《关于认真实施〈再生资源管理办法〉的通知》。5 月 21 日,商务部办公厅下发《关于印发〈再生资源回收经营者备案说明〉的通知》,"为贯彻实施《再生资源回收管理办法》有关再生资源回收经营备案登记的规定,落实管理责任,明晰工作程序,维护经营者合法权益,制订《再生资源回收经营者备案说明》""县级以上商务主管部门或其授权机构负责办理备案登记手续""核发备案登记证明应当按照统一规则进行编号"。11 月 9 日,公安部下发《关于进一步加强废旧金属收购业治安管理工作的通知》,要求"各级公安机关要切实履行职责,督促废旧金属收购企业和个体工商户认真履行备案义务,力争做到对本辖区内废旧金属收购业底数清、情况明""各地公安机关要在前期工作的基础上,对本地区的废旧金属收购业进行全面的清理整顿"。

2008年1月14日，安徽省商务厅、劳动和社会保障厅、供销社联合下发《关于开展再生资源回收行业从业人员职业技能培训和鉴定有关工作的通知》，要求“加强对再生资源回收从业人员的专业技能培训。再生资源回收企业应建立健全职工培训制度，有计划地对职工进行职业道德、业务知识和专业技能培训，提高职工队伍素质。要充分发挥安徽省再生资源回收利用协会等中介机构的作用，推动对本行业从业人员的职业技能培训”“在再生资源回收行业推行职业资格证书制度”“我省再生资源回收从业人员职业技能鉴定由经劳动保障部批准的安徽省供销社行业特有工程职业技能鉴定中心具体实施”。

再生资源税收政策及优惠　1987年6月8日，国家经委、财政部、商业部、物资局下发《关于进一步开发利用再生资源若干问题的通知》，规定国家对再生资源事业实行优惠政策，鼓励企业“以废养废”。供销社批发、调拨的再生资源，从1987年7月1日起，按规定税率减半征收批发环节营业税，个别企业减半纳税仍有困难的，各省、自治区、直辖市税务局还可酌情减免。对供销社、物资系统能独立核算的再生资源企业，其再生资源回收、加工所取得的纯收入，各省、自治区、直辖市税务局可按照税收管理权限，考虑企业实际情况，从1987年起3年内适当给予减征所得税照顾；上述企业用回收的废旧物资加工生产的产品，按照规定纳税有困难的，也可以适当给予减征产品税（增值税）的照顾。“实行上述优惠政策所给予的实惠，要全部留给企业，专项作为发展再生资源事业的基金，任何单位和部门不得以任何借口抽调或挪用”。

1988年2月23日，安徽省经委、财政厅、供销社、物资局联合下发《转发国家经委等四部、委、局〈关于进一步开发利用再生资源若干问题的通知〉》，从1987年7月1日起对县以上再生资源回收加工企业（包括兼营公司经营再生资源单独核算单位）按应征所得税额减征60%；批发、调拨的再生资源，按规定税率减半征收批发环节营业税。

1990年，经安徽省财政厅同意，继续给予再生资源回收加工企业一年减征所得税60%的优惠政策。

1991年12月26日，国务院《关于加强再生资源回收利用管理工作的通知》明确：“国家对再生资源事业仍然实行优惠政策。供销社批发、调拨的再生资源，按规定应征收批发环节营业税。企业纳税确有困难的，可继续向有关省、自治区、直辖市税务局申请减免。对供销社、物资系统能独立核算的再生资源企业回收、加工再生资源所得的纯收入，有关省、自治区、直辖市税务局也可按照税收管理权限，根据企业的实际困难，从1992年起3年内适当给予减征所得税的照顾；上述企业用回收的废旧物资加工生产的产品，按照规定纳税有困难的，可以按照税收管理体制的规定，由省、自治区、直辖市税务局适当照顾减征产品税、增值税”。

1995年5月4日，财政部、国家税务总局联合下发《关于对废旧物资回收经营企业增值税先征后返的通知》，明确为解决废旧物资回收经营企业在新旧税制转换过程中的实际困难，在1995年内，对从事废旧物资经营的增值税一般纳税人，实行增值税先征后返。

1996 年 2 月 16 日,财政部、国家税务总局下发《关于继续对废旧物资回收经营企业等实行增值税优惠政策的通知》。经国务院批准,1997 年底以前,继续执行《关于对废旧物资回收经营企业增值税先征后返的通知》对废旧物资回收经营企业增值税实行先征后返 70% 的规定。8 月,国务院批转国家经贸委等部门《关于进一步开展资源综合利用意见的通知》。实行优惠政策,鼓励和扶持企业开展资源综合利用。享受优惠政策范围按照《资源综合利用目录》执行。企业从有关优惠政策中获得的减免税(费)款,要专项用于资源综合利用。各地区、各有关部门对企业资源综合利用项目应重点扶持,优先立项,银行根据信贷政策,在安排贷款上给予支持。加强对资源综合利用资金的管理,提高资金使用效率。加强资源的综合开发和合理利用,防止资源浪费和环境污染。

2001 年 4 月 29 日,财政部、国家税务总局下发《关于废旧物资回收经营业务有关增值税政策的通知》,规定自 5 月 1 日起,国家对废旧物资回收经营单位销售其收购的废旧物资免征增值税,生产企业增值税一般纳税人购入废旧物资,可按废旧物资回收经营单位开具的由税务机关监制的普通发票上注明金额的 10% 抵扣进项税。

2004 年 9 月 24 日,安徽省国税局下发内部明电《关于加强废旧物资经营企业增值税管理的紧急通知》,要求严格废旧物资回收企业增值税免税资格管理,享受增值税优惠的废旧物资经营企业,必须符合国家税务总局规定的 3 个条件,建立完备的内部控制制度,且无挂靠经营行为。对采取异地收购且异地销售形式的废旧物资经营企业,取消免税资格。要求加强废旧物资收购发票管理,取消大额收购发票,全部采用百元版。废旧物资企业向非城乡个人收购废旧物资,应按规定向对方索取普通发票或增值税专用发票,不得开具收购发票。

2008 年 12 月 9 日,财政部、国家税务总局联合下发《关于再生资源增值税政策的通知》,自 2009 年 1 月 1 日起,取消“废旧物资回收经营单位销售其收购的废旧物资免征增值税”和“生产企业增值税一般纳税人购入废旧物资回收经营单位销售的废旧物资,可按废旧物资回收经营单位开具的由税务机关监制的普通发票上注明的金额,按 10% 计算抵扣进项税额”的政策。单位和个人销售再生资源按规定缴纳增值税。在 2010 年年底以前,对符合条件的增值税一般纳税人销售再生资源缴纳的增值税实行先征后退政策。对符合退税条件的纳税人 2009 年销售再生资源实现的增值税,按 70% 比例退回给纳税人;对其 2010 年销售再生资源实现的增值税,按 50% 比例退回给纳税人。

2009 年 7 月,财政部会同商务部、中宣部、发展改革委、工业和信息化部、公安部、环境保护部、交通运输部、工商总局、质检总局联合印发《关于印发〈汽车以旧换新实施办法〉的通知》,规定汽车“以旧换新”补贴范围及标准、申请流程、补贴资金审核、监督管理等。明确在 2009 年 6 月 1 日—2010 年 5 月 31 日期间,报废使用不到 8 年的老旧微型载货车、老旧中型出租载客车,使用不到 12 年的老旧中、轻型载货车、出租车以外的老旧中型载客车以及提前报废“黄标车”(污染物排放达不到国 Ⅰ 标准的汽油车和达不到国Ⅲ标准的柴油车），并换购新车的，根据报废车型可享受3000～6000元不等补贴。2009年12月，为完善汽车以旧换新政策，提高政策吸引力，财政部、商务部联合印发《关于调整汽车以旧换新补贴标准有关事项的通知》，明确规定提前报废老旧汽车、“黄标车”并换购新车的，补贴标准由3000～6000元调整到5000～18000元，其中，重、中、轻、微型载货车的补贴标准分别调整为1.8万元、1.3万元、9000元、6000元；大、中、小、微型载客车分别调整为1.8万元、1.1万元、7000元、5000元；1.35升及以上、1～1.35升、1升及以下排量轿车分别调整为1.8万元、1万元、6000元。同时，将车辆使用年计算的终止日期调整为交售给报废汽车回收拆解企业的日期。次年6月18日，财政部、商务部、环境保护部联合印发《关于延长实施汽车以旧换新政策的通知》，汽车以旧换新政策实施期限由2010年5月31日延长至2010年12月31日。汽车以旧换新补贴申请的受理期限由2010年6月30日延长至2011年1月31日。汽车以旧换新具体政策、操作办法仍按《关于印发〈汽车以旧换新实施办法〉的通知》《财政部、商务部关于调整汽车以旧换新补贴标准有关事项的通知》《财政部、商务部关于允许汽车以旧换新补贴与车辆购置税减征政策同时享受的通知》执行。

2010年6月3日，商务部、财政部、环保部3部委联合发布《家电“以旧换新”推广工作方案》，明确自2010年6月1日起，将家电以旧换新实施范围逐步扩大到全国，在原9个试点省市的基础上增加到19个实施省市。“以旧换新”品种主要包括电视机、电冰箱、洗衣机、空调、电脑5类。北京、天津、上海、江苏、浙江、宁波、山东、青岛、广东、深圳在2010年5月31日试点期满后继续实施。河北、山西、辽宁、大连、吉林、黑龙江、安徽、福建、厦门、江西、河南、湖北、湖南、重庆、四川、贵州、陕西、甘肃、青海从2010年6月1日起开始实施。本次以旧换新政策截止时间为2011年12月31日。家电以旧换新补贴包括家电补贴、运费补贴以及拆解处理补贴。家电补贴为新家电销售价格的10%，设置最高补贴限额。运费补贴根据回收家电类型、规格、运输距离分类分档实行补贴。补贴资金由中央财政负担80%，省级财政负担20%。6月8日，安徽省人民政府办公厅印发《安徽省家电以旧换新工作总体方案》，制定安徽省家电“以旧换新”的政策内容、工作目标、工作安排、工作分工和工作要求。8月10日，安徽省家电以旧换新办公室转发安徽省《关于公布首批备案的家电以旧换新销售、回收网点和拆解处理企业名单及联系方式的通知》，确定安徽省家电以旧换新首批中标销售、回收企业各30家，安徽双赢再生资源集团有限公司中标家电“以旧换新”回收企业。

第三节　再生资源行业协会

第一届安徽省再生资源行业协会　1993年3月9日，安徽省民政厅下发《关于同意成立安徽省旅游协会等五个团体的批复》，同意成立安徽省再生资源行业协会，接受安徽省供销社的业务指导和社团管理机关的监督管理。协会重在加强信息沟通，维护行业合法权益，打击不正当竞争，促进行业联合。4 月 9—10 日，安徽省再生资源行业协会成立大会和第一届第一次理事会在合肥市召开，讨论通过“安徽省再生资源行业协会章程”和“财务收支管理办法”；选举产生首届理事会、常务理事会及协会领导人；研究确定协会工作任务和 1993 年工作计划。参加成立大会的有：协会全体团体会员单位代表；协会领导人员名誉会长、省人大常委会副主任吴昌期，省供销社主任刘家来，名誉会长、省供销社副主任张永满，顾问周本立、尹曙生、吕元辉；省公安厅、省工商局、省税务局、省物资局、省民政厅等部门负责人；中国再生资源商业行业协会代表；安徽日报、安徽电视台等新闻单位记者和省供销社机关及其直属单位代表，共 150 余人。推选吴昌期、单中天、张永满为名誉会长，梅文涛、周本立、尹曙生、夏家福、马千里、吕元辉为顾问，谢洪法为会长，李凤才为常务副会长兼秘书长，汤瑞儒为副会长，魏安民为副秘书长。第一批团体会员有 74 个，选举产生理事单位 40 个、常务理事 17 个。谢洪法作《关于安徽省再生资源行业协会工作任务的报告》。吴昌期、刘家来、宋维廉和会员单位代表讲话。8 月 19—20 日，在蚌埠市召开第一届第二次常务理事会。

1994 年 4 月 15 日，安徽省再生资源行业协会第一届二次理事会在合肥市召开。9 月 7—9 日，第一届第三次常务理事会在贵池市召开，推选省再生资源公司总经理方大成继任本届协会会长，副总经理魏安民为副会长。

1995 年 4 月 18—19 日，1995 年全省再生资源工作会议暨行业协会第一届三次理事会在肥东县召开。10 月 10—11 日，安徽省再生资源行业协会第一届第四次常务理事会暨地市公司经理座谈会在马鞍山市召开。11 月 14—17 日，安徽省再生资源行业协会牵头组成安徽省代表团（含工业及其他有关部门），参加在四川省广汉市召开的全国再生资源交流会。

1996 年 10 月 15—18 日，安徽省再生资源行业协会牵头组成安徽省代表团（含工业及其他有关部门），参加在山东省泰安市召开的全国再生资源交流会。11 月 20—22 日，安徽省再生资源行业协会在阜阳市召开第一届第五次常务理事会，推选肖幸福继任本届会长。

1997 年 9 月 26—27 日，安徽省再生资源行业协会在怀远县召开第一届六次常务理事会，传达全国总社在大连市召开的全国旧货调剂市场发展现场研讨会精神，讨论全省物资回收公司开展旧货业务及当前企业改制问题，合肥市信托贸易公司经理姚宗田就经营旧货问题重点发言。10 月 14—16 日，安徽省再生资源行业协会牵头组织各级再生资源公司和轻工、化工、乡镇企业利废生产厂，参加在广西壮族自治区桂林市召开的全国再生资源交流会。

第二届安徽省再生资源行业协会　1998 年 4 月 10—12 日，安徽省再生资源工作会议暨行业协会第二次会员大会在绩溪县召开，各地、市、县再生资源（回收）公司经理 80 余人参会。安徽省政协副主席张润霞、安徽省人民政府副省长卢家丰发来贺电和贺信。会议主题是联合与发展，要求做到经营结构多元化、经营方式多样化、经营手段市场化、经营份额规模化，力争用2年左右时间，摘掉大部分企业亏损帽子。省社副主任蔡立讲话。推选蔡立为本届协会名誉会长，肖幸福为会长，李凤才、魏安民、武林为副会长，李凤才为秘书长（兼），荣学堂、董玉苍、汪发义为副秘书长。11月24—25日，第二届二次常务理事会在淮北市召开，探讨安徽省再生资源行业"二次创业"问题，重点讨论报废汽车拆解的经营思路和发展规则。

1999年10月19—20日，安徽再生资源行业协会第二届三次常务理事（扩大）会议在六安市召开。研究如何扭亏增盈，实现再生资源行业的"二次创业"。省再生资源公司总经理、省再生资源行业协会会长肖幸福回顾一年工作并总结发言。

2000年6月16—18日，安徽省再生资源行业协会组织县级以上再生资源企业和相关市场负责人赴吉林省吉林市参加全国供销社再生资源市场建设现场会。11月2—4日，安徽省再生资源行业协会第二届四次常务理事（扩大）会议在芜湖市召开，交流在"二次创业"中企业改制、内部改革、强化管理、减员增效及再生资源经营经验。

第三届安徽省再生资源行业协会　2001年4月23—27日，安徽省再生资源行业协会牵头组成安徽省代表团，参加在湖南省张家界召开的全国再生资源交流会、协会第三届会员代表大会及协会理事会扩大会议。5月11—12日，安徽省再生资源工作会议暨第三届一次行业协会会员大会在铜陵市举行。选举产生第三届行业协会会员、理事、常务理事单位和副会长、会长、名誉会长。推选张润霞、蔡立为名誉会长；肖幸福为会长；魏安民、杨显兰、荣学堂为副会长；魏安民兼秘书长；魏邦余、董玉苍为副秘书长。11月26—28日，第三届二次常务理事（扩大）会议在江苏省常熟市召开，以"联合和发展"为主题，讨论建立现代废旧物资回收利用体系、筹建安徽省再生资源股份公司、确立安徽省双赢拍卖公司经营思路及争取报废汽车资格认证等。

2002年3月22—30日，安徽省再生资源行业协会分别在宁国市和蚌埠市举行皖南、皖东、皖北、皖中片协作区座谈会。8月25日，安徽省再生资源行业协会第三届三次理事（扩大）会议在合肥市召开，探讨"三次创业"思路。11月14—16日，第三届四次常务理事扩大会议在江西景德镇市召开。

2003年4月12—19日，安徽省再生资源行业协会分别在宿州市和泾县召开皖北、皖中、皖南、皖东经济协作区座谈会。12月1日，安徽省再生资源行业协会第三届五次常务理事扩大会议在浙江省宁波市召开，探讨如何以行业协会为主体，协调与政府相关部门关系，解决行业管理中的热点和难点问题，促进再生资源企业有序经营。明确协会职能和作用是12个字：桥梁、纽带、协调、管理、维护、服务。

2004年5月28日—6月2日，安徽省再生资源行业协会经济协作区南北片座谈会在宁国市和淮北市召开。8月27日，安徽省再生资源行业协会在合肥市召开废旧物资涉税工作研讨会，合肥市国税三分局副局长邱永建授课，研讨安徽废旧物资行业发展格局、面临主要问题、各地国税局在执行废旧物资政策上的异同等问题。11月11日，安徽省再生资源行业协会第三届六次理事扩大会议在合肥市召开。增补张厚生为安徽省再生资源行业协会副会长。审议通过《安徽省再生资源行业协会章程（修改建议稿)》、《安徽省再生资源行业协会第四次领导机构产生办法（草案)》《安徽省再生资源行业协会经费管理办法（草案)》,决定将上3个文件提交第四次会员大会审议。审议通过向社会同行发出的《倡议书》,倡导加强自律、规范管理、遵纪守法、诚信经营、维护国家利益。

2005年5月12—14日,安徽省再生资源行业协会经济协作区座谈会分别在涡阳县和天长市召开。8月17日,“安徽省再生资源行业协会”变更登记为“安徽省再生资源回收利用协会”。11月1日,安徽省再生资源回收利用协会发布《建设节约型企业倡议书》。12月18—20日,安徽省再生资源回收利用协会三届七次理事(扩大)会议在合肥市召开,讨论协会换届事宜,审议通过第四届理事、常务理事、副会长、会长等领导成员候选人;通过2005年度协会财务工作报告;交流典型经验;讨论税收政策和建立现代再生资源回收利用体系等重大事项;分析废钢市场形势;总结理事会工作,部署2006年协会任务。

2006年3月20日,安徽省再生资源回收利用协会在合肥市召开涉税工作座谈会,讨论国家财政部与税务总局调研的税收调整方案。3月27日,国家财政部、国家税务总局等6部委联合调研组来安徽就调整废旧物资税收政策进行调研,实地考察双赢集团物流配送中心。省财政厅、国税局、发改委、商务厅、环保局、公安厅、供销社等相关政府部门领导,安徽省再生资源回收利用行业协会负责人参加座谈会。4月24—26日,安徽省再生资源回收利用协会第三届八次理事会扩大会先后在石家庄市和天津市召开,重点考察两地再生资源回收利用体系建设,通报行业税制改革动态。

第四届安徽省再生资源回收利用协会　2006年10月12日,安徽省再生资源回收利用协会第四届会员大会及第四届第一次理事扩大会在合肥市举行,108名会员出席。会议由张厚生主持,肖幸福作《全面落实科学发展观 开创安徽省再生资源事业新局面》工作报告;审议通过魏安民代表协会所作财务工作报告;审议通过《安徽省再生资源回收利用协会章程》和《安徽省再生资源回收利用协会经费管理办法》;进行协会有关选举,选举肖幸福为会长,魏安民、荣学堂、程斌、陈长春、吴本爱、汪玉龙、王文璋、吴增安为副会长,张厚生为秘书长。新增26家企业会员单位。7月10日,安徽省再生资源回收利用协会第四届二次理事扩大会在合肥市举行。8月10—12日,安徽再生资源回收利用协会第四届三次理事会议在沈阳市召开。11月30日,安徽省再生资源回收利用协会涉税座谈会在合肥市召开,研讨安徽省再生资源行业对调整税收政策的意见、建议以及应对措施。12月3日,安徽省再生资源回收利用协会成为安徽省民间组织联合会会员,被增补为理事单位。

2008年3月21日,第四届安徽省再生资源回收利用协会会长扩大会议在合肥市举行。5月26—30日,安徽省再生资源回收利用协会第四届四次理事会在长春市召开,解读废旧物资行业税收政策调整方案的最新内容,吸收8名新会员。10月19日,安徽省再生资源回收利用协会常务理事(扩大)会议在合肥市召开,研讨再生资源行业税制改革,谋求行业可持续发展。

2009 年 1 月 5 日,安徽省再生资源回收利用协会常务理事(扩大)会议在合肥市召开,学习国家财政部、国家税务总局《关于再生资源增值税政策的通知》,分析 2009 年度再生资源行业前景。4 月 21 日,协会与合肥市再生资源回收利用体系建设工作领导小组、合肥市再生资源行业协会联合召开座谈会,宣传贯彻安徽省再生资源回收利用行业第一部地方性法规——《合肥市再生资源回收利用管理办法》,整治合肥市再生资源回收管理秩序。5 月,协会参与编印《再生资源回收宣传画册》和《合肥市再生资源回收体系建设试点工作巡礼》,总结合肥市再生资源回收体系建设试点经验,向全省推广。6 月 3—4 日,省供销社党组成员、副主任蔡立,双赢集团总裁肖幸福和省再生资源回收利用协会常务副秘书长沈久明,以及宁国市再生资源有限公司董事长吴本爱、副总王铁英,参加由中华全国供销合作总社在江苏省常州市召开的部分省市再生资源工作座谈会。蔡立和肖幸福就安徽省再生资源行业基本情况、1—5 月业务经营情况以及当前世界金融危机和再生资源增值税政策调整对安徽省再生资源行业的重要影响作主题发言,提出完善新税改、加强行业管理、促进再生资源行业健康发展 8 项建议。6 月 15 日,安徽省再生资源回收利用协会四届五次常务理事(扩大)会议在合肥市召开,学习国家和安徽省有关再生资源增值税退税文件精神,交流宁国和天长等地退税工作经验,征求做好退税工作的合理化建议。12 月 11—13 日,安徽省再生资源回收利用协会四届六次常务理事(扩大)会暨安徽省再生资源回收利用体系建设工作现场会在宁国市召开,重在树立行业信心、理清联合思路、交流先进经验、解读税收政策。会后实地考察宁国废纸集散中心、废金属集散加工中心、社区回收亭等再生资源回收体系建设项目。

2010 年 11 月 17—19 日,安徽省再生资源回收利用协会四届七次理事(扩大)会暨电子废弃物回收处理专业委员会成立大会在铜陵市召开。强调电子废弃物回收处理及家电以旧换新工作的意义;中国再生资源回收利用协会副秘书长富鸿钧就行业发展面临形势、任务以及国家扶持再生资源回收体系建设政策和 2011 年行业税收政策走向讲话。吸收肥东县物资回收行业协会、宣城宏辉废品收购站、舒城金工金属制品有限公司、泾县万顺球墨铸件公司、李为升(个人会员)、沈贤胜(个人会员)等 6 单位或个人入会;增选马宜明、管韬、卢延明、韦静 4 位理事,马宜明、张毅 2 位常务理事;通过因人事变动郭超为常务理事的议案;通过增选马宜明为协会副会长的议案;通过《电子废弃物回收处理专业委员会工作条例》《电子废弃物回收处理专业委员会会费缴纳及管理办法》;通过陈祥生为电子废弃物回收处理专业委员会第一届委员会主任委员,陈玉海、秦远生、田志武、许吉宽、仇恒生、章立山为副主任委员,沈久明为协会常务副秘书长。至年底,安徽省再生资源回收利用协会共有会员 144 个,其中会长单位 1 家、副会长单位 9 家、常务理事单位 25 家、理事单位 50 家、会员单位 48 家、个人会员 11 个。

2011 年 10 月 28—29 日,安徽省再生资源回收利用协会四届八次常务理事(扩大)

会在湖北省宜昌市召开。54名代表参加会议。协会名誉会长、省供销社党组成员、巡视员蔡立出席会议,中国废钢铁应用协会秘书长李树斌到会讲话,湖北力帝机床股份有限公司董事长覃林盛等到会。会长肖幸福主持会议。学习国务院《关于印发"十二五"节能减排综合性工作方案的通知》,研究召开安徽省再生资源回收利用协会第五次会员代表大会事宜,审议通过《安徽省再生资源回收利用协会第四届理事会工作报告(草案)》《安徽省再生资源回收利用协会章程(修改草案)》、"安徽省再生资源回收利用行业十大功勋人物"表彰议案以及安徽省再生资源回收利用协会第五届领导成员建议名单等。李树斌介绍全国废钢铁行业发展现状。蔡立要求协会继续履行"自律、规范、协调、服务"职责,提升行业整体实力。肖幸福在总结时指出,协会"十二五"时期的主要任务,就是指导会员单位巩固提高回收体系建设成果、打造全新再生资源行业,组成"航空母舰",提高抗风险能力。会议通过对池州市物资回收公司、常熟市锻压机床有限公司、南京市物资回收公司废旧不锈钢分公司、含山县诚信废旧物资回收有限公司、泾县万顺球墨铸件公司5家会员予以除名的议案;通过关于免去沈亭强协会第四届理事会副会长职务的议案;通过吸收安徽给力物流有限公司、芜湖精诚再生资源利用有限公司、铜陵有色金翔物资有限责任公司、江苏国强镀锌实业有限公司、华成金属资源(马鞍山)有限公司、江阴阳博大宗商品交易所有限公司、连云港双赢再生资源有限公司、凤阳县鼓楼再生资源回收行业有限公司8家单位入会的议案;通过增选15位理事、13位常务理事的议案;通过增选汪斌、周其文、张厚生、王可健、陈昌定、周林、袁国强担任协会副会长,陈祥生担任协会执行监事,董玉苍担任协会秘书长,牛锋、孙静芳、戴前明、王进担任协会副秘书长的议案。参观湖北力帝机床股份有限公司,加深对再生资源行业转型期技术改造和设备升级换代的认识。

第五届安徽省再生资源回收利用协会 2011年12月25—26日,安徽省再生资源回收利用协会第五届会员代表大会在合肥市召开,136名会员参会,占总数80%。名誉会长、省政协副主席、省工商联主席李卫华,名誉会长、省政协原副主席卢家丰,名誉会长、省人大常委会原副主任、省循环经济学会会长季昆森,名誉会长、省供销社党组成员、巡视员蔡立等出席会议,中国再生资源回收利用协会副秘书长富鸿钧到会。审议通过肖幸福《认清形势 坚定信心 为打造全新的再生资源行业而努力奋斗》的工作报告,通过《安徽省再生资源回收利用协会章程(修订草案)》,选举肖幸福等62人为安徽省再生资源回收利用协会第五届理事会理事,选举陈祥生为执行监事。名誉会长李卫华、季昆森、蔡立以及省供销社党组书记、理事会主任王首萌等讲话。省质量技术监督局专家龚治国作《卓越绩效评价准则》培训。省政府办公厅纪检组长朱根保、省商务厅副厅长张光建、兴业银行合肥分行行长荣益民、省海事局党委委员、合肥市海事局局长余正发、省民政厅民间组织管理局副局长贾宝明及省直相关部门负责人出席。省供销社领导崔继华、闫铁力、陈辉、周天伟及省社各处室、各直属单位负责人等出席。

第四节 再生资源行业职业技能培训

再生资源从业人员职业技能鉴定 1996年,中华全国供销合作总社和国家劳动和社会保障部将再生资源回收、加工工种列入职业技能鉴定目录,由供销社管理,进行资格认证和颁发国家职业资格证书。是时,安徽省再生资源行业从业人员达10万人,但职业鉴定工作几为空白。

2005年5月12—14日和5月19—21日,安徽省再生资源回收利用协会会同安徽省供销合作社系统特有工种职业技能鉴定站,在涡阳县和天长市两地举办首期再生资源从业人员职业技能鉴定培训,适应循环经济发展需要,提高再生资源从业人员素质,规范行业管理。安徽省再生资源回收利用协会负责教材编写、辅导、培训工作。210人通过鉴定取得从业证书,其中高级2人、中级23人、初级185人。首批取得资格证书的多为企业负责人、业务骨干。12月9—10日,安徽省再生资源回收利用协会在黄山市举办第二期从业人员职业技能鉴定培训班,49名学员参加,通过考试鉴定,1人取得高级证书,2人取得中级证书,47人取得初级证书。

2006年6月16日,安徽省再生资源回收利用协会与芜湖市再生资源回收利用协会联合举办第三期从业人员职业技能鉴定培训班。安徽省再生资源回收利用协会、芜湖市工商局、公安局、质检局、经委、市供销社和芜湖市再生资源回收利用行业协会等单位代表出席开班仪式。87名学员来自芜湖市再生资源回收利用企业,经过省供销社职业技能鉴定站组织的测试,5人取得中级证书,82人取得初级证书。9月7—9日,安徽省再生资源回收利用协会第四期回收从业人员及合肥市社区回收从业人员职业技能培训班在合肥市举办,合肥市首批试点绿色回收点的社区回收从业人员及安徽双赢再生资源有限公司员工共22人参加培训。安徽省再生资源回收利用协会副会长魏安民、合肥双赢再生资源有限公司总经理陈祥生出席开学典礼。22人全部取得初级证书。11月2日,安徽省再生资源回收利用协会与宁国市供销合作社、宁国市再生资源回收利用协会联合举办第五期从业人员职业技能鉴定培训班。安徽省再生资源回收利用行业协会、宁国市供销社和宁国市再生资源回收利用行业协会等单位代表出席开班仪式。79名学员来自宁国、郎溪等地再生资源回收利用企业,经省供销社职业技能鉴定站测试,1人取得中级证书,78人取得初级证书。

2007年5月23日,安徽省再生资源回收利用协会与芜湖市再生资源回收利用协会联合举办第六期从业人员职业技能鉴定培训班。18名学员来自芜湖市再生资源回收利用企业,通过省供销社职业技能鉴定站组织的测试,取得初级证书。

2009年2月26—27日,安徽省再生资源回收利用协会、供销合作社系统特有工种职业技能鉴定站、合肥市再生资源行业协会、安徽双赢集团合肥再生资源有限公司共同举办第七期、也是合肥地区首期再生资源行业从业人员(农民工)职业技能培训鉴定班。

省商务厅商业改革发展处副处长鲁伟，省民政厅民管局副局长贾宝明，省社人事教育处副处长汪本胜，合肥市供销社主任翟新明、副主任黄仲凯，合肥市商务局副局长杨修利、服务消费处处长李敏，合肥市公安局治安支队副大队长李卫，市行业协会吴光华等出席开班仪式，省社副主任蔡立到会讲话。共有125位农民工参加培训，118人取得初级证书。安徽双赢集团合肥再生资源有限公司承担当期活动全部费用，鼓励农民工和从业人员参加培训。

2011年6月2日，供销合作社系统特有工种职业技能鉴定站、安徽省再生资源回收利用协会、合肥市再生资源行业协会、安徽双赢集团合肥再生资源有限公司联合发出《关于免费举办再生资源从业人员职业技能培训和鉴定的通知》，依据《中华人民共和国劳动法》、劳动和社会保障部《关于大力推进职业资格证书制度建设的若干意见》及中华全国供销合作总社《关于供销合作社系统部分职业实行就业准入的通知》规定：废旧物资回收挑选工和加工工列入实行就业准入职业(工种)目录，由供销合作社系统特有工种职业技能鉴定站(014号站)、安徽省再生资源回收利用协会、合肥市再生资源行业协会、安徽双赢集团合肥再生资源有限公司共同免费举办再生资源从业人员职业技能培训鉴定班。培训鉴定对象为合肥市再生资源回收体系建设回收利用企业，已备案的再生资源回收经营户、社区绿色回收亭(站)从业人员、合肥双赢股东单位直属回收站点从业人员、合肥市再生资源行业协会会员，限额100名；培训鉴定内容为废旧物资回收挑选工、加工工。鉴定等级为初级；培训鉴定方式采取理论知识考核与实际操作考核相结合的方式，评分采取百分制。理论知识与实际操作考试均在60分以上为合格。成绩合格者取得国家劳动与社会保障部统一颁发的废旧物资回收挑选工或加工工职业资格证书。培训鉴定的教材、授课、场地、考试、鉴定、办证等一切费用由合肥双赢资助，不向参加培训鉴定的人员收取任何费用。最终报名人数达140余人，130名从业人员接受培训，鉴定合格者取得国家劳动与社会保障部统一颁发的废旧物资回收挑选工或加工工职业资格证书。

再生资源行业其他培训　2007年8月，安徽省再生资源回收利用协会副会长魏安民参加中华全国供销合作总社职业技能鉴定指导中心举办的第十六期供销合作社行业特有工种职业技能鉴定考评人员培训班，获再生资源行业废旧物资挑选工、加工工高级考评员资格。

2009年10月22—27日，安徽省再生资源回收利用协会刘冰冰与双赢集团人力资源部负责人张红燕参加中华全国供销合作总社职业技能鉴定指导中心在江西举办的第二十九期国家职业资格认证考评人员培训班，取得再生资源行业废旧物资挑选工、加工工考评员资格。

2010年6月4日，省再生资源回收利用协会、双赢集团合肥再生资源有限公司及合肥市再生资源绿色回收网络建设中心在安徽影视职业技术学院举办“校园再生资源分类回收”技能专场培训讲座，省再生资源回收利用协会刘冰冰主讲，广播影视职业技术学院“绿风环保社”20 余名同学参加培训，启动合肥职教城校园绿色回收网络建设。

2011 年 6 月 15 日，中华全国供销合作总社培训中心、安徽省供销社、安徽财贸职业学院、安徽双赢集团在合肥举办再生资源网络创新发展与安徽双赢集团运作模式培训班。来自全国 18 个省（市、区）的 100 余位供销社主任、再生资源企业负责人参培。其间，中华全国供销合作总社培训中心与安徽财贸职业学院签署战略合作协议，打造再生资源产业跨越发展的智力基础。省社党组成员、巡视员、总社培训中心客座教授蔡立到会致辞、授课。

第五节　再生资源回收体系建设

2005 年起，国务院相继发布《关于做好建设节约型社会近期重点工作的通知》《关于加快发展循环经济的若干意见》，商务部出台《办公厅关于印发〈2006 年再生资源回收工作要点〉的通知》《商务部关于加快再生资源回收体系建设的指导意见》《商务部办公厅关于组织开展再生资源回收体系建设试点工作的通知》等文件，要求选择一批试点城市，开展再生资源回收体系建设试点工作，促进循环经济发展。2006 年 10 月 20 日，商务部正式下文将合肥市增列为商务部再生资源回收体系建设第一批试点城市。合肥市再生资源回收体系建设试点工作由合肥市供销社全面组织，安徽双赢再生资源集团牵头联合省、市、区再生资源行业骨干企业共同组建的合肥市双赢再生资源有限公司具体承担。

再生资源回收体系试点情况　2006 年 12 月，合肥市政府召开第 80 次常务会议，确定将再生资源回收体系建设工作纳入循环经济范围，先行试点，逐步推广，由分管副市长牵头规划部署，市政府法制办牵头制定《合肥市再生资源回收管理办法》。

2007 年，安徽省人民政府《关于印发 2007 年全省节能工作要点的通知》皖政办要求：“加快现代再生资源回收体系建设，指导合肥市做好试点工作，在省级以上商业示范社区建立‘绿色回收亭’”。3 月，商务部专家组评审通过《合肥市再生资源回收体系试点建设实施方案》。5 月，合肥市政府办公厅批转市供销社《关于再生资源回收利用体系建设的实施意见》，成立合肥市再生资源回收利用体系建设工作领导小组，分管副市长任组长，有关部门负责人为成员。再生资源回收体系建设领导小组下设办公室，设在合肥市供销社，由主要负责人兼任办公室主任，抽调专人集中办公，具体负责全市再生资源回收体系建设的组织、协调、实施和日常管理。是年徽商大会期间，商务部副部长姜增伟视察合肥市天乐社区“绿色回收亭”。

2008 年 8 月，省委办公厅专题调研合肥市再生资源回收体系建设情况，将调研报告呈报省委有关领导。

2009 年 3 月 20 日，合肥市市长吴存荣签署第 147 号市长令，《合肥市再生资源回收管理办法》于 5 月 1 日起正式施行，从法律角度明确规定合肥市再生资源回收体系建设规划、规范和经营管理等。

自2006年开展试点至2009年年底,各级财政共计下拨专项资金逾200万元,其中省财政争取中央财政服务业发展专项资金115万元,省商务厅安排扶持资金30万元,省供销社在“新网工程”专项资金中安排20万元用于城乡再生资源回收网点建设,合肥市政府从2008年起连续3年从财政预算中各安排50万元专项资金,扶持合肥市再生资源回收体系建设。省、市有关部门协调帮助试点单位申报建设项目。省供销社将再生资源回收体系建设列入“新网工程”。合肥市宁国新村社区回收亭被评为2008年全省“新网工程”示范点。合肥市商务局结合商业示范社区创建,要求申报社区配备“绿色回收亭(站)”,召开示范商业社区绿色回收亭建设现场会。合肥市属7区3县政府均明确本行政区域再生资源主管部门,落实具体负责人。

2010年3月31日—4月2日,商务部商贸服务管理司处长张斌率商务部专家组对合肥市再生资源回收体系试点建设成果进行阶段性验收。认为合肥市“初步形成了较为完善的再生资源回收网络体系,社区网点覆盖面较广,分拣中心基本设施齐全。具备了鲜明的区域特色和地方特色。”9月,《合肥市再生资源市场体系建设试点工作方案》通过商务部专家组评审,获国家专项资金2300万元。安徽双赢集团和安徽省再生资源回收利用协会共获1910万元。12月21日,合肥市商务局、财政局领导考察合肥市再生资源市场体系建设项目。

2011年1月11日,省商务厅副厅长张光健、省财政厅副厅长左俊、合肥市商务局副局长王可健、合肥市财政局局长陈军率省市商务、财政部门联合检查组验收合肥市再生资源市场体系建设项目,在省供销社举行专题汇报会,省供销社党组副书记、监事会主任钱斌,合肥市政府副市长高维岭到会讲话。

2011年1月底,合肥市财政局首批拨付国家专项资金1340万元到双赢集团和协会。6月中旬,中华全国供销合作总社培训中心在合肥举办再生资源网络创新发展与安徽双赢集团运作模式培训考察班,全国20个省市再生资源行业代表参加培训考察,探讨再生资源回收体系建设的“合肥模式”“安徽模式”。

合肥市再生资源回收体系建设组织管理架构图

图3—7—1

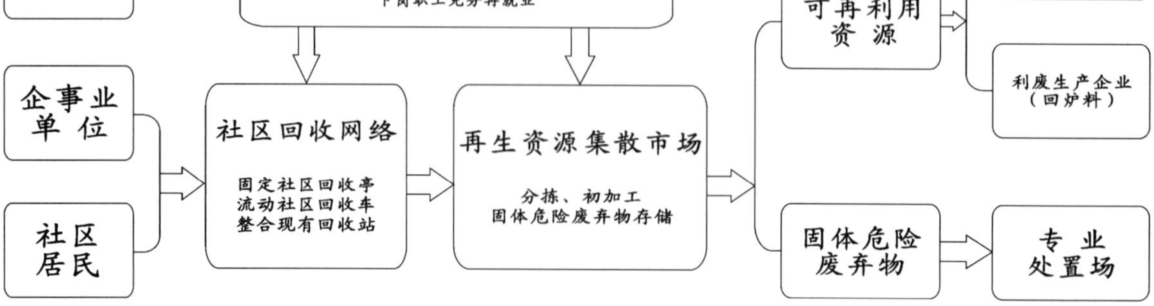

再生资源回收网络体系　社区绿色回收网络　合肥市再生资源回收体系建设试点工作实行市场经济条件下政府引导的企业化运作，率先在包河区试点，其他各区选择街道试点，大专院校在安徽大学试点，网点整改在试点企业股东单位试点。

2006年9月，合肥市第1个“示范绿色回收亭”在老城区安徽省供销社大院落成并投入使用，《人民日报》《安徽日报》《合肥晚报》等多家媒体报道，社会反响热烈。各试点区、街在商业示范区、居民集中区建设、改造社区回收亭（站）。庐阳区以已批的国家级、省级商业示范社区、准备申报商业示范社区的社区和条件较好的机关生活区为基础，建设老城区社区绿色再生资源回收网络；瑶海区按照“八统一、一规范”的标准，规范化整合改造原合肥市物资回收总公司、合肥市物资再生利用总公司网点；蜀山区高校云集，重在推广“绿色回收进校园”活动；包河区先行开展体系建设综合试点。截至2009年年底，合肥市新建、改造社区回收亭（站）200个、社区分拣站20个、校园绿色回收亭8个、专业集散市场6个、区域新专业回收加工中心1个，整合原有回收网点600个，发放流动回收车30辆。各区均建有示范绿色回收亭（站）和社区专业分拣站。

合肥市再生资源回收体系（包河试点区）建设示意图

图3—7—2

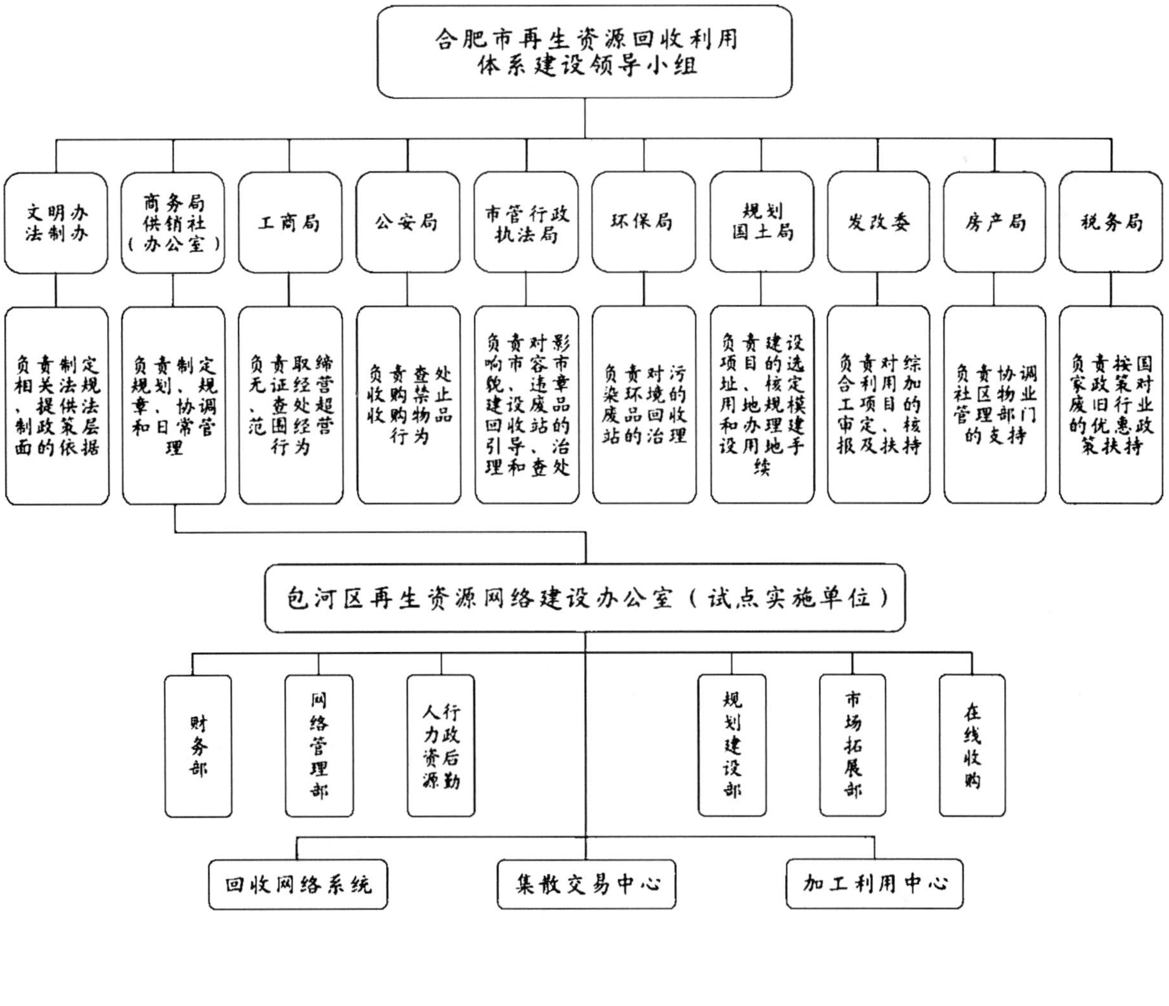

包河试点区　包河区为是时合肥行政区域最大、人口最多的区，也是合肥市再生资源回收业的传统集散地。确定为试点区后，聘用“4050”人员进行社区再生资源回收情况调查，建立规范完备的档案系统，在条件具备的社区建设绿色回收亭，整合、规范原有废旧物资回收站点，对证照齐全、符合要求的站点进行备案登记，发放备案登记证100张。结合城市文明创建工作，在常青街道沿河村集中整治，建成“规范一条街”。截至2009年年底，城区5个街道建设社区绿色回收亭(站)50余个，整改回收站点400余家，整合社区分拣站15个，部分规模较大的分拣站筹划改建成小型专业集散市场。2010年年初，在合肥滨湖新区，集中建设4个社区绿色回收亭(站)，试点区再生资源回收体系的架构基本建成。

绿色回收进校园　2007年4月，安徽财贸职业学院建起合肥大学城第一个校园“绿色回收亭”，培训大学生志愿者为从业人员，收纳饮料瓶、旧书刊等废弃物。大学生还由此积累实践经验，策划校园创业方案，获合肥市首届高职院校营销策划大赛二等奖。12月28日，“全省再生资源绿色回收进校园示范工程启动仪式”在安徽大学举行，省人大，省教育厅，省商务厅，省、市供销社和安徽大学主要领导及合肥多所高校领导参加，中央、省市主流媒体集中报道。安徽大学新校区建设校园绿色回收亭2个，添置回收车4辆、分类回收桶20个，合肥双赢和校团委、勤工俭学中心及已毕业大学生共同创建“双赢安大书城”，2009学年，回收各类旧书50吨，从中整理挑选可利用书籍价值10万元。截至2009年年底，安徽新华学院集中建设校园绿色回收亭3个，发放回收车3辆，在22幢大学生公寓楼建设校园绿色回收宣传栏，专场培训30名管理系大学生。

“正三轮”拆解　2008年6月，合肥市结合“大建设、大环境、大发展”文明创建活动，开展依法取缔正三轮车非法营运工作，集中收缴清运拆解销毁工作交给合肥市供销社及试点单位，清运入库、安全拆解销毁正三轮车7000余辆。

再生资源区域性集散市场建设　合肥市结合再生资源回收行业网点布局，本着节约、高效原则，将改造和新建相结合，建设区域性、专业性集散加工分拣中心，向集散市场发展。

废金属加工集散中心　2008年，集团将原双赢集团公司配送中心整合改造建成北区废金属加工分拣中心，占地面积约50亩。以废金属炉料和薄料压块回收加工为主，向宝钢集团供应冶金炉料和薄料压包块，年周转量约10万吨。截至2010年，累计投入2000万元，用于电力增容、起吊设备、整修加工生产车间和道路场地硬化改造等配套建设。

2008年，集团整合改建位于合肥市南淝河沿岸南区废金属加工分拣中心，包括两个废金属回收加工货场(码头)，面向本市东南、西南地区，辐射皖东南、皖西南，主要收购加工中型以上炉料和纯薄料压块，通过水路运输，将加工废钢或合格炉料装船发往沿江、沿海大型钢铁企业，年周转量约15万吨。逐步建成皖中区域性废金属回收分拣加工中心。

废玻璃和废塑料分拣加工市场　2008年，集团整合原有的废玻璃、废塑料收购货场，提升改建为废玻璃和废塑料分拣加工市场。废玻璃收购场地在南区废金属码头，投入资金5万元，修建围墙，整修场地，统一规范标牌标识和服装，增加劳动安全防护和消防设施，培训从业人员。2009年年底，投资300万元的区域性废塑料回收分拣加工中心一期工程在双赢集团配送中心建成投入使用，年回收加工各类废塑料饮料瓶1万吨，其后按计划在合肥周边的六安、巢湖、安庆、淮南等市布点，建成年回收加工2万吨废塑料瓶片的区域性集散加工中心。

废纸回收分拣加工中心　2010年，合肥东部市区与肥东交界处已有废纸回收加工货场，年回收加工量约5万~10万吨，其中规模较大者，加工废纸一部分供应本省厂家，一部分销往江浙。是年起，集团针对站点无序竞争、设备使用率低、综合利用效率差状况，进行整合改建，以此为基础，建设废纸回收分拣加工市场。2011年，建成合肥北区废纸分拣中心，年回收分拣废纸5万吨。

安徽双赢集团铜陵废旧商品产业园　2008年，安徽双赢再生资源集团在铜陵循环经济产业园购地105亩，总投资9640万元，由集团东南再生资源有限公司负责，建设区域性再生资源集散中心、废钢铁分拣加工中心和进口废五金电器加工拆解中心等。建成后年加工处理废钢20万吨；回收利用废铜、废铁、废铝等资源2万吨；同时进行废电机、废电线电缆、废五金电器、混合废金属碎料、废旧金属等拆解和加工利用。2010年10月正式投入运营。

安徽双赢集团合肥废旧商品产业园　2010年10月，集团与长丰县政府签署协议，在长丰县投资建设约1200亩的废旧商品产业园项目，计划总投资15亿元，打造全国领先的示范产业园。

龙头培育　合肥市再生资源回收体系建设试点工作由安徽双赢再生资源集团控股联合省、市、区再生资源行业骨干企业组建新的企业——双赢集团合肥再生资源有限公司承担，安徽省再生资源回收利用协会参与。龙头企业和行业协会共同参与，被商务部专家组评审时肯定为“为全国再生资源回收体系建设起到示范带动作用”。在龙头企业和协会指导下，安徽省宁国、铜陵、芜湖、巢湖、六安、安庆等地相继启动再生资源回收体系建设。2007年，宁国市一次性建成5个“社区绿色回收亭”、社区分拣站和废纸回收分拣加工场，得到财政部补助资金55万元，完成城区社区绿色回收网络建设。

建设投入　截至2009年年底，集团累计投入再生资源回收体系建设资金3000余万元，其中合肥市社区绿色回收网点建设和改造费用400万元，分拣集散市场建设改造投入500万元，宣传学习考察和人员培训投入100万元，铜陵再生资源加工产业园投入2000万元。

2010年，投资5000万元，其中500万元用于合肥市社区和校园绿色回收网点建设；投资2000万元建设皖中再生资源示范基地；投资2000万元建成铜陵再生资源加工产业园一期工程，投资200万元建设六安双赢再生资源加工中心，投入200万元建设双赢在线收废网络，开通双赢全国统一免费服务热线；投入100万元进行从业人员培训和前往回收体系建设先进地区参观学习。2010年年底,基本建成合肥市再生资源回收网络体系,指导协助全省3~5个市、县开展再生资源回收体系建设。

教育培训　在再生资源回收体系建设试点工作中,纳入回收体系范围的从业人员均需通过培训,持证上岗。

第八章　烟花爆竹经营

烟花爆竹是传统商品，也是属民用爆炸物品的高危产品。20 世纪 80 年代，安徽省供销社系统一直由土产日杂果品公司履行烟花爆竹行业安全经营管理职能。在长期的实践中，供销社逐步形成成熟的安全经营和管理体系。

第一节　烟花爆竹经营管理

烟花爆竹行业政策　1984 年 1 月 6 日，国务院发布实施《中华人民共和国民用爆炸物品管理条例》，烟花爆竹被列入民用爆炸物品管理，烟花爆竹供应点由商业部门和公安部门协商定点，由县（市）公安局核发《爆炸物品销售许可证》后方可经营。

1988 年 12 月 20 日，安徽省人民政府发布实施《安徽省烟花爆竹安全管理暂行规定》。明确烟花爆竹销售单位必须持有县（市）公安局核发的《爆炸物品销售许可证》。销售点必须有专人管理，烟花爆竹专库存放、专柜出售，并配有必要的消防安全设施。销售产品必须是合法的企业生产的产品，小包装上必须注明生产厂名、厂址、出厂日期和注册商标，并在包装内附有《产品检验合格证》和必要的使用说明。运输烟花爆竹，必须持有收货单位所在地县（市）公安部门核发的《爆炸物品运输许可证》，并有专人押运。

1990 年 10 月 29 日，省公安厅、省工商行政管理局、省乡镇企业局、省供销社联合发出《关于加强烟花爆竹购销经营管理的通知》，明确烟花爆竹批发业务统一由县（含）以上供销社土产日杂公司经营，花炮生产企业只能经营本厂自产产品，外贸专业公司只能经营出口烟花爆竹业务。其他任何单位和个人一律不准从事批发经营；各级供销社和公安机关要严格做好烟花爆竹经销网点的定点工作；烟花爆竹的购进，原则上以省内调剂为主，对省外产品由省供销社土产日杂果品公司征询各地意见后同意准入。

1992 年 6 月 1 日，商业部、公安部联合发布《商业、供销社系统烟花爆竹安全经营管理暂行规定》。明确县以上供销社是烟花爆竹经营的主管部门。烟花爆竹的批发业务统一由各级供销社主营日用杂品的专业公司经营，各级供销社内部不得多头经营。6 月 22 日，公安部、轻工业部、农业部、商业部、铁道部联合发布实施《关于运输烟花爆竹的规定》，进一步规范烟花爆竹的安全运输。

1998 年 11 月 27 日，安徽省人民政府办公厅发布《关于加强烟花爆竹安全生产经营管理工作的通知》，进一步明确烟花爆竹安全经营管理工作，实行政府统一领导，部门分工负责。供销社是烟花爆竹经营的主管部门。烟花爆竹的批发业务统一由县(含)以上日杂公司经营,经批准的零售网点必须到县以上日杂公司进货,其他任何单位和个人一律不得从事批发业务。公安机关是烟花爆竹安全管理的管理部门,负责烟花爆竹安全生产经营资格的审查、安全质量检测和安全监督检查,对符合规定的生产、经营单位核发《爆炸物品生产许可证》和《爆炸物品销售许可证》。生产、经营单位凭证向所在地的县(市)工商行政管理局办理工商登记手续,领取营业执照。烟花爆竹经营,坚持以省内产品为主、省外产品为辅。省外产品由省土产日杂果品公司总经销和总代理,需购外省烟花爆竹的,必须到省公安厅、省供销社确定的省外产品定点单位进货,各地、市、县日杂公司与省外企业签订的购销合同,必须经省土产日杂果品公司验章。严禁省外厂家和商业企业及个人到省内直接生产烟花爆竹或开展批发零售业务。

2006年1月21日,国务院颁布实施《烟花爆竹安全管理条例》,明确规定对烟花爆竹生产经营实行行政许可制度。取消"烟花爆竹批发业务,统一由各级供销社主营日用杂品的专业公司经营"的归口政策,要求"中华全国供销合作总社应加强对本系统企业烟花爆竹经营活动的管理"。但供销社系统在长期的经营实践中,已形成一套相对完整的购销经营体系和安全管理体系,仍占较强竞争优势。8月10日,国家安全生产监督管理总局发布《烟花爆竹经营许可实施办法》,明确规定从事烟花爆竹批发的企业(含进出口企业)和从事烟花爆竹零售的经营者,必须按照实施办法规定,分别申请取得《烟花爆竹经营(批发)许可证》和《烟花爆竹经营(零售)许可证》。未取得烟花爆竹经营许可证的,不得从事烟花爆竹经营活动。安全生产监督管理局负责烟花爆竹经营许可证的指导、监督和颁发管理工作。

烟花爆竹行业管理 1991年,省公安厅、省工商局、省供销社研究决定,自11月6日起,从外省调进烟花爆竹须加贴"安徽省烟花爆竹省外调入专用封签",各地、市土产日杂公司到安徽省土产日杂果品公司领取专用封签,专用封签作为安徽省范围内烟花爆竹安全检查的主要依据,一箱一签。11月13日,省公安厅、省工商局、省供销社联合成立安徽省烟花爆竹经营管理办公室,指导、协调全省烟花爆竹安全经营管理,负责全省烟花爆竹购进计划的审批、省外供货厂家的审定、销售市场的监督检查,组织参加省内外订货会议,查堵非法经营及进入安徽省的伪劣商品等。办公室设在安徽省供销社土产日杂果品公司,主任由安徽省土产日杂果品公司经理兼任。要求各地、市、县也按要求联合建立烟花爆竹管理机构。

1994年6月15日,省供销社发文,要求县级以上供销社日杂公司从事烟花爆竹批发业务的,必须持有安徽省烟花爆竹经营管理办公室制发的烟花爆竹《专营许可证》。

1996年12月18日,省公安厅发文,要求从省外购进并运输烟花爆竹的单位,须凭购销单位订立的合同和质检部门出具的《产品质量检测合格证》,向所在市、县公安局申请领取、填写《购买爆炸物品申请表》,经市、县公安局初审同意、签署意见后,向省公安厅申领《爆炸物品购买证》《爆炸物品运输证》。在货物运达目的地后,收货单位或购买单位应在运输证上签注物品到达情况，并将运输证交所在市、县公安局备案留存，省公安厅定期检查运输证执行情况。

1997 年 3 月，省公安厅、省工商局、省供销社根据《中华人民共和国行政处罚法》的规定，联合决定撤销安徽省烟花爆竹经营管理办公室，相关经营管理工作由各级政府有关职能部门各司其职、各负其责。同月，省公安厅、省工商局、省供销社联合要求：省外烟花爆竹产品需经公安部门对产品的可靠性审定后，由省供销社土产日杂果品公司实行总代理或总经销，省供销社土产日杂果品公司每年组织召开订货会，进行产销衔接，签订产销合同，合同由省供销社土产日杂果品公司汇总，经省公安厅业务主管部门审核后，给予办理跨省《爆炸物品运输证》。9 月 8 日，省公安厅、省供销社联合发文，开展全省烟花爆竹生产企业定点，扶持省内名优产品，扩大市场占有率，遏制伪劣产品进入市场。

1998 年 3 月 20 日，省供销社、省公安厅联合发文，强调跨省购买烟花爆竹，实行严格的“定点进货”制度，各经营单位必须到定点单位进货，签订合同。烟花爆竹零售网点设置应遵照确保安全、繁荣市场、合理布点、方便群众的原则，由当地供销社土产日杂果品公司提出设置方案，经公安、工商行政管理部门审核后，发给《爆炸物品销售许可证》和《营业执照》。获准经营烟花爆竹的零售网点，必须到当地土产日杂果品公司进货。1999 年 2 月 8 日，省公安厅、省供销社联合发布首批确认的 10 家省内烟花爆竹定点生产企业。是年，省供销社在内部设立烟花爆竹安全经营管理办公室，协调管理全省供销社系统烟花爆竹安全经营管理事宜。自 4 月起，省供销社、省公安厅联合对全省烟花爆竹批发经营企业经营资格进行重新审查认定，落实归口经营政策，取缔非法经营，纠正多头经营。审查认定工作持续至 2003 年 1 月，省供销社、省公安厅分 5 批次审查认定符合条件的企业 86 家，对未获认定的，一律吊销有关证照。此后，省供销社每年对烟花爆竹批发企业经营资格进行 1 次年审。

1999 年 5 月 18 日，省供销社召开各地、市、县供销社、土产日杂公司负责人参加的全省烟花爆竹安全经营管理座谈会，细化落实归口经营政策。省直有关部门、各地、市、县公安部门派员参加。12 月 29 日，公安部、农业部、国家工商行政管理局、国家质量技术监督局、国家轻工业局、中华全国供销合作总社联合发出通知，要求各级供销社加大对本系统经营企业的规范管理，做好归口经营管理。进一步明确烟花爆竹批发业务，由经地市级公安机关审查批准并核发《爆炸物品销售许可证》的县级以上供销社日用杂品公司或专营公司统一经营。烟花爆竹零售网点，由市、县供销社日用杂品公司本着从严控制数量的原则统一布设，经所在地县级公安机关审查批准核发《爆炸物品销售许可证》。跨省购销烟花爆竹的，严格实行定点进货制度。跨省销售烟花爆竹的企业名单，由公安部会同国家工商行政管理局、国家质量技术监督局、中华全国供销合作总社定期公布。跨省购买烟花爆竹的，由购进地省级公安机关会同供销社，从公布企业中选择定点并通报产地省级公安机关，购进地省级供销社专营公司，负责统一办理调入或代理订购。完善购销管理机制,探索以规范的订货会形式组织烟花爆竹产需衔接。

2000年4月初,省供销社、省公安厅确定2000年度省外采购定点厂家35家。4月13日,省供销社向批发企业推荐销售省内22家烟花爆竹生产厂家产品。4月17—19日,省供销社在合肥召开全省烟花爆竹安全经营管理工作会及订货会,决定自2000年起,全省统一使用由安徽省工商行政管理局监制的"安徽省烟花爆竹买卖合同"及"安徽省烟花爆竹订货、发货清单(合同附件)"。要求批发企业购买省内生产厂家及省外定点厂家的产品,必须在订货会上签订合同并经安徽省土产日杂果品公司审核验章,方可作为办理《爆炸物品购买证》和《爆炸物品运输证》的有效合同。

2001年4月17日,省供销社在青阳县召开全省烟花爆竹安全经营管理工作会及订货会。6月28日,省供销社、省公安厅联合确定2001年度省外烟花爆竹定点进货单位35家。

2002年9月,安徽省供销社、公安厅、乡镇企业局联合开展省内烟花爆竹定点生产企业评审,扶优扶强,促进产销对接。联合确定省外烟花爆竹定点进货单位43家。

2003年4月4日,省供销社公布"烟花爆竹安全防伪标识",适用于安徽省流通销售的所有跨省购入的烟花爆竹产品。标识分大标、小标,大标贴在每箱封口处,小标为激光镂空防伪标识,贴在每个(条、盘)烟花爆竹上。省内批发企业及省外定点烟花爆竹生产厂家,均可凭省供销社烟花爆竹安全经营管理办公室签章审核的"安徽省烟花爆竹买卖合同""安徽省烟花爆竹订货、发货清单(合同附件)",公安机关开具的《爆炸物品购买证》和《爆炸物品运输证》,从省供销社兴农土产日杂有限公司领取"安全防伪标识"。是年,联合确定省外烟花爆竹定点进货单位55家。

2004年,省公安厅烟花爆竹生产经营安全监管职能划交省安全生产监督管理局。6月28日,省供销社投资控股成立安徽盛虹烟花爆竹有限公司,并根据国家和省政府有关烟花爆竹经营管理政策,将原设置在安徽省兴农土产日杂有限公司的安徽省供销社烟花爆竹安全经营管理办公室改设在安徽盛虹烟花爆竹有限公司。7月19日,省供销社发文,强调全省统一使用"烟花爆竹安全防伪标识",并对原标识内容、防伪性能作进一步改进,标识发放、管理工作由安徽盛虹烟花爆竹有限公司承担。

2005年7月,盛虹烟花爆竹有限公司被中国日用杂品流通协会评为"全国烟花爆竹安全经营管理先进集体"。

2008年,成立安徽盛虹烟花爆竹集团,母公司为安徽盛虹烟花爆竹集团有限公司。至2011年,集团拥有其时全省最大的标准化仓库、专业运输公司、专业焰火燃放公司,经营子、分公司,连锁专卖店已覆盖全省大部分市、县,经营规模和回报以年均30%以上的速度增长,在业内成为有影响力企业、明星企业、标杆企业和标准化百强先进企业。

2009年6月,盛虹集团在第九届中国(浏阳)国际花炮节上获"全球烟花行业最具影响力十大经营企业"称号;8月16日,为便于开展烟花爆竹经营,盛虹集团搬迁至合肥市庐阳区四里河路大杨产业园;12月30日,成功承办合肥市烟花爆竹仓库燃爆事故应急处置演练。

2010年4月13日，盛虹集团承办的《烟花爆竹销售产品验收通则》国家标准起草研讨会在合肥召开。6月2日，全国烟花爆竹生产经营企业整顿提升工作现场会在安徽召开期间，实地参观盛虹集团岗集配送中心现场，国家和省安监局领导肯定盛虹集团标准化仓库、规范化经营、集团化运作。

2011年4月25—28日，中华全国供销合作总社培训中心、中国日用杂品流通协会在北京联合举办烟花爆竹现代经营服务网络建设与项目申报培训班，国家安监总局监管三司、全国总社财会部预算处对盛虹集团作为全国烟花爆竹行业安全经营管理先进单位和"新网工程"项目申报典型单位给予高度评价。8月，在中国日用杂品流通协会四届二次理事会上，盛虹集团被中国日用杂品流通协会授予"烟花爆竹行业最具影响力奖"。

第二节　安徽省烟花爆竹协会

2002年4月，安徽省烟花爆竹协会成立，由烟花爆竹生产、批发、零售企业及个人和公安、中小企业管理部门自愿参加，系跨行业、跨部门、跨所有制的全省烟花爆竹社团组织。安徽兴农土产日杂公司为会长单位，安徽省供销社为业务主管单位，安徽省公安厅、中小企业局派员参与领导和管理。设秘书处、生产技术开发部、市场信息服务部、安全法规政策咨询部。

烟花爆竹协会基础工作　2005年6月，协会秘书处与安徽盛虹烟花爆竹有限公司合署办公，开设"安徽烟花爆竹网"，服务管理工作实现信息化；改版协会会刊《安徽烟花爆竹》，为内部资料性出版物。《安徽烟花爆竹》为双月刊，面向会员及全省供销社、公安、安全监督管理系统、省外同行业协会和江西、湖南、广西等主产区生产企业，每期免费发放800份。

2006年3月，受省公安厅委托承办首期全省大型焰火燃放作业人员培训班，178人参加培训，考核合格后成为全省首批大型焰火燃放专业人员。5月14—16日，一届三次会员大会暨行业自律大会在合肥市召开，改选安徽盛虹烟花爆竹有限公司为会长单位，总经理苏云为会长，汪松南为秘书长，增选省安监局危化处处长张峰为副会长。省公安厅治安总队副总队长陈荣政、省供销社综合业务处处长杨显兰等继任副会长。聘请省供销社副主任蔡立、省公安厅副厅长王静、省安监局副局长朱志林为名誉会长。审议并通过《协会工作报告》《财务收支报告》和《行业自律章程》。会员增至270名，包括生产、批发（零售）、运输、焰火燃放、安全评价、安监、公安、供销社等领域的单位和个人。

2007年2月2日，为贯彻省政府办公厅《转发省供销社关于加快建设"新网工程"意见的通知》，推动组建盛虹烟花爆竹集团，建立以此为龙头的全省烟花爆竹经营网络，在合肥市召开一届八次常务理事会议。深入调研，形成"按照专业化、品牌化、连锁化、集团化的要求,整合全省烟花爆竹行业资源,建立烟花爆竹经营网络,积极支持集生产、销售、储运、燃放和科研于一体的企业集团发展”的思路,并通过省供销社向省政府建议,写入《关于进一步加快供销合作社改革发展 服务社会主义新农村建设的意见》。3月,省烟花爆竹协会被省民政厅评为全省示范行业协会。6月5日,经省民政厅注册登记,成立安徽省烟花爆竹协会专家委员会,主要任务是:遵循国家相关规定,结合烟花爆竹的实际发展,向政府部门提出行业规划、方针、政策、建议等,协同国家标准制定的调研起草工作,承担政府有关部门和企业需要的技术支撑。7月20日,协会网站设置“安徽省烟花爆竹防伪监控综合管理系统”,于2008年获得省“新网工程”财政补贴4万元。同年,承担并完成国家城建部和全国总社委托《烟花爆竹批发仓库建设标准》部分章节的起草。

2008年2月,协会被省人事厅、省供销社评为全省供销社系统先进单位;5月,被中国日用杂品流通协会评为全国烟花爆竹行业优秀社团组织。4月30日—5月2日,在合肥召开一届四次会员大会暨产品展销订货会。审议通过《协会工作报告》和《财务收支报告》。表彰2006年开展行业自律活动以来的各项先进。同年9月,受省公安厅委托,承办第2期全省大型焰火晚会燃放作业人员培训班,共培训140人。11月,调研烟花爆竹批发企业难以从源头取得增值税发票问题,致函国家税务总局,反映税收政策问题:全国绝大多数生产企业当地税收都实行包税制,批发企业尤其是像盛虹集团这样的龙头企业难以从源头取得进项发票,按销售收入实绩纳税税赋过重,不按销售收入实绩纳税违反税法,处境两难。既不利于规范经营,也不利于做大做强,企业和法定代表人又枉担税法风险。

2009年8月19—21日,在合肥市召开一届五次会员大会暨安全管理高峰论坛和产品展销订货会。审议并通过《协会工作报告》和《财务收支报告》。省供销社、省安监局、省公安厅、省质监局有关领导或处室负责人宣读论文。表彰上年度行业自律活动中的各项先进。同年,承担并完成国家标准化技术委员会《烟花爆竹经营企业产品验收通则》部分章节起草任务。

2010年12月起,受省公安厅委托,多次承办大型焰火燃放作业人员培训班,贯彻公安部《大型焰火燃放作业人员资格条件及管理》(GA898—2010)、《大型焰火燃放作业单位资质条件及管理》(GA899—2010)要求。作业人员按新标准新要求培训考核合格后,由公安部统一制发资格证明,全国通用。

2011年,安徽省烟花爆竹协会被安徽省民间组织管理局、安徽省文明办、新华社安徽分社、安徽省社会组织联合会联合授予2011年度省属“百优社会组织”称号。

安徽省烟花爆竹协会表彰名录

安徽省烟花爆竹协会一届四次会员大会表彰

十佳先进个人:凌飞(安徽省产品质量监督检验所副部长)、朱仁林(合肥市安全生产监督管理局危险化学品安全监管处处长)、刘铁钉(六安市安全生产监督管理局危险品安全监督管理科科长）、方三九（石台县安全生产监督管理局局长）、王明生（黄山市黄山区安全生产监督管理局副局长）、方明（安庆市公安局治安支队）、李培乾（霍山县公安局）、郭刚（定远县公安局）、董中续（阜阳市供销社主任）、史卫星（安庆市供销社副主任）；

十佳经理：章兆平（歙县盛徽烟花爆竹有限公司总经理）、王启炎（怀宁县兴宁烟花爆竹有限公司总经理）、宛建华（黄山市黄山区土产日杂有限公司总经理）、李国玉（定远县龙腾烟花爆竹有限公司总经理）、朱起贵（黄山市徽州启华土产日杂有限公司总经理）、陈鸿（庐江县鑫隆花炮有限公司总经理）、汪玉龙（池州市日杂果品有限责任公司总经理）、徐广斌（滁州市土产杂品公司副经理）、胡荣明（霍邱县荣泰烟花爆竹有限责任公司董事长）、李青海（太湖县土产日杂公司经理）；

十佳厂长：刘文祥（盛虹集团安徽省翔鹰花炮有限公司董事长）、陶思福（枞阳县柳峰花炮有限公司董事长）、王立泉（枞阳县和平花炮厂厂长）、丁爱国（枞阳县路西花炮厂厂长）、何建平（怀宁县金猴花炮有限公司总经理）、杨承世（广德县承世花炮有限公司总经理）、邓四斌（宁国市姚高烟花爆竹厂厂长）、魏仲宣（郎溪县大宝烟花爆竹有限责任公司董事长）、马运凤（六安市马头礼花工艺厂厂长）、汪茗禄（安徽白鹤花炮有限公司总经理）；

示范专卖店：安徽盛虹烟花爆竹集团有限公司庐江路盛虹烟花专卖店、安徽盛虹集团安庆市金雷烟花爆竹专营有限公司烟花爆竹专卖店、六安市土产日杂果品公司烟花爆竹专卖店、淮北市瑞祥烟花爆竹有限公司烟花爆竹专卖店、阜南县烟花爆竹经营中心烟花爆竹专卖店、霍邱县荣泰烟花爆竹有限责任公司烟花爆竹专卖店、六安市安信花炮有限公司烟花爆竹专卖店、含山县玉龙烟花爆竹专营有限公司烟花爆竹专卖店、怀宁县兴宁烟花爆竹有限公司盛虹烟花爆竹第 89 专卖店、南陵县烟花爆竹有限公司烟花爆竹专卖店、石台县宏运烟花爆竹有限公司盛虹烟花爆竹专卖店、全椒县烟花爆竹有限公司烟花爆竹专卖店、黄山市黄山区土产日杂有限公司烟花爆竹专卖店、金寨县宏泰烟花爆竹有限公司烟花爆竹专卖店、枞阳县土产杂品公司烟花爆竹专卖店、池州市日杂果品有限责任公司烟花爆竹专卖店、颍上县日杂果品有限责任公司烟花爆竹专卖店；

“安徽省知名品牌产品”：“盛虹”牌产品（安徽盛虹烟花爆竹集团有限公司）、“翔鹰”牌产品（盛虹集团安徽省翔鹰花炮有限公司）、“皖江”牌产品（怀宁县马庙花炮厂）、“大圣”牌产品（怀宁县金猴花炮有限公司）、“思福”牌产品（枞阳县柳峰花炮有限公司）、“诚诺”牌产品（枞阳县路西花炮厂）。

安徽省烟花爆竹协会一届五次会员大会表彰

先进个人：汪玉龙（池州皖南烟花爆竹有限公司董事长）、许章平（枞阳和平花炮公司业务经理）、程宜凤（安庆市公安局治安支队警官）、刘家云（淮南潘集鸿运烟花爆竹公司经理）、杨承世（广德承世花炮有限公司总经理）、庞君玖（来安兴虹烟花爆竹公司总经理）、胡荣明（安徽荣泰烟花爆竹公司董事长）、余云康（宿松供销烟花爆竹公司总经理)、程永忠(盛虹集团安庆金雷烟花爆竹专营有限公司董事长)、张根虎(盛虹集团滁州分公司业务经理)、李青海(太湖县土产日杂公司经理);

先进单位:六安市安信花炮有限公司、歙县盛徽烟花爆竹有限公司、来安县兴虹土产有限责任公司、安徽省怀宁县兴宁烟花爆竹有限公司、池州皖南烟花爆竹有限公司、安庆市和平花炮有限公司、枞阳县土产杂品公司、芜湖福光土产日杂有限公司、东至县天虹烟花爆竹有限公司、定远县龙腾烟花爆竹专营公司、庐江县鑫隆花炮有限公司、安徽荣泰烟花爆竹有限公司、广德承世花炮有限公司、淮南潘集鸿运烟花爆竹销售有限公司、黄山市徽州启华土产日杂有限公司、石台县鸿运烟花爆竹批发有限公司、全椒县烟花爆竹专营有限公司、宿松县供销烟花爆竹有限公司、南陵县烟花爆竹有限公司;

示范专卖店:盛虹集团滁州分公司烟花专卖106店、休宁县盛虹烟花爆竹专卖店、含山县玉龙烟花爆竹专卖店、六安安信盛虹专卖店、怀宁县兴宁烟花爆竹有限公司专卖店、六安叶集盛虹烟花爆竹专卖87店、淮南潘集志成烟花爆竹专卖店(盛虹专卖169店)、池州皖南烟花爆竹专卖店、六安星马烟花爆竹专卖店、淮北瑞祥烟花爆竹专卖店、安徽荣泰烟花爆竹有限公司盛虹专卖19店、黄山区土产日杂有限公司盛虹烟花爆竹专卖店、阜南盛虹烟花爆竹专卖店。

第三节 烟花爆竹连锁经营

2004年7月,安徽盛虹烟花爆竹有限公司召开省内10个批发企业和10个生产厂家座谈会,听取各方建议。7月26日,在全省烟花爆竹安全经营管理工作会议及盛虹烟花爆竹有限公司成立大会上,提出利用全省供销社烟花爆竹批发企业的网络优势,推进经营集团化、效益规模化、网络连锁化和配送现代化,联合经营,共同发展。

2007年1月,根据省政府办公厅皖政办〔2006〕78号文件中关于支持盛虹公司逐步成为“新网工程”龙头企业的精神,成立安徽盛虹全省城乡烟花爆竹现代流通安全经营管理网络建设领导小组与网络建设办公室,加强供销社系统内外的联合与合作,整合、优化全省烟花爆竹行业资源,推进专业化、品牌化、连锁化、集团化建设。

2009年5月,安徽盛虹烟花爆竹集团有限公司被第九届中国(浏阳)国际花炮节暨中国烟花爆竹产业博览会组委会授予“09全球烟花行业最具影响力十大经营企业”称号。

2011年,盛虹集团加快连锁经营网络建设步伐,成立盛虹连锁专卖店建设与管理领导小组,拨专款建设专卖店,规范带有“中国供销合作社CHINA CO—OP”的店牌标识,培训专卖店店长,研发、设计专卖店专供产品,提升专卖店建设质量。

盛虹烟花爆竹产品开发 2004年下半年,盛虹公司向国家商标局申请注册“盛虹”商标,提出“品牌经营,连锁专卖”,在全省推行“盛虹烟花专卖”连锁店经营模式。此后,相继注册“开心”“盛世彩虹”“群星灿烂”等商标,逐步形成覆盖不同市场、不同消费人群的盛虹系列品牌。

2006 年 8 月，根据《商标法》，制定并印发《加强盛虹商标、盛虹品牌烟花爆竹管理的暂行规定》。是年，“盛虹”品牌产品获安徽省质量协会授予的“安徽质量放心产品”称号。2007 年，被安徽省烟花爆竹协会评为“安徽省知名品牌产品”。截至 2007 年年底，盛虹烟花爆竹有限公司经营的 14 类 1000 余个品种中，盛虹牌产品占 80% 以上。部分盛虹产品，如创新开发的日景系列、婚庆系列以及 1.5 寸、2 寸盛世彩虹组合烟花、盛虹特种鞭炮等在市场供不应求。

烟花爆竹网点建设　2005 年 5 月 12 日，全省烟花爆竹安全经营管理工作会议提出建立全省烟花爆竹联合经营安全管理网络体系，以盛虹公司为龙头、全省供销社 90 家批发企业为主体、1.8 万个零售网点为基础，实行统一采购、统一配送、统一价格、统一标识、统一管理。2005 年 9 月，盛虹烟花爆竹有限公司印发《关于联合开办“盛虹品牌专卖店”的通知》，面向全省各市、县（区）烟花爆竹批发经营公司，以平等、自愿、诚实、互惠、互利的原则，寻求“盛虹”品牌合作伙伴。提出“五统一”的连锁专卖店管理原则，即“统一店牌，统一配送，统一价格，统一培训，统一宣传”。此后，盛虹烟花爆竹有限公司和各市、县（区）烟花爆竹公司合作，在全省城镇开办盛虹烟花专卖店，在乡村开办盛虹烟花连锁经营销售点；专卖店招牌按照盛虹烟花爆竹有限公司统一的设计制作，由盛虹烟花爆竹有限公司补助制作费用；各专卖店、连锁经销点烟花爆竹由盛虹烟花爆竹有限公司统一采购、统一储存配送、统一防伪标识、统一安全经营管理操作规程标准；提供长期、稳定、优先优惠的货源支持和信息服务、业务指导。传播盛虹经营理念，开展教育培训。进行统一的市场促销、品牌推广和广告宣传等。在店面布置、商品摆布、样品陈列、销售技巧等方面指导专卖店。

2006 年 6 月底，建立盛虹烟花爆竹连锁专卖店 53 家。组织专人编写约 9 万字的《盛虹烟花专卖店店长培训读本》，系统阐述烟花爆竹行业发展状况、安全与质量管理基本常识、盛虹连锁经营与品牌管理等，同时将教材作为盛虹烟花专卖店经营与安全管理操作规程。8 月，在合肥市举办全省首届盛虹烟花专卖店店长培训班，由《盛虹烟花专卖店店长培训读本》编委主讲。

2008 年 1 月 2 日，安徽盛虹烟花爆竹集团成立。母公司为安徽盛虹烟花爆竹集团有限公司，控股 8 家子公司。总注册资本 4168 万元，基本形成产、销、储运、燃放、科研一体化。全省首批加盟成员单位 46 家，在全省建有专卖店 196 家、连锁经营网点 1026 家。6 月 6 日，在合肥市召开 2007 年度合肥地区经营表彰暨盛虹连锁专卖店店长培训会议。合肥市、区安监局主要领导、盛虹集团公司领导出席。表彰先进专卖店店长，向获得示范专卖店称号的单位授牌。举办店长培训，由副总经理及安全管理培训中心主任授课。此后，表彰活动形成制度化，逐年开展。

2011 年 11 月 1 日，盛虹集团成立盛虹连锁专卖店建设与管理领导小组，出台《安徽盛虹集团烟花爆竹连锁专卖店建设管理办法》和《合作建设盛虹烟花爆竹连锁专卖店协议》规范文本。

烟花爆竹仓储物流 盛虹烟花爆竹有限公司成立后,购置“危货”运输专用车19台,取得道路“危货”运输资质,2005年下半年,成立其时全省唯一烟花爆竹运输专业车队。12月,在长丰县岗集镇征地66亩,建设安徽盛虹烟花爆竹岗集配送中心标准化仓库,面积9000平方米,2007年9月建成。控股安庆市金雷烟花爆竹专营有限公司,建设安庆配送中心仓库,面积4200平方米,2007年12月通过省安监局验收,投入使用。2007年11月,控股成立安徽盛虹货运有限公司,拥有危货驾驶员19人、押运员30人。2009年2月2日,盛虹集团岗连锁集配送中心被省供销社、省财政厅授予“安徽省供销社‘新网工程’示范网点”称号。

2008年1月27日,国家安全生产监督管理总局局长李毅中考察盛虹集团,肯定集团建设配送中心等基础设施和连锁经营等现代流通方式。

第九章 工商服务业

1988年年末,全省供销社系统工业已初具规模。除棉花、精制茶和一些农村糕点食品行业外,还发展粮油、棉纺、针织、粉末涂料、香精香料、缫丝、工艺品、糖果、罐头、蜜饯、调味品、畜产品、服装、商业机械、饮料酒、蔬菜、食用菌、麻纺、建筑材料、蜂产品、淀粉、薄荷油、中小农具、复混肥、农药等20余个行业,产品逾千种。有出口创汇企业53个,年创汇5700万美元。在商业上,供销社归口管理的合作商店,有核算单位2791个、门市部9772个,从业人员3.32万人,自有流动资金4377万元,固定资产2010万元,营业额4.78亿元,利润551万元。有饮食业网点225个、从业人员1106人,营业额达634万元,利润达40万元;有服务业网点507个、从业人员1724人,营业额达504万元,利润达91万元。自1980年起至1988年年末,全省供销社系统兴建宾馆6家,营业面积共计1.8万平方米,客房共计343间,固定资产达1091万元。

1997年,在104家全国供销合作社大型(全国总社级)工业龙头企业中,安徽省有8家。在中华全国供销合作总社根据《全国供销社工业国家队组建方案》和“利税额”“出口创汇额”统计资料,参照7项综合经济效益指标确定的139家全国供销社工业国家队成员单位中,安徽省有6家;在全国供销社工业经济效益前100名县社中,安徽省有5个;在全国供销社工业经济效益前100名企业中,安徽省有6个。

1998年,在106家全国供销合作社大型(全国总社级)工业龙头企业中,安徽省有7家;在117家全国供销社工业国家队成员单位中,安徽省有3家;在全国供销社工业经济效益前100名县社中,安徽省有2个;在全国供销社工业经济效益前100名企业中,安徽省有5个。全省供销社系统在社办工业建设中调整结构、扩大规模,共有工业企业578家,比上年减少115家,年末职工人数5.3万人,固定资产原值13.7亿元,比上年增加1.2亿元,增长10%。由于政策影响,棉花加工业滑坡,纺织品和针织业也有较大下降,全省系统完成工业总产值33.5亿元,同比减少17%,实现利税—3.24亿元,利润—4.2亿元。全省系统工业企业亏损总额4.66亿元,亏损额50万元以上企业76个,增加48个,亏损额占全省系统亏损总额的73.5%。全省供销社系统1家大中型商场、1家批发市场、2家饭店进入中华全国供销合作总社排名榜。在供销社大中型批发市场排序中,芜湖市供销社芜湖鞋城位列42,交易额3亿元。安徽阜阳商厦股份有限公司在供销社大中型商场经营情况排序中位列31,销售额2.42亿元。在供销社星级饭店经营情况排序中,安徽省新世纪大厦排名21,营业额1200万元;合肥市新亚大酒店排名26,营业额1033万元。

1999年,在117家全国供销社工业国家队成员单位中,安徽省有3家;在全国供销社工业经济效益显著前100名企业中,安徽省有2个。在中华全国供销合作总社的大中型批发市场排序中,芜湖鞋城位列54,交易额2.8亿元。安徽阜阳商厦股份有限公司在供销社大中型商场经营情况排序中位列19,销售额2.96亿元。在供销社星级饭店经营情况排序中,二星级安徽省新世纪大厦排名16,营业额1444万元;二星级合肥市新亚大酒店排名33,营业额853万元。

第一节 供销社系统工业

中共十一届三中全会后,全省供销社系统建立健全商办工业管理机构,制定发展规划,确立社办工业是供销社四大支柱之一。

供销社工业整体发展 1985年,安徽省供销社系统拥有棉花、麻类、茶叶、糖果、糕点、蜜饯、炒货、酱醋、冷饮、食用菌、面粉、饲料、建材、工艺、塑料等20余种行业1500家工厂(作坊)。随商办工业发展,山区猕猴桃等资源得到较好开发利用,供销社系统年加工鲜果近5万公斤,制成品有酒、原汁、果酱、果脯蜜饯系列产品,加工后增值近9倍。10月,举办全省供销社系统加工产品展览,展出产品有1400余种。12月,精选460余个产品进京参加全国供销社系统加工产品展览,受到好评。

1986年6月,省社在天长县召开全省供销社业务会议,提出供销社发展要"一业为主、综合经营"。之后,各地商办工业发展较快。

1987年2月,省社在巢湖市召开全省供销社系统商办工业会议,研究制定"七五"发展商办工业的具体措施,制定《安徽省供销社关于贯彻商业部〈商办工业管理办法〉的意见》。9月,商业部在合肥召开全国供销社商办工业会议。

1989年,商办工业产品增加商品货源,丰富生活必需品供应,改变以往农村大部分糕点、食品、酱油靠调进的情况,在80%以上地方实现自给。为外贸出口提供货源,由传统工业向现代工业转变。1986—1989年,全省供销社系统共对150余个商办工业重点项目进行改造,总投资1.55亿元,每年可增加产值1亿元、利税2200万元。

1990年,供销社工业重点抓产品结构调整和企业管理。

1991年,省供销社开展"质量、品种、效益年"活动。制定《安徽省供销社企业升级工作试行办法》和《安徽省供销社商办工业和基层供销社三项管理达标实施细则(试行)》。1992年7月,省社下发《关于抓好商办工业亏损大户扭亏增盈的意见》。

1993年2月,省社在蒙城县召开全省供销社商办工业和商业网点技改工作会议,要求在社会主义市场经济体制下,进一步强化工业意识,加快供销社商办工业发展步伐。提出:把供销社商办工业作为一个支柱产业来抓;贯彻执行《全民所有制工业企业转换经营机制条例》,加快转换企业经营机制;依靠科学技术,加快技术改造步伐和产业产品结构调整;加强企业管理,开拓市场,提高经济效益;重视人才,提高职工素质;继续抓好亏损企业的减亏增盈;继续抓好商业网点技术改造工作;加强对供销社工业的领导,促进行业管理和自身经济实体共同发展。

1994 年,全省系统工业企业减少至 836 个,但企业规模和实力较上年增强,规模小、产品档次低、市场竞争力差的企业或被淘汰,或通过改组、改制、改造向规模经营和其他行业转变。各地重视投入,把发展工业作为供销社新的经济增长点。商办工业在稳定传统行业基础上,开拓经营,开展系列加工。坚持为农服务,走贸工农、产加销一体化路子。

1995 年,社办工业成为新的经济增长点。4 月,省社在望江县召开全省供销社工业会议,探讨加大技改投入,强化行业管理,发展供销社工业,安排部署"九五"及当年工作重点。要求坚持把供销社工业作为支柱产业来抓;加大改革力度,实施调整策略。扶优扶强限劣,让存量资产发挥最大效益;增加对工业的投入,促进供销社工业上规模上水平。由单一生产型向贸工农、产加销一体化转变;继续抓好工业企业扭亏增盈;进一步完善企业经营责任制,强化营销工作,加强行业管理。

1996 年,全省系统 6 个企业工业产值超亿元,7 个企业成为全国供销社大型工业龙头企业。共审批下达商业网点项目 12 个,当年投资 5690 万元。

1997 年 1 月,省社印发《中华全国供销合作总社关于加快发展供销社工业龙头企业,推进农业产业化的意见》。6 月,省社召开全省供销社工业工作会议。全省供销社系统社办工业重心向支柱产业、优势行业、拳头产品和骨干企业倾斜,在稳定传统行业如棉花、茶叶、食品等加工的基础上,向高技术含量、高附加值方向发展,规模扩大,实力增强。执行 ISO9000 质量管理体系,提高全省系统工业质量意识和质量管理人员素质。黄山华佳集团公司、宁国化肥厂通过 ISO9000 认证。

1998 年 5 月,省社召开全省供销社工业和市场建设座谈会,要求加快结构调整,建立现代企业制度。探索供销社工业企业实行大公司、大集团战略。以存量资产调整为突破口,对供销社工业企业进行改组,推动资产流向高效益领域。鼓励有条件的企业组建有限责任公司、股份有限公司和股份合作制公司。对"边小微亏"企业通过租赁、拍卖、联合、兼并、破产等办法进行要素重组;将技术改造与资产重组、盘活存量资产、优化资本结构结合,抓好企业技术进步;发展龙头企业,推进农业产业化;继续实施名牌战略;学习邯钢经验,实施科学管理,注重市场营销,提高经济效益。

1999 年, 省社重点抓 10 个省级龙头企业,实施名牌战略,促进社办工业企业产品质量整体水平提高。

2000 年, 全省供销社工业企业提高设备、工艺、技术水平和产品质量,企业经济实力和市场竞争力增强。

2004 年 1 月 18 日,黄山永佳(集团)有限公司"永新股份"通过中国证监会发审委评审,7 月 8 日,在深圳证券交易所挂牌上市,是为安徽省供销社系统第一只股票,标志全省系统在资产整合运营方面进入新阶段。

2005 年,省社提出社办工业要发展农副产品加工业,促进农产品加工转化增值,提高初级产品加工转化升值能力,强化品牌意识,提高农产品包装档次和水平,实施农产品进超市工程。

2008 年,全省供销社系统以“社有企业创新发展年”建设为契机,“一业为主、多元发展”。辉隆集团与新加坡丰益集团合作建成全省最大油脂加工基地。黄山永佳、司尔特肥业等推进产业扩张。一批大型社有企业抢抓行业洗牌机遇,加大兼并重组力度。

2009 年,安徽省供销社系统在社有企业发展中重点建设带动性强、产业层次高的优势项目。双赢集团在铜陵建设全省最大再生资源产业园,总投资达 1.5 亿元。辉隆集团在巢湖的全省最大油脂加工基地项目投产,月加工油料 3 万吨。一些有实力的骨干企业向系统内外、省内外拓展合作领域。辉隆集团与黑龙江倍丰农资集团联合组建新中远化工股份有限公司,填补安徽省硫、铁、肥循环一体化建设空白;黄山永佳集团与外资合作,发展成全省高新技术产业的工业龙头企业。2011 年,双赢集团建成投产安徽省首条废钢铁破碎生产线;黄山永佳集团领先全国绿色软包装,实现销售 32 亿元,利润 3 亿元。

供销社工业规模 1985 年,全省系统全年商办工业总产值达 6.67 亿元,比上年增长 14.4%。

1986 年,全省供销社商办工业拥有厂坊 1386 个,其中独立核算企业 538 个,社办工业产值 7 亿元,同比增长 4.9%。

1987 年,全省供销社系统有商办工厂(坊)1383 个,固定资产 1.38 亿元,职工 3.4 万人。加工商品有 17 大类 1300 余种,在棉花、茶叶两大类加工产值下降情况下,商办工业产值完成 7.33 亿元,比上年增长 4.8%。

1988 年,供销社工业企业有产品逾千种,产值与利税同步增加。完成商办工业产值 8 亿元,同比增长 9.14%。

1989 年,供销社商办工业企业发展到 1268 个,产品由过去 5 大类增加到 14 大类、上千品种,产值达 8.27 亿元。

1990 年,全省系统商办工业全年实现产值 8.66 亿元。

1991 年,全省供销社系统商办工业产值 16.05 亿元(按 1990 年不变价),列全国第 9。

1994 年,完成商办工业产值 22 亿元,同比增长 22%。

1995 年,全省供销社系统实现工业产值 26 亿元,比上年增长 18%,实现利税 1 亿元,增长 11.4%。当年创办域外经济窗口 38 个,总投资 2021 万元,合资企业达 20 个。

1996 年,全省供销社以市场为导向,抓技术进步和企业内部管理。完成社办工业产值 33 亿元,实现销售额 40 亿元,创利税 1.4 亿元。新增固定资产 5.4 亿元,比上年增长 11.4%;至年末在建工程总额为 7.33 亿元,增长 39.8%。

1997 年,全年完成社办工业产值 40 亿元,销售收入 48 亿元,实现利税 1.8 亿元,产值、利税居全国供销社系统社办工业第8位。全省社办工业企业693个,较上年减少93个。通过发展工业龙头企业,推动农业产业化进程。全省产销1000万元以上、利税50万元以上的地市级以上龙头企业达150多家。

1998年,受棉花政策调整影响,全省供销社系统社办工业实现产值33亿元,同比下降17.5%,实现利税9000万元,同比下降50%。黄山华佳公司提高产品科技含量,开拓国际国内市场,全年完成工业产值6.26亿元,实现利润2781万元,上缴利税4387万元,同比分别增长17.9%、2.3%和5.5%。

1999年,全省供销社系统完成工业产值31.04亿元,销售收入33.75亿元。黄山永佳集团、宁国司尔特化肥有限公司,在高新技术产业化、优化产品结构方面取得进展,产值、销售、利税均有较大增长。黄山永佳集团实现产值7.22亿元,同比增长15%,销售收入3.45亿元,同比增长10%,实现利税4571万元,同比增长4.2%。宁国司尔特化肥有限公司实现产值2.86亿元,同比增长22%,销售收入3.09亿元,同比增长18%,利税1242万元。

2000年,全省系统全年完成工业产值31.7亿元(按1990年不变价),工业增加值4.6亿元,销售收入32亿元,全省系统工业企业盈亏相抵后实现利润总额3151万元,同比增盈2亿元,实现利税总额近1亿元,同比增加1.1亿元,出口创汇611万美元。是年底,全省系统工业企业342家,比上年减少112家。全部社办工业企业中,农副产品加工企业204家。

供销社工业技术改造　1987年,商业部下达安徽省供销社商办工业技术改造贴息贷款项目7项,当年投资总额494万元,其中贴息贷款250万元。各级供销社重视商办工业技术进步,全年技改投资规模达2036万元,其中农民筹资370万元,新办一批产品销路好、经济效益高、具有一定规模的企业。歙县化工厂引进开发的聚氨酯混合型高级粉末涂料和庐州香料厂的脂肪酸类系列产品被安徽省列为重点新产品开发项目。

1988年,省社重点抓工业项目技术改造论证、审批和实施情况检查。制定《安徽省供销社商办工业企业的技术改造、技术引进项目竣工验收暂行规定》,会同省经委、省商业厅、粮油食品局联合下达《安徽省商办工业技术改造管理办法》。制定《安徽省供销社商办工业企业升级管理工作要求》《开展全面质量管理工作办法》及《质量管理奖评审细则》《安徽省供销社商办工业企业生产现场管理实施办法》《安徽省供销社商办工业企业档案管理实施办法》《结能管理升级(定级)实施办法》等10项管理办法,供销社工业企业管理逐步纳入按工业办法管理轨道。商业部和中国农业银行下达给安徽省供销社工业技改项目24个,当年投资1189万元,其中,贴息贷款680万元。省社制定工业技术改造、技术引进项目3年滚动规划,共纳入160个项目。建立工业技术改造项目调度会制度。

1990年,省经委下达技改项目6个,当年投资总额330万元。商业部技改贴息项目6个,当年投资总额500万元,其中贴息贷款365万元。

1991 年,商业部、中国农业银行下达安徽省供销社商办工业技改贴息贷款项目 7 个,当年投资总额 760 万元,其中贴息贷款 410 万元。

1992 年,是商办工业网点改造大发展的一年。3 月,省供销社与省经济委员会联合制定《安徽省供销社网点技术改造项目管理暂行办法》,将商业网点、设施和批发市场、专业市场的改造正式纳入全省技术改造计划,享受工业技术改造优惠政策。是年,全省共审批商业网点技术改造项目 55 项,建筑面积 32.5 万平方米,当年开工 23 个,投资规模 9973 万元,其中申请贷款 5860 万元。审批商办工业技改项目 41 个,当年投资 5089 万元,其中贷款 3450 万元。商业部下达社办工业技改贴息贷款项目 12 项,当年投资总额 1291 万元,其中贴息贷款 775 万元。

1993 年,省经委审批商业网点改造项目 72 个,总投资 4.2 亿元。国内贸易部、中国农业银行审批下达商办工业技术改造贷款项目 5 个,当年投资总额 1143 万元,其中贷款、贴息贷款分别为 390 万元和 180 万元。

1994 年,全省列入国内贸易部和省经贸委的工业技改项目 21 个,当年投资 3300 余万元。各地列入当地技改投入 1 亿余元。

1995 年,全省供销社系统商办工业列入国内贸易部、省经贸委技改项目 26 项,当年投资总额 1.06 亿元,其中贷款 7721 万元。审批下达商业网点技术改造项目 17 个,完成投资 5871 万元,建筑面积 4.2 万平方米。

1996 年,完成省级以上社办工业技改项目 14 个,总投资 4840 万元。

1997 年,各地供销社重视技术改造,加快社办工业技术进步。是年,列入总社和省经委技术改造计划的项目 20 个,总投资 1.05 亿元。其中列入总社棉花及农副产品加工技改项目 7 个,总投资 3570 万元,专项贷款 2380 万元。列入国家经贸委中西部地区技术改造专项贷款 2300 万元。通过技术改造,优化产品结构,促进产品升级换代,提高供销社工业技术装备水平和技术含量。

供销社工业品牌与获奖 1985 年,全省系统有 2 种茶叶获"国优"称号(金、银质奖各 1),有茶叶、瓜子两大类 15 个产品获"部优"称号,有瓜子类 7 个产品获"省优"称号,有 160 个产品获省供销社系统优秀产品奖。

1987 年,全省系统有获国家金银牌奖的产品各 1 个,获部和省优产品 59 个,还有一批出口创汇产品。

1989 年,商办工业有 2 个产品获"国优"称号,69 个产品获"部优""省优"称号,2 个产品获第 27 届世界优质食品评选会银牌奖。5 单位获省"优秀质量管理小组"称号,3 个企业被评为部、省"设备管理优秀单位",4 个企业通过省级"先进企业"考核。

1990 年,砀山县棉花联合加工厂和祁门茶厂获评国家二级企业,3 个企业获部、省级"设备管理奖",4 个产品获"部优"称号,3 个企业质量管理小组获部、省级"优秀质量管理小组"称号。

1991 年,全省供销社系统商办工业企业有 5 个产品荣获商业部"优质产品"奖。

1996年,省社表彰11个明星企业、51个商办工业先进集体、59名商办工业先进个人。全省有6个县社、5个企业跻身全国供销社工业经济效益前100名。有9个单位被列入全国供销社工业“国家队”,9人被评为全国供销社工业管理先进工作者(工业企业优秀厂长、经理)。

1997年, 全省供销社系统有8个企业成为全国供销社大型工业龙头企业,数量位居全国第7;有5个县社、6个企业分别进入全国供销社工业经济效益前100名,数量均居第6。其中,望江县供销社居全国供销社工业经济效益前100名县社前10位,黄山市化工总厂居全国供销社工业经济效益前100名企业前10位。是年,省社注重实施名牌战略,狠抓产品质量。全省供销社系统有3个产品获“安徽省名牌农产品”称号。

1998年, 全省系统获省部级“名牌产品”称号10个,有7个企业成为1998年度全国供销合作社大型(全国总社级)工业龙头企业。

2000年,全省供销社系统获全国供销合作社“名牌产品”称号1个、国家级“优秀QC小组”称号1个、全国供销合作社“优秀QC小组”称号5个,省级“质量管理优秀企业”称号1个。

2003年,全省有5个产品获全国供销合作社“名牌产品”称号。

2004年,黄山精工凹印制版有限公司生产的“黄山精工牌”凹印版辊、安徽省无为县棉麻公司生产的“银州”牌皮棉2个产品获全国供销合作社“名牌产品”称号。3个QC小组被中国质量协会供销合作社系统分会命名为“优秀QC小组”,1个公司被命名为“质量管理小组活动优秀企业”。

2008年,在中华全国供销合作总社表彰的“百强企业”中,安徽省6家入选,1家荣获“特别荣誉奖”,在全国系统数量居前。

第二节　供销社系统主要工业业态

农副食品加工业　粮食、植物油加工　1984年,全省供销社兴办一批粮油加工厂,但多数规模较小。1985年,随棉花种植面积扩大,各地供销社根据农民需要,添置设备,增加榨油车间,开展棉籽榨油,返油和饼给棉农。1986年至1990年代中期,全省新办多个采用预榨浸出新工艺的棉籽油厂。1987年,粮食加工类完成产值2482万元。1988年,全省供销社系统生产食用油9346.67吨,其中80%以上是棉籽油。1995年,仅天长县棉麻公司就兴办3个日产50吨以上的粮食加工厂。1996年,全省供销社粮食植物油加工企业有66家,产值达1.83亿元。此后,因市场冲击,粮食加工厂逐步关闭或退位。一些油脂加工厂通过技术改造,使企业上规模、产品上档次。2003年,含山县油脂有限公司生产的益和牌食用油获全国供销合作社“名牌产品”称号。

蔬菜水果和坚果加工　1980—1990年代初,供销社兴办一批脱水菜加工厂,从事出口业务。坚果加工业是供销社商办工业特色。1982年,芜湖市供销社创办安徽省供销社商办工业第一家炒货企业——迎春瓜子公司。之后,各地供销社兴办一批瓜子炒货厂。1986年,瓜子炒货类产量4418吨。1987年后,销售市场发生变化,供销社系统瓜子加工行业没有及时应变,销售逐年下降,至1988年,全省系统炒货产量仅1994.9吨。1994年,芜湖岁岁乐食品厂列入国内贸易部技改贴息贷款项目。20世纪90年代后期,商办工业逐步退出坚果加工。

蜂产品加工　1989年,庐江县供销社建成年产1500吨出口蜂蜜加工厂。至1996年,蜂产品加工产值1394万元。

食品制造业　糕点、糖果制造　1988年,供销社商办工业拥有糕点、糖果加工企业572家,其中独立核算企业112家,产值6356万元。企业规模较小,但点多面广,能够繁荣城乡市场。1989年,省内80%以上农村地区的糕点、糖果达到自给。全省供销社商办工业年加工糕点2.5万吨,按全省农村人口计算,达到人均0.5公斤。1996年,全省供销社商办工业糕点、糖果加工企业减少为115家,产值为2844万元。此后,随竞争加剧,规模较小的糕点、糖果加工企业因不能适应市场变化而关停并转或改制。

酱油、食醋制造　1979年后,安徽省内各地供销社为保障农村市场供应,恢复和发展酱制品厂坊,各地酱油基本自给。1986年,全省供销社系统生产酱油1.03万吨、食醋1206.8吨。1997年,有调味品制造企业19家,产值达1178万元。

饮料制造业　白酒、啤酒制造　1986年,全省供销社生产白酒257.6吨,1987年,嘉山县供销社兴建年产2万吨啤酒厂。1988年,白酒、啤酒各1个产品获商业部"优质产品奖"。1989年,商办工业有酿酒企业11家,产值974.6万元。1995年度,明光啤酒厂被国家经贸委等6部委划定为中二型企业。1997年,商办工业有酿酒企业4家,产值3657万元。

软饮料制造　1989年,供销社商办工业有饮料生产企业26家,产值528.42万元。1994年,砀山冠隆实业公司利用当地水果资源,开发酥梨系列饮品。1997年,商办工业有饮料生产企业5家,产值2568万元。

精制茶制造　制茶业是供销社传统加工项目。1987年,茶叶加工类完成产值1.33亿元。1988年前后,精制茶叶产品获国家金银牌质量奖2个。1989年,两产品获第27届世界优质食品评选会银牌奖。1989年,商办工业有茶叶加工企业22家,产值2.04亿元。1990年1月,祁门茶厂被批准为省级先进企业。1986—1993年,歙县茶厂、贵池茶厂、金寨茶厂、宁国茶厂、六安茶厂等一批骨干企业先后被列入部、省重点技术改造项目计划。1993年,歙县茶厂成为全国商办工业最大茶叶加工厂。1997年,歙县茶厂划归乡镇企业。同年,精制茶企业减少为10家,产值4635万元。其中列入统计的供销社大中型企业有3家,产值2853万元,占茶叶加工产值62%。之后,茶叶加工企业陆续进行改制、重组等,部分发展成茶叶产业化龙头企业。

棉花加工业　棉花加工是安徽省供销社工业的传统行业,也是支柱行业,产值约占全省供销社商办工业总产值50%。1987年,棉花加工产值2.91亿元。1989年,棉花加工企业158家，产值6.07亿元。1990年，各有1个企业被批准为国家二级企业和省级先进企业。自1992年起至1997年，有25家轧花厂列入部、省重点技术改造计划，改用MY—121轧花设备，更新厂房，增强企业经济实力和市场竞争力。4家棉花加工企业进入国家经贸委等6部委公布的1995年度全国新增大型工业企业名单，其中，1家为中一型，3家为中二型。1996年度，4家企业进入全国供销合作社大型（全国总社级）工业龙头企业名单。1997年，6家棉花加工企业达到全国供销社大型（全国总社级）工业龙头企业标准。1997年，棉花加工企业172个，产值19.07亿元。实施名牌战略，提高棉花加工企业产品和品牌意识。1999年，“雷花”牌锯齿棉获全国供销合作社名牌产品称号。2000年，“银州”牌皮棉获全国供销合作社名牌产品称号。2001年，有5家棉花加工企业成为总社农业产业化重点企业。之后几年，棉花加工企业陆续改制，进入产业化发展新阶段。

纺织业　1985年后，砀山、泗县、灵璧、望江、无为、全椒、蒙城等重点棉产区供销社系统延伸棉花加工产业链，兴办纺织厂。至1988年，全省系统有棉纺织厂9个。无为、当涂等地还兴办毛巾被厂，生产毛巾、浴巾并出口。1987年起，岳西县供销社兴办精干麻厂，颍上、霍邱、怀远县供销社，利用当地红黄麻，兴办麻纺厂，供销社麻纺业兴起。1997年，全省供销社商办工业有纺织及针织类企业28家，产值3.64亿元。同年，1家纺织企业被确定为全国供销合作社大型（全国总社级）工业龙头企业。

羽毛（绒）加工及制造　1986年，庐江县兴建羽绒厂，生产羽绒服装、羽绒枕头、被等40余个品种。之后，和县、舒城县、五河县供销社也相继兴建羽绒厂。1987年，4个羽绒加工厂产值385.5万元。

化学原料及化学制品制造业、塑料制品业　*肥料、农药制造*　肥料制造是安徽省供销社商办工业重要支柱行业。1985年，合肥、桐城、宣州等地农资公司兴办农药分装厂，乳化分装进口的叶蝉散等农药。省供销商机厂兴办农药厂，生产粉锈宁乳剂。1992年前后，全椒、舒城、池州、郎溪、和县、颍上、绩溪、潜山、太和、蒙城、合肥等地供销社及农资公司兴建复混肥厂。规模多在年产复混肥万吨以内。1993年，宁国市中化司尔特化肥有限公司成立，生产司尔特高浓度系列优质复合肥，供销社商办工业肥料制造业迈向高档次、规模化、集约化生产。1997年，全省商办工业肥料生产企业49家，产值4.30亿元。宁国司尔特公司当年实现利税1216万元，利润1093万元，分别占全省供销社商办工业6.5%和19.6%。同年，宁国司尔特公司被列为全国供销合作社大型（全国总社级）工业龙头企业，通过ISO9002质量体系认证。至2005年，公司完成年产值6.2亿元，年生产各类优质复合肥料50万吨，连续6年实现利税2000万元。成为安徽省最大复合肥料生产基地和出口基地，产销量居全国同类产品前列。2003年起，辉隆集团投资兴建2家现代化复合肥生产企业。

涂料、油墨产品及塑料薄膜制造　涂料、油墨产品及塑料薄膜制造行业是安徽省供销社商办业重要支柱和亮点。1985年起，黄山永佳（集团）有限公司前身黄山化工厂引

进国外先进技术,生产高级粉末涂料,成为其时省内最大粉末涂料生产企业。1992年,黄山化工厂合资成立黄山永新装饰包装材料有限公司,不久成为其时国内真空镀膜、塑胶彩印复合软包装材料最大生产企业之一。后又成立生产高档凹板复合塑料油墨等的公司。在国家经贸委等6部委公布的1995年度新增大型工业企业名单中,黄山化工厂列为大一型企业。1996年,黄山化工厂进入全国供销社工业经济效益前100名。1997年,黄山化工厂实现利税4156万元、利润2716万元,分别占全省工业的22.3%和48.7%。1999年,黄山永佳(集团)有限公司生产的粉末涂料、油墨和真空镀膜获全国供销合作社"名牌产品"称号。2004年7月8日,黄山永佳(集团)有限公司控股"永新股份"在深圳证券交易所挂牌上市。

废弃资源和废旧材料回收加工业 金属废料和碎屑加工处理 供销社系统废旧材料回收加工企业主要进行废钢铁压块、两屑压饼等生产。1987年,废旧回收加工类完成产值1258万元。1997年,供销社商办工业有废旧物资加工企业26家,产值达4160万元。

报废汽车拆解业 2007年,安徽双赢再生资源集团有限公司经省商务厅批准取得报废汽车拆解资格认定。2008年,报废汽车拆解筹建工作经省商务厅、公安厅、工商局及合肥市相关部门验收合格,获省商务厅(皖商建执字〔2008〕793号)和市商务局(合商业〔2008〕247号)同意从事报废汽车回收拆解业务。2009年,报废汽车回收拆解公司回收162辆报废汽车。2010年,受惠于国家有关汽车行业"以旧换新"政策的带动效应,报废汽车回收拆解公司回收拆解报废汽车1702辆,同比增长951%。

第三节 供销社系统主要工业企业

供销社系统部分工业企业重要名录 安徽省供销社系统部分年份进入总社级工业龙头企业或国家队等排位的名单如下。

安徽省供销社1997年进入全国供销合作社大型(全国总社级)工业龙头企业名单

表3—9—1 金额单位:万元

企业名称	工业总产值(现价)	销售额	利税总额	带动农户数(户)	带动农民数(人)	农民增加收入
安徽蒙城棉麻纺织集团公司*	20953	17810	536	2800	11000	620
安徽省望江县吉水轧花厂*	5971	5028	497	1500	6000	280
安徽省望江县华阳轧花厂*	6353	5466	465	5699	22796	497
安徽省宁国市中化司尔特化肥有限公司	21627	25050	1216	21093	85000	1000
安徽省望江县棉麻纺织厂	9006	6293	407	1800	7500	220

续表 3—9—1　　　　金额单位：万元

企业名称	工业总产值（现价）	销售额	利税总额	带动农户数（户）	带动农民数（人）	农民增加收入
安徽省望江县长岭轧花厂	5607	5031	330	1200	5800	176
安徽省望江县向东轧花厂	5374	5034	306	1250	6100	200
安徽省寿县棉麻工贸有限责任公司	11368	10413	276	2100	7800	210

说明：加 * 者为 1996 年度全国供销合作社大型（全国总社级）龙头企业

安徽省供销社 1998 年进入全国供销合作社大型（全国总社级）工业龙头企业名单

表 3—9—2　　　　金额单位：万元

企业名称	工业总产值（现价）	销售额	利税总额	带动农户数（户）	带动农民数（人）	农民增加收入
安徽蒙城棉麻纺织集团	16767	4590	588	136878	438011	1269
安徽省望江县棉麻纺织厂	7090	6152	466	1800	7500	220
安徽省望江县华阳轧花厂	3166	1898	358	6000	23400	460
安徽省望江县吉水轧花厂	2405	1723	220	1700	6900	210
安徽中化司尔特化肥有限公司	26274	25751	1205	12000	39000	10260
安徽省望江县长岭轧花厂	2526	1528	310	1100	5400	170
安徽省望江县向东轧花厂	1745	1461	185	1300	6250	200

安徽省供销社进入 1997 年度全国供销社工业国家队名单

安徽省供销社

安徽省望江县供销社

安徽省宁国市供销社

安徽省黄山市化工总厂

安徽省宁国市中化司尔特化肥有限公司

安徽省蒙城县棉麻纺织集团公司

安徽省供销社进入 1997 年度全国供销社工业经济效益前 100 名县社名单

第 8 位　安徽省望江县供销社　利税 3115 万元

第 21 位　安徽省宁国市供销社　利税 1452 万元

第 51 位　安徽省无为县供销社　利税 978 万元

第 55 位　安徽省灵璧县供销社　利税 885 万元

第 83 位　安徽省蒙城县供销社　利税 647 万元

安徽省供销社进入 1997 年度全国供销社工业经济效益前 100 名企业名单

第 4 位　安徽省黄山市化工总厂　利税 4156 万元

第 22 位　安徽省宁国市中化司尔特化肥有限公司　利税 1216 万元

第 72 位　安徽省蒙城县棉麻纺织集团公司　利税 536 万元

第 78 位　安徽省望江县吉水轧花厂　利税 501 万元

第 84 位　安徽省望江县华阳轧花厂　利税 465 万元

第 90 位　安徽省望江县棉麻纺织厂　利税 407 万元

安徽省供销社进入 1998 年度全国供销社工业国家队名单

安徽省宁国市供销社

安徽省黄山永佳集团公司

安徽中化司尔特化肥有限公司

安徽省供销社进入 1998 年度全国供销社工业经济效益前 100 名县社名单

第 24 位　安徽省宁国市供销社　利税 1205 万元

第 56 位　安徽省蒙城县供销社　利税 679 万元

安徽省供销社进入 1998 年度全国供销社工业经济效益前 100 名企业名单

第 4 位　安徽永佳集团公司　利税 4387 万元

第 19 位　安徽中化司尔特化肥有限公司　利税 1205 万元

第 64 位　安徽蒙城棉麻纺织集团公司　利税 588 万元

第 83 位　安徽望江县棉麻纺织厂　利税 466 万元

第 99 位　安徽望江县华阳轧花厂　利税 358 万元

安徽省供销社进入 1999 年度全国供销社工业国家队名单

安徽永佳集团有限公司

安徽中化司尔特化肥有限公司

安徽望江棉纺厂

安徽省供销社进入 1999 年度全国供销社工业经济效益显著前百名企业名单

安徽永佳集团公司　利税 4571 万元

安徽中化司尔特化肥有限公司　利税 1242 万元

供销社工业企业选介　黄山永佳(集团)有限公司　黄山市供销社社属企业。初建时为数十人小厂,通过 20 年奋斗,形成以实业投资为主的股份企业集团,投资领域涉及彩印软包装材料、高级粉末涂料、高档活性染料、高档油墨、高压阀门、房地产等,高级彩印软包装材料和粉末涂料新材料进入国内同行业前 3 名,为供销社社办工业“领头羊”。2004 年 7 月 8 日,其控股的“永新股份”在深圳证券交易所正式挂牌上市。至 2005 年,成为拥有 3000 余人、12.3 亿元总资产的国家大型企业。拥有 17 家成员企业,其中中外合资企业 8 家、上市公司 1 家、国家重点高新技术企业 3 家、省高新技术企业 8 家,有彩印软包装和粉末涂料新材料两大优势产业集群,当年实现工业产值 11.5 亿元、利税总额 1.23 亿元。2009 年完成销售收入 22 亿元,实现利润 1.85 亿元,入库税收 1.73 亿元。获评中国工业行业排头兵企业、国家重点高新技术企业、安徽省企业 50 强,为其时黄山市最大工业企业。

安徽省司尔特肥业股份有限公司　1993 年年初，宁国市农资公司启动创办宁国化肥厂。1994 年 7 月，一期工程正式投产，生产“司尔特”复合肥产品。1995 年初，安徽省农资公司入股 580 万元，通过 1 : 1 配股形式，成立安徽省宁国复合肥制造有限责任公司。至 1996 年年底，宁国化肥厂资产达 3500 万元。

1997 年 9 月 12 日，中化国际化肥贸易公司、安徽省农资公司、宁国市农资公司合资经营中化司尔特化肥有限公司的协议在北京钓鱼台国宾馆签字，宁化公司以净资产 3500 万元为基数，吸纳中化化肥公司 2000 万元资金入股，共同创办中化司尔特化肥有限公司，宁化公司净资产增至 5500 万元。是年，公司通过 ISO9002 质量体系和产品质量认证，完成 ISO9001(2000 版)换版、换证工作。

1999 年 8 月 4 日，中共安徽省委书记回良玉视察公司后肯定：“体制决定机制，机制决定活力，活力产生效益。司尔特公司根据企业实际，大胆引进国内外同行业的先进管理经验，取人所长，为己所有，相应建立了一整套切合实际的管理体制和灵活的运行机制，获得了较好的经济效益，这十分难得。”称赞公司是“山区里飞出的金凤凰。”

2000 年 3 月 18 日，宁国化肥厂第三期工程正式启动，首批 1 万吨司尔特产品漂洋过海，开拓国外市场。

2002 年 9 月 28 日，整体收购宁国市政府对外接待宾馆宁国宾馆，更名为司尔特大酒店，经改制、改革、改造，2003 年 1 月 16 日对外营业。

2003 年 2 月 28 日，整体收购宣城化肥厂，更名为宣城化肥有限公司，主要产品为合成氨。5 月 25 日，安徽省人民政府省长王金山视察后题词：“司尔特公司 粮食生产的第一车间，绿色食品的起点。”9 月 2 日，整体收购宁国星洲大酒店及宁阳宾馆，更名宁国宾馆，隶属司尔特大酒店，由是形成集工、贸和服务为一体的多元化经营实体。10 月 18 日，宣城化肥有限公司正式投产。

2004 年，公司在宣城工业园区建设 40 万吨/年硫基复合肥项目，是为国家重点技术改造“双高一优”项目、安徽省政府“861”行动计划重点工程项目、宣城市重点工业项目，也是公司“十五”期间投资规模最大的建设项目，总投资 3.4 亿元。是年，更名为安徽省宁国司尔特化肥有限公司。

2005 年 6 月 1 日，安徽省委书记郭金龙到公司视察，表示：“司尔特公司的腾飞，为促进我省农业的发展和农民增收增产做出了贡献。司尔特服务‘三农’，大力实施测土配肥工程的经验值得我们去研究、总结和推广。”12 月 20 日，宣城工业园区建设 40 万吨/年硫基复合肥项目竣工试车。达产后，年产 20 万吨硫酸、15 万吨磷酸、15 万吨磷酸一铵、15 万吨硫基复合肥，年新增销售收入 7.8 亿元，年新增利润近亿元。

2007 年，更名为安徽省司尔特肥业股份有限公司，成为以复合肥生产为主业、集化肥贸易与“三产”服务为一体的企业，辖宁国、宣城两大化肥生产基地。占地面积 80 余万平方米，拥有总资产 8 亿元，拥有职工 2500 余人。研制生产的“司尔特”牌复合肥产品，拥有氯型、硫基复合肥以及 BB 肥等系列 120 余个品种。产品销往全国 25 省(市)、

400 余县(市)的 5000 余网点,出口东南亚、南亚等地。

公司荣誉　1998 年获“全国供销合作总社大型工业龙头企业”称号;2000 年获“中国化肥行业 100 强”称号;2002 年获“安徽省高新技术企业”称号;2003 年获评“全国守合同重信用企业”“安徽省质量管理奖企业”;2005 年获“安徽省民营科技十强企业”称号。“司尔特”商标自 1999 年起,连续多年被评为“安徽省著名商标”。1995 年起,企业资信等级连续 10 年被评为“AAA”级,2003 年被国家农总行、安徽省农行评为公开授信单位。2003—2005 年,公司自主创新、自行研制的复合肥防结剂发明、复合肥外包装袋外观设计等 14 项科研成果获国家专利。

“司尔特”系列复合肥 1998 年获“全国供销合作总社名牌产品”称号;1999 年获“中国国际农业博览会名牌产品”“安徽省高新技术产品”“全国用户满意产品”“安徽名牌产品”“全国无公害农产品生产用肥”称号;2003 年获“国家重点新产品”称号;2004 年获“国家免检产品”称号。在湖南、河北、山东、陕西、江西、浙江等省市,“司尔特”复合肥多次被评为消费者满意产品或作为优质产品向社会推荐。

公司董事长金国清 1997 年和 2003 年获“国家人事部、中华全国供销合作总社劳动模范”称号;1995 年获“全国农资流通系统先进工作者”称号;1996 年获“全国供销合作总社工业企业优秀厂长经理”称号;1997 年获“安徽省供销社系统先进工作者”称号;2001 年被评为“安徽省优秀共产党员”;2002 年获“全国质量管理先进工作者”称号;2003 年获“安徽省科学技术奖”;2005 年获“安徽首届十大民营企业家”“安徽省优秀民营科技企业家”称号。1998 年和 2003 年当选为宁国市第十二届、十三届人大常委;2001 年和 2006 年当选为宣城市第一届、第二届人大代表;2001 年和 2006 年当选为安徽省第七、八次党代会代表。

重要科研项目　2000 年 12 月,研发高浓度多元素新型复合肥,被省科技厅认定为安徽省高新技术产品。

2001 年 11 月,发明复合肥防结剂,获国家发明专利。年底,研发高浓度多元素包膜缓释新型复合肥成功。

2002 年 8 月 18 日,高浓度多元素包膜缓释新型复合肥通过由省科技厅组织的省级科技成果鉴定。

2003 年 4 月,高浓度多元素包膜缓释新型复合肥获由科技部、国家税务总局、商务部、国家质检总局、国家环保总局联合颁发的国家重点新产品证书。9 月 12 日,高浓度多元素包膜缓释新型复合肥获安徽省人民政府颁发的安徽省科学技术进步三等奖。

2004 年 5 月,高浓度多元素包膜缓释新型复合肥获科技部颁发的国家科技成果重点推广计划项目证书。

2005 年 5 月,高浓度多元素包膜缓释新型复合肥荣获科技部颁发的国家火炬计划项目证书。10 月 30 日,公司研发的高氮硫基 NPK 缓释新型复合肥项目通过由安徽省科技厅组织的省级科技成果鉴定。

第四节　供销社系统商业 服务业

供销社系统网点规模　1986年,安徽省供销社系统综合商场发展到2070个,多数门点经营设施有较大改善;固定资产总值达7.39亿元,比上年增长16.7%。合作商店中,核算单位3054个,门市部1.02万个,从业人员3.54万人,资金共计6929.83万元,营业额4.28亿元,利润116.39万元。4月,中共安徽省委、省政府9号文件规定:“合作商店的在职职工,负担的退休人员超过二比一的,在税收上给予照顾。7月,安徽省税务局发文(〔1986〕税政二字299号),为合作商店减免税收。

1987年,全省系统已兴办219个农副产品批发市场,年成交额2.1亿元。全省农商联营企业263个,年经营额6083万元;同乡镇企业联营180个,年经营额2661万元。合作商店核算单位2953个,门市部1.03万个,从业人员3.50万人,资金共计6327.46万元,营业额4.57亿元,利润97.65万元。

1988年,全省系统商业网点达3万个,在一些城镇新建供销大楼和综合商场450余个;年购销额114.3亿元,是1982年的1.9倍,累计实现利税11.42亿元。合作商店核算单位2791个,门市部9772个,从业人员3.32万人,资金共计6478.65万元,营业额4.78亿元,利润94.59万元。

1989年1月,省社在霍邱县叶集召开全省地、市供销社基层科长会议,要求对归口管理的集体商业继续加强领导,积极扶持;对集体商业发展较好的地方,可以帮助组建联合管理机构(集体商业公司),办成经营、管理、服务型企业,强调做好集体商业退休人员退休费统筹以及孤寡老人救助工作。一季度,省社根据商业部要求,对集体商业进行统计调查,全省系统归口管理集体商业企业4924个,职工人数4.80万人。6月,省工商局和省司法厅联合下发文件,规定:对承包、租赁经营的,凡财产私有或共有,按个体工商户或个人合伙登记管理。全省有一部分集体商业,在各地工商部门年检换证时换发个体营业执照。是年年末统计,全省农村集体商业网点比1988年减少4.49%,人员比1988年减少0.32%。次年5月,省社转发商业部《关于在治理整顿中进一步加强集体商业工作的通知》。8月,部分已解体集体企业职工,要求保留集体身份。仅肥西县供销社归口集体商业解体商店职工就有600人。11月,省劳动局、省商业厅、省供销社联合发出《关于提高归口集体商业保养人员待遇的通知》,规定“对1979年集体商业实行退休办法前已经实行保养的人员,可按照省人民政府皖政〔1992〕13号文退职人员的规定提高待遇,由25元提高到40元,另增发8元生活费,从1989年10月1日起实行,所需经费按现有渠道解决。”是年,全省试办12家集体商业公司,实现销售额1500万元,利润近30万元。是年年末,集体商业企业经营情况好和较好的仅占10%,约90%企业亏损。

1991年11月,省社在天长县召开集体商业工作座谈会,要求集体商业深化改革,实现“自主经营、自我管理、自负盈亏、自我发展”,要向政府汇报,帮助集体商业按照国家劳动部、商业部下达的《关于集体商业企业职工参加退休费用社会统筹问题的通知》,解决好职工退休费用社会统筹问题。全省集体商业经营亏损仍然严重,六安地区供销社系统归口集体商业核算单位有480个,职工有7780人,亏损金额达42.85万元,人均亏损55元。全省遭受严重洪涝灾害,集体商业受损严重。据肥西县统计,共有受灾单位63个、网点116个、受灾职工829人,直接经济损失达436万元。

1992年年初,全省供销社对部分企业实行"四放开"试点。总结嘉山县女山湖供销社改革经验,在全省系统以"租壳卖瓤""抽本承包"和"风险抵押"3种形式推进"社有民营"改革。4月,天长县铜城荣昌商店、宁国县宁墩合作商店、利辛县阚町综合商店、宿县解集合作饭店、休宁县岩前合作商店被评为"全国集体商业先进集体";来安县施官饭店经理金亮胜、蒙城县小涧商业公司经理傅文平、泗县刘圩综合商店经理王智信、青阳县木镇商业公司副经理宁振礼、霍山县与儿街合作商店经理王建明被评为"全国集体商业先进个人",受到商业部表彰。是年,全省供销社归口集体商业核算单位有4236个,网点有1.23万个,职工达3.53万人,营业收入达4.82亿元,实现利润546万元。是年年底,各类基层服务网点达1.44万个,其中庄稼医院558个、村级综合服务站1万余个、机防队684个、配肥(药)站700余个。

1993年,省社审批下达网点建设项目28个,总投资2.5亿元。其中续建项目10个,总投资7460万元;新建项目18个,总投资1.77亿元。当年用款1.2亿元。是年全省供销社系统有7个县城新商场开业,面积达3万平方米。在建商场21个。据全省不完全统计,是年新开业的县城以下大集镇各类综合商场和营业楼达93处,总建筑面积23万平方米,总投资1.57亿元,年销售额3.5亿元,年利润2050万元,年创税820万元。全省地、市、县建物资调剂、瓜果批发、农资贸易、工业品批发、小商品批发等各类市场13家。建县城以下小型批发交易市场逾20家。"社有民营"涉及企业达1350个,占54%;涉及网点约1.12万个,其中工业品门店达9200个,占43%。

1994年,全省系统投入网点建设资金2.4亿元,建筑面积2.5万平方米。省社提出县以下供销社企业转换经营机制以工业品经营为突破口,在"边、小、微、亏"的工业品零售门店和柜组开展"社有民营"试点、推广。其基本原则是"抓大放小",即抓住大的工业品综合商场、大宗农副产品收购和农业生产资料供应,放开小门点、小柜组、小饮服、小修理。社有民营主要有3种形式:租壳卖瓤、抽本承包、风险抵押。全省实施商业网点项目120个,总投资逾11亿元,新增建筑面积100余万平方米。1994年全省系统共审批和下达商业网点、批发市场项目15个,总投资2.43亿元,当年有10个商业设施、总面积6.27万平方米投入使用。是年,80%县以上供销社成立集团或总公司,兴办实体,分流人员。营业面积近万平方米的阜阳商厦全年销售额首次突破亿元,进入全省十大零售商场行列。

1995年,全省系统加强网点建设,增强服务功能,全年审批商业网点技术改造项目17个,完成投资5871万元,建筑面积4.2万平方米。

至1995年"八五"期末,全省供销社系统推进商业基础设施建设,拥有面积在1000~

3000 平方米的商场(市场)50 余个、3000 ~ 5000 平方米的 20 个、5000 平方米以上的 17 个。

1996 年,全省系统共审批、下达网点技改项目 12 个,总投资 5690 万元。

1997 年,全省供销社抓住小城镇建设契机,加强农村商业网点建设和改造,实施进城战略,兴建一批上档次、上规模的经营服务设施。当年全省系统下达商业网点技改总投资 5225 万元,技改总面积达 3.26 万平方米。全省供销社各类商业网点总营业面积逾 26 万平方米,形成星罗棋布、遍布城乡的经营服务网络。

自 1991 年“八五”计划起步之年至 1997 年,全省系统实施商业网点建设和改造项目 130 余个,总投资 12 亿元,新增建筑面积 70 余万平方米,其中省社审批下达的市场建设及网点项目逾 50 个,总投资逾 8 亿元。

2001 年,全省系统推行“市场带动型”模式,通过建设专业市场、批发市场、农副产品集贸市场等,促进农副产品流通。兴办农副产品交易市场 362 个,其中专业批发市场 8 个,其余为集贸市场。至年底,全省系统拥有 3000 平方米以上的商场(市场)80 个。

2002 年,全省系统已建立各类市场 144 个,其中农副产品批发市场 128 个。2003 年,各级供销社推进连锁经营。安徽省再生资源公司在全省建立 30 余个连锁经营机构。安徽省农资公司启动农资连锁配送工程,分 7 个重点销售区域设分公司,在重点销售县设连锁总店,在乡镇设分店、加盟店,当年发展规范的连锁经营店 100 余个。阜阳商厦实现从城市向农村的战略性转移,继托管阜阳百货大楼后,又在涡阳县城和义门、石弓 2 镇设立连锁店。

2004 年,安徽省供销社重点推进“辉隆连锁”,安徽辉隆农资集团在全省 60 余县(区)建直销处、分公司,连锁店发展到 600 余个。在其连锁经营网点中,1/3 是基层社和农资经营网点。省再生资源公司构建全省性废钢购销网络,带动购销总额直线上升。安徽盛虹烟花爆竹公司通过构建全省性经营网络,巩固与上游企业的战略合作伙伴关系。阜阳商厦发展以家用电器为主导的日用消费品连锁经营网络,辐射周边市、县和基层。

2005 年,全省各地供销社建设“万村千乡”市场工程,发展连锁配送经营,推进农村流通网络建设。辉隆集团发展乡、村两级农资农家店,在省内外建设辉隆连锁配送中心 75 个,建成辉隆连锁店 1300 余个,“辉隆农资连锁”成为全国知名品牌。当年全省系统有 15 个企业被商务部核准为“万村千乡”市场工程试点企业,在 2005 年度安徽省 5 个“万村千乡”市场工程优秀试点企业中,供销社系统有 3 个。

2006 年,全省系统创新流通方式,推进“新网工程”建设。立足农资、日用消费品、农产品、再生资源、烟花爆竹等主导业务,进行资产置换、招商引资、网点改造等,打造现代流通网络,培育连锁经营品牌。辉隆集团累计建设农资连锁店 2086 家、配送中心 65 个;安徽省再生资源公司牵头实施“合肥市再生资源回收体系”建设,合肥市被列入国家首批试点城市。当年全省系统 37 家企业被商务部列为“万村千乡”市场工程试点企业。连锁企业达 38 家,已建和在建连锁店 4646 个,营业面积 79.36 万平方米;已建配送中心118个。全省系统农产品批发市场年交易额达7.66亿元,2.4万余个生产、生活资料销售网点和农副产品收购站广布城镇和乡村。

2011年,皖西农副产品批发市场、“和合生态农业旅游”项目被列入省政府“861”工程;宣城5大市场、宿州皖北农资商城、淮北长山路菜市场、阜阳绿色食品城、芜湖果品冻品海鲜市场、安庆农资大市场、蚌埠新天地商贸城、滁州滁菊专业合作社等建设推进;双赢集团3大产业园项目开工。

安徽省供销社1989—1992年归口管理集体商业经营情况表(一)

表3—9—3

年份	合计				
	核算单位(个)	网点(个)	年末在职职工(人)	营业收入(万元)	利润总额(万元)
1989年	4924	13231	47993	49957	708
1990年	5079	12308	47665	51103	453
1991年	4729	11517	45976	41522	296
1992年	4236	12273	35274	48168	546

安徽省供销社1989—1992年归口管理集体商业经营情况表(二)

表3—9—4

年份	其中:商业				
	核算单位(个)	网点(个)	年末在职职工(人)	营业收入(万元)	利润总额(万元)
1989年	2732	9343	33748	44681	503
1990年	3034	8531	33597	45976	228
1991年	2829	7629	32139	35921	73
1992年	2469	8561	22573	42561	338

安徽省供销社1989—1992年归口管理集体商业经营情况表(三)

表3—9—5

年份	其中:饮食业				
	核算单位(个)	网点(个)	年末在职职工(人)	营业收入(万元)	利润总额(万元)
1989年	1487	2746	9802	3636	122
1990年	1404	2680	9375	3421	146

续表 3—9—5

年　份	其中:饮食业				
	核算单位(个)	网点(个)	年末在职职工(人)	营业收入(万元)	利润总额(万元)
1991 年	1407	2792	8910	3487	151
1992 年	1409	2703	8474	3742	182

安徽省供销社 1986—1992 年归口管理集体商业经营情况表(四)

表 3—9—6

年　份	其中:服务业				
	核算单位(个)	网点(个)	年末在职职工(人)	营业收入(万元)	利润总额(万元)
1989 年	629	1027	3261	810	61
1990 年	566	977	3147	801	80
1991 年	400	946	3136	844	49
1992 年	303	875	3032	1021	35

供销社系统工业品和日用消费品经营　1985 年,农村工业品市场发生变化,在全省供销社系统商品供应中,食品类增幅较小,耐用消费品增长较快。食糖零售量增长 4%,卷烟增长 5.7%,酒增长 4.6%,食盐下降 2.2%,碱粉下降 16.9%。基层供销社原不经营的电视机、收录机、洗衣机、电冰箱等中、高档耐用消费品,销量数倍增长。手表、收录机、自行车、缝纫机销量继续上升。穿着类商品旺销,除棉花化纤混纺布销量下降 1% 外,其余 10 种穿着类商品销量均上升。

1987 年,农村市场商品紧缺面扩大,供销社主营 88 种商品中,紧缺商品由上年 22 种增至 28 种。部分城乡市场都需要的商品,如食糖、家用电器、纯毛线、名烟酒等,农村市场更为紧张。全省供销社系统日用工业品类销售增长 10.4%,其中黑白电视机增长 74%,录音机增长 42.8%,电风扇增长 36.3%,洗衣机增长 31.2%,电冰箱增长152.7%。

1988 年,或受抢购风影响,或因部分商品供应计划未兑现,或因进货资金紧缺,农村市场日用工业品库存下降。至年底,供销社主管 36 种工业品中库存下降的有 31 种,其中电风扇下降 48.2%,元钉下降 43.1%,电视机下降 33.2%,火柴下降 39.7%,棉布下降 14.2%。全省供销社系统生活资料销售额为 21.2 亿元,增长 16.6%。

1989 年,全省供销社系统国内纯销售比上年同期增长 11.8%,剔除物价上涨因素,实际下降 7.3%,生活资料零售实际下降幅度更大。下半年,农村市场 36 种主要工业品销售下降的有 34 种。各级供销社开展“联购分销”,组织适销货源,通过让利销售、分期付款、送货下乡和举办展销会、庙会等多种形式,开拓农村工业品市场。全年农民生活用品尤其是食盐、火柴、肥皂、洗衣粉、煤油、棉布、食糖7种必需商品没有出现断档脱销现象。年底,省供销社首次联合省轻工业厅和省纺织工业厅,组织410余家生产单位在合肥举办全省工商衔接促销订货会,2天成交5100万元。

1990年,各地供销社普遍成立工业品联购分销机构,扩大直接从工厂进货渠道,提高效益。全省供销社系统生活资料销售19.47亿元,下降8.6%。农村市场生活资料销售起伏较大,地区间亦不平衡。各地供销社举办交易会、展销会、调剂会,赶集设摊,送货下乡,增加销售。安徽省供销社工业品公司年初举办春季供货会,成交额达1038万元。巢湖地区供销社参加地区迎春商品交易会,成交3964万元。

1991年,全省各地供销社根据灾后农村市场特点,开展预约销售、按卡送货,举办供货会、展销会,开办农副产品串换工业品、工业品联购分销等业务。安徽省供销社工业品公司成为熊猫电视机经销总站,一次签订销售合同500万元。庐江县供销社工业品集团公司1—11月联购商品达945万元,分销商品达881万元,降低进货成本37.8万元。灾区供销社还开展兴修水利所需生活、生产资料服务和"以工代赈"商品供应。供销社系统全年生活资料零售额达18.1亿元。

1998年,阜阳商厦调整经营机制和营销策略,商品销售额和利润逐年上升,当年完成销售2.42亿元,实现利润334万元,上缴税收358万元,居全省大中型商场前列。

2006年,全省供销社系统消费品零售57.55亿元,增长35.62%。

2010年起,国家加大强农惠农政策力度,农产品价格普遍上涨,带动农民持续增收,企业退休人员养老金和城市居民收入水平提高,消费能力提升;家电下乡、汽车下乡、家电以旧换新等政策拉动农村消费;全省供销社系统利用网络资源,以龙头企业为依托,推进"新网工程"建设,构建市、县、乡、村四级经营服务体系,提升全省系统消费品零售额。是年,全省系统实现消费品零售额145.29亿元,比上年增长44.64%。分城乡来看,城市34.1亿元,比上年增长42.68%;县以下59.32亿元,比上年增长21.31%。2011年,全省供销社系统累计实现消费品零售额184.11亿元,同比增长26.71%。分城乡来看,城市48.86亿元,同比增长43.28%;县以下77.18亿元,同比增长30.11%。

供销社系统工业品和日用消费品经营机构 1984年,省社召开全省供销社系统业务工作会议后,全省各市、县供销社相继成立工业品和日用消费品经营机构,省社成立安徽省供销社贸易中心,扩大工业品和日用消费品经营品种和规模,拓展城乡市场和商品流通渠道。1985—1998年间,工业品和日用消费品是供销社传统经营项目。

1988年,安徽省供销社贸易中心更名为省供销社工业品公司,1992年更名为省工业品公司。经营的工业品和日用消费品,包括家用电器、五金交电、烟、酒、日用百货、针织品、纺织品等。进货渠道以与生产商直接挂钩为主,直接向生产商或代理商进货,减少中间环节,获得较大的差价收益。在全省范围内开展工业品和日用消费品联购分销,批零兼营,经营渠道覆盖全省大部分乡镇及省外的部分地区。从事工业品和日用消费品经营人员90余人，仓储面积5000余平方米，零售营业面积800余平方米。在工业品和日用消费品经营中，实行定资金、定销售额、定费用、定品种、定利润，完成目标任务奖励的经营承包责任制，销售量逐年上升。年销售额一般在3500万元以上，1997年超1.2亿元。

此阶段，省工业品公司工业品和日用消费品经营状况总体较好，购销渠道畅通，营销覆盖面开阔，品种不断增加，销售额不断上升，工业品和日用消费品经营规模逐年扩大，在省供销社业务经营中的比重提高，搭建起城市与乡村经济的桥梁。

1998—2011年间，大量基层供销社工业品和日用消费品经营机构解体或转行，导致省工业品公司工业品和日用消费品销售渠道减少，经营量下滑，公司濒临倒闭。

1998年，省供销社决定由省供销商业总公司和省棉麻公司共同出资，注册成立安徽省天诚商贸有限公司，整体借调省工业品公司在岗员工，但工业品和日用消费品销售仍处低谷。安徽省天诚商贸有限公司调整经营结构，减少工业品和日用消费品经营种类，至2003年，工业品和日用消费品经营只保留电视机、缝纫机和家用空调器3类。

2004年，省天诚商贸公司仅保留格力空调1项工业品经营，与广东珠海格力电器安徽总销售商——安徽新兴格力销售有限公司建立销售代理关系。是年，被省天诚商贸有限公司借调员工与该公司签订劳动合同，正式确定劳动关系。同期，省天诚商贸有限公司改革公司股本结构，增资扩股，由省供销社社有企业股东占100%出资额，转变成自然人股东出资额占一定比例的注册资本结构。已与公司确定劳动关系员工，均以自然人股东身份，入股不少于5万元。格力空调经营成为公司主营业务之一，年销售套数在5000套左右，销售额1300余万元。2011年销售9545套，销售额2832余万元。

省工业品公司和省天诚商贸有限公司工业品和日用消费品购销　家用电器、五金交电　1990年后，家用电器、五金交电类商品的购销，在省工业品公司和省天诚商贸有限公司的工业品和日用消费品经营中，占据主导地位。1987—1998年，省工业品公司电视机、电冰箱、洗衣机、电风扇、自行车、缝纫机等销售量逐年上升。

1998年后，除电风扇、缝纫机、电饭煲购销量维持3年相对平稳期外，其他家用电器、五金交电品种购销大幅下降。2004年，建立格力空调销售代理关系，格力空调销售量上升，从当年年销售量3258套起，至2011年年销售量达9545套。

针织品、纺织品、百货、烟、酒类　1987—1992年，省工业品公司虽有针、纺织品类商品批发经营，但销售量不大。1997年之前，省工业品公司经营方式多样化，批零兼营。零售经营的品种，除家用电器外，主要是烟、酒、百货、针织品、纺织品等。在零售经营中，尤以卷烟、酒类及百货类商品居多。1997年，省工业品公司从增加批发经营人员及增加效益等方面考虑，将全部零售营业场地对外租赁。至此，省工业品公司工业品和日用消费品中的烟、酒、百货、针织品、纺织品等商品经营终止。

安徽省工业品公司(安徽省天诚商贸有限公司,含安徽省供销社贸易中心)1987—2011年工业品和日用消费品销售情况统计表

表3—9—7　　单位:万元

年份	工业品(日用消费品)销售额	年份	工业品(日用消费品)销售额
1985	–	1999	617
1986	–	2000	482
1987	67	2001	204
1988	874	2002	207
1989	1424	2003	378
1990	2249	2004	642
1991	2767	2005	879
1992	3694	2006	1018
1993	3968	2007	996
1994	3505	2008	1037
1995	3053	2009	1482
1996	12417	2010	1955
1997	12789	2011	2287
1998	1885	–	–

安徽省工业品公司(安徽省天诚商贸有限公司,含安徽省供销社贸易中心)1987—2011年家用电器、五金交电类销售量统计表

表3—9—8

年份	电视机(台)	电冰箱(台)	洗衣机(台)	电风扇(台)	空调(套)	电饭煲(只)	自行车(辆)	缝纫机(架)
1985	–	–	–	–	–	–	–	–
1986	–	–	–	–	–	–	–	–
1987	49	116	36	35	–	–	296	4
1988	5122	37	29	214	–	–	998	–
1989	534	–	50	4254	–	–	16	106
1990	5171	–	254	26	–	–	3598	–
1991	19984	368	4394	12103	–	–	18416	915
1992	41438	1090	2627	20004	–	–	16740	6833
1993	27477	2330	2591	15585	–	–	23213	5443

续表 3—9—8

年份	电视机（台）	电冰箱（台）	洗衣机（台）	电风扇（台）	空　调（套）	电饭煲（只）	自行车（辆）	缝纫机（架）
1994	28281	1597	2616	27198	–	–	21551	6379
1995	33713	12967	5827	34205	–	–	25342	6461
1996	32536	24317	6108	20544	–	–	15057	14975
1997	30551	25339	16012	4679	369	–	13042	–
1998	4121	3355	5837	1825	4	447	493	5140
1999	345	1940	283	1548	172	764	–	4364
2000	142	622	95	2227	61	511	–	7089
2001	–	11	2	–	–	–	–	6801
2002	–	–	–	–	–	–	–	–
2003	–	–	–	–	–	–	–	–
2004	276	20	9	–	3258	–	–	–
2005	73	41	–	–	4884	–	–	–
2006	5	8	–	–	5697	–	–	–
2007	–	–	–	–	4847	–	–	–
2008	–	–	–	–	4983	–	–	–
2009	–	–	–	–	7534	–	–	–
2010	–	–	–	–	9165	–	–	–
2011	–	3	–	10	9547	15	–	–

安徽省工业品公司（安徽省天诚商贸有限公司，含安徽省供销社贸易中心）1987—1997 年针织品、纺织品、烟、酒、百货类销售量统计表

表 3—9—9

年份	棉毛衫裤（百件）	汗衫背心（百件）	胶鞋（双）	床褥单（条）	布　料（百米）	肥　皂（条）	洗衣粉（袋）	卫生纸（筒）	卷烟（箱）		酒（kg）	
									购进	销售	购进	销售
1987	5	4	—	57	26	5678	727	26	22	22	64683	55308
1988	2	2	—	—	8231	10433	14973	—	6	6	8833	9713
1989	129	1	—	—	4242	146637	48	—	5	5	13702	13280
1990	24	—	—	200	1031	26760	10200	1400	31	25	3965	8275
1991	8	8	—	300	1657	4140	282	—	6	6	600	3400
1992	—	3	7900	22500	321	480	157800	—	9	9	100	200

续表 3—9—9

年份	棉毛衫裤(百件)	汗衫背心(百件)	胶鞋(双)	床褥单(条)	布　料(百米)	肥　皂(条)	洗衣粉(袋)	卫生纸(筒)	卷烟(箱)		酒(kg)	
									购进	销售	购进	销售
1993	32	—	1900	—	—	—	335900	—	10	10	5300	4600
1994	12	—	—	—	—	—	99300	—	2	4	26700	25800
1995	—	—	—	—	—	—	—	—	—	—	900	1200
1996	2	—	—	—	—	—	—	—	—	—	1400	1200
1997	—	—	—	—	—	—	—	—	—	—	300	500

供销社系统服务业　1980 年,供销社系统服务业重点为饮食服务业。1989 年,全省供销社系统饮食服务业网点,全年完成营业额 1197 万元,比上年增长 5.2%,实现利润 102.6 万元。在黄山、九华山、潜山、歙县等旅游地及省内部分城市建成 10 余座中档宾馆,总投资 1500 万元,参加全国 10 省市供销社旅游协作网。铜陵市供销社、金寨县供销社、黄山市土产公司等单位依靠自身力量,筹建饮服网点,开展经营。4 月 15 日,省社在合肥市召开全省供销社饮食服务工作会议,龙泉饭店、雪湖饭店、龙园饭店、江淮大厦、临塔宾馆、南湖宾馆、陶寓酒家等 10 家单位成立安徽省供销社系统宾馆、饭店协作网。10 月,龙泉饭店申报涉外经营权。

1990 年,霍邱县叶集南海宾馆投资 30 万元兴建中高档客房。玉屏山庄取得涉外经营权,修建门楼、道路,增装闭路电视。年末,以望江县华阳陶寓酒家(原安庆地区供销社厨师培训班)为基础,建立安徽省供销社厨师培训中心,分期分批为本系统培训厨师,委托省饮服培训中心就地组织考核发证。重点是三级以下,满足农村集镇餐饮服务业需要。12 月 8—10 日,全省供销社系统宾馆、饭店协作网会议吸收金寨县映山红宾馆、怀宁县供销社招待所为协作网新成员。据 12 个协作网成员单位统计,1—11 月,共接待顾客 15 万人次,实现营业额 650 万元,利润 96.4 万元。

1990 年,全省供销社归口管理的饮食服务业从业人员达 1.49 万人,完成营业额 5498.75 万元,实现利润 554.83 万元。其中规模较大的 12 家宾馆、饭店拥有固定资产 1700 余万元、客房 607 间、床位 1739 张,初步形成中、低档配套的饮服业网络。

1991 年入夏后,安徽境内发生严重洪涝灾害,供销社饮食服务业网点损失严重。截至 7 月,全省系统饮食服务业设施过水面积 3.03 万平方米,全部冲毁面积 9170 平方米,直接经济损失 348.46 万元。9 月,省社确定对饮服业三级以上厨师每月发放岗位技术津贴,其中特一级 35 元、特二级 30 元、特三级 25 元、一级 20 元、二级 15 元、三级 10 元。12 月,在黄山景湖宾馆召开第三届全省供销社系统宾馆、饭店协作网会议,举办全省供销社系统首次饮服技术技能大赛,开展中、西式铺床,中餐摆台,总台会话,斟酒 5 项比赛。黄山、安庆、芜湖、马鞍山、阜阳、宿县、宣城 7 地市 70 人参赛。1991 年,全省供销社旅游区 5 家主要宾馆、饭店营业额达 345.8 万元,人均劳效 1.28 万元,人均贡献

1900 元。

1992 年 9 月 14 日,龙泉饭店王萍、景湖宾馆吕春霞出席商业部在北京召开的全国饮食服务业优秀服务员表彰会,受到党和国家领导人接见。12 月,第四届全省供销社系统宾馆、饭店协作网会议在潜山县雪湖饭店召开。同年歙县玉屏山庄投资 3.5 万元进行餐厅装潢改造,潜山县雪湖饭店投资 2 万元安装热水管道,望江县陶寓酒家投资 7 万元装潢 10 个小餐厅。是年,景湖宾馆、雪湖饭店、玉屏山庄等营业收入均在 60 万元以上,其中客房收入均超过 18 万元。年末,全省供销社系统饮食服务业网点 747 个,比 1988 年增长 3.61%;从业人员 2868 人,比 1988 年增长 12.56%;营业额 1593.01 万元,比 1988 年增长 39.87%;但由于人员增多、工资支出增大、原材料价格上涨、成本上升等因素影响,实现利润 119.87 万元,比 1988 年下降 9.32%。

安徽省供销社系统 1989—1992 年饮食服务业经营情况表

表 3—9—10

年份	网点(个)			人员(人)			营业额(万元)			利润(万元)		
	合计	饮食业	服务业	合计	饮食业	服务业	合计	饮食业	服务业	合计	饮食业	服务业
1989 年	778	242	536	2381	732	1649	1197	616	581	102	28	74
1990 年	685	213	472	2413	680	1733	1176	612	564	363	284	79
1991 年	708	245	433	2707	958	1671	1217	569	636	196	76	119
1992 年	747	238	494	2868	1205	1635	1593	871	721	119	32	87

供销社系统商业、服务业企业　安徽省阜阳商厦股份有限公司　1986 年 12 月,阜阳县土产杂品公司自筹资金建设阜阳商厦,1990 年 1 月 1 日开业。初期因在店前首家设立免费存车服务而享誉当地。1991 年,获"全省创优质服务争一流水平竞赛先进单位"称号。1992 年 4 月,被安徽省人民政府授予"安徽省先进集体"称号。1993 年,进入"安徽省十大零售商店"行列。1994 年 11 月 26 日,商品销售额突破亿元大关,同年被国内贸易部授予"全国国内贸易先进企业"称号;被安徽省委、省政府命名为"文明单位"。1995 年 1 月 14 日,为响应中宣部、国内贸易部"百城万店无假货"销售活动,掀起有奖"打假保优"活动,被授予"全国商业信誉企业"称号。12 月 28 日,阜阳商厦三期工程奠基,总投资近 5000 万元,扩建面积 2.6 万平方米。

1996 年 3 月 15 日,阜阳商厦向消费者承诺"商品质量先行"负责制,提出"售前'五把关'、售中'八个字'、售后'五为主'"方针。5 月,联合阜阳商校招收阜阳商厦三期工程新学员 500 名,经过面试、统考、建档、体检后入校学习。1997 年,再次被命名为"省文明单位"。

1998 年 4 月 28 日,《关于同意组建安徽省阜阳商厦股份有限公司的批复》下达;29 日,安徽省人民政府皖府股字〔98〕18 号文件下发批准证书,闻玉华任阜阳商厦董事长,张志锋任副董事长、总经理。5月5日,阜阳市国有资产管理局根据市委、市政府会议精神,决定将阜阳百货大楼国有资产委托阜阳商厦董事长闻玉华经营管理,行使产权代表职能。21日,阜阳商厦托管后的百货大楼重新开业,对用人、用工、分配三项制度进行改革。6月12日,安徽省阜阳商厦股份有限公司正式挂牌成立。1999年1月30日,阜阳商厦三期工程开业。

2000年,被6部委授予"全国百城万店无假货活动示范店"称号;2001年被国家工商局授予"全国重合同守信用企业"称号。

2002年1月,按照"立足阜阳、拓展周边"的经营发展战略,阜阳商厦涡阳商城开业。

2003年7月,阜阳商厦出资控股成立安徽中新高科产业有限公司。发展阜阳商厦中新超市40余家,营业面积1000平方米以上的大型超市达5家。

2004年收购立达电缆厂。

2005年,响应商务部"万村千乡"市场工程建设,立足连锁,快速推进,抢占"万村千乡"消费市场。在皖西北培育200家"农家店",统一装修店面门头、展台,统一标志,统一价格。

潜山县皖城有限责任公司　潜山县皖城有限责任公司是潜山县供销社系统实行经济体制改革的示范单位之一。1997年8月24日,潜山县供销社、安庆汽车运输总公司联合召开股东会议,成立安徽省潜山县皖城有限责任公司。9月11日,经潜山县工商行政管理局注册登记后成立。公司注册资本700万元,其中县社525万元、安汽175万元,后吸纳职工股金85万元。公司设立皖城商厦、皖城大酒店2个经营单位,分块经营、考核,公司统一核算,统缴税费,统负盈亏,为一级法人,由县社管理。12月8日,皖城有限责任公司揭牌,皖城商厦开业。安徽省人民政府副省长张润霞到场致词。商厦位于皖城大厦1~3楼,面积4320平方米。所设超市为其时全县最大,开业当天实现商品销售额9.64万元。

1998年12月8日,皖城大酒店正式营业,集客房、餐饮、娱乐、健身、商务等多功能服务于一体,以皖城大厦4~8层为主体,配备中央空调、升降电梯等,总面积7200平方米,设84套豪华标准客房,10个大、小中餐厅、包厢,300平方米多功能厅和4个会议室,可同时接纳200人住宿和350人就餐,举行300人会议。1000平方米的康乐中心具健身、美容、棋牌、娱乐等多种服务功能。设有商务中心、旅游部,提供购物、导游服务。

1999年,皖城商厦经营品种达1.19万种,全年零售额1579万元。皖城大酒店接待旅游团队169个,全年服务收入531万元。

2000年,皖城商厦商品销售额增至1902万元。皖城大酒店被国家旅游局审定为"国家二星级旅游饭店"、省旅游局定为"涉外旅游饭店"。公司创办内部简报《皖城人》。7月,举办首届"皖城杯全县业余歌手大奖赛"。

2001年11月8日,租赁蓝天商场,建成皖城商厦家电总汇,商厦营业面积扩大到

4880平方米。同月,公司和雪湖饭店联合组建潜山县天柱山春秋旅行社。是年公司销售再创新高,达2568万元,其中皖城商厦2220万元。

2002年,皖城商厦经营品种达2.8万种,皖城大酒店接待外来旅游团队210个,组团外出4批232人次,营业收入增至2843万元,固定资产总额达2408万元。11月,公司董事会、监事会换届,调整正副总经理人选,设立党支部、团支部、工会委员会、职代会。

2003起,公司在城区增设门点。至2006年年底,发展网点2个、乡镇自营店2个、村级连锁店123个,为社会提供300个就业岗位。被中华全国供销合作总社授予"文明服务示范单位"称号,被商务部评为2005年万村千乡市场工程"优秀试点企业",被安徽省供销社评为农业产业化"龙头企业"。销售额由2004年6000万元上升至2006年1.2亿元。

2007年,吸纳其时潜山最大的民营企业——安徽华纺公司为股东,经营皖城酒店。华纺公司投资600万元,升级改造皖城酒店为三星级酒店,同时与安庆惠园店合作经营餐饮。2007年9月28日开业,当年营业收入200余万元。至2009年,营业收入突破千万元。

2008年,公司在"天柱第一城"开设旅游购物广场,面积达1500平方米。至2009年年底,皖城有限责任公司固定资产投资3800万元,年销售收入1.23亿元,上缴税金580万元(含连锁加盟店),利润108万元。

第五节　业态创新

进入21世纪,安徽省供销社系统社有企业转变发展方式,创新经营业态,实现多元发展,经营领域拓至化工、房地产、农产品加工、冷链物流、担保拍卖、金融服务、生态旅游等领域。至2011年,新兴业务销售收入占全省系统总额40%,合作经济广场开发成功、和合冷链拥有全省最大仓储容量、和合生态拥有6000余亩土地资源、辉隆益海粮油加工能力提升等带来较大市场前景和发展潜力。金融服务异军突起,省社联合系统发起成立德信担保、德善小贷、新力投资等金融服务企业,在全省加快开拓城乡金融服务。全省系统相继有黄山永新、宁国司尔特、辉隆股份成功上市。社有企业自有、自主品牌不断培育、壮大。本节所记为首轮《安徽省志·供销合作社志》未记载业态。

拍卖业　2001年9月12日,安徽省经济贸易委员会批复安徽省供销社同意设立安徽省双赢拍卖有限公司(皖经贸贸易函〔2001〕498号)。9月28日,安徽省人民政府办公厅批复安徽省供销社同意安徽省双赢拍卖有限公司承办公物拍卖业务(秘函〔2001〕140号)。10月17日,安徽省工商行政管理局核发安徽省双赢拍卖有限公司企业法人营业执照(注册号:3400001003356),注册资本100万元,法定代表人肖幸福。当年,安徽省双赢拍卖有限公司举办拍卖会2场,成交额240万元。

2002年,安徽省双赢拍卖有限公司成为中国拍卖行业协会会员,举办拍卖会35场,成交额3900万元。

2003年9月1日,安徽省双赢拍卖有限公司注册资本由100万元增至240万元。是年,入选合肥市、阜阳市、六安市中级人民法院、中国农业银行安徽省分行、中国长城资产管理公司合肥办事处、中国华融资产管理公司合肥办事处、中国信达资产管理公司合肥办事处、中国东方资产管理公司合肥办事处拍卖机构。全年共举办拍卖会83场,成交额7800万元。

2004年10月9日,安徽省双赢拍卖有限公司注册资本由240万元增至510万元。是年,入选亳州市、宿州市中级人民法院、交通银行合肥分行拍卖机构。举办拍卖会112场,成交额1.72亿元。

2005年8月3日,安徽省商务厅核发拍卖经营批准证书(编码:3400541100002001)。安徽省双赢拍卖有限公司成为安徽省拍卖行业协会会员、常务理事。是年举办拍卖会146场,成交额2.14亿元。

2006年,安徽省双赢拍卖有限公司入选安徽省农村信用合作联社拍卖机构,成为安徽省产权交易中心拍卖会员,获中国拍卖行业协会颁发的“AA级拍卖企业”证书。举办拍卖会159场,成交额3.52亿元。

2007年,安徽省双赢拍卖有限公司入选安徽省国家税务局、滁州市国有资产管理委员会拍卖机构。5月18日,通过质量管理体系、环境管理体系认证。6月28日,经安徽省工商行政管理局核准,更名为安徽双赢集团拍卖有限公司,分公司或办事处陆续更名为安徽双赢集团拍卖有限公司××分公司(办事处)。是年共举办拍卖会135场,成交额5.65亿元。

2008年9月22日,安徽双赢集团拍卖有限公司再获中国拍卖行业协会颁发的“AA级拍卖企业”证书,有分支机构逾50家。是年,共举办拍卖会157场,成交额3.32亿元。

2009年1月,入选中国农业发展银行安徽省分行拍卖机构。3月,入选安徽省高级人民法院、再次入选合肥市中级人民法院拍卖机构。是年共举办拍卖会133场,成交额3.40亿元。

2010年4月,通过质量环境管理体系3年1次的全面审核。5月,申报中国拍卖行业资质。7月,省拍协与会计事务所核查公司申报中国拍卖行业资质资料。9月,中拍协公示中国拍卖行业资质名单,公司列AA资质。11月,中拍协向公司颁发《中国拍卖行业AA企业》证书和奖牌。是年,举办拍卖会108场,成交额8.60亿元。

2011年9月,在安徽省拍卖行业协会一届六次理事会上,公司被推荐为第二届理事会副会长单位。全年共举办拍卖会102场,成交额1.76亿元。拍卖师徐晓燕在安徽省第三届拍卖师主持技巧大赛和第三届“中拍杯”全国拍卖师竞赛上,分获二等奖和优胜奖。

担保业　安徽德信担保有限公司　安徽德信担保有限公司于2007年1月1日揭牌，注册资本1亿元，是安徽新力投资有限公司投资设立的自主经营、自负盈亏、市场化运作的独立法人实体，是安徽省第一批获得融资性担保资格的专业性担保公司，成为全省为农业产业化龙头企业提供融资担保的主要力量。公司设立担保评审委员会，内设担保业务一、二部，广德、和县、庐江、凤台分公司，风险控制部和财务行政部。为安徽省担保集团再担保体系成员、省担保协会理事、合肥市担保协会副会长单位。与徽商银行、农业发展银行、中国银行、交通银行、浦发银行、中信银行、九江银行、招商银行、农村科技银行、工商银行建立紧密型合作关系。2009年，在保责任余额3.84亿元，比上年增长3.4倍；实现贷额担保总额4.17亿元，比上年增长3.3倍；担保收入580万元，比上年增长1.4倍。2010年，在广德、凤台、和县和庐江成立分公司，服务客户152家，担保总额8.71亿元，实现考核利润1773万元。

安徽双赢集团担保有限公司　2006年8月2日，安徽双赢再生资源集团有限公司、安徽双赢集团华东再生资源有限公司、安徽双赢集团六安再生资源有限公司、安徽双赢集团拍卖有限公司共同出资组建安徽双赢集团担保有限公司，注册资本2000万元，法定代表人肖幸福，经营范围包括融资担保服务、项目投资、合同履约担保服务、资产管理及咨询。8月15日，注册资本增至3600万元，与中国工商银行安徽省分行、中国银行安徽省分行、中信银行股份有限公司合肥分行、光大银行合肥分行、合肥农业科技银行、徽商银行合肥分行、桐城市农村信用合作联社、安徽兴泰租赁有限公司、合肥信息投资有限公司签订担保业务合作协议。

2007年5月21日，更名为安徽双赢集团担保投资有限公司，注册资本增至5000万元。是年实现担保额1.11亿元，担保收入413万元，委托贷款利息收入150万元，为73家企业提供融资服务，为双赢集团融资担保3900万元。

2008年10月27日，注册资本增至1亿元。10月，获安徽省经济委员会担保补助资金10万元。全年实现担保总额1.20亿元，比2007年增长920万元，增幅8%；完成委托贷款业务6600万元，为集团融资担保2900万元，为53家企业提供担保融资服务，担保收入211.5万元，10—12月受国际金融危机影响，银行审批严格，担保公司风险控制谨慎，业务量减少。

2009年4月，担保公司获得国家工业和信息化部中小企业发展专项资金210万元。10月19日，担保公司与中国工商银行安徽省营业部签订合作协议。全年完成担保业务总额2.58亿元，比2008年增长1.38亿元，增幅115%。担保费收入472.42万元，比2008年增长260.92万元，增幅123%。

2010年，为75家企业进行担保，实现担保业务额3.68亿元，较上年同期增长1.1亿元，增幅42.63%。实现收入719.58万元，其中担保费收入659.58万元，较上年增长187.2万元，增幅39.6%；保证金1年期存款利息收入60万元。7月5日，参与筹建合肥市信用担保协会，成为理事单位。11月25日，向合肥市金融管理办公室申报融资性担保公司整顿材料,办理融资性担保机构经营许可证。

2011 年 11 月 30 日,加入安徽省信用担保协会。12 月 21 日,更名为安徽双赢集团融资担保有限公司,注册资本 1 亿元。22 日,与上海浦东发展银行合肥分行签订合作协议。28 日,与安徽肥西农村商业银行股份有限公司签订合作协议。全年完成在保 94 户,实现担保业务额 5.31 亿元,较上年同期增长 1.63 亿元,增幅 44%。担保费收入 948.82 万元,较上年同期增长 289.24 万元,增幅 44%。

小额贷款业 2009 年 10 月,安徽省供销商业总公司主发起、联合有意愿且符合条件的省社投资企业、市县供销社及其投资企业、社会自然人共同出资,组建合肥德善小额贷款股份有限公司,注册资本 1.1 亿元,成为其时合肥地区初始注册资本最大、股东代表广泛、企业组织形式高、为农服务特色鲜明的小额贷款公司。公司服务"三农"和中小企业,奉行"德善、诚信、创新、全赢"的经营理念,确定方向为逐步发展为村镇银行。

2011 年 1 月 20 日,合肥君诚小额贷款股份有限公司获安徽省人民政府金融工作办公室批准筹建批复(皖金函〔2011〕47 号)。7 月 19 日,安徽省人民政府金融工作办公室发出《关于同意合肥君诚小额贷款股份有限公司开业的批复》,经合肥市人民政府批准,成立合肥君诚小额贷款股份有限公司。7 月 28 日,合肥市工商行政管理局核发合肥君诚小额贷款股份有限公司企业法人营业执照(注册号:340100000549459)。合肥君诚小额贷款股份有限公司由安徽双赢集团担保投资有限公司为主发起人,由安徽开源再生资源投资有限公司等 20 家股东共同出资组建成立。成立时注册资本 1.2 亿元,法定代表人肖幸福。2011 年 8 月 20 日,合肥君诚小额贷款股份有限公司正式开业。截至 12 月底,累计完成贷款业务总额 2.60 亿元,为 62 家企业及个人提供贷款服务。

房地产业 *安徽德嘉置业有限公司* 见第一篇第一章第一节。

安徽辉隆置业发展有限公司 成立于 2006 年 12 月 18 日,由安徽辉隆农资集团股份有限公司控股,初始注册资本 1000 万元。始聘 10 名具有建筑工程专业技术职称人员,其中建筑类高级职称 1 人,中级职称 4 人;财经类高级职称 1 人,中级职称 3 人,初级职称 1 人。至 2007 年,拥有全资子公司巢湖辉隆置业发展有限责任公司,控股安徽友盛房地产有限公司。2009 年 3 月,增资扩股,注册资本变更为 2000 万元。

北美印象·雅苑 2006 年 12 月,安徽辉隆置业发展有限公司与安徽宝源房地产开发有限公司共同合作投资开发"北美印象·雅苑"项目。项目土地投资资金 6200 万元。2006 年 12 月,成立北美印象项目部,专项独立核算,安徽辉隆置业发展有限公司出资总额占 80%,安徽宝源房地产开发有限公司出资总额占 20%,"合作投资开发,利润分享,风险共担"。项目位于合肥市庐阳区,东邻颍上路、南邻凤台路、西邻界首路、北邻茨河路。宗地面积 2.88 万平方米,规划总建筑面积 9.12 万平方米高层及沿街商业用房,包括高层住宅 9 栋,每栋 18 层,总住宅 684 套,住宅总面积 6.74 万平方米;商业用房 1.08 万平方米;地下车库面积 1.3 万平方米。2007 年 1 月 17 日,"北美印象·雅苑"奠基。2008 年 4 月 26 日,一期开盘,推出 1#、9#楼住宅 108 套预售,当

日销售106套,销售总面积1.15万平方米,实现销售额4696万元。6月1日,二期开盘,推出2#、8#、10#号楼住宅250套预售,销售232套,销售总面积2.24万平方米,实现销售额9865万元。

皖都徽韵　2007年2月6日,安徽辉隆置业发展有限公司从合肥市土地市场公开竞得“皖都徽韵”项目土地,投入资金1.21亿元。与安徽省供销商业总公司共同投资成立安徽友盛房地产有限公司,独立开发。安徽友盛房地产有限公司公司注册资本2000万元,安徽辉隆置业发展有限公司占80%股权,安徽省供销商业总公司占20%股权。项目位于合肥市包河工业园,包河大道与纬五路交叉口东南面。宗地面积2.24万平方米,其中办公用地面积1.08万平方米,住宅用地面积7.17万平方米。规划总建筑面积24.95万平方米。

银屏雅苑　2007年4月16日,安徽辉隆置业公司从巢湖市土地市场公开拍卖中竞得“银屏雅苑”项目土地。地块以“毛地”挂牌方式出让,土地投资资金800万元。2007年9月,成立全资子公司巢湖辉隆置业发展有限责任公司,专事该项目开发经营。项目位于巢湖市巢湖中路,东至市农委、南至市劳动就业管理中心、西至巢湖中路、北至居民住宅。宗地面积43.91亩,规划总建筑面积7.6万平方米,建设10幢高层住宅及沿街商业用房。

合作经济大厦　系安徽省供销社为参与合肥市政务文化新区建设、推进安徽省供销合作事业发展、在市政府支持下投资兴建的办公楼项目。2007年12月,安徽省供销社委托安徽辉隆置业发展有限公司代建。项目位于合肥市政务文化新区,祁门路和茂荫路交口处。总建筑面积4.28万平方米,主体建筑为2栋19层办公楼框剪结构,分东、西两侧。东楼建筑面积1.9万平方米,西楼建筑面积2.3万平方米。地下1层,设计停车197辆。裙楼为4层展示中心。2009年5月8日项目封顶,次年6月4日通过验收。

安徽双赢房地产营销有限公司　2005年2月24日,安徽双赢房地产营销有限公司成立,注册资本200万元,由安徽省再生资源有限公司、安徽省双赢拍卖有限公司、安徽省供销社机关服务中心及2位自然人共同出资组建。经营范围包括房地产销售代理、房地产代理中介服务、房屋租赁及信息咨询、金属材料、建材销售。成立初期从业人员20人。10月31日,安徽省直住房公积金管理分中心确定安徽双赢房地产营销有限公司为省直公积金二手房贷款委托中介机构。

2007年5月18日,安徽双赢房地产营销有限公司更名为安徽双赢集团房地产营销有限公司。当年代理销售4个房产项目,销售面积3.74万平方米,销售额8640万元,实现佣金101万元。

2008年1月25日,成为合肥市房地产中介协会理事单位。同月,淮北市濉溪县南城名苑项目开盘,销售50套住宅房,销售面积4142平方米,销售额807.42万元。4月,同开发方签订“濉溪尚书苑项目营销策划”合同,项目于5月初启动,总共70套住宅房,可售面积7056.66平方米,5—12月销售住宅房48套,销售面积4595.05平方米,销售额912.94万元。同月,同开发方签订"濉溪鼎元公寓项目营销策划"合同,项目于10月初启动,12月销售住宅房5套,总销售面积460平方米,销售额80.14万元。8月,同开发方签订宣城"水阳金宝雅居项目营销策划"合同,项目于当月初启动,总建筑面积2.74万平方米,共138套住宅房,至12月共计销售住宅29套、商用门面房3间、车库19间,销售面积4433.39平方米,销售额875.61万元。全年,代理销售宣城、濉溪地区4个项目,销售面积1.36万平方米,销售额2683.11万元。

2009年,代理销售桐城"仙龙湖·七里香溪"、宣城"金宝雅居"、濉溪"鼎元""岭尚春城"4个项目。10月,桐城"仙龙湖·七里香溪"项目结束。是年,共实现销售面积3.00万平方米、销售额5545.44万元、销售收入46万元。

2010年6月15日,根据合肥市房地产管理局《关于转发〈关于组织开展房地产经纪行业调查工作的通知〉的通知》,如期完成调查表统计工作。2010年上半年,房地产营销公司销售面积1.98万平方米,同比增长144%;销售总额3346万元,同比增长111%。截至2010年年底,销售总面积4.97万平方米,比上年增长66%;销售总金额9633.04万元,比上年增长74%。2010年12月31日,结束代理销售濉溪、宣城4个项目。2011年度,双赢集团房地产营销有限公司资质年审停止。

物业管理 安徽龙祥物业管理有限公司 2007年9月,安徽省供销社机关服务中心组建安徽龙祥物业管理有限公司,注册资本50万元,其中安徽省供销社机关服务中心出资36.10万元,吴乐和等23名个人股东出资13.90万元。公司经营以物业管理为主,包括建筑材料、废旧物资、园林绿化、装饰设计、日用百货、农副产品、五金交电、化工原料及产品(不含危险品)。自成立起,负责安徽省供销社大院物业管理项目,并逐步向外发展。

冷链物流 2009年,安徽省供销社控股组建安徽和合冷链食品股份有限公司,注册资本1亿元,公司做强冷链物流产业链,建成6.5万吨冷藏保鲜库、2.2万平方米A、B座食品加工和交易市场、2.8万平方米物流广场,规划建设3万平方米C座食品加工和交易市场、2~3万吨4号冷库(含冷链配送中心)、15万平方米综合配套服务大厦。项目全部建成后,形成9~10万吨冷库、5~6万平方米食品加工、交易市场和冷链物流配送中心的规模,成为华东地区大型冷链物流中心。

第十章　进出口贸易

1985年，安徽列入国家棉花出口省份，由安徽省供销社棉麻公司组织加工货源，中国纺织品公司安徽省分公司对外成交，销至日本、印尼、韩国、东欧等。歙县茶叶公司开设全国唯一的茶叶邮购商店，内销的同时服务于新加坡、日本、澳大利亚等国消费者。

1988年，成立安徽省供销合作对外贸易公司，注册资本500万元，主要任务：与国际供销合作联盟开展外贸业务、经济技术交流，组织小土特产品、野生植物资源出口，进口省内短缺的农药、农机具等。全省系统全年供应出口3.20亿元，比上年增长19.94%，其中茶叶出口1.9万吨，超国家下达安徽省茶叶出口计划的16.8%，供应外贸部门出口棉花1.66万吨，超过计划11%。

1993年前，全省系统在国外办企业3家，省茶叶公司与法国、西非、日本三井物产株式会社等筹办或筹建合资企业。是年，全省外贸出口商品品种由过去10余种发展到100余种。年出口供货额达4亿元。至年底，全省供销社系统与外商签订意向性三资企业9家，总投资额达3819万美元、3681万元人民币，我方投资为1615万美元和2274万元人民币，外方为2014万美元和1341万元人民币。其中7家正式投产营业。当年产值达7210万元，利税达1190万元。

1994年，全省供销社系统发展外向型经济，创办域外经济窗口36个，总投资达1617.6万元，年产值（营业额）达3532万元，年创利税130.3万元；年出口供货额达4亿余元，合资创办企业15个，其中我方投资达896万元，外方投资达1099.8万元。

1995年3月，安徽省供销商业总公司获外贸自营进出口权。是年全省系统出口供货额21.3亿元，合资创办企业17家，吸引外方投资1300万元，产品主要有化工原料、扬声器、脱水蔬菜、卫生餐巾等，不少产品畅销美国、英国、东南亚等地。

1996年5月，安徽省供销商业总公司成立进出口部，开展进出口贸易。省社在全省积极培育农副产品出口货源基地。是年，全省系统出口创汇2683万美元。1997年，全省供销社系统出口创汇3200万美元。

1998年，省社进出口部并入省农业生产资料公司。其时，全省系统大宗进出口贸易主要集中在化肥、茶叶、蜂蜜和化工产品上，其他三类产品也有一定数量出口。据不完全统计，1997—1999年，全省系统进出口总额分别为4461万美元、4534万美元和4130万美元；进口分别为1304万美元、2033万美元和1067万美元。1999年，安徽省茶叶进出口公司进出口额达2561万美元，在全国供销社系统排名第四；出口额达2561万美元，排名第六。安徽省供销商业总公司进口额达2032.7万美元，在全国供销社企业中排名第四。

2000 年,对外贸易经济合作部、中华全国供销合作总社下发《关于赋予供销合作社企业进出口经营权有关问题的通知》,明确供销社企业申报进出口经营权的标准、经营范围以及申报内容和程序等:中西部地区供销合作社企业年销售额考核标准从 1 亿元人民币以上调整到 1500 万元人民币以上,中西部地区供销社注册资本 300 万元以上,符合上述两项的各类供销社企业均可申请进出口经营权。是年,全省供销社系统创办域外经济窗口、实体 38 个,总投资达 8000 余万元,合资企业达 30 余家。

2003 年起,全省系统加大开放力度。黄山市社所属黄山化工总厂与不同国家合作组建 10 多家中外合资股份制企业。全省系统对外贸易有较大发展,实现进出口总额 5.47 亿元,同比增长 13.38%。

2004 年,全省系统实现商品进出口总额 7.84 亿元,比上年增长 43.23%,其中实现出口 5.66 亿元,比上年增长 85.99%,经济外向度进一步提高。

2006 年,安徽茶叶进出口有限公司出口总量和金额占全省比重均超 70%,位居全国同行业第 2。

至 2009 年,全省系统进出口规模由最初数百万美元发展到 1.9 亿美元,以安徽省茶叶进出口公司、黄山永佳(集团)有限公司、安徽庐江天新蜂产品有限公司等一批外经贸生产加工出口企业为代表,带动相关产业发展。是时,全省系统开展进出口贸易的主要方式:一是以省茶叶进出口公司为代表的社属专业进出口外贸公司的自营进出口。二是“借船下海”的生产加工企业的出口,这类企业自身规模小,多为农产品加工企业,主要为蔬菜脱水加工等,通过代理经营。三是以安徽庐江天新蜂产品有限公司为代表,其自营进出口占主要部分,少部分通过代理开展外经贸业务。四是以黄山永佳集团有限公司为代表,通过引进外资和技术,组建中外合资外向型企业。

第一节　安徽茶叶进出口有限公司进出口贸易

中国土产畜产安徽茶叶进出口公司(安徽省茶叶公司)是安徽省供销社系统唯一一家集内外贸于一体、拥有自营进出口权的省级外贸公司。1982 年经国家外贸部批准取得进出口自营权,1985 年实现安徽红、绿茶全面自营出口,1992 年起涉及其他商品进出口业务,出口贸易涉及亚洲、非洲、欧洲、拉丁美洲、大洋洲共 100 余个国家和地区,经营范围除茶叶进出口和内销业务外,还包括农副、土特、粮油、食品、轻工、工艺、纺织、服装、化工、机电、五金、医药保健品、技术等进出口。

1985 年,安徽省供销社开展茶叶自营出口业务,同 30 余个国家和地区的 100 余个客户建立贸易往来,出口签约 1329 万美元,年内收汇 819 万美元。年末商品库存 18.5 亿元,比上年同期下降 7.9%。费用水平 9.28%,下降 4.32%。完成利润 1.28 亿元,减去处理积压商品核销 5525 万元外,实际完成利润 7296 万元。

1986 年,安徽省供销社系统茶叶出口创汇 2190 万美元,其中本省自营出口创汇 1566 万美元。红茶销往 17 个国家和地区,工夫红茶尤为畅销,获国外部分大茶叶商长期订货。绿茶销往 19 个国家和地区,其中眉茶打入摩洛哥、阿尔及利亚等国市场,立足西北非市场。其时出口茶叶存在的主要问题是出口换汇成本过高,每 1 美元换汇成本超过国家核定换汇成本 0. 18 元,全年增加亏损 1412 万元。

1988 年,全省茶叶由本省口岸出口 1. 9 万吨,超国家下达安徽省茶叶出口计划的 16. 8%。大宗红、绿茶全部自营出口,有 7 个小包装品种出口 6 个国家和地区。在雅典举办的第 27 届世界优质食品评选会上,安徽绿茶特珍特级、特珍一级双获银质奖。

1989 年,本省口岸实际出口茶叶达 1. 73 万吨,创汇 3191 万美元,完成国家下达安徽的茶叶出口计划。全省有 10 个品种小包装打入国际市场。全省茶叶出口超亏 1979 万元,加工和内贸亏损 3369. 5 万元;外贸库存过大。全省外贸库存茶叶达 1. 8 万吨,超过当年出口总量。此后 3 年,安徽茶叶出口量及创汇额减少。

1993 年,安徽省供销社茶叶供应出口 2. 09 万吨,增加 40. 5%,但出口创汇仅 2367 万美元,下降 22%。出口茶库存过大,安徽省茶叶进出口公司年末库存达 2. 1 万吨,其中绿茶达 1. 6 万吨。

1994 年,安徽省茶叶进出口公司全年出口茶叶 1. 59 万吨,创汇 2200. 3 万美元。年末库存仍达 1. 7 万吨,占用资金 1. 3 亿元。

1995 年,外贸出口受国外市场卖价低及水货冲击、国内物价上涨、出口退税滞后、退税率下调、银行优惠贷款利率取消、人民币汇率坚挺等因素制约,出口量值降至 1991 年以来最低点。安徽省供销社茶叶出口 8925 吨,创汇 1257 万美元,分别下降 43. 8% 和 42. 9%。

1996 年,出口茶叶 1. 04 万吨,比上年增长 16. 2%;安徽省茶叶进出口公司出口创汇 2667. 64 万美元,比上年增长 112. 2%。

1998 年,安徽省供销社系统全年出口茶叶 8850 吨,创汇 1428 万美元,分别下降 17. 1%、18. 4%。

1999 年,安徽省供销社系统出口 9550 吨,创汇 1429 万美元。

2006 年,全省供销社系统茶叶购销规模扩大,安徽茶叶进出口公司出口总量和金额占全省比重均超 70%,位居全国同行业第 2 位。

茶叶自营出口　1982 年,全国茶叶小交会在杭州市举办,中国土产畜产进出口公司安徽省茶叶分公司周先宽赴会,3 月 24 日与日本第一贸易株式会社山口一明签订绿茶梗 A8201、A82021 各 10 吨成交合同,是为安徽省茶叶自营出口后对外签订的首单出口合同。

1985 年,国家经贸部批准中国土产畜产进出口公司安徽省茶叶分公司正式自营出口大宗红绿茶经营权。当年出口 700 余万美元。

1986 年,安徽省大宗红茶实现全部自营出口。安徽省茶叶公司当年出口突破 2000 万美元。

1988 年,安徽省大宗红绿茶实现全部自营出口。安徽省茶叶公司当年出口突破 3000 万美元。

至 2006 年,安徽茶叶进出口有限公司进出口总额突破 4000 万美元。

2008 年,安徽茶叶进出口有限公司进出口总额超过 4500 万美元,产品销往世界近百个国家和地区。

2011 年,安徽茶叶进出口有限公司实现进出口总额 5440 万美元,历史上首次突破 5000 万美元,汇总销售额 8.7 亿元,亦为历史最高水平。

茶叶出口管理 1984 年,国务院决定彻底放开茶叶市场,外贸部门根据国际茶叶市场需要和国家对外贸易任务,由供需双方签订年度购销合同或长期协议,茶叶出口实行代理制。针对创汇,安徽省实行双轨制承包办法,即茶区政府逐级向上承包创汇任务,地市与省政府立军令状,完不成创汇任务,用人民币抵冲。中国土产畜产进出口公司安徽省茶叶分公司对中国土产畜产进出口总公司承包创汇任务,对下与出口厂家签订供货合同,层层落实。

从 1986 年起,国家对生产企业实行出口奖励制度,规定生产企业按供货实绩,每出口 1 美元,给予 0.05 元人民币奖励。由出口企业(安徽省茶叶公司)列入当年出口成本,报安徽省经贸委批准后,拨给各生产企业(茶厂),作为税后利润,主要用于发展生产,提高生产能力和产品质量,小部分用于增发职工奖金。增发职工奖金不超过 1 个月工资的免征奖金税。安徽省茶叶公司及所属厂独立核算,自负盈亏,向国家缴纳所得税。税后利润按比例分配,即上缴安徽省供销社 10%,提取公积金不少于 50%,用于职工福利奖励不超过 40%。

1988 年前,安徽省茶叶公司与中国土产畜产进出口总公司盈亏缴拨关系是:利润全额上缴,亏损全额拨补。

1988 年,国务院决定全面推行外贸承包经营责任制。安徽省茶叶公司财务与中央财政脱钩,与地方财政挂钩,但作为承包经营茶叶(一类出口商品)出口的专业公司,出口亏损按上缴外汇情况,由中央财政实行定额补贴。

1988—1990 年,中国土产畜产进出口总公司对分公司下达出口计划,核定上缴外汇和亏损补贴基数,实行“超亏不补,减亏留用”的承包办法。由于中国土产畜产进出口总公司核定亏损补贴基数较低,当年茶叶收购价大幅度上涨,安徽省茶叶公司及省内多数茶厂出现巨额亏损。

1991 年,国家取消出口补贴,中国茶叶进出口公司对经营茶叶出口的公司实行“抽肥补瘦”的盈亏调剂办法,规定经营绿茶出口公司上缴利润。安徽省茶叶公司开始自负盈亏。

1993 年,根据国务院颁布的《出口商品管理暂行办法》,国家对茶叶出口实行计划配额管理,由中国土产畜产进出口总公司实行统一联合经营,承担国家出口任务;对摩洛哥、利比亚、突尼斯、毛里塔尼亚、阿尔及利亚的绿茶出口,对利比亚、突尼斯的红茶出口,对日本的乌龙茶出口以及政府间贸易由中国土产畜产进出口总公司组织统一对外成交,其他市场出口,由各地方茶叶(土畜)进出口公司自行对外成交;国家外经贸部授权的各级发证机关,按照国家下达的茶叶出口计划配额和出口许可证管理的有关规定,核发出口许可证。由此,中国土产畜产进出口总公司对各地方茶叶进出口公司茶叶出口盈亏进行综合运筹,各地方茶叶进出口公司按中国土产畜产进出口总公司下达的指标承包经营。

1994 年,安徽省财政厅明确安徽省茶叶公司为地方外贸企业,盈亏与省财政挂钩,实现利润按 33% 缴纳企业所得税。

1996 年,国家对外贸易经济合作部发出《关于同意安徽省茶叶进出口公司增加进出口商品目录的批复》,同意安徽省茶叶公司在原批准的进出口商品目录基础上增加经营或代理除国家组织统一联合经营的 16 种出口商品和国家实行核定公司经营的 12 种进口商品以外的其他商品及技术的进出口业务。

1997 年,根据国务院对国家经贸委、外经贸部、内贸部、农业部、中华全国供销合作总社等 5 部委《关于改进茶叶出口管理促进茶叶生产发展的报告》批复精神,修订 1993 年 4 月 12 日颁布施行的《茶叶出口经营管理暂行规定》。国家对红茶出口(对利比亚、突尼斯的红茶出口除外)不再实行统一联合经营,由经外经贸部批准的有茶叶出口经营权的外贸公司及获得红茶出口经营权的生产企业,按国家下达的计划配额在自负盈亏的基础上自行成交出口。绿茶和特种茶出口仍由中国土畜产进出口总公司和有关省、自治区、直辖市及计划单列市茶叶(土畜)进出口公司及获得绿茶或特种茶出口经营权的生产企业统一联合经营。对摩洛哥、利比亚、突尼斯、毛里塔尼亚、阿尔及利亚的绿茶出口,对利比亚、突尼斯的红茶出口,对日本的乌龙茶出口,由土畜产总公司组织统一对外成交,然后交由中国食品土畜进出口商会与有关出口企业商定出口合同分配方案,报外经贸部批准后执行。茶叶出口协调工作由中国食品土畜进出口商会负责,茶叶出口价格、客户及市场的协调办法由食土商会负责制定。对出口茶叶,严格执行质量标准,按统一茶号和茶叶出口标准样进行商检后出口。绿茶指定由上海、浙江、宁波、安徽、江西商检局统一商检,其中珠茶指定浙江、宁波商检局商检,其他口岸不再办理绿茶商检业务。外经贸部授权的发证机关严格按照国家下达的茶叶出口配额和出口许可证管理的有关规定,核发茶叶出口许可证。出口企业在申领绿茶出口许可证时,其出口合同须先通过食土商会审核,向外经贸部授权的发证机关申领出口许可证。

1998 年,国家对茶叶出口不再实行统一联合经营,由国家外经贸部批准的有茶叶出口经营权的外贸公司、获得茶叶出口经营权的生产企业及已经国家外经贸部批准的外商投资企业自行成交。国家对茶叶出口仍实行计划配额和出口许可证管理。

1999 年,国家外经贸部进一步下放出口权限,取消红茶、特种茶(乌龙茶除外)出口经营资格审批,茶叶出口继续实行配额许可证管理;鼓励绿茶、乌龙茶生产企业自营出口;对开拓新市场、新产品、高附加值产品和创立知名品牌的茶叶出口企业在配额安排等方面予以支持;规定茶叶出口企业必须加入中国食品土畜进出口商会(茶叶分会),由商会组织茶叶出口会员单位共同制定茶叶出口行业规则,协调出口客户和市场,在出口经营资格审批及出口配额安排上向外经贸部提出意见和建议。

2006 年 1 月 1 日起,国家取消茶叶出口配额许可证管理,茶叶出口全面放开。

参展中国出口商品交易会 中国出口商品交易会是由中国对外经济贸易部(或中国商务部)主办,中国各进出口总公司、各省进出口分公司及有进出口贸易经营权的企业等参加的定期交易会。会址设在广州,简称广交会。创办于 1957 年春,每年春、秋两季各举行一次。按经营类别分别组成粮油食品、土畜产、纺织、丝绸、轻工业、工艺、化工、医药保健、机械、五金矿产、机械设备、电子、有色金属、冶金等出口商品交易团,对外洽谈进出口贸易。安徽省茶叶公司(安徽茶叶进出口有限公司)从第 51 届起参展,到 2011 年共参展 60 届,成交量逐年增加。

安徽省茶叶公司(安徽茶叶进出口有限公司)1982—2008 年参加广交会情况统计表

表 3—10—1

时间	届别	成交实绩(万美元)
1982	51	
1982	52	2.00
1983	53	4.03
1983	54	1.84
1984	55	28.00
1984	56	6.50
1985	57	48.27
1985	58	52.20
1986	59	339.90
1986	60	135.70
1987	61	
1987	62	65.00
1988	63	230.19
1988	64	126.59
1989	65	336.93
1989	66	85.00
1990	67	498.40
1990	68	106.60
1991	69	166.88
1991	70	250.00

续表 3—10—1

1992	71	307.56
1992	72	147.54
1993	73	568.19
1993	74	628.09
1994	75	282.47
1994	76	252.51
1995	77	171.94
1995	78	151.88
1996	79	282.70
1996	80	202.72
1997	81	239.72
1997	82	170.00
1998	83	124.90
1998	84	72.40
1999	85	161.70
1999	86	164.00
2000	87	187.8
2000	88	81.60
2001	89	132.02
2001	90	123.00
2002	91	86.57
2002	92	140.00
2003	93	43.00
2003	94	61.00
2004	95	73.60
2004	96	39.80
2005	97	—
2005	98	143.00
2006	99	105.00
2006	100	82.00
2007	101	118.00
2007	102	83.00
2008	103	88.00
2008	104	85.80

参展安徽省组织展会 1985 年,第一届安徽省对外经济贸易洽谈会在合肥市举办,至 1989 年共举办 5 届,安徽省茶叶公司均携茶叶展品参会。1985 年成交 117 万美元,1986 年成交 136 万美元,1987 年成交 473 万美元,1988 年成交 508 万美元,1989 年成交 612 万美元。

1988 年,安徽省茶叶公司刘淑琴、蒋镇筠 2 人参加美国洛杉矶安徽省出口商品展览会,成交茶叶 9.3 万美元;同年安徽省茶叶公司王存金、叶福明参加西德安徽省出口商品展览会,成交茶叶 16 万美元。1993 年,安徽省茶叶公司周先宽带队,董增、彭代胜、王咏梅,安徽省对外经济贸易委员会办公室赵雨生等参加安徽(香港)经济技术贸易洽谈会,访新加坡,成交茶叶 80.8 万美元,其他商品 1.312 万美元;同年安徽省茶叶公司周冀、邵辉、邵范军 3 人参加德国安徽出口商品经贸洽谈会,成交红茶 11.39 万美元,特种茶 1.86 万美元。1994 年,安徽省茶叶公司殷向东、乔栋、杨阳 3 人参加以色列安徽出口商品经贸展览会,成交其他商品 3.12 万美元;同年安徽省茶叶公司董增、王锟等 2 人参加安徽省对外经济贸易委员会组团,在"'94 南非中国出口商品展销会"上成交其他商品 10.5 万美元。1997 年,安徽省茶叶公司总经理李念华带队,江人华、胥晖等 3 人参加"'97 安徽省(香港)经贸洽谈会",成交合同金额 26.05 万美元。1998 年,安徽省供销社主任刘家来带队,安徽省茶叶公司副总经理刘淑琴及汪红旗等 3 人参加"'98 纽约(安徽)经贸洽谈会",成交 24.38 万美元。2002 年安徽茶叶进出口有限公司副总经理顾公新带队,叶福明等 2 人参加 2002 年安徽(香港)贸易投资洽谈会,成交 5.3 万美元。

参展中国华东出口商品交易会 中国华东出口商品交易会(简称华交会),由上海市、江苏省、浙江省、安徽省、江西省和南京市、宁波市对外经济贸易厅(委)联合主办,地址在上海市,从 1991 年开始每年举办 1 次,3 月 5 日开幕,会期先为 10 天,后缩短为 5 天。

安徽省茶叶公司(安徽茶叶进出口有限公司)1991—2008 年参加华交会情况统计表

表 3—10—2

时间	届别	成交情况(万美元)
1991	1	152.82
1992	2	79.00
1993	3	118.00
1994	4	124.50
1995	5	94.42
1996	6	153.37
1997	7	110.13
1998	8	95.35
1999	9	74.38

续表 3—10—2

2000	10	—
2001	11	37.39
2002	12	31.00
2003	13	25.00
2004	14	1.7
2005	15	—
2006	16	—
2007	17	—
2008	18	5

参展其他展会　1989 年，中国土产畜产进出口总公司举办第 6 届香港茶叶洽谈会，安徽省茶叶公司汪小谷参加，成交茶叶 312.26 吨，成交额 56.62 万美元。

1990 年，中国土产畜产进出口总公司举办第 7 届香港茶叶洽谈会，安徽省茶叶公司高曼丽参加，成交茶叶 153.4 吨，成交额 27.84 万美元。

1991 年，中国土产畜产进出口总公司举办第 8 届香港茶叶洽谈会，安徽省茶叶公司方建鸣参加，成交茶叶 849 吨，成交额 119 万美元。

1992 年，中国土产畜产进出口总公司举办第 9 届香港茶叶洽谈会，安徽省茶叶公司王锟参加，成交茶叶 288.98 吨，成交额 45.40 万美元。同年，中国土产畜产进出口总公司在摩河哥卡萨布兰卡举办“中国茶展览会”，安徽省茶叶公司副总经理周先宽参加摩洛哥茶糖办举办的茶叶展销、茶叶学术讨论会，并受展团委托撰写“中国绿茶—健康之友”一文。

1993 年，中国土产畜产进出口总公司举办第 10 届香港茶叶洽谈会，安徽省茶叶公司周冀、王锟参加，成交 42.2 万美元。同年，中国对外经济贸易合作部在莫斯科举办“中国出口商品展销会”，安徽省茶叶公司副总经理周远荣带队，吴纯旗等参加。中国贸促会在科威特举办“’93 科威特中国贸易展览会”，安徽省茶叶公司江顺珠、杜娟、曹洁萍参加，就祁门红茶、安徽绿茶、黄山绿牡丹茶的评饮方法进行 10 场茶艺表演。

1994 年，中国土产畜产进出口总公司举办第 11 届香港茶叶洽谈会，安徽省茶叶公司汪小谷、邵范军参加，成交 3.47 万美元。中国贸促会在利雅得举办“’94 沙特中国贸易展览会”，安徽省茶叶公司王传友、彭代胜、叶福明 3 人参加，成交 85.27 万美元。

出国推销　安徽省茶叶公司（安徽茶叶进出口有限公司）取得茶叶自营出口权后，从 20 世纪 80 年代开始，每年有重点、有针对性地组团参加各类经贸团组赴境外销售、考察和进行商务洽谈。

安徽省茶叶公司(安徽茶叶进出口有限公司)1986—2008年出境推销情况表

表3—10—3

年份	带队	成员	国家或地区	成交金额(万美元)
1986	省供销社副主任王赞春	周远荣、熊祖尧、祁门茶厂王介生	英国、荷兰、联邦德国	66.88
1986		张英、江顺珠、王存金、周冀、屯溪茶厂陈淑贤	美国、加拿大、摩洛哥、突尼斯、法国、阿尔及利亚	—
1987	孟庆鹏	方建鸣、熊祖尧、东至茶厂余永龙	英国、西德、瑞士	115.00
1987	崔英明	周冀、高曼丽、胥晖	巴基斯坦等	41.80
1987		罗琬、贾鹏、歙县茶厂范事立	法国、塞内加尔、尼日尔等	—
1988	省供销社副主任张永满	郑国柱、贾鹏、霍山茶厂胡维沂	法国、塞内加尔、象牙海岸、尼日尔等	47.51
1988	周远荣	王传友、宣郎广茶叶联合企业公司牛求槐	澳大利亚、加拿大、美国	40.88
1988	周先宽		摩洛哥	799.69
1989	崔英明	陈丹一、王亚敏、贵池茶厂陶志新	英国、荷兰、联邦德国	73.76
1989		张英、邢明、安徽省供销合作社基建储运处朱维栋、舒城茶厂陈存照	巴基斯坦、新加坡	56.45
1989		贾鹏	马里、科特迪瓦、尼日尔、乍得、摩洛哥	1140.16
1990	孟庆鹏	王传友、方建鸣、安徽省人民政府办公厅四办陈序堂	加拿大、美国	60.00
1990	周先宽		阿富汗	106.25
1990	崔英明	王亚敏、汪小谷、江人华	日本	10.26
1990	周先宽	王存金、翟竹青、祁门茶厂吴亦泽	英国、荷兰、联邦德国	56.73
1990		周冀、童根和、安徽省供销社查林、芜湖茶厂崔伯凯	法国、塞内加尔、科特迪瓦、尼日尔	155.00
1990	周远荣	殷向东、罗琬、安徽省进出口商品检验局毋光明	巴基斯坦、新加坡	28.45
1990		蒋镇筠	巴基斯坦	—

续表 3—10—3

1991	省供销社副主任王赞春	周先宽、王存金、彭代胜、芜湖茶厂顾维祺	美国、加拿大	99.14
	周远荣	蒋镇筠、殷向东	日本	88.65
		周冀、童根和、顾公新、叶福明	法国、塞内加尔、科特迪瓦、多哥、尼日尔	104.70
		罗琬、王锟、邵辉、夏家俊、高曼丽、汪小谷、王亚敏、陈寿南、于文珍	阿联酋、巴基斯坦、阿富汗、新加坡	—
1992	省供销社主任单中天	周远荣、王传友、方建鸣、安徽省人民政府办公厅林红	美国、加拿大、日本	91.74
	省供销社副主任孟庆鹏	王存金、汪小谷、殷向东、赵平	巴基斯坦、新加坡等	103.01
	崔英明	蒋镇筠、刘淑琴、邵范军、安徽省供销社财会处杨国恩	英国、德国、丹麦、芬兰	77.52
	周先宽	童根和、邓跃进、杨振顺、安徽省人民政府办公厅四办孟庆南	法国	140.81
		周冀、王亚敏、叶福明、董增、彭代胜、李年泽、高曼丽、邢明	阿联酋、叙利亚、巴基斯坦、俄罗斯、乌克兰、哈萨克斯坦	—
1993	省供销社副主任孟庆鹏	刘淑琴、王传友、季林	美国	97.16
	周先宽	吴纯旗、李年泽、高曼丽、安徽省进出口商品检验局陈勋洛	波兰、俄罗斯、乌兹别克斯坦、哈萨克斯坦	10.55
	周远荣	汪小谷、王亚敏、贵池茶厂唐克忠	英国、德国、丹麦、荷兰	97.60
	李念华	林陆、邓跃进、张学诚、刘中玉（从安徽省进出口公司借用）	法国、塞内加尔、科特迪瓦、马里	129.43
	郑国柱	殷向东、方建鸣、裴新功	巴基斯坦、叙利亚、阿联酋	319.40
		江人华、蒋镇筠、龚建平、李和平	日本	14.49
1994	省供销社副主任孟庆鹏	郑国柱、邓跃进、高曼丽、王亚敏	英国、德国、丹麦、荷兰	68.24
	周先宽	罗琬、殷向东、邵辉、李义东、汪红旗	巴基斯坦、阿联酋、叙利亚、南非	54.60
	周远荣	汪小谷、林陆、刘玲玲、中国银行安徽省分行王明金	法国、塞内加尔、马里、科特迪瓦	224.81
	李念华	王传友、方建鸣、曹洁萍、安徽省供销社查林	美国	2.80
	周远荣	周冀、高曼丽、吴纯旗	乌兹别克斯坦	614.90
		周冀、朱飞鸣、丁红、季林	阿联酋、毛里塔尼亚、摩洛哥、塞内加尔	—
		江人华、李年泽、蒋镇筠、杨一波	日本	—

续表 3—10—3

1995	周先宽	蒋镇筠、方建鸣、邵范军	日本	23.89
	周远荣	江人华、高曼丽、邓跃进、王亚敏	丹麦、英国、比利时、德国	53.54
	周远荣	周冀、吴纯旗	乌兹别克斯坦	255.20
	郑国柱	刘淑琴、殷向东、于拥军、彭代胜	巴基斯坦、叙利亚、也门、阿联酋	82.74
		胥晖、季林	巴西	2.61
	李念华	周冀、陈文友、邵辉	美国、加拿大	38.00
		汪小谷、丁红、李年泽、王锟、安徽进出口商品检验局农检处黄昌岚	塞内加尔、马里、法国	68.30
	刘淑琴	高曼丽、王亚敏	德国、荷兰、丹麦	22.77
	周先宽	林陆、方建鸣	波兰、俄罗斯、日本	120.40
	顾公新	于拥军、严正桥	阿联酋、巴基斯坦	—
1997	李念华	曹洁萍、蒋士慧、芜湖茶厂崔伯凯	乌兹别克斯坦	13.54
	刘家来	刘淑琴、江人华、方建鸣、胥晖	丹麦、英国、德国	46.23
	顾公新	殷向东、邵辉、邢明	阿联酋、约旦、叙利亚、埃及	15.04
		汪小谷、林陆、安徽省进出口商品检验局检验处刘俊	塞内加尔、法国、摩洛哥	8.88
	周　冀	刘晓雯、王锟	波兰、俄罗斯	—
1998		董增	南非	10.00
		于拥军、合肥三华自动化仪器研究所秦家权	乌兹别克斯坦	—
	周　冀	杨振顺	乌兹别克斯坦	
	李念华	高曼丽、殷向东、叶福明	德国、英国、丹麦	131.40
	顾公新	汪强、芜湖正宇畜产品集团有限公司张正兵、李耘	英国、德国、荷兰	—
		汪小谷、丁红	法国、摩洛哥	2.03
		方建鸣、李晓亮	日本	3.76
1999		方建鸣	乌兹别克斯坦	
	李念华	汪小谷、丁红	法国、瑞士、摩洛哥	92.00
		曹洁萍、殷向东、溪湖茶业有限公司祁志新	巴基斯坦、伊朗、叙利亚、阿联酋	47.80
		江人华、胥晖、杨阳、李军	德国、丹麦	47.00
		高曼丽、邵辉、贵池茶厂唐克忠	美国	25.24
	刘淑琴	彭代胜、范蓉	多哥、科特迪瓦、阿尔及利亚、毛里塔尼亚	203.00
	顾公新	叶福明	日本	10.20
		林陆、陈征宇	德国、波兰	—
	李念华	汪小谷	乌兹别克斯坦	—

续表 3—10—3

2000		方建鸣	乌兹别克斯坦	4.23
	李念华	汪小谷、丁红	摩洛哥等	92.88
	刘淑琴		德国、法国、摩洛哥	—
		高曼丽、殷向东、胥晖、李军	德国、丹麦	21.50
		曹洁萍、邵辉、杨阳	巴基斯坦、伊朗、叙利亚	35.00
		王锟	日本	—
		胡雪冰	阿联酋、埃及	5.20
	李念华	方建鸣、叶福明	日本	10.22
	省供销社主任刘家来	江人华、陈璐	德国、法国、瑞士	19.00
2001	顾公新	江人华、陈璐	德国	9.40
		汪小谷、范蓉	法国、毛里塔尼亚、摩洛哥	123.30
	李念华	董增、王咏梅	加纳	30.00
		余大玲	德国	2.38
		董增、裴新功	秘鲁	—
2002	刘淑琴	高曼丽、汪强	俄罗斯	2.52
	李念华	赵平、邓跃进	乌兹别克斯坦	60.00
		胡雪冰	巴西	—
		陈征宇	挪威	2.20
		余大玲	德国	4.00
	省供销社主任刘家来	刘叔琴、汪强	俄罗斯、乌兹别克斯坦	—
		董增、裴新功	巴西、智利	18.00
		方建鸣、曹洁萍、刘凯	布基纳法索、尼日尔、马里、突尼斯	—
2003	刘淑琴		俄罗斯	6.79
	李念华	曹洁萍、刘凯	尼日尔、马里、突尼斯、利比亚	105.00
	汪小谷	刘凯	摩洛哥、毛里塔尼亚、德国	138.50
2004		董增	加纳、捷克	60.00
	汪小谷	邓跃进、刘凯、安徽红新制茶有限公司李英群	摩洛哥、毛里塔尼亚、马里、尼日尔	172.78
	李念华	陈璐、杨阳	法国、英国、丹麦、荷兰	38.55
		董增	捷克	—
	刘淑琴	高曼丽、徐光胜		—

续表 3—10—3

2005		邓跃进、曹洁萍、刘凯、安徽出入境检验检疫局陈勋洛	尼日尔、利比亚、突尼斯、阿尔及利亚、摩洛哥、毛里塔尼亚	336.00
		余大玲	德国	20.00
2006		邓跃进、孙劲松、查华栋	尼日尔、马里、塞内加尔、摩洛哥	80.87
		刘凯、吴聪	摩洛哥、阿尔及利亚、毛里塔尼亚	—
		杨振顺、裴新功	乌克兰	40.00
2007	顾公新	裴新功	俄罗斯	20.00
	汪小谷	孙劲松	毛里塔尼亚、摩洛哥	81.80
		邓跃进、曹洁萍、刘凯、安徽省郎溪县红新制茶有限公司李英群	突尼斯、利比亚、尼日尔、马里	107.63
2008	汪小谷	李军	法国、德国、丹麦	50.00

访问活动 1998年11月21日,摩洛哥茶糖办公室主任阿拉维率3人代表团访问安徽省茶叶公司。安徽省人民政府副省长卢家丰、安徽省供销社主任刘家来会见代表团。安徽省茶叶公司李念华、周冀、汪小谷、丁红与其进行两轮正式谈判和多次谈判外接触,开拓摩洛哥茶叶市场。

2004年3月10日,安徽茶叶进出口有限公司总经理李念华与中乌合资企业“阿雅宏”公司总经理哈米杜拉先生会谈,副总经理刘淑琴、总经理助理汪小谷、副总会计师赵平、公司驻乌代表处代表汪强、绿茶部副经理于拥军、总经理办公室副主任李玲、绿茶部翻译徐光胜等8人参加,签订茶叶供货合同12.9万美元。

2007年5月,美国茶文化学会理事长林炯志、宋贞一行,到滁州品尝滁州市金鹰茶叶有限公司“嫩头青”春雪茶,交流东西方茶事文化,赠送台湾乌龙茶、美国茶文化学会会旗及茶盅。6月15日,中国—乌兹别克斯坦投资贸易洽谈会在合肥市举行,安徽省供销社领导、乌兹别克斯坦代表团、安徽茶叶进出口有限公司、安徽省供销社投资企业负责人参加。安徽茶叶进出口有限公司董事长、总经理李念华介绍与全美国际集团公司合作进展情况。

2008年4月21日,韩国著名茶文化研究家、韩国最大的茶文化杂志《茶的世界》社长、发行人崔锡焕携禅学翻译一行来到六安市,采访华山名优茶开发中心董事长奚得发,实地考察六安瓜片的炒制工艺、六安瓜片的历史文化。

安徽茶叶进出口有限公司其他商品进出口贸易 1991年起,安徽省茶叶公司提出“以茶为主、多种经营”方针,探索发展对外投资、境外加工包装、咨询服务等业务,拓展经营领域。当年,其他商品出口日本2万美元。

1992年,安徽省茶叶公司提出“以茶为主、多种经营、提高效益、‘四个轮子’一起转”的经营方针和战略目标，制定《其他商品出口经营试行办法》，以科室为单位经营其他商品出口业务；开发科为其他商品出口主营科，承担100万美元出口计划，红、绿茶科完成本职工作后，可开展其他商品出口；其他商品出口奖励按公司承包方案及经理基金管理暂行办法执行。公司成立其他商品经营一、二、三部，在内部首次公开竞聘。是年，其他商品出口国家增至13个，出口金额达99万美元。

1993年，安徽省茶叶公司其他商品出口形成系列：纺织品9个品种30个规格，果菜5个品种9个规格，灯具10个品种50个规格；出口国家增加到59个，出口金额达1015万美元。

1994年，中国土产畜产进出口总公司和中国纺织品进出口总公司联合主办“汉城’94中国土畜、纺织、丝绸制品展览会”，安徽省茶叶公司胥晖、于拥军、李玲3人参加，成交其他商品7.54万美元。

1996年3月20日，国家对外贸易经济合作部发出《关于同意安徽省茶叶进出口公司增加进出口商品目录的批复》，同意安徽省茶叶公司在原批准进出口商品目录基础上增加经营或代理除国家组织统一联合经营的16种出口商品和国家实行核定公司经营的12种进口商品以外的其他商品及技术的进出口业务。是年，安徽省茶叶公司内部设业务四、五、六部。

1997年，安徽省茶叶公司制定“三条原则”“四点具体要求”，对公司在塞内加尔设立的安达国际贸易有限责任公司与公司业务部开拓西非市场其他商品业务时的综合协调作出规定。

1998年，安徽省茶叶公司合并业务二部、六部，成立纺织服装分公司，聘林陆为经理；2003年，由刘淑琴兼任，聘林陆为纺织服装分公司一部经理；2007年，江人华接任纺织服装分公司经理。

2001年，安徽茶叶进出口有限公司对其他商品进出口业务进行优化整合。产品有食用植物、食品制成品、香调料及香料油、工业用土产原料、畜产品、纺织原料、纺织品、服装、陶瓷、工艺品、箱包鞋帽、文体用品、日杂品、化工原料、橡胶及制品、医药原料、出版物等34个门类；继纺织品、果菜、灯具等产品形成系列后，塑料橡胶制品（胶管）形成10个品种100个规格，电力产品形成5个品种10个规格，技术含量、出口附加值较高；出口国家增至5大洲114个，出口金额达800万美元。

2003年，安徽茶叶进出口有限公司成立果菜分公司，顾公新兼任分公司经理。2004年，安徽茶叶进出口有限公司成立机电分公司，聘董增为经理；成立化工分公司，聘胡雪冰为经理。至2004年，其他商品出口总额维持在1000万美元左右。化工分公司出口额首次突破300万美元，出口品种达20大类300个规格，出口市场达25个国家和地区，拥有客户120个；机电分公司实现效益在其他商品部中位居第一。

2005年，安徽茶叶进出口有限公司化工分公司年出口额突破500万美元，纺织服装分公司出口357万美元，果菜分公司出口285万美元，全年其他商品出口额约1500万美元。

2006年，安徽茶叶进出口有限公司橡胶制品、脱水蔬菜、石墨制品、服装、电瓷、电焊条、香兰素等产品出口规模扩大,销往 66 个国家。其中橡胶制品出口 376.49 万美元,出口 44 个国家。

2007 年,其他商品进出口额约 2400 万美元。

2008 年,首次达 2500 万美元,占公司进出口总额半壁江山。

安徽茶叶进出口有限公司进出口贸易数据统计

1986—2008 年,安徽茶叶进出口有限公司进出口贸易主要数据见下表。

安徽茶叶进出口有限公司 1986—2008 年进出口统计表(含非茶叶类其他商品)

表 3—10—4　　　　单位:吨、万美元

年份	进出口总额	其中出口额	其中一:茶叶出口								其中二
			合计		红茶		绿茶		特种茶		其他商品
			数量	金额	数量	金额	数量	金额	数量	金额	出口额
1986	2196	2196	11943	2196	4812	956	7113	1238	17	1	—
1987	3207	3207	16107	3207	3384	631	12705	2575	18	2	—
1988	3208	3208	19151	3208	7528	967	11614	2236	10	5	—
1989	3191	3191	17377	3191	5643	969	11660	2198	73	25	—
1990	3251	3251	16488	3251	6744	1181	9511	2011	233	59	—
1991	2768	2768	14060	2766	5027	847	8998	1903	36	16	2
1992	3055	3055	14838	2956	6413	826	8283	2102	142	29	99
1993	3382	3382	14015	2367	6278	912	7473	1419	265	36	1015
1994	3395	3395	15892	2200	4442	690	11334	1488	116	22	1195
1995	2372	2372	8925	1257	3626	556	5191	670	108	32	1115
1996	2668	2668	10374	1688	2423	424	7656	1206	295	58	980
1997	2809	2809	10654	1751	2154	363	8264	1336	236	51	1059
1998	2561	2561	8850	1428	2456	470	6179	905	215	53	1133
1999	2399	2399	9550	1559	1685	315	7669	1163	197	81	841
2000	2135	2122	12246	1317	2451	316	9547	918	248	82	805
2001	2348	2347	13506	1546	2480	351	10747	1130	278	66	801
2002	1976	1967	8999	999	1937	270	6636	633	426	96	968
2003	2201	2175	10689	1244	2108	272	8299	874	283	97	931
2004	2399	2269	10558	1196	1917	221	8402	905	238	70	1073
2005	3761	3642	15305	2164	2401	275	12717	1811	187	78	1478
2006	4124	3928	14472	2309	3087	392	11178	1831	207	87	1619
2007	4404	4260	14366	1884	2868	371	11300	1412	198	101	2376
2008	4527	4501	14120	2001	3199	445	10700	1447	221	110	2500

安徽茶叶进出口有限公司1986—2008年分国别(地区)出口额表(表一)

表3—10—5　　　　　　　　　　　　　　　　　单位:万美元

国家或地区/年份	1986	1987	1988	1989	1990	1991	1992	1993	1994	1995	1996
合　计	2195.6	3207.12	3207.7	3191.3	3251.1	2768.3	3055.2	3382.0	3395.1	2372.1	2667.64
比重%	100%	100%	100%	100%	100%	100%	100%	100%	100%	100%	100%
亚洲小计	226.39	296.73	113.16	139.60	378.76	230.41	357.15	1025.74	987.54	840.77	523.34
占总额%	10.31%	9.25%	3.53%	4.37%	11.65%	8.32%	11.69%	30.33%	29.09%	35.44%	19.62%
香　港	52.53	138.08	3.07	8.45	7.72	4.93	11.15	426.47	373.04	294.91	45.71
澳　门	0.39	–	–	–	0.46	0.52	0.46	0.31	0.56	0.51	0.79
台湾省	–	–	–	–	–	–	–	–	–	–	–
越　南	–	–	–	–	–	–	–	–	2.51	1.34	1.35
柬埔寨	–	–	–	–	–	–	–	–	–	–	–
日　本	12.23	11.78	19.13	56.76	33.41	12.48	29.81	83.06	76.17	32.50	60.51
菲律宾	–	–	–	–	–	–	–	–	–	–	–
泰　国	–	–	–	–	–	–	–	–	18.78	–	–
马来西亚	1.60	–	–	–	–	–	–	1.05	1.05	4.99	5.95
新加坡	3.25	3.68	4.47	15.68	9.64	1.04	30.66	2.52	30.80	1.91	31.85
印度尼西亚	–	–	–	–	–	–	–	–	–	–	–
巴基斯坦	117.8	72.17	86.49	43.14	19.93	22.1	18.12	31.53	71.68	39.60	69.55
孟加拉国	–	–	–	–	–	–	–	–	–	–	–
印　度	–	–	–	–	–	–	–	–	–	–	–
斯里兰卡	1.58	–	–	–	–	–	–	–	–	–	–
阿富汗	35.04	55.77	–	5.73	160.07	164.79	245.25	197.25	50.28	86.18	20.97
伊　朗	–	–	–	–	143.72	–	–	–	–	7.24	1.95
土耳其	–	–	–	–	–	–	–	–	–	–	–
塞浦路斯	–	–	–	–	–	–	–	–	–	–	–
叙利亚	–	–	–	–	–	0.20	4.69	13.25	31.24	79.83	160.70
黎巴嫩	–	–	–	–	–	–	–	–	–	–	–
约　旦	–	–	–	–	–	–	–	–	–	59.82	14.10
也　门	–	–	–	–	–	–	–	6.00	23.73	35.27	8.90
伊拉克	–	–	–	–	–	–	–	–	–	–	8.44
沙特阿拉伯	1.80	14.91	–	9.84	3.81	24.35	7.48	8.72	13.79	25.62	–
科威特	–	–	–	–	–	–	–	1.08	–	–	90.11

续表3—10—5　　　　单位:万美元

阿联酋	0.17	0.34	–	–	–	–	8.40	253.54	292.29	165.00	–
阿　曼	–	–	–	–	–	–	–	–	–	–	2.46
韩　国	–	–	–	–	–	–	–	0.96	1.62	0.11	–
以色列	–	–	–	–	–	–	1.13	–	–	5.94	–
非洲小计	785.32	1500.67	1528.12	1571.64	1649.93	1423.26	2041.26	1332.41	819.11	657.75	812.32
占总额%	35.77%	46.79%	47.64%	49.25%	50.75%	51.41%	66.81%	39.40%	24.13%	27.73%	30.45%
埃　及	1.15	3.31	7.33	–	18.09	–	–	9.34	–	–	11.55
苏　丹	6.56	–	–	–	–	–	–	–	9.25	–	130.90
利比亚	–	–	–	–	44.18	70.37	326.21	120.57	–	–	17.37
突尼斯	–	–	–	–	–	–	–	–	–	3.47	20.47
阿尔及利亚	57.57	63.23	278.28	317.66	284.56	445.49	142.84	–	–	22.11	66.45
摩洛哥	380.07	694.34	784.75	953.67	985.91	688.93	627.37	565.82	455.89	240.88	9.72
加拉利群岛	7.78	1.6	–	–	–	–	–	1.11	–	1.59	–

安徽茶叶进出口有限公司1986—2008年分国别(地区)出口额表(表二)

表3—10—6　　　　单位:万美元

国家或地区／年份	1986	1987	1988	1989	1990	1991	1992	1993	1994	1995	1996
毛里塔尼亚	121.70	405.76	261.27	87.54	131.64	–	269.52	–	–	–	220.18
塞内加尔	4.18	30.79	7.19	136.05	178.14	164.01	648.5	546.37	253.01	207.95	–
冈比亚	22.01	25.41	–	–	–	–	23.90	30.15	1.24	7.53	196.56
马　里	–	58.91	–	–	–	–	–	–	8.48	103.49	3.21
几内亚	–	–	–	–	–	–	–	–	–	–	–
加　纳	–	–	–	–	–	–	–	2.96	–	–	–
科特迪瓦	–	–	–	–	–	–	–	37.12	–	3.46	8.59
布基纳法索	–	–	–	–	–	–	–	–	–	–	–
贝　宁	–	17.14	–	–	–	–	–	–	–	–	–
尼日尔	110.44	34.62	152.88	69.25	3.70	44.34	–	–	–	–	1.71
塞拉利昂	–	–	–	–	–	–	–	–	–	–	55.65
多　哥	41.57	98.26	36.42	7.47	3.71	–	–	–	–	–	42.69
尼日利亚	–	19.86	–	–	–	–	–	–	72.75	33.68	–
喀麦隆	–	–	–	–	–	–	–	–	–	–	–

续表3—10—6　　　　单位:万美元

乍　得	6.74	37.19	–	–	–	10.12	–	–	–	–	–
扎伊尔	–	–	–	–	–	–	–	–	0.8	1.95	–
佛得角	–	–	–	–	–	–	–	–	–	–	–
埃塞俄比亚	–	–	–	–	–	–	–	–	–	–	–
吉布提	2.73	–	–	–	–	–	–	1.80	–	–	–
肯尼亚	–	–	–	–	–	–	–	–	1.69	–	–
坦桑尼亚	–	–	–	–	–	–	–	–	–	–	–
安哥拉	–	–	–	–	–	–	–	–	–	–	–
莫桑比克	–	–	–	–	–	–	–	–	–	–	–
赞比亚	–	–	–	–	–	–	–	–	–	–	–
马拉维	–	–	–	–	–	–	–	–	–	–	–
津巴布韦	–	–	–	–	–	–	–	–	–	–	27.26
南　非	–	–	–	–	–	–	2.92	17.17	16.00	31.64	–
非洲其他国	22.82	10.25	–	–	–	–	–	–	–	–	–
	–	–	–	–	–	–	–	–	–	–	1165.0
欧洲小计	1079.0	1292.0	1368.0	1384.1	1123.44	1020.75	443.05	762.03	1323.5	718.85	43.67%
占总额%	49.15%	40.28%	42.65%	43.37%	34.55%	36.88%	14.50%	22.53%	38.98%	30.31%	280.38
波　兰	404.04	252.96	241.92	423.30	–	–	2.12	16.34	158.57	167.97	–
匈牙利	–	–	–	–	–	–	–	–	–	–	–
捷　克	–	1.39	–	–	–	–	–	–	–	–	–
保加利亚	5.44	3.13	–	–	–	–	–	–	–	–	–
罗马利亚	–	–	–	–	–	–	–	–	–	–	239.85
德　国	62.71	58.58	137.46	130.29	96.50	87.92	156.19	304.81	226.11	213.09	46.78
法　国	14.15	178.63	38.61	3.72	8.06	9.35	8.51	8.65	13.23	76.53	1.95
意大利	–	0.5	–	2.12	–	–	1.23	1.90	3.46	2.75	5.77
荷　兰	59.39	35.07	48.71	25.24	54.46	20.63	37.79	15.67	28.44	34.60	11.17
比利时	–	8.15	22.31	–	–	–	–	4.99	40.79	4.77	81.21
英　国	190.73	127.85	231.85	191.15	145.18	114.25	171.29	184.18	143.66	123.85	–
爱尔兰	–	–	–	–	–	–	–	–	–	–	52.79
丹　麦	3.10	21.75	29.55	32.18	37.3	50.47	65.19	67.71	43.64	61.57	0.61
芬　兰	–	0.13	0.78	0.13	–	2.63	0.22	0.16	0.4	0.32	1.09

安徽茶叶进出口有限公司1986—2008年分国别(地区)出口额表(表三)

表3—10—7　　单位:万美元

国家或地区/年份	1986	1987	1988	1989	1990	1991	1992	1993	1994	1995	1996
瑞　典	–	0.32	–	–	–	–	–	–	1.09	2.60	–
挪　威	–	–	–	–	–	–	–	–	–	–	–
瑞　士	136.7	106.59	3.23	–	–	–	–	–	–	–	–
奥地利	0.33	–	–	–	–	–	0.51	–	–	3.69	–
希　腊	0.14	–	–	–	–	–	–	–	–	–	3.84
西班牙	15.60	45.76	–	–	–	–	–	–	7.13	21.26	–
葡萄牙	–	–	–	–	–	–	–	–	–	–	–
俄罗斯	185.59	450.48	613.57	575.98	781.94	735.50	–	117.27	42.11	–	6.09
乌克兰	–	–	–	–	–	–	–	–	–	–	428.82
乌兹别克	–	–	–	–	–	–	–	9.75	614.87	5.85	–
哈萨克斯坦	–	–	–	–	–	–	–	–	–	–	4.67
塔吉克斯坦	–	–	–	–	–	–	–	–	–	–	–
土库曼斯坦	–	–	–	–	–	–	–	29.35	–	–	–
拉脱维亚	–	–	–	–	–	–	–	–	–	–	–
欧洲其他国家	1.10	0.69	–	–	–	–	–	1.25	–	–	–
拉丁美洲小计	–	–	–	–	–	–	–	7.17	–	6.72	7.62
占总额%	–	–	–	–	–	–	–	0.21%	–	0.28%	0.28%
墨西哥	–	–	–	–	–	–	–	–	–	–	–
洪都拉斯	–	–	–	–	–	–	–	–	–	–	–
哥斯达黎加	–	–	–	–	–	–	–	–	–	–	–
巴拿马	–	–	–	–	–	–	–	3.40	–	–	–
古　巴	–	–	–	–	–	–	–	–	–	–	–
多米尼加	–	–	–	–	–	–	–	–	–	–	–
牙买加	–	–	–	–	–	–	–	–	–	–	–
委内瑞拉	–	–	–	–	–	–	–	–	–	–	–
哥伦比亚	–	–	–	–	–	–	–	–	–	–	–
巴　西	–	–	–	–	–	–	–	–	–	6.72	3.91
厄瓜多尔	–	–	–	–	–	–	–	–	–	–	–
秘　鲁	–	–	–	–	–	–	–	–	–	–	–
智　利	–	–	–	–	–	–	–	3.77	–	–	–
阿根廷	–	–	–	–	–	–	–	–	–	–	3.71
乌拉圭	–	–	–	–	–	–	–	–	–	–	–

续表 3—10—7　　　　单位：万美元

多米尼克	–	–	–	–	–	–	–	–	–	–	–
苏里南	–	–	–	–	–	–	–	–	–	–	–
北美洲小计	101.44	114.36	192.02	93.69	98.98	92.27	213.78	249.44	256.14	105.79	121.21
占总额%	4.62%	3.57%	5.99%	2.94%	3.05%	3.33%	7.00%	7.38%	7.54%	4.46%	4.54%
加拿大	0.82	1.42	6.19	1.42	5.48	0.22	7.46	–	3.94	3.57	1.48
美　国	100.62	112.94	185.83	92.27	93.50	92.05	206.32	249.44	252.20	102.22	119.73
大洋洲小计	3.38	3.38	6.40	2.20	–	1.58	–	5.17	8.78	42.24	38.12
占总额%	0.15%	0.11%	0.19%	0.07%	–	0.06%	–	0.15%	0.26%	1.78%	1.43%
澳大利亚	3.38	3.38	6.40	–	–	1.58	–	4.9	8.72	42.24	38.12
新西兰	–	–	–	2.20	–	–	–	–	0.06	–	–
新喀里多尼亚	–	–	–	–	–	–	–	–	–	–	–
波利尼西亚	–	–	–	–	–	–	–	0.27	–	–	–

安徽茶叶进出口有限公司 1986—2008 年分国别（地区）出口额表（表四）

表 3—10—8　　　　单位：万美元

国家或地区/年份	1997	1998	1999	2000	2001	2002	2003	2004	2005	2006	2007	2008
合　计	2809.28	2560.71	2399.42	2121.64	2346.69	1967.4	2174.8	2268.67	3641.9	3928.2	4259.9	4501.4
比重%	100%	100%	100%	100%	100%	100%	100%	100%	100%	100%	100%	100%
亚洲小计	481.84	344.60	344.36	519.85	381.82	574.98	419.95	366.96	476.96	557.90	719.01	1058.6
占总额%	17.15%	13.46%	14.35%	24.50%	16.27%	29.23%	19.31%	16.18%	13.10%	14.20%	16.88%	23.52%
香　港	18.27	23.00	13.33	31.25	14.82	8.64	21.94	11.12	4.07	5.86	6.06	6.69
澳　门	1.31	0.41	0.42	0.1	0.07	–	–	–	–	–	–	–
台湾省	–	–	13.57	0.39	–	0.23	–	0.69	–	8.13	0.72	–
越　南	–	5.81	–	–	2.07	131.36	37.68	2.23	1.00	–	102.40	232.60
柬埔寨	1.89	–	–	–	–	–	–	–	–	–	–	–
日　本	61.27	81.52	60.49	87.32	115.67	161.79	118.99	37.06	39.38	83.83	66.15	70.97
菲律宾	–	–	–	4.18	5.60	4.12	10.28	7.70	9.85	2.57	12.32	20.03
泰　国	12.19	–	–	–	0.21	–	0.03	–	–	2.56	–	109.11
马来西亚	3.71	–	0.35	11.21	33.39	20.91	19.20	25.58	15.28	1.19	5.55	3.39
新加坡	8.18	2.61	6.91	12.04	21.90	8.36	10.89	4.94	43.32	93.73	96.59	22.45
印度尼西亚	27.6	–	–	1.57	0.68	1.63	3.76	3.84	9.73	–	–	–

续表 3—10—8　　单位:万美元

巴基斯坦	67.44	45.14	74.68	113	66.68	79.78	22.1	26.13	40.58	52.24	40.51	82.37
孟加拉国	–	–	–	0.67	2.56	2.92	5.09	4.14	3.12	11.22	10.54	14.92
印　度	–	–	2.86	0.34	0.02	–	–	0.57	0.64	–	1.48	0.69
斯里兰卡	–	–	2.19	10.31	6.17	4.27	11.3	12.22	20.17	23.69	22.63	28.61
阿富汗	16.44	12.84	–	–	–	–	–	–	–	3.91	6.21	–
伊　朗	–	–	7.24	65.44	16.73	16.15	11.22	21.76	11.93	29.41	11.86	190.18
土耳其	–	3.59	3.30	7.51	1.28	–	3.7	16.85	27.51	20.05	10.63	8.90
塞浦路斯	–	–	0.57	–	–	1.79	–	–	–	–	–	–
叙利亚	203.00	93.71	36.99	67.74	21.89	55.25	33.58	88.75	100.63	86.73	155.36	92.25
黎巴嫩	4.93	12.09	7.14	6.06	3.80	4.68	1.83	3.45	3.14	7.72	10.96	5.67
约　旦	3.91	15.61	14.58	3.26	4.75	1.22	3.09	19.23	18.05	13.56	15.31	16.84
也　门	21.96	10.37	15.75	14.99	9.61	8.98	18.35	10.00	1.91	–	1.68	–
沙特阿拉伯	7.30	24.86	21.45	32.57	21.98	10.30	17.23	11.36	14.80	6.98	7.87	16.30
科威特	–	–	–	–	0.92	0.69	1.87	3.76	6.81	10.73	9.35	18.12
阿联酋	20.03	13.06	62.53	46.03	29.31	24.06	60.63	50.69	86.33	86.32	3.14	1.11
阿　曼	–	–	–	0.14	1.71	–	–	–	–	–	–	–
韩　国	0.56	–	–	–	–	2.23	1.52	1.48	3.34	2.32	0.58	0.24
以色列	1.83	–	–	3.75	–	24.88	5.67	1.54	13.67	4.22	1.79	5.66
亚洲其他国家	–	–	–	–	–	0.74	–	1.87	1.70	0.93	–	–
非洲小计	726.69	530.48	858.86	719.40	1104.57	513.40	769.4	790.16	1581.25	1680.64	1099.2	918.82
占总额%	25.87%	20.72%	35.79%	33.91%	47.07%	26.09%	35.38%	34.83%	43.42%	42.78%	25.80%	20.41%
埃　及	0.65	3.11	–	–	–	1.96	0.26	1.04	3.44	1.53	3.99	3.93
利比亚	–	–	–	–	5.40	–	–	–	504.40	817.57	–	7.21
突尼斯	–	–	–	–	–	–	20.21	20.65	–	13.72	6.97	3.55
阿尔及利亚	26.19	4.01	24.18	65.92	159.78	128.96	204.99	192.58	310.61	188.98	174.46	162.34
摩洛哥	135.88	138.82	635.9	244.21	481.49	29.25	137.48	20.27	35.37	20.68	341.19	130.69
加拉利群岛	2.40	2.14	–	–	1.23	–	0.20	–	4.43	1.37	–	0.08
毛里塔尼亚	41.40	–	2.27	222.15	264.09	108.45	35.25	112.68	229.69	74.36	69.22	90.29

安徽茶叶进出口有限公司 1986—2008 年分国别(地区)出口额表(表五)

表 3—10—9　　　　　　　　　　　　单位:万美元

国家或地区/年份	1997	1998	1999	2000	2001	2002	2003	2004	2005	2006	2007	2008
塞内加尔	185.97	7.87	37.29	1.06	11.41	58.52	65.15	81.21	94.08	75.55	81.13	62.83
冈比亚	-	-	36.97	2.38	17.2	28.47	32.79	-	-	-	-	-
马　里	155.98	113.83	-	-	-	-	-	13.02	-	1.45	-	3.19
几内亚	-	-	-	-	-	-	-	-	-	-	3.69	-
加　纳	4.37	3.31	12.82	87.33	72.21	78.57	164.61	234.61	271.46	378.38	183.13	153.50
科特迪瓦	22.49	6.59	16.03	-	-	1.68	3.61	2.31	6.47	33.66	5.10	5.96
布基纳法索	-	-	-	-	-	-	-	14.00	-	-	-	-
贝　宁	3.78	-	-	-	-	-	3.97	7.02	23.06	17.93	145.29	131.38
尼日尔	-	5.57	-	-	-	-	3.11	-	7.07	-	-	-
塞拉利昂	-	-	-	-	-	-	-	-	-	-	-	-
多　哥	35.15	38.45	8.60	-	-	9.33	35.49	23.59	26.71	18.84	0.96	3.34
尼日利亚	7.56	47.20	9.41	23.43	6.28	31.41	29.02	35.55	25.69	2.48	29.26	84.18
喀麦隆	-	4.63	7.41	7.92	-	5.63	14.02	-	-	-	3.91	3.15
佛得角	-	-	-	-	-	-	-	1.74	-	-	-	-
埃塞俄比亚	-	-	-	-	-	-	-	0.21	1.26	2.09	-	-
吉布提	-	-	19.16	0.64	-	0.35	2.46	4.81	1.02	3.25	6.70	12.06
肯尼亚	9.67	-	-	0.81	-	-	-	-	3.32	-	5.40	1.43
坦桑尼亚	-	6.99	4.75	1.55	-	3.41	-	3.04	-	-	-	4.90
安哥拉	4.16	2.46	-	-	-	-	-	-	-	-	-	-
莫桑比克	0.74	-	-	5.54	-	-	-	-	-	-	10.74	10.02
赞比亚	-	-	9.61	1.51	-	-	-	-	-	-	-	-
马拉维	-	4.08	3.22	14.73	-	-	-	-	-	-	-	-
津巴布韦	12.06	-	1.05	1.95	4.19	1.92	-	-	-	-	-	-
留尼汪	-	-	-	-	-	-	-	-	-	1.60	4.78	-
马达加斯加	-	-	-	-	-	-	-	-	-	1.09	-	3.29
南　非	78.25	141.42	28.83	36.6	80.18	15.99	16.78	19.71	25.36	26.11	20.08	35.73
非洲其他国家	-	-	1.36	1.66	1.10	9.50	-	2.12	7.81	-	-	-
欧洲小计	1377.22	1438.2	1067.05	727.54	639.21	689.58	730.09	679.26	975.37	1088.19	1686.3	1582.6
占总额%	49.02%	56.16%	44.47%	34.29%	27.24%	35.05%	33.57%	29.94%	26.78%	27.70%	39.58%	35.16%
波　兰	187.02	219.59	257.97	123.68	141.15	128.16	135.48	32.33	41.81	32.13	35.29	30.96
匈牙利	-	-	-	-	-	8.90	-	1.68	-	-	-	0.10

续表 3—10—9　　　　单位:万美元

捷　克	–	–	0.39	0.11	–	1.78	16.07	13.00	3.93	13.62	12.74	1.13
保加利亚	–	–	1.84	7.29	13.47	2.54	6.41	4.21	5.97	2.29	10.58	7.53
罗马利亚	–	18.19	61.87	22.14	3.51	–	2.62	–	–	6.72	17.69	12.85
德　国	149.91	300.41	244.90	180.19	169.16	161.45	139.73	113.15	127.35	208.93	343.11	198.43
法　国	77.66	70.32	40.99	62.62	59.41	90.70	56.36	67.55	64.08	98.11	67.41	95.93
意大利	2.02	3.82	1.85	5.85	1.80	2.87	3.29	3.18	47.42	18.02	9.04	29.31
荷　兰	22.65	35.08	38.31	64.69	13.62	50.09	29.15	17.76	85.79	85.94	67.81	31.72
比利时	5.94	11.41	6.21	2.40	–	9.20	0.50	4.05	11.25	8.16	5.91	71.84
英　国	165	206.81	120.73	59.09	80.28	42.98	18.73	28.38	37.18	33.32	20.38	14.66
爱尔兰	–	–	–	–	–	0.85	–	0.12	–	0.71	1.14	0.53
丹　麦	37.44	45.29	51.35	17.16	19.75	19.64	20.10	12.86	45.06	49.48	47.63	68.36
芬　兰	–	–	0.06	0.47	0.19	–	–	0.04	0.44	0.50	5.60	–
瑞　典	1.24	6.13	1.16	0.61	1.01	0.87	0.45	–	0.52	0.06	–	0.34

安徽茶叶进出口有限公司 1986—2008 年分国别(地区)出口额表(表六)

表 3—10—10　　　　单位:万美元

国家或地区/年份	1997	1998	1999	2000	2001	2002	2003	2004	2005	2006	2007	2008
挪　威	–	9.02	4.78	–	–	12.79	11.65	0.87	0.35	1.94	–	–
瑞　士	–	0.87	0.20	0.63	0.45	1.53	1.23	1.25	2.17	2.94	3.84	2.66
奥地利	–	–	0.11	–	–	–	1.40	1.04	8.90	0.41	–	–
希　腊	–	–	1.93	–	–	0.89	2.22	–	0.72	7.66	11.29	2.54
西班牙	1.99	8.98	9.35	1.99	5.41	24.41	28.33	57.78	43.29	26.71	14.72	31.33
葡萄牙	–	1.41	–	0.28	0.21	–	–	–	2.30	–	1.72	1.11
俄罗斯	–	–	–	–	–	3.99	29.49	30.10	80.52	84.27	278.16	264.23
乌克兰	–	–	–	–	–	–	39.95	70.85	88.26	165.71	298.90	205.60
乌兹别克	726.35	489.81	197.91	129.89	66.87	84.76	147.69	184.15	171.72	158.65	323.21	395.89
哈萨克斯坦	–	11.06	–	–	–	0.77	–	–	3.25	–	13.82	6.41
土库曼斯坦	–	–	22.16	48.45	62.91	33.81	19.60	27.57	89.28	32.76	32.88	53.77
拉脱维亚	–	–	–	–	–	–	4.83	7.34	11.94	24.54	22.89	7.57
克罗地亚	–	–	–	–	–	–	–	–	–	20.44	29.66	40.23
欧洲其他国家	–	–	2.97	–	–	6.60	14.81	–	1.87	4.18	10.62	6.19
–	–	–	–	–	–	–	–	–	–	–	–	–

续表3—10—10　　　　　　　　　　　　　　　　　　单位:万美元

拉丁美洲小计	30.97	53.43	24.07	61.57	123.94	96.43	67.86	267.13	352.99	343.94	387.57	590.62
占总额%	1.10%	2.09%	1.00%	2.90%	5.28%	4.90%	3.12%	11.77%	9.69%	8.76%	9.10%	13.12%
墨西哥	9.34	15.71	–	–	–	1.27	0.91	7.34	21.50	69.27	44.23	23.02
洪都拉斯	–	–	–	1.19	–	–	2.80	3.32	4.04	–	–	1.96
哥斯达黎加	–	–	–	0.16	–	–	–	3.88	8.98	–	5.41	–
巴拿马	–	–	–	2.43	–	6.19	1.25	92.49	126.42	52.12	19.25	17.39
古　巴	–	–	1.13	–	1.27	1.71	–	1.54	–	0.43	0.24	–
多米尼加	–	–	1.17	5.88	–	1.16	0.37	–	–	6.61	12.45	4.60
牙买加	–	3.83	1.84	–	–	–	–	–	–	–	–	–
委内瑞拉	9.45	–	–	–	–	1.28	–	–	5.17	10.35	26.82	–
哥伦比亚	–	–	–	–	–	–	1.28	2.25	6.09	5.46	17.42	9.38
巴　西	4.82	14.66	14.91	33.03	82.57	44.22	46.31	136.94	141.55	156.39	219.04	485.56
厄瓜多尔	–	–	–	–	4.34	–	–	5.43	–	–	5.10	11.36
秘　鲁	–	–	–	–	10.68	7.03	0.51	0.91	0.87	1.46	–	3.29
智　利	0.7	–	–	13.71	18.28	21.14	0.12	3.03	7.56	13.59	13.08	16.93
阿根廷	4.38	12.87	1.53	1.23	–	–	2.33	–	–	–	–	–
乌拉圭	2.29	6.36	3.49	2.56	4.09	3.44	9.11	4.41	17.89	21.81	12.80	10.22
多米尼克	–	–	–	–	–	–	–	1.70	4.51	–	–	–
苏里南	–	–	–	1.38	2.64	7.34	2.77	3.89	8.41	3.43	3.59	5.44
拉丁美洲其他	–	–	–	–	0.07	1.65	0.10	–	–	3.02	6.31	1.33
北美洲小计	185.2	182.58	95.71	87.52	78.42	78.42	153.41	118.98	197.08	206.11	295.10	280.74
占总额%	6.59%	7.13%	3.99%	4.13%	3.34%	3.99%	7.05%	5.24%	5.41%	5.25%	6.93%	6.24%
加拿大	–	4.24	–	7.33	10.08	5.82	13.38	4.65	28.22	24.27	58.93	36.26
美　国	185.22	178.34	95.71	80.19	68.34	72.60	140.03	114.33	168.86	181.84	236.17	244.48
大洋洲小计	7.35	11.42	9.37	5.76	18.73	14.58	34.08	46.17	58.27	51.44	72.72	70.08
占总额%	0.26%	0.45%	0.39%	0.27%	0.80%	0.74%	1.57%	2.04%	1.60%	1.31%	1.71%	1.55%
澳大利亚	7.35	7.84	2.78	1.74	13.64	5.76	16.05	24.65	47.07	50.69	72.72	69.06
新西兰	–	3.59	6.59	4.02	5.09	5.78	16.07	20.75	8.90	–	–	–
新喀里多尼亚	–	–	–	–	–	1.78	1.96	0.77	1.80	0.75	–	–
波利尼西亚	–	–	–	–	–	1.26	–	–	0.50	–	–	1.02

第二节　辉隆集团农资进出口贸易

1987 年,省农资公司设立化肥经营科,负责完成国家和省计委每年分配公司的进口化肥计划。

1991 年,成立化肥进口部,负责进口化肥配额申请、货源落实、外汇支付、港口调拨、省内计划落实等。年均进口化肥 10 万吨,品种主要为三元素复合肥、磷酸二铵、氯化钾。

1994 年 1 月,省社批准成立安徽省农业生产资料公司上海公司,注册资本 506 万元。负责省农资公司进口部在上海港进口化肥的接货、报关、灌装、发运中转、销售事宜,开展化肥外购外销业务。2004 年撤资注销。

1997 年,安徽省农业生产资料公司连云港公司成立,注册资本 100 万元,负责公司经连云港进口化肥的接货、报关、灌装、发运中转事宜及外购外销。2003 年 10 月,改制成立连云港天吉农资有限公司,2005 年撤资注销。

1998 年,省农资公司成立出口部,经营蜂蜜、农副产品等出口及出口代理业务。2003 年 10 月 16 日,成立安徽省瑞丰化肥贸易有限公司,具有独立法人资格,注册资本 500 万元,集团公司控股 70%,员工持股 30%,开拓化肥、农药进出口以及出口代理业务。2006 年,注册资本增至 700 万元;2007 年销售额达 12 亿元;2009 年,公司股本增至 2000 万股,注册资本 2000 万元,全年实现销售额 14 亿元;2010 年销售额达 22.47 亿元。

2004 年 3 月,瑞丰化肥贸易有限公司在上海成立瑞美丰国际贸易有限公司(子公司),注册资本 100 万元,前期主要经营上海港进口肥业务。2005 年,随上海港化肥进口业务搬迁,转为探索国内磷肥贸易和其他品种的国际贸易业务。

2005 年 5 月,瑞丰化肥贸易有限公司在内蒙古满洲里成立全资子公司——满洲里瑞美丰贸易有限公司,注册资本 200 万元,经营边贸进口肥,实现口岸陆运化肥直接进口,开展对俄贸易。2007 年起,拓展东北市场,业务重心由边贸口岸转至哈尔滨,在齐齐哈尔等地设立办事处。

2008 年 3 月,瑞丰化肥贸易有限公司在黑龙江成立瑞美丰贸易有限公司,注册资本 500 万元,增加粮食及其他农产品业务。5 月,瑞丰化肥贸易有限公司注册成立香港公司,注册资本 100 万美元。11 月,随瑞美丰贸易有限公司运营步入正轨,注销满洲里瑞美丰贸易有限公司。

2010 年 4 月,注册成立山东辉隆化肥有限公司,注册资本 500 万元,法定代表人王传友。

辉隆集团进口贸易　进口渠道　1988 年,化肥进口统一由中国化工进出口总公司(后改为中化集团)独家代理,省农资公司是化肥进口配额许可证的省内唯一使用单位。

初期,省农资公司的化肥进口由中化总公司安徽省分公司代理,化肥配额许可证由中化总公司统一使用,省农资公司与国外公司直接洽谈联系进口的品种、数量、价格、品质、交货事宜等,再由中化国际化肥公司对外统一签订进口合同。

1998 年 11 月,中国农业生产资料集团公司(简称中农)获得化肥进口权,省农资公司于 1999 年 4 月由中农公司代理在上海港首次进口氯化钾 2 万吨。之后中农公司取得美国二铵、俄罗斯复合肥等国外优质化肥货源,双方业务密切。

1994—2003 年,省农资公司与美国、俄罗斯、英国、新西兰、挪威数十家国际知名化肥贸易商合作。

2000 年起,中农、中化在国内建立独立分销机构和销售渠道,同时选择与外商直接签约。省农资公司进口肥资源大多只能通过国内再分配获得,在资源和价格上均无话语权。

2003 年 10 月,安徽省瑞丰化肥贸易有限公司成立。做好进口化肥国内二次经销,尝试与其他进口肥供应商直接联系。2005—2007 年,与中国香港 sunrise 公司、美国运安公司、德国钾盐公司等合作。

2006 年 1 月,满洲里瑞美丰贸易有限公司在满洲里口岸首次直接进口国际钾肥公司(IPC)氯化钾 2000 吨,由满洲里龙翔经贸有限责任公司代理。随后与 IPC 合作在二连浩特、绥芬河等口岸实现直接边贸进口,累计进口数量 1 万吨。2008 年,在绥芬河注册成立黑龙江瑞美丰贸易有限公司,取得边贸化肥直接进口权。

进口品种　20 世纪 90 年代前期,各种化肥需求缺口大。通过国家计划分配,省农资公司根据季节进口省内严重短缺的尿素、复合肥、磷酸二铵、氯化钾等品种,尿素主要来源于独联体国家,磷酸二铵主要来源于美国,复合肥主要来源于北欧、东欧和俄罗斯。

20 世纪 90 年代后期,国家提倡发展氮肥和磷肥产业,逐步停止尿素进口,对进口磷酸二铵征收进口增值税。省农资公司将配额主要用于进口氯化钾、磷酸二铵、复合肥等。

加入 WTO 后,我国对尿素实行关税配额管理,尿素再次可以进口,但国内氮肥行业生产工艺和产能不断发展,产量已能满足消费需求,进口尿素市场比例逐渐减小,退出省内销售市场;国产复合肥、磷酸二铵等亦能满足需求,进口复合肥、磷酸二铵市场份额逐年萎缩,加上进口复合肥、磷酸二铵国内国际市场价格倒挂,省农资公司逐步减少进口数量。

2007 年 12 月起,瑞丰公司与德国钾盐集团(世界第四大钾肥生产商)合作,成为其在安徽省总代理,直接进口钾肥资源,主要品种为标准状氯化钾(白色)、标准大颗粒氯化钾(红色)、氯化钾镁、硫酸钾镁等品种,年均进口量 1.5 万吨。

辉隆集团1998—2008年主要农资品种进口数量表

表3—10—11 单位:吨

年　份	氯化钾	复合肥	磷酸二铵	尿素
1998	61720	36616	42000	0
1999	89519	43207	40000	0
2000	30482	9485	25000	0
2001	40000	5000	26000	0
2002	57450	5000	30000	0
2003	20000	12000	30000	3000
2004	0	0	0	0
2005	0	100000	0	0
2006	14000	6000	0	0
2007	7000	0	0	0
2008	1964.48	0	0	0

内销方式　1998年前,进口化肥主要由供销社各级农业生产资料公司和基层供销社销售,省农资公司根据省内市场需求和配额数量确定进口计划,并将进货品种、数量、价格、到货时间等通知各地市、县级农资公司,根据各地计划汇总安排发货中转事宜。

1998年,省农资公司进口化肥销售方式由系统内逐级调拨销售逐步放开,走向市场。

2003年起,由瑞丰公司承担集团和省内市场进口肥供应。

2004年,辉隆集团开展农资连锁经营,进口肥由新成立的专业区域公司在省内市场销售,瑞丰公司采购的进口化肥资源优先供应各区域公司,在工业上直接销售工厂用户,不受区域限制。

辉隆集团出口贸易　1998年,省农资公司依托供销社系统内茶叶、蜂蜜等产品,发展出口代理业务,年出口额约300万美元。

2003年10月,安徽省瑞丰化肥有限公司以化肥、农药和其他化工品为主要出口品种,至2008年,出口规模在省级农资公司中排名第1,全国排名前3;年出口额由2001年100万美元发展到2008年1.2亿美元。

化肥　2003年9月,省农资公司在烟台港实现第一单化肥出口,客户为新加坡利跃农化有限公司,出口数量2.5万吨,出口金额340万美元,合作工厂主要为河北景县、东光等厂商。

2004年年初,瑞丰公司与国外客商签订大量出口合同。3月,出口尿素遭遇政策调整,国家从2004年3月16日—2005年3月15日对尿素产品一律暂停增值税退税,但对2004年3月16日以前已经签订的出口尿素合同,在2004年3月16日以后出口的仍按11%的退税率办理退(免)税。瑞丰公司按照出口新政策的要求,将3月16日前签订的15万吨出口尿素合同送至安徽省国税局申请备案,于5月通过备案。11月,国家发改委规定:2004 年 12 月 1 日起,对 2004 年 4 月以前已签订并报税务机关备案但未标明化肥出口价格的长期出口合同也一律停止增值税出口退税,2005 年继续实行对尿素、磷酸二铵、磷酸一铵等主要化肥产品暂停出口退税的政策。至 2004 年 12 月 31 日,瑞丰公司实现出口尿素 13.91 万吨,出口金额超 3500 万美元,合作厂商扩大到四川、山东、山西、河北、海南等省 20 余家工厂,出口港口由烟台发展到秦皇岛、泰州、连云港等。

2004 年年底,国家发改委针对尿素制定出口关税政策:2005 年 1—5 月按260 元/吨计征出口关税;自 2005 年 6 月 1 日起调整为计征季节性暂定关税,其中 6—10 月按 30%计征,11—12 月按 15%计征。瑞丰公司在 2005 年 8—9 月提前组织货源,实现出口,全年共出口尿素 8.95 万吨,实现出口金额 2500 万美元,出口客户增加,与国际知名贸易商合作,出口市场拓展到东南亚、东亚、北美、南美等。是年,瑞丰公司成为国际化肥协会(IFA)会员。

2006 年,国家继续对尿素、磷酸二铵、磷酸一铵等化肥产品暂停出口退税并征收临时季节性出口暂定关税,1 月 1 日—9 月 30 日暂定出口关税税率为 30%,10 月 1 日—12 月 31 日暂定关税税率下调至 15%,2006 年下半年国内磷肥价格尤其是磷酸一铵因国内工厂产能扩增,加之下游复合肥工厂需求不旺导致销售迟缓,价格持续处于低谷,而国际市场磷肥需求逐渐旺盛,价格转暖回升,在征收 15%出口关税情形下仍能实现出口,瑞丰公司至 2006 年 12 月 31 日共计出口化肥 9.35 万吨,出口金额 2690 万美元,其中尿素 4.29 万吨、磷酸一铵 4.49 万吨、磷酸二铵 5680 吨。

2007 年,化肥全球需求量持续增加,国际市场氮、磷、钾各种化肥价格特别是磷肥价格上涨,不断突破历史高位,国内市场价格因供大于求导致价格下滑,与国际市场价格差距明显。瑞丰公司上半年紧紧抓住磷肥系列品种出口,下半年谋划氮肥系列品种特别是尿素出口,全年化肥出口取得突破。至 12 月 31 日,合计出口化肥 31.37 万吨,其中尿素 18.73 万吨、磷酸一铵 8.08 万吨、磷酸二铵 11.28 万吨、氯化铵 2.05 万吨、过磷酸钙 5500 吨、硫酸铵 8062.10 吨,首次用集装箱出口微肥 222 吨。产品结构由常规的尿素、磷酸一铵、磷酸二铵发展到氯化铵、硫酸铵、过磷酸钙等系列产品。出口金额达1.15 亿美元,出口市场(东南亚、东亚、北美、南美)份额提高,出口国家达 20 余个,出口港口拓展到防城、湛江、南京、镇江、烟台、锦州港等 14 个。

2008 年 1—6 月,化肥国际市场延续 2007 年行情,价格屡创新高,全国用于出口的化肥数量再创新高,国家对化肥出口政策调整力度亦不断加大。2008 年 1—4 月连续出台 4 个文件,用于规定出口化肥关税政策,控制化肥出口。瑞丰公司克服不利因素,上半年出口各类化肥 16.71 万吨,其中尿素 2.77 万吨、复合肥 1.17 万吨、一铵 7.20 万吨、过磷酸钙 3.48 万吨、硫酸铵 1.34 万吨、氯化铵 4200 吨、国产氯化钾 3000 吨、磷酸二铵 500 吨。集团首次出口国产氯化钾和国产复合肥至东南亚市场。利用集装箱出运化肥,贸易增长明显。化肥出口品种全面涵盖氮、磷、钾及复合肥系列品种,出口额达 1.2 亿美元。11 月,受国际金融危机影响,国际国内化肥市场价格大幅下滑,为防止国内化肥企业遭受更重打击,保证国内市场正常供应,国家以化肥出口淡旺季关税和出口基准价格双重手段调节化肥出口,允许国内企业适度从事出口,减轻企业生存压力。

2009 年上半年,国内经济呈复苏态势,但国内化肥市场依旧低迷。6 月,国家再次调整化肥出口关税政策,自 2009 年 7 月 1 日起将部分化肥品种的全年出口暂定关税调整为 10%,延长尿素、磷酸一铵、磷酸二铵的淡季时间,其他化肥出口政策不变。瑞丰公司是年出口各类化肥 29.04 万吨,其中尿素 16.13 万吨、磷酸一铵 3.53 万吨、磷酸二铵 6750 吨、过磷酸钙 4.43 万吨、硫酸铵 2.93 万吨、复合肥 1.35 万吨,出口额达 1.5 亿美元。下半年,国家调整关税政策后,国内化肥市场虽有起色,但受国际经济缓慢复苏影响,化肥企业仍面临诸多困难。12 月,国家进一步调整化肥出口政策,自 2010 年 1 月 1 日起尿素、磷肥等的化肥出口暂定关税由 10% 下调至 7%。

2010 年上半年,瑞丰公司发展二元素复合肥出口,下半年随国际化肥市场回暖反弹,国内化肥市场随之上扬。瑞丰公司全年出口各类化肥 59.46 万吨,其中尿素 34.93 万吨、磷酸二铵 6750 吨、磷酸一铵 10.42 万吨、复合肥 9.79 万吨、过磷酸钙 2.11 万吨、硫酸铵 1.54 万吨,出口额 2 亿美元,达到历史新高。9 月,国际化肥市场价格上扬、国内市场化肥价格低于国际市场价格,国内化肥出口企业加大出口数量,影响国内化肥价格稳定和市场供应。11 月,财政部下文规定:2010 年 12 月 1—31 日,对尿素、磷酸二铵、磷酸一铵及混合物按 35% 的暂定税率征收出口关税,并征收 75% 的特别出口关税,以保证国内淡季化肥储备价格平稳运行。12 月,国家对化肥出口政策的基准价格和淡旺季同时进行调整,其目的是既确保国内化肥价格稳定、供应充足,又留有出口通道调节国内过剩产能。

2004—2010 年化肥出口政策调整一览表

表 3—10—12

年份	月份	化肥出口政策调整内容
2004 年	3 月	2004 年 3 月 16 日—2005 年 3 月 15 日,对尿素产品一律暂停增值税退税。但对 2004 年 3 月 16 日以前已经签订的出口尿素合同,在 2004 年 3 月 16 日以后出口的仍按 11% 的退税率办理退税
	11 月	2004 年 12 月 1 日起,对 2004 年 3、4 月份以前已签订并报税务机关备案但未标明化肥出口价格的长期出口合同也一律停止增值税出口退税
2005 年	1 月	2005 年 1 月 1 日—5 月 31 日,对出口尿素征收 260 元人民币/吨的暂定关税
	5 月	2005 年 6 月 1 日起,出口关税调整为计征季节性暂定关税:6 月 1 日—10 月 31 日按 30% 计征,11 月 1 日—12 月 31 日按 15% 计征 实行对尿素、磷酸二铵、磷酸一铵等主要化肥产品暂停出口退税的政策;禁止尿素、磷酸二铵等化肥加工贸易出口
2006 年	1 月	继续对尿素、磷酸二铵、磷酸一铵等化肥产品暂停出口退税并征收临时出口暂定关税。其中:1 月 1 日—9 月 30 日暂定出口关税税率为 30%,10 月 1 日—12 月 31 日暂定关税税率下调到 15%

续表 3—10—12

2007 年	1 月	化肥出口关税政策维持 2006 年不变:1 月 1 日—9 月 30 日出口关税 30%;10 月 1 日—12 月 31 日出口关税 15%
	5 月	2007 年 6 月 1 日起对一般贸易和边境小额贸易方式出口的磷酸二铵开征季节性出口暂定关税,6 月 1 日—9 月 30 日期间税率为 20%,10 月 1 日—12 月 31 日期间税率为 10%;从 7 月 1 日起取消所有化肥的出口退税
2008 年	1 月	1. 对尿素自 1 月 1 日—3 月 31 日实行 30% 的暂定关税;4 月 1 日—9 月 30 日实行 35% 的暂定关税;10 月 1 日—12 月 31 日实行 25% 的暂定关税 2. 对磷酸氢二铵、磷酸二氢铵及磷酸二氢铵与磷酸氢二铵的混合物自 1 月 1 日—3 月 31 日实行 20% 的暂定关税;4 月 1 日—9 月 30 日实行 30% 的暂定关税;10 月 1 日—12 月 31 日实行 20% 的暂定关税
	2 月	1. 调整磷酸氢二铵、磷酸二氢铵及磷酸二氢铵与磷酸氢二铵的混合物的出口暂定关税税率,2 月 15 日—9 月 30 日税率提高至 35%;10 月 1 日—12 月 31 日仍实行 20% 的税率 2. 对部分含磷复合肥开征出口暂定关税,自 2 月 15 日—9 月 30 日实行 35% 的税率;自 10 月 1 日—12 月 31 日实行 20% 的税率
	3 月	2008 年 4 月 1 日—12 月 31 日,对过磷酸钙和钾肥征收 30% 的出口暂定关税
	4 月	2008 年 4 月 20 日—9 月 30 日,对所有贸易形式、地区、企业出口的化肥类产品及部分原料,在原有出口税率的基础上,以出口价格为基础,加征特别出口关税,税率为 100%
	9 月	2008 年 9 月 1 日—12 月 31 日,氮肥及合成氨的特别出口关税上调至 150%
2009	6 月	自 2009 年 7 月 1 日起: 1. 对合成氨、磷酸、氯化铵、重过磷酸钙、二元复合肥等化肥产品(包括工业用化肥)统一征收 10% 的出口暂定关税,取消出口特别关税 2. 调整尿素、磷酸一铵、磷酸二铵 3 项化肥产品征收出口关税的淡、旺季时段,将尿素的淡季出口税率适用时间延长 1 个月,旺季(2—6 月,9 月 16 日—10 月 31 日)出口关税 35%,特别关税 75%。淡季(1 月,7 月 1 日—9 月 15 日,11 月 1 日—12 月 31 日):当出口价格不高于基准价格时,10%。当出口价格高于基准价格时,税率 =(1.1—基准价格/出口价格)×100%(基准价按 2300 元/吨)。磷酸一铵、二铵的淡季出口税率适用时间延长一个半月:旺季(2—5 月,9 月 1 日—10 月 15 日)出口关税 35%,特别关税 75%。淡季(1 月,6—8 月,10 月 16 日—12 月 31 日)当出口价格不高于基准价格时关税 10%,当出口价格高于基准价格时,税率 =(1.1—基准价格/出口价格)×100%(磷酸一铵、磷酸二铵的基准价分别为 3700 元/吨,4000 元/吨)
	12 月	自 2010 年 1 月 1 日起: 1. 尿素的淡季为 1 月、7 月 1 日—9 月 15 日,10 月 16 日—12 月 31 日,在淡季,若化肥出口价格低于基准价格,则对化肥出口征收 7% 的关税。若化肥出口价格高于基准价格,则根据公式"税率 =(1.07—基准价格/出口价格)×100%"征收较高关税。旺季为每年 2—6 月、9 月 16 日—10 月 15 日,尿素淡季出口基准价为 2300 元/吨。在旺季,化肥出口的暂定关税为 35%,特别出口关税为 75%,总出口关税合计 110% 2. 磷酸二铵、磷酸一铵的淡季为 1 月,6—8 月,10 月 16 日—12 月 31 日,在淡季,若化肥出口价格低于基准价格,则对化肥出口征收 7% 的关税;若化肥出口价格高于基准价格,则根据公式"税率 =(1.07—基准价格/出口价格)×100%"征收较高关税,淡季出口基准价磷酸二铵 4000 元/吨,磷酸一铵 3700 元/吨。旺季为每年 2—6 月、9 月 16 日—10 月 15 日,2—5 月、9 月 1 日—10 月 15 日,化肥出口的暂定关税为 35%,特别出口关税为 75%,总出口关税合计 110% 3. 对合成氨、磷酸、氯化铵、重过磷酸钙、二元复合肥等化肥产品(包括工业用化肥)统一征收 7% 的出口暂定关税 4. 三元素复合肥 1—9 月征收 35% 关税,10—12 月征收 20% 关税,特别关税 75% 5. 钾肥全年征收出口关税 30%,特别关税 75%

续表 3—10—12

2010 年	11 月	2010 年 12 月 1—31 日,对尿素、磷酸氢二铵、磷酸二氢铵及磷酸二氢铵与磷酸氢二铵的混合物按 35% 的暂定税率征收出口关税,并征收 75% 的特别出口关税。12 月 1 日前提前申报出口并在 3 个工作日内运抵海关监管区的,允许按原税率执行
	12 月	自 2011 年 1 月 1 日起执行: 1. 尿素:旺季 1—6 月,11—12 月,执行旺季关税,出口关税 35%,特别关税 75%;淡季 7—10 月执行淡季关税,税率为 7%;尿素基准价从 2300 元/吨降到 2100 元/吨 2. 磷肥一铵和磷酸二铵:旺季 1—5 月、10—12 月执行旺季关税,出口关税 35%,特别关税 75%;6—9 月执行 7% 的淡季关税;磷酸一铵基准价从 3700 元/吨降至 2900 元/吨,磷酸二铵基准价从 4000 元/吨降至 3400 元/吨 3. 对合成氨、磷酸、氯化铵、重过磷酸钙、二元复合肥等化肥产品(包括工业用化肥)统一征收 7% 的出口暂定关税 4. 三元素复合肥 1—9 月征收 35% 关税,10—12 月征收 20% 关税,特别关税 75% 5. 钾肥征收出口关税 30%,特别关税 75%

辉隆集团(安徽省农资公司)2003—2010 年化肥出口数量一览表

表 3—10—13　　　　单位:实物吨

化肥品种	年份							
	2003	2004	2005	2006	2007	2008	2009	2010
尿　素	25000	139060	89521	42944	187286	100791	161278	349313
复合肥						11650	13500	97914
磷酸二铵				5680	11280	1000	6750	21089
磷酸一铵				44850	80802	67824	35263	104182
氯化钾						2987		
过磷酸钙					5500	43250	44300	34570
硫酸铵					8062	9816	29258	15375
氯化铵					20509	5716		
其他品种				20	222	88	22	

农药　2005 年 4 月,瑞丰公司出口第一单为浙江产 80% 莠去津可湿性粉剂 15.6 吨,出口口岸为上海,出口至厄瓜多尔 Guayaquil,出口金额 4.49 万美元。是年共实现出口各种农药 449.616 吨,合计出口金额超 120 万美金,其中除草剂类的莠去津、草甘膦水剂和原药占 95%,剩余 5% 为杀菌剂,货源基地发展到江苏、浙江、福建等省的农药工厂,主要出口国家为泰国、新加坡、哥伦比亚、厄瓜多尔等。

2006 年,瑞丰公司出口农药 2489.64 吨,出口金额 350 万美元,出口市场增至韩国、泰国、新加坡、埃及、厄瓜多尔、哥伦比亚、乌拉圭、多米尼加等。

2007 年 2 月，瑞丰公司合并农药部和化工部为农化部，开拓农药出口。7 月 1 日，国家降低农药产品出口退税率，其中农药制剂出口退税率由 11% 降为 5%，原药由 13% 降为 5%，但 2007 年因全球转基因作物种植面积增长以及国际农药龙头企业——美国孟山都公司削减产量，导致农药产品在国际市场行情上扬，供不应求，逐渐消化出口退税降低带来的不利影响，出口势头依然强劲。瑞丰公司农化部重点扩大草甘膦出口。2007 年全年共实现农药出口 1450 吨，出口金额 591 万美元，主要为除草剂类草甘膦产品，亦有部分其他农药制剂产品，出口市场以南美市场的巴拉圭、哥伦比亚、乌拉圭为主，辅以东南亚地区。

2008 年，由于受原料甘氨酸价格大幅下降以及国内草甘膦产能迅速扩张等影响，4 月起草甘膦价格回落，瑞丰公司农化部加大出口，当年实现农药出口 526 吨，出口金额达 475 万美元。

2009 年，国际农药市场受 2008 年金融危机影响，虽缓慢复苏，但仍持续低迷。为减轻国内农药企业压力，提高市场竞争力，2009 年 6 月 1 日和 8 日，财政部和国家税务总局两次发布通知，提高部分农药产品出口退税率。瑞丰公司扩大出口规模，提高市场份额。2009 年农药出口 931.82 吨，出口金额 335.61 万美元。巩固加强南美、南亚市场，开拓欧洲、非洲、澳洲等市场，出口品种由草甘膦为主发展到除草剂、杀菌剂、杀虫剂等多品种并进。

2010 年，随国际农药市场复苏，瑞丰公司出口规模扩大，出口市场份额提高，出口品种更加丰富。虽然 6 月国家财政部发文取消草甘膦出口退税，公司全年仍出口农药 3153.59 吨、出口金额 1315.29 万美元。

其他品种　2005 年 8 月，安徽辉隆农资集团有限公司瑞丰公司成立化工部，负责农药以外的化工品出口。出口产品主要是初级化工品，附加值低，竞争优势较小。2007 年 2 月，农药部与化工部合并为农化部。其后，由于国家产业政策调整和化工品出口退税率不断降低或取消，中间环节出口初级化工品优势减少，瑞丰公司逐渐主动放弃化工品出口业务。其间，共实现出口氧化锌 565 万吨、纯碱 333.5 吨、工业氯化铵 427 吨、元明粉 1060 吨、工业硝酸钾 268 吨、硫酸镁 822 吨、其他化工品 245.24 吨，出口金额共计 750 万美元。

第三节　双赢集团再生资源进出口贸易

双赢集团进出口机构　2001 年 7 月 31 日，中华人民共和国对外贸易经济合作部发出《关于赋予安徽省再生资源公司进出口经营权的批复》，明确安徽省再生资源公司进出口业务经营范围是“自营和代理各类商品及技术的进出口业务”。11 月，公司申领《中华人民共和国进出口企业资格证书》，确定英文名 ANHUI RECYCLING RESOURCES

CO. 。11 月 20 日,作为自理报关单位注册登记,可按海关批准范围开展自理报关业务(注册登记编码 3401950028)。2002 年 4 月、2003 年 3 月、2004 年 2 月,相继办理上海、宁波、南京等异地备案手续。

2002 年 4 月,通过中国电子口岸入网用户资格审查,领取企业 IC 卡(法人卡、操作员卡)。为签发客户通关用的原产地证和法定检验商品报关需要,在安徽出入境检验检疫局办理备案手续(备案登记号 3400000707,2010 年变更为 3400602559),在中国国际贸易促进委员会安徽省分会进行注册登记(注册号 3401C0276)。

2003 年 8 月,因代理进口废铜、废铝需要申领进口许可证,根据商务部规定,向北京国富安电子商务安全认证有限公司申请进出口许可证企业电子钥匙。

2005 年 1 月 27 日,安徽省再生资源公司改制后更名为安徽省再生资源有限公司,在安徽省商务厅办理《对外贸易经营者备案登记表》(编号 00054721),英文名称改为ANHUI RECYCLING RESOURCES CO. , LTD. 。

2007 年 6 月,安徽省再生资源有限公司更名为安徽双赢再生资源集团有限公司。7 月 24 日,在合肥市对外贸易经济合作局办理变更《对外贸易经营者备案登记表》(编号 00419605)。英文名称改为 ANHUI WIN—WIN RECYCLING RESOURCES GROUP LTD. 。

固体废物原料进口 自 2002 年起,公司每年向国家环境保护总局(后为国家环境保护部)申请可用作原料的固体废物进口许可证,以进口国家所需可用作原料的资源,推动主营业务走向国际市场。自 2005 年起,因环境风险加大,须先向环保总局申报进口废五金电器、废电线电缆和废电机定点加工利用单位,再行申请进口许可证。2005—2009 年,公司被确定为进口废五金电器、废电线电缆、废电机定点加工利用单位。

2008 年,公司再经国家质量监督检验检疫总局审核,符合进口废物原料国内收货人登记条件,注册登记编号为 B34080364。由此具备进口商和利用商双重身份。

双赢集团进出口贸易业绩 2002 年起,安徽省再生资源公司开始正式自营进出口。至 2008 年,针织服装约占进出口总额 89%,主要销往哥伦比亚、巴拿马、智利、西班牙、日本、新西兰、澳大利亚、新加坡、加那利群岛等地。

2003 年,代理进口废铜、废铝等 431. 86 吨,代理金额 16. 58 万美元。

2004 年,代理进口废钢 1205 万吨,代理金额 2109 万日元(约合 20 万美元)。

2005 年,进口澳大利亚羊毛被 700 床,货值 2. 94 万美元。出口柳编篮主销美国。

2007 年,向美国出口绘图机,价值 0. 49 万美元。

2008 年,向英国出口雕刻机,价值 0. 1 万美元。

2009 年,公司自营从日本进口以回收铜为主的废电机等 3010 吨,价值 107. 34 万美元。次年,公司进口业务停止。

安徽双赢再生资源集团有限公司2002—2010年进出口业务统计表

表3—10—14　　　　单位：万美元

年份	进口	出口	累计
2002	0	78. 6940	78. 6940
2003	16. 5786	40. 0906	56. 6692
2004	20. 0000	94. 3244	114. 3244
2005	2. 9400	57. 0752	60. 0152
2006	0	34. 2745	34. 2745
2007	0	36. 1940	36. 1940
2008	0	21. 5894	21. 5894
2009	107. 3380	47. 6512	154. 9892
2010	0	17. 1741	17. 1741
合计	146. 8566	427. 0674	573. 9240

第四篇　为农服务

为农服务是供销合作社的使命所在。根据中共中央《关于一九八四年农村工作的通知》精神，供销合作社全面恢复集体所有制性质，按中央要求“真正办成农民群众所有的合作商业”，改革重点逐步转向为农村商品生产服务。1985 年起，安徽省各级供销社结合不同阶段工作重点，支持农村产业结构调整，引导和帮助农民发展商品生产，提供科技信息服务，推进农业产业化发展，建设各类专业合作社和农产品流通协会，促进农业增产、农民增收。通过建立庄稼医院、科技服务部和村级综合服务站等，为农民提供产前、产中、产后系列化服务。

进入 1990 年代，安徽省供销社系统参加省政府组织实施的“5432”“2823”两大工程中的粮、棉、油、茶开发，省供销社与省科委联合抓点 18 个。1991 年夏季，安徽省遭受特大洪涝灾害，全省供销社系统在抗洪救灾中组织供应草袋 419.5 万条、芦席 20.6 万张、麻袋 40.8 万条、毛竹 8.1 万根、油毡 3.18 万卷、农膜 2824 吨、铅丝 5955 吨，元钉 3701 吨、柴油 2.64 万吨、煤油 8950 吨。1992 年，庄稼医院、科技服务部和村级综合服务站已发展到 3700 多个。1995 年，中共中央、国务院发出《关于深化供销合作社改革的决定》；次年安徽省人民政府发出《关于深化供销合作社改革的实施意见》，全省供销合作社系统坚持农民合作经济组织性质，以为农业、农村、农民提供综合服务为宗旨，促进农村经济持续快速发展。

21 世纪，全省供销社通过庄稼医院，村级综合服务站，配肥、配药站，农机服务站等阵地，开展技术咨询、人员培训、订货送货、代购代销、代储代运等多领域、多形式服务，形成主要由供销社县、乡、村各级服务组织构成的上下贯通、纵横交错、多层次、多形式的农业服务体系。参与农村市场体系建设，推动农村资源合理配置，形成以农贸市场为基础、批发市场为骨干、综合性与专业性市场相结合的市场体系。引进连锁、配送、总代理、总经销等现代营销方式。

2004 年，安徽省供销社作为全省棉花、茶叶两大主导产业牵头单位，做好产业化规划的制订、分解、落实。次年，配合安徽省农业产业化“121 强龙工程”，省供销社制定“215 行动计划”。

2006 年 7 月，全省供销社系统启动“新农村现代流通服务网络工程”（简称“新网工程”）建设，构建日用消费品、农业生产资料、农副产品、再生资源、烟花爆竹“五大农村现代流通服务网络”。次年，《农民专业合作社法》颁布实施，各地规范登记已发展的专业合作社，拓宽专业合作社发展领域，增强辐射、带动能力。

2008 年，国务院发出《关于加快供销合作社改革发展的若干意见》，全省供销社系统努力成为农业社会化服务的骨干力量、农村现代流通的主导力量、农民专业合作的带动力量。推进专业合作社规范化种养、标准化生产和品牌化经营；新建和改造并举，整合社会资源，发展农村社区服务中心、综合服务社。2009 年，围绕农业产业化，实施“532 提升行动”和“‘612’行动计划”。至 2010 年，全省系统培育农业产业化龙头企业 300 余家，超出“十一五”规划目标近 180 家。共有 10 个项目被列为国家农业综合开发项目。发挥行业协会和农产品协会的组织、指导、自律和维权功能，在基地建设、品牌认证、标准实施、信息咨询、技能培训、产销衔接等方面，增强行业代表性和社会影响力。支持农资、棉花、茶叶、再生资源、烟花爆竹等 5 大省级协会发挥作用。全省系统拥有各类行业协会、农产品经纪人协会、合作经济联合会 287 家，入会会员 11.3 万人。创办综合服务社 9631 家。

2011 年，“新网工程”建设写入安徽省人民政府工作报告，作为全省经济发展的一项重点工作纳入政府年度目标考核范围；同时列入省政府《重点工作和责任分解》及《安徽省国民经济和社会发展年第十二个五年规划纲要》。全省系统销售化肥占全省社会需求 70%，棉花收购超过社会收购量 50%。供销社作为主发起人，组建 4 家小额贷款公司、3 家担保公司以及农村商业银行、农村合作银行、典当公司各 1 家，为农民、涉农企业提供金融服务。安徽省供销社推进农业产业化发展，履行棉花、茶叶产业化牵头职责，组织参加合肥农交会、北京首届农交会、上海农展会等。全省系统拥有国家级龙头企业 1 家、总社级 16 家、省级 38 家、省社级 138 家。次年，围绕安徽省人民政府农业产业化“‘671 转型倍增计划”，实施“‘821’行动计划”。

第一章　农业产业化

第一节　农业产业化体系建设

农业社会化服务　农业社会化服务，包括专业经济技术部门、乡村合作经济组织和社会其他方面为农、林、牧、副、渔各业发展所提供的服务。其形式是以乡村集体或合作经济组织为基础，以专业经济技术部门为依托，以农民自办服务为补充，形成多经济成分、多渠道、多形式、多层次的服务体系；其内容是为农民提供产前、产中、产后的全过程综合配套服务。供销合作社是农业社会化服务体系建设的重要力量。

1985 年，安徽省各级供销社支持农村产业结构调整，引导和帮助农民发展商品生产。在信息服务上，安徽省供销社扩大《安徽供销行情》版面和发行量，加入全国供销社系统信息协作网，组建华东六省一市行情信息网。舒城县各级供销社均建立信息机构，配备专职信息员 124 人，培训信息员 280 人次，与全国 27 个省、市、自治区 529 个单位建立信息联系，编印《供销信息》，全年共发行 44 期近 5 万份，发布各类信息 653 条。推行农副产品定购合同制。对棉花、黄红麻、茶叶等大宗农产品，供销社与农民签订收购合同，全省抽出大批人员与 49 个县（市）和农垦系统的 298 万余户农民签订棉花定购合同 288.8 万份，发放售棉证 257.6 万本，落实订购数 16.74 万吨，完成调减棉花 100 万亩种植面积的任务。徽州地区各级供销社与茶农和生产单位签订 2485 份定购合同，订购茶叶近 1.5 万吨，占实际收购量 99%。

1986 年，安徽省各级供销社为农村提供辅助生产物资 5920 万元，配备生产辅导员、技术员、信息员 7202 人，印发技术资料 15.1 万份，传递信息 2.7 万余条，培训农民技术员 5.5 万余人次，扶持专业户、联合体 10.1 万个。供销社还为砀山水果、合肥西瓜、蒙城棉花、徽州食用菌等商品生产提供系列化服务。

1987 年，安徽省供销社系统为农村商品生产提供多方面服务，全年提供资金 1793 万元；举办技术培训班 657 期，培训农民技术员 2.8 万人次；发行信息刊物 20 万份；扶持贫困户 12.6 万户；为乡镇企业代购代销产品 1500 余万元。全省系统有 29 个单位的储运设施向社会开放，出租仓库 5.5 万平方米，代储商品（物资）40 余吨。定远炉桥、嘉山石坝、滁州章广等基层供销社兴办农村金融服务社，通过供销社和农民入股、银行解决铺底资金的形式，吸收社会闲散资金，开办存贷业务，解决农民发展商品生产资金困难。

1988 年，各市、县供销社把支持开发性农业作为帮助农民脱贫致富突破口，蚌埠市和五河县以当地供销社为主，联合沿湖乡、村组建香涧湖水产资源养殖专业社，集资 42

万元,开发利用 8000 亩水面。霍山县供销社成立畜禽开发服务公司,提供资金、技术、信息服务,建成 11 个养羊村,扶持 208 个专业户,种羊饲养量达 3000 头;调进獭兔 210 只,建立 3 个养兔村;新建孵房 2 处。安徽省供销社科研所与金寨县供销社共同承担“119”扶贫工程中的食用菌项目,当年增加菇架 1100 平方米,栽培猴头菇 3.4 万瓶、金针菇 5 万袋、木耳棒 10 万公斤;扶持农户 55 户,当年获利 3 万元,户均 545.4 元。全省各级供销社成立一批以主营骨干产品为龙头的联合体,如安徽省蜂产品联合体、瓜子联合体、畜产品联合体、黄红麻联合体和羽绒集团等,繁荣市场。

1989 年,安徽省供销社系统示范测土配方施肥、氮肥犁沟深施、棉花条点播等 10 余万亩;进行大颗粒尿素实验 360 亩;试验、示范国内外农药 13 个品种计 700 亩。支持棉麻生产,向农民供应棉种 214 万公斤、麻种 70 万公斤。凤阳县农资公司和 18 个基层社直接参与农业科技集团承包,供应化肥 3 万余吨、农药 280 余吨、农机具 1.5 余件。推行生产、购销、供肥“三挂钩”,供应化肥 2 万吨,促进多种经营发展。安徽省供销社将服务与扶贫相结合,全年供应扶贫钢材 300 余吨,扶贫化肥 4.4 万吨。

1990 年,安徽省各地供销社参与科技兴农,至 10 月底建立“庄稼医院”、农技服务部、咨询处 600 余个,为农民提供测土配方、统一施肥(药)等服务。设立 412 个科技兴棉点,面积达 24.87 万亩,棉花单产由 44.5 公斤提高到 68.5 公斤。参与大田技术承包。开展农村实用科技普及和推广,全省供销社共举办各种技术培训班 1100 余期,培训农民 13.5 万人次,印发各种科技资料 20 余万份。

1991 年,根据《国务院关于加强农业社会化服务体系建设的通知》精神,安徽省供销社先后召开南北片工作会议,交流农业社会化服务体系建设经验,部署工作。各地供销社坚持“以农为本、富民兴社”,参与科技兴农,建设农业社会化服务体系。供销社联合相关部门建立承包集团,开展技物结合、全程服务。省和各地供销社参与省政府“5432”工程,组织大田技术集团承包 268.11 万亩,建设示范田、良种田、高产田 30.51 万亩。全省系统通过培养、招聘、引进等方式,配备农业技术人员 7389 人,举办科技培训班 2502 期,培训职工 1.83 万人次、农民 48.2 万人次。全省系统 3705 个“庄稼医院”和科技服务部向农民提供测土配方供肥、租赁维修、巡诊植保、推广新肥新药等项服务,建立配药站 563 个、配肥站 42 个。测土 302 万亩,供应配方复混肥 66.9 万吨。

1992 年 4 月,省社下发《关于加强农业社会化服务体系建设的通知》,要求:办好“庄稼医院”;加快村级综合服务站建设;参与大田承包,发展产销一体化;抓好新肥新药和先进适用农业科技示范推广;抓好 6 个全国农业社会化服务体系示范县工作;兴办批发市场,搞好农村商业网点建设;进一步发展农副产品加工业;加强供销社自身科技队伍建设和农民技术培训。9 月 8—9 日,省供销社在合肥召开农业社会化服务体系建设暨商业部 6 个示范县工作座谈会,要求坚定不移地抓好社会化服务,寻求发展新路。这一时期,尽管受到“撤区并乡”和经营“四放开”影响,农业社会化服务体系建设工作仍保持持续发展势头,重点在于发展并逐步完善庄稼医院、农资科技服务部和村级服务站；开展科技兴农，参与大田承包和棉花、薄荷油、茶叶、草席等大宗商品系列化服务；扩大农资系列化服务。各地还举办各种形式的科技兴农、“庄稼医生”培训班。至1992年年底，全省供销社各类基层服务网点已达1.44万个，其中庄稼医院558个、机防队684个、配肥（药）站700多个。次年3月，省社分别授予37个单位和41名个人“一九九二年度全省供销合作社系统科技兴农先进单位、先进工作者”称号，授予24名个人“优秀庄稼医生”称号。

1994年，全省供销社有“庄稼医院”558所、村级服务站2776个、配肥配药站688个、机防队696个。各地供销社或抓住当地骨干产品，运用经济联结形式，建立产业集团，推行贸工农一体化；或探索培育商品基地，发展农村商品经济，使农民与供销社利益共享、风险共担。宿州市栏杆供销社棉花协会、长丰县庄墓棉花专业合作社和临泉县牛庄棉花专业合作社以及天长市安乐蚕桑专业合作社，都以供销社为依托，由乡镇村和农技部门参加，吸收种植（棉、桑）大户入社，推动产业发展，壮大供销社实力。12月，省供销社在合肥召开全省地、市供销社农业社会化服务工作座谈会，总结各地工作做法：抓机构建设，健全网络；围绕传统经营项目，开展供应、销售等全程服务；运用经济联结形式，建立产业集团，推行贸工农一体化；为农服务形式更加灵活多样；进行专业培训，加强科技队伍建设；探索培育商品基地，建立专业合作社或协会。省供销社提出，要围绕发展农村经济、增加农民收入和农村奔小康目标，推进农业社会化服务体系建设。

1995年，安徽省供销社系统拥有“庄稼医院”1376所、村级综合服务站3993个、专业合作社181个。省供销社表彰40个农业社会化服务工作先进集体和49名先进个人。各地供销社依托当地骨干产品和优势农业，通过经济联结，建立产业集团，实行贸工农、产加销一体化。培育商品基地，发展农村商品经济，实现内外贸并举。将综合服务站办成集购销、科技咨询、文化生活服务于一身的综合服务机构。推广新肥新药，全省先后兴办复合肥厂30余个，年生产量达20余万吨。扩大农村科普知识宣传，推广农民急需的适用农业科技知识。是年，砀山县供销社兴办酥梨系列饮品公司。12月，省社在合肥召开全省供销社农业社会化服务和基层工作会议。要求各地供销社完善农业社会化服务体系，在信息咨询、流通、科技、扶贫开发、面向乡镇企业和龙头企业、与农民合作、“庄稼医院”建设等方面增强服务功能。

1996年以后，随着供销社推进农业产业化工作开展，农业社会化服务体系建设纳入农业产业化工作总体要求。

进入21世纪，随着建设现代农业，农业社会化服务体系包括的内容更加广泛，包括物资供应、生产服务、技术服务、信息服务、金融服务、保险服务以及农产品包装、运输、加工、贮藏、信息等各个方面。

农业产业化　农业产业化是以市场为导向，以经济效益为中心，以主导产业、产品为重点，优化组合各种生产要素，实行区域化布局、专业化生产、规模化建设、系列化加工、社会化服务、企业化管理,形成种养加、产供销、贸工农、农工商、农科教一体化经营体系,使农业走上自我发展、自我积累、自我约束、自我调节的良性发展轨道的现代化经营方式和产业组织形式。这种经营模式从整体上推进传统农业向现代农业转变,是加速农业现代化的有效途径。

1990年代,安徽省各地供销社利用当地的产业优势,抓住棉、麻、茶、果、薄荷等大宗骨干产品,建立龙头企业,下联专业户、专业村,开展产、加、销一体化经营。宿州市栏杆、长丰县庄墓等地成立棉花协会,临泉县朱庄成立棉花专业合作社,望江县成立蜂产品协会,望江、无为县供销社还利用棉花生产优势开拓经营。

1997年9月下旬,省社在萧县召开农业产业化现场会。全省供销社系统通过建龙头企业,实行"公司+农户",推进贸工农一体化经营,带动产业发展;以服务组织为依托,以组建专业合作社为突破口,实行专业化生产。是年,全省系统已建1400余所"庄稼医院"、7600余个村级综合服务站以及机耕机防队、配肥配药站等服务组织,创办专业合作社223个,入社农户达14.75万户,社员股金达1407.7万元,涉及棉花、茶叶、食用菌、蔬菜、水果、粮油、花生、红瓜子、薄荷等生产种植,蚕桑、水产、家禽、家畜等养殖,农业生产资料供应,"四荒"开发和农田承租等数十种。至1998年年底,组建各类专业合作社286个。望江、无为、蒙城等县棉花及砀山酥梨、太和薄荷油等形成产业化规模经营优势。

1999年,省社重点培育和发展科技含量较高且具带动和辐射作用的农产品加工型龙头企业。发展农副产品加工企业204个,其中达到全国总社级标准的大型龙头企业6个。各地还兴办农副产品批发市场20多个。

2000年,全省供销社强化为农业产前、产中、产后系列化服务,帮助农民增产增收。加强信息服务,引导农民和农产品经营者根据市场需求,合理安排生产和经营。做好为乡村居民生活服务,并向精神文化生活领域拓展。涡阳县石弓供销社为农民"婚丧嫁娶"服务,获当地政府和农民肯定。各级供销社参与农村市场体系建设,实施市场带动战略。

2001年,全省供销社各类专业合作社入社农户达37.02万户;专业合作社为农户推销农副产品3.81亿元,帮助入社农户增加收入7728万元。生产经营范围涉及种植业、养殖业、农副产品加工业和流通业4大类。培育商品基地,建立科技示范基地,促进农业产业结构调整。全省系统拥有农副产品商品基地443个,联络农户8.96万户,年销售农副产品2.8亿元。通过"龙头企业连基地带农户",促进农副产品加工升值。培育加工型和商贸型龙头企业,探索市场牵龙头、龙头带基地、基地连农户的路子。全省系统有6家企业被中华全国供销合作总社确定为农业产业化重点龙头企业。龙头企业通过合同制、订单农业等形式,带动农户93万户、450万人,带动农户人均增收160元。巩固和建立村级综合服务站和庄稼医院。各级供销社建立村级综合服务站6512个、庄稼医院1453个、农机队56个,加上1.23万个生活资料、生产资料销售网点和农副产品收购站，基本上每个行政村和人口较多的自然村，都有供销社生活资料销售和农副产品收购网点。

2002 年，全省供销社立足地方特色产品和区域优势，进一步建立科技服务网络，培养和造就自身的科技服务实体，建立科技示范基地，服务地方经济发展。同年，省社决定在全省系统开展参与农业产业化经营评选活动。9 月下旬，省社召开全省供销社农业产业化经营现场会。是年，全省供销社已兴办各类专业合作社 547 个，入社农户 41.1 万户，涉及养殖、水产、林果、蔬菜及茶叶、棉花等。宿州市埇桥区、固镇县等地供销社推进棉花产业化经营，实现棉农增收、供销社增效。全省系统具有一定规模的重点龙头企业达 22 家，建立各类专业市场 144 个，其中农副产品批发市场 128 个。

2003 年，全省供销社系统投资农业产业化经营总额达 1.74 亿元，实现利润 3134 万元，上缴税费 3815 万元；通过龙头企业、专业合作社、商品基地带动农户 60 余万户，帮助农民增收 15.75 亿元。围绕特色主导产业，发展专业合作经济组织，组织农民共同闯市场。全年专业合作社助农实现销售收入 7.39 亿元，增收 3.21 亿元，涉及养殖、水产、林果、蔬菜及茶叶、棉花等产业。安徽省茶叶进出口有限公司在六安齐山、石台红桃、歙县蜈蚣岭、休宁新安源建设有机茶专业合作社，辐射茶园面积达 1.4 万公顷。涡阳县耿皇供销社成立耿皇专业合作社，引进转基因脱毒红芋，建立示范基地，以张园行政村为中心，影响全乡 17 个行政村、74 个自然村，种植面积达 1.1 万公顷。全省系统有龙头企业 113 个，龙头企业当年实现销售收入 24.89 亿元，带动农户 60.5 万户，帮助农民增加收入 7.77 亿元。宿州市埇桥区供销社成立大型企业集团——皖花棉业集团，联合农民组建 24 个棉花专业合作社、255 个分社，辐射 24 个乡镇、480 多个行政村，包扶面积 1.7 万公顷。固镇县棉麻公司发展棉花生产基地，公司员工驻点包村，提供全方位服务，使全县棉花种植面积从原来不到 2000 公顷发展到 2 万公顷，公司自身亦得到发展，扭转长期亏损局面。广德县供销社龙腾茧丝绸公司在全县 4 个乡镇建立 2000 公顷蚕桑基地，与 1 万余户农民签订从提供蚕种到蚕茧销售协议，发放近 2 万份蚕农跟踪服务联系卡，形成“龙头企业 + 基地 + 农户”的产、加、销一条龙新格局。各级供销社改造、调整和延伸现有网点，配合系统网络建设和基层社改造，办好综合服务社、庄稼医院和便利店，建设试验示范田 2524 公顷，测土配方施肥 2.6 万公顷，提供技术、咨询服务 44.65 万人次，提供种子、种苗服务 2946 万元。

2004 年，省供销社要求全省系统：大力发展村级综合服务社；领办和协办农产品流通协会、农民经纪人协会等；引导、推进农村各类合作经济组织的联合，同类专业合作社可以组建专业合作社联合社；同一区域的各类协会可以成立市、县联合社。省供销社具体协调棉花、茶叶产地市、县人民政府抓好落实。4 月，经省政府同意，省供销社牵头组织召开全省棉花、茶叶产业化工作会议，分解落实棉花、茶叶产业化规划任务。8 月，省社在固镇县召开全省棉花产业化工作现场会。是年，全省棉花产业完成种植面积 567.86 万亩，其中优质专用棉面积 91.5 万亩，淮北棉区新增优质专用棉面积 39 万亩，沿江棉区新增52.5万亩。培育产值或销售额上亿元龙头企业12个;计划新建棉花原种厂12个,面积达2.44万亩,依托棉花原种场新建良种繁育基地5.83万亩。2004年全省无公害茶园面积达到68.59万亩,其中当年新增无公害茶园面积28.3万亩,为皖南山区18.3万亩、皖西山区10万亩。全省有机茶面积达到7.2万亩,其中当年新增有机茶面积1.62万亩。皖南产区新增7500亩,皖西产区新增8700亩。重点扶持安徽茶叶进出口公司等5家省级龙头企业。是年,全省供销社系统拥有各层次龙头企业113个,带动农户73万户、328万人。创办专业合作社451个,入社农户达45.2万户,涉及养殖、水产、林果、蔬菜等领域。建设各类市场165个,其中农副产品批发市场132个。建立农产品基地463个,其中种植业201个、养殖业44个,联结农户9.82万户,年销售农副产品3.8亿元。全省系统农副产品收购规模扩大,全年达32.84亿元,同比增长61.83%,同于全国平均水平46个百分点。

2005年,全省供销社系统拥有各层次龙头企业113家,其中总社级龙头企业6家,省级龙头企业7家,省社级龙头企业22家,带动农户73万户,达328万人。与省政府有关部门联合举办"合作经济组织论坛"。石台县供销社围绕当地特色农副产品的生产、流通、加工,联合农民发展合作经济组织54家,带动逾万农户,占全县人口40%以上。全省系统已组建专业合作社和其他农村合作经济组织505个。

2006年,省社参加省级农业产业化龙头企业增补评审工作。在新增省级农业产业化龙头企业中,供销社系统新增4家,达到12家。10月,省社在阜阳召开全省棉花产业化龙头企业座谈会,研讨棉花产业化发展战略。是年,安徽省农村合作经济组织联合会挂牌成立;阜阳市及和县、石台县供销社牵头组建农民合作经济组织联合会(协会)。全省系统经民政部门注册登记的协会达123家,入会会员达1.8万人;安徽省农资流通协会成立,安徽省棉花、再生资源协会换届,省烟花爆竹协会被省民政厅评为全省示范协会。已建27个农产品批发市场,年交易额达7.66亿元,有2.4万余个生产、生活资料销售网点和农副产品收购站。已培育农业产业化龙头企业151个,其中总社级10家、省级12家、省社级55家。引导农民发展优势农产品生产基地,培育品牌,提高农产品附加值,全省系统农产品基地达69个。安徽茶叶进出口有限公司当年建成安池出口红茶基地和临泉出口脱水蔬菜基地,发展茶叶基地20万亩,其中有机茶基地8000亩,实现销售收入5亿元。全省系统农产品基地达69个。省社制定下发《关于推荐评选第二批安徽省供销社系统农业产业化龙头企业的通知》。全省供销社系统专业合作社总数达605家,入社农户45.7万户,助农增收9.1亿元。金寨齐山、歙县蜈蚣岭有机茶专业合作社等召开社员代表大会。

2007年,《农民专业合作社法》颁布实施后,至年底,全省系统专业合作社达1116家。经民政部门注册登记的行业协会和农产品协会达195家,入会会员达2.3万余人。全省系统培育农业产业化龙头企业200个,其中国家级1家、总社级10家、省级12家、省社级95家。围绕棉花、茶叶、油料、桑蚕、蔬菜等优势产业,依托龙头企业、专业合作社,引导农民推广新品种、新技术,创办科技示范基地,发展高新、特色农业。安徽茶叶进出口有限公司、省棉麻公司推进“公司+基地+农户”模式,发展农产品基地,助农增收。潜山县社利用基层闲置仓库、场院,建立了“十万棒”香菇生产基地,推动了当地食用菌产业的发展。

2008年,全省供销社系统专业合作社总数达1238家,其中拥有注册商标的合作社598个,入社农户近92万户,当年助农增收达15.3亿元。组建各类行业协会、农产品经纪人协会、合作经济联合会235家,入会会员达2.8万余人。新建和改造并举,整合社会资源,发展农村社区服务中心、综合服务社,全省系统综合服务社达7847家,其中当年新增1004家。肥西官亭、裕安新安综合服务社成为集农资供应、农副产品收购和文化生活为一体的综合服务中心。各地供销社围绕棉花、茶叶、油料、桑蚕、蔬菜等优势产业,依托龙头企业、专业社,引导农民推广新品种、新技术,创办科技示范基地,提高农产品附加值,发展高新、特色农业。安徽茶叶进出口有限公司延伸茶叶产业链,建有6个有机茶生产基地和8个出口茶叶精制加工拼配厂,带动30余万亩茶园。安徽省棉麻有限责任公司、合肥市银山棉麻公司、固镇县棉麻公司、含山县振华棉业公司,推行“龙头企业+专业合作社+基地+农户”模式,助农增收。广德龙腾茧丝绸公司鲜茧收购量占全县总产量的90%以上,带动农户占蚕农的95%以上。全省系统在层层考核推荐的基础上,评选出马鞍山安民农副产品贸易有限公司等40家企业为第三批“安徽省供销社系统农业产业化龙头企业”,这批龙头企业拥有固定资产6.6亿元,2007年实现销售收入31.5亿元,带动农户55万户,年助农增收户均1300元。全省系统拥有农业产业化龙头企业近300个。棉花、茶叶两大产业新增省级龙头企业8家,达到20家。安徽茶叶进出口有限公司被评为国家级农业产业化龙头企业。5月,省社联合安徽省农垦集团、安徽省商业协会举办“中国(安徽)第三届茶产业博览会”。7月,与中国棉花协会、全国棉花交易市场和巢湖市人民政府共同举办“2008中国·巢湖棉花产业论坛”。9月,在安庆市召开全省棉花形势分析会;11月,针对省内棉花价格持续走低,棉农惜售现象严重,棉花流通、加工企业难以正常收购加工,纺织企业购棉欲望降低等困难局面,联合省农产品经纪人协会、省棉花协会在合肥紧急召开全省棉花购销形势分析会,研判市场走势。是年,省社扶持一批新项目、大项目,包括安徽省棉麻公司“东至县棉花精深加工扩建项目”、安徽大宏纺织公司“自动络筒技改项目”、安徽省茶叶进出口公司“出口茶叶生产加工基地(网络)建设项目”、红新制茶公司“15000亩无公害茶叶标准化基地建设项目”、国润茶业公司“GAP体系系列红茶基地改造及有机化建设”项目等。

2009年6月,省社牵头,联合安徽省农垦集团、安徽省商业协会举办“中国(安徽)第四届茶产业博览会”。9月,与省棉花协会、巢湖市棉花协会共同举办2009年安徽省棉花形势分析会。11月,组团参加中国安徽(合肥)农业产业化交易会,根据省政府统一部署,组织省内外龙头企业、专业合作社等43家单位参加交易会,产品种类涉及茶叶、水产、蜂产品、蔬菜、水果、丝绸等20大类、100余品种,展会期间,供销社展团签约总额1.3亿元,订单额1480万元,现场销售额28.5万元,各项统计均为历届参展之最。根据中华全国供销合作总社和国家农业综合开发办要求,开展农业综合开发项目申报和评审工作,全省系统共有5个项目被列为2009年国家农业综合开发项目,争取资金260万元。全省供销社系统专业合作社中拥有注册商标者达705个。拥有各类行业协会、合作经济联合会270家,入会会员9.8万余人,带动农户41.6万人。发展农村社区服务中心、综合服务社,全省系统综合服务社达9025家。全省系统培育龙头企业,实现品牌化、标准化、集约化、规模化经营,提高农产品质量、效益和市场竞争力。省社评选出20家企业为第四批"安徽省供销社系统农业产业化龙头企业"。培育农业产业化龙头企业300余家,其中国家级1家、总社级10家、省级20家、省社级148家。各地围绕棉花、茶叶、油料、桑蚕、蔬菜等优势产业,依托龙头企业、专业社,引导农民推广新品种、新技术,创办科技示范基地,提高农产品附加值,发展高新、特色农业。

2010年,安徽省农业产业化指导委员会开展新一轮省级农业产业化龙头企业评审,省社支持各地供销社,协调农委等相关部门做好相关工作,共有18家供销社参股、控股企业被评定为省级农业产业化龙头企业,是年全省系统已培育各级农业产业化龙头企业300多个,其中国家级1家、总社级10家、省级38家、省社级138家。共有10个项目被列为国家农业综合开发项目,争取中央和省级配套资金720万元;争取棉花、茶叶龙头企业产业化贴息资金750万元。发展行业协会和农产品协会的组织、指导、自律和维权功能,在基地建设、品牌认证、标准实施、信息咨询、技能培训、产销衔接等方面,增强行业代表性和社会影响力。支持农资、棉花、茶叶、再生资源、烟花爆竹等5大省级协会发挥作用。全省系统拥有各类行业协会、农产品经纪人协会、合作经济联合会287家,入会会员11.3万人。创办综合服务社9631家。

2011年,安徽省供销社系统农资、棉花流通主导地位巩固。全省系统销售化肥占全省社会需求70%,在化肥农药储备任务中,分别承担国家的40%和省级的80%。全省系统棉花收购超过社会收购量50%,省棉麻公司代储国储棉超4万吨。拓展农村金融服务。供销社作为主发起人,先后组建4家小贷公司、3家担保公司以及农村商业银行、农村合作银行、典当公司各1家,为农民、涉农企业提供金融服务。德善公司开业两年多来,累计发放贷款13亿元,其中涉农贷款超过65%;德信担保全年在保余额突破10亿元。推进农业产业化发展。履行棉花、茶叶产业化牵头职责,召开全省茶叶产业化座谈会、棉花形势分析会;组织参加合肥农交会、北京首届农交会、上海农展会等,受到省政府通报表扬。

农业产业化实施保障 1996年,中共安徽省委、省政府作出实施农业产业化战略决定。6月,省供销社提出推动农业产业化意见,要求大力兴办专业合作社和龙头企业,各地要选准主导产业,推进产、加、销一条龙和贸、工、农一体化。按照公司+基地+农户的模式使生产、加工、销售有效衔接,把基地建设与主导产业形成、龙头企业发展、农民收入增加紧密结合,使各级供销社从单纯购销组织向农村经济的综合服务组织转变,真正把供销社办成农民群众的合作组织。

1999年12月,省社下发《进一步做好参与和推动农业产业化工作的通知》。

2002年5月,省供销社印发《安徽省供销社系统参与农业产业化经营指导意见》。要求:加强村级综合服务站建设;办好庄稼医院,为农民提供产前、产中、产后的系列化服务;巩固加强农产品购销体系,通过扶持各类营销、流通协会等中介组织,吸纳和培养一批农副产品经纪人,组成精干的营销队伍,参与大市场,搞活大流通;拓宽服务领域,增强服务功能,采取连锁、配送、特许经营、电子商务等新型经营业态,扩大商品经营范围。

2003年,安徽省人民政府发出《关于进一步加快发展农业产业化经营的实施意见》,省供销社作为棉花、茶叶两大主导产业牵头单位,起草《安徽省棉花产业化发展规划(2003—2007年)》和《安徽省茶叶产业化发展规划(2003—2007年)》。

2004年2月,省政府办公厅以皖政办〔2004〕13号文件批准下发由省社牵头制定的《安徽省棉花产业化发展规划(草案)(2003—2007年)》和《安徽省茶叶产业化发展规划(草案)(2003—2007年)》。

2005年,省社与省农委联合下发《关于做好2005年全省棉花、茶叶产业化工作的通知》,要求:抓好龙头企业建设,提高龙头企业的带动和辐射作用;抓好基地建设,加快产业发展;发展棉花、茶叶专业协会和专业合作组织;加强对棉花、茶叶产业化工作领导。要求棉花、茶叶产区各级政府和有关部门实行目标管理责任制。6月,为积极配合安徽省农业产业化"121"强龙计划,省社制定下发《关于在全省供销社开展"215行动计划" 努力参与农业产业化的实施意见》。

2009年2月,省社下发《关于实施"612行动计划"大力推进棉花、茶叶产业化经营的意见》。提出安徽省棉花和茶叶两大主导产业在"532"提升行动中的具体目标和工作重点。

农产品经纪人　农产品经纪人作用在于搞活农产品流通,保障城乡居民消费品供应,繁荣城乡经济,增加农民收入,推动农业产业结构调整,转移农村剩余劳动力等。2007年年底,中华全国供销合作总社联合国家工商总局、共青团中央、全国妇联,发起组建中国农产品流通经纪人协会,组织、联合单个分散的农产品经纪人,促进行业规范化、规模化、现代化。为会员提供包括市场信息、经贸合作、法律援助、业务咨询在内的多种服务。其间,安徽省供销社和省农产品经纪人协会开展农产品经纪人星火科技培训,举办农产品经纪人中、初级资格证书培训班7期,开设《中华人民共和国农民专业合作社法》《农产品经纪人基础知识》《农产品经纪人技能知识》《农产品经纪人国家职业标准》等课程,培训各类农村合作经济组织(专业合作社、协会和联合会等)成员、会员及管理人员和农产品经营种植大户、经纪人等300余人。

2007年11月,中国农产品流通经纪人协会在北京成立。同月,省社发出《关于推荐安徽省农产品经纪人协会(筹)会员的通知》,推进安徽省农产品经纪人协会建设。

要求吸引从事农产品流通的个人、企业、专业合作社、社团组织、各级供销社、科研院所以及学者、专家参加,鼓励经过培训、取得农产品经纪人职业资格、业绩突出、在当地影响较大的农产品经纪人加入。2008 年 3 月 21 日,由安徽省供销社牵头,安徽省茶叶协会、安徽省棉花协会、和县农产品经纪人协会共同发起成立的安徽省农产品经纪人协会成立大会暨第一次会员代表大会在合肥市召开。王首萌当选协会会长,钱斌、刘荣华、黄然、王晓梅、李素萍、董中续、陈广明当选副会长,秦伟当选秘书长。同年 5 月 5—10 日,省社举办农产品经纪人中、初级资格证书培训班,邀请专业人员授课,培训专业合作社、农产品协会和联合会成员、会员及管理人员,农产品经营种植大户,经纪人等,培训内容包括《中华人民共和国农民专业合作社法》《农产品经纪人基础知识》《农产品经纪人技能知识》《农产品经纪人国家职业标准》等。

第二节　产业发展规划

2003 年,为加快发展农业产业化经营,经省政府同意,省农业产业化工作指导委员会办公室组织有关部门编制水果、畜牧、优质粮、优质油、渔业、茶业、蔬菜、棉花、中药材、茧丝绸等农业产业化 10 大主导产业 2003—2007 年发展规划。安徽省供销社负责牵头茶叶、棉花产业化工作,组织编制茶叶、棉花两大产业 2003—2007 年发展规划。2004 年 2 月 16 日,安徽省政府办公厅印发《安徽省人民政府办公厅关于印发农业产业化十大主导产业发展规划(2003—2007 年)的通知》。其后,安徽省供销社为促进农业产业化,抓好龙头企业,相继制定"215"行动计划、"612"行动计划、"821"行动计划。

安徽省棉花产业发展规划(2003—2007 年)　主要内容:(1)总体目标:经过 5 年努力,全省棉花种植面积达 800 万亩,总产值 50 亿元左右,其中发展优质专用棉生产基地 360 万亩,单产 70 公斤以上;培育加工产值或销售额亿元以上的棉花加工和经营型龙头企业 50 户,5 亿元以上龙头企业 2 户,10 亿元以上的龙头企业 1 户;带动农户由 42 万户增至 55 万户,来自主导产业的人均收入由 920 元增至 1230 元。(2)区域布局与基地建设。将安徽省淮北棉区 23 个县(市、区)、沿江棉区 23 个县(市、区)规划为两大棉花优势区域,其中重点建设 16 个优质棉基地。(3)龙头企业建设。(4)市场体系建设。(5)良种繁育体系建设。

保障措施:(1)加强领导,抓好落实。(2)依靠科技,实现优质高产高效。(3)加强品牌整合,实施棉花品牌战略。(4)发挥省棉花行业协会作用,完善社会化服务体系。(5)加强政策扶持,多渠道增加投入。(6)规范棉花市场秩序,严格质量监督管理。

安徽省茶叶产业化发展规划(2003—2007 年)　主要内容:(1)总体目标。通过 5 年努力,到 2007 年年末,全省茶园面积稳定在 170 万亩左右,产茶 5 万吨,实现产值 10 亿元。以重点产茶区为重点,建成一批规范化的无公害茶、绿色茶和有机茶生产示范基地,无公害茶园面积发展至 120 万亩,年产无公害茶叶 4 万吨,带动农户超过 35 万户。有机茶面积和生产能力分别达5万亩和1700吨。茶农来自茶叶的人均收入由年均950元增至1250元。培育2个年产值(销售额)超2亿元的茶业龙头企业。实现全省茶叶标准化生产,内销茶的农残及卫生指标符合国家标准,外销茶达到进口国标准。(2)区域布局。皖南茶区12个县区重点发展红茶、绿茶、花茶、名优茶和保健茶。皖西产区8个县区重点发展绿茶和名茶生产。(3)基地建设。(4)龙头企业培育。(5)市场建设。(6)品牌创建。

政策措施:(1)加强领导,健全组织。(2)加大扶持力度,多渠道增加资金投入。(3)加强茶叶科技开发和推广,切实提高茶叶生产水平。(4)发挥省茶叶行业协会作用,完善社会化服务体系。

"215"行动计划　2005年,安徽省人民政府为改变本省农业大而不强、农业产业化水平低下的现状,提出从当年开始,围绕10大主导产业实施"121强龙工程",即经过3年努力,至2007年,全省年销售收入超10亿元的龙头企业由5家发展到10家;年销售收入超5亿元的龙头企业由10家发展到20家;年销售收入超亿元的龙头企业由66家发展到100家;每个主导产业至少培育1个年销售收入超5亿元的龙头企业。每个市培育一批年销售收入超亿元的龙头企业;每个县至少培育1个年销售收入超5000万元的龙头企业。安徽省供销合作社承担10大主导产业中棉花、茶叶的产业化牵头工作,省社决定在全省系统实施"215"行动计划,以培育和壮大农业产业化龙头企业为重点,力争到2008年底,完成目标:"2"——省级龙头企业从7家发展到20家。每个市至少培育1个省级农业产业化龙头企业,省社直属企业培育3家省级农业产业化龙头企业。"1"——发展省社级龙头企业100家(不包括省级龙头企业)。分年度任务是:2005年发展省社级龙头企业20家,每个市力争有10家企业入选;2006年新增省社级龙头企业20家,每个市力争有10家企业入选;2007年新增省社级龙头企业30家,每个市最少有10家企业入选;2008年新增省社级龙头企业30家,每个市最少有10家企业入选。2008年年底,各市、县(市区)至少有10家省社级龙头企业。"5"——培育年销售收入超5亿元的重点龙头企业5家。2005—2007年每年新增1家,2008年新增2家。

"612"行动计划　2009年2月,省供销社制定《关于实施"612"行动计划大力推进棉花、茶叶产业化经营的意见》,贯彻落实《安徽省人民政府关于实施农业产业化"532"提升行动的意见,提升安徽省棉花、茶叶产业化经营水平,根据"532"提升行动要求和两大产业发展实际,提出5大工作重点:壮大龙头企业,提升产业化经营水平;培育产业集群,提升产业化经营规模;加强基地建设,提升产业化经营竞争力;兴办合作组织,提升产业化经营带动能力;加快科技创新,提升产业化经营科技水平。明确从2009年开始,用5年时间,在原有基础上,培育壮大棉花、茶叶两大产业的龙头企业集群,使省级以上龙头企业达60个,其中棉花产业35个、茶叶产业25个(供销社系统省级以上龙头企业达30个);两大产业实现年产值100亿元,其中棉花产业70亿元、茶叶产业30亿元。农业产业化经营为棉花和茶叶产区农民户均增收2000元。

"821"行动计划　2011年4月,安徽省人民政府实施农业产业化"671"转型倍增计划,确定在2011—2015年“十二五”期间,全省农业产业化发展主要目标:“6”——全省培育60个年产值超50亿元的农业产业化示范区,其中超百亿元农业产业化示范区达到20个;“7”——全省农产品加工业产值突破7000亿元,年递增20%左右;“1”——农业产业化带动农民人均增收1000元,年递增20%左右。2012年6月,安徽省供销社为提升棉花、茶叶两大牵头产业的产业化水平,决定相应实施“821”行动计划,主要目标为:“8”——从2012—2015年,用4年时间,棉花、茶叶两大产业培育省级以上龙头企业达到80个以上,发展壮大两大产业龙头企业集群;“2”——产业实现年产值200亿元,其中棉花产业达到140亿元,茶叶产业达到60亿元;“1”——农业产业化带动农民年人均增收1000元。行动计划分为三个阶段实施:至2012年年底,棉花、茶叶两大产业培育省级以上龙头企业达到79个,实现年产值达130亿元。其中棉花产业实现产值96亿元、茶叶产业实现产值34亿元;至2014年年底,全省培育省级以上龙头企业达到82个,棉花、茶叶两产业实现年产值达170亿元。其中棉花产业实现产值120亿元、茶叶产业实现产值50亿元;至2015年年底,全面完成行动计划制定的各项目标。

第三节　农业产业化龙头企业

供销社系统农业产业化龙头企业选介

安徽辉隆农资集团　2011年,安徽辉隆农资集团(简称辉隆集团)是安徽省内最大、全国知名的综合性大型农资商贸流通企业集团。安徽辉隆农资集团股份有限公司(简称辉隆股份)是集团核心企业,下辖10个控股子公司、6个参股公司,管理并投资安徽新力投资有限公司(简称新力投资)。辉隆股份是安徽省重点流通企业和省级农业产业化龙头企业、农业部确定的农资连锁经营重点企业、商务部“万村千乡市场工程”首批试点企业、中华全国供销合作总社“新网工程”示范企业,是省级化肥、农药、种子储备和国家化肥淡季商业承储企业,与国内100多家大中型化工企业结成战略合作伙伴关系,与30多个国家有贸易往来。

辉隆集团由安徽省农业生产资料公司于2003年年底整体改制组建。集团坚持“一业为主、相关多元”发展战略,以“农”字为圆心,拓展为农服务经营范围和领域,做大做强农资主业,向化工、房地产和投融资领域拓展,实现集团相关多元化、子公司相对专业化的发展目标。

辉隆股份专业从事化肥、农药及种子等重要农业生产资料的连锁经营业务,于2011年3月2日在深圳证券交易所中小板上市,股票简称“辉隆股份”,代码为002556。辉隆股份是国内较早采用连锁经营模式的农资流通企业,探索成功“配送中心+加盟店”的独特连锁经营模式。截至2011年6月30日,在安徽省内及广西、河南、黑龙江、吉林、湖南、湖北、江苏、江西、山东等12个主要农业和农资消费大省建立67个区域配送中心,发展2600余家连锁加盟店。业务规模位居安徽省第一、全国同行业前列。

集团成员企业新力投资从事新兴板块发展，主要有化工、房地产、担保、小额贷款等业务。

集团销售收入2003年突破10亿元，2004年突破20亿元，2007年突破50亿元，2010年突破百亿元。列2011年中国服务业企业500强第170位、2011年安徽服务业企业100强第21位，获"全国五一劳动奖状""中国化肥流通体制改革十年突出贡献奖"及"全国供销社系统百强企业""中国农资流通诚信建设十佳示范企业"等称号，获评农发行"全国金牌客户"，"辉隆"被评为"中国农资行业最具价值品牌"和"安徽最具影响力特许品牌"。辉隆服务类图形商标被省工商局认定为"安徽省著名商标"。

安庆市皖农贸易有限责任公司　见第一篇第一章第三节《省社企事业单位》

合肥银山棉麻股份有限公司　合肥银山棉麻股份有限公司致力打造棉花产业链龙头企业和国家造币原料生产企业，2011年，成为国内造币用棉浆粕主要供应商，国内市场占有率第1。主导产品"银山牌"棉浆粕工艺先进、质量优良，是安徽省名牌产品。探索"贸工农一体化，产加销一条龙"的综合经营模式，由单纯商业流通企业向以棉业为中心的产、供、销、物流一体化的综合性企业转变。先后控股、参股成立滁州银山棉浆有限公司、新疆石河子银山商贸公司、安庆银山江花棉业储备有限公司、安徽华茂华阳河农业股份有限公司、合肥银山诚大棉业有限公司、合肥银山文化发展公司、滁州银山贸易有限公司、石河子市天乾特种纤维科技有限公司。2009年，初涉金融业，参股合肥德善小额贷款股份有限公司。公司在省内及新疆等地布局棉花采购、生产基地，运用电子撮合、期货、B2B等电子交易手段，实现现货与期货相结合、内贸与外贸相辅佐。与韩国造币公司等达成浆粕外销代理协议。拥有完善的质量检测系统和仓储、运输设施，拥有银山系列棉浆制品、银山牌纯棉被胎以及诚大牌皮棉3大产品系列。经营理念是"诚信为大，品质为先"，是中国农业发展银行"黄金客户"、安徽省农业产业化龙头企业和安徽省农发行AAA级信誉单位。

含山县振华棉业公司　安徽省含山县振华棉业公司为含山县供销社参股企业，创办于2002年8月。至2011年，企业占地90亩、员工320余人，资产总额达8000余万元。辖2个轧花分厂、1个纺织分厂。2006年被评为农业产业化省级龙头企业。

2008年4月，开工建设400型打包机技改项目，固定资产投资1200余万元，新建厂房仓库近8000平方米，引进国内领先的山东天鹅400吨打包机及配套设备。采用在线测潮、自动烘干、自动清检三丝、条形码生成等新技术工艺，提高企业自动化、信息化水平。9月底建成，10月16日投产。年棉花加工生产能力由6000吨提高到1万吨，满负荷生产时年产值可达1.5亿元，年加工籽棉量为2.7万吨。2010年7月，投资5亿元，新建10锭环锭纺项目。

含山县益和棉业有限公司　安徽省含山县益和棉业有限责任公司成立于2003年2月28日，注册资本1000万元，其中县供销社入股300万元，占30%。2010年，被安徽省农业产业化工作指导委员会评定为"2010年农业产业化省级龙头企业"。

公司主要从事棉花、油料、油脂的加工贸易和生产开发等。位于含山县城南5公里处,占地面积4万平方米,建筑面积约2万平方米。至2011年,有员工136人,其中专业技术人员39人。拥有7500吨棉花加工生产线、日处理180吨预榨、浸出和精炼生产流水线及日处理芝麻10吨的浓香芝麻油生产线各1条。2003年5月通过ISO9001: 2000的质量管理体系认证;同年通过企业标准化体系认证;2005年7月,通过二级计量体系认证。首批获安徽省《食品生产许可证》。先后获中华全国供销合作总社质量管理“优秀企业”、安徽省科技厅“民营科技企业”、安徽省工商行政管理局“优秀企业”、安徽省工商行政管理局“重合同守信用企业”、安徽省消费者协会“诚信单位”、中国工商银行和中国农业银行“AA级信用企业”、安徽省国税局“纳税信用等级A级企业”“安徽省民营企业200强”、省、市农业产业化“龙头企业”等称号。“益和”牌系列产品2003年被中国粮食行业协会评为“全国放心油”、被中华全国供销合作总社评为“全国名牌产品”、全国无公害农产品、“安徽省3 · 15消费者放心商品”等。2004年,产品被安徽省人民政府评为“安徽名牌产品”及“安徽省名牌农产品”,“益和”商标2004年被安徽省工商行政管理局评为“安徽省著名商标”。2005年公司获“安徽省质量管理奖”,被安徽省银行业协会首批评为“银行诚信客户”。

庐江县绿宝禽业有限公司 安徽省庐江县绿宝禽业有限公司系市级重点农业产业化龙头企业,至2011年,有固定资产1080余万元。拥有科普饲料厂、晨露蛋品加工厂、巢湖麻鸭原种场、天成畜牧科技服务部和蛋鸭肉鸭标准化养殖基地8处。年生产供应全价颗粒饲料6.1万吨,基地存栏蛋鸭40万只、巢湖麻鸭种群2800羽,年加工销售优质蛋黄3500万枚,无铅松花皮蛋、红心咸鸭蛋5000吨。走“公司+专业合作社+基地+农户”的产业化发展之路,为农户提供种苗引进、防疫管理、饲料供应、技术指导、蛋品回收加工系列化服务。领办庐江县绿宝蛋鸭专业合作社,被授予市级“示范合作社”、省级“先进专业合作社”、国家级“农民专业合作社示范社”称号。公司董事长夏春杏获“巢湖市劳动模范”“安徽省农民创业带头人”“全国农业技术推广贡献奖”等多项荣誉。

全省系统“农业产业化龙头企业”名录

国家级农业产业化龙头企业(1家,2008年)

安徽茶叶进出口有限公司

省级农业产业化龙头企业(20家,2008年8月)

安徽辉隆农资集团
安徽茶叶进出口有限公司
安徽棉麻有限责任公司
安庆市皖农贸易有限责任公司
合肥银山棉业有限责任公司
安徽天源棉花有限公司
安徽省含山益和棉业有限责任公司
安徽大宏纺织有限公司
安徽省含山振华棉业有限公司
安徽振富纺织有限责任公司

泗县南虹棉业有限公司
池州市秋江棉业有限公司
安庆市江花棉业有限责任公司
安徽白云棉业股份有限公司
安徽国润茶叶有限公司
安徽省红新制茶有限公司
安徽中徽茶业专业合作社
宿州市砀山县唐寨水果专业合作社
黄山市閶林木业有限责任公司
安徽宏祥丝绸织造有限公司

总社级农业产业化龙头企业(10家,2007年)

安徽辉隆农资料集团
安徽茶叶进出口有限公司
安徽省棉麻有限公司
安徽省宁国司尔特化肥有限公司
安徽省砀山县唐寨水果专业合作社
安徽省砀山县棉花联合加工厂
安徽省益和棉业有限公司
安徽省芜湖县棉麻土产公司
安徽省灵璧县棉麻公司
安徽省大山茧丝有限责任公司

2011年全国供销合作社农业产业化重点龙头企业(17家,2011年9月)

安徽茶叶进出口有限公司
安徽辉隆农资集团股份有限公司
安徽省棉麻有限责任公司
安徽省好再来食品有限公司
安徽省富硒香生物食品集团有限公司
无为县万有棉业有限公司
五河县顺鹏农副产品有限公司
池州市秋江棉业有限公司
安庆市皖农贸易有限责任公司
安徽舒绿茶业有限公司
安徽华瑞农业发展有限公司
安徽中徽茶业专业合作社
黄山光明茶叶有限公司
宁国市福庆粮油专业合作社
淮南市旭杨畜禽养殖农民专业合作社
安徽东方茶叶有限公司
黄山市祁门县华媛超市有限公司

省社级农业产业化龙头企业

第一批(22家,2006年6月)

安徽茶叶进出口有限公司
安徽棉麻有限责任公司
合肥银山棉业有限责任公司
固镇棉花生产合作社
凤台棉花行业协会
含山益和棉业有限责任公司
安徽国润茶叶有限公司
安庆皖农贸易公司
肥西县供销社轧花总厂
潜山县棉麻公司
郎溪县旺丰米业公司
广德县龙腾茧丝绸公司
含山县振华棉业公司
砀山县唐寨水果专业合作社
灵璧县棉麻公司
铜陵县华丰农业公司

皖西瓜果批发市场
淮南市棉麻公司
临泉县棉麻公司
繁昌县渡江棉麻公司
东至县胜利轧花厂
东至县韶潭轧花厂

第二批(33 家,2007 年 2 月)

安徽省红新制茶有限公司
安徽省望江县中棉种业有限公司
安徽白云棉业股份有限公司
安徽大宏纺织有限公司
安徽中新高科产业公司
安庆市江花棉业有限公司
利辛县黄淮白山羊养殖专业合作社
六安市裕安区棉麻公司
南陵县棉麻有限责任公司
合肥市润田农资有限公司
旌德县华佳茧丝绸有限公司
蚌埠市中远肥业有限公司
蚌埠市五洲农资有限公司
池州市秋江棉业有限公司
当涂县中润农资有限公司
安徽省潜山县皖城有限责任公司
和县卫花棉业有限公司
阜南县佳诚棉业有限公司
五河县恒丰农业生产资料有限公司
巢湖市恒鑫棉业有限责任公司
泾县九州茶业合作社有限公司
绩溪县今升茶业有限公司
安徽天新蜂产品有限公司
无为县银洲棉业有限责任公司
东至县江南棉业有限公司
六安市金安区棉麻公司
铜陵市棉麻公司
铜陵县东方农业生产资料有限公司
淮南市丰银棉业有限责任公司
淮南市兴农鹅业有限公司
淮北市棉麻有限责任公司
濉溪县皖溪油脂有限责任公司
怀远县天誉菌业有限公司

第三批(39 家,2008 年 3 月)

马鞍山安民农副产品贸易有限公司
霍山安徽龙华集团
霍山安徽源牌实业有限责任公司
桐城安徽新天地农资有限公司
凤阳县金星化肥有限公司
安庆市银盛农资有限公司
和县东方蔬菜服务有限责任公司
固镇县丰农农资有限公司
广德县丰禾农资有限公司
宿州市恒瑞棉业有限公司
东至县英特贸易有限责任公司
蒙城振富棉纺有限责任公司
当涂县中润商贸有限公司
和县卓丽粮油棉有限责任公司
霍邱县瑞隆农资有限责任公司
霍山县圣茗茶叶有限公司
六安市金丰棉业有限公司
无为县万友棉业有限公司
五河县白峰棉业有限公司
郎溪县兴涛轧花厂
阜南县金海农资有限公司
灵璧县农兴有限责任公司
徽州区宏星绿色实业有限公司
枞阳县中棉有限责任公司

安徽省白云春毫茶业开发有限公司
庐江县福元棉花有限公司
寿县银丰棉麻有限责任公司
芜湖市丰农果菜冷藏有限责任公司
宣城市晨钟农业开发有限责任公司
定远县银宇棉业发展有限公司
淮南市三农物资供销有限公司
阜阳三维棉麻有限责任公司
歙县立安茶业有限公司
霍山县新鑫食品有限公司
石台县日新茶叶实业有限公司
黄山市金叶茶叶有限公司
祁门香茶业食品有限责任公司
当涂县双潭湖养殖有限公司
东至县天鹅茶业有限责任公司

第四批(20家,2009年2月)

安徽辉隆泰华肥业有限公司
五河县顺鹏农副产品有限公司
安徽省寿县板桥草制工艺品有限公司
安徽宇顺银瑞棉业有限公司
安徽省太和县利民中药材有限责任公司
黄山新安农业生产资料有限公司
滁州市志成畜牧业有限公司
安徽景山食品有限公司
安徽天禹丝绸有限公司
安徽省汉白玉米业有限公司
安徽舒绿茶业有限公司
蒙城县板桥扎花厂
安徽省广德新丰丝绸有限公司
安徽省庐江县双农棉业有限公司
肥西县廖渡综合养殖专业合作社
宁国市乡味源农产品开发有限公司
安徽广翼冷冻食品有限公司
萧县孙圩孜文利胡萝卜专业合作社
黄山市猴坑茶业有限公司
桐城市佳旺食品有限公司

第五批(33家,2010年4月)

宁国市双丰农特产贸易有限公司
安徽省阜阳市瑞华纺织品有限责任公司
安徽天叶食品有限公司
安徽省枞阳县蒲州营养食品有限责任公司
安徽亿嘉仁棉业有限公司
宁国市福庆粮油专业合作社
安徽省舒城县惠农棉麻有限责任公司
安庆农资大市场有限公司
安徽省阜阳市农业生产资料有限公司
亳州市田牛农化有限责任公司
铜陵市双兔农资有限责任公司
阜阳市田园农牧有限公司
黄山市兴辉农业生产资料有限公司
广德福丰银杏生态园有限公司
怀宁县农资连锁配送有限公司
长丰县双赢联合养殖专业合作社
安徽省颍上县新运棉业纺织有限公司
安徽省临泉县翠芳养殖有限公司
亳州市鸿源面业有限责任公司

蒙城县华洋纺织有限责任公司

肥西县精棉棉业有限公司

亳州市海日农化有限责任公司

六安市裕安区绿康薯业制品厂

黄山区茶业有限公司

淮南市旭杨畜禽养殖农民专业合作社

全椒县新宇棉制品有限公司

肥东县鑫旺牛业农民专业合作社

安徽盛虹集团兴农土产日杂有限公司

宿州市皖大农产品专业合作社

安徽省恒基肥业有限公司

含山县好再来卤制品有限责任公司

巢湖市昌联棉业有限公司

裕安区皖裕花生专业合作社

第四节　农产品示范基地

供销社系统农产品示范基地发展情况　农产品基地建设是带动农业和农村经济发展、增加农民收入、稳定农产品加工的重要环节,是龙头企业和专业合作社发展的前提条件,是供销社参与农业产业化经营的重要切入点。

2002 年 5 月,安徽省供销社提出建设农产品生产基地意见:因地制宜,根据市场发展趋势,选准项目。结合当地产业特点、资源优势和结构调整要求,发展优质高效农产品;坚持规模连片、相对集中原则,统一规划,合理布局,连片开发,增强基地辐射带动作用,实现规模效益;示范引路,量力而行,逐步扩大;建立合同约束机制,通过合同、订单等形式,合理确定各方面的责任、权利、义务和利益;把基地建设与农业综合开发、扶贫开发相结合。

2005 年,省供销社提出要鼓励和支持龙头企业到农产品产地去建立生产基地。以市场为导向,立足当地特色农业和资源优势,培育优势农产品商品基地,把龙头企业和农产品基地连接起来,结合推动农产品标准化生产、品牌化经营,发展优势农业。至年底,全省供销社系统已建立各种农产品基地 463 个,其中种植业 201 个、养殖业 44 个,联结农户 9.82 万户,年销售农副产品 3.8 亿元。

供销社系统农产品示范基地选介

安徽省棉麻有限责任公司东至棉花基地　2007 年 3 月,安徽省棉麻有限责任公司在东至县大渡口镇建立棉花生产基地,成立棉花专业合作社,推进沿江发展战略和产业化进程,走"龙头企业 + 棉花基地 + 合作社 + 农户"的新型农业产业化之路。至 2009 年,基地拥有入社农户 800 户、亩产 275 公斤以上优质棉田 6000 亩,带动周围棉农 2000 户,辐射棉田 1.5 万亩。与入社棉农签订棉花收购协议,按事先约定价格或者高于市场价的价格收购入社棉农所产籽棉;做好产前、产中、产后技术服务,提供全部或部分棉花良种,在生产过程中提供 3 次以上技术指导,聘请植棉专家实地指导,举办棉花种植技术培训班,印发科学植棉手册。至 2009 年,共为入社棉农提供优质棉种 2000 公斤,举

办棉花培训会5次，聘请专家14人次，发放植棉手册4000本，提高棉花单产30斤/亩，为入社棉农年户均增收350元。

安徽省棉麻有限责任公司无为棉花基地　2007年6月，安徽省棉麻有限责任公司在无为县福渡镇建立棉花生产基地，成立棉花专业合作社，至2009年，基地拥有入社农户500户，亩产275公斤以上优质棉田3000亩，带动周围棉农1000户，辐射棉田8000亩。与入社棉农签订棉花收购二次分红协议，保证在不低于市场价格的基础上收购符合要求的棉农籽棉，并在每年销售结束后按照交售籽棉具体数量享受公司全部利润10%的份额（公司为金和轧花厂，每斤籽棉分红收益为全部利润的10%除以全部籽棉收购量）。做好技术支持服务，举办棉花种植技术培训班，印发科学植棉手册。基地建立1年多时间，为入社棉农年户均增收300元。举办棉花种植技术培训班2次，发放科学植棉手册2000本。

安徽茶叶进出口有限公司齐山有机茶基地　建于1996年，位于安徽省金寨县响洪甸镇齐山村。以齐山为中心辐射周边地区。地处大别山腹地，山清水秀，自然风光优美，无工业及其他污染源，气候温和，雨量充沛，适宜茶叶生长，为中国十大历史名茶“六安瓜片”原产地中心。先后取得国家环保总局有机食品发展中心和IMO有机茶国内、国际认证。有认证茶园1131亩、有机转换茶园2200亩、待开发认证茶园近10万亩。基地建成后，安徽茶叶进出口有限公司、六安市茶叶公司、响洪甸镇人民政府联合投资兴建安徽金寨齐山有机茶厂，2000年投产，同时成立齐山有机茶专业合作社，240户茶叶生产、加工者入社。实行“公司＋基地＋农户”产业化经营，生产名特优茶及绿茶、红茶、黄茶、花茶4大茶类100余个花色品种，产品销往世界各地。在专业合作社带动下，基地茶叶产量、销售额连年增长，销售价格上升，茶农收入增加。系安徽省农产品出口示范基地，国家农业标准化（有机茶）示范区。

第二章　专业合作组织

安徽省供销社系统重点建设的农民专业合作组织包括行业协会和农民专业合作社等。

行业协会是沟通政府与企业的桥梁和纽带。发展行业协会,是供销合作社转变职能、实行开放办社的有效途径,是整合为农服务资源、拓宽服务领域、强化服务功能的组织载体,是参与农业产业化经营、完善农业社会化服务体系的重大举措。供销合作社创办行业协会,贴近农村,服务农业,能够在维护农村市场流通秩序、保护农民利益,实行农业的区域化布局和标准化生产、提高农产品质量和国际竞争力,完善农业社会化服务体系、促进农业管理体制创新等方面发挥重要作用。农产品行业协会是由涉农企事业单位、农民专业合作组织、专业大户等根据生产经营活动需要,为增进共同利益、维护合法权益、在自愿基础上依法组织起来的非营利性自治组织,属于经济类社团法人。基本职能是服务、自律、维权、协调,宗旨是为行业、社员、农民服务,是政府与企业、农户之间的桥梁和纽带,是市场与企业、农户之间的中介服务组织。

农民专业合作社是在农村家庭承包经营基础上,同类农产品的生产经营者或同类农业生产服务的提供者、利用者,自愿联合、民主管理的互助性经济组织。农民专业合作社以其成员为主要服务对象,提供农业生产资料购买,农产品销售、加工、运输、贮藏以及与农业生产经营有关的技术、信息等服务。在安徽省农民专业合作社中,供销合作社系统领办、创办的占有相当比例,且具一定规模。

第一节　农产品行业协会

供销社系统农产品行业协会发展情况　2003 年 9 月,省供销社贯彻全国总社《关于加快农产品行业协会发展的意见》,明确促进行业协会发展是转变供销社职能的重要内容。

2005 年,省社要求把行业协会建设作为延伸为农服务网络、扩大服务领域、强化服务功能的战略措施,按照开放办社的要求,吸收同行业内不同经济成分的生产、经营企业入会,扩大会员覆盖面。当年,行业协会和各类农产品专业协会建设取得新进展。年底,全省供销社已建立各类农产品专业协会 56 个。

至 2007 年年底,全省供销社系统组建行业协会 153 个。2008 年 1 月,省社在《转发全国总社关于进一步加快行业协会建设意见的通知》中要求,围绕当地主导产业和供销社主营业务，按产品品种、原产地品牌、经营服务内容、经营服务对象等不同层次、不同方式，加快组建一批新的行业协会；要加强行业协会规范化建设；加强协会间的联合与合作；扩大行业协会服务功能。

供销社系统农产品行业协会选介

安徽省棉花协会　安徽省棉花协会由安徽省棉麻有限责任公司等单位发起，2006年9月由安徽省棉麻流通协会更名，经安徽省民政厅批准成立，具有独立法人资格，属非盈利性社团组织。其任务为深入调查研究，服务会员，传递信息，承担政府授权的相关职能，规范行业行为，维护市场秩序。

协会加强棉花信息的传递和沟通，创办《安徽棉花》会刊，建立安徽棉花协会网站。在生产第一线建立信息采集点12个，联系农户600户。不定期编写发布《棉花市场信息》参阅材料，向政府及有关部门通报最新市场动态、价格变化、存在问题、发展趋势。建立手机短信发布平台，免费为会员发布棉花市场信息。经全国总社技能鉴定中心确认，设立特有工种职业技能鉴定站，每年办培训班2～3期，组织2～3次棉花形势分析报告会、棉花企业和纺织企业对接会。

安徽省茶叶行业协会　1997年经安徽省民政厅批准，1998年正式成立。协会挂靠安徽茶叶进出口有限公司。2007年3月10日召开第二届会员大会。安徽茶叶进出口有限公司董事长、总经理李念华担任会长。安徽茶叶进出口有限公司常务副总经理顾公新为常务副会长，陈辉、曹斌等26位省直茶叶业务主管单位、重点茶区市级茶叶协会、省茶叶重点产销企业负责人为副会长，陈文友为秘书长，朱飞鸣为专职副秘书长。

协会由安徽省人大常委会原副主任、省科协名誉主席季昆森，中华全国供销合作总社监事会主席、中国茶叶流通协会会长刘环祥，安徽省供销合作社主任王首萌，安徽省农业委员会原主任毕美家，安徽省物流协会会长周古廉担任名誉会长；聘请安徽农业大学校长、教授宛晓春，安徽省供销合作社副主任钱斌，安徽省商务厅副厅长张丹宁，中国茶叶流通协会常务副会长王庆，安徽省农垦集团公司总经理李卓民，安徽省质量技术监督局副局长袁方，安徽农业大学原党委书记、教授王镇恒，安徽农业大学副校长、茶与食品科技学院院长、教授夏涛，安徽农业大学原茶业系主任、教授段建真，安徽农业大学教授詹罗九为高级顾问。

协会发挥行业中介职能，组织协调全省茶叶科研、教育、种植、加工、流通、出口、质检和茶文化部门，推进茶叶产业化经营，引导和推进结构调整，提高效益，帮助茶农增收；组织会员进行知识培训、技术咨询、信息交流，开展会展招商、产品推荐，参加全国性茶事活动；协调会员与会员、会员与非会员，会员与其他行业生产者、经营者、消费者以及其他社会组织的关系；参与有关法律、法规和政策的调研和讨论，参与制定产业发展规划，申报基地建设、产品开发项目；代表行业利益、维护行业合法权益，向政府反映行业呼声；实行行业自律，维护行业信誉，防止无序竞争，研究市场动态，预测市场发展趋势，开拓国内外市场。协助和承担政府部门委托的相关工作。

2008年11月,协会被中国茶叶流通协会授予“2007—2008年度全国茶叶行业优秀社团组织”称号。2009年3月,被中华全国供销合作总社授予“全国供销合作社优秀行业协会”称号。2010年,被省民间组织联合会授予安徽省“2010百优社会组织”称号。

至2011年,有团体会员338家、个人会员138名,有常务理事85名、理事123名。协会下设秘书处和组织发展、文化与产业发展、市场建设与专业培训、科学普及与对外交流4个工作委员会。

第二节 专业合作社

供销社系统专业合作社发展情况 1980年代中后期,安徽省供销社在部分地区探索组建专业合作社。

1996年2月,安徽省供销社转发中华全国供销合作总社《关于积极兴办专业合作社若干意见的通知》。是年,全省供销社系统建设专业合作社186个。

1997年11月,省供销社制定下发《安徽省供销社系统专业合作社章程》(试行)。

1998年6月,省供销社在滁州召开全省系统农业综合开发现场会,要求围绕农业产业结构调整,发展立足当地自然资源、以种植和养殖业为主的多种类型的专业合作社;创造条件发展农资专业合作社;探索发展消费专业合作社;发展废旧物资专业合作社。11月,省供销社召开全省供销社工作会议,要求确保专业合作社健康稳定发展;切实加强对供销社创办专业合作社的领导。是年,全省供销社共兴办专业合作社286个,入社农户达19.9万户,吸收社员股金1490万元,专业合作社类型涉及种植、养殖、加工、农资服务等数大类几十小类。两年间,专业合作社共为农民推销商品价值2.8亿元,农民增收4819万元,专业合作社实现利润4225万元。

至2001年年底,全省供销社共兴办各类专业合作社447个,入社农户37.02万户。专业合作社当年帮助入社农民销售农副产品3.81亿元,帮助入社农民增收7728万元。

2003年7月,省供销社转发中华全国供销合作总社《农业专业合作社示范章程(试行)》和《农村专业合作社指导办法(试行)》,促进专业合作社规范健康发展。全年专业合作社助农实现销售收入7.39亿元,增收3.21亿元,涉及养殖、水产、林果、蔬菜及茶叶、棉花等业。安徽省茶叶进出口有限公司在六安齐山、石台红桃、歙县蜈蚣岭、休宁新安源建设有机茶专业合作社,辐射茶园面积达1.4万公顷。涡阳县耿皇供销社成立耿皇专业合作社,引进转基因脱毒红芋,建立示范基地,以张园行政村为中心,影响全乡17个行政村、74个自然村,种植面积达1.1万公顷。

2005年,省供销社要求各地继续把专业合作社建设作为推进农业产业化、重新构建基层社网络的一项重要工作来抓,以市场为导向,以资源为依托,与农民、个体大户或其他经济组织共同投资组建。至2005年,全省供销社系统共创办各类专业合作社451个,入社农户45.2万户,涉及养殖、水产、林果、蔬菜等多领域。

2006年4月,根据中华全国供销合作总社《关于实施“千社千品”富农工程的通知》中每年选择培育1000个规范的专业合作社、培育1000个特色农产品品牌的要求,省社制定“千社千品”富农工程实施方案,分解任务至各市社。石台县郑村茶叶专业合作社等30家单位被中华全国供销合作总社列入“千社千品”富农工程。省社要求全省系统特别是基层社要通过资产入股、人员进社等形式领办或与农村种养大户、其他组织共同兴办各类专业合作社,要注重与龙头企业相结合,按照“龙头企业+专业合作经济组织+农户”的产业化经营模式,实现“产加销一条龙”,提高农产品附加值。是年,省社年初下达的新建100家专业合作社任务如期完成,至年底,全省系统各类专业合作社总数达605家,入社农户45.7万户,助农增收9.1亿元。金寨齐山、歙县蜈蚣岭有机茶专业合作社等召开社员代表大会。石台县供销社依靠资源优势,依托龙头企业带动,成立专业合作社70家,入社社员7200户,辐射带动农户1万户,涉及茶叶、竹、蔬菜、药材、经果、畜禽、沼气等领域,专业社实现销售收入5400万元,为农民户均增收600元。肥西县清平葡萄专业合作社等引领农民进入市场,助农增收。

2007年,随《农民专业合作社法》颁布实施,农民专业合作经济组织进入依法发展阶段。省供销社加大宣传和培训力度。全省系统举办20期培训班,受训3200余人次。各地立足产业、资源优势,因地制宜推进。规范登记已发展的专业合作社,实施“千社千品富农工程”,通过领办、联办等多种途径,发展专业社,提高农民组织化程度。专业合作社发展领域和范围拓宽,辐射、带动能力增强,肥西清平葡萄、长丰三园西瓜、淮南高皇养鹅、太湖助农板栗、利辛黄淮白山羊、广德桑蚕专业社发展前景良好。广德龙腾茧丝绸公司树立品牌意识,实施“龙头企业+蚕桑合作社(基地)+农户”的一体化发展模式,成为商务部“东桑西移”工程主要试点企业。年底,全省系统专业合作社达1116家,超额完成年度目标任务;入社农户85.6万余户,当年助农增收14.7亿元。

2008年,省供销社推进开放办社,把“两社一会”(专业合作社、综合服务社和行业协会)作为供销社参与新农村建设的新载体。贯彻《农民专业合作社法》和《农民专业合作社登记条例》,实施“千社千品富农工程”。搞好专业合作社与农业产业化龙头企业、农副产品交易市场、大型连锁超市及“新网工程”的对接。全省系统专业合作社总数达1238家,其中拥有注册商标的合作社达598个,入社农户近92万户。

2009年,省供销社共发展“千社千品”专业社95个,入社农户11万户,资产总额1.6亿元。至年底,全省系统共有各类专业合作社1375家,拥有注册商标705个,带动农户110余万户,入社农户92万户,年助农增收15.3亿元。

2010年年底,全省系统发展农民专业合作社1526家,其中962家拥有注册商标,有“千社千品”专业社166个,入社农户达11.2万户,年均助农增收15.3亿元。宁国市黄花云尖专业合作社被评为“中国50佳农民专业合作社”。

2011年,安徽省供销社系统9家农民专业合作社获总社“农民专业合作示范社”称号。分别是:安徽省宁国市福庆粮油专业合作社、安徽省肥西县廖渡黄鳝综合养殖农民专业合作社、安徽省含山县好再来畜牧水产养殖专业合作社、安徽省淮南市旭杨畜禽养殖农民专业合作社、安徽省黄山市黄山区二龙桥茶业专业合作社、安徽省五河县淮之源米业农民专业合作社、安徽省望江县雷水网箱养鳝专业合作社、安徽省临泉县芳草獭兔养殖专业合作社、安徽省庐江县绿宝蛋鸭专业合作社。3 个合作社品牌获得中华全国供销合作总社标准化认证。全省系统共有各类专业合作社 1695 家、入社农户 128.9 万户,年助农增收 18.3 亿元。综合服务社功能拓展。颍泉伍明、裕安新安等一批综合服务社丰富文体娱乐、养老幼教、家电维修等综合服务。全省系统创办综合服务社 1.1 万个。组建各类行业协会、农产品经纪人协会、合作经济联合会 305 家,入会会员达 12.3 万人。

供销社系统专业合作社选介

六安市裕安区民生牲猪养殖专业合作社 2007 年 12 月 5 日登记注册,前身为裕安区养猪协会,系裕安区唯一一家由基层供销社牵头、以新安供销社养猪场为依托成立的农民专业合作社。六安市裕安区新安供销社是全国"百强基层供销合作社"和全国、全省供销合作社系统先进单位,具有几十年的养猪传统和技术,其养猪场始建于 1956 年,主要从事良种猪繁育和商品猪生产,是经地方畜牧兽医部门审定的符合种猪生产条件的标准化种猪场。主营业务为二元种猪繁育、商品猪标准化生产。

广德县月湾龙达蚕桑专业合作社 2005 年 11 月,广德县供销社控股龙头企业安徽龙腾茧丝绸有限公司牵头,按照"公司 + 合作社 + 基地 + 农户"的经营模式,采取"政府支持,农民自愿,市场运作,多元发展"的办法,本着"入社自愿,利益共享,风险共担"的原则,联合当地 94 位蚕农,组建月湾龙达蚕桑专业合作社。至 2008 年年底,合作社新发展入社农户 121 人,共有社员 216 人,桑园面积达 2180 亩。合作社实施农业产业化生产经营,带动蚕农参与蚕桑产业化经营,为社员农户提供包括优质桑苗、蚕药、技术服务以及鲜茧销售等整套服务,增加收入。2007 年、2008 年连续两年被省供销社授予系统综合考核"先进专业合作社",2008 年被省供销社、省财政厅授予省供销社"新网工程"示范网点等称号。

当涂县龙升粮油专业合作社 成立于 2006 年 8 月,由龙山桥粮油工贸有限公司发起组建,是马鞍山市首家粮油专业合作社。2009 年,与市、县供销社社有企业合作,社有资金入股占 35.2%。至 2011 年,合作社成员由 33 名发展至 332 名,入社农地面积由 102 亩发展至 4401 亩。2007 年,被评为省级示范合作经济组织,2008 年被评为全市十大优秀农民专业合作社,2009 年获全省先进农民专业合作社称号,被农业部确定为马鞍山市唯一一家全国农民专业合作社项目实施示范单位。合作社实行统一供种、统一供应生资、统一组织农机连片作业、统一技术服务、统一收购销售,把一家一户分散经营组织起来,将流转的 1041 亩耕地打造成科技示范园,2010 年年底获市农委授牌。合作社成员单位粮油生产通过无公害农产品产地认证和无公害农产品认定,由安徽省农委颁发"无公害农产品产地认定证书"、国家农业部颁发"无公害农产品证书"。

合作社按照《农民专业合作社法》制定内部分配制度，按章程从盈余中分别提取10%公积金、10%公益金和20%风险金。剩下的可分配盈余40%按社员出资额划至社员账户作为发展基金，60%按社员与本社交易量进行二次分配。

通过参与“新网工程”建设，提升合作社资金实力和便民服务能力，通过参与“农超对接”，为城市居民提供新鲜农产品。获准使用成员单位注册的“太子仓”牌谷物商标、QS生产许可证，通过无公害农产品认证、ISO9001:2008产品质量体系认证。开发适合超市销售的优质无公害大米。

含山县好再来畜牧水产养殖专业合作社　2007年4月27日获县工商局批准成立，出资总额112万元，至2011年，有社员350人，其中注册登记社员107人；拥有长山、昭关水库养殖基地，运漕大圩湾高效高产养殖基地、铜闸苗鸭孵育基地、清溪肉鸡养殖基地，分布于全县5个乡镇，带动周围养殖户1080户。拥有畜禽水产品加工农业产业化省级企业——安徽省好再来食品有限公司。主要业务是畜牧水产养殖、加工与销售。

合作社通过统一供应苗种，统一供应饲料，统一供应药品，统一提供技术服务，统一成品挑选、收购、加工、销售，分户养殖，单独核算，开展一条龙服务、标准化养殖，降低社员养殖成本；根据龙头企业安徽省好再来食品有限公司加工量，按市场价收购社员养殖的鲜活畜禽、水产品，给予价格保护，降低投资风险；通过组织专业培训、参观学习、技术交流等，提高社员养殖技术。实行“公司+农民专业合作社+养殖基地+养殖户”模式，用合同契约规范龙头企业与养殖户之间关系，实现小生产与大市场的对接。合作社盈利的60%，按社员交易额实行返还。

2009年被安徽省农业委员会授予“先进农民专业合作社”称号；先后获评“‘新网工程’示范网点”和市、县级“先进农民专业合作社”等；2010年被安徽省社会主义新农村建设工作领导小组授予“安徽省农民专业合作社示范社”（“百家示范社”）称号；2011年被中华全国供销合作总社评为“农民专业合作社示范社”。

砀山县蒋营水果专业合作社　地处苏、鲁、豫、皖4省7县交界，所在地为国家生态示范核心区——中国黄桃生产第一镇第一村砀城镇蒋营行政村。业务主要以水果生产、收购、销售、运输、储存、加工为主。成立于2006年12月，由县供销社领办，注册资本50万元，流动资金300余万元，入户社员1118户，有高级农技师15人、农技员48人、电脑操作员2人、会计3人，办公设施齐全。水果基地面积1.1万亩，2007年和2008年分别实现利润110万元和120万元。采取“公司+合作社+农户+基地”的形式，对接其时全国黄桃生产最大企业宿州科技食品有限公司，发展名优新特农产品和现代农业，相继获评省、市、县先进农民合作社经济组织。蒋营牌黄桃、瓶装口门子贡梨通过国家绿色食品认证，2008年获中国果品流通协会颁发的中国梨果优质奖和创意奖。2007年，入选总社“千社千品”富农工程示范专业社，所在地蒋营村获评安徽省首批“特色专业（一村一品）示范村”。

肥西县清平葡萄生产合作社　2004年10月26日，肥西县清平葡萄生产合作社在三河镇龙安村召开成立大会,38名果农参会,选举5名首届理事会成员。12月22日,合作社挂牌。同日清平葡萄生产合作社龙安综合服务部正式营业。2005年1月9日,合作社邀请省农科院专家为果农讲授葡萄生产技术,正式启动科技培训。3月3日,申请注册“清平”牌葡萄商标被国家商标总局正式受理。9月24日,清平葡萄生产基地被肥西县农业产业化工作领导组授予肥西县“十大示范基地”称号。11月9—11日,清平葡萄在中国(深圳)国际果疏博览会上参展。12月,龙安葡萄科技示范园被肥西县委组织部评为肥西县“双培双带”先锋工程示范基地。2006年5月30日,清平葡萄生产合作社向国家农产品质量安全中心申购的11万枚无公害农产品标识运抵龙安,标志着清平葡萄开始向产品标准化生产迈进。10月15日,清平葡萄生产合作社被肥西县农业产业化工作指导委员会授予全县“十佳合作经济组织”称号。

砀山县唐寨水果专业合作社 创建于1997年,为依托供销合作社,按照“民办、民管、民受益”要求,由果农和供销社职工自愿联合,民主管理,从事水果生产经营的互助性经济组织,建社之初有380户果农,入股资金37万元。通过滚动发展,至2005年年底,成员发展到1350多户,股金增至560万元,拥有资产总额650万元。2007年,专业合作社从事水果营销的人员达268人,年销售额达1.18亿元,实现利税220万元,二次返利达64.3万元,直接带动砀山果农2000多人,为果农年增收3500万元。专业合作社提高农民组织化程度,加快当地水果产业化经营步伐,初步实现“建一个组织、兴一个产业、活一地经济、富一方百姓”的目标。

第三章　新农村现代流通服务网络工程

中共十六届五中全会提出建设社会主义新农村，中华全国供销合作总社结合“四项改造”理论与实践，提出建设“新农村现代流通服务网络工程”（简称“新网工程”）。2006年6月，国务院《听取供销总社关于建设农村现代流通服务网络等有关工作汇报的会议纪要》下发，“新网工程”正式启动。

“新网工程”主要任务是在社会主义市场经济条件下，以改造、提升、整合、优化供销合作社现有经营网络资源和传统经营业务，建立农村现代流通服务体系，是重建、巩固农村现代流通体系基础的重大工程，是社会主义新农村建设的重要内容。中华全国供销合作总社要求“新网工程”重点构建农业生产资料经营服务、农副产品市场购销、日用消费品现代经营、再生资源回收利用四大网络。国务院总理温家宝、副总理回良玉先后就此批示。2007年和2008年，中共中央1号文件连续将“新网工程”作为农村现代流通体系建设重要内容部署。

在安徽省供销社系统，通过“新网工程”建设，培育壮大一批具有自主品牌、经济实力强、市场竞争力强、带动能力强的商贸流通、加工、服务、科技型龙头企业，涌现出辉隆集团、安徽茶叶进出口有限公司、双赢集团、安徽省棉麻有限公司、阜阳商厦、宁国司尔特公司、潜山皖城商厦、庐江鑫隆等全省性和区域性龙头企业。省供销社作为牵头单位，省财政厅等单位配合，使“新网工程”成为全省经济社会发展的重点工作之一，亦列入省政府和大多数地方政府的年度工作安排。皖政办〔2006〕78号、皖政〔2008〕38号、皖政〔2010〕53号文件均对“新网工程”建设提出明确要求。安徽省财政将“新网工程”专项资金纳入年度财政预算，逐年大幅提高额度。部分市、县级财政对此亦作安排。调动社会资本参与“新网工程”，体现财政资金的引导、示范、杠杆作用。改善农村消费环境，防范“假、冒、伪、劣”商品进入农村市场，供销社社会形象得以提升。

第一节　“新网工程”基本建设

2006年7月，省供销社转发中华全国供销合作总社《关于贯彻落实国务院会议纪要精神 加快实施‘新网工程’的通知》，结合安徽实际，提出构建日用消费品、农业生产资料、农副产品、再生资源、烟花爆竹“五大农村现代流通服务网络”，要求与“现代流通方式”相结合，加快改造、整合和优化供销社传统经营网络；与“基层供销社改革与发展”相结合，加快网络终端标准化和规范化建设；与“农业产业化经营”相结合，做大做强龙头企业,提升流通网络整体竞争力和带动力;与“千社千品富农工程”相结合,实施农产品品牌战略,推进农产品购销网络建设;与“万村千乡市场工程”相结合,参与全省农村商品流通改革和市场建设试点,争取政策扶持。同期,省社多次向省委、省政府汇报,协调省直有关部门,争取政策资金支持。11 月 23 日,省政府办公厅转发《省供销社关于加快建设“新网工程”意见的通知》(皖政办〔2006〕78 号),对全省“新网工程”建设提出总体要求和具体部署,强调 5 项工作重点和 5 项主要措施。

2007 年 1 月,省供销社印发《安徽省供销社系统“新网工程”建设规划》。同年,“新网工程”被列入省财政项目管理库,获专项资金支持。安徽省供销社与省财政厅共同下达项目 57 个;争取中央财政对 17 个项目给予扶持,资金总额达 1125 万元。近半数市县政府下发“新网工程”实施意见,“新网工程”渐成“政府工程”。

全省系统围绕“五大流通网络体系”建设,培育农村商贸流通龙头企业,加快配送中心和农村连锁店建设,带动传统网点资源的整合、改造、重组。安徽辉隆农资集团建设配送中心 74 个、农资连锁店 2221 家,完成 3 万吨省政府救灾化肥任务。安徽双赢再生资源集团牵头实施的“合肥市再生资源回收利用体系”获合肥市财政支持。安徽盛虹烟花爆竹集团发展 120 家连锁专卖店、1000 多个销售网点。市、县社有企业成为区域性网络建设生力军,阜阳商厦、潜山皖城商厦、当涂中润、庐江鑫隆等发展日用消费品连锁经营网络。全省系统连锁企业总店达 505 个,配送中心达 295 个,连锁店达 7270 家,农村综合服务社达 6843 家,近 40% 的传统网点得到改造。省供销社成立“新网工程”建设项目协调领导小组,相关业务处室及投资企业负责人为成员。

2008 年,省政府出台《关于进一步加快供销合作社改革发展服务社会主义新农村建设的意见》(皖政〔2008〕38 号),把“新网工程”作为推进服务方式创新、增强为农服务功能方面的第一项重点工作。省社印发《安徽省供销社系统“新网工程”项目建设管理办法》,全省系统推进“‘新网工程’建设年”活动,以项目建设和龙头企业培育为重点,发展具有安徽特色的“五大网络”,在连锁经营、网络标准化建设和“一网多用、双向流通”等方面取得进展。全省系统已建各类经营服务网点 3.47 万个,其中连锁店 8361 家、配送中心 330 个、“一网多用”网点 4831 个。全年连锁经营销售额达 107 亿元。辉隆集团、安徽棉麻、安徽茶叶、双赢集团、司尔特肥业、阜阳商厦、当涂中润公司、潜山皖城商厦、庐江鑫隆等一批全省性和区域性“新网工程”龙头企业辐射力和带动力增强。舒城等县社与辉隆集团合作发展。省社加强“新网工程”项目库建设,实行动态管理、逐年更新。发挥中央和省财政资金导向作用,突出重点,强化监督。2008 年,安徽省供销社与省财政厅共同下达 78 个项目,资金总额达 500 万元;争取中央财政对 31 个项目给予扶持,资金总额达 1437 万元。合肥、铜陵、马鞍山等市争取地方财政资金扶持成效明显。同年,省供销社“新网工程”协调领导小组下设办公室(挂靠综合业务处),具体承担“新网工程”项目协调等工作。

2009年,全省供销社系统把“新网工程”建设作为振兴供销合作事业的“一号工程”。全省系统已建各类经营服务网点3.81万个,其中连锁店9198家、配送中心365个、覆盖全省约40%行政村。全省系统50%以上的专业合作社实现与“新网工程”的对接。辉隆集团初步形成从种子、化肥、农药供应到农产品收购、加工一条龙的现代农资经营服务网络体系,当年连锁经营销售额达168亿元,增长30.2%。是年,省供销社与省财政厅共同下达75个项目,资金总额达1000万元;争取中央财政对39个项目给予扶持,资金总额达2290万元。是年底,安徽省人民政府与中华全国供销合作总社签订省部《加快推进新农村现代流通网络建设备忘录》。

2010年,“新网工程”建设速度加快,运营质量和网络覆盖率提升。至年底全省已有“新网工程”各类网点4.21万个、连锁店1.09万家、配送中心391个,覆盖全省70%乡镇、40%行政村;储备“新网工程”项目400余个,覆盖全省17个市、95%以上的县(市、区)。安徽辉隆农资集团已建配送中心56个、连锁店2400家,覆盖全省80%乡镇;农药、化肥、种子、农副产品等实现“一网多用、双向流通”;阜阳商厦5000平方米家电数码广场开业运营;安徽省棉麻公司建设无为金和、全椒新宇、当涂金垅等基地;安徽茶叶进出口有限公司已建“大业茗丰”连锁专卖店15个、经营网点62家,建成1200余平方米的“新网工程”大业茗丰精品展销中心;安徽双赢再生资源集团新建、扩建、改造6个交易市场、20个集散分拣中心、200个社区回收亭、800个社区回收站;安徽盛虹烟花爆竹集团建设专卖店264家,在铜陵、滁州等地业务快速开展。自2006年起,全省共获中央和省财政“新网工程”专项资金补助1.05亿元,基本构建起以大型连锁骨干企业为龙头、现代物流配送中心为支撑、乡村超市为终端的农村现代商品流通体系。

2011年,“新网工程”写入省政府工作报告,亳州等市把“新网工程”建设作为年度一项主要工作。作为全省经济发展的重点工作之一纳入政府年度目标考核范围,由省供销社作为牵头单位,省财政厅等单位配合,被省政府首次列入《重点工作和责任分解》《安徽省国民经济和社会发展年第十二个五年规划纲要》,成为推动“三农”工作的“兴皖工程”“民生工程”。安徽省供销社启动编制“新网工程”“十二五”发展规划,推进“农超对接”,延伸农资、日用品、农副产品、再生资源、烟花爆竹、农村金融服务六大网络体系,为城乡居民提供安全、放心、便利、经济的消费环境和条件,增强供销社在农村现代流通服务体系中的主导作用。全省供销社系统拥有各类网点4.41万个、连锁店1.60万家、配送中心433个,覆盖全省48%的行政村。是年,皖西农副产品批发市场、“和合生态农业旅游”项目被列入省政府“861”工程;宣城五大市场、宿州皖北农资商城、淮北长山路菜市场、阜阳绿色食品城、芜湖果品冻品海鲜市场、安庆农资大市场、蚌埠新天地商贸城、滁州滁菊专业合作社等项目建设稳步推进;双赢集团三大产业园项目相继开工;桐城新天地农资公司以土地流转发展现代农业,推进农业综合开发,国务院副总理李克强视察并予以肯定。

“新网工程”建设目标　安徽省“新网工程”建设坚持“政府引导、市场运作、企业带动、多元发展”原则,坚持开放办社和合作制发展理念,以各级供销社企业为骨干,运用现代流通手段和现代管理方式,改造、提升、整合、优化供销社现有经营网络资源和传统经营业务,开拓经营范围,创新服务领域,在农村构建布局合理、功能完善、区域贯通、资源共享、高效方便、规范有序的现代流通服务体系。

建设目标是从2007年起,用5年左右时间,在全省供销社系统培育60家农村商贸流通龙头企业,其中,销售规模1亿元以上的50家;建设500个市、县级配送中心,发展5000家农资连锁店、4000家日用消费品连锁店,建设5000个村级综合服务社,基本建成日用消费品、农业生产资料、农副产品、再生资源、烟花爆竹“五大农村现代流通服务网络”,形成市、县、乡、村四级贯通,纵横交错、配置合理、相互促进、各具特色的农村现代流通网络体系。

至2011年年底,全省供销社系统共获中央和省财政“新网工程”专项资金补助1.55亿元,基本构建起以大型连锁骨干企业为龙头、现代物流配送中心为支撑、乡村超市为终端的农村现代商品流通体系。

“新网工程”项目申报 2007年各地供销社申报“新网工程”项目186个,其中57个项目获省级财政共计80万元专项资金扶持,17个项目获中央财政共计1125万元专项资金扶持。

2008年省供销社成立“新网工程”项目库,共有312个项目审核合格入库,其中78个项目获省级财政共计500万元专项资金扶持,29个项目获中央财政共计1437万元专项资金扶持。

2009年“新网工程”项目库入库项目超过400个,75个项目获省级财政共计1000万元专项资金扶持,39个项目获中央财政共计2290万元专项资金扶持。

2010年,“新网工程”入库项目继续增加,80个项目获省级财政1500万元专项资金扶持;48个项目获中央财政共计2590万元专项资金支持。

2011年,79个项目获省财政扶持,资金总额2000万元;24个项目获中央财政共计3029万元专项资金支持。当年全省系统新开工和续建项目3000万元以上的18个,投资总额8.78亿元,撬动社会投资20亿元。是年底,“新网工程”项目库有项目743个,投资总额120亿元;农业综合开发项目立项31个。

“新网工程”网点建设 2007年7月,省供销社印发《安徽省供销社系统“新网工程”网点建设与改造规范标准》,规定全省供销社系统农资经营网点、日用消费品网点、再生资源回收网点、烟花爆竹经营网点、农村综合服务社、专业合作社、农产品批发市场和农产品基地等经营服务网点建设、改扩建及管理规范标准,所有网点均需按照《中国供销合作社标识使用管理办法》,使用供销合作社组织统一标识,店面必须悬挂供销合作社组织统一标识和连锁企业统一字号或形象。

至2010年年底,全省系统共新建和改造各类网点4.21万个,其中,农资网点1.17万个,日用消费品网点8712个,农产品收购网点1526个,再生资源网点3671个,烟花爆竹网点1.55万个;发展连锁企业110家,共建连锁店1.09万家;共建配送中心391个。网点覆盖全省70%乡镇、40%行政村。全省系统40%以上的经营服务网点改造升级。

安徽省供销社2005—2011年"新网工程"建设基本情况表

表4—3—1

	2005	2006	2007	2008	2009	2010	2011
各类网点总数(个)	—	23954	28465	34704	38090	42117	44138
连锁企业(家)	8	38	50	51	179(包括开展连锁业务的)	110	—
连锁企业销售额(亿元)	30.26	58.5	85.8	107.0	168.66(包括开展连锁业务的)	192.19	—
配送中心(个)	115	178	292	295	360	391	433

数据来源:2005—2011年统计年报和"新网工程"建设情况调查表

农资现代经营服务网点标准　农资现代经营服务网点指设在乡镇或村,通过连锁经营方式,向农村居民主要销售化肥、农药、种子、农地膜、小型农机具、兽药饲料等农业生产资料,并提供相应农技服务的农村零售店铺、农村综合服务社。其中乡级农资店一般设在乡镇人民政府所在地的行政村(或街道);村级农资店一般设在非乡镇人民政府所在地的村。

乡级店要求营业面积在40平方米以上,店址设在建筑的一层,与住宅分开,店堂内通风、明亮,墙壁和地面便于清扫。经营化肥、农药及其他农资商品大类齐全,经营化肥、农药、种子、农地膜、小型农机具、兽药饲料等农业生产资料在3大类以上,化肥、农药等2类农资商品的统一采购或配送率在60%以上。商品按品类划分不同区域分类、分品种摆放,整齐美观,有与经营商品相匹配的陈列货架或柜台,根据所销售的商品情况,采取柜台面售与开架相结合的售货方式,批零兼营。有必要的运输工具,能为消费者提供大宗商品送货上门的销售服务;能为村级连锁店提供代购或批发、配送服务。使用检定合格的计量器具,并按相关规定定期送检。具有与连锁经营方式相适应的信息基础设备。有与其经营的农资商品相适应的仓储设施和安全防护设施。店内明示对顾客的质量承诺,不销售假冒伪劣商品;建立商品准入和可追溯制度,统一配送及指定供货商的商品由连锁总部建立商品准入制度,对质量进行负责。网点自行采购的商品要对进货渠道及进货商进行登记管理,对销售的商品质量负责。执行国家物价管理政策,所有商品明码标价。从业人员定期参加连锁总部举办的培训,熟悉农资商品的性能和使用方法及相关知识,依法经营,依照连锁经营总部统一管理的规章,诚实守信。为消费者提供农资市场信息和技术咨询服务功能,并根据消费者需求适时组织规模较大的农业技术服务、讲座等,有条件的地方可开展测土配方等服务。

村级店要求营业面积在20平方米以上,经营化肥、农药、农地膜、种子、小型农机具、兽药、饲料等农业生产资料在2大类以上,化肥、农药等2类农资商品的品种统一采购或配送率在50%以上,根据所售商品情况,采取自由售货方式。

日用消费品现代经营网点标准　日用消费品现代经营网点指以一定区域居民为主要目标顾客,通过连锁经营,执行规范的商品质量和物价管理,满足居民就近购买日用消费品、食品、副食品的需求,同时提供相关服务的零售店铺和综合服务社。其中乡级日用品店一般设在乡镇人民政府所在地的行政村(或街道);村级日用品店一般设在非乡镇人民政府所在地的村。

乡级店要求营业面积100平方米以上,经营商品品种(单品)1000种以上,统一采购或配送率40%以上。店堂内进行简洁装修,墙壁和地面便于清扫和刷洗,店内通风、明亮;室外有与经营规模相应的停车位。兼有批发业务的应有与其业务相适应的仓储设施及管理人员。有与所经营商品和经营规模相匹配的陈列货架和购物车、篮。使用检定合格、未超过检定周期的计量器具,计量器具的数量应能充分满足经营的需要。所有计量器具应按国家规定定期送检。有充分满足连锁经营需要的信息基础设备。配备消防安全设施或设备,保证消防安全设施齐全、完好、有效。从业人员具有与其岗位相适应的业务知识和技术水平,有初中以上文化程度,经过社会专门培训机构或企业组织的岗前培训,考试合格;经营食品、副食品的从业人员,应定期进行健康检查,持有当地卫生主管部门颁发的健康证明;店铺制定职业道德守则,所有岗位从业人员必须遵守职业道德守则,坚持诚信经营,店铺定期对岗位从业人员遵守职业道德守则情况进行考核。售货方式采取以批零兼营、开架自选、原包陈列为主,也可以采取完全开架自选,出入口分设。执行国家价格管理政策,所有商品必须明码标价;建立商品质量责任制度;涉及消费安全的商品要通过质量认证。能满足村零售店铺进货要求或业务技术指导的要求;能开展鲜活商品经营,为本地生产的达到质量标准的农副产品进超市提供途径。有与经营规模和经营范围相适应的仓储设施。

村级店要求营业面积30平方米以上,经营商品品种(单品)400种以上,统一采购或配送率30%以上。除特殊商品外,采取开架售货方式。应有日常生活必需品、食品、副食品、调料、洗涤用品等商品。有条件的店,可为村民提供农副产品市场信息服务,小宗零星农副土特产品及废旧物资代购、代收,化肥、农药小包装或拆零供应等售前、售后服务。代销化肥农药、代购土特产品的营业场地与生活消费品的营业场地严格隔开。

再生资源回收网点标准　再生资源回收网点包括绿色回收厅(站)、绿色回收车(流动)、再生资源回收店(指小型专业集散分检加工中心、再生资源综合加工利用中心等)等。

根据所在社区规模大小,绿色回收亭面积在10~25平方米,材料一般采用彩钢板等新型建筑材料,隔热、防潮,同所在小区建筑基本融为一体。绿色回收车设计为封闭式人力车(三轮或两轮),流动收集转运车为封闭式箱式货车。再生资源回收店面积在20—40平方米左右,能提供流动物资回收车辆,营业时间10小时以上,提供上门服务,及时进行物资清理、转运,遵守相关法律法规,保证回收物资正当合法。再生资源集散交易市场应具有一定规模,与居民区相对隔离,同时具有收购、储存、分类、集散、初级加工、交易、信息收集发布等功能。市场每个摊位经营面积不低于100平方米。储存场地要相对固定,有围墙隔断,避免造成二次污染。必须备有合格、完善的消防设施,符合公安消防有关规定。

烟花爆竹专卖经营网点标准　烟花爆竹专卖经营网点要求取得《烟花爆竹经营(零售)许可证》和工商《营业执照》,遵守《烟花爆竹安全管理条例》《烟花爆竹经营许可实施办法》和《安徽省烟花爆竹经营许可实施条例》等国家和地方有关法律、法规,守法经营,安全经营,销售的烟花爆竹必须是合法企业的产品且质量符合国家标准。

专卖店营业面积在40平方米左右。店容店貌符合市容规范要求,店内配有必要的消防设施和安全警示标志。主要负责人和安全管理人员经培训合格,取得上岗资格证。建立安全管理制度、进销管理制度、盘存制度、有问题商品回收处理制度和职工考勤制度。营业人员必须熟悉商品知识和安全燃放常识。货物摆放整洁,方便消费者选购,店内货物存量不超过核定标准。按销售许可证上核定的范围销售,不销售A级产品、假冒伪劣产品和国家明令禁止的产品。接受消费者投诉,倾听消费者呼声,按照市场要求及时调整品种结构,满足消费者需要。

农村综合服务社标准　农村综合服务社是适应农村新形势和农民生产生活需要,以供销社为主体,社会力量共同参与兴办,向农民提供综合化、系列化、社会化服务的新型为农服务组织。必须产权清晰,证照齐全,合法经营。

营业面积在50平方米以上,店面整洁,农资营业场地与日用消费品营业场地严格隔开,提供综合服务。在日用消费品销售、农业生产资料供应、农副产品收购、废旧物资回收、烟花爆竹经营等传统经营服务内容的基础上,拓宽服务领域,围绕农民多方面、多层次的生产生活需要,为农民提供市场信息、技术培训、文化娱乐、医疗服务、农机具租赁、农副产品代购代销、电话预约服务等多种服务。日用消费品经营品种在300种以上,农资经营品种在15种以上。农资和日用消费品实行连锁经营,统一采购或配送率在30%以上。所用商品实行明码标价,向顾客承诺不销售假冒伪劣商品。有2名以上从业人员,具有与其岗位相适应的业务知识和技术水平。

专业合作社标准　农民专业合作社是在农村家庭承包经营基础上,同类农产品的生产经营者或者同类农业生产经营服务的提供者、利用者,自愿联合、民主管理的互助性经济组织。农民专业合作社以成员为主要服务对象,提供产前、产中、产后的技术、信息、生产资料购买和农产品的销售、加工、运输、贮藏等服务。

入社社员在100户左右,其中农民社员占80%以上,带动农户在300户以上。按照《农民专业合作法》的规定,制定社章,并按照社章规范运作;能够定期召开社员代表大会,推行社务公开,接受社员监督。固定资产总值在10万元左右;年均销售额在20万元以上;年均盈余在2万元以上。在工商部门登记注册,产权明晰,独立核算,自负盈亏。按照财政部门制定的财务会计制度进行会计核算。专业社和社员利益共享、风险共担;对社员实行二次返利;为入社农户年户均增收500元以上。

农产品批发市场标准 农产品批发市场系为买卖双方提供包括粮油、茶叶、畜禽、蛋、水产、蔬菜、水果、花卉等农产品及其初加工品批发交易的场所，具备商品集散、信息公示、结算、价格形成等综合配套服务功能。

标准为：营业面积在3000平方米以上；年交易总额在3000万元以上；年利税总额在100万元以上。场地整洁、美观，标识规范、清晰，设有车辆和人员专用出入口；场内地面做到硬化、平整、清洁，便于清洗；交易厅(棚)在入口醒目的位置设置标识或牌匾，标示经营的农产品类别，厅(棚)内应通风、明亮；按农产品大类、保鲜和卫生要求进行分区，同类型商品在同一交易区内经营；对蔬果、肉类、水产品、粮食、副食品和花卉等进行分区，冷冻农产品和非冷冻农产品、生鲜农产品和熟食品、有包装食品和无包装食品等设置分区，防止交叉污染；水产品和生鲜肉类交易厅(棚)内场地设施做到每日冲洗，不存污水，保持清洁；交易场地人流、物流、车辆畅通。设立导购图、车行路线标示图、公用电话、校秤点等公共服务设施，各类公共设施标识明确；从事拍卖交易的批发市场配备电子屏幕，并有网络设备和电子结算设备；从事生鲜肉类交易的批发市场配备胴体吊架、低温保鲜等设施设备；具有符合交易商品要求的卫生安全设施设备。建立商品准入管理制度，设立专门机构，对进入市场的农产品质量安全进行查证、登记备案、抽检和清退等监督管理；建立商品质量购销查验登记制度，对入市交易的商品索票、索证，对主要的交易商品建立交易档案；应建立商品质量抽检制度，定期或不定期对场内交易的农产品质量安全进行抽检；建立质量安全不合格商品市场清退制度，经抽检质量安全不合格的农产品要停止交易，并依照经销商进场经营合同或配合政府有关部门根据有关法律法规进行处理，不能进行处理的及时清退。管理制度健全，建立以下管理制度，并形成文件：投诉管理制度；食品检测、卫生防疫、环境卫生工作制度；公平交易和结算收费管理制度；消防安全、检查和监督制度。从业人员应具备当地劳动和保障部门以及有关部门要求的从业资格。

农产品基地标准 农产品加工基地系以从事优质、特色、专用农产品生产为主业，与农业产业化龙头企业相联接，具备一定的规模，产品有较为完善的销售渠道的生产加工基地。

标准为：种植业面积在1000亩以上；养殖业家禽在1万只、牲畜在500头以上；水面养殖基地面积在100亩以上。带动农户在500户以上；带动的农户年户均增收500元以上。与龙头企业、连锁超市等对接，产品销售顺畅。具有完善的技术服务体系，并制定与之相适应的生产技术规程。具有健全的全过程生产档案和检查制度，建立严格质量监督体系。能够开展科技、信息等相关培训，指导基地农户科学种养。

"新网工程"示范网点 2008年，省供销社、省财政厅研究制定《安徽省供销社"新网工程"示范网点评选办法》，由省供销社和省财政厅有关人员组成评审小组，每年评选"安徽省供销社新网工程示范网点"，由省供销社和省财政厅联合发文公布，授予荣誉牌匾。推进"新网工程"网点规范化、标准化建设。

安徽省供销社2008年“新网工程”示范网点一览表

表4—3—2

序号	示范网点	申报企业名称
1	肥西县桃花镇永达超市安财店	合肥永达大厦
2	濉溪县金信农资配送中心	淮北市金信农资商贸连锁有限公司
3	涡阳县西阳镇新华电西阳店	涡阳县新华电商贸有限公司
4	砀山县惠丰农产品批发市场	安徽砀山农产品中心惠丰批发市场
5	怀远县中远配送中心	安徽省蚌埠市中远肥业有限公司
6	颍州区中新超市颍西镇连锁店	安徽中新高科产业有限公司
7	淮南谢家集再生资源物流中心	淮南市物资回收(集团)有限公司
8	裕安区新安镇皋新农贸大市场	裕安区新安供销社
9	当涂县中润沛南店	当涂县中润商贸有限公司
10	庐江县鑫隆超市汤池店	庐江县鑫隆超市有限公司
11	南陵县烟花爆竹南翔路专卖店	南陵县烟花爆竹有限公司
12	广德龙腾月湾核心示范蚕桑生产基地	安徽龙腾茧丝绸有限公司
13	铜陵县东方农资配送中心	铜陵县东方农业生产资料有限公司
14	东至尧渡镇天虹烟花爆竹专卖店	东至县天虹烟花爆竹有限公司
15	潜山县皖城皖国路中心店	潜山县皖城有限责任公司
16	歙县杞梓里供销社竹铺分社	歙县杞梓里供销社
17	辉隆阜南配送中心	辉隆农资集团皖淮有限责任公司
18	辉隆和县连锁配送中心	辉隆农资集团皖江有限公司
19	郎溪茶叶生产基地	安徽茶叶进出口有限公司
20	宁国新村社区绿色回收亭(站)	安徽双赢再生资源集团
21	东至县大渡口棉花基地	安徽省棉麻有限责任公司
22	长丰岗集配送中心	安徽盛虹烟花爆竹集团有限公司

安徽省供销社2009年“新网工程”示范网点一览表

表4—3—3

序号	示范网点	申报企业名称
1	金安区供销社张店商厦(苏果超市)	六安市金安区张店供销合作社
2	无为县秀石棉花专业合作社	无为县万友棉业有限公司
3	含山县好再来畜牧水产养殖专业合作社配送中心	含山县好再来畜牧水产养殖业专业合作社
4	池州市皖南烟花爆竹有限公司盛虹专卖店	池州市皖南烟花爆竹有限公司
5	来安县供销社农资配送中心	来安县隆丰农资有限责任公司
6	双港供销社上坂综合服务社	桐城市双港供销合作社

续表4—3—3

序号	示范网点	申报企业名称
7	恒丰农资连锁配送中心	五河县恒丰农业生产资料有限责任公司
8	砀城镇蒋营村农家植保连锁店	砀山县蒋营水果专业合作社
9	梅林镇沙埠街“福庆全”粮油连锁店	宁国市福庆粮油专业合作社
10	三农曹庵镇连锁店	淮南市三农物资供销有限公司
11	屯溪专卖店	黄山市徽州宏星绿色实业有限公司
12	蒙城县板桥雪枫供销合作社棉花收购示范网点	蒙城县板桥雪枫供销合作社
13	当涂表县均庆河蟹生态养殖专业社	当涂县农村合作经济组织联合会
14	高安轧花厂	繁昌县皖江棉麻有限公司
15	阜阳农资连锁闻集店	安徽省阜阳市农业生产资料有限公司
16	再生资源加工中心	濉溪县汇源物资回收有限责任公司
17	上派镇大童岗村标准化仓库	肥西县盛安烟花炮竹销售有限公司
18	庐江连锁配送中心	安徽辉隆集团皖江农资有限公司
19	舒城茶叶生产加工基地	安徽茶叶进出口有限公司
20	东至县白笏乡棉花基地	安徽省棉麻有限责任公司
21	盛虹烟花专卖店001号专卖店	安徽盛虹烟花爆竹集团有限公司
22	合肥双赢再生资源集散分拣中心	安徽双赢再生资源集团

安徽省供销社2010年“新网工程”示范网点一览表

表4—3—4

序号	示范网点	申报企业名称
1	海日园林场农资店	亳州市海日农化有限责任公司
2	当涂县黄池蔬菜产销专业合作社蔬菜销售点	当涂县黄池蔬菜产销专业合作社
3	仁和路供销超市	天长市华易超市有限责任公司
4	天瑞棉业农资配送中心	铜陵市天瑞棉业有限责任公司
5	挥手“新网工程”综合服务社	六安市裕安区徐集供销社
6	和县供销社盛家口综合服务中心	和县田宝复合肥有限责任公司
7	固镇烟花爆竹专营店	安徽省固镇县双赢烟花爆竹有限公司
8	淮南市芦集综合服务中心	淮南市潘集供销合作社
9	宿州北郊农资配送中心	宿州市北郊供销社
10	濉溪县通达农资百善丰田仓储物流中心	濉溪县通达农资仓储物流有限责任公司
11	秋浦大市场农副产品一条街	石台县秋浦商贸有限公司
12	临泉大地农资于寨连锁店	临泉县大地农资有限公司

续表4—3—4

序号	示范网点	申报企业名称
13	肥西小庙供销商城	肥西县小庙供销合作社
14	永达超市朱巷店	合肥永达大厦
15	黄山农资兴徽物流配送中心	黄山新安农业生产资料有限公司
16	广德丰禾农资誓节连锁店	广德丰禾农资有限公司
17	新天地农资洪桥分公司农资店	安徽省新天地农资有限公司
18	辉隆农资合肥连锁配送中心	安徽辉隆集团皖江农资有限公司
19	“大业茗丰”精品展示展销中心	安徽茶叶进出口有限公司
20	东至县棉花种植基地	安徽省棉麻有限责任公司
21	安徽双赢集团东港废钢基地	安徽双赢再生资源集团有限公司
22	安庆市烟花爆竹仓储配送中心	安徽盛虹烟花爆竹集团有限公司

安徽省供销社2011年“新网工程”示范网点一览表

表4—3—5

序号	示范网点	申报企业名称
1	辉隆郎溪连锁配送中心	安徽辉隆农资集团股份有限公司
2	双赢合肥废纸分拣加工中心(北区)	安徽双赢再生资源集团有限公司
3	东至棉花仓储物流中心	安徽省棉麻有限公司
4	盛虹连锁石鼓路店	安徽盛虹烟花爆竹集团有限公司
5	肥西三河供销大厦	肥西县三河供销合作社
6	鑫隆花炮泉西村配送中心	安徽省庐江县鑫隆花炮有限公司
7	淮北市长山路农产品(蔬菜)批发交易市场	淮北市社有资产经营管理有限公司
8	奔康农资专业合作社	亳州市谯城区供销社奔康农资专业合作社
9	兴达罐业农副产品配送中心	安徽省砀山兴达罐业食品有限公司
10	丰谷农资五河城关庄稼医院	五河县丰谷农业生产资料有限公司
11	瑞丰农资余同彪直营店	安徽省颍上县瑞丰农业生产资料公司
12	淮南市田家庵区再生资源分拣加工中心	淮南市物资回收集团有限公司
13	三中心综合服务中心	六安市城南供销合作社
14	山河禽业专业合作社	当涂县丹阳镇山河禽业专业合作社
15	芜湖市鸠江区全国棉花交易市场郑州商业交易所芜湖指定交割库	芜湖市棉麻有限责任公司
16	宁国废弃电器电子产品回收店	宁国市再生资源有限公司
17	天震烟花铜陵大市场爆竹专卖店	安徽盛虹集团铜陵市天震烟花爆竹有限公司
18	月山生资门市部	怀宁县农资连锁配送有限公司
19	华媛超市祁门店	黄山市祁门县华媛超市有限公司

薄弱与空白县经营服务网络振兴工作 县域经营服务网络是“新网工程”建设的基础。2009年,中华全国供销合作总社出台《供销合作社薄弱与空白县经营服务网络振兴工作方案》,计划从2009年开始,利用3年时间,用“新网工程”专项资金支持全国700个薄弱县供销合作社经营服务网络建设。省社制定全省系统2009—2011年薄弱与空白县经营服务网络振兴工作实施方案。2010年,中华全国供销合作总社确定安徽重点扶持名单如下:

安徽省供销社系统2009—2011年度县级经营服务网络重点扶持供销合作社一览表

表4—3—6

序号	实施年份	名　　单
1	2009	共计7个:界首市、绩溪县、岳西县、砀山县、金寨县、黟县、石台县
2	2010	共计11个:凤台县、阜阳市颍泉区、霍邱县、太湖县、凤阳县、泗县、利辛县、宣城市宣州区、南陵县、无为县、寿县
3	2011	共计9个:枞阳县、淮南市毛集区、蚌埠市淮上区、巢湖市居巢区、歙县、颍上县、霍山县、休宁县、肥东县

“新网工程”专项资金 2007—2011年,安徽省共获得“新网工程”财政专项扶持资金1.56亿元,526个项目获得扶持。中央财政投入1.05亿元,扶持157个项目,省级财政投入5080万元,扶持369个项目。

中央财政专项资金实行先付后补,所安排的贴息资金是根据项目承担单位在规定贴息时间内支付的借款利息和贴补率予以补贴;以奖代补资金是根据项目申报单位在申报期内开展相关服务支出给予一定比例的补助;省级财政专项资金主要用于项目建设中的支出。

2006—2011年,各市、县级财政累计投入“新网工程”资金逾1000万元,项目覆盖“新网工程”五大网络和全省17个市、90%以上的县(市、区),带动社会累计投入“新网工程”建设及项目资金约80亿元,其中银行贷款约50亿元;自筹资金30亿元。农民得到实惠和方便。不少企业的开户银行调高供销社企业的信用等级,增加对企业的授信额度及贷款规模。辉隆集团2008年年末银行信贷规模较2006年年末增加近10亿元。

安徽省供销社系统2007—2011年“新网工程”获财政扶持资金情况表

表4—3—7　　资金单位:万元;项目单位:个

年度	省级财政		国家财政	
	资金总量	项目个数	资金总量	项目个数
2007	80	57	1125	17
2008	500	78	1437	29

续表 4—3—7　　　　资金单位：万元；项目单位：个

年度	省级财政		国家财政	
	资金总量	项目个数	资金总量	项目个数
2009	1000	75	2290	39
2010	1500	80	2590	48
2011	2000	79	3029	24
合计	5080	369	10471	157

第二节　“新网工程”网络体系

2006—2010 年，安徽省供销社系统“新网工程”重在建设农资、日用品、农副产品、再生资源和烟花爆竹五大网络体系。2011 年，安徽省供销社系统“新网工程”“十二五”发展规划提出延伸农资、日用品、农副产品、再生资源、烟花爆竹和农村金融服务六大网络体系建设。

农资现代经营服务网络体系　以安徽辉隆农资集团、安徽省司尔特肥业股份有限公司等部分省、市、县农资龙头企业为依托，实施纵向一体化发展战略，整合现有网络资源，上联资源厂商、下联基层供销社和农业“三站”，为农民提供科技咨询、测土配方、施肥用药等综合系列化服务，发展连锁经营，形成网点遍布全省各乡、镇、村，以经营规范、服务配套的农资配送中心、直营店、加盟店，巩固供销社在农资市场主渠道地位，维护市场秩序，稳定物价，保障农资供应。

农副产品市场购销网络体系　实施市场带动战略，以安徽茶叶进出口有限公司、安徽省棉麻有限责任公司、合肥银山棉麻股份有限公司、安徽龙腾茧丝绸有限公司等农副产品生产、加工、贸易企业为龙头，以基地建设为基础、现代物流配送为手段，以“公司+专业合作社+基地+农户”形式，推广良种和先进技术，推行规范化、规模化、标准化种植、养殖，拓展延伸经营链条，逐步形成从基地、加工到市场、配送、终端销售一条龙的农副产品市场购销网络，参与和推动农业产业化经营，帮助农民解决农产品卖难问题，提高农民组织化程度，助农增收。

日用消费品现代经营网络体系　以阜阳商厦股份有限公司、合肥永达大厦、潜山皖城有限责任公司、庐江鑫隆超市有限公司等部分区域性龙头为依托，与“万村千乡市场工程”结合，实施“小超市，大连锁”，建立区域配送中心和具有配送功能的中心店，改造、提升基层供销社经营门店，建设乡镇连锁店和乡、村级加盟店，基本形成城乡结合的县、乡、村三级日用消费品现代经营网络。通过集中采购、连锁配送，降低商品价格，为农民提供质优价廉的消费品，改善农民消费结构，提高农民生活质量，改善农村购物环境，净化农村市场。

再生资源回收利用网络体系 以安徽双赢再生资源集团为龙头,宁国市再生资源有限公司、淮北市物资回收有限责任公司等龙头企业为骨干,推动整个行业的联合合作。抓住回收网点建设、市场集散交易和综合利用处理3环节,形成以社区回收站点为基础,市场集散加工为核心,综合利用和无害化处理为目的,点面结合、三位一体的再生资源回收利用网络,推动资源节约型、环境友好型社会建设。发挥再生资源行业协会桥梁和纽带作用,联合市县再生资源行业协会、企业开展再生资源回收体系建设,在宁国、铜陵、宣城、淮北、安庆等市、县开展再生资源回收体系建设。发挥龙头引领作用,依托双赢集团再生资源购销网络优势,结合"网络+基地+品牌+体系"发展战略,建立皖北、皖中、皖南3个中心基地和17个卫星基地,建设覆盖全省城乡再生资源绿色回收网络。

烟花爆竹安全经营网络体系 按照省政府提出的"专业化、品牌化、连锁化、集团化"的总体要求,以安徽盛虹烟花爆竹集团为核心,联合各市、县供销社,建设一批标准化烟花爆竹仓储配送中心,在乡、村建立连锁经营网点,加强经营网点的规范化管理,初步形成省、市、县紧密联合,集生产、销售、储运、燃放和科研开发于一体,网点遍布主要乡镇的烟花爆竹安全经营体系。

第三节 "新网工程"重点项目

2007年,安徽省供销社、安徽省财政厅印发《安徽省供销社系统"新网工程"项目建设管理办法(试行)》,经过近1年运行,取得较好效果。根据《安徽省人民政府办公厅转发省供销社关于加快建设"新网工程"意见的通知》(皖政办〔2006〕78号)精神,2008年3月,省供销社会同省财政厅进行内容修定后,正式印发《安徽省供销社系统"新网工程"项目建设管理办法》。

"新网工程"项目定义 "新网工程"项目是指为贯彻落实国务院《听取供销总社关于建设农村现代流通服务网络等有关工作汇报的会议纪要》(国阅〔2006〕52号)和《安徽省人民政府办公厅转发省供销社关于加快建设"新网工程"意见的通知》(皖政办〔2006〕78号)文件精神,实施全省供销社系统"新网工程"建设规划,加快建设以农资现代经营服务网络、日用消费品现代经营网络、农副产品市场购销网络、再生资源回收利用网络和烟花爆竹安全经营网络五大网络为重点的农村现代流通服务网络工程项目。

省财政安排资金扶持"新网工程"项目建设。"新网工程"建设项目由省供销社和省财政厅共同组织实施。省财政厅负责项目资金预算安排,并会同省供销社拨付项目资金和对资金使用情况进行监督检查。省供销社成立"新网工程"建设项目协调领导小组,负责项目实施的组织管理,并会同省财政厅建立全省供销社系统"新网工程"项目数据库,对申报项目进行分类归纳管理。项目的评审、立项工作由省供销社会同省财政厅进行。

“新网工程”项目申报　“新网工程”项目按照“统一组织，分级审核”的原则，实行自下而上逐级申报。各市、县(市、区)供销社、财政部门按照申报条件组织指导本地区供销社企业申报。申报企业应为经县级以上有关部门注册登记满1年以上的供销社控股、参股的龙头企业；有完善的企业管理制度和企业章程；有独立的银行账户，实行独立的会计核算；产权明晰。日用消费品企业注册资本50万元以上、总资产100万元以上、年销售总额500万元以上，农业生产资料经营企业注册资本100万元以上、总资产200万元以上、年销售总额2000万元以上，农副产品经营企业注册资本30万元以上、总资产50万元以上、年销售总额60万元以上，再生资源回收利用经营企业注册资本40万元以上、总资产60万元以上、年销售总额100万元以上。烟花爆竹经营企业注册资本40万元以上、总资产80万元以上、年销售总额100万元以上。制定“新网工程”项目网点实施方案。承诺不制售假冒伪劣商品。承诺如实填报各种“新网工程”信息表。对已创立连锁经营注册品牌，经营服务网络健全，实现统一采购配送；在加快农村现代流通体系建立、助农增收、提高农业产业化水平等方面具有较强的示范和行业带动作用的企业优先考虑。

申报建设项目的工作程序为：供销社企业向所在市、县(市、区)供销社、财政部门自愿提出承担“新网工程”项目建设申请；省供销社投资企业直接向省供销社、省财政厅申请；提出拟实施的地区和拟建设的具体项目。申请企业按规定提供材料。《项目申报书》经承办企业法人代表签名后，报所属供销社及同级财政部门审核同意并签署意见后，报送所属市级供销社、财政局复审。市级供销社、财政局对各个项目进行复核、筛选和排序，提出本地区拟推荐的承办企业名单，提出立项建议，连同《项目申报书》及附件，以正式文件，报送省供销社、省财政厅。申报项目经省供销社、省财政厅有关业务处室审核符合申报条件后，纳入全省供销社系统“新网工程”项目数据库备案。省供销社、省财政厅联合组成评审组对进入项目数据库里的申报项目进行评审，出具项目评审意见，并据此作为项目是否立项的重要依据。根据评审组意见，由省供销社和省财政厅在综合平衡的基础上，确定支持项目，项目名单在省供销社网站公示7天，无异议后，以正式文件予以下发。

“新网工程”项目实施　“新网工程”建设项目所在的市、县(市、区)供销社、财政部门督促项目承办单位按照批复的《项目申报书》建设内容组织实施，不定期地开展检查指导工作。项目承担单位根据项目实施的阶段性目标要求，及时向当地供销社和财政部门反馈项目进展和执行情况。实施条件发生重大变化而造成原定项目内容无法实施，需要变更项目实施内容时，项目承担单位应及时提出变更方案，报省供销社、省财政厅批准后实施。

项目资金管理按照省财政厅、省供销社关于“新网工程”建设资金管理办法和相关文件规定执行。项目内容完成后，承担项目单位要对项目执行情况、资金使用和管理情况、项目实施结果及取得效益情况等全面总结,向当地市、县(市、区)供销社和财政部门汇报。市、县(市、区)供销社和财政部门组成验收评估组,成员包括供销社(县以上)、财政部门主管项目建设人员和相关专家技术人员,一般不少于3人,根据《安徽省供销社系统“新网工程”网点建设与改造规范标准》,对项目建设质量、进度及资金管理情况进行监督、检查和验收,对项目产生的综合效益进行客观评价。验收评估情况形成书面材料,上报省供销社和省财政厅。省供销社会同省财政厅根据各地的检查验收情况,适时组织抽查。对工作成效显著、建设项目效益良好的地区适当加大下一年度项目扶持力度,并给予优先立项。对弄虚作假骗取资金以及截留、挪用、挤占资金等行为,按照相关法律法规的规定进行处理、处罚。

农资连锁与农副产品“双向物流”服务网络 由辉隆农资集团建设,发挥辉隆集团省内行业龙头作用,拓展农资连锁经营网络,推进“一网多用,双向流通”。一方面通过规模化采购、现代化物流配送中心,利用现代物流流通方式,把优质、适宜的化肥、农药和种子等农业生产资料通过辉隆连锁网络输送,发挥农资主渠道作用,改善农民消费环境,稳定农资市场;另一方面搭建农产品收购、加工平台,完善网络功能。通过辉隆网络在全省收购小麦、油菜籽、棉籽、大豆等农副产品,将其销往所投资的粮油加工企业及省内外其他加工企业,同时把加工的副产品如菜粕、豆粕等返销到农村,打造城乡之间的“双向物流”。2007年,凭借省内农资流通网络优势,与国际国内粮油行业著名企业益海集团合资成立农产品贸易公司和粮油加工企业,开展农产品收购和饲料销售业务对接。截至2009年年底,辉隆集团在省内共建成配送中心45个,发展连锁店2300余家,覆盖全省93个县(市、区)、787个乡(镇、街道)。农资连锁经营始终发挥主渠道作用,且多年承担国家与省级化肥、农药、种子的淡季储备;在合肥、淮南、阜阳租赁建设农副产品物流中心3个,食用油储存能力近万吨,农副产品仓储能力逾2万吨。

棉花购销网络和基地建设 由安徽省棉麻有限责任公司建设,旨在发展棉花种植基地,延伸棉花产业链条,构建棉花农副产品购销网络。以所属轧花厂为依托,以棉花专业合作社为纽带,以“企业+基地+合作社+农户”的形式在安徽主要产棉区建立棉花产业基地,实行棉花收购、加工、经营“一条龙”服务;在新疆、甘肃、山东等棉花主产省区开辟棉花收购、加工网点,发展棉花购销网络。加强棉花存储物流交易网络建设。按照地域覆盖和网络建设需求建设并完善仓库体系,发展棉花专业仓储,开展棉花仓单生成、注销、质押等相关服务,参与棉花交易市场建设,打造全省棉花仓储物流交易网络。至2010年,公司在东至、无为、全椒、当涂、宿松等地建有5个棉花种植基地,辐射棉田6万亩,建高产示范田500亩,每个基地均成立1~2个棉花专业合作社,入社棉农达1万余户。拥有合肥、巢湖、宿州、蚌埠4座大型棉花专业仓库,按照现代化棉花专业仓库要求新建东至、无为、宿松、安庆4座棉花分库,增加库容1.5万平方米,利用8座仓库建设棉花专业仓储物流网络。

茶叶生产、出口网络建设 由安徽茶叶进出口有限公司建设,按照发展现代农业的要求,打造茶叶生产、销售(出口)网络。通过加强原料基地、生产加工拼配基地、配送(仓储)中心和销售(出口)网络建设,建立标准化茶园基地、现代化生产加工厂以及配送(仓储)中心和稳定的销售(出口)渠道,提高茶叶生产质量和档次,加快流通,扩大销售和出口。至2010年年底,安徽茶叶进出口有限公司构建安徽茶叶生产、加工、出口(销售)网络,直接带动12万户茶农、辐射125万户茶农、60个茶叶初制厂、15个茶叶精制厂参与出口茶叶产业化经营,基地出口茶叶加工拼配能力超4万吨,其中红茶1.3万吨、绿茶2.5万吨、特种茶和有机茶0.2万吨,产品95%以上供应出口。年出口创汇达4500万美元,销售额达6亿余元,利润超1200万元,税金400万元。为基地茶农户人均年增收2000元,提供2000多个就业机会。截至2010年年底,安徽茶叶进出口有限公司在安徽省主要茶区共投资建立6个有机茶生产基地,通过IMO认证茶园8000多亩,辐射30余万亩茶园;建设8个出口茶叶精制加工拼配厂,建有国内领先的出口茶叶生产线和包装线,年加工拼配能力逾3万吨。

"新网工程"五大网络点比例图

图4—3—1

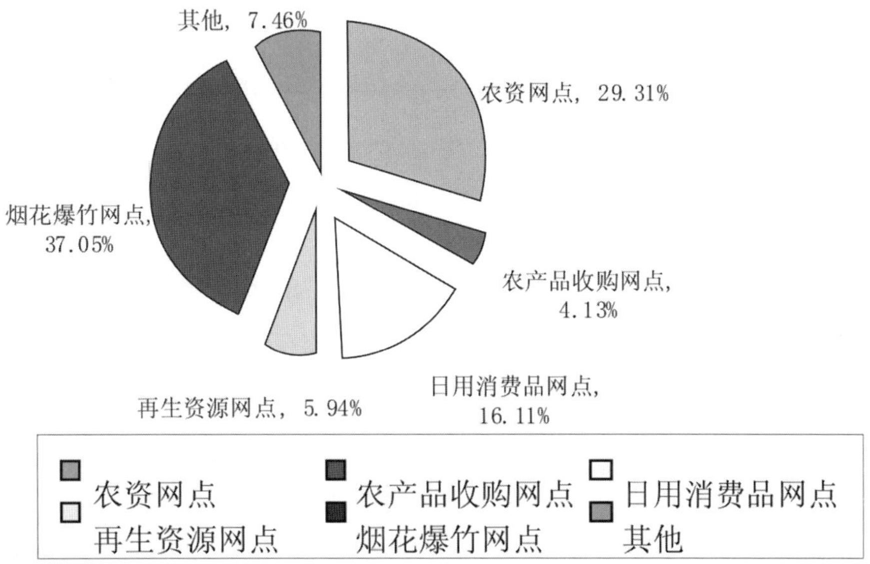

再生资源回收利用网络体系建设　由安徽双赢再生资源集团建设,发挥再生资源行业协会和集团网络优势,构建城乡再生资源回收利用网络。一是抓住合肥市被列入再生资源回收体系建设试点城市机会,构建合肥市再生资源绿色回收网络体系。出台《合肥市再生资源回收体系建设实施方案》,建立覆盖合肥市城乡的再生资源回收利用网络。二是发挥龙头引领作用,联合市、县相关再生资源企业,开展再生资源回收利用体系建设。率先在宁国、铜陵、芜湖、巢湖、六安、安庆、濉溪等地开展试点,总结推广经验,加快全省"新网工程"再生资源回收利用网络建设进度。以基地建设推广再生资源回收连锁网点,在全省各乡镇建立再生资源回收网点,完善再生资源回收利用网络。截至2011年6月底,新建、改造社区回收亭(站)200个、社区分拣站20个、校园绿色回收亭12个、专业集散市场7个、区域性专业回收加工中心2个,整合原有回收网点800个,发放流动回收车30辆,在合肥各区均建成绿色回收亭(站)和社区专业分拣站。

烟花爆竹安全经营网络建设 由安徽盛虹烟花爆竹集团建设,整合供销社系统原有经营网络资源,建设"盛虹"品牌,发展烟花爆竹安全经营网络。加强连锁经营网点设置,联合经营,创规模效益,在主消费区成立分公司;在全省城镇开办盛虹烟花专卖店,在全省乡村开办盛虹烟花连锁经营销售点,"统一店牌、统一配送、统一价格、统一培训、统一宣传"。以"安徽第一、全国前列"为目标,在皖中、皖南、皖北、皖西建设4个专用集运输、储存一体化的配送中心,加快烟花爆竹配送中心建设,建设岗集配送中心1万平方米标准化烟花爆竹专业仓库。截至2009年年底,盛虹集团在全省城乡建立烟花爆竹专卖店200余家,连锁经营销售网点1100余个,市、县烟花爆竹分公司3家,标准化专业配送中心3个,总库容达1.32万平方米。

日用消费品经营网络建设 由阜阳商厦股份有限公司、合肥永达大厦、潜山皖城有限责任公司、庐江鑫隆超市有限公司等部分区域性龙头企业牵头建设,发展连锁经营网点,统筹卖场、标准超市、便民店等多种业态模式,辐射周边,带动全省系统日用消费品经营网络建设。阜阳商厦在阜阳及周边县城城区建立40余家连锁超市、商场,在农村建立50余家,在阜阳、亳州乡镇建立家电连锁经营网点600余个,以商厦批发配送中心为核心,初步形成以县城大中型商场为依托,以乡村连锁超市和家电连锁网点为基础的市、县、乡、村四级工业品连锁经营网络体系。合肥永达大厦发展"永达乡村超市连锁工程",在合肥市及周边城乡新建、扩建连锁超市,2009年在合肥市郊及肥东、肥西、长丰3县乡镇、村新建连锁超市自营店5个、加盟店10个、配送中心1个,销售网络覆盖3县主要乡镇。同年,潜山皖城有限责任公司皖城连锁超市延伸至全县偏远沟寨村落,在全县16个乡镇所在地及部分行政村兴办40个连锁店,新增就业岗位500余个。庐江鑫隆超市有限公司鑫隆超市经营覆盖庐江县70%乡镇,连锁店开到舒城和无为等县。

农化与信息服务项目 承担单位为安徽辉隆农资集团有限公司,获中华全国供销合作总社"新网工程"以奖代补资金90万元。资金主要用于:开办农技专家免费咨询热线,向农民免费发放农技手册与宣传材料,采取现场授课、广播讲座、农户走访等多种形式培训农资连锁店长和农民。与农科院所等专业机构合作,推广测土配方施肥等先进农业生产技术。创办《辉隆人》和《辉隆管理》内刊、网站、短信发布机4个主要信息服务平台,建立完整的信息收集、整理、发布机制。

蚕桑经营服务网络及示范生产基地建设项目 承担单位为安徽龙腾茧丝绸有限公司,获中华全国供销合作总社"新网工程"贴息资金16万元。项目总投资2894万元,截至2010年年底,完成投资1500万元。改造、扩建乡镇茧站(鲜茧收烘经营网点)19个,建设蚕桑生产经营服务网点信息化平台、万亩蚕桑生产示范基地,组建蚕桑专业合作社,改善全县蚕桑生产经营及服务网络基础条件。

绿色食品经营网络建设项目　承担单位为安徽省阜阳商厦股份有限公司，获中华全国供销合作总社“新网工程”贴息资金45万元。项目总投资5476万元，截至2010年年底，完成投资2600万元。建设50亩物流配送中心，在阜阳市3区及周边县市新建农副产品连锁经营网点50个。“统一店面标识、统一店堂布置、统一信用承诺、统一价格、统一配送”，打造完整的“采购—加工、分拣—配送—销售”现代连锁经营产业链，初步建成全市畅通、健康、平价的绿色环保无公害农副产品购销通道。

双赢集团皖中再生资源示范基地改扩建项目　承担单位为安徽双赢再生资源集团有限公司，项目总投资1500万元。按照“网络+基地+品牌+体系”的发展战略，打造东港废钢基地为皖中再生资源示范基地。项目建设标准化加工厂房5000平方米，加工车间安装室内行车；在室外货场安装大型行车，增加叉车、铲车、抓钢机等大型废钢装卸设备；制定统一规范标识标牌，安装在货场、加工车间和办公生活区域；配备消防设施、电子监控系统，规范化管理；建设办公室、洽谈室、职工食堂等，改善基地工作生活条件。2010年年底完成生产性项目建设、配套员工宿舍和食堂改造，投入生产运营。所产废钢压块外观和内在质量提高，宝钢、武钢等因此增加采购量，行车、叉车、抓钢机等大型设备投入使用后，基地作业装卸能力提高，月发运废钢能力达1万吨。

合肥岗集烟花爆竹配送中心项目　承担单位为安徽盛虹烟花爆竹有限公司，项目总投资3650万元，分2期实施。截至2010年年底，项目投资近2000万元，完成1万平方米的标准化烟花爆竹仓库建设、1200平方米的综合办公楼建设、1000平方米的危险品运输车辆停车场建设以及厂区道路、消防、监控等基础设施建设，成为烟花爆竹标准化仓储建设示范基地。2010年，合肥（岗集）烟花爆竹仓储配送中心投入使用。

桐城万亩土地流转项目　承担单位为桐城新天地农资有限公司。2010年，公司土地流转3.2万亩，涉及当地2镇11村（居委会）9000余人口，规模、成效居全省前列。仅杨安等3村租赁流转万亩土地后，就可年均为农增收2000余万元。新渡镇2万亩土地流转项目高产小麦种植成功。推进金水湾2000亩土地流转生态园项目。

第五篇　科技 教育 宣传

中共十一届三中全会后，安徽省供销合作社系统在发展过程中，注重科研、教育、文化建设，打造系统软实力，提升为农服务能力，增强凝聚力。

1978 年以前，供销合作社系统科研工作，主要由各业务部门围绕商品购销、农副产品加工、废旧物资回收利用等，开展科研和商业机械化，协助农村社队发展多种经营。1978 年年底，成立安徽省供销社科学研究所，担负全省系统科技管理和科研工作。在科研中，全省系统承接多个项目，取得一定成果。在科技服务上，1990 年代，成立安徽省供销合作社科技兴农办公室，负责全省系统科技兴农和农业社会化服务体系建设。各地基层供销社普遍设立庄稼医院、村级综合服务站、配肥（药）站等科技服务网点，至 2005 年，此类网点总数达 1. 8 万余个。部分龙头企业设立的科研机构，成果多获国家及省级奖项。

1980 年代起，全省供销社系统教育得到较快发展，省社及各地（市）、县供销社建设多家教育培训机构，形成省、地（市）、县三级教育培训网络，一方面培训系统干部职工，另一方面进行全日制学历教育。进入 21 世纪后，合肥供销学校升格为安徽财贸职业学院，为高职院校，不断发展壮大。系统结合服务“三农”新形势，推广职业技能培训与鉴定等。

1987 年初，省社创办《供销合作通讯》，作为全省系统文化宣传阵地；1989 年 6 月，创办《安徽供销合作经济》，作为全省系统理论研究阵地。1990 年，《供销合作通讯》更名为《供销合作商报》，后公开发行。“一报一刊”在系统文化建设中发挥较大作用。进入 21 世纪后，《供销合作商报》在历经两次更名后，划入《合肥晚报》；《安徽供销合作经济》更名为《安徽合作经济》，成为系统核心刊物。随新媒体的发展，2007 年，安徽省供销社门户网站“安徽供销合作网”正式开通；2011 年，全省系统首个大型、专业化电子商务、信息服务平台“安徽网上供销社”上线运行。全省系统在文化宣传中，强调要做好合作社理念和合作社价值观的宣传，加强合作社文化理论创新，培育供销社企业文化；结合社会主义核心价值体系建设，提升供销合作社文化，让服务“三农”、诚信经营深入人心。

第一章 科 研

第一节 供销社系统科研力量

供销社科研机构设置 20世纪七八十年代,全省供销社系统成立独立科研机构7个,主要开展农副土特产品生产、加工、储藏保鲜,果品、食用菌生产,商业机械,生物防治虫害等技术研究。至1988年,科研机构共有科研人员80人。

1990年代起,全省供销社系统独立科研机构部分转为经济实体,部分撤销。全省供销社系统科研力量主要分布在系统所属大中型骨干工业企业和农业产业化龙头企业中。安徽省宁国司尔特化肥有限公司设立企业技术中心,2008年1月,经省经委、省发改委、省科技厅等7部门联合批准为"省认定企业技术中心"。

2000年以后,全省供销社系统参与社会主义新农村建设,培育农业产业化龙头企业,一些龙头企业相继成立科研开发和科技服务机构。

供销社科研机构选介 *安徽天源棉花有限责任公司* 于1999年成立固镇县棉花研究所,与中国棉花科学研究所、中国植物研究所长期合作,研发棉种、农业机械、棉花专用肥,推广农业实用技术,实施科技兴棉。与淮河种业联合选育的棉花新品种HH06通过省级审定。与中国棉花科学研究所联合选育9901新品种。推广应用"地膜西瓜套作棉花栽培技术",获蚌埠市科学技术三等奖。2005年,成立棉花机械自动化研究所,改进传统的棉花生产、加工工艺。2006年,棉花机械自动化研究所研发的棉籽定量包装机等产品获4项国家专利。同年,公司被安徽省科技厅评为"安徽省民营科技企业"。

安徽省供销社系统1988年科研机构人员统计表

表5—1—1

科研单位	总人数	其中		各级技术人员		
		行管人员	技术人员	高级	中级	初级
砀山县供销社文庄科研站	7	—	7	—	1	1
省供销社科研所	27	7	20	1	14	4
皖西金寨食用菌研究所	14	5	9	—	1	4
宿松柑桔黄花菜研究所	10	2	8	—	1	2
东至县食用菌研究所	5	2	3	—	—	1
巢湖庄稼医院	11	—	11	1	2	8
歙县枇杷良种培育小组	6	—	6	—	—	2
合计	80	16	64	2	19	22

安徽省供销社科学研究所 经省编制委员会编字〔78〕第168号文件批准，于1978年12月成立，归省供销社领导，定编40人，担负全省系统科技管理和科研工作。1983年12月，安徽省编委《关于对省供销合作社联合社直属事、企业单位机构改革方案的批复》同意保留省供销社科学研究所，事业编制由40人缩至30人。

1984年，科研所获事业费4万元。自1985年后，根据科研体制改革精神，事业费逐年递减，到1989年减至2万元，不足部分通过有偿服务弥补。1986年，省社科研所有职工24人，其中各类专业技术人员22人，包括高级职称1人、中级职称11人。内设研究一室、二室以及科技管理、情报、行政等科室，主要进行农特产品生产、加工技术，商业机械技术，农资商品技术等开发与推广应用，同时承担供销社系统科技管理职能。

1984—1986年，科研所开发并提供技术服务，建成全椒、来安、怀远、灵璧等梳棉棉胎厂。1986年，科研所为嘉山县明光啤酒厂引进保加利亚产万吨啤酒罐装生产线，价值250万元，1987年安装使用。

1986—2003年，省社科研所承担并完成省部级以上科研项目8个，其中，商业部批准的项目3个，省科委、省经委批准的项目4个。获省部级科技进步奖2项。1988年3月—1989年8月，科研所为庐江蜂蜜厂提供技术承包服务。同期，科研所在全省供销社系统开展食用菌生产技术服务，蜂蜜、薄荷油收购质量检验培训和技术服务。

为贯彻落实《国务院关于扩大科学技术研究机构自主权的暂行规定》，搞活科研机制，促进科研开发服务于经济主战场，1987年4月，省社科研所合并研究室，对科研人员实行聘用制，研究开发项目实行课题承包。1988年3月，制定《安徽省供销社科研所经济技术承包责任制管理细则》，实行以“三保一挂”为主要内容的经济技术承包责任制，保社会经济效益，保科技水平，保科研后劲，工资、奖金同“三保”指标完成情况挂钩。实行有偿合同制和课题组（或个人）承包责任制。下发对各级供销社提供技术服务项目的通知，列出44项技术服务。

1992年8月6日，省社供科字〔1992〕455号《关于同意开办安徽省供销社科技开发公司的批复》批准同意利用省社科研所科技人员和省农资公司的供应网络优势，开办安徽省供销社科技开发公司，与省社科研所实行“一个机构，两块牌子”。公司注册资本50万元，其中省农资公司投入33万元，科研所投入17万元。1993年1月，省供销社投入30万元，公司注册资本变更为80万元。同年5月，安徽省供销社科技开发公司更名为安徽省供销社科技工贸公司。并将公司盈利后增加的20万元净资产转增公司注册资本。省社科技工贸公司是技术服务和技物结合的科技企业，其宗旨是开展农业社会化系列服务，为发展农村商业和商办工业服务，开展技术推广、技术咨询、技术培训，技物结合，围绕技术服务开展所需的购销业务。公司设农技、工技、开发等业务部室以及宏达装饰总公司。1998年，公司年销售额由开办时数百万元发展到4800万元。

1992年7月，省社《关于成立“安徽省供销合作社联合社科技兴农办公室”的通知》，将科技兴农办公室挂靠在省社科研所，加强农业社会化服务体系建设。

2003 年,省社科研所有职工 30 人,其中各类专业技术人员 14 人,包括高级职称 4 人、中级职称 6 人、初级职称 4 人。10 月,组建安徽天宏科技工贸有限责任公司,实施改制。

第二节　供销社系统科研管理

1978 年前,全省供销社系统科技工作由各业务部门自行管理,主要围绕商品购销、农副产品加工和废旧物资回收利用等,开展科研和商业机械化推广,同时以科研指导农村发展多种经营。

1978 年 12 月,安徽省编制委员会以编字〔78〕第 168 号文,批准成立安徽省供销社科学研究所(简称省社科研所),归省供销社领导,核定事业编制 40 人,担负全省系统科技管理和科研工作。明确全省供销社系统科技管理任务:一是科研项目管理。科研项目划分为国家项目、全国供销合作总社项目和省(市、自治区)社项目,实行三级管理。省社负责管理和承担全国供销合作总社下达和自身安排的科研项目,同时指导所辖地、市、县供销社科研工作;二是科技成果鉴定、上报和登记。省社负责登记、申报国家(含全国供销合作总社)和省科委的成果项目,审批省社下达的科研成果;三是指导地、市、县供销社开展质量标准、计量、食品卫生、环境保护和科技情报工作。

1979 年,省社要求各市、县供销社建立科技管理专(兼)管理机构,配备相应人员。

1980 年,省社提出科技发展方向是:地方研究机构坚持以应用研究、发展研究为主,围绕商品购销、加工、调运、养护和综合利用及协助社队开展多种经营等方面的科学技术研究,促进生产,助农致富。为提高商品质量、减少损失、改善职工劳动条件服务。科技工作任务是:研究野生植物的综合利用。研究和推广主要商品在收购、加工、养护、调运、销售和饮食服务方面的新方法、新工艺、新设备、提高机械化水平。研究废旧物资的加工利用。配合有关部门研究推广科学使用化肥、农药的技术,帮助降低农业生产成本。搞好农业标准化、计量及食品卫生、环境保护工作。开展群众性科技活动,组织技术交流、普及科学教育、培养科技人才。加强科技情报和资料工作。

1985 年后,随着供销社商办工业发展,科技工作转向为商品流通服务、为供销社工业服务。

省社科研管理机构　1987 年,省社设立科技工业处,与业务处合署办公,负责全省系统科技管理,重点是全省供销社工业企业的技术改造和开发。省社科研所主要职能转向围绕供销社业务搞好科学技术研究和有偿技术服务。

1992 年 7 月,省供销社成立科技兴农办公室,挂靠在省社科研所,作为省社职能办事机构,负责全省供销社系统的科技兴农和农业社会化服务体系建设。

1993 年年底,省社机关机构改革,科技管理及社会化服务体系建设工作由综合业务部承担。

供销社科技服务　1984 年,安徽省农资公司成立科技服务科和科技服务部,各地、市、县农资公司相应成立科技科(股),建立农资技术服务体系。1987年,巢湖市庙集乡创建安徽省第一所"庄稼医院"。至1992年年底,全省供销社系统各类基层科技服务网点已达1.44万个,其中,庄稼医院558个,村级综合服务站1万余个,机防队684个,配肥(药)站700余个。至2005年,全省供销社系统建立庄稼医院892个、村级综合服务组织3763个、农机队56个,有1.2万余个生产资料、生活资料销售网点和农副产品收购站,为农民提供生产、生活服务,推进农业产业化,繁荣农村经济,助农增收。

第三节 供销社系统科研成果

供销社系统主要科研项目 1986—2005年,全省供销社系统共承担省部级以上科研项目11个。其中,国家科委批准立项的1个,商业部批准立项的5项,省科委、经委批准立项的4个,自选项目1个。

安徽省供销社系统1986—2005年承担科研项目表

表5—1—2

序号	年份	项目名称	批准机关	承担项目单位	下达经费	完成情况
1	1984—1986	松萝茶工艺品质特点的研究	商业部科技司	省社科研所承担、安徽农学院茶叶系、休宁县供销社、琅园乡等协助	1万元	通过部级鉴定
2	1986	香菇优良菌种选育与栽培	商业部科技司	省社科研所	1万元	完成
3	1986	农副产品加工工艺重点设备的研制	商业部科技司	省社科研所	7万元	完成
4	1986	三点黄唇胡蜂箱养驯化	国家科委	砀山县文庄科研站	—	完成
5	1986	黄山银钩茶的研制与开发	省科委	歙县茶叶公司	—	通过省级鉴定
6	1986	氮肥犁沟深施用肥技术改进和推广应用	自选	巢湖地区农资公司承担、夏阁庄稼医院协助	—	通过省级鉴定
7	1992—1994	安徽省名贵野生菌(徽菇)的开发研究	商业部科技司	省社科研所	3万元	完成
8	1992—1994	调节生理机制提高薄荷油产量和含脑量的研究	省科委	省社科研所	2.5万元	通过省级鉴定
9	1994	硬质合金顶锤	省经委	全椒硬质合金公司承担、省社科研所协助	自筹	通过省级鉴定
10	1994	提高薄荷油加工得率及快速检验掺假	省科委	省社科研所	2万元	完成
11	1997	生物活性饲料的研究	省科委	省社科研所	2万元	完成

供销社系统重要科研成果 砀山酥梨自然通风窖保鲜贮藏 由省供销社科研所、砀山县供销社文庄科研站、砀山县果品公司等单位承担,1986 年获商业部科技成果三等奖。

砀山酥梨保鲜贮藏技术成果应用与推广 由砀山县科委、砀山县供销社文庄科研站承担,安徽省农学院等单位协助,1986 年获安徽省科技成果四等奖。

松萝茶工艺品质特点分析 由省供销社科研所承担,安徽省农学院茶叶系、休宁县供销社、琅园村协助,1987 年获安徽省科技成果四等奖。

猕猴桃综合利用加工蜜饯与猕猴桃保鲜 由安徽省供销社科研所承担,芜湖市供销社食品厂、绩溪县供销社协助,1984 年通过鉴定,1986 年获安徽省科技成果荣誉奖。

利用胡蜂防治棉花害虫 由砀山县供销社文庄科研站承担,1986 年获河南省科技成果二等奖。

氮肥犁沟深施用肥技术改进和推广应用 由巢湖地区农业生产资料公司承担,巢湖市夏阁庄稼医院协助,1986 年通过鉴定,1987 年获商业部科技成果四等奖。

砀山酥梨保鲜贮藏技术成果与推广 由砀山县文庄科研站实施。1988 年获省科技成果二等奖。

引进国外高级粉末涂料技术消化吸收试验 由黄山市华佳化工公司自选项目,1987 年试验成功,1988 年获安徽省人民政府科技进步奖。

杂交棉强优势组合皖杂 40 大面积推广 由安徽省棉花研究所承担,安徽省供销社科技工贸公司等单位协助。2000 年获农业部全国农牧渔业丰收奖二等奖。

"司尔特"系列科研成果 安徽省司尔特肥业股份有限公司(原宁国市中化司尔特化肥有限公司)拥有复合肥研究所和缓释肥钾肥技术研究中心以及国家级农化服务中心等研发管理机构,是国内较早致力于缓控释肥料研发生产的厂家之一。2000 年 12 月,公司研发的高浓度多元素新型复合肥先后被省科技厅认定为安徽省高新技术产品。2001 年 11 月,公司发明的复合肥防结剂,获国家发明专利。同年年底,公司研发高浓度多元素包膜缓释新型复合肥成功,次年通过由省科技厅组织的省级科技成果鉴定。2003 年 4 月,获由科技部、国家税务总局、商务部、国家质检总局、国家环保总局联合颁发的国家重点新产品证书。9 月 12 日,获安徽省人民政府颁发的安徽省科学技术进步三等奖。2004 年 5 月,公司高浓度多元素包膜缓释新型复合肥获科技部颁发的国家科技成果重点推广计划项目证书。2005 年 5 月,公司高浓度多元素包膜缓释新型复合肥荣获科技部颁发的国家火炬计划项目证书。10 月 30 日,公司研发的高氮硫基 NPK 缓释新型复合肥项目通过由安徽省科技厅组织的省级科技成果鉴定。

2003—2005 年,安徽省司尔特肥业股份有限公司自主创新、自行研制的复合肥防结剂发明,复合肥外包装袋外观设计等 14 项科研成果获国家专利。

"永佳"系列科技成果 1990 年代起,黄山市供销社社属企业永佳集团彩印软包装、粉末涂料材料两大优势产业集群在全国同行业中领先,多项科技成果获奖。

第四节　供销社系统科技开发与服务

供销社技术服务　1984 年，省社科研所开始推行有偿技术服务，围绕供销社主营业务进行产品深加工技术服务。

在棉花加工行业，1984—1987 年，先后为全椒、来安、寿县、灵璧 4 县提供年产 20 万条梳棉棉胎厂的建厂技术服务。

在食品、饮料加工行业，1986—1987 年，省社科研所参与安徽省明光啤酒厂技术改造兴建年产万吨啤酒厂规划、设备选型配套等技术和组织工作。1989 年，省社科研所为繁昌县供销社三山脱水菜厂提供蒜蓉辣酱及罐头的生产技术。1992—1994 年，为霍山县猕猴桃厂开发猕猴桃系列产品提供技术服务。

在粮油加工行业，1989—1991 年，省社科研所为濉溪县提供改建棉油浸出厂建厂技术服务。

在农副土特产品加工行业，1988 年 3 月，省社科研所与庐江县供销社签订协议，为庐江县供销社改建年产 1000 ~ 1500 吨的出口蜂蜜加工厂，历时 1 年 4 个月建成投产，其设计、设备、工艺达到当时国内先进水平。1987—1991 年，省社科研所为金寨、黄山提供竹笋保鲜加工技术服务。1988—1991 年，为金寨、天长两县提供食用菌栽培、加工技术服务。1989 年，派员参与省土产公司蜂蜜、薄荷油的收购、验质、调运，承担蜂蜜和薄荷油的品质分析检验。

在农资行业，1992 年起，省社科技工贸公司为郎溪、和县、颍上、绩溪、潜山、太和、蒙城等县供销社及农资公司建设复混肥厂提供技术服务，包括设备选型、配套，指导安装、调试。负责建立化验室、培训检测人员，根据当地土壤和作物情况，提供 2 ~ 4 个产品配方。

供销社科技培训　1986—1992 年，省社科研所为解决供销社在收购蜂产品、薄荷油业务中防范掺假等质量问题，提高收购人员检测技术，分别在合肥、阜阳、安庆、宣城、太和、涡阳、桐城等地举办蜂产品和薄荷油收购质量检验技术培训班。其中，1989—1990 年，仅阜阳地区就举办 9 期蜂产品和薄荷油质检技术培训班，培训学员达 875 人。1993 年，举办全省供销社蚕茧收烘技术培训班，培训来自基层的 70 名学员。

1992 年，培训复混肥厂实验室化验人员 30 人（次）。1993 年 5 月，省供销社会同省技术监督局举办全省供销社系统复混肥化验员培训，向 19 位培训合格人员颁发上岗操作证书。同期，省棉麻公司每年举办全省棉检员技术培训。省农资公司把技术培训和农资经营管理结合，1997 年举办全省农资系统庄稼医生培训班，由专家讲授植物病虫害防治、科学配方施肥技术、农药商品学以及质量法规知识，培训来自基层 32 个单位的 45 名学员。

科技兴农　1992 年 7 月，省社成立科技兴农办公室，挂靠省社科研所。省社科研所、省社科技工贸公司在寿县、太和、潜山、宿松、颍上、望江等县通过示范、培训,推广应用新肥新药。1995 年,省社科技工贸公司与省农科院棉花研究所合作研究开发“皖杂 40”棉花新品种。在蒙城、濉溪、铜陵等县建成制种、繁种基地。1996 年在宿松、望江、东至、铜陵、无为、宣州、全椒、长丰、定远、蒙城、濉溪、宿县、泗县 13 县重点安排近 20 万亩“皖杂 40”示范栽培。在全国公开发行的《供销合作商报》上开辟“棉花丰产技术专题”,连续 14 篇讲解棉花管理技术。1998 年,编印《棉花高产栽培实用技术》资料 1 万份,下发基层。会同省棉花研究所专家在田间地头指导,解答技术问题。同期,聘请植棉能手在较大示范点驻点承包传授技术。1998 年,“皖杂 40”在全省大面积示范成功,成为替代常规棉种的首选良种,全省“皖杂 40”种植面积达 300 万亩。

第二章 教 育

第一节 全省供销社系统教育培训

自1980年代末至90年代中后期,省社及各地(市)、县供销社教育培训机构健全,形成省、地(市)、县三级教育培训网络,承担相应教育培训任务。1990年代后期,全省系统内省属中专、技校发展呈历史最高水平。此后,虽一度萎缩,但进入21世纪后,教育培训事业不断取得进步。

供销社系统教育培训机构 1980年代末至90年代中后期,省社直属学校有合肥供销学校、池州供销学校、安徽省供销干校、安徽省财经干部中专学校,与市、县供销社共同管理的有阜阳经济贸易学校、霍山供销技工学校。合肥、巢湖、安庆、蚌埠、六安、滁州、宿州、淮北、芜湖、黄山等地(市)供销社均成立供销学校或供销干校,部分县供销社也成立供销干部(职工)学校。同时,安徽财贸学院函授站在全省供销社系统学校中设立函授部(点)。

1990年代后期,全省系统内省属中专、技校发展较快,安徽省贸易学校改革教学和内部管理体制,在全国供销社系统及全省普通中专学校中产生积极影响。1997年,被国家教委确定为"国家重点教研课题试点学校",1998年,被授予"安徽省职教先进单位"称号。1998年,安徽省贸易学校、安徽省经贸学校、阜阳供销技校(省属)招生数分别达730人、700人、750人,在校生总规模超1700人,办学潜力得到挖掘,提前2年实现系统"第九个五年计划"相关目标。地市干校或县职工学校"立足供销,面向社会,长短结合,采取多形式、多层次、全方位联合办学",与省内外高等院校、省属中专技校开展多种形式联合办学。1998年宿州、滁州、合肥、池州、六安等地市干校和霍山供销技校中专或技校招生数是150~250人,在校生规模保持在300~500人,天长、太湖、濉溪、望江等地职工学校招生规模在100人左右。此后,全省供销社系统教育培训工作有所萎缩,绝大部分地(市)、县社的干部(职工)学校关停,省社所属池州供销学校、财经干部中专学校并入池州师专,共同管理的阜阳经济贸易学校交由地方管理,滁州等地(市)供销学校并归地方学校或停办。中专学历教育面向社会,函授教育停止办学,各级各类培训也因各级供销社经费紧缺而难以举办。

进入21世纪,安徽省合肥供销学校经省政府批准升格为安徽财贸职业学院,逐步发展壮大,巢湖、霍邱等市、县供销学校坚持办学。

供销社系统教育培训内容 全省供销社系统教育培训含全日制教育、干部职工培训、函授教育,包括中专学历教育、技工教育、函授学历教育、干部岗位培训、技能培训、技术培训、管理培训等。

1980 年代末至 90 年代中后期,省属的合肥与池州供销学校、联办的阜阳经贸学校及市属的滁州供销学校均进行全日制中专学历教育,霍山供销技工学校进行全日制技工教育,在校生规模年均超 3000 人;各类干部、职工学校分别进行财会、物价、计划统计、棉花检验与加工等岗位培训,“四放开”、企业管理等综合培训,庄稼医生、测土配方、茶叶检验等技术培训。仅 1989 年,全省系统就举办各类专业证书培训班 17 期,招收在职职工 1105 人;有 2400 人通过中专函授考试;所属 2 所中专学校共毕业 256 人,招收委托培训学生 525 人。

1990 年代后期,全省系统成人学历教育稳定发展。安徽省贸易学校、安徽省经贸学校加强函授站点建设,与省内外高校联合办学,满足职工求学需要。部分地市干校、县职工学校采取多种形式联办或自办成人高、中等学历教育。1998 年,全省系统各级各类学校累计招收函授大专 456 人、成人中专 810 人。全省系统着重开展基层社主任规范化培训,省社制定《安徽省供销社基层社主任规范化岗位培训实施方案》,举办示范班。各地市共举办培训班 37 期,培训 1862 人次。各级供销社开展业务短训和应急培训,部分县以下基层单位对农民进行实用技术培训和推广。是年全省系统举办企业经理、厂长及后备干部培训 1098 人次,农资、棉检、财会、安保、营销等各类业务培训 2.36 万人次,其他各类短训 4964 人次。此后,因办学机构撤并或经费困难,各级各类培训一度停滞。至 21 世纪,再度恢复生机活力。

进入 21 世纪,中华全国供销合作总社特有工种职业技能鉴定中心安徽分中心在全省有关市、县建立鉴定与培训为一体的新型教育培训机构。全省系统开展企业与行业协会的培训,组织省、市、县供销社主任参加中华全国供销合作总社举办的培训学习,组织全省基层供销社主任与专业合作社主任培训、机关公务员培训、会计工作人员培训、合同管理人员培训、师资培训等,进行特有工种培训逾 1000 人次,对农民培训年均 5000 余人次,与企业合作培训一线工人和管理人员。

职业技能鉴定 2000 年 5 月,根据劳社培就司发〔2000〕11 号文件精神,省社建立安徽省供销合作社联合社行业特有工种职业技能鉴定站,编号为供销 014。鉴定范围为:商品收购员(03—013)、司磅员(03—017)、包装回收休整加工工(03—038)、絮棉加工工(03—108)、棉花加工辅助工(03—109)、野生植物原料加工(03—112)、竹制品加工工(03—114)、蜜蜂产品加工工(03—115)、炒货加工工(03—116)、蔬菜干制加工工(03—120)、蔬菜加工工(03—121)、茶叶精制工(03—122)、废旧物资挑选工(03—124)、废旧物资加工工(03—125)、多种经营技术辅导员(03—129)、果品生产培植员(03—132)、食用菌生产技术辅导员(03—133)、物资进货员(农资,06—001)、物资供应员(农资,06—002)、庄稼医生。2007 年 3 月,经全国总社职业技能鉴定指导中心批准,建立中华全国供销合作总社职业技能鉴定安徽分中心。

自 2005 年起,多个市、县社及系统外相关单位经安徽省供销合作社联合社行业特有工种职业技能鉴定站（中华全国供销合作总社职业技能鉴定安徽分中心）批准，建立职业技能鉴定工作站：2005 年 10 月蚌埠市供销社成立工作站，2006 年 11 月合肥、阜阳、安庆市供销社成立工作站，2007 年 2 月滁州市供销社成立工作站，2007 年 11 月淮北、芜湖市供销社成立工作站，2008 年 10 月宣城市供销社成立工作站，2009 年 5 月合肥财经职业学院、霍邱县供销社成立工作站。同时，安徽财贸职业学院、安徽省烟花爆竹协会经总社职业技能鉴定指导中心批准分别建立鉴定站。各市、县建立工作站后，开展职业技能培训与鉴定工作，进行农产品经纪人、废旧物资挑选工、棉花挑选工、物资供应员等培训，其中废旧物资挑选工、农产品经纪人鉴定培训占全省鉴定总数 70% 以上。还与妇联等单位联合开展农村妇女职业技能培训与鉴定。

第二节　安徽财贸职业学院

安徽财贸职业学院教育设施　建校初期，校址在合肥市东郊大兴集，以旧厂房作校舍，建筑面积 5000 平方米，设施简陋。1967 年 1 月，迁至合肥市屯溪路 142 号，占地 43 亩。1978 年复建时，仅有教学楼 1 幢，面积 2358.9 平方米；学生宿舍楼 1 幢，面积 2137.9 平方米；食（礼）堂、教工宿舍均为简陋平房。1992 年，学校建有建筑面积近 3 万平方米的教室、宿舍、图书馆、食堂、办公室、实验室等，修建运动场和跑道，建设微机房、语音室、电教室、农资商品检测中心、文印室、老干部活动室、幼儿园、教职工之家、浴池等，藏书 8.6 万册。

至 2004 年，校舍建筑面积达 4.8 万平方米。2005 年 5 月学校整体搬迁至合肥大学城翡翠路 900 号，占地 400.31 亩。2009 年 11 月，学校兼并合肥市商务成人中专学校，原址上的合肥市商务成人中专学校改名为安徽财贸职业学院东校区，实现了资源扩充和分类办学的目标。至 2011 年，已建 1.10 万平方米教学楼、4500 平方米综合楼、8730 平方米实训楼、1 万平方米学生食堂、10 幢共计 4.89 万平方米学生公寓、5050 平方米行政办公楼、1.6 万平方米的图书信息中心、400 米跑道塑胶标准运动场、9 个篮球场、6000 平方米文化广场、4500 平方米的露天剧场、6750 平方米的水景带，总建筑面积 9 万平方米。教学仪器设备总值达 1772.61 万元，计有各类图书资料 42.93 万册、电子图书 46 万册、计算机 1030 台。校内建有 28 个专业实训实验室，校外建有各类专业实习实训基地 116 个。

安徽财贸职业学院教师队伍　1964 年建校初，有教师 20 余人。1969 年学校停办，教师队伍解散。1978 年恢复建校时，有教师 10 余人。1992 年，教师人数达 74 名，其中高级讲师 16 人、讲师 34 人。2004 年起，学院提出“专家治学、名师兴校、科研强校、特色扬校”的办学方针，树立“师资队伍建设是兴校之本”的理念，制定《安徽财贸职业学院教师培训管理规程（试行）》《安徽财贸职业学院教师队伍建设五年规划（暂行）》《安徽财贸职业学院“双基双挂”工程实施方案（试行）》《安徽财贸职业学院师资队伍建设的“163”计划》《安徽财贸职业学院高层次人才引进办法》等 10 余项师资管理制度。

2005—2011 年，引进硕士研究生 85 人，引进副高以上职称人才 11 名，初步形成以中青年教师为骨干的结构协调、专业合理、基本保证正常教学与管理需要的教师队伍。至2011年,专任教师增至230人,其中,教授、副教授、高级工程师等副高级以上职称教师占24%,专业课教师中具有扎实专业理论知识和丰富专业实践操作经验的“双师型”教师占40%,青年教师中硕士及以上学位者占48%,拥有享受国务院特殊津贴专家1人、全国供销社系统优秀教师4人、安徽省教学名师1人、安徽省优秀教师2人。

2008年,学院与省供销社直属企业开展校企合作,启动“双基双挂”工程:将省社直属企业作为学院学生的实习实训基地,学院作为省社直属企业员工的培训教育基地;学院安排专业教师到省社直属企业挂职锻炼,省社直属企业高管和技术人员则到学院挂职任教。5月,印发《安徽财贸职业学院“163”师资队伍建设计划的实施办法》,即力争在两年内达到硕士以上学历者100名、副教授以上职称者60名、专业学科带头人30名。6月,李麟和龙霞2名教师作为“双基双挂”工程首批人员赴省社财务处挂职锻炼。9月,启动校内“教学名师”工程。

2010年,实施“213”师资队伍培养计划(即培养200名硕士、100名高级职称、30名专业带头人)。

安徽财贸职业学院教学管理 1996年,学校实施“校长负责制”“岗位责任制”“教师聘用制”“津贴分配”“后勤改革”等综合改革。在课程体系改革中,实行“职业思想道德”“职业基础知识与能力”“职业知识与能力”“职业拓展知识与能力”四大板块有机结合;实行教学内容综合化和模块化,合理设计实训教学课时、内容、训练手段、教学方法、考核方式等;以教育技术和教学方法改革为突破口,启用现代化教育手段;实行知识考核与能力考核相结合、笔试考核与实务操作考核相结合、教师考核与专家考核相结合、校内考核和校外考核相结合、单项考核和综合考核相结合、平时考核与定期考核相结合。1997年,启动“以能力为本位,以学生为主体,以教师为主导,以实践为导向”的教学改革。1998年5月,承办全国供销社系统62所中专学校教学改革研讨会。

2002年,学校实行院、系两级管理体制,成立工商管理、电子商务、计算机与信息工程系,开设会计电算化、物流管理、计算机技术与维护、电子商务、营销与策划等高职专业,招收高中起点3年制高职(专科)学生414人。启动首批院级课题研究。

2010年,教学系部进行整合调整,设置大位会计学院、雪岩贸易学院、行知管理学院3个二级学院和财税金融系、旅游管理系、电子信息系、艺术设计系4个系及基础部、中专部。

2005—2011年,学院相继实施“教学质量工程年”“内涵建设年”“迎评促进年”“教学创新年”“示范建设年”“特色创建年”和“校企合作年”建设,制定和完善《安徽财贸职业学院教学工作规范》《安徽财贸职业学院实践性教学管理规定》《安徽财贸职业学院技能教学管理办法》《安徽财贸职业学院教学督导组工作条例》等20余项教学管理制度。2009年12月,学院成立“校企合作委员会”,2011年5月,牵头成立安徽财贸职教集团。

安徽财贸职业学院学制 自建校至1998年,学生实行统招、统分。1964—1978年,主要招收初中毕业生,学制3年。1980年起,实行“大、中专一条龙”,招收高中毕业生,学制 2 年。1985 年,学校与安徽财贸学院合作举办专科及专升本函授教育,开设财务会计、计划统计、计算机及应用、会计学等专业。1988 年,在全省中专学校中率先招收委培生,并从 1989 年起全部招收委培生。1992 年首次招收不包分配、自主择业的自费生。1998 年起,从招收高中毕业生改为招收初中毕业生,学制 3 年。2000 年,经省教育厅批准,开始招收初中起点 5 年制高职学生。与省广播电视大学合作试办教学点,承担中职对口升学的高等职业教育。2002 年,省政府批准筹建"安徽财贸学院合肥职业技术学院(筹)"后,以安徽财贸学院名义开始招收部分专业高中起点 3 年制高职(大专)学生。2004 年学校独立升格为高职院,主要招收高中起点 3 年制高职(大专)学生,兼招初中起点的三年制中专和五年制高职。

1988—1994 年,学校采取联办、自办等形式,开展初、中、高级技术教育,包括大专、技工、专业证书、非学历教育等多种类型。

1998 年起,在'98 级经济贸易专业 9 个班进行"大专业小专门化"实验,当年招收经济贸易学生 240 人,1 年后进行专业分流。开展计算机、书法、口语、礼仪等技能达标实验,提高学生实用职业技能和专业岗位技能。

学校升格为高职院校后,建起专业实训室和校外实训基地。2002 年起,与安徽国风集团有限公司、合肥运达物业管理有限公司、安徽爱普科技有限公司、世纪华联等 30 余家单位签订共建协议,实行教学、实习、就业一条龙培养模式。成立现代物流研究所、电子商务应用研究所、计算机应用研究所、和信会计应用研究所和胡雪岩研究会,体现"系所合一"办学特色。2005 年 10 月 19 日,成立合肥茂源营销策划有限责任公司,提供营销专业和电子商务专业实训、实习平台。

2011 年 11 月,学院与安徽财贸职教集团内的 10 所中等职业学校启动中高职衔接的具体工作。

安徽财贸职业学院管理体制　1978 年恢复建校时,学校建立党委。1990 年,省社供组字〔1990〕12 号文件明确,供销学校实行党委领导下的校长负责制,建立校长办公会议制度和行政办公会议制度。1996 年,经省社党组研究决定,实行校长负责制。2002 年,省政府批准筹建"安徽财贸学院合肥职业技术学院(筹)"时,实行党委领导下的院长负责制,是年起,学校实行院、系两级管理体制,学校管理重心下移,职能处室权力逐步下放,教学系部在日常教育教学中拥有更多自主权。2009 年,学院制定了教学系、部日常运行经费管理试行办法,细化学院二级核算工作,给予系、部一定的自主权和资金支配权,学院管理重心进一步下移。

安徽财贸职业学院教科研成果　1992 年,由棉检专业毕业生组队参加国家商业部、劳动部、团中央组织的全国商业系统棉花检验技术比赛,获团体亚军。

1997 年,副校长耿金岭被批准享受国务院特殊津贴。

1999 年,学校 8 名教师参加北京职业技术教育中心主任蒋乃平主持的"商贸类综合式课程模式分析及实验现状研究"的课题和上海职业教育研究所副所长黄克孝主持的“多元整合式课程模式的实验研究”课题,被教育部评为一等奖和二等奖。

1999—2010 年,学院连续 11 次获省直文明单位称号。

2000 年,学院团委获省级“五四红旗团委”称号。

2004 年,胡善珍主持的“高职院校市场营销专业建设与人才培养模式改革研究”获省级教学研究重点建设项目。

2006 年,席清才主持的“电子商务实验教学示范中心的建设研究与实践”获省级教学研究重点建设项目。

2006—2007 年,教师公开发表论文 132 篇,其中发于国家级期刊 15 篇,发于国家级重点核心期刊上 3 篇。获得科研立项课题 32 项,其中,国家级 2 项,省级 18 项。

2008 年,胡雪岩研究所主办的“徽商文化展”被 2008 国际徽商精英年会授予“徽商文化研究联华奖”特别奖。学校参加“高职高专人才培养工作水平评估”并取得优秀等次。

2006—2009 年,《市场营销》《企业财务会计》《电子商务概论》《人员推销》《图形图像处理》5 门课程被省教育厅立项建设“高职高专省级精品课程”。

2007—2010 年,胡善珍被评为省级“教学名师”,王海龙、司爱丽、马诗琴被评为“省级教坛新秀”。

2008—2010 年,共获省级教学成果一等奖 2 项、二等奖 3 项、三等奖 3 项。

2010 年,徐峰主持的“基于 EPSS 的财经专业校内公共实训平台开发与应用”和方春龙主持的“高职物业管理专业实训基地建设与发展模式研究”获评省级教学研究重点建设项目,朱元华主持的“安徽省高职院校学分互认合作培养机制的探讨”获批省教育厅 2010 年度教育科学规划课题。同年 8 月,获准立项建设“安徽省示范性高职院校”,9 月,实现“万人大学”目标。

2010—2011 年,策划与营销、国际商务、软件技术、会计电算化、农村合作金融、连锁经营管理 6 个专业被省教育厅作为“高职高专省级特色专业”立项建设,营销与策划综合实训中心、物流管理实习实训中心被作为“省级示范实验实训中心”立项建设,郭湘如主持的“卓越技能型人才计划”被作为 2011 年安徽省省级质量工程项目——“卓越人才教育培养计划”立项建设。

2006—2011 年,获合肥市第十届“文明单位”、合肥市“平安校园”、安徽省高校学生公寓工作“先进集体”、全国供销社系统“先进集体”、全国供销社系统技能人才培养“突出贡献奖”、安徽省普通高校毕业生工作“先进集体”、安徽省高校后勤工作“先进集体”、安徽省供销社“先进基层党组织”、安徽省民生工程高校学生资助工作考核“优秀单位”、全省教育电子政务“先进单位”、全省供销社系统信息工作“先进集体”、安徽省普通高校大学生“创新创业教育示范校”、安徽省高等教育学籍学历管理工作“先进集体”、安徽省高校餐饮行业“先进集体”、安徽省高等院校学生公寓管理服务工作“先进集体”、省直档案工作“先进集体”、安徽省供销社系统“文明服务示范单位”等荣誉称号或奖项。

2011 年 6 月,获准立项建设“全国供销合作社示范性高等职业院校”。

安徽财贸职业学院 1964—2011 年学生数量示意图

图 5—2—1

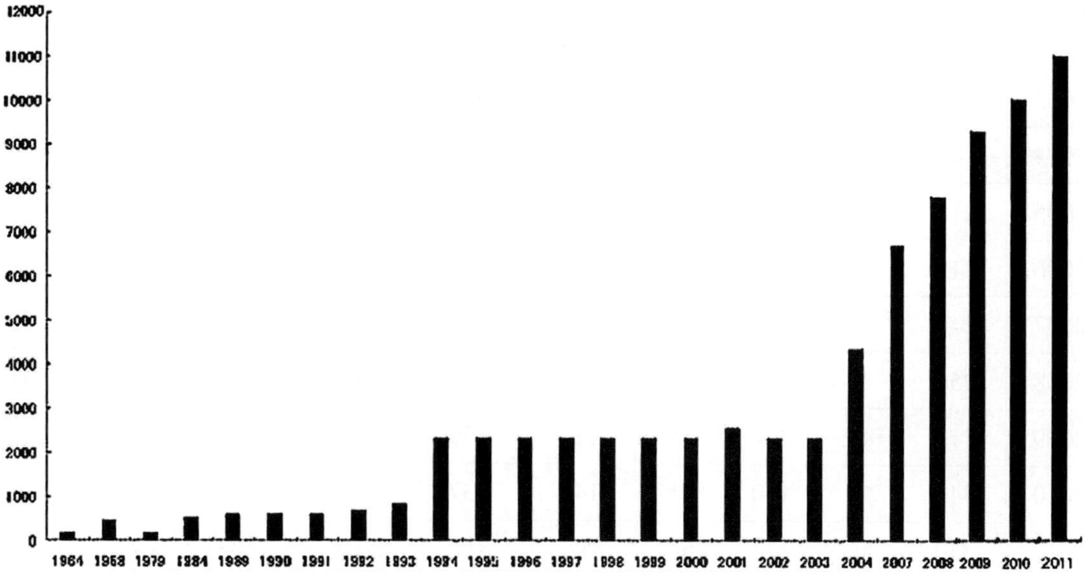

安徽财贸职业学院 1986—2011 年教职工及招生就业情况一览表

表 5—2—1

年份	教职工人数	职称情况			普通中专情况		普通高职情况		五年制高职	
		高级	中级	初级	招生数	毕业数	招生数	毕业数	招生数	毕业数
1986	140	1			281	197	—	—	—	—
1987	150	2	1	19	201	253	—	—	—	—
1988	145	5	1	25	336	281	—	—	—	—
1989	132	4	1	36	270	201	—	—	—	—
1990	142	4	1	44	329	336	—	—	—	—
1991	144	6	32	41	273	270	—	—	—	—
1992	138	5	27	45	446	329	—	—	—	—
1993	141	16	45	40	442	273	—	—	—	—
1994	143	23	41	31	334	226	—	—	—	—
1995	144	28	45	31	640	289	—	—	—	—
1996	146	31	52	42	600	248	—	—	—	—
1997	144	25	46	26	630	447	—	—	—	—
1998	139	21	45	25	751	604	—	—	—	—
1999	150	28	48	30	954	430	—	—	—	—
2000	158	30	48	43	581	499	—	—	177	—

续表 5—2—1

2001	148	31	48	35	389	751	—	—	167	—
2002	151	33	46	37	428	886	327	—	191	—
2003	157	33	48	40	166	349	1275	—	125	—
2004	203	34	49	50	76	231	1608	—	86	—
2005	213	35	50	54	60	234	1508	326	125	177
2006	217	37	49	60	109	146	2124	1246	86	153
2007	241	39	57	75	82	82	2328	1767	85	55
2008	256	42	74	83	49	57	2679	1474	98	103
2009	311	46	94	58	229	159	2934	2046	138	69
2010	346	50	110	61	149	137	3420	2293	115	97
2011	350	56	124	68	52	150	3429	2648	167	75

第三章　宣　传

第一节　学会 报刊

安徽省供销合作经济学会　1987 年 11 月 16 日，根据省社党组《会议纪要》：“成立安徽省供销合作经济学会筹备组，由单中天同志任组长，王赞春、王德祥、吴法和、雷嘉栋同志为成员，着手筹办成立供销合作经济学会。”

1988 年 3 月 10 日，省社向安徽省社会科学联合会、安徽省体制改革办公室行文，申请成立安徽省供销合作经济学会，建议单中天为会长，王赞春、王德祥、吴法和为副会长，雷嘉栋为秘书长候选人。6 月 14 日，省体改办批复：“同意成立安徽省供销合作经济学会。该会为群众性学术团体，挂靠在省供销社。团体学会成员本着自愿原则吸收，可按报来的章程开展活动。学会所设秘书处不定级别和编制，经费由挂靠单位资助。”省社科联与中国供销合作经济学会相继吸收安徽省供销合作经济学会为团体会员。1997 年 12 月 6 日，安徽省民政厅登记其为法人团体。

1989 年，经安徽省新闻出版局批准，内部发行会刊《安徽供销合作经济》（刊号 AHK—222），是为全省系统唯一综合性理论刊物，期印数 2000 册，每季末出版。

安徽省供销合作经济学会成立之初，每年均围绕供销社改革课题开展研究，参与中国供销合作经济学会举办的理论研讨会。1989 年，组织供销社职工论文 54 篇，参与中国供销合作经济学会“优秀论文评选活动”，2 人获三等奖，2 人获鼓励奖。1992 年，组织论文 30 余篇，参与中国供销合作经济学会“纪念毛泽东延安南区合作社讲话五十周年”征文活动，宣传、普及合作制理论。1994 年 5 月，参加国际劳工组织与中国供销合作经济学会联合在安徽屯溪召开的“供销社改革与发展研讨会”，提交论文被多省同类学会会刊转载。

2001 年底，安徽省供销合作经济学会进行调整，不再设专人从事学会工作。后加之资金困难，在活动 20 余年后，被安徽省民政局宣告“注销”。《安徽供销合作经济》交由省社信息中心编辑。

《供销合作商报》　前身是《供销合作通讯》，创刊于 1987 年年初。1990 年 1 月，更名为《供销合作商报》，1 月 15 日正式出版，围绕全省供销社的中心工作，宣传政策，交流经验，介绍科技兴农知识，传递市场供求信息。始为 4 开 4 版，旬刊，内刊准印证号码为 AHB—099，为全省系统唯一的报纸。主要常设栏目有“重要新闻”“政策要言”“十日论坛”“各地简讯”“经营管理”“科技兴农”“典型经验”“一案一议”“市场预测”“市场漫笔”和副刊等。1991 年 6 月，重点宣传供销社系统防汛抗洪工作，开辟“来自防汛第一线的报道”“抗洪救灾保供应,无私奉献为人民”“振奋精神,坚定信心,恢复生产,重建家园”“一方有难,八方支援”“把工作重心迅速转移到生产经营自救上来”“可歌可泣的供销社抗洪救灾事迹”等栏目。10 月 7 日,省社成立《供销合作商报》社务委员会,省社主任单中天任社长、总编辑,副总编为韩柏泉(常务)、苏静楚、孟庆鹏、谢洪发、方大成、张可君、程书泉。编务工作由省社基层处负责,设编辑部、广告信息通联部。1992 年 4 月 20 日,经国家新闻出版署批准,自同年 7 月起改为正式公开发行报纸,国内统一刊号 CN34—0048,改刊期为周报,总编辑相继为韩柏泉、韩正友。7 月 4 日,出版创刊号,并增设月末专版,设主要栏目“月末专稿”“大特写”“消费指南”“月末文萃”等。1993 年,省社内部机构改革后,《供销合作商报》编辑、出版由省社办公室承担。1998 年,省社决定,《供销合作商报》与省供销社信息中心合并,实行“一个机构、两块牌子”,由杜显传主持工作,并聘杜显传任《供销合作商报》副总编,后任总编。2002 年,更名为《新安理财报》,扩为 4 开 8 版,部分版面彩印。2003 年 12 月 8 日,更名为《当代财富报》,为面向社会的财经类周报。其间,杜显传、祝家富相继任总编。2009 年 6 月,为使《当代财富报》新闻资源得以充分发挥,更有利于安徽新闻事业发展,经省社研究,同意将《当代财富报》主管、主办单位变更为中共合肥市委。报纸出版期间,多次获全省报纸印刷质量评比奖项,编辑部人员丁伟、王进、王永龙、韩红敏先后获全省报纸编校质量奖,韩红敏、王永龙十余次获全国商报联好新闻、安徽省文摘报协会各类奖项。

《安徽合作经济》 创刊于 1989 年,首任主编雷嘉栋。其时为安徽供销合作经济学会会刊(内刊号 AHK—222),是为全省系统唯一综合性理论刊物,面向省内各级供销社,与全国省市级供销合作学会建立交换关系。每季末出版。会刊设有专论、工作研究、理论探讨、改革论坛、经营策略、企业管理、社办工业、教学研究、思想政治工作等 10 余栏目。在全省系统内发展“特约通讯员”近百名,建立经常性联系。通过通讯员组稿、写稿、反映情况和提供资料,提高办刊质量。此类双向交流活动使基层职工写作兴趣增长,写作水平提高,不少人由于在会刊发稿,通过经济师、高级经济师等中、高级职称评审。会刊因之获誉“一所没有围墙的写作培训班”。2001 年,安徽省供销合作经济学会调整,不再设专人从事学会工作,后加之资金困难,被安徽省民政厅宣告“注销”。《安徽供销合作经济》交由省社信息中心编辑,顾问为省社党组成员、副主任李永英,编审为杜显传。2003 年年底,改由省社机关服务中心编辑,李永英任顾问,编审张友本、杜显传,统筹策划吴乐和,丁伟、王进相继任执行主编。2004 年 8 月 26 日,《安徽供销合作经济》更名《安徽合作经济》。定刊期为双月刊,办刊方向为“领导参谋 · 经营助手 · 宣传系统 · 服务系统”,4 封彩印,大 16 开本,常设栏目有“卷首语”“领导言论”“省社新闻”“行业动态”“聚焦 60 日”“他山之石”“特别报道”“经验交流”“工作研究”“经营方略”“休闲时光”等,结合系统先进经验的传播,打造组合宣传栏目“专题策划”“专题报道”,与再生资源龙头企业合作,制作《双赢通讯》特刊。自 2004 年起,每年召开《安徽合作经济》年会,报告工作,邀请专家举办讲座,表彰先进,交流经验。启动《安徽合作经济》宣传信息网建设。2006 年,在省社网站开通《安徽合作经济》子网,提供电子刊物整版阅读。2007 年起,吴乐和任主编,韩红敏任常务副主编,吴朝霞任执行主编。2008 年,出版《安徽合作经济》特刊——《辉煌 2003—2007 · 安徽供销群英谱》。2009 年,以刊物编辑部为主体,承担省社沿庐江路的"安徽省供销社宣传长廊"建设。由此,以刊物为轴心,辅之以省社网站子网、"安徽省供销社宣传长廊"等,《安徽合作经济》宣传信息网建设逐步完善。2010 年起,省社党组成员、理事会副主任魏邦余任《安徽合作经济》顾问。

第二节 安徽省供销社网站

安徽供销合作网 安徽省供销合作社门户网站,2007 年正式开通,域名为"http://www. ahcoop. gov. cn"。通过宣传、指导、交流、服务、展示,服务"三农"、服务系统、服务基层。设有省社概况、领导讲话、政务公开、机关党建、新网工程、农业产业化、政策法规、社务服务、互动交流等栏目,开辟主任信箱、监督投诉、建言献策、服务指南等公共参与园地,设有各处室和系统核心刊物《安徽合作经济》子站,并与有关政府部门、有关媒体以及全国供销合作社系统和省社直属企事业单位、市县供销社网站进行链接。2010 年年底,网站全面改版,进一步提高质量。至 2011 年 2 月,网站访问量达 150 万人次,在全国供销合作社系统同类网站中年均访问量居于前列。

安徽网上供销社 2011 年 4 月,省供销社授权省社机关服务中心控股组建全省系统首家专业化的电子商务公司——安徽供销电子商务有限公司。为运营平台网站抢注"www. ahcoop. net""www. coop100. com"等域名,通过"网络 + 实体""电脑 + 手机"的运作模式,建设"安徽网上供销社"。提出"114"战略——"打造 1 个平台,构建 1 个双向流通渠道,开展 4 大业务"。1 个平台——"安徽网上供销社"电子商务信息服务平台(www. coop100. com)。1 个双向流通渠道——工业品下乡、农产品进城渠道。一是从供应商到各乡镇加盟店和村级加盟网点的工业品下乡的现代流通渠道;一是从村级网点和各乡镇加盟店到大型超市、批发商和生产厂家的农产品进城的现代流通渠道。4 大业务——一是 B2C,商家对终端用户的网上垂直营销,减少中间层级代理销售环节,降低销售成本和商品价格;二是 B2B,开展网上贸易,重点是相邻产业链上的商家之间的商业行为;三是面向各类企业、农民专业合作社和各类专业协会等的信息化服务;四是推进市、县工作站、加盟店(点)建立,促进各级供销社社有、社涉企业间的业务往来和合作,最大限度实现信息整合和资源共享。

2011 年 8 月,"安徽网上供销社"上线。9 月 9 日,网上供销商城启动试运营。2012 年,"安徽网上供销社"建设写入安徽省人民政府办公厅皖政办〔2012〕8 号文件和安徽省供销社"新网工程""十二五"规划。5 月,网站根据市场和社会反响,进行改版完善,访问量和线上线下交易量上升。

附　　录

一、2012—2016年全省供销社系统发展概况

2012—2016年,在安徽省委、省政府的正确领导和中华全国供销合作总社的科学指导下,安徽省供销合作社系统保持良好发展态势,在全国供销合作社系统综合业绩考核中,连获最高奖项,居于全国第一方阵。经济实力、服务能力和社会影响力增强。

全省系统各项经济指标保持持续快速增长。"新网工程"六大网络建设逐步完善。省社把抓基层、打基础摆在突出位置,强化"三社一会"(基层社、专业合作社、综合服务社和行业协会)建设,健全组织体系,拓展基层服务网点。打造新型为农服务平台,拓展服务领域。坚持开放办社,提升社有企业实力。加强自身建设,优化发展环境。

2013年起,全省系统积极推进深化改革工作。2015年4月,《中共中央国务院关于深化供销合作社综合改革的决定》下发,11月,中共安徽省委、安徽省人民政府下发《关于深化供销合作社综合改革的实施意见》,省政府召开全省深化供销社综合改革动员电视电话会议,全省供销社综合改革全面启动。全省系统贯彻习近平总书记、李克强总理和汪洋副总理重要指示批示精神,以贯彻落实中发11号文件为主线,提升为农服务能力,加强联合社自身建设,提升领导事业发展的能力和水平。

2016年4月,习近平总书记视察安徽,在农村改革座谈会上,将供销社综合改革提升到当前农村改革六项重点任务之一加以强调,要求将供销社打造成同农民利益联结更紧密、为农服务功能更完备、市场运作更有效的合作经营组织体系。省委、省政府和中华全国供销合作总社对我省供销社深化综合改革提出明确而具体的要求。11月9日,省政府召开全省系统综合改革推进会,深入部署推进供销社综合改革。是年,全省系统经济运行快中求好,好中求效,综合实力和为农服务能力持续提升,在全国系统综合业绩考核中,省社获省级优胜单位最高奖项一等奖,连续十年居第一方阵,实现"十三五"良好开局。

主要经济指标

2012年,全省系统实现销售1324.49亿元,增长33.65%;实现利润23.19亿元,增长36.36%;资产总额635.10亿元,所有者权益161.28亿元,分别增长21.48%、27.88%。全省系统社会贡献总额达54.79亿元,上缴税金18.11亿元。

2013年,全省系统实现销售1622.24亿元,增长22.48%;实现利润33.26亿元,增长43.45%,均超额完成二届四次理事会议制定的年度目标任务。16个市社利润均保持增长态势。省社投资企业盈利能力持续增强,全年实现销售282.34亿元,利润总额跨越5亿元大关,达5.45亿元,同比增长42.19%。全省系统资产总额达855.98亿元,

所有者权益达225.03亿元,分别增长34.78%、39.53%。全省系统社会贡献总额达69.35亿元,上缴税金19.48亿元。

2014年年初,全省系统各项经济指标持续快速增长。3月,受宏观经济结构调整、国内经济下行压力加大影响,传统主业市场需求不旺,购销增幅急剧下滑。上半年实现销售总额758.7亿元、利润总额12.8亿元,尽管同比略增,但增速降幅达20.7和36.5个百分点;下半年,随着各地对经济新常态认识深化及省社适时召开二届六次理事会议、"新网工程"建设会议、企事业单位经济形势分析会议等予以指导,通过全省系统共同努力,实现销售总额1212.2亿元、利润总额27.3亿元,同比增长28.7%和30.6%;比上半年分别增加453.5亿元、14.5亿元,增长59.8%和113.3%。2014年全年,全省系统实现销售总额1970.9亿元,增长21.5%;实现利润总额40.1亿元,增长20.5%。16个市销售、利润均保持增长态势。省社投资企业盈利能力持续增强,实现利润总额6.5亿元,增长19.6%。全省系统资产总额达973.7亿元,所有者权益达251.8亿元,社会贡献总额达74.1亿元,分别比上年增长13.7%、11.9%和6.9%;上缴税金达17.3亿元。

2015年,全省系统综合改革取得明显进展,顺利完成全年各项目标任务。全省系统实现销售总额2420.05亿元,同比增长22.79%,实现利润47.74亿元,同比增长19.1%,资产总额和所有者权益分别达1062.92亿元、290.5亿元,分别增长9.2%、15.4%。

2016年,全省系统实现销售总额2960.64亿元、利润总额54.73亿元、资产总额1203.24亿元、所有者权益314.21亿元,比上年分别增长22.34%、14.64%、13.2%和8.2%,主要经济指标增幅均居全国前列,销售总额、利润总额分别位列全国第5和第2,占全国系统总额的6.3%和13.42%;16个市和省社投资企业均圆满完成目标任务。全省系统实现社会贡献总额114.43亿元,上缴税金达33.93亿元,比上年分别增长30.97%和81.93%。

为农服务体系

"新网工程"　2012年,省政府办公厅转发深入推进"新网工程"建设意见,阜阳、池州等地相继出台贯彻实施意见。2月,全省供销社"新网工程"建设"十二五"发展专项规划明确"十二五"期间全省系统要打造1500亿元规模的现代流通产业。省社履行"新网工程"建设牵头责任单位职责,实施"642"提升行动。全省系统整合资源,建网织络,拓点兴业,提升网络运营质量和功能。省社收购马鞍山华润糖酒副食公司,联手国家开发银行安徽分行开展金融合作,完善日用消费品和金融服务网络;辉隆股份成立广东辉隆,收购海南农资,经营拓至全国14个省(市);双赢集团承建全省公共机构废旧商品回收体系建设项目;德信担保公司携手华夏银行,为辉隆加盟店提供融资担保,实现在保责任余额12.8亿元。阜阳市中新高科公司实施乡镇直营店战略,建设中新超市直营店20家;宿松县社拓展烟花爆竹网络,发展连锁经营网点1344个;蚌埠市社将闲置资金委托交通银行开展农村金融服务，化解涉农企业的融资瓶颈；芜湖果品、冻品、海鲜批发市场完成交易额6.2亿元，为全年目标任务的206.67%。全省供销社系统已发展连锁店1.80万个、配送中心458个，全省5.01万个经营网点遍布城乡。当年，全省共有21个“新网工程”项目获得4066万元中央财政资金扶持，59个项目获得2500万元省级财政资金扶持，地方配套资金达2899万元，有效带动社会资本投入近70亿元。

2013年，全省系统继续将农资、日用消费品、农副产品、再生资源、烟花爆竹、农村金融服务六大网络建设向纵深推进。省社分别与黄山市、来安县政府就推进“新网工程”和“美好乡村”建设达成战略合作框架协议。合肥、亳州、滁州、淮南、铜陵、池州、安庆、黄山、潜山等市、县供销社推进“新网工程”与“美好乡村”建设深度对接。淮南市推进供销社商贸综合体建设，争取市政府支持，在全省率先以淮府办〔2013〕72号文下发《推进供销社商贸综合体建设 促进城乡一体化发展实施方案》。全省系统拥有5.55万个经营网点、2.54万家连锁店、463个配送中心，覆盖全省50%以上的行政村，供销社在农村现代流通中的主导作用提升，“一网多用、双向流通”功能强化。全年全省系统连锁经营销售额达415.4亿元，同比增长10.2%。

2014年，“新网工程”建设深入推进。全省系统六大网络逐步健全。已培育销售亿元以上龙头企业302家，拥有批发市场60个、各类经营网点6.02万个、连锁店4.41万家、配送中心498个，覆盖全省70%的乡镇。各地党委政府对“新网工程”建设高度重视，阜阳、合肥、马鞍山市及凤台、凤阳县等地，或给予政策倾斜，或加大财政支持，促进“新网工程”建设。

2015年，全省系统已建各类经营网点6.36万个、配送中心539家、批发市场66个。芜湖、宣城、六安等地大型农副产品批发市场先后建成并投入运营，推进产销对接。阜阳市社减少流通环节，为系统农产品搭台直销。马鞍山市社实现电子商务县域全覆盖。天长市社通过建设电子商务产业园和电商人才培训中心，打造电商人才智库。当涂等5县社被总社评为“电子商务示范县社”。

2016年，全省系统农资、农产品、日用消费品、再生资源、烟花爆竹、农村合作金融六大网络升级改造加快，“新网工程”建设与供销电商发展融合加速，截至年底，全省系统共有各类经营网点6.59万个、配送中心571个、批发市场66个，流通企业电子商务应用率达23.6%，线上线下融合发展深化。

基层社　2012年，各地深化基层社改革，桐城双港、肥西金桥等一批富有活力和实力的新型基层社脱颖而出。全省基层社实现销售123.85亿元、利润1.44亿元，同比分别增长31.27%、108.23%。

2013年，全省基层社实现销售227.86亿元、利润2.71亿元，同比分别增长83.98%、88.84%。临泉县陈集供销社投资1400万元新建营业面积2600平方米的好又多超市，基层社整体面貌焕然一新。全省系统新建改造基层社105个，超额完成年度目标任务。

2014 年,全省系统加快基层社恢复重建。省社与省工商局联合发文,解决改造和新建基层社登记注册问题。合肥市社出台加强“三社一会”建设意见;宣城、蚌埠市社以股份合作制形式新建基层社,引导基层社与农民专业合作社联合发展;太和县洪山、利辛县城关、宿松县程集等供销社在盘活资产、建设新型经营服务网络等方面取得成效;宿松县社引导基层社创办老年公寓。2014 年,潜山县供销社以股份形式新建基层社——黄柏供销社,其中社员占股60%,新供销有限责任公司占股40%,以投资入股形式改造黄泥供销社。全年,新建基层社 126 个,总数达 735 个;淮南市曹庵中心社等 6 家基层社入选总社基层社标杆社。全省系统基层社实现销售 300.2 亿元、利润 4.1 亿元,分别增长 31.7%和51.6%。

2015 年,基层社建设提质扩面。全省系统通过优化重组、招商引资、龙头企业带动等方式推动基层社恢复重建。引进人才,扩大经营服务范围,创新经营服务模式,提升基层社经营服务水平。是年,全省系统新建基层社 207 个,总数达 942 个,乡镇覆盖面达75.3%;基层社实现销售总额435.49 亿元、利润总额4.52 亿元,同比增长45.07%和9.7%。是年,潜山县供销社与安徽省食为天农业发展有限责任公司合资成立新型基层供销社——潘铺供销合作社,从事土地全程托管、代耕、代收,提供机耕、机播、机收和烘干、储藏、加工销售等系列化社会服务,通过农资服务部宣传“三农”政策,提供农技服务,开设“农家乐”,打造“农业生态观光”景点。是年已有 7 家基层社入选总社基层社百强和标杆社。

2016 年,全省系统采取优化重组、招商引资、龙头企业带动、能人带头、资金扶持等多种方式,推动基层组织体系建设。全省系统新建基层社 190 个,总数达 1132 个,覆盖90.6%的乡镇,实现销售总额 526.98 亿元、利润 6.25 亿元,同比分别增长 24.47%、38.27%。肥西县丰乐供销社等 4 家单位成为总社级基层社标杆社。

专业合作社　2012 年,全省系统发展农民专业合作社 2035 个,入社农户 167.65 万户。马鞍山市社联合市委组织部门创新村级组织管理模式,委派大学生村官担任专业合作社执行监事,实行村支“两委”共建共推专业社。宁国市探索成立全省系统首家农民资金互助社——宁国市供销鑫辉资金互助社。宿州市意利达农业科技专业合作社通过土地流转、托管等方式发展社员 581 户,带动农户 1658 户,助农增收 4600 万元。长丰丰扬、向东、富农 3 家草莓专业合作社被农业部、财政部等 12 个部委办公厅评为部级全国示范社。全椒县新宇棉花专业合作社等 10 家专业社被评为全国系统示范社。淮南市旭杨畜禽养殖农民专业合作社年养殖肉鸡 1000 万只,加工生产肉鸡产值达 7000 余万元,帮助农民增加收入 1500 万元,成为全国总社、省供销合作社及市级龙头企业。全年共有 10 个专业合作社、1 个龙头企业获准立项,争取中央财政扶持资金 1280 万元、地方财政配套资金 512 万元。我省被中华全国供销合作总社列为首批实施产销对接项目的 10 个省份之一。

2013 年,省社制定加快推进农民专业合作社建设的意见,实施农民专业合作社

“411”提升行动,强化供销社在农民专业合作的带动与引领作用。是年,省社拨出专项经费,建立合作经济发展基金。全省系统已发展各类专业合作社2444家。宿州北郊供销社创办的意利达农业科技专业合作社被国家农业部列为全国现代农业发展试点单位。桐城新天地农业种植专业合作社等17家专业社被评为全国系统示范社,2个农民专业合作社品牌获总社“百佳标准化农产品品牌”。潜山县传文原生态瓜蒌专业合作社入选“中国合作经济年度成就奖”“中国50佳合作社”。

2014年,省社加大扶持力度,加速推进农民专业合作社建设。是年,省社从合作经济发展基金中拿出485.2万元奖补新增农民专业合作社,激发各地的积极性。全年新增农民专业合作社1047个,总数达3491个。淮北、阜阳、六安等地创新思路,促进专业合作社发展。六安市金安区宝瑞达种植专业社等14家农民专业合作社获国家级示范社称号,歙县山野山核桃等28个专业社入选总社级示范社。

2015年,全省系统加强对农民合作社的指导帮扶力度,加快推进自办领办步伐。省社近两年从本级投资企业税后利润中拿出984.6万元对新增农民合作社进行奖补。至2015年底,全省系统有各类农民专业合作社4767家,入社农户约35万户;共有57家农民专业合作社获评国家级示范社,64家农民专业合作社入选总社级示范社。

2016年,全省系统农民专业合作社健康发展。省社连续3年从社有资产收益中安排1797.8万元资金奖补新增的农民合作社,争取农业综合开发资金4984万元。阜阳金牌养鸡专业合作社等7家单位被评为全国农民合作社示范社。全省系统共发展农民合作社5338个,其中64个农民合作社成为国家级示范社。

综合服务社　2012年,安庆市社联合市委组织部在选派村推进综合服务社建设;潜山县社结合县政府“美好乡村”示范点建设规划,投资1500万元建成白水、黄铺、双峰等农村综合服务社70余家;濉溪县社依托开放式村级组织活动场所,加快综合服务中心建设,为农民提供洗浴餐饮、文体娱乐、养老幼教、家电维修、就业资讯等综合服务。是年,全省系统已创办各类综合服务社(中心)1.27万家。

2013年,全省系统通过新建、改造,加大资源整合力度,打造一批满足农民多样化需求的新型综合服务社。淮北市社改造升级综合服务社,增加农资、电动车、家具、家电、医疗、日用消费品等服务项目;阜阳市颍州区社“每个基层社建一所规范庄稼医院计划”稳步实施。是年,全省系统已创办各类综合服务社(中心)1.38万家。

2014年,省社整合资源,提升综合服务社功能,出台农村综合服务社星级社暂行标准,要求各地结合“美好乡村”建设,打造农村和城镇综合服务平台。宿州市社制定“美好乡村”社区综合服务社建设规划,该市北郊供销社所属13家综合服务社,开展农资、农副产品、农业科技、土地托管等服务,经济、社会效益明显;潜山县源潭供销社建成融购物、休闲为一体的综合服务中心,深受当地居民欢迎。池州市社引导“三社一会”为家庭农场开展合作式、订单式服务。

2015年,黄山市社创建“美好乡村”综合服务中心,全年新增服务网点面积2400平方米,直接服务村民2.3万人,辐射11余万人。颍泉伍明、潜山源潭等综合服务社创新服务方式,实现农资、日用消费品购买及农技咨询、家电修理、文化娱乐等农民的生产生活需求不出村,获政府支持、群众点赞。

至2016年年底,全省系统创办各类综合服务社1.60万家。

行业协会　2012年,继省社牵头组建农资、棉花、茶叶、再生资源、烟花爆竹五大省级行业协会之后,又由和合冷链公司牵头筹建省冷链物流协会。省烟花爆竹流通协会被省民政厅评为全省示范协会;省茶叶协会再度获评省属“百优社会组织”,并成功承办第六届中国安徽茶产业博览会;合肥德善当选安徽省小额贷款公司协会第二届理事会会长单位。是年,全省系统有各类行业协会、农产品经纪人协会、合作经济联合会336家,入会会员达15.65万人。

2013年,省社牵头组建的安徽省冷链物流协会成立;省再生资源回收利用协会被省民政厅评为4A等级,具备承接政府职能转移资质;省茶叶协会成功承办全省茶产业可持续发展高峰论坛;省烟花爆竹协会被省民政厅评为“5A级社会组织”,为促进公益事业发展、规范市场秩序,联合安徽盛虹烟花爆竹集团有限公司、安徽省翔鹰花炮有限公司、池州市皖南烟花爆竹有限公司、浏阳市烟花爆竹总会、上栗县花炮商会等单位发起成立非公募基金会——安徽省烟花爆竹行业规范发展奖励基金会。是年,全省系统已组建各类行业协会、农产品经纪人协会、合作经济联合会341家,入会会员15.85万人。

2014年,省社加强对省级农资、茶叶、棉花、烟花爆竹等六大协会的指导,促其充分发挥作用。安徽省烟花爆竹协会受安徽省公安厅委托,派专家组赴枞阳县对退出烟花爆竹生产企业原材料及半成品实施销毁,赴阜阳市指导销毁颍东区公安分局封存的5000箱过期A、B级产品。依据法律法规,就省内烟花爆竹零售网点限制存量问题,致函各县(市、区)安全生产监督管理局。马鞍山和铜陵市供销行业协会、淮南物资回收协会等探索行业协会服务新方式,得到政府及有关部门肯定。是年,全省系统已有各类行业协会、农产品经纪人协会、合作经济联合会360个,入会会员达16万余人。

2015年,安徽省烟花爆竹协会获评第四届省属“百优社会组织”。至年底,全省系统已拥有各类行业协会、农产品经纪人协会、合作经济联合会378个,入会会员近17万人。

2016年,供销社主管的农资、茶叶、棉花等行业协会在服务宏观调控、引领行业发展、培育特色产业等方面作用增强。省社指导茶协成功举办第10届安徽(国际)茶产业博览会。全省系统发展各类协会达385个,入会会员达7.44万人。

新型服务平台　2012—2016年间,全省系统通过打造新型为农服务平台,适应培育新型农业经营主体和农民生活社区化等新趋势,拓展服务领域,提供专业化和规模化服务。阜阳市社建设“供销系统数字民生社会化服务平台”;马鞍山市社为大学生回乡创业铺路搭桥;安庆市社协调企业投资1亿多元,建设农民工创业园,带动就业千余人次;省社在合肥举办中国安徽(国际)茶产业博览会。全省系统电子商务发展迅速。继宁国之后,阜阳、池州、南陵、岳西、望江等市县社力推电子商务平台建设。2014年,全省系统共15家供销社成立电子商务公司，涵盖省市县3级，126家企业开展电商业务，全年交易额达8.3亿元，同比翻1番。马鞍山、含山、当涂、巢湖等地加强与淘宝、天猫、1号店等网站合作，搭建平台，宣传营销当地特色产品，助推经济发展。2014年11月，安徽供销电子商务有限公司与广德县政府签订“网上供销进万村”项目试点协议，按照“企业主体、政府推动、市场运作、合作共赢”原则，组建“安徽网上供销社”广德县服务中心，配备仓储设施、物流车辆，为终端网点进行物流配送，解决农村电子商务“最后一公里”难题。淮南市社注册成立安徽乡妹子电子商务有限公司和安徽普惠金融信息服务股份有限公司，会同市美丽乡村建设领导小组办公室下发《关于推进美丽小镇和美好乡村中心村电商金融服务中建设的实施意见》，推进电商金融服务下乡，完善乡镇和中心村服务功能。在毛集实验区成立7个电商金融服务中心。普惠金融信息服务有限公司与浙商银行达成资金存管协议，委托浙商银行作为互联网金融第三方支付平台。潜山县供销社成立潜山县新供销商贸有限公司，投资300万元建立运营中心和标准化电商培训基地。开通线上线下互联互动服务平台，线上拥有“又见天柱特产淘宝网站”“舒席淘宝网店”、1号店“特色中国·潜山馆”“新供销天柱山商城”“天柱山特产网”“中国刷业大全网”等服务平台，对接总社“供销e家”。线下拥有日用工业品、农资、烟花爆竹等三个配送中心、20家农副产品收购点，10家商贸中心，200个村级综合服务中心实体店，经营品种1万余种，县社获总社“2015年供销合作社电子商务示范县”称号。2015年12月9日，“供销e家”潜山电子商务运营中心，携带网上销售特色农产品十大类90余种产品到北京展示，接受国务院汪洋副总理检阅。至2015年，全省系统开展电商业务的企业达237家，销售额34.51亿元，同比增长315.78%，电商发展驶入快车道。是年底，“安徽网上供销社”运营的“网上供销进万村”项目在广德县村镇所设“综合服务社”网点数达170家。按照“广德模式”，无为县、郎溪县、和县相继成立“安徽网上供销社”县级服务中心，村镇网点逐步建立，分别达120家、40家、50家。淮北市、当涂县、池州市社均在加速筹备。

2016年，全省系统培育发展电子商务企业，支持具备条件的电商平台向行业电商平台转化，农仁街、安徽网上供销社、黄山“裕徽园商城”、含山县“含帮生活”、桐城“农夫商城”等电商平台初具规模，全省系统共有285家企业开展电商业务，其中83家为电子商务公司；省社确立6个县为第一批电子商务示范县社，并从省级新网工程专项资金中每年拿出10%～20%的资金支持其发展。当年全省系统实现电商销售额83.1亿元，同比增长140.7%。

在农业生产服务方面，全省系统围绕破解“谁来种地”“地怎么种”等问题，创新为农服务方式。2013年，滁州市定远县供销社与开发商共同筹资5000万元，利用桑涧供销社闲置大院兴建大型综合农贸市场，盘活闲置资产，改善当地居民购物环境。全市系统领办专业合作社23个，参办专业合作社37个，带动农户1万多户，助农增收上千万元。滁州市供销社总公司出资10万元参股定远华怡杨湖种植专业合作社，与华怡食品有限公司合作,采取订单农业方式,降低农户风险,提高农民受益,入社社员每亩收入7000余元,合作社产品60%销往国内麦当劳、汉堡王等大型食品连锁企业,40%出口韩国、日本等国。辉隆集团、桐城新天地农资公司、宿州意利达专业合作社等一批涉农企业、专业合作社通过流转、托管土地等方式,为农户提供农资配送、科技服务、加工销售、秸杆回收等产前、产中、产后全程化服务。2015年,滁州市凤阳县供销社推广土地托管服务,组织13家专业合作社,为农民和各类新型农业经营主体提供农资供应、配方施肥、农机作业、统防统治、收储加工等系列化服务,建立综合为农服务中心1处,300亩以上的示范种植基地6处,服务农户3000多户,服务面积达10万亩,累计助农增收5000余万元。开展土地全托管和半托管服务,降低农业生产成本,提高农业生产效率,使闲置的土地资源得到有效利用,又促进农民留在当地,转变身份为农业产业工人。天长市社参股企业华易超市为全市249家加盟连锁店提供日用消费品配送,年购销额9000多万元。南谯区社为珠龙镇葡萄种植户提供政策咨询,帮助种植户成立合作社,争取政策扶持。合肥市社联合市气象局推进"气象支农服务",安徽财贸职业学院开展农技人才培训服务等。

2016年,全省系统以涉农企业和农民合作社等为载体,以土地流转、托管为主要形式,构建适应现阶段农业发展特点的生产经营体系,至年底,在26县共98乡镇开展土地流转、托管服务,托管、流转土地面积达263.2万亩。以农机服务、育秧工厂、植保服务、庄稼医院、粮食烘干等建设为载体,推动农业生产耕、种、管、收、售社会化全程服务,统防统治、配方施肥面积达280.59万亩,农机服务面积达172.34万亩。重点打造一批建设标准高、服务功能全、辐射范围广的综合服务平台,开展"全方位、一站式"服务,涌现出"供销数字民生平台""信福小屋"等,得到政府支持、群众点赞。

其间,全省系统拓展农村金融服务。通过组建类金融公司、探索互联网金融、试点资金互助、入股村镇银行、参与农村信用社改造等方式,拓宽融资渠道,帮助小微企业和农民专业合作社解决融资难题。黄山、滁州等地在发展资金互助方面进行有益探索,赢得政府支持,也深受企业和农民欢迎。2012年3月16日,马鞍山德善小额贷款有限公司揭牌。2013年,潜山县供销社在兴隆种植专业合作社内部成立资金互助部,注册资本达2000万元,首批募集12家股东股金500万元,随后股金不断增加,开展资金互助,实行独立核算、民主管理、自主经营、自负盈亏、风险共担、利益共享,至2015年年底累计投放资金124笔,总额达3913.5万元,为当地种植、养殖、加工专业合作社及社员提供融资。2015年,双赢集团和芜湖、滁州市社参股农村商业银行;黄山市社、宿松县社、太湖县社等发展资金互助社,开展资金互助。德善小贷、德信担保等加大涉农贷款、担保服务力度,为农民生产生活服务提供融资便利,是年涉农担保及贷款达13亿元。六安市依托社属联商投资管理有限公司运营的"梦想盈行"网络借贷信息中介平台,凭借低成本优势,进军互联网和农村金融资金互助社两大板块,盘活民间沉淀资金,引入域外投资资金,支持地方经济发展,形成金融创新的"六安模式",运营1年的总成交额达

7.38 亿元,总注册用户 2 万余人,为投资者带来 1576 万元的投资收益。

2016 年,全省系统围绕解决农民融资难、融资贵问题,拓展农村资金互助合作、融资租赁、担保、小贷、典当、互联网金融业务,打造出合肥市社“惠农贷”、淮北市社“供销贷”等特色惠农金融产品。省社与省农信社签署战略合作框架协议,开展农村金融业务合作。

社有企业

2012—2015 年,省社指导全省系统坚持开放办社战略,加快改革创新,加速转型升级,社有企业的市场竞争力和整体实力稳步提升。

2012 年,全省系统在巩固传统业务的基础上,开拓金融担保、现代物流、生态农业、电子商务等新领域。安徽省供销商业总公司参股英国火花创投基金;和合生态公司收购合肥绿叶园林公司,在紫山药种植、春笋冬出等农业科技项目实验上获突破;和合冷链公司拓展冷藏保鲜库和冷冻食品 C 座市场建设,进军淮北凤凰山食品工业开发区,在合肥、淮北两地打造“城市冰箱”;“安徽网上供销社”先后在定远、宁国等 30 个市县开通工作站,拥有会员 1.3 万人。以安徽新力投资公司为主体的省社金融板块,拥有控股企业德信融资担保公司、参股企业安徽德合典当以及合肥德善小贷公司,2012 年实现营业收入 1.69 亿元,利润总额 1.13 亿元。

是年,全省系统总投资超过 1000 万元的项目达 139 个,建设规模达 505 万平方米,累计完成投资 36.8 亿元。安徽省供销商业总公司联合江苏宝地集团,打造城乡综合体项目;推进辉隆科技产业园、和合生态农业旅游、皖西农副产品批发市场、安庆农资仓储中心升级扩建工程等一批省“861”项目;淮南市同盛报废汽车拆解有限公司和北京玉成公司签订增资扩股和转型升级合同,全年共回收报废车辆 2242 台,拆解报废汽车 2748 台,在全省同行业中领先。双赢置业计划投资百亿元建设的宣城市最大“民生工程”——宛溪河保障房项目开工;淮北长山路菜市场、蚌埠新天地商贸城、宿州皖北农资商城、阜阳绿色食品城、黄山裕丰源鲜活农产品配送等项目建设推进;德嘉·合作经济广场、宣城市农副产品批发市场即将竣工交付运营。芜湖果品、冻品、水产(海鲜)批发市场完成交易额 6.2 亿元,为全年目标任务的 206.67%。

是年,黄山永新股份公司“复合软包装功能膜绿色制造技术开发与应用”成果获安徽省科学技术奖一等奖,实现黄山市科技史上零的突破;辉隆股份列“中国企业 500 强”第 395 位;安徽茶叶进出口有限公司旗下“LUCKY BIRD(吉祥鸟)”“迎客松”两品牌价值突破 10 亿元;盛虹集团成立连锁专卖店建设管理办公室,从项目资金里拨专款 100 万元建设专卖店,在全省建成盛虹专卖店 264 家。焰火燃放公司获大型焰火燃放甲级资质,填补全省焰火燃放行业无甲级资质的空白;天诚商贸公司拓展煤炭经营新兴业务。双赢集团经省民政厅批准,以注册资金 220 万元,设立非公募基金会——安徽双赢慈善基金会,宗旨是救灾、济贫、扶困和环境保护。集团获人力资源和社会保障部、中华全国供销合作总社颁发的“全国供销合作社系统先进集体”奖牌和荣誉证书,获评“全国实施卓越绩效模式先进企业”,成为全国再生资源行业唯一获该项奖励企业。全省系统3家上市公司、6家全国系统百强企业、156家销售超亿元企业已成为全省系统快速发展的重要支撑。

2013年，全省系统加快社有企业转型升级步伐，经济发展提质增效。全省系统社有企业实现利润28.17亿元，同比增长56.91%。辉隆集团引进农用无人直升机提供航空植保服务；海南辉隆成立生态肥料研究所，农资经营走上科技营销、服务营销之路。双赢集团投资含山县农村商业银行，成为第一大股东；集团主营业务全面通过“三标一体”认证。集团获评全国供销社系统2012年度“百强企业”，名列全国供销社系统再生资源行业第2位。获评“2013年全国实施卓越绩效先进企业”和“全国实施卓越绩效先进企业特别奖”。“双赢”商标被安徽省工商行政管理局评为2013年度安徽省著名商标。盛虹集团被中国日用杂品流通协会评为“2012年度烟花爆竹行业最具影响力企业”“2013年度烟花爆竹行业先进单位”，省社同意对其增资扩股，增资后省社股本1800万元，其他自然人1200万元。安徽茶叶进出口有限公司建设连锁店、专卖店50家，销售网点500余家，先后完成四大名茶公司组建。安徽省棉麻有限责任公司在新疆业务实现新突破，地区总加工能力超过2万吨，在当地成功申报棉花骨干企业。合肥德善小贷融资资产转让业务试点获得许可。合肥银山棉麻进军钱币领域，筹备上市。

是年，辉隆集团五禾生态肥业一期30万吨复合肥生产项目、吉林辉隆年产15万吨氨酸法项目建成投产；双赢集团合肥废旧商品产业园项目建设进入实质性运作，国家“城市矿产项目”上海华漕基地投入使用；盛虹集团加强校企合作，在安徽财贸职业学院援建“盛虹园”。上线运营安徽省首家大型烟花网购网站—盛虹烟花网上商城(www.sh-fireworks.com)。安徽省天诚商贸有限公司建设再生资源加工基地一期项目；六安市社推进“新网工程”综合楼建设；芜湖大地农产品批发市场二期蔬菜市场项目通过可行性研究论证；阜阳商厦红星新时代广场主体工程竣工；宣城农副产品批发市场一期250余家商户进驻营业。全省系统全年投资规模超2000万元的项目达171个，总投资规模达181.8亿元。

是年，全省系统销售过亿元企业达220家，企业集群效应初步显现。宁国市社与淘宝网合作建设的全省第一家上线淘宝网首页的“特色中国 · 宁国馆”开馆；“安徽网上供销社”平台建设基本完成，拥有注册会员2.3万个；双赢集团连续3年获全国实施卓越绩效模式先进企业称号，并获特别奖；全省系统首家租赁企业安徽德润融资租赁公司被商务部及国家税务总局批准为第11批内资融资租赁试点企业，当年实现利润4300多万元；永佳集团与中国科技大学共同投资成立研发中心，实现科技成果产业化。

2014年，全省系统有销售过5亿元的社有企业逾30家，初步形成龙头企业发展集群。

面对传统主业经营受阻、经济下行压力加大的情况，全省系统社有企业优化传统主业布局。辉隆集团在蚌埠建设年产100万吨复合肥的生产线，携手青海盐湖钾肥设立南方公司，拓展华东市场。双赢集团首次被认定为国家级“守合同重信用”企业，在陕西神木建设洁净煤基地，开发物流业务，拓展镍铁、废塑料等经营品种。盛虹集团进军湖南市场，投资建厂，生产自主品牌烟花爆竹；集团在中国万载第二届国际花炮节上获“十大经销商”称号。安徽省棉麻有限责任公司深入新疆，扩大购销；合肥银山棉麻收购繁昌县棉胎厂，培育棉浆粕和棉胎两大支柱。阜阳商厦联合红星美凯龙打造城市综合体。

围绕国家产业调整导向，培育新兴产业。新力投资集团成为拥有“全牌照”类金融企业，旗下德众金融上线9个月融资突破4亿元，网贷评级位列安徽省第一。盛虹集团按照“立足安徽、依托浏阳、面向全国、走向世界”的战略要求，集团公司作为第一大股东联合省内外11家经营、生产企业共同投资5000万元，以烟花爆竹行业生产和终端投资为主，成立安徽盛虹投资股份有限公司。和合生态绿叶园林业务壮大。宣城市社建设精致农场和农业研究院；蚌埠市社改造升级城区农贸市场。

加快转型升级步伐。司尔特进驻上海自贸区，搭建电子商务平台；黄山永佳集团推进成员单位与芜湖神剑股份战略重组，实现聚酯树脂行业生产企业的强强联合；合肥兴隆肥业开展农资直营放心店直销服务；桐城新天地农资公司推进土地流转、粮食深加工等，为在“新三板”上市奠定基础。

2015年，全省系统坚持对社有企业实行转型升级，调结构，转方式，促发展。

针对五大传统行业竞争激烈状况，全省系统整合资源，延伸产业链条，拓展对外贸易。辉隆集团与其时国际排名前4位的农药企业深度合作，掌控省内70%的进口优质农药资源。盛虹集团被中国日用杂品流通协会授予“2015年度烟花爆竹行业先进单位”称号，在湖南浏阳召开第五次成员大会，是为全省烟花爆竹工作会议首次在烟花爆竹主产区召开，为进一步开拓国内外市场奠定基础。2015年，在中国茶叶企业产品品牌价值评估中，安徽茶叶进出口有限公司“LUCKY BIRD 吉祥鸟”评估价值达8.07亿元人民币，“迎客松 GREETPINE”评估价值达3.79亿元人民币。阜阳、淮南、芜湖市社整合传统行业资源，筹建产业园区。

各地进军类金融、生态环保、节能降耗等新兴行业，拓展发展空间。担保、典当、小贷、融资租赁、互联网金融等发展迅速；秸秆加工、园林绿化、生态养生等新兴服务业兴起。

各地供销社指导社有企业调整优化经营结构，转变发展方式，取得明显成效。双赢集团在废钢行情和价格急剧下滑时，调整产品结构和商业模式，开拓废有色金属等业务，确保主营业务规模。2015年5月25日，《2014年中国再生资源企业百强排行榜》出炉，双赢集团以突破百亿元的销售总额位居全国第4。在安徽省质量技术监督局发布的第9号公告《关于发布“社会组织评估规程”等36项地方标准的公告》中，安徽省地方标准DB34/T 2459－2015《废钢铁压块》于2015年8月31日批准，2015年9月30日正式实施，该标准由安徽双赢再生资源集团有限公司、安徽双赢集团东南再生资源有限公司、宁国双赢再生资源有限公司、泾县新常态再生资源有限公司、安徽省再生资源回收利用协会等起草。阜阳商厦加快推进连锁店向乡镇延伸。

在资本运作方面,新力投资集团参与巢东水泥资产重组,成为第一大股东,安徽省供销商业总公司成为实际控制人,全省系统上市企业又增新成员。黄山永新股份加强产品科技研发,在绿色软包装方面获多项技术专利。宁国司尔特借力资本市场,助力主业跨越腾飞。是年年底,全省系统已有上市企业 4 家。

2016 年,全省系统构建社有企业支撑的经营服务体系,社有企业加快调结构转方式促发展步伐,加大改革创新力度,积极转型升级。深耕传统行业,优化经营结构,强化资源掌控。辉隆集团围绕主业延伸产业链,提升附加值,实现一二三产融合发展;双赢集团参与"美丽乡村"建设,拓宽经营品种,拉长经营链条,实现经济、社会效益双丰收。各地社有企业拓展新兴行业,经营业务向生态环保、园林绿化、教育文化、类金融等领域延伸。黄山供销集团投资 1.4 亿元开发婴幼儿洗护用品项目,成为迪士尼婴童洗护产品授权制造商。宁国司尔特肥业布局"品质 + 诚信、资源整合 + 产能布局、互联网 + "三大战略。各地组建社有资本投资公司,进行资本运作。省社成为 A 股唯一的一家纯类金融企业——新力金融的第一大股东。随国家棉花产业政策调整、供给侧改革、去产能化等,内地棉花资源大幅萎缩,安庆市皖农贸易有限责任公司在 2015 - 2016 棉花年度实施棉花经营战略转移,灵活保留内地厂经营,转移经营主攻方向至新疆。对新疆棉短绒、进口棉短绒开展合作经营;设立新疆棉流动采购点,补充内地棉量的不足,为在新疆棉贸易发展奠定基础;利用全国棉花交易市场电子撮合平台进行购销活动。是年年底,全省系统共有社有企业 1034 家,其中上市公司 4 家、销售超亿元企业 375 家、利润超亿元企业 5 家。

监事会工作

2012—2016 年,在省社党组的领导下,在理事会的支持和全体监事的努力下,省社监事会围绕中心,服务大局,履行职责,提升服务水平。

2013 年,省社监事会推进组织机构建设。根据省社《关于加强全省供销社监事会组织机构建设的指导意见》精神,一方面将理事会、监事会机构建设情况纳入年度目标考核;另一方面推进各级供销社监事会组织机构建设。7 月,淮北市社"二代会"顺利召开,成为我省首个健全理事会和监事会的市级社;安庆、淮南等市党委政府明确同意供销合作社设置监事会组织机构的意见。省社监事会修订和完善《监事会工作规则(试行)》;配合处室下发《关于对持有因私出国证件进行严格管理的补充通知》,出台《省供销社廉政风险防控管理暂行办法》和《省供销社机关公务车辆管理暂行办法》。加强对系统的指导与服务,开展调查研究,掌握基层全面情况。履行社有资产监督职责,发挥审计监督作用,掌握社有资产保值增值情况。组织协调开展"新网工程"项目和农业综合开发项目资金使用绩效专项监督检查,对 2007—2013 年获得中央财政"新网工程"、农业综合开发和省级"新网工程"专项资金扶持的 125 个项目进行审核。省社监事会成员在各自工作岗位上贡献才智,默默奉献。来自省发改委、省财政厅、省农委、省商务厅、省地税局的监事,在"新网工程"建设资金、农业综合开发资金、社有企业改革发展和支持供销社参与“美好乡村建设”等方面，提供大量支持、指导和帮助，为供销合作事业发展争取政策扶持。

2014年，全省系统把完善监事会组织机构建设作为一项重点工作。省社继续将监事会机构建设情况纳入年度目标考核体系；省社监事会协调系统监事会组织机构建设事宜，各级供销社把恢复监事会作为深化供销社改革的重要内容列入改革方案，争取党委政府支持。蚌埠市社恢复“三会”体制；合肥市、宿州市、濉溪县、凤台县、灵璧县、黟县等市县社监事会恢复筹建工作取得进展。省社监事会出台《安徽省供销合作社（安徽省供销商业总公司）推荐（委派）监事监督工作实施细则》，对推荐（委派）监事任职资格、工作职责等内容作出规定；出台《安徽省供销合作社监事会监督工作联席会议制度》，利用现有监督手段，形成监督合力；参与起草省社党组《关于落实党风廉政建设主体责任的实施意见》。履行社有资产监督职责，整合审计监督职能，将审计监督纳入监事会监督体系之中，全年监事会参与各类内部审计项目14个；对财政资金的使用进行监督检查，参与协调有关处室和部门开展“新网工程”项目、农业综合开发项目资金使用绩效专项监督检查，审核“新网工程”和近3年农业综合开发共计59个项目，共涉及资金6096万元；督导闲置资产盘活。开展调研工作，全年基层调研32天，调研省社本级17家企业和16个市级供销社改革发展情况，了解30家县级供销社基本情况，实地考察基层社、专业合作社、综合服务社、企业车间、仓储中心等70余个基层网点，形成多篇调研报告；就基层社工商注册难问题向理事会反馈，后省社党组、理事会联合省工商局出台《关于新建基层供销社登记注册有关问题的意见》。对原有信息网络进行重新梳理，在以淮北市社监事会为总社社情民意联系点的基础上，重新确定合肥市社等58家单位为省社社情民意联系点，选聘信息员58名，基本形成市、县、基层社三级联动的工作网络，并且建立信息工作QQ群和专用信息邮箱。创办《监事会简报》，促进系统监督工作提高。各投资企业监事贯彻落实省社决策部署，在加强监督的同时，为企业发展出谋划策；来自省发改委、省财政厅、省农委、省商务厅、省地税局的5位兄弟厅局外派监事，在“新网工程”、农业产业化等方面为供销社争取政策支持。

2015年，省社二届监事会加强监督检查，服务全省供销社系统改革发展。围绕中心，全面参与综合改革。贯彻总社监事会会议精神，就监督工作特别是综合改革重点监督内容作出部署；各地结合实际，明确监督工作目标任务。按照省供销社党组安排，牵头组织有关处室起草本省贯彻中发11号文件实施意见代拟稿。配合省社理事会修订完善全省供销社综合改革实施方案。参与综合改革系列文件的宣传落实督导。省社监事会强化审计监督。全年监事会参与各类内部审计项目16个。召开全省系统内审工作会议。加强对财政项目资金使用监督。对近两年来省社11家投资企业获得的中央、省级等各类涉农项目资金进行检查，涉及资金8109万元。通过参与投资企业年度经营目标的制定、审计、考核，发挥监事会监督工作联席会议和各投资企业推荐（委派）监事的积极作用，强化对投资企业债务处置、产权变更、合作伙伴选择、股权设置变更、重大投资项目的审核等基础性监督。就投资企业股权投资、资产处置等重大事项,监事会提出合理化意见建议,获省社党组及理事会认同和采纳。省社监事会围绕综合改革,全年深入基层调研34天。深入20个市、县(区),就“三社一会”建设、为农服务体系建设、“新网工程”项目建设和社有资产运营监督等情况进行综合调研。会同理事会组成调研组,分赴河北、浙江两省供销社开展专题调研。省社监事会开展总社监事会课题调研,形成《加大监督力度 提升服务水平 着力推动社有企业健康发展》的调研报告,在总社六届一次监事会上作交流发言。开展投资企业运营情况调研,形成关于投资、存货、往来、诉讼情况的4个专项报告。全省系统争取各方支持,推进监事会组织机构建设。把健全完善“三会”体制作为深化供销社改革的重要内容分别纳入《实施意见》代拟稿和省社综合改革实施方案之中,并就工作要求和目标任务提出具体意见。《实施意见》要求“到2016年底,要全面健全市、县两级联合社社员代表大会、理事会、监事会制度”,并明确此项工作由编制管理部门牵头。各级供销社把恢复重建监事会作为深化供销社综合改革的重要内容,争取党委政府的支持。宿州市以市委文件下发《关于加快推进宿州市供销合作社综合改革试点工作的实施意见》,明确提出“恢复建立社员代表大会、理事会、监事会‘三会’制度”;黄山市以政府文件向省社上报市社改革方案,明确市社要召开社员代表大会,按程序产生理事会、监事会。省社监事会按照“围绕中心、服务大局,真实准确、务求实效”的原则,加强全省社情民意信息联系点的组织领导和规范化建设。坚持下发信息报送要点,举办全省系统社情民意信息员培训班。是年,省社监事会共收到社情民意信息33条,通过整理编辑形成稳定长江流域等内地棉花面积、萧县农村合作经济组织执行《农民专业合作社法》情况、定远县多措并举深化供销合作社综合改革、合肥市社及桐城市社开展农村金融服务、怀宁县基层社土地还建问题、太湖县农民专业合作社发展情况等信息专报,向总社监事会反映。安徽省社监事会被总社评为年度联系点管理工作先进单位、淮北市社被评为年度先进社情民意联系点。省社监事会强化自身建设,提升发展合作经济和做好监督工作的能力和水平。举办投资企业董、监事培训班。参加总社监事会主任培训班和社情民意培训会。召开投资企业推荐(委派)董事、监事座谈会,对推荐(委派)监事进行年度工作考核。来自省发改委、省财政厅、省农委、省商务厅、省地税局5家厅局的监事,关心支持供销社综合改革,在皖发25号文件出台、推进“新网工程”和农业产业化建设等方面,为供销社争取支持做了大量工作。

2016年,省社监事会结合实际确定发展思路和工作重点,各地对新时期强化监督工作统一思想,明确目标任务,为深化综合改革提供保障。省社监事会参与省社关于深化综合改革的重点工作和重要事项的研究、讨论,并就重大问题提出决策建议,全程参与16个地级市供销社综合改革实施方案的审核评估。按照“管资本”要求,把对社有资产监督作为工作重点。是年,省社监事会全程参与各类内部审计项目16个,强化对清产核资、资产评估、资产重组、资产开发、投资回报等重大事项的审计监督,审计发现存在问题52个,提出审计整改意见51条,出具专项审计报告16份。对中心工作和重大事项进行监督。省社监事会牵头组织财会、审计、纪检等部门和省供销商业总公司督查办,对省社本级16家企事业单位进行专项督查,掌握运行管理和改革发展情况。发挥各投资企业推荐(委派)监事的作用。围绕建立内外部监督相结合的社有资产监督管理机制,确保社有资产保值增值;整合供销社系统资源,创新供销社电子商务发展机制;供销社发展合作金融的实践及风险防控机制三个方面进行专题调研,开展全省系统大调研。把牵头组织开展省社机关内控建设工作作为完善监督机制、防范经济风险的切入点,充分发挥机关内部各部门作用,形成监督合力。强化顶层设计,制定内部控制建设实施方案。针对省社经济活动层面的控制环境和业务流程层面的内部控制设计及执行情况,特别是涉及内部权力集中的预算、收支、政府采购、资产、项目建设、合同管理等重点领域和关键岗位,提高内部控制的针对性和有效性。健全制度体系。督促相关处室制定和修订《省供销社机关经费预算管理办法》《机关经费报销流程和审批权限》《省供销社办公资产管理办法》《省供销社内控建设监督检查办法》等8项制度。加强社情民意的收集、分析和报送。强化自身建设,提升履职能力。

自身建设与发展环境

2012年,各级供销社加强以党的建设、干部队伍建设、文化建设为主体的自身建设,指导、带动系统工作发展。学习贯彻中共十八大精神,开展党建活动和党员生活。省社召开直属机关第六次党代会。各市、县积极创先争优。安徽财贸职业学院承担涉农培训工程;双赢集团设立慈善基金;合肥德善公司获合肥市金融机构支持地方经济发展一等奖;广德德善公司首次入选“2012中国小微金融最佳社会责任奖”;2012年,全省系统有13个先进集体、4名劳动模范和1名先进工作者受到中华人民共和国人力资源和社会保障部及中华全国供销合作总社的联合表彰;自2007年起,省社连续5年获评省直“三优”文明单位。加强干部队伍建设,开展廉政风险防控,改善机关作风,提升服务效能。开展“2012国际合作社年在安徽”系列活动,宿州、合肥、滁州等市供销社结合实际,利用多种媒介传播供销社文化,展示供销社形象。六安、蚌埠等多个市级人民政府专题召开供销社工作会议,出台文件支持供销社改革发展。

2013年,作为首批参加群众路线教育实践活动的单位,省社坚持整改结合,重视制度建设,重新修订和建立制度10余项,涉及改进调查研究、精简会议活动、精简文字简报、规范因公出国(境)管理、廉政风险防控、差旅费管理、机关(企事业单位)考核办法、请销假制度等多方面,规范机关工作流程,形成制度防范约束体系。省社党组制订贯彻中央八项规定、省委30条意见的实施意见,全年会议支出和“三公经费”大幅降低。开展内部审计和廉政风险防控。强化干部队伍建设,开展教育培训,依托安徽财贸职业学院举办系统项目建设和农民专业合作社理事长培训班,年培训近300人次。2011—2013年,省社连续3年被评为省直文明单位。是年,全省系统积极主动争取党委政府重视支持,优化发展环境。5月份,省社吁请省政府办公厅转发省供销社关于推进中小城市供销社商贸综合体建设、促进城乡一体化发展的意见,支持供销社参与城镇化建设。

加大政策资金协调争取力度,全年争取中央财政“新网工程”资金3637万元,协调省财政在大幅合并削减专项转移支付的情况下,保留并安排“新网工程”资金2800万元。全年,共有18个专业合作社、1个龙头企业、1个产销对接项目获准立项,争取农业综合开发中央财政扶持资金1850万元、地方财政配套资金740万元,同比增长45%。淮北市社率先在全省市级社恢复组建理事会和监事会;滁州市政府出台关于深入推进“新网工程”建设的意见;马鞍山市委、人大、政府多次专门听取供销社工作汇报;潜山县供销社成为省政府“农村商贸流通服务体系建设(试点)”项目承办主体;芜湖市供销社获评第十五届市级文明单位,被市委、市政府授予“集体二等功”。

2014年,全省系统把作风建设作为贯彻中央八项规定、推进党风廉政建设的重要抓手,与群众路线教育实践活动、机关效能建设等有机融合。省社贯彻落实党风廉政建设“两个责任”。各地作风建设加强,干部职工精神状态改观,服务效能提升,供销社发展环境进一步优化。

2015年,全省系统正风肃纪,将“三严三实”(严以修身、严以用权、严以律己,谋事要实、创业要实、做人要实)落到实处。省社开展“三严三实”专题教育,抓好中央八项规定和省委30条的贯彻落实。加强党风廉政建设和反腐败工作。规范人才选拔,加强招才引智,加强培训工作,创新人才培养机制。举办学习贯彻省委25号文件精神市、县供销社主任培训班、社情民意信息员培训班和董事监事培训班。配合省审计厅经济责任审计和省委巡视组巡视,加大监事会、纪检监察、审计工作力度。强化对重点领域的监督,加强对“新网工程”项目和农业综合开发项目专项监督检查,确保资金规范使用。省社对本级投资企业开展提高经济运行质量的专项清查,提高服务监督成效。

2016年,全省系统加快构建上下贯通、整体协调、高效运转的双线运行机制。按照构建联合社机关主导的行业指导体系的要求,建立上级社对下级社考核、下级社对上级社的工作评价机制。省社建立领导班子成员改革联系点制度,强化行业指导。密切层级联系,成立社有资产管理委员会,按照理事会授权,建立社有资本经营预算制度。推动省、市、县三级联合合作,设立供销合作发展基金,首期募集5亿元,引导系统参与,做大做强。探索联合社机关对社有企业的多种管理方式。开展“两学一做”学习教育和“讲看齐、见行动”学习讨论,引导广大党员在综合改革中发挥先锋模范作用。强化执纪问责,推进反腐倡廉,整合监事会、纪检监察、财会、审计等资源,加强内控建设,督察重点工作,完善长效机制。优化人才结构,为综合改革提供强有力的智力支持和人才保障。扶贫牵头单位职责,开展产业扶贫、电商扶贫、教育扶贫。发挥监事会在调查研究、建言献策等方面的重要作用,省社监事会工作获总社监事会高度评价。截至2016年,省社连续11年荣获“省直文明单位”称号。供销社的社会形象持续改善,影响力和认知度有效提升。

综合改革

2013年,按照国务院深化供销社改革专题会议和中华全国供销合作总社深化供销社改革座谈会要求，省社推进全省系统深化改革工作。省社机关服务中心为全省事业单位分类改革做好准备；安徽财贸职业学院深入实施教育教学改革，国际商务、软件技术2个省级专业综合改革试点获批。

2014年，开展供销社综合改革试点被列入省委一号文件和省政府重点工作任务。就深化综合改革，省社成立领导小组，召开专题会议，向分管省长专题汇报。加紧制定综合改革试点实施方案（草案），动员各地申报改革试点，至年底有合肥、宿州、灵璧、固镇等14个市、县社提出申请。省社成立5个调研组，由党组成员带队分赴市、县社调研。在二届五次、六次理事会议上进行综合改革研讨，召开部分市、县社综合改革工作座谈会。芜湖市供销社制订完成《芜湖市供销社管理体制改革方案（送审稿）》，上报市委、市政府，于次年8月正式印发。

2015年4月，《中共中央国务院关于深化供销合作社综合改革的决定》下发，要求“紧紧围绕‘三农’工作大局，以密切与农民利益联结为核心，以提升为农服务能力为根本，以强化基层社和创新联合社治理机制为重点，按照政事分开、社企分开的方向，因地制宜推进体制改革和机制创新，加快建成适应社会主义市场经济需要、适应城乡发展一体化需要、适应中国特色农业现代化需要的组织体系和服务机机制”。11月，中共安徽省委、安徽省人民政府下发《关于深化供销合作社综合改革的实施意见》，省政府召开全省深化供销社综合改革动员电视电话会议，我省供销社综合改革全面启动。12月，省社印发《安徽省供销合作社综合改革实施方案》，明确全省供销社系统综合改革目标任务为：到2020年，全省系统在农业社会化服务、农产品流通、城乡社区综合服务、农村合作金融、电子商务等方面形成综合性、规模化、可持续的为农服务体系，实现销售总额3490亿元，较2014年年均增长10%；实现利润总额65亿元，较2014年年均增长8%；所有者权益达358亿元，较2014年年均增长6%；对接各层次资本市场的挂牌、上市企业8～10家；农资、日用消费品、农副产品、再生资源、烟花爆竹、农村金融六大经营服务网络健全，新建、改造基层社500家；领办创办专业合作社5000家；新建、改造各类综合服务社5000家，供销合作社各类经营服务网点乡镇覆盖面达100%。12月29日，省社召开全省供销社深化综合改革座谈会，将深化综合改革的总体思路概括为“12345”——坚持一条主线，即为农服务；抓住两个关键，即密切与农民利益联结，增强为农服务能力；深化三项改革，即基层社、联合社、社有企业改革；完善四个体系，即组织体系、流通体系、服务体系和监管体系；实现五个突破，即在农业生产服务方式和手段、农产品流通服务、城乡社区综合服务、农村合作金融服务、电子商务服务上取得突破。是年，各地因地制宜推进综合改革。宿州市委市政府出台实施意见和改革方案，蚌埠、淮南、滁州等地开展多种交流研讨，合肥、黄山、阜阳、安庆、广德等地制定完成实施方案。宿州市设立综合改革试点专项基金；黄山市社选择企业化管理模式试点；安庆市明确政策保障供销社合法权益。

2016年，省社通过召开市社主任座谈会、综合改革试点工作座谈会等形式，学习贯彻习近平总书记视察安徽重要讲话、中央 11 号文件精神和省委、省政府决策部署,厘清改革思路,强化任务分解,明确时间表和路线图,审核评估各地改革实施方案,加强改革工作的督导落实;通过网站、简报、杂志等传媒,传播供销声音、讲好供销故事,凝聚改革共识;确定 3 个市社、6 个县社、2 个社有企业作为综合改革试点单位,自筹 600 万元改革专项扶持资金,建立综合改革联系点制度,推动综合改革深入推进。16 个市均出台贯彻中央 11 号文件的实施意见和实施方案。各试点单位紧扣改革核心,突出改革重点,加强改革创新。

省社领导成员

2012 年起安徽省供销合作社联合社领导人一览表

姓　名	籍贯	党内职务	行政职务	任职时间
王首萌	安徽砀山	党组书记	主任	2006 年 8 月—2010 年 10 月
		党组书记	理事会主任	2010 年 10 月—2014 年 8 月
钱　斌	安徽庐江	党组成员	副主任	2001 年 1 月—2010 年 10 月
		党组副书记	监事会主任	2010 年 10 月—2014 年 8 月
		党组书记	理事会主任	2014 年 8 月—2017 年 12 月
吴良斯	安徽枞阳	党组书记	理事会主任	2017 年 12 月—
韩永生	安徽无为	党组副书记	监事会主任	2014 年 8 月—2017 年 6 月
张海林	安徽潜山	党组副书记	监事会主任	2017 年 6 月—
蔡　立	上海	党组成员	副主任	1997 年 7 月—2009 年 7 月
		党组成员	巡视员	2009 年 7 月—2012 年 11 月
崔继华	安徽休宁	党组成员	副主任	2003 年 9 月—2010 年 10 月
		党组成员	理事会副主任	2010 年 10 月—
闫铁力	河北河间	纪检组长	——	2006 年 12 月—2010 年 10 月
		党组成员	理事会副主任	2010 年 10 月—
魏邦余	安徽肥东	党组成员	副主任	2009 年 7 月—2010 年 10 月
		党组成员	理事会副主任	2010 年 10 月—
陈　辉	安徽怀宁	纪检组长	——	2010 年 10 月—
周天伟	安徽临泉	——	监事会副主任	2011 年 2 月—2012 年 9 月
唐庆明	安徽凤台	党组成员	理事会副主任	2015 年 12 月—
曹　斌	安徽五河		副巡视员	2015 年 7 月—
秦　武	江苏无锡		监事会副主任	2017 年 11 月—

二、重要文献辑存

关于深化供销合作社改革的实施意见

皖发〔1996〕6号

各地、市、县委，各行署，各市、县人民政府，省直各单位：

《中共中央、国务院关于深化供销合作社改革的决定》（中发〔1995〕5号文件，以下简称《决定》），是党中央、国务院立足国民经济发展全局，大力加强农业、农村和农民工作所采取的一项重大战略举措。《决定》明确了供销合作社的性质、宗旨、地位和作用，提出了供销合作社深化改革的总体思路、目标、重点和措施，是指导供销合作社改革与发展的纲领性文件。根据《决定》精神，结合我省实际，现就深化供销合作社改革提出如下实施意见：

一、充分认识深化供销合作社改革的重要性和紧迫性

农业和农村是供销合作社赖以生存和发展的基础。建国40多年来，特别是改革开放以来，我省各级供销合作社在为农服务、促进城乡物资交流、发展农村经济、搞好城乡商品流通等方面，作出了重要贡献，并形成了连接城乡的经营服务网络。实践证明，供销合作社是繁荣农村经济的重要力量。

随着我国社会主义市场经济的发展，整个农业、农村经济和农民生活都进入了一个崭新的发展时期。尤其是我省正在实现由农业大省向农业强省的跨越，广大农民迫切要求提供各种经济、技术、信息服务，把千家万户的分散经营与大市场连接起来。作为农民合作经济组织的供销合作社，在这方面具有独特的优势。但由于种种原因，目前供销合作社自身的现状与农村经济发展、农民群众的要求和建立社会主义市场经济体制的目标还很不适应。因此，必须把深化供销合作社改革作为当前农村经济体制改革和经济发展的一项重要的紧迫任务，摆上突出位置，切实抓紧抓好。要紧紧围绕把供销合作社真正办成农民的合作经济组织这个目标，抓住理顺组织体制、强化服务功能、完善经营机制、加强监督管理和给予保护扶持等五个环节，以基层社为重点，采取切实有力的政策措施，使供销合作社真正体现农民合作经济组织的性质，真正实现为农业、农村和农民提供综合服务的宗旨，真正成为加强党和政府与农民密切联系的桥梁和纽带，促进全省农村经济持续、快速、健康发展。

二、坚持办社宗旨，强化供销合作社为农服务功能

供销合作社的办社宗旨，就是为农业、农村和农民提供综合服务。各级供销合作社要把为农服务放在首位,积极探索为农服务的新路子。

建立和完善农业社会化服务体系,组织和支持供销合作社进一步从单纯的购销组织向农村经济综合服务组织转变,积极与农村专业大户、乡镇企业、工业企业和科技部门联合,大力发展以加工、销售企业为龙头的贸工农一体化,联合千家万户兴办农产品和副食品基地,围绕棉麻、果品、茶叶、蔬菜、薄荷油、土畜产品、水产品等主要产品,组建产、加、销一条龙的经营实体,兴办专业合作社和专业协会,发展农产品加工、储藏、运输业和其他二、三产业。

完善县、乡、村三级农业生产资料服务网络,办好庄稼医院和配肥配药站,充实技术人员,配备必要的设备。开展技术咨询和病虫害防治服务,指导农民科学施肥用药,促进"科技兴农"。

支持供销合作社大力发展以农产品为主的加工业,对供销社工业企业发生的技术开发费,可按实际发生数列入管理费用,税前列支。

供销合作社要积极开展与农民群众的广泛联合与合作。逐步发展消费合作、信用合作、保险合作、生产合作、运输合作、住宅合作等,与农民群众结成更广泛的经济利益共同体。

供销合作社要积极拓展服务领域,扩大经营范围。为促进农村经济发展,方便农民生活,凡是农民需要出售的产品和需要供应的生产、生活资料,供销合作社都应积极依法经营,包括实行代购、代销、代储、代运、代加工等,各级政府和有关部门要给予支持。

供销合作社要积极扩大对外开放,发展对外经济、贸易、技术合作,引进国外资金、技术和先进的管理经验,创办"三资"企业,不断增加出口创汇。省供销商业总公司协助省外贸委组织、指导全省供销合作社系统的外贸进出口业务。从1996年起,对进口化肥、农药要从源头开始管住进口渠道,其配额由省计委全部下达给省农资公司。省供销商业总公司可按批准进出口商品目录享受外贸各项优惠政策。供销合作社要建立农副产品出口生产基地,加大我省农副产品投入国际市场的份额。

三、完善经营机制,强化内部管理,切实加强基层供销合作社建设,努力提高职工素质

供销合作社的经营机制,要有利于调动职工的积极性,有利于强化为农服务,有利于社有资产的保值、增值。供销合作社的各类企业,应从实际出发,实行多种行之有效的经营责任制,"边、小、微、亏"专销生活资料和从事饮食、服务业的门店、柜组,已实行"社有民营"的,应不断改进、完善、提高;农业生产资料供应和大宗农副产品收购一律不准搞"社有民营"或"社有个营",已经搞的必须尽快纠正过来。在自愿互利的基础上,供销合作社可以与其他经济组织合办股份制企业。无论实行哪一种经营责任制,都不得改变供销合作社的集体所有制性质,都必须确保资产的保值增值,确保社员的经济权益。

把基层供销社建设好,关键是要把基层社的班子建设好。要选拔懂经营、会管理、有开拓精神、作风正派、真心为农服务的人才（包括职工社员、农民社员），充实基层社领导班子。对经营活、效益好的基层社，班子要稳定；对亏损严重、扭亏无望的基层社，班子必须尽快调整，调整前要进行离任审计。基层供销社在一切生产、经营、服务活动中，绝不允许发生坑农害农和掺杂使假的行为，一经发现，要严肃查处。要加强基层供销社的经营管理，建立健全各项管理制度，克服以包代管、以租代管的现象，防止社有资产的流失。要根据农民生产、生活需要和市场经济要求，制定营销策略，调整经营结构，改进经营方式，提高经营管理水平。要适当调整基层供销社建社规模。有条件的地方，要以大集镇为中心建社，并社留店，扩大规模，广泛开展"分购联销"、"联购分销"和连锁经营，提高规模效益。

切实加强供销合作社职工队伍建设，努力培养和造就一大批既甘愿为农业、农村和农民作奉献，又懂经营、善管理的人才。各级供销合作社要严格履行教育和培训的职责，建立和完善适应供销合作社发展的教育体系和机制，强化以职业道德、业务技术、合作意识为主的教育和培训工作。要认真执行先培训后就业、先培训后上岗的原则，将职工使用与教育培训紧密结合起来，努力提高队伍整体素质。

各级政府和有关部门要积极扶助供销合作社办好各种职工技术教育，对现有培训中心和职工学校，要增加投入。要把供销合作社的教育和培训，纳入各级政府教育事业发展规划。

四、理顺组织体制，落实供销合作社的人、财、物自主权

供销合作社是农民的合作经济组织。要按照自愿、互利、民主、平等的合作制原则，放手吸收农民社员入股，扩大股金比重，使供销合作社在经济上同农民利益紧密联系起来。要管理好、使用好社员股金，最大限度地提高股金使用效率。为保障社员权益，分配给基层社员的股息和红利不计纳个人所得税。

供销合作社资本金属供销合作社集体所有，不能量化到人，不能分掉；任何部门不准抽调、挪用、摊派和私分。凡平调、挪用供销合作社资产的应限期如数清退；一时难以退回的要签订协议有偿使用；拒不归还的，按有关法律程序追究。因城镇、交通建设拆除和占用供销合作社经营服务设施的，要按照国务院《城镇拆迁条例》规定，做到"拆一还一，占一还一"。

按照政社分开的原则，供销合作社不属政府行政机构序列，但可以根据实际工作需要，可以承担政府委托的任务，行使政府授权的有关职能。

理顺供销合作社内部管理体制，重点是人事、劳动、财务、分配和社会养老保险。各级供销合作社理事会主任、副主任，因工作变动调离之前，组织部门应事先征求上一级供销合作社的意见。各级供销合作社直属企事业单位负责人的任免权归本级供销合作社理事会，原级别的干部可保留其政治、生活待遇，其人事管理权归本级供销合作社理事会。

供销合作社是自主经营、自负盈亏、独立核算、照章纳税的独立法人。各级供销合作社理事会是本社集体财产（包括所属企事业财产）的所有权代表和管理者，要调整核算体制,提高规模效益,建立各级供销合作社对所属企业的统负盈亏。已经实行这一制度的县(市、区)供销合作社要继续完善,并逐步在全省推行,尤其老、少、边、山、穷的县(市、区)供销合作社要尽快推行。对供销合作社所属企业的税后留利,由理事会根据有关规定制定具体使用办法。各级供销合作社要建立规范的资产财务管理制度,加强审计监督,严格企业管理,堵塞跑冒滴漏,开源节流,压减费用,提高资金利用率,搞好扭亏增盈,提高企业经济效益。

供销合作社要进一步改革分配制度,建立激励机制,自主确定本单位的工资分配方式。有条件的供销合作社可实行工资总额与经济效益挂钩的办法,并根据不同的岗位确定相应的岗位津贴。

供销合作社的职工都应依法参加社会保险,缴纳社会保险费。从现在起,要按规定提取社会统筹金和职工养老保险金,有关部门要给予支持。

五、加强对供销合作社的保护和扶持,为供销合作社的改革和发展创造一个良好的外部环境

供销合作社是农村商品流通的主渠道,承担着国家委托的农业生产资料供应和棉花收购、加工、调拨任务以及为农业、农村和农民提供社会化服务的任务。各级政府和有关部门要为供销合作社创造良好的经营服务环境。

要充分发挥供销合作社的作用,确保完成农资供应和棉花购销的重要任务。要坚决贯彻执行党中央、国务院有关文件精神,整顿农资市场,平抑农资价格。棉花购销坚持不放开市场、不放开经营、不放开价格,由国家统一定价、供销社统一经营的原则,管好市场,保护棉农利益,确保纺织工业和出口创汇的需要。

要切实保护供销合作社的合法权益,保障其组织的完整性。任何单位和个人都不准平调其财产;不准随意改变其所属企业的隶属关系或使其变相脱离供销合作社统一领导和管理;不准将其它亏损企业强行并入供销合作社;不准向供销合作社及所属企事业单位乱摊派、乱收费、乱罚款;不准无偿强行扒拆供销合作社的经营服务设施;不准将基层供销社下放到乡(镇)管理。凡违反上述“六不准”的,必须坚决纠正。

要在资金贷款上对供销合作社给予必要的支持。化肥、农药的采购资金和棉花、黄红麻、蚕茧、茶叶、薄荷油的收购资金,以及为农民推销粮油等需要的资金,当地金融部门要予以优先保证,必要时由当地政府出面协调解决。要建立化肥、农药、棉花等重要商品储备体系,省级储备所需资金由省农业银行按基准利率贷款解决,其行息、费用由财政承担。

要给予供销合作社一定的优惠政策。鉴于目前部分县以上供销合作社行政经费困难和部分基层供销社离休人员生活无保障的实际情况,各级地方财政应酌情给予适当的补贴。县以下供销合作社及其直属企业的税收缴纳,可比照省地税局对乡镇企业的税收优惠政策执行,具体办法由省供销合作社、省地税局共同研究制定。为便于供销合作社为农业、农村和农民提供服务,农业银行应给予基层社一定的启动贷款。

要逐步解决供销合作社的历史挂账和政策性亏损问题。1995 年年底以前形成的专项挂账损失、“两棉”赊销款、棉花生产预购定金、棉花贴息贷款等政策性挂账，按国家有关政策规定执行；自 1996 年起，不准再有新的政策性包袱。

要鼓励供销合作社向政府承包农业开发项目和扶贫项目；政府在统筹规划时，要安排一定比例交由供销合作社实施。供销合作社对拨付的资金，应设立专门账户，专款专用，承贷承还，管好用活。各级政府要把供销合作社的发展纳入“九五”规划，对供销合作社兴建的网点设施和商办工业技术改造项目，财政和银行应在资金上给予支持。

各级党委、政府要根据中央《决定》和本实施意见，结合本地实际情况，制定供销合作社改革和发展的具体目标和规划，真抓实干，务求实效，力争两三年内使供销合作社事业有较大的发展。要从全面发展农村经济的大局出发，加强对供销合作社的领导，确保中央《决定》精神落到实处。

中共安徽省委

安徽省人民政府

1996 年 3 月 4 日

贯彻国务院关于解决当前供销合作社几个突出问题的通知

皖政〔1999〕44 号

各市人民政府、行政公署,各县(市)人民政府,省政府各部门、各直属机构:

《国务院关于解决当前供销合作社几个突出问题的通知》(国发〔1999〕5 号,以下简称国务院 5 号文件)已印发给你们,现结合我省实际,提出如下实施意见,请一并贯彻执行。

一、坚持合作经济方向,把供销合作社真正办成农民群众的合作经济组织

《中共中央、国务院关于深化供销合作社改革的决定》(中发〔1995〕5 号)提出,把供销合作社办成农民的合作经济组织,指明了供销合作社改革的方向。从我省供销合作社的现状看,普遍存在着经营萎缩、利润减少、亏损增加的状况。深化改革,实现最终目标,是一个长期过程,需要逐步推进。随着我省农村改革的深化和经济的发展,供销合作社的作用应当加强,不能削弱。当前,发挥供销合作社在农村改革和发展中的作用,就是要从现阶段农村生产力发展的实际出发,大胆探索合作经济的多种实现形式。各级供销合作社要尽快更新观念,转换机制,遏止亏损,实现扭亏增盈,壮大自身实力,为把供销合作社真正办成农民的合作经济组织奠定坚实的基础。

二、抓好基层社建设,增强为农服务功能

基层供销社是供销合作社的基础,直接体现为农服务宗旨和农民合作经济组织性质。要通过清产核资,重新认定社员的合法权益,实行民主管理,民主监督,利益共享,风险共担。理事会、监事会成员由社员民主选举产生,真正做到民有、民管、民享。深化基层供销社改革,要区别对待,分类指导。对经营状况好、区位优势明显的,要重点给予扶持;对效益不好但基本能维持经营的,可以采取合并、重组等办法,精简人员,转换机制,增强活力;对亏损严重、扭亏无望的,依法实施破产。破产基层社的国家正式职工,纳入当地的再就业工程。

要继续坚持调整建制、按经济区域建社的原则,提高规模经营效益。继续稳定和完善基层社的生活资料承包经营,因地制宜,积极探索多种有效的农业生产资料和大宗农副产品的经营模式。凡有利于满足农民需要、促进农村经济发展,有利于扩大销售、转换企业经营机制,有利于提高社会效益和企业效益的一切经营方式,都可以大胆探索。

基层社要努力开拓城乡市场,拓宽为农服务领域,增强服务功能。要继续办好村级服务站、庄稼医院和专业合作社,从当地实际出发,围绕农业生产的主导产业和骨干产品,把生产、加工、销售等环节联成一体,带领千家万户农民走向市场。要尊重农民意愿,凡农民需要的商品和服务,都要积极组织经营。对国家专营商品,专营部门应当尽量委托基层社代购代销。贫困地区实施扶贫攻坚计划,有关扶贫项目也要尽可能地委托符合条件的基层社具体组织实施。

三、转换各级联社职能,进一步理顺管理体制

各级政府要重视发挥供销合作社的作用,加强对供销合作社的指导、协调、扶持和监督,但不得干预供销合作社正常的经营活动。要切实保护供销合作社的合法权益,任何单位或个人都不得平调其财产,不得随意改变供销社所属企业的隶属关系。对供销合作社无偿征用或受赠的国有土地和房产,手续完备、权属明确的,有关部门应予确权、发证;对城镇建设、道路拓宽中拆迁的供销社经营服务设施,要按有关规定予以偿还。今后各地不允许向供销合作社随意下达政策性经营任务和进行各种形式的行政摊派。凡政府委托供销合作社从事政策性经营业务,都要事先签订委托合同,明确各自的责任和义务,并确保兑现。供销合作社结构调整、企业改革、再就业工程等需要政府组织协调的,由当地人民政府负责组织协调。

各级联社在经济上独立承担责任,除国家委托的政策性经营任务外,上级联社不对下级联社下达经营任务。理事会的主要职责是,对成员社进行业务指导,协调与政府部门、社会组织的关系,行使本级社有资产出资人代表职能,监督社有资产保值增值,并按出资额依法享有所有者的资产受益、重大决策和选择管理者的权利。各级联社所办企业在自主经营、自负盈亏的基础上,相互协作,平等竞争。

长期以来,供销合作社承担了政府部门的部分职能,为农村经济的发展作出了重要贡献。鉴于目前供销合作社经营困难的实际,根据国务院 5 号文件精神,省供销合作社和市、地级联社经费来源,1999 年维持现行渠道,从 2000 年起在精简机构、核定编制(含离退休人员)、减员消肿的条件下,列入同级财政预算,不再向所属企业提取管理费。县(市)联社的理事会人员和机构设置由社员代表大会确定,管理人员由理事会聘任,严格核定人员编制。县(市)联社所需经费,对已由同级财政通过不同方式拨补的,仍维持现行渠道;对目前同级财政尚未拨补的,可由同级人民政府根据本级财力情况和供销社的实际困难酌定。

四、加快社办企业改革,增强市场竞争能力

社办企业要围绕扭亏增盈加快改革步伐,坚持从实际出发,因地制宜,采取多种形式,但必须保护出资人权益,不准无偿量化并分掉社有资产。要接受债权银行监督,防止逃废银行债务。要切实加强管理,建立层层负责的扭亏增盈目标责任制,实行与经济效益挂钩的收入分配办法。要大力精简分流人员,减少费用开支,社办企业中下岗分流的国家正式职工,纳入当地再就业工程。要着力挖掘现有企业潜力,杜绝盲目铺新摊子。对现有扭亏无望的企业和项目,要下决心停办和退出,尽量减少损失。

各级供销合作社棉花经营企业要全面贯彻落实国务院关于棉花流通体制改革的精神,积极参与市场竞争,实行下岗分流,减员增效,自负盈亏;通过调整收购网点,减少流通环节和流通费用;彻底实行政策性业务和经营性业务、主营业务与附营业务严格分开。农业发展银行对棉花收购资金实行“库贷挂购、封闭运行”。供销合作社棉花企业必须在农业发展银行开立基本账户,不许挤占挪用收购资金,不得再发生新的亏损挂账。鼓励产棉区以供销合作社为依托发展棉花合作组织,与农民结成利益共同体。具备条件的棉花合作组织可直接与大型纺织企业建立稳定的产销关系,实现产供销、贸工农一体化。

供销合作社农资经营企业,要认真贯彻国务院关于深化化肥流通体制改革的决定,适应化肥市场逐步放开的要求,转变经营机制,努力改善为农服务,在市场竞争中发挥主渠道作用。继续实行省级农药储备制度,农药储备由省农资公司承担,省财政每年给予相应补贴。各地也要积极创造条件,建立农药储备制度。县以下供销合作社要积极兴办农资专业合作社,可与当地农技站、土肥站、植保站实行联合服务,优势互补,利益联结,联合兴农。

五、清理整顿社员股金,消除金融隐患

清理整顿社员股金既是国家整顿金融秩序、防范金融风险的要求,也是供销合作社自身改革和发展的需要。虽然我省供销合作社社员股金数额较小,目前尚没有发生挤兑现象,但少数地方社员股金集中挤兑的风险隐患仍然存在。各级供销合作社要在当地政府的统一领导下,认真贯彻国务院有关文件精神,对以“保息分红”方式吸收的股金,根据股金的来源、期限,在三年内分期转退,平稳过渡。在清理整顿期间,各地供销合作社一律不得吸收新股金。

六、认真清理核实供销合作社财务挂账,妥善处理政策性亏损

为促进供销合作社转换机制,妥善解决供销合作社亏损挂账,根据国务院5号文件和《国务院办公厅转发国家计委等部门关于清理核查供销合作社财务挂账意见的通知》(国办发〔1999〕83号)的部署和要求,省政府将成立省供销合作社财务挂账清理核查小组,对各级供销合作社所属企业或基层社在1993年1月1日至1998年12月31日(棉花企业截至1999年8月31日)期间形成的财务挂账进行全面清理、核查,报国务院供销合作社财务挂账清理核查小组审定,核定后的财务挂账按照“分清性质,分清责任,逐级负担”的原则处理。对于1992年底以前发生的中央和地方政策性亏损挂账,省有关部门已提出解决意见,省政府将按照国务院有关规定,在研究1993年至1998年供销合作社财务挂账时一并考虑。各级供销合作社及其所属企业或基层社,要积极配合做好调查核实和清理核查工作,如实提供核算资料,实事求是说明财务挂账成因,不得更改原始账目。

鉴于供销合作社亏损原因涉及到历史、政策等多种因素。由此而引发的财产诉讼保全问题,各级政府和有关部门要做好协调工作,待国家清理核实供销合作社财务挂账、出台财务挂账处理办法后,再作相应的处理。

安徽省人民政府
一九九九年十月二十七日

安徽省人民政府办公厅转发省供销社关于加快建设“新网工程”意见的通知

（皖政办〔2006〕78号）

各市、县人民政府，省政府各部门、各直属机构：

经省政府同意，现将省供销社《关于加快建设“新网工程”的意见》转发给你们，请结合实际，认真贯彻执行。

各级政府要切实加强对“新网工程”建设的领导，把“新网工程”建设纳入全省农村现代流通体系建设总体规划和新农村建设规划，采取有效措施，加大支持力度，加快实施步伐。省发展改革、财政、工商、税务、农业、商务、公安、交通、邮政、电信、食品药品监管、文化等部门，要发挥各自职能，积极支持“新网工程”建设。省财政要安排专项资金，支持“新网工程”建设。各市、县财政也要给予相应的资金支持。各级税务部门要认真落实有关税收政策，对“新网工程”中符合统一纳税条件的连锁企业，可按规定批准由总部向其所在地主管机关统一缴纳企业所得税。对在“新网工程”中新办的流通企业，自开业之日起，可依照有关规定批准减征或免征企业所得税一年。省供销社要结合实际，制定“新网工程”建设的具体实施方案，认真组织实施。

安徽省人民政府办公厅

二〇〇六年十一月二十三日

附：

关于加快建设“新网工程”的意见

（省供销社　二〇〇六年十月二十三日）

为贯彻落实全国供销合作总社《关于贯彻落实国务院会议纪要精神，加快实施“新网工程”的通知》（供销经字〔2006〕39号）和《安徽省人民政府关于开展农村商品流通改革和市场建设试点工作的实施意见》（皖政〔2005〕93号）精神，促进全省供销社系统进一步开拓农村市场，充分发挥在服务“三农”和建设社会主义新农村中的重要作用，现就加快建设新农村现代流通服务网络工程（简称“新网工程”），提出以下意见。

一、总体思路和工作目标

（一）总体思路。以科学发展观为指导，以改革开放、优化体制机制为动力，坚持政府引导、市场运作、企业带动、多元发展的原则，把“新网工程”与“万村千乡市场工程”

建设结合起来，运用现代流通方式，改造、提升、整合、优化供销社现有经营网络资源和传统经营业务，按经济区域建设配送中心，在乡村建设连锁店、农家店等终端网点，实现供销社的低成本扩张和联合发展，建立农村现代流通体系，促进社会主义新农村建设。

（二）工作目标。从 2007 年起，用 5 年左右时间，在全省供销社系统培育 60 家农村商贸流通龙头企业，其中，销售规模 1 亿元以上的 50 家；建设 500 个市、县级配送中心，发展 5000 家农资连锁店、4000 家日用消费品连锁店，建设 5000 个村级综合服务社，基本建成日用消费品、农业生产资料、农副产品、再生资源、烟花爆竹“五大农村现代流通服务网络”，形成市、县、乡、村四级贯通，纵横交错、配置合理、相互促进、各具特色的农村现代流通网络体系。

二、工作重点

（一）着力培育一批农村商贸流通龙头企业。进一步深化供销社产权制度改革，完善法人治理结构，突出经营主业，增强创新能力，提高核心竞争力。注重把产权制度改革与培育农村商贸流通龙头企业结合起来，优化社有资本配置和产权结构，通过产权重组、企业并购、投资融资等多种形式，集中供销社优势资产，广泛吸纳社会资源，着力扶持、培育一批体制新、机制活、带动力强的农村商贸流通龙头企业群。支持安徽辉隆农资集团、安徽茶叶有限公司、省棉麻有限责任公司、省再生资源有限公司、安徽盛虹烟花爆竹有限公司、阜阳商厦等供销社商贸流通企业进一步做大做强，逐步成为“新网工程”的龙头企业。

（二）新建、改造一批农副产品批发市场。以供销社现有农副产品批发市场为基础，结合“万村千乡市场工程”加以改造、升级和规范，推进其向专业化、规模化方向发展。针对农副产品流通特点，加快建设以冷藏和低温仓储、运输为主的农副产品冷链系统，促进农副产品流通。

（三）支持农村连锁配送中心建设。积极支持农村商贸流通龙头企业，按照经济区域，结合自身连锁网点布局、商品配送半径等，做好配送中心的选址和建设。鼓励大型物流配送中心在满足本企业商品配送需求的同时，为其他企业提供物流配送服务。

（四）加快发展农村连锁店。积极推动辉隆农资集团、阜阳商厦等供销社商贸流通企业，通过直营、特许经营、加盟等方式，进一步加大对基层供销社经营网点、农村其他经营网点的整合，在乡村发展经营规范的消费品、农业生产资料、烟花爆竹连锁经营店和再生资源“绿色回收亭”。避免重复建设，探索一网多用，提倡综合利用。

（五）加快发展农村综合服务社。充分利用供销社基层经营网点资源，通过网点改造、资产重组、社会加盟等多种形式，在组建消费品和农业生产资料连锁店的基础上，组建农村综合服务社，并创造条件积极拓展服务内容，将农副产品收购、再生资源回收及农村文化、卫生、教育和各类生活服务融为一体，使之成为供销社各类经营网络扎根农村、服务农民的前沿终端，成为供销社及各类涉农组织开展便民服务的多功能的农村社区服务中心。

三、主要措施

供销社实施“新网工程”建设，必须与农业产业化经营等其他工作统筹安排，重点做好“五个结合”。

（一）与“万村千乡市场工程”相结合，积极参与全省农村商品流通改革和市场建设试点。把“新网工程”纳入“万村千乡市场工程”，打破城乡、区域、企业类别界限，按市场法则对有关市场主体改组改造，整合和优化资源配置，实现设施共建，资源共享，互相促进，共同发展。

（二）与发展现代流通方式相结合，加快改造、整合和优化供销社传统经营网络。注重运用连锁经营、现代物流、总经销、总代理、电子商务等现代流通方式，加快对供销社传统经营网点的整合和改造，逐步形成畅通、高效的农村现代流通网络，提高农村流通的组织化、现代化水平。

（三）与基层供销社改革发展相结合，加快网络终端标准化和规范化建设。根据农业农村经济发展形势，从农民生产生活实际需要出发，坚持改造和新建并举，加快专业合作社、综合服务社和各类协会等新型农民合作经济组织建设步伐，多途径推进基层社改造重组，推进基层网络终端标准化、规范化建设，不断夯实“新网工程”建设的基础。

（四）与农业产业化经营相结合，大力推进产加销、科工贸一体化经营。采取外引内联等多种方式，培育壮大一批具有自主品牌、经济实力强、带动能力大、市场竞争力强的商贸流通、加工、服务、科技型龙头企业。按照“龙头企业＋专业合作社＋基地＋农户”的农业产业化经营模式，建立农副产品生产基地和批发市场，采取先进技术，发展加工工业，形成一体化的生产、购销、加工、经营网络。

（五）与“千社千品富农工程”相结合，大力实施农产品品牌战略。按照全国供销合作总社部署，在“新网工程”建设中，大力实施“千社千品富农工程”，重点发展特色农产品专业合作社，运用先进适用技术培育优质特色农产品及其加工制品，努力形成品牌，促进产品进入连锁超市和各类市场，实现优质农产品与加工企业、专业批发市场、连锁超市等网络的有效对接，扩大市场份额，增加农民收入。

四、加强组织领导

“新网工程”是一项系统工程，工作量大，任务繁重。各地、各有关部门要高度重视，加强领导，结合“万村千乡市场工程”，加大支持力度，促进健康发展。各级供销社要结合当地实际，科学规划，合理布局，制定具体实施方案。要层层分解目标任务，落实责任，精心组织，认真实施，把这项便民惠农工程建设好，为推进社会主义新农村建设做出新的贡献。

安徽省人民政府关于进一步加快供销合作社改革发展服务社会主义新农村建设的意见

皖政〔2008〕38 号

各市、县人民政府,省政府各部门、各直属机构:

加快供销合作社改革发展,是统筹城乡发展和社会主义新农村建设的需要,对于建立和完善农业社会化服务体系、促进城乡经济社会协调发展具有重要意义。根据党的十七大精神和省委、省政府的决策部署,结合我省实际,现就进一步加快供销合作社改革发展,服务社会主义新农村建设提出如下意见:

一、进一步明确新时期供销合作社改革发展要求

供销合作社的改革和发展,要坚持以邓小平理论和"三个代表"重要思想为指导,深入贯彻落实科学发展观,坚持为农服务的办社宗旨,以推进社会主义新农村建设为核心,充分发挥供销合作社的优势,创新体制机制,完善服务方式和组织形式,建立新型为农服务体系,努力使供销合作社成为农民经济合作的带动力量、农村现代流通的主导力量和农业社会化服务的骨干力量,在发展现代农业、建设社会主义新农村中发挥更大的作用。

二、推进服务方式创新,增强为农服务功能

(一)建设新农村现代流通服务网络工程。各地要坚持"政府引导、市场运作、企业带动、多元发展"的原则,通过新建、改造、重组等形式,整合、优化供销合作社现有经营网络资源,在全省农村逐步建立和完善现代流通方式。大力发展具有统一采购、跨区域连锁配送功能的大型农资经营龙头企业,形成覆盖全省农村的农资连锁经营网络。支持供销合作社建设区域配送中心,培育一批日用消费品连锁经营龙头企业,大力发展农村日用消费品连锁超市和便利店等新型流通组织。加快农副产品流通网络建设,发展专业化、规模化、面向国际国内市场的农产品物流企业、加工销售龙头企业和批发市场。发挥供销合作社在再生资源、废旧物资回收利用行业的优势,整合现有回收网络,建立集回收、加工、综合利用为一体的回收利用服务网络体系,发展区域性再生资源交易市场,建立再生资源综合利用处理基地,推进再生资源产业化、资源化和无害化。按照专业化、品牌化、连锁化、集团化的要求,整合全省烟花爆竹行业资源,建立烟花爆竹经营网络,积极支持集生产、销售、储运、燃放和科研开发于一体的企业集团发展。

(二)鼓励供销合作社参与农业产业化经营。各地要立足当地资源优势,结合农业结构调整,支持供销合作社发展一批销售贸易、生产加工、种植养殖等类型的龙头企业,培育一批特色明显、实力雄厚、竞争力强的企业集团,提高供销合作社企业对农业生产

的带动力、农产品加工转化增值能力和市场辐射能力。鼓励支持供销合作社企业兴办茶叶、棉花等农产品生产基地，组织农民开展标准化生产，逐步与农民形成经济利益共同体。鼓励、支持有条件的供销合作社企业和基层供销合作社积极参与当地农业开发。发展改革、财政、农业、商务、扶贫等部门要优先安排相关扶持政策及资金。

（三）支持供销合作社为农民提供综合服务。各地要按照边发展、边提高、边规范的要求，着力建设一批专业优势突出、服务功能强、运作规范的专业合作社。鼓励各级供销合作社与农民专业合作经济组织在资源共享的基础上，合作建立行业协会、农产品专业协会、农产品经纪人协会和农民合作经济组织联合会等农村经济类社团组织。充分发挥供销合作社在发展农民合作经济组织中的带动作用，支持供销合作社创新服务内容和服务形式，开展农产品经纪人技能培训、信息咨询等方面的工作，依法参与农村金融改革等。支持建设供销合作社系统农村综合服务中心，从解决农民生产生活的实际问题入手，安排服务内容和项目，为各部门、各系统相关下乡项目集中服务提供平台。

三、加强组织基础建设，完善为农服务体系

（一）加强基层供销合作社建设。各地要支持县级供销合作社根据城镇建设规划和农村经济区域化布局、专业化生产的要求，按照有利于更好地服务“三农”的原则，在改革改制、明晰产权、精简人员的基础上，通过资产重组，发展一批具有一定经济实力的基层供销合作社，不断增强流通服务功能和为农民生产生活服务功能。由于改革改制而撤销基层供销合作社的地方，可根据实际情况，引进其他经济实力较强的基层供销合作社开展跨区域服务。基层供销合作社改制后的剩余资产，由县级供销合作社联合社管理，用于基层供销合作社的发展和为农服务。

（二）加快社有企业改革。各地要按照完善企业法人治理结构，建立科学的决策机制、高效的经营机制、开放的用人机制、灵活的分配机制和有效的激励约束机制的目标要求，推进社有企业改革。要加强社有资产管理，各级供销合作社联合社是本社集体财产（包括所属的事业单位和投资企业财产）的所有权代表和管理者，作为出资人，承担对社有资产的监管和保值增值责任，要采取有效措施，提高社有资产运营质量和监管水平。

（三）深化县以上联合社的改革。各级供销合作社联合社是下级供销合作社的联合组织。县级供销社需纳入财政供给的，应尽快核定人员，纳入财政供给。要发挥县以上供销合作社联合社的作用，使其担负起对下级社的指导、协调、监督和教育培训的职责。各级联合社要根据建设新型为农服务体系的要求，转变职能，创新机制，为基层供销合作社、社有企业和合作经济组织服务。

四、加大扶持力度，为供销合作社改革发展营造良好环境

各地、各有关部门要加大对供销合作社系统改革发展的扶持力度，引导和帮助供销合作社建立新型的为农服务体系。各级财政及有关部门要继续加大对供销合作社建设新农村现代流通服务网络工程的资金扶持力度。建立完善省级化肥、农药储备制度，省财政设立化肥、农药储备专项补助基金,用于补助省级化肥、农药储备发生的利息费用和政策性降价损失。农民需要且供销合作社有能力经营的业务,相关部门要积极给予支持。各级政府出台的支持国有企业改革的优惠政策,原则上都适用于供销合作社企业。

要妥善解决好供销合作社的土地问题。各地要积极保障农村现代流通服务网络和农村社区服务中心的设施建设用地;对于建设经营性项目,原划拨用地应依法办理相关处置手续;供销合作社企业改制涉及到原划拨土地使用权等问题的,按照省政府出台的支持国有企业改革的有关政策执行。

要做好供销合作社下岗失业人员和历史包袱的处理工作。国家和省出台的国有企业职工安置有关政策,同样适用于供销合作社。对已经清理核查的地方政策性亏损挂账,各级政府、各有关部门要认真按照相关政策规定妥善解决。

五、加强对供销合作社改革发展的组织领导

各地要从落实科学发展观、全面实现小康社会的大局出发,把加快供销合作社改革发展作为统筹城乡发展、推进社会主义新农村建设的重要举措,摆上议事日程。要注意发挥供销合作社在农业和农村工作中的作用,明确其职责,为其提供良好的发展环境和必要的工作支持,帮助解决实际困难和问题。要切实保护供销合作社的合法权益,任何单位和个人不得平调其财产,不得随意改变其所属企业的隶属关系。按照《中共中央、国务院关于深化供销合作社改革的决定》(中发〔1995〕5号)和《关于深化供销合作社改革的实施意见》(皖发〔1996〕6号)的要求,切实加强供销合作社领导班子建设,选拔具有实干精神和开拓意识的同志担任联合社的负责人。各有关部门要积极支持和配合供销合作社工作,共同推进农村各项事业的发展。

各地要根据中央有关要求和本意见,结合当地实际,制定供销合作社发展的具体目标和规划,真抓实干,务求实效,力争使我省供销合作事业有较大发展,在社会主义新农村建设中发挥应有的作用。

安徽省人民政府

二〇〇八年四月二十三日

安徽省人民政府关于加快供销合作社改革发展的意见

皖政〔2010〕53 号

各市、县人民政府,省政府各部门、各直属机构:

供销合作社是为农服务的合作经济组织,是推动农村经济发展和社会进步的重要力量。为认真贯彻《国务院关于加快供销合作社改革发展的若干意见》(国发〔2009〕40号,以下简称《若干意见》)精神,现就加快我省供销合作社改革发展提出如下意见:

一、新形势下加快供销合作社改革发展的总体要求

(一)供销合作社改革发展面临的新形势新任务。近年来,全省供销合作社系统在省委、省政府的坚强领导下,始终坚持为农服务宗旨,不断深化体制机制改革,大力实施"新网工程",着力发展农民合作经济组织,改革发展取得新突破,经济实力迈上新台阶,为农服务取得新成效,为促进农业发展、农民增收、农村繁荣作出了重要贡献。当前,我省改革发展进入关键阶段,农村正在发生深刻变化,需要进一步发挥供销合作社在活跃农村流通、建设现代农业、拉动农村需求、推进社会主义新农村建设、加快形成城乡经济社会发展一体化新格局中的重要作用。

(二)加快供销合作社改革发展的总体要求。全面贯彻党的十七大和十七届三中、四中全会精神,深入贯彻落实科学发展观,围绕社会主义新农村建设大局,全面贯彻落实《若干意见》精神,坚持为农服务宗旨,坚持社会主义市场经济改革方向,坚持合作制基本原则,大力推进经营创新、组织创新、服务创新,加快构建运转高效、功能完备、城乡并举、工贸并重的农村现代经营服务新体系,努力使供销合作社成为农业社会化服务的骨干力量、农村现代流通的主导力量、农民专业合作的带动力量,真正把供销合作社办成农民的合作经济组织,开创全省供销合作事业新局面,为推动科学发展、加速安徽崛起作出新贡献。

二、加快推进供销合作社现代流通网络建设

(三)加快推进"新网工程"建设。按照省政府与中华全国供销合作总社签署的《推进新农村现代流通网络工程建设合作备忘录》的要求,加快建设覆盖全省的农业生产资料、日用消费品、农副产品、再生资源和烟花爆竹五大网络,力争五年内"新网工程"覆盖全省 60% 以上的行政村,逐步形成以县域为中心、以乡镇为骨干、以村级为网络终端的农村现代经营服务新体系。

(四)加快建设农资现代经营服务网络。充分发挥龙头企业的引领作用,加快推进网络资源整合,以发展配送中心和农资放心店为重点,积极开展农机、种业等商品经营,提升农资经营服务网点建设标准化、规范化和综合服务水平。尽快建立健全省市级化肥、农药储备制度,支持符合条件的供销合作社企业,承担化肥、农药等重要物资的国家商业、救灾储备任务。

(五)加快建设农副产品市场购销网络。升级改造和新建一批带动性强的农副产品批发市场,增强仓储运输、冷链物流能力,推动批发市场与专业合作社、生产基地、专业大户建立直接采购关系,促进农产品顺畅销售。

(六)加快建设日用消费品现代经营网络。积极培育壮大连锁骨干企业,实施"小超市、大连锁"和区域集中发展的经营战略,加强区域物流配送中心、连锁超市和便利店等农村零售终端建设,大力提高网络覆盖面和商品统一配送率,五年内消费品零售总额力争达到全省农村市场的10%。鼓励供销合作社发挥"一网多用"优势,依法开展家电、图书、药品等连锁经营业务。

(七)加快建设再生资源回收利用网络。充分发挥供销合作社在再生资源行业的领头作用,大力开展再生资源回收利用网络体系建设,重点打造一批区域集散交易市场、综合加工利用基地和产业化示范区,加快社区和村镇回收网点建设,拓展废旧家电、报废汽车等回收拆解业务,促进再生资源产业化经营、资源化利用和无害化处理。

(八)加快建设烟花爆竹安全经营网络。推动省、市、县供销合作社的联合合作,强化资源整合和市场开拓,加大专用烟花爆竹仓储配送中心等基础设施建设,积极开展连锁经营配送,努力形成布局合理、安全便捷、管理有效的全省性烟花爆竹安全经营管理体系。

三、推进服务创新,提高服务能力

(九)大力发展农民专业合作社。鼓励供销合作社发挥自身优势,依托当地资源和特色产业,参办、经办农民专业合作社及示范社建设,加快推进全省农业产业化"532"提升行动。积极推动专业合作服务向生产经营全过程延伸,为成员提供产前、产中、产后系列化服务,推进规模化种养、标准化生产、品牌化经营,提高农产品质量安全水平和市场竞争力。推动农民专业合作社与批发市场、连锁超市、农产品加工企业实现产销对接,开辟农民专业合作社产品进入市场的便捷通道。各级供销合作社要对创办的专业合作社加强扶持和指导,提高专业合作社的管理水平和生产经营能力。

(十)提升完善行业协会服务水平。继续加强供销合作社系统行业协会建设,充分发挥协会在农资、茶叶、棉花、再生资源、烟花爆竹等领域的产业政策制定、行业规划编制、产品标准设立等方面的积极作用,主动承担政府委托的有关职能。开展专业合作社带头人、农产品经纪人、农民产销大户技能培训工作,发展农村职业技能教育。

(十一)强化农村综合服务。按照政府引导、多方参与、整合资源、市场运作的原则,支持供销合作社参与建设主体多元、功能完备、便民实用的村级综合服务社和社区综合服务中心。适应农村社区发展和消费结构升级需要,积极开展医疗卫生、文体娱乐、信息科技、养老幼教、劳动就业等农村综合服务。

(十二)鼓励供销合作社积极参与农村金融创新。鼓励供销合作社领办的农民专业合作社开展农村资金互助、互助合作保险等试点工作。支持具有法人资格的供销合作社按照国家规定和市场准入条件参与组建农村商业银行、村镇银行、小额贷款公司、农业担保机构。鼓励银行业金融机构加强与供销合作系统的业务合作，拓展服务领域，探索发展适合农村特点的金融产品和服务方式。

四、推进经营创新，提升经济实力

（十三）加快建立现代企业制度。在保持供销合作社主营业务控制力的基础上，积极吸聚社会资本，加快推进社有企业产权多元化改造。建立健全现代企业制度，探索建立以加强社有企业监管为主要内容的企业经营绩效考核机制、激励约束机制和投资风险控制机制。鼓励经营管理者和职工在企业持股，部分中小企业和县以下社有企业，股权设置可以进一步放开。

（十四）做大做强社有企业。加快社有企业转变发展方式，调整优化经营结构，巩固提升传统优势产业，打造发展新兴产业，不断培植新的经济增长点。加快推进与系统内外的联合合作，积极培育壮大一批主业突出、市场竞争力强、行业影响力大的社有企业集团。加大重点项目和产业基地建设力度，支持有条件的社有企业承担国家科研和农业成果转化项目。大力拓展社有企业经营范围和服务领域，支持社有企业利用国家和省级专项资金，积极参与“万村千乡”和“双百”市场工程以及农超对接、家电下乡、以旧换新等工作。鼓励支持具备条件的社有企业在境内外资本市场上市。

五、推进组织创新，增强发展活力

（十五）继续加强基层社建设。要把基层社建设与现代农村流通网络建设结合起来，与推进新农村建设和小城镇建设结合起来，加快基层社改造步伐，创新基层社发展方式，通过改造一批、新建一批、裁撤一批的方式，对基层社实行建制调整和布局优化。强化基层社民主管理，建立完善社员代表大会制度。

（十六）加快转变联合社职能。加强联合社自身建设，认真履行指导、协调、监督、服务、教育培训职能，提高指导系统工作的针对性和有效性。积极推进开放办社，广泛吸纳各类合作组织、龙头企业、专业大户组建行业协会、农产品经纪人协会等，为农民专业合作搭建平台。健全规章制度，强化社有资产监管，推进、督促社有企业依法合规经营、完善内部管理、加强风险控制。积极探索建立与绩效挂钩的激励约束机制，充分调动广大干部职工的积极性、主动性和创造性。县及县以上联合社在严格核定人员的情况下，所需经费列入同级财政预算。对未参照公务员法管理的联合社机关，由地方政府依据有关法律法规进行管理。

六、加大扶持力度，优化发展环境

（十七）维护供销合作社权益。各级政府要把加快供销合作社改革发展作为统筹城乡发展、建设社会主义新农村的一项重要举措，加强组织领导，认真研究部署。把“新网工程”建设纳入新农村建设规划，列为年度考核范畴。根据实际需要，将农村合作经济组织发展等可以由供销合作社承担的任务和职能委托或赋予供销合作社。各级供销合作社联合社是本级社集体财产和所属企事业单位财产的所有权代表,任何部门、单位和个人不得随意侵占、平调其财产,不得随意改变供销合作社及其所属企事业单位的隶属关系,保持供销合作社组织体系的完整性。对供销合作社企业和基层社改制后的剩余资产,由各级所有权代表行使管理权,不得因为改制随意改变资产的属性。

(十八)妥善处理历史遗留问题。各地政府要尽快采取有效措施,研究解决供销合作社系统地方政策性财务挂账问题。支持供销合作社多渠道消化经营性财务挂账,有关金融机构要加快处置供销合作社拖欠的金融债务。各级政府出台的支持国有企业改制及通过资产处置安置职工有关政策,同样适用于供销合作社。

(十九)加强用地政策支持。依照法律法规和有关政策规定,根据实际使用情况,确定土地权属,自本意见发布之日起一年内基本完成供销合作社土地登记颁证工作。各地、各有关部门要积极支持"新网工程"和农村社区服务中心建设用地。为减轻企业负担,供销合作社企业在改制前继续以划拨方式使用原有土地;改制后的供销合作社企业用地符合《划拨供地项目目录》的,仍以划拨方式使用。供销合作社使用的原国有划拨建设用地,经批准可采取出让、租赁方式处置,并按照土地出让收支全额纳入政府性基金预算管理的规定,所得收益实行"收支两条线"管理,优先用于支付供销合作社破产和改制企业职工安置费用、改善农村流通基础设施等。

(二十)加强财税政策支持。省级财政继续加大对"新网工程"建设资金的扶持力度;市、县财政也要给予相应资金支持。支持供销合作社参与建设和改造农副产品批发市场,建设商品生产、加工、供应基地,兴办冷链物流仓储设施和加工企业,对符合条件的,各地、各部门要给予有关专项资金扶持和贷款贴息。对供销合作社本级企业资产过户到联合社的,免收过户费。

(二十一)支持供销合作社参与农业产业化经营。积极支持供销合作社兴办农业产业化龙头企业,对成长性好、带动能力强的龙头企业,在项目、技术、资金等方面给予倾斜。各级财政、涉农部门要大力支持供销合作社创办的农民专业合作社,对符合条件的给予资金支持。支持供销合作社领办的农民专业合作社开展农村资金互助合作、信用担保合作等试点工作。

(二十二)加强供销合作社领导班子和职工队伍建设。健全组织机构,省级社尽快建立理事会、监事会。市、县两级供销合作社领导体制由地方政府结合本地实际确定,可参照省级社设立理事会、监事会,保持领导班子相对稳定,在选调、提拔、任用供销合作社主要负责同志时,应征求上级社的意见。大力实施人才兴社战略,培育造就一支甘于奉献、勇于创新、善于开拓的高素质干部职工队伍,推动供销合作事业持续健康发展。

安徽省人民政府

二〇一〇年七月五日

贯彻国务院关于深化棉花流通体制改革决定的通知

皖政〔1999〕28 号

各市人民政府、行政公署，各县（市）人民政府，省政府各部门、各直属机构：

根据《国务院关于深化棉花流通体制改革的决定》（国发〔1998〕42 号）和《国务院办公厅关于做好 1999 年度棉花工作有关问题的通知》（国办发〔1999〕57 号），结合我省实际，现就贯彻国务院决定，进一步深化我省棉花流通体制改革有关问题通知如下：

一、新棉收购价格主要由市场形成

从 1999 棉花年度起，棉花收购价格按照市场形成价格的原则，由购销双方协商确定，这是国家对棉花价格政策的重大调整。各级政府、各有关部门要严格执行这一政策，不得直接干预棉花企业的新棉购销价格。供销社棉花企业在市场竞争中要继续发挥主渠道作用，按照市场形成价格的原则，敞开收购农民交售的棉花。

二、调减棉花种植面积

根据当前棉花供求形势，要运用价格杠杆等经济手段引导全省棉花生产布局调整，保持沿江和淮北高产棉区的基本稳定，调减江淮和其它零星低产棉区的棉花种植面积。产棉区政府和有关部门要加大科技兴棉的投入力度，以项目实施为依托，搞好优质品种和重大技术的推广。推行以棉为主的间混套种，发展多熟制，提高植棉的整体效益。根据全省棉花生产区域布局，积极实施棉花种子工程，逐步形成全省棉花良种繁育中心，以提高棉花品质。

三、拓宽棉花流通渠道

允许供销社棉花企业、农业部门所属的良种棉加工厂、国营农场以及经资格认定的纺织企业直接收购、加工和经营棉花，其他任何单位和个人一律不得收购、加工棉花。为做好纺织企业参与棉花收购、加工工作，省纺织总会可选择若干条件较好、管理水平较高的大中型企业，经资格认定后直接组织棉花收购和加工。棉花经营渠道拓宽后，各地、各部门要严禁新上籽棉加工项目，禁止生产和使用已被取缔的小轧花机、土打包机。棉花收购、经营单位可通过联营、租赁、兼并等形式，充分利用供销社棉花企业现有的设施和加工能力。

实行棉花收购、加工资格认定制度，具体办法由有关部门研究制定，报经省政府批准后实施。对拖欠供销社棉花贷款的棉纺企业，在未还清欠款前，暂缓认定收购、加工棉花的资格。

四、建立省级棉花储备

为有利于省内棉花市场的宏观调控,继续实行省级棉花储备制度。省级棉花储备的规模、轮换和抛售计划以及收购和出库价格,由省计委、省财政厅、省供销社等部门商定。省级储备棉收购资金由省农业发展银行安排专项贷款,实行库贷挂钩、封闭运行。储备费用、利息由省财政负担,具体办法由财政厅商有关部门制定。省级棉花储备任务委托省供销杜棉麻公司具体承担。

五、确保棉花收购资金供应

供销社棉花企业和国营农场的棉花收购资金继续由省农业发展银行按照"库贷挂钩、封闭运行、及时还欠"的原则供应。对农业部门所属良种棉加工厂,凡符合贷款条件的,经农发行审核同意后可在该行开户,由农发行供应收购资金。对经过资格认定的纺织企业直接收购棉花所需资金,由有关国有商业银行优先供应。要加强对棉花收购资金的管理,任何单位和个人不得以任何理由挤占和挪用棉花收购资金,违者,要严肃查处。

六、积极培育棉花交易市场

建立通过计算机网络化管理的棉花交易市场。棉花收购企业和用棉大户,要尽快建立起反应灵敏的棉花供求和价格信息系统,形成以合同订货和直达供货为主要流通方式的棉花交易体系。省供销社和省纺织总会要加强指导,争取 1999 棉花年度在棉花主产区和省内有关大中型企业之间形成棉花交易网络,并与全国联网。

七、强化棉花质量管理

提高棉花质量是增强市场竞争力的关键,各地、各部门要严格执行修订后的棉花国家标准,强化对棉花生产、收购、加工各个环节的质量管理和监督。要加强对种子市场的管理,严厉打击制售假冒伪劣种子的不法行为。要利用价格杠杆,引导棉农在棉花采摘等环节杜绝混入异性纤维。要加快棉花公证、检验制度的推广。

八、积极促进棉花销售

我省是棉花主产区,积极开拓棉花市场对稳定棉花生产和促进棉花流通体制改革都具有重要意义。棉花经营部门要转变观念,不断增强服务意识、市场意识和竞争意识,切实采取有效措施促进棉花销售。纺织企业要与棉花经营部门加强联系,积极使用省内棉花。有关国有商业银行要根据一个半月的棉花合理库存所需资金,按库贷挂钩、封闭运行的原则予以贷款。对国有大中型企业购棉资金要给予重点支持,大中型企业名单由省纺织总会向有关银行提供。要建立开拓棉花市场的激励机制,对出省销售的棉花,有关部门要制定优惠政策给子支持。

九、深化供销社棉花企业改革

各地供销社棉花企业要面向市场,加快自身改革步伐。从 1999 棉花年度起,棉花企业在经营体制上要实现与供销社彻底分开。要理顺县级棉麻公司与基层收购站和轧花厂的关系,有条件的县要逐步实现棉花收购、加工、经营一体化。要加强棉花企业的内部经营管理,加快实行下岗分流、减员增效的步伐。

十、加强对棉花流通体制改革的领导

棉花流通体制改革关系到农业和纺织企业生产的稳定,为加强领导,省成立由分管省长为组长,省直有关部门参加的棉花流通体制改革领导小组,负责全省棉花流通体制改革工作。各级政府特别是棉花主产区政府要根据国务院棉花流通体制改革的精神,结合本地实际,制定棉花流通体制改革实施方案,负责做好本地区棉花生产、收购和销售工作。要通过多种渠道,把棉花供求和价格信息及时传递给棉农,引导棉农调整种植结构,提高棉花品质。各地要加强对棉花市场的管理,对未经批准擅自从事棉花收购、加工、经营的单位和个人,要严肃查处,促进棉花有序流通。

关于印发安徽省供销合作社
职能配置、内设机构和人员编制规定的通知

皖编〔2000〕21号

省直各部门、各直属机构：

《安徽省供销合作社职能配置内设机构和人员编制规定》，经省机构编制委员会办公室审核，现予印发。

安徽省机构编制委员会

2000年10月13日

安徽省供销合作社职能配置、内设机构和人员编制规定

根据《国务院关于解决当前供销合作社几个突出问题的通知》(国发〔1999〕5号)和省政府《贯彻国务院关于解决当前供销合作社几个突出问题的通知》(皖政〔1999〕44号)精神，省供销合作社是全省供销合作社的联合组织，由省政府领导。

一、主要职责

(一)宣传贯彻党中央、国务院和省委、省政府有关农村经济工作的方针、政策。

(二)研究制定全省供销社的发展规划，指导全省供销社基层组织建设。

(三)经省政府授权，负责化肥、棉花等重要农业生产资料和农副产品经营的管理和协调。

(四)负责本系统废旧金属、报废汽车拆解、烟花爆竹经营等特种行业的管理和协调。

(五)指导全省供销社体制改革，改善经营管理，坚持开放办社，协调社员社之间、社员社与不同类型的合作经济组织之间的关系，促进改革与发展。

(六)协调同有关部门的关系，指导全省供销社业务活动，促进城乡物资交流。

(七)监管省级供销联社社有资产，对直属企事业单位行使出资人的职能。

(八)完成省委、省政府交办的其它工作。

二、内设机构

根据上述职责，省供销合作社设6个处(室)。

(一)办公室

协助社领导管理机关日常工作，协调社机关各处室的工作关系；负责社机关综合性文字材料的起草工作；负责会议组织、文电处理、文书档案、保密、信访、保卫及机关行政

事务管理等工作。

（二）合作经济指导处

研究制定全省供销社系统合作经济发展规划，指导基层供销社的组织建设；参与农业产业化、社会化服务体系建设；负责指导全省供销社系统安全管理、防汛抗旱、扶贫开发、统计信息工作和精神文明建设。

（三）综合业务处

负责贯彻执行国家有关化肥、棉花等重要农资商品和农产品购销政策，指导化肥、棉花购销等政策性业务的行业管理；负责供销社系统废旧金属、报废汽车拆解、烟花爆竹等特种行业的管理；负责指导直属单位重大经营活动；负责政策调研和涉外经济工作的协调。

（四）财务会计处

负责省社的财务管理、资金使用和社有资产监管工作；负责指导本系统财务工作。

（五）审计处（与纪检组监察室合署办公）

负责省社及直属单位的党纪检查、行政监察和审计工作，查处违纪违法案件；负责指导全省供销社系统行政监察和审计工作。

（六）人事教育处

负责社机关及直属单位的机构编制、劳动人事工作；负责制定全省供销社系统职工教育发展规划，组织指导本系统职工的职业技术教育工作；管理直属中专学校。

离退休工作处负责省供销社机关离退休人员的服务管理工作。

三、人员编制和领导职数

省供销社机关定编 57 名。其中领导职数 5 名：主任 1 名（正厅级）、副主任 3 名（副厅级），纪检组长 1 名（副厅级）；内设机构领导职数 15 名（正处 8 名，含机关党委专职副书记 1 名；副处 7 名）。

机关党委办事机构，按照有关规定执行。

四、省供销社机关及机关离退休人员经费一并纳入省级财政供给

关于核定市地供销合作社机关财政供给人员编制的通知

皖编〔2000〕38 号

各市、地编委:

根据国务院《关于解决当前供销合作社几个突出问题的通知》(国发〔1995〕5 号)和省政府《贯彻国务院关于解决当前供销合作社几个突出问题的通知》(皖政〔1999〕44 号)精神,经研究,现就市地供销社机关人员编制问题通知如下:

一、按照国务院和省政府关于市、地供销合作社应大力精简机构、减员消肿的要求,各市、地供销社要在原有人员的基础上大力精简。省会城市、国务院批准的全国较大市和辖 6 县(市)以上的市、地供销社机关人员编制控制在 20 名以内;其他市、地供销社机关人员编制控制在 16 名以内。各地供销社机关的具体编制数由各地编委按以上要求,结合本地实际,本着精简、统一、效能的原则确定,并报省编委办公室备案。

二、市、地供销社机关在核定人员编制后,所需经费列入同级财政全额预算。市、地供销社原机关离退休人员经费一并纳入同级财政供给。

三、各市、地供销社从财政供给经费年度起,不得再向所属企业提取管理费。

四、根据国务院国发〔1999〕5 号文件规定,市、地供销社机关人员编制确定后,人事管理制度可参照同级政府机关执行。

安徽省机构编制委员会

2000 年 12 月 28 日

关于县级供销社机关经费问题的批复

秘函〔2002〕2 号

省供销社：

你社《关于县级供销社机关经费问题的请示》（供办字〔2001〕26 号）悉，经征求省直有关部门意见，请示省政府领导同意，现就有关问题批复如下：

一、加快县级供销社机构改革是国务院的重要部署。省供销社要主动加强与各市、县政府的协调与配合，加强对县级供销社机构改革的指导，并督促其加快转变职能，拓宽服务领域，提高服务水平，为“三农”服务多作贡献。

二、县级供销社的机构改革要纳入当地机构改革的总体方案，在精简机构，分流人员，严格核定编制的前提下，其机关经费列入同级财政预算（含离退休人员）。

此复。

安徽省人民政府办公厅

二〇〇二年一月十一日

安徽省供销合作社联合社章程

(2010年10月31日安徽省供销合作社联合社

第二次代表大会第三次全体会议通过)

第一章 总 则

第一条 根据有关法律、法规,参照中华全国供销合作总社章程,结合实际,制定本章程。

第二条 供销合作社是以农民社员为主体的集体所有制的合作经济组织。

第三条 安徽省供销合作社联合社(以下简称省供销社)是安徽省人民政府和中华全国供销合作总社领导下的全省供销合作社的联合组织。

第四条 省供销社实行自愿、互利、民主、平等的合作制原则。

第五条 省供销社的宗旨是,为农业、农村、农民服务,推动成员社经营创新、管理创新、组织创新、服务创新,努力使供销合作社成为农业社会化服务的骨干力量、农村现代流通的主导力量、农民专业合作的带动力量,真正办成农民的合作经济组织,担当起政府与农民密切联系的桥梁和纽带,推进社会主义新农村建设,促进全面建设小康社会。

第六条 省供销社实行团体社员制,对成员社负有指导、协调、服务、监督和教育培训的职责。

第七条 省供销社财产属于集体所有。省供销社理事会是省供销社集体财产的所有权代表。省供销社及各成员社均依法具有独立的法人地位,其合法权益受国家法律保护,任何单位和个人不得平调、私分、侵占。

第八条 省供销社加入中华全国供销合作总社为其成员社,接受其组织、指导、协调、服务、监督和教育培训,执行其决议;使用中国供销合作社标识。

第九条 省供销社社址设在安徽省合肥市。省供销社英文全称是:AnHui Federation of Supply and Marketing Cooperatives,缩写为:AFSMC。

第二章 职能和任务

第十条 省供销社的职能和任务:

(一)宣传贯彻执行党的路线、方针、政策,全面落实省委、省政府和全国总社关于经济工作和社会发展的方针、政策,研究制订全省合作经济的发展战略和发展规划,指导全省供销合作社系统的改革与发展；

（二）承担省政府及其有关部门、全国总社委托的任务，按照授权对重要农业生产资料、棉花及其他商品的经营、储备进行组织、协调和管理。负责本系统废旧金属、报废汽车拆解、烟花爆竹经营等特种行业的管理和协调；

（三）向省委、省政府及其有关部门、全国总社反映成员社和农民社员的意见和要求，维护其合法权益；

（四）指导成员社的组织建设和制度建设，协调成员社之间的关系，增强联合社的服务功能，完善基层社管理制度，发展农民专业合作社、综合服务社和消费、金融、综合等各类合作经济组织及行业协会、联合会、学会，健全农村社会化服务体系，密切同农民的联系；

（五）指导供销合作社开展合作与联合，推进新农村现代流通网络建设，构建运转高效、功能完备、城乡并举、工贸并重的农村现代经营服务新体系，促进城乡经济社会协调发展；

（六）管理、监督和运营本级社有资产，建立健全社有资产保值增值考核和责任追究制度，探索建立管理者和经营者与绩效挂钩的激励约束机制，依法履行出资人职责，享有出资人权益；

（七）对有关行业协会、学会或业务范围内的社会团体，履行业务主管单位的职责；

（八）管理所属院校与中华全国供销合作总社职业技能鉴定安徽分中心，组织开展对成员和职工的教育与培训，做好有关职业资格鉴定工作，为成员社提供信息服务，指导精神文明和文化建设；

（九）代表本区域供销合作社参加上级社的活动，组织开展与国内外合作组织的交流与合作；

（十）承办省委、省政府和全国总社交办的其他任务。

第三章　成员社

第十一条　凡承认本章程、自愿履行各项义务、具有独立法人资格的省辖市、县（市、区）供销合作社及省供销社直属事业单位、省供销社投资企业、省供销社主管的行业协会、联合会、学会以及承认本章程、自愿加入的其他社会经济组织等，经申请并报省供销社理事会批准，可成为省供销社的成员社或成员单位（统称成员社）。成员社的资产归各成员社所有，实行自主经营、自负盈亏。

第十二条　成员社的权利：

（一）选举或推荐出席全省供销合作社代表大会的代表；

（二）享有省供销社提供的各种服务；

（三）参加省供销社组织的各项活动；

（四）请求省供销社帮助协调解决有关问题；

(五)以省供销社成员社的名义开展活动;

(六)对省供销社的工作提出意见和建议。

第十三条 成员社的义务:

(一)承认本章程;

(二)执行省供销社决议;

(三)维护省供销社及其成员社的合法权益;

(四)完成省供销社委托的任务;

(五)向省供销社报告工作,反映情况;

(六)接受省供销社的指导、协调和监督。

第十四条 成员社有下列情形之一的,经省供销社理事会决议,取消其成员社资格:

(一)丧失法人资格的;

(二)自动放弃成员社资格的;

(三)违反本章程,拒不履行规定义务、情节严重的。

第四章 全省供销合作社代表大会

第十五条 全省供销合作社代表大会(以下简称全省代表大会)是省供销社的最高权力机构。

第十六条 全省代表大会的职权:

(一)审议和批准省供销社理事会的工作报告;

(二)审议和批准省供销社监事会的工作报告;

(三)审议和通过全省代表大会决议;

(四)选举或罢免出席全国供销合作社代表大会代表;

(五)通过或修改省供销社章程;

(六)选举省供销社理事会理事、常务理事、副主任、主任;

(七)选举省供销社监事会监事、副主任、主任;

(八)讨论和决定其他重大事项。

第十七条 全省代表大会的代表,由各成员社选举或推荐产生。全省代表大会的代表名额和代表产生办法,由省供销社理事会决定。

第十八条 全省代表大会每五年举行一次,由省供销社理事会召集。理事会或常务理事会认为有必要,或者三分之一以上成员社提出请求,全省代表大会可以提前或延期召开。

第十九条 省供销社理事会在全省代表大会举行一个月前,将开会的时间和会议议程通知各成员社。

第二十条 成员社向全省代表大会提出的建议案,须在大会召开十五天前提交省供销社理事会。

第二十一条　省代表大会须有全体代表三分之二以上出席方能召开,各项决议案须有全体代表过半数通过方能生效。

第二十二条　召开全省代表大会时,由出席会议的代表选举主席团主持会议。

第五章　理事会

第二十三条　省供销社设理事会。理事会是全省代表大会闭会期间的执行机构,对代表大会负责并报告工作。

第二十四条　理事会的职权:

(一)组织召开全省代表大会,执行其决议;

(二)组织实施本章程第十条规定的各项职能和任务;

(三)研究部署省供销社的重要工作,指导、总结、交流成员社改革发展和为农服务的经验,促进成员社之间的联合与合作;

(四)批准接纳成员社或者取消成员社资格;

(五)办理本《章程》规定的其他事项。

第二十五条　理事会由主任一人,副主任、常务理事、理事(包括兼职理事)若干人组成,每届任期五年。兼职的理事原身份和隶属关系不变。理事会可设农民理事和专家理事。成员社理事实行单位替补制。在全省代表大会闭会期间,理事会理事、常务理事、副主任、主任有变动的,由理事会履行相关手续。省供销社实行理事会主任负责制,理事会主任为省供销社的法定代表人。

第二十六条　理事会全体会议每年召开一次,由常务理事会召集。常务理事会认为必要,或监事会提议,或三分之一以上理事请求,可以临时召集理事会全体会议。理事会全体会议须有三分之二以上理事出席方可举行,会议决议须有全体理事过半数通过方为有效。

第二十七条　常务理事会是理事会的常设机构,由理事会主任、副主任、常务理事组成(9—11 人)。

第二十八条　常务理事会的职权:

(一)负责召集理事会全体会议,并向其报告工作;

(二)执行理事会的决议;

(三)决定省供销社年度财务预算、决算方案;

(四)决定省供销社内部管理制度;

(五)根据有关规定与程序,决定省供销社内部办事机构的设置;依法决定省供销社直属事业单位的设立、合并、分立或解散;

(六)代表省供销社行使出资人职责,决定省供销社对投资企业的出资及投资收益的管理和使用,确保社有资产保值增值;

(七)理事会授予的其他职权。

第二十九条 常务理事会会议由理事会主任或受理事会主任委托的副主任召集。常务理事会会议须有三分之二以上常务理事出席方可举行,会议决议须有全体常务理事过半数通过方为有效。

第六章 监事会

第三十条 省供销社设监事会,为全省供销社的监督机构,对全省代表大会负责并报告工作。

第三十一条 监事会的职权:

(一)监督理事会贯彻国家有关法律、法规和政策的执行情况;

(二)监督理事会对本章程和全省代表大会决议的执行情况;

(三)监督理事会对省政府、全国总社委托的各项工作任务的完成情况;

(四)向理事会提出改进工作建议;

(五)对理事会的重大决定有不同意见,提出建议未被采纳的,有权向全省代表大会反映;

(六)指导成员社监事会开展工作;

(七)提议临时举行理事会全体会议。

第三十二条 监事会由主任一人、副主任和监事(包括兼职监事)若干人组成。每届任期五年。外派的兼职监事由有关部门推荐。兼职的监事及外派的监事原身份和隶属关系不变。监事会可设农民监事和专家监事。成员社监事实行单位替补制。理事会理事、省供销社直属事业单位行政负责人以及省供销社投资企业董事长、总经理不得兼任监事。在全省代表大会闭会期间,监事会监事、副主任、主任有变动的,由监事会履行相关手续。监事会成员列席理事会全体会议;监事会主任、副主任列席常务理事会会议。

第三十三条 监事会会议每年召开一次,由监事会主任或受监事会主任委托的副主任召集。必要时,可以临时召集监事会会议。监事会会议须有三分之二以上监事出席方可举行,会议决议须有全体监事过半数通过方为生效。

第七章 企事业单位和社会团体

第三十四条 省供销社根据履行职能和任务需要,设立直属事业单位和投资企业。

第三十五条 省供销社理事会是省供销社直属事业单位及投资企业社有资产的所有权代表。省供销社投资企业包括省供销社独资、控股和参股企业。

第三十六条 省供销社投资企业依法自主经营,自负盈亏,依法纳税,对投资人投入的资产负有保值增值责任,不得损害投资人的合法权益。

第三十七条 省供销社投资企业要坚持市场经济取向,完善法人治理结构,提高市场竞争能力，拓展经营服务领域，发挥龙头带动作用，为供销合作社改革发展服务。

第三十八条　省供销社举办教育事业，培育各类经营管理人才，提升自主创新能力，为供销合作社事业发展提供科技、信息和人才支撑。

第三十九条　省供销社直属事业单位和投资企业要为合作经济的发展和新农村建设提供服务，积极参与和推动农业产业化经营。

第四十条　省供销社作为业务主管单位，对归口管理的行业协会、学会及其他社会团体的活动依法进行组织、指导与监督。

第四十一条　各行业协会及其他社会团体应当坚持为会员服务的宗旨，在法律和自身章程规定的范围内开展活动，广泛吸收会员，强化行业自律，反映行业诉求，增强服务功能，积极加入相关的国内外行业组织，努力推动所在行业的发展。

第四十二条　各社会团体、省社直属事业单位及投资企业是独立的法人，享有法人财产权，以其全部财产独立承担民事责任。

第八章　财务和审计

第四十三条　省供销社依照法律、法规和规章以及本章程的规定，设立会计机构和审计机构，建立财务管理和审计监督制度。

第四十四条　国家拨入省供销社的财政预算拨款及专项资金，按照国家有关规定使用和管理。

第九章　附　则

第四十五条　本章程的解释权属省供销社理事会。

第四十六条　本章程由全省代表大会通过施行，并报安徽省人民政府和中华全国供销合作总社备案。

安徽省供销社“九五”计划和2010年发展规划纲要

供销合作社是商品领域中的重要组成部分,是农村商品流通的主渠道。长期以来,在促进工农业生产,安排人民生活,加强农业基础地位,建立和完善农业社会化服务体系、促进城乡经济发展、密切党和政府与农民群众的联系、巩固工农联盟等方面,发挥了重要作用。为全面贯彻落实《中共中央关于制定国民经济和社会发展“九五”计划和2010年远景目标的建议》和《中共中央、国务院关于深化供销合作社改革的决定》精神,努力实现从传统的计划经济体制向社会主义市场经济体制转变,经济增长方式由粗放型向集约型转变,建立健全农业社会化服务体系,做好为“三农”服务,促进我省供销合作经济再上新台阶,特编制安徽省供销社“九五”计划和2010年发展规划纲要。

一、“八五”基本情况

“八五”期间,我省供销社系统在党的改革开放方针政策指导下,按照“建设大市场、发展大贸易、搞活大流通”的发展方向,积极扩大购销,努力开拓经营,取得了较好成绩。1995年购进总额完成180.5亿元,年均递增18.1%;销售总额完成178.6亿元,年均递增16.4%。主要表现在:

(一)搞好农副产品购销。“八五”期间,我省农业生产平衡发展,供销社立足传统购销业务,促进多种经营发展,积极开拓业务。“八五”末,农副产品收购44亿元,年均递增12.2%,其中,棉花收购26万吨,预计到生产年度末收购26.5—27.5万吨,年均递增7.3%;茶叶收购2万吨,年均递减6.2%。黄红麻、蚕茧、薄荷油、蜂产品等大宗农副产品的收购量较“七五”末都有较大的提高。

(二)积极组织农业生产资料供应,满足农业生产需要。“八五”期间,随着农资市场的逐步放开,经营渠道的增多,中央统配化肥的大幅度减少,工厂产品高价自销,给供销社系统农资商品经营带来了困难。各地农资经营部门,在逆境中想方设法组织货源,保证市场供应。1995年农资销售额44.7亿元,年均增长11%,其中,化肥销售521万吨,年均递减1.25%,农药销售2万吨,年均递增0.01%,农膜销售4189吨,年均递减8.2%。

(三)工业品经营稳中有升。“八五”期间,在买方市场占主导地位,农村购买力逐渐向城市转移的情况下,各级供销社积极组织适销对路的工业品供应市场,基本上满足了农民基本生活用品的需求。1995年生活资料销售23亿元,年均递增6%。

(四)努力扩大废旧物资回收。“八五”期间,回收系统认真落实把废旧物资回收加工工作为行业重点发展目标的精神,以废钢铁回收加工为主,积极开拓加工领域,综合开发推进联合，全省再生资源综合利用加工发展较快。1995 年废旧物资购进额达 3.5 亿元，年均递增 13%，其中废钢铁收购 19 万吨，年均递增 1.1%。

（五）商业网点建设方兴未艾。“八五”期间，在有关部门的大力支持下，通过技术改造等多条途径，全省实施商业网点项目 120 个，总投资 11 多亿元，新增建筑面积达 100 万平方米，其中，经过省社审批下达的商业设施和批发市场改造项目 84 个，总投资 7 亿多元，总面积 60 多万平方米，先后有新世纪大厦、新亚大酒店、阜阳商厦、泗县供销社阳光大酒店、寿县供销社批发市场、六安大厦等十多个大中型商业网点竣工开业，同时，综合商场和一批农副产品批发市场相继建成，增强了供销社的实力，改善了购物环境，提高了供销社的知名度。

（六）社办工业不断壮大。“八五”期间，我省社办工业发展较快，前四年全系统完成工业总产值 77 亿元，实现利税 2.8 亿元，产值、利税分别列全国同行业第 9 位和第 8 位。1995 年完成产值 26 亿元，实现利税 1 亿元。“八五”期间，年平均递增率分别为 12.2% 和 15.8%。社办工业已成为供销社经济的重要支柱和新的经济增长点。

（七）科技兴农和职工教育进一步加强。“八五”期间，全省供销社系统认真贯彻“科学技术是第一生产力”，推行以科技为先导，以供销社为依托，技物结合的科技兴农、科教兴社的路子，积极推广运用新肥新药和农村新型实用科技，以建立“庄稼医院”、村级综合服务站、测土配方施肥用药为重点，开展专项课题研究和完成省科委下达的科研项目，举办专项技能培训，提高供销社人员的业务素质。1995 年，全省已有“庄稼医院”1376 所，村级综合服务站 3993 个。“八五”期间，全系统职工队伍文化结构有了明显的提高，大专以上文化水平人员由 1990 年的 1.92% 提高到 3.35%，中专文化水平由 4.91% 提高到 6.68%，开展业务技术等级培训 2.2 万人次。通过各类教育和培训，为全省供销社系统培养了大批有用人才。

（八）经济实力进一步增强。1995 年，全省供销社系统所有者权益已达 20 亿元，固定资产原值 28.9 亿元，比“七五”末净增 18.7 亿元，年平均递增 23.2%；“八五”期间上交国家税金总额 79011 万元，比“七五”53168 万元净增 25843 万元，年均递增 8.2%。

“八五”期间，我省供销社存在的主要问题：

一是包袱沉重，效益滑坡。由于主观、客观等诸多因素影响，有些企业特别是基层社经济效益一直不佳。二是基础设施陈旧，商业网点落后。全系统现有商业网点 3.1 万个，大部分都是五、六十年代的建筑，无论是数量，还是设施、功能，都比较陈旧、落后，与发展农村经济极不适应，严重影响了供销社的经营活动。三是基础薄弱，后劲不足。由于供销社自身基础薄弱，实力不强，影响了供销社的业务开展和自身发展。

二、“九五”计划及 2010 年发展规划

（一）指导思想

认真贯彻落实党的十四届五中全会和省委六届二次全会精神，根据《中共中央、国务院关于深化供销合作社改革的决定》和《中共中央关于制定国民经济和社会发展“九五”计划及2010年远景目标的建议》及建立社会主义市场经济体制的要求,牢牢把握“抓住机遇、深化改革,扩大开放、促进发展、保持稳定”的大局,努力实现从传统的计划经济体制向社会主义市场经济体制转变,经济增长方式由粗放型向集约型转变;坚持为“三农”服务的宗旨,以市场为导向,以效益为中心,抓住机遇,深化改革,转换机制,强化基层,发展规模经济,逐步向市场化、集团化、现代化、国际化迈进,促进供销社经济持续、稳定、健康发展,把供销合作社真正办成农民群众的合作经济组织和农村综合性服务组织,为我省实现由农业大省向农业强省跨越多做贡献。

(二)“九五”计划和2010年发展规划的编制依据

对今后一个时期内政治经济形势发展、全省经济情况走向以及供销社自身发展现状的分析判断,是制订“九五”计划和2010年发展规划的基本出发点和重要依据。

从国内情况看:今后一段时期,我国经济将实现由传统的计划经济体制向社会主义市场经济转变,经济增长方式由粗放型向集约型转变。经过改革开放以来的发展,经济实力增强,为今后的发展奠定了比较雄厚的物质技术基础;深化改革和扩大开放,将为继续发展注入新的活力;建设事业持续发展和人民生活不断改善所形成的巨大需求,为经济发展提供了广阔的市场。我国与国际经济接轨步伐正在加快,宏观经济环境稳定,国民经济持续稳定在一个较高的增长水平。这些无疑会对供销社的发展产生积极的影响。

从我省情况看:一是“九五”期间,我国开发开放进一步向沿江和内陆地区延伸,以欧亚大陆桥、京九铁路大干线为纽带迅速崛起,使我省处在对外开放的前沿。国家实施加快中西部地区经济发展战略,并在政策、资金、技术、人才方面给予重点倾斜,我省的区位优势将转变为发展优势;二是改革开放17年来,尤其是最近连续四年我省工业经济高速增长,人民生活水平和城乡居民的储蓄力、购买力大幅度提高,消费品市场日益活跃,特别是农村市场的拓展,为“九五”期间经济发展提供了广阔的运作空间和消费能力,形成了强劲的需求拉动;三是“九五”期间我省由农业大省向农业强省跨越,为供销社的发展提供了机遇,同时国家和省委、省政府对供销社的重视,有关部门对供销社的支持,为供销社的发展提拱了良好的外部环境。

从供销社自身情况看:一是通过前几年的改革,供销社的组织体系、经营机制对市场经济有较强的适应能力,积累了比较雄厚的经济实力,具备了一支敬业务实、作风素质过硬的干部职工队伍;二是“八五”期间,我省供销社各项指标完成较好,连续三年完成省政府下达的扭亏指标,综合经济效益在全国同行的位次由1992年的第26位上升到1995年的第14位;三是企业管理上已逐步由粗放型、经验型向规范型、科学型转变;四是省社已具备自营进出口权,并有较好的外经基础,外向型经济将会有突破性进展;五是“八五”期间,一批重大建设项目的相继建成,将形成相当规模的生产能力和经营能力,“九五”期间进入回报期,成为经济发展新的增长点。

(三)总体目标

购销总额:“九五”期末,购进总额360万元,年均增长15%,其中农副产品购进100亿元,年均增长17.8%;销售总额380亿元,年均增长16.3%,其中生活资料零售46亿元,年均增长15%;农业生产资料销售65亿元,年均增长7.8%。到2010年,购销总额力争在“九五”末的基础上有翻一番。

化肥:到“九五”末销售640万吨,年均增长5.1%;到2010年化肥销售的市场占有率由“八五”末的75%上升到90%。

农药:“九五”末销售2.5万吨,年均增长4.6%,到2010年推广高效低毒农药,满足农业生产需要。

农膜:“九五”末销售0.8万吨,年均增长14.8%,到2010年销售1.1万吨,年均增长3.2%。

棉花:“九五”末收购40万吨,年均增长7.8%;到2010年收购50万吨,年均增长4.6%。

茶叶:“九五”末购进33740吨,年均增长10%;销售9400吨,年均增长14%;供应出口20250吨,年均增长10%。到2010的购进、销售、出口年均增长分别为8.2%、5%和13.4%。

再生资源利用:废旧物资购进总额到“九五”末达到8亿元,年均增长18%;废钢铁收购38万吨,年均增长14.9%。到2010年,购进总额15亿元,废钢铁收购40万吨,年均增长分别为13.4%和2.6%。

社办工业:“九五”末社办工业产值达50亿元,年均增长14%;利税总额2.5亿元,年均增长20%。到2010年,在“九五”末基础上再翻一番。

商业网点和批发市场建设:“九五”期间,实施投资1000万元以上的项目30个,总投资6亿元,其中贷款4亿元,自筹2亿元。到2010年,实施重点项目50个,总投资10亿元,其中贷款6亿,自筹4亿元。

科技教育:职工队伍整体文化结构,“九五”末大专以上达10%,中专水平达20%,高中程度占30%,初中以下降到40%以下,高、中、初级技术工人的比例分别达到3%、40%和57%;到2010年,大专以上达到15%,中专水平占25%,高中程度占30%,初中以下降到30%以下,高、中、初级技术工人的比例分别达到10%、60%和30%。

财务指标:“九五”末年利润总额达到1亿元,到2010年,在“九五”末的基础上再翻一番。

(四)发展战略

为了实现“九五”计划,重点实施以下战略:

一是“扶优扶强”战略。省社重点抓好“214”工程,即建立2个批发大厦(农资大厦、农副产品批发大厦)、1个综合性的供销商城,着力抓好4个,“10强明星企业(10个明星县社、10个明星基层社、10个明星社办工业企业,10个明星商场)。

二是经营业务拓展战略。不断调整经营结构,发挥名牌企业效益,大力发展连锁经营等现代流通形式,对外继续找靠山,挂巨头,开展多种形式的经济联合,扩大总经销、总代理业务,建立一批档次高、实力强、批量大的货源基地和销售基地。

三是集团规模发展战略。加强壮大企业规模,增强企业在市场经济中的竞争和抵御风险的能力,以名牌企业为主体,组合综合经济群体和企业集团,加快辐射中心的聚合力,通过资产纽带,使中心成为区域经济的龙头,形成一批"龙头供销社"、"龙头公司"。

四是强化为农服务战略。坚持为农服务宗旨,切实保障农资供应,健全农资连锁网络,开展农技一条龙优质服务。积极帮助农民发展种植业、养殖业、加工业,扩大农副产品购销业务,为发展多种经营提供系列化服务。

五是经营与实业并重战略。在抓好传统购销业务的同时,大力发展实业,走社办工业的路子,加强企业内涵改造,增强科技含量,坚持高起点、高技术、高附加值,使社办工业成为供销社支柱业务和新的经济增长点。

(五)主要措施

1、抓住重点,实施"2l4"工程。"九五"期间,省社将重点抓好"214"工程,即建立2个批发大厦(农资批发大厦、农副产品批发大厦)、1个综合性供销商城、着力抓好"四个十"明星企业(10个明星县级供销社、10个明星基层社、10个明星社办工业企业、10个明星商场)。"四个十"明星企业的近期指标是:

10个明星县级供销社:年销售额4亿元以上,年利润400万元以上,并有一处营业面积6000平方米以上综合性商业设施,社办工业产值超亿元,资产增值、人均劳效和企业管理均处于全省前列的县级供销社。

10个明星基层社:年销售额2000万元以上,年利润80万元以上,并有一处1500平方米的综合性商业设施,有较强的自我发展能力和较完善的农业社会化服务网络的基层供销社。

10个明星社办工业企业:固定资产2000万元以上,年工业总产值8000万元,年利税800万元以上,其中利润500万元以上,产销率95%以上;产品符合国家产业政策,产品质量步入国家同行业前列的社办工业企业。

10个明星商场:营业面积1万千方米以上,年销售额1亿元以上,年利润500万元以上,各项管理工作均居全省前列的综合性商场或购物中心。

2、坚持为农服务,进一步完善农业社会化服务体系。《决定》提出:"供销合作社作为农民的合作经济组织,主要业务就是围绕建立和完善农业社会化服务化服务体系,做好为农业、农村、农民的服务工作"。各级供销社要认真贯彻落实这一精神,强化为农服务的观念,改进服务方式,扩大服务领域,在为农服务中加快发展。一是从单纯的购销服务向系列化服务特变。进一步完善、强化为农服务的功能。增强信息、咨询服务功能,让农民了解市场,克服生产上的盲目性,引导农民按照市场需要发展商品生产;增强流通功能,解决卖难买难问题,帮助农民搞好农业生产资料供应和农副产品推销工作;

增强科技服务功能，与涉农部门联合，加强农业科技示范，技术推广；增强扶贫开发功能，利用供销社的优势，积极参与农业扶贫开发工作，帮助农民脱贫致富；增强为乡镇企业服务功能，积极为乡镇企业组织供应原料，帮助推销产品；增强“龙头企业”功能，大力发展以加工、销售企业为龙头的贸工农一体化、产加销一条龙的经营，为农业产业化进程服务；增强与农民合作功能，在农副产品购销经营中，大力发展合同、联营、代理制及专业合作社等形式，与农民建立稳定的购销关系，让利农民，使农民得到更多的实惠；增强“庄稼医院”和村级综合服务站的服务功能，开拓新的服务领域。二是由单一的购销合作向多元化合作转变。由过去单一的购销合作转向兴办专业合作社、消费合作社、信用合作、保险合作、运输合作、加工合作、农村金融等，与农民结成广泛的利益共同体。

3、切实抓好县级供销社。搞好基层供销社建设，县级供销社是关键，县级供销社具有承上启下的重要作用，是供销社改革、发展和建设的中心环节。抓好县级供销社对带动和促进基层供销社的发展，搞好棉花和农业生产资料两大商品经营，对组织建立综合服务体系都具有重要意义。“九五”期间，省社将选择不同类型的县级供销社进行分类指导，重点抓好年销售额4亿元以上，年利润400万元以上，并有一处营业面积8000平方米以上的综合性商业设施，社办工业产值超亿元，人均劳效、资产增值和企业管理均位于全省前列的“10个明星”县级供销社，使其巩固发展壮大；对亏损严重的县级供销社，要指导和帮助其调整班子，转变观念，转换机制，理清发展思路，结合当地实际，选准发展目标和重点，促其尽快扭亏增盈和发展壮大。通过抓县级供销社带动和促进农村经济和基层社的发展。

4、加强对基层社的领导，提高整体素质。按照中共5号文件和中华全国供销合作总社关于“一基两线”的要求，“九五”期间，重点抓好年销售额1500万元以上、利润80万元以上，并有一处1500平方米以上的综合性营业设施、有效完善的农村社会化服务网络的“10个明星”基层社，使全系统基层社的销售额年均增长15%，利税年均增长10%，70%的基层社逐步摆脱困境，走向良性发展轨道，使年盈利50万元以上的基层社达到10%，年盈利20万元以上的基层社占30%，年盈利10万元以上的基层社占20%，亏损面控制在20%以内。一是抓好基层供销社领导班子建设，建立基层社领导成员上岗竞争机制，关心和爱护基层干部，有计划地组织培训，提高他们的政治、业务素质，对经济效益好的基层社领导班子保持相对稳定；二是加快内部管理，完善经营机制，建立适应市场经济需要的企业管理制度，深化劳动、人事、工资制度改革，继续推行和完善劳动合同制、聘任制，逐步实行以劳动技能、责任、强度、条件和劳动贡献为依据的工资制度，对少数“边、小、微、亏”专销生活资料和从事饮食、服务业的门店或柜组实行“社有民营”的，要加以引导；不断规范和完善对农资、棉花等经营业务不得搞“社有民营”或其它形式的个人承包、租赁。三是扩大经营范围，拓展服务领域。实行一业为主，多种经营的多元化发展；四是发展社员，扩大股金，对于入股的社员要在农业生产资料供应及农副产品收购等方面给予一定优惠；五是因地制宜适当调整基层社的建设规模，有条件的地方,以大集镇为中心建设基层社,使其尽快成为农村综合服务组织,成为为农民提供生产、生活服务的前沿阵地;对边远的亏损基层社,根据发展需要,撤社留店,盘活存量资产,发挥规模效益;六是加强对基层社的指导、协调、监督服务,发挥系统联合优势,制订必要的倾斜政策,从资金、物资、人才等方面向基层社倾斜,重点扶持一批具有一定规模和经济效益、有较强自我发展能力的基层社,成为带动整个基层社发展的龙头。对困难的基层社要组织帮助,使其尽快摆脱困境。

5、抓好农业生产资料供应,搞好农副产品收购。各级供销社和农资公司要在当地政府领导下,千方百计组织货源,不误农时地满足农业生产需要,发挥主渠道作用。积极配合有关部门,管理农资市场,平抑农资商品价格,继续巩固完善农资系列化服务工作。一是要进一步搞好服务机构和网点规范化建设、技术服务队伍建设,提高科技含量和服务质量;二是抓好各种适用技术的培训,配合农业、科研部门实施测土施肥用药,提高化肥农药的利用率;三是狠抓农资商品质量管理;四是抓好农资商品县基联营,在此基础上实施连锁经营,扩大市场占有率;五是配合有关部门整顿农资商品市场秩序,强化农资市场管理,严厉打击制售假冒伪劣农资商品的坑农行为,保护农民的利益。对传统的大宗农副土特产品,要积极参与市场竞争,力求改变目前所处的被动局面。

6、继续抓好棉花购销工作,完成政府交给的任务。棉花是国家实行综合性计划管理的重要物资,是关系到国计民生的重要商品。一要积极配合有关部门,安排好棉花种植面积落实、合同签订和生产扶持工作,搞好科技兴棉;二要建立健全棉花生产服务体系,进一步发展和完善生产、收购、加工销售系列化服务;三要执行国家政策和省政府规定的有关棉花生产扶持和购销政策;四要切实做好安全工作,建立安全工作岗位责任制及领导负责制,保证棉花的安全储存。

7、加快社办工业发展,培植新的经济增长点。按照国家产业政策,以提高经济效益为中心,努力加大技术改造的投资力度和投资比重,把企业技术进步和企业改革、改制、改组、加强管理紧密结合起来,坚持从粗放型向集约型转变,将工作重点向支柱产业、优势行业、骨干企业和拳头产品倾斜,达到优化结构,提高效益的目的,不断增强供销社实力。“九五”期间,全省拟实施重点技术改造、技术引进项目100项,总投资4—5亿元,其中贷款3亿元,自筹2—3亿元。这批项目竣工投产后,预计新增产值20亿元,利税2亿元,创汇节汇400万美元,对发展供销社经济起到重要作用。“九五”期间,重点抓好固定资产2000万元以上,年工业产值8000万元以上、年利税800万元以上,其中利润500万元以上,产销率95%以上的10个明星工业企业;每个地市供销社要创办2—3个产值3000万元以上、利税300万元以上的龙头企业,每个县市社创办1—2个产值1000万元以上、利税100万元以上的骨干企业。重点发展的项目是:一是对供销社经济有影响的传统大宗农副产品的深加工、精加工项目;二是为农业提供系列化服务的农业生产资料加工项目;三是高技术含量、高附加值、引进、消化吸收的高新技术项目;四是再生资料综合加工利用项目;五是利用外资嫁接改造项目。在棉花加工上继续采用引进美国大陆公司消化吸收的“MY — 121”棉花加工新工艺，提高棉花的加工能力和产品质量；对现有的配方肥厂进行改造，并在皖南、皖中、皖东、皖西、皖北各建1—2个高含量的复合肥厂，使每个厂的生产能力达到5 — 10万吨。

8、加强市场体系建设。在发展传统购销业务的基础上，从抓市场体系建设环节入手，以商品市场体系的发展与完善来推动业务的进一步开拓，形成和发展市场体系。从农村到城市，形成规范化、标准化的市场网络。把建立市场，形成体系作为长期重要工作来抓，新建、扩建、改造一起上，广泛地开源筹资，优化壮大一批现有基础较好、实力较强、市场占有率高、辐射面广的市场。通过技术改造，巩固和提高一批有一定基础和条件的专业市场。新建或与有关部门联建一批在我省有影响的综合性交易、批发中心。规范市场行为，使市场体系建设真正落到实处，形成大流通的市场格局。“九五”期间将重点在中心城市、重点产区发展一批规模较大、辐射面宽、能带动一批中小市场发展的骨干批发交易市场和购销中心，为市场网络的建立打下坚实的基础。在每个地市县供销社都要新建、改建或扩建一个规模大、门类全、档次高的综合性商业设施，一般县城规模在6000—8000平方米，百万人口大县规模在8000—10000平方米，地市所在地规模在12000平方米以上，逐步形成由初级、中级、高级的市场网络。重点抓好营业面积1万平方米以上，年销售额1亿元以上，年利税500万元以上各项管理工作均居全省前列的“10个明星”综合性商场和购物中心。积极推广连锁店、专卖店、总经销、总代理业务。

9、外向带动，促进我省供销社外向型经济发展。以省社自营进出口权和省茶叶进出口公司为依据，加强与一些国际经济组织的交流与合作，拓宽对外贸易渠道和领域，积极引进外资和国外先进技术、先进管理经验。加快外贸经营体系建设，带动地市供销社和条件较好的县级供销社、基层社对外贸易的发展。形成具有供销社特色的技、贸、工、农相结合的出口导向型服务体系。选择资源丰富、效益较好的行业和产业，作为出口创汇途径。积极发展系统内的代理和为其它部门代理进出口业务，扩大自营进出口贸易，不断增强出口创汇能力。

10、完善经营机制，促进工业品购销业务全面增长。一是统筹安排，合理调整结构，供销社在立足传统业务经营的同时，要发展多种经营，拓宽工业品经营范围，选准适合本地经济条件的新的经营业务；二是适时调整策略，促进购销业务的增长，转变经营方式，实行灵活性、多样化经营，积极发展联购分销、分购联销、工商联合、商商联合、批零结合，采取专业经营、联营制、总经销、总代理和连锁经营方式，走规模型、特色型的路子，促进工业品购销业务增长，提高经济运行质量；三是打破旧的经营模式，建立开放的经营体制，彻底摆脱计划经济时期城乡分割、区域分割的状况，积极开拓新的经营领域和服务范围，满足多层次消费和多样化需求。大力发展外购外销、内购外销、外购内销，扩大域外经营比重，走外向型经营的路子。

11、实施“科教兴社”，提高整体素质。努力加大科技含量，提高流通效率和流通效益,降低流通费用。大力发展供销合作社教育事业,加快供销合作社人才培养,提高职工队伍的素质,以供销合作社职工教育为重点,加强专业人才和在职职工业务技术培训及职业道德教育。同时,利用供销社的教育设施,对农民社员开展市场经济知识、合作经济意识、农村专业技术的教育,通过系统内教育、培训和广泛吸收人才等措施,使县级供销社主任以上干部达到大专以上文化水平,基层社主任和县级公司经理具有中等专业毕业的水平。

12、坚持"两手抓",加强精神文明建设。坚持"两手抓、两手都要硬",把精神文明建设贯穿于供销社工作的始终。加强政治思想教育,通过学习有中国特色的社会主义理论,大力培养有理想、有纪律、有道德、有文化,能够适应市场经济要求的供销社人才。发扬供销社艰苦奋斗、勤俭办社的优良传统,努力造就一批懂经营、会管理、熟悉农业生产、对农业发展具有高度责任心,与农民群众有深厚感情、廉洁奉公的供销社领导干部和企业家队伍,建立一支能服务、肯奉献、全心全意为供销社事业拼搏的职工队伍。塑造企业形象,创造名牌企业,扩大企业知名度,发挥企业"两个文明"的窗口作用,增强供销社的凝聚力和向心力。

安徽省供销商业总公司“十一五”发展规划纲要

前言

安徽省人民政府政秘〔1992〕154 号文件批复,同意成立安徽省供销商业总公司,注册资本 2823.48 万元,下设安徽省农业生产资料公司、安徽省棉麻公司、中国土产畜产安徽茶叶进出口公司、安徽省土产日杂果品公司、安徽省物资回收公司、安徽省供销社工业品公司、安徽省惠民公司、安徽省供销社物资站、安徽省供销社驻沪办事处、安徽省供销社印刷厂、黄山景湖宾馆等 11 家全资企业。总公司由全省农民合作经济组织的联合组织——安徽省供销合作社联合社投资成立,属集体所有制性质,受安徽省人民政府直接领导。主要职能任务是:代行政务、管理社务、经营业务、提供服务。

2001 年以来,省供销商业总公司对所属全资企业进行改革改制,关停并转了 6 家企业,即安徽省土产日杂果品公司、安徽省供销社工业品公司、安徽省惠民公司、安徽省供销社物资站、安徽省供销社驻沪办事处、黄山景湖宾馆;按现代产权制度和现代企业制度,投资成立全资企业 1 家,即安徽省新世纪大厦,控股、参股企业 13 家,即安徽辉隆农资集团有限公司、安徽省再生资源有限公司、安徽省棉麻有限责任公司、安庆皖农贸易有限公司、安徽省天和棉麻有限责任公司、安徽盛虹烟花爆竹有限公司、安徽德信担保有限公司、安徽省新世纪商务酒店管理有限责任公司、安徽省瑞隆印务有限公司、安徽茶叶进出口有限公司、安徽省天诚商贸有限公司、安徽省兴农土产日杂有限公司、安徽天宏科技工贸有限公司。安徽省供销商业总公司投资企业架构图如下(请看附件):

基于安徽省供销商业总公司主要职能任务及投资企业的情况,本《纲要》由两个部分组成:

一、《安徽省供销商业总公司“十一五”发展规划纲要》。

二、各投资企业“十一五”发展规划纲要。

目录

二、“十一五”时期省供销商业总公司面临的形势

(一)发展机遇

(二)严峻挑战

三、“十一五”时期省供销商业总公司发展的主要目标

(一)指导思想

(二)指导原则

(三)主要发展目标

四、实施“十一五”规划纲要的保障措施

(一)加强企业领导班子建设,为全面实施“十一五”规划提供坚强的政治和组织保证

(二)深化改革,着力推动企业的联合、兼并与重组

(三)实施集团化战略,着力培育具有较强核心竞争力的大型企业集团

(四)不断创新体制机制,着力推进企业转变经济增长方式

(五)加大项目建设投入,着力培育新的经济增长点

(六)加强制度建设,着力推进企业规范化管理

(七)搭建服务平台,着力提高服务企业的层次和质量

(八)推动校企合作,着力创建各类学习型组织

(九)实施动态监管,建立“十一五”规划跟踪检查制度

一、“十五”时期省供销商业总公司改革与发展情况

“十五”时期,省供销商业总公司以解放思想为先导,抢抓机遇,开拓进取,加快发展,奋力崛起,经过艰难探索和实践,企业经营、管理工作取得可喜成绩,步入良性发展轨道,在全省供销社系统的引领作用日益显现,为“十一五”时期又好又快发展奠定了基础。

(一)主要经济指标实现新突破,经济发展步入良性轨道

1、销售、利润持续增长,盈利能力不断增强。“十五”期间,省供销商业总公司投资企业销售收入从“九五”末17.69亿元增长到51.81亿元,增长192.88%,年均增长23.98%;利润总额从1381万元增长到4412万元,增长219.48%,年均增长26.15%。多数企业盈利能力有所增强,盈利水平有所提高。

2、资产规模持续扩大,资产结构日益优化。2005年末,省供销商业总公司投资企业资产总额19.29亿元,其中:流动资产16.47亿元,比2000年增加4.86亿元,固定资产1.95亿元,比2000年增加0.09亿元;负债总额为16.05亿元,比2000年减少2.84亿元;所有者权益3.24亿元,比2000年增加1.19亿元。

“十五”期间主要经济指标增长情况见图1和图2。(注:以下图略)

图1:“十五”期间销售收入增长图　　图2:“十五”期间利润增长图

图1:“十五”期间销售收入增长图　　图2:“十五”期间利润增长图

(二)改革改制全面推进,体制机制不断创新

着眼构建现代产权制度，省供销商业总公司全面启动了投资企业的改革改制工作。2005年末，9家企业完成了改制，2家企业正在改制中。总体上看，改制企业均按现代产权制度和现代企业制度要求，依据《公司法》规定，初步构建了“三会一层”的公司法人治理结构，体制机制创新取得新的突破。

（三）思想观念进一步转变，企业增长的内动力不断增强

“改革是动力、发展是硬道理、抢抓机遇是本领”已经成为企业共识。只有坚持发展不动摇，坚持抢抓机遇、奋力崛起不放松，不断解放思想、转变观念、开拓创新，以有为谋有位，以有位强实力，企业才能在社会上有地位、在市场上有话语权。企业发展的意识更加强烈，发展的思路更加清晰，发展的步伐更加坚实。

（四）农村现代流通服务体系建设深入推进，网络建设取得长足进展

省供销商业总公司各投资企业以现代流通方式，加快对传统网点资源的整合步伐。安徽辉隆农资集团紧紧抓住实施“万村千乡市场工程”的契机，全力推进辉隆农资连锁标准化建设，已建75个配送中心和2000多个连锁店。安徽省再生资源有限公司健全了废钢铁购销网络，成立拍卖公司，已在全省发展48个分支机构。安徽盛虹烟花爆竹有限公司着力打造“盛虹”品牌、构建经营网络，已在全省建立“盛虹”专卖店58家，在合肥市建立加盟连锁店340家，加大了网点资源的整合，提高了市场占有率。

（五）经营结构进一步优化，多元化发展势头逐步呈现

1、传统经营优势逐步恢复，外向型经营态势喜人。农资、再生资源、茶叶、烟花爆竹、棉花等传统经营业务的销售规模逐步扩大，在省内市场的相对优势进一步巩固；外向型经营取得重大突破，不但进出口的结构进一步优化，而且开展外向型业务的企业进一步增加。2005年，省供销商业总公司投资企业进出口规模取得明显突破，全年实现进出口总额6500万美元，取得历史上最好成绩。其中：安徽茶叶进出口有限公司实现进出口额3761万美元，增长56.8%；安徽辉隆农资集团实现进出口额2714万美元。

2、经营领域不断拓展，新的利润增长点逐步形成。化工、种子、建材、房地产、物业管理等新培育的利润增长点初显成效，有力地提升了企业竞争实力，预示着企业具备了良好的成长性和广阔的发展空间，对赢得未来的可持续发展具有积极意义。

3、工贸结合，实业发展迈出新步伐。安徽茶叶进出口有限公司加强与原料生产地和生产加工企业间的联合与合作，采取“公司＋茶厂＋农户”的模式，进一步抓好基地建设和生产质量管理，通过实施源头控制、茶园和加工企业技术改造等，延伸了经营链，为扩大出口提供了稳定可靠的货源保证。安徽省棉麻有限责任公司投资兴建了东至轧花厂，安庆皖农贸易有限责任公司投资兴建的望江新丝路棉花加工厂建成并开始收购加工棉花。安徽辉隆农资集团有限公司在阜阳等地的化肥厂建成投产，蚌埠装饰城成功招租开业，表明实业发展取得了积极的成果，为企业的发展注入新的活力。

（六）企业管理日益规范，科学管理水平不断提高

省供销商业总公司根据投资企业改制后的情况，一方面，从履行出资人职责、尊重

企业市场主体地位、维护出资人权益、加强对投资企业监管出发,制定了一系列规章制度,初步构建了监管投资企业的制度体系;另一方面,各企业结合自身实际,着力夯实企业管理基础,加强内控制度建设,在向管理要效益上积极实践、大胆探索。安徽茶叶进出口有限公司坚持实施ISO9001质量管理体系并获得认证;安徽辉隆农资集团于2005年8月通过方圆标志认证中心的ISO9001质量管理体系认证;安徽省再生资源有限公司积极推进质量管理体系建设,紧跟国际标准,规范业务流程管理和合同管理,为通过ISO9001质量管理体系认证打下了坚实的基础。

(七)社会效益较为显著,服务“三农”能力日渐增强

“十五”期间,省供销商业总公司投资企业累计供应各类农资84.55亿元,农副产品购销总额43.74亿元,社会贡献总额5.12亿元,发展各类合作经济组织728个,帮助农民实现收入35亿元,较好地发挥了为“三农”服务的功能和作用。

二、“十一五”时期省供销商业总公司面临的形势

“十一五”时期是我省全面建设小康社会、推进跨越式发展、实现奋力崛起的重要时期,也是省供销商业总公司实现又好又快发展的关键时期,发展既面临难得的机遇,也面临严峻的挑战。

(一)发展机遇

1、社会主义新农村建设。我国总体已进入以工促农、以城带乡的发展阶段,中央作出统筹城乡发展和建设社会主义新农村等重大战略部署,将不断加大对农业和农村的投入,出台一系列惠农政策助农增收。安徽作为农业大省,将更加重视抓好“三农”工作。与此同时,社会主义新农村建设将促进农村生产力的大发展,农村市场购买力水平将迅速提高。所有这些,为以服务“三农”、助农增收为己任的省供销商业总公司,提供了加快发展的机遇、舞台、空间和渠道。

2、大力发展农村现代流通。为进一步促进农村流通业的发展,促进农村消费,推进社会主义新农村建设,省政府先后出台皖政〔2005〕93号《安徽省人民政府关于开展农村商品流通改革和市场建设试点工作的实施意见》、皖政〔2006〕97号《安徽省人民政府关于加快农村现代流通体系建设的若干意见》、皖政办〔2006〕78号《安徽省人民政府办公厅转发省供销社关于加快建设“新网工程”意见的通知》等一系列大力发展农村现代流通的政策规定。这些政策措施对于努力把自身发展成为我省农村合作经济的带动力量、农村现代流通体系的主导力量、农业产业化经营的推动力量、农业社会化服务体系骨干力量、供销社系统龙头企业的省供销商业总公司来说,是要求,更是有力的支持。

3、国家实施促进中部崛起战略。国家作出促进中部地区崛起的重大决策,提出把中部地区建设成为全国主要的粮食生产基地、能源原材料基地、现代装备制造及高新技术产业基地和综合交通枢纽,并从政策、资金、重大建设布局等方面给予支持。目前,合肥等5市已被国家列入比照振兴东北老工业基地政策范围,长丰等30个县被列入比照西部开发政策范围,这些对省供销商业总公司的发展将发挥重要的促进作用。

4、省委、省政府推进实施"东向发展战略"。长三角经济发达地区是我省农副产品外销的主要市场，以市场为导向，发挥传统优势，客观上需要提高农副产品进入市场的组织化程度，做好农副产品"销"这篇文章。为实施东向发展战略，省政府与沪、苏、浙三省市签订了政府间合作框架协议，并在市场准入、质量技监合作互认、信息共享等方面，正全力推动与长三角地区对接，这将为省供销商业总公司提供广阔的市场空间。

5、各级党委、政府高度重视。党的十六届三中全会《决定》和近三年的中央1号文件都特别强调要进一步深化供销社改革，加快供销社发展，供销社在解决"三农"问题中的作用和取得的成绩，越来越受到各级党委、政府的肯定，供销社工作也得到更加重视和支持。省供销社作为为"三农"服务的载体和带动系统发展的龙头，省供销商业总公司将更加有为有位。

（二）严峻挑战

1、市场竞争更加激烈。随着经济全球化和区域经济一体化程度的加深，尤其是伴随我国入世过渡期结束，农村市场全面对外开放，省供销商业总公司面临的市场竞争压力进一步加大，不仅市场竞争的主体多元化，网络渠道多样化，经营方式、业态差异化，经营手段现代化，而且既有的传统优势也将受到严峻的挑战。

2、增长方式粗放。"十五"时期，虽然省供销商业总公司取得了较快的发展，但增长方式粗放。不少投资企业发展战略不明确，远景规划不清晰，还是局限于传统业务，沿用"一买一卖"落后的经销方式，经营单一，风险性大，经营业绩不稳定，经营和效益受制于外部因素，企业经营效益和规模增长不同步，对市场资源的整合力度和快速扩张能力薄弱，对系统企业带动能力仍然不强，由粗放式经营向集约式经营转变还有漫长的路要走。

3、公司法人治理不完善，企业管理不规范。一是法人治理结构和运行机制不完善，治理效率不高，成本大，不少投资企业离《公司法》和《公司章程》要求仍有较大差距，股东大会、董事会、监事会的职能与作用仍有待发挥。二是不少企业的股本规模和股本结构不能适应企业发展的需要，突出表现在有的企业社有股过大，有的企业股本中固定资产比重过高，流动资产严重不足。三是省供销商业总公司和投资企业虽然建立了一系列规章制度，但执行力度不够，执行宽严不一，人治色彩、实用主义思想依然浓厚，管理工作基础薄弱，企业防范和处置经营风险、法律风险的能力和机制还没有有效建立，风险管理的长效机制建设还没有引起足够的重视。

4、选人用人机制不活，企业人才匮乏。突出表现为，一是"固定工变成股东，新员工为老员工打工"现象突出，选人用人机制依然僵化，"干部能上能下、岗位公开公平竞争、人员能进能出、待遇同工同酬"远没有做到，导致企业人事不符，人浮于事和有事没有人干两种现象并存；二是企业在建立人员培训、教育、培养计划、人才储备等方面做得仍不够，特别是复合型经营管理人才严重不足，企业快速持续发展缺乏人才支撑和智力保障。

5、资本瓶颈的制约。省供销商业总公司投资企业注册资本普遍不大,企业经营主要是依靠负债。企业改制后,由于公司组建时间短,一方面自我积累有限;另一方面,与金融部门尚未建立良好的信贷关系,少数企业甚至与金融部门还没有发生过信贷关系。因此,企业资金供应来源及可供资金量受到了限制,这将在相当程度上制约企业的发展。

三、"十一五"时期省供销商业总公司发展的主要目标

(一)指导思想

以邓小平理论和"三个代表"重要思想为指导,全面贯彻落实科学发展观,按照我省经济社会发展"十一五"规划的总体部署,以又好又快地为社会主义新农村建设提供优质服务为中心,以联合发展为主线,以改革、开放、创新为主题,充分调动广大员工的积极性和创造性,不断转变发展理念、创新发展模式、增强发展活力、提高发展质量,开创又好又快发展的新局面,努力把省供销商业总公司打造成规模、效益、质量、品牌全国一流的农村现代商贸流通企业集团,为实现我省经济的跨越式发展、为安徽的奋力崛起做出新的更大的贡献。

(二)指导原则

1、坚持服务"三农"的原则。为农业、农村、农民服务是供销合作社的办社宗旨,也是省供销商业总公司的发展之本。只有切实增强服务意识,不断改进服务方式,拓宽服务领域,完善服务体系,才能在服务中拓展市场空间,在服务中争得社会地位,在服务中求得更大的发展。

2、坚持合作与联合的原则。坚持合作与联合是省供销商业总公司区别于其他市场经济主体的特色和优势。合则强,合则大,只有坚决地推进联合与合作,充分发挥省供销商业总公司的龙头带动作用,以资本、技术、品牌为纽带,展开跨地区、跨行业、跨所有制全方位的合作与联合,才能有效整合系统资源,实现低成本扩张、跨越式发展,迅速形成规模和市场优势,不断提高经济效益,壮大经济实力。

3、坚持创新优化的原则。省供销商业总公司投资企业的发展基础、条件不同,发展状况很不平衡,要贯彻"优先做大做强优势企业,通过优势企业发展带动和促进劣势企业共同发展"的科学理念,大力推进各种资源向省"新网工程"龙头企业集中,向具有比较优势的行业和领域集中,向具有优势的大企业、大集团集中,向企业主营业务集中。

立足现有基础,坚持在发展中调整,在优化中提升,以改革开放和不断创新为动力,着力推进"五个优化",即:产权结构优化,资源配置优化,社有资产结构优化,经营机制优化,人才结构优化。

4、坚持不断转变经济增长方式的原则。坚持市场经济取向和省供销商业总公司姓农属商的定位,着力推进"三个转变",即:由单纯业务经营向业务经营与资产资本经营相结合转变,由单一从事传统行业向发展传统行业与拓展新兴行业相结合转变,由单纯服务“三农”向服务“三农”与服务城市相结合转变。

5、坚持科学、和谐、又好又快发展的原则。以人为本是科学发展观的本质要求，和谐发展、又好又快发展是贯彻科学发展观、实现省供销商业总公司发展目标的内在要求，贯彻落实到工作中就是要妥善处理好改革发展稳定的关系，妥善处理好国家、企业、经营者和职工的利益关系，为企业发展创造良好的环境。

（三）主要发展目标

以改革创新为动力，以大企业大集团为龙头，抓大带小，联合发展，着力实施“7654321 计划”。即：形成多元化发展的七个主营板块（农资、再生资源、棉花、茶叶、烟花爆竹、房地产置业、资本运作）；组建六个企业集团（安徽省供销商业集团、安徽辉隆农资集团、安徽盛虹烟花爆竹集团、安徽省再生资源集团、安徽茶叶集团、安徽棉花集团）；优化、整合、构建五大流通网络体系（辉隆农资连锁配送网络体系、再生资源回收利用网络体系、盛虹烟花爆竹配送网络体系、农产品产供销一体化网络体系、日用消费品连锁经营网络体系）；推进四大项目工程（“新网工程”项目、存量资产开发项目、资本市场运作项目、信息化建设和人才培育项目）；有三个企业集团实现年销售收入超 10 亿元，利润过 1000 万元；安徽省供销商业总公司合计销售收入、实现利润翻番；把安徽省供销商业总公司发展成为全国一流的农村现代商贸流通企业集团。具体经济发展主要目标见下表：

单位：万元

经济指标	2005 年	2006 年	2007 年	2008 年	2009 年	2010 年	年均递增率
销售收入	518000	658000	700000	799000	923000	1067000	15.55%
利　润	4400	4700—4900	5000—5700	6200—6500	6900—7400	7800—8500	12%—14%
净资产收益率	9.3%	9.8%	10.2%	10.6%	11.0%	11.50%	/
资产负债率	83.2%	82%	80%	79%	77%	75%	/
农资类销售	248000	285000	328000	377000	434000	499000	15%
农产品购销	95700	110000	126000	146000	167000	192000	15%

职工平均收入年增长率　1、略高于社会平均工资增长率

2、保持与企业发展相适应的增长率

网络建设　1、配送中心：2006 年—2010 年每年新增 20 个，累计新增 100 个

2、经营网点：2006 年—2010 年每年新增 600 个，累计新增 3000 个

四、实施“十一五”规划纲要的保障措施

（一）加强企业领导班子建设，为全面实施“十一五”规划提供坚强的政治和组织保证

按照“政治素质好，经营业绩好，团结协作好，作风形象好”的要求，结合省供销商业总公司投资企业的实际，以思想建设为根本，以能力建设为重点，以作风建设为基础，以

制度建设为保证,扎实开展以“四好”为目标的企业领导班子建设活动,切实加强投资企业的激励和约束机制,按照市场经济要求,建立健全科学的用人机制和合理的分配机制,全面提升企业领导班子和全体员工的整体素质和能力,为企业全面落实“十一五”规划提供坚强的政治和组织保证。

(二)深化改革,着力推动企业的联合、兼并与重组

在巩固现有改革成果的基础上,按照现代产权制度和企业制度的要求,遵循“企业转机制,职工转身份,重组求发展”的总体思路,进一步深化省供销商业总公司投资企业的改革。

1、完善社有资本的合理流动机制,推动社有资本从不具备竞争优势的领域和经营不善的企业中退出,优化资源配置,大力推进省供销商业总公司投资企业的兼并联合重组,紧紧围绕做大做强优势企业,着力培育一批主营业务突出、核心竞争力强劲的重点企业集团。

2、支持省供销商业总公司投资企业加大对上下游产业链的整合,引导企业与同一产业内的不同企业之间、上下游企业之间、不同所有制企业之间强强联合,整合优势资源。

3、树立“联合发展”的理念,充分发挥省供销商业总公司投资企业在系统内的龙头作用和比较优势,盘活系统存量资产,整合系统网络资源,推动系统整体联动,促进企业走低成本扩张、跨越式发展的道路。

(三)实施集团化战略,着力培育具有较强核心竞争力的大型企业集团

集团化、大型化、综合化是世界经济的发展趋势。加大培育具有核心竞争力的企业集团,是适应经济全球化和产业结构调整的需要,是发挥大企业带动作用、促进经济发展切实转入科学发展轨道的需要,是振兴安徽供销合作事业,为安徽跨越式发展作出更大贡献的要求。为此,“十一五”期间要:

1、由省供销商业总公司发起,联合其投资企事业单位,共同发起组建安徽省供销商业集团。

2、全力支持辉隆集团的发展,并积极创造条件,适时组建安徽盛虹烟花爆竹集团、安徽省再生资源集团、安徽茶叶集团,安徽棉花集团。

3、支持企业集团做大做强,一方面抓大带小,支持有能力实现持续发展的企业做精做实,另一方面引导小企业围绕大企业开展差异化、互补性经营,鼓励优势骨干企业兼并、重组一般企业,重点培育有自主品牌、主业突出,有核心竞争力、社会影响力和市场控制力的企业集团。

(四)不断创新体制机制,着力推进企业转变经济增长方式

1、按照扩大社有资本总量,放大社有资本能量,提高社有资本影响力和带动力的要求,加大招商引资力度,积极引进战略投资者,重点是加强与行业龙头企业甚至世界500强等跨国公司开展多种形式的战略合资合作。

2、积极引进和运用各类金融创新工具，拓展资本经营业务，创造条件，大胆实践，选择符合要求、具备条件的企业申请发行企业债券，着力推进企业上市发行股票，直接从资本市场融资，争取在发行企业债券、公司上市方面取得突破。

3、积极探索，尽快改变省供销商业总公司投资企业股本规模、结构不合理状况，以股权调整作为体制、机制改革的重点，逐步形成多元化、合理的股权比例结构，以体制创新促进企业又好又快地发展。

4、推动企业加强战略管理，进一步明确企业发展方向的战略定位和发展路径，尽快确定企业的主业，严格控制非主业投资，提高企业的核心竞争力。

5、加快企业信息化建设，开展创建节约型企业活动。按照"适用、实用、高效、有效"的原则，大力推进信息技术在省供销商业总公司及投资企业的全面应用。通过信息技术在企业的推广使用，提升企业的管理水平，提高企业的集约化经营程度，实现企业的节约化发展。

6、积极推动企业经营转型，在现有基础上，努力实现由单一的商品经营向商品、资产、资本综合经营发展，由单一的批发经营向批零结合、连锁加盟等多种形式经营发展，由单项流通向双向流通发展。

7、鼓励、支持企业积极开拓国外市场，参与国际竞争，充分利用"两个市场，两种资源"，谋求更好更快的发展。

（五）加大项目建设投入，着力培育新的经济增长点

按照市场需求、国家产业政策要求，结合企业实际，积极争取多上项目、上好项目，以项目争取政策和支持，对促进省供销商业总公司及投资企业跨越式发展至关重要。"十一五"期间，要进一步强化项目意识，加大项目建设力度，重点是支持安徽辉隆农资集团、安徽省再生资源有限公司、安徽茶叶进出口有限公司、安徽盛虹烟花爆竹有限公司、安徽省天诚商贸有限公司、安徽省棉麻有限责任公司、安庆皖农贸易有限公司、安徽省天和棉麻有限责任公司、安徽天宏科技工贸有限公司、安徽省瑞隆印务有限公司、安徽省兴农土产日杂有限公司等，抢抓"万村千乡市场工程"、"新网工程"、"再生资源回收利用双进工程"、"双百工程"、"千村百镇工程"等新农村建设机遇，采取独资、控股、参股等多种形式，优先快上一批制约发展的瓶颈性项目，联合多方力量集中上一批网络建设项目、农产品生产基地和加工项目、再生资源深加工和综合利用项目、烟花爆竹仓储设施项目、资源开发和利用项目等，使项目建设成为省供销商业总公司的经济增长点、事业闪光点。

（六）加强制度建设，着力推进企业规范化管理

1、坚持依法治企和管人、管事、管资产相结合的原则，重新构建起更有利于企业改革与发展的强激励和硬约束制度体系，建立健全企业投资决策监管制度、企业绩效考核制度、企业负责人选拔制度、企业资本经营预算制度、企业分配制度等，重点是两个方面：一是通过社有资产管理办法等制度建设保障社有资本的高效运营，最大限度地实现

社有资产的保值增值;二是督促企业加强内控制度建设,规范企业经营管理行为,构建风险防范和化解的长效机制。

2、按照转变观念、转变职能、转变工作方式方法,不缺位、不错位、不越位的原则,进一步建立健全社有资产监督管理制度体系。

(七)搭建服务平台,着力提高服务企业的层次和质量

1、搭建资金服务平台。省供销商业总公司要通过多种途径帮助投资企业解决融资问题。一是要进一步加强与银行的合作,以多种方式推动银企直接合作;二是要充分发挥安徽德信担保有限公司的功能作用,增强安徽省供销商业总公司投资企业的融资能力;三是要着力加强企业诚信建设,建立诚信保障体系和保障机制,推进企业之间开展资金头寸调剂,各种信用票证互相贴现等融资合作。

2、搭建行业服务平台。充分发挥行业协会功能和会员单位的作用,一是加快行业协会的建设步伐,努力建设好农资、棉花、茶叶、再生资源、烟花爆竹、土特产品等行业协会;二是努力提高各行业协会的覆盖面,开放办协会,把行业协会办成行业的代言人;三是协会搭台、企业唱戏,努力提高行业协会的服务质量和服务水平,在服务中树立会员单位形象,扩大会员单位的影响,促进会员单位的发展;四是加强行业协会与政府部门的联系和沟通,增强协会的协调服务功能和社会责任意识,为政府分忧,为企业服务,努力成为政府与企业的桥梁和纽带。

(八)推动校企合作,着力创建各类学习型组织

1、推动校企合作,真正把安徽财贸职业学院建设成为省供销商业总公司及投资企业的人才培养、员工培训、企业研发的基地,同时把企业逐步建设成为学院科技成果转化的实践基地。依托学院,搭建安徽供销合作经济科研平台,为合作经济发展提供理论支持。

2、着力推动省供销商业总公司投资企业创建学习型组织,使企业在学习中进步,在学习中成长壮大。要通过学习提高企业的品位和竞争力,通过学习提高企业的自我约束能力,通过学习使企业获得健康、快速发展的动力。

3、结合省供销商业总公司及其投资企业的需要,有针对性地加强专门人才的培养。重点是从支持省供销商业总公司及其投资企业做大做强做好传统业务开拓创新新型业态,不断提升经营管理水平出发,有计划、有步骤地培养一批农资、棉花、再生、茶叶、烟花爆竹等领域的专门人才。

(九)实施动态监管,建立"十一五"规划跟踪检查制度

为促进"十一五"规划全面实施,确保各项目标任务的顺利完成,省供销商业总公司下达年度经营目标任务计划要以规划为依据,与规划衔接,每年要对年度计划完成情况和规划执行情况进行检查,检查结果每年通报。"十一五"期中,根据需要对规划进行必要的修正。

二○○七年四月十七日

安徽省供销合作社联合社"十二五"发展规划纲要

根据《安徽省国民经济和社会发展第十二个五年规划纲要》、省政府《关于加快推进供销合作社改革与发展的意见》(皖政〔2010〕53号)、全国供销合作总社《供销合作社"十二五"重点工作专项规划》,结合全省供销合作社实际,制定《安徽省供销合作社联合社"十二五"发展规划纲要》(以下简称《纲要》),主要阐明"十二五"期间安徽省供销合作社联合社(以下简称全省供销社)发展的指导思想、发展目标、主要任务和重大举措。《纲要》是各级供销合作社履职尽责的重要依据和行动纲领。

一、"十一五"时期全省供销合作社发展情况回顾

"十一五"时期,全省供销社在党委、政府和中华全国供销合作总社的坚强领导下,认真贯彻落实科学发展观,解放思想,更新观念,奋发有为,以服务"三农"为宗旨,以发展为第一要务,以改革创新为动力,扎实推进"新网工程",着力发展合作经济,积极应对金融危机冲击,深入探索体现时代特征、具有安徽特色、符合供销社特点的改革发展之路,经济实力实现新跨越,行业形象得到新提升,为农服务取得新成绩,供销合作事业迈上了新台阶。供销社经营性服务功能日益发挥,公益性服务作用不断体现,在促进农业发展、农民增收、农村繁荣中发挥了不可替代的作用,为统筹城乡经济发展和社会主义新农村建设做出了积极贡献。在全国供销社系统综合业绩考核中,2006年排名第五,荣获一等奖;2007年至2009年连续三年排名第四;2010年跃居第二;连续四年荣获特等奖。全面超额完成了"十一五"规划确定的主要发展目标任务。

(一)各项指标屡创新高,综合实力明显提升

2006年到2010年,全省供销社的主要经济指标大幅度增长,购进总额从184亿元增长到652.9亿元,增幅为254.8%;销售总额从208亿增长到701.2亿,增幅为237.1%;利润总额由2.3亿元增长到12.1亿元,增幅为418.9%;资产总额从144亿元增长到389.7亿元,增幅为170.6%;所有者权益从20.5亿元增长到83.6亿元,增幅为307.8%;上缴税费总额从2.1亿元增长到16.2亿元,增幅为671.4%;社会贡献总额从7.1亿元增长到33.4亿元,增幅为370.4%;从业人员由原来的8.9万到"十一五"末10.9万人,增长22.5%。

(二)"新网工程"扎实推进,网络体系日臻完善

全省各级供销社把"新网工程"作为发展现代流通、服务城乡民生的"一号工程",全力构建农资、日用消费品、农副产品、再生资源和烟花爆竹五大网络体系,网络覆盖面逐步扩大,市场占有率不断提高,传统经营网络焕发生机,一个服务农村市场、不断改善

消费环境、促进工农业产品双向流通的网络体系日臻完善。

到2010年底,全系统已发展各类经营服务网点42117个,网点覆盖全省70%以上乡镇、40%以上行政村,其中农资经营网点12686家;日用消费品经营网点8712家;农副产品批发交易市场61家、各类收购网点1526个;再生资源专业市场45家、收购网点3671个;烟花爆竹经营许可网点15522家;全省供销社系统化肥农药等主要农资销售市场占有率在70%左右,棉花收购量占全省产量的50%左右,茶叶出口量占全省出口总量的90%左右,烟花爆竹经营占全省市场占有率的80%以上,再生资源经营占全省市场占有率70%以上。

(三)改革改制不断深化,企业活力不断增强

以产权制度改革为突破口,以建立现代企业制度为目标,大力推进社有企业兼并重组,着力加强系统内企业的联合与合作,逐步建立起了适应市场经济要求的体制、机制,企业发展活力增强,速度加快,质量提高,态势强劲。

一是改革改制不断深化。截止2010年底,全省供销社系统2032家企业,已有1097家进行了改革改制,1055个基层社有576家进行了改制,省供销社本级企业改革面达100%。

二是企业整体盈利能力增强。截止2010年末,省供销社本级及十七个市供销合作社汇总全部盈利。

三是龙头企业快速成长。辉隆集团、黄山永佳、宁国司尔特、双赢集团、茶叶公司、阜阳商厦等一批骨干企业稳步壮大,引领全省供销社发展的龙头骨干企业群体初步形成,社有企业综合竞争力进一步加强。全系统有6家企业荣获全国供销合作社“百强企业”称号。

四是多元化发展取得实效。在巩固主营业务的基础上,经营领域已延伸到化工、房地产、种业经营、农副产品精深加工、冷链物流、担保拍卖、小额贷款、资本运作等不同的行业或产业,以合肥德善小额贷款公司、安徽德信担保公司为龙头的农村金融服务体系布局正在推进。

五是重大项目快速推进。与新加坡合资的益海嘉里项目正抓紧二期建设,全椒、临泉、桐城等大规模土地流转项目稳步实施,合肥废旧商品产业园项目即将启动,辉隆股份已成功上市,双赢集团上市工作正在积极推进。

(四)服务能力明显提高,为农服务成效显著

在强化农资供应、日用品销售、农副产品收购等经营性功能的基础上,满足了农民生产生活的多种服务需求,成为农村现代文明的窗口和新农村建设的亮点,日益成为农业社会化服务的骨干力量、农村现代流通的主导力量、农民专业合作的带动力量。

一是省供销社认真履行棉花、茶叶两大主导产业农业产业化牵头职责,积极参与省政府“532”提升行动,积极培育发展农业产业化龙头企业达300余家,其中国家级1家,省级38家,省社级115家,成为带动农民专业合作组织发展,推动我省农业产业化经营

的重要力量。

二是供销保障有力。2006 年以来,全省供销社系统共组织销售化肥 4000 多万吨,充分发挥了农资经营主渠道作用,有力地保障了我省农业生产,受到了政府的肯定和农民的欢迎。

三是基层社建设得到加强,发展活力和实力有很大提升。2010 年全省供销社系统基层社实现销售总额达 118 亿元,利润 4802 万元,分别是 5 年前的 2.5 倍和 6.3 倍。

四是农村合作经济组织发展迅速。现已发展农民专业合作社 1526 家,带动农户 116 万户;组建各类行业协会、合作经济组织联合会 287 家,入会会员 11.3 万个,在提高农民生产经营组织化程度,促进农业发展、助农增收方面发挥了重要作用。全系统已发展综合服务社 9631 个。

(五)政策支持持续加强,发展环境日益优化

"十一五"期间,省政府相继出台了三份关于支持供销合作社改革发展的重要文件,为全省供销社加快改革发展指明了方向,给予了重大支持。为贯彻落实省政府文件精神,省供销社积极争取全国供销合作总社与省政府签订了《加快推进新农村现代流通网络建设备忘录》,进一步加快了我省农村现代流通网络建设。为贯彻落实省政府文件精神,各市、县相继出台了具体的贯彻落实意见。政府对供销社的财政支持力度逐年加大,促进了一大批项目建设。

二、"十二五"时期全省供销合作社发展面临的机遇和挑战

"十二五"时期,是我国加快转变经济发展方式,加快推进社会主义新农村建设,加快形成城乡经济发展一体化格局的关键时期,是我省奋力实现"科学发展、全面转型、加速崛起、兴皖富民"攻坚阶段,也是全省供销社深化改革跨越发展的重要时期。加快供销社"十二五"时期的改革发展,既面临诸多可以预见和难以预见的风险挑战,也面临着前所未有的且可以大有作为的战略机遇。

(一)加快转型升级的宏观经济形势为供销合作社发展提供了广阔空间

"十二五"时期世界经济将逐渐进入新一轮增长期,朝着有利于改善外部发展环境的方向发展。而国际金融危机形成的倒逼机制,则使经济结构调整、转变经济发展方式成为必然。围绕加快转变经济发展方式这条主线,党中央、国务院和省委、省政府已经并将还会出台一系列政策措施。这些政策措施,无论是持续扩大内需、着力调整经济结构,还是大力发展战略性新兴产业、现代服务业;无论是统筹城乡发展,还是推进"三农"现代化;无论是加快推进皖江城市带承接产业转移示范区、合芜蚌自主创新综合试验区和国家技术创新工程试点省建设,还是加强泛长三角区域合作、工业化和城镇化双轮驱动,都为供销社加快调整转型、优化产业布局、创新发展方式、拓展服务领域提供了巨大的战略机遇和广阔的发展空间。

(二)加速发展"三农"的形势为供销合作社发展提供了难得的契机

十七届五中全会将农村民生问题提升到一个新的高度,要求包括供销社在内的社

会各界共同努力“建设农民幸福生活的美好家园”。安徽作为农业大省,将始终把解决好“三农”问题摆在重中之重的位置,在统筹推进工业化、城镇化和新农村建设的进程中,着力在农业产业化、农村社区化、农民现代化三个方面谋求重大突破,推动农业大省向农业强省的跨越。因此,随着国家和省里强农惠农政策力度不断加大,农村经济快速发展,农民收入持续提高,农村消费市场正进入环境加快改善、结构加快升级、潜力加快释放的黄金时期,迫切需要多元化、多层次、多形式的经营服务,迫切需要组织农民参与合作,共同走向市场,实现共同富裕。供销社根在农村,贴近农村市场,熟悉农民需求,拥有比较完善的经营网络和经验丰富的经营队伍,在发展现代农业、开拓农村市场、拓展农民增收渠道中具有突出的独到优势,占有先机,大有可为。

(三)加大支持的政策措施为供销合作社发展提供了坚强保证

做好“三农”工作,解决好“三农”问题,是实现经济长期平稳较快发展和社会和谐稳定的重要基础。供销合作事业是“三农”的重要组成部分,事关“三农”大局。站在“三农”全局的高度,深入贯彻落实“三农”“重中之重”的战略思想,党和政府对供销合作社越来越重视,越来越注意发挥供销社组织体系完整、扎根基层和流通网络覆盖城乡的优势,越来越多地给予多方面的政策支持。进入新世纪以来,中央连续8年出台的关于加强“三农”工作的一号文件,都对供销社改革发展提出明确要求,支持供销社在新农村建设和城乡统筹发展中发挥重要作用。特别是以国务院《关于加快供销合作社改革发展的若干意见》(国发〔2009〕40号)和省政府《关于加快供销合作社改革发展的意见》(皖政〔2010〕53号)出台为标志,供销社进入改革发展新阶段,目标定位更加明晰,扶持政策更加有力,为加快新时期改革发展注入了强劲动力,提供了坚强保障。

(四)加强为“三农”服务的探索实践为供销合作社发展提供了内生动力

供销社多年来改革发展的探索实践,为供销社加快改革发展积累了宝贵的实践经验,历史包袱基本解决,思想观念得以改变,自身实力显著增强,经营网络逐步完善,从理论和实践的结合上清晰地回答了供销合作社“是什么”、“为什么”、“干什么”、“怎么干”的问题,为实现跨越发展凝聚了共识,集聚了能量,奠定了基础。随着自身实力的不断增强,为农服务作用的充分发挥,供销合作社必将成为党和政府做好“三农”工作、统筹城乡发展的重要抓手。

“十二五”时期将是机遇与挑战并存,希望与困难同在。从世界范围看,世界经济增长格局正面临深度调整。从我国自身来说,我国经济条件和动力正在发生深刻的变化。从安徽省来说,发展中不平衡、不协调、不可持续性日益凸显。就供销合作社来说,发展不够快、不够好、不够足、不够平衡等问题依然存在。一是思想有待于进一步解放,改革创新有待于进一步加快。二是发展水平有待于进一步提高。全系统经济总量偏小,不少企业抗风险能力不强,人才匮乏,发展方式亟需转变。三是分配和用人机制有待于进一步完善。“强激励、硬约束”、“选贤任能、能上能下、能进能出”的体制机制还没有真正形成。四是为农服务能力和水平有待于进一步提升。服务的广度、深度和实际效果离社会主义新农村建设的需要、党委政府的要求、人民群众的期望还有一定的差距。五是联合合作有待于进一步加强。系统上下尚未形成更大合力，整体优势没能有效发挥。除此之外，受农村市场潜力的吸引和政策鼓励的双重影响，越来越多不同经济成份的市场主体大量涌入农村市场，供销合作社面临着越来越激烈的市场竞争和挑战。

三、"十二五"时期全省供销合作社发展的指导思想、原则和目标

（一）指导思想

以邓小平理论、"三个代表"重要思想为指导，深入贯彻落实科学发展观，认真落实国务院国发〔2009〕40号文件和省政府皖政〔2010〕53号文件精神，按照全省经济社会发展和全省供销合作社联合社第二次代表大会的总体部署和要求，以科学发展为主题，以转变经济发展方式为主线，以实现跨越式发展为主轴，坚持服务"三农"的宗旨，坚持改革创新和开放合作双轮驱动，大力推进经营创新、组织创新、服务创新，着力推动创新发展、联合发展、和谐发展和跨越发展，实现"二次创业"，打造全新供销社，为我省实现"科学发展、全面转型，加速崛起，兴皖富民"作出新的更大贡献。

（二）基本原则

1、坚持为农服务。坚持为"三农"服务，既是供销社生存之基、发展之要，也是供销社价值所在、特色所在、优势所在。供销社的主要阵地在农村，主要服务对象是农民，主要的发展基础是农业。供销社作为服务"三农"的重要力量，要努力发展成为农业社会化服务的骨干力量、农村现代流通的主导力量、农民专业合作的带动力量，把为农服务贯穿于供销社改革发展的全过程，不断适应农村经济社会快速发展的新形势、新要求，千方百计提升服务功能，改进服务方式，拓宽服务领域，完善服务体系，在服务中拓展市场空间，在服务中争得市场地位，在服务中求得更大的发展。

2、坚持加快改革发展。改革为先，发展为上，加快为要。进一步加快深化改革的步伐，突破现行体制机制的局限，再创体制机制新优势，进一步解放和发展生产力，增强发展活力，提高发展质量。要坚持社会主义市场经济的改革取向，坚持用改革的思路和办法来破解发展的难题，推进事业的发展，在发展中调整优化，在调整优化中提升发展。

3、坚持"三个创新"。完成"二次"创业，转变发展方式，实现跨越发展，必须坚持服务创新、经营创新、组织创新。要坚持把创新作为全省供销社改革发展的灵魂和生命，全方位推进创新，着力加强创新能力建设，向创新要发展动力，向创新要发展优势，向创新要发展资源，向创新要发展空间。

4、坚持合作制。发展合作经济，提高农民进入市场的组织化程度，是实现助农增收、提升农民素质、推动农村发展的重要途径。供销社是为农服务的合作经济组织，任何时候都不应该偏离合作制的基本原则。

5、坚持开放办社。广开门户，广泛合作，积极组织各种社会资源参与供销社为农服务的事业，实现系统内外、上下的互利合作，以开放合作优势提高发展力，是新时期发展壮大供销社的重要途径，也是供销社服务三农、加快发展的现实需要。

6、坚持以人为本。坚持把促进人的全面发展作为供销社科学发展的核心,努力做到事业发展、职工成长;坚持统筹兼顾,协调推进改革发展和稳定工作,努力做到系统和谐、社会尽责。

(三)发展目标

经过“十二五”时期的奋斗,努力实现一个定位、完成六个主要指标、达到一个翻一番,即“161”计划。具体为:

一个定位:以跨越式发展为主轴,加快构建运转高效、功能完备、城乡并举、工贸并重的农村现代经营服务新体系,努力成为安徽省农业社会化服务的骨干力量,农村现代流通的主导力量,农民专业合作的带动力量。

六个主要指标:

1、主要经济指标快速增长。到2015年,实现购进总额1460亿元,年均增长17.5%;销售总额1570亿元,年均增长17.5%;实现利润总额30亿元,年均增20%;所有者权益160亿元,年均增长14%;资产总额达到780亿元,年均增长15%;资产负债率保持在79%左右。

2、社有企业跨越发展。到2015年,培育年销售额超100亿元的企业达到4家,培育年销售额超50亿元的企业达到5家,培育年销售额超20亿元的企业达到10家,培育年销售额超亿元的企业达100家。至少有2家供销社控股企业进入中国企业500强,力争有4—5家企业实现上市。

3、改革改制全面推进。全力推进社有企业改革改制工作,着力建立健全适应社会主义市场经济发展要求的企业新体制、新机制;按照企业化的要求,全面推进基层社的改革改制,着力加强基层社自我发展能力的建设,不断完善社有资产经营和管理体制。企业和基层社的改革改制面达到100%。

4、农村现代流通服务网络基本形成。到2015年,基本构建起以“新网工程”建设为基础的企业为龙头、布局合理化、业态多样化、经营现代化、管理规范化的新型农村流通服务网络体系。网络覆盖全省95%左右乡镇,70%左右行政村。

5、为农服务能力和水平显著增强。到2015年,供销社作为全省棉花、茶叶产业化牵头单位作用和地位更加突出;培育各类农业产业化龙头企业达到500家,其中:国家级2家,省级50家,省供销社级200家,改造和新建农产品批发市场达到100家;发展农民专业合作社达到2000家,行业协会380家,村级综合服务社11000家。以培育企业为抓手,促进农业组织化程度提高,累计带动农户增收150亿元。

6、供销合作社的自身建设进一步加强。健全理事会、监事会机构设置,建立健全民主管理制度,切实履行出资人职责,强化社有资产监管。进一步增强指导、协调、监督、服务、培训的职能和作用,系统关系进一步协调,系统整体功能进一步增强。实施人才兴社战略,提高职工队伍素质,供销合作社在社会的影响力进一步增强,美誉度进一步提升。到2015年,全系统从业人员中接受高等教育的人员比重要达到40%以上,县以上供销社领导班子及其投资企业领导班子成员全部达到本科以上学历。到2015年，新鉴定工种人数不少于10000人，其中省社级培训鉴定人数占总量的20%左右，市社级占30%左右，县社级占50%左右，同时各类岗位技术人员高、中、初级技术水平所占比例分别达到10%、30%、60%；结合业务经营与管理的需要，分级分类抓好各类岗位适应性培训和农村实用人才的专业培训。全系统每年培训1—2万人次，其中省社每年组织培训不低于1000人次。

一个翻一番：坚持实现职工收入增长和经济发展同步、劳动报酬增长和劳动生产率提高同步，到2015年，全省供销社系统职工人均年收入在"十一五"末的基础上翻一番，供销社职工的幸福指数进一步提高，供销社职工的幸福感、自豪感进一步提升。

四、实施"十二五"发展规划的保障措施

（一）进一步解放思想，转变观念，不断强化加快改革发展的意识

一是打破计划经济思想的束缚，卸去改革发展的顾虑和历史包袱，结合自身的实际，全面深入地开展解放思想工作，努力实现思想观念的更新，思维方式的变革，精神状态的改造。

二是不断强化改革是动力，发展是要务，加快改革发展是唯一出路的意识。只要法律政策允许，方向正确，一切都可以大胆地探索。

三是直面现实，正视差距，反思不足，不断提升工作标准规范，树立跨越发展的新标杆。

（二）加大改革改制力度，积极创造体制机制新优势

一是坚持企业化取向，大力推进基层社的改革改制。按照把基层社建设成为为农服务的载体、自主经营的实体和合作经济组织的联合体的要求，在"十二五"期间要全面完成基层社的改革改制工作。以建立健全企业法人治理结构为核心，完善企业经营机制，逐步形成"三会一层"机构，以深化企业劳动、人事、工资"三项制度"改革为目标，促进企业适应社会主义市场经济发展，成为独立的市场经营主体，不断壮大实力，提高竞争实力，彻底改变基层社"守摊子、收租子"的局面。

二是坚持市场化取向，大力推进社有企业的改革改制。按照现代产权制度和现代企业制度的要求，通过控股、参股、股权互换、经营者投资持股、整体出售、兼并重组、依法破产等多种形式，因地制宜、因企制宜，规范有序地加快推进企业产权制度改革。力争到2015年全面完成企业改制工作。按照现代企业制度的要求，建立健全改制企业法人治理结构，完善企业经营机制，逐步形成股东会、董事会、监事会、经营层各负其责、协调运转、有效制衡的运作机制。深化"三项制度"改革，建立完善经营者绩效考核和奖惩体系，打造企业"强激励、硬约束、利创新、快发展"的新机制。以产权多元化为核心，大力推进产权制度改革，加快投资主体多元化步伐，到2015年全面完成股份制改革。改制后新组建的企业，要不断强化质量效益意识，对因经营管理不善导致经营维艰甚至亏损的，严格按《公司法》和公司章程办理，坚决堵住新增亏损源。

三是坚持合作经济组织取向，按照增强供销社服务功能要求，到2015年，市级供销社建立健全理事会、监事会机构设置，根据章程规定，定期召开社员代表大会，不断完善民主管理制度，建立和完善社有资产运营的市场主体。

(三)加强“新网工程”建设，全面构建农村现代流通服务网络

“十二五”期间，“新网工程”坚持“以项目为载体，立足升级改造；以企业为主体，体现扶优扶强；以资本为纽带，促进联合发展；以县域为重点，突出以点带面”为原则，按照新型业态全面发展、现代流通方式广泛应用、网络运营水平大幅提高、电子信息化管理推广普及、龙头企业带动作用显著增强的要求：

一是着力建立健全“新网工程”五大传统现代经营网络。到2015年，全省供销社要建成农资配送中心100家，具有配送功能的乡镇连锁店1000家，村级店12000家，连锁配送率达85%以上，网络覆盖95%左右乡镇，70%左右行政村；建成日用消费品配送中心100个，具有配送功能的乡镇连锁店1000家，村级店10000家，连锁配送率85%以上，网络覆盖90%左右乡镇，65%左右行政村；建成10个技术先进、综合加工利用水平高的再生资源产业示范园，大型交易市场10个，发展回收网点15000个，90%以上的城市社区设立规范的回收站(亭)，90%以上的再生资源回收站点进入指定市场进行规范化交易和集中处理；烟花爆竹安全经营网络实现乡镇覆盖率100%，村级覆盖率80%以上，市场占有率85%以上；建成各类农副产品批发交易市场100个，发展农副产品购销网点5000个。

二是全面提高“新网工程”建设和运营的质量和水平。坚持把市场化运作作为推进网络发展的主要方式，围绕产业整合、资源掌控、品牌提升和管理创新等战略目标，重视发挥大型骨干企业的辐射、带动作用，以产权关系为纽带，以品牌为依托，以多元投资、兼并重组、联合合作等方式，促进社会人才、资产、网络和业务等资源的整合，大力发展现代连锁经营，增强对连锁网点的控制力。坚持把规范管理作为推行现代流通方式的重要原则，按照经营规范化、管理标准化的要求，建立健全企业经营的决策机制和管理制度。加强配送中心和信息系统建设，提高网络运营效率。坚持把“一网多用、双向流通”作为实现网络效益最大化的关键措施，充分发挥供销社经营网络“连结城乡、供销并举、综合经营、系列服务”的优势，促进各大网络间的联结，充分发挥综合效能。加强“新网工程”项目资金管理，严格执行中央和省财政专项资金使用管理规定，实行项目逐级负责制，切实提高资金使用效益。

三是加强县域“新网工程”建设的力度。突出基层经营网点建设重中之重的地位，把基层网点建设同基层社改革结合起来，以基层网点建设促进基层社改革，以基层社改革强化经营网络的组织基础。坚持“小超市，大连锁”、“小网点，大网络”的发展思路，把网络终端建设与农村综合服务社或农村社区综合服务中心建设结合起来；把农副产品基层经营网络与发展农民专业合作和参与农业产业化经营紧密结合起来，把农村综合便民服务、多种经营作为构建基层经营网点的主要模式。经营服务网络薄弱与空白

县充分挖掘自身潜力，大力盘活闲置资产，加大招商引资力度，加强与周边县的联合合作，尽快恢复发展经营业务；进一步加大对经营服务网络薄弱与空白县的政策、资金和项目支持，力争到2015年实现经营服务网络薄弱与空白县全面振兴。

（四）加快社有企业发展，努力做大做强社有企业

一是把加快供销社投资企业发展工作摆上更加突出的位置。省供销社进一步加强对全省供销社社有企业发展的指导和服务，研究制定指导性、针对性、可操作性强、支持力度大的政策文件，把社有企业发展好坏作为考核市、县供销合作社尤其是领导班子的重要指标，定期召开全省供销社社有企业专题会议，推动各级供销社加快社有企业的发展。

二是以优化资源配置和转变经济发展方式为主要着力点，大力实施兼并重组和联合发展战略，着力培育一批社有骨干企业和企业集团。打破行政区域和供销社之间的层级界限，以产权为核心，以资本为纽带，推动社有企业通过兼并重组和联合合作实现跨越发展。省供销商业总公司适时组建安徽省供销商业集团公司，围绕提高产业集中度和市场控制力等战略目标，通过资产收购、股权转换、项目合作等多种方式，集聚系统和行业资源，引领全系统联合发展，快速壮大规模实力。实力雄厚、主业突出、有自主品牌的省、市、县供销合作社投资企业按照集团化发展战略，全力推进跨区域、跨层级兼并重组和战略合作，使优质资源进一步向骨干企业集中，在推动系统联合合作中发挥龙头带动作用。中小企业重点是联大靠强，积极寻求与大企业、资本、业务、品牌的合作，发挥在基层的经营优势，成为全系统开拓农村市场的重要载体。

三是以多元化经营促进社有企业快速发展。在巩固传统经营领域、抓好优势经营业务的基础上，不断开拓经营新领域、新业务。积极向符合国家产业政策、市场前景好的行业拓展。重点是：充分利用既有土地、仓库、铁路专用线等资源和行业、区位、资金等优势，发展现代物流业；围绕经营结构升级和服务功能提升，进入城乡金融业；参与农村土地经营权流转，发展优质高效农业、乡村旅游、农业综合开发；以小城镇建设、旧城改造、市政拆迁为契机，充分利用自有土地、厂房、门店开发商业和住宅地产，积极稳妥进入房地产业；大力发展外经外贸业务，开展国际贸易和合资合作，拓展特色农产品对外贸易，继续巩固扩大农资、茶叶、化工等进出口业务；利用国家和省级专项资金，大力开展文化医药、“农超对接”、“家电下乡”、建材下乡、“以旧换新”等政策扶持型业务；有实力和条件的大企业或企业集团还可以在节能环保、新材料、生物农业、电子信息、装备制造等战略性新兴产业寻求突破，在更高层次上拓展企业的发展空间。

四是以提高自主创新能力为中心，以科技创新和技术合作助推社有企业跨越式发展。重点是：进一步推进电子商务、电子政务的网络建设；推进现代信息技术在供销社经营管理中的应用；积极参与全省现代农业重点建设工程、新农村建设重点工程和科技攻关工程建设；推动企业加强与科研院所、大专院校及其它社会技术力量开展不同形式的联合合作，参与行业标准的制定，进一步提升创新能力；大力培养和引进科技专家、硕

博士等高技能人才,创建科研基地和研发中心,为提升创新能力和促进科技成果转化奠定人才基础;促进全行业向科、工、贸一体的产业化方向发展。

五是积极扩大开放合作,整合资源跨越发展。各级供销社要进一步拓展开放的广度和深度,积极创造条件,多形式、全方位推进系统内外联合与合作。一方面,按照“行政推动、企业带动、市场运作、多元发展”的原则,把以产权多元化改造社有企业与加强系统联合统一起来,以投资主体多元化推动系统不同层次相互投资、相互参股。另一方面,加大招商引资力度,广泛吸纳社会上各类资本投资供销社兴业发展。各种经济组织参与到供销社的改革、发展与服务中来,推动加快供销社发展步伐,实现开放合作,互利共赢,共同发展。

(五)进一步完善基层组织服务体系,大力提升为农服务功能和水平

1、进一步强化基层社建设。按照建设社会主义新农村、发展现代农业的要求,坚持市场化运作,坚持改造与新建并举,把基层社建设与小城镇建设、“新网工程”建设、农村社会化服务和农民合作经济组织建设有机结合起来,使之成为建设社会主义新农村的生力军、为农服务的前沿阵地、农村现代流通服务网络的终端。重点是:

一是按经济区域重组和改造基层社。打破按行政区划建社的模式,按经济区域对基层社实行兼并重组。在改革改制、明晰产权的基础上,坚持开放办社的原则,联合经营骨干、种养大户以及其它社会资本参与,采取强社兼并弱社、小社依托大社等办法培育一批经济实力强、辐射范围广的强社、大社。充分发挥中心社的资源、网络优势,积极谋求在小城镇建设中的市场地位,不拘一格发展壮大实体经济,奠定为农服务的物质基础。

二是以现代流通方式改造基层社。充分利用“新网工程”、“万村千乡市场工程”、“农超对接”等政策机遇,大力整合、改造基层社现有资源,积极发展农资、日用消费品和烟花爆竹连锁经营、农副产品购销站点、农村再生资源回收站(亭),把基层社打造成现代流通的网络终端。

三是以新型农村社会化服务改造基层社。以为“三农”提供多层次、多形式、多样化的方便、快捷、高效服务为方向,充分利用基层社的场地、营业场所、资金、人才等资源,大力发展农民专业合作社和各类涉农协会,大力兴办产区批发市场、集贸市场和农副产品加工业,主动参与农业产业化经营;充分利用国家“推动基层公共服务均等化”的新要求,争取地方政府支持,联合基层各有关部门,“一个平台,多家利用”,主动承接基层政府转变职能后转让出来的经营性、管理性服务项目,积极参与科技信息、文化娱乐、医疗卫生、劳务中介、养老幼教等农村公共事业,把基层社打造成农村新型社会化服务载体。

2、进一步加快农民专业合作社建设步伐。围绕进一步提高农民组织化程度、农业产业的集中度和助农增收,围绕地方主导产业和特色品种,采取行政推动、市场运作、示范引导、服务促动等各种有效措施,多形式、多层次、多领域兴办农民专业合作社。在大力实施“千社千品”和“一村一品”富农工程的基础上,重点开展专业合作社示范社建

设。立足各地优势,以规范化建设为手段,以标准化生产、品牌化经营为重点,以产业化龙头企业为依托,以供销社流通网络为纽带,全面提升专业合作社的发展活力和市场竞争力,进一步提升专业合作社的影响力和带动力。

大力推进专业合作社之间的联合与合作,条件成熟的积极组建专业合作社联合社,促进专业合作社跨区域、跨行业的联合与合作,做大做强专业合作组织,做大产业规模,形成各具特色的产业带、产业群。

强化为专业合作社服务,以服务促进专业合作社快速发展。发挥供销社的优势,及时向专业合作社提供价格、供求、政策及技术成果信息等咨询服务,组织专业合作社参加农产品展览会、展销会、农超对接会等,帮助专业合作社与大型超市、大型商场、批发市场、大型酒店实现产销对接。

3、进一步加强农村综合服务社建设。以"新网工程"建设为契机,加大对原有基层社在乡村的经营网点、服务设施的改造、重组,组建农资、日用品、烟花爆竹便民连锁店、农产品收购站、再生资源回收站,在此基础上组建综合服务社。采取统一商品配送、统一标志标识、统一服务规范和连锁经营,带动综合服务社规范化发展、网络化经营,使综合服务社成为供销社的连锁经营网络终端。结合实际,积极探索村社联办、社商联办、社民联办、社企联办等多种形式,将现有的"农家店"及其他经营组织和个体经营户吸收到综合服务社中来,加快抢滩布局,扩大覆盖范围。

积极拓展服务功能、创新服务方式。适应现代农业发展要求,积极开展农技推广、农机维修、测土配方、庄稼医院、信息咨询等农业生产服务;适应社区发展和消费结构升级需要,积极拓展休闲娱乐、家电维修、建材装修、婚丧嫁娶等社区生活服务,满足农民生产生活的多种需求。顺应公共服务向农村延伸的新趋势,依托供销社经营服务网络和合作制优势,加强与有关部门的联合合作,逐步将服务社办成公益性服务与经营服务有机结合,全方位、多功能、综合性的农村社区综合服务中心。

4、进一步加强行业协会建设。把发展行业协会作为供销合作社延伸服务网络,扩大服务领域,强化服务功能的战略举措。一是围绕供销社传统主营业务,大力改造农资、棉花、果品、茶叶、再生资源、烟花爆竹等行业协会;创新工作机制,加强内部建设和规范化管理,开阔视野,广泛吸纳会员,增强协会的代表性和影响力,提高协会的服务水平。二是积极组建新的行业协会。围绕当地主导产业、名优特产品和传统主营业务,广泛联合生产、加工、科研、销售各个环节的组织和个人,牵头组建各种农产品专业协会;加强对农产品经纪人的组织和培育,积极鼓励和支持基层社的职工从事农产品经纪业务,加快组建农产品经纪人协会。

5、进一步探索构建农村流通与农村金融的业务合作。以省社投资企业德信担保、合肥德善等企业为龙头,加强对全省供销社系统的布局,立足供销社系统、面向社会,提高为农服务能力。

6、进一步完善农产品快捷进入市场的服务平台。加强农副产品展示、展销中心建设,积极创办各类农产品展览会、展销会,推动专业合作社、生产基地、专业大户与批发市场、大中型连锁超市、城市大卖场、高档酒店等建立直接采购关系,探索建立产销衔接、加工贸易、农超对接、城乡连接的多种形式的长效合作机制,促进优质农产品快速进入终端消费市场。

(六)发挥牵头单位作用,促进农业产业化发展

一是充分发挥供销社棉花和茶叶产业化牵头单位的作用,围绕"671"转型倍增工程,大力推进棉花、茶叶的产业化经营。重点是抓好棉花、茶叶产业发展规划实施中的指导、协调和服务,积极配合地方政府和农业主管部门落实产业政策,引领全省棉花、茶叶两大主导产业快速发展。

二是推动社有企业全方位、多渠道参与农业产业化经营。各级供销社以基地建设为基础,以培育壮大农副产品生产、加工、贸易龙头企业为支撑,以大力发展农民合作经济组织为主要手段,大力实施标准化、规模化生产,突出抓好农副产品精深加工,以产、加、销一条龙,贸、工、农一体化的农业产业化经营服务现代农业,促进农业增产、农民增收。

三是按照做大总量、培育品牌、集群发展的方向,支持鼓励供销社的龙头企业通过合同、契约等形式与农民建立紧密型利益联结机制;鼓励农民以资金、土地、技术等生产要素参股农副产品加工龙头企业;支持龙头企业采取经营权转包、租赁、股份合作等方式参与土地经营权流转,使龙头企业、专业合作社与农民社员真正结成"利益共享、风险共担"的利益共同体,提升农民的生产经营组织化、集约化程度,增强对农民的引领带动作用,促进农业增产、助农增收。

(七)大力实施项目引领战略,带动供销合作经济大发展

一是进一步强化项目意识,充分发挥流通产业的先导作用,做长产业链、做强主营业务、做大经营规模、增强发展比较优势和核心竞争力,采取多种投资方式,联合多方力量,集中人、财、物,建成一批主业突出、支撑作用大的项目;发展储存一批辐射带动能力强、市场潜力大的项目;研究论证一批前景广阔、具有战略意义的项目;用项目的持续建设促进供销社的持续发展。

二是充分运用"新网工程"项目扶持资金。扶优扶强,重点支持龙头企业兼并、重组与联合,促进网络资源向优势企业、品牌企业集中;支持连锁配送中心、农产品批发市场(包括冷链物流)、大型农产品基地、产业园区和集散交易市场建设,支持大规模土地流转和农业综合开发项目,大力扶持农业产业化龙头企业。

三是积极争取项目政策支持。加强与党委、政府各有关部门的协调与合作,积极争取利用"农业综合开发"、"万村千乡市场工程"、"双百市场工程"、"城市再生资源回收体系建设"、"示范专业合作社"、"家电下乡"、"建材下乡"、"农超对接"、"农村物流服务体系建设"、"服务业发展"、"中小商贸企业发展"等专项扶持政策,为社有企业的发展争取更多的资金支持。

（八）注重发挥比较优势，促进区域协调发展

针对全省供销合作社区域差异较大的实际，实行分类指导，加快形成竞相发展、协调发展、各具特色的区域发展新格局。

一是省、市、县三级供销社结合各自的区位优势、区域状况、资源特色，加强区域发展战略研究，以发展实体经济为重点，以盘活存量资产为突破口，加快谋划和培育具有地方特色、发展潜力大、辐射带动能力强的龙头企业，支撑、引领区域供销合作经济的发展。

二是全面融入我省经济社会发展大格局。皖江、皖北、皖西、皖南以及合肥经济圈等国家和省规划实施的经济发展主体功能区域内的各级供销社，以各主体功能区域的产业规划和政策为导向，充分发掘自身潜力，充分利用系统资源和网络优势，积极创造条件，争取政府及相关部门的支持，在相关产业谋求更大的发展。

（九）扎实推进教育兴社、人才兴社，加快培养高素质的干部职工队伍

坚持"教育兴社"、"人才兴社"的发展战略，紧密结合本单位、本地区工作实际，认真制定好职工教育和人才发展规划，细化落实发展措施，推动全系统干部职工队伍建设不断取得新突破。

一是着力加强领导班子和高端经营管理人才队伍建设。关键是创新用人机制，拓宽用人视野，加强人才培训。通过公开选拔、招聘、猎头等多种方式，不拘一格选贤任能；建立科学的岗位、业绩考核评价体系，推行和完善考核制度，充分发挥考核在人才工作中的导向、监督和评价作用；对企业经营者、关键技术岗位，积极探索更加高效灵活的市场化选人用人机制；建立市、县供销社领导班子、基层社主任和企业经理人的轮训制度，定期开展市、县领导班子成员岗位任职培训；努力营造有利于人才脱颖而出、健康成长的环境。

二是着力提高供销职工队伍的总体素质。着眼于供销合作事业长远发展，严把进人关口，提升用人标准，鼓励在职学习，大幅提升从业人员中接受高等教育人员的比重，优化人才队伍结构；建立和完善学习培训制度，大力组织开展成人继续教育和各级各类培训；充分利用供销合作社系统特有工种职业技能鉴定组织体系，加大对各级各类职业技术人员的培训与技能认证工作力度；充分利用安徽财贸职业学院的教育培训资源，积极探索校企合作的体制机制，为供销合作社系统输送和培训各类适用人才，更好地为新时期供销合作事业发展服务。

（十）加强精神文明建设，不断优化经济发展环境

一是切实增强企业党建工作的实效性。深入开展创先争优活动，充分调动党组织和广大党员的积极性和创造性，真正把党的思想政治优势、组织优势和群众工作优势，转化为企业的创新优势、竞争优势和发展优势。紧紧围绕企业改革发展实际开展党建工作，把推动企业生产经营和改革发展作为党建工作的根本出发点和落脚点，把解决改革发展中的难点作为党建工作的重点，把促进企业经营和改革发展的成效作为考核评

价党建工作的重要依据,增强党建工作的实效性,使党建工作真正成为企业价值链上的重要环节,为推动投资企业改革发展提供强大动力。

二是加强组织领导,强化激励与约束,形成供销合作事业发展的推动力。各级联社进一步加大工作指导和协调的力度,深入开展调查研究,坚持因地因企制宜、分类指导,研究制定规范、标准,提高指导工作的针对性和有效性;建立工作责任制,实行绩效考核,强化责任落实和监督,完善推动发展的激励机制;充分调动广大干部职工的积极性、主动性和创造性。

三是加强思想道德和文化建设,振奋工作精神,激发供销社合作事业发展的强大精神动力。继续发扬供销合作社的"背篓精神"、"扁担精神",弘扬沈浩精神,加强供销社文化建设,让以合作社的价值观、理念、原则和精神为主要内容的供销社文化不断深入人心,增强系统的凝聚力,提升新时期供销合作社人的自信心、幸福感、自豪感。

四是切实加强效能建设,大兴求真务实之风,提升广大干部职工的执行力。深入开展创建学习型组织活动、创先争优活动和党风廉政建设,不断提升广大干部职工的学习力、创新力、适应力、执行力;坚持实践是检验真理的唯一标准,把推动创新发展、联合发展、和谐发展、跨越发展的立足点放到真抓实干上,努力营造一个让广大干部职工把心思用到干事创业上,把功夫下到强化服务、解决实际问题上,把精力真正放到推动改革、谋划发展上的良好氛围。

安徽省供销合作社联合社“十三五”发展规划纲要

根据《中共中央、国务院关于深化供销合作社综合改革的决定》（中发〔2015〕11号，以下简称《决定》）、《中共安徽省委　安徽省人民政府关于深化供销合作社综合改革的实施意见》（皖发〔2015〕25号，以下简称《实施意见》）和《安徽省国民经济和社会发展第十三个五年规划纲要》、《全国供销合作社“十三五”发展规划》精神，坚持创新、协调、绿色、开放、共享的发展理念，结合全省供销合作社实际，编制《安徽省供销合作社联合社“十三五”发展规划纲要》（以下简称《纲要》）。《纲要》明确了全省供销合作社“十三五”时期改革发展的指导思想、发展目标、主要任务和保障措施，是指导未来五年全省供销合作事业改革发展的重要依据和行动纲领。

一、现状与形势

（一）“十二五”时期全省供销合作社改革发展成就

“十二五”时期是供销合作社改革发展不平凡的五年。面对国际金融危机带来的深刻影响和我国经济发展进入新常态后出现的新挑战，全省供销合作社在省委、省政府和全国供销合作总社的坚强领导下，深入学习贯彻党的十八大和十八届三中、四中、五中全会精神，以习近平总书记系列重要讲话精神为指引，坚持为农服务的办社宗旨，认真贯彻落实中央、省委关于“三农”工作的决策部署，突出跨越发展的工作主轴，不断解放思想，深化改革，开拓创新，锐意进取，全系统经济实力持续快速增长，为农服务能力显著增强，行业影响力不断提升，开创了供销合作事业发展新局面。在全国供销合作社系统综合业绩考核中，全省系统连续五年荣获特等奖，稳居前五名，继续位列第一方阵，为发展现代农业、促进农民致富、繁荣城乡经济作出了积极贡献。

1. 经济发展水平显著提升。2011—2015年，全省供销合作社销售总额、利润总额、资产总额、所有者权益分别从701.18亿元、12.09亿元、389.65亿元、83.55亿元增长到2420.05亿元、47.74亿元、1062.92亿元、290.5亿元，年均增长28.11%、31.61%、22.23%、28.3%，主要经济指标增幅均超过全省平均水平。2015年四项主要经济指标分别是2010年的3.45倍、3.95倍、2.73倍、3.48倍；五年来累计上缴税费99.46亿元，社会贡献总额342.95亿元。

十二五期间全省系统购、销总额分年图表

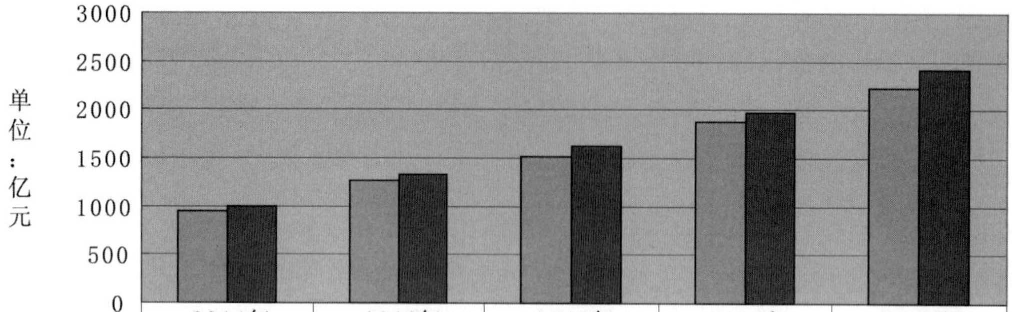

	2011年	2012年	2013年	2014年	2015年
购进总额	941.29	1264.09	1519.84	1875.26	2222.57
销售总额	990.98	1324.49	1622.24	1970.89	2420.05

十二五期间全省系统销售总额增幅分年图表

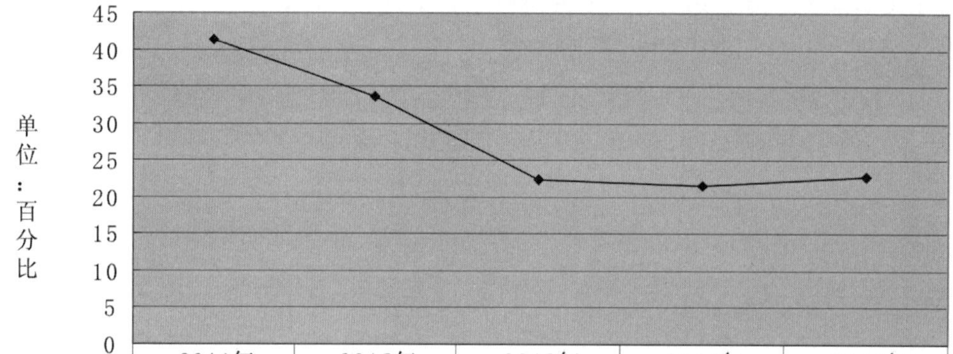

	2011年	2012年	2013年	2014年	2015年
销售增幅	41.33	33.65	22.48	21.49	22.79

十二五期间全省系统利润总额增幅分年图表

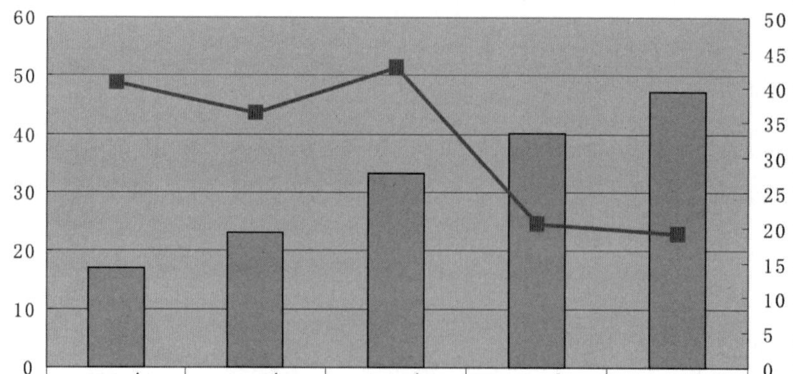

	2011年	2012年	2013年	2014年	2015年
利润总额（亿元）	17.01	23.19	33.27	40.08	47.34
增长率（%）	40.64	36.36	42.87	20.5	19.1

在整体经济实力大幅提升的同时，全系统发展质量明显提高，结构更趋合理。市、

县和基层供销合作社销售及利润总额持续保持稳步增长态势，其中市、县供销合作社销售总额占全系统的比重从2010年的70.60%提高到2015年的86.75%，市级社、县级社利润总额占全系统的比重，分别从2011年的64.84%提高到2015年的75.24%，初步形成均衡发展的良好格局。

2. 为农服务能力显著提高。全省供销合作社积极适应经济社会发展的新变化，准确把握农业农村的新形势，着力建立健全现代经营服务网络，推动服务创新，拓展服务领域，不断增强为农服务能力。

一是"新网工程"建设深入推进。通过大力实施"642"提升行动，具有安徽特色的"农资、日用消费品、农副产品、再生资源、烟花爆竹、农村金融"六大经营服务网络体系不断健全，网络覆盖面不断扩展，运营水平不断提高，供销合作社在农村现代流通中的主导地位得到巩固和强化。2015年底，已建各类经营网点63629个（其中农资网点17312个；日用品网点12317个；再生资源网点5551个；农副产品收购网点5803个；烟花爆竹网点22538个；金融服务网点108）；网点覆盖全省85%以上的乡镇和60%以上的行政村；配送中心539家，批发市场66个，庄稼医院科技服务网点2286个，全面超额完成了"新网工程""十二五"建设目标任务。

二是农业社会化服务水平不断提升。农业生产服务方式创新成效明显。全省供销合作社面向农民和各类新型农业经营主体，积极提供"保姆式"、"菜单式"、系列化的农业生产服务，累计流转土地130.85万亩，开展科学示范试验、统防统治和测土配方面积57多万亩次，发放科技资料126万多份。农资销售主导地位进一步巩固。2011年以来，全系统共销售化肥7211.98万吨，充分发挥了农资经营主渠道作用，为我省粮食实现"十二连增"作出了积极贡献，有力的保障了全省农业生产。农业产业化发展不断深入。认真履行全省棉花、茶叶两大产业农业产业化牵头单位职责，全系统代储全省60%的国家储备棉，茶叶出口量和出口金额位居全省前列；通过实施"821行动计划"，全系统培育了省社级以上农业产业化龙头企业共246家，其中国家级龙头企业1家，总社级27家，省级38家，省社级180家。

三是农产品电子商务快速发展。截至2015年底，自建和在建电子商务平台15个，依托第三方平台建设的各类特色馆（店）12个；237家企业开展电商业务，电子商务销售额达34.51亿元，同比增长315.78%。电子商务的蓬勃发展，正引领和推动供销合作社流通方式变革、服务模式创新。

四是农村金融服务稳步发展。供销合作社作为主发起人已先后组建了6家小额贷款公司、2家担保公司、2家农村商业银行、1家农村合作银行、21家资金互助专业合作社，注册资本合计26.64亿元。通过金融资本和金融服务，实现供销合作社与农业发展、农民生活的全面对接和相互融合，提升供销社为农服务的层次和水平。

3. 社有企业经济实力显著增强。适应经济发展方式加快转变新要求，不断推进社有企业创新发展，整体发展水平跃上新台阶。

一是改革创新不断深入。全省系统不断发挥自身企业优势,拓宽融资渠道,创新资本运营方式。司尔特、辉隆股份于2011年相继成功进军资本市场,新力投资集团于2015年7月一举成为巢东股份第一大股东,安徽省供销商业总公司成为其实际控制人,巢东股份成为“中国类金融板块第一股”。

二是经营服务领域不断拓展。在巩固传统主营业务的同时,全系统积极顺应市场需求变化和产业发展趋势,将社有企业经营领域延伸到化工、房地产、农产品精深加工、冷链物流、担保拍卖、典当小贷、资本运作等,新型业务比重已占到全系统的44.11%,多元化发展取得实效。

三是龙头企业稳步壮大。目前,全系统拥有法人资格、独立核算的社有企业915家,其中年销售额1亿元以上的企业403家,过5亿元的53家,全国系统百强企业7家,初步形成了龙头企业发展集群。一批骨干企业迅速壮大,成为具有较强核心竞争力的行业领军企业。

四是主业提升不断加速。农资企业一方面强化资源掌控,一方面下沉服务网络,辉隆集团携手青海盐湖钾肥,设立南方公司,同时推行“农资商品+综合服务+解决方案”服务模式,为农民提供全程农业生产服务;再生资源企业经营结构不断优化,双赢集团在陕西神木建设洁净煤基地,并拓展镍铁、废塑料等经营品种;烟花爆竹企业通过资本运作向产业链上游延伸,盛虹集团进军湖南市场,投资建厂,生产自主品牌烟花爆竹;日用消费品、棉花等企业也都加快转型升级步伐,有效提升了市场竞争能力。

五是项目建设稳步推进。“五禾丰”复合肥项目已投入生产;宣城废旧商品产业园建成开业,我省南部地区第一条规范的PET瓶片回收加工生产线正式投产;安徽棉花茶叶电子交易中心项目稳步实施。2015年底,全系统总投资500万元以上的在建重点项目120个,总投资规模35.9亿元,一批大项目的上马投产,形成了经济发展的新支撑。

4.基层组织体系建设成效显著。加大对基层工作指导和扶持力度,不断夯实为农服务基础。基层社恢复重建和分类改造工作取得显著进展,经营水平有效提升,服务功能不断强化。2015年底,全系统基层社实现销售435.49亿元、利润4.52亿元;分别是2010年的4.57倍和9.41倍。通过大力实施农民专业合作社“411”提升行动,设立合作经济发展专项资金,推进标准化建设,专业合作社的发展领域和范围进一步拓宽,先后有85家农民专业合作社荣获国家级示范社64家荣获总社级示范社。全系统目前共有各类专业合作社4767家,入社农户35.7万户。三是综合服务社功能不断充实。结合全省美好乡村建设,出台了农村综合服务社星级社暂行标准,综合服务社不断创新服务方式,充实服务功能。全系统已领办创办各类综合服务社17550家。全系统已发展各类行业协会、农产品经纪人协会、合作经济联合会378个,入会会员达16.8万余人。

5.社会影响力不断扩大。供销社标识的规范推广使用,提振了系统干部职工的自信心和自豪感;四届中国安徽国际茶博会的成功承办、农产品交易会展销会的积极参展,以及助学、帮扶、慈善等公益活动的开展,极大地提升了供销合作社知名度和美誉度;着力加强与党委政府的协作及有关部门的沟通,有关部门和地方各级党委政府对供销合作社的支持力度不断加大,省社开展与央企、省属国企、社会知名民企战略合作,供销合作社发展环境日益优化。

6.综合改革迈出坚实步伐。省委、省政府下发《实施意见》,标志着全省供销社综合改革进入实质性全面实施阶段。我省供销合作社综合改革实施方案已经省政府同意、总社评估、中农办批复,印发全省系统贯彻执行。全省系统上下学习、宣传、贯彻文件掀起新高潮,目前绝大多数市级党委政府成立了由党政领导牵头、相关部门参加的综合改革领导小组,研究制定具体实施意见和工作方案,为全面深化改革打下了坚实的基础。

(二)"十三五"时期全省供销合作社发展面临的机遇和挑战

"十三五"时期,是我国经济全面推进改革,加快形成引领经济发展新常态的体制机制和发展方式,确保如期全面建成小康社会的关键时期;是安徽省加快打造"三个强省"、建设美好安徽的重要时期和全面建成小康社会的决胜阶段;是全省供销合作事业站在新的历史起点,全面推进综合改革,加快科学发展的全新征程。展望"十三五",全省供销合作社既面临加快改革发展的重大战略机遇,也面临着诸多矛盾叠加、风险隐患增多的严峻挑战。

1.宏观经济继续保持积极稳健的发展态势

《中共中央关于制定国民经济和社会发展第十三个五年规划的建议》关于全面建成小康社会的基本目标,提出了经济保持中高速增长、居民收入翻番,产业层次提升、消费贡献增加等新要求。同时,还提出培育发展新动力、拓展发展新空间、深入实施创新发展驱动战略、大力推进农业现代化、构建产业新体系、构建发展新体制、创新和完善宏观调控方式的新理念。《安徽省国民经济和社会发展第十三个五年规划纲要》提出了"1+7"的发展目标,即确保全面建成小康社会,实现产业结构优化、质量效益提升、经济总量扩大、人均指标前移、文明程度提高、生态环境改善、制度更加健全。未来五年,完成规划的目标任务,贯彻落实发展新理念,落地实施各项保障措施,宏观经济将保持积极稳定的发展。

另一方面,当前我国经济发展进入新常态,增长速度、发展方式、经济结构发生深刻变化,发展速度更为平稳、发展动力更为多元、发展质量更为健康。认识新常态,适应新常态,引领新常态,已成为当前和今后一个时期我国经济发展的大逻辑,有利于促进和引导包括供销合作社在内的各类经济主体进一步转变经济发展方式,调整经济发展结构,努力实现有质量、有效益、可持续的发展。

2.深化供销合作社综合改革为供销合作事业发展注入了强大动力

党的十八大以来,党中央、国务院从加快推进中国特色农业现代化、巩固党在农村执政基础的战略高度,出台了《决定》,为在新的历史条件下继续办好供销社、充分发挥供销社的独特优势和重要作用,提供了科学指南和根本遵循,优化了供销合作社的政策环境,凝聚了社会对加快供销合作社事业发展的共识,对推进供销社改革发展具有里程碑意义。为贯彻落实《决定》精神，安徽省委、省政府结合我省实际出台了《实施意见》，对安徽供销合作社未来五年改革发展提出了具体目标任务，部署了重点工作，明确了保障措施，要求把深化供销合作社改革纳入全面深化改革大局统筹谋划、协调推进，精心组织，抓好落实。深化供销社综合改革文件的出台，为供销社发展提供了强大的政策支持；深化供销社综合改革的推进，为供销社发展提供了强大的动力。

3. 农业生产、生活新变化为供销合作社改革发展提供了广阔空间

“十三五”时期，农业生产、生活方式深刻变化，适度规模经营稳步发展，在现代农业建设中将发挥引领作用；现代农业产业体系、生产体系、经营体系逐步建立；城乡一体化进程加快，农民收入快速提高，消费升级需求明显加大，农村潜在的巨大消费需求将得到快速释放。全省供销合作社长期扎根农村、贴近农民，服务“三农”实践经验丰富，组织体系比较完整，经营网络比较健全，在提供农村社会化服务和满足农民消费需求方面具备得天独厚的优势和广阔的发展空间。

4. 全省供销合作社改革发展奠定了良好基础

“十二五”时期，全省供销合作社认真践行“服务三农”宗旨，坚持改革创新，坚持科学发展，积极探索符合安徽实际的供销合作事业改革发展道路，各项工作取得突出进展。这对于供销合作社拓展经营服务领域、健全经营服务体系、强化为农服务职责发挥了重要作用，也将为全省供销合作社完成“十三五”时期目标任务，进一步加快改革发展提供坚实基础。

同时也要看到，“十三五”时期，全省供销合作社改革发展也面临内外多重风险挑战。从外部形势来说，宏观经济整体处于调档降速、转换动力和调整结构的阵痛期，各类经济主体经营压力较大。从供销合作社自身来说，尚存在许多问题亟待突破。一是联合社体制机制有待进一步完善，突出表现在：以联合社为主导的行业指导体系尚未完全建立、系统上下联合合作不够；联合社与社有企业关系有待于进一步理顺，理事会作为社有企业资产出资人职责有待于进一步落实。二是为农服务能力有待进一步提高，突出表现在：与农民经济上和组织上合作关系不够紧密；全程化提供农业生产服务能力薄弱；全面满足农业、农村、农民的需求能力不强；人才、资金缺乏，服务成效不够明显。三是社有企业发展水平有待进一步增强，突出表现在：不少企业存在经营机制不活、管理体制不顺的问题，亟待加快完善现代企业制度，健全法人治理结构，建立与绩效挂钩的激励约束机制；传统企业所处领域产能过剩、市场低迷，经营压力大；多数企业规模偏小、实力偏弱，核心竞争力、盈利能力和抵御风险能力不强。

二、总体要求

(一)指导思想

以邓小平理论、“三个代表”重要思想、科学发展观为指导，全面贯彻落实习近平总书记系列讲话重要精神，以《决定》和《实施意见》为根本遵循，紧紧围绕“三农”工作大局，坚持为农服务根本宗旨，坚持合作经济基本属性，坚持社会主义市场经济改革方向，

坚持发展是第一要务，牢固树立和贯彻落实创新、协调、绿色、开放、共享的发展理念，以提高发展质量和效益为中心，以深化供销合作社综合改革为动力，加快形成供销社适应和引领经济发展新常态的体制机制和发展方式，加快建成供销社适应社会主义市场经济需要、适应城乡发展一体化需要、适应中国特色农业现代化需要的组织体系和服务机制，为发展现代农业、促进农民致富、繁荣城乡经济发挥更大作用，为全面建设小康社会做出新贡献。

（二）发展目标

到2020年，全省供销系统主要经济指标保持高速增长，对接多层次资本市场取得显著进展，六大经营服务网络建设更加完善，“三社一会”发展更加壮大，现代化的信息技术融合运用能力和水平显著提高，供销社的地位和作用更加显现。具体为：实现销售总额达4000亿元，较2015年年均增长10.50%；实现利润总额达70亿元，较2015年年均增长8%；所有者权益达388亿元，较2015年年均增长6%；对接各层次资本市场的挂牌、上市企业8—10家；农资、日用消费品、农副产品、再生资源、烟花爆竹、农村金融六大经营服务网络健全，新建、改造基层社500家；领办创办专业合作社达5000家；新建、改造各类综合服务社5000家；供销合作社各类经营服务网点乡镇覆盖面达90%以上；电子商务发展进入全国供销社先进行列，电子商务年交易额320亿元以上。

三、主要任务

（一）积极拓展经营服务领域，强化为农服务功能

1. 加快构建农业社会化服务体系。大力实施“农业社会化服务惠农工程”。采取大田托管、代耕代种等多种方式，为农民和各类新型农业经营主体提供农资供应、配方施肥、农机作业、统防统治、收储加工等系列化、订单式服务。积极参与农村土地承包经营权流转，促进农业适度规模经营。支持农资龙头企业以连锁、加盟等方式，改造、整合各类农资经营网络资源，做好技物结合等系列服务，建立农资商品质量追溯体系。充分发挥供销合作社综合服务社、庄稼医院在农业生产技物结合服务中的积极作用。加强农业综合开发项目对供销合作社新型农业社会化服务体系建设的扶持力度。

2. 全面提升农产品流通服务功能。大力实施“农产品批发市场建设工程”。鼓励各级供销合作社以投资、收购、兼并、重组等方式建设一批功能完备的产地、销地大中型农产品批发市场、物流中心及仓储冷链设施。积极参与建设、运营、管护政府控股的农产品批发市场。推动涉农连锁企业、农产品批发市场与农民专业合作社、农产品生产基地有效对接与合作。支持社有企业在城乡社区建设一批连锁店、平价店、直销店等农产品零售终端，逐步构建起布局合理、联结产销的农产品物流配送体系。

3. 着力打造城乡社区综合服务平台。大力实施“综合服务社提质扩面工程”。积极参与新型城镇化和美好乡村建设，在社区、中心村新建或改造一批主体多元、功能完备、便民实用的农村综合服务社和城乡社区服务中心（站），积极开展“全方位、一站式”服务，满足城乡居民多元化、个性化服务需求。

4.稳步开展农村合作金融服务。大力实施“农村合作金融工程”。按照社员制、封闭性原则,在不对外吸储放贷、不支付固定回报的前提下,发展农村资金互助合作。依法设立农村互助合作保险组织。依照法定程序开展发起设立中小型银行试点和消费金融公司、融资租赁公司、小额贷款公司、融资性担保公司、典当行、互联网金融等金融企业。积极争取与地方财政共同出资设立政策性融资担保机构。采取多种形式,大力加强农村金融服务网络体系建设。

5.大力发展电子商务。大力实施“电子商务惠民工程”。顺应“互联网+”快速发展新趋势,充分发挥供销合作社传统产业和经营网络优势,大力发展电子商务,推动线上线下融合发展。注重运用网络信息技术改造传统流通网络,通过“实体+互联网”方式,加快形成网上交易、仓储物流和终端配送一体化经营。着力探索农产品电子商务发展的路径和经营模式,大力拓展农产品网上销售。培育和发展一批具有较强创新能力的电子商务企业。积极发展移动互联电商业务,拓展消费市场。

(二)构建完善新型基层组织体系,夯实为农服务基础

1.创新基层社发展模式。按照合作制原则,广泛吸纳农民和各类新型农业经营主体入社,逐步提高基层社农民社员的比例,不断强化基层社与农民在组织上和经济上的联结。健全基层组织体系,构建社员代表大会和理事会、监事会制度,完善组织机构,强化民主管理、民主监督,引导农民社员参与基层社经营管理活动。以资本为纽带,深入推进开放办社,吸引各类社会资本投入和农村能人入社,促进基层社产权多元化。加强基层社与农村集体经济组织、基层农技推广机构、龙头企业等合作,拓宽经营领域,延伸服务网络,实现联合发展。

2.分类推进基层社建设。采取多种方式,加快基层社的改造与重建,提高基层社网络覆盖面,提升基层社经营服务能力。通过发展生产合作、供销合作、消费合作、信用合作、服务合作,推进经济实力较强的基层社向综合性合作社转变。采取联合社帮扶、社有企业带动、社会资本投资、合作发展基金和专项资金扶持等方式,帮助经济实力较弱的基层社恢复提升服务功能。通过强化服务指导、资本投入、联合合作等途径,逐步将已承包或租赁的基层社经营网点纳入供销社系统经营服务体系。在基层社空白地区,由县联合社牵头,采取多种方式建设一批管理规范的新型基层社。

3.加快发展专业合作社。加强农民专业合作社建设,创新农民专业合作社发展方式,建设具有示范效应和带动能力的专业合作社和示范社,夯实供销合作社系统基层组织服务基础。依托基层社、龙头企业,采取多种形式,广泛吸纳农民、种养大户和各类农村新型经营主体入社入股,创办一批管理民主、制度健全、产权清晰、带动力强的农民专业合作社;推进农民专业合作社规范化、标准化建设,建设一批示范社。以市场为导向、以产品为基础、以农民专业合作社为依托,做大做强一批跨区域、跨行业、有竞争力的农民专业合作社联合社。

4.规范行业协会建设。完善协会法人治理结构,建立健全资产管理制度、财务核算

制度，创新协会用人机制，完善绩效考核评价体系，积极引导行业协会拓展服务平台，加强承接政府转移职能和购买公共服务的能力建设，与联合社优势互补、协同发展，形成为农服务合力。以农资、棉花、茶叶、再生资源、烟花爆竹、冷链物流、农产品经纪人七大省级行业协会为龙头，协会间建立起优势互补、资源共享、相互依托的工作机制，加强系统内外行业协会之间的横向联合和纵向对接。围绕农村电子商务、城乡社区服务等新型业务领域，积极培育孵化新型协会。

5. 加强基层组织建设。一是开展基层社标杆社打造工程。以强化合作、农民参与、为农服务为原则，以制度健全、管理民主、实体运作、管理规范为目标，每个县打造一个综合实力强、为农服务功能全的基层社“标杆社”，通过基层社“标杆社”引导带动，每年建设新型基层社 100 家，到 2020 年末建设 500 家，实现全系统基层社涉农乡镇全覆盖。二是开展农民专业合作社示范社培育工程。每年培育 100 家具有综合带动效应的农民合作社示范社，实行动态管理，定期监督考核，引导农民合作社规范化运作，切实增强市场竞争和服务带动能力，成为供销合作社带动农民专业合作的重要依托。到 2020 年末，全系统农民合作社发展到 5000 家以上、示范社 500 家。三是开展星级服务社提质扩面工程。按照农村综合服务社星级划分与评定标准，每年组织创建“五星级”农村综合服务社 20 家、“四星级”农村综合服务社 60 家、“三星级”农村综合服务社 120 家，带动系统农村综合服务社提升建设服务标准，增强综合服务能力。到 2020 年末，农村综合服务社星级社发展 1000 家。

（三）加快推进社有企业转型升级，完善经营服务体系

1. 坚持创新发展，着力推进社有企业转变发展方式。

加快转变社有企业发展方式，调整优化经营结构，不断推动产品创新、经营创新、服务创新、技术创新、模式创新，做大做强主业，延伸产业链条，提升企业核心竞争力。充分发挥供销合作社综合优势，采取并购重组、股权投资、业务合作等方式，推动农产品等社有企业以产品为纽带，与新型农业经营主体结成利益共同体，加快由流通领域向上下游延伸，构建产加销一体化产业链条，推进农业一二三产业融合发展，促进农业“接二连三”，推动农业产业链整合和价值链提升，让农民群众在产业融合中获得更多增值收益。支持社有企业充分利用多层次资本市场，拓宽融资渠道，创新资本运营手段和方式，推进社有资本证券化。创新适应农业生产、农民生活需求发展的有效供给，基本形成规模化、综合性、可持续的为农服务体系。

2. 推进协调发展，着力推动社有资本合理优化配置。

优化资本布局，通过合并、划转、并购、靠大联强等方式，促进本级企业的优化整合，推动社有资本向优势企业集中。加大对长期亏损企业和低效无效资产处置力度，提高社有资本配置效率。

推动跨层级企业并购重组。以市场为导向，以资本为纽带，推进社有企业跨地区、跨层级并购重组，提高企业在农资、棉花、农副产品和再生资源等传统经营领域的产业

控制力和行业影响力。发挥省级企业的龙头带动作用,以项目、品牌、业务为纽带,按照市场规则,积极推进与市、县级社有企业的业务联动和网络整合,实现优势互补、互利共赢、共同发展。

推进系统企业多网融合。加快县以下基层经营网点的省级改造,实现龙头企业与基层网络的有效对接。大力推行农资、日用消费品统一配送,农产品和再生资源统一收购,形成多网协同效应。推进跨区域业务联合合作,加强区域经济中心、网络关键节点的基础设施建设,组建多种形式的区域经营联合体或股份制公司。发挥整体优势,推进区域性、全省性重大项目的统筹合作,推动经营上的强强联合。

3. 坚持绿色发展,着力改善城乡生态环境。

建立起覆盖系统生产、加工、流通全过程的农产品质量追溯体系,在确保农产品标准化、绿色化、品牌化发展方面发挥重要作用。强化农业社会化服务的科技支撑,加快农资物联网应用与示范项目建设,大力开展有机肥、低残留农药、高标准农膜推广使用和残膜回收利用。加快建设新型庄稼医院,为农业经营主体提供综合性、专业化服务,实现系统农资企业向综合服务商成功转型。再生资源经营加快向农村社区延伸,绿色发展方式和生活方式加快推进,规范建设再生资源回收网点,促进资源循环和高效利用,改善城乡生态环境。

4. 坚持开放发展,着力发展混合所有制经济。

深化社有企业产权制度改革,通过横向联合、纵向合作等途径,实现企业投资主体多元化,形成各种经济形式的联合。充分发挥合作经济组织优势,系统跨区域联合和跨层级整合迈出新步伐,在农资、棉花、粮油、鲜活农产品、日用消费品、再生资源等重要领域,培育出一批主业突出、充满活力、竞争力强的大型企业集团。与系统外的联合合作取得新突破,与金融保险、农业生产、流通服务等大型国有企业建立起新型战略合作关系。鼓励社有企业面向社会引进战略投资者,依法依规实施员工持股,以投资主体多元化增强社有企业发展活力和为农服务实力。

5. 坚持共享发展,着力提升为农服务能力。

采取多种形式,作出更加有效的制度安排,使农民在与供销社共建共享发展中有更多的获得感,增进系统凝聚力,朝着共同发展共同富裕的方向稳步前进。应用好各项惠农政策和民生政策,稳步推进全国总社惠农工程、电子商务惠民工程及其示范试点工作,提升为农服务能力,科学分享政策红利。多渠道增加职工收入,共同分享供销社发展红利。

(四)深化联合社机关改革,完善行业指导体系

1. 密切联合社层级联系。围绕构建联合社主导的行业指导体系,优化各级联合社的职责分工,突出工作重点,加强联合合作。强化联合社为成员社、基层社服务的工作导向,以提升为农服务资源供给管理水平和保障基层服务体系建设运营为目标,加强与基层社、社有企业、农民合作社之间的业务指导体系,建立高效的为农服务行业指导机制。落实联合社对成员社的资产监管职责,建立成员社对联合社的工作评价机制。完

善联合社对成员社的工作考核奖惩机制，强化考核结果运用。做实供销合作社合作发展基金，各级联合社当年社有资产收益，按不低于20%的比例注入本级供销合作社合作发展基金。省、市、县级联合社在自愿的基础上，将本级合作发展基金的一部分上缴上一级联合社合作发展基金，统筹用于基层社建设和为农服务。

2. 深化联合社机关改革。全面健全市、县两级联合社社员代表大会、理事会、监事会制度，优化联合社机关机构设置、职能配置。允许不同发展水平的联合社机关选择参公管理模式或企业化管理模式。着力推进县级联合社民主办社、开放办社，逐步把县级联合社办成基层社共同出资、各类合作经济组织广泛参与、实行民主管理的经济联合组织。引导县级联合社逐步建立市场化的管理体制、经营机制、用人制度。支持经济实力强、为农服务基础好的县级联合社积极稳妥开展实体性合作经济组织改革试点。统筹运营县域内供销合作社资源，打造县域范围内服务农民生产生活的综合平台，着力培育规模化服务优势。

3. 理顺联合社与社有企业关系。各级供销合作社理事会是本级社有资产和所属企事业单位资产的所有权代表和管理者，理事会要落实社有资产出资人代表职责，监事会要强化监督职能。按照社企分开、“双线运行”的原则，建立社有资本经营预算制度，统筹用好社有资本收益，把控社有资本收益投资方向，以管资本为主加强对社有资产的监管。

四、保障措施

（一）加强组织领导，强化责任落实。切实按照规划的目标任务和工作要求，加强对规划实施的组织领导，统筹谋划，科学安排，突出重点，强化措施，充分发挥各级单位主要负责人的引领和带动作用，激发广大干部职工工作活力。进一步明确分工，清晰职责，分解任务，一级抓一级，一级带一级，一级促一级，确保各级任务的全面贯彻落实。

（二）细化目标任务，加强调度监控。按照规划的重点目标和任务，各市供销社、省社机关各处室及各企事业单位要结合工作实际，细化目标任务，制定系列配套实施方案，科学安排年度工作计划，详细绘制时间表和任务图，进一步明确责任主体和时间进度。加强对推动规划落实的全面协调调度，成立协调联络组，打破瓶颈和障碍，形成上下衔接紧密，左右联系畅通的合作协调机制。建立监督检查和动态监控机制，定期检查、收集和分析任务落实情况，适时开展评估和通报。

（三）争取政策支持，推动改革发展。加强与政府等有关部门的协调沟通，积极承担政府委托的各项任务，大力争取政策、资金、环境等各方面支持。充分运用新闻媒体等做好宣传报道，讲好为农服务、为政府分忧、为群众解难的故事，传播新时期供销合作社新作为，树立供销社新形象，为供销社改革发展营造良好的舆论氛围和社会环境。

（四）强化队伍建设，提供人才支撑。大力实施人才兴社战略，探索具有合作经济组织特色的干部人事管理制度，健全市场化导向的选人用人机制，多渠道选拔和引进人才，面向社会公开招聘事业发展亟需的经营管理及专业技术人才。完善系统内人才培养和选拔机制，推动机关、企业、事业、协会之间，上级社和下级社之间干部的挂职交流，探索建立系统人才储备库。大力实施人才兴社培训工程,制定供销社系统干部职工教育培训规划,探索制定社有企业和基层组织经营管理人才培养规划,建立专项教育培训基金,加强供销合作社系统特有工种职业技能鉴定培训。充分发挥安徽财贸职业学院等系统内院校,作为供销社系统人才培养、干部培训的基地作用,大力开展订单式培养,深入推进校企合作,组织开展专业培训。

(五)加强自身建设,优化发展环境。着力加强行业指导、服务基层、资产监管、政策协调等职能作用,加快构建双线运行机制。发挥监事会在调查研究、建言献策、组织建设、制度建设和监督检查等方面的作用,履行好监督职能。推进法制化进程,加强法制建设和宣传,贯彻落实《供销合作社条例》,树立法治思维,运用法治方式,依法治社、依法经营、依法维权。加强供销合作社文化建设,坚持和弘扬社会主义核心价值观,挖掘和发扬新供销、新精神,弘扬"为农、诚信、创业、合作"供销合作社精神,丰富和发展"为农、务农、姓农"的核心价值理念,提升供销社文化自觉和文化自信。

(六)加强党的建设,发挥保障作用。推进改革发展,使命重大,任务艰巨,考验复杂,必须切实加强党的建设,坚决落实全面从严治党要求,强化党内监督,把党的纪律和规矩挺在前面,强化权力制约,全面落实党风廉政建设的主体责任和监督责任,扎实推进《廉洁自律准则》和《纪律处分条例》的贯彻落实。巩固拓展党的群众路线教育实践活动成果,健全完善"三严三实"作风建设长效机制,将"严"和"实"的精神贯穿到改革发展的全过程。创新党建工作方式和手段,充分发挥党组织政治核心作用,特别在选拔企业管理人员、推进改制重组、开展重大投融资活动、实施监督考核等方面,党组织要把方向、控底线。加强对党建工作的组织领导,形成聚精会神抓党建的浓厚氛围和良好环境,不断提高党建工作科学化水平,为深化供销社综合改革、开创供销合作事业发展新局面提供坚强的政治和组织保障。

三、安徽省供销社系统1991年抗洪救灾纪实

1991年5月中旬到7月中旬,安徽连降大雨、大暴雨,造成历史罕见特大洪涝灾害。供销社经营服务网点遍布农村,灾害带来损失极为惨重。全省供销社系统水灾直接经济损失54565.98万元。其中,房屋倒塌43.47万平方米,损失5846.42万元,商品损失11855万元,水毁化肥12万吨、农药531吨。行蓄洪区、内涝严重地区和山洪暴发地区,有的基层社基本被冲光,至8月,仍有部分基层社在洪水围困和淹没之中。此外,在抢险中,供销社接受政府命令,直接拿出物资商品,每县均在100万元以上,全省约1亿元。

在省委、省政府领导下,省社动员系统上下迅速行动,层层建立组织,调整、充实力量,一方面投身社会防汛救灾,另一方面抓好系统内抗洪抢险。

各级供销社全力组织防汛救灾物资,保证全省防汛抗洪工作顺利进行。据统计,全省供销社土产公司共组织调拨草袋225.4万条、麻袋10万条、毛竹3.4万根、芦席3.7万条、土筐近10万只。哪里有险情,供销社就紧急调运到哪里。在省会城市合肥及所属3县遭受洪水、内涝袭击时,合肥市土产公司及时调进52万条草袋、5千条蒲包、1万张芦席、5万把铁锹、5千根毛竹等防汛物资,并专门辟出3个门市部为防汛物资供应点,24小时营业。淮南市供销社系统为保卫华东能源基地,共调运防汛草袋38万条、毛竹1万根、芦席7200条、油毡1万多卷、麻袋1.3万条、蒲膜33吨。当巢湖大堤告急时,巢湖地区供销社按照行署命令,一夜紧急调运4万条草袋,加固大堤,消除隐患。

各级供销社组织广大干部职工冒着生命危险抢运商品和财产。在供销社财产受到严重威胁时,全省各级供销社党员干部都能冲在前面,广大职工舍弃家产、丢下亲人,冒着生命危险抢救国家财产。阜南县郜台供销社地处淮河行蓄洪区,随着王家坝水位猛涨,有700多吨化肥上水1米多深。在紧急关头,他们连夜组织职工排水,成立职工突击队,并动员亲属帮助抢运。保管员段运福在家收麦,接到紧急通知后,不顾自家房屋倒塌、孩子发高烧和7亩小麦被淹,立即返回社里,投入紧张的抢险战斗。农资保管员蔡秀芬,坚守岗位两天两夜,晕倒在工作现场,家里的麦子也被洪水冲光。沿淮唐垛湖行洪前,颍上县王岗供销社堤外一幢仓库存有化肥500多吨,为及时抢运化肥,因患高血压刚从医院回来的社主任带领30多名职工,从上午9点一直干到夜里11点多,共搬运化肥570多吨,平均每人搬运化肥12吨。凤台县焦岗湖圩堤告急,曹集供销社仓库196吨粮奖尿素、164吨碳铵、42吨磷肥、5吨农药危在旦夕,县供销社主任凡孟堂闻讯奔赴现场,和职工一起突击抢运,累得吐血仍坚持在第一线。全椒县地处襄河闸口附近

的城东供销社有近百万元工业品、化肥、农药和农副产品急待转移,县社主任赶赴现场,组织30多名青壮职工突击抢险直至深夜一两点钟。当国家财产得救时,许多职工家里都被洪水淹没。滁州市回收公司经理李本江,三天三夜奋战在仓库,湿衣服裹在身上,双脚在水里泡得发白、发肿。滁州市乌衣供销社棉布柜组女职工江兰英,在电路中断、门市部上水达1.3米深的情况下,摸黑将商品向货架高处转移,不慎跌落到玻璃柜台上,左手食指、中指被玻璃划破2厘米长的大口子,她只简单地用白酒消毒,忍着剧痛,又继续抢搬商品。贵池市灌口供销社石城双代店代销员桂文龙带领两个儿子奋力抢运供销社双代店的化肥和日用消费品。当双代店绝大部门物资转移到安全地带时,洪水已堵住桂家屋门,他的老伴和两个儿媳带着四个婴儿爬在阁楼上啼哭、呼救的时候,他想到的是"先大家,后小家",不顾个人生命安危,驾着小船,一边呼唤,一边抢救落水群众,他们先后抢救群众56人。

供销社围绕抗洪救灾,做好灾区群众生活服务,把党的温暖送到灾区群众手中。各地供销社采用车、船、人抬、肩扛,保证灾民生活必需品供应。合肥市供销社果茶公司、永达大厦等积极组织菜源,投入市场各类干菜5500公斤、袋装酱菜1.48万袋、肉类罐头1000听,以及竹笋、碎蘑菇6000公斤、紫菜1250公斤。阜南县供销社组织900多人,日夜奔波在大堤上,20天供应各种商品价值达58万元。全县83个供应点日夜供应。霍邱县供销社组织6条船,为被洪水围困的重灾区群众流动供应生活用品,全县105个供应网点都延长供应时间,有的基层社采取板车拉、职工挑、设摊点等供应方式,保证灾民生活需要。1个月内,向灾区供应煤油13.8吨、桅灯2000只、明矾8吨、碱粉1吨、食盐350吨。颍上县王岗供销社在唐垛湖行洪后,租用2条船,装上日用生活品巡回进出被水围困庄台,实行水上流动送货上门、收购上门,若灾民无钱,可用鸡蛋换盐、用废品换购商品。当他们了解到灾民因洪水围困,吃不到一点蔬菜,唇齿干燥出血时,立即采购茄子、南瓜、青椒、大葱,到粮食部门购进豆油、面条,按市场收购价和粮食部门调拨价供应灾民,10多天里供应土豆1500公斤、青椒1000公斤、茄子500公斤、南瓜500公斤、大葱100公斤、豆油400公斤、面条500公斤。淮南市窑河供销社面对云南岗等处被洪水淹没,2000多灾民被困,缺粮断炊,立即组织"货郎担",携带面包、饼干、火柴、蜡烛等生活用品,涉水走村串户。7月11日夜,巢湖市柘皋镇一片汪洋,供销社食盐因水毁脱销,一些不法商贩"趁水打劫",擅自抬高价格。柘皋供销社急灾民之所急,7月17日,3名职工转乘车船7次,来到合肥向省社求援,组织调进50吨食盐,租用木船送到被水围困的村庄,按国家规定价格供应群众。霍山县漫水河供销社千笠寺双代店负责人任培国,为保证食盐、火柴等日用品正常供应,不顾个人安危,跋山涉水到安家河供应站进货,在过千笠寺河齐腰深的河水时,由于水大浪急,不慎落水身亡,时年43岁。

在抗击洪水同时,供销社积极组织供应化肥、农药、种子,支持灾区群众恢复生产,"以秋补夏"。至8月,省供销社下拨救灾化肥2.98万吨、农膜600吨。省土产公司帮助各地联系胡萝卜种籽5万公斤。颍上县农资公司组织4支"救灾农药、农膜优惠服务小分队”，为灾民送去各种农药3224公斤，按原定价格每吨优惠230元，共让利740元。阜阳县口孜供销社主动为“以秋补夏”服务，拿出7.2万元，购进玉米籽2.1万公斤、绿豆种1万公斤、红芋秧子1.5万公斤、胡萝卜种籽1500公斤、大白菜籽250公斤，用汽车送到村。

一方有难，八方相助。安徽省洪涝灾害牵动着全国供销社系统成千上万干部职工的心。商业部和兄弟省、市、区供销社纷纷来人、来电、来函表示慰问，并捐赠款物。商业部捐赠款物计47.3万元，其中现金4万元，物资43.3万元。20个省市区计划单列市供销社及直属单位对口捐赠款物计182.55万元，其中现金78.75万元，物资103.8万元。以上两项合计款物229.85万元，其中现金为82.75万元，物资147.1万元。省社各直属单位捐赠53.20万元。

洪水过后，省社要求以江泽民总书记视察安徽时提出的“振奋精神，加强领导，团结协作，战胜灾害”四句话为指导方针，在省委、省政府和商业部领导下，发扬供销社的优良传统和连续作战精神，继续组织好抗洪物资及灾区人民生活必需品、恢复家园的物资供应。同时，抓好灾区供销社的恢复经营和生产自救工作。实行两套班子“两手抓”。要求各级社组成两套班子，一套抓日常业务，一套专门抓抗洪救灾，省社党组成员就此作了分工。

全省各级供销社在党委和政府领导下，全力以赴，同心协力，英勇奋斗，取得抗洪救灾的显著成绩，受到各级党政部门的表扬，得到灾区广大干部群众的赞誉。为表彰抗洪救灾涌现的先进集体和先进人物，弘扬抗洪精神，省供销社决定：授予淮南供销社、巢湖地区供销社等67个单位为“安徽省供销社系统抗灾救灾先进集体”，授予任培国、桂文龙等134位同志为“安徽省供销社系统抗灾救灾先进个人”。1991年，商业部决定：授予安徽省供销社及全省供销社系统共15个单位“全国商业抗灾救灾先进集体”荣誉称号，颁发锦旗；授予17位同志为“全国商业抗灾救灾先进个人”荣誉称号，颁发奖品和证书，并向在抗灾救灾中领导、关怀和支持商业部门的安徽省定远县、霍邱县、颍上县、县政府赠送锦旗。省供销社亦受到省委表扬。

四、部分统计报表

安徽省供销社系统1976—1990年直属企、事业单位基建投资情况表(一)

1992年4月4日

金额单位:元

单　位	固定资产名称	竣工时间	建设地点	总面积(平方米)	总造价	入帐价值	备　注
省农资公司							
蚌埠农资分公司	仓库	1979年	蚌埠	500	34,245.64	34,245.64	
蚌埠农资分公司	宿舍	1981年	蚌埠	2,000	223,160	223,160	
芜湖农资分公司	仓库	1976年	芜湖	491	28,823.66	28,823.66	其中:自筹3,510.88元
芜湖农资分公司	仓库	1981年	芜湖	3,184	440,000	398,000	
芜湖农资分公司	仓库	1985年	宣城	1,000	131,021.24	131,021.24	
芜湖农资分公司	宿舍	1982年	芜湖	1,920	252,165.16	251,841.16	其中:自筹52,556.98元
安庆农资分公司	仓库	1977年	安庆	462	21,897.73	21,897.73	
安庆农资分公司	仓库	1980年	贵池	3,000	638,000	637,564	
安庆农资分公司	仓库	1983年	安庆(可村)	11,971	3,998,302	3,636,576.3	
安庆农资分公司	宿舍	1982年	安庆	2,018	220,580.17	218,146.5	其中:自筹5580元
铜陵农资分公司	仓库	1981年	铜陵	2,000	100,000	107,600	
铜陵农资分公司	宿舍	1982年	铜陵	2,007	217,650	217,650	其中:自筹17,650元
淮南农资分公司	仓库	1977年	淮南	500	29,498.01	29,498.01	
淮南农资分公司	宿舍	1982年	淮南	2,155	281,975.53	281,975.53	其中:自筹81,975.53元
合肥农资分公司	仓库	1977年	合肥	2,300	102,999	102,999	
合肥农资分公司	商住楼	1984年	合肥	5,300	861,537.73	583,140.78	省社拨36万,市财政8万,自筹42.15万。

安徽省供销社系统1976—1990年直属企、事业单位基建投资情况表(二)

1992年4月4日

金额单位:元

单　　位	固定资产名称	竣工时间	建设地点	总面积(平方米)	总造价	入帐价值	备　　注
巢湖化肥中转库	仓库	1982年	无为二坝	19,094	8,490,000	8,389,215.96	
省土产公司							
芜湖土产分公司	仓库		芜湖	975	79,700	79,700	自筹7200元
芜湖土产分公司	草纸仓库	1982年	宁国	520	49,400		
芜湖土产分公司	宿舍	1983年	芜湖	2,000	410,882.8	410,882.8	其中:省公司自筹3万元
省茶叶公司							
芜湖茶厂	仓库	1979年	芜湖	2,080	279,830	279,830	
芜湖茶厂	生货车间	1983年	芜湖	2,200	329,324.94	329,324.94	省公司自筹6万元,厂自筹3万元
省棉麻公司							
蚌埠中转储备库	仓库	1986年	蚌埠	11,633	2,330,583.61	2,329,995.98	
省社商业机械厂	工厂全套	1981年	凤阳门台子	9,870	1,629,900.41	1,445,388.96	
省社商业机械厂	宿舍	1982年	凤阳门台子	1,740	175,907.31	175,907.31	
省供销社印刷厂	宿舍	1983年	合肥	2,145	318,251.37	262,807.87	其中350m^{2}51,243.5元产权属省社
省供销社印刷厂	宿舍	1985年	合肥	1,200	93,318.39	93,318.39	其中自筹5082.54元
省供销社印刷厂	宿舍	1987年	合肥	3,359	762,874.35	649,221.11	共有56套内有7套产权属省社
省供销社印刷厂	车间	1988年	合肥	3,360	940,000	940,000	其中:省社拨款48万元
省供销社物资站	仓库	1979年	合肥	500	32,733.46	32,733.46	原储运处仓库。地址:农资分公司库内

安徽省供销社系统1976—1990年直属企、事业单位基建投资情况表(三)

1992年4月4日

金额单位:元

单　位	固定资产名称	竣工时间	建设地点	总面积（平方米）	总造价	入帐价值	备　注
池州供销学校	教学楼	1989年	贵池	2,190	650,000.00	650,000	其中:自筹4万元,其余预算内拨款
池州供销学校	宿　舍	1987年	贵池	2,000	360,000	360,000	预算内拨款
池州供销学校	食堂、浴室	1990年	贵池	1,470	500,000	484,000	预算内拨款
合肥供销学校	教学楼	1982年	合肥	6,116	1,200,000	1,120,000	预算内拨款
合肥供销学校	食堂、礼堂	1987年	合肥	1,600	321,700	315,000	预算内拨款
合肥供销学校	餐　厅	1988年	合肥	500	186,000	186,000	预算内拨款
合肥供销学校	宿　舍	1980－1985年	合肥	5,562	785,000	770,000	预算内拨款
合肥供销学校	干训楼	1987年	合肥	3,161	620,000	620,000	预算内拨款
省社科研所	宿　舍	1983年	合肥	2,400	356,050.88	351,500.88	预算内拨款
省社宿舍	宿　舍	1981年	合肥	2,096	253,200	253,200	预算内拨款
宿县符离集棉花储库	棉花储备库	1988年	宿县符离	7000	2,620,000	2,620,000	供财字(90)58号文。中央210万、地方52万
砀山县棉花库	棉花储备库	1988年	砀山城关	5000	1,780,000	1,780,000	供财字(90)58号文。中央42万、地方36万
肖县黄口棉花库	棉花储备库	1988年	肖县黄口	6000	2,030,000	2,030,000	供财字(90)58号文。中央162万、地方41万
肖县杨楼棉花库	棉花储备库	1988年	肖县杨楼	2000	690,000	690,000	供财字(90)58号文。中央55万、地方14万
							计:中央469万、地方143万
合　计				128,579	28736513.39	27481567.21	
总　计				148,579	35,856,513.39	34,601,567.21	

图表索引

插图索引

表格索引

编纂始末

遵照《〈安徽省志(1986—2005)〉编纂工作方案》要求,安徽省供销合作社(简称省社)承担《安徽省志(1986—2005)》有关"供销合作社"内容编纂任务。在省社党组、各处室和企事业单位的重视支持下,在安徽省地方志办公室(简称省地方志办)的业务指导下,2007 年上半年,修志工作开始筹备,9 月 10 日,召开《安徽省志·供销合作社志》编纂工作启动会议,成立安徽省供销社社志编纂委员会,做到机构、人员、经费"三落实"。

安徽省供销社社志编委会主任、副主任均由在任省社领导担任;党组确定 1 名省社领导分管修志工作;编委会成员由时任各处室和直属企事业单位主要负责人组成。首届编委会成员为:主任王首萌,常务副主任蔡立,副主任李永英、钱斌、崔继华、闫铁力,委员魏邦余、陈辉、杨显兰、汪传舟、王和义、曹斌、孙永、程合、耿金岭、吴乐和、李永东、王选中、李念华、肖幸福、杨家龙、苏云、于群、荣学堂、徐巧玲、程小青、翁勇琦。2011 年 8 月,调整编委会成员为:主任王首萌,副主任钱斌、蔡立、崔继华、闫铁力、魏邦余、陈辉、周天伟,成员汪传舟、汪斌、秦伟、周其文、王和义、褚进乡、刘玉化、曹斌、汪本胜、程合、孙永、耿金岭、吴乐和、李永东、肖幸福、李念华、王选中、苏云、翁勇琦、徐立新、杨家龙、郭超、张登北、程小青、于群。2017 年 9 月,调整编委会成员为:主任钱斌,常务副主任张海林,副主任崔继华、魏邦余、陈辉、唐庆明、曹斌,成员张志祥、周其文、秦伟、汪斌、刘玉化、李云昊、汪本胜、王魏、张登北、耿金岭、吴乐和、李永东、徐立新、肖幸福、许所子、王选中、苏云、翁勇琦、唐桂生、贺柏莲、杨家龙、郭超、李颖、程小青、谢德华。2017 年 12 月,调整编委会成员为:主任吴良斯、钱斌,常务副主任张海林,副主任崔继华、魏邦余、陈辉、唐庆明、秦武、曹斌,委员张志祥、周其文、秦伟、汪斌、刘玉化、李云昊、汪本胜、王魏、张登北、耿金岭、吴乐和、李永东、徐立新、肖幸福、陈文友、王选中、苏云、翁勇琦、唐桂生、贺柏莲、杨家龙、郭超、李颖、程小青、谢德华。其间,蔡立、魏邦余、陈辉、韩永生、张海林、曹斌相继分管修志工作。编委会下设编辑室(社志办),省社办公室主任汪斌、张志祥先后任主任,机关服务中心副主任韩红敏任副主任,《安徽合作经济》执行主编吴朝霞为办公室成员,由省社办公室牵头负责,进行指导、协调,省社机关服务中心承担具体业务,韩红敏总纂。省社 21 家处室、直属企事业单位作为承编单位,提供资料长编或初稿撰写,其中处室多采取分管领导负责、指定资料长编或初稿撰写人的形式,直属企事业单位多采取比照省社修志工作组织结构,成立编委会、确定分管领导并按部门工作性质逐一分解任务的形式,推进编纂工作。自正式启动起,省社各处室、企事业单位先后参与向社志办提供本单位成稿的撰写人员近50人。

本轮修志的基本思路是:遵照省政府《安徽省志》续修工作的统一部署,在继承上轮志书优秀成果的基础上,遵循求实存真的原则,重点突出改革开放新时期供销合作经济的时代特色和行业特色,全面、客观、系统、科学地反映改革开放以来供销社的发展历程,服务系统和全社会,同时,作为富有安徽特色的合作社文化建设的重要组成部分。

在专志篇目设计上,按照供销社"是什么""管什么""干什么"三个要素来设计架构。"是什么""管什么"的内容以处室为主承担;"干什么"的内容包括为农服务、传统和新兴的经营业务,由直属企事业单位承担。承编单位初稿基本上写到节,条目由总纂时社志办再作归纳、加工。

在断限上,一方面尊重1986—2005年这一本轮修志规定的主要历史区间,一方面没有完全拘泥于此,上限中有适当突破1985年的追溯,下限多延至2011年。因为从供销社来说,全省系统在计划经济时期有过辉煌,1990年代初起,由于市场冲击,和全国其他省市供销社一样,曾有长达10年的艰难,直到21世纪初扭亏为盈,走上复兴之路,作为党委政府与农民联系的桥梁和纽带的作用日益突出。如果断限完全在2005年,一些改革开放后的新事业、新事物难以全面体现,企业改制和市、县社管理体制亦尚未完全理顺,供销社的全貌难以反映,为此,经向省地方志办汇报并获同意,本轮修志上下限定为1986—2011年。同时,本志编纂即将完成之时,正值中共中央国务院提出深化供销合作社综合改革、进一步明确供销社在"三农"工作中的战略地位,要求在新的历史条件下继续办好供销社,充分发挥供销社的独特优势和重要作用之际,全省系统深入学习贯彻中共中央国务院《关于深化供销合作社综合改革的决定》和中共安徽省委、安徽省人民政府《关于深化供销合作社综合改革的实施意见》,力争开创供销合作事业新局面,成为中国特色社会主义农业的重要组成,从更加全面、客观反映全省供销社系统近年来迅速发展轨迹计,经省地方志办同意,于附录中特别补入2012—2016年度全省系统发展情况。

在框架结构上,采取篇、章、节加条目的结合体,为各篇添加小序;在记叙上,力求"平淡之中见精神",做到"述而不论";在表现形式上,规范表格、数字及特定用语的运用。

在学习、继承首轮社志优秀成果的基础上,2007—2008年,本轮修志工作重在形成和完善整体编纂篇目设计,搭建承编单位组织框架,细化内容构成,组织资料查找,加强技能培训。2007年9月17日,社志办会省社办公室形成编纂工作方案及编纂篇目征求意见稿,提交各处室、企事业单位讨论修改,并送省志办审定。11月15日,省社正式下发《关于印发〈安徽省志·供销合作社志〉编纂工作方案和〈安徽省志·供销合作社志〉编纂篇目的通知》,逐项分解专志(另有概述和附录)资料长编和初稿撰写任务至相关处室和企事业单位,各承编单位根据要求积极开展工作。其后,社志办邀请时任省地方志办省志处副处长王晖作《志书编纂知识》讲座;选派人员参加省志办组织的两期志书编纂业务培训班;赴承编任务较重的辉隆集团、盛虹集团、双赢集团等单位开设讲座,组织专题培训。2008 年 5 月下旬至 8 月,根据省社部署,社志办深入调研督查,听取承编单位意见,探讨解答疑难问题,形成调研报告,刊于省社《工作交流》和省地方志办《皖志通讯》,并于省社修志工作大会通报。11 月,省社档案室改提供零星查阅调档为开辟专门场所,组织进行集中资料查找。

2008 年下半年起,承编单位陆续形成资料长编或初稿,社志办启动初编、初审,帮助各承编单位解决技术问题,区别不同情况,会承编单位进行多方完善。志稿普遍经四轮往返修改。同期,社志办还搜集、整理部分新增内容直接入志,吴朝霞受托承担改革招商办公室承编内容初纂。

2010 年上半年,志稿经第四轮修改、完善后形成内部讨论稿,由各承编单位主要负责人或分管修志工作领导分头审读把关。2011 年 8 月,根据各单位反馈并进一步完善的审读稿,编纂征求意见稿(编委会讨论稿),通过省地方志办责任编辑初审,提交编委会成员审读。至 2012 年 2 月,完成审读程序,再次修改、完善,形成提交评议会的评议稿。至此,修志工作完成各单位协同"大规模作战"阶段,各承编单位汇总资料长编和初稿字数:第一轮(各承编单位资料长编或初稿)92 万字,第二轮(社志办修改稿)、第三轮(承编单位根据社志办要求再完善稿)共计约 120 万字,第四轮(社志办再修改稿,即内部讨论稿)约 40 万字;第五轮(征求意见稿,即编委会讨论稿和提交省地方志办责任编辑初审稿)近 40 万字,第六轮(评议稿)近 50 万字。

2012 年 4 月 18 日,组织召开由省地方志办领导,有关档案、法律专家,省社新老领导、专家,商务厅、粮食厅等协作组成员单位,承编单位分管领导和初稿撰写人参加的《安徽省志 · 供销合作社志》大型评议会,对志稿进行全面评议。省供销社党组成员、纪检组长陈辉出席会议并致辞;省地方志办副主任吴静、副巡视员王守亚出席会议并讲话,对下步修志工作提出具体要求;省社老领导单中天、老专家雷嘉栋,省地方志办省志处处长王晖、主任科员余祖本,安徽省档案局资料征集处处长张敏以及协作组成员单位代表等参会,多层面、多角度评点志稿;近 40 名省社各承编单位分管领导、初稿撰写人或修志工作联络人参会,社志办专题报告修志过程,3 家重点承编企业代表交流修志经验。省社修志工作和志稿内容获有关领导、专家肯定,安徽省地方志办公室《修志动态》亦予以关注。

2012 年 5 月至 2013 年 6 月,省社志办根据评议会内外所获领导、专家意见,结合省社办公室、人事处提供及其他新搜集资料情况,在省地方志办省志处处长王晖,科长余祖本、责任编辑计媛媛指导下,形成评议稿修改方案,包括 9 条整体和 17 条局部修改措施,经省志办审定通过。一年间,对志稿进行 3 次深入校改:先为全面统校;随后提炼新获年鉴类及其他资料,编辑补充约 7 万字反映全省系统发展状况内容,辨别、修正原志稿与年鉴中记载不一的数据,调整专志结构;最后完善概述、篇前序等,加入入志图片,并再作统校。承编单位协同作战,重点围绕评议稿细节及图表等补缺、补漏。社志办处理志稿文字100余万字、资料长编文字近30万字。

2013年7月,《安徽省志·供销合作社志》(内部送审稿)完成,篇幅逾50万字。为确保志稿质量,志办将此稿同步送呈省地方志办省志处,听取责任编辑计媛媛等的指导意见,完善图片组织、专志编排格式等,于2013年11月底正式形成送审稿。同期,与省社人事处等共同组织并向省地方志办提交任厅级实职领导的人物简介素材,编辑并提交省供销社系统大事记素材。

2014年8月,《安徽省志·供销合作社志(1986—2011)》(送审稿)在省地方志办完成责任编辑初审、省志处负责人核审和责任领导复审的"三审"环节。省地方志办副巡视员王守亚、省志处处长吴良琴、责任编辑计媛媛,就送审稿修改提出系列指导意见。9月起,社志办遵照《关于编纂出版〈安徽省志〉若干问题的补充规定》及审稿意见,着手对志稿进行篇、章、节及条目规范修改、调整图片,录入相关表格,涉及调整篇幅约10万字。同时,补充分志凡例、编纂工作人员等。2015年4月,通过方志出版社"三审"环节。4—11月,根据出版社意见再行修改,提交省社社志编委会审稿并组织承编单位确认、完善。11月—2016年1月,遵照省志办要求,完成出版验收前的规范、完善工作。至此环节,全志成稿篇幅近80万字。

2016年5月6日,省志办与省社联合召开《安徽省志·供销合作社志(1986—2011)》会审工作会议,重点对全志进行史实、保密、文体文风等方面的全面审读。省地方志办党组书记、主任朱文根,副主任王守亚和省社党组书记、理事会主任钱斌,党组副书记、监事会主任韩永生,副巡视员曹斌出席会议,省地方志办省志处处长吴良琴、责任编辑计媛媛到会指导。省社承编处室、企事业单位分管负责人和省社志办成员参加会议。会后,据会审意见及省志处就提完善志稿提出的书面修改意见,社志办进行修改后,组织41家承编单位终审确认承编内容,同时要求根据志书架构,尽力完善时限内相关内容,并对本单位参与编纂提交社志办成稿人员名单进行确认。至2017年下半年,完成终审确认并由省社发文通报,社志办根据承编单位意见及自行搜集史料修改调整逾百处近2万字。再经省地方志办审改后,于当年底全面完成。

2018年1月,提交省社办公室组织付印前审签。

自修志工作启动起,省社适时召开进度汇报会、调研通报会、阶段促进会、总结推进会等,交流经验,解决难题,确保编纂质量。社志办编辑多期《修志动态》,作为修志工作阶段性交流平台;安徽茶叶进出口有限公司亦在内部编印《修志信息》。安徽辉隆农资集团有限公司和安徽双赢再生资源集团有限公司在承担省社修志工作的同时,启动公司(集团)志编修,两者互为补充,有效推进。2007年底,全省17家市级供销社和16家县级供销社遵照《关于入编〈安徽省志·供销合作社志〉的通知》(办发办〔2007〕28号)要求,报送有关市、县社简介,由省社办公室统一整理入编。2009年5月,省社向全省系统发文征集供销合作社发展史料,宿松县供销社、全椒县供销社、安徽省司尔特肥业股份有限公司、安徽省阜阳商厦有限公司、潜山县皖城有限责任公司等积极响应,向社志办提供各类史料,至2011年底,收到应征史料文字近15万字,图片近百幅。在修志资料搜集和协调过程中,何翔、张丽荭、王梅英、郑文等同志在工作协调、材料组织或档案提供等方面给予了大力支持。各市和部分县供销社及社属企业同志,或向省社办公室或直接向社志办提供史料,在此一并感谢。

本轮修志,得到省地方志办的具体帮助和指导。修志工作启动后,社志办多次参加省地方志办各类活动,2007年12月24日,参加省志编纂工作研讨会。2009年,参与对首轮《安徽省志·农业志》评述,有关评述文章入选交流材料。2011年,作为11家交流单位之一,在全省总纂业务研讨班上发言。2012年,在由省地方志办组织的近百家厅局修志单位参加的编审出版研讨会上,作为3家代表单位之一进行大会交流。同年,韩红敏获安徽省地方志系统先进工作者称号。省社修志信息亦多次被《皖志通讯》采用。

本轮修志,尽管省社高度重视,承编单位修志人员付出大量心血,但仍存在一定问题和遗憾:一是由于省社机构改革以及全省系统均经历较大力度的改革改制,机构、人员变化大,不同程度存在资料缺失现象。虽几经努力寻求线索,缺项和断线仍较严重,编纂期间虽多方落实、查证,仍未尽人意。但目前志中仍将所搜集到的部分年度经营报表予以保留,意在作为当期历史参照。二是从社志办到各承编单位修志人员多为兼职,或因日常业务工作繁重而难以更好兼顾,或对供销合作社历史了解不够,“干什么、管什么、写什么”的修志宗旨难以全面履行,致使质量仍有不尽人意之处,疏漏错误在所难免,恳请各级领导、专家、学者和广大读者批评指正。

二〇一八年五月